MOSCOU
ST-PÉTERSBOURG

L'Anneau d'Or
Croisière de Moscou à Saint-Pétersbourg

Collection sous la responsabilité d'Anne Teffo

Édition	Catherine Brett, Guillaume d'Oléac d'Ourche
Rédaction	Anne Kanjounzeff, Evguénia Darras, Pierre Plantier
Cartographie	Stéphane Anton, Michèle Cana, Géraldine Deplante, Evelyne Girard, Thierry Lemasson, Valentina Alecu, Cristina Bragaru, Aura Nicolae, Leonard Pandrea, Jean-Daniel Spies, Claudiu Spiridon, Severin Vlad
Informations pratiques	© by Stefan Helders www.world-gazetteer.com
Conception graphique	Laurent Muller (couverture), Agence Rampazzo (maquette intérieure)
Relecture	Marylène Cudeville
Régie publicitaire et partenariats	michelin-cartesetguides-btob@fr.michelin.com *Le contenu des pages de publicité insérées dans ce guide n'engage que la responsabilité des annonceurs.*
Remerciements	Galiya Khusnutdinova, Alexandra Zemlyakova
Contacts	Michelin Cartes et Guides Le Guide Vert 46, avenue de Breteuil 75324 Paris Cedex 07 ✆ 01 45 66 12 34 – Fax : 01 45 66 13 75 www.cartesetguides.michelin.fr www.ViaMichelin.fr

Parution 2009

Votre avis nous intéresse
Vous souhaitez donner votre avis sur nos publications ou nous faire part de vos expériences ?
Rendez-vous sur **www.votreaviscartesetguides.michelin.fr**

Note au lecteur
L'équipe éditoriale a apporté le plus grand soin à la rédaction de ce guide et à sa vérification. Toutefois, les informations pratiques (prix, adresses, conditions de visite, numéros de téléphone, sites et adresses Internet…) doivent être considérées comme des indications du fait de l'évolution constante des données. Il n'est pas totalement exclu que certaines d'entre elles ne soient plus, à la date de parution du guide, tout à fait exactes ou exhaustives. Elles ne sauraient de ce fait engager notre responsabilité.

Le Guide Vert,

la culture en mouvement

Vous avez envie de bouger pendant vos vacances, le week-end ou simplement quelques heures pour changer d'air ? Le Guide Vert vous apporte des idées, des conseils et une connaissance récente, indispensable, de votre destination.

Tout d'abord, **sachez que tout change**. Toutes les informations pratiques du voyage évoluent rapidement : nouveaux hôtels et restaurants, nouveaux tarifs, nouveaux horaires d'ouverture... Le patrimoine aussi est en perpétuelle évolution, qu'il soit artistique, industriel ou artisanal… Des initiatives surgissent partout pour rénover, améliorer, surprendre, instruire, divertir. Même les lieux les plus connus innovent : nouveaux aménagements, nouvelles acquisitions ou animations, nouvelles découvertes enrichissent les circuits de visite.

Le Guide Vert **recense** et **présente ces changements** ; il réévalue en permanence le niveau d'intérêt de chaque curiosité afin de bien mesurer ce qui vaut le voyage (distingué par ses fameuses 3 étoiles), mérite un détour (2 étoiles), est intéressant (1 étoile). Actualisation, sélection et appréciation sur le terrain sont les maîtres mots de la collection, afin que Le Guide Vert soit à chaque édition le reflet de la réalité touristique du moment.

Créé dès l'origine pour **faciliter et enrichir vos déplacements**, Le Guide Vert s'adresse encore aujourd'hui à tous ceux qui aiment connaître et comprendre ce qui fait l'identité d'une ville ou d'une région. Simple, clair et facile à utiliser, il est aussi idéal pour voyager en famille. Le symbole signale tout ce qui est intéressant pour les enfants : zoos, parcs d'attractions, musées insolites, mais également animations pédagogiques pour découvrir les grands sites.

Ce guide vit pour vous et par vous. N'hésitez pas à nous faire part de vos remarques, suggestions ou découvertes ; elles viendront enrichir la prochaine édition de ce guide.

ANNE TEFFO, RESPONSABLE DE LA COLLECTION
LE GUIDE VERT MICHELIN

ORGANISER SON VOYAGE

CONSTRUIRE SON SÉJOUR

SE RENDRE EN RUSSIE

SE LOGER ET SE RESTAURER

VIE PRATIQUE

POUR PROLONGER LE VOYAGE

COMPRENDRE LA RUSSIE

PLAINE ET FLEUVES...

HISTOIRE

ART ET ARCHITECTURE

CULTURE

TRADITIONS D'HIER ET D'AUJOURD'HUI

LA RUSSIE AUJOURD'HUI

Villes et sites

À l'intérieur des deux rabats de couverture, les plans de Moscou et St-Pétersbourg intitulés « Les plus beaux quartiers et monuments » donnent :
- une **vision synthétique** des principaux lieux traités ;
- les **sites étoilés** visibles en un coup d'œil.

Dans la partie **« Découvrir les sites »** :
- Moscou et St-Pétersbourg sont décrites par **quartiers** ;
- les plans de quartier indiquent en vert les **itinéraires de promenade** décrits ;
- l'Anneau d'Or et la Croisière sont présentés par étapes ;
- les **informations pratiques** sont présentées dans un encadré vert.

L'**index** permet de retrouver rapidement la description de chaque lieu.

SOMMAIRE

DÉCOUVRIR LES SITES

MOSCOU

MOSCOU PRATIQUE

COMPRENDRE MOSCOU

LES QUARTIERS DE MOSCOU

VISITER LES GRANDS MUSÉES

EN PÉRIPHÉRIE

L'Anneau d'Or

Croisière

DE MOSCOU À SAINT-PÉTERSBOURG AU FIL DE L'EAU

SAINT-PÉTERSBOURG

SAINT-PÉTERSBOURG PRATIQUE

COMPRENDRE SAINT-PÉTERSBOURG

LES QUARTIERS DE SAINT-PÉTERSBOURG

Environs de St-Pétersbourg

Une balade en troïka,
un des symboles de l'hiver russe.

P. De Franqueville / Michelin

ORGANISER SON VOYAGE

CONSTRUIRE SON SÉJOUR

Les atouts de la Russie au fil des saisons

CLIMAT

La Russie européenne connaît entre Moscou et St-Pétersbourg un climat continental tempéré avec des étés chauds et secs (moyenne : 16-17 °C en juillet) et des hivers froids et rigoureux (moyenne : - 8 à - 10 °C en janvier). St-Pétersbourg subit l'influence maritime de la mer Baltique et les hivers y sont moins prononcés mais plus humides. Partout, l'amplitude des températures annuelles est forte. Le printemps, marqué par la débâcle, et l'automne, généralement pluvieux, sont de courte durée.

Quand partir ?

L'idéal est de prévoir son voyage entre la mi-mai et la mi-octobre ou en janvier et février, si vous souhaitez vivre l'hiver russe (qui a aussi son charme pourvu qu'on ne soit pas trop frileux) et visiter les musées en toute quiétude. Attention toutefois : les « églises d'été » n'ouvrent, comme leur nom l'indique, qu'à la mi-mai.

Évitez autant que possible le mois de novembre, pluvieux, et le mois d'avril où la « raspoutitsa » (le dégel) rend désagréable tout déplacement en ville comme à la campagne. Le « babie leto » (été des grands-mères), forme locale de l'« été indien », à la fin septembre, est une période particulièrement agréable.

L'hiver russe

La vie des Russes, leur caractère et leur culture sont profondément marqués par la présence de la neige et du gel, cinq à six mois par an sur les deux tiers du territoire. L'hiver est populaire, il a toujours protégé le pays des envahisseurs et les Russes en font le symbole de leur vitalité.

Chanté par les poètes et par le folklore, **Zimouchka**, diminutif affectif de l'hiver, illustre les tableaux, les films, la littérature. Si, comme les Russes, vous sortez toujours la tête couverte, les pieds et les mains au chaud, vous serez surpris de votre endurance à ce froid beaucoup plus sec qu'en Europe. Lorsque les bulbes dorés des églises resplendissent sous le soleil hivernal et que la neige semble étouffer le brouhaha des villes, tandis que tant la Neva que la Moskova sont prises par les glaces, la Russie sous la neige prend des allures de conte de fées et se révèle une expérience inoubliable pour le touriste. Mais attention ! Comme vous vous en doutez, il est inutile d'envisager en cette saison de faire la croisière entre Moscou et St-Pétersbourg.

P. De Franqueville / Michelin

Saint-Pétersbourg en hiver.

L'hiver à Saint-Pétersbourg

La cité des tsars, belle à toutes les saisons, revêt ses plus beaux atours en hiver. Le blanc manteau de neige sublime les bleus, les verts et les or des palais pris dans les glaces de la Neva. Le long des canaux, les brumes matinales éparses se déchirent pour laisser filtrer sur la ville endormie le soleil hivernal. Un vent plein de mystère et de poésie s'engouffre dans les ruelles hantées par Dostoïevski.

Les « morses », baigneurs intrépides, plongent dans la Neva glacée pour se ravigoter, d'autres fanatiques restent des heures assis sur un petit pliant, sur le fleuve ou la Baltique gelée, devant un minuscule trou circulaire, creusé tout spécialement à la chignole pour la traditionnelle pêche au trou ! Les poissons sortent pratiquement congelés de l'eau et les pêcheurs se réchauffent bien sûr à la vodka. Les Russes se promènent sur l'élégante perspective Nevski bien emmitouflés dans de longues pelisses, l'inévitable chapka vissée sur la tête, dégustent une glace à la vanille en guise de marrons chauds ou s'adonnent en famille, dans les beaux parcs environnants, aux joies du ski de fond, de la luge ou d'une romantique balade en troïka.

Les Nuits blanches

À St-Pétersbourg et au nord de la Russie, **du 11 juin au 6 juillet**, il ne fait vraiment nuit que trente à quarante minutes. L'Ermitage est encore éclairé par le soleil à 23h et vous verrez peut-être celui-ci se coucher et la lune se lever presque au même instant.

Cette lumière unique, surtout quand le ciel est sans nuages, a inspiré bien des écrivains dont Alexandre Dumas : *« Figurez-vous une atmosphère gris-perle, irisée d'opale, qui n'est ni celle de l'aube ni celle du crépuscule : une lumière pâle sans être maladive, éclairant les objets de tous les côtés à la fois… Aimer pendant de pareilles nuits, ce serait aimer deux fois… »* Si vous choisissez cette période de l'année pour visiter la cité, vous bénéficierez bien sûr de la magie de ces nuits claires, mais sachez que hôtels, restaurants, spectacles et musées sont pris d'assaut, surtout autour du 21 juin.

DÉCALAGE HORAIRE

Onze fuseaux horaires traversent la Russie. Quand il est midi en Belgique, en France et en Suisse, il est 14h tant à Moscou qu'à St-Pétersbourg. Le passage à l'heure d'été et d'hiver se fait au même moment qu'ailleurs en Europe.

Nos propositions de séjours

En quelques jours, vous pouvez découvrir rapidement les sites incontournables que constituent les capitales russes et leurs alentours. À titre indicatif, voici quelques idées de visites selon le temps dont vous disposez.

TROIS JOURS

À Moscou

Dès votre arrivée, allez voir la place Rouge et le Kremlin illuminés la nuit. **Le premier jour**, découvrez le cœur historique avec la place Rouge et la cathédrale de Basile-le-Bienheureux, la place du Manège, les cathédrales du Kremlin et le palais des Armures. S'il vous reste des forces, vous pouvez faire un petit tour dans Kitaï Gorod ou sur la rue Tverskaïa. **Le deuxième jour**, rendez-vous au monastère Novodievitchi puis visitez le Christ-Sauveur et/ou le musée Pouchkine. **Le dernier jour** peut être consacré à la galerie Tretiakov et/ou à une balade agrémentée de quelques emplettes sur l'Arbat.

À Saint-Pétersbourg

Dès votre descente d'avion, déambulez le nez au vent autour de l'Ermitage illuminé ou le long des canaux : vous tomberez vite sous le charme de la cité de Pierre le Grand. **Le premier jour**, vous avez le temps de visiter le berceau de la cité : la forteresse Pierre-et-Paul, puis l'Ermitage, et de flâner le long des quais de la Neva, vers l'Amirauté, la statue du cavalier de Bronze et la cathédrale St-Isaac. **Le deuxième jour**, partez à la découverte des résidences d'été des tsars : Pavlovsk et Tsarskoïe Selo proches l'une de l'autre ou Peterhof, et terminez la journée par une promenade en bateau sur les canaux. **Le troisième jour**, allez au Musée russe, et/ou baladez-vous sur la perspective Nevski et le long des canaux autour de l'église du Sauveur-sur-le-Sang-versé.

CINQ JOURS

En complément du programme de visites pour trois jours :

À Moscou – Vous pouvez aller jusqu'à Serguiev-Possad pour visiter la laure de la Trinité St-Serge et Abramtsevo ou vous rendre à Vladimir et à Souzdal.

À St-Pétersbourg – Prévoyez une escapade à Novgorod, cette ancienne cité marchande, qui fut autrefois la rivale de Kiev.

UNE SEMAINE

Si vous êtes amateur d'art, vous n'aurez pas le temps de vous ennuyer en consacrant huit jours à Moscou ou à St-Pétersbourg. Mais vous pouvez également profiter du train de nuit, à la fois pratique et agréable, qui relie les deux capitales et découvrir leurs sites incontournables : vous rentrerez épuisé, mais avec des souvenirs inoubliables.

Enfin, vous pouvez partir de Moscou à la découverte du cœur de la Sainte Russie en visitant les cités princières de l'**Anneau d'Or**.

DOUZE À QUATORZE JOURS

Embarquez sur un des bateaux de croisière qui, de mai à septembre, sillonnent Volga et Neva entre Moscou et St-Pétersbourg pour une découverte des deux capitales et des joyaux de la Sainte Russie.

Conseil d'ami

Si le cœur vous en dit, n'hésitez pas à partir en individuel. De nombreuses agences vous proposent des séjours à construire vous-même, en toute liberté. Vous pouvez aussi organiser tout seul votre escapade en ligne. Sachez enfin que la location d'une voiture avec chauffeur sur place n'est pas un luxe inabordable : autour de 1 000 Rub par jour.

SE RENDRE EN RUSSIE

Avant de partir

FORMALITÉS

Difficile encore de partir en Russie sur un coup de tête. Pour obtenir un visa touristique, il vous faut fournir une preuve de votre hébergement : une **invitation** officielle de vos amis, ou celle de votre hôtel.

Obtention du visa

Pièces à présenter

1) L'**original du passeport**, avec deux pages libres, valable au moins six mois après la date d'expiration du séjour en Russie.

2) Le **formulaire de demande de visa** dûment rempli, signé et daté (aucune rature, pas d'utilisation de Ti-pex blanc, même stylo pour tout le document).

3) Une **photo** (3x4 cm) collée sur le formulaire.

4) Le justificatif de **l'assurance voyage** : l'original de l'attestation d'assurance maladie et rapatriement fournie par une compagnie ayant un contrat de réassurance avec un partenaire russe, qui doit mentionner obligatoirement le numéro du contrat, le nom de l'assuré, les dates du séjour en Russie et porter un cachet officiel.

5) Le **justificatif du séjour** : c'est l'original (ou un fax envoyé de Russie) du voucher émis par les agences touristiques françaises ou russes qui atteste que l'hébergement a été payé en totalité.

6) La **confirmation de l'accueil du touriste étranger** fournie par un hôtel ou une agence russe, mentionnant obligatoirement : le nombre d'entrées et de sorties, la nationalité, les dates d'entrée et de sortie, les nom et prénom du touriste, sa date de naissance, son numéro de passeport, la liste des villes visitées, le lieu d'hébergement, le nom de l'hôtel ou de l'agence touristique qui se charge de l'enregistrement du touriste, son adresse et le numéro de référence consulaire. **Le voucher et le justificatif de l'accueil du touriste doivent être signés et authentifiés par un cachet rond.**

Après quoi, il ne vous reste plus qu'à vous rendre au consulat, et vous armer de patience, pour déposer votre demande de visa… mais attention :

1) les photocopies de passeport ne sont pas acceptées.

2) Les prestations sont prépayées uniquement par carte bancaire ou en espèces sur place.

3) Le service consulaire n'accepte pas de documents et ne délivre pas de visas par courrier.

4) Le visa touristique ne peut dépasser 30 jours.

5) Si le visa dépasse 15 jours, il est obligatoire de présenter le programme détaillé du séjour établi par l'agence de tourisme russe ou française.

Conseil d'ami

Pour éviter les files d'attente interminables au consulat, adressez-vous aux agences qui peuvent se charger de ces formalités pour quelques euros de plus. Vous pouvez aussi passer par des agences spécialisées :

Visas express – *54 r. de l'Ouest, BP 48 75661 Paris Cedex 14 - ✆ 0 825 08 10 20 - lun.-vend. 9h-12h30 et 14h-18h, sam. 10h-12h30 ; standard téléphonique à partir de 9h30 - www.visas-express.fr.*

VSI – *19-21 av. Joffre, 93800 Épinay-sur-Seine - ✆ 0 826 46 79 19 - www.vsi.1er.fr.*

Prix du visa pour un titulaire de passeport français

Le prix du visa a baissé : 35 € pour un délai normal de 5 jours ouvrables, 70 € pour un délai de trois jours.

« Visa privé »

Si vous vous rendez en Russie sur invitation d'amis russes, vous devez fournir en outre l'original du certificat d'hébergement délivré par PVS (service local des passeports et des visas du ministère russe de l'Intérieur).

Votre voiture

Les documents nécessaires sont un permis de conduire international, la carte grise, un passeport et un visa sur lequel sont indiqués le numéro d'immatriculation de votre véhicule, l'itinéraire prévu, et l'engagement écrit certifiant que vous ramènerez le véhicule en France. La carte verte n'est pas valable en Russie. Vous pourrez souscrire une assurance à la frontière.

Adresses utiles

En France

Ambassade de Russie – *40 bd Lannes, 75016 Paris - ✆ 01 45 04 05 50 ou 01 45 04 40 30.*

Services consulaires – *✆ 01 45 04 05 01 - lun.-vend. 9h-12h - www.france.mid.ru.*

ЭКСПРЕС

Consulat général à Marseille – *3 av. Ambroise-Paré, 13272 Marseille, Cedex 08 - ☎ 04 91 76 26 79 - consrusmarseille@wanadoo.fr.*

Consulat général à Strasbourg – *6 pl. Sébastien-Brandt, 67000 Strasbourg - ☎ 03 88 36 73 15 - irusconsulat@wanadoo.fr.*

En Belgique

Ambassade de Russie – *av. de Fre 66, 1180 Bruxelles - ☎ 374 34 00 - amrusbel@skynet.be.*

Service consulaire – *☎ 375 91 21 ou 374 35 69.*

Consulat – *Della Failelaan 20, 2020 Antwerpen - ☎ 32 3 829 16 11 - gencons@skynet.be.*

En Suisse

Coût du visa : 105 CHF. Possibilité envoi par la poste : 15 CHF.

Ambassade de Russie – *Brunnadernrein 37, 3006 Berne - ☎ 362 05 66.*

Service consulaire – *☎ 362 05 66 - lun., merc., vend. 9h-12h.*

Consulat – *24 r. Schaub, 1202 Genève - ☎ 734 90 83 - lun., merc., vend., 9h-12h.*

Au Canada

Ambassade de Russie – 285 *Sharlotta Street, Ottawa, Ontario K1N8L5 - ☎ 1 613 235 43 41 - rusemb@netcom.ca.*

Service consulaire – *52 Range road, Ottawa, Ontario, K1N8J5 - ☎ 1 613 336 72 20.*

Consulat – *3685 av. du Musée, Montréal, Québec H3G2E1 - ☎ 1 514 843 59 01 - consulat@super.net.*

S'INFORMER

Offices de tourisme

Les offices de tourisme n'existent pas encore ni sur le sol national ni à l'étranger. De Paris, vous pouvez obtenir des renseignements au ☎ 08 05 800 155.

Sites Internet

www.art-russe.com – Toute l'actualité sur l'art russe en France sous toutes ses formes : films, expositions, théâtre, musique, peinture, sculpture, danse…

www.geographia.com/moscow – Un site en anglais sur la capitale, répertoriant curiosités, restaurants, hôtels classés par étoiles, transports en commun, évènements culturels.

www.lecourrierderussie.ru – Un bimensuel en français, édité à Moscou, (sortie le mercredi) pour des informations sur l'actualité en Russie.

www.russie.net – Le plus complet. Depuis 1997, une fenêtre ouverte sur la Russie dans les domaines culturels, économiques et touristiques.

www.paris-moscou.com – Très riche sur la vie culturelle.

www.russomania.com – Vous aide à trouver le site qui répond à vos attentes.

www.regard-est.com – Regroupe et commente en français un bon nombre de revues et de périodiques slaves.

www.vivreenrussie.net – Ce portail de la communauté francophone de Russie a été créé dans le but de faciliter votre rapport à la Russie. Réponse à de nombreuses questions ; la rubrique conseils en tout genre est savoureuse.

AGENCES DE VOYAGES

En France

Amslav – *10 r. Bachaumont, 75002 Paris - ☎ 01 44 88 20 40 ou 01 40 59 62 06 - www.amslav.com.* Ce spécialiste de l'Europe centrale propose un circuit de 8 jours à la découverte des perles de la Baltique (deux jours à St-Pétersbourg), de 11 jours de Riga à St-Pétersbourg, des week-ends libres dans les deux capitales avec visites et excursions à la carte avec guide francophone, un combiné Moscou, St-Pétersbourg en toute liberté, des croisières de 11 et 12 jours entre les deux capitales et une croisière Astrakhan-Moscou.

Athenaeum – *39 r. Marbeuf, 75008 Paris - ☎ 01 58 36 08 36 - www.athenaeum.fr.* Spécialiste du tourisme fluvial haut de gamme. Bateau rénové en 2006-2007 et géré par une compagnie hôtelière suisse : Viking River Cruises. Conférenciers de haut niveau. La Sainte Russie au fil de l'eau en 11 ou 12 jours entre Moscou et Saint-Pétersbourg. Croisière musicale pendant les Nuits blanches. Concerts à bord, aux escales et soirées au Bolchoï et au Mariinski.

Bennet Voyage – Centrale : *☎ 0825 12 12 24 - lun.-vend. 9h-19h, sam. 9h-18h - www.bennet.fr et dans les agences de voyages.* Ce spécialiste des pays nordiques propose des séjours à la carte à Moscou et St-Pétersbourg, des combinés Moscou-St-Pétersbourg en circuit accompagné, des croisières ludiques et culturelles de 11, 12 et 14 jours au fil de la Volga. Départs de province possibles à certaines dates.

CGTT Voyages – *Voir p. 14 :* **Les routes de l'est.**

Clio – *27 r. du Hameau, 75015 Paris - ☎ 0 826 10 10 82, de l'étranger ☎ 33 153 68 48 43 - lun.-vend. 10h-19h, sam. 10h-18h - www.clio.fr.* Agence spécialisée dans le voyage culturel, Clio organise des séjours en groupes restreints avec conférencier et un large choix de

formules : 5 ou 8 jours à St-Pétersbourg, réveillon du Nouvel An, Nuits blanches, découverte des deux capitales, Moscou et l'Anneau d'Or en 9 jours, croisières sur la Volga et la Neva de 12 et 14 jours, la Sibérie et le lac Baïkal en transsibérien et de Moscou à Pékin dans un train luxueux, « *l'Or des tsars* ».

Boutique des croisières – *30 r. du Paradis, 75010 Paris - ✆ 01 56 03 56 50, nº vert : 0800 800 512 - 9h-19h - www. boutique-croisieres.com.* Croisières de 11, 12 jours de Moscou à St-Pétersbourg et de 14 jours de Moscou à Astrakhan.

Croisieurope-Croisivoyages – *✆ 0825 333 777 - lun.-vend. 9h-12h30, 13h30-18h ; sam. 9h-12h - www. croisieurope.com.* Spécialiste des croisières fluviales : croisières de 11, 12 et 14 jours (Kostroma, Plios, Valaam) entre Moscou et St-Pétersbourg et de 14 jours de Moscou à Astrakhan.

Lyon : *16 quai Jean-Moulin, 69002 - ✆ 04 72 40 08 09* – **Nice** : *19 r. de la Liberté, 06000 - ✆ 04 93 82 21 21* – **Paris** : *147 bd du Montparnasse, 75006 - ✆ 01 44 32 06 60* – **Strasbourg** : *12 r. de la Division-Leclerc - ✆* 03 88 76 44 44.

Donatello – *20 r. de la Paix, 75002 Paris - ✆ 01 44 58 30 60 - www.donatello.fr.* Spécialiste des formules de voyage en liberté. Escapades de 3 et 4 jours à Moscou et St-Pétersbourg. Week-end découverte dans les capitales. Extension possible de St-Pétersbourg vers Moscou, Rīga et Tallinn et de Moscou vers l'Anneau d'Or. Croisière fluviale sur la Volga de 11 et 12 jours.

Euro Pauli – *34 r. Faÿs, 94306 Vincennes - ✆ 0821 00 20 22 - www.voyages-de-marques.fr.* Week-ends ou combinés à la carte dans les deux capitales, quelques week-ends avec excursions incluses. Croisière Moscou-St-Pétersbourg et Moscou-Astrakhan.

Fnac-voyages – Centrale : *✆ 0892 701 201 - lun.-sam. 9h-18h30 ; agences Fnac, région parisienne et Bordeaux, Grenoble, Lille, Lyon, Marseille, ✆ 0825 09 06 06 - lun.-sam.* 10h-19h30. Croisière de Moscou à St-Pétersbourg de 11, 12 et 15 jours (escales à Kostroma, Plios et Valaam).

Inexco Voyages – *Voir p. 14* : **Les routes de l'est.**

Intermèdes – *60 r. de La Boétie, 75008 Paris - ✆ 01 45 61 90 90 - lun.-jeu. 9h-19h, vend. 9h-18h - www.intermedes.com.*

Itinéraires culturels originaux, groupes restreints avec conférencier. Possibilité d'itinéraire culturel sur mesure (✆ 01 45 61 96 47). Découverte de St-Pétersbourg ou Moscou, circuits entre les deux capitales de 8 jours avec visite de Novgorod et 13 jours incluant l'Anneau d'Or. Circuit de 8 jours à St-Pétersbourg, Novgorod et Pskov, 11 jours pour Moscou et l'Anneau d'Or et des croisières de 12 jours et 14 jours de Moscou à St-Pétersbourg et 13 jours de Moscou à Astrakhan.

A. Kanjounzeff / Michelin

Bateaux de croisière.

Jet-Tours – *✆ 0825 30 20 10 - www.jettours.com.* Week-ends et séjours à St-Pétersbourg, réveillon, combiné Moscou/St-Pétersbourg, croisière de 12 jours et 14 jours de Moscou-St-Pétersbourg.

Les routes de l'est – *3 r. de Gramont, 75002 Paris - ✆ 01 47 42 26 69, permanence téléphonique à Paris en cas d'urgence : ✆ 06 16 39 28 81 - www.lesroutesdelest.fr et www.cgtt-voyages.fr (déplacements professionnels, voyages d'affaires, salons, expositions).* Vous retrouverez sous cette nouvelle enseigne le savoir-faire des deux spécialistes des pays de l'Est, **CGTT-Voyages** et **Inexco**, qui se sont rapprochés. Voyages à la carte, week-ends de 3 à 5 jours à St-Pétersbourg ou Moscou, circuit au cœur de la Sainte Russie, combiné St-Pétersbourg/Moscou, une semaine à Saint-Pétersbourg, un circuit de 14 jours de St-Pétersbourg à Vladivostok et Moscou, le transsibérien et des croisières de 11, 12 et 14 jours entre les deux capitales, une croisière de 13 jours « épopée d'Alexandre Dumas » de Moscou à Astrakhan et huit jours entre Moscou et Kazan. Bureaux dans toute la Russie avec personnel francophone.

Marsans Transtours – *49 av. de l'Opéra, 75009 Paris - ✆ 0 825 031 031 - www.marsans.fr.* Escapades à Moscou et St-Pétersbourg, séjours découverte à St-Pétersbourg, combiné Moscou-St-Pétersbourg, circuit aux sources de la Sainte Russie et croisières de 11, 12 et 15 jours de Moscou à St-Pétersbourg et de 14 jours de Moscou à Astrakhan.

Nouvelles Frontières – *Centrale : ✆ 0825 000 825 - www.nouvelles-frontières.fr.* Découverte de Moscou et St-Pétersbourg en 8 jours, circuits de 12 ou 15 jours entre les deux capitales par les cités de l'Anneau d'Or, Nijni-Novgorod, Veliki Novgorod et Pskov, réveillons, week-ends et séjours dans les capitales, croisière de 12 ou 14 jours sur la Volga.

Rivages du monde – *12 bd de Bonne-Nouvelle, 75010 Paris - ✆ 01 49 49 15 50 - www.rivagesdumonde.fr.* Croisières de Moscou à St-Pétersbourg en 12 ou 14 jours, Moscou-Astrakhan en 13 jours. Un circuit original du lac Baïkal à la Grande Muraille.

Slaventures – *6 bis r. Ste-Anne, 54000 Nancy - ✆ 03 83 32 35 38 - lun.-vend. 9h30-18h - www.slaventures.net.* Cette association conçoit des voyages à la carte dans tout le pays pour individuels ou groupes, avec logement chez l'habitant, pratiquant ainsi une forme de tourisme solidaire, ou à l'hôtel. Pas de catalogue, mais du sur-mesure en fonction des envies et du budget. Séjours linguistiques à Moscou, St-Pétersbourg et Petrozavodsk (capitale Carélie) et cours de russe à Nancy.

Terre entière – *10 r. de Mézières, 75006 Paris - ✆ 01 44 39 03 03 - lun.-vend. 9h30-18h30 - www.terreentière.com.* Spécialiste du voyage culturel. Voyages avec guide-conférencier. Séjours à St-Pétersbourg l'hiver et l'été, Moscou et l'Anneau d'Or, combiné Moscou-St-Pétersbourg, croisières entre les deux capitales en 12 jours et de Moscou à Astrakhan en 14 jours.

Tourisme chez l'Habitant (T. C. H. Voyages) – *15 r. des Pas-Perdus, BP 8338, 95804 Cergy-St-Christophe Cedex - ✆ 01 34 25 44 44 et 0 892 680 336 pour une réservation 24h/24 d'hôtels à prix discount - www.tch-voyages.com.* Voyages à la carte et forfaits week-end et courts séjours dans les capitales ou combiné Moscou-St-Pétersbourg. Logement chez l'habitant ou hôtels à prix discount.

Tourmonde – *22 r. de Caumartin, 75009 Paris - ✆ 01 44 56 30 30 - www.tourmonde.fr.* Moscou et St-Pétersbourg en liberté, découverte de St-Pétersbourg en 4 ou 5 jours, une semaine dans les deux capitales en groupe ou en service privé, circuit de 10 jours de Moscou à St-Pétersbourg avec guide-accompagnateur ou de 12 jours avec visite complète des cités de l'Anneau d'Or et croisières de 11 et 12 jours de Moscou à St-Pétersbourg.

Voyageurs du monde – *55 r. Ste-Anne, 75002 Paris - 0892 235 656 - www.vdm.com.* Spécialiste du voyage individuel sur mesure. Week-ends à Moscou et St-Pétersbourg, combinés, et circuit original St-Pétersbourg, Novgorod, Pskov. Librairie dans les agences.

Bordeaux : *0892 234 834* – **Grenoble :** *0892 233 533* – **Lille :** *0892 234 634* – **Lyon :** *0892 231 261* – **Nantes :** *0892 230 830* – **Nice :** *0892 232 732* – **Marseille :** *0892 233 633* – **Montpellier :** *0892 238 777* – **Rennes :** *0892 230 530* – **Rouen :** *0892 237 837* – **Strasbourg :** *0892 234 534* – **Toulouse :** *0892 232 632.*

Vous trouverez également des circuits dans les catalogues de Kuoni, Fram, Thomas Cook, Norvista, Michel voyages, Philibert et East Pak (région lyonnaise), et Phocéens voyages (Nice).

Sur Internet

www.russie-tourisme.com – Renseignements et réservation depuis la France : *01 70 24 82 34 - info@russie-tourisme.com.* Cette société de gestion occidentale offre une large gamme de services : voyages, tours et croisières, réservation d'hôtels, location d'appartements, support pour l'obtention d'un visa, vente de billets d'avion et de train…

www.voyages-sncf.com – *0892 308 308.* La plus grande agence de voyages en ligne en France propose des billets d'avion, des réservations d'hôtels, des locations de voitures, des séjours d'une semaine à Moscou et St-Pétersbourg, une croisière entre les deux capitales.

www.russianconcept.com – *41 (0) 22 345 00 40 - 8h-20h.* Ce créateur de voyages suisse, basé à Genève, est le spécialiste reconnu des voyages sur mesure en Russie et en Asie centrale. Il propose des voyages à Moscou, St-Pétersbourg, en transsibérien, et des croisières entre les deux capitales et en Ukraine.

En Belgique

Allways – *Bruxelles : 344 90 88 - www.all-ways.be.* Escapades à St-Pétersbourg, croisières de Moscou à St-Pétersbourg et de Moscou à Astrakhan.

Escape – *www.escapetravel.be. Dans les agences de voyages.* Voyages culturels accompagnés. Séjours de 4 et 5 jours à St-Pétersbourg, combiné entre les deux capitales, croisière de Moscou à St-Pétersbourg et de Moscou à Astrakhan.

RTA - East-West – *1 r. du Gentilhomme - 1000 Bruxelles - 02 502 44 40.* Spécialiste du voyage sur mesure en Russie et dans toutes les ex-républiques d'URSS.

À l'arrivée

Pour gagner votre hôtel et pour toutes autres informations utiles concernant votre séjour à Moscou ou à St-Pétersbourg, consultez le chapitre pratique consacré à chacune des deux capitales *(Moscou p. 100-120, St-Pétersbourg p. 326-352).*

Nouvelles-Frontières – *070 222 411 - www.nf.be.*

Au Luxembourg

Nouvelles-Frontières – *00 352 40 62 63.*

Au Québec

Incursion Voyages –*2480, ch. Ste-Foix, 100, Sainte-Foix, Québec G1V 1T6 - (418) 687 2400 ou 1 800 667 2400 - www.incursion-voyages.com.* Croisières sur la Volga.

Revatours et **Tours Chanteclerc** – *Dans les agences - www.revatours.com et www.chanteclerc.com.* Croisières Moscou-St-Pétersbourg et chez Chanteclerc un circuit très complet de 14 jours en autocar entre les deux capitales, incluant les cités de l'Anneau d'Or.

En Suisse

Espace Est-Ouest – *7 pl. de la Gare, BP 345, CH-1110 Morges 1 - (41 21)803 04 78 - www.espace-est-ouest.com.* L'artisan du voyage en Russie et Mongolie pour déplacements individuels et voyages en petits groupes, orientés vers la découverte culturelle ou sportive et la rencontre, accompagnés de conférenciers, avec chaque année de nouveaux circuits originaux : escapades dans les capitales, croisières sur la Volga, transsibérien, découverte de la Carélie en mountain bike, héliski au Caucase, découverte du Kamtchatka, croisière polaire…

Nouvelles-Frontières – *Genève : 906 80 80, Lausanne : 616 88 91.*

SANTÉ

Pas de vaccination obligatoire, mais il vaut mieux avoir ses vaccins à jour. Un test négatif de dépistage du sida est exigé pour l'obtention d'un visa de plus de 3 mois. En été, les moustiques peuvent sévir (à St-Pétersbourg et sur Kiji et Valaam). Apportez crèmes ou sprays pour vous protéger.

En ce qui concerne les assurances, celles-ci étant obligatoires pour l'obtention du visa, reportez-vous au chapitre *Formalités (voir p. 10).* Votre assurance personnelle n'a pas forcément de contrat de réassurance avec un partenaire russe : renseignez-vous au préalable.

QU'EMPORTER ?

L'hiver est rude et ce n'est pas un vain mot : la température est descendue à - 30 °C à Moscou en janvier 2006 ! Équipez-vous donc en conséquence : chaussures ou bottes fourrées, gants isolant bien du froid, manteau ou doudoune épais, bonnet bien couvrant (que vous remplacerez éventuellement par une chapka une fois arrivé sur place). Préférez des pulls fins à superposer sous une veste, plus efficaces que les gros pulls. Vous serez peut-être surpris d'avoir trop chaud dans votre hôtel ou dans les musées. Les Russes ont pour habitude de plus chauffer leurs logements que nous : 22° C à 25° C. Les autres saisons ressemblent aux nôtres, mais il peut y avoir de brusques changements de temps et de température d'un jour à l'autre ou dans la même journée, surtout à St-Pétersbourg. Prévoyez toujours quelque chose de chaud et des vêtements de pluie et... un maillot de bain pour tester les bains russes *(voir p. 84)*.

Comment se rendre en Russie

EN AVION

Opodo – *www.opodo.fr*. Pour avoir une idée des compagnies assurant les vols vers la Russie ainsi que des prix et des horaires en fonction des jours de départ souhaités, consultez ce site, fruit d'une collaboration entre plusieurs compagnies, sur lequel vous pouvez en outre passer votre commande en ligne.

Principales compagnies

Seules Air France et Aeroflot assurent en partenariat une liaison directe entre Paris et Moscou en 3h45, et Rossiya Airlines (anciennement Poulkovo Airlines) et Air France, une liaison directe avec St-Pétersbourg (un peu plus de 3h).

Aéroflot – *33 av. des Champs-Élysées, 75008 Paris - renseignements ☏ 01 42 25 43 81, réservation ☏ 01 42 25 31 92 - www.aeroflot.com*. Aeroflot assure 4 vols en partenariat avec Air France, et 4 vols Aéroflot quotidiens de Paris à Moscou. Liaison Nice-Moscou 4 fois par semaine l'hiver, quotidienne l'été.

Air France – *119 av. des Champs-Élysées, 75008 Paris - ☏ 36 54 - www.airfrance.fr*. Huit vols quotidiens au départ de CDG pour Moscou dont 4 en partenariat avec Aeroflot, et 2 pour St-Pétersbourg.

Austrian – *☏ 0820 816 816 - www.austrian.com*. Au départ de Paris *via* Vienne, 4 vols quotidiens pour Moscou, 1 vol du lun. au sam. et 4 vols le dim. pour St-Pétersbourg. Liaisons aussi de Lyon, Nice et Bâle.

Rossiya-airlines – *35 av. de Friedland, 75008 Paris - ☏ 01 45 61 46 46 - www.rossiya-airlines.com*. Un vol direct quotidien pour St-Pétersbourg (une dizaine de vols par semaine en été). De mai à sept. : deux vols depuis Nice. Vols supplémentaires occasionnels.

Swiss international airlines – *☏ 0820 04 05 06 - www.swiss.com*. Trois vols quotidiens pour Moscou *via* Zurich, un vol quotidien pour St-Pétersbourg. *En Suisse : ☏ 0848 700 700, en Belgique : ☏ 078 15 53 19*

Lufthansa – *☏ 0826 10 33 34 - www.lufthansa.com*. Desserte de Moscou *via* Francfort ou Munich 2 à 3 fois par jour. 2 vols quotidiens pour St-Pétersbourg *via* Francfort.

KLM – *☏ 0892 70 26 08 - www.klm.fr*. Trois liaisons quotidiennes pour Moscou *via* Amsterdam, un vol lun., mar., jeu. et sam. pour St-Pétersbourg.

SAS – *☏ 0825 325 335 - www.scandinavian.net*. Vols pour Moscou et St-Pétersbourg *via* Copenhague.

Prix discount sur le net

www.govoyages.com – Vols secs ou vols plus hôtel.

www.ebookers.com – Vols à prix réduit.

www.promovacances.com – Vols secs et séjours à tarifs négociés.

www.easyvols.fr – Consulte les meilleurs prix des voyagistes partenaires (Opodo, Govoyages, Lastminute, Anyway) et les classe du moins cher au plus cher.

www.flylowcostairlines.org – Sur ce moteur de recherche de compagnies *low cost*, vous trouverez les offres des compagnies desservant les deux capitales russes : SkyEurope, AirBerlin, Vueling, MyAir, Meridiana, Wind Jet, Easy-jet, Transavia, Norwegian Air... Ces vols sont avec un changement et atterrissent à Moscou le plus souvent à Domodiedevo ou Vnoukovo. Pour réserver, cliquer sur les liens des différentes compagnies.

EN VOITURE

Partir en voiture reste une aventure. L'**Atlas Michelin** des routes d'Europe permet de choisir les meilleurs itinéraires. Le site **www.ViaMichelin.fr** offre une multitude de services et d'informations pratiques d'aide à la mobilité (calculs d'itinéraires, cartographie, sélection des hôtels et restaurants du Guide Michelin).

À titre indicatif, pour relier **Paris à Moscou** par la Belgique, l'Allemagne, la Pologne et la Biélorussie, il faut compter **2 847 km** et **31h06** de route (dont 11h sur voies rapides).

De **Paris à St-Pétersbourg** par la Belgique, l'Allemagne, la Biélorussie, la Lituanie, la Lettonie, comptez **2 778 km** et **31h23** de route (12h de voies rapides).

De **Genève à St-Pétersbourg**, en passant par l'Allemagne, la Pologne, la Biélorussie, la Lituanie, la Lettonie, comptez **2 839 km**, soit **31h40** (12h26 de voies rapides).

Le 21 décembre 2007, l'espace Schengen s'est élargi pour la troisième fois, supprimant les fastidieux contrôles douaniers sur votre route, sauf pour la **Biélorussie** pour laquelle **un visa de transit** est toujours nécessaire.

EN BATEAU

Il y a peu de liaisons maritimes régulières entre les pays scandinaves et St-Pétersbourg. Des compagnies de croisières comme Costa Croisières ou Marsans-Transtours organisent régulièrement des circuits comprenant les capitales de la Baltique ou de l'Europe du Nord et proposant une escale de quelques heures dans la cité des tsars.

EN TRAIN

Le train n'est pas le moyen de transport le plus pratique, ni le moins onéreux pour se rendre en Russie. Le trajet dure environ 39h pour Moscou et 50h pour St-Pétersbourg. N'oubliez pas de vous faire délivrer un **visa de transit** pour la Biélorussie (Bélarus).

Paris–Moscou – Départ gare du Nord par le Thalys jusqu'à Cologne, puis un train de nuit de Cologne à Moscou, *via* Varsovie (Pologne) et Minsk (Bélarus). Vous arrivez le surlendemain matin à Moscou à la gare de Biélorussie.

Paris–St-Pétersbourg – Prendre gare du Nord le train de nuit quotidien jusqu'à Berlin-Ostbahnhof ; le lendemain dans l'après-midi, prendre à la gare de Berlin-Lichtenberg (liaison entre les gares par le S-bahn) le train direct pour St-Pétersbourg (il ne circule pas tous les jours). Vous arrivez le surlendemain matin à St-Pétersbourg à la gare de Vitebsk. Renseignement auprès des chemins de fer allemands : *Dbfrance, ✆ 01 44 58 95 40, www.dbfrance.fr.* Pour l'une ou l'autre destination, comptez autour de 300 € en 2e classe, couchettes incluses.

EN AUTOCAR

Eurolines assure une fois par semaine, le samedi, des liaisons au départ de Paris, Reims, Metz et Strasbourg avec Moscou et St-Pétersbourg. Comptez 249 € pour un aller-retour Paris-Moscou (prévoir un visa de transit pour la Biélorussie).

Eurolines – *55 r. St-Jacques, 75005 Paris - ✆ 0892 89 90 91 (tlj 8h-22h) ou 01 43 54 11 99 (lun.-sam. 9h30-18h30) - www.eurolines.fr.* Départs de la **gare internationale Paris Gallieni**, *28 av. du Général-de-Gaulle, BP 313, 93541 Bagnolet - départ sam. à 7h30, arrivée lun. à Moscou à 12h, à St-Pétersbourg à 14h.*

Escapades aux frontières

EN FINLANDE

Profitez des ferries qui quittent St-Pétersbourg pour visiter la capitale de ce grand pays de lacs et de forêts où, selon les statistiques onusiennes, on vit si bien. Au fond de son golfe, **Helsinki** combine les charmes scandinaves et russes. Divers styles architecturaux s'y côtoient : Art nouveau, néoclassique et édifices maintes fois copiés de l'architecte Alvar Aalto. Ici, on profite de l'été en bronzant dans les parcs en bord de mer et en faisant la fête.

Informations touristiques : www.visitfinland.com/fr.

DANS LES PAYS BALTES

La Lituanie est bordée au sud par Kaliningrad, étonnante enclave russe au cœur de l'Europe. L'Estonie et la Lettonie partagent leur frontière ouest avec la Russie. Le temps d'un week-end, c'est l'occasion de découvrir l'une de ces capitales baltes, et plus si affinités : **Tallinn** (Estonie), pour flâner dans l'ancienne ville hanséatique sous les regards de la cathédrale et du château ; **Rīga** (Lettonie), dont la vieille ville associe parfaitement demeures médiévales et immeubles Art nouveau ; et enfin **Vilnius** (Lituanie), dont les nombreuses églises se découvrent en parcourant des ruelles pavées.

Bus Eurolines de St-Pétersbourg à Tallinn. Train vers Rīga. Guide Vert Pays baltes.

EN BIÉLORUSSIE

La « Russie blanche » est loin, très loin d'être une destination touristique. Et c'est sans doute son plus grand atout. S'y rendre est un vrai voyage dans le temps (phrase préférée des médias concernant ce pays). À **Minsk**, vous contemplerez une grandiose architecture soviétique, de beaux parcs en bord de rivière et quelques églises remarquables.

SE LOGER ET SE RESTAURER

Nos catégories de prix

Sans ignorer les limites de l'exercice, nous avons classé les établissements, qu'il s'agisse d'hôtels ou de restaurants, selon plusieurs catégories de prix, dont vous trouverez le détail dans le tableau ci-dessous.

En revanche, nous avons renoncé à indiquer des prix précis pour tout un ensemble de raisons tenant au **taux d'inflation** (supérieur ces dernières années à 10 %), à la **mobilité du parc hôtelier** (nombre d'hôtels sont vendus à des sociétés occidentales puis rouverts après rénovation, rendant obsolètes les tarifs précédents), ainsi qu'au fait que la plupart des touristes sont amenés à passer par des **agences** qui négocient des tarifs pour leur clientèle. En outre, nombre d'hôtels pratiquent, à certaines périodes creuses de l'année, des prix promotionnels qui peuvent s'avérer sensiblement moins élevés.

Données à titre purement indicatif, nos catégories de prix correspondent aux tarifs pour une chambre double et pour des touristes individuels, tels que nous avons pu les relever sur place au début de l'année 2008.

En ce qui concerne les **restaurants**, il s'en ouvre et s'en ferme chaque jour dans les deux capitales. Certains changent de raison sociale (et de spécialités) presque du jour au lendemain, avec les conséquences que cela peut avoir, en bien ou en mal, tant au niveau de la qualité que de la catégorie de prix.

Compte tenu de ces impondérables et dans l'hypothèse où, pour quelque raison que ce soit, un des hôtels ou restaurants de notre sélection aurait changé de catégorie, nous vous serions reconnaissants de ne pas nous en tenir rigueur.

Se loger

Il est encore difficile de partir en Russie sur un coup de tête ! Mais les Russes peinent autant à obtenir leur visa français. Sans réservations d'hôtels, vous n'obtiendrez pas de visa. Mieux vaut effectuer vos réservations par une agence spécialisée de façon à bénéficier de prix négociés que vous ne pourrez obtenir en direct. La différence peut être conséquente. Si vous faites vos réservations vous-même en ligne, vous pourrez peut-être bénéficier de promotions. L'hôtel vous enverra le formulaire nécessaire à l'obtention de votre visa.

LES HÔTELS

Dans les deux capitales, il y a encore peu d'hôtels de catégorie moyenne ou d'hôtels de charme. Les grandes chaînes internationales gèrent des établissements de trois à cinq étoiles aux prix très élevés. Les hôtels russes proposent des chambres de catégories différentes : luxe, semi-luxe, standard. Souvent, c'est la taille de la chambre qui fait la différence. Si la situation hôtelière à Moscou reste problématique et les prix prohibitifs, celle de St-Pétersbourg s'améliore nettement avec de nombreuses ouvertures, en particulier de mini-hôtels à des prix plus abordables.

Arrivée à l'hôtel

Vous devez présenter votre passeport et votre voucher. La réception garde le passeport, le temps d'enregistrer le visa auprès de l'OVIR et vous le rend en principe le lendemain. Elle vous remet un laissez-passer au nom de l'hôtel avec votre numéro de chambre, la **kartotchka gostia**, à présenter pour récupérer la clé ou le soir, au service de la sécurité de l'hôtel, pour accéder aux étages. Vestige de l'époque soviétique, dans certains hôtels russes, vous croiserez parfois la

NOS CATÉGORIES DE PRIX				
	Se restaurer (prix déjeuner)		Se loger (prix de la chambre double)	
	Moscou Saint-Pétersbourg	Anneau d'Or	Moscou Saint-Pétersbourg	Anneau d'Or
●	moins de 12 € (500 Rub)	moins de 12 €	moins de 90 €	moins de 37 €
●●	13/25 € (500/1 000 Rub)	13/20 €	100/150 €	37/50 €
●●●	25/40 € (1 000/1 400 Rub)	20/35 €	150/300 €	50/100 €
●●●●	plus de 40 € (1 400 Rub)	plus de 35 €	plus de 300 €	plus de 100 €

Bon à savoir
Attention en prenant l'ascenseur : le rez-de-chaussée correspond au premier étage, le premier au deuxième, et ainsi de suite…

dame d'étage **dejournaïa** : si elle ne fait plus régner la même discipline que sa devancière, soyez en bons termes avec elle, car elle peut résoudre tous vos petits problèmes, vous servir un thé, laver votre linge, etc.

Le petit-déjeuner (« zavtrak »)

Il est traditionnellement très copieux et peut se présenter sous deux formes :
Petit déjeuner continental – Vous pourrez déguster pain et brioches, un plat chaud (œufs, **blintchiki** [petites crêpes], saucisses), un jus de fruit.
Chvedskiï stol ou table suédoise – C'est un buffet à volonté. Saucisses, œufs, charcuteries, fromage, **blintchiki**, **varieniki** (raviolis sucrés), **syrniki** (petits beignets de fromage blanc), **oladi** (crêpes épaisses qui ressemblent aux blinis), **vatrouchki** (gâteaux au fromage blanc), mais aussi **kotliety** (boulettes de viande aux légumes), des salades, des céréales, des viennoiseries, des yaourts et du **kéfir** (boisson à base de petit lait fermenté), le tout agrémenté de jus de fruits ou d'airelles, de thé, café ou chocolat, de quoi tenir jusqu'au dîner!
En général, le petit déjeuner continental est inclus dans le prix de la chambre et il faut payer un supplément pour le « chvedskiï stol ».

Les services

Selon les hôtels, vous trouverez : boutiques de souvenirs, coiffeur, bars, restaurants, parfois une pharmacie, une discothèque ou même un casino, un kiosque à journaux, un bureau de tourisme et, dans les plus luxueux, un « business-center » équipé de photocopieuses, fax et ordinateurs, et le plus souvent ouvert à la clientèle extérieure.

AUTRES HÉBERGEMENTS

Location d'appartement

Ce type d'hébergement se pratique le plus souvent par l'intermédiaire d'amis, heureux de sous-louer leur appartement, quand ils partent dans leur datcha, ou par l'intermédiaire d'agences spécialisées.

Chez l'habitant

Certainement la meilleure façon de découvrir la réalité de la vie des Russes. Vous manquerez peut-être un peu de confort, mais vous serez reçu comme un membre de la famille et découvrirez la chaleur de l'hospitalité russe.

Auberges de jeunesse

Peu nombreuses et d'un confort succinct, vous en trouverez à Moscou et à St-Pétersbourg.

Camping

Les structures organisées sont peu développées, les Russes pratiquant plutôt le camping sauvage.

Se restaurer

À Moscou et à St-Pétersbourg, vous trouverez sans problème un sushi-bar, une pizzéria, un McDonalds, un Pizza Hut ou un restaurant français.
Mais laissez-vous plutôt tenter par la découverte de la cuisine russe, ukrainienne ou caucasienne (géorgienne ou azéri), savoureuse et conviviale et même par la restauration rapide à la russe. Il est toujours prudent de réserver dans un bon restaurant. Dans les deux capitales, les prix sont nettement plus élevés qu'ailleurs, mais partout vous pouvez vous débrouiller pour bien manger à des prix corrects.

Les horaires

Le **déjeuner (obed)** est servi entre 12h et 15h et le **dîner (oujin)** de 19h à 23h.

Usages

Ne cherchez pas le menu, ce n'est pas dans les habitudes. Mais de plus en plus de restaurants de toutes catégories offrent à midi un « business lunch » à un prix intéressant (à partir de 200 Rub.)
Vous trouverez parfois des spécialités **(firmennoïe blioudo)** ou devrez choisir parmi les innombrables plats proposés à la carte : zakouski, salades, potages, plats de viande ou de poisson, dessert. Souvent, en face de chaque plat, vous trouvez le prix mais aussi le poids. Et vous commanderez votre vodka au poids également *(100 g correspondent à 2 petits verres)*.

Les cantines self et les petits snacks

N'hésitez pas à tenter les petits établissements qui ne payent pas de mine, fréquentés par les Russes. Ils peuvent vous réserver d'agréables surprises. Essayez une **stolovaïa**, sorte de cantine self-service, une **blinnaïa** pour déguster des blinis, une **pelmennaïa** spécialisée en raviolis sibériens, un **kafé** ou un **boufet**, petit snack où l'on se restaure debout.

VIE PRATIQUE

Pour les informations propres à Moscou et à St-Pétersbourg, reportez-vous au chapitre pratique de chacune des villes (p. 100-120 et 326-352).

AVIS IMPORTANT

Translittérer le cyrillique en latin soulève certaines questions (selon les langues, Tolstoï peut s'écrire Tolstoj ou Tolstoí) et aucune option ne se révèle véritablement satisfaisante. La transcription scientifique internationale, utilisant nombre de signes diacritiques, possède certains avantages (dont celui de faire correspondre systématiquement une lettre à la lettre originale) mais peut décontenancer le profane.

Dans ce guide, nous avons adopté des règles de **translittération** communément appliquées dans la presse française et correspondant à peu près à la prononciation : c'est ainsi, par exemple, que le *u* est ici retranscrit par *ou* (notre son *u* n'existe pas en russe) et que nous avons ajouté un *e* muet à certains noms se terminant par une consonne qui, en russe, est prononcée *(Staline)*.

Nous nous sommes tenus à ce choix, hors certaines exceptions justifiées par l'usage, s'agissant de personnages très connus, qu'ils soient empereurs (Nicolas II et non Nikolaï, Catherine et non Ekaterina), ou écrivains (Léon et non Lev Tolstoï). Le cas s'est notamment posé pour la translittération de la lettre *ë* qui correspond au son *io* : c'est ainsi que Potemkine n'est qu'une translittération erronée de Potiomkine, auxquelles on doit joindre les innombrables Fiodor souvent retranscrits en Fedor.

Dernière précision : nous avons décidé de nous abstenir de mettre des accents sur les *e*, sachant que le *e* muet n'existe pas en russe. Toutefois, nous l'avons placé sur certains *e* terminaux (comme Kolomenskoié) afin de bien marquer la prononciation.

S'INFORMER

La meilleure source de renseignements est votre hôtel. Vous y trouverez le plus souvent divers dépliants, la carte de la ville et du métro. Vous pourrez y commander des excursions, un guide, une location de voiture, une place au Bolchoï ou un transfert pour l'aéroport.

À St-Pétersbourg, trois centres d'information touristique vous procureront des cartes et quelques documents en anglais *(voir p. 327)*. Vous pouvez aussi vous adresser aux agences CGTT qui ont du personnel parlant français et des bureaux à Moscou et à St-Pétersbourg *(voir p. 112 et 343)*.

Assistance téléphonique

La société OVS-Éducation propose à Moscou et à St-Pétersbourg une formule idéale et des plus commodes pour ceux qui veulent découvrir la Russie tout seuls et qui ne parlent pas le russe : louer un téléphone mobile et s'en servir comme d'un assistant permanent, 24h/24 et sept jours sur sept. En appuyant sur une simple touche, vous trouvez une présence francophone au bout du fil qui vous aidera à lire la carte du restaurant, demander votre chemin à un passant, acheter un billet de train, etc., bref un véritable interprète de poche qui, en outre, pourra répondre aux questions que vous serez amené à vous poser.

Le téléphone portable est livré à votre hôtel en échange d'un contrat de location et d'un versement de 50 € par semaine. Vous pouvez en outre l'utiliser comme n'importe quel téléphone portable (meilleurs tarifs du moment), pour passer des appels à des tarifs nettement plus avantageux que ceux que pratique votre opérateur habituel (facturation en plus naturellement).

Vous pouvez réserver en **France** : ✆ *08 05 800 155*, **en Russie** : ✆ *(812) 950 06 48*.

ARGENT ET CHANGE

Monnaie

La monnaie nationale est le **rouble (рубль)**, apparu au 13e s. à Novgorod. Ce mot vient du verbe **рубить/roubit**, qui signifie « couper » et désigne une moitié de **grivna**, lingot d'argent qui servait d'unité monétaire et de poids dans la Russie médiévale.

Le rouble est divisé en **100 kopecks**, monnaie frappée à partir du 16e s. Le nom de **kopeïka (копейка)** viendrait du mot **kopio (копьё)**, lance que tenait le cavalier représenté sur cette pièce.

Piège

Langue complexe, le russe se décline, et il faut savoir que les génitifs retranscrits en *-ogo* se prononcent en réalité *-ovo*…

A. Kanjounzeff / Michelin

Billets et pièces de monnaie.

Vous trouverez des **pièces** de **1**, **5**, **10** et **50 kopecks,** et de **1**, **2**, **5** et **10 roubles** et des **billets** de **5**, **10**, **50**, **100**, **500**, **1 000** et **5 000 roubles**. Sur vos pièces et vos billets, en raison des règles complexes des déclinaisons, ne soyez pas étonné de lire : **копейка**, **копейки** ou **копеек**, et **рубль**, **рубли** ou **рублей**.

Cartes de paiement

Les principales cartes de crédit (American Express, Diners, Eurocard, Visa et MasterCard) sont acceptées dans de nombreux hôtels, restaurants, magasins et agences de location de voiture. Vous pourrez retirer de l'argent aux nombreux distributeurs automatiques **банкомат (bankomat)**, en vérifiant qu'ils acceptent les cartes étrangères (l'écran offre alors une option en anglais). N'oubliez pas de noter les numéros verts qu'il est possible d'appeler 24h/24 en cas de perte ou de vol. Dans ce cas, il est nécessaire de faire une déclaration à la police pour obtenir une attestation.

Change

Impossible d'acheter des roubles en dehors de la Russie. À votre arrivée, vous pouvez changer vos euros ou vos dollars à l'aéroport, à l'hôtel (taux moins avantageux), dans les nombreux bureaux de change présents dans la rue, reconnaissables au panneau **обмен валюты (obmen valiouty)**, et dans les banques des quartiers touristiques. Munissez-vous si possible de petites coupures pour vous procurer des roubles au fur et à mesure de vos besoins et, si vous emportez des dollars, de billets en bon état et postérieurs à 1990. Les cours du jour de l'euro et du dollar US sont affichés. Vous devrez le plus souvent présenter votre passeport et il vous sera remis une fiche à garder pour la douane, au cas où. Si à la fin de votre séjour il vous reste des roubles, dépensez-les ou changez-les avant de passer la douane. Évitez d'emporter des **chèques de voyage** difficilement négociables. Il est nettement plus intéressant d'emporter des euros, tant que son cours reste aussi élevé. Au 9 mai 2008, le taux de change était de 36,60 Rub pour un euro, et 23,88 Rub pour un dollar.

Les unités relatives...

Y E : vous trouverez parfois ces deux initiales, notamment sur des menus. Elles signifient **unité relative (ouslovnaïa edinitsa)**. C'est une valeur qui correspond à une moyenne entre le cours du dollar et celui de l'euro... et vous paierez en roubles au cours calculé par l'établissement. Cette unité disparaît et la majorité des prix est indiquée aujourd'hui en roubles.

Banques

Les banques sont ouvertes en général du lundi au vendredi de 9h à 17h ou 18h.

A. Kanjounzeff / Michelin

Pour changer ou retirer de l'argent...

Se déplacer en Russie

EN AVION

Moscou et St-Pétersbourg sont très bien desservis par **Aeroflot**, *www.aeroflot.ru*, et **Rossiya airlines**, *www.pulkovo.ru* (toutes les heures), **Sibir**, *www.s7.ru*, (trois vols quotidiens), **Transaéro**, *www.transaero.ru* (1 à 2 vols) **Krasnoiarskie avialinii** *www.krasair.ru* (4-5 vols par jour). et **Sky-express**, compagnie low cost, (4 vols) ✆ *(495) 980 74 61, 24h/24, www.info@skyexpress.ru.*

EN TRAIN

Le train est un mode de transport agréable qui permet de rencontrer des Russes. Il faut une semaine pour traverser le pays d'ouest en est. Les trains russes sont lents mais confortables.

Il existe trois classes. La première classe, **SV** ou **L**, est l'équivalent du wagon-lit (deux personnes par compartiment, possibilité d'acheter tout le compartiment si on veut être tranquille). En deuxième classe ou **coupé**, vous serez quatre par compartiment. Vous y aurez droit au service du thé, au plateau repas froid et à la location de draps. Le **platskartny vagon**, troisième classe, prévu pour quarante personnes, est le moins confortable et le plus économique. Dans tous les cas, le billet est nominal et le **provodnik** ou la **provodnitsa**, responsable de votre wagon, peut vous demander votre passeport. Il ou elle détient toute l'autorité dans le wagon et mieux vaut s'en faire un(e) allié(e)s pour s'assurer un agréable voyage. Attention : 11 fuseaux horaires traversent le pays, mais sur vos billets et dans les gares, c'est toujours l'**heure de Moscou** qui est indiquée ! Pour réserver vos places, adressez-vous à votre hôtel ou dans une agence, c'est plus facile qu'à la gare ! Pour établir le billet, on vous demandera passeport et visa. Vous pouvez aussi faire vos réservations par Internet : **www.expresstorussia.com**. Sur ce site, cliquez sur le nom du train, vous trouverez son descriptif. Comme dans toutes les grandes villes, le train de banlieue **elektritchka** est à éviter le soir et aux heures de pointe **(tchass pik)**, mais peut se révéler une expérience pittoresque pour se rendre à Serguiev-Possad, Tsarkoïé Selo et Pavlovsk.

De Moscou à St-Pétersbourg

Voyager en train vous coûtera sensiblement le même prix qu'en avion, mais peut vous faire gagner du temps car la plupart circulent la nuit. Une vingtaine de trains quotidiens relient les deux capitales en huit heures environ. Les prix varient en fonction de la classe choisie mais aussi du train et de la saison. Au 15 mai 2008, vous pouviez trouver un coupé entre 77 et 120 €. Les trains privés (*Krassnaïa* Strela, *Smena*, *Express Afanassi Nikitine*), sont les plus confortables. Le *Nikolaïevskiï Express* met 4h30 et part vers 18h30, mais coûte plus cher. Dernier-né, un train-hôtel de luxe, le *Grand-Express*, mis en service pour séduire les Russes fortunés et les touristes, pratique des prix prohibitifs. Sur l'*Afanasy Nikitin* : en 1re classe, 179 € ; en 2e classe, 93 € ; en 3e classe, 38 €.

EN AUTOCAR

Les autocars ne sont pas toujours très modernes, mais c'est le moyen le plus pratique pour rallier les petites villes que le train ne dessert pas. En principe, Il faut réserver sa place à l'avance. Mais parfois les autocars partent au fur et à mesure de leur remplissage.

EN VOITURE

D'une manière générale, la **conduite** des Russes est plutôt **sportive** ! Mieux vaut éviter de prendre le volant à Moscou et à St-Pétersbourg, la circulation y est devenue très dense et vous perdrez votre temps dans les bouchons **(probki)**.

Le réseau routier

Entre Moscou et St-Pétersbourg et les villes de l'Anneau d'Or, le réseau est en assez bon état, mais ponctué, surtout au moment du dégel, de **nids-de-poule**, sommairement rebouchés ensuite jusqu'à l'hiver suivant. Gare aux écarts soudains des automobilistes en face qui évitent les trous !

La signalisation

Souvent fantaisiste et aléatoire, elle est sensiblement la même que dans le reste de l'Europe. Les **panneaux indicateurs** sont essentiellement **en cyrillique**, à l'exception de quelques noms de villes sur les grands axes.

Les carburants

Pas de difficulté pour s'approvisionner en essence. Il y a des **stations-service**, reconnaissables au sigle **AZC**, environ tous les 30 km. Les Russes se plaignent de la hausse continue du prix des carburants ! 24 Rub (0,64 €) le litre de sans plomb. Il faut régler avant de se servir à la pompe. Il n'y a pas toujours de toilettes. Vous en trouverez dans les bars où vous vous arrêterez pour grignoter.

Limitation de vitesse

Elle est de 60 km/h en ville et 90 km/h sur route, 100 km/h sur le périphérique de Moscou, 110 km/h sur les rares autoroutes vers le sud du pays… le tout étant théorique !

Péage

Il n'y a pas de péage.

Taux d'alcoolémie

Le **seuil de tolérance** est **0** et sévèrement réprimé. De fortes amendes sont payables sur-le-champ. Si l'un de vos amis russes refuse de porter un toast, à coup sûr il vous dira : « **la za rouliom** » (« je conduis »).

Code de la route

Il est le même qu'en Europe, mais les lignes continues et autres détails de cet ordre sont purement décoratifs pour les Russes, qui achètent plus souvent leur permis qu'ils ne le passent ! Depuis janvier 2008, la police sévit, les amendes ont presque doublé et le permis de conduire est facilement confisqué. Une spécificité : il est **interdit de tourner à gauche** en coupant la route aux automobilistes qui arrivent en face. Les carrefours n'étant pas aménagés, une seule solution : prendre à droite, faire un demi-tour dès que possible et revenir pour prendre la direction souhaitée. C'est ce que les Russes appellent le **razvorot**. Un vrai casse-tête !

Panne

Adressez-vous à la **police de la route : ДПС** anciennement **ГАЙ (GAI)**, omniprésente sur les grands axes. Les Russes appellent toujours les policiers les **gaichniki (гаишники)**. Vous les reconnaîtrez à leur nouveau sigle, **GIBDD (ГИБДД)**, sur leur blouson. En cas d'urgence, il vaut mieux demander à un Russe d'appeler le ✆ 02, mais l'attente peut être longue.

Parking

Il est préférable de laisser votre voiture le soir dans le parking gardé de l'hôtel. Les tarifs sont modiques. En ville, les Russes se garent n'importe où et n'importe comment. Certains peuvent s'improviser gardiens pour surveiller votre voiture garée dans une rue moyennant quelques roubles.

Location de voitures

Les grandes sociétés de location (Avis, Hertz, Europcar…) ont des bureaux à Moscou et St-Pétersbourg et dans les aéroport internationaux. Si vous n'avez pas réservé votre voiture de location avant de partir (plus sûr, mais plus onéreux), vous pouvez le faire de votre hôtel. Il vous faut avoir plus de 21 ans, votre permis international et une carte de crédit. Une voiture avec chauffeur reste la solution la plus raisonnable (environ 5 000 Rub/jour), surtout à Moscou et St-Pétersbourg et si vous ne maîtrisez pas le russe.

SE DÉPLACER EN VILLE

À pied

Votre plus grand ennemi n'est pas la mafia, mais l'automobiliste russe. Le piéton n'est pas roi en Russie et traverser demande la plus grande prudence, même sur les passages protégés, pas faciles à trouver. Le panneau indicateur est accroché très haut ; au sol, au mieux, une bande de peinture écaillée blanche les signale le long du trottoir. Les feux tricolores vous indiquent le temps qu'il

A. Kanjounzeff / Michelin

Taxi russe.

vous reste pour traverser. Le plus souvent à Moscou, vous ne pouvez traverser que par un passage souterrain, indiqué par un panneau représentant un piéton descendant des marches, le **Perekhod (Переход)**, tant les rues sont larges. N'essayez pas alors de traverser en surface, ce serait au péril de votre vie.

En taxi

À Moscou et St-Pétersbourg, les stations sont rares, sauf près des gares. Hélez votre taxi dans la rue, en vous éloignant de votre hôtel et des sites touristiques, pour éviter le prix fort. Les compteurs n'ont qu'une valeur décorative, quand ils n'ont pas complètement disparu. Les taxis sont le plus souvent jaunes avec des damiers noirs peints sur les portes ou sur le toit et sont libres quand ils affichent un voyant vert. Si vous ne parlez pas le russe, écrivez sur un papier le lieu de votre destination (indiquez plutôt le nom d'une station de métro proche), et convenez du prix avant de vous installer.

Les Russes ont souvent recours à un **tchastnik**, moins onéreux. C'est un de leurs compatriotes qui arrondit ainsi ses fins de mois ou qui ne vit que de ce système parallèle. Tendez le bras, une voiture s'arrête, vous négociez un prix et l'affaire est conclue. Renseignez-vous en arrivant sur les tarifs pratiqués (il s'agit de forfaits pour une petite, moyenne ou grande course). Mais surtout, respectez ces règles, suivies par les Russes eux-mêmes : ne pas monter dans une voiture où le chauffeur n'est pas seul, ni tard le soir. Système à éviter aussi dans les villes de province où il est plus aisé de trouver des taxis. Enfin, vous pouvez tenter le **marchroutnoïe taxi**, minibus qui circule selon un itinéraire fixe à moindre coût, si vous pouvez vous exprimer un peu en russe. La meilleure solution pour éviter les mauvaises surprises est de commander votre taxi par téléphone, vous saurez à l'avance le prix de votre course.

En métro

À Moscou comme à St-Pétersbourg, c'est le moyen le plus commode et le plus rapide pour se déplacer. Un M signale l'entrée de la station. À Moscou, vous vous procurerez au guichet une **carte magnétique (bilet/билет)**, à St-Pétersbourg, un jeton **(жетон/jeton)**. Lorsque la rame s'ébranle, vous entendrez : « **Ostorojno, dvieri zakryvaïoutsa, sledouïouchtchaïa stantsia...** », autrement dit : *« Attention, les portes se ferment, la prochaine station est... »* Pour être certain de descendre à la bonne station, n'hésitez pas à demander à votre voisin. Les rames sont rapides et bruyantes, et les barres pour vous tenir prévues pour des géants !

En autobus, tram et trolley

Un panneau avec un **A** signale l'arrêt des bus, un **T** celui des tramways et trolleybus. Vous pouvez acheter des **tickets (talon/талон)** dans le métro, les kiosques ou au chauffeur. Souvent bondés et anciens, ils sont nettement moins pratiques que le métro.

Vie quotidienne de A à Z

ACHATS

À Moscou et à St-Pétersbourg, vous trouvez les mêmes produits qu'à Paris, Berne, Bruxelles ou Montréal à des prix comparables. Vous reconnaîtrez des enseignes familières : Ikea, Danone, Auchan (**Ашан/Achan** en russe), Gap, Hédiard... Pour la plupart des Russes, le problème n'est plus de trouver un produit, mais de pouvoir se l'offrir, les prix étant très élevés par rapport à leur salaire. Dans les villes de l'Anneau d'Or, vous aurez un peu moins de choix.

Heures d'ouverture

Les magasins sont généralement ouverts de 8h à 20h ou de 9h à 21h du lundi au samedi (et jusqu'à 18h le dimanche), avec une courte interruption **(pereryv)** entre 13h et 15h. Les grands magasins, centres commerciaux et supermarchés du centre-ville de Moscou et St-Pétersbourg sont même ouverts les jours fériés. Dans chaque quartier, vous trouverez des magasins d'alimentation et des pharmacies ouvertes 24h/24. Un moyen pratique de se procurer les bricoles oubliées : les couloirs du métro bordés de **kiosques**. Dans certains magasins traditionnels, vous devez d'abord payer à la caisse, avant de retourner au rayon muni du ticket pour retirer votre achat.

AMBASSADES ET CONSULATS

Voir les informations pratiques de Moscou (p. 109) et St-Pétersbourg (p. 338).

DOUANE

Attention à vos envies d'icônes, de tableaux ou de samovars. Vous ne pouvez rapporter que des objets produits après 1945, sous peine de confiscation, à moins d'avoir obtenu une autorisation auprès d'un organisme dépendant du ministère de la Culture. Certains antiquaires se chargent des formalités (il peut y avoir des droits à payer). Si vous achetez une copie d'icône, demandez que cela soit indiqué sur la facture, et si vous vous laissez tenter par un petit tableau sans valeur, faites-le dédicacer par l'auteur. Vous pouvez rapporter en France 250 g de caviar avec facture, deux cartouches de cigarettes, deux bouteilles de vodka (2 l, à vérifier à la date de votre voyage).

EAU

Elle est potable, très chlorée et souvent jaunâtre du fait de la vétusté des canalisations. Mieux vaut la consommer bouillie, ou boire de l'eau minérale, vendue dans tous les magasins et les kiosques.

ÉLECTRICITÉ

Le courant est de 220 volts et il est inutile d'emporter un adaptateur.

HANDICAPÉS

La Russie est encore très peu équipée pour les handicapés. Si vous souhaitez effectuer une croisière, sachez que les bateaux ne disposent pas d'ascenseurs et que les escaliers sont raides.

INTERNET

Vous pouvez consulter votre courrier électronique ou envoyer vos *e-mails* dans les cybercafés de plus en plus nombreux, à la poste (meilleurs tarifs, 15mn-15 Rub) et dans les grands hôtels où vous trouverez un « business-center ». Les Russes utilisent le clavier QWERTY.

JOURS FÉRIÉS

Leur nombre exact est devenu un casse-tête. Chaque année, le gouvernement fixe le nombre de jours fériés selon des principes pas toujours clairs pour le commun des mortels. De plus, si le jour férié tombe un week-end, le lundi

ou le vendredi est férié également. Si c'est un jeudi, le vendredi et le samedi sont chômés et les Russes travaillent le dimanche… Ainsi en 2008, les Russes n'ont pas travaillé du 1er au 9 janvier.

1er janvier – **Nouvel An**.

7 janvier – **Noël orthodoxe**.

23 février – **Jour des Défenseurs de la Patrie**, autrefois *jour de l'Armée soviétique et de la Marine*. C'est la fête des hommes, les femmes leur font des cadeaux.

8 mars – **Journée internationale de la Femme**. Les hommes offrent des fleurs à leur épouse, leur mère et à leurs collègues de travail.

1er mai – **Fête du Printemps et du Travail**. Les défilés sur la place Rouge ont cédé la place aux balades en famille. Seuls les irréductibles fréquentent encore le mausolée de Lénine.

9 mai – **Fête de la Victoire**.

12 juin – **Fête de l'Indépendance de la Russie (fête nationale)**. Elle commémore l'adoption, en 1991, de la déclaration sur la souveraineté de la Fédération de Russie.

4 novembre – **Fête de l'Unité du Peuple**, en mémoire de la libération de Moscou par Minine et Pojarski en 1612 de l'occupation polonaise.

MÉDIAS

À Moscou et à St-Pétersbourg, vous trouverez dans les grands hôtels des hebdomadaires gratuits en anglais résumant l'actualité de la semaine : *Moscow* ou *St-Petersburg Times* et, avec un peu de décalage, les journaux internationaux. Un bimensuel économique et culturel en français, *Le Courrier de Russie*, est distribué à Moscou et à St-Pétersbourg.

MUSÉES

Les jours de fermeture et les horaires varient d'un musée à l'autre. Méfiez-vous du **sanitarny den**, « jour de fermeture sanitaire », une fois par mois, et des caisses fermées 45mn à 1h avant le musée lui-même. Vous devrez vous acquitter d'un droit pour les photos ou les films. Les tarifs pour les étrangers, plus élevés que pour les Russes, sont comparables à ceux des musées européens.

PHOTOGRAPHIES

Vous trouvez sur place appareils argentiques ou numériques, pellicules, films, piles et des lieux pour faire tirer vos photos (c'est moins cher qu'en France, mais parfois de moins bonne qualité). Les pellicules pour diapositives sont rares.

POSTE

Les bureaux de poste sont ouverts tous les jours (un peu moins tard le dimanche) à des horaires variables selon les villes. Généralement, le créneau 9h-18h est assuré avec une pause déjeuner, variable elle aussi. L'acheminement du courrier est assez lent mais en principe sûr : de quelques jours à deux semaines, parfois plus ! L'expédition de colis est plus aléatoire. Pour un envoi urgent, mieux vaut s'adresser aux sociétés de courrier express, type DHL, onéreuses mais fiables. Vous pouvez vous procurer des **timbres** à la poste ou dans les grands hôtels. Vous pouvez également acheter de jolies enveloppes prétimbrées pour la Russie, sur lesquelles il faudra ajouter un complément pour l'étranger. Écrivez comme les Russes en suivant un ordre inversé au nôtre :

France (inutile de l'écrire en caractères cyrilliques)
75007 Paris
rue Duroc, 2
M. et Mme Dupont
Lettre : 22,50 Rub.
Carte postale : 20 Rub.

C. Brett / Michelin

Boîte aux lettres.

POURBOIRE

Il est rarement inclus dans le prix de votre repas. 5 % à 10 % seront très appréciés.

SANTÉ

Pharmacies

Vous trouverez sans difficulté vos médicaments habituels ou leur équivalent dans les pharmacies **(apteka)**. Les antibiotiques sont délivrés sans ordonnance. Dans chaque quartier, certaines restent ouvertes 24h/24. Les autres le sont du lundi au samedi de 8h à 20h et le dimanche de 10h à 18h. Vous trouverez quelques kiosques pharmacies dans des hôtels, les stations de métro et parfois des camionnettes-pharmacies.

Remboursement

Il est inutile de se procurer le formulaire E 111 car il n'est pas valable en Russie. De toute façon, pour obtenir un visa, vous êtes obligé de souscrire une assurance. Gardez sur vous ses coordonnées pour la joindre au plus vite en cas d'incident.

Médecins

Dans certains hôtels et sur les bateaux de croisière, il y a un médecin en permanence. Sinon, en cas de besoin, à Moscou et à St-Pétersbourg, la réception fera appel le plus souvent à un centre médical européen ou américain, payable par carte bancaire, en euros ou en dollars.

SÉCURITÉ

Comme dans toutes les grandes villes, attention aux pickpockets dans le métro et sur les lieux touristiques. Évitez de vous retrouver tard le soir dans des rues désertes ou dans les quartiers sensibles.

SPECTACLES

Si vous le pouvez, offrez-vous une soirée au Bolchoï à Moscou ou au théâtre Mariiinski à St-Pétersbourg (l'été, les troupes partent souvent en tournée). Les spectacles du Bolchoï sont hélas dans la salle annexe jusqu'en novembre 2009, le foyer et l'immense salle somptueusement décorés faisant l'objet d'importants travaux de rénovation. Un spectacle folklorique, le cirque ou un concert, beaucoup moins onéreux, vous permettront aussi de passer une bonne soirée. Les séances commencent vers 19h. Les Russes vont souvent au spectacle directement de leur travail et se restaurent pendant l'entracte au **boufet**. C'est l'occasion de goûter une coupe de « champagne » russe accompagnée d'un canapé au saumon ! Le plus simple pour obtenir des places est de s'adresser à votre hôtel. Vous paierez le tarif pour étrangers, beaucoup plus élevé que celui indiqué en roubles sur le billet. Vous pouvez aussi tenter votre chance devant les théâtres auprès des revendeurs. Vous ferez une bonne affaire… ou vous vous retrouverez assis derrière une colonne.

TAILLES

Avant de craquer pour un petit ensemble, vous devez savoir que les tailles (pour les femmes uniquement) sont différentes en Russie : un 44 russe correspond à un 38 français.

Pour les chaussures, et cette fois-ci pour tout le monde, un 39 russe correspond à un 37 français.

TÉLÉPHONE

À la poste, deux systèmes s'offrent à vous : vous appelez vous-même d'une cabine après avoir prépayé les unités souhaitées, ou vous passez par une opératrice qui vous fait payer une avance et vous rembourse si le crédit temps n'est pas épuisé. Dans la rue, des cabines sont réservées aux **appels interurbains (междугородные/mejdougorodnye)** et d'autres aux **appels internationaux (международные/ mejdounarodnye)**. Les cartes téléphoniques **(telefonnaïa karta/телефонная карта)** s'achètent au guichet des stations de métro, à la poste ou dans les kiosques et hôtels. Certaines cabines fonctionnent avec une carte de crédit dans les grands hôtels, les gares et les musées (mode d'emploi en anglais). Attention : une fois connecté, **appuyez sur la touche « étoile »** pour que votre correspondant puisse vous entendre.

Pour appeler de Russie vers l'étranger – Composer le 8, attendre la tonalité, puis le 10 suivi de l'indicatif du pays et du numéro sans le zéro initial.

Vers la France – 8 10 33.

Vers la Belgique – 8 10 32.

Vers la Suisse – 8 10 41.

Vers le Canada – 8 10 1.

De France vers la Russie – Composer le 00 suivi du 7, indicatif de la Russie, suivi de l'indicatif de la région et du numéro à sept chiffres.

Pour Moscou – 00 7 495.

Pour St-Pétersbourg – 00 7 812.

De Moscou à St-Pétersbourg – 8 812 suivi du numéro.

De St-Pétersbourg à Moscou – 8 495 suivi du numéro.

Téléphone portable – Laissez-le à la maison ! Son utilisation en Russie peut vous ruiner, à moins d'acheter un forfait à une compagnie locale sous forme d'une carte SIM prépayée **(SIM karta/ СИМ карта)**. Vous en trouverez dans les kiosques de télécommunications.

P. Plantier / Michelin

Cabines téléphoniques.

À l'hôtel – Évitez de passer un appel international depuis votre chambre d'hôtel sans vous renseigner d'abord sur les prix, généralement élevés.

TOILETTES

Il y avait pénurie, et maintenant il y en a partout : des blocs sanitaires de chantier à Moscou, des bus toilettes à St-Pétesbourg. Préférez autant que possible celles des cafés, plus accueillantes. Attention : dans les lieux publics, le papier hygiénique se trouve généralement à l'extérieur des toilettes près de la « dame pipi » à qui vous devrez payer de 5 à 10 Rub.

Que rapporter ?

Ambre de la Baltique – Colliers, broches, bagues, boucles d'oreilles. L'ambre jaune est une résine fossile transparente, avec parfois des incrustations originales, du jaune pâle au miel, vert et presque brun, qui vient d'un pin qui poussait à l'emplacement de la mer Baltique. Le plus rare est l'ambre royal blanc. Attention aux contrefaçons : ne l'achetez qu'en magasin avec un certificat de qualité.

A. Kanjounzeff / Michelin

Étal de souvenirs.

Boîtes laquées (chkatoulki) – Ces miniatures illustrant des contes sont en papier mâché, parfois en bois. Méfiez-vous des prix trop bas, et des contrefaçons (boîtes en bakélite ou recouvertes d'une impression). Prenez une loupe pour observer le dessin. Un gage d'authenticité ? Vous trouvez dans la boîte d'emballage un certificat avec le numéro de l'œuvre et, sur le couvercle, la signature de l'artiste à droite, le nom de l'œuvre à gauche et le nom de l'école de peinture au centre. Compter entre 50 et 1 000 euros.

Caviar – Soyez très vigilant car le caviar sur le marché est issu presque exclusivement de la contrebande, depuis les mesures prises pour préserver les populations d'esturgeons. La chaîne du froid ne doit pas être rompue, ne l'achetez pas dans la rue, ni dans un magasin de souvenirs s'il n'est pas dans un frigo, mais dans un « gastronom », un supermarché ou une poissonnerie. Les prix augmentent chaque jour et varient d'un magasin à l'autre. Pour 113 gr de belouga, compter plus ou moins 9 500 Rub, pour de l'ossetre, 7 000 Rub, pour du sevrouga, 6 800 Rub. Le caviar rouge (de saumon), beaucoup moins cher, est excellent.

Châles de Pavlov-Possad – Après le mariage, la femme russe devait se couvrir les cheveux. Depuis 1795, ces châles de laine fleuris de six à douze couleurs sont fabriqués au nord-est de Moscou et constituent un des souvenirs les plus appréciés.

Châles d'Orenbourg – Semblables à de la dentelle, blancs, beiges, gris ou bruns, légers et vaporeux, en duvet de chèvre, tricotés en « toile d'araignée », ils sont très douillets. Pour vérifier la qualité, attrapez le châle par les poils, il ne doit pas tomber par terre, et s'il est très fin, il doit passer dans votre alliance !

Chapkas – La **chapka-ouchanka** avec rabats pour les oreilles est vissée sur la tête des Russes du premier coup de froid jusqu'au dégel. Vous en trouverez en lapin au prix d'un bonnet de laine, mais aussi en renard ou en zibeline.

Chemises russes – Pour hommes, femmes et enfants. Les plus chères et difficiles à trouver sont en lin brodé.

Disques – Ils sont bon marché. Une bonne occasion de compléter votre collection de classiques. Vous trouverez facilement des disques de folklore. Deux chanteurs culte : Boulat Okoudjava, le Brassens russe, et Vladimir Vissotski.

Émaux de Rostov – Icônes, portraits, bijoux, peints dans des couleurs douces réfractaires sur du cuivre et recouvertes d'émail.

Jeux d'échecs – En bois, en pierre.

Jouets en bois de Bogorodskoïe – Ces jouets mobiles pleins de poésie représentent des animaux et des héros de contes.

Jouets de Dymkovo – Animaux, chevaliers, dames en crinoline ou sujets de contes en terre cuite peints à la détrempe.

Livres d'art – Vous en trouverez dans les grandes librairies comme Dom Knigui et dans les grands musées.

Matriochka – C'est le souvenir le plus courant. Traditionnellement, elle représente des paysannes russes. Plus il y en a, plus elle est chère. Vous trouverez aussi des séries d'hommes politiques russes, de Lénine à Poutine.

Montres – De l'armée ou de la marque Tchaïka.

Nappes – En lin.

Œufs façon Fabergé – Petits œufs émaillés.

Pierres de l'Oural – La malachite russe est épuisée. Celle que vous trouverez vient du Zaïre. La pierre de lune (**selenit** en russe) aux reflets nacrés est parée de toutes les vertus. Elle attire les hommes, guérit de l'arthrose, des maux de tête et même de l'épilepsie.

Plateaux de Jostovo – Plateaux métalliques laqués, décorés de dessins de fruits et de fleurs aux couleurs vives, le plus souvent sur fond noir.

Poissons fumés – Les amateurs en trouveront de délicieux (en particulier de l'esturgeon) dans les poissonneries et les magasins d'alimentation.

Porcelaine de Gjel – Inspirée de la faïence de Delft, elle offre des objets bleu foncé ou clair sur glaçure blanche, symboles de l'hiver russe.

Timbres – Beaux et bon marché. On vous proposera près des lieux touristiques des albums entiers.

Vaisselle en bois de Kokhloma – Cuillères, vaisselle, plateaux en bois laqué avec des décors végétaux dans les tons rouges, noirs et or sur fond doré, fabriqués selon des procédés séculaires. Vous pouvez y mettre des aliments sans problème, mais pas les passer au lave-vaisselle !

Vodka – Ne l'achetez jamais dans les kiosques : elle peut être frelatée. Chez Elisseïev, vous trouverez de jolies bouteilles. *Kristal* est un label de qualité.

Événements

25 DÉCEMBRE-5 JANVIER

Fêtes de l'Hiver russe – À Moscou, St-Pétersbourg, Novgorod, dans les cités de l'Anneau d'Or et plus particulièrement à Vladimir et Souzdal : danses et chants folkloriques, balades en troïka en compagnie du Ded Moroz *(le grand-père Gel)* et de Snegourotchka *(la Petite Fille des neiges)*…

JANVIER

Nouvel An – Se fête en famille. Les sapins sont décorés et les enfants attendent que Ded Moroz accompagné de sa fille Snegourotchka apporte les cadeaux. Des matinées de spectacles sont organisées pour les enfants. Les fêtards impénitents recommencent dans la nuit du 13 au 14 janvier (notre 1er janvier).

7 janvier – **Noël** russe orthodoxe.

25 janvier – **Tatianin den**. Fête des étudiants le jour de la sainte Tatiana.

FÉVRIER-MARS

Mardi gras (Maslenitsa) – Les Russes fêtent la fin de l'hiver pendant la semaine qui suit Mardi gras. Jeux, chants, danses, balades en troïka et dégustation de blinis et de vodka. Puis on brûle une poupée de paille, symbole de l'hiver.

AVRIL-MAI

Printemps de la musique à St-Pétersbourg – Festival international de Musique classique.

Pâques orthodoxes – Superbes cérémonies religieuses dans toutes les églises, pendant la Semaine sainte et plus particulièrement la veillée du samedi de Pâques et le dimanche de Pâques, avec des processions autour de l'église à la lueur des cierges. Samedi saint, bénédiction des œufs colorés et des gâteaux traditionnels, la **Paskha** et les **koulitchs**, dans la journée.

MAI

1er mai – C'est maintenant la **fête du Printemps et du Travail**. Mais c'est surtout le Printemps qui est honoré et c'est l'occasion de se balader en famille.

9 mai – **Jour de la Victoire** commémorant la fin de la Seconde Guerre mondiale. À cette occasion, les vétérans à la poitrine bardée de décorations se retrouvent pour défiler dans toutes les villes de Russie, et plus particulièrement sur la place Rouge à Moscou, à St-Pétersbourg et à Volgograd, passée dans l'histoire sous le nom de Stalingrad. Feux d'artifice.

27 mai – **Fête de la ville (Den Goroda) de St-Pétersbourg**. Animations, spectacles, concerts dans toute la ville et, le soir, grand feu d'artifice.

MAI-JUIN

Étoiles de Moscou – Festival de musique et de danse.

Nuits blanches de St-Pétersbourg – Florilège de festivités qui se poursuivent jusqu'à la fin juin. Concerts et festivals sont organisés à travers la ville, notamment les festivals de Danse et Musique classique

« **Les Étoiles des Nuits blanches** » **(Zviozdy belykh notcheï)**, « **L'Olympe musical** » **(Mouzykalny Olimple)**, un festival international du jazz « **Le Swing des Nuits blanches** » **(Sving beloï notchi)**, et un festival de rock. Le théâtre Mariinski en profite pour présenter au public ses meilleures créations.

JUIN

6 juin – Fête du poète national Alexandre Pouchkine, né le 6 juin 1799. Ses admirateurs se rassemblent autour de sa tombe au monastère Sviatogorski, ou de ses statues dans les différentes villes, portent des fleurs et récitent des poèmes.

12 juin – La Journée de la Russie (Den Rossii), fête nationale depuis 1991, dite aussi « fête de l'Indépendance ».

3e semaine de juin – Festival international du film de Moscou. En divers lieux de la ville. La soirée de clôture du festival se déroule au cinéma Rossia de la place Pouchkine. *www.miff.ru*.

Dernier samedi de juin – Fête des Terminales (prazdnik vypousknikov) à St-Pétersbourg. Les élèves en tenue de fête célèbrent leur entrée dans leur vie d'adulte. Concerts sur la place du Palais et l'île Vassilievski, félicitations du gouverneur, feux d'artifice. Une goélette aux voiles rouges vogue sur la Neva.

JUILLET

Festival de théâtre Tchekhov à Moscou – Des compagnies venues du monde entier se produisent sur les scènes des théâtres MkhAT, Mossoviet, Pouchkine et Meyerhold, entre autres. Programme détaillé sur *www.chekhovfest.ru*.

JUILLET-AOÛT

Festival estival de ballet de Moscou (Letini festival Baleta) – En divers lieux de la ville : *www.ballet.vashdosug.ru*.

Régates de voiliers sur la Neva à St-Pétersbourg.

Dernier dimanche de juillet – Journée de la Marine (Den Voenno-Morskovo Flota). Parade des navires de guerre sur la Neva à la lueur des colonnes rostrales illuminées pour l'occasion.

3e dimanche d'août – Fête de l'Aviation. Démonstrations à Moscou et à Saint-Pétersbourg.

SEPTEMBRE

1er samedi du mois – Fête de la ville de Moscou. Animations, spectacles, concerts dans les rues principales de la ville. Une foule de provinciaux en profitent pour venir s'amuser dans la capitale. Le tout se conclut à la nuit tombante par de grands feux d'artifice.

8 septembre – Commémoration à St-Pétersbourg du **Jour du début du siège de Leningrad (Den sniatia blokady Leningrada)**.
Des gerbes et des couronnes sont déposées dans les cimetières et au pied des monuments érigés à la mémoire des innombrables victimes du blocus allemand. De nombreuses expositions sont organisées dans les musées et, traditionnellement, la 7e symphonie (dite **Leningrad**), spécialement composée en 1941 par **Dimitri Chostakovitch**, est interprétée dans la Grande Salle de la Philharmonie.

P. Plantier / MICHELIN

Musiciens devant le monastère Andronikov.

OCTOBRE

Début octobre, durant 10 jours – « La Maison balte », Festival international de théâtre à St-Pétersbourg **(Teatralny festival « Baltiïskidom »)**. Festival de théâtre réputé qu'accueille la scène du théâtre Baltiïski.

MI-NOVEMBRE

Rythmes d'automne (Osennye Ritmy) à St-Pétersbourg – Festival de jazz dans les différents clubs de la ville.

POUR PROLONGER LE VOYAGE

La Russie chez nous

Les Russes entretiennent avec la France une longue histoire d'amour, et de nombreux émigrés de tous les bords et de tous les milieux y ont vécu. Rien d'étonnant donc si la culture et la gastronomie sont si présentes, notamment dans la capitale et sur la Côte d'Azur…

À PARIS

Centre culturel de Russie – *61 r. Boissière, 75116 Paris, ✆ 01 44 34 79 79.* Médiathèque, vidéothèque, cours de russe, expositions, concerts, boutique d'artisanat. Les animateurs du **ciné-club L'Oiseau de feu (Jar Ptitsa)** lui louent depuis 1949 une salle qui propose des films russes ou soviétiques en VO sous-titrée. Après les séances, buffet russe autour duquel se retrouvent les habitués. *Séances le samedi, renseignements au ✆ 01 39 88 51 28 ou 01 47 35 19 94.*

Cathédrale Alexandre-Nevski – *12 r. Daru, 75008 Paris, ✆ 01 42 27 37 34, visites gratuites les mar., vend. et dim. de 15h à 17h, offices dim. à 10h30 dans l'église principale et également en français dans la crypte.* Classée monument historique depuis 1983. C'est dans cette cathédrale que furent célébrées les obsèques d'**Ivan Tourgueniev**. Le chœur, auquel participent d'anciens chanteurs de très haut niveau, est réputé. Citons également les discrètes églises St-Séraphin-de-Sarov (15e arr.) et St-Serge (19e arr.).

Cimetière russe de Ste-Geneviève-des-Bois (et chapelle de la Dormition-de-la-Mère-de-Dieu) – *8 r. Léo-Lagrange, 91700 Ste-Geneviève-des-Bois, ✆ 01 60 15 11 40, www.russie.net/genevieve, 8h-17h (été : 19h30), Accès par l'A 6, sortie n° 6.* Le cinéaste Andreï Tarkovski, le prix Nobel Ivan Bounine, les danseurs Rudolf Noureïev et Serge Lifar y reposent. En décembre 2007, le gouvernement russe a décidé d'octroyer une somme de 700 000 € pour l'entretien du cimetière.

Musée-maison Ivan Tourgueniev – *RN 13, accès par l'hôtel Forest Hill après l'entrée dans Bougival. ✆ 01 39 18 22 30, fin mars-mi-déc. dim. 10h-18h.* Tourgueniev est mort en 1883 dans cette *isba* construite à 30 m de la villa de son grand amour, la cantatrice Pauline Viardot.

Librairie du Globe – *67, bd Beaumarchais, 75003 Paris, ✆ 01 42 77 36 36, lun. 14h-19h, mar.-sam. 10h-19h, www.librairieduglobe.fr.* Ouverte rue de Buci en 1953 sous l'impulsion de Louis Aragon, c'est une référence incontournable pour les russophiles. Éditions bilingues, presse, dictionnaires, manuels, rencontres avec des auteurs.

Les Éditeurs réunis – *11 r. de la Montagne-Ste-Geneviève, 75005 Paris, ✆ 01 43 54 74 46, lun. 14h30-18h30, mar.-sam. 10h-18h30.* Autre institution, cette librairie propose depuis trente ans des livres sur l'orthodoxie, la philosophie, des livres anciens mais également des classiques, des livres pour la jeunesse et des manuels scolaires.

Restaurants et traiteurs

Le Daru – *19 r. Daru, 75008 Paris, ✆ 01 42 27 23 60.* Ce fut en 1918 la première épicerie russe de Paris. C'est aujourd'hui un des meilleurs restaurants de la capitale, à deux pas de la cathédrale, comme son voisin du n° 13, **À la Ville de Petrograd**, *✆ 01 48 88 07 70.*

La Cantine russe au **Conservatoire Rachmaninov** – *26 av. de New-York, 75106 Paris, ✆ 01 47 20 56 12.* Dans un cadre où rôdent les ombres de Rachmaninov et de Fiodor Chaliapine.

Au Régal – *4 r. Nicolo, 75016 Paris, ✆ 01 42 88 49 15.* Épicerie-traiteur depuis 1934, également un restaurant. Le samedi après-midi, Français et Russes s'y retrouvent pour échanger.

Petrossian – *1 bd de Latour-Maubourg, 75007 Paris, ✆ 01 44 11 32 22.* Le célèbre importateur de caviar est également restaurateur et traiteur. Une valeur sûre pour trouver caviar, *koulitchs* et *paskha*.

Citons également le restaurant cabaret **Chez Raspoutine** *(58 r. de Bassano, 75008 Paris, ✆ 01 47 20 04 34)* et la chaîne d'épiceries **Gastronom** *(26 bis bd Diderot, 75012 et 130 bd du Montparnasse, 75014 à Paris).*

Galeries et antiquaires

Galerie Peterhof – *4 r. du Pas-de-la-Mule, 75003 Paris, ✆ 01 42 78 42 81, mar.-dim. 11h-19h30* et **Peterhof 2** – *25 r. Bonaparte, 75006 Paris, ✆ 01 40 51 76 64, lun.-sam. 11h-19h30.* Objets d'artisanat russe, collection exceptionnelle de **matriochka** de cinq à cinquante pièces, jeux d'échecs, soldats de plomb, porcelaine de Lomonossov, boîtes laquées.

St-Pétersbourg – *106 r. de Miromesnil, 75008 Paris, ✆ 01 45 63 93 21, lun.-sam. 11h-18h30.* Dans cette caverne d'Ali Baba, vous trouverez icônes, livres anciens, tableaux, objets d'argenterie russe.

NOUVELLES CARTES MICHELIN
Laissez-vous porter par votre imagination.
705 National 705
MICHELIN
EUROPE
MICHELIN
EUROPE

AILLEURS EN FRANCE

Festival du cinéma russe d'Honfleur – *Fin novembre* - ✆ *02 31 89 05 45*. Un week-end consacré au cinéma russe en présence de réalisateurs et d'acteurs.

La Côte d'Azur est un haut lieu de l'émigration russe, depuis que le tsar Alexandre II obtint en 1846 l'usufruit de la baie de Villefranche. Plus tard, les aristocrates russes plébiscitèrent **Nice**, dont le climat leur rappelait celui de la Crimée, comme lieu de villégiature. Il en est des traces, à commencer par la **cathédrale St-Nicolas**, construite en 1912 en style « vieux-russe ». Vous pourrez également parcourir les allées du **cimetière russe** *(78 av. Ste-Marguerite)* où reposent bien des grands noms de l'aristocratie (Katia Dolgoroukaïa, épouse morganatique d'Alexandre II) ou en visitant le **musée des Beaux-Arts Jules-Chéret** qui a investi l'hôtel de la princesse Kotschoubey.

Signalons également le **château Valrose**, dont le parc contient une isba en bois de Sibérie. Pour des plaisirs plus terrestres, citons les restaurants **La Maison russe** *(7 r. St-Auguste)* et **Matriochka** *(10 bd du Tzaréwitch)*, ainsi que l'épicerie Isba *(1 r. Bottero)*. Ce pèlerinage peut s'achever en visitant le **musée Marc-Chagall**.

EN SUISSE

Nombre de princes et de révolutionnaires ont fréquenté assidûment la **Suisse**. Parmi ces derniers, **Alexandre Herzen** n'est-il pas mort citoyen de Fribourg ? Cet intérêt ne se dément pas aujourd'hui, un nombre conséquent de « nouveaux Russes » s'étant domiciliés en Suisse. À **Genève**, la **cathédrale de l'Exaltation-de-la-Ste-Croix** *(r. Toepfler)* a été élevée entre 1863 et 1866 sur le modèle des églises moscovites des 16e et 17e s.

Deux revues bilingues y sont publiées : Le **Gagarine Times** *(www.gagarine.ch)* axé sur la nostalgie de la terre russe, et **Rousskaïa Chveïtsaria** qui vise un public d'hommes d'affaires. **La Tribune des arts** publie chaque année en juin un dossier bilingue consacré à l'art russe.

EN BELGIQUE

Nos lecteurs belges fréquentent, à Bruxelles, **Les Nouveaux Russes**, *r. Haute 4*, lieu de rendez-vous des amateurs de cuisine russe. Vodka, caviar ou borchtch, vous permettront de découvrir ou de vous souvenir de ses saveurs.

Bolshoi, *Pl. de la Justice 3a*, à la fois bistro et boutique de produits russes.

Nos conseils de lecture

ART, ARCHITECTURE

L'Art russe, par Mikhaïl Allenov, Nina Dmitrieva et Olga Medvekova (Citadelles, 1991) – Du Moyen Âge au 19e s. Superbes reproductions.

Icônes, le monde orthodoxe après Byzance (Hazan, 2005) – Analyse de l'évolution stylistique de l'icône dans le monde orthodoxe.

Le Sens des icônes, par Vladimir Lossky et Leonide Ouspensky (Cerf, 2003). Au-delà de l'art, les enjeux théologiques de l'icône. Un classique.

Russie : Moscou, Saint-Pétersbourg et l'Anneau d'Or (Vilo, 1993) – Les auteurs offrent un véritable ouvrage de découverte, appuyé sur leur expérience personnelle, et accompagné de photos pleines d'émotion.

La Peinture russe, par Peter Leek (Parkstone international, coll. Arts & Thèmes, 2005).

Maisons de Russie (Flammarion, 2005) –Des élégants appartements de St-Pétersbourg aux datchas du golfe de Finlande…

Jardins de Russie, par Peter Hayden (Actes Sud, 2005).

Voyage en Russie sur les traces de Michel Strogoff (GEO/Solar, 2005) – De Moscou à Irkoutsk, en train, en bateau ou en voiture, les auteurs ont suivi la route du héros de Jules Verne.

Dictionnaire amoureux de la Russie, par Dominique Fernandez (Plon, 2005) – Un périple à travers le temps et l'espace, permettant de mieux saisir la culture et l'âme russes.

HISTOIRE ET BIOGRAPHIES

Histoire de la Russie des origines à 1996, par Nicholas V. Riasanovsky (Robert Laffont, 1994).

L'Empire d'Eurasie, par Hélène Carrère d'Encausse (Fayard, 2005) – L'Empire russe de 1552 à nos jours.

Le Grand Siècle russe d'Alexandre Ier à Nicolas II, par Wladimir Berelowitch (Découvertes Gallimard n° 474, 2005) – La Russie à la croisée des chemins.

1917, la Russie en révolution, par Nicolas Werth (Découvertes Gallimard, n° 327). Le récit des « dix jours qui ébranlèrent le monde ».

Alexandre II, le printemps de la Russie, d'**Hélène Carrère d'Encausse**, (Fayard, 2008) – Le portrait magistral d'un tsar réformateur assassiné le 1er mars 1881, après avoir entrepris pour son pays un programme de réformes qui préfigure la perestroïka de Gorbatchev et se heurtera aux mêmes difficultés.

Signalons également les biographies signées par **Henri Troyat** : *La Grande Catherine* et *Nicolas II*.

DIVERS

La Cuisine russe, par Michel Parfenov (Actes Sud, 2005) – Histoire (truffée d'anecdotes) de la gastronomie russe.

Contes russes (Éd. du Sorbier) – Superbes illustrations du dessinateur **Bilibine**.

Va je ne sais où, chercher je ne sais quoi, par Nathalie Khodolovitch (Grancher, 2004) – Contes russes « Dans un certain pays, à une certaine époque... ».

Guide de la Russie à Paris, par Catherine Triomphe (Parigramme, Le Monde en Capitale, 2000).

Guide des Russes en France, par Raymond de Ponfilly (Horay, 1992).

Russe – Guide de conversation pour le voyage, par Anne Kanjounzeff (JPM guides, 2006) – Quelques clés pour mieux se débrouiller sur place.

Enfin, signalons la parution en français de **La Pensée russe** fin 2005. Cette publication qui existe depuis 1947 (mais jusqu'ici uniquement en russe) édite des reportages, des interviews et suit l'actualité de l'émigration.

SUR MOSCOU

Promenades architecturales dans Moscou, par Irina Bouseva-Davydova et Maria Nachtchokina (Flies France, 1996) – Ouvrage très documenté que tous les amateurs d'architecture se doivent de consulter : en 32 quartiers, sont présentés et analysés les principaux bâtiments moscovites.

La Maison haute, par Anne Nivat (Fayard, 2002) – Comment vit-on aujourd'hui dans un gratte-ciel stalinien ? Grand reporter à Moscou, l'auteur est parti à la découverte de l'immeuble du quai des Chaudronniers et de ses habitants. Une passionnante enquête qui répond à bien des questions que les visiteurs de la capitale russe ne manquent pas de se poser... et qui vient d'être portée à l'écran par le cinéaste **Pavel Lounguine**.

Moscou sauvée des eaux, par **Yves Gauthier** (Actes Sud, L'Aventure, 2007) – Le roman est bien médiocre mais il a l'intérêt de se dérouler à bord d'un navire lors de la croisière entre les deux capitales.

Place Rouge, par **Dominique Fernandez** (Grasset, 2008) – Un véritable guide touristique dans le Moscou et le St-Pétersbourg d'aujourd'hui (et donc celle d'hier) sur les traces de Maxime Gorki. Intéressant, même si l'on peut être agacé par les obsessions de l'auteur.

Moscou dans la littérature

Le Maître et Marguerite et le *Roman théâtral*, par **Mikhaïl Boulgakov** (Laffont, 1993) – Les chefs-d'œuvre de l'écrivain moscovite.

Les Enfants de l'Arbat, par **Anatoli Rybakov** (Albin Michel, 1988) – La jeunesse d'un quartier au plus fort de la terreur stalinienne.

Une saga moscovite, par **Vassili Axionov** (Gallimard coll. Folio, 2 vol., 1997) – La vie d'une grande famille moscovite entre 1924 et 1953, par un des romanciers actuels les plus talentueux.

Les Hauts de Moscou, par **Vassili Axionov** (Actes Sud, 2007) – L'action se situe autour de l'immeuble de la Yaouza dans les années 1950.

Sincèrement vôtre, Chourik, par **Ludmila Oulitskaïa** (Gallimard, 2005) – Les tribulations dans Moscou d'un Don Juan malgré lui.

Polars à la mode moscovite

Les romans d'**Alexandra Marinina**, elle-même ancienne enquêtrice de police, mettent en scène une inspectrice incorruptible, Anastasia Kamenskaïa. Titres parus : *Le Cauchemar*, *La Mort pour la mort*, *La Ligne noire*, *La Mort et un peu d'amour*, *Ne gênez pas le bourreau* et *Le Styliste* (Seuil, coll. Points). L'inspecteur est également le héros d'un double roman « kaléidoscopique » : *La Maîtresse de la mort* et *L'Amant de la mort* (Presses de la Cité, 2006), qui peuvent se lire dans l'ordre que l'on souhaite.

Le Conseiller d'État, *Missions spéciales* et *La Mort d'Achille*, par **Boris Akounine** (10-18, coll. Grands détectives), pseudonyme de **Grigori Tchkhartichvili**. Dans le décor de Moscou à la fin du 19e s., ville à la fois étrange et familière, les enquêtes d'Eraste Petrovitch Fandorine, policier humaniste aux remarquables capacités de déduction.

SUR SAINT-PÉTERSBOURG

Saint-Pétersbourg, par Ferrante Ferranti et Andreï Makhine (Éd. du Chêne, 2002) – Vision très personnelle et poétique de la ville accompagnée de la prose inspirée d'**Andreï Makhine**.

Saint-Pétersbourg, par Dominique Senay (La Renaissance du livre, 2002) – Génie, folie, poésie d'une cité boréale. Loin de se limiter à la présentation de la ville historique, ce livre est un reportage émouvant sur la vie des Pétersbourgeois d'aujourd'hui.

Catherine la Grande – Un art pour l'Empire, chefs-d'œuvre du musée de l'Ermitage, par Nathalie Bondil (Musée des Beaux-Arts de Montréal, Musée des Beaux-Arts de l'Ontario et Éditions Snoeck, 2005).

Histoire de Saint-Pétersbourg, par Wladimir Berelowitch et Olga Medvedkova (Fayard, coll. Histoire des grandes villes du monde, 1996) – Histoire de la ville depuis sa fondation jusqu'à nos jours.

Saint-Pétersbourg ou l'enlèvement d'Europe, par Natalia Smirnova (Olizane, Genève, 1996) – Sur les traces des créateurs qui ont façonné la capitale des tsars.

Le Roman de Saint-Pétersbourg, par Vladimir Fedorovski (Le Rocher et Livre de Poche, 2003) – Trois siècles d'histoire de la ville à travers les passions de ceux qui ont fait sa gloire.

Paris-Saint-Pétersbourg (Presses de la Renaissance, 2005) – L'extraordinaire histoire d'amour unissant, depuis plusieurs siècles, la Russie et la France.

La Magie blanche de Saint-Pétersbourg, par Dominique Fernandez (Découvertes Gallimard n° 205, 1994).

Mémoires, par le prince Félix Youssoupoff (Éd. du Rocher, 2005) – Les fastes de la capitale impériale sous les derniers tsars, vus par l'assassin de Raspoutine.

Dans la littérature

Poltava et *Le Cavalier de bronze*, par **Alexandre Pouchkine** (Syrtes, 2003) – Deux chefs-d'œuvre du poète national, l'un glorifiant, l'autre dénonçant le rêve de Pierre le Grand de bâtir sa capitale au mépris de la nature et de milliers de vies humaines.

Nouvelles de Pétersbourg, par **Nikolaï Gogol** (Gallimard, coll. Folio, 1998) – Récits où le fantastique se mêle à la satire sociale. Parmi eux : *La Perspective Nevski*, *Le Manteau* et *Le Nez*.

Crime et Châtiment, par **Fiodor Dostoïevski** (Gallimard, coll. Folio classique, 1995) – Voyage au cœur de l'âme d'un meurtrier dans le St-Pétersbourg du 19e s. ; *Les Nuits blanches* (Actes Sud, 1992) – Un roman de jeunesse d'un tout autre registre, qui peint les élans amoureux d'une jeune fille imprégnée par le romantisme des Nuits blanches.

Requiem, par **Anna Akhmatova** (Interférences, 2005) – À travers la tragédie personnelle d'Akhmatova, un poème au nom de toutes les victimes du stalinisme.

Les Enfants de Saint-Pétersbourg, par **Sergueï Bolmat** (Robert Laffont, 2003 et 10/18, 2005) – Gamins perdus entre combines, drogue et violence dans la capitale du Nord. Un polar haletant.

Le Costume d'Arlequin, *Une maison de rendez-vous* et *Le Prince des vents*, par **Léonid Youzéfovitch** (Noir sur Blanc, 2005-2007) – Une trilogie de polars historiques. Le héros est Ivan Poutiline, qui fut chef de la Sûreté à St-Pétersbourg au 19e s.

Le Maître de Pétersbourg, par **J. M. Coetzee** (Seuil, Points, 2004). Sur les traces de Dostoïevski dans la capitale de 1869 rongée par la pauvreté, l'autoritarisme et le terrorisme.

Le Voyage en Russie, par **Claude de Grève** (Robert Laffont, coll. Bouquins, 1990) – Une anthologie rassemblant des écrits de voyageurs dans la Russie impériale, du marquis de Custine à Alexandre Dumas en passant par Bernardin de St-Pierre, Diderot, Théophile Gautier, Madame de Staël.

La Ballerine de Saint-Pétersbourg, par **Henri Troyat** (Plon, 2000 et Pocket, 2001) – À travers l'histoire d'une danseuse, élève de Marius Petipa, Troyat fait revivre la période la plus éclatante de la danse russe.

Quelques disques

Dimitri Chostakovitch, *Symphonies nos 1, 5, 6, 8, 10, 15*, orchestre symphonique de Berlin, dir. Kurt Sanderling.

Mikhaïl Glinka, *Rouslan et Ludmila* orchestre du Kirov, dir. Valery Gergiev.

Modest Moussorgski, *Boris Godounov*, orchestre philarmonique de Vienne, dir. Herbert von Karajan ; *La Khovanchtchina*, orchestre de l'opéra de Vienne, dir. Claudio Dorati.

Serge Prokofiev, *Concertos pour piano*, London Symphony Orchestra, dir. André Prévin.

Serge Rachmaninov, *Concertos pour piano nos 2 et 3*, orchestre symphonique de Minneapolis, London Symphony Orchestra, dir. Antal Dorati.

Nikolaï Rimski-Korsakov, *Shéhérazade* et **Borodine**, *Symphonie n° 2*, orchestre du Concertgebouw d'Amsterdam, dir. Kirill Kondrachine.

Alexandre Scriabine, *Sonates pour piano et nos 3 et 5, 17 Préludes, 3 Études*, interprétés par Vladimir Horowitz.

Igor Stravinsky, *Le Sacre du printemps*, *Petrouchka*, orchestre de Cleveland, orchestre philharmonique de New York, dir. Pierre Boulez.

Piotr Tchaïkovski, *Symphonie n° 5*, orchestre philharmonique de Vienne, dir. V. Gergiev.

Quatre Pères de l'Église orthodoxe. Icône, Russie du Nord (v. 1480-1500). Musée de Rouen

PLAINE ET FLEUVES...

D'une superficie de 17 millions de km^2 (ce qui représente trente fois la France), la Fédération de Russie qui s'étend d'est en ouest, de la Baltique au Pacifique, sur plus de 10 000 km est toujours aujourd'hui le plus grand État du monde. Séparée des immenses territoires de la Sibérie par la chaîne de l'Oural relativement peu élevée, la Russie d'Europe est essentiellement constituée de plaines bordant un plateau de faible altitude (aux alentours de 400 m) et irriguée par de nombreux fleuves.

P. Boussard / Michelin

Les paysages russes défilent le long du lac Ladoga.

Baignée par quatre mers (la mer de Barents et la mer Baltique au nord, la mer Noire et la mer Caspienne au sud), la **Russie d'Europe** possède des frontières communes avec neuf pays : la Norvège, la Finlande, l'Estonie et la Lettonie, la Biélorussie (Belarus), l'Ukraine, la Géorgie, l'Azerbaïdjan et le Kazakhstan, les sept derniers étant anciens membres de l'URSS.

LE CADRE NATUREL

Bordée au nord par le plateau scandinave, au sud par la chaîne du Caucase qui culmine à 5 600 m d'altitude, à l'est par l'Oural, barrière naturelle entre l'Europe et l'Asie, qui ne fut jamais un obstacle sérieux aux mouvements de population, ce que l'on appelle la **plaine russe** est une vaste cuvette sédimentaire, prolongement de la plaine germano-polonaise. D'une altitude moyenne modeste (200 m), cette plaine est en fait constituée d'une série de plateaux dont le plus élevé, le **Valdaï**, à proximité de Moscou, atteint 343 m au mont Kamenik.

Le réseau fluvial

Cette vaste plaine est sillonnée par un important réseau fluvial : au nord, la **Dvina** et la **Petchora** se jettent dans l'océan Arctique ; la **Neva**, puisant sa source dans les eaux glaciaires du lac Ladoga, trouve son embouchure dans le golfe de Finlande, annexe de la mer Baltique ; à l'ouest, le **Dniepr** descend vers la mer Noire qu'il atteint après avoir traversé la Biélorussie et l'Ukraine, de même que le **Don** ; à l'ouest, enfin, c'est la puissante **Volga**, le plus long des fleuves d'Europe (près de 4 000 km) qui, grossie d'affluents (parmi lesquels la Koma et l'Oka qui reçoit elle-même la **Moskova**), va se jeter dans la mer Caspienne.

Voies traditionnelles de communication, ces cours d'eau, reliés entre eux par un système de canaux, irriguent la riche terre russe qui cependant, pour des raisons diverses (liées jadis à la possession des terres puis à leur collectivisation et, aujourd'hui, à un manque criant de productivité), ne parvinrent jamais à nourrir une agriculture véritablement prospère.

La **croisière de Moscou à St-Pétersbourg** vous permettra d'apprécier ce réseau perfectionné par l'homme, puisque vous emprunterez successivement le **canal de Moscou** et la **Volga**, qui traverse plusieurs lacs de barrage, dont celui de Rybinsk, le plus vaste au monde. Vous accéderez alors au **canal Volga-Baltique**, combinant fleuves et lacs jusqu'à l'immense **lac Onega** avant

La raspoutitsa

Le terme désigne la période du dégel au début du printemps : à la fonte des neiges et des glaces s'ajoutent de fortes précipitations rendant difficiles les communications.

d'emprunter la **Svir** qui relie ce lac à son voisin, le **Ladoga** d'où s'écoule enfin la **Neva** qui vous conduira jusqu'à la capitale du Nord : au total, près de 2 000 km sans mettre pied à terre autrement que pour visiter les cités situées sur les rives.

Un climat rude

Il est, naturellement, continental et l'on s'en doute, sévère d'autant qu'aucun obstacle ne vient arrêter les vents : aux froids très vifs en hiver (avec quatre à cinq mois consécutifs de gelées) aux températures largement négatives, si l'on excepte la région de la mer Noire, suivent l'été venu des journées très chaudes où le thermomètre frôle ou dépasse les 30° C avec, toutefois, des nuits qui peuvent rester assez fraîches et d'importantes amplitudes de température.

LES PAYSAGES

Sur cet immense territoire se succèdent du nord au sud quatre types de paysages, modelés par des conditions climatiques sévères et parfois extrêmes, et par la nature du sol, plus que par le relief quasi inexistant.

Au nord du cercle polaire, c'est le royaume de la **toundra** désertique au sol continuellement gelé : ici ne poussent que quelques lichens, des mousses et de maigres bouleaux nains.

Entre les 67e et 60e parallèles apparaissent d'épaisses forêts, ponctuées de vastes espaces lacustres (lacs **Onega** et **Ladoga**) et peuplées de conifères et de bouleaux : c'est la **taïga**, cette forêt quasi ininterrompue qui ceinture les continents eurasien et américain.

La taïga cède la place à une **région forestière** peuplée de feuillus, chênes, trembles et autres : sa superficie a été largement réduite par d'intenses défrichements.

Tout au sud, enfin, la **steppe** alterne avec le « tchernoziom », ou « terre noire » née de la décomposition des herbes de la steppe et à la fertilité légendaire.

La faune sauvage

Ours (le symbole du pays !) et hordes de **loups** affamés hantaient jadis la forêt russe et les récits de voyageurs mis en danger à la suite de rencontres inopinées avec l'une ou l'autre de ces espèces ne manquent pas, mais leur population s'est sensiblement raréfiée au cours du 20e s., âge de déforestation intensive.

On rencontre encore dans la taïga des animaux appréciés (et souvent décimés) pour leur fourrure, tels que **renards**, **martres**, **loutres** et **hermines**. Tout au nord, vous pourrez peut-être apercevoir des troupeaux de **rennes**, qu'ils soient sauvages ou d'élevage.

LES VILLES

Sur ce territoire aujourd'hui très urbanisé, mais d'une densité demeurant globalement très faible, une bonne dizaine de villes atteignent ou dépassent le million d'habitants, en particulier dans les régions industrielles.

Avec ses dix millions d'habitants, **Moscou**, posée sur les rives de la méandreuse Moskova, occupe à peu près le centre géographique de la Russie d'Europe.

Tout autour, les **cités de l'Anneau d'Or** (Preslav, Rostov-le-Grand, Iaroslav, Kostroma, Vladimir et Souzdal), souvent fondées par les descendants des princes de Kiev, se sont établies dans le bassin de la Volga.

St-Pétersbourg, enfin, est située au nord-ouest du pays, implantée dans une zone marécageuse ouverte sur le golfe de Finlande, à l'embouchure de la Neva. C'est cette position septentrionale qui permet aux visiteurs de l'ancienne capitale de Pierre le Grand de profiter en juin des fameuses « Nuits blanches », lorsque le ciel demeure clair pendant vingt-trois heures sur vingt-quatre.

L'environnement, un souci pour tous...

... sauf apparemment pour les gouvernements successifs de l'URSS, puis de la Russie : il est vrai que les bolcheviks dans leur marche forcée vers l'industrie lourde et la productivité se souciaient comme d'une guigne des dommages collatéraux qu'ils infligeaient à la nature. Quant aux gouvernements qui ont suivi la chute du régime communiste, ils ont ajouté à ce désintérêt un manque de moyens chronique : résultat, en dépit de l'émergence (timide) d'une prise de conscience chez certains citoyens soucieux de préserver ce qui peut l'être, des équipements industriels, et en particulier nucléaires, terrifiants vieillissent inexorablement (notamment dans la région de Mourmansk) et font planer en permanence la menace d'un « nouveau Tchernobyl »...

HISTOIRE

La Russie donne souvent aux observateurs étrangers l'impression d'être une énigme impénétrable, un État mystérieux et un peu inquiétant. Les souvenirs parfois ambivalents laissés par certains, et non des moindres, de ses dirigeants les plus connus pour leurs méthodes autocratiques et leur dédain de la vie humaine, de Ivan le Terrible à Staline en passant par Pierre le Grand, ne sont sans doute pas étrangers à cette impression. Cependant, l'histoire millénaire de cet immense pays marqué par son rude climat, à la fois occidental et oriental, est plus complexe qu'on ne le pense généralement et mérite d'être mieux connue, au-delà de certains clichés.

Nicolas II, un tsar en famille.

Slaves, Vikings et Mongols

Totalement dénué de protections naturelles, l'immense espace de la Russie est occupé au 6e s. par les Slaves orientaux, ancêtres des Russes actuels. Si l'on en croit la plus ancienne chronique russe rédigée par le moine **Nestor** (1377), ceux-ci ne constituent pas un État mais s'organisent en tribus (comme les Drevlianes, ou les Sévérianes) qui passent le plus clair de leur temps à s'entretuer. La plus importante d'entre elles, celle des Polianes (ou « les hommes de la plaine ») est installée dans la région de **Kiev**, noyau de l'ancienne Russie.

C'est alors qu'un groupe de Vikings venu de Suède, les **Varègues** (ou **Rus**), pénètre sur la terre russe et s'y installe sans trop de difficultés : le premier prince russe installé à Novgorod s'appelle **Riourik** (du scandinave Roerik ou Roerekhr le Danois). Son successeur – peut-être légendaire –, le prince **Oleg**, s'empare de Kiev en 882 et en fait la capitale d'un premier État russe qui s'étend de la Neva à la mer Noire. Après avoir proclamé sa capitale « mère des villes russes », il soumet les autres tribus slaves, alors vassales des Khazars : les Drevlianes sur la rive droite du Dniepr moyen, les Sévérianes sur la rive gauche.

En 988, le prince de Kiev, **Vladimir le Grand**, décide de se convertir au christianisme et d'imposer sa nouvelle religion au peuple russe. Par l'intermédiaire de Byzance, le jeune État russe se voit doté, à la fois d'une religion, d'un art, d'une architecture et d'une écriture. Vladimir donne avec sa femme et ses deux fils cadets **Boris** et **Gleb** l'exemple d'une famille chrétienne. Dès cette époque, Kiev est une ville importante, un carrefour entre l'Orient et l'Occident.

Après deux campagnes contre les Byzantins, le prince **Igor** (912-945), successeur d'Oleg, conclut un traité avec eux. **Olga**, sa veuve, exerce la régence pendant vingt ans. Elle se fait baptiser et se rend en 957 à Byzance où elle est solennellement reçue en princesse chrétienne. Le premier prince à porter un nom slave est **Sviatoslav**, fils d'Igor et d'Olga, mais il reste païen. Il est tué en 970 par les Petchenègues, peuple turc nomade installé entre l'Oural et la Volga.

Sous **Iaroslav le Sage**, fils de Vladimir, qui règne de 1019 à 1054, la Russie devient un grand État proche de ceux de l'Europe occidentale. Comme son père, il cherche des alliances avec les pays de l'Europe : marié à une fille du roi de Suède, il donne la main de sa sœur Marie à Casimir de Pologne, celle de ses filles aux rois de Norvège, de France et de Hongrie.

LA HORDE D'OR

Mais la Russie commence à subir les incursions mongoles. Si la première en 1223 est repoussée, trois ans plus tard les Tatars réitèrent leur tentative sous le règne de **Batu Khan**, petit-fils de Gengis Khan. En 1237, ils mettent à sac Riazan, Moscou et Vladimir. Kiev tombe à son tour en 1240. Désunis, les princes de la Russie kiévienne n'ont pu opposer qu'une faible résistance et leur territoire passe sous le « joug tatar » jusqu'à la fin du 15e s.

La Moscovie émerge

La période s'étendant de 1261 à 1533 voit la montée en puissance de la Moscovie. Elle trouve son origine dans l'action d'un prince de Novgorod, **Alexandre Nevski**. Après avoir battu les Suédois sur la Neva en 1240 et les chevaliers Teutoniques en 1242 sur les glaces du lac de Pskov, Alexandre, reconnaissant la suprématie militaire des Tatars, décide de se soumettre à eux et de leur payer tribut.

Son fils **Daniel** devient prince de Moscou en 1276 et fonde une dynastie moscovite qui se maintient jusqu'en 1598. Au cours de son règne, il parvient à doubler ses possessions territoriales en repoussant les frontières au sud, au nord-est et à l'ouest. Après Kiev, Moscou devint la deuxième capitale de la Russie, le centre géographique et politique d'un pays encore occupé.

Un mal pour un bien ?

Pour certains historiens, ces deux siècles et demi d'occupation mongole expliquent que la Russie ait pris tant de retard sur le reste de l'Europe à l'aube de la Renaissance qu'elle n'a pas connue. Mais d'autres y voient quelques côtés positifs, à commencer par l'unité des Russes. Les Tatars ont également légué à la Russie les fondations de ses systèmes politique et économique, bien différents de ceux en usage à l'époque en Occident. Quoi qu'il en soit, l'invasion tatare a durablement pesé sur le développement politique, économique et social de la Russie.

L'expansion continue lorsque la **Horde d'Or** offre à **Ivan Ier Kalita** (« l'Escarcelle ») les terres du seigneur de Tver en 1327, le titre de grand-prince et la charge de lever, au nom et au bénéfice du khan, tribut sur l'ensemble du pays.

Les descendants d'**Ivan Kalita** continuent à collaborer avec les occupants, politique qui se révèle très payante. L'expansion se poursuit sous **Dimitri Donskoï** (1359-1389) puis **Vassili Ier** (1389-1425). Durant leurs règnes la Moscovie multiplie son territoire par huit.

L'héritière de Rome

Sous le règne d'**Ivan III** (1462-1505), la Moscovie se libère définitivement de la domination tatare (1480). Le grand-prince acquiert Iaroslav, Rostov et Tver, Novgorod et ses colonies septentrionales entre autres. Ainsi, ce rassembleur des terres unifie la Russie en un grand État.

Après son mariage en 1472 avec **Sophie Paléologue**, nièce du dernier empereur byzantin, ce premier souverain national russe adopte l'aigle bicéphale de Byzance qu'il ajoute à saint Georges, emblème de Moscou. Il proclame sa volonté de faire de sa capitale la « Troisième Rome » et la capitale de la chrétienté après la prise de Constantinople par les Turcs en 1453. Cette idée imprègne pour longtemps les esprits, en accréditant la théorie du pouvoir divin du tsar, successeur des empereurs de Byzance et donc de Rome.

Au temps du Terrible

Couronné en 1547, **Ivan IV** dit « le Terrible » (plus exactement « le Redoutable ») est le premier souverain à prendre le titre de tsar (« césar ») « de toute la Russie », montrant ainsi sa volonté de régner en autocrate dont le pouvoir procède uniquement de Dieu, et affirmant l'autorité de Moscou sur toute l'étendue du territoire russe. En 1552, il conquiert le khanat tatar de Kazan et obtient en 1556 la soumission du khanat d'Astrakhan, ce qui donne à la Russie le contrôle du cours entier de la Volga jusqu'à la Caspienne. En outre, il lui ouvre un chemin à travers l'Oural, vers la Sibérie, dont le Cosaque **Ermak** entreprend la conquête en 1582. Malgré quelques raffinements de cruauté et des orgies mémorables, Ivan le Terrible mène aussi une lutte impitoyable contre le pouvoir des **boyards**, ces nobles qui passent leur temps à comploter, en se constituant une garde de fidèles, auxquels il distribue généreusement les terres de l'*opritchina*, territoire qu'il s'est réservé.

© Collection Roger-Viollet

L'acteur Tcherkassov dans « Ivan le Terrible » d'Eisenstein.

Le temps des troubles

La dynastie de Riourik s'éteint en 1598 à la mort de **Fiodor Ier**. C'est l'époque passée à l'histoire sous le nom de temps des troubles. Après le bref intermède de **Boris Godounov** (1598-1605), la Russie devient une proie de choix pour ses voisins : les Polonais et les Suédois s'emparent de vastes territoires à l'ouest. Les Polonais, en appuyant un usurpateur, le **faux Dimitri**, occupent même Moscou pendant près de deux ans. Un boucher de Nijnii-Novgorod, **Minine**, organise la résistance à ce pouvoir étranger, appuyé militairement par le prince **Pojarski**, chef de la milice patriotique levée en masse. En août 1612, ils marchent sur Moscou, dont la garnison polonaise capitule en octobre. La Russie est sauvée et c'est en 1613 l'avènement de **Mikhaïl Fiodorovitch**, premier tsar de la dynastie des Romanov qui ne prend fin qu'en 1917.

Le règne de son successeur, **Alexeï Mikhaïlovitch** (1645-1676) est marqué en 1666 par le **raskol**, schisme des **vieux-croyants** déclenché par les réformes liturgiques du patriarche **Nikon**.

La Russie s'ouvre à l'Europe

Le 18e s. est influencé par les règnes de deux souverains exceptionnels. Le premier est **Pierre Ier le Grand** qui, après une succession difficile marquée par la révolte des **streltsy** (archers d'élite), fonde en 1703 sa nouvelle capitale, St-Pétersbourg, symbole d'une Russie qu'il entend ouvrir sur une Europe qu'il a longuement parcourue dans sa jeunesse. Haïssant la vieille capitale, liée aux souvenirs tragiques de sa jeunesse, il veut faire table rase de la vieille Russie, en commençant par enlever tout pouvoir à l'Église en qui il voit le symbole du passé, de l'ignorance, de la résistance au progrès.

Entre 1703 et 1725, Pierre le Grand modernise et européanise la Russie dont il fait une grande puissance militaire, industrielle, économique et maritime, mais cette politique énergique n'est guère économe en vies humaines. Les jugements les plus divers ont été portés sur l'œuvre de ce tsar qui se fit décerner en 1721 le titre d'empereur. Pour les uns, il fut le plus grand libérateur d'une Russie attardée, pour d'autres le plus grand tyran de son histoire, et **Pouchkine** résume parfaitement cette indécision en écrivant : « Je ne suis pas encore parvenu à une vision complète de ce géant. Il est trop grand pour nous. Plus je l'observe et plus l'étonnement et l'admiration me privent des moyens de penser en toute indépendance. »

Si le règne de la frivole **Elisabeth Petrovna** (1741-1762) ne restera pas dans les annales, il en va autrement de celui de **Catherine II** (1762-1796) qui a suscité elle aussi des opinions divergentes. Cette princesse allemande, parvenue sur le trône après en avoir écarté son époux **Pierre III**, s'efforce de donner une image d'impératrice éclairée : amie des encyclopédistes français, elle correspond avec **Voltaire** et invite **Diderot** en Russie. Elle réforme l'administration, mais se limite surtout à de vagues promesses inspirées des idées de Montesquieu et de l'esprit des Lumières. Sous son règne brillant, la Russie connaît une relative stabilité interne (si l'on excepte la révolte de **Pougatchev**, réprimée sans états d'âme en 1774) et consolide sa position de puissance européenne.

© D.R.

Portrait de la Grande Catherine.

Quelques dates clés

988 – Conversion du grand-prince Vladimir et de la Russie à l'orthodoxie.
1240 – Chute de la Russie kievienne qui passe sous le contrôle des Mongols.
1480 – Fin de la domination de la Horde d'Or.
1547 – Ivan le Terrible prend le titre de tsar.
1613 – Fondation de la dynastie Romanov.
1703-1725 – Règne de Pierre Ier le Grand qui fait de St-Pétersbourg sa nouvelle capitale et du pays une puissance européenne.
1762-1796 – Règne de la Grande Catherine.
1812 – Alexandre Ier, vainqueur de Napoléon.
1861 – Abolition du servage par Alexandre II.
1917 – Révolution d'Octobre. Moscou redevient capitale l'année suivante.
1924-1953 – Domination de Staline.
1991 – Dissolution de l'URSS.

RÉFORME OU AUTOCRATIE ?

En mars 1801, l'énigmatique **Alexandre Ier**, le petit-fils que Catherine avait fait éduquer par un précepteur français républicain, Laharpe, succède à **Paul Ier**. Alexandre semble animé de la volonté de s'attaquer aux problèmes de fond de la Russie – l'autocratie, le servage, la corruption de l'administration – et proclame son désir de gouverner « selon les lois et les décrets de notre très auguste grand-mère, la défunte impératrice Catherine la Grande ». Vainqueur en 1812 de la Grande Armée napoléonienne, il fait dès lors figure de libérateur de l'Europe et d'arbitre de ses destinées. Mais sur le plan intérieur, il évolue vers la réaction.

Le coup de semonce de 1825

Le séjour des troupes russes à l'étranger, les contacts des jeunes officiers en France, avec des interlocuteurs à l'esprit libéral, voire révolutionnaire, dans les salons, les loges maçonniques et les sociétés secrètes très actives, provoquent une effervescence qui se traduit par la révolte des **décembristes**. Le 26 décembre 1825, au petit matin, les conjurés de l'« Union du Nord » soulèvent une partie des troupes qui se préparaient à prêter serment au nouveau tsar **Nicolas Ier**. Ces officiers souvent issus de l'aristocratie réclament l'abolition du servage et un régime constitutionnel. Mais la rébellion échoue car le terrain n'est pas prêt pour une insurrection populaire à caractère politique. Nicolas Ier accède donc au trône après avoir fait châtier les décembristes et, de son propre aveu : « Au prix du sang de ses sujets. » Celui que les libéraux baptisent dès lors « Nicolas la Trique » vit avec une hantise : la révolution, que ce soit à l'extérieur ou à l'intérieur, ce qui lui vaut d'être surnommé le « gendarme de l'Europe ». Après avoir écrasé les révoltes polonaise et hongroise, il s'engage dans la guerre de Crimée. Le traité de Paris (30 mars 1856), qui y met fin, consacre l'affaiblissement de la Russie et sa perte de prestige.

Un tsar libérateur

Monté sur le trône en 1855, **Alexandre II**, le grand tsar réformateur, élevé par le poète **Joukovski**, sera aussi le « tsar libérateur » auquel la Russie doit l'abolition du servage en 1861. Dans son manifeste, le tsar reconnaît qu'il « valait mieux libérer d'en haut les paysans avant qu'ils ne se libèrent eux-mêmes d'en bas », mais il oublie de leur accorder des terres. Il entreprend également une série de réformes dans l'administration, (création du **zemstvo**, conseil dotant les villes et les campagnes d'un petit pouvoir autonome), dans l'instruction, la justice et l'armée. Mais le destin est parfois ironique et Alexandre, esprit clairvoyant, périt victime des forces que ses réformes avaient mises en mouvement : le 1er mars 1881, le jour où il signait la convocation de l'assemblée nationale des zemstvos, il est assassiné à St-Pétersbourg par les membres du groupe révolutionnaire La Volonté du peuple.

Retour à l'autocratie

Le meurtre d'Alexandre étouffe toute velléité de réforme chez son successeur **Alexandre III** (1881-1894) qui affirme aussitôt sa conception autocratique du pouvoir. Son ministre des Finances, **Serge Witte**, artisan d'un développement économique spectaculaire, dynamise de façon déterminante l'économie russe. Sur le plan extérieur, le tsar jette les premiers jalons de l'alliance franco-russe, et son règne fut le premier sans guerre depuis un siècle : « Il n'y aura pas de guerre parce que je ne le veux pas », disait-il simplement.

Le règne de **Nicolas II**, dernier empereur de Russie, est marqué par la guerre russo-japonaise humiliante et conduite en dépit du bon sens. Commencée en janvier 1905, elle précipita l'éclatement de la révolution manquée de 1905, « répétition générale » de la révolution de 1917, selon la phrase célèbre de **Trotski**. La réforme constitutionnelle de 1906 initiée par **Stolypine** modernise la vie politique, mais c'est la réforme agraire qui est l'aspect le plus spectaculaire de l'action du ministre, puisqu'elle devait assurer aux paysans la propriété de la terre, mais son assassinat en 1911 annonce la fin des réformes. La Première Guerre mondiale et son cortège de souffrances, les effets désastreux de l'emprise du moine débauché **Raspoutine** sur la famille impériale, le massacre du Dimanche rouge de janvier 1917 vont discréditer définitivement un tsar velléitaire qui est déposé en février 1917, laissant la place à un gouvernement provisoire dirigé par **Alexandre Kerenski**.

70 ans de socialisme

Quelques coups de feu suffisent à faire tomber ce gouvernement en octobre 1917. Rentré de Suisse quelques jours auparavant, **Lénine**, le leader de la fraction bolchevique du Parti ouvrier social-démocrate de Russie, devient président du Conseil des Commissaires du peuple, crée aussitôt sa police politique (la **Tcheka**) et l'armée Rouge, signe avec l'Allemagne la paix séparée de Brest-Litovsk et transfère la capitale à Moscou en 1918.

Les premières années du nouveau régime sont marquées par la guerre civile. Dirigée par Léon Trotski, l'armée Rouge défait des armées blanches, mais aussi réprime les marins de Cronstadt révoltés. L'émigration est massive. Le « communisme de guerre » (1918-1921), avec ses nationalisations généralisées, affame le peuple et cède la place en 1921 à la **NEP** (Nouvelle Politique Économique), moins dogmatique, qui soulage la population. L'**URSS** est créée en 1922 par la réunion de la Russie, la Transcaucasie, l'Ukraine et la Biélorussie. Mais Lénine est frappé cette année-là d'hémiplégie, ce qui déclenche la bataille de sa succession.

Lénine haranguant la foule en octobre 1917.

Le pouvoir stalinien

Lorsque Lénine meurt en 1924, Iossif Djougachvili, dit **Staline**, entreprend d'éliminer de la direction du Parti tous ses concurrents (à sa gauche comme **Trotski**, **Kamenev** ou **Zinoviev** ou à sa droite, comme **Boukharine**).

Les mains désormais libres, il abandonne la NEP en 1929 et lance le premier plan quinquennal visant à développer à marche forcée l'industrie lourde (nombre de prisonniers politiques sont réquisitionnés), tandis que les terres sont collectivisées et leurs propriétaires, les **koulaks**, « liquidés » par millions pour reprendre la terminologie officielle (1930).

En 1935, l'assassinat de **Sergueï Kirov**, dirigeant de Leningrad, est le prétexte officiel du déclenchement des grandes **purges** orchestrées par la **Guépéou** qui a succédé à la Tcheka. Des dizaines de milliers de personnes, souvent communistes, sont déportées dans les camps du **Goulag**, accusées notamment de trotskisme ou de « manque de vigilance révolutionnaire ». La terreur frappe partout. Les noms de **Iagoda**, **Iejov** puis **Beria**, dirigeants des « organes », font frémir. Les vieux bolcheviks sont passés par les armes après les fameux et parodiques procès de Moscou. L'armée Rouge elle-même est décapitée et le maréchal **Toukhatchevski**, accusé de trahison et fusillé, comme 30 000 officiers.

La guerre patriotique

En 1939, le commissaire du peuple aux Affaires étrangères **Molotov** signe avec son homologue nazi Ribbentrop le pacte germano-soviétique. Staline profite de cette alliance pour annexer cyniquement la Pologne orientale, les États baltes et la Carélie. Mais il est le premier surpris par l'offensive allemande de 1941 qui semble irrésistible. Moscou est menacée, Leningrad assiégée. Staline fait appel au patriotisme des Russes. On rappelle les cadres militaires des camps du Goulag.

P. Plantier / Michelin

Aux victimes du Goulag (Moscou, parc des Arts).

La victoire de Stalingrad marque le tournant de ce qui est devenu la grande guerre patriotique. En 1945, les troupes soviétiques dirigées par le maréchal **Joukov** s'emparent de Berlin. Staline partage le monde avec les autres Grands à Yalta : l'Europe de l'Est devient zone d'influence de l'URSS avant de se voir dotée de régimes communistes. En URSS, le culte de la personnalité du « petit père des peuples » atteint des sommets tandis que se déclenche la guerre froide et que de nouvelles purges suivent le « complot des Blouses blanches ».

Déstalinisation ?

Staline meurt en 1953. Après les larmes d'usage, le nouveau premier secrétaire du Parti, **Nikita Khrouchtchev**, élimine ses rivaux, Molotov et Beria. En 1956, son rapport au XXe congrès du parti dénonçant les crimes de Staline fait sensation. Les statues du tyran sont déboulonnées, son corps retiré du mausolée de la place Rouge. Un souffle de liberté traverse le monde de la culture. Des déportés sont réhabilités, parfois de façon posthume. C'est le dégel, tandis qu'à l'extérieur l'armée Rouge écrase les insurgés de Budapest (1956) et que la question des missiles de Cuba est sur le point de déclencher un conflit mondial.

En 1964, Khrouchtchev est remercié et remplacé par **Leonid Brejnev** qui restera au pouvoir dix-huit ans. Cette longue période est marquée par l'immobilisme, tandis qu'à l'extérieur l'URSS entame avec les États-Unis une politique de détente, ce qui ne l'empêche ni d'étouffer le Printemps de Prague (1968) ni de s'embourber en Afghanistan à partir de 1979.

De l'URSS à la Russie

Après les deux brefs intermèdes de **Iouri Andropov** (1982-1984) et **Konstantin Tchernienko** (1984-1985), un homme jeune apparaît à la tête du Parti : c'est **Mikhaïl Gorbatchev** qui lance aussitôt la restructuration économique (**perestroïka**) et la transparence (**glasnost**). Les initiatives du nouveau leader (dialogue avec les Américains, retrait des troupes d'Afghanistan) le rendent populaire à l'étranger, beaucoup moins en URSS où elles sont vécues comme une humiliation, d'autant que l'économie se désorganise. En 1990, le rôle dirigeant du Parti communiste est aboli et le Congrès des députés élit Gorbatchev président de l'URSS. Mais les tensions ethniques s'exacerbent, le président accepte la réunification de l'Allemagne, et l'un après l'autre, les pays satellites se débarrassent du joug communiste. Tout cela provoque en août 1991 un rocambolesque coup d'État que **Boris Eltsine**, président de Russie depuis juin, contribue à faire échouer. En septembre, les pays baltes prennent leur indépendance. En décembre, l'URSS est dissoute. Son président n'a plus qu'à boucler ses valises et quitter le Kremlin.

Eltsine reste en place jusqu'au 31 décembre 1999. Le passage à l'économie de marché, parfois chaotique et accompagné de corruption, de la naissance d'immenses fortunes et de la paupérisation d'une partie de la population qui perd ses avantages sociaux, dynamise une opposition populiste ralliant les nostalgiques de l'URSS.

Arrivé au pouvoir en janvier 2000, **Vladimir Poutine** s'est attaché lors de ses deux mandats à reconstruire un État fort, tâche qu'il entend poursuivre en devenant le tout-puissant Premier ministre de son successeur **Dmitri Medvedev** arrivé au pouvoir en mai 2008.

Fédération et Communauté

La **Fédération de Russie** est constituée de 21 républiques et 6 territoires autonomes ; elle fait partie de la **Communauté d'États indépendants (CEI)**, organisme regroupant autour d'elle onze républiques de l'ancienne URSS : l'Arménie, l'Azerbaïdjan, la Biélorussie, le Kazakhstan, le Kirghizistan, la Moldavie, l'Ouzbékistan, le Tadjikistan, le Turkménistan, l'Ukraine et la Géorgie, dans un espace économique et militaire commun que les dirigeants du Kremlin s'efforcent de contrôler.

ART ET ARCHITECTURE

Que ce soit en architecture où la tradition nationale privilégiait l'emploi du bois, ou dans le domaine des arts plastiques où ne s'illustraient guère que les peintres d'icônes, la Russie a dû se tourner vers des cultures étrangères, italienne ou française, avant d'élaborer un véritable art russe. De belles personnalités se sont toutefois révélées comme les architectes Bajenov, Chekhtel ou Baranovski, les peintres Kramskoï, Repine et Vroubel. Mais il fallut attendre le bouillonnement créateur du début du 20e s. pour que la Russie donne à son tour le ton : en architecture, ce fut le constructivisme ; en peinture, il n'est que de citer les noms de Kandinsky, Chagall, Malevitch ou Larionov. Hélas, le rêve allait bientôt se briser sur les exigences du pouvoir, et l'art se soumettre au diktat du « réalisme socialiste »...

Architecture

DU BOIS À LA PIERRE

Vous ne pourrez voir que de rares exemples de l'architecture traditionnelle de bois, hors l'église de Kiji (si vous effectuez la croisière), quelques bâtiments remontés dans le parc de Kolomenskoïë à Moscou ou l'isba de Pierre le Grand à St-Pétersbourg. Assez, toutefois, pour vous faire une haute idée du talent des bâtisseurs russes qui élevaient souvent ces édifices sans utiliser le moindre clou. Mais, s'ils maîtrisent le bois, les constructeurs ne connaissent pas la maçonnerie, et c'est pourquoi Ivan III fait appel au 15e s. à des architectes italiens pour élever en briques et en pierre le Kremlin, ses palais et ses cathédrales : c'est ainsi que se distinguent **Antonio Jilardi**, dit **Friazine**, **Pietro Antonio Solari** ou encore **Aristote Fioravanti**.

Un autre Italien, **Petrok le Jeune**, exerce quant à lui une influence décisive, avec l'église-clocher de l'Assomption de Kolomenskoïé (1532), dont le toit pyramidal va se retrouver sur maints édifices religieux. **Basile-le-Bienheureux** avec ses huit chapelles entourant l'église centrale, ses dômes de couleur, sa décoration exubérante irrite le **patriarche Nikon** qui réclame un peu plus de retenue et agrée un type d'église à cinq dômes aux multiples chapelles latérales qui devient la norme. C'est sur cette base qu'à partir de 1650 se greffe le **style fleuri** ou **baroque Narychkine** qui se caractérise par sa délicatesse décorative.

LE TRIOMPHE DU BAROQUE

Lorsque Pierre le Grand décide en 1712 de construire sa nouvelle capitale, il s'agit de créer de toutes pièces la ville européenne rêvée par ce tsar ouvert sur l'Occident. On fait donc appel à un Italo-Suisse, **Domenico Trezzini** (1660-1734) puis en 1717 à un Français, **Jean-Baptiste Leblond** (1679-1719), pour tracer le plan de la capitale. Trezzini dessine le palais d'été en 1710, **Mario Fontana** le palais Menchikov en 1714, tandis que la cité se couvre de demeures avec toutes sortes de frontons en style hollandais. Ce baroque atteindra son point culminant quelques années plus tard, lorsque **Francesco Bartolomeo Rastrelli** (1700-1771) qui édifie entre autres le palais d'Hiver, le palais Stroganov, Tsarkoïe Selo et le monastère de Smolny introduit le faste décoratif du rococo. Atlantes et cariatides, frises de stucs, statues et vases animent alors les façades. Rastrelli aura quelques épigones locaux, comme **Savva Tchevakinski**, auteur de l'église St-Nicolas-des-Marins. Rien de semblable à Moscou, si l'on excepte la tour Menchikov élevée en 1707 par **Ivan Zaroudny**, de l'atelier de Trezzini.

RETOUR AU CLASSICISME

Mais l'arrivée sur le trône de Catherine II en 1762 change la donne : un de ses premiers gestes est de renvoyer Rastrelli, et de faire appel à des architectes étrangers, adeptes de la sobriété et de la symétrie : après avoir achevé le Gostiny Dvor, le Français **Jean-Baptiste Vallin de La Mothe** construit en 1757 l'Académie des beaux-arts sur l'île Vassilievski puis le palais Ioussoupov. L'Écossais **Charles Cameron** et l'Italien **Vincenzo Brenna** dessinent le palais de Pavlosk. Le Russe **Ivan Starov** construit le palais de Tauride pour le prince Potemkine. **Giacomo Quarenghi** marque la ville de son empreinte avec l'institut Smolny, et dessine le Gostiny Dvor de Moscou : c'est que l'ancienne capitale s'est aussi convertie au classicisme sous l'influence des architectes **Vassili Bajenov** (à qui l'on envisagea de confier la reconstruction du Kremlin et à qui l'on doit le bâtiment du Conservatoire) et de son successeur, **Matveï Kazakov**, auteur de nombreux hôtels particuliers du centre de Moscou.

Le style Empire

Le nom de style Empire honore ici non pas Napoléon mais son vainqueur, le tsar Alexandre Ier : ce néoclassicisme austère des canons de l'Antiquité s'épanouit tant à Moscou qu'à St-Pétersbourg au début du 19e s. Il s'agit d'affirmer haut et fort le prestige du tsar. L'Italien **Carlo Rossi** (1775-1849) est l'homme de la situation et met en scène St-Péters bourg à grand renfort de colonnades : la capitale du Nord lui doit la place du Palais, mais aussi la place des Arts. C'est dans le même esprit qu'**Andreï Voronikhine** édifie la cathédrale de Kazan, tandis qu'**Auguste de Montferrand** s'inspire à la fois de St-Pierre de Rome et de St-Paul de Londres pour bâtir la cathédrale St-Isaac, que **Thomas de Thomon** élève la Bourse à la pointe de l'île Vassilievski et qu'**Andrian Zakharov** reconstruit la façade de l'Amirauté.

À Moscou, il s'agit de reconstruire la ville dévastée par l'incendie de 1812 : le grand homme a pour nom **Ossip Bové**. Il aménage la place Teatralnaïa et ses abords et édifie, outre le théâtre du Bolchoï, nombre d'hôtels particuliers et quelques églises (dans la rue Pretchistenka et à Zamoskvoretchié). Parmi les autres architectes qui s'illustrent, citons **Afanassi Grigoriev** et **Agustín de Betancourt**, qui dessine le manège.

PASTICHES ET « NÉO »

Mais la sobriété lasse vite et comme ailleurs, vient le temps de l'historicisme, cette façon d'accommoder les styles, facilitée par le recours à de nouveaux matériaux comme le métal : byzantin, roman, gothique, baroque, mauresque, tout y passe ! Déjà perceptible dans le décor intérieur de St-Isaac, cette tendance s'implante à St-Pétersbourg avec la construction de palais néobaroques ou du théâtre Mariinski réalisé par **Albert Kavos**. À Moscou, **Konstantin Ton**, outre le temple du Christ-Sauveur auquel il consacre quarante ans de sa vie, reconstruit une partie des palais du Kremlin. Citons également le magasin TsOuM, parodie du gothique perpendiculaire anglais ou les bains Sandounov.

Ce goût pour la parodie va avoir une traduction proprement russe avec le « **style néorusse** » reprenant les éléments décoratifs de l'architecture traditionnelle : St-Pétersbourg en possède un exemple flagrant avec l'église de la Résurrection bâtie à l'imitation de Basile-le-Bienheureux par **Alfred Parland**. Moscou n'est pas en reste avec le musée d'Histoire, de **Vladimir Sherwood**, ou le GOuM, d'**Alexandre Pomerantsev**.

Parallèlement en cette fin de 19e s. naît et se développe l'**Art nouveau** : décors à motifs végétaux, usage du métal, du verre, de la céramique caractérisent les constructions comme l'immeuble de la banque Donskoï élevé par **Fiodor Lidval**. Moins austères, l'hôtel particulier abritant le musée d'Histoire politique de la Russie a pour auteur **A. von Goguen** et le magasin Elisseïev, **G. Baranovski**. À Moscou, les deux grands représentants de cette école sont **Lev Kekouchev** et surtout **Fiodor Chekhtel**, dont la plus grande réussite est la villa de Maxime Gorki où il se montre l'égal d'un Gaudí.

CONSTRUCTIVISME ET STYLE STALINIEN

Mais les temps changent : désormais, « l'artiste doit construire comme un ingénieur », affirment **Anton Pevsner** et **Naum Gabo** dans leur manifeste de 1920. « L'heure du social et du rationnel est venue », renchérit **Alexis Gan**. On aurait pu penser que ce constructivisme sobre, visant à bâtir la cité du futur serait du goût des bolcheviks : il n'en fut rien et seules quelques réalisations attestent des utopies de l'époque : la maison de **Konstantin Melnikov** à Moscou, quelques réalisations d'**Alexeï Chtchoussev** ou des immeubles d'habitation de St-Pétersbourg. C'est que le goût de Staline s'accommode peu de l'austérité. Luxe ostentatoire, décors lourdement significatifs et gigantisme sont alors la norme : les gratte-ciel et le métro de Moscou témoignent de cette architecture du paraître, qui a plutôt bien vieilli, qui céda la place à la mort du tyran à des constructions plus modestes et plus économiques, mais aussi bien plus banales.

Un monument fantôme

Paradoxalement, l'œuvre emblématique du constructivisme n'a jamais été construite : c'est le *Monument à la IIIe Internationale* que **Valdimir Tatline** est chargé en 1919 de dessiner : il s'agit d'une spirale surmontée d'un cylindre, d'un cône et d'un cube, le tout en acier et en verre et devant atteindre deux fois la hauteur de l'Empire State Building, et effectuant un tour complet sur lui-même par mois. Si l'on ajoute qu'un écran devait diffuser les dernières nouvelles et un projecteur afficher sur les nuages le mot d'ordre du jour, on conclura qu'on aurait été curieux de voir cette œuvre caractéristique des utopies d'une époque.

ABC d'architecture

Période prémongole

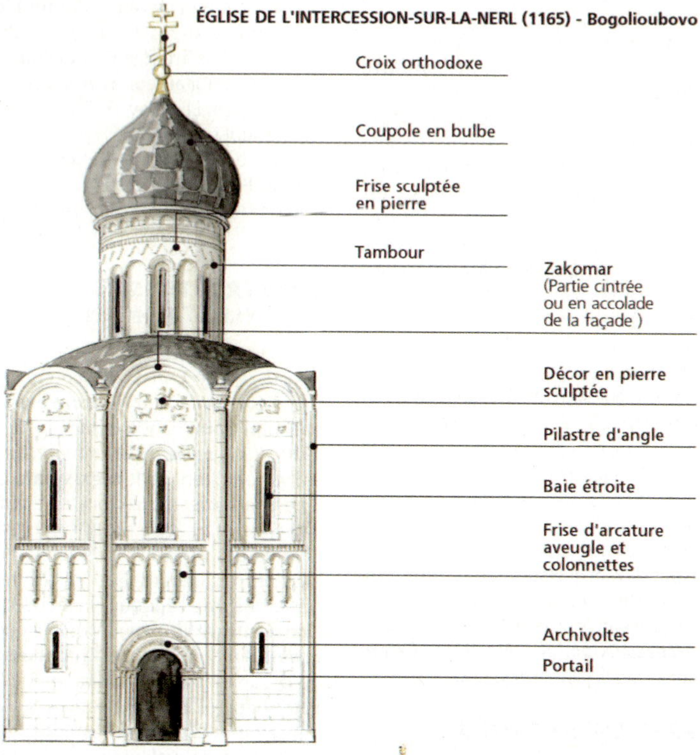

Église à chatior

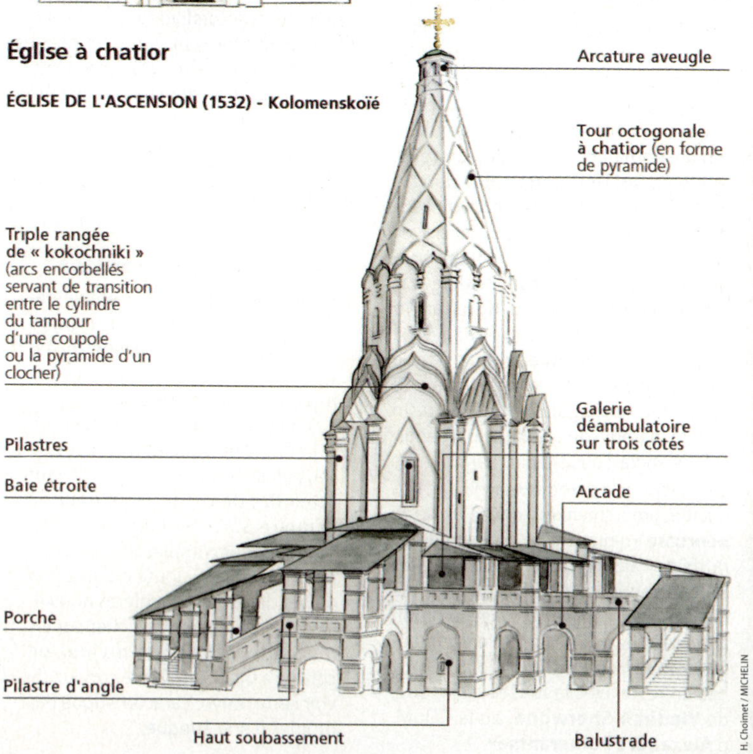

Architecture décorative du 17e s.

ÉGLISE DE LA SAINTE-TRINITÉ-DE-NIKITNIKI (1634) - Moscou
(transition vers le baroque Narychkine)

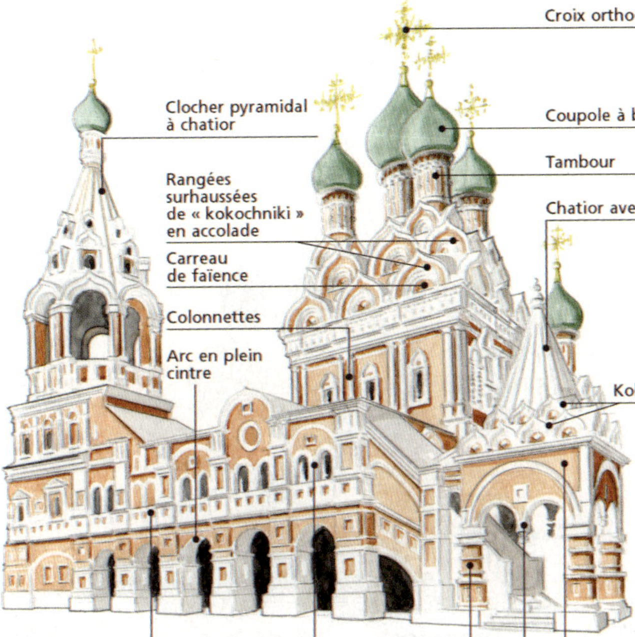

Baroque Narychkine

ÉGLISE DE L'INTERCESSION-DE-LA-VIERGE-DE-FILI (1693) - Moscou
(Un des premiers exemples d'une nouvelle orientation de l'architecture russe qui reçut le nom de Narychkine)

H. Choimet / MICHELIN

Architecture en bois (prédominante jusqu'à Pierre le Grand)

ENSEMBLE ARCHITECTURAL DE KIJI

Église de la Transfiguration (1714) et ses bulbes en tilleul

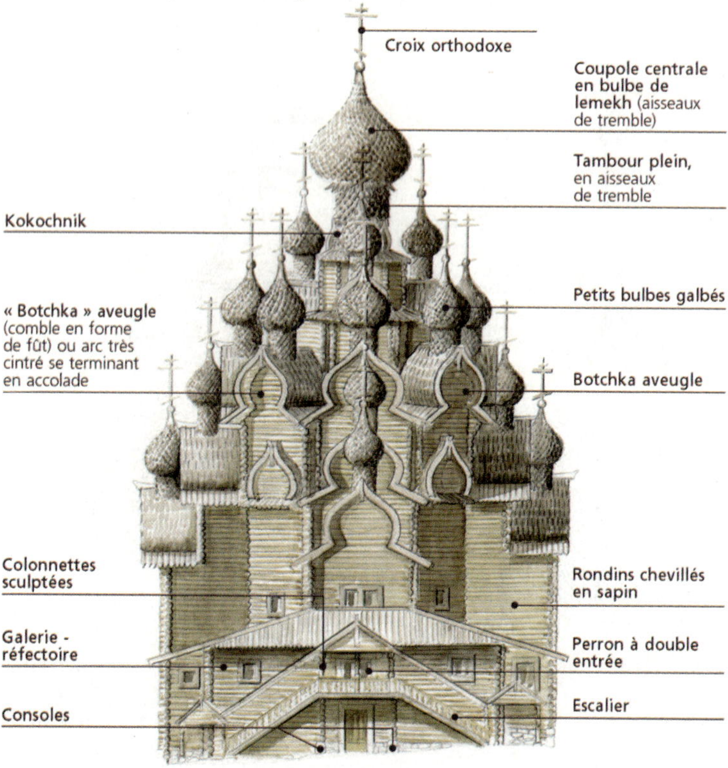

ÉGLISE SAINT-NICOLAS (1766) - Souzdal

Exemple du système de construction par blocs, ce type d'église de style isba (cellule à quatre murs de rondins), est le plus ancien de l'architecture russe en bois.

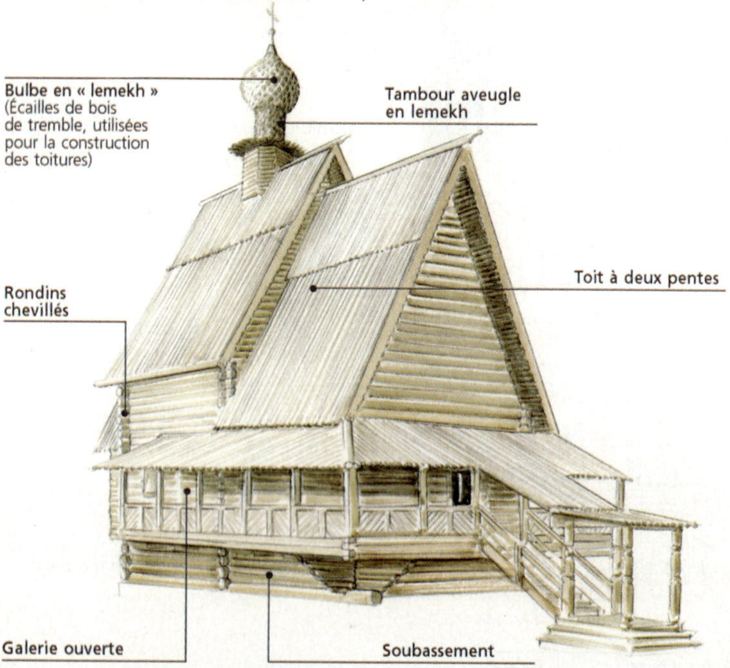

MAISON D'OCHEVNEVO (Carélie), 1876

Maison de type « Kocheliom » (abritant pour un tiers quatre générations et deux tiers, bétail et volailles), reflétant le mode de vie patriarcal de la Russie du Nord.

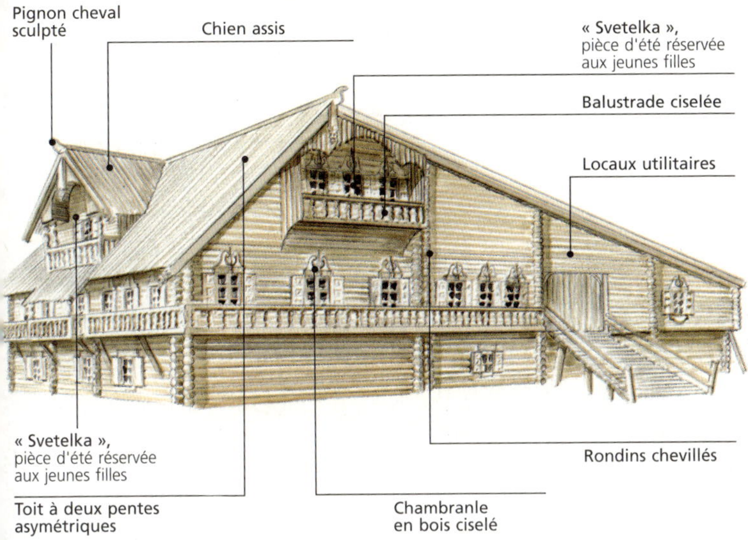

Style baroque

CATHÉDRALE DU MONASTÈRE DE SMOLNY (1748) - Saint-Pétersbourg

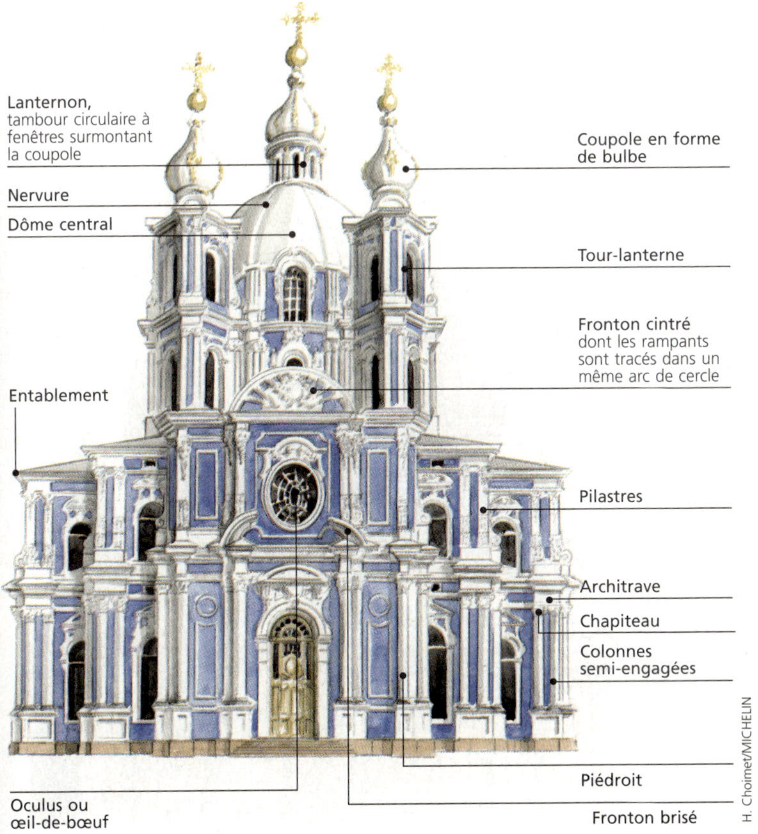

Style Pierre-le-Grand

KOUNSTKAMERA (1718-1734) - Saint-Pétersbourg

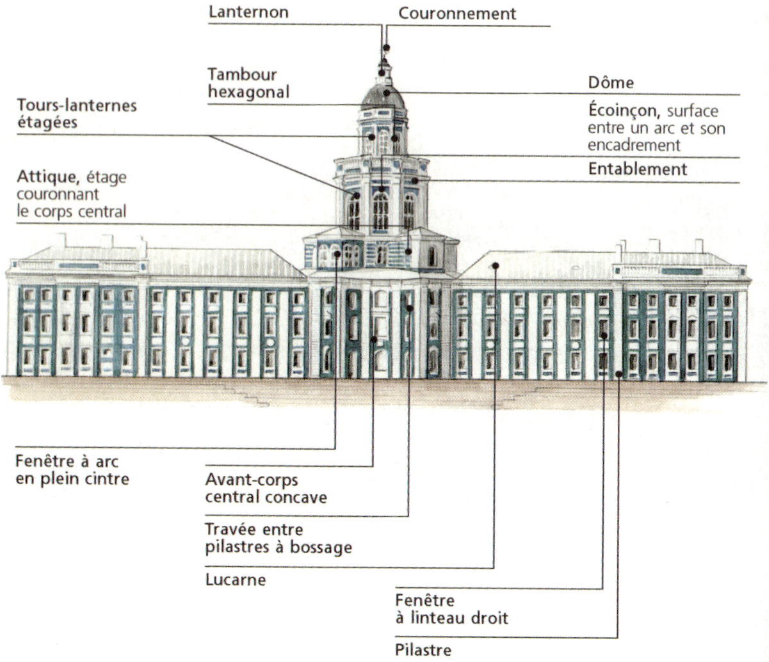

Style néorusse

MUSÉE D'HISTOIRE - Moscou

1874-1883, architecte V. Sherwood. Il s'agissait de respecter la consigne de reprendre les formes décoratives du 17e s. russe. Les matériaux utilisés (brique et tôle) devaient être complétés par un revêtement de carreaux de faïence polychrome.

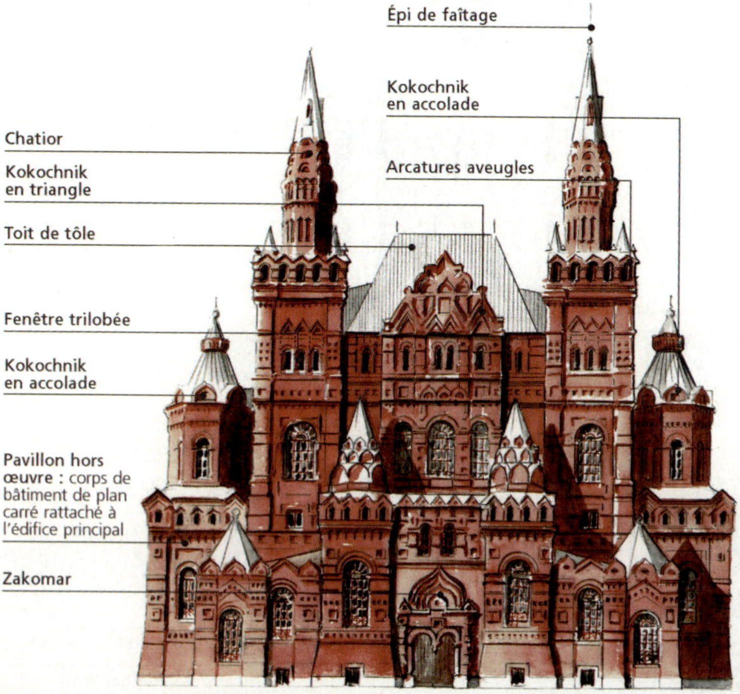

H. Choimet / MICHELIN

Style Art nouveau

MAISON GORKI (Hôtel particulier de Stepan Riabouchinski) - Moscou

1900-1903,architecte Fiodor Chekhtel, principal représentant de l'Art nouveau russe. La simplification des formes et l'importance accordée aux volumes annoncent déjà les thèses des constructivistes.

Immeuble stalinien

Université Lomonossov - Moscou

1949-1953, arch. Lev Roudiev et Sergueï Tchemychev. Représentatif du « classicisme stalinien » avec sa composition équilibrée, sa symétrie et ses décors lourdement symboliques.

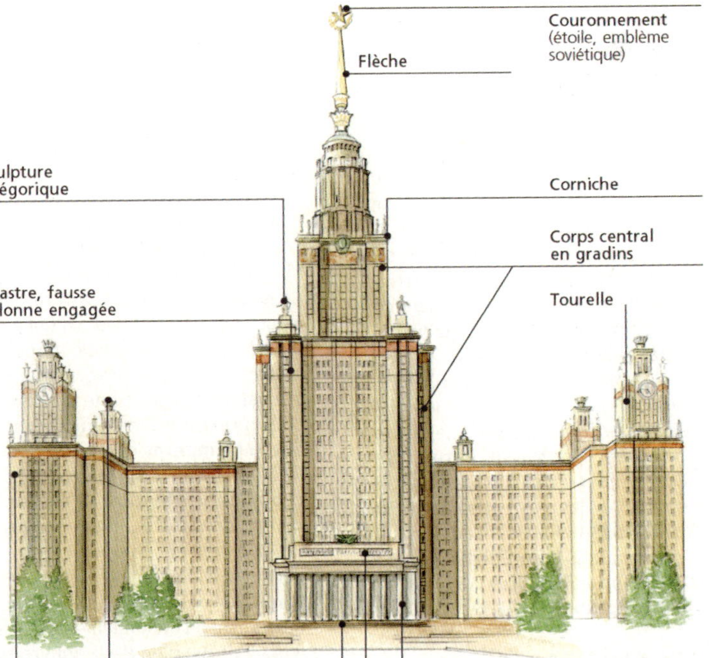

H. Choimet / MICHELIN

Peinture et sculpture

Jusqu'au 18e s., la peinture russe était religieuse, qu'il s'agisse des icônes ou des peintures murales des lieux de culte. Quant à la statuaire, elle était prohibée par l'Église. Il fallut donc faire appel à des artistes étrangers pour « tirer le portrait » des hauts personnages de l'époque, avant que commence à apparaître une école russe.

Le Musée russe de St-Pétersbourg et les deux galeries Tretiakov de Moscou.

NAISSANCE DU PORTRAIT

Au cours du 17e s. cependant, le besoin d'immortaliser les grands de ce monde entraîne les peintres d'icônes à se lancer dans un genre nouveau, et profane, celui du portrait : ces **parsouna**, exécutées à la détrempe sur bois, montrent des personnages hiératiques, arborant les insignes de leur rang, comme les saints des iconostases. Mais l'occidentalisation voulue par Pierre le Grand entraîne l'arrivée à St-Pétersbourg de peintres français, allemands ou italiens, tandis que de jeunes Russes sont envoyés en Italie pour se former : c'est ainsi que se développe une école du portrait avec **Ivan Nikitine** (1680-1742), puis **Fiodor Rokotov** (1735-1808), **Dimitri Levitski** (1735-1822), et **Vladimir Borovikovski** (1757-1825). La sculpture, apparaît avec **Fedote Choubine** (1740-1805).

Au début du 19e s., tout cela se diversifie : avec **Orest Kiprenski** (1762-1836), le romantisme apparaît. Le paysagiste **Sylvestre Chtchedrine** (1791-1830) est le premier à planter son chevalet en plein air. **Karl Brioullov** (1799-1852) réalise des portraits et des peintures d'histoire comme *Le Dernier Jour de Pompéi* (1833). La peinture de genre fait son apparition avec **Alexeï Venetsianov** (1780-1847) et **Pavel Fedotov** (1815-1852), tandis qu'**Alexandre Ivanov** (1806-1858) consacre sa vie à un unique tableau, *L'Apparition du Christ au peuple*. Le réalisme s'affirmera avec **Vassili Perov** (1834-1882), et ne craint pas la critique sociale, comme dans les œuvres de **Vassili Poukiriov** (1832-1890). Quant au paysage, il a pour maîtres **Ivan Chichkine** (1832-1898), **Fiodor Vassiliev** (1850-1873) et **Arkhip Kouïndji** (1842-1910).

LES AMBULANTS

Coup de tonnerre en 1863 : quatorze élèves de l'Académie de St-Pétersbourg quittent solennellement la vénérable institution qui leur a refusé de choisir eux-mêmes le sujet à traiter au concours de fin d'études. Conduite par **Ivan Kramskoï** (1837-1887), cette rupture entraîne la fondation d'un « artel des peintres de Saint-Pétersbourg » auxquels s'unissent bientôt leurs collègues moscovites pour créer en 1870 la Société des Expositions d'art ambulantes. Kramskoï lui-même s'illustra dans le portrait. **Vassili Maximov** (1844-1911) traite des scènes de genre tandis que **Vassili Verechtchaguine** (1842-1904), grand voyageur, s'exerce à l'orientalisme. **Nikolaï Gay** (1843-1894), quant à lui, se montre moraliste et son style pictural évoluera avec le temps vers un certain expressionnisme avant la lettre.

Le cercle d'Abramtsevo

Les Moscovites quant à eux se regroupent autour d'un mécène, **Savva Mamontov** (1841-1918) dit « Savva le Magnifique », tant sa personnalité fut influente sur le développement de l'art russe. Industriel dans les chemins de fer, il découvre les arts plastiques et l'opéra au cours d'un voyage en Italie et, dès lors, n'a de cesse de fréquenter ces milieux. C'est autour de son domaine d'Abramtsevo, près de Moscou, qu'il réunit des artistes talentueux, soucieux comme lui de la renaissance de la culture russe : il s'agit d'en retrouver les racines en exaltant ses paysages, ses légendes épiques

Collectionneurs et mécènes

Dès la seconde partie du 18e s., nombre de riches Russes deviennent collectionneurs : peintures anglaises (Reynolds) ou françaises (Fragonard) ornent alors les palais. Le prince **Alexandre Bezborodko** s'intéresse aux Flamands, **Alexandre Lanskoï** à Rembrandt. Les dynasties industrielles et marchandes prennent le relais : **Demidov** se passionne pour les primitifs et Memmling. Plus tard, **Tretiakov** constitue une immense collection de peintres russes que **Savva Mamontov** réunit autour de lui à Abramtsevo. **Morozov** et **Chtchoukine** achètent de l'art contemporain : symbolistes, impressionnistes, fauvisme et cubisme qu'ils font découvrir en Russie, préparant ainsi l'explosion des avant-gardes russes, qui connaît un prolongement de nos jours puisque bien des « nouveaux Russes » achètent des œuvres d'art contemporaines, perpétuant ainsi la tradition des mécènes.

Bridgeman Art Library/Galerie Tretyakov, Moscou

« Démon assis » (1890), par Mikhaïl Alexandrovitch Vroubel.

et les grandes heures de son histoire, ou en dénonçant la misère du peuple. Parmi ces artistes qui choisissent le réalisme, il convient de citer **Viktor Vasnetsov** (1848-1926), également architecte et décorateur, auteur de tableaux historiques dont *Les Preux* reste le plus fameux ; le peintre d'histoire **Vassili Sourikov** (1848-1916), qui donne son chef-d'œuvre avec *La Boyarina Morozova* (1887) ; le paysagiste **Vassili Polenov** (1844-1927) et le portraitiste **Valentin Serov** (1865-1911), influencé par l'impressionnisme, comme son collègue **Konstantin Korovine** (1865-1931), également décorateur de théâtre. Mais le plus connu est **Ilia Repine** (1844-1930) qui aborde avec un égal succès le portrait, la peinture d'histoire et de genre ou les scènes de mœurs tout en demeurant fidèle à un strict réalisme. L'œuvre considérable de ce patriarche de la peinture russe, qui traitait d'égal à égal avec les grands noms de son temps, comme Tolstoï, Tchekhov ou Tchaïkovski, est ponctuée de nombre de tableaux célèbres comme *Les Haleurs de la Volga* (1873) ou *Ivan le Terrible et son fils Ivan* (1885).

Une personnalité singulière

Bien qu'il ait fait partie du cercle d'Abramtsevo, **Mikhaïl Vroubel** (1856-1910) demeure un cas à part, tant sa personnalité comme son œuvre diffèrent de celles des autres protégés de Mamontov. Celui qui allait devenir le premier peintre russe véritablement original vint à la peinture en 1880 seulement et débuta sa carrière en réalisant des fresques et des icônes pour la cathédrale de Kiev, montrant dès lors une fascination pour la figure satanique. Venu à Moscou en 1890, il se lance dans la céramique et invente un mode de cuisson particulier donnant un étrange éclat métallique à ses productions. Parallèlement, il réalise des décors et des costumes pour l'opéra privé de son mécène et poursuit son œuvre de peintre dans laquelle il privilégie la gamme des bleus. Sujet à des accès de dépression, Vroubel exécute son énigmatique *Démon assis* en 1890 et son *Démon terrassé* douze ans plus tard, avant d'être interné en asile psychiatrique jusqu'à sa mort. Si l'on peut le considérer comme un maître de l'Art nouveau et du symbolisme, la carrure de cet artiste inclassable lui permet d'affirmer une singularité qui ne doit rien à personne, annonçant d'une certaine façon l'irruption de l'avant-garde.

Influences européennes

Si le symbolisme de Vroubel eut un épigone en la personne de **Nicolas Roerich** (1874-1947), c'est du côté de l'impressionnisme que les peintres russes se mirent à regarder. Le meilleur représentant en est certainement **Isaac Levitan** (1860-1900), célèbre pour ses « paysages émotionnels » nés d'un voyage sur la Volga. L'Union des peintres russes fondée à Moscou en 1903 poursuit cette tendance avec **Igor Grabar** (1871-1960), **Konstantin Iouon** (1875-1958), **Leonid Pasternak** (1862-1945) et **Filipp Maliavine** (1869-1940), tandis que **Pavel Troubetskoï** (1866-1938) représente la sculpture. Le groupe pétersbourgeois Le Monde de l'art réuni autour du critique **Serge de Diaghilev** dresse contre le réalisme des Ambulants des peintres et décorateurs de théâtre comme **Alexandre Benois** (1870-1960), **Leon Bakst** (1866-1924) ou **Alexandre Golovine** (1863-1930), tous rendus fameux par leur participation aux célèbres **Ballets russes** *(voir p. 80)*.

Enfin le groupe de La Rose bleue, avec **Pavel Kouznetsov** (1878-1968), **Martiros Sarian** (1880-1972) et le sculpteur **Alexandre Matveïev** (1878-1960) adopte le symbolisme. Ce fourmillement créatif prépare l'irruption des avant-gardes qui entre 1910 et 1920 vont faire vivre à l'art russe sa période la plus intense. Mais déjà, quelqu'un va plus loin : c'est **Kouzma Petrov-Vodkine** (1878-1939), influencé par le symbolisme allemand et dont l'art, de plus en plus épuré, culmine avec la *Baignade du cheval rouge* (1912).

L'ÈRE DES RUPTURES

1910 peut être considérée comme l'année symbolique de la naissance de l'avant-garde russe avec l'exposition du Valet de Carreau à Moscou où, aux côtés de peintres étrangers tels que Picasso, Braque, Delaunay ou Léger, exposent de jeunes Russes comme **Marc Chagall** (1887-1951), **Kazimir Malevitch**, et bien sûr **Michel Larionov** (1881-1964) et **Natalia Gontcharova** (1881-1962). Parmi les membres de ce groupe qui rejette en bloc impressionnisme, naturalisme et académisme et revendique Cézanne, le cubisme et le primitivisme, il faut citer **Robert Falk** (1886-1958), **Ilia Machkov** (1881-1941) qui s'intéressent comme Larionov à l'art primitif, **Piotr Kontchalovski** (1876-1956) ou encore **Aristarkh Lentoulov** (1882-1943), tous fidèles au figuratif. **Alexandra Exter** (1882-1949) poursuit de son côté les recherches du cubisme.

Mais bientôt le groupe éclate et les anathèmes fusent de la part de ceux qui refusent de représenter plus longtemps la nature et qui n'hésitent pas à traiter leurs confrères de « cézannistes rétrogrades » : Michel Larionov et Natalia Gontcharova créent le **rayonnisme**, qui tente d'exprimer le phénomène lumineux et peignent des tableaux traversés de stries de couleurs. **Vassili Kandinsky** (1866-1941), jusque-là influencé par le fauvisme, fonde l'abstraction expressive. **Kazimir Malevitch** (1878-1935) recherche un élément primaire appelé à devenir universel. Pour lui, ce sera le carré : l'**abstraction géométrique** est née et après son fameux *Carré noir suprématique*, il baptise sa théorie de l'art du nom de **suprématisme**, tandis que ses admirateurs le surnomment « le grand prophète ».

Le primitivisme

Les enseignes des rues, l'art populaire, le folklore urbain : tout cela constitue un art « primitif », celui dont Larionov, Machkov et d'autres vont faire le sujet de leurs tableaux.

« Autoportrait » de Malevitch.

Vladimir Tatline (1885-1953) s'intéresse aux matériaux et à la technique et, de là, à la construction : c'est le **constructivisme** où vont s'illustrer **Alexandre Rodtchenko** (1891-1956), **Olga Rozanova** (1889-1918), **Lioubov Popova** (1889-1924) ou encore **El Lissitski** (1880-1941). Le constructivisme trouvera des applications dans les arts appliqués et en architecture et semblait en phase avec les idées de la révolution.

« Artiste-explorateur »

Une place à part doit être réservée à **Pavel Filonov** (1883-1941) dont les tableaux, d'une complexité inouïe, fourmillent de personnages déformés, étirés, malaxés, traduisant la conception mystique de l'art et de la vie d'un étrange personnage qui se définit comme « artiste-explorateur-chercheur » et mêle l'art de l'icône au futurisme, l'art nègre au symbolisme dans une sarabande effrénée. Lors de la reprise en main de 1925, Filonov offre toute son œuvre au Musée russe de Leningrad… qui la confine dans des réserves dont elle ne sort qu'en 1980.

LA DICTATURE DU RÉALISME SOCIALISTE

Tout change autour de 1925 après que Lénine eut déclaré qu'il ne comprenait rien à l'art moderne et Trotski, sonné la charge en dénonçant le futurisme, terme englobant toutes les écoles nouvelles. Bien qu'il n'ait été théorisé et véritablement codifié qu'en 1935, on peut dire que le **réalisme socialiste** trouve ses sources dès la révolution avec l'apparition de l'Association des peintres révolutionnaires souhaitant illustrer les thèmes du temps et exalter la révolution. Sur le plan formel, il s'agit de retrouver la veine réaliste des Ambulants de façon à concevoir un art immédiatement intelligible par les masses, et délivrant un message positif.

Efim Tcheptsov (1874-1951) est représentatif de cette période « militante » qui voit la plupart des représentants de l'avant-garde partir pour l'exil ou être contraints de se renier afin de continuer à créer.

Tout cela aboutit au « réalisme socialiste » qui donne des œuvres parfois réjouissantes et n'aurait d'autre importance qu'anecdotique si les idéologues n'avaient eu le pouvoir d'interdire tout ce qui sortait de la norme. En 1934, par un oukase du Parti, toutes les associations d'artistes sont remplacées par une Union des artistes chargée de délivrer la vision du monde des puissants de l'heure. Pour autant, tout n'est pas à jeter dans l'art de cette longue période où si certains s'adonnent aux thèmes imposés avec ardeur **(Alexandre Guerassimov)** et flagornerie, d'autres tentent d'exprimer leur personnalité : c'est le cas, entre autres, des peintres **Alexandre Labas** (1900-1983), **Alexandre Deineka** (1899-1969), **Alexandre Devine** (1889-1938), **Konstantin Istomine** (1887-1942) ou encore **Iouri Pimenov** (1903-1977) ou de **Vera Moukhina** (1889-1953), dont la sculpture emblématique, *L'Ouvrier et la Kolkhozienne* (1937) ne manque pas d'allure. Tout cela laisse entrevoir un art soviétique plus complexe qu'on n'aurait pu le penser, même s'il est bien éloigné des recherches conduites par les artistes de l'Ouest.

Dégel et underground

Le relatif et éphémère « dégel » qui suivit la déstalinisation de 1956 vit un renouvellement de la thématique de la peinture officielle – plus axée sur l'individu que sur les grands élans collectifs – ainsi que de la technique, délaissant enfin ce style pompier qui avait caractérisé les années précédentes. Quelques personnalités intéressantes se révélèrent comme **Pavel Nikonov** (1930), le sculpteur **Oleg Komov** (1932-1994) ou **Viktor Popkov** (1932-1974) dont l'influence entraîna chez les jeunes créateurs un intérêt pour l'esthétique

P. Plantier / MICHELIN

« L'Ouvrier et la Kolkhozienne ».

du passé. Cependant, le dégel favorisa l'émergence des artistes indépendants nettement plus avancés dans leurs recherches comme **Vladimir Veisberg** (1924-1985) ou **Francisco Infante-Arana** (1943), qui osa même se lancer dans l'abstraction en 1968.

Le mouvement de l'underground était né en cette période de glaciation où les peintres non officiels exposaient dans des appartements convertis en galeries clandestines. Parmi les créateurs de ce temps, il faut citer **Tatiana Nazarenko**, (1944), **Natalia Nesterova** (1944) qui renoue avec le primitivisme, les adeptes du « **soc-art** » (variante « socialiste » du pop'art) comme **Gricha Brouskine** (1945) ou **Ivan Tchouïkov** (1935), et du conceptualisme comme **Ilia Kabakov** (1933) présent aujourd'hui dans les galeries du monde entier, tandis qu'installations et « performances » se déroulaient dans une semi-clandestinité plus ou moins tolérée par un régime finissant.

AUJOURD'HUI

Débarrassé de toutes les normes idéologiques, l'art contemporain russe est en train de trouver un nouvel élan, du fait de l'apparition d'un marché de collectionneurs avisés, de la création de galeries d'art, et de celle d'un Centre d'Art contemporain, Winzavod, installé dans une ancienne fabrique de vins et véritable quartier général des galeries branchées et de la créativité bouillonnante.

Certains créateurs s'inscrivant dans les courants généraux de l'art mondial contemporain se sont déjà fait un nom à l'étranger. C'est le cas par exemple de trois joyeux trublions, **Konstantin Skotnikov**, **Alexandre Chabourov** et **Viatcheslav Mizine**, vidéastes et photographes qui, dans leurs hilarantes performances, ne reculent devant rien !

L'idéologue

Andreï Aleksandrovitch Jdanov (1896-1948) est passé à l'histoire comme un redoutable idéologue : c'est lui qui a fixé les normes du **réalisme socialiste**, tant dans la littérature que dans les arts plastiques (et même la musique !) et dirigé d'une main de fer la politique culturelle de l'ère stalinienne.

Les icônes : de la foi à l'art

En histoire de l'art, le terme icône (en grec, « eikon » signifie « image ») désigne une peinture, souvent portative, à sujet religieux, exécutée à la détrempe sur une planche de bois selon une technique transmise d'une génération à l'autre. Les icônes représentent le Christ, la Mère de Dieu, les anges et les saints, les patriarches et les prophètes mais jamais Dieu le Père. Chez les orthodoxes, la vénération des icônes est un dogme de la foi.

R. Mattes / Michelin

Fresque représentant la Vierge de Tendresse. Cathédrale de la Trinité, Monastère St-Ipatiev à Kostroma.

UNE « FENÊTRE OUVERTE SUR L'ÉTERNITÉ »

L'intérieur des églises orthodoxes est abondamment orné d'icônes, en particulier sur l'**iconostase**, cloison qui sépare le sanctuaire de la nef. Dans les maisons, l'icône a sa place de choix dans le *krasny ougol* (« le beau coin »), et elle accompagne le croyant de sa naissance à sa mort. Sa place dans la spiritualité orthodoxe est aussi importante aujourd'hui qu'il y a plus de mille ans.

L'icône n'est pas « écrite » (*pissat* signifie à la fois écrire et peindre) pour être admirée comme les tableaux religieux, réalisés en Occident, mais pour inciter à la prière. Pendant la querelle iconoclaste à Byzance (726-843), le 7e concile œcuménique précise en 787 : « L'icône est l'occasion d'une rencontre personnelle dans la grâce de l'Esprit saint, avec celui qu'il représente… »

Les yeux immenses, les oreilles réduites, le front large, les lèvres fines et pures des visages donnent le sentiment d'une présence réelle. L'alchimie mystérieuse des couleurs lumineuses, inspirées de la nature, dégage une force émotionnelle perceptible de tous. Tout est symbole dans l'icône : le sujet, les formes et les couleurs. L'icône ne connaît pas les trois dimensions, elle n'a pas de profondeur mais se contente comme les portraits funéraires du Fayoum d'une représentation plate et d'une perspective inversée. Jusqu'au 17e s., les icônes restent anonymes, sauf rares exceptions.

L'ICÔNE RUSSE

L'art de l'icône apparaît en Russie en 988, avec le christianisme. Les premières icônes, comme la célèbre **Vierge de Vladimir**, sont rapportées de Byzance à Kiev, capitale de l'État. **Iaroslavl le Sage** fait venir des artistes byzantins et des moines du mont Athos pour former les Kieviens aux techniques de la peinture des icônes, de la fresque et de la mosaïque. Comme pour l'architecture des églises, très rapidement, une école russe se dégage et atteint son apogée au 15e s. Les icônes deviennent narratives et mêlent des personnages et des événements contemporains aux interventions divines. Celles sur la vie des saints se multiplient. Le saint occupe la place centrale, entouré de vignettes constituant une véritable biographie illustrée.

Les premiers peintres sont des moines qui se déplacent avec les populations au gré des guerres et des invasions. Plusieurs artistes travaillent sur la même icône et forment un **artel** (atelier). Seul le maître peint les visages et les mains. Des écoles iconographiques naissent et portent le nom des villes dont elles sont issues : Kiev, Tver, Souzdal, Vladimir, Iaroslavl, Pskov, Novgorod, Moscou… Chacune développe son style en fonction de son environnement et de la richesse de ses monastères, de ses techniques de dessin et de la préparation des couleurs, mais toutes suivent scrupuleusement les canons, respectueux des codes byzantins puis russes, tant pour les techniques d'exécution, la typologie des sujets que des compositions.

L'art de l'iconographe reste un art constant du rappel, et pourtant chaque icône est différente. L'**école de Moscou** devient la plus prestigieuse aux 15e et 16e s., âge d'or de l'icône russe, au moment de l'unification de l'État russe. Elle doit son essor à trois peintres hors du commun : **Théophane le Grec**, moine formé au mont Athos et à

Constantinople, **Andreï Roublev** (1370-1430), son élève et **Dionissi** (1440-1509), un laïc d'origine noble.

Déclin et occidentalisation

Le début du 17e s. voit l'art occidental influencer l'iconographie avec **Simon Ouchakov** (1626-1686) et les artistes de l'école Stroganoff, créée par cette famille de riches marchands. On commence à signer les icônes. C'est la mort des écoles locales et le début de l'uniformisation des modèles. Les visages sont traités en clair-obscur et expriment des sentiments, on introduit la notion de volume, les arrière-plans deviennent paysages ou ensembles architecturaux. L'icône tend à devenir un tableau religieux qu'on recouvre abusivement de revêtements de métaux précieux (« oklad »), ne laissant apparaître que le visage et les mains. Cette occidentalisation se poursuit jusqu'en 1917. Paradoxalement, c'est au moment des destructions massives des icônes que les restaurateurs leur rendent leur beauté originelle, en enlevant les couches de peinture successives, les vernis endommagés et les revêtements. Œuvres d'art en elles-mêmes, celles-ci sont désormais exposées à part. De nos jours, on ne parle plus d'écoles, mais l'art de l'icône se perpétue, d'autant que le renouveau de la religion crée des besoins immenses.

UNE TECHNIQUE CODIFIÉE

Selon la tradition, l'iconographe, souvent un moine, se prépare avant de peindre, par la prière, le silence et le jeûne. Il choisit du bois de tilleul ou de pin bien sec ; le panneau demande une longue préparation. Des cales de bois dur viennent souvent renforcer à l'arrière sa solidité. Après l'avoir enduit de deux couches de colle animale (lapin, esturgeon), il fixe avec cette même colle une fine toile sur la planche en creusant parfois légèrement la partie centrale de façon à créer une cuvette. L'opération délicate suivante consiste à préparer le *levkas* (du grec *levkos*, « blanc »), composé d'un savant mélange de poudre de craie ou d'albâtre et de colle d'esturgeon et de l'appliquer encore chaud en plusieurs couches successives pour obtenir un fond homogène.

Quand le panneau est sec et poli, le peintre peut commencer à « écrire » l'icône. Il esquisse d'abord les contours, à la pointe, au crayon ou au pinceau trempé dans une détrempe ocre, en se servant du modèle *(podlinnik)*, conforme à la tradition. Puis, il applique la dorure des nimbes ou du fond, selon une technique complexe. Il badigeonne alors les différentes parties du dessin au jaune d'œuf, puis avec des teintes pures sans tenir compte des tons clairs ou foncés, et sans toucher le visage ni les mains, peints en dernier. Puis, il précise les contours et éclaircit progressivement l'ensemble. L'icône reçoit un nom, symbolisé par des caractères stylisés en slavon (vieux slave devenu langue liturgique) en ocre rouge. Enfin, dernière étape, le peintre recouvre l'icône d'*olifa* (huile de lin cuite), additionnée d'ambre ou de résine, pour la protéger des poussières et de la fumée des cierges.

L'ICONOSTASE

Ce terme désigne une cloison recouverte d'icônes, venue remplacer vers le 15e s. le chancel (une barrière) qui sépare la nef de l'autel des églises primitives. De plus en plus élevée au fil des siècles, elle se développe en Russie parfois jusqu'à la voûte.

L'iconostase est percée de trois portes. Seul le prêtre en habits sacerdotaux peut pénétrer dans l'autel par les portes centrales : **les portes royales** qui symbolisent l'entrée vers le Royaume de Dieu et sont obligatoirement illustrées par l'**Annonciation** et souvent les quatre évangélistes. À droite le Christ, à gauche la Mère de Dieu, sur les portes latérales, les anges, et au bout les saints locaux ou celui ou celle auquel est consacrée l'église. Au-dessus des portes royales, figurent la **Déisis** et les apôtres. La troisième rangée abrite douze icônes plus petites illustrant les **douze fêtes de l'année liturgique**, la quatrième, les **prophètes** de Moïse au Christ et

P. Plantier / Michelin

Andreï Roublev par O. Konok.

sur la cinquième sont rassemblés les **patriarches** d'Adam à Moïse. Cette cloison, loin d'être une séparation pour les orthodoxes, est au contraire une incitation par la contemplation et la vénération des icônes à passer du monde terrestre, symbolisé par la nef, au monde divin, l'autel. Les portes royales de l'iconostase restent fermées sauf lors des offices et pendant toute la semaine qui suit Pâques.

TYPES ICONOGRAPHIQUES

La Mère de Dieu

C'est le sujet préféré des iconographes et de la vénération des fidèles. Elle est très rarement représentée seule. La Mère de Dieu porte toujours une robe bleue, signe de sa condition humaine, les cheveux, le haut du front et les épaules recouverts d'un **maforion**, sorte de voile-manteau pourpre rappelant qu'elle est montée aux cieux. Trois étoiles d'or brillent sur le maforion, symboles de sa virginité. Saint Luc aurait peint les trois premières icônes de la Mère de Dieu, deux avec son fils, une sans. Depuis, plus de deux cents types de Vierge ont été répertoriés ! Trois d'entre eux sont souvent rencontrés en Russie :

La Vierge Eleousa ou de la Tendresse : Les visages de la Mère et de l'Enfant sont proches. Jésus est sur le bras droit de sa Mère. Vous la reconnaîtrez au petit pied gauche de l'enfant, retourné. La plus célèbre icône de ce type est la **Vierge de Vladimir**.

La Vierge Hodighitria (ou Conductrice) porte son Fils sur le bras gauche, et elle tend vers lui sa main droite, pour indiquer la route à suivre. L'Enfant a l'aspect d'un jeune homme, signe de sa sagesse.

La Vierge du Signe (ou Orante) est représentée les bras levés dans un geste de prière et porte le plus souvent un médaillon rond ou ovale, représentant le Christ sur la poitrine. Plus rarement elle est représentée seule.

Le Christ

Le **Christ Acheiropoietos** ou la **Sainte Face** (peinte sans l'aide de la main) est considéré par beaucoup comme la première icône, celle qui aurait transmis aux autres son rôle de protection. C'est la représentation la plus fidèle et la plus ancienne. Selon la légende, le Christ essuie son visage avec un drap de lin (le **mandylion**) qui en garde miraculeusement l'empreinte. Le mandylion envoyé à Abgar, roi d'Édesse lépreux, provoque sa guérison miraculeuse. Le visage du Christ, sévère et miséricordieux, est au centre de la composition.

Le **Christ Pantocrator** (Tout-Puissant) est représenté en buste, la main droite levée pour bénir, l'Évangile dans la gauche. Sur une tunique pourpre, symbole de sa divinité, il porte un manteau bleu, symbole de son humanité. Le fond et le nimbe dorés incarnent la lumière divine.

Le **Christ Pantocrator en majesté** est souvent représenté au centre de la Déisis sur l'iconostase. De fines hachures dorées sur son habit évoquent la lumière divine. Son trône est inscrit dans un carré rouge lui-même inscrit dans un cercle bleu d'où émergent les ailes et le visage des séraphins. Derrière le cercle apparaît un autre carré rouge avec aux angles, la tête des quatre évangélistes. Le Christ bénit de la main droite et indique la route à suivre, tenant son Évangile dans la main gauche.

QUELQUES CLÉS

Contour des personnages : se fait en ocre pour rappeler que l'homme vient de la terre.

Visages : ils sont basanés, rappel de la terre, et représentés de face. Ceux qui ne sont pas saints, les bergers, les mages, sont représentés de profil.

Corps : ils sont allongés, jusqu'à dix fois plus longs que la tête (cinq fois dans les canons classiques).

Fonds dorés : ils symbolisent le rayonnement terrestre des saints représentés.

Blanc de céruse : rehausse la lumière intérieure des visages.

Rouge et pourpre : symboles de la divinité.

Vert et bleu : symboles de tout ce qui est terrestre.

Un linge rouge dans l'icône : la scène se passe à l'intérieur.

Les yeux agrandis regardent dans l'Au-delà.

Le front large et haut accentue la pensée contemplative.

La bouche très fine et close : la contemplation appelle le silence et le corps n'a plus besoin de nourriture terrestre.

Croix sur les vêtements : il s'agit d'un martyr ou d'un saint.

Nature : jamais vraiment représentée. Montagnes, arbres, animaux sont étranges.

Architecture : elle est surprenante. Portes et fenêtres sont placées sans aucune logique.

CULTURE

Fascinante, inquiétante, mystérieuse, paradoxale, déroutante… la Russie continue à intriguer, d'une certaine méconnaissance. Pourtant, ce géant euro-asiatique, riche d'une histoire complexe et mouvementée et de l'apport des 160 ethnies qui le peuplent, a développé un patrimoine culturel d'une ampleur et d'une diversité sans pareilles. Qu'il s'agisse des écrits de Tolstoï, Dostoïevski ou Tchekhov, de la musique de Tchaïkovski, Prokofiev ou Chostakovitch, des icônes d'Andreï Roublev, des tableaux de Chagall, Malevitch ou Kandinsky, des travaux de Mendeleïev ou de Sakharov, mais aussi des chœurs de l'armée Rouge, des Ballets russes de Diaguilev, des envols de Rudolf Noureïev ou de ceux de Gagarine, du jeu flamboyant de Kasparov, du cirque de Moscou, des films *Le Cuirassé Potemkine* et *Quand passent les cigognes*, ou plus prosaïquement de la vodka et des blinis… il y a pour chacun d'entre nous quelque chose de familier. La culture russe, à la (dé)mesure du pays, foisonne et rayonne dans tous les domaines.

La langue russe

Le russe, langue officielle de la Fédération de Russie, est parlé par 250 millions de personnes en Russie et dans les anciennes républiques soviétiques. C'est la deuxième langue scientifique après l'anglais et un quart des livres publiés dans le monde l'est en russe. S'il paraît très différent des langues occidentales, il appartient comme le français, l'anglais ou l'espagnol, à la famille des langues indo-européennes, qui ont toutes des origines et des racines communes. Comme l'ukrainien et le biélorusse, il fait partie du groupe des langues slaves orientales et utilise l'alphabet cyrillique.

L'ALPHABET CYRILLIQUE

Lorsqu'on arrive en Russie, c'est ce qui frappe en premier lieu : l'impossibilité de déchiffrer les panneaux. Les Russes utilisent comme les Ukrainiens, les Biélorusses, les Bulgares, les Serbes et les Macédoniens, **l'alphabet cyrillique** dérivé du glagolitique, créé par deux moines de Salonique, **Cyrille et Méthode** en Macédoine, vers 864 pour évangéliser les Slaves de Moravie. En 1710, Pierre le Grand simplifie cet alphabet et impose la **grajdanka (гражданка)**, ou **alphabet civil**, par opposition à l'alphabet slavon, dont l'emploi devient exclusivement religieux. En 1917, quatre lettres sont supprimées et aujourd'hui l'alphabet russe moderne ne compte plus que trente-trois lettres. L'ordre en est à peu près celui de l'alphabet grec. Les lettres qui n'existent pas dans l'alphabet latin sont vites assimilées par les étrangers. Prêtent à confusion les « faux amis », c'est-à-dire les lettres latines qui ont une autre valeur : vous verrez souvent le mot **Ресторан**, restaurant. Lisez **restoran** et non **pectopan** !

L'alphabet russe

Russe	Transcription latine	Prononciation
А а	a	**a**chat.
Б b	b	**b**ulbe.
В в	v	**v**odka.
Г г	g *ou* gu	**g**oulag.
Д д	d	**d**odo.
Е е	e	**yé**ti.
Ё ё	io	**yo**ga.
Ж ж	j	**j**ouet.
З з	z	**z**èbre.
И и	i	**i**sba.
Й й	ï	ra**il**.
К к	k	**k**opeck.
Л л	l	we**ll** *(anglais)*.
М м	m	**m**oujik.
Н н	n	**n**eige.
О о	o	**o**ctobre.
П п	p	**p**ope.
Р р	r *(roulé)*	**r**usse.
С с	s *ou* ss	**s**oviétique.
Т т	t	**t**oundra.
У у	ou	**ou**rs.
Ф ф	f	**f**roid.
Х х	kh	na**ch**t *(all.) ou* **J**uan *(esp.)*.
Ц ц	ts	**ts**ar.
Ч ч	tch	**tch**èque.
Ш ш	ch	**ch**arme.
Щ щ	chtch	**chi**aler.
ъ		*signe dur.*
Ы ы	y	d**i**sh *(angl.)*.
ь		*signe mou.*
Э э	e	m**è**re.
Ю ю	iou	**you**rte.
Я я	ia	**ya**ourt.

Les signes mou « ь » et dur « ъ » ne se rencontrent qu'après une consonne. Ils n'ont pas de son propre et indiquent le caractère mou ou dur de la consonne précédente.

Sur la règle que nous avons choisie pour translittérer le cyrillique et les exceptions que nous avons été amenés à faire, voir p. 22.

LA PRONONCIATION

Dans tout mot russe, une des syllabes est prononcée plus fortement que les autres, c'est l'**accent tonique**. Il est indiqué dans les exemples en caractère gras. Les autres syllabes sont prononcées plus faiblement et sont dites **atones**. Cet accent a une importance primordiale et il peut changer le sens du mot.

з**а**мок prononcé z**a**mok = *château*.

зам**о**к prononcé zam**o**k = *serrure*.

м**у**ка prononcé m**ou**ka = *tourment*.

мук**а** prononcé mouk**a** = *farine*.

C'est lui aussi qui rend la langue si musicale. Cet **accent** est **mobile** et se déplace dans les conjugaisons et les déclinaisons selon des règles complexes. Seule solution : apprendre les mots avec leur accent au fur et à mesure.

Contrairement au français **toutes les lettres se prononcent**, même à la fin d'un mot. Quand il y a des doubles consonnes, il faut les prononcer. Les **nasales « on, un, en, an » n'existent pas**. Demandez donc à vos amis russes de dire : *ronron, tonton, Tintin*… Vous serez étonnés du résultat ! Certaines voyelles changent de prononciation quand elles ne sont pas accentuées.

le « o » se prononce « a » rapide : спас**и**бо = *merci* (spass**i**ba).

le « e » et le « я » se prononcent « i » : телеф**о**н = *téléphone* (tilif**o**n) ; ряб**и**на = *sorbier* (rib**i**na).

Richesse d'une langue

Le simple mot bouton en français correspond en russe à au moins quatre mots :

– bouton de fleur : почка (potchka) ;

– sur la peau : прыщик (prychtchik) ;

– sur un vêtement : пуговица (pougovitsa) ;

– de sonnette : кнопка (knopka).

NOTIONS DE GRAMMAIRE

Plus que l'alphabet qui s'assimile très rapidement, c'est la structure de la langue comparable à celle du grec ou du latin qui rend la langue difficile. Les noms, les pronoms, les adjectifs, les nombres et les participes ont des terminaisons variables selon la fonction qu'ils occupent dans la phrase. C'est le système des déclinaisons qui comporte six cas.

Nominatif : cas du sujet et de l'attribut.

Accusatif : cas du complément direct.

Génitif : cas du complément de nom.

Instrumental : cas du complément de moyen.

Locatif ou **« prépositionnel » :** ne s'emploie qu'après une préposition.

Facile

Les articles – Il n'y en a pas dans la langue russe.

Le verbe être au présent – On n'exprime pas le verbe être au présent, entre deux substantifs on le représente par un tiret.

Это столица (eto stolitsa) : *C'est une capitale*. Москва-столица (Moskva-stolitsa) : *Moscou est une capitale*.

L'interrogation – Elle est le plus souvent uniquement exprimée par le ton.

Forme affirmative : это книга. (eto kniga.) : *C'est un livre*. Forme interrogative : это книга ? (eto kniga ?) *C'est un livre ?*

La négation ne… pas – Elle s'exprime par la particule « **не/ne** » qui se place devant le mot sur lequel porte la négation.

Это книга (eto kniga) ? *C'est un livre ?* Нет, это **не** книга. (niet, eto **ne** kniga.) : *Non, ce n'est pas un livre*.

Les pronoms interrogatifs – Что s'emploie pour les objets. **Кто** s'emploie pour les êtres animés.

Что это ? (chto eto ?) Это почта. (eto potchta.) : *Qu'est-ce que c'est ? C'est la poste*.

Кто это ? (kto eto ?) Это Наташа. (eto Natacha.) : *Qui c'est ? C'est Natacha*.

LE PÈRE DU RUSSE MODERNE

Mikhaïl Lomonossov, savant et humaniste, fondateur de la première université de Moscou, père de la littérature russe moderne, tente de normaliser la langue en combinant l'ancien slavon avec la langue commune. Dans la préface de sa grammaire (1755), il affirme : « Charles Quint avait coutume de dire qu'il était séant de parler espagnol avec Dieu, français avec ses amis, allemand avec ses ennemis et italien avec le beau sexe. Mais s'il avait été féru de langue russe, il aurait ajouté, bien sûr, que c'est elle qu'il faut employer en toute circonstance. Car il y aurait trouvé la splendeur de l'espagnol, la vivacité du français, la force de l'allemand, la tendresse de l'italien et pour couronner le tout, la richesse et la concision forte dans les images du grec et du latin. » Pour **Alexandre Pouchkine** qui réussit par la suite à fondre dans la langue littéraire l'élément populaire, Lomonossov est à lui seul « la première université de Russie ».

La religion orthodoxe

Une des caractéristiques de « l'âme slave » est de laisser prédominer le sentiment sur la raison, et c'est sans doute plus en esthète que par conviction religieuse que le grand-prince Vladimir a choisi de convertir son peuple à la religion orthodoxe. Dès le début du christianisme, l'amour de la beauté est partie intégrante de la conscience religieuse du peuple russe.

UN BAPTÊME COLLECTIF

Souhaitant convertir son pays à une religion monothéiste pour asseoir son autorité, le prince Vladimir hésite entre plusieurs religions. La chronique de **Nestor** rapporte que ses ambassadeurs, après avoir assisté à une liturgie dans la cathédrale Ste-Sophie de Constantinople, reviennent émerveillés : « Nous ne savions plus si nous étions sur la terre ou au ciel car assurément, il n'y a nulle part au monde pareille beauté. » Son choix est fait. Lui-même se convertit avec ses guerriers en 987 à Chersonèse et impose en 988 un baptême collectif à ses sujets dans le Dniepr. Cette christianisation va contribuer pour une large part à l'affirmation de l'État russe, au développement de l'instruction et de la culture, notamment dans le domaine de l'architecture.

Le schisme d'orient

Dès le 11e s., les relations entre Rome et Constantinople, les Églises d'Orient et d'Occident se détériorent. En 1054, elles se séparent. Les principales divergences des Orientaux portent sur trois points : refus de la **primauté hiérarchique du pape de Rome et de son infaillibilité**, rejet du dogme de **l'Immaculée Conception**, et enfin du « **Filioque** » dans le Credo. Pour les orthodoxes, le Saint-Esprit procède du Père et non pas du Père et du Fils.

LA DÉVOTION ORTHODOXE

Alors que l'Église occidentale hiérarchise la société et la moralise, l'Église byzantine consacre plus de place à la foi aveugle qu'à la foi réfléchie, au cœur qu'à l'esprit.

Elle s'attache davantage aux rites : les offices en revêtent une somptueuse solennité. Elle met l'accent sur ce qui est l'essence même du christianisme, le **repentir** du pécheur et la **miséricorde** de Dieu. Pas de péché mortel ou véniel, pas de purgatoire pour les orthodoxes. Le **baptême** se pratique par une triple immersion totale, suivie immédiatement de la **chrismation**, référence au chrême déposé sur le front (confirmation). Pas de première **communion** ni de communion solennelle : les enfants sont purs et communient dès la naissance jusqu'à ce qu'ils atteignent l'âge de distinguer le bien du mal. Dès lors, ils sont soumis comme les adultes au devoir de confession précédée d'un jeûne la veille au soir. Le rite du **mariage** est particulièrement beau. Les témoins se succèdent derrière les mariés pour tenir au-dessus de leurs têtes de lourdes couronnes. Le prêtre de paroisse, ou **pope**, peut lui-même être marié, à condition de l'être avant l'ordination. Dans le cas contraire, le mariage lui est interdit, de même que le remariage s'il devient veuf. Il constitue le clergé blanc. Les évêques et les moines font vœu de célibat et font partie du clergé noir.

P. De Franqueville / Michelin

Des chants liturgiques d'une beauté envoûtante.

LA LITURGIE

Quand on entre dans une église pendant les offices, on est saisi par la beauté des rites. Les voix prenantes des chœurs, les ors des icônes et des fresques dans la lueur des cierges, les odeurs de l'encens généreusement diffusé touchent aussi bien les croyants que les athées, aujourd'hui comme hier. La liturgie entièrement chantée dure environ deux heures. Aucun instrument de musique n'est toléré, seules des voix accompagnent les prières. Tout le monde reste debout sans sourciller, faisant de larges signes de croix ou de profondes prosternations. Quelques rares chaises, au fond de l'église, sont réservées aux malades ou aux infirmes. Les fidèles vont et viennent librement, sauf pendant les moments forts de l'office, piquer leur cierge devant leur icône favorite ou sur la table mortuaire, présente dans toutes les églises, à la mémoire de leurs défunts. À l'entrée, ils déposent des petits papiers avec des intentions pour les vivants et pour les morts que le prêtre lira en prélevant un morceau de « prosphore » pendant la préparation des dons. Ils ramèneront ensuite ce pain béni chez eux. Au moment de la communion, les bébés et les jeunes enfants dans les bras de leurs parents et les fidèles s'approchent du calice du prêtre et reçoivent un petit morceau de pain consacré, trempé dans du vin.

Le signe de croix

Depuis les réformes de Nikon, au 17e s., l'orthodoxe joint les trois premiers doigts, symbole de la Trinité, et recourbe l'annulaire et l'auriculaire contre sa paume, symbole de la nature humaine et divine du Christ, pour se signer. Il porte ses doigts à son front pour sanctifier ses pensées, à sa poitrine pour sanctifier ses sentiments puis à ses épaules droite et gauche.

La croix orthodoxe

L'axe vertical est coupé de trois branches horizontales. Selon la coutume romaine, la branche supérieure porte l'inscription en grec, en latin et en hébreu du motif de la peine ordonnée par Pilate. La branche inférieure sert d'appui aux pieds du Christ, cloués séparément, contrairement à la tradition catholique. L'une des extrémités est surélevée, indiquant le ciel où est le bon larron. Souvent figure un crâne, symbolisant le corps d'Adam enterré sur le lieu de la crucifixion. La croix est ordinairement plantée sur un demi-croissant, symbole pour l'Église de l'ancre de la foi, plantée dans la mer du paganisme. Bien d'autres interprétations tentent d'expliquer l'origine de ce croissant qui garde cependant son mystère.

La fête de Pâques

Depuis le concile de Nicée, la fête de Pâques est fixée le premier dimanche suivant la pleine lune qui coïncide avec l'équinoxe du printemps ou le suit immédiatement. Ainsi Pâques est célébrée l'un des trente-cinq jours qui séparent le 22 mars du 22 avril. L'Église orthodoxe suit le calendrier julien qui au 20e s. est en retard de 13 jours sur le calendrier grégorien. Pâque est la plus grande fête de l'année liturgique et les Russes la célèbrent avec une ferveur comparable à celle des Sévillans pendant la Semaine sainte *(voir p. 85)*.

LE RENOUVEAU DE LA FOI

La Fédération de Russie est un État laïc où chacun se voit désormais garantir la liberté de conscience et de confession. L'orthodoxie reste la religion traditionnelle des Russes et de nombreux peuples non slaves, les Caréliens, les Komis, les Oudmourtes, les Tchouvaches... L'Église orthodoxe russe appartient à la juridiction du patriarcat de Moscou, et est dirigée par le patriarche de Moscou et de toute la Russie : **Alexis II**. Depuis la chute du communisme, les vieilles églises sont restaurées, nombre de celles qui ont été détruites sous Staline sont réédifiées à l'identique, de nouveaux sanctuaires s'élèvent. Les monastères longtemps laissés à l'abandon reprennent vie. On ouvre des séminaires et, pour les enfants, des écoles paroissiales, des jardins d'enfants orthodoxes. L'édition des ouvrages religieux bat son plein. Les jeunes s'informent, achètent des livres de prières. La télévision retransmet les principales cérémonies religieuses. Ce renouveau est un fait, même s'il ne faut pas en surestimer l'ampleur. Bien des gens fréquentent les églises parce que c'est dans l'air du temps, pour voir et se faire voir.

Le raskol

Au milieu du 17e s., à la suite du refus de certains orthodoxes, conduits par l'archiprêtre Avvakoum, des réformes du patriarche Nikon, un schisme se produit et les « raskolniki ou starovery » (vieux-croyants) se détachent de l'église orthodoxe. La branche de l'orthodoxie née de ce schisme est toujours très vivace dans certaines régions et notamment à Iaroslavl.

Littérature

La vieille Russie possédait une riche littérature orale composée de contes, « bylines » (récits épiques célébrant les exploits de preux et de héros populaires), chansons rituelles, proverbes et dictons.

Les premiers manuscrits, qui apparaissent au 11e s., sont des textes religieux rédigés en slavon, langue savante des clercs. La rédaction des premières annales historiques au début du 11e s. est attribuée à un moine de Kiev, **Nestor**. Dès le 12e s. apparaissent des récits de voyages et d'expéditions militaires dont le plus célèbre, le *Dit de la campagne d'Igor* (immortalisé par l'opéra de Borodine), raconte une campagne contre les Polovtses entreprise par le prince Igor en 1185.

LE CLASSICISME

C'est à l'époque de Pierre le Grand et surtout sous le règne de sa fille Élisabeth que se développent la poésie et le théâtre : **Mikhaïl Lomonossov**, auteur de la première grammaire russe, compose de nombreuses odes, alors qu'**Alexandre Soumarokov** écrit des tragédies inspirées de l'histoire nationale. Les arts et les lettres se développent sous le règne de **Catherine II**, l'« impératrice éclairée » écrivant elle-même des contes, des fables et des pièces moralisatrices. Poète officiel de la cour, **Gavriil Derjavine** compose de très belles odes chantant la grande tsarine, alors que **Denis Fonvizine** connaît un succès retentissant avec sa comédie *Le Mineur* qui, jouée en 1792, dresse un portrait inoubliable de la noblesse de province. Cependant, lorsque **Alexandre Radichtchev** tente de publier en 1790 son *Voyage de Pétersbourg à Moscou* dénonçant le servage et l'arbitraire des fonctionnaires, le livre provoque la colère de l'impératrice, et est frappé d'interdiction pour un siècle ! La fin du 18e s. voit apparaître la prose sentimentaliste de **Nicolas Karamzine**, les poèmes de **Vassili Joukovski**, ainsi que les fables d'**Ivan Krylov**, inspiré par Ésope, devenues une source inépuisable de proverbes et de citations.

L'ÂGE D'OR

Les années 1810-1830 connaissent une effervescence poétique et littéraire sans précédent. Cette époque est dominée par le génie d'**Alexandre Pouchkine**, auteur d'innombrables poèmes, drames et œuvres en prose. Épris de liberté, proche des décembristes, il a souvent connu l'exil qui lui inspira les poèmes tels que *Prisonnier de Caucase* et *Les Tsiganes*. C'est dans le domaine familial Mikhaïlovskoïé au nord de la Russie qu'il écrit la tragédie *Boris Godounov* et l'essentiel du roman en vers *Eugène Onéguine* (qui inspireront les opéras de Moussorgski et de Tchaïkovski). Pouchkine écrit également des œuvres en prose (*La Dame de pique, Doubrovski, La Fille du capitaine*), des drames (*Petites Tragédies*) et des contes en vers (*Le Pêcheur et le poisson d'or, Le Tsar Saltan, Le Coq d'or*) connus par tous les enfants russes. Tué en duel à l'âge de 38 ans, il est cher au cœur de tous les Russes qui, des plus petits aux plus âgés, en connaissent quelques vers. Poète national et génie universel qui pratiqua tous les genres avec un égal bonheur, il est considéré comme le véritable fondateur de la littérature russe.

L'œuvre de Pouchkine est suivie par celle de **Mikhaïl Lermontov**, grand poète romantique, admirateur de Byron, qui célébra toutes les révoltes dans ses poèmes pleins de désespoir et d'amertume. Ses poèmes *La Voile, Le Démon, Mtsyri*, qui chantent la liberté et la beauté de la nature, ainsi que son grand œuvre en prose *Un héros de notre temps* sont des classiques. Dénonçant les milieux aristocratiques responsables de la mort de Pouchkine dans *La Mort d'un poète*, il répéta le sort de celui-ci, en succombant à un duel à l'âge de 27 ans.

L'ÂGE DU ROMAN

La seconde moitié du 19e s. voit s'épanouir le genre du roman. Le romancier et dramaturge **Nicolas Gogol**, originaire d'Ukraine, publie en 1835 un cycle de

P. Plantier / Michelin

Mélancolie de Lermontov au parc des Arts.

nouvelles pétersbourgeoises où le réel se mêle au fantastique (*La Perspective Nevski*, *Le Manteau*, *Le Nez*). Sa pièce *Le Revizor*, satire mordante du milieu des fonctionnaires, provoque un scandale en 1836. Le roman satirique *Les Âmes mortes*, son chef-d'œuvre dont il brûla la seconde partie, présente un tableau sinistre de la vie de province tout en chantant la beauté secrète de la Russie. **Ivan Tourgueniev**, chantre des paysages russes, publie à partir de 1847 ses *Récits d'un chasseur* décrivant la vie dure des paysans. Intellectuel humaniste, il est l'auteur de plusieurs romans reflétant les enjeux et les rêves qu'agitaient l'intelligentsia de l'époque (*Roudine*, *Nid de gentilshommes*, *À la veille*, *Pères et fils*). **Ivan Gontcharov** publie en 1859 son roman *Oblomov*, tableau saisissant de la déchéance de la noblesse.

L'immense **Fiodor Dostoïevski** publie ses premiers romans dans les années 1840 (*Les Pauvres Gens*, *Le Double*, *Les Nuits blanches*). Au retour du bagne où il fut envoyé pour sa fréquentation des cercles socialistes, il frappe le public avec ses *Souvenirs de la maison des morts* décrivant la vie des bagnards en Sibérie. À partir de 1866 apparaissent ses grands romans : *Crime et Châtiment*, *L'Idiot*, *Les Démons* où la critique a voulu voir un tableau prophétique du monde totalitaire, *L'Adolescent* et *Les Frères Karamazov* sont le sommet de son œuvre. L'autre monument de la littérature, **Léon Tolstoï**, commence par publier une trilogie *Enfance*, *Adolescence*, *Jeunesse*, évoquant ses souvenirs d'enfance pleins de charme et de lumière, avant de dénoncer les horreurs de la guerre dans ses *Récits de Sébastopol*. Réfugié dans son domaine ancestral de Iassnaïa Poliana, il écrit une grandiose épopée *Guerre et Paix*, suivie par *Anna Karenine*. Une crise dans les années 1880 le pousse à la remise en cause radicale de toutes les valeurs, ses dernières œuvres peignant la révélation de la vraie vie (*La Mort d'Ivan Ilitch*, *Résurrection*). Parmi les autres écrivains ayant marqué cette époque, citons **Nikolaï Leskov**, auteur de merveilleuses nouvelles comme *Le Gaucher* et *Lady Macbeth du district de Mtsensk*, une tragédie au souffle shakespearien qui inspirera un opéra à Chostakovitch, et **Mikhaïl Saltykov-Chtchedrine**, maître de la satire, dont l'*Histoire d'une ville* raillant le pouvoir despotique de l'État totalitaire fut interdit… sous Staline.

Si la seconde moitié du siècle ne fut pas à proprement parler l'âge de la poésie, elle connut néanmoins l'œuvre de plusieurs grands poètes comme **Tioutchev**, **Maïkov**, **Fet**, le plus important étant sans doute **Nikolaï Nekrassov** qui chante comme personne la souffrance et la douleur du peuple. Le théâtre est dominé par la figure d'**Alexandre Ostrovski**, auteur de plus de 50 pièces de « théâtre de mœurs ».

Tolstoï et Tchekhov.

L'ÂGE D'ARGENT

De la fin du 19e s. à la révolution de 1917, la littérature connaît un épanouissement extraordinaire. Cette période baptisée « l'âge d'argent » en référence à l'époque de Pouchkine est comme celle-ci dominée par la poésie. Plusieurs mouvements et cercles littéraires apparaissent, tels que le symbolisme, l'acméisme, le cubo-futurisme, etc. **Viatcheslav Ivanov**, l'une des grandes figures du symbolisme, réunit les poètes dans son salon pétersbourgeois. Font également partie de ce mouvement **Andreï Biely**, auteur du célèbre roman *Pétersbourg*, **Fiodor Sologoub**, poète du symbolisme « décadent », **Dimitri Merejkovski**, poète, romancier et philosophe, premier théoricien du symbolisme. **Nikolaï Goumiliov** fonde l'acméisme (du grec *akmê*, « sommet ») qui, en réaction contre le symbolisme, appelle les poètes à redevenir artisans. Quant au futurisme, ses grands représentants qui prônent les recherches sur le « mot en tant que tel » sont les poètes **Igor Severianine**, **Velimir Khlebnikov** et **Vladimir Maïakovski**, futur tribun de la révolution.

Dans le domaine de la prose, **Anton Tchekhov** est la figure la plus importante de cette époque. Connu en Occident principalement pour son théâtre, il est aussi l'auteur d'innombrables nouvelles dont les personnages, de tous les milieux et de toutes les conditions, composent une véritable « comédie humaine ». Parmi sa prose riche et variée, citons *La Salle n° 6*, histoire d'un médecin enfermé dans un hôpital psychiatrique, ressentie par le public comme la parabole de la Russie ; *L'Île de Sakhaline*, sur le bagne où, médecin, Tchekhov est allé enquêter sur la condition des détenus ; *La Dame au petit chien* qui raconte la chaleur de l'amour partagé... Son œuvre dramatique, très variée, comprend des vaudevilles et des drames tels que *La Mouette*, *Oncle Vania*, *Les Trois Sœurs* et *La Cerisaie* dont le succès ne s'est jamais démenti depuis leur création au théâtre d'Art de Moscou par **Stanislavski**.

La fin du siècle voit l'essor de la prose réaliste avec les œuvres de **Maxime Gorki** (de son vrai nom Pechkov), jeune écrivain d'inspiration révolutionnaire qui connaît un grand succès avec sa pièce *Les Bas-fonds*. Adhérent au Parti bolchevik, c'est à l'étranger qu'il écrit *La Mère*, histoire de l'éveil de la conscience de classe chez la mère d'un ouvrier. **Alexandre Kouprine** dénonce la brutalité des mœurs et l'hypocrisie de la société avec *Le Duel*, sombre peinture de l'armée, et *La Fosse*, roman sur la prostitution en province. Quant au sulfureux **Leonid Andreev** attiré par les thèmes de la solitude, de la folie et de la mort (*Dans le brouillard*, *Les Sept Pendus*), sa prose semble porter toutes les inquiétudes et tout le désarroi d'un monde en perdition.

LA LITTÉRATURE SOVIÉTIQUE

Après la révolution d'Octobre, le nouveau pouvoir tente de contrôler la vie littéraire en rétablissant la censure (abolie en février 1917), et en expulsant les intellectuels les plus influents. En dépit de ces mesures auxquelles s'ajoutent l'émigration d'une bonne partie des écrivains et la pénurie du papier, la vie littéraire des années 1920 est riche et variée. Le poète symboliste **Alexandre Blok** exalte les forces irrationnelles de la révolution avec ses poèmes *Les Scythes* et *Les Douze*. **Vladimir Maïakovski**, célèbre « tambour » de la révolution, à l'extraordinaire tempérament lyrique, révolutionne le vers russe. **Sergueï Essenine**, poète paysan et chantre de la nature, accepte la révolution avec enthousiasme, mais est vite déçu par la ruine des campagnes et se suicide en 1925, hanté par la nostalgie. Le groupe Frères de Sérapion réunit en 1921 nombre de jeunes prosateurs de talent tels que **Vsevolod Ivanov** *(Le Train blindé 14-69)*, **Konstantine Fedine** *(Les Villes et les années)* et le grand humoriste **Mikhaïl Zochtchenko**. **Evgueni Zamiatine** (*Les Insulaires*, *L'Inondation*) est l'un des écrivains les plus influents de cette période et son roman *Nous*, tableau terrifiant d'une cité collectiviste bannissant toute liberté individuelle, est proche des œuvres de Huxley et d'Orwell. Publié à l'étranger en 1927, il devient prétexte d'une violente campagne contre son auteur, tout comme le fut la nouvelle *Acajou* de **Boris Pilniak** (*L'Année nue*, *Machines et loups*).

Autre grand écrivain, **Andreï Platonov** publie de nombreux récits dont *Makar pris de doute* et *Les Écluses d'Épiphane* dénonçant les horreurs du travail forcé. **Isaac Babel**, auteur d'une série de récits sur la guerre civile (réunie sous le titre *La Cavalerie rouge*), obtient un grand succès, alors que, dans le domaine théâtral, de grands metteurs en scène comme **Meyerhold**, **Vakhtangov** et **Taïrov** multiplient les recherches. La mise en scène par **Stanislavski** en 1926 des *Jours de Tourbine* (adaptation du roman *La Garde blanche* du grand écrivain **Mikhaïl Boulgakov**), déclenche de violentes critiques mais se maintient jusqu'en 1941 grâce à la protection de Staline. Mentionnons aussi les grands écrivains de l'émigration : les prosateurs **Ivan Bounine** (prix Nobel en 1933), **Alexandre Remizov**, **Vladimir Nabokov**, la poétesse **Marina Tsvetaeva**, les philosophes **Berdiaev** et **Chestov**, etc.

Avec le durcissement du régime dans les années 1930 et l'adoption du « réalisme socialiste », comme norme de la littérature soviétique, commence le règne de la terreur : nombre d'écrivains disparaissent dans les camps, d'autres sont condamnés au silence. *Le Don paisible*, de **Mikhaïl Cholokhov**, une fresque de dix années de guerre civile et de révolution chez les Cosaques, est l'œuvre majeure de cette période. Citons également *Pierre Ier* d'**Alexeï Tolstoï**, roman historique exaltant un État fort, et les romans de **Konstantin Paoustovski**, écrivain à la veine romantique, qui a su concilier descriptions des grands chantiers et évocation poétique de la nature. Nombreuses sont les œuvres qui restent inédites comme *Le Maître et Marguerite*, le chef-d'œuvre de Boulgakov.

La guerre qui provoque un immense élan patriotique contraint le pouvoir à desserrer la censure : le tableau d'une réalité atroce mais authentique apparaît dans les meilleures œuvres de cette période telles que *Dans les tranchées de*

Stalingrad de **Viktor Nekrassov**. Mais le retour de la paix s'accompagne de celui de la terreur. Il faudra attendre la mort de Staline pour que la période du « dégel » apporte un souffle nouveau dans la littérature. C'est l'époque de l'effritement des tabous, de la publication des grands écrivains victimes de la censure, de la révélation des jeunes talents. Un vaste public se reconnaît dans l'œuvre des jeunes poètes : **Voznessenski**, **Evtouchenko**, **Akhmadoulina**, **Rojdestvenski**.

La nouvelle génération des prosateurs délaisse le roman pour la nouvelle : la prose lyrique de **Kazakov**, les interrogations éthiques de **Tendriakov**, les réflexions sur la culture paysanne en péril de **Solooukhine** appartiennent à cette période. Mais ce sont les « jeunes en colère » qui expriment le mieux l'esprit de cette époque tels qu'**Axionov** (*Billet pour les étoiles*, *Les Oranges du Maroc*), **Vladimov** *(Trois Minutes de silence)*, **Kouznetsov** *(Babi Iar)*. On ose enfin dire la vérité sur les horreurs et les erreurs de la guerre, comme le font **Bondarev** *(Le Silence)*, **Baklanov** *(Pas de honte pour les morts)*, **Bykov** *(Les morts ne souffrent pas)*. La publication, en 1962, de la nouvelle de **Soljenitsyne** *Une journée d'Ivan Denissovitch* ouvre la voie à une abondante littérature sur le stalinisme. La tragédie de la campagne russe, dévastée par la collectivisation et la bureaucratie, est un autre grand thème de l'époque développé par les écrivains **Zalyguine**, **Mojaïev**, **Abramov**, **Raspoutine**. **Vassili Choukchine**, par ailleurs acteur et réalisateur de films, se distingue par ses récits peignant des déracinés, en quête de la liberté et de l'authenticité *(L'Obier rouge)*. Au théâtre, les pièces d'**Arbouzov** *(Cela s'est passé à Irkoutsk)*, **Volodine** *(Cinq Soirées)*, **Vampilov** *(Le Fils aîné)*, remportent un vif succès auprès du public.

À l'époque de la « glaciation » brejnévienne, les meilleures œuvres sont de nouveau frappées d'interdiction. Elles sont diffusées clandestinement sous forme dactylographiée (en « samizdat »), comme *Vie et aventures singulières du soldat Ivan Tchonkine* de **Voïnovitch**, *Moscou-sur-vodka* d'**Erofeev**, les romans des frères **Strougatski**, ou publiées à l'étranger, comme le fameux *Docteur Jivago* de **Pasternak** et *L'Île de Crimée* d'**Axionov**. D'autres encore ne connaissent qu'une publication partielle, comme *La Maison Pouchkine* de **Bitov**. Le stalinisme redevenant tabou après la chute de Khrouchtchev, c'est à l'étranger que paraissent les souvenirs de camp d'**Evguenia Guinzbourg** (*Le Vertige*, *Sous le ciel de Kolyma*), *Le Premier Cercle* et *L'Archipel du Goulag* de **Soljenitsyne**, *Les Récits de Kolyma* de **Chalamov**. La grande fresque de **Grossman** *Vie et Destin* qui développe une réflexion sur le monde totalitaire sera également publiée à l'étranger, de même que *La Faculté de l'inutile* de **Dombrovski**, tableau saisissant de la vie carcérale.

Nombre d'écrivains sont contraints d'émigrer et poursuivent leur œuvre à l'étranger : outre Soljenitsyne et Axionov, citons **Maximov** *(Les Sept Jours de la création)*, **Alechkovski** *(La Confession d'un bourreau)*, **Mamleïev** *(Gambit de Moscou)*, **Zinoviev** (*Les Hauteurs béantes*, *L'Avenir radieux*). Le plus grand poète de l'époque, **Iossif Brodski**, futur prix Nobel, émigre aux États-Unis, après sa condamnation pour « parasitisme ». **Guennadi Aïgui** (1934-2006), surnommé « le Mallarmé de la Volga », séduit par ses recherches formelles et rythmiques... La bande magnétique permet une large diffusion des chansons des poètes- « bardes » **Okoudjava**, **Galitch** et **Vyssotski**, adorés du public et détestés du pouvoir. Au théâtre, les spectacles mis en scène par **Lioubimov** au Taganka, cet « îlot de liberté » (*Hamlet*, avec Vyssotski dans le rôle principal, *Le Maître et Marguerite* d'après Boulgakov, *La Maison sur le quai* d'après Trifonov) font fureur, de même que les mises en scène de **Mark Zakharov**, **Piotr Fomenko** et **Lev Dodine**.

LITTÉRATURE ACTUELLE

Apparue après 1991 sur les décombres de la littérature soviétique, la littérature actuelle est en plein essor, avec un grand nombre d'écrivains remarquables tels que les prosateurs **Makanine** *(Prisonnier du Caucase)*, **Oulitskaïa** (*Sonietchka*, *Médée et ses enfants*), **Tatiana Tolstoïa** *(Slynx)*, les poètes **Prigov** et **Sedakova**, les auteurs de romans policiers **Akounine** *(Altyn-Tolobass)* et **Marinina** (*Le Cauchemar*, *Je suis mort hier*). **Viktor Pelevine**, l'un des écrivains les plus novateurs de la littérature contemporaine russe, est l'auteur d'œuvres inclassables mêlant le fantastique et le réel, le passé et le présent, le rêve et la réalité (*Omon Ra*, *La Flèche jaune*, *Minotaure*). L'idole du postmodernisme, **Vladimir Sorokine**, fait exploser tous les tabous avec ses œuvres violentes et énigmatiques qui mêlent plusieurs genres (*Le Lard bleu*, *La Glace*). La relève théâtrale est assurée par **Alexeï Slapovski** *(La Petite Cerisaie)* et **Evgueni Grichkovets** *(Comment j'ai mangé du chien)* dont les pièces obtiennent un succès retentissant en Russie et à l'étranger.

Cinéma

NAISSANCE D'UN ART

C'est en 1908 qu'un ancien militaire, **Alexandre Khadjonkov** (1877-1945) s'établit comme producteur de films, après avoir distribué dans son cinéma *Pégase* de Moscou des films d'importation. Ce pionnier du cinéma russe produira des séries puisant dans l'histoire de la Russie, ou dans les classiques de la littérature, sans oublier le « genre parisien », terme désignant le vaudeville. On lui doit en 1911 le premier long métrage de l'histoire *(La Défense de Sébastopol)* et l'année suivante, un des premiers films d'animation. Quelques noms se détachent dans la jeune production russe : **Evgueni Bauer** (1865-1917) tourne une vingtaine de films parmi lesquels un étonnant *Après la mort* et *Témoins muets* où sa direction d'acteurs est bien éloignée des outrances du muet ; **Piotr Tchartynine** (1873-1934) réalise en 1909 *Les Âmes mortes*, prélude à une œuvre de près de 200 films. **Jakob Protazonov** (1881-1946) adapte Tolstoï (*Guerre et Paix*, 1915) et Pouchkine (*La Dame de pique*, 1916) et réalisera plus de 80 films jusqu'en 1943. Un couple d'acteurs acquiert une grande popularité : **Ivan Mosjoukine** et **Vera Kholodnaïa**.

La révolution de 1917 met un terme à cet élan : producteurs et exploitants partent en exil, de même que nombre d'acteurs et de réalisateurs. Mosjoukine donne toute sa démesure dans des films réalisés à Paris par **Alexandre Volkov** (1878-1942), comme *Le Brasier ardent*… mais ce cinéma de l'exil ne dure pas.

LE CINÉMA SOVIÉTIQUE

Il est né par un décret de Lénine, nationalisant le 27 août 1919 le cinéma « tsariste » et son essor s'appuie sur une déclaration du leader bolchevik affirmant « de tous les arts, le cinéma est pour nous le plus important ». Les gens de cinéma y voient un encouragement et bientôt les studios rouvrent leurs portes, tandis qu'est créé en 1922 le **VGIK** (Institut national de cinématographie) : une curiosité en naît, *Aelita*, tournée par Protozanov dans des décors constructivistes.

Documentariste, **Dziga Vertov** (1895-1954) prône le « cinéma-vérité » traduction de *Kino-Pravda*, le supplément filmé du quotidien. Tout cela devait déboucher sur le **Kinoglaz** (« cinéma-œil ») bannissant acteurs, studio, décor et éclairage, afin de « saisir la vie à l'improviste » : seul le montage peut révéler les choix du réalisateur. Le problème qui se pose bientôt est qu'il est difficile de se faire oublier des personnages filmés et de parvenir à une véritable objectivité… Malgré ses théories excessives, Vertov, aidé par son opérateur **Edouard Tissé**, futur collaborateur d'Eisenstein, parvient à donner des films importants, tels que *Soviets en avant!* (1926), *L'Homme à la caméra* (1929) et surtout *Entuziasm* (1931) retraçant l'épopée de la révolution, qui influenceront profondément la pratique des auteurs de documentaires. **Esfir Choub** (1894-1959), monteuse et documentariste, se spécialise dans le film d'archives, en utilisant (déjà) d'anciennes images d'actualités.

Après avoir commencé pendant la guerre civile à tourner des vues d'actualités, **Lev Koulechov** s'inspire du burlesque américain dans *Mr West au pays des bolcheviks* (1924) et fonde le Laboratoire expérimental. Comme nombre de ses confrères, le réalisateur voue une grande admiration à Chaplin et à Griffith et, s'il suit Vertov dans l'importance accordée au montage, il ne renonce ni à la fiction ni aux avantages du studio. **Vladimir Maïakovski** lui-même se met à la réalisation dans trois films dont un seul nous est parvenu, *La Demoiselle et le Voyou*, dans lequel le poète est également acteur. Citons également **Konstantin Youdine** (1854-1985), fondateur de la FEKS (Fabrique de l'acteur excentrique) qui fait appel à Chostakovitch pour la musique de son long métrage parlant, *La Montagne d'or* (1931) et le trop méconnu **Abraam Room** (1894-1976) à propos duquel on a pu évoquer Fritz Lang, Orson Welles et Alain Resnais (*Trois dans un sous-sol*, 1927).

En réalisant *La Jeune Fille au carton à chapeaux* (1927), **Boris Barnet** (1902-1965), qui était entré au VGIK comme professeur de boxe, entame une carrière prometteuse : *La Maison de la rue Troubnaïa* (1928) et *Au bord de la mer*

La force du montage

Saisissons le visage imperturbable d'un acteur connu, comme **Ivan Mosjoukine** : insérons des images montrant une assiette de soupe, un cercueil, un enfant. Projetons le film obtenu. Une majorité de spectateurs va tomber en pâmoison devant le talent montré par l'acteur pour exprimer la faim, la tristesse ou la tendresse. Telle est la force du montage, démontrée par cette expérience fameuse réalisée par Koulechov.

bleue (1936) sont parmi les réalisations les plus achevées de ce cinéaste sensible aux films d'un intimisme traité avec humour et poésie.

Le génie d'Eisenstein

Le plus connu des cinéastes soviétiques, **Sergueï M. Eisenstein** (1898-1948), était à l'origine destiné à devenir ingénieur ; c'est la découverte des mises en scène de **Meyerhold** qui l'attirent vers le milieu de l'art et il devient décorateur de théâtre. Après un court-métrage comique, il tourne en 1924 *La Grève* où son style novateur le fait remarquer. Le succès est tel qu'il bénéficie de tous les moyens pour mettre en scène son premier chef-d'œuvre, *Le Cuirassé Potemkine* (1925) : nul n'a oublié la fameuse séquence du landau dévalant les marches d'escalier. Mais on taxe le cinéaste de formalisme, et (horreur !) dans *Octobre* (1927) apparaît Trotski… qu'il faut supprimer au montage. Pour éviter la censure, Eisenstein tourne en 1931 au Mexique *Que Viva Mexico !* inachevé car, sous la pression des Soviétiques, son bailleur de fonds, l'écrivain **Upton Sinclair**, doit jeter l'éponge.

Le cinéaste rentre au pays mais est désormais sujet à la dépression. Il aborde le parlant avec *Le Pré de Béjine* (1937) avant de réaliser *Alexandre Nevski* (1938) : le thème du patriotisme est apprécié par les autorités et Eisenstein reçoit la commande d'une immense fresque consacrée à *Ivan le Terrible* que va incarner **Nikolaï Tcherkassov** (1903-1961) accompagné d'une musique tonitruante de **Prokofiev**. La première partie (*Ivan Grozny*, 1942) plaît à Staline qui se reconnaît avec plaisir dans ce tsar soutenu par le peuple. Tournée en 1945, la seconde partie *(Le Complot des Boyards)*, dans laquelle le cinéaste utilise pour la première fois (et partiellement, mais de quelle manière !) la couleur, montre un Ivan solitaire sombrant peu à peu dans la folie. Comme on s'en doute, l'accueil du « petit père des peuples » fut nettement plus froid. Quant à la troisième, elle est interrompue par la mort du cinéaste. Reste une œuvre majeure, portant à son point culminant les recherches formelles d'un grand théoricien du montage ambitionnant de faire du cinéma un art total.

Son collaborateur, **Grigori Alexandrev**, auteur du montage final de *Que viva Mexico !*, réalise des comédies musicales (*Les Joyeux Garçons*, 1934) qui donnent une immense popularité à son épouse, l'actrice **Lioubov Orlova**.

Alexandre Dovjenko (1894-1956) est l'auteur de fresques paysannes lyriques dont la plus connue reste *La Terre* (1930). Après la guerre, il compose un superbe hommage au botaniste Mitchourine dans *La Vie en fleurs*, exaltant la beauté de la nature, avec de somptueuses couleurs et une musique de **Chostakovitch**. **Vsevolod Poudovkine** (1893-1953) s'impose avec l'adaptation de *La Mère*, de Gorki, puis l'année suivante avec *La Fin de Saint-Pétersbourg* : l'un comme l'autre se reconnaissent comme maître **Alexandre Medvedkine** (1900-1989). **Mark Donskoï** (1901-1981) se spécialise dans des adaptations de Maxime Gorki (*Mes universités*, 1940). Quant à **Alexandre Ptouchko** (1900-1972), il donne le premier long métrage d'animation soviétique avec *Le Nouveau Gulliver*. *Fleur de pierre* remporte à Cannes le prix de la couleur : le merveilleux empreint de poésie, les effets spéciaux pleins d'invention charment les jeunes spectateurs tant en Russie qu'à l'étranger où *Sadko* (1952) connaît une belle carrière. L'œuvre de ce grand enfant que tout le monde (à l'exception de Staline) adore, s'achève en 1972 avec un superbe *Rouslan et Ludmila*.

L'après-guerre

On peut concevoir qu'une fois la guerre achevée le public avait besoin de détente : c'est ce qu'on lui propose avec *Polka d'amour* de **Savtchenko**, ou *Rapide Extrême-Orient* de **Raismann**, tandis que **Grigori Rochal** se spécialise dans des biographies en réalisant *Moussorgski* et *Rimski-Korsakov*, incarné par Tcherkassov. Mais le répit est de courte durée : comme de juste, *La Pravda* donne le ton et engage vivement les cinéastes à exalter l'héroïsme de la population et le génie du chef suprême durant le conflit. Fleurissent alors d'innombrables épopées guerrières où le bon (*La Jeune Garde*, de **S. Guerassimov**, d'après un roman de Fadeev, et *La Bataille de Stalingrad*, de **V. Petrov**) côtoie le pire comme cette *Chute de Berlin*, de **Tchiaourelli**, qui avec des moyens colossaux, glorifie Staline de façon éhontée. **Mikhaïl Kalatozov** (1903-1973) avait fait ses débuts en 1930 avec un superbe et étrange documentaire, *Le Sel de Svanetie* ; vingt-sept ans plus tard, avec *Quand passent les cigognes*, il obtient la Palme d'or au festival de Cannes. En 1964, il revient au documentaire avec *Soy Cuba*. Mais le cinéaste officiel de la période est **Sergueï Bondartchouk** (1920-1994) qui représente la Russie dans la plupart des festivals internationaux avec des films dotés de gros moyens et pêchant par un certain conformisme, tant idéologique que formel : *Guerre et Paix* (1967), *Waterloo* (1970), *Boris Godounov* (1986). Citons également **Mikhaïl Romm** dont le documentaire *Le Fascisme ordinaire* fait forte impression en 1965 et **Sergueï Paradjanov** (1924-1990) qui réalise en 1965 les superbes *Chevaux de feu*, prélude à une longue suite de persécutions et d'internements arbitraires.

Une nouvelle vague

En 1966 apparaît sur les écrans français un film en noir et blanc, *Le Premier Maître* d'**Andreï Kontchalovski** mettant aux prises un jeune instituteur bolchevik bardé de certitudes avec des villageois pas du tout convaincus de l'intérêt de s'instruire. Un ton nouveau, une poésie non dénuée d'humour et une morale pas tout à fait dans la ligne font un temps espérer que l'on va assister à l'éclosion d'une nouvelle vague de réalisateurs, comparable à celle qui provient de certains pays de l'Est. Le réalisateur donna ensuite quelques films remarqués comme *Sibériade* (1979) et *Riaba ma poule* (1994). Né en 1945, son frère **Nikita Mikhalkov** se fait connaître par des œuvres intimistes : *Partition inachevée pour piano mécanique* (1976) ou *Les Yeux noirs* (1987) tous deux d'après Tchekhov, *Cinq Soirées* (1978), avant de passer à la fresque historique dans *Soleil trompeur* (1994) et d'évoluer dans un registre de plus en plus commercial. **Gleb Panfilov** *(Pas de gué dans le feu)* révèle son actrice fétiche, **Irina Tchourikova** (née en 1934).

Visionnaire, solitaire et mystique, la figure d'**Andreï Tarkovski** (1932-1986) ne pouvait que rester marginale. Il se révèle au public occidental avec le sublime *Andreï Roublev* (1966). *Solaris* (1972) et *Stalker* (1979) figurent parmi les œuvres marquantes de ce cinéaste contraint à l'exil et trop tôt disparu.

UN NOUVEAU CINÉMA ?

La chute du communisme et la crise économique s'accompagnent d'une ouverture au monde qui se traduit par la domination des productions américaines, seules à rencontrer un large public, malgré des exceptions comme **Pavel Lounguine** qui se révèle avec *Taxi Blues* (1990) et *Luna Park* (1992). Avec *Un nouveau Russe*, primé au Festival du film policier de Cognac, Lounguine donne un thriller efficace basé sur l'actualité et traitant de la corruption.

En outre, de nombreuses salles doivent fermer : il n'en reste que moins d'un millier… contre 28 000 en 1939 ! Exception qui amorce peut-être un tournant : l'extraordinaire succès public de *Night Watch*

P. Plantier / Michelin

Tarkovski, vu par le sculpteur Bourganov.

réalisé par **Timour Bekmambetov** (2004). Ce réalisateur venu de la publicité reprend les recettes hollywoodiennes : action, effets spéciaux, et jeux vidéo baignent ce conte fantastique qui a attiré 4,5 millions de spectateurs. D'autres productions à gros budget s'engouffrent dans cette voie comme *La 9e Compagnie*, de **Fiodor Bondartchouk**, traitant de la guerre d'Afghanistan (2005), *Le Gambit turc*, de **Djanik Faïzev**, inspiré des aventures du détective de **Boris Akounine**, au point que le cinéma russe qui stagnait avec 3 % de parts de marché est remonté à plus de 15 %. Le détective Fandorine n'en est d'ailleurs pas à ses débuts à l'écran puisque **Filipp Iankovski** a adapté *Le Conseiller d'État*, avec dans le rôle principal **Oleg Menchikov** (né en 1960), star du cinéma russe, connu au théâtre pour avoir tenu le rôle d'Essenine au côté de Vanessa Redgrave à Londres et d'Annie Duperrey à Paris. On n'est plus là dans l'Art et Essai, mais cet intérêt porté à la production nationale permet à des réalisateurs indépendants de tourner : *Le Retour*, d'**Andreï Zviagountsev** obtient le Lion d'or à Venise en 2003 tandis qu'**Alexeï Guerman** fils séduit en 2005 le public de ce même festival avec *Haspartum*. **Boris Khlebnikov** rafle les prix de nombreux festivals avec *Koktebel*. **Lidia Bobrova** apparaît avec un *Baboussia* plein de sensibilité.

Enfin, **Alexandre Sokourov** se fait connaître en 2003 avec un film de virtuose, constitué d'un long plan-séquence tourné au musée de l'Ermitage, *L'Arche russe*, méditation poétique sur l'art et l'histoire. Héritier autoproclamé de Tarkovski, le réalisateur s'intéresse à des personnages historiques, confrontés à la mort ou à la défaite : Lénine *(Taurus)*, Hitler *(Moloch)* et Hiro-Hito *(Le Soleil)*. Sokourov a aussi réalisé les deux premiers volets d'une « trilogie familiale », *Mère et fils* (1997) et *Père et fils* (2004).

Musique

La Russie et la musique : les deux mots font bon ménage tant « l'âme slave » est associée aux envolées des symphonies romantiques et les noms de compositeurs connus ne se comptent plus. Et pourtant, il fallut attendre le 19e s. pour voir se développer une véritable musique classique russe, si l'on excepte les chants religieux et populaires.

DIABOLIQUE OU DIVINE

Le goût pour la musique est fort ancien en terres russes. L'Église orthodoxe ne la tenait-elle pas pour un « art du diable » en affirmant que l'invasion des Tatars était le juste châtiment infligé par le ciel à une nation décidément trop mélomane ? N'alla-t-elle pas au 17e s. jusqu'à faire saisir et détruire tous les instruments de musique qui lui tombaient sous la main ? Il est vrai que le répertoire traditionnel des musiciens de rue qu'adorait le peuple était tout sauf religieux... Peut-être faut-il voir dans le désir de supplanter cette musique profane l'épanouissement de la **musique religieuse**, dans laquelle plusieurs périodes ont pu être distinguées. Jusque-là, la musique en Russie était populaire ou religieuse. Ainsi, à la musique dite « homonia » où jusqu'à cinq mélodies différentes se chantaient simultanément, succéda sous le règne du tsar Alexeï Mikhaïlovitch une période où le chant simultané fut prohibé. Plus tard, la musique polyphonique fut harmonisée par des musiciens ayant étudié auprès de maîtres italiens. Parmi ceux-ci se distingue **Dimitri Bortniansky** (1751-1825) auteur de superbes motets à quatre et huit voix. Quant aux **chansons traditionnelles**, elles étaient restées très populaires et, à la fin du 18e s., plusieurs chercheurs commencèrent à les recueillir et à les éditer... même si l'élite intellectuelle ne jurait que par les opéras italiens et français et que les rares compositeurs allaient se former à Naples.

LE PÈRE FONDATEUR

Si la Russie avait connu quelques compositeurs comme les frères Vielgorski, c'est **Mikhaïl Glinka** (1804-1857) qui mérite le titre de fondateur de la musique russe, non seulement par son génie, mais parce qu'il traça une voie qui devait influencer tout le développement ultérieur de la musique nationale. Formé en Allemagne et en Italie, Glinka connut un immense succès avec l'opéra *La Vie pour le tsar* (1836), rebaptisé pour les raisons que l'on imagine *Ivan Soussanine* à l'époque communiste. Par contre *Rouslan et Ludmila* (1842), le second opéra du compositeur, est un échec... Incompris de son public, il s'exile à Berlin. Délaissant les influences occidentales, Glinka emprunte au fonds traditionnel religieux ou profane, ouvrant la voie à une nouvelle génération de musiciens russes, à commencer par son disciple **Alexandre Dargomyski** (1813-1869). Il est l'auteur de la *Roussalka* (1855), et son œuvre majeure, le *Convive de pierre* (1869), achevée après sa mort par César Cui et orchestrée par Rimski-Korsakov, révolutionna l'opéra de l'époque. Son contemporain, **Alexandre Serov** (1820-1871), autodidacte, écrivit quatre opéras à succès (dont *La Nuit de mai*, d'après Gogol) et se dépensa sans compter pour faire connaître Wagner à ses compatriotes.

Inspirateurs et passeurs

C'est avec *Rouslan et Ludmila* que le poète national **Alexandre Pouchkine** commence une fructueuse collaboration posthume avec les musiciens russes. Dargomyski, Moussorgski, Rimski-Korsakov, Tchaïkovski et même Stravinsky allaient puiser dans son œuvre des arguments d'opéras. Outre ses compositions et son travail de professeur au conservatoire, **Rimski-Korsakov** édita inlassablement ses compagnons, dont il acheva ou orchestra les œuvres parfois après leur mort. Enfin, il faut citer **Vladimir Stassov**, critique d'art et théoricien qui soutint le groupe des Cinq et **Belaïev**, premier éditeur de musique russe.

Le groupe des Cinq

Mili Balakirev (1837-1910) est le fondateur de ce groupe créé en réaction contre l'académisme de l'enseignement du conservatoire de St-Pétersbourg, et prônant le « retour à la terre », autrement dit au génie slave (folklore, chants populaires, musique orthodoxe), mais aussi un renouvellement de l'opéra jusqu'alors figé dans ses clichés, et une adaptation de la musique à la langue russe. Auteur d'une « fantaisie orientale » pour piano, *Islamey* et d'un poème symphonique, *Thamaar*, Balakirev est rejoint par **César Cui** (1835-1918), auteur de onze opéras et de symphonies, mais qui est surtout le théoricien du groupe. **Alexandre Borodine** (1833-1887), professeur de chimie de son état, occupant la plus grande partie de son temps à des œuvres charitables, a peu écrit : il a néanmoins laissé trois symphonies, *Dans les Steppes de* *l'Asie centrale* (1880) et un opéra épique, *Le Prince Igor*. **Nicolas Rimski-Korsakov** (1844-1908), maître du poème symphonique *(Shéhérazade)*, compositeur de quinze opéras (*Ivan le Terrible*, *Légende de la ville invisible de Kitej*), séduit ses contemporains par un lyrisme coloré puisant aux racines de la musique populaire dont il recueille nombre de chansons... n'hésitant pas à en inventer d'autres. Professeur au conservatoire de Pétersbourg jusqu'en 1905, il forme une pléiade de jeunes compositeurs parmi lesquels Stravinsky. Enfin, **Modest Moussorgski** (1839-1881) qui crée son premier opéra avec *Boris Godounov* (1874) : ce fut un triomphe alimenté par les polémiques des conservateurs rejetant cette « musique pour cochers » ! On retiendra de lui ses *Enfantines* (1870), suite de sept pièces pour chant et piano, et sa *Khovantchina* (1886) terminée par Rimski-Korsakov, puis remaniée par Stravinsky en 1913. *Sans soleil* et *Chants et danses de la mort* écrits après 1873, sont considérés comme les œuvres majeures d'un compositeur étonnamment moderne.

LE MAÎTRE DU ROMANTISME

Piotr Tchaïkovski (1840-1893), cosmopolite et conservateur, apparaît comme l'antithèse de Moussorgski. Sa vie sentimentale tourmentée lui a inspiré une œuvre d'un romantisme exacerbé, meilleure dans la symphonie que dans la musique lyrique. Parmi ses œuvres les plus connues, on lui doit la partition du ballet *Le Lac des cygnes* (1876), une *4e Symphonie* pleine de frémissements, un opéra, *Eugène Onéguine* (toujours Pouchkine !), considéré aujourd'hui comme l'opéra national, la symphonie *Manfred* (1884) inspirée de Byron, le fameux *Casse-Noisette*, d'après Hoffmann, et enfin la bouleversante *6e Symphonie*, connue sous le nom de *Pathétique* (1893). D'une popularité inimaginable aujourd'hui, mais souvent dénigré par ses pairs et ses successeurs immédiats avant d'être « réhabilité » une génération plus tard, alternant le meilleur et le moins bon d'un romantisme un peu facile et souvent larmoyant, dans une œuvre immense, son écriture brillante et pleine de sensibilité le situe au premier rang des lyriques russes. Bien que rejetée par certains d'entre eux, l'œuvre de Tchaïkovski eut une grande influence sur ses successeurs, à commencer par **Serge Rachmaninov** (1873-1943), pianiste virtuose et chef d'orchestre, auteur de remarquables concertos pour piano. Auteur de huit symphonies, **Alexandre Glazounov** (1865-1936) collabore aux Ballets russes de Serge Diaghilev, ce qui lui vaut une notoriété internationale. Son œuvre la plus connue est un poème symphonique, *Stenka Razine*. **Anatole Liadov** (1855-1914) s'inspire quant à lui du folklore slave dans ses *Chansons russes*. Citons également **Nicolas Tcherepnine** (1873-1945), directeur musical des Ballets russes, **Alexandre Gretchaninov** (1864-1956), héritier du « groupe des Cinq » ou **Nikolaï Miaskovski** (1881-1950).

Bridgeman Art Library/Galerie Tretyakov, Moscou

Piotr Tchaïkovski vu par N. Kouznetsov (1893).

À l'écran

Piotr Tchaïkovski a vécu une relation sentimentale pour le moins étrange avec une riche veuve qui lui versait une pension en échange d'une correspondance quotidienne et de la promesse de ne jamais se rencontrer. L'affaire dura quatorze ans après quoi la veuve abandonna brutalement son musicien préféré, lui reprochant ses « amitiés particulières ». De dépit, le compositeur épousa une de ses élèves, nymphomane, qui finit ses jours dans un asile d'aliénés, épisode qui fut porté au cinéma sans délicatesse excessive par **Ken Russel**, en 1970, dans *Music Lovers* (avec Richard Chamberlain et Glenda Jackson), film qui fit grande impression au moment de sa sortie.

AVANT-GARDES

Le plus grand compositeur de cette génération est **Alexandre Scriabine** (1872-1915) dont les recherches musicales, empreintes d'un mysticisme « théosophique », marquent une rupture avec la tradition classique. Persuadé de l'intime correspondance entre sons et couleurs, il crée un *Poème du feu* où à l'orchestre s'ajoute un clavier lumineux projetant sur écran des couleurs correspondant aux harmonies. Enfin, il intègre dans l'orchestre des instruments jusqu'alors inédits : cloches, gongs, tamtams. Appréciée au début par les bolcheviks, l'œuvre fut vouée à l'oubli par le « réalisme socialiste » qui, en musique aussi, allait faire des ravages.

Autour de Scriabine se développe une avant-garde musicale qui devait conduire ses créateurs à l'exil ou au silence : constructivisme, bruitisme, atonalité caractérisent les recherches de **Nicolas Roslavetz** (1881-1944), **Arthur Lourié** (1893-1966), le « Satie russe », **Nicolas Oboukhov** (1892-1954) ou **Alexandre Mossolov** (1899-1953).

Mais le nom le plus illustre est celui d'**Igor Stravinsky** (1882-1971). *L'Oiseau de feu* composé en 1910 pour Diaghilev assure sa réputation et le conduit à privilégier la musique de ballet comme *Petrouchka* (1911). Mais c'est *Le Sacre du printemps* (1911-1913) qui reste l'œuvre emblématique du compositeur. Après avoir subi l'influence du jazz, qu'il a su interpréter comme aucun musicien de tradition classique n'avait pu le faire, Stravinsky atteint la pleine maturité avec *Les Noces* (1917), puis revisite la musique du 18e s. dans son *Pulcinella* (1919), avant d'évoluer vers une sobriété confinant au dépouillement et d'adopter aux États-Unis la musique sérielle (1958). Ayant quitté la Russie en 1919, Igor Stravinsky n'y revient qu'en 1962 pour une triomphale série de concerts.

MUSIQUE SOVIÉTIQUE

Virtuose du piano, **Serge Prokofiev** (1891-1953) séduit, étonne ou scandalise en 1913 avec son *2e Concerto* et épouse les mouvements d'avant-garde, avec une musique parfois très violente, comme dans *Sept, ils sont sept* (1917). En exil entre 1918 et 1933 (avec la bénédiction de **Lounatcharski**), ce personnage haut en couleur décide après deux tournées au cours desquelles l'exubérance créative en URSS le séduit de regagner son pays en 1933. Fatale erreur, car son retour coïncide avec la mainmise du pouvoir sur l'art et l'étouffement dans l'œuf de toute velléité créative et lui vaut quelques reproches de « formalisme », voire de composer une « musique antidémocratique » (rapport Jdanov de 1948). De sa production, on retiendra l'éternel *Pierre et le Loup* (1938), et les musiques pour les films d'Eisenstein, *Alexandre Nevski* et *Ivan le Terrible*.

Déjà auteur d'une *1re Symphonie* remarquée (1926), **Dimitri Chostakovitch** (1906-1995) fait irruption sur la scène pétersbourgeoise en 1930 avec *Le Nez*, opéra au livret emprunté à Gogol : tous les genres se retrouvent dans la partition du jeune compositeur (jazz, music-hall, folklore et même parodie des romantiques). Le spectacle est jugé assez subversif pour être interdit quinze jours après. Mais plus tard, la symphonie *Leningrad* (1941) devient le symbole de la résistance de la ville à l'agression nazie. Tel sera le destin de Chostakovitch, communiste fervent comme nombre de créateurs de l'époque (Maïakovski, Essenine…), puis déçu par la réalité du régime, alternativement porté au pinacle et victime de critiques qui lui valent d'être surnommé « l'ennemi du peuple » après que son opéra *Lady Macbeth* eut déplu à Staline (1936), ou encore d'affronter l'orage en 1962 lorsqu'il crée une *13e Symphonie* sur des poèmes d'**Evgueni Evtouchenko**.

Citons également **Aram Khatchaturyan** (1904-1978) qui a connu la gloire avec la *Danse du sabre*, inspirée comme toute son œuvre du folklore arménien, et **Dimitri Kabalevski**, auteur de symphonies, d'ouvrages lyriques et de partitions pour la jeunesse.

De grands interprètes

Dans le domaine de l'opéra, **Fedor Chaliapine** (1873-1938), baryton basse qui se rendit célèbre en interprétant *Boris Godounov* et *Ivan le Terrible* sur les plus grandes scènes, est demeuré une légende. Parmi les cantatrices, **Maria Olénine** et **Zaria Douloukhanova** se détachent. Du côté des instrumentistes, et pour se limiter aux plus célèbres, citons **Anton Rubinstein** (1830-1894), compositeur romantique, surtout connu pour avoir été un extraordinaire pianiste, sans doute le meilleur de son temps. Plus près de nous, le pianiste **Sviatoslav Richter** (1915-1997), les violonistes **Samuel Douchkine** (1896-) et **Jacha Heifetz** (1901-) et les violoncellistes **Gregor Piatigorsky** (1903-) et bien sûr **Mstislav Rostropovitch**, né en 1927, dont nul n'a oublié la bouleversante prestation lors de la chute du mur de Berlin en 1989. Parmi les plus jeunes, citons un violoncelliste, **Alexandre Kniazev**, un violoniste, **Dimitri Makhtine**, un pianiste, **Boris Berezovski** et enfin le prodige **Dimitri Maslennikov**.

Le ballet

En Russie, le ballet est affaire d'État et les deux grands corps de ballets du pays, celui du Mariinski (Kirov, sous le régime soviétique) de St-Pétersbourg et du Bolchoï de Moscou entretiennent depuis des lustres une rivalité sans merci.

L'INFLUENCE FRANÇAISE

C'est en 1738 qu'à la demande de l'impératrice est fondée l'École impériale de ballet de St-Pétersbourg, la plus ancienne du pays, dont le premier « maître » est un Français, **Jean-Baptiste Landais**. Français et Italiens assureront le succès de cette école : **Charles Didelot** (1767-1837) remporte de grands succès avec ses « ballets volants ». Une danseuse italienne, **Maria Taglioni** (1804-1884), marquera profondément ses jeunes consœurs russes.

Mais c'est avec **Marius Petipa** (1818-1910), qui peut être considéré comme le fondateur de la danse russe, que la compagnie désormais installée au théâtre Mariinski prend tout son prestige. Nommé maître de ballet en 1862, il occupe ce poste pendant plus de quarante ans, travaillant avec les plus grands compositeurs du temps, Tchaïkovski notamment, et signant les plus grandes chorégraphies du répertoire classique, comme *La Belle au bois dormant* (1890) et *Le Lac des cygnes* (1895). C'est sous son « règne » qu'apparaissent des danseuses aux noms aujourd'hui légendaires comme **Olga Preobajenskaïa**, **Mathilde Kchessinskaïa** et surtout **Anna Pavlova** (1881-1931) qui est restée dans l'imaginaire collectif comme la danseuse classique idéale ainsi que la magnifique **Agrippina Vaganova** (1879-1951).

À Moscou, le Bolchoï n'est pas en reste : héritier d'une compagnie fondée en 1778, il a pour maître de ballet, au 19e s., **Adam Glouchkovsky** et révèle des danseuses adulées comme **Ekaterina Sankovskaïa** ou **Nadedja Bogdanova**. Cependant, il ne commence à concurrencer le Mariinski qu'au début du 20e s. avec les créations du chorégraphe **Alexandre Gorsky**, élève de Stanislavski, qui, entre 1900 et 1924 dirige la grande **Ekaterina Gueltzer** ou **Lioubov Roslalesva**, tandis que, comme à Pétersbourg, **Alexandre Golovine** et **Konstantin Korovine** se chargent des décors.

De la Canebière à la perspective Nevski

Tel est l'étonnant destin de **Marius Petipa** (1818-1910). Fils et frère de danseurs, Marius, né à Marseille, débute au théâtre de la monnaie de Bruxelles où il devient danseur étoile en 1838, avant de réaliser une tournée en Amérique du Nord l'année suivante. Vedette du Théâtre royal de Madrid, il est contraint de quitter l'Espagne à la suite d'une histoire de cœur et arrive à St-Pétersbourg en 1847 pour prendre la direction du Ballet impérial, alors en pleine décadence. Il commence à composer des chorégraphies en 1862, notamment pour la ballerine Sourovchikova, et prend en charge le Mariinski en 1869. Ses créations de « ballets à grand spectacle » en font le représentant du ballet classique.

Vaslav Nijinski, dans L'Oriental.

FOKINE, LE RENOUVEAU

Cependant, le public pétersbourgeois commence à se lasser du strict classicisme de Petipa, d'autant que de jeunes danseurs apparaissent qui apportent un ton nouveau : c'est le cas d'un élève de l'école impériale, **Mikhaïl Fokine** (1880-1942). Soliste au Mariinski en 1898, puis premier danseur en 1904, il crée sa première chorégraphie l'année suivante. C'est Pavlova qui lui inspire *La Mort du cygne*, d'après *Le Carnaval des animaux* de Saint-Saëns. **Tamara Karsavina** (1885-1978) mène quant à elle une brillante carrière de soliste qui ne s'achève qu'en 1918. **Vaslav Nijinski** (1889-1950) rejoint la troupe en 1907 et dès lors enthousiasme le public : les meilleures danseuses le réclament comme partenaire et le public en fait une véritable idole. Reçu dans la haute société pétersbourgeoise, il y rencontre Serge de Diaghilev dont il partage désormais la vie, circonstance qui n'est pas étrangère à l'intérêt de ce dernier pour le ballet. Nijinski est renvoyé du théâtre pétersbourgeois en 1911 pour s'être présenté sur scène… sans culotte, mais sa vie désormais est ailleurs.

LA PRODIGIEUSE AVENTURE DES BALLETS RUSSES

Cependant, il manque au ballet russe une consécration internationale. Elle vient avec **Serge de Diaghilev** (1872-1929) qui a l'idée de génie, après avoir constaté le succès considérable remporté auprès du public de l'Opéra de Paris par les *Danses polovtsiennes* du troisième acte du *Prince Igor* de Borodine, de fonder en 1909 une compagnie de ballets.

Pour sa première saison, jouée au Châtelet, il ne lésine pas sur les moyens : outre le chanteur **Chaliapine**, le chorégraphe **Mikhaïl Fokine** et **Nijinski** sont à l'affiche. Le décor, les costumes, l'exotisme remportent un prodigieux succès. La **Compagnie des Ballets russes** est née et elle existera jusqu'à la mort de son fondateur. Les scandales musicaux (comme celui de la création du *Sacre du printemps*) et les audaces de mise en scène font l'événement à chaque saison, d'autant que Diaghilev embauche les meilleurs danseurs du Mariinski. Les premières de ces spectacles qui tenaient tout autant du ballet que de l'art et faisaient appel aux plus illustres compositeurs du temps (Stravinsky, Ravel, Fauré et Debussy entre autres), se déroulaient le plus souvent à Paris, au théâtre des Champs-Élysées, en prélude à de triomphales tournées internationales.

Outre Vaslav Nijinski, les Ballets russes verront danser sa sœur, **Bronislava Nijinskaïa** (1891-1972), **Serge Lifar**, **George Balanchine** (1904-1983), **Ida Rubinstein**, qui fascine le public parisien dans *Cléopâtre* et *Schéhérazade*, **Tamara Karsavina** ou encore **Ira Belanina**. Fokine qui renouvelle la chorégraphie en créant en 1911 *Le Spectre de la rose* et *Petrouchka* (créations encore dansées aujourd'hui dans sa version) reste le chorégraphe principal des Ballets russes jusqu'en 1912, année où Nijinski lui succède (*L'Après-midi d'un faune*, 1912, *Le Sacre du printemps*, 1913), avant d'être renvoyé par Diaghilev pour avoir eu l'outrecuidance de se marier. Son langage novateur déconcertera et parfois choquera le public. Viendra le tour du moscovite **Leonid Massine** (1896-1979), ancien comédien converti à la danse en 1912 qui fait ses débuts de danseur aux Ballets russes en 1914, puis conçoit des ballets narratifs et des ballets symphoniques, qui sont autant de tentatives de transcription chorégraphique de l'œuvre musicale. Massine peut toutefois se rattacher au courant néoclassique. **George Balanchine** lui succède en 1925.

Une diaspora

Jusqu'en 1918, tout ce beau monde alternait la saison d'hiver à Paris avec celle d'été du Mariinski. La révolution changea la donne, d'autant que pendant les premières années, l'émigration était largement possible. **Anna Pavlova**, qui avait formé sa propre troupe, bouleverse le monde entier par sa grâce et sa légèreté. **Ida Rubinstein** (1883-1960), dont la beauté et la présence suppléaient une technique jugée parfois défaillante, tente de se reconvertir dans le théâtre mais, malgré les leçons de Sarah Bernhardt, ne parvient jamais à se débarrasser de son accent russe. Pour la petite histoire, c'est elle qui commanda à Ravel son fameux *Boléro*. **Nijinski** s'établit en Angleterre mais le public comprend mal sa chorégraphie novatrice. En 1918, il gagne la Suisse où il sombre dans la folie. Après avoir travaillé à l'Opéra de Paris, **Balanchine** tente d'implanter aux États-Unis la danse classique avec des fortunes diverses et doit même travailler pour les variétés ou le cinéma. Ce n'est qu'en 1948 qu'il connaît le succès dans son pays d'adoption avec la création du New York City ballet. **Serge Lifar** (1905-1986) devient en 1929 maître de ballet à l'Opéra de Paris, poste qu'il occupera

Au carrefour des arts

Critique d'art, ami des peintres Alexandre Benois et Léon Bakst, **Diaghilev** fréquente très jeune les collectionneurs russes comme **Savva Marmontov** et édite une revue, *Le Monde de l'art,* dans laquelle il donne la parole aux jeunes peintres et monte des expositions d'art contemporain. C'est grâce à ce goût pour l'art de son temps que les Ballets russes sont plus qu'une compagnie parmi d'autres, mais un phénomène de société : en effet, il n'hésite pas à faire appel, pour réaliser les décors et les costumes des spectacles, aux artistes les plus novateurs : après les Russes issus de l'impressionnisme (Benois, Bakst, Roerich, Golovine) vient le tour des rayonnistes **Larionov** et **Gontcharova**, des cubistes avec **Picasso** et Léopold Survage, auxquels succèdent **Matisse**, **Robert** et **Sonia Delaunay**, **Juan Gris** et enfin **Giorgio De Chirico** en 1929.

jusqu'en 1958 (hors une période d'exclusion due à ses douteuses amitiés durant l'Occupation). Danseur séduisant, il connaît le succès avec ses chorégraphies et devient un théoricien reconnu, militant pour l'autonomie de la danse. *Icare* (1935) peut être considéré comme son manifeste : ici, c'est la danse qui dicte le rythme aux percussions d'Arthur Honegger.

VAGANOVA OU LE PASSAGE DU RELAIS

Après la révolution de 1917, contrairement à ce que l'on aurait pu penser, l'art du ballet ne périclita pas, bien au contraire : c'est un nouveau public, plus populaire et élargi, qui remplaça les aristocrates de naguère, et le conservatisme culturel du régime aidant, le ballet classique fut entretenu dans toute sa pureté au risque parfois de se scléroser. Si le Mariinski de St-Pétersbourg devient le Kirov de Leningrad, ces changements de dénomination n'affectent pas son aura. Celui-ci est encore rehaussé par des tournées à l'étranger que le Kirov et le Bolchoï multiplient après la guerre dans un souci de prestige national, même s'il doit perdre une part de son effectif qui profite de son passage sous le « rideau de fer » pour s'abstenir de rentrer au pays. Mais le vivier est tel que de nouvelles étoiles apparaissent sans cesse, venant pallier ces défections.

Agrippina Vaganova va servir de lien : prenant en 1918 la direction de l'École de ballet de Pétersbourg (qui dès lors, honneur suprême, va porter son nom), elle forme nombre de ballerines qui perpétueront la grande tradition du ballet classique russe. Elle a pour élèves entre autres **Marina Semonyova** qui danse au Bolchoï de 1930 à 1952 avec **Nikolaï Fadeïedev** entre autres, et **Olga Moiseyeva** (1928) : partenaire au Kirov de **Iouri Soloviev**, et considérée comme la meilleure interprète du *Lac des cygnes*, (elle fut même comparée à Pavlova, ce qui n'est pas peu dire !). Moiseyeva a transmis à son tour les canons de la danse en formant, après s'être retirée de la scène en 1973, **Galina Mezentseva** et **Ioulia Makhalina**, de même que **Svetlana Zakharova** (1979), la nouvelle coqueluche des Moscovites, qui a rejoint le Bolchoï en 2003, après avoir débuté au Mariinski en 1996.

Parmi les danseurs soviétiques les plus prestigieux, il faut citer **Galina Oulanova** (1910-1998) qui s'imposa aux côtés de Semonyova et de **Vladimir Preobajenski**. Ballerine au Kirov, elle passa au Bolchoï en 1944, interpréta les plus grands rôles (*Giselle*, notamment) et fut la « superstar » de l'époque.

Maïa Plissetskaïa vient de fêter (en dansant) ses quatre-vingts ans. Entrée au Bolchoï en 1943, elle y interpréta pendant près de cinquante ans les plus grands rôles classiques (*La Mort du cygne*, *Le Lac des cygnes*) avant de débuter dans un répertoire plus moderne avec *Carmen suite* (1967) puis d'enchaîner sur des créations de Béjart et de son mari Rodion Chtchedrine qui firent scandale : on alla jusqu'à l'accuser de trahir la danse ! Interdite de tournées pour son caractère jugé trop indépendant, elle devint chorégraphe en 1972 avec *Anna Karénine*.

Rudolf Noureïev (1938-1993) est sans doute le plus connu des danseurs étoiles russes. Célèbre pour ses interprétations du répertoire classique, il a, après son passage à l'Ouest dans des conditions rocambolesques à l'aéroport du Bourget, évolué vers la chorégraphie contemporaine et fut directeur de la danse à l'Opéra de Paris (1983-1989). Né en 1948, **Mikhaïl Barychnikov** fut formé à l'école Vaganova avant d'entrer au Kirov en 1967 et d'en devenir danseur étoile en 1969. Lui aussi profita d'une tournée à l'étranger pour s'éclipser, avant de diriger l'American Ballet Theatre.

Élève d'Oulanova, **Vladimir Vassiliev** créa ses premières chorégraphies en 1971 avant de devenir directeur artistique du Bolchoï, poste qu'il occupa jusqu'en 2000, date à laquelle il fut remplacé par **Boris Akimov**. Né en 1946, ce dernier avait été danseur étoile de la vénérable institution entre 1965 et 1989.

AUJOURD'HUI

Le prestige des deux corps de ballet demeure aujourd'hui intact, mais il faut reconnaître qu'auprès du public russe ils semblent marquer le pas, en raison des prix élevés des spectacles, et d'une offre de loisirs qui s'est largement diversifiée. Si le Bolchoï semble incarner aujourd'hui un classicisme strict, le Mariinski se distingue par des audaces de mise en scène, comme l'a prouvé la représentation du *Nez* d'après Gogol sur une musique de Chostakovitch présentée à Paris au cours de l'hiver 2005.

Mais le ballet en Russie ne se limite pas, loin de là, à ces deux nobles institutions : c'est ainsi que le chorégraphe **Boris Eifman**, pour n'en citer qu'un, a fondé sa propre troupe, dépoussiérant quelque peu le répertoire avec sa danseuse fétiche **Vera Arzoubova**, même si son esthétique reste fondamentalement classique.

Scientifiques russes

Comme dans beaucoup d'autres domaines, c'est Pierre le Grand qui donna à la science russe sa première impulsion en fondant en 1725 l'Académie impériale des Sciences de St-Pétersbourg et en faisant appel à des mathématiciens et des physiciens allemands et français pour former les futurs savants du pays.

Chimiste et mathématicien, l'universel **Mikhaïl Lomonossov** est dans ce domaine aussi l'incontournable pionnier. Mais l'Académie a donné de nombreux scientifiques de valeur, deux d'entre eux étant connus de millions de potaches de par le monde : il s'agit de **Dimitri Mendeleïev** (1834-1907), resté fameux pour son tableau de la classification des éléments chimiques et, bien sûr, du physiologiste **Ivan Pavlov** (1849-1936), qui découvrit le réflexe conditionné et fut l'auteur d'une théorie de l'activité nerveuse supérieure. Il fut le premier Russe à être couronné par le prix Nobel en 1904. Le biologiste **Ilia Metchnikov** (1845-1916), qui lui succéda en 1908 sur la liste des lauréats, s'est illustré pour ses recherches sur les maladies infectieuses. Parmi leurs contemporains, on peut également citer **Alexandre Popov** (1859-1905), qui étudia les rayons X et inventa l'antenne radioélectrique, ce qui en fait un des contributeurs au développement de la radio.

PROGRAMMES SENSIBLES...

Konstantin Tsiokolvski (1857-1935), théoricien de l'astronautique qui, en énonçant dès 1903 les lois du mouvement d'une fusée, ouvrait la voie à la conquête spatiale. Celle-ci aura pour maître d'œuvre un ingénieur de génie, **Sergueï Koroliov** (1907-1966), créateur de la fusée R-7 qui allait permettre de mettre en orbite le premier satellite artificiel de la Terre, le célèbre Spoutnik, le 4 octobre 1957. Ancien déporté des camps du Goulag (1938-1944), Koroliov sera toujours confiné dans l'ombre par les autorités soviétiques, laissant la vedette à ses cosmonautes (dont le toujours populaire **Iouri Gagarine**).

Le programme nucléaire (dans ses applications militaires, puis, plus tard, civiles) était devenu, au même titre que la conquête de l'espace, une des priorités du régime soviétique, à la fin de la Seconde Guerre mondiale. Sa mise au point fut confiée à une équipe de savants triés sur le volet pour leurs compétences, qui travaillèrent sous la direction de **Igor Kourtchakov** (1903-1960). Parmi les membres de cette équipe, même s'il est surtout connu aujourd'hui pour son engagement inlassable en faveur des droits de l'homme, figurait **Andreï Sakharov** (1921-1981), spécialiste de la physique quantique des particules et qui fut un des acteurs déterminants de la mise au point de la bombe H soviétique.

DES MAÎTRES RECONNUS

Le physicien **Nikolaï Tcherenkov** (1904-1990), en étudiant le rayonnement émis par un corps transparent traversé par des particules chargées se propageant à une vitesse supérieure à celle de la lumière, obtint le prix Nobel en 1958. Son confrère **Lev Landau** (1908-1968), auteur d'une théorie de la superfluidité, se vit lui aussi décerner le prix Nobel en 1962. **Nikolaï Bassov** et **Alexandre Prokhorov** furent quant à eux distingués en 1964 pour leurs recherches sur les lasers. Citons enfin **Piotr Kapitsa** (1894-1984), spécialiste de la fusion thermonucléaire, couronné en 1978 pour ses travaux sur les très basses températures. Enfin, pour terminer ce bref tour d'horizon, il convient de citer **Sergueï Lebedev** (1902-1974), qui conçut en 1945 le premier ordinateur russe et développa une informatique qui ne devait rien à la technologie américaine, mais fut abandonnée après la mort de son fondateur.

Science sans conscience...

Le biologiste **Trofim Lyssenko** (1898-1976) est, quant à lui, l'illustration des dévoiements de la science lorsqu'elle se met au service d'une idéologie totalitaire. Ses idées (fausses) sur la transmission des caractères acquis furent montées en épingle par Staline et Krouchtchev, reléguant Mendel et Darwin au rang de serviteurs de la « science bourgeoise ». Lyssenko affirmait pouvoir donner naissance à une espèce végétale à partir d'une autre, faire pousser des orangers dans la région de Moscou, et quintupler la production agricole de l'URSS. Ces promesses lui permirent d'acquérir entre 1948 et 1963 un pouvoir considérable, tandis que les villes se couvraient de statues à son effigie. Mais tout se révéla faux ou truqué : ses thuriféraires (comme Louis Aragon) en furent quittes pour le ridicule. Ses adversaires, les biologistes « classiques », avaient connu un sort nettement plus tragique. Quant à la biologie russe, elle avait pris une trentaine d'années de retard.

TRADITIONS D'HIER ET D'AUJOURD'HUI

Les traditions populaires ont été fortement influencées par le rude climat du pays. Dans les vastes forêts de la taïga, les Russes ont trouvé un matériau de choix pour la réalisation de leur habitat, des ustensiles et des objets usuels. Contes et légendes, chants et danses, artisanat populaire (travail du bois, tissage, céramique, poterie, broderie) aux couleurs chatoyantes sont nés autour du poêle de l'isba pour égayer les longues soirées d'hiver. Des matriochka de Serguiev Possad aux jouets en bois de Bogorodskoïe, des miniatures laquées de Fedoskino, Palekh, Mstiora et Kholouï, à la vaisselle en bois de Kokhloma, des plateaux en métal au décor fleuri de Jostovo, aux figurines en céramique de Dymkovo, des châles colorés de Pavlo Possad aux porcelaines bleu et blanc de Gjel, arts et traditions demeurent vivants, en particulier autour des cités de l'Anneau d'Or au nord-est de Moscou.

P. De Franqueville / Michelin

Une isba traditionnelle à Ouglitch.

L'habitat

L'architecture en bois a la préférence des Russes jusqu'au 18e s. et perdure dans les campagnes jusqu'à la fin du 19e s. Depuis les années 1950-1960, l'État rassemble dans des musées à ciel ouvert (Souzdal, Kostroma, Kiji...) les isbas décorées de boiseries ajourées aux motifs de fleurs ou d'oiseaux stylisés et les églises des 18e et 19e s. de divers villages, pour sauvegarder ces chefs-d'œuvre de l'art populaire et le savoir-faire des maîtres charpentiers russes.

L'ISBA TRADITIONNELLE

L'isba est une maison rurale, construite en **rondins de bois** de 6 à 7 m, **chevillés** en couronnes rectangulaires horizontales pour former des murs de 2 à 3 m de haut. Le toit à deux pans, réalisé lui aussi **sans clous**, en pente raide, empêche la neige de s'accumuler. Le **pignon** est souvent décoré d'une **tête de cheval**, symbole du soleil pour apaiser les esprits de la forêt. Les interstices sont bouchés avec de la mousse ou de la filasse. Le bois est coupé à la hache pour que la résine ne coule pas et qu'il soit plus solide. Deux ou trois fenêtres aux chambranles ciselés donnent sur la rue. L'entrée est le plus souvent dans la cour et on y accède par un portail, en bois lui aussi. Parfois une autre isba plus petite, reliée par un vestibule ouvert sur la cour, abrite le bétail.

C'est autour de l'imposant **poêle à bois (печка/petchka)** que bat le cœur de l'isba. Situé à gauche de la porte, il tient lieu de chauffage, de cuisinière, de sèche-linge et aussi de lit pour les personnes les plus fragiles. À proximité, un espace séparé par une cloison basse est réservé à la cuisine, et c'est sur un banc de l'autre côté de la porte que les femmes tissent et filent.

À l'opposé en diagonale se trouve le **beau coin (красный уголь/krasnyï ougol)** orné d'icônes, sous la douce lumière des veilleuses. Près de celui-ci, une grande table rectangulaire. Le long des murs, des bancs. On dormait autrefois sur des planches, sortes de mezzanines, aménagées sous le plafond. Animaux et motifs mythiques abondent à l'extérieur comme à l'intérieur pour éloigner les mauvais génies. Le **domovoï**, esprit qui protège la maison, se cache dans un coin sombre derrière le poêle ou au sous-sol. Lorsqu'il y a une chambre à l'étage (**svetelka**), elle est réservée aux jeunes filles à marier. La partie la plus élevée de la maison et la proximité du soleil et du ciel protègent leur vertu. Les sculptures à l'extérieur représentent des oiseaux (symboles de pureté et de bonheur) et des lions (pour les protéger).

Isba et superstitions

Avant d'en commencer la construction, on dépose dans un coin de l'argent pour être riche, de la laine pour être au chaud et de l'encens pour être protégé de Dieu. Le premier à en franchir le seuil sera le premier à mourir, aussi c'est toujours Mourka, le chat, que l'on envoie en éclaireur. Mais s'il saute sur la soupente, cela signifie qu'il y aura beaucoup d'enfants !

Isba et sculpture décorative

Quand sur les chantiers navals, les armatures métalliques remplacent le bois dans la construction des navires, les charpentiers, sans travail, partent de village en village offrir leur savoir-faire pour décorer les isbas. Ainsi est né cet art populaire unique.

LES BAINS RUSSES

Les Russes suivent toujours ce rituel de purification du corps et de l'esprit à la campagne comme en ville. L'histoire des bains russes est très ancienne. D'après les chroniques du 12e s., l'apôtre saint André en fait déjà la description en revenant à Rome après avoir rendu visite aux Slovènes. Le plus souvent, l'isba possède sa propre **bania**. C'est une maisonnette en bois sans cheminée. Dans la partie chaude à vapeur humide, la température de la vapeur atteint 40 à 50°C avec un taux d'humidité de 85 à 90 %. On s'allonge sur

P. Boussard / Michelin

L'art des charpentiers russes.

le banc d'étuve et on se fouette à l'aide de branches fines de bouleau (**venik**). On y reste 10 minutes environ, puis on passe dans une petite avant-salle afin de se reposer en s'aspergeant d'eau glacée pour refroidir la température du corps qui peut atteindre jusqu'à 39°. À la campagne, on se roule dans la neige, en ville, on prend une douche froide. C'est l'occasion de se retrouver entre amis le samedi et de déguster de la bière ou du kvas accompagné de **voblia** (poisson séché).

La datcha, miroir de la société

Le mot **datcha** vient du verbe *donner* (« dat »). Pendant l'ère soviétique, le gouvernement donne du terrain aux travailleurs pour qu'ils puissent cultiver la terre. Petit à petit, ils y construisent de modestes baraques en planches pour y résider l'été. Il est interdit d'y installer un chauffage pour éviter la spéculation. Mais les Russes trichent et font passer les fumées du poêle par un tuyau glissé dans la fenêtre ! La datcha reste aujourd'hui comme hier le rêve de tous les Russes : 48 % des citadins en possèdent une. Dès le premier rayon de soleil, les villes se vident chaque fin de semaine. Les propriétaires des modestes maisonnettes continuent à cultiver leurs légumes et à faire des provisions pour l'hiver, les gens plus aisés se font construire de jolis cottages en briques ou en bois, quant aux « nouveaux Russes », milliardaires, ils s'installent dans de véritables palais en pierre à deux étages, avec miradors, piscine, parc paysagé…

L'âme russe

FÊTES ET FOLKLORE

L'hospitalité russe est légendaire. Même si vous arrivez à l'improviste, vous serez toujours reçu comme un roi avec les moyens du bord ! Si vous êtes invité, n'oubliez pas d'apporter un petit cadeau que la maîtresse de maison n'ouvrira qu'après votre départ. Mais attention ! Ne serrez pas la main de vos amis à travers le seuil de la porte, mais soit à l'extérieur, soit à l'intérieur, de façon à éloigner les forces maléfiques du monde extérieur qui pourraient en profiter pour rentrer dans la maison… Ne soyez pas étonné s'ils vous proposent des **tapotchkis**, sorte de babouches : tout le monde se déchausse en entrant.

Enfin, ne refusez pas le premier verre de vodka, sous peine d'attrister vos hôtes et surtout ne trempez pas vos lèvres dans la **rioumka**, petit verre à vodka : il vous faudra le vider cul sec, avant le cérémonial des toasts, sans lequel on ne boit pas. Ensuite, si vous n'arrivez pas à suivre la consommation de vos convives, ceux-ci, bons princes, vous le pardonneront sûrement.

Le pain et le sel

L'offrande du pain et du sel est une des plus anciennes traditions de l'hospitalité russe. Encore aujourd'hui lors des cérémonies importantes, on offre toujours du pain et du sel posés sur une serviette brodée, tenue par une jeune fille. Il faut rompre un morceau de pain, le tremper dans le sel et le manger.

Les fêtes

Noël russe

Fêté le 7 janvier selon le calendrier julien toujours utilisé par l'Église orthodoxe, Noël est aujourd'hui un jour férié. Mais le **ded Moroz**, ou petit père Gel et sa petite-fille, la jolie **Snegourotchka** (fille des neiges), dans son long manteau de fourrure blanche et ses bottes à talons, continuent à apporter les cadeaux sous le sapin le 1er janvier comme au temps du communisme. Pour les croyants, Noël est précédé d'une période de jeûne : pas de dinde aux marrons le soir du réveillon, mais un potage maigre, des pirojkis et la **koutia**, sorte de bouillie à base de blé ou de riz avec des raisins secs, des noix, des amandes, des fruits confits et du miel. Aujourd'hui en Russie, certains ne craignent pas le cumul : ils fêtent le 25 décembre, le 1er et le 2 janvier, le Nouvel An, le 7 janvier, et le 13 janvier, l'ancien Nouvel An ! Dans la Russie ancienne, les douze jours entre Noël et l'Épiphanie étaient une longue période de réjouissances, les **sviatki** fêtées joyeusement par les jeunes par toutes sortes de jeux, de déguisements, de danses et de chants.

Histoires de calendrier

Les fêtes du calendrier liturgique sont célébrées selon le calendrier julien en retard de onze jours sur notre calendrier grégorien. La Russie a adopté ce dernier après la révolution de 1917 : et c'est pourquoi le révolution d'Octobre a eu lieu en novembre !

Maslenitsa

Cette fête est encore largement célébrée à la campagne et dans les villes de l'Anneau d'Or, pendant la semaine précédant le carême. On mange les blinis, petites crêpes rondes, représentant le soleil retrouvé, on chante, on danse, on boit de la vodka et, à la fin, on brûle un épouvantail, symbole de l'hiver passé.

La Pâque russe

La commémoration de la Résurrection du Christ est la plus importante fête du calendrier religieux orthodoxe. Elle est à nouveau célébrée avec faste. Des offices particulièrement beaux sont célébrés pendant toute la Semaine sainte. Le Samedi saint, les fidèles apportent à l'église les mets traditionnels, préparés en famille, pour les faire bénir : les **œufs** colorés, la **Paskha** gâteau pyramidal de

A. Kanjounzeff / Michelin

Samedi saint à la Nouvelle Jérusalem : les fidèles font bénir œufs, paskhas et koulitchs.

La table de Pâques

Famille et amis se rassemblent autour d'une grande table, couverte de *zakouski* à profusion et de plats de poissons et de viandes froides (cochon de lait, agneau). Au milieu de la table se trouve la corbeille d'œufs durs colorés. Le repas commence par la traditionnelle bataille d'œufs : chacun choisit un œuf, le tient en ne laissant dépasser que le bout sur lequel le voisin va taper… C'est l'occasion de porter de nombreux toasts et le repas se termine par la dégustation de la *paskha* et du *koulitch*.

fromage blanc, enrichi de fruits confits, d'amandes et de raisins secs et le **koulitch**, brioche cylindrique à base de pâte levée, décorée de sucre glace coloré. Des cierges sont allumés et piqués au milieu, pendant que le prêtre les asperge généreusement d'eau bénite.

Le samedi à minuit, les fidèles se rassemblent après avoir allumé leur cierge à celui du célébrant pour suivre la croix portée en procession autour de l'église. « **Христос Воскресе !** » (*Khristos voskrese !* **Christ est ressuscité !**), s'écrie joyeusement l'officiant. « **Воистину Воскресе !** » (*Voistinou Voskrese !* **En vérité il est ressuscité !**), répondent les fidèles. Les cloches sonnent à toute volée et tout le monde s'embrasse trois fois. Ensuite commence la liturgie pascale qui se poursuit jusqu'au petit matin.

Le folklore

La poésie folklorique russe héritière des traditions païennes et orales est toujours restée vivante. Ses formules magiques, ses images et épithètes savoureuses, son rythme et son humour ont été une source d'inspiration permanente pour les écrivains, les compositeurs et les peintres.

La tradition orale

Proverbes, dictons, devinettes, contes fantastiques bercent l'enfance des petits Russes. Les **bogatyrs**, héros des **bylines**, combattent de redoutables dragons, Baba Yaga, la sorcière, voyage dans son mortier, « l'oiseau de feu » a un plumage étincelant de lumière, le tsarévitch Ivan sort triomphant de toutes les épreuves, aidé par les puissances naturelles et surnaturelles…

Chants et danses

Toutes les fêtes rurales s'accompagnaient de chants, de danses et de rondes. Dans les villes, de nos jours, tout Russe est capable d'exécuter la **tsyganotchka** (danse tsigane) ou d'improviser un **pereplias**, danse accompagnant un chant à l'occasion d'une soirée entre amis. Après quelques verres de vodka, ils vous étonneront par leur faculté d'entonner des chants endiablés ou mélancoliques, en vrais professionnels.

Les chants rituels, **koliadki** pour Noël, **maslenitchnye** de Mardi gras, **svadiebnye** de mariage, les chants d'amour, de soldats ou de brigands, de prisonniers, de cochers sans oublier les **tchastouchki**, brèves chansons sur la vie quotidienne, accompagnent les veillées et font partie du riche répertoire des chants folkloriques. Ils sont accompagnés par la **balalaïka**, avec ses trois cordes montées sur une caisse triangulaire, depuis le début du 18e s. en remplacement de la **domra**, sorte de mandoline. Cet instrument paysan a été mis à l'honneur par un noble, **Vassili Andreev**, qui a créé à la fin du 19e s. un véritable orchestre de balalaïka. Autre instrument de prédilection, le **baïan**, accordéon chromatique de concert, d'une puissance étonnante. Le joueur change de registre en appuyant de son menton sur des petits boutons qui lui permettent d'obtenir les tonalités de l'orgue, du hautbois, des instruments à corde… La **guitare**, apparue plus tardivement, accompagne plutôt les romances.

Le costume traditionnel

Le costume paysan russe présente une multitude de variantes selon les régions. D'une manière générale, les hommes portent une chemise avec patte de boutonnage sur l'épaule gauche, la

R. Mattes / Michelin

Danseurs en costume traditionnel à Kiji.

kossovorotka par-dessus un pantalon le plus souvent bouffant, le **porty** avec une ceinture.

Dans les provinces septentrionales, les femmes revêtent une robe sans manches, ample et longue, de couleur vive, le **sarafane**, sur une chemise blanche le plus souvent brodée, **sorotchka**. Sur la tête, une sorte de diadème en forme de crête d'oiseau, le **kokochnik**. Les femmes mariées doivent avoir la tête couverte.

Aux pieds, hommes et femmes portent des **laptis** (sandales en écorce de bouleau) l'été et des **valenkis** (bottes en feutre) l'hiver. Les **sapogi** (bottes) sont réservés aux plus riches. L'hiver ils portent un **kaftan**, long manteau croisé, et quand les grands froids arrivent, la **chouba**, fourrure et les **touloupes** (pelisse en peau de mouton).

ARTS POPULAIRES

Les traditions des arts appliqués populaires demeurent vivantes en Russie. Parmi leurs nombreuses applications, la matriochka et les miniatures laquées constituent le souvenir le plus prisé.

La matriochka

Cette poupée gigogne en bois peint, symbole de fécondité, est née à la fin du 19e s. à Serguiev Possad. C'est en fait l'héritière d'un sage bouddhiste Foukouroumou, poupée japonaise au visage allongé, rapportée en Russie par les marins russes. Matriochka est le diminutif de Matriona, prénom très populaire à la campagne, dont l'étymologie est le mot latin *mater*, « mère ».

Aujourd'hui, elles sont fabriquées essentiellement à Serguiev Possad, à Semionov près de Nijnii-Novgorod, et dans l'Oural, en bois de tilleul. Les arbres sont coupés en avril, et le bois sèche deux ans. Les hommes réalisent les formes sur des tours, puis les femmes les enduisent de leurs mains d'amidon dilué, à plusieurs reprises, en les faisant chaque fois sécher à une température un peu plus élevée. Elles peignent d'abord le visage, le foulard, les mains et, à la fin, le foulard entier et la robe. Enfin, elles vernissent la matriochka du bout des doigts et la font sécher à 30 °C. Les plus courantes abritent de 8 à 12 poupées, mais certaines comptent jusqu'à 48 éléments !

Les laques

Cet art de la miniature laquée, né au 18e s., se développe après 1917, quand les peintres d'icônes se retrouvent sans travail, au nord-est de Moscou, dans quatre petits villages : **Fedoskino**, **Palekh**, **Mstiora** et **Kholouï**. Il s'applique à divers objets en papier mâché, essentiellement des coffrets, des broches avec, pour sources d'inspiration, le folklore, la vie paysanne, la nature. La finesse des traits de pinceau, l'harmonie des couleurs en font de véritables œuvres d'art. Si les procédés de réalisation sont proches, chaque village garde son style propre.

Fedoskino (Федоскино) – C'est le berceau de cet art. Les sujets sont peints à l'huile, avec des incrustations de nacre ou de poudre de bronze qui transparaissent sous les couches successives de peinture.

Palekh (Палех) – La peinture est réalisée à la détrempe sur fond noir et rehaussée de traits fins dorés dans le corps de l'image et sur les bords. Les personnages sont un peu allongés comme sur les icônes.

Mstiora (Мстёра) – Les miniatures aux fonds ocre rose ou turquoise et aux couleurs douces sont toujours placées dans un cadre exécuté sous forme d'un ornement végétal doré. Les personnages sont plus réalistes qu'à Palekh.

Kholouï (Холуй) – La miniature de Kholouï est la plus récente (1940), la plus concrète et la plus pittoresque. Les personnages sont de grande dimension et le fond est réalisé dans des gammes de couleurs chaudes ou froides.

La fabrication des boîtes laquées

La préparation du papier mâché demande environ trois mois. Une ébauche est réalisée au moyen de bandes de carton collées puis pressées dans un moule pour obtenir la forme nécessaire et plongées dans de l'huile de lin. Après séchage, les menuisiers aplanissent et sablent les formes. Ils imprègnent chaque boîte d'une sorte de mastic, le **levkas** (mélange de poudre de craie ou d'albâtre et de colle d'esturgeon) et la poncent pour la rendre lisse.

Les peintres recouvrent de deux couches de laque noire l'extérieur de la boîte et de laque rouge l'intérieur. L'artiste peut alors dessiner les contours de son dessin avec du blanc de zinc et les recouvre de couleurs émulsionnées à l'œuf. La feuille d'or est ensuite appliquée et polie avec une dent de loup. L'artiste fabrique ses propres pinceaux avec des poils d'écureuil et travaille à l'aide d'une loupe. Enfin, il signe son œuvre, lui donne un titre, inscrit son numéro d'enregistrement et le nom de son village. La boîte est pour finir recouverte de six couches de vernis incolore.

US ET COUTUMES

Prénoms et patronymes

Depuis le 17e s. et les réformes de Pierre le Grand, les Russes ont sur tous leurs documents officiels un **prénom** « imia », un **patronyme** « otchestvo » et **un nom de famille** « familia ». Le mot « otchestvo » vient de « otets » (père). Le patronyme est formé sur le prénom du père en ajoutant pour le masculin les suffixes **ovitch/evitch/itch** et, pour le féminin, **ovna/evna/itchna**.

Les Russes ne portent qu'un prénom usuel, qu'ils transforment le plus souvent en une multitude de variantes : ce sont les diminutifs affectifs. Ne soyez pas étonné si votre ami Alexandre se fait appeler Sacha ou Sachenka, Sachoulia, Sania, Sanka ou encore Choura, Chourik... et votre guide Anna, Ania, Anouchka, Aniouta, Nioussia, Assia... Dans la vie quotidienne, les jeunes, les amis proches et la famille s'appellent par leur prénom. Dans la vie professionnelle ou quand ils se connaissent peu, les adultes s'interpellent par leur prénom suivi du patronyme. L'usage du prénom suivi du patronyme et du nom de famille est réservé à des occasions de présentations officielles.

Patronyme, mode d'emploi

Lev Nikolaevitch Tolstoï : le prénom du père de l'écrivain était Nikolaï.
Anna Andreevna Akhmatova : le prénom du père de la poétesse était Andreï.

Comment inviter un Russe à boire un verre sans parler la langue ?

Il suffit de tapoter des doigts votre cou. Vos amis comprendront aussitôt ! Pour la petite histoire, sachez que l'ange doré tenant une croix, juché tout en haut de la flèche dorée de la Collégiale St-Pierre-et-St-Paul à St-Pétersbourg, frappé par la foudre en 1830, menaçait de tomber. **Telouchkine**, un courageux couvreur de Iaroslavl, se porta volontaire pour redresser la croix sans échafaudage. Il passa ainsi six semaines, accroché en haut de la flèche. Pour le récompenser, Nicolas Ier fit tatouer sur le cou de Téliouchkine un sceau en guise de laissez-passer pour tous les débits de boisson de l'Empire. Une chiquenaude sur le cou et la vodka était servie. D'où l'habitude russe, toujours en vigueur !

A. Kanjounzeff / Michelin

Une adorable babouchka...

« Gorko ! » C'est amer !

Pendant les festivités du mariage, le **Tamada** (chargé d'organiser les réjouissances) fait boire les jeunes mariés. Tous les invités crient « Gorko, Gorko ! » (C'est amer !). Pour adoucir les choses, les jeunes mariés s'embrassent pendant que les invités comptent à haute voix...

L'HUMOUR RUSSE

Les traditions de l'humour russe remontent aux caricatures de l'imagerie populaire, aux bouffons, aux *tchastouchki*, ces chansons courtes pétries d'humour populaire, en vogue à la ville comme à la campagne dès la seconde moitié du 19e s. Aujourd'hui comme hier, le récit d'anecdotes reste un véritable sport national pratiqué du matin au soir. Quand la liberté de la presse était inexistante et même sous Staline, quand on pouvait se retrouver en prison juste pour une simple blague politique, les histoires caustiques sur le régime communiste passaient d'une oreille à l'autre !

Depuis 1991, il n'y a plus d'interdits et anecdotes, jeux de mots et calembours ont perdu un peu de leur saveur, sauf quand ils raillent ces « nouveaux Russes », devenus rapidement multimillionnaires. Même traduites, les anecdotes ne sont pas toujours faciles à comprendre pour les étrangers, car, pour en saisir toute la finesse, il faut bien connaître les rouages de la société russe.

Pour vous en faire une idée, voici un classique du genre qui courait pendant le percement du canal de la mer Blanche à la Baltique sous Staline, par les prisonniers du Goulag : « D'un côté creusent ceux qui ont raconté des anecdotes politiques, de l'autre ceux qui les ont écoutées... »

Saveurs

Au cours des siècles, la Russie a puisé dans les traditions culinaires de ses envahisseurs et des nombreuses ethnies qui la peuplent pour se forger une cuisine originale, qui, contrairement à ce que l'on pense souvent, a de quoi régaler les palais. C'est une cuisine savoureuse, conviviale, souvent préparée en famille, pleine d'odeurs de soupes fumantes, de « pirojkis » qui dorent dans le four, de viandes mijotées, de marinades et de conserves maison.

TRADITIONS CULINAIRES

Aneth (oukrob) – Il est à la cuisine russe ce qu'est le persil à la cuisine française.

Baies et airelles (klioukva) – Abondantes dans les forêts, elles sont transformées en confiture ou mises en bocaux.

Champignons (griby) – Depuis la nuit des temps, ils sont séchés, marinés, salés et mis en conserve.

Concombres (ogourets) – Plus petits que nos concombres, plus gros que nos cornichons, l'**ogourtchik**, comme le surnomment affectueusement les Russes, est un de leurs mets préférés. Préparé frais à la crème, salé ou mariné, il est présent à toutes les occasions. Les concombres « malossols » vendus à l'étranger, ne correspondent pas à la réalité russe, pour qui ce sont des concombres préparés dans un mélange faiblement salé.

Crème fraîche (smetana) – Elle accompagne de nombreux plats : potages, blinis, pelmeni, salades.

Cuisson au four – Des vestiges retrouvés en Ukraine montrent que ce mode de cuisson était utilisé par les Slaves, il y a plus de 3 000 ans. La **petchka** est toujours largement utilisée par la « baboutchka » (grand-mère) russe.

Les faux amis de la gastronomie

Si vous commandez une **vinegret**, on ne vous servira pas un assaisonnement pour la salade, mais une salade de légumes cuits.

Une **kotleta** est une croquette de viande hachée, mie de pain et oignons, de forme ovale, aplatie, panée et cuite à la poêle.

Le **kompot** est une boisson sucrée, sorte de sirop, souvent présent à table.

Enfin, le **gastronom** n'est pas une épicerie fine, mais un banal supermarché !

Kéfir – Ce petit-lait fermenté, introduit par les Tatares, a le goût d'un yaourt aigre.

Tchorny khleb – Pain noir de seigle, présent sur toutes les tables.

Saumure et marinades – C'est le mode de conservation le plus utilisé pour les légumes et les champignons. La marinade se prépare avec du vinaigre blanc à faible degré d'alcool et différentes épices, de la saumure avec du sel, de l'aneth, de l'estragon, des feuilles de cassis, de l'ail…

LES ZAKOUSKI

Le mot vient du verbe « zakousit », manger légèrement. Une table couverte de cette multitude d'entrées est déjà un régal pour les yeux. Un invité surprise doit toujours trouver de quoi se régaler chez les Russes. Le mets de choix en est le caviar (œufs d'esturgeon). Vous trouverez aussi des poissons fumés, de l'esturgeon et des harengs de la Baltique, des viandes froides, des salades variées (joliment présentées en pyramide), des champignons marinés et des concombres malossols, du caviar d'aubergine…

POTAGES

Les soupes, savoureuses, sont consommées plutôt au déjeuner.

Borchtch – Ukrainien ou russe, le borchtch est à goûter absolument. C'est un pot-au-feu à la russe avec de la betterave crue, du chou, des carottes, des oignons, des poivrons émincés, des tomates et des pommes de terre. Une pointe de vinaigre fixe la couleur de la betterave. Il se déguste avec un peu de crème et des pirojkis au chou ou à la viande. Il y a autant de recettes que de cuisinières…

Chtchi – Soupe aux choux.

Rassolnik – Soupe préparée avec des abats, et de l'orge perlée.

Solianka – À la viande ou au poisson, agrémentée de morceaux de concombres malossols et d'olives.

Oukha – Soupe de poissons.

Okrochka – Soupe froide à déguster l'été à base de kvas, légumes et viandes.

SPÉCIALITÉS

Blinis – Petites crêpes épaisses servies avec du caviar, des œufs de saumon, du hareng et de la crème accompagnées d'un verre de vodka.

Bœuf Stroganov – Filet de bœuf, coupé en fines lanières, mijoté avec des oignons émincés et de la crème.

Chachlyk – Plat caucasien. Brochettes de mouton ou de porc marinées dans l'oignon.

Goloubtsy – Du sud de la Russie. Feuilles de chou farcies d'un mélange de viande hachée, d'oignons et de riz, cuites à l'étouffée et servies avec de la crème.

Grechnievaïa kacha – Sarrasin servi en garniture.

Pelmeni – Raviolis sibériens farcis de viande de bœuf, porc et mouton, servis dans un bouillon ou avec de la crème.

Pirojkis – Petits chaussons de pâte brisée ou briochée farcis à la viande ou au chou, servis avec les potages.

Pojarskie kotlety – Croquettes de poulet haché, mélangé avec de la mie de pain trempée dans du lait et des oignons hachés, panées à la poêle.

Viande en pot (touchnoïe miaso) – Ragoût, cuit au four dans un petit pot en terre recouvert de pâte.

LE CAVIAR « OR NOIR DE LA CASPIENNE »

Le caviar est connu des Russes depuis la conquête d'Astrakhan par Ivan le Terrible en 1556. Ce mets très prisé à la table des tsars est devenu dans le monde entier un symbole de luxe d'autant que les prix, très élevés, ne cessent de grimper avec la raréfaction de l'esturgeon.

Des 24 espèces d'esturgeons, seules trois sont appréciées pour leurs œufs : le **beluga**, le plus gros et le plus rare (il peut peser jusqu'à 300 kg !), aux gros grains moelleux, du gris clair au gris acier, l'**osciètre**, plus petit (jusqu'à 150 kg), aux grains mordorés ou bruns foncé et le **sevruga** (de 15 à 70 kg), aux grains moyens, du gris lumineux au gris sombre. Peu connu, au parfum puissant, c'est le préféré des connaisseurs qui le consomment avec des blinis. La différence de prix entre les trois variétés ne se fait pas en fonction de leur qualité, chaque amateur ayant ses préférences, mais en fonction de leur rareté.

Un aperçu du caviar bar à l'hôtel Astoria de Saint-Pétersbourg.

Ces poissons de mer remontent le cours des fleuves pour frayer au printemps et en automne. En Russie, les prises sont effectuées dans le delta de la Volga autour d'Astrakhan. Les œufs sont extraits du ventre de la femelle, triés et lavés puis salés selon des proportions précises. Cette opération, et la qualité du sel utilisé, est essentielle pour obtenir un bon produit. Après salage, le caviar sèche sur des tamis avant d'être conditionné dans des boîtes métalliques fermées par une bande en caoutchouc. Ce caviar frais est le meilleur, mais une fois la boîte ouverte il faut le consommer rapidement. Vous pouvez en trouver mais en conditionnement de 250 g minimum. Vous vous procurerez plus facilement du caviar pasteurisé en pots de verre de 92 g ou 113 g. Le goût du caviar se suffit à lui-même. À déguster frais sur un toast éventuellement légèrement beurré, accompagné d'une « rioumka » de vodka entre chaque bouchée. Pour vous servir, utilisez une cuillère en corne ou en nacre afin de ne pas altérer les arômes.

Pêche et braconnage

En vingt ans, la pollution et le braconnage ont eu pour conséquence une baisse de 90 % des esturgeons dans la Caspienne, passés de 142 millions à 12 millions, selon la CITES, Convention des Nations unies sur le commerce international des espèces menacées. Jusqu'en 1991, la pêche à l'esturgeon et la fabrication du caviar sont étroitement contrôlées dans les deux pays riverains de la mer Caspienne, l'Iran et la Russie. Après la chute de l'Union soviétique et la fermeture de conserveries, le braconnage se développe et permet à des populations entières de survivre sur le littoral. Souvent le braconnage se fait en toute complicité avec les gardes-côtes et les autorités locales que leurs salaires très bas incitent à favoriser cette activité illicite.

En novembre 2003, les cinq pays bordant la mer Caspienne (Iran, Russie, Azerbaïdjan, Kazakhstan et Turkménistan) ont signé une convention-cadre à Téhéran, pour protéger l'environnement de la mer Caspienne. Ce texte fédérateur des cinq pays est un premier pas pour la lutte contre l'extinction annoncée de l'espèce. En décembre 2005, le ministre de l'Agriculture russe, **Alexeï Gordeïev**, qui propose d'établir un monopole de l'État sur l'esturgeon et le caviar, rappelle que le quota officiel de pêche à l'esturgeon pour la Russie est de 250 tonnes. « Cependant, on en vend sur les marchés 10 à 15 fois plus », a-t-il souligné. La Russie a perdu ses positions pour le caviar sur les marchés internationaux. Tout le caviar vendu aujourd'hui en Europe provient d'Azerbaïdjan et d'Iran, et le marché intérieur russe est inondé par la production fournie par des braconniers. À méditer avant de faire vos achats « à vos risques et périls ». Le seul caviar « sûr » est celui que vous trouverez au duty free de l'aéroport, réservé à l'exportation et onéreux. À noter qu'au 1er janvier 2006, le CITES a interdit toute exportation de caviar d'esturgeon sauvage de la Caspienne…

DESSERTS

Les Russes ne prennent pas de dessert mais une tasse de thé à la fin du repas. Les gâteaux sont dégustés à d'autres moments de la journée.

Vatrouchka – Gâteau à base de fromage blanc et d'œufs.

Glaces – Elles sont délicieuses, le plus souvent à la vanille et se dégustent sans problème dans la rue par moins 20 °C !

Tort – Gâteau crémeux impressionnant, à déguster avec parcimonie.

Kissel – Gelée élaborée à partir de jus de baies, épaissie avec de la fécule de pomme de terre.

BOISSONS ANCESTRALES

Dans la Russie ancienne, les Russes consommaient essentiellement de l'**hydromel (медовуха/medovoukha)**.

Ce sont les Mongols qui ont apporté un des symboles de l'hospitalité russe : le **samovar** et le **thé**. Le samovar est une sorte de bouilloire à robinet, en argent, en cuivre (et maintenant en Inox). Au centre, une cheminée intérieure pleine de braises garde l'eau bouillante. Elle est remplacée de nos jours par une résistance. Sur la cheminée est posée

La tradition du thé

Au début du 17e s., le tsar Michel Romanov reçoit du khan mongol 65 kg de thé en remerciement d'un cadeau de 100 peaux de zibeline. C'est ainsi que la Russie découvre ce nouveau breuvage, devenu, plus tard, boisson nationale.

A. Kanjounzeff / Michelin

Le samovar trône dans toute bonne maison russe.

une théière remplie de thé concentré. À chaque moment de la journée, chacun se prépare un thé à son goût.

Une autre boisson nationale, la **vodka**, (**petite eau**), alcool de grain à 40°, était utilisée au 14e s., comme médicament. Vos amis russes vous conseilleront encore aujourd'hui une petite vodka pour soigner tous vos maux, y compris la gueule de bois ! Mais refusez de goûter au **samogon**, vodka de fabrication maison, dangereuse pour la santé. La vodka accompagne toutes les fêtes en Russie et les Russes n'hésitent pas à trinquer avec leurs morts dans les cimetières. Contrairement au vin, elle ne se déguste pas, mais s'avale cul sec.

Boire la vodka à la russe

Votre « rioumka », petit verre, rempli à ras bord de vodka glacée, portez un toast, inspirez et expirez, videz d'un trait le contenu, et avalez aussitôt un concombre russe, du pain noir ou un morceau de « voblia », poisson séché. Respectez ce rituel sans faire de mélanges, vous serez en pleine forme !

Autres boissons traditionnelles : le **kvas**, sorte de bière très légère fabriquée le plus souvent à partir de pain de seigle fermenté, très apprécié l'été. Le **mors** est une boisson sucrée à base de baies ou fruits macérés dans de l'eau et la sève de bouleau, dégustée pure à la campagne au printemps juste avant l'éclosion des feuilles, et souvent transformée dans les monastères après fermentation en une sorte de limonade.

LA RUSSIE AUJOURD'HUI

Sur quel chemin se dirige la Russie, le plus vaste pays du monde ? Se rapproche-t-elle de ses voisins européens ou choisira-t-elle un modèle de développement plus asiatique ? Pas de réponse évidente à cette question qui taraude les voyageurs depuis des siècles. Mais depuis la chute de l'URSS, qui a éveillé l'ours russe au capitalisme, la priorité pour la majorité des Russes c'est de parvenir enfin à vivre bien.

La nostalgie des temps révolus.

Un nouveau visage

LA FIERTÉ RETROUVÉE DES RUSSES

Ébranlée par la chute de l'Union soviétique et par une paupérisation brutale, la Russie est engagée aujourd'hui dans un processus accéléré pour recouvrer son influence passée. La **perestroïka**, ou « reconstruction », entamée à la fin des années 1980 par **Mikhaïl Gorbatchev**, dernier dirigeant de l'Union soviétique aujourd'hui honni par la plupart des Russes qui le rendent responsable du déclin du pays, a signé la fin de la période socialiste. Une époque chaotique a suivi, symbolisée par le président **Boris Eltsine**, paru sur le devant de la scène en empêchant en 1991 un putsch organisé par les anciens communistes. **Vladimir Poutine** qui préside aux destinées du pays depuis 2000 cherche à redonner à la Russie sa grandeur passée. Grâce aux réformes engagées lors de son premier mandat, au regain de croissance économique et à un discours patriotique, cet ancien membre du KGB, à l'image jeune et dynamique, a permis à de nombreux Russes de pouvoir à nouveau se sentir fiers de leur pays. Ils l'ont d'ailleurs largement réélu en 2004 et plus des deux tiers de la population continue selon les sondages à lui vouer une confiance inébranlable. Devenu le Premier ministre de son dauphin et successeur depuis mai 2008, **Dmitri Medvedev**, il reste tout-puissant et la Russie semble dirigée par un aigle à deux têtes, symbole des tsars.

PÉTROLE ET GAZ : LE BOOM DE L'ÉCONOMIE

Le renouveau économique du pays a redonné aux Russes confiance en leur avenir. Les magasins vides de la fin de l'époque soviétique et les queues interminables pour les biens de consommation ne sont plus qu'un mauvais souvenir. On peut désormais tout acheter dans les plus grandes villes, même si la plupart des marchandises sont importées. Après une période de transition économique particulièrement brutale, abandonnant le modèle socialiste pour un libéralisme débridé, le PIB augmente régulièrement depuis sept ans et a atteint 8,1 % en 2007 pour un taux d'inflation qui reste encore élevé, à environ 11 %, en grande partie grâce à une bonne conjoncture des prix des matières premières – pétrole, gaz, métaux et charbon –, principales ressources du pays. Le capitalisme à la russe a cependant creusé comme jamais les écarts de richesse dans ce pays où près d'un quart de la population vit sous le seuil de pauvreté. C'est ainsi que Moscou est

Les richesses de la Russie en pétrole et en gaz

La Russie est devenue le deuxième pays producteur et exportateur de pétrole derrière l'Arabie saoudite et le premier exportateur mondial de gaz, avec son groupe semi-public en plein essor, Gazprom. L'Europe compte de plus en plus sur la Russie pour sa fourniture énergétique tandis que les États-Unis et les pays d'Asie pacifique courtisent Moscou pour profiter eux aussi de cette manne.

devenue la ville au monde qui concentre le plus de milliardaires alors que dans le métro des babouchkas (les grands-mères russes) sont réduites à la mendicité par des retraites misérables. Cet écart est aussi criant entre Moscou et les campagnes où, faute de salaires payés argent comptant, le troc est encore employé. Mais à Moscou les jeunes générations sont prises d'une véritable frénésie de consommation et cette prospérité atteint progressivement les autres villes. Les grands groupes de distribution comme Ikea et Auchan ne s'y trompent pas et ont d'ambitieux projets d'expansion dans le pays pour profiter du nouvel appétit des Russes. Le groupe automobile PSA Peugeot Citroën, associé au Japonais Mitsubishi, a posé en juin 2008 la première pierre de son usine près de Kalouga, à 180 km au sud-ouest de Moscou. 160 000 véhicules par an devraient y être produite dès 2011. Le rêve longtemps inaccessible d'acheter un appartement, une voiture étrangère ou de passer ses vacances à l'étranger est enfin à portée de main pour les plus chanceux.

UN NOUVEAU VISAGE

Ce dynamisme économique retrouvé a changé l'aspect des grandes villes russes : autrefois d'un gris uniforme, elles se sont couvertes de panneaux publicitaires et de néons. L'ouverture de restaurants, boîtes de nuit et casinos a créé une vie nocturne trépidante. Les jeunes femmes russes sont devenues des *fashion victims* à l'écoute des dernières tendances de la mode et les hommes craquent pour les téléphones portables derniers modèles et les chaussures italiennes. La chanson pop russe – rythmique endiablée et refrains simplistes – entonnée par de jeunes stars au look extravagant a envahi les ondes des radios comme des écrans de télévision et draine des foules lors de concerts organisés dans tout le pays. Le cinéma national est aussi en pleine ascension, après une longue période de vaches maigres où les financements étrangers ne permettaient qu'à une poignée de réalisateurs de continuer à tourner, alors que seules les productions américaines étaient encore projetées dans le pays. Aujourd'hui, de nouvelles salles de cinéma ouvrent chaque mois et les dernières productions russes, des films d'action aux reconstitutions historiques, séduisent un public toujours plus nombreux. *La 9e Compagnie*, une superproduction qui retrace le destin d'une brigade de l'armée Rouge lors de la guerre d'Afghanistan, a battu tous les records au box-office russe en 2005, attirant plus de 2 millions de spectateurs.

MAFIA ET CORRUPTION

Il est difficile de tracer une frontière tout à fait nette en Russie entre affaires légales et trafic douteux. Beaucoup de grandes fortunes actuelles ont été fondées sur des transactions peu éthiques, les entrepreneurs tentent souvent de « s'arranger » pour éviter les contrôles trop scrupuleux, et les automobilistes négocient le montant de leurs amendes avec la police. Mais la mafia est moins visible que dans les années 1990 et les conflits se règlent plus souvent par avocats interposés que par meurtres commandités. Pour le voyageur étranger, aucun risque de se retrouver confronté à ces milieux sulfureux, qui s'intéressent à des proies beaucoup plus juteuses. Mais la corruption reste omniprésente en Russie, nourrie par les salaires de misère de beaucoup de fonctionnaires et une justice qui manque d'indépendance.
Cette application ambiguë de la loi fait le bonheur des faussaires et la contrefaçon – DVD, vêtements de marque, cigarettes mais aussi pièces de rechange pour les voitures ou même produits alimentaires – est très répandue.

LES RUSSES À L'ÉTRANGER

La diaspora russe est bien représentée en Israël, où de nombreux Russes qui ont pu prouver leur appartenance à la communauté juive ont émigré en masse au plus fort des difficultés économiques des années 1990 et sur la côte Est des États-Unis. Une communauté de « happy few » fortunés a dernièrement élu domicile en Grande-Bretagne, suivant l'exemple de Roman Abramovitch, un trentenaire qui s'est construit la première fortune de Russie dans le pétrole et l'aluminium avant de racheter le club de football britannique de Chelsea. C'est aussi à Londres qu'est exilé Boris Berezovski, un oligarque

Une mosaïque de minorités ethniques

Les **Tchouktches**, les **Nenets** ou les **Tchouvaches** : ça ne vous dit rien ? Ce sont pourtant quelques-unes de la centaine d'ethnies qu'abrite la Fédération de Russie et dont certaines disposent d'une région autonome ou de leur propre république. Le cas de la Tchétchénie mis à part, ces groupes vivent plutôt en bonne harmonie avec les Russes, qui représentent 80 % de la population.

controversé, autrefois proche de la famille Eltsine, qui est en guerre ouverte avec le régime du président Poutine. Les relations entre la Russie et le Royaume-Uni se sont néanmoins détériorées après la mort d'Alexandre Litvinenko, un proche de Berezovski, empoisonné à Londres en novembre 2006 et le refus de la Russie d'extrader Andreï Lougovoï, un ancien collègue de Litvinenko au FSB, les services secrets russes. Longtemps cantonnés derrière les frontières du bloc soviétique, les Russes sont de plus en plus visibles à l'étranger, voyageant pour affaires mais aussi pour le plaisir. L'élite fait flamber les prix de l'immobilier à Courchevel ou sur la Riviera française et italienne. Pour le reste de la population, les voyages restent l'exception, puisque 5 % seulement des Russes peuvent se payer le luxe de vacances à l'étranger avec, parmi les destinations les plus populaires, la Turquie, l'Égypte ou l'Europe.

LA RUSSIE BRILLE SUR LES COURTS DE TENNIS

La Russie est depuis longtemps un pourvoyeur d'athlètes de haut niveau, depuis le perchiste **Sergueï Bubka** jusqu'aux stars du patinage artistique comme **Evgueni Plouchenko**, médaille d'or aux J O d'hiver de Turin en février 2006. Mais aujourd'hui ce sont le football et le tennis qui font rêver les jeunes Russes. La qualification de la Russie en demi-finale de l'Euro 2008 a provoqué un enthousiasme sans précédent. Si **Evgueni Kafelnikov** et **Marat Safin** et plus récemment **Nikolaï Davidenko** ont ouvert la voie des grands tournois internationaux, ce sont maintenant les joueuses russes qui raflent tout. La championne **Maria Sharapova**, mais également **Elena Dementieva**, **Anastasia Myskina**, **Svetlana Kouznetsova**, sans oublier la très glamour **Anna Kournikova** devenue une véritable pop star. Le tennis ne devrait pas cesser de sitôt de fournir des champions, vu l'engouement suscité chez les plus jeunes.

L'ÉGLISE REGAGNE LE TERRAIN PERDU

Après des décennies d'athéisme étatique, l'Église orthodoxe fait un retour en force en Russie sous la férule du patriarche de toutes les Russies **Alexis II**. Églises et cathédrales aux coupoles scintillantes poussent comme des champignons grâce au financement des hommes d'affaires. Les pèlerinages vers les lieux saints drainent de nouveau les croyants et surtout l'Église fait son retour sur la scène publique, encouragée par le Kremlin. L'Église orthodoxe a même lancé sa propre chaîne de télévision : une petite révolution après des décennies de vie religieuse vécue dans la clandestinité. Les communautés musulmanes et bouddhistes ont en revanche du mal à se faire une place et la communauté juive a été amoindrie par l'émigration massive vers Israël.

UN RÔLE DE PREMIER PLAN DANS L'ESPACE

Première puissance à avoir envoyé un homme dans l'espace en 1961, le héros soviétique toujours vénéré **Iouri Gagarine**, la Russie reste un partenaire incontournable dans l'espace pour les Américains et les Européens. Malgré un budget espace cinquante fois moins élevé que celui des États-Unis, Moscou joue un rôle clé pour l'exploitation de la station spatiale internationale – des modules en orbite autour de la Terre qui accueillent des cosmonautes de nationalités variées – puisque ses vaisseaux Soyouz sont les seuls aujourd'hui à faire la navette avec la Terre. La Russie est aussi au premier plan pour la mise sur orbite de satellites depuis le cosmodrome de Baïkonour dans les steppes du Kazakhstan. Enfin, un vaisseau Soyouz destiné aux vols dans l'espace des touristes doit être lancé en 2011.

UNE DÉMOGRAPHIE INQUIÉTANTE

La population russe, qui atteignait fin 2005 un peu moins de 143 millions d'habitants, est tombée en septembre 2007 à 142 millions. L'espérance de vie pour les hommes est la plus basse d'Europe à 58 ans, et 72 ans pour les femmes. Ces chiffres reflètent la dégradation de l'état de santé de la population depuis la chute de l'URSS et l'alcoolisme qui atteint des niveaux dramatiques dans certains villages. Même si la natalité se redresse un peu, une étude de l'Académie des sciences

A. Kanjounzeff / Michelin

Petite fille au ballon bleu sur la place Rouge.

russes prévoit une baisse de la population active de 42 % entre 2001 et 2020, ce qui risque de poser de graves problèmes économiques. La rapide propagation du sida pourrait aussi faire des ravages alors que le gouvernement commence seulement à mobiliser des moyens pour lutter contre ce fléau.

SOUS LE REGARD DE L'ARMÉE

Le service militaire – deux ans dans l'armée de terre ou de l'air et trois ans dans la marine – reste une étape importante pour les jeunes hommes russes. C'est pour certains une période initiatique qui marque le passage à l'âge adulte et l'attachement patriotique au pays, mais pour d'autres plutôt une épreuve à éviter par tous les moyens. En effet, la « diedotchina », le bizutage violent auquel sont soumis les appelés et les pratiques de certains officiers qui contraignent les jeunes soldats au travail forcé pour arrondir leurs revenus ont terni l'image de l'armée. Au point que le Comité des mères de soldats, qui vient en aide aux soldats victimes de sévices, est l'une des associations les plus connues du pays.

L'armée russe, à la fois une institution qui a longtemps fait trembler et un acteur incontournable des jeux de pouvoirs, manque aujourd'hui cruellement de moyens pour moderniser ses équipements, malgré un budget en progression. Mais elle dispose toujours d'un arsenal nucléaire. Et le complexe militaro-industriel est le premier exportateur d'armes au monde, grâce à une technologie éprouvée et relativement bon marché. La défense a dû entamer un difficile processus vers l'armée de métier. Ses effectifs sont passés de quelque cinq millions de soldats dans les années 1980 à environ un million. Mais les militaires qui ont été parmi les plus touchés par la crise économique ne voient que progressivement leurs soldes revalorisées tandis que les officiers doivent encore souvent attendre un logement plus de dix ans.

Tchétchénie

Officiellement, selon Moscou, la petite République caucasienne russe de Tchétchénie n'est plus en état de guerre mais subit « un processus de normalisation ». Dans la pratique, les Tchétchènes vivent dans la peur permanente depuis la seconde guerre qui a vu le retour en 2000 de l'armée fédérale russe sur ce territoire, devenu une zone de non-droit. Les disparitions de civils ne se comptent plus et des soldats russes meurent encore tous les jours sur des mines ou lors d'accrochages avec les séparatistes.

DES RELATIONS DIFFICILES AVEC LES VOISINS

Après la chute de l'URSS, la Russie avait conservé des liens étroits avec ses anciens pays satellites en formant la Communauté des États indépendants (CEI), qui excluait les pays baltes qui préférèrent dès 1991 s'éloigner de l'orbite de Moscou. Mais une série de changements politiques (la « révolution de la rose » qui a signé l'arrivée au pouvoir en Géorgie du président pro-occidental **Mikhaël Saakachvili** en 2003 et la « révolution orange » en Ukraine qui a permis en 2004 l'élection de **Viktor Iouchtchenko** aux dépens du candidat soutenu par Moscou) ont sérieusement détérioré les relations de Moscou avec ces pays. Avec la Pologne, entrée dans le giron européen, les relations sont émaillées d'incidents diplomatiques, après une longue histoire conflictuelle.

Les deux capitales

MOSCOU, UNE VILLE AU DÉVELOPPEMENT ACCÉLÉRÉ

Avec 10,4 millions d'habitants et 1 080 km², sans compter les villes périphériques, Moscou est une ville monstre en évolution permanente depuis dix ans, à mesure qu'elle draine les nouvelles richesses du pays. Avec en son cœur le mythique Kremlin, la capitale politique

C. Brett / Michelin

Novi Arbat à Moscou : publicités, casinos et embouteillages.

d'un pays à l'administration centralisée est aussi la première métropole économique et financière de Russie qui voit pousser sans cesse de nouveaux immeubles d'habitation, centres commerciaux et sièges sociaux de groupes qui veulent afficher leur réussite en construisant toujours plus haut. Ce boom immobilier ne doit pas toutefois faire oublier le vieux Moscou, dont les quelques quartiers conservés sont de plus en plus souvent rénovés. Si certains habitants du centre historique se plaignent de devoir quitter leurs vieux appartements, qui une fois rénovés seront remplacés par des bureaux ou des boutiques de luxe, d'autres se satisfont de recevoir un appartement neuf dans un quartier éloigné en échange de leur habitat vétuste et très exigu dans le centre.

Le maire de Moscou depuis 1992, **Iouri Loujkov**, qui règne sans partage sur la ville, y a imprimé une forte marque. Pour la plupart des Moscovites, ce personnage très populaire avec son éternelle casquette et son bagout est l'artisan du développement spectaculaire de la ville. Mais les critiques soulignent aussi que son épouse Elena Batourina, la femme la plus riche de Russie, s'est taillée un empire dans le secteur de la construction de la capitale. Sans aucun coup de main de son mari, assure-t-elle. La bataille pour la succession de M. Loujkov, qui pourrait quitter ses fonctions après un cinquième mandat à la mairie de Moscou en 2007, est déjà ouverte.

Le règne de la voiture

La voiture est reine à Moscou, grâce aux grandes avenues percées à l'époque soviétique en effaçant des quartiers entiers et forçant les piétons à emprunter des passages souterrains : un marcheur imprudent aurait vite fait de se faire écraser par le flot anarchique de vieilles Volga ou Jigouli de plus en plus supplantées par des Mercedes flambant neuves ou d'impressionnants 4x4. Mais ces grandes avenues, autrefois vides, arrivent aujourd'hui à saturation et représentent un vrai casse-tête pour la mairie qui doit régler les problèmes de circulation. Faute d'autre solution, celle-ci a annoncé qu'elle transformerait la **Ceinture des Jardins** – le principal boulevard périphérique – en voie à sens unique, ce qui déclenche des protestations de toutes parts.

Les pots catalytiques, et l'écologie en général, ne font pas encore partie des préoccupations des Moscovites, pour qui les joies de la société de consommation sont encore trop récentes pour s'inquiéter de ses effets secondaires.

SAINT-PÉTERSBOURG L'EUROPÉENNE

Autant Moscou étonne par ses coupoles multicolores, ses néons et ses gratte-ciel à l'architecture audacieuse, autant St-Pétersbourg avec ses palais aux couleurs pastel et ses canaux est porteuse d'une ambiance plus familière et plus policée pour le visiteur européen. Le risque, bien présent dans les années 1990, de recevoir en se promenant une pierre tombée d'un palais branlant s'est éloigné. En 2003, à l'occasion du tricentenaire de sa fondation par Pierre le Grand, la ville de près de 5 millions d'habitants a bénéficié d'une campagne sans précédent de rénovation, qui se poursuit encore.

Un gouverneur à poigne,Valentina Matvienko, l'une des seules femmes du paysage politique russe, élue en 2003, s'est attachée depuis à faire venir quelques-unes des plus importantes entreprises publiques et étrangères à St-Pétersbourg pour améliorer les rentrées fiscales. La ville, dont la santé économique est loin d'égaler celle de Moscou, reprend son essor avec l'aide de Vladimir Poutine, Pétersbourgeois de souche comme nombre de personnes influentes de la politique russe. St-Pétersbourg, qui avait moins subi que Moscou l'outrage des promoteurs immobiliers, se laisse elle aussi gagner par la fièvre immobilière au risque d'y perdre un peu son âme. Mais les *komounalki*, ces appartements collectifs que se partagent plusieurs familles, restent encore nombreux dans l'ancienne capitale impériale.

« Piter », comme l'appellent familièrement ses habitants, s'enorgueillit d'être la capitale culturelle de la Russie. La ville organise chaque année, lors du solstice d'été marqué par les fameuses Nuits blanches, un festival de musique classique, danse et opéra. Mais derrière cette

Les beautés russes : des défilés de mode aux mariages par correspondance

Yeux verts ou bleus, cheveux clairs et silhouette gracieuse : les jeunes filles russes ont envahi les agences de mannequins et sont très appréciées sur les podiums des plus grands couturiers du monde. À St-Pétersbourg, les beautés russes sont aussi devenues un vrai marché : une multitude d'agences matrimoniales proposent leurs services aux âmes seules occidentales.

vitrine touristique, c'est aussi l'une des villes de Russie où l'on recense le plus de crimes racistes. Des attaques, parfois mortelles, de groupes de skinheads contre des émigrés caucasiens ou d'Asie centrale et des étudiants étrangers se sont multipliées ces dernières années.

Un potentiel touristique peu exploité

St-Pétersbourg et Moscou restent les principaux pôles d'attraction pour les touristes étrangers, même si le développement du tourisme n'est pas perçu comme une priorité. Les voyages en groupe, avec guides ou interprètes locaux, sont la formule la plus fréquente alors que le tourisme individuel garde encore un parfum d'aventure. Si vous voyagez en toute indépendance, vous devrez faire l'effort d'assimiler un vocabulaire basique pour vous débrouiller mais serez récompensé par de belles rencontres et le frisson de l'inconnu. L'immense territoire russe offre d'autres possibilités aux adeptes du tourisme d'aventure ou aux passionnés de nature. La formule la plus populaire est le mythique voyage en *Transsibérien*, la voie ferrée la plus longue au monde qui relie Moscou à **Vladivostok** au bord du Pacifique, sur 9 000 km. Cette expérience destinée aux voyageurs désireux de contempler sept jours durant les plaines et forêts russes infinies en dégustant saucisson, poisson salé et vodka avec leurs voisins de compartiment peut leur donner l'occasion de haltes dans les villes sibériennes : **Novossibirsk** aux maisons de bois, la très industrielle Krasnoïarsk ou **Irkoutsk** au bord du **lac Baïkal**, la plus grande réserve d'eau douce du monde.

Le **Caucase** russe, haut lieu du tourisme soviétique pour la randonnée, le ski et ses villes d'eaux, souffre aujourd'hui de l'instabilité d'une région à la composition ethnique complexe et qui englobe la Tchétchénie. Les plages de la mer Noire voient, elles, les touristes russes revenir et les stations balnéaires comme **Sotchi** connaissent un boom immobilier après la rénovation de leurs fronts de mer. Mais le service « à la soviétique » de ces stations les rendent encore peu attractives pour les étrangers. Les randonneurs trouveront des propositions de trekkings et une nature presque intacte en Sibérie dans l'**Altaï**, proche de la Mongolie. Les passionnés de faune et de volcans bouillonnants pourront explorer le **Kamtchatka**, une péninsule de plus de 1 000 km de long dans l'Extrême-Orient russe, territoire des ours bruns les plus grands du monde, des loups et berceau du quart des saumons du Pacifique.

L. Godeau / MICHELIN

Jeune femme khant à Iar Sale, dans le Grand Nord russe.

Kremlin,
coupoles du palais des Terems.

R. Mattes / Michelin

DÉCOUVRIR MOSCOU

MOSCOU PRATIQUE

Quand y aller

UN CLIMAT RIGOUREUX

Il peut faire très froid à Moscou entre la fin octobre et la mi-avril : la rivière est alors gelée et la neige couvre la ville. D'aucuns apprécient particulièrement la cité en plein **hiver**, non seulement à cause des vues fabuleuses des monuments enneigés, mais aussi de l'ambiance particulière où tout semble comme étouffé. Si vous ne craignez pas le froid, n'hésitez pas, d'autant qu'il est sec, et donc tonifiant.

En **été**, il peut faire très chaud… mais la longueur des journées et l'ouverture de restaurants de plein air rendent cette saison aussi agréable. N'oubliez pas toutefois de vous munir d'une petite laine car les soirées sont parfois fraîches.

L'automne avec ses pluies soutenues et le début du printemps marqué par la *raspoutitsa* (dégel) sont les saisons les moins agréables, sauf pour les amateurs d'humidité…

Bon à savoir – Les gouttières moscovites ont une fâcheuse tendance à s'évaser avant d'arriver au sol. Si bien qu'en cas de pluie vous vous trouvez rapidement trempé à hauteur de cheville par les flots qu'elles déversent généreusement… sans oublier les immenses flaques difficiles à éviter qui vous inondent volontiers les pieds, ni bien sûr les voitures qui parachèvent le travail en vous soumettant à des douches impromptues !

Attention aux allergies !

Il faut savoir qu'à la fin du printemps (fin mai-début juin) et pendant une durée de trois à quatre semaines, les peupliers de la capitale, censés purifier l'atmosphère en absorbant les gaz d'échappement, laissent échapper une bourre qui peut donner l'illusion d'une chute de neige ! Si vous êtes sujet aux allergies ou à l'asthme, munissez-vous de votre antihistaminique préféré…

À l'arrivée

EN AVION

La plupart des touristes en provenance de France arrivent à l'aéroport de **Cheremetievo-2 (Шереметьево)**. Pour gagner la ville après les contrôles de police et la récupération des bagages (opérations généralement assez longues), la meilleure solution consiste à réserver avant le départ un **transfert** jusqu'à votre hôtel auprès de votre agence de voyages.

Sinon, vous pouvez prendre un **taxi**, officiel de préférence, après vous être mis d'accord sur le prix (et sur la destination !) avec le chauffeur. Dernière solution, moins onéreuse mais plus longue : l'**autobus n° 851** qui assure en 1h30 environ la liaison avec la station de métro **Retchnoï vokzal (Речной вокзал)**, sur la ligne 2.

Plus moderne, l'aéroport de **Domodedovo (Домодедово)** a obtenu les faveurs de compagnies telles que Lufthansa, British Airways ou Iberia. Il a l'avantage d'être relié en 45mn à la gare de Paveletskaïa par un train sans arrêt. Mais des tracas administratifs dont les autorités russes ont le secret pourraient obliger ces compagnies à retrouver Cheremetievo-2 où une nouvelle aérogare va être inaugurée dans un futur proche.

EN TRAIN

Si vous êtes un adepte des voyages au long cours et décidez de gagner Moscou depuis Paris en train, vous débarquerez à la **gare de Biélorussie (Belorousski vokzal/Белорусский вокзал)**, M° **Belorousskaïa (Белорусская)**, ligne circulaire 5.

Les passagers du train en provenance de St-Pétersbourg arrivent à la **gare de Leningrad (Leningradski vokzal/Ленинградский вокзал)**, à la lisière nord-est du centre-ville, M° **Komsomolskaïa (Комсомольская)**, ligne 1… à moins bien sûr que vous ne descendiez à l'hôtel *Leningradskaïa* situé à l'extrémité de la place !

EN BATEAU

Les participants à la croisière St-Pétersbourg-Moscou arrivent à la **gare fluviale du Nord (Severny retchnoï vokzal/Северный речной вокзал)**. Pour gagner le centre, prendre le métro à la station **Retchnoï vokzal (Речной вокзал)**, ligne 2, qui vous conduit place Pouchkine et à Okhotny Riad près de la place Rouge.

SE RENSEIGNER

Il n'y a pas d'office de tourisme à Moscou ! Les informations sur la ville (dépliants, plans sommaires) se trouvent sur des présentoirs, à la réception des hôtels.

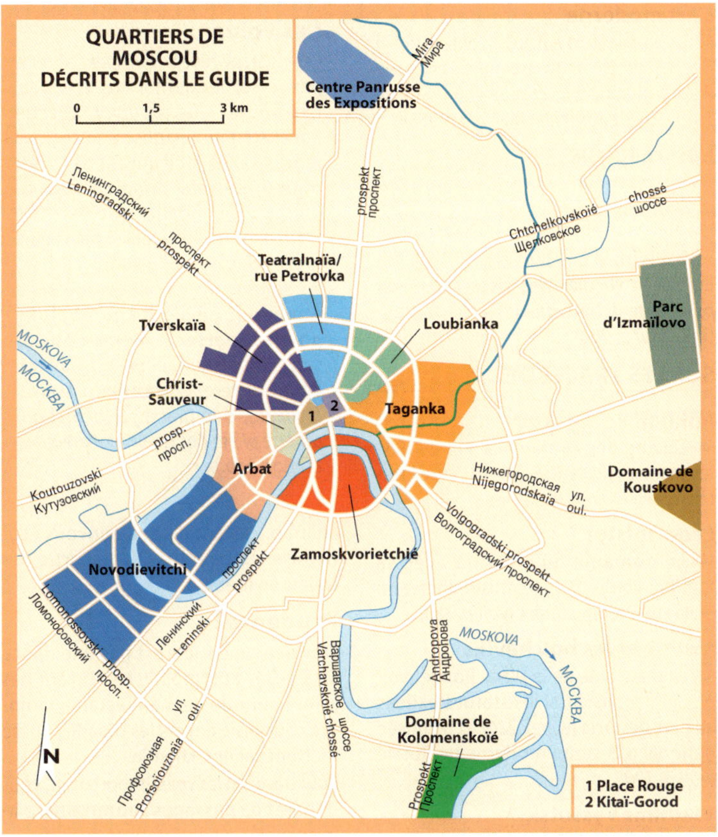

Aide téléphonique

La **société OVS** propose des téléphones portables assurant une permanence francophone 24h/24 (*voir p. 22*). Rens. et réserv. en France au ✆ 08 05 800 155 et à Moscou au ✆ 00 7 812 336 44 89.

Propositions de séjour

VOUS DISPOSEZ DE…

Trois jours

La place Rouge (*voir p. 136*), le Kremlin (*voir p. 146*), Kitaï-Gorod (*voir p. 163*), la partie 19e et 20e s. du musée des Beaux-Arts Pouchkine (*voir p. 244*) et les galeries Tretiakov (*voir p. 247 et 252*).

Cinq jours

L'Arbat et ses musées (*voir p. 177*), le musée Maïakovski (*voir p. 216*), les monastères Novodievitchi (*voir p. 235*) et Andronikov (musée d'icônes, *voir p. 220*), et Zamoskvorietchié (*voir p. 226*).

Une semaine

Ajoutez une balade à Kolomenskoïé (*voir p. 261*) et une excursion à Serguiev Possad (*voir p. 267*).

VOUS VOUS INTÉRESSEZ À…

La littérature

Les appartements de Pouchkine (*voir p. 178*) (son musée littéraire, *voir p. 182*) et Marina Tsvetaeva (*voir p. 181*), les maisons de Lermontov (*voir p. 181*), Tolstoï (*voir p. 184*) et Tchekhov (*voir p. 197*) l'*isba* de Gorki (*voir p. 195*), le musée Maïakovski (*voir p. 216*).

La musique

L'appartement de Scriabine (*voir p. 180*), la maison de Chaliapine (*voir p. 186*), la statue de Tchaïkovski (*voir p. 195*)… seront le prélude à un concert (salle Tchaïkovski, conservatoire, Maison de la musique…) ou à un ballet donné par la troupe du Bolchoï.

L'histoire

Le musée national d'Histoire (*voir p. 138*) et le musée national d'Histoire moderne de Russie (*voir p. 190*), le mausolée de Lénine (*voir p. 141*).

L'art ancien

Le palais des Armures (*voir p. 161*) et celui des Patriarches (*voir p. 152*) au Kremlin, la galerie Tretiakov (*voir p. 251*), le musée Roublev (*voir p. 221*).

L'art moderne

La galerie d'art européen et américain des 19e et 20e s. du musée des Beaux-Arts Pouchkine *(voir p. 244)*, la galerie Tretiakov de Krymski Val *(voir p. 253)*.

L'art religieux

Les cathédrales du Kremlin *(voir p. 153)*, les monastères Novodievitchi *(voir p. 235)*, Novospasski *(voir p. 224)* et St-Pierre-d'En-Haut *(voir p. 205)*, les églises St-Nicolas-des-Tisserands *(voir p. 184)*, de la Nativité-de-N.-D.-de-Poutinki *(voir p. 206)*...

SUR LES TRACES DE...

Mikhaïl Boulgakov

L'Étang des Patriarches *(voir p. 196)*, les théâtres du centre-ville et la rue Pretchistenka *(voir p. 182)*.

Léon Tolstoï

Le domaine qu'il habita avec sa famille *(voir p. 184)*, le musée littéraire de la rue Pretchistenka *(voir p. 183)*.

Lénine et les bolcheviks

Le mausolée de la place Rouge *(voir p. 141)*... mais aussi les statues exilées au parc des Arts *(voir p. 230)*, et le musée national d'Histoire moderne de Russie *(voir p. 190)*.

Vladimir Vyssotski

La Taganka avec son théâtre *(voir p. 221)* où l'acteur jouait dans les pièces mises en scène par Iouri Lioubimov, à côté du musée-mémorial qui lui est consacré, et la porte Petrovski *(voir p. 205)* où a été élevé un monument à sa mémoire.

AVEC LES ENFANTS

Une visite du zoo, une balade en bateau sur la Moskova et une soirée au théâtre des Chats ou au cirque *(voir p. 114)*.

Se déplacer

À PIED

Bien que Moscou soit très étendue, c'est à pied que vous découvrirez au mieux la ville et que vous en apprécierez le charme... avant de pouvoir vous économiser en effectuant une partie des trajets en métro.

> **Amendes**
>
> Les policiers moscovites sont autorisés à infliger des amendes payables sur-le-champ aux piétons surpris en train de traverser en un lieu ou à un moment non autorisé. Même si ce n'est que théorique, si vous avez la malchance d'être interpellé, obtempérez, la discussion étant inutile.

> **Les voies**
>
> Les « perspectives » *(prospekt*, abrégé *pr.)* correspondent à nos avenues. Les boulevards *(boulvar*, abrégé *boul.)* sont aménagés sur d'anciens remparts. Pour ce qui est des rues, on distingue l'*oulitsa (oul.)* du *pereoulok* (rue secondaire, que certains traduisent parfois par « passage » mais nous avons préféré conserver le terme original, abrégé *per.*). Attention : **plusieurs pereouloks peuvent porter le même nom**, ils sont alors distingués par un numéro. Vous trouverez encore des passages *(proezd)*, des places *(plochtchad*, abrégé *pl.)* et des quais *(naberejnaïa*, abrégé *nab.)*.

Prudence !

Traverser une rue n'est pas une mince affaire, les automobilistes n'ayant pas pour habitude de manifester la moindre courtoisie envers les bipèdes qui se mettent sur leur chemin.

Pour traverser les voies importantes, vous disposez de **passages souterrains**, parfois couplés avec les stations de métro, et de quelques rares **passerelles**.

Traverser aux carrefours dotés de **feux de circulation** n'est pas sans danger : tout d'abord, attendez que le petit bonhomme vert vous accorde le passage ; en second lieu, faites vite : les responsables du trafic semblent penser que la gent piétonnière est uniquement constituée de champions olympiques. Sachez que lorsque le feu se met à clignoter, les automobilistes à l'arrêt se tiennent prêts à bondir et qu'ils le feront dès qu'ils le pourront, sans autre considération. Enfin, méfiez-vous des voitures qui tournent et ne se sentent absolument pas concernées par des questions de priorité : elles passent, un point c'est tout.

Dans les rues plus tranquilles, ne perdez pas votre vigilance et faites attention avant de vous lancer : une voiture lointaine aura tendance à accélérer plutôt qu'à ralentir lorsqu'elle aperçoit un piéton !

Pour finir, ne vous croyez pas à l'abri sur les trottoirs : ils sont souvent encombrés par des voitures en stationnement, quand ce ne sont pas des véhicules qui y circulent sans complexe lorsqu'un obstacle les empêche de le faire sur la chaussée.

Voies piétonnes

Heureusement quelques secteurs piétonniers permettent de respirer un peu tout en restant vigilant aux croisements des rues transversales. Outre la **place Rouge**, la **rue Arbat** constitue la plus longue voie piétonne. Quelques *pereouloks* sont dans le même cas : **Kamerguerski pereoulok**, une partie de **Kouznetski Most**, ainsi que **Stolechnikov pereoulok**, entre les rues Tverskaïa et Petrovka. Au sud de la Moskova, **Lavrouchinski pereoulok** desservant la galerie Tretiakov et **Klimentovski pereoulok** à quelques pas de là, complètent ce bref sanctuaire piétonnier.

EN MÉTRO

En dehors des qualités décoratives de ses stations *(voir p. 134)*, vous ne manquerez pas de fréquenter le métro car c'est le moyen de transport le plus commode et le plus pratique de la capitale, pour peu qu'on assimile quelques règles de base.

Le réseau

Il est constitué de onze lignes qui, pour la plupart, convergent vers le centre. L'une de ces lignes, la **5**, est circulaire et correspond avec toutes les autres. Chaque ligne est identifiable par son **numéro** (le plus important à retenir), un code **couleur** (pas toujours respecté sur les panneaux) et son **nom**.

Billets

Les billets se vendent aux caisses installées dans les stations **(касса)** ; outre des systèmes d'abonnement mensuels qui d'ordinaire n'intéressent pas les touristes (et sont vendus jusqu'au 5 du mois), vous pouvez acheter des billets à l'unité, ou bien valables pour 2, 5, 10, 20 ou 60 trajets. Comptez 19 Rub pour un ticket unique, 280 Rub pour une carte 20 trajets, valable 30 jours, 580 Rub pour une carte 60 trajets, valable 45 jours.

Il existe également des cartes dites « urgentes » à nombre de trajets illimité valables 30 jours (860 Rub), 90 jours (1 780 Rub) et 365 jours (6 000 Rub).

Le ticket doit être composté aux bornes que surveille une employée, d'allure souvent peu amène, puis récupéré afin de permettre le passage.

Pour les billets de voyages multiples, lors du passage, un lecteur optique indique le nombre de voyages restants.

Accès aux quais

Il s'effectue par de vénérables escaliers mécaniques, particulièrement raides, dans lesquels vous prendrez bien soin de vous tenir sur votre droite… et de vous cramponner à la rampe. Faute de quoi, vous serez soumis à de sévères réprimandes de la part de la surveillante qui, installée dans une guérite au pied des escaliers, n'hésite pas à se saisir d'un porte-voix pour tancer vertement les imprudents.

Stations

Ordinairement, elles s'organisent autour d'un quai central donnant accès aux deux voies de la même ligne (sauf exception). Les stations desservies par chacune des directions sont indiquées sur des panneaux en lettres rouges sur fond blanc. Elles sont également indiquées sur le mur au-delà des voies, avec le détail des correspondances de chaque station.

Toutes ces indications sont écrites en cyrillique : prenez donc votre temps si vous n'êtes pas familiarisé avec cette écriture.

Dans la rame

Quelle que soit l'heure, la fréquence des rames excède rarement les trois minutes. Lorsque les portes se ferment, un haut-parleur annonce le nom de la station suivante.

De même, à l'arrivée dans la station (après une brève coupure de la lumière qui ne doit pas vous impressionner !), une voix vous indique le nom de la station ainsi que les correspondances.

P. Plantier / Michelin

Une station de métro.

Sortie et correspondance

Pour sortir du métro, suivez les flèches « sortie vers la ville » **(выход в город)**.

Pour prendre une correspondance **(переход)**, il faut savoir que les stations portent un nom différent selon la ligne. C'est ainsi que la station de la place Pouchkine, desservie par trois lignes, porte trois noms : Pouchkinskaïa (ligne 7), Tchekhovskaïa (ligne 9) et Tverskaïa (ligne 2). Si vous arrivez de la ligne 7 et descendez à Pouchkinskaïa, il vous fau-

СХЕМА ЛИНИЙ СКОРО-

RAPID TRANS

ОГО ТРАНСПОРТА МОСКВЫ

STEMS OF MOSCOW

Intérieur de la station de métro Komsomolskaïa.

dra donc, pour prendre la ligne 2 gagner la station Tverskaïa en suivant les panneaux « **вход на станцию Тверская** ». Laissez-vous guider par le numéro de la ligne plus que par sa couleur, qui sur les panneaux est parfois un peu passée…

Sécurité

Le métro est généralement sûr, ne seraitce qu'en raison de la forte présence policière, dans les stations comme dans les rames. Il est bien entendu toujours possible de tomber sur un pickpocket, mais en prenant les précautions d'usage, vous ne devriez pas rencontrer de problèmes.

Aux heures de pointe, faites particulièrement attention aux **bousculades** qui peuvent se produire aux abords des escalators constituants, au bout des larges couloirs, de véritables entonnoirs. Attention également à ne pas trébucher sur une des **bouteilles** abandonnées qui roulent sous les pieds des voyageurs… Et prenez les choses avec philosophie : les Moscovites sont des virtuoses dans l'art de la queue, et ils connaissent tous les trucs pour vous passer devant.

Usages

Il n'est pas d'usage de tenir la porte d'accès à la station aux gens qui vous suivent. Ces lourdes portes battantes n'étant pas dotées de grooms, soyez vigilant : le premier contact avec le métro moscovite pourrait se solder par un œil au beurre noir !

Nous indiquons systématiquement dans le guide les lignes desservant chacun des établissements cités ainsi que les stations de métro les plus proches.

TAXIS

Les **taxis officiels** arborent généralement un damier jaune et noir. S'ils disposent d'un compteur, c'est à titre décoratif. Autrement dit, après avoir fait comprendre au chauffeur votre destination (à l'aide d'un plan si votre russe n'est pas au point), attendez qu'il vous précise le prix de la course (et la monnaie dans laquelle il souhaite être payé) avant de monter dans le véhicule. Les Moscovites font souvent appel aux **taxis non officiels**, c'est-à-dire à n'importe quel automobiliste désireux d'arrondir ses fins de mois, en se postant au bord des voies, pouce levé. Le principe est le même… mais, à moins de parler russe, il vaut mieux éviter cette solution.

AUTOBUS ET TRAM

Les autobus sont rares et souvent bondés, quant au tramway, il est excentré : vous aurez donc peu ou pas l'occasion d'emprunter les transports en commun de surface surtout pour un bref séjour. Sachez toutefois que les billets sont moins chers si vous les prenez à l'avance et doivent être compostés à bord du véhicule. Le prix est le même quel que soit le parcours.

EN VOITURE

Du fait des encombrements, des difficultés de stationnement, des règles locales non écrites de circulation et de l'impatience maladive des conducteurs, il est fortement déconseillé de conduire dans Moscou… à moins de bien connaître la ville et de disposer de nerfs d'acier.

Hébergement

NOTRE SÉLECTION

Comme bon nombre des visiteurs étrangers de Moscou, vous passerez probablement par une agence, pour des raisons de commodité dans l'obtention de « l'invitation » nécessaire à celle du visa. Vous bénéficierez de ce fait des tarifs plus avantageux que ceux qui concernent les clients individuels se présentant à la réception. Notre sélection d'hôtels a donc essentiellement pour but de vous aider à faire votre choix parmi les hôtels proposés par votre voyagiste, en fonction du quartier, du confort, de la taille ou du charme de l'établissement.

Voir p. 116-120 la description des hôtels sélectionnés, quartier par quartier.

Nos catégories de prix

Nous faisons précéder le nom de chacun des hôtels de notre sélection de une à quatre piécettes (⊖) selon la catégorie des prix pratiqués. Ces catégories *(pour en connaître le détail, reportez-vous au tableau, p. 20)* correspondent au prix moyen d'une chambre double avec petit-déjeuner pour des voyageurs individuels, et ne tiennent pas compte des variations saisonnières, des promotions, ni des rabais obtenus par les agences. Du fait de l'inflation, de rachats et de cessions, certaines informations tarifaires ou autres pourraient devenir obsolètes, ce dont nous vous serions reconnaissants de ne pas nous tenir rigueur.

UN PARC EN ÉVOLUTION

Les habitués de Moscou risquent d'être désorientés par un parc hôtelier en pleine mutation. Deux institutions locales ont été « démontées » : l'hôtel **Moskva** (place Okhotny Riad) a été entièrement reconstruit tandis que l'**Intourist** de la rue Tverskaïa a été investi par le **Ritz-Carlton** ; le **Rossiia**, sur la place Rouge, élevé en 1967 par **Dimitri Tchetchouline**, et qui fut un temps le plus grand hôtel du monde, a fermé le 1er janvier 2006 et a été démoli pour céder la place à un ensemble urbain ambitieux d'où tout gigantisme semble banni ; le **Savoy** vient de réaliser sa rénovation ; l'**Ukraine** est en attente de rénovation ; le **Leningradskaïa** dépend désormais de la chaîne Hilton. D'autres sont simplement fermés en attente d'un repreneur ou d'une reconversion : c'est le cas de l'historique **Tsentralnaïa**, du **Mir** de Novy Arbat, non loin de l'ambassade américaine, et du **Minsk** de la rue Tverskaïa. Cependant, l'offre se diversifie avec l'ouverture de quelques hôtels à taille humaine, comme le **Kebur Palas** ou l'**Assambleïa Nikitskaïa**, tandis que le **Swissôtel** a ouvert ses portes dans une tour de verre élevée à côté de la maison de la Musique à la pointe orientale de l'île... Et cela n'est pas fini, la municipalité promettant d'aider à ouvrir une

C. Brett / MICHELIN

Restaurant My-My.

cinquantaine d'hôtels nouveaux par an, afin de remédier à un sous-équipement chronique. Il faut également noter que la catégorie « luxe » est plus qu'amplement représentée, au détriment des hôtels plus modestes (ces derniers souvent relégués en dehors du centre historique, parfois assez loin), le tout faisant de Moscou une des villes les plus chères au monde.

Restauration

LES ÉTABLISSEMENTS

Outre les **restaurants (ресторан)**, proprement dits, vous pouvez déjeuner ou dîner plus légèrement dans les **cafés (кафе)**. Les **fast-foods** ne manquent pas, tout comme les **pizzérias** et les **sushi-bars** qui sont l'objet d'un véritable engouement.

Face à cette « invasion » étrangère, les Moscovites ont organisé la riposte et ouvert des chaînes de restauration locale, implantées un peu partout dans la capitale comme **Iolki-Palki (Ёлки-Палки)**, **Mou-Mou (Му-Му)**, **Tarass Boulba (Тарас Бульба)** ou encore **Chech-Bech (Шеш-Беш)**, adoptant parfois la formule du self-service et misant sur une cuisine souvent inspirée des traditions culinaires des anciennes républiques soviétiques. Le goût pour les cuisines de Géorgie, Azerbaïdjan, Ukraine, Ouzbékistan, Arménie, plus relevées que la russe, comme la présence à Moscou d'une importante diaspora originaire de ces terres se sont traduits par l'ouverture de nombreux restaurants.

Les restaurants « typiquement russes » avec spectacles folkloriques traversent une passe difficile et nombre d'entre eux ont dû fermer. Au contraire, une certaine nostalgie teintée d'ironie envers le régime défunt a entraîné l'apparition de lieux spécialisés dans une « gastronomie soviétique » et tentant de restituer l'ambiance des années révolues, comme au **GlavPivTorg** près de la Loubianka...

Aux premiers beaux jours, terrasses et vérandas fleurissent un peu partout dans la ville, de même que les « **restaurants d'été** ».

IMPORTANT

Il faut signaler la rapidité avec laquelle l'**offre de restauration se renouvelle** : il n'est pas rare que, du jour au lendemain, tel ou tel restaurant ferme ses portes ou change de raison sociale. D'autres ouvrent sans cesse... Nous ne saurions donc être tenus pour responsables de la disparition d'une des adresses citées dans ce guide.

HORAIRES

D'une façon générale, tous les établissements ouvrent à partir de midi et servent sans interruption jusqu'à 23h ou 0h.

CARTE ET BOISSONS

Bien que parfois traduite en anglais, la carte est souvent rédigée uniquement en cyrillique, même dans des restaurants fréquentés par les étrangers. Raison de plus pour vous familiariser avec cette écriture !

La carte se compose de salades, d'entrées froides ou chaudes, de soupes, de plats principaux et de desserts. Traditionnellement, le poids de chacun des éléments entrant dans la composition d'un plat est indiqué.

En ce qui concerne les boissons, vous aurez le choix entre bière, vodka, vin (que l'on peut commander au verre) et eau minérale, plate ou gazeuse. Outre les vins de Géorgie, vous trouverez souvent des vins chiliens ou australiens. Les restaurants les plus cotés présentent de belles cartes de vins français, italiens et espagnols.

USAGES

Lorsque vous prenez place à table, le serveur vous demande d'emblée ce que vous désirez boire. Usez de réponses dilatoires si vous souhaitez assortir le vin aux plats.

Si vous dînez avec des amis russes, il sera de bon ton de vous lever et de prononcer un petit discours en brandissant votre verre de vodka. Il y sera répondu de la même manière, chaque convive payant tour à tour de sa personne, et plutôt deux fois qu'une !

À la fin du repas, le café est souvent apporté en même temps que le dessert. Si vous souhaitez qu'il en soit autrement, précisez-le.

PRIX

Les **prix** sont affichés soit en roubles, soit en euros, soit en dollars ou encore en YE, cette monnaie « virtuelle » résultant d'une moyenne du cours de l'euro et du dollar. La monnaie n'est du reste pas toujours précisée ! Dans tous les cas, la note est payable en roubles au taux calculé par la direction. Pour vous faire une idée de ce que vous devrez débourser, multipliez le chiffre annoncé par 30. Le paiement par **carte de crédit** est chose courante dans les restaurants de bonne catégorie.

Nombre de restaurants proposent à l'heure du déjeuner (jusqu'à 15h, voire 16h) une carte allégée à prix doux, le « **business lunch** » **(бизнес ланч)**.

D'une façon générale et sauf précision contraire (parfois lourdement soulignée), le service est compris dans l'addition. Il est cependant d'usage de laisser un petit pourboire.

Nos catégories de prix

Nous avons fait précéder les restaurants sélectionnés de une à quatre piécettes ( ) : ces catégories *(reportez-vous au tableau de la p. 20)* correspondent au tarif moyen d'un repas (entrée, plat, dessert) pour une personne, hors boissons qui peuvent sensiblement alourdir l'addition, et ne tiennent pas compte des diverses réductions, comme le « business lunch ».

Moscou au quotidien de A à Z

ACHATS

Ouverture

Hors de rares exceptions, la plupart des magasins sont ouverts 7j/7 avec un aménagement d'horaires le dimanche.

Achats courants

Dans les centres commerciaux, souvent appelés « passage » **(пассаж)**, vous trouverez des « minimarkets » **Ramstor (Рамстор)** en libre-service, bien utiles pour renouveler rasoirs jetables, mousse à raser ou gel douche… domaine dans lequel certains hôtels sont un peu chiches… Par ailleurs, les supérettes **Gastronom (Гастроном)** permettent de caler une petite faim (jusqu'à très tard le soir) à l'aide de quelques viennoiseries. Vous trouverez également de quoi grignoter dans les magasins **Sedmoï Kontinent (Седьмой Континент)** dans les rues Okhotny Riad, Arbat et Bolchaïa Loubianka. Enfin, en cas de nostalgie, vous pouvez toujours aller pousser votre chariot aux **centres commerciaux Mega (Мега)** : il en existe un au sud-est sur l'autoroute circulaire

Pas de bonnes affaires !

N'escomptez pas faire de bonnes affaires en visitant les boutiques des grandes marques internationales qui ont investi le centre de Moscou. Les « nouveaux Russes » ont les moyens, et si la clientèle est relativement restreinte, elle ne lésine pas. Résultat : les prix sont parfois largement supérieurs à ce qu'ils sont en France.

*(M° Annino/*Аннино *ligne 9, puis navette)* et un au nord-est *(M° Retchnoï vokzal/* Речной вокзал *ligne 2, puis navette)* : Auchan et Ikea vous y attendent parmi 250 enseignes.

Kiosques et passages souterrains

Vous cassez votre lacet ? Afin de renouveler cet accessoire important, faites un tour aux abords d'une station de métro : parmi les kiosques qui y prolifèrent, ce serait bien le diable si l'un d'eux n'abritait pas l'échoppe d'un cordonnier arborant des lacets de toutes tailles et de toutes couleurs.

C'est dans ces kiosques comme dans les boutiques des passages souterrains, que vous découvrirez à peu près tout ce dont on peut rêver : des boissons en bouteille, du tabac, des friandises, des billets de loterie, des *pirojkis*, des revues, des colifichets divers, des articles de prêt-à-porter, des disques et des DVD (piratés) et même des cannes à pêche !

P. Plantier / Michelin

Un cordonnier moscovite.

Galeries commerciales

Concentrées dans le centre-ville, elles ont été investies par les marques occidentales haut de gamme, que ce soit le célèbre **GOUM** de la place Rouge ou le **passage Petrovski** de la rue Petrovka. Au cœur de la ville, le grand centre commercial souterrain d'**Okhotny Riad** est spécialisé dans un prêt-à-porter plus abordable.

Grands magasins

Une visite s'impose au magasin central universel, le **TsOUM**, situé face au Bolchoï, au coin de la rue Petrovka et de la place Teatralnaïa.

Enfin, du change complet à la poussette (on ne sait jamais !), des vêtements aux jouets, vous trouverez tout ce qu'il faut pour les enfants au magasin **Dietski Mir**, place de la Loubianka face au siège de l'ex-KGB.

Livres et cartes

Les livres sont vendus dans la rue sur des étals improvisés… mais il est douteux que vous y dénichiez des ouvrages qui ne soient pas écrits en russe. Quelques librairies possèdent un rayon de littérature étrangère : **Knigui/Книги** (le mot signifie « livres »), au 8 de la rue Tverskaïa, **Dom Knigui (Дом Книги)**, rue Novy Arbat ou **Biblio Globus (Библио-Глобус)**, Miasnitskaia oul. (Мясницкая ул) 6/3 près du musée Maïakovski. Vous y trouverez également toutes sortes de cartes routières et des plans ou atlas de la ville à différentes échelles. La librairie **Pangloss** *(Krimsky Val 3/2, M° Oktiabrskaïa)* ainsi que **Bookberi** *(Nikitsky boul. 17/1, M° Arbatskaïa)* vous vendront des livres en anglais et en français. Les amateurs de cartographie disposent d'une librairie spécialisée, **Atlas (Атлас)**, dans la rue Kouznetski Most.

AMBASSADES

Belgique – *Oul. Malaïa Moltchanovka 7 - M° Barrikadnaïa, Arbatskaïa ou Smolenskaïa.*

France – *Oul. Bolchaïa Iakimanka 45, dans Zamoskvorietchié - M° le plus proche : Oktiabrskaïa ;* **consulat** *: Kazanski pereoulok 10.*

Suisse – *Pereoulok Ogorodnoï Slobody 2/5 - M° Tourguenievskaïa.*

ARGENT ET CHANGE

Même si les prix sont affichés en euros, dollars ou УЕ, tout est payable en roubles au cours du jour. Dans les boutiques et les restaurants d'une catégorie supérieure, les cartes de crédit sont acceptées.

Vous trouverez des distributeurs aux abords des banques, dans les centres commerciaux et dans le hall des grands hôtels : privilégiez ces derniers, généralement bilingues. Vous pourrez également changer vos euros en roubles dans la plupart des hôtels et dans certaines banques portant l'indication « change ».

En cas de perte ou de vol de votre carte de crédit, faites opposition en appelant le ✆ 956 35 56.

HANDICAPÉS

Le moins que l'on puisse dire, c'est que la vie ne leur est pas facilitée à Moscou, même si le métro peut être accessible grâce aux escaliers mécaniques, à condition que la bouche de métro soit de plain-pied. Quant à circuler en ville, la seule façon de traverser étant d'emprunter un passage souterrain, autant dire que cela relève du calvaire.

INTERNET

Si les grands hôtels proposent des connexions dans leur « business center », il existe en ville des cafés Internet, notamment le **Café Max (Макс, Интернет-Сентров)**, Pianistskaïa oulitsa 25, à la sortie du métro Novokouznetskaïa (lignes 2 et 8) dans le quartier de Zamoskvorietchié. Comptez 60 roubles pour une connexion de 30mn.

OBJETS TROUVÉS

Si vous perdez quelque chose dans le métro, vous pouvez toujours tenter votre chance en appelant le ✆ (495) 622 20 85.

PETITES PAUSES

Les **cafés** sont d'une apparition récente à Moscou (ce qui explique que les Moscovites se promènent souvent en brandissant une bouteille achetée dans un kiosque). De fait, ils servent à déjeuner si bien que lorsque vous vous y installez, le serveur vous apporte le menu quelle que soit l'heure ; mais rien ne vous interdit de consommer seulement une boisson.

Il existe des salons de thé agrémentés ou non d'une pâtisserie, et la chaîne des « Chocolateries » **(Chokoladnitsa/ Шоколадница)**, ouvre des succursales dans la plupart des quartiers de la capitale. Quelques adresses sont à votre disposition dans les carnets pratiques de chaque quartier.

P. Plantier / Michelin

Un bureau de poste moscovite.

POSTE

En dehors des postes, certaines boutiques d'hôtels peuvent vous fournir des timbres. Sachez cependant que vous arriverez peut-être avant votre courrier.

Pour les opérations plus complexes (poste restante, mandats, télégrammes), vous aurez quelque chance de trouver des interlocuteurs parlant anglais aux adresses suivantes :

Poste centrale – *Miasnitskaïa oul. 26/2 - M° Tchistyé Proudy, ligne 1.*

Télégraphe central – *Tverskaïa ou. 7.*

Les deux établissements sont ouverts 7j/7.

PRESSE

The Moscow Times, quotidien gratuit en anglais, est disponible dans la plupart des hôtels et des restaurants. Informations générales locales et internationales, économie et parfois quelques renseignements pouvant intéresser les touristes (spectacles en anglais, etc.).

Également disposé sur des présentoirs dans les hôtels, le magazine mensuel **Where**, tout aussi anglophone, peut se révéler d'une aide utile pour les programmes des spectacles et les restaurants à la mode.

Signalons également **Le Courrier de Russie**, destiné aux expatriés, et qui paraît en français tous les quinze jours *(www.lecourrierderussie.ru).*

Une solution pour trouver la **presse française** : les kiosques d'hôtels. Mais la distribution y est aléatoire.

SANTÉ

En cas de problème, rendez-vous à l'**Evropeïski meditsinski tsentr** *(Spiridonievski per., M° Maïakovskaïa ou Pouchkinskaïa)* où vous pourrez être reçu par des médecins français ou à l'**Amerikanski meditsinski tsentr** *(Grokholski per., M° Prospekt Mira).* L'**hôpital Botkine** (**Боткинская больница**, *Botkinski proezd 2, M° Begovaïa ligne 7)* accueille également les étrangers.

Une rage de dents ? Elle pourra être soulagée à l'**Evropeïski Stomatologuitcheski Tsentr** (**Европейский стоматологический центр –** *Pervy Nikolochtchepovski per./*Первый Николощеповский пер. *6/1 - M° Smolenskaïa/*Смоленская *ligne 4 - ✆ 933 00 02 en journée, ou 933 66 55 après 21h et le w.-end)* où vous serez reçu par des dentistes français.

Pharmacies (apteka/аптека)

Ouvertes généralement jusqu'à 20h en semaine. Certains hôtels (comme l'*Oukraïna* ou le *Cosmos*) ont une petite antenne pharmaceutique dans le hall. Vous avez une chance de vous faire comprendre à la pharmacie **Stary Arbat** *(oul. Arbat 25)*, et surtout à la **Pharmacie internationale** *(Grouzinski per.* (Грузинский пер.) *3-2, M° Belorousskaïa/* Белорусская *lignes 5 (circulaire) et 2. En sortant du métro, prendre la rue Grouzinski Val, puis la 2ᵉ à gauche).*

P. Plantier / Michelin

Un marchand des quatre-saisons.

SÉCURITÉ

Il n'y a pas de problème majeur de sécurité à Moscou, si vous respectez les précautions d'usage. La forte présence policière n'est sans doute pas étrangère à cette tranquillité.

Bien entendu, vous pouvez toujours être victime d'un pickpocket (dans les lieux très fréquentés, gares ou sites touristiques) ou d'un aigrefin. Cela dit, les problèmes liés aux fameuses **mafias** russes (ou géorgiennes) concernent d'autant moins les touristes que ces organisations ont intérêt à ne pas les faire fuir, notamment parce qu'ils assurent le rendement de la partie légale de leurs activités.

Évitez les casinos avec leurs nombreux bandits manchots : vous risquez plus sûrement de vous y ruiner, comme de nombreux autochtones, que d'y faire fortune. Et, bien entendu, les lieux de plaisirs douteux, du genre « Gentlemen Clubs », peuvent ici comme ailleurs se révéler fort onéreux !

Sollicitations diverses

Même si la chose a presque disparu, refusez fermement toute **proposition de change** dans la rue : le taux serait des plus intéressant, mais vous risqueriez de vous retrouver avec des billets qui n'ont plus cours.

Il pourra arriver que l'on vous aborde en vous proposant de vous conduire en voiture à l'endroit de votre choix... Si vous êtes d'humeur aventureuse, mettez-vous d'accord au préalable sur le prix de la course.

Les messieurs doivent savoir qu'ils peuvent être l'objet de sollicitations féminines dans certains hôtels... Sans remettre en cause leurs charmes, qu'ils gardent à l'esprit que leur train de vie peut être pour quelque chose dans cet intérêt.

Enfin, certains moines faisant la quête pour telle ou telle œuvre charitable n'ont peut-être jamais mis les pieds dans un monastère...

SIGNALISATION

Hors rares exceptions (dans le centre historique), les panneaux directionnels comme les noms des stations de métro ou de rues sont exclusivement rédigés en **cyrillique**.

Rappelons ici que **le russe se décline** et que le nom qui apparaît sur les plaques est parfois au génitif, parfois adjectivisé, et donc différent de la forme que l'on connaît : « oulitsa Tolstogo » pour « rue Tolstoï » ou « Pouchkinskaïa plochtchad » pour « place Pouchkine », voilà qui peut décontenancer ! Bref, il faut d'abord déchiffrer... puis interpréter !

TABAC

En dehors des transports publics, les Russes ne sont pas encore atteints par les campagnes antitabac et rares sont les restaurants proposant des espaces non fumeurs... Les fumeurs invétérés trouveront dans les kiosques un large choix de cigarettes (à l'exception des brunes), locales ou internationales, les prix pour une même marque pouvant varier de quelques roubles d'un endroit à l'autre.

TOILETTES PUBLIQUES

Pour l'essentiel, il s'agit de « cabines » de matière plastique bleue plantées par groupes de quatre à certains carrefours stratégiques et gérées par des *babouchkas* au regard peu amène, échangeant une chiche feuille de papier contre une rémunération de l'ordre de 10 Rub. Exception notable, les toilettes installées dans le soubassement du Christ-Sauveur. Ailleurs, préférez les cafés !

TOPONYMIE

Depuis la chute du communisme, les noms de rues, de places ou de stations de métro sont soumis à des changements conduits avec une sage lenteur et, pour la plupart, concentrés au centre-ville. La rue Gorki a retrouvé son nom historique de Tverskaïa, la place Maïakovski est redevenue Trioumfalnaïa, la place Sverdlov, Teatralnaïa, et la perspective Kalinine a pris le nom de rue Novy Arbat...

À en juger par le nombre de voies honorant le prolétariat, le marxisme, le mois d'octobre, les jeunesses communistes *(Komsomols)* ou les barricades, il se peut qu'il se produise quelques changements... dont nous prions nos lecteurs de ne pas nous tenir rigueur. Rassurez-vous toutefois, les panneaux de signalisation mettent un certain temps avant d'être remplacés.

URGENCES

Quelques numéros utiles (à condition de parler un peu le russe) :

Pompiers (Pojarnaïa okhrana/ Пожарная охрана) : ✆ 01.

Police (Militsiïa/Милиция) : ✆ 02.

Ambulance (Skoraïa pomochtch/ Скорая помощь) : ✆ 03.

À faire et à voir

BAINS RUSSES

La meilleure façon de vous initier à cette forme de l'art de vivre à la russe consiste sans conteste à fréquenter les étonnants **bains Sandounov** *(voir p. 207 et 210)*.

MUSÉES ET MONUMENTS

Jours de fermeture

Les musées sont souvent fermés le **lundi** (le mardi parfois) et le **dernier vendredi du mois** (jour du ménage). Le Kremlin en revanche est fermé le **jeudi**.

Horaires

Ordinairement, la vente des billets cesse une demi-heure ou une heure avant la fermeture des musées.

Fermetures intempestives

Certaines **salles** de grands musées peuvent se trouver fermées pour des raisons mystérieuses, et ce sans préavis.

Par ailleurs interviennent parfois (et toujours sans préavis) des « **fermetures techniques** » pouvant aller de une à trois heures : les mauvaises langues parlent de « pause casse-croûte ». Inutile d'espérer attendrir qui que ce soit !

Les maisons-musées

Les horaires (et les jours) de visite sont donnés à titre purement indicatif, la réalité pouvant se révéler très différente.

Quand vous entrez, vous vous trouvez généralement face à un personnel pléthorique, relevant le plus souvent du troisième âge, voire du quatrième, et qui semble prodigieusement étonné d'accueillir un visiteur. La quête des carnets de billets, des tampons à date et autres documents (sans parler de la monnaie à vous rendre, activité qui mobilise tout le personnel) peut prendre un certain temps… le temps précisément que les surveillants gagnent les différentes salles, ouvrent les volets et éclairent.

Mais vous-même serez occupé : il faut en effet enfiler par-dessus vos chaussures des **chaussons de feutre** (ou en plastique) pour ne pas abîmer les parquets.

Passé l'étonnement initial, ce personnel se révèle adorable et tente d'engager la conversation ou de vous donner des explications (en russe, bien entendu !). Il peut même arriver que vous quittiez les lieux nanti de quelque catalogue jauni ou d'un ouvrage en cyrillique que l'on aura sorti d'une armoire et que l'on vous tendra en disant : « Present » (cadeau). Bref, vous vous serez fait des amis.

Notez également que l'accès à certains de ces musées n'est pas payant : une petite participation est demandée (urne généralement mise en évidence, ou vente d'un catalogue).

ÉGLISES

Si les hommes se découvrent, il est d'usage que les femmes se coiffent d'un foulard avant de pénétrer dans une église… tandis que personne ne trouve rien à redire au port des mini-jupes les plus affriolantes. Cependant, dans certains lieux (comme le monastère Novospasski), les dames en pantalon se voient contraintes de ceindre leur taille d'un châle faisant office de jupe, fourni gracieusement à l'entrée.

EXCURSIONS

Aux environs de Moscou

Plusieurs agences proposent des excursions en voiture avec chauffeur (et guide francophone) autour de Moscou, et vers les villes de l'Anneau d'Or.

CGTT (ЦГТТ) – *Oulitsa Guiliarovskogo* (ул. Гиляровского) *4, porte 1 (sonner) et se faire connaître au vigile.* Agence au 2e étage (pour les étrangers). Organisation d'excursions, dans les villes de l'Anneau d'Or par exemple, en voiture avec chauffeur et guide francophone, ou de visites guidées de la capitale. Accueil en français et service efficace.

Inexco Voyages (Инэкско Вояж) – *Oul. Arbat* (ул. Арбат) *4 - ✆ 993 55 95 - info@inexco.co.ru.* L'agence propose en outre des chambres chez l'habitant et des appartements en location.

Intourist (Интурист) – L'agence historique de l'ancienne URSS existe toujours, bien qu'elle ait perdu l'exclusivité des déplacements en Russie. Plusieurs succursales parmi lesquelles celles de Stolechnikov pereoulok (à côté du café *Gogol*) et de la rue Novy Arbat.

TSAR VOYAGES – *16/4 Malaya Loubianka (bureau 222) - ✆ 08 74 76 16 26 (tarif local depuis la France), fax (+7 495) 621 18 27 - contact@tsarvoyages.com - www.tsar-voyages.com.* Cette agence, créée par des franco-russes, est « la bonne adresse voyage » de la communauté française de Russie. Une équipe francophone, spécialiste du voyage en Russie, propose des escapades et des circuits dans l'Anneau d'Or et à travers toute la Russie. Pratique : l'agence possède son propre terminal d'édition de billets de train.

Vous pouvez également décider d'effectuer ces excursions de manière individuelle. Pour cela, deux solutions :

En train

Les trains pour **Abramtsevo** et **Serguiev Possad** se prennent à la **gare de Iaroslavl** *(***Iaroslavski vokzal/ Ярославский вокзал** *– M° Komsomolskaïa* (Комсомольская)*, lignes 1 et 5)*, qui est également le point de départ du mythique **Transsibérien**.

Vous pouvez rallier **Vladimir** au départ de la **gare de Kiev** *(***Kievski vokzal/ Киевский вокзал** *– M° Kievskaïa/* Киевская*, lignes 3, 4 et 5)*. Pour **Souzdal**, il vous faudra prendre un car à Vladimir.

Quelle que soit votre destination, la **billetterie centrale** est située au 5 place Komsomolskaïa *(www.mza.ru)*.

Location de voiture

Si, au goût de l'aventure, vous ajoutez celui du risque, vous pouvez louer une voiture sans chauffeur. Les principales sociétés de location internationales (Budget, Avis, Hertz) possèdent un bureau à l'aéroport de Cheremetievo.

Europcar-Russie – *www.europcar.ru*. Possède des bureaux aux aéroports de Cheremetievo et de Domodedovo.

GALERIES D'ART

Parmi les centres d'art contemporain qui ont ouvert à Moscou, le dernier, **Winzavod**, intéressera les amateurs. Dans les locaux d'une ancienne halle aux vins, ont été installés trois grandes salles d'exposition, des ateliers d'artistes et plusieurs galeries d'art, dont les pionnières **XL**, **Aïdan**, **Regina**, **Guelman** et **Proun**. Tout comme Aïdan, XL promeut des artistes reconnus à l'échelle internationale tel Igor Moukhine et participe à des grandes foires internationales comme celles de Londres, de Bâle ou la Fiac à Paris.

Winzavod *– 4-y Syromiatnichesky per. 1, bat 6 - M° Kourskaïa*. Entrée libre, sauf lors d'évènements particuliers.

MOSCOU AU FIL DE L'EAU

Des **bateaux-mouches** sillonnent chaque jour la Moskova entre 11h et 19h, du moins lorsque la rivière est navigable (mi-avril à mi-septembre en général). Le système est souple puisqu'il vous est possible de descendre en cours de trajet à chacun des points d'arrêt, ce qui peut en faire une alternative agréable au métro.

La ligne part de la Gare de Kiev (**Kievski vokzal/Киевский вокзал**, *R. D.*) et rejoint le **pont de Novospasski (Novospasski most/Новоспасский мост)** à l'est, après avoir traversé tout le centre-ville.

Principales stations fluviales :

Mont des Moineaux (**Vorobiovy Gory/ Воробьёвы Горы,** *R. D.*) ; Quai de Frounzé (**Frounzenskaïa nab./Фрунзенская наб.**, *R. G.*) ; Park Koultoury (**Парк Культуры**, *R. D.*) ; Pont de Crimée (**Krymski most/Крымский мост**, *R. G., en face du parc Gorki et de la nouvelle galerie Tretiakov et à deux pas de la maison de Tolstoï*) ; Théâtre Estrady (**Театр Эстрады**, *R. D. face au Temple du Christ-Sauveur et près du Kremlin*) ; Bolchoï Oustinski most (**Большой Устинский мост**, *R. G. près du confluent avec la Yaouza*) et **pont de Novospasski (Novospasski most/Новоспасский мост)**.

Renseignements à la **Stolitchnaïa soudokhodnaïa kompania (Столичная судоходная компания)**, *☎ 257 39 24, www.cck-ship.ru*.

Vous pouvez aussi vous rendre au domaine de Kolomenskoïé en bateau de la station fluviale Parc Koultoury, mais ce service n'est assuré que le week-end.

SORTIES

Assister à une pièce de théâtre, un ballet ou un concert fait partie depuis longtemps de l'art de vivre.

Les spectacles débutent souvent à 19h et, sauf en cas d'engouement exceptionnel, les Moscovites n'ont pas l'habitude de prendre les billets à l'avance. Vous pourrez vous procurer ceux-ci à la réception des grands hôtels, dans les kiosques spécialisés et au guichet de la salle. Les prix sont plus élevés pour les étrangers. Vous serez très certainement abordé, à proximité des théâtres, par un quidam proposant des places au marché noir. Libre à vous d'accepter ou non (vérifiez la date figurant sur le billet…).

P. Plantier / Michelin

Devant le théâtre Maly.

Lieux de spectacles

Théâtres

Ils sont innombrables mais, bien entendu, réservés à une clientèle russophone. Parmi les plus prestigieux :

Théâtre Maly (Малый театр) – *Teatralnaïa pl. - M° Teatralnaïa.*

Théâtre d'art Tchekhov (MKhAT Im. Tchekhova/МХАТ им. Чехова) – *Kamerguerski per. 3 - M° Teatralnaïa.*

Théâtre d'art Gorki (MKhAT Im. Горького) – *Tverskoï boul. 22 - M° Pouchkinskaïa.*

Centre Meyerhold (Центр Вс. Мейерхольда) – *Oul. Novoslobodskaïa 23 - M° Novoslobodskaïa.*

Théâtre de la Taganka (Театр на Таганке) – *Radichtchevskaïa oul. 2 - M°s Marksistskaïa et Taganskaïa.*

Opéras et ballets

Théâtre Bolchoï (Большой театр) – *Teatralnaïa pl. 1 - M° Teatralnaïa.* Fermée pour travaux depuis juin 2005, la scène principale devrait retrouver son public à l'automne 2009 avec la première de l'opéra de Glinka, *Rouslan et Loudmila*. En attendant, la prestigieuse troupe se produit dans la salle annexe.

Opéra Galina Vichnevskaïa (Центр оперного пения Галины Вишневской) – *Oul. Ostojenka 25, imm. 1 - M° Kropotkinskaïa - www.opera-centre.ru.*

Novaïa Opera (Новая Опера) – *Jardin de l'Ermitage, oul. Karetny Riad 3 - M° Maïakovskaïa - www.novayaopera.ru.*

Helikon Opera (Геликон-Опера) – *Oul. Bol. Nikitskaïa 10 - M° Pouchkinskaïa ou Arbatskaïa - www.helikon.ru.*

« Madame Butterfly » à l'affiche.

C. Brett / Michelin

Salles de concerts

Conservatoire (Консерватория) – *Oul. Bol. Nikitskaïa 11-13 - M° Okhotny Riad.*

Salle Tchaïkovski (Концертный Зал им. Чайковского) – *Trioumfalnaïa pl. 4/31 - M° Maïakovskaïa - www.philarmonia.ru.*

Maison internationale de la musique (Московский Международный Дом Музыки) – *Kosmodamianskaïa nab. 52/8 - M° Paveletskaïa - www.mmdm.ru.*

Rock et variétés

Palais national du Kremlin (Gossoudarstvenny Kremliovski Dvorets/ Государственный Кремлёвский Дворец) – *Renseignements et programmes sur www.kremlin-gdk.ru.*

Les grands concerts de rock sont quant à eux organisés au complexe sportif **Olimpiïski (Спорткомплекс « Олимпийский »)** – *Olimpiïski pr. 16 - M° Prospekt Mira, lignes 5 et 6.*

Spectacles musicaux

Théâtre tzigane Romen (Цыганский театр « Ромэн ») – *Leningradski pr. 32/2 - M° Dynamo, ligne 2 - tlj 19h (w.-end : 18h).* Comédies musicales et concerts de musique tzigane.

Comédies musicales et opérettes au théâtre **Stass Namine (театр Стаса Намина)** du parc Gorki, au **théâtre Moskovskaïa Operetta** (**Московская Оперетта** – *oul. Bolchaïa Dimitrovka 6 - M° Teatralnaïa*).

Pour ceux qui aiment le jazz

Plusieurs salles permettent d'écouter jazzmen russes et étrangers : **B. B. King** (*Samotetchnaïa oul. 4/2 - M° Tsvetnoï Boulvar, ligne 9*) est plus particulièrement consacrée au blues ; **Le Club** est installé dans le théâtre de la Taganka et son voisin **Jazz Pound** est situé sur la place Taganskaïa (*au 12/4*).

Avec les enfants

Très apprécié des adultes comme des enfants, le cirque est une forme de spectacle resté très vivant en Russie, et ses artistes sont célèbres dans le monde entier, comme en atteste la gloire du clown **Oleg Popov**.

Cirque Nikouline (Московский Цирк Ю. Никулина) – *Tsvetnoï boul. 13 - M° Tsvetnoï boulvar, ligne 9, ou Troubnaïa* (Трубная), *ligne 10 - programme sur www.circusnikulin. ru - spectacles à 19h, matinée le sam. à 14h30.* Portant le nom de son ancien directeur, le fameux clown **Iouri Nikouline** dont la statue (peu conventionnelle) se dresse devant l'entrée, ce cirque fondé en 1880 est ici une véritable institution.

Grand Cirque de Moscou (Bolchoï Moskovski Tsirk/Большой Московский Цирк) – *Pr. Vernadskogo* (пр. Вернадского) *7 - M° Ouniversitet* (Университет)*, ligne 1 - www.bolshoicircus.ru - séances les vend. (19h), w.-end (15h et 19h).* Depuis 1971, ce cirque, célèbre pour ses ours motocyclistes, dispose de la plus grande salle fixe au monde, avec une capacité de plus de 3 300 places.

Théâtre animalier Dourov (Ougolok Dedouchki Dourova/Уголок Дедушки Дурова) – *Oul. Dourova* (ул. Дурова) *4 - M° Prospekt Mira* (Проспект Мира)*, lignes 5 et 6 - www.ugolokdurova.ru - merc.-jeu. (15h), vend. (12h), w.-end (12h et 15h) ; pour les tout-petits, séances sur la petite scène les merc.-jeu. (11h), et le w.-end (11h, 14h et 16h30).* Petit zoo et musée.

Théâtre des Chats Kouklatchev (Teatr Kochek Kouklatcheva/Театр Кошек Куклачева) – *Koutouzovski pr.* (Кутузовский пр.) *25 - M° Kievskaïa* (Киевская)*, lignes 3, 4 et 5, puis bus 57 - spectacles au zoo en été.* Le grand clown **Iouri Kouklatchev** a réussi à faire de chats de gouttière, ordinairement rétifs à tout dressage, des acrobates !

Souvenirs

Vous trouverez toutes sortes de **souvenirs traditionnels** (matriochka, boîtes en laque, chapkas...) dans les lieux touristiques : la **rue Arbat** est bordée de boutiques spécialisées et d'étals dressés au milieu de la voie. Il y en a pour tous les goûts et toutes les bourses, de même qu'au **marché Vernissage** *(M° Partizanskaïa)*. Pensez également à la boutique du **musée national d'Histoire de la place Rouge**, au magasin **TsOUM**, chez **Elisseïev**, et à certains **monastères**, comme Novodievitchi ou Danilovski. À Novospasski, outre des reproductions d'**icônes** et de superbes laques, vous trouverez des disques de **chants orthodoxes**. Icônes et autres objets religieux se trouvent chez **Sofrino**, rue Pretchistenka, boutique officielle de l'Église orthodoxe russe.

Pour des **chapkas** et des **fourrures** de qualité, rendez-vous dans les magasins spécialisés de Bolchaïa Dimitrovka.

Le magasin **Dietski Mir**, place de la Loubianka, spécialisé dans l'enfance, propose des **jouets traditionnels** en bois... même s'ils cèdent le terrain aux jouets en plastique semblables à ceux que vous trouvez en France.

Pensez également aux **parfums** de **Novaïa Zaria**, une griffe légendaire : la boutique, flanquée d'un petit musée, est située sous les arcades du Gostiny Dvor, rue Ilinka, à Kitaï-Gorod.

C. Brett / MICHELIN

Le restaurant Elisseïev.

Moscou possède bon nombre d'**antiquaires**, mais il faut savoir qu'il est interdit d'exporter des objets antérieurs à 1945 (conservez les factures au cas où). Vous pourrez peut-être dénicher des objets intéressants à la **brocante du Vernissage** d'Izmaïlovski Park.

Pour rapporter de la **vodka** et du **caviar** (ou tout autre produit de bouche), deux adresses s'imposent : **Elisseïev** au 14 rue Tverskaïa et le **Gastronom n° 1** installé au rez-de-chaussée du GOUM. Veillez, pour des raisons sanitaires, à ne jamais acheter de caviar aux vendeurs à la sauvette, ni de vodka dans les kiosques...

Enfin, si vous êtes **amateur d'art**, vous pourrez peut-être trouver une toile intéressante au marché en plein air du bd Gogol ou plus sûrement à la Maison des artistes de la rue Krymski Val... à moins que vous ne privilégiez l'art contemporain : une vingtaine de galeries proposent des œuvres d'artistes d'aujourd'hui.

Calendrier

Pour les festivités nationales, religieuses ou non, *reportez-vous p. 32-33.*

Mi-juin : fête de la Victoire – Cérémonies sur la place Rouge, où participent des cohortes de vétérans à la poitrine bardée de décorations.

3e semaine de juin : festival international du film – En divers lieux, la soirée de clôture se déroulant au cinéma *Rossiia* de la place Pouchkine. *www.miff.ru.*

Juillet : festival de théâtre Tchekhov – Des compagnies venues du monde entier se produisent sur les scènes des théâtres **MkhAT**, **Mossoviet**, **Pouchkine** et **Meyerhold** entre autres. *www.chekhovfest.ru.*

Juillet-août : festival estival de ballet (Letni festival baleta) – En divers lieux de la ville. *www.ballet.vashdosug.ru.*

Notre sélection d'hôtels

Les hôtels sélectionnés sont ici classés par « quartiers » correspondant aux différents chapitres du guide. Ils sont positionnés sur le **plan du 1er rabat de la couverture** *et repérables grâce à des pastilles numérotées de (2) à (35). Ces numéros sont indiqués ci-après à la suite du nom de chaque établissement. Vous les retrouverez également sur le plan de chaque quartier.*

Pour les catégories de prix symbolisées par les piécettes, reportez-vous au tableau p. 20.

Place Rouge/Kitaï-Gorod

Bon à savoir – Construit dans les années 1930, l'**hôtel Moskva**, qui fut l'un des plus grands hôtels de Moscou, renaît de ses cendres, après avoir été démoli en 2004. Le nouveau complexe en cours de réalisation (le gros œuvre était achevé en juin 2008) devrait comprendre, outre l'hôtel, un centre de congrès et des locaux commerciaux.

Baltchoug Kempinski (2) **(Балчуг Кемпинский) –** *Oul. Baltchoug* (ул. Балчуг) *1, M° Okhotny Riad* (Охотный Ряд)*, ligne 1, et Novokouznetskaïa* (Новокузнецкая)*, ligne 2 - ✆ 230 65 00 - fax 230 65 02 - www.kempinski.com - 202 ch.* Au-delà du pont, dans l'île, un grand hôtel dressant depuis 1898 sa noble façade historiciste face au fleuve, à la place Rouge et au Kremlin… Héritier d'un établissement construit après l'incendie de 1812, le *Baltchoug* connut quelques avatars durant l'ère soviétique (il s'appelait alors le *Bucarest*). Entièrement refait à partir de 1989 (on n'a conservé que les murs extérieurs), c'est aujourd'hui un des grands hôtels de la capitale. Une curiosité : le sauna est installé dans d'anciens bains publics remontant à l'époque d'Ivan le Terrible.

Arbat

Arbat (4) **(Арбат) –** *Plotnikov per.* (Плотников пер.) *12, M° Smolenskaïa, lignes 3 et 4, par la rue Arbat et à droite à la statue de Boulat Okoudjava - ✆ 244 76 35 - fax 241 43 05 - www.president-hotel.net.* Bien situé dans une rue tranquille au cœur du quartier, cet hôtel est installé dans un bâtiment de briques en pleine rénovation. Bon confort, un peu impersonnel toutefois. L'accueil est agréable… une fois que l'on a dépassé le cerbère chargé de la sécurité, franchement réfrigérant !

Kebur Palas (5) **(Кебур Палас) –** *Oul. Ostojenka* (ул. Остоженка) *32, M° Kropotkinskaïa* (Кропоткинская)*, ligne 1 - ✆ 733 90 70/71 - fax 203 35 36 - www.kebur-palas.ru - 13 ch. - prix selon vue, taille, présence ou non d'un balcon ou d'un Jacuzzi…* Très agréable hôtel installé dans ce qui fut l'hôtel *Tiflis*, dans une rue qui a conservé nombre d'hôtels particuliers d'époque « Empire ». Il est permis de trouver le décor (cossu) de cet hôtel très confortable un peu chargé, façon

P. Plantier / Michelin

L'ancien hôtel Ukraine.

« nouveau riche » voire franchement « bling-bling ». Une bonne adresse cela dit, remarquablement située à deux pas de la cathédrale du Christ-Sauveur.

AUTOUR DE SMOLENSKAÏA

Bon à savoir – Deux hôtels bien connus des groupes ont fermé provisoirement leurs portes. Il s'agit du légendaire **Ukraine**, installé dans un des sept gratte-ciel staliniens (qui a été cédé par la ville à des investisseurs privés qui, on l'espère, sauront respecter l'esprit des lieux, tout en mettant le confort aux standards d'aujourd'hui) et du **Mir**, près de la Maison Blanche : la tour actuelle devrait être rasée pour céder la place à un ensemble moderne combinant activités commerçantes et hôtelières.

Golden Ring Hotel (6) **(Zolotoïé Koltso/Золотое Кольцо) –** *Smolenskaïa oul.* (Смоленская ул.) *5, M° Smolenskaïa, lignes 3 et 4 - ✆ 725 01 00 - fax 725 01 01 - reserv@hotel-goldenring.ru - 247 ch. réparties entre standard et « de luxe ».* Face au gratte-ciel du ministère des Affaires étrangères et à deux pas de la rue piétonne Arbat, cet hôtel remis à neuf a investi une tour de 28 étages. Plusieurs restaurants ouverts aux non-résidents : le **Panorama (Панорама)** situé tout en haut, le **Jardin d'hiver** (**Zimni Sad** ou **Зимний Сад**, cuisine méditerranéenne), un japonais et le **Weinstub Strasbourg** aux spécialités alsaciennes. Solarium, sauna et business center. Clientèle d'hommes d'affaires… et de Japonais.

Belgrad (32) **(Белград) –** *Smolenskaïa oul.* (Смоленская ул.) *8, face au précédent, M° Smolenskaïa, lignes 3 et 4 - www.hotel-belgrad.ru - 235 ch.* D'aspect et d'ambiance « soviétique », cet hôtel, dont seulement une centaine de chambres ont pour l'heure été rénovées, a pour principal attrait d'être relativement central puisque situé près du quartier animé de l'Arbat et plutôt bon marché.

Melodia (29) **(Мелодия) –** *Skatertny per.* (Скатертный пер) *13, en face de l'ambassade du Ghâna, M° Arbatskaïa* (Арбатская)*, lignes 3 et 4 - www.melody-hotel.com.* Certes, l'hôtel est bien situé, dans un pereoulok calme et résidentiel à quelques dizaines de mètres seulement de l'animation de Novy Arbat. L'accueil y est aimable. Mais cet établissement récemment rénové (en partie du moins) ne séduit pas par son charme : contrairement à ce que l'on pourrait imaginer, ce sont les étages refaits qui emportent le moins l'adhésion. Question de goût sans doute, mais l'on hésiterait à y emmener sa dulcinée en voyage de noces… Chambres singles particulièrement spartiates et ascenseur stressant.

Tverskaïa

Est-Ouest ⑧ **(East-West/Ист-Вест)** – *Tverskoï boul.* (Тверской бул.) *14 - www.eastwesthotel.ru.* Précédé d'un balcon en fer forgé, cet hôtel particulier de 1796, séparé du boulevard par un jardin fleuri doté d'une minicascade, ne manque pas d'allure. Il abrite un hôtel à taille humaine, au décor soigné et personnalisé et aux chambres très confortables. Une bonne adresse, très centrale puisque la place Pouchkine n'est qu'à deux pas, tandis que la rue Bolchaïa Nikitskaïa vous conduit agréablement à proximité du Kremlin et de la place Rouge.

Marco Polo Presnia ⑨ **(Марко Поло Пресня)** – *Spiridonievski per.* (Спиридоньевский пер.) *9 - ✆ 244 36 31 - fax 26 54 02/04 - www.presnja.ru.* À deux pas de l'étang des Patriarches, cet hôtel, installé depuis 1904 dans un petit immeuble donnant sur une rue calme, présente un hall Art déco et des chambres confortables revêtues de moquette. Les parties communes décorées de tableaux contribuent à l'atmosphère agréable créée par la taille humaine de l'établissement et les couleurs gaies du bâtiment. Air conditionné pour affronter les températures parfois élevées de l'été, et accès direct au restaurant voisin, **Don Pedro (Дон Педро)**. L'accueil charmant achève d'en faire une excellente adresse.

Marriott Grand-Hotel ⑩ **(Мариотт Гранд Отель)** – *Oul. Tverskaïa* (ул. Тверская) *27, entrée par le pereoulok Staropimenovski* (Старопименовский пер.). Vaste hall respirant le calme et le luxe : c'est avec volupté que l'on s'immerge dans l'un des fauteuils du lobby-bar tandis que le pianiste plaque quelques accords : on se sent alors à mille lieues de la bruyante rue Tverskaïa ! Cependant, malgré son confort et son atmosphère raffinée, cet hôtel n'a pas le charme de son frère de la rue Petrovka.

National ⑪ **(Natsional/Националь)** – *Oul. Okhotny Riad* (Охотный ряд) *14/1 - www.national.ru.* Idéalement situé près de la place Rouge et du Kremlin, un immeuble d'architecture mi-Art nouveau mi-constructiviste abrite l'un des grands palaces de Moscou : chasseurs en haut-de-forme, hall au revêtement de marbre, ambiance feutrée, confort optimal. Bref, le haut de gamme…

Ritz Carlton ㉞ **(Ритц Карлтон)** – *Oul. Tverskaïa* (ул. Тверская) *3 - ✆ 0800 907 203 (ligne gratuite depuis la France).* Les vieux habitués de Moscou auront sans doute du mal à retrouver dans cet établissement qui vient d'ouvrir ses portes le démocratique « Intourist » de l'ère soviétique ! Précédé d'un immense auvent et surélevé d'un étage, ce grand hôtel vient rejoindre la cohorte d'établissements de haut luxe dont la capitale russe ne manquait pourtant pas. Son plus : une situation stratégique à proximité du Kremlin et de la place Rouge, comme de l'animation commerçante de la rue Tverskaïa (et des proches *pereouloks*). Grand confort et services multiples, cela va de soi.

Pekin ㉟ **(Пекин)** – *Bolchaïa Sadovaïa oul./Trioumfalnaïa pl.* (Большая Садовая ул./Триумфальная пл.) *5, M° Maïakovskaïa* (Маяковская), *ligne 2 - ✆ (495) 650 22 15/16 - fax (495) 234 24 61 - www.hotelpekin.ru.* Géré par l'Intourist, cet hôtel devrait prochainement être refait tout en gardant sa façade. En attendant, si son aspect très soviétique et vieillot peut rebuter – ne serait-ce qu'au niveau du hall d'accueil où l'on ne pénètre qu'après avoir franchi un portique de sécurité sous l'œil de cerbères à la mine patibulaire (laissez vos armes à l'extérieur !) – ses tarifs restent attractifs vus ceux pratiqués habituellement à Moscou.

Nikitskaïa ㉝ **(Никитская)** – *Bolchaïa Nikitskaïa oul.* (Большая Никитская ул.) *12, au coin de Gazetny per.* (Гаэетный пер.), *M° Okhotny Riad* (Охотный Ряд), *ligne 1 - ✆ (495) 933 50 01 - www.assambleya-hotels.ru - 29 ch. et appartements.* Installé dans l'ancienne maison du prince Menchikov, restaurée en respectant l'architecture initiale, cet hôtel propose des chambres petites mais décorées avec goût dans les tons pastel. Le lieu, qui dispose d'un étage non-fumeurs (chose rare pour l'heure à Moscou), propose en outre des petits appartements dotés de kitchenettes. Accueil charmant à deux pas du Conservatoire Tchaïkovski et de la place Okhotny Riad.

Teatralnaïa/Petrovka

Budapest ⑫ **(Будапешт)** – *Petrovskié linii* (Петровские линии) *2/18 - ✆ 924 88 20 - fax 921 52 90 - www.hotel-budapest.ru -116 ch. et suites.* Très bien situé, cet hôtel au beau décor Art déco ne manque pas de charme. Accueil très aimable, chambres confortables (sdb parfaites, grands lits et moquette) auxquelles on accède par des couloirs courbes aux murs revêtus de teintes pastel, tout concourt à faire de ce lieu (qui dispose d'une annexe dans la rue Malaïa Dmitrovka) une excellente adresse.

Akvarel ⑬ **(Акварель)** – *Stolechnikov per.* (Столешников пер.) *12/3, dans la cour en retrait de la rue, M° Teatralnaïa, ligne 2, ou Okhotny Riad, ligne 1 - ✆ 502 94 30 - fax 502 94 31 - 234 ch.* En retrait du *pereoulok* piétonnier, derrière le café *Moscou-Rome*, s'ouvre une sympathique cour qui abrite cet hôtel confortable (et presque intime) dont le meilleur atout est la situation centrale, à deux pas du Bolchoï, de la rue Tverskaïa et de la place Rouge.

Marriott Royal Aurora ⑭ **(Мариотт Роял Аврора)** – *Oul. Petrovka* (ул. Петровка) *11/20 - ✆ 937 00 55, fax 937 08 01 - www.marriotthotels.com/mowd.* Le confort et le raffinement d'une chaîne d'hôtels de luxe à deux pas du théâtre Bolchoï. Le vaste hall, quasi circulaire, éclairé par une lumière zénithale et doté d'une mezzanine, ne manque pas d'un charme chaleureux que l'on pourra apprécier pleinement en faisant une pause au « lobby-bar »… après un passage à la boutique, un des rares lieux de Moscou où l'on trouvera la presse étrangère.

P. Plantier / Michelin

Le Metropol, un hôtel de légende.

Metropol ⑮ **(Метрополь)** – *Teatralny proezd* (Театральный проезд) *1/4 - ✆ 927 60 00 - fax 927 60 10 - www.metropol-moscow.ru - 365 ch.* Entrez dans la légende ! Sur les traces d'hôtes célèbres, qu'ils y aient séjourné comme Bernard Shaw, Fiodor Chaliapine, ou Serge de Diaghilev, ou qu'ils y aient carrément installé leurs pénates après la révolution d'Octobre, comme Boukharine ou Lounatcharski, découvrez le fabuleux décor Art nouveau de cet hôtel et de ses trois restaurants où les talents de nombreux artistes se sont conjugués, du peintre **Mikhaïl Vroubel**, auteur des dessins des mosaïques extérieures, au sculpteur Nikolaï Andreev. Le grand ascenseur vaut à lui seul le détour… Un dîner dans l'un des trois restaurants, que ce soit l'**Evropeïski (Европейский)** avec ses colonnes de marbre, le **Metropol Zal**, sa verrière et ses extraordinaires luminaires, ou le **Boïarski Zal** et son décor « vieux-russe », sera la promesse d'une soirée inoubliable.

AU-DELÀ DE LA CEINTURE DES JARDINS

Novotel Centre ⑯ **(Новотель Центр)** – *Novoslobodskaïa oul.* (Новослободская ул.) *23, M° Novoslobodskaïa, ligne 5, ou Mendeleevskaïa (*Менделеевская*), ligne 9, station dans le même immeuble que l'hôtel - ✆ 780 40 00 - fax 780 40 01 - reservations@novotelmoscow.ru.* Si les marbres verdâtres de la façade (comme de l'immeuble en vis-à-vis) semblent indiquer que l'architecte des lieux était affligé d'un deuil cruel lorsqu'il a dessiné les plans du bâtiment, le confort et la clarté de l'intérieur, comme l'équipement des chambres (conforme à la qualité de la chaîne), et le côté sympathique et animé du quartier, un peu excentré toutefois, mais bien desservi par le métro, font de cet établissement une bonne adresse. Le restaurant **Côté Sud** joue la carte italienne.

Loubianka

Hôtel Sretenskaïa ⑰ **(Сретенская гостиница)** – *Oul. Sretenka* (ул. Сретенка) *15, au coin de Pouchkariov per.* (Пушкарёв пер.), *M° Soukharevskaïa* (Сухаревская), *ligne 6 - ✆ 933 55 44 - fax 933 55 45 - www.hotel-sretenskaya.ru.* Rien ne prépare, lorsqu'on pénètre la première fois dans cette maison basse construite en ce style indéfini mais clinquant qui caractérise les bâtiments appréciés par les « nouveaux Russes » au cadre étonnant que l'on va découvrir, avec un patio central converti en jardin exotique. C'est ici que les résidents peuvent prendre un verre ou un repas léger parmi les cascades où l'on jurerait entendre le pépiement des oiseaux. Le reste de l'hôtel est plus conventionnel (certaines chambres sont toutefois un peu exiguës), mais de bon confort : une bonne adresse, d'autant que l'accueil, charmant, est à certaines heures francophone. Le restaurant, ouvert aux convives de passage, est assez banal mais présente une carte en anglais, ce qui est appréciable.

P. Plantier / Michelin

Sretenskaïa : un jardin exotique.

PRÈS DES GARES

Hilton Leningradskaïa ⑱ **(Ленинградская)** – *Oul. Kalantchevskaïa* (ул. Каланчевская) *21-40, M° Kolomenskaïa* (Коломенская), *lignes 1 et 5 - ✆ 975 30 32 - fax 975 18 02 - 350 ch. - prix selon catégorie* . Dans l'un des gratte-ciel de Moscou, cet hôtel est à voir ne serait-ce que pour le décor somptueux de son hall où abondent marbres, dorures, frises et colonnades, lustres et lampadaires indescriptibles, sans oublier un escalier monumental… et un restaurant qui vaut le coup d'œil ! Confort standard, de bonne qualité surtout dans les chambres rénovées. Un des derniers témoignages du luxe à la soviétique. L'accueil, en revanche, est franchement glacial.

Zamoskvorietchié

Bon à savoir – On peut le regretter, mais il n'y a guère de possibilités d'hébergement au cœur de cet agréable quartier… si l'on excepte le **President Hotel** (**Президент Отель** – *1er per. Goloutvinski* (1-й Голутвинский пер.), *au coin d'oul. Bolchaïa Iakimanka* (ул. Большая Якиманка), certes luxueux mais quasiment transformé en bunker eu égard aux hôtes célèbres qu'il accueille quelquefois et le tout nouveau **Park Inn Sadu** *(oul. Bolchaia Polianka* (ул Большая Полянка) *17 - ✆ 238 63 65)* qui offre à sa clientèle d'hommes d'affaires un confort standard dans un immeuble sans charme.

Alrosa ㉛ **(Алроса)** – *1er Kazatsi per. (1-й Казаций пер.) 4, M° Novokouznetskaïa* (Новокузнецкая), *lignes 2 et 8, ou M° Tretiakovskaïa* (Третьяковская), *ligne 6 - ✆ (495) 745 21 90 - fax (495) 745 77 63 - www.alrosa-hotels.ru - 15 ch.* Situé non loin de la galerie Tretiakov, dans une ruelle donnant sur Bolchaïa Ordynka, ce petit hôtel élégant installé dans un bâtiment de style « nouveau russe » de 3 étages, dispose de chambres dotées de tout le confort et d'un restaurant (cuisine russe).

Medea ㉚ **(Медеа)** – *Piatnitski pereoulok (*Пятницкий пер) *4/1, M° Novokouznetskaïa* (Новокузнецкая), *lignes 2 et 8, ou Tretiakovskaïa* (Третьяковская), *ligne 6 - ✆ (495) 232 48 98 - www.hotel-medea.ru - M° Novokouznetskaïa - 21 ch.* Ancien hôtel particulier des années 1860 transformé en hôtel au début de ce siècle. Un décor un peu clinquant qui se veut Art nouveau, ne compense pas la froideur de l'accueil. Mais l'établissement est remarquablement bien situé, à deux pas de la galerie Tretiakov et de l'animation de Klimentovski pereoulok, un des rares espaces piétons de la ville.

P. Plantier / Michelin

Le Swissotel vu du quai Chliouzovaïa.

PRÈS DU PARC GORKI

Varsovie ⑲ **(Varchava/Варшава)** – *Leninski pr.* (Ленинский пр.) *2, entrée par oul. Krymski Val* (ул. Крымский Вал), *M° Oktiabrskaïa* (Октябрьская), *ligne 5 - ✆ 238 19 70 - fax 238 96 39.* Près du parc Gorki et de la nouvelle galerie Tretiakov, un hôtel installé dans un bâtiment sans attrait, mais beaucoup plus confortable qu'il en a l'air. Salle Internet et clientèle en majorité occidentale et plutôt jeune.

LE LONG DU CANAL VODOOTVODNY

Ozerkovskaïa ⑳ **(Озерковская)** – *Ozerkovskaïa nab.* (Озерковская наб.) *50/2, M° Paveletskaïa* (Павелецкая), *lignes 2 et 5 - ✆ 951 97 53/95 82 - www.cct.ru - 20 ch, 4 suites et 1 appart.* Dans une cour, légèrement en retrait du canal qui, ici, prend des allures presque vénitiennes, un charmant hôtel à taille humaine, fonctionnel et confortable, qui est en train d'achever de faire peau neuve. Une adresse calme, mais un peu excentrée.

Katerina City ㉑ **(Катерина Сити)** – *Chliouzovaïa nab.* (Шлюзовая наб.) *6/1, M° Paveletskaïa* (Павелецкая), *lignes 2 et 5 - ✆ 933 04 00 - www.katerina.msk.ru - 119 ch.* Face au canal et à la pointe de l'île de la Moskova, cet hôtel est constitué de deux bâtiments élevés à plus d'un siècle de distance, dont le plus récent semble s'inspirer de l'architecture de la gare de Iaroslav. Confort et design scandinaves, et pour cause : la direction de l'hôtel est suédoise. Salle de fitness d'accès libre pour les résidents. Demander de préférence les chambres donnant sur le canal et les bulbes du monastère de Novospasski.

Swissotel Krasnye Kholmy ㉜ **(Свиссотель Красные Холмы)** – *Kosmodamianskaïa naberejnaïa (*Космодамианская наб.) *52/6, M° Paveletskaïa* (Павелецкая), *lignes 2 et 5 - 230 ch.* C'est une tour de verre qui accueille cet établissement de luxe à la pointe orientale de l'île de la Moskova. Confort irréprochable, atmosphère élégante et ambiance feutrée. Le lieu dispose de deux restaurants, le *Cafe Swiss* et le *Concerto* (cuisine italienne) rappelant la proximité de la Maison de la musique.

En périphérie

PARC D'IZMAÏLOVO (IZMAÏLOVSKI PARK)

Pour ceux que n'effraie pas le gigantisme, signalons une série d'hôtels construits à l'occasion des jeux Olympiques de 1980 à l'orée du parc d'Izmaïlovo :

Alfa ㉒ **(Альфа)** – *731 33 32 - www.alfahotel.ru - 1 200 ch.* C'est l'hôtel le plus confortable de la série et il s'est fort heureusement débarrassé du casino aux couleurs criardes qui occupait une partie du hall, drainant une clientèle très diverse. Point Internet, boutiques. Bref, un monde à lui seul. Le petit déjeuner se prend au 23e étage !

Beta ㉓ **(Бета)** – *792 98 98 - www. betahotel.ru.* Discothèque, et bowling animent cet hôtel dont le hall n'est pas des plus heureux. L'ascenseur gigantesque ne prépare pas aux chambres qui paraissent minuscules en comparaison.

Vega ㉔ **(Вега)** – *956 06 42 - www.vegahotel.ru.* Ici, tout baigne dans le high-tech et le prix des chambres, soumis à de mystérieuses variations quotidiennes, s'affiche sur un panneau électronique. Décor un peu froid. Confort standard et innombrables services.

Gamma ㉕ **(Гамма)** et **Delta (Дельта)** – *737 70 00 - www. gammahotel.ru.* Ils partagent le même immeuble, l'un côté chaussée, l'autre tourné vers l'arrière. Piscine et bains turcs, hall immenses avec boutiques, agences de voyages, cafés, restaurants et chambres d'un confort convenable.

VDNKh

Tourist Hotel Complex Izmaïlovo (Туристический комплекс « Измайлово ») – *Izmaïlovskoïé chossé* (Измайловское шоссе) *71, M° Izmaïlovski Park* (Измайловский Парк, *station qui a la particularité de s'appeler en réalité Partizanskaïa* (Партизанская) *sur toutes les signalétiques, y compris les annonces vocales, mais pas sur certains plans), ligne 3.* Le complexe est constitué d'une enceinte dans laquelle se répartissent quatre barres de vingt-huit étages, chacune abritant un hôtel, hormis la dernière qui en compte

C. Brett / MICHELIN

Le complexe Izmaïlovo.

C. Brett / MICHELIN

Hôtel Cosmos.

deux. Une infinité de petits restaurants et cafés ainsi qu'un marché aux puces jouant sans complexes la carte du kitsch, ont poussé à l'ombre des immeubles, créant l'illusion d'une ville autosuffisante… à une vingtaine de minutes en métro du centre.

Cosmos ㉖ **(Космос)** – *Pr. Mira* (пр. Мира) *150, M° VDNKh* (ВДНХ)*, ligne 6 - 234 12 06/12 56 - www.hotelcosmos.ru - 1 777 ch. - prix selon confort (les chambres qualifiées de confortables l'étant moins que les chambres dites « club standard »).* Une ville dans la ville ! Derrière l'immense façade en hémicycle de cet hôtel construit pour les jeux Olympiques de 1980, vous trouverez un casino, plusieurs bars et restaurants (dont un panoramique), une ou deux boîtes de nuit, un karaoké, des boutiques de souvenirs, une pharmacie, un marchand de journaux (quelques titres en français parfois, mais pas forcément tout jeunes), une piscine et un centre de fitness et, bien entendu, un bureau de change, sans oublier une grande salle de spectacles. Bref, un véritable hall d'aéroport tout bourdonnant des conversations des groupes. Les chambres, confortables, manquent cruellement d'originalité, mais il est vrai que personnaliser un tel lieu aurait relevé de la gageure ! Enfin, si l'hôtel est un peu excentré (inutile de vous épuiser en gagnant le centre-ville à pied), le métro vous conduit à Kitaï-Gorod en six stations, soit à un quart d'heure environ.

PRÈS DU JARDIN BOTANIQUE (GLAVNY BOTANITCHESKI SAD) :

Sherstone Hostel ㉗ **(Гостиница « Шерстон »)** – *Gostinitchny proezd* (Гостиничный проезд) *1, M° Petrovko-Razoumovskaïa* (Петровко-Разумовская) *ou Vladykino* (Владыкино)*, ligne 1 - /fax 783 34 38 - info@sherstone.ru - dortoirs de 4 pers. en lits superposés et ch. doubles - réductions aux porteurs de la carte internationale des auberges de Jeunesse.* Un peu excentré mais à dix minutes de marche du métro, un petit immeuble de briques où l'accueil est charmant. Confort très convenable (chaque chambre a une sdb privée). De loin, l'hébergement le meilleur marché de la ville !

COMPRENDRE MOSCOU

Physionomie de la capitale

Au début était un fleuve décrivant de paresseux méandres au cœur de la plaine russe. C'est ce lieu qui fut choisi par un prince de Kiev pour bâtir un « kreml » (forteresse) qui est toujours aujourd'hui le cœur de la ville, comme du pays.

UNE VILLE CONCENTRIQUE

Au pied de la forteresse se développa bientôt un village, lui aussi bientôt entouré de remparts, Kitaï-Gorod. D'autres faubourgs s'édifièrent tout autour, ceints également d'une muraille de pierre blanche qui leur valut le sobriquet de « Ville Blanche » *(Biely Gorod)*. Aujourd'hui l'ensemble constitué par la forteresse et la ville originelle est encadré d'une suite d'avenues et de places qui ont remplacé les murailles de Biely Gorod et représentent le premier rayon de ce développement concentrique de la capitale russe.

Le second cercle est fait d'une série de **boulevards** ombragés, aménagés entre 1877 et 1940 et qui occupent l'espace laissé libre par les remparts de la « ville de terre ».

Suit un troisième cercle, la **« Ceinture des Jardins » (Sadovoïé Koltso/Садовое Кольцо)**, avenue d'une largeur démesurée portant différents noms, et d'où tout souvenir de jardin a disparu depuis belle lurette (ce boulevard était jadis bordé de maisonnettes dont quelques-unes ont été miraculeusement préservées), et qui tient le rôle d'un périphérique. Des passages souterrains aux principaux carrefours et, parfois, une passerelle permettent aux piétons de franchir sans risquer leur vie cette voie encombrée de véhicules qui ne s'embarrassent pas de limitations de vitesse (et encore moins de la présence éventuelle d'un piéton aventureux).

L'extraordinaire expansion de la ville a entraîné la création d'un quatrième cercle, beaucoup plus éloigné, la **Moskovskaïa Koltsevaïa Avtomobilnaïa Doroga** (**Московская Кольцевая Автомобильная Дорога**, autoroute circulaire de Moscou) de plus de 100 km de long.

Cette dernière enceinte délimite une énorme agglomération de 1 060 km^2 (près de dix fois Paris !) où vivent près de neuf millions d'âmes. Mais rassurez-vous : la plupart des lieux intéressants, à l'exception d'anciens domaines jadis campagnards, aujourd'hui entourés de barres d'immeubles, se concentrent à l'intérieur du troisième cercle.

Radiales

Le plan général de Moscou est constitué d'un certain nombre de grands axes, dont certains ont aujourd'hui une largeur peu commune (d'autres ont par chance conservé leur aspect et leur dimension d'autrefois), permettant de gagner rapidement le centre-ville depuis la Ceinture des Jardins.

À l'ouest, c'est la **rue Novy Arbat** que prolonge jusqu'aux murs du Kremlin la rue Vozdvijenka qui tient ce rôle, succédant à la rue Pretchistenka reliant jadis le Kremlin au monastère de Novodievitchi. Au-delà de la Moskova, la perspective Koutozov prolonge cet axe en direction du sud-ouest jusqu'à l'autoroute circulaire, puis se poursuit par la route de Minsk. Au nord-ouest, la **rue Tverskaïa** donne accès à la chaussée de Leningrad (St-Pétersbourg). Plein nord, la **rue Bolchaïa Nikitskaïa** relie la place de la Loubianka à la perspective Mira qui se mue en chaussée de Iaroslavl et dessert les villes de l'Anneau d'Or comme Serguiev-Possad. Vers l'est la **rue Solianka** conduit de Kitaï-Gorod à la place de la Taganka d'où s'élancent plusieurs routes, notamment celle de Volgograd (l'ancienne Stalingrad). En direction du sud enfin, le grand axe qu'est la **rue Bolchaïa Iakimanka** donne accès, depuis la place Rouge, à la route de Kiev et à celle de Simferopol (Crimée).

Plaine, oh ! ma plaine

Si l'on excepte la bien modeste éminence sur laquelle fut bâtie le Kremlin, le paysage moscovite n'est guère accidenté. Seule exception notable, le « mont des Moineaux », crête dominant un des méandres de la rivière et culminant à une altitude de 70 m.

LES QUARTIERS

À l'est du **Kremlin**, dont il n'est séparé que par la **place Rouge**, baigné par la Moskova, **Kitaï-Gorod** (littéralement « la ville chinoise ») était autrefois entouré de murailles dont il ne reste que quelques rares vestiges. Ce quartier ancien, intellectuel et commerçant, a conservé son plan médiéval et la rénovation active de ses bâtiments devrait lui restituer dans un avenir proche tout son cachet, d'autant qu'il est question de substituer à l'énorme « verrue » qui a remplacé le quartier ancien de Zariadié et le défigure du côté de la rivière un quartier nouveau à taille humaine.

L'autre côté du Kremlin est occupé par un quartier bâti de nobles hôtels particuliers, et dont administrations et musées (parmi lesquels le fameux musée des Beaux-Arts Pouchkine) constituent l'essentiel du tissu urbain. Nous l'avons ici baptisé un peu arbitrairement quartier du **Christ-Sauveur**, du nom de la cathédrale monumentale reconstruite à l'identique en 1991, bien que le nom de Khamovniki eût été plus conforme à la toponymie officielle.

Au-delà du boulevard Gogol, s'étend le sympathique quartier de l'**Arbat**, à la fois intellectuel et aristocratique, bien connu des touristes qui ne se lassent pas de parcourir la rue Arbat, plus longue artère piétonne de la ville. Le quartier a conservé une grande partie de son cachet malgré la déplorable avenue du Nouvel Arbat (Novy Arbat), qui est venue le déchirer au début des années 1960, et ses rues et les cours qui subsistent doivent être explorées avec attention. Aux abords de la Moskova, les rues Ostojenka et Pretchistenka ont conservé de superbes exemples de l'architecture néoclassique, ici baptisée style « Empire », qui a présidé à la reconstruction de la cité après l'incendie catastrophique qui la dévasta en 1812.

P. Plantier / Michelin

Devant la Moskova, la Maison Blanche.

Contigus à la fois à ce quartier et à la place Rouge s'étendent deux quartiers, Tverskoï et Presnenski, que nous avons ici regroupés sous le nom de la **rue Tverskaïa** (ou de Tver, naguère rue Gorki), la plus prestigieuse artère de la capitale. C'est ici que se trouvent l'Étang des Patriarches, cher aux lecteurs de Mikhaïl Boulgakov et une des plus belles réalisations Art nouveau de la capitale, la villa occupée jadis par **Maxime Gorki**.

Plus à l'est, la **place Teatralnaïa** et, dans son prolongement, la rue commerçante **Petrovka** (avec les voies parallèles que sont la rue Dimitrovka et la rue Neglinnaïa qui s'est substituée au 18e s. à la rivière Neglinka, affluent de la Moskova) constituent un ensemble où théâtres de prestige (il n'est que de citer le fameux Bolchoï et son voisin, le théâtre Maly) et boutiques de luxe se succèdent. Cette rue conduit à un monastère jadis situé hors les murs, un des plus anciens de la capitale, St-Pierre-d'en-Haut, qui lui a donné son nom.

Toujours à l'est, la **Loubianka**, qui doit sa sinistre réputation au siège de l'ex-KGB de triste mémoire, dissimule un quartier populaire et authentique, Basmanny, avec son « Étang Propre », qu'il serait dommage d'ignorer, même s'il est assez peu fréquenté par les touristes. Là aussi, parmi ses ruelles calmes se nichent des alignements de maisons basses et quelques églises qui valent le détour.

Plus à l'est encore, une fois franchi un autre affluent de la Moskova, la Iaouza, s'étend le quartier de la **Taganka** : ses monastères méritent incontestablement d'être vus.

Au-delà de la Moskova et de l'île artificielle née du creusement d'un canal de drainage, **Zamoskvorietchié** (dont le nom signifie littéralement « l'outre-Moskova ») a su conserver un aspect provincial que Moscou devait sans doute revêtir avant les bouleversements du 20e s. : de superbes églises y côtoient de ravissants petits palais… et c'est là que vous pourrez visiter les deux galeries Tretiakov.

Enfin, sur l'autre rive, au fond d'un méandre allongé, posé dans la verdure, le monastère de **Novodievitchi**, auquel nous avons adjoint le quartier de l'Université et le **mont des Moineaux** constituent le dernier « quartier » du centre-ville.

EN PÉRIPHÉRIE

Sous cette rubrique nous avons classé diverses curiosités éparses, parfois placées aujourd'hui dans un paysage urbain déprimant, et qui ont toutes pour point commun de se situer au-delà de la « Ceinture des Jardins » mais d'être accessibles en métro : ainsi, la zone du **VDNKh**, au nord, le parc d'**Izmaïlovo** et le domaine-palais de **Kouskovo** à l'est et, enfin, l'ancien palais de **Kolomenskoïé** au sud-est.

Histoire de Moscou

C'est en 1147 qu'apparaît la première mention écrite du nom de Moscou dans un document où le prince de Souzdal, Iouri Dolgorouki, invite un allié à une rencontre dans cette bourgade, probablement peuplée depuis des temps reculés, et constituée de cabanes de pêcheurs. Le lieu, à l'écart des routes d'invasions mongoles, doit paraître stratégique au prince, puisqu'il fait bâtir en 1156 sur une éminence dominant la rive gauche de la Moskova une forteresse *(kreml)* entourée d'une palissade de bois.

LA HORDE D'OR

Mais Moscou n'allait pas rester longtemps à l'écart des appétits des Mongols (ou **Tatars**). En 1238, la bourgade est mise à sac et incendiée par **Batu Khan**. Pendant deux siècles et demi, les Tatars de la **Horde d'Or** vont peser sur l'histoire de la cité qui doit leur rendre tribut. Cette présence n'empêche pas la cité de se développer et d'acquérir peu à peu une certaine autonomie.

Déjà, en 1263, **Alexandre Nevski**, grand-prince de Novgorod et de Vladimir, avait légué Moscou à son fils cadet **Daniel Alexandrovitch** qui fonde la principauté de Moscovie.

Arrivé au pouvoir en 1325, le fils de Daniel, **Ivan Ier**, obtient des Tatars le titre de grand-prince et triple la superficie de la principauté. Il reçoit en outre le droit de prélever lui-même le tribut dû aux Mongols : d'où son surnom de **Kalita** (« L'Escarcelle »). Sous son règne, un nouveau *kreml*, toujours en bois, est érigé (1331), cinq ans après que le métropolite Pierre, chef de l'Église orthodoxe russe qui avait dû fuir Kiev pour Vladimir, ne s'installe à Moscou qui devient alors le centre religieux de la Russie. C'est sous la direction d'Ivan Kalita que naît et se développe le faubourg de Kitaï-Gorod aux portes du Kremlin, tandis que les premières cathédrales font leur apparition dans l'enceinte de la forteresse. En 1340, lorsque Ivan meurt, Moscou est à la tête d'une principauté prospère qui ne compte pas moins de cent villes sous sa juridiction. Des monastères fortifiés s'établissent alors aux portes de la ville.

Malgré la menace mongole, les épidémies, les incendies incessants qui ravagent la ville en bois, la principauté continue à se développer dans les décennies suivantes. Le grand-prince **Dimitri IV**, suite à un sinistre ayant détruit l'enceinte en bois de chêne de sa forteresse (1363), la fait reconstruire en pierre blanche. C'est ce prince à qui sa victoire sur les Tatars à Koulikovo, sur les rives du Don (1380), vaut le surnom de **Donskoï**. Mais ce répit est de courte durée : dès 1382, les Tatars reprennent la ville. Cependant, l'expansion économique se poursuit et, en 1425, Moscou contrôle les principautés de Souzdal et Nijnii-Novgorod ainsi que le commerce de la Volga.

Cathédrale du St-Sauveur du monastère Andronikov.

LA TROISIÈME ROME

En 1472, le grand-prince **Ivan III** épouse **Sophie Paléologue**, nièce du dernier empereur de Byzance : Moscou devient ainsi l'héritière de Constantinople passée sous le joug ottoman, et se proclame « la troisième Rome » : les grands-princes puis les tsars n'auront de cesse de rappeler la légitimité de cette filiation.

Mais le règne d'Ivan III, dit **Ivan le Grand**, ne se limite pas à cela : entre 1462 et 1505, il réussit à unifier à peu près tout le nord du territoire russe sous sa souveraineté et annexe Novgorod, ce qui le conduit à refuser de payer le tribut au khan. Cet acte de rébellion marque la fin de la suzeraineté mongole. Pour s'en assurer, le grand-prince convoque à sa cour des architectes italiens qui édifient les murailles de briques du Kremlin sur le tracé que nous leur connaissons. C'est alors qu'apparaît ce qui demeure la place Rouge : toutes les maisons qui se trouvaient à cet emplacement sont détruites, et tout étal y est désormais interdit, afin de dégager un vaste espace à but défensif sur le côté du Kremlin qu'aucun cours d'eau ne protège.

Celles du quartier de Kitaï-Gorod seront quant à elles édifiées autour de 1520, toujours par un Italien, sous **Vassili III** ; c'est à cette époque qu'apparaît l'aristocratie des **boyards**, descendants des princes dépouillés de leurs possessions au cours des décennies précédentes.

Cathédrales de la Dormition et de l'Annonciation au Kremlin, monastère de Novodievitchi et vestiges des murailles de Kitaï-Gorod près de l'hôtel Metropol.

Au temps du Terrible

L'œuvre des princes précédents sera parachevée par **Ivan IV le Terrible**, qui succède à son père en 1533 et règne jusqu'en 1584. Les querelles de succession qui ont marqué sa tendre enfance incitent le grand-prince à écraser les boyards en développant une nouvelle noblesse, avec le corps des *opritchniki*, hauts fonctionnaires récompensés de leurs bons et loyaux

Les dates clés de Moscou

1147 – Première mention de Moscou dans une lettre du prince Iouri Dolgorouki.
1238 – Prise de Moscou par les Tatars (Mongols) de Batu Khan.
1263 – Fondation de la principauté de Moscovie par le prince Daniel Alexandrovitch.
1326 – Moscou devient la capitale de l'Église russe.
1485-1495 – Reconstruction du Kremlin par des architectes italiens.
1552 – La prise de Kazan par Ivan IV écarte définitivement la menace mongole.
1609-1612 – Moscou aux mains des Polonais.
1712 – Pierre le Grand transfère la capitale à St-Pétersbourg.
1812 – Occupation napoléonienne suivie du grand incendie qui détruit en grande partie la cité.
1918 – Moscou redevient capitale.
1935 – Plan général pour la reconstruction de Moscou et inauguration de la 1re ligne de métro.
1980 – Jeux Olympiques de Moscou boycottés par les Américains.
1992 – Élection de Iouri Loujkov à la mairie de Moscou.

services par l'attribution de terres. Mais, surtout, il ouvre la capitale au commerce international en attribuant un monopole aux Anglais, prend le titre de tsar en 1547 et célèbre la prise de Kazan, qui agrandit le territoire russe et chasse les derniers Tatars d'Europe, en faisant construite la cathédrale de Basile-le-Bienheureux.

Moscou se compose alors de quatre quartiers : le Kremlin et Kitaï-Gorod ; tout autour, Biely Gorod, la « ville Blanche » aux maisons en pierre où vit la noblesse ; et enfin, Zemlianoï-Gorod, la « ville de terre » ainsi nommée à cause de ses remparts élevés à la fin du 16e s. L'ensemble compte plus de 100 000 habitants... et une imprimerie, la première de Russie, créée en 1564 par **Ivan Fedorov**.

La cathédrale de Basile-le-Bienheureux, l'ancien hôtel des Anglais de la rue Varvarka.

DE QUERELLE EN QUERELLE

Mais la mort d'Ivan le Terrible sans héritier valide déclenche une série de querelles dynastiques *(voir p. 46)* et voit accéder au pouvoir **Boris Godounov** (qui fait édifier des remparts de briques autour de la « ville Blanche ») puis, à la mort de celui-ci, le « faux **Dimitri** », le tout dans une grande abondance de massacres, ce dont profitent Suédois et Polonais pour envahir le pays : ces derniers occupent Moscou qui subit quelques pillages et destructions. L'affaire se conclut par le soulèvement de **Minine** et **Pojarski**, la mise à mort de **Dimitri II** et l'élection au trône en 1612 de **Michel Romanov**, premier tsar d'une nouvelle dynastie.

Monument à Minine et Pojarski sur la place Rouge, Maison des boyards Romanov (rue Varvarka).

Les premiers Romanov

Moscou continue de croître sous les deux premiers tsars Romanov : en 1650, on n'y comptait pas moins de 2 000 églises, sans oublier les monastères. Les faubourgs s'étendent, notamment au nord de la ville surtout après l'oukase de 1652 qui interdit aux étrangers de résider à l'intérieur des remparts de la « ville de terre », et les corporations se dotent d'églises, construites à partir de 1650 selon un nouveau style connu sous le nom de « baroque Narychkine », du nom de la famille maternelle du tsar Alexeï Mikhaïlovitch. Celui-ci se fait bâtir dans son domaine de Kolomenskoïé un fabuleux palais de bois.

Mais à partir de 1676 la succession est à nouveau marquée par des troubles : règnes éphémères et régence alternent, sur fond de rivalité entre deux familles, les Narychkine et les Lopoukhine. Cette agitation est agrémentée de sanglantes révoltes, dont celle des Streltsy, ces archers d'élite qui sont impitoyablement massacrés, sans oublier le fameux schisme (« raskol ») provoqué par les vieux-croyants. Sophie, régente vaincue, est enfermée par son demi-frère Pierre à Novodievitchi.

Le monastère Donskoï, le domaine de Kolomenskoïé, les églises St-Nicolas-des-Tisserands, St-Grégoire-de-Néocésarée et de la Dormition-de-Poutinki.

UNE VILLE DE PROVINCE

En 1712, la cité perd (et pour plus de deux siècles) son rôle de capitale suite à la fondation de St-Pétersbourg par **Pierre le Grand**. Moscou est alors dirigée par un gouverneur dont le palais, rue Tverskaïa, abrite aujourd'hui la mairie de Moscou.

La ville trouve alors une vie plus paisible, sauf lors des cérémonies de couronnement qui ont toujours lieu au Kremlin. Elle ne subit cependant pas de changements notables, d'autant que par un oukase du tsar il est interdit de construire en pierre ailleurs qu'à Pétersbourg… Cependant, la vie intellectuelle y est animée : au premier théâtre public ouvert en 1702 succèdent l'imprimerie laïque et la première bibliothèque publique, la première université, fondée par **Mikhaïl Lomonossov**, est installée sur la place Rouge en 1755.

Tour de Menchikov de l'église de l'Archange-Gabriel.

Mais en juin 1812, Moscou est rattrapée par l'histoire. **Napoléon Ier** s'empare sans opposition d'une cité vidée de ses habitants. En septembre, l'incendie de la ville le contraint à quitter les lieux : quatre jours suffisent pour détruire aux deux tiers l'ancienne capitale essentiellement construite en bois, et pour gravement endommager le Kremlin. Pour l'Empereur français, c'est le début de la fin ; pour la cité endolorie, vient l'heure de la reconstruction.

À partir de 1815, celle-ci est menée à bien sous l'égide d'architectes dont le plus connu est **Ossip Bové**, dans le style « Empire » ; des aménagements urbains sont conduits, avec l'aménagement du jardin Alexandre, et le percement d'axes en lieu et place de cet hémicycle vide voulu par Ivan III pour protéger le Kremlin contre les incendies : il s'agit de cette enfilade de places allant du Manège à la place Slavianskaïa par Teatralnaïa et la Loubianka. Des rues sont aménagées et dotées d'hôtels particuliers comme la rue Pretchistenka. Les remparts de la « ville de terre » cèdent la place entre 1820 et 1830 à la **Ceinture des Jardins**, ainsi nommée car l'aménagement de jardins fut ordonné aux riverains. Ceux de la « ville Blanche », en partie démantelés depuis belle lurette, doivent laisser la place à la « ceinture des boulevards ».

Hôtels particuliers de la rue Pretchistenka et de Zamoskvorietchié, place Teatralnaïa avec le Bolchoï.

Accident ou stratégie ?

Nul ne sait très exactement les causes de l'incendie qui ravagea la cité et obligea l'Empereur français à la terrible retraite de Russie. Pour les uns, le feu, et bien qu'il s'en soit défendu, aurait été déclenché sur ordre du gouverneur de la ville, le comte Rostopchine (les boyards qui virent partir en fumée leurs hôtels particuliers lui en tinrent rigueur, ce qui peut se comprendre !). D'autres y voient une conséquence accidentelle du pillage par les soudards de la Grande Armée des maisons abandonnées. Certains, enfin, y virent la main de la Providence…

LES TEMPS MODERNES

Si le pouvoir politique et l'intelligentsia sont toujours à St-Pétersbourg, Moscou est devenue le grand centre industriel du pays. L'inauguration en 1851 de la ligne de chemin de fer St-Pétersbourg-Moscou lui restitue son rôle de centre d'échanges et de communications. Le textile et la métallurgie se développent, attirant une population nouvelle : la ville qui compte 360 000 habitants en 1860 atteint le million un quart de siècle plus tard, près de deux millions en octobre 1917, et de nombreux immeubles de rapport sont édifiés. Par ailleurs, les rois de l'industrie font bâtir des hôtels particuliers dans les styles en vogue : à ce qu'on a appelé le style « néorusse », variante locale de l'éclectisme reprenant et conjuguant à l'infini les motifs décoratifs de l'art russe traditionnel succèdent les ondulations de l'Art nouveau.

La ville se modernise : les principales artères du centre sont éclairées au gaz en 1867, la première ligne de tramway est inaugurée en 1895 : les rames arriveront sur la place Rouge au début du 20e s. Bientôt, on construit, face au Kremlin, les galeries marchandes qui deviendront le légendaire GOUM. Sur Tverskaïa, l'épicerie de luxe Elisseïev ouvre ses portes.

Mais l'agitation sociale et politique accompagne ce développement économique. La première manifestation politique qu'ait connue la ville démarre en 1901 de l'université. En 1905, se tient la réunion du premier soviet municipal. Une grève générale lancée en décembre est impitoyablement réprimée : il y a bientôt des victimes par milliers. Si la révolution de 1917 a lieu pour l'essentiel à St-Pétersbourg, les bolcheviks moscovites ne sont pas en reste : le 27 octobre, **Evgueni Sapounov** conduit quatre détachements en direction du Kremlin : les combats font rage autour de l'actuel musée d'Histoire. Sapounov est tué mais les insurgés parviennent à passer.

Le GOUM et le TsOUM, le magasin Elisseïev, la maison de Gorki, la résidence de l'ambassadeur de France.

P. Plantier / Michelin

La mairie de Moscou sur la rue Tverskaïa.

LA CAPITALE DE L'URSS

C'est le 12 mars 1918 que les bolcheviks transfèrent officiellement la capitale à Moscou.
Mais, si beaucoup de projets sont lancés par les nouveaux maîtres (en particulier par les architectes constructivistes), les difficultés remettent à plus tard les grands projets : c'est que la ville est sortie exsangue de la guerre civile et compte moins d'un million d'habitants en 1920. Entre-temps, Moscou est devenue en 1919 le siège du **Komintern** (IIIe Internationale), puis, en 1922, capitale d'une nouvelle entité politique, l'URSS.

Une ville nouvelle ?

Les débats font rage au début des années 1930 : allait-on faire table rase du passé pour bâtir la cité idéale, vitrine du socialisme, ou aménager l'existant ?
C'est en 1935, une fois le pouvoir de **Staline** définitivement consolidé, que cette question est tranchée, avec l'adoption du **Plan général pour la reconstruction de Moscou** : élargissement de voies (comme la rue Tverskaïa qui, au passage, perd nombre d'églises et de monastères, notamment en faisant glisser certains immeubles sur des rails), construction des premières lignes du métro, ainsi que de nombreux édifices publics qui mobilisent les énergies (y compris celles des prisonniers politiques utilisés comme main-d'œuvre bon marché sur les chantiers), le tout s'accompagnant de destructions (de nombreuses églises comme la cathédrale du Christ-Sauveur, la cathédrale Notre-Dame-de-Kazan, la porte de la Résurrection…) et de mutilations (par exemple du vieux quartier commerçant d'Okhotny Riad).
Constructions et projets se basent sur une esthétique « stalinienne », privilégiant le monumental et le pompeux : il s'agissait d'impressionner. C'est ainsi que la cathédrale du Christ-Sauveur devait laisser la place à un gigantesque palais des Soviets qui ambitionnait d'être l'immeuble le plus haut du monde, pour ne rien dire du ministère de l'Industrie lourde qui devait occuper l'emplacement du quartier de Zariadié, au bas de Kitaï-Gorod : différentes difficultés techniques ou autres font renoncer à ces projets, la guerre se chargeant de les arrêter définitivement.
Lors de la grande guerre patriotique, Moscou est assiégée par les troupes allemandes le 6 octobre 1941 : la place Rouge avait été « camouflée » et dotée de rues et de maisons d'habitations factices, et une partie de la population évacuée. Cependant, dès le 6 décembre, l'armée Rouge desserrait l'étau et repoussait l'envahisseur des abords de la capitale.

Le mausolée de Lénine, le métro de Moscou, la maison du Télégraphe.

Un urbanisme particulier

En dépit des transformations subies lors de sa reconstruction, Moscou a mis du temps à prendre l'apparence de ville telle que nous la concevons : la cité est constituée de multiples villages serrés autour de leur église et l'habitat ne s'organise pas le long de rues mais de demeures dotées de jardins et de cours. Pour vous faire une idée de l'apparence et du charme de la ville au 19e s., regardez le tableau de **Vassili Polenov**, *Une petite cour à Moscou* (1878) exposé à la galerie Tretiakov : difficile d'y reconnaître l'Arbat !

L'après-guerre

Il faut reconstruire et c'est à partir de 1947 que l'on commence à édifier les sept gratte-ciel disposés autour de la « Ceinture des Jardins » et qui sont aujourd'hui indissociables du paysage urbain moscovite.

Les époques de **Khrouchtchev** et de **Brejnev** sont marquées par la priorité donnée à l'habitat dans une capitale à la croissance exponentielle. Il est vrai que ce domaine avait été plutôt négligé jusque-là, et les Moscovites se pressaient le plus souvent dans des appartements communautaires *(komounalka)*. D'innombrables ensembles d'immeubles, le plus souvent sans charme excessif, poussent en périphérie selon un plan d'urbanisme prévoyant la création de villes nouvelles disposées en « pétales de marguerite ». On aménage aussi de nouvelles voies, comme la perspective Kalinine (actuelle rue Novy Arbat), de 70 m de large, qui mutile le quartier de l'Arbat. Ce n'est pas le record : l'avenue de Leningrad fait quant à elle 120 m de large ! Quant à l'espace occupé jadis par le Christ-Sauveur, il est devenu une piscine de plein air…

En 1980, Moscou se modernise pour accueillir les jeux Olympiques… mais ceux-ci sont boycottés par les Américains en raison de l'intervention en Afghanistan.

Les gratte-ciel de l'hôtel Ukraine *et du ministère des Affaires étrangères, l'hôtel* Rossiia *(avant démolition).*

UNE VILLE EN CHANTIER

Après la chute du communisme, Moscou élit en 1992 son nouveau maire, **Iouri Loujkov**. Cet ancien *apparatchik* du régime défunt reconverti au libéralisme va se révéler un personnage charismatique, ce qui lui vaut d'être plusieurs fois réélu triomphalement.

La période est marquée par l'apparition du **terrorisme tchétchène** qui frappe la capitale par des attentats sanglants, comme celui du métro Pouchkine (2000) ou de la gare de Kazan (2004), ainsi que par la terrible prise d'otages du théâtre de la Doubrovka (octobre 2002). Ces évènements dramatiques n'empêchent pas la cité de se développer sous l'égide de l'édile et de son équipe.

Bien que contestée par certains pour des raisons diverses (favoritisme, corruption, mégalomanie…), la politique conduite par la municipalité permet d'atténuer pour la population moscovite le choc du passage au système libéral et d'éviter dans une certaine mesure le développement de la criminalité qu'on a pu observer ailleurs. Nombre de centres commerciaux, qui n'ont rien à envier à leurs homologues occidentaux, sont aménagés, comme celui d'Okhotny Riad à deux pas de la place Rouge, ou le Lotte Plaza au bout de la rue Novy Arbat, tandis que les griffes de luxe envahissent le centre de la capitale, notamment l'emblématique GOUM. En périphérie, ce sont d'immenses complexes où se succèdent les supermarchés, ce que symbolise l'ouverture d'une succursale du géant suédois de l'immobilier, Ikea.

Sur le plan architectural, la municipalité encourage la reconstruction à l'identique de bâtiments symboliques détruits sous le régime précédent : la **cathédrale du Christ-Sauveur**, la **porte de la Résurrection** donnant accès à la place Rouge et la **cathédrale Notre-Dame-de-Kazan**, notamment. L'érection du curieux **monument à Pierre le Grand** déclenche en revanche la polémique… de même que la frénésie à couvrir la ville de statues de célébrités : chanteurs de variété et footballeurs succèdent ainsi sur les ronds-points aux hiérarques du régime défunt, dont certains (Staline, le maréchal Joukov) sortent du « placard » sous des prétextes divers.

Les va-et-vient de la gloire

Si peu d'entre elles ont été véritablement déboulonnées par les Moscovites (à l'exception de celle de **Felix Dzerjinski** qui symbolisait trop la répression de l'ère soviétique), nombre de statues de hiérarques communistes ont rejoint le parc des Arts. Exception notable, **Lénine**, qui se dresse à plusieurs carrefours. **Staline**, quant à lui, avait disparu après le fameux rapport Khrouchtchev en 1956. Il revient petit à petit, honoré en sa qualité de chef suprême des armées (tout comme le **maréchal Joukov**) et arbore un sourire jovial dans le jardin de l'Ermitage à côté de Churchill et de Roosevelt. Même timidité pour les noms de rues, seules certaines voies du centre-ville ayant été débaptisées sans que l'on puisse dire en quoi **Maxime Gorki** ou **Mikhaïl Kalinine** ont plus démérité que d'autres. Quant au déménagement de Lénine de son mausolée de la place Rouge, il revient périodiquement à l'ordre du jour…

Les projets, cependant, se multiplient : sur l'île de la Moskova, dans le prolongement de la passerelle des Patriarches, une allée piétonne traverse un nouveau quartier dont la réalisation (prévue à la place de la légendaire manufacture « Chocolat Rouge ») est confiée à des architectes tels que **Jean-Michel Wilmotte**, **Jean Nouvel** et **Norman Foster**. Situé entre le zoo, la Maison Blanche et le 3e périphérique, le **quartier de Presnenski (Пресненский)** voit s'élever le « Manhattan » moscovite, **Moskva-City (Москва-Сити)**, constitué de quinze gratte-ciel disposés sur les deux rives de la Moskova que relie un pont piétonnier couvert, le pont Bagration (Мост Багратион). Dessinés par des architectes prestigieux comme le Britannique **Natal Enka**, auteur de la **tour Naberejbnaïa (Bachnia Naberejnoï/ Башня Набережной)**, certains immeubles sont déjà sortis de terre, comme la Tour Mercury qui culmine à 380 m. Mais c'est la Tour de Russie, constituée de trois branches, élevée par **Norman Foster**, qui devrait dominer l'ensemble : elle devrait être, lorsqu'elle sera livrée (en 2010) le plus haut immeuble d'Europe : haute de 600 m, elle comptera 118 étages occupés par des bureaux, des appartements et un hôtel.

Ce même Foster vient de faire approuver un projet gigantesque, « Crystal Island » dans le quartier de **Nagatino (Нагатино)** au sud-est de la capitale, non loin du parc de Kolomenskoïé : il s'agit d'une immense « tente » translucide (déjà surnommée le « tipi ») de 620 m de diamètre et de 500 m de haut qui abritera à l'horizon 2020 une véritable « ville couverte ». Par ailleurs, le groupe Eurasia City a pour projet de faire surgir de terre à l'horizon 2015 une ville satellite de 150 000 habitants, Konstantinovo, qui sera située près de l'aéroport de Domodedovo, et reliée au centre de la capitale grâce à une ligne ferroviaire à grande vitesse.

Amélioration du niveau de vie général oblige, les centres commerciaux poussent comme des champignons, du très haut de gamme et très excentré **Crocus** (où se tiennent nombre de salons internationaux), au **Centre européen (ТЦ Европейский)** proche de la gare de Kiev, en passant par **Chtchouka** dans le nord-ouest de la ville, immense centre comprenant magasins, salles de cinéma, points de restauration et animation permanente.

Reste à régler la question d'un équipement hôtelier notoirement insuffisant, notamment dans la gamme moyenne : la « désoviétisation » de l'hôtellerie a entraîné la destruction ou la fermeture temporaire de nombre d'hôtels traditionnels (*Moskva*, *Intourist*, *Mir*, *Ukraine*, *Rossiia*), quand ce n'est pas leur transformation en établissements de luxe. Parmi les cas emblématiques, citons l'hôtel *Rossiia* en contrebas de la place Rouge qui va laisser la place à un complexe de 410 000 m^2 comprenant un hôtel, des bureaux, un cinéma, un parking de 2 000 places et l'aménagement d'une sortie du métro, ou de l'hôtel *Ukraine* dont il est prévu de changer l'intérieur et le nom pour mieux répondre à son futur statut d'hôtel de luxe. Différents projets existent pour une clientèle moins fortunée, mais ils sont pour l'essentiel situés en périphérie.

Le monument à Pierre le Grand, la cathédrale du Christ-Sauveur, la porte de la Résurrection.

L'ancien hôtel Rossiïa aujourd'hui démoli, témoignage de ce qu'était l'hôtellerie moscovite il n'y a pas si longtemps.

ILS ONT FAIT MOSCOU

Qu'ils soient Moscovites de souche ou non, qu'ils aient contribué à l'aménagement de la capitale, qu'ils en aient fait le thème central de leur œuvre ou qu'ils l'aient incarné à un moment ou à un autre de son histoire, ces personnages sont indissociables de l'histoire de Moscou.

Mikhaïl Boulgakov (1891-1940) – Écrivain et dramaturge : deux de ses romans, publiés après sa mort, mettent Moscou en scène : l'extraordinaire *Le Maître et Marguerite* où réel et fantastique se mêlent et se répondent. Et le très drôle *Roman théâtral* faisant revivre l'effervescence de ce milieu.

Ossip Bové (1784-1834) – Architecte d'origine italienne, élève de Rossi. Représentant du style « Empire », il fut l'un des principaux artisans de la reconstruction de Moscou après l'incendie de 1812. On lui doit notamment le théâtre Bolchoï, la restauration de la place Rouge, etc.

Fiodor Chekhtel (1859-1926) – Architecte, l'un des principaux représentants de l'Art nouveau à Moscou. Ses réussites les plus connues : la gare de Iaroslavl et, surtout, la maison de Gorki dont l'escalier mérite à lui seul le détour...

Daniel Alexandrovitch (1261-1303) – Fils d'Alexandre Nevski, il reçoit en héritage en 1263 la Moscovie dont il devient le premier prince.

Dimitri Donskoï (1350-1389) – Grand-prince de Moscou. Sa victoire de Koulikovo sur les Tatars permet de desserrer un temps le joug mongol. C'est ce prince qui fit bâtir la première enceinte de pierre du Kremlin.

Alexeï Douchkine (1904-1977) – Cet architecte est l'un des artisans du métro de Moscou et le plus imaginatif d'entre eux, que ce soit dans le traitement des entrées de surface, comme dans celui des stations. On lui doit notamment la station Maïakovskaïa et le superbe décor en vitrail de la station Novoslobodskaïa.

Iouri Dolgorouki (1091-1157) – Prince de Souzdal, surnommé « Iouri aux Longs Bras », et fils de **Vladimir le Monomaque**. Selon la tradition, il aurait été en 1147 le fondateur de Moscou, bourgade où il aurait fait entreprendre la construction du premier Kremlin en 1156.

Ivan Ier Kalita (mort en 1340) – Prince de Moscou en 1325, il fait venir le métropolite Pierre de Vladimir jusqu'au Kremlin : Moscou devient la capitale religieuse de la Russie.

Ivan III le Grand (1440-1505) – Grand-prince en 1462, par son mariage avec la nièce de l'empereur byzantin, il fait de Moscou la « troisième Rome ». Repoussant les Tatars, il unifie la Russie sous la domination de Moscou et fait appel en 1485 à des architectes italiens qui élèvent le Kremlin de briques que nous connaissons aujourd'hui.

Ivan IV le Terrible (1530-1584) – Le premier tsar : Moscou lui doit la fabuleuse cathédrale Basile-le-Bienheureux élevée afin de célébrer la prise de Kazan.

Lénine (1870-1924) – Il est partout ! Que ce soit sous son patronyme, son surnom, ou sous le nom de la ville qu'on rebaptisa en son honneur, rues, avenues, stations de métro, grande bibliothèque, hôtels... tout honore ici Lénine. Si l'on ajoute, outre son mausolée, les statues, le réseau du métro dans son entier, et les plaques apposées sur la moindre maison dont il a franchi un jour le seuil, c'est un personnage toujours incontournable de la vie moscovite !

Mikhaïl Lomonossov (v. 1711-1765) – Savant et père de la langue moderne russe, il est le fondateur de l'université de Moscou.

Iouri Loujkov (1936-) – Maire de Moscou depuis 1992, triomphalement réélu à trois reprises au suffrage universel, puis en 2007 à un suffrage plus restreint. La reconstruction de monuments disparus (comme la cathédrale du Christ-Sauveur) et le réaménagement de quartiers font partie des réalisations d'une équipe municipale connue pour son volontarisme qui l'a poussé à créer, afin de lutter contre l'invasion des chaînes de restauration rapide étrangères, une concurrente où l'on ne mange que russe ! Certaines initiatives alimentent la polémique, notamment les nombreuses statues ornant les rues de la capitale : le monument à Pierre le Grand a été l'objet de bien des controverses...

Vladimir Maïakovski (1893-1930) – Jeune poète lié aux futuristes, il fut l'un des personnages emblématiques de la bohème artistique des années 1910. Militant communiste, il se jeta à corps perdu dans l'aventure révolutionnaire, créant le concept de « poésie de journal », puis fondant en 1923 le groupe Le Front gauche de l'Art. Vous pourrez visiter à Moscou le superbe musée qui a été aménagé dans l'immeuble où il vivait, et aller rendre un dernier hommage au trublion de la révolution au cimetière de Novodievitchi.

Savva Mamontov (1841-1918) – Entrepreneur et mécène, il réunit autour de lui dans sa propriété d'Abramtsevo de jeunes artistes aussi différents que Viktor Vasnetsov, Ilia Repine, Vassili Polenov ou Mikhaïl Vroubel. C'est également le maître d'œuvre du légendaire hôtel *Metropol*.

Boulat Okoudjava (1924-1997) – Surnommé (en France) le « Brassens soviétique », écrivain, auteur, compositeur et interprète (*Moscou la nuit*, *Le Soldat en papier*, *Le Dernier Trolleybus*), ce petit homme qui s'éteignit à l'hôpital de Clamart est devenu le symbole du quartier qu'il aimait par-dessus tout, l'Arbat.

P. Plantier / Michelin

Boulat Okoudjava, vu par G. Frangoulian.

Alexandre Ostrovski (1823-1886) – Le nom de ce dramaturge est intimement lié au théâtre Maly où furent créées la majeure partie de ses pièces et devant lequel figure sa statue. On peut également visiter sa demeure à Zamoskvorietchié, cadre de nombre de ses pièces.

Petrok le jeune (16ᵉ s.) – Cet architecte italien éleva le rempart du quartier de Kitaï-Gorod. Mais il reste surtout le concepteur de l'église de Kolomenskoïé, souvent imitée et qui marque un tournant dans l'architecture religieuse russe.

Philotée (15ᵉ s.) – Moine de Pskov à qui l'on doit la phrase : « Deux Rome sont tombées, la troisième se dresse, et de quatrième il ne peut y en avoir. »

Andreï Roublev (v. 1360-1430) – Canonisé en 1988, le plus célèbre des peintres d'icônes russes a travaillé au Kremlin et à Serguiev Possad. Il a terminé sa vie comme moine au monastère Andronikov où il serait enterré.

Joseph Staline (1879-1953) – Une fois qu'il eût consolidé son pouvoir, le « petit père des peuples » a marqué Moscou de son empreinte, tant par ses destructions (du Christ-Sauveur à la cathédrale de Kazan) que par les constructions qu'il décida : parmi les plus représentatives, le **métro** de Moscou dont il choisit lui-même la décoration et les **sept gratte-ciel** qui ponctuent la cité, témoignages d'un goût pour le monumental qui, finalement, n'a pas si mal vieilli.

Dimitri Tchetchouline (1901-1981) – Architecte adepte du gigantisme. On lui doit l'ensemble de la place Trioumfalnaïa, l'hôtel *Rossiia*, la « Maison Blanche » et quelques stations de métro. En outre, architecte général de la ville de 1945 à 1949, il a supervisé l'aménagement des grandes routes radiales ainsi que des espaces verts de la capitale.

Léon Tolstoï (1828-1910) – Le patriarche de la littérature russe délaissait chaque hiver son domaine de Iasnaïa Poliana pour vivre à Moscou dans l'isba qu'il s'était fait construire dans la rue qui porte aujourd'hui son nom. Outre cette demeure où l'écrivain et sa famille semblent toujours présents, la carrière littéraire de Tolstoï est évoquée dans le musée qui lui est consacré rue Pretchistenka. Enfin, la capitale apparaît dans de nombreux passages d'*Anna Karenine* et de *Guerre et Paix*.

Konstantin Ton (1794-1881) – Architecte préféré du tsar Nicolas Iᵉʳ, adepte d'un retour à la tradition nationale connu comme style « néorusse ». Il est l'auteur entre autres de la cathédrale du Christ-Sauveur, projet sur lequel il travailla plus de cinquante ans, du palais présidentiel et du palais des Armures du Kremlin, et de la gare de Leningrad dans laquelle il employa les techniques les plus modernes de l'époque en utilisant une structure de métal dissimulée sous une apparence néoclassique.

Pavel Tretiakov (1832-1898) – Industriel du textile et mécène, infatigable collectionneur à qui Moscou doit la fabuleuse galerie qui porte son nom, ainsi que le passage Tretiakov.

Les frères Vasnetsov – Appolinari et Viktor, tous deux peintres, étaient des amoureux impénitents de leur ville. Leurs recherches historiques ont permis à Appolinari (1856-1933) de réaliser des tableaux représentant Moscou aux temps anciens. Quant à Viktor (1848-1926), son goût pour l'architecture l'a conduit a construire une étonnante isba et à dessiner la façade de la galerie Tretiakov.

Vladimir Vyssotski (1938-1980) – Acteur au théâtre de la Taganka et chanteur contestataire, un des représentants les plus connus de l'underground moscovite des années Brejnev.

Art et culture

Un haut lieu de la culture : c'est ainsi qu'apparaît Moscou avec ses innombrables théâtres et son architecture reflétant plusieurs styles et époques. Jusqu'au début du 15e s., on y construit en bois : avec talent, si l'on en juge par les gravures anciennes, d'autant que ce matériau offre une belle liberté aux concepteurs. Mais il n'en reste rien, incendies obligent...

L'ARCHITECTURE À MOSCOU

C'est après 1480 qu'Ivan III le Grand fait appel à des architectes italiens souvent surnommés « Friazine » *(L'Étranger)* pour édifier le Kremlin et ses cathédrales, introduisant ainsi du même coup des éléments de la Renaissance italienne en Russie. Un autre Italien, **Petrok le Jeune**, marque la capitale russe, non seulement pour avoir édifié le rempart de Kitaï-Gorod (vers 1538), mais surtout pour avoir construit l'église-clocher de l'Ascension au domaine de Kolomenskoïé. Ce type de **clocher pyramidal pointu**, héritage du style gothique, va dès lors se multiplier dans la capitale.

Le palais à Facettes et les cathédrales du Kremlin, l'église de l'Ascension de Kolomenskoïé.

Vingt ans plus tard, la cathédrale Basile-le-Bienheureux, exemple de **style fleuri**, offre à ses architectes l'occasion de se livrer sans retenue à leur goût pour le décor en dépit des rappels du patriarcat à plus de sobriété. C'est lui qui va imposer une nouvelle norme, celle des églises à cinq dômes dépourvues de sculptures ; flanquées d'un clocher et d'une avant-nef, elles sont dotées de chapelles latérales pour répondre à un dogme interdisant de célébrer l'office plus d'une fois par jour sur le même autel. Avantage annexe : certaines de ces chapelles (souvent installées dans l'avant-nef) peuvent être chauffées, chose bien utile en plein hiver !

Vers 1680 apparaît un nouveau type d'églises qui prendra le nom de « **baroque Narychkine** » en référence à une noble famille moscovite : elles sont composées d'un prisme cubique soutenant plusieurs prismes octogonaux superposés de taille décroissante.

La cathédrale Basile-le-Bienheureux, églises St-Nicolas-des-Tisserands, St-Grégoire-de-Néocésarée.

Le début du 18e s., avec le transfert de la capitale à Pétersbourg et l'interdiction temporaire de construire en pierre, n'est guère propice à l'architecture moscovite et le baroque est pratiquement absent de la capitale. La création vers 1750 par le prince **Dimitri Oukhtomski** d'une école d'architectes, et l'apparition de **Vassili Bajenov** puis de **Matveï Kazakov** donne à la ville un **style classique** qui va s'imposer à partir de 1775 dans les palais édifiés par la noblesse. L'incendie de 1812 va imposer la reconstruction d'une grande partie de la cité : ce sera le **style Empire moscovite**, d'un strict néoclassicisme où l'on voit apparaître sur les hôtels particuliers des frises et moulures préfabriquées. Parmi les architectes qui se distinguent dans cette période, **Ossip Bové** est le plus connu.

La tour Menchikov, rare exemple de baroque à Moscou – le palais de Kouskovo, représentant du classicisme –, le théâtre du Bolchoï et le Manège, exemples du style « Empire ».

Mais l'émergence d'une bourgeoisie industrielle et le développement du commerce entraînent des besoins nouveaux : l'historicisme, combinant tous les styles « néo », et sa variante locale « **néorusse** » sont alors à la mode : le grand homme du temps est **Konstantin Ton** qui consacre sa vie à la cathédrale du Christ-Sauveur. Bientôt lui succède l'Art nouveau avec notamment **Fiodor Chekhtel** et **Lev Kekouchev**.

Pour le « néorusse », le GOUM, le Musée national d'Histoire et la résidence de l'ambassadeur de France. Pour l'éclectisme, le magasin du TsOUM. Pour l'Art nouveau, la maison-musée Maxime Gorki.

C'est dans le bouillonnement artistique et intellectuel des années 1920, créé en particulier autour de la revue *Lef* dirigée par **Maïakovski** que naît le **constructivisme**. Enflammés par la révolution, les artistes abandonnent la peinture pour se vouer à « l'art utile ». Quelques réalisations de **Konstantin Melnikov**, **Moïsseï Guinzbourg** ou **Alexeï Chtchoussev** verront le jour.

Maison Melnikov dans l'Arbat, mausolée de Lénine.

Le reflet des tensions

Au milieu du 19e s. l'intelligentsia était partagée entre slavophiles, partisans du retour à la tradition nationale (Dostoïevski en était un représentant) et occidentaux, désireux de s'ouvrir davantage aux influences européennes. Le style néorusse puisant dans le répertoire décoratif de la Vieille Russie est la traduction architecturale du courant slavophile.

Mais ce foisonnement se heurte à la réalité et celle-ci aura pour nom « réalisme socialiste » qui frappe dans tous les domaines de la création. En architecture, il s'efface devant le goût du pompeux et du monumental imposé par Staline avec un retour aux formes d'autrefois : cela ne va pas sans réussites comme les stations du métro (1935) ou les sept gratte-ciel érigés après la guerre

Les stations de métro Plochtchad Revolioutsii et Novoslobodskaïa, l'hôtel Ukraine et le ministère des Affaires étrangères.

Après 1953, un nouveau plan d'urbanisme est suivi d'un retour à des constructions plus économiques, le tout s'accompagnant d'une rationalisation qui se traduit par la création de complexes spécialisés : les constructions préfabriquées en usine qui se multiplient alors manquent singulièrement de fantaisie. À cela s'ajoutent des travaux d'urbanisme regrettables, comme la désolante trouée de la perspective Kalinine au cœur de l'Arbat. Puis, à l'époque de Brejnev, l'architecture internationale va s'imposer avec ses tours de verre qui pourraient se situer partout ailleurs sur le globe. Quelques réussites cependant sont à noter.

Les bouleversements démocratiques de 1991 se traduisent par la reconstruction à l'identique de monuments détruits sous le régime précédent. Témoignant du retour spectaculaire de la foi, nombre d'églises rendues au culte sont restaurées, tandis que d'autres surgissent de terre. Certaines constructions nouvelles témoignent d'une recherche, comme la maison de la Musique, édifiée en 2002 à la pointe de l'île de la Moskova par l'architecte **Iouri Gnedovski**. Quant aux bâtiments élevés pour les « **nouveaux Russes** », avec leurs marbres et leurs colonnades, ils rivalisent dans une esthétique kitsch.

P. Plantier / Michelin

L'Homme nouveau ?

Les gratte-ciel de Moscou

Ils sont sept comme les nains du conte ou les péchés capitaux et leur silhouette est inséparable du paysage moscovite. Qu'il s'agisse d'immeubles à usage d'habitation réservés aux privilégiés du régime, comme au quai des Chaudronniers ou place Lermontov, d'hôtels *(Ukraine, Leningradskaïa)* ou d'administrations (le ministère des Affaires étrangères, l'université), semblables et cependant différents, ces gratte-ciel restent le symbole d'une architecture du monumental sans le moindre complexe.

Le monument des Cosmonautes, la maison de la Musique, la cathédrale du Christ-Sauveur.

VIE ARTISTIQUE ET CULTURELLE

Comme on peut l'imaginer, c'est dans les monastères établis aux alentours immédiats de Moscou que naquit et se développa au 15ᵉ s. un art moscovite avec les peintres **Théophane le Grec**, **Andreï Roublev** et son disciple **Dionissi**. Ces lieux saints concentraient également la vie intellectuelle et les arts décoratifs, en particulier l'orfèvrerie. Sous Ivan III, la cité devient un intense foyer culturel. **Ivan Fedorov** fonde en 1560 la première imprimerie russe rue Nikolskaïa. Au 17ᵉ s. s'ouvre l'Académie slavo-gréco-latine. Le tsar héberge au Kremlin des peintres d'icônes (comme **Simon Ouchakov**) et les artisans des ateliers du palais des Armures permettent aux Arts décoratifs d'atteindre leur apogée.

Bien que Moscou ait dû abandonner le rôle de capitale en 1712, l'activité intellectuelle ne faiblit pas : un théâtre puis une bibliothèque publique voient le jour sur la place Rouge, et c'est bientôt la première université créée par Mikhaïl **Lomonossov**. En 1776, la troupe de ballets fondée par le comte Ouroussov se voit attribuer un théâtre, l'ancêtre du Bolchoï. **Fiodor Rokotov** tire le portrait de la noblesse du temps.

Au tournant du siècle, nombre d'écrivains et de publicistes animent la ville qui reste la capitale de cœur : si les enjeux du pouvoir sont à Pétersbourg, la vie théâtrale et musicale de l'ancienne capitale est intense. On y vient pour s'amuser et pour prendre femme.

Les ballets et les opéras du Bolchoï, et les pièces d'**Alexandre Ostrovski** attirent la foule au théâtre Maly. Après **Pouchkine**, **Lermontov**, **Herzen** puis **Tolstoï** et **Tchekhov** réunissent autour d'eux les principaux créateurs du temps, comme **Tchaïkovski** ou le peintre **Repine**. Des mécènes font de même : **Tretiakov** avec les **Ambulants**, **Mamontov** avec les peintres réunis autour de son domaine d'**Abramtsevo** participent à ce bouillonnement créateur. D'autres s'intéressent à ce qui se passe hors des frontières : **Morozov** et **Chtchoukine** achètent sans compter et font connaître aux Moscovites Monet et les impressionnistes, Cézanne, Gauguin, Matisse, Picasso et les cubistes. **Stanislavski** et **Nemirovitch-Dantchenko** fondent le Théâtre d'art (MKhAT) et révolutionnent le théâtre par leurs mises en scène de Tchekhov.

Bouillonnement créateur – Poète mais aussi affichiste, acteur, cinéaste et propagandiste, **Maïakovski** symbolise un bouillonnement artistico-littéraire encouragé par le commissaire à la culture **Lounatcharski**. Les mouvements fleurissent : acméisme (Mandelstam, Akhmatova), futurisme, imaginisme (Essenine)... Au théâtre, **Vsevolod Meyerhold**, ancien acteur au Théâtre d'art, emprunte à tout ce qui l'entoure, du nô au jazz en passant par Chaplin et la biomécanique et affirme le rejet du naturalisme et du psychologisme. L'art explose dans toutes les directions avec les peintres du **Valet de Carreau**... Un jeune cinéma s'affirme.

La reprise en main – Mais tout cela n'a qu'un temps : après 1925, les créateurs d'avant-garde ont le choix entre l'exil (Kandinski, Chagall, Larionov, Gontcharova), le silence (Malevitch) ou le reniement (Kontchalovski). Certains se suicident. D'autres sont déportés (Mandelstam) ou fusillés (Meyerhold). De toutes-puissantes « unions » régissent écrivains, peintres, architectes. **Gorki** est érigé en *pater familias* de la littérature et dirige l'Union des écrivains qui marque désormais la norme. D'autres, moins talentueux, lui succèdent, et trient le bon grain de l'ivraie, chassant avec des mines d'inquisiteurs toute trace de formalisme et d'esthétisme, en application des normes fixées par **Jdanov**. Certains sont alternativement victimes de la censure et sujets à une étrange bienveillance : c'est le cas du cinéaste **Eisenstein** ou du romancier **Boulgakov**, tous deux admirés par Staline. Autre « ami » du dictateur, l'écrivain **Ilia Ehrenbourg** s'autoproclame correspondant des *Izvestia* en Occident, exil qui lui permet d'échapper aux purges.

Dégel et underground – Le rapport de Khrouchtchev sur les crimes de Staline soulève un immense espoir : c'est l'époque où **Evgueni Evtouchenko** déclame ses poèmes reflétant l'aspiration de la jeunesse à la liberté devant des foules en délire. Novy Mir publie enfin **Soljenitsyne**. Les tableaux des impressionnistes sortent en 1954 des réserves du musée Pouchkine, les peintres osent présenter des œuvres abstraites, tandis que les statues du tyran défunt sont déboulonnées et que son corps est déplacé du mausolée qu'il partageait avec Lénine pour être inhumé au pied des remparts du Kremlin.

Mais l'art officiel, bien que cherchant à renouveler ses formes et ses thèmes, tient toujours le haut du pavé. Faute d'espace où s'exprimer, nombre de créateurs évoluent dans l'underground moscovite où ils doivent composer avec la censure : c'est le cas de **Iouri Lioubimov**, qui fait courir tout Moscou au théâtre de la Taganka, d'**Anatoli Vassiliev**, dont les mises en scène jouées dans des appartements font date, des chanteurs-poètes **Vladimir Vyssotski** et **Boulat Okoudjava**, dont les enregistrements se diffusent sous le manteau, d'écrivains comme **Vassili Axionov**, contraint à l'exil et déchu de sa nationalité en 1981, tandis que d'autres recourent au « samizdat » pour faire lire leurs œuvres. Quant aux artistes, ils multiplient les happenings, les performances et les accrochages dans des galeries clandestines. Cette période de créativité à la lisière de la dissidence prend fin avec la perestroïka...

Aujourd'hui – Les choses bougent sous l'égide notamment d'**Olga Sviblova**, directrice du **Centre de la photographie** de la rue Ostojenka, du **Centre national d'Art contemporain** de la rue Zoologuitcheskaïa *(M° Barrikadnaïa)* dirigé par **Leonid Bajanov** et de **Winzavod**, le nouveau centre d'art contemporain ouvert en 2007 dans des bâtiments industriels du quartier Syromiatniki *(M° Kourskaya)*. Une foire d'art contemporain se tient tous les ans au Manège, tandis que dans l'île de la Moskova, la légendaire fabrique de chocolats *Octobre rouge* pourrait devenir un lieu d'expositions. L'émergence d'immenses fortunes s'accompagne de celle de nouveaux collectionneurs renouant avec la tradition d'autrefois et réunis dans un club : c'est ainsi que **Dimitri Kovalenko** prolonge l'œuvre de **Tretiakov** en tentant de réunir une collection exhaustive d'art contemporain russe.

Symboles d'une ville

LE MÉTRO

Un palais pour le peuple

Le luxe décoratif de ses stations fait du métro de Moscou une curiosité à part entière. Il faut dire que le régime soviétique le conçut entre 1931 et 1935, en dehors de son aspect purement utilitaire, comme une vitrine des réussites du socialisme. Il n'a pas lésiné sur les moyens, mobilisant les plus grands architectes et artistes du temps, ainsi qu'une main-d'œuvre considérable de volontaires, ouvriers, soldats de l'armée Rouge ou membres des Komsomols (Jeunesses communistes) afin de mener à bien ce projet.

Un premier projet auquel il ne fut pas donné suite avait été conçu au début du 20e s. Celui qui mobilisa les forces vives de la nation s'appuyait sur le plan général d'urbanisme en adaptant sous terre le schéma général de la ville : ainsi, la ligne circulaire Koltsevaïa (la ceinture) joue le rôle distributeur de la Ceinture des Jardins, car toutes les lignes, conduisant au centre de la capitale, possèdent des correspondances avec cette ligne.

Au terme d'un effort gigantesque, la ligne 1 fut inaugurée le 15 mai 1935 entre Park Koultoury et Sokolniki sur près de 11 km : à la veille de la guerre, le réseau comptait 22 stations (souvent profondément enterrées pour servir d'abris en cas de guerre)… et plus de 200 aujourd'hui. Mais ce qui frappe avant tout le visiteur, c'est le faste décoratif avec lequel ont été élaborées les stations, les plus anciennes étant conçues à une époque où aux recherches du constructivisme désormais en disgrâce se substituait un retour aux canons de l'architecture classique. Il fut alors décidé que les thèmes décoratifs seraient liés au nom de la station ou au paysage urbain de surface, et cette tendance s'est poursuivie jusqu'à nos jours.

C. Brett / MICHELIN

Les vitraux de Novoslobodskaïa.

Plusieurs époques

Ce luxe décoratif dans la conception des stations s'accompagnait de recherches architecturales impliquant le recours aux voûtes qui avaient alors disparu du répertoire des architectes, et d'un traitement soigné des entrées de surface, parfois conçues comme des pavillons. Cette tendance se poursuivit jusqu'en 1955, après la mort de Staline ; un décret du Parti, l'obligea à céder la place à un nouveau modèle, celui de l'industrialisation et de la préfabrication visant à réduire les coûts… et interdisant de ce fait toute originalité. La chose toutefois n'eut qu'un temps, puisque dans les stations créées après 1980 tel Sevastopolskaïa ou Toulskaïa, les éléments décoratifs ont retrouvé droit de cité.

Balade souterraine

Parmi les stations les plus somptueuses, il faut citer, sur la ligne circulaire, **Kievskaïa**, évoquant l'Ukraine, **Belorousskaïa**, dont le décor en céramique colorée rend hommage à la richesse agricole de la Biélorussie ; et que dire de **Komsomolskaïa**, réalisée par **Alexeï Chtchoussev**, tout en marbre et en stucs rappelant quelque palais impérial avec sa « salle des victoires » exaltant l'armée Rouge.

Des statues de bronze d'énergiques partisans en armes, soldats, paysans, ouvriers vous accueillent sous les voûtes de **Plochtchad Revolioutsii** (ligne 3).

L'architecte **Ivan Fomine** a conçu en 1938 la station **Teatralnaïa** comme un immense foyer de théâtre décoré de bas-reliefs sur le thème de la danse : rien de plus normal puisqu'elle donne accès au Bolchoï ; il a aussi tapissé **Krasnyé Vorota** (ligne 1) de marbre rouge, rappelant ainsi la couleur de l'arc de triomphe qui se trouvait sur les lieux. **Alexeï Douchkine**, après avoir conçu le décor de **Maïakovskaïa** en 1938 (céramiques d'**Alexandre Deineka**), a orné en 1952 **Novoslobodskaïa** de superbes vitraux dessinés par **Pavel Korine**. Quant à **Zourab Tsereteli**, il est l'auteur des vitraux représentant les villes de l'Anneau d'Or à la station **Troubnaïa** (2007).

Ce ne sont là que quelques exemples. Même si certaines stations peuvent paraître un peu fatiguées faute d'entretien et si le côté emphatique de la décoration peut prêter à sourire, le métro de Moscou demeure un des symboles forts à la fois de la ville et d'une époque.

LE BOLCHOÏ

Scène lyrique, même si elle est surtout connue pour ses ballets, le Bolchoï a été le théâtre, depuis sa fondation, de nombre de créations historiques.

Les feux de la rampe

C'est en 1776 que la compagnie est fondée par le **prince Piotr Ouroussov**, et financée par le Britannique, **Michael Maddox**.

> **Le Bolchoï en politique**
>
> Le grand théâtre ne pouvait échapper aux aléas d'une histoire agitée. Il fut, en juillet 1918, le théâtre du 5e Congrès du parti communiste au cours duquel les socialistes-révolutionnaires, qui s'étaient opposés à Lénine, furent arrêtés en séance. C'est également dans la grande salle du Bolchoï que fut proclamée le 30 août 1922 la naissance de l'URSS. Quelques jours plus tard, le théâtre, fermé depuis la révolution, retrouvait sa vocation première.

Au départ, la compagnie se produit chez des particuliers avant de s'installer dès 1880 au théâtre Petrovski. Drames, opéras et ballets sont déjà au répertoire d'une troupe constituée de comédiens professionnels et amateurs, parfois des serfs. Mais un premier incendie survenu en 1805 ruine le promoteur : Moscou récupère son premier théâtre impérial. Reconstruit par **Ossip Bové** après l'incendie de 1812, celui que l'on appelle désormais le Bolchoï (grand) est inauguré le 6 juin 1825 avec la représentation d'un premier ballet, *Cendrillon*. Le terme « grand » est un jugement de valeur dans un pays où l'opéra et le ballet sont considérés comme les arts scéniques les plus prestigieux, loin devant le drame qui se voit relégué dans les « petits » *(maly)* théâtres. Le Bolchoï est alors dirigé par **Fiodor Kokochkine** et le compositeur **Alexeï Verstovski**. Mozart et Donizetti entrent au répertoire, suivis par **Glinka** en 1840. Mais, en 1853, nouveau coup dur : le grand théâtre brûle et seuls ses murs extérieurs résistent au désastre. On fait alors appel à **Albert Kavos**, l'architecte du théâtre Mariinski de St-Pétersbourg qui, en préservant la structure de l'ensemble, dessine le somptueux théâtre avec sa grande salle de plus de 2000 places qu'est devenu le Bolchoï.

Depuis lors les événements ne se comptent plus : **Richard Wagner** vient y diriger une série de concerts en 1863. Les principaux musiciens russes y présentent leurs opéras : **Tchaïkovski** y crée *Mazeppa*, **Rachmaninov**, *Aleko* et *Francesco da Rimini*, et le *Lac des cygnes* est une des valeurs sûres du répertoire. Le début du 20e s. voit l'âge d'or du chant russe avec **Fiodor Chaliapine**, **Leonid Sobinov** et **Antonina Nejdanova**. **Ekaterina Gueltzer**, **Lioubov Roslavleva** sont les ballerines les plus célèbres et le chorégraphe **Alexandre Gorsky** s'impose, tandis que les décors sont créés par **Golovine** et **Korovine**. Contre toute attente, ce prestige survit à la révolution bolchevik : les distractions sont rares et l'opéra, bon marché, acquiert une immense popularité. **Chostakovitch** comme **Prokofiev** le privilégient pour leurs premières (le ballet *Cendrillon* du second nommé y est présenté le 21 novembre 1945 sur une chorégraphie de **Nikolaï Volkov**). On y crée le ballet *Spartacus* composé par **Aram Khatchaturyan**. Les tournées à l'étranger ne font qu'accroître la renommée de cette troupe où s'illustrent **Vladimir Preobrajenski**, **Vladimir Vassiliev**, **Galina Oulanova, Ekaterina Maximova, Maïa Plissetskaïa** et **Rudolf Noureïev**. Directeur artistique du ballet de 1964 à 1995, **Iouri Grigorovitch**, un ancien du Kirov, redonne vie au répertoire traditionnel et multiplie les créations dont l'audace choque parfois. Ce prestige ne se dément pas aujourd'hui et la critique suit de près les créations du Bolchoï, qui, dirigé par **Boris Akimov** (ballet) et **Nikolaï Alekseïev** (musique), emploie 2500 personnes, dont 900 artistes, et fait salle comble tous les soirs quoi qu'il arrive.

En raison de travaux, vous n'aurez pas la joie de voir la grande salle avec ses cinq étages de balcons et son plafond peint (**Mikhaïl Titov**), pas plus que le foyer, mais la fameuse troupe se produit dans la salle annexe et assister à une prestation de ce légendaire corps de ballet est l'un des *must* de tout séjour à Moscou.

P. Plantier / MICHELIN

Le Bolchoï.

Place Rouge★★★

Krasnaïa plochtchad (Красная площадь)

PLAN DE COUVERTURE : C2/C3

« La place Rouge était blanche… » chantait jadis Gilbert Bécaud. Symbole de Moscou au même titre que le Kremlin, ce site historique reste pour beaucoup le théâtre solennel des grandes célébrations du régime soviétique. Mais au-delà du souvenir, cet immense espace est surtout un ensemble architectural de premier ordre, dominé par les bulbes colorés de la cathédrale Basile-le-Bienheureux comme par les tours et la muraille rouge du Kremlin, où les styles, aussi différents puissent-ils être, constituent un ensemble d'une surprenante harmonie.

Se repérer – Au pied des murailles du Kremlin qu'elle sépare du vieux quartier de Kitaï-Gorod, la place Rouge peut être gagnée par plusieurs stations de métro. Les plus proches sont celles d'*Okhotny Riad* (Охотный Ряд) sur la ligne 1 et de *Place de la Révolution* (*Plochtchad Revolioutsii*/Площадь Революции) sur la ligne 3.

À ne pas manquer – La cathédrale de Basile-le-Bienheureux.

Organiser son temps – Quelle que soit l'heure de la journée, il y a toujours de l'animation sur la place.

R. Mattes / Michelin

La place Rouge, des bulbes colorés de Basile-le-Bienheureux au musée d'Histoire.

Comprendre

Belle et rouge – C'est le prince **Ivan III le Grand** qui donna naissance à la « Belle Place » en 1490 lorsqu'un incendie détruisit les maisons de bois qui s'agglutinaient au pied des murailles du Kremlin. Devenu une sorte de *no man's land*, puis de champ de foire, cet endroit fut peu à peu aménagé avec la construction de la porte de la Résurrection (1534) et de la cathédrale de Basile-le-Bienheureux (1555-1561), tandis que l'espace devenait l'emplacement central des célébrations solennelles à l'occasion du couronnement des tsars. Au 17e s., on lui attribua le nom sous lequel elle est connue aujourd'hui : « La Belle Place », du mot *krasnaïa* signifiant à la fois « beau » et « rouge ».

Le haut lieu des commémorations soviétiques – C'est sous le communisme que la place Rouge allait devenir la vitrine des grandes manifestations du régime, que ce soit à l'occasion d'obsèques ou de célébrations : les images de chars et autres lance-missiles défilant sur la place sous le regard des hiérarques massés sur le mausolée de Lénine sont dans toutes les mémoires. Cela n'alla pas sans destructions : celles de la porte de la Résurrection et de la cathédrale de Kazan, tandis que Basile-le-Bienheureux échappait de justesse à ce sort. Cela n'alla pas non plus sans constructions. Outre le mausolée de Lénine, il faut citer l'hôtel *Rossiia*, qui n'était pas véritablement une réussite architecturale… Mais cela aurait pu être pire : le projet d'un ministère de l'Industrie lourde, sorte d'immense barrage à turbines, prévu un temps à cet endroit, n'a fort heureusement jamais vu le jour ! Aujourd'hui, la reconstruction des bâtiments détruits et le projet de démolition de l'hôtel visent à redonner à la place toute sa noblesse.

Se promener

Lorsque vous sortez du métro Plochtchad Revolioutsii, *tournez résolument le dos à la place Teatralnaïa et à l'hôtel* Metropol *et longez sur votre gauche le bâtiment de briques de l'ancien musée Lénine en prenant comme ligne de mire la statue équestre du maréchal Joukov.*

L'accès à la place

Statue du maréchal Joukov (Pamiatnik marchalou Joukovou/Памятник маршалу Жукову) B1 – Après avoir envoyé bon nombre de statues de hiérarques de l'époque communiste au parc des Arts *(voir p. 230)*, Moscou se couvre à nouveau de monuments consacrés aux personnages les plus divers, footballeurs ou chanteurs de rock. Certains d'entre eux soulèvent la polémique : c'est le cas de cette statue équestre du **maréchal Gueorgui Joukov** (1896-1974), généralissime de l'armée Rouge en 1944-1945, que l'on a voulu honorer, pour célébrer en 1995 le cinquantenaire de la victoire. Cela dit, la statue du sculpteur **Viatcheslav Klykov** ne manque pas d'allure.

Ancien musée Lénine (Byvchi mouzeï Lenina/Бывший музей Ленина) B1 – Ce bâtiment de briques rouges sombres, élevé en 1896 par l'architecte **Dmitri Tchitchagov**, est une œuvre représentative du style « néorusse », ce pastiche des styles russes traditionnels qui fit fureur à la fin du 19e s., alors que les intellectuels et artistes russes se partageaient entre « occidentaux » et « russes ». Après avoir abrité la mairie de la capitale, il accueillit un musée consacré à la vie et à l'œuvre de Lénine… et l'on imagine que sa visite complétait utilement celle du mausolée du révolutionnaire. Mais le musée Lénine a fermé ses portes, sans trouver d'affectation précise pour l'instant, même si des expositions d'art contemporain y sont parfois organisées.

Porte de la Résurrection (Voskressenskié vorota/Воскресенские ворота) B1 – Construite en 1534, cette porte majestueuse faisait partie à l'origine de l'enceinte de Kitaï-Gorod. Elle fut remodelée en 1680 de façon à inclure entre les deux arches une charmante chapelle vouée à Notre-Dame où les tsars s'arrêtaient pour prier lorsqu'ils se rendaient au Kremlin ou lorsqu'ils le quittaient. Mais ce n'est pas cette porte que vous avez devant les yeux ! L'originale fut en effet détruite en 1931 sur ordre de Staline afin de laisser la place aux chars et autres engins militaires qui participaient aux parades sur la place Rouge ! C'est en 1994-1995 que la porte a été reconstruite à l'identique, en briques rouges, avec ses deux arches voûtées surmontées de tours, ainsi que la petite chapelle où nombre de Moscovites, renouant avec la tradition, s'arrêtent, le temps d'une prière. Vous remarquerez, au-dessus de chacune des deux voûtes des icônes en mosaïque, dont l'une représente le patron de la ville, saint Georges terrassant le dragon.

Face à la chapelle, sur le sol, est apposé un cercle de métal doré : c'est le **point de départ des mesures des distances** du pays. Animaux et plantes y symbolisent chacun des points cardinaux. Une coutume récente veut que l'on se place sur le disque central et que l'on jette une pièce de monnaie par-dessus son épaule. Détail poignant et révélateur de la Russie d'aujourd'hui où les signes extérieurs de richesse côtoient une extrême misère, une équipe de « babouchka » veille, se précipitant pour s'emparer des kopecks…

Choses vues

Devant la porte de la Résurrection comme rue Arbat, les touristes aiment se faire photographier à côté d'un faux Lénine, un faux Karl Marx, un faux Nicolas II et même un faux Poutine… En fin d'après-midi, voir les sosies de Lénine et de Nicolas II se partager la recette du jour ne manque pas d'un certain piquant…

Bâtiment du musée d'Histoire (Zdanié Istoritcheskogo mouzeïa/Здание Исторического музея) – Comme l'ancien musée Lénine, il s'agit ici aussi d'un pastiche dans ce style néorusse qui, à la fin du 19e s., remettait au goût du jour les traditions architecturales slaves du 18e s. C'est l'architecte **Vladimir Sherwood** (1833-1897) qui l'édifia entre 1874 et 1883 à l'emplacement d'un bâtiment qui abritait sous le règne de Pierre le Grand la pharmacie principale, puis la première université de Moscou.

Franchir la porte de la Résurrection pour accéder à la place.

La Place★★★

Inutile de le nier, dès que l'on aperçoit cette place immense, au sol légèrement bombé, on en a le souffle coupé : loin devant nous les bulbes multicolores de la cathédrale Basile-le-Bienheureux viennent atténuer la sévérité de la muraille rouge du Kremlin, hérissée de tours, dont la plus grande, la tour Spasskaïa (« du Sauveur »), domine le mausolée de Lénine qui a su s'inscrire harmonieusement dans cet ensemble. Sur la gauche, le long bâtiment du GOUM ajoute une note de fantaisie architecturale d'autant bienvenue qu'il est édifié en pierre blanche.

Cathédrale Notre-Dame-de-Kazan

(Kazanski sobor/Казанский собор) BC 1-2

Sur la gauche à l'angle de la rue Nikolskaïa (Никольская ул.).

Comme d'autres églises, elle fut détruite sous Staline. On peut se demander en quoi celle-ci pouvait le gêner, à moins qu'il ait considéré qu'elle lui gâchait le paysage lorsque, du haut du mausolée de son prédécesseur, il contemplait les défilés militaires. Toujours est-il que cette malheureuse cathédrale connut en 1936 le même sort que la porte de la Résurrection… et fut elle aussi rebâtie à l'identique en 1993. Le sanctuaire d'origine avait été construit en 1636 à la demande de **Mikhaïl Fiodorovitch Romanov** (1596-1645), afin de commémorer la victoire de 1612 contre les Polonais… qui permit à sa famille d'accéder au pouvoir. Elle abrita jusqu'au 18e s. la célèbre icône de la Vierge de Kazan, protectrice de la dynastie **Romanov**, transférée ensuite à St-Pétersbourg et remplacée par une copie. Le sanctuaire, aux festons roses et verts un peu fades, manque quelque peu d'unité architecturale. Riche iconostase à cinq registres, fresques dans l'église ainsi que dans le narthex… et foule compacte venant vénérer la copie de l'icône.

Musée national d'Histoire★

(Gossoudarstvenny Istoritcheski mouzeï/Государственный Исторический музей) B2

Place Rouge 1/2 - tlj sf mar. et 1er lun. du mois 10h-18h (accès jusqu'à 17h), dim. 11h-20h (accès jusqu'à 19h) - 150 Rub (donnant également accès à la cathédrale Basile-le-Bienheureux). Vestiaire pour dépôt (obligatoire) des sacs et appareils photo au sous-sol (attention aux marches, irrégulières, et au plafond… un peu bas !).

Consacré à l'histoire russe des origines jusqu'à la fin du 18e s., ce musée manque d'autant moins d'intérêt que ses salles ont été aménagées et décorées de façon à restituer l'atmosphère des périodes historiques traitées. Tout juste pourra-t-on regretter que, comme dans nombre de musées moscovites, les explications en autres langues que le russe soient limitées à leur plus simple expression : il subsiste parfois un carton en anglais à l'entrée de certaines salles… Un catalogue très bien fait, rédigé en anglais, pallie en partie cet inconvénient.

On accède aux salles d'exposition par un escalier somptueusement décoré de motifs floraux, à la manière des palais russes des 16e et 17e s. et portant, au plafond, un

superbe arbre généalogique des souverains russes, de **Vladimir le Saint** à **Alexandre III** (sous le règne duquel le musée fut inauguré), réalisé en 1883 par un artel de peintres dirigés par F. Toporov.

Paléolithique et néolithique – *Salles 1, 2 et 3.* Silex taillés, dioramas présentant la faune et la flore, vie humaine à l'époque de la grande glaciation (objets votifs), superbes défenses de mammouth en provenance de Sibérie et tableau de **Viktor Vasnetsov** (1846-1926) représentant un groupe d'humains à l'âge de la pierre. Dans la salle 3, vous verrez une barque creusée dans un tronc de chêne (3e millénaire).

Âges du bronze et du fer – *Salles 4 et 5.* Statuettes féminines d'une déesse de la Fertilité et témoignages de la culture de la steppe avec une reproduction de *kibitka* (maisons nomades). Flèches, armes, bijoux et une statuette humanoïde en bois complètent la salle 4. Dans la suivante, remarquez des masques mortuaires, des figurines en formes de rennes, ainsi qu'une robe provenant de l'Altaï, une des plus anciennes pièces (5e s. av. J.-C.) de textile de Russie.

Civilisations des 6e-3e s. av. J.-C. – *Salle 6.* La salle reconstitue le décor d'une chambre funéraire royale mise au jour en Crimée. Vous y verrez de superbes bijoux (colliers et boucles d'oreilles).

Période des grandes migrations (3e-8e s.) – *Salle 7.* De superbes pendentifs, objets d'or sertis de pierres précieuses et magnifiques fibules *(palmates fibulas)* finement gravées.

Les premiers États russes (9e-12e s.) – *Salle 8.* La chronique fixe à 812 l'année de la fondation de Novgorod par les Rus, Vikings venus de Suède, et la création d'un premier État sur le territoire auquel les envahisseurs allaient laisser leur nom. Vous y verrez du matériel archéologique provenant de tombes vikings : armes, bijoux, deux splendides rhytons et un étonnant monolithe sculpté provenant d'Ukraine, ainsi que quelques livres enluminés.

Les cités de Vieille Russie (11e-13e s.) – *Salle 9.* Vous entrez dans la salle dite de Novgorod décorée de peintures murales, copies des fresques de la cathédrale du Sauveur (1199) détruite par les nazis en 1942. Si l'on excepte une section consacrée à Kiev (joaillerie), c'est bien entendu Novgorod qui tient la vedette ici : remarquez notamment la vue cavalière de la ville, extraite d'une icône du 16e s., ainsi que la reproduction des portes de bronze gravées de scènes de l'Ancien Testament de la cathédrale Ste-Sophie de Novgorod.

Les principautés de la Russie féodale (12e-13e s.) – *Salle 10.* Ce sont les peintures murales de Vladimir qui ont inspiré la décoration de cette salle. On y évoque l'éclatement des premiers États russes, à la période féodale en une quinzaine de principautés rivales… sans pour autant que cette partition ne remette en cause l'unité de la civilisation, tant du point de vue du langage que de celui des mœurs. Le clou de la salle est une édition du *Récit de la campagne du prince Igor.* Le manuscrit de cet ouvrage relatant les hauts faits du prince contre les nomades des steppes fut miraculeusement retrouvé en 1790… avant de brûler lors de l'incendie de 1812. Par chance, on avait eu le temps d'en faire une édition imprimée, traduite en russe moderne, en 1800. Sceaux frappés du nom des différents princes, et statue d'un guerrier « polovets », ces nomades qui donnaient tant de fil à retordre aux princes russes.

La culture de la Vieille Russie (11e-13e s.) – *Salle 11.* Culture religieuse de la cathédrale de Souzdal ou une des plus anciennes fresques connues, mais aussi culture civile avec les arts appliqués et de très fins bijoux, telles les caractéristiques bagues « à trois perles » et de belles boucles de ceinture. Exemples d'enluminures remarquables.

Les Mongols et les luttes contre les Suédois et les Polonais (13e-15e s.) – *Salle 12.* Objets provenant des civilisations médiévales de Circassie et d'Ossétie, comme de l'État bulgare de la Volga. Les guerres avec les Suédois et les Polonais ne sont guère richement illustrées, si l'on excepte un sceau d'Alexandre Nevski.

Vers la réunification de l'État russe (13e-15e s.) – *Salle 13.* La « salle Moscou » est consacrée à l'émergence de la principauté de Moscovie autour de laquelle va se recréer un État russe. Vous y verrez le fabuleux trésor d'or et de pierres précieuses de Simferopol, une grande icône représentant le métropolite Alexis et les portraits de quelques grands princes comme Vassili III.

La culture russe des 14e et 15e s. – *Salle 14.* Manuscrits, remarquables icônes, porte royale de l'église de la Nativité de Monastyrchtchina.

Villes russes aux 15e et 17e s. – *Salle 15.* Portraits de boyards aux visages farouches, documents imposant les corvées aux paysans, pièces de vêtement, hamac pour enfant, etc. Impressionnantes herses de la forteresse de Novodvinski et girouette provenant d'une tour de Kitaï-Gorod.

Les 16e et 17e s. – *Salles 16 à 21.* Cuirs, étains, céramiques, et mobilier peint illustrent de belle manière les arts appliqués. La salle 17 est consacrée à l'exploration et à la mise en valeur de la Sibérie (caftan de marin). La salle 18 évoque la vie à la cour : copie du superbe oratoire du tsar dans la cathédrale de l'Assomption du Kremlin. La salle 19 est consacrée à l'Église orthodoxe russe : portrait du fameux patriarche Nikon, reliquaires. Dans la salle suivante, évocation de la culture russe, avec notamment le globe terrestre réalisé en Hollande en 1679 par William Blest et une presse d'imprimerie. Quant à la salle 21, elle est vouée à la vie militaire de l'époque (cottes de mailles, sabres et armures).

Monter au 2e étage.

La Russie sous Pierre le Grand – *Salles 22 à 24.* Portrait du souverain et de ses ministres et favoris, mobilier, carrosse à skis, poêle en faïence, costumes et curieuses trompes de *rogovoï.*

De Catherine la Grande au 19e s. – Portrait en pied de l'impératrice et de ses favoris, collections de porcelaines, traditions maritime et guerrière de la Russie, objets de la vie quotidienne et intérieurs reconstitués de la bourgeoisie et de la noblesse, mais aussi de la paysannerie.

Mausolée de Lénine★ (Mavzoleï V.I. Lenina/Мавзолей В.И. Ленина) C2

Mar., merc., vend. et dim. 10h-13h. Gratuit mais dépôt obligatoire des appareils photo, caméras vidéo et autres appareils de prises de vue au vestiaire (sur la gauche, dans le bâtiment abritant également le musée national d'Histoire).

Placez-vous à la queue, le long des jardins Alexandre : accès au compte-gouttes à un premier barrage ; vers 12h30, les militaires interrompent la file d'attente. Au-delà du point désigné, ce sera pour une autre fois ! (L'expérience montre qu'il est inutile d'espérer faire partie des élus si vous vous présentez après 11h15/11h30.) Après le premier filtre, dirigez-vous vers un portique de sécurité placé à l'entrée de la place Rouge (c'est à ce moment-là qu'il faut faire le crochet vers le « vestiaire »). Une fois passé le portique, suivez tout droit vers l'entrée du mausolée où l'on subit un dernier contrôle, manuel, à l'aide d'un détecteur de métaux. Pendant le parcours dans le mausolée, gardez le silence, ne vous arrêtez pas et, jusqu'à la sortie de la nécropole, abstenez-vous de prendre des notes ou de faire des croquis. Une fois la visite achevée, pensez à récupérer vos objets personnels (une autre solution, plus simple, consiste à laisser appareil photo, caméra et téléphone portable à l'hôtel).

Le bâtiment de granit rouge, labrador et porphyre évoquant par sa forme épurée une pyramide, a été édifié en 1930 par **Alexeï Chtchoussev** pour abriter le corps embaumé du leader bolchevik qui était exposé depuis 1924 dans un abri provisoire de bois. Sur la façade, un seul mot : Lénine (ЛЕНИН).

C'est dans la salle principale, en sous-sol, que **Lénine**, un vague sourire sur les lèvres, repose dans son cercueil de verre... peut-être pas pour l'éternité puisque la question de son enterrement définitif revient de temps à autre à l'ordre du jour. Pour la petite histoire, il semble bien que le révolutionnaire et sa veuve se soient opposés à ce genre d'hommage posthume, sans succès. Le côté solennel de la visite et le fait de se trouver confronté à un personnage historique ne manquent pas d'impressionner.

En sortant du mausolée, vous défilerez devant la muraille du Kremlin, panthéon des « héros de l'URSS », qu'une haie de sapins bleus isole de la place : certains ont leur urne funéraire scellée dans la muraille, d'autres bénéficient d'une tombe surmontée d'un buste. C'est ici que reposent (entre autres) le journaliste américain **John Reed**, l'auteur des *Dix jours qui ébranlèrent le monde*, le premier homme de l'espace, **Iouri Gagarine**, l'écrivain **Maxime Gorki**, **Alexeï Kossyguine**, ainsi que des bolcheviks historiques, réhabilités après avoir été victimes de purges comme **Nicolas Boukharine** (1888-1938), **Lev Kamenev** (1883-1936) et son compère **Grigori Zinoviev** (1883-1936).

On y voit également bien entendu les maîtres successifs du Kremlin, à commencer par **Staline**, dont on remarquera que le monument est toujours abondamment fleuri (d'abord placée à côté de celle de Lénine, sa dépouille fut nuitamment enterrée ici en 1961 après le rapport de Khrouchtchev qui marqua le coup d'envoi de la « déstalinisation »), accompagné de **Leonid Brejnev**, **Iouri Andropov** et **Konstantin Tchernienko**, ainsi que quelques « seconds couteaux » comme **Iakov Sverdlov** (1885-1919), **Felix Dzerjinski**, le premier dirigeant des « organes », **Mikhaïl Souslov**, l'inamovible « idéologue » du Kremlin, Mikhail **Kalinine** (1875-1946) qui fut longtemps chef de l'État et qui, dès l'âge de cinquante ans, tenait parmi les leaders bolcheviks un rôle de patriarche débonnaire, le maréchal **Joukov**, les généraux **Boudionny**, **Frounzé** et **Kliment Vorochilov** (1881-1969), tous trois héros de la guerre civile, etc. Tout ce beau monde pourrait, dit-on, se retrouver un jour ou l'autre au cimetière de Novodievitchi... du moins si le poids politique de ce transfert n'est pas trop lourd à assumer.

E. Valenne / Geostory

Le mausolée de Lénine.

GOUM★★ (ГУМ)

Occupant le côté gauche de la place sur une longueur de plus de 250 m, le GOUM a été édifié en 1894 par **Alexandre Pomerantsev**, dans le style néorusse qui faisait fureur à l'époque et qui n'est pas sans rappeler celui du musée d'Histoire… à ceci près qu'en lieu et place des briques l'architecte a utilisé granit et marbre, tandis que le haut de l'édifice mêle verre et métal. Illuminé par une grande verrière, l'intérieur *(accès par Nikolskaïa oul./*Никольская ул.) est constitué de trois longues galeries dotées de deux niveaux de mezzanines reliées entre elles par des passages latéraux et des passerelles. Le décor, avec ses candélabres, ses fers forgés, ses moulures, ses fontaines agrémentées de jets d'eau, est somptueux ! En 1953, le bâtiment, après avoir abrité quelque temps des bureaux, devint un prestigieux magasin d'État, le « Magasin universel », vitrine de l'URSS où les expatriés et les plus privilégiés des Soviétiques pouvaient trouver… tout ce qui était introuvable ailleurs. Force est de reconnaître qu'aujourd'hui, reconverti en galerie marchande, il a perdu de son intérêt, et que vous ne risquez pas d'y être dépaysé : hors le légendaire **Gastronom n° 1**, vous y découvrirez exactement les mêmes boutiques que dans la plupart des capitales européennes. Cependant, la magie des lieux subsiste… et quelques petits cafés permettent d'y effectuer une pause agréable.

Et Khrouchtchev ?

Eh bien, ce pauvre Nikita, le seul des hommes forts à avoir quitté le Kremlin vivant, a été bien oublié depuis ce jour d'octobre 1964 où, à son retour de vacances, ses pairs lui firent savoir qu'il avait démissionné pour raisons de santé. Sa mort, en 1971, fut annoncée par un entrefilet… et il n'a pas eu droit aux honneurs du panthéon communiste : il repose au cimetière de Novodievitchi.

Dans le prolongement, au-delà d'Oul. Ilinka (Ул. Ильинка), le « petit GOUM », ancien marché couvert construit à la même époque dans le même style, a reçu une affectation militaire en 1917. L'armée Rouge ayant libéré les lieux en 2005, il fait l'objet d'un aménagement intérieur de grande ampleur à la charge de l'architecte français **Jean-Michel Wilmotte** : des appartements de standing et un hôtel de luxe devraient occuper les lieux.

Lobnoïé Mesto (Лобное место) C2

Sur la gauche de la place, au-delà du GOUM, après oul. Ilinka (ул. Ильинка).

Cette tribune circulaire qui, de loin, évoque un puits, a été élevée en 1584 par le tsar **Boris Godounov**, mais refaite à la fin du 18e s. : c'est d'ici qu'on lisait au peuple assemblé sur la place les oukases impériaux.

Monument à Minine et Pojarski (Pamiatnik K. Mininou i D. Pojarskomou/ Памятник К. Минину и Д. Пожарскому) C2

Placé aujourd'hui devant la cathédrale Basile-le-Bienheureux, ce groupe statuaire a été réalisé en 1818 par le sculpteur **Ivan Martos**. Il s'agissait de perpétuer le souvenir de **Kouzma Minine** et du prince **Dimitri Pojarski** qui, en 1612, levèrent une armée à Iaroslavl pour libérer Moscou alors occupée par les Polonais.

Cathédrale de Basile-le-Bienheureux ou de l'Intercession-de-la-Vierge★★★ (Собор Vassilia Blajennogo-Pokrovski sobor/Собор Василия Блаженного/Покровский собор) C2

Tlj sf mar. et premier lun. du mois 11h-17h (10h-18h en été) - fermeture des caisses 30mn avant - 100 Rub (donnant accès au musée national d'Histoire).

Ce qui frappe dès l'abord, dans cette cathédrale élevée entre 1551 et 1562 par Ivan le Terrible pour commémorer sa victoire décisive sur les Tatars, c'est cette exultation de formes et de couleurs des bulbes : du vert au rouge, du bleu au jaune, en tuiles vernissées ou taillées en bossage, voire en spirale. Ces bulbes semblent obéir à la fantaisie débridée d'un architecte en pleine euphorie ! En fait la cathédrale est dotée d'un plan aussi complexe que raffiné.

Espèce disparue

S'il était une sorte de journalistes particulière, c'était les « soviétologues » experts dans l'art de déceler les hauts et les bas de la cote de tel ou tel au sein des instances supérieures du parti. Il leur suffisait d'observer la tribune officielle lors des cérémonies d'anniversaire de la révolution d'Octobre ou du 1er Mai. Suivant la place occupée par tel ou tel « jeune » loup par rapport au maître du moment, ils émettaient des commentaires péremptoires et des pronostics… que l'avenir se chargeait ou non de confirmer.

Elle est constituée de neuf églises-tours dont la plus grande, située au centre, est consacrée à l'Intercession de la Vierge, ou Pokrov, c'est-à-dire le 1er octobre, date de la prise de Kazan. Une dixième église a été rajoutée par la suite sur la tombe d'un « fou de Dieu », Basile, dit le Bienheureux, qui a bientôt donné son nom à l'ensemble.

A. Kanjounzeff / MICHELIN

Cathédrale de Basile-le-bienheureux.

La visite permet de découvrir, après une chapelle richement décorée de motifs floraux, la salle contenant l'icône représentant le Bienheureux entouré de sept images retraçant sa vie et ses œuvres.

Un escalier aux marches inégales et singulièrement hautes donne accès à l'église centrale, vouée à l'**Intercession-de-la-Vierge** : vous serez frappé par la hauteur de ce sanctuaire qui culmine à plus de 47 m sous le bulbe central et par son plan, carré au sol, octogonal à mesure que l'on élève le regard. L'iconostase du 18e s. a été réalisée par des maîtres du Kremlin de Moscou.

Des couloirs occupés par les kiosques à souvenir des « marchands du Temple » donnent accès aux autres minuscules églises, certaines d'entre elles ne pouvant être admirées que depuis le seuil : St-Alexandre avec son iconostase des 16e et 17e s., la Ste-Trinité qui a conservé son magnifique décor original et dont l'iconostase est constituée d'icônes des écoles de Moscou et de St-Pétersbourg.

Vous visiterez ensuite le **musée d'Art religieux★** : ouvrages décorés d'enluminures, évangéliaires d'autels, reliquaires, vêtements sacerdotaux et **icônes** : celle de la Vierge de Vladimir, celle (superbe !) de l'Intercession de la Vierge, l'icône représentant Basile sur un fond de ciel nuageux (16e s.) ou encore celle de St-Nicolas agrémentée de scènes de la vie du saint.

Grand Pont de Moscou (Bolchoï Moskvoretski most/Большой Москворецкий мост)

Du milieu de ce pont permettant de gagner l'île de la Moskova et, au-delà, le quartier de **Zamoskvorietchié** *(voir p. 226)*, la **vue★★★** est extraordinaire. Sur votre gauche, la haute muraille du Kremlin domine le fleuve : tours, clochers et bulbes émergeant des remparts brillent de mille feux, pour peu qu'un rayon de soleil consente à les illuminer. Droit devant vous, au-delà de l'espace où sont rangées les dizaines de limousines blanches venues déposer les jeunes mariés pour la photo traditionnelle, les bulbes de la cathédrale Basile-le-Bienheureux rivalisent de fantaisie et de couleurs.

Aux alentours

Autour de la place du Manège (Manejnaïa plochtchad/Манежная площадь) B1

Ce vaste espace piéton, délimité par la rue Okhotny Riad, le Manège, le jardin d'Alexandre, le nouvel hôtel *Moskva* et la place Rouge, est le résultat d'un projet autoroutier sorti des cartons de quelque ingénieur visionnaire et qui, fort heureusement, n'a jamais vu le jour…

Quitter la place Rouge par la porte de la Résurrection.

Musée archéologique de Moscou (Mouzeï arkheologuii Moskvy/Музей археологии Москвы) B1

1a place du Manège, face à l'ancien musée Lénine - tlj sf lun. et dernier vend. du mois 10h-18h (merc.-vend. : 11-19h) - 300 Rub.

Ce petit musée a été aménagé au sous-sol de l'immeuble abritant le nouvel hôtel *Moskva*, afin de mettre en valeur des vestiges du vieux Moscou mis au jour en 1990 lors de travaux d'aménagement de la place. On y voit essentiellement quelques arches du **pont de la Résurrection (Voskressenski most)** construit au 16e s. sur la **Neglinka**, rivière souterraine depuis 1805, mais dont le tracé est aujourd'hui emprunté par la **rue Neglinnaïa (Неглинная ул.**, *voir p. 200*), les fondations d'une digue ainsi que l'ancien pavement du début de la rue Tverskaïa. Quelques objets trouvés sur place (pièces de monnaie à l'effigie des tsars) sont également exposés dans ce lieu qu'animent de temps à autre des expositions temporaires.

*Contourner par la droite le chantier jusqu'à la place de la Révolution (plochtchad Revolioutsii/*пл. Революции) *et traverser la rue Okhotny Riad* (ул. Охотный Ряд) *par un passage souterrain. La prendre sur la gauche.*

Au coin d'oulitsa Bolchaïa Dimitrovka (ул. Большая Димитровка) se dresse la **Maison des syndicats (Dom Soïouzov/Дом Союзов)** **B1** où les corps de Lénine et de Staline furent exposés à une foule innombrable, respectivement en 1924 et 1953 avant d'être placés dans le mausolée. Elle s'est aujourd'hui reconvertie en salle de concerts.

Le bâtiment qui la suit est la **Douma** ou Assemblée nationale **(Gossoudarstvennaïa Douma/Государственная Дума)**.

Traverser la rue Tverskaïa (ул. Тверская) *par le passage souterrain.*

Après l'hôtel *National (voir p. 189)*, vous longerez des annexes de l'université : le n° 11 abrite les **musées d'Anthropologie** et de **Géologie** **A1**, ce dernier assez confidentiel. Son voisin, un beau palais à majestueuse colonnade, est lui aussi affecté à l'université. Il est précédé des monuments élevés à deux brillants anciens élèves **Alexandre Herzen** et son ami **Nikolaï Ogarev** qui entraînèrent leurs condisciples dans une lutte contre l'absolutisme, ce qui leur valut d'être arrêtés en 1834 et déportés l'année suivante *(voir p. 180)*.

Ancienne université A2

Mokhovaïa oul. (Моховая ул.) *9, au coin de Bol. Nikitskaïa oul.* (Большая Никитская ул.). Le bâtiment actuel, précédé d'un jardin et de la statue de son fondateur, **Mikhaïl Lomonossov** (1711-1765), a été édifié en 1817 afin de remplacer l'édifice antérieur construit en 1782 par l'architecte **Matveï Kazakov**.

Un passage souterrain permet de traverser Mokhovaïa oul.

Manège (Manej/Манеж)

Très gravement endommagé par un incendie survenu le soir même de l'élection présidentielle de 2004, le Manège a recouvré en un temps record son apparence d'autrefois. Ce long bâtiment de style classique, dont la toiture d'une seule pièce fut longtemps considérée comme un exploit technique, a été édifié par **Ossip Bové** sur des plans d'un ingénieur militaire espagnol **Agustín de Betancourt** et inauguré en 1817. Après avoir été utilisé pour des parades militaires, des concerts (Hector Berlioz y dirigea un orchestre en 1888) et un temps servi à abriter la collection de voitures anciennes réunie par Leonid Brejnev, c'est aujourd'hui un lieu d'expositions artistiques ou commerciales.

Un honnête homme

Né dans une humble famille de pêcheurs de la région d'Arkhangelsk, autodidacte, le jeune **Mikhaïl Lomonossov** aurait, selon la légende, gagné Moscou afin d'y apprendre à faire des vers à bord d'un convoi de poissons. Il montra de tels dons que ses maîtres moscovites l'envoyèrent étudier à l'Académie de Kiev puis à St-Pétersbourg et enfin en Allemagne. De retour à Moscou, il contribua en 1755 à la création de la première université de Russie. Scientifique de renom (il était physicien, mathématicien et astronome), il se révéla également un historien et un poète de valeur, sans oublier ses talents de mosaïste. Mais c'est sa grammaire, dans laquelle il combinait le vieux slave de l'Église et la langue commune, qui a surtout fait sa réputation et lui a valu le titre de « père de la littérature russe ».

Place du Manège B1

C'est aujourd'hui devenu le lieu de rendez-vous de la jeunesse moscovite : parties endiablées de jeu de ballon et démonstrations de skate-board (sans grands égards pour les piétons distraits) s'y succèdent tandis que certaines fins d'après-midi, les plus anciens dansent sur les standards internationaux joués avec conviction et enthousiasme par une fanfare militaire devant le Manège.

Au centre, une sorte de coupole translucide émergeant du sol est coiffée d'une effigie de saint Georges terrassant le dragon, emblème de la capitale : elle éclaire l'immense centre commercial souterrain d'**Okhotny Riad** (Охотный Ряд, **B1**), inauguré en 1997.

Jardin Alexandre★ (Aleksandrovski sad/Александровский сад) B2
Aménagé au pied des murailles du Kremlin à partir de 1820 sur l'ancien cours de la Neglinka, il doit son nom au tsar **Alexandre Ier** qui souhaitait de cette manière commémorer la victoire des Russes sur Napoléon Ier. C'est aujourd'hui un agréable lieu de flânerie et de farniente, très apprécié lors des belles journées de printemps. Contre les murailles du Kremlin, du côté de la place Rouge, la **flamme du Soldat inconnu** brille depuis 1967, veillée par les soldats d'élite du « poste de garde numéro un », celui-là même qui jusqu'en 1997 montait une garde d'honneur autour du mausolée de Lénine. La relève de la garde, chaque jour à midi, réunit une foule de curieux ravis par le caractère hiératique du déplacement des soldats défilant au pas de l'oie… Devant, dix stèles rappellent le sacrifice de cités soviétiques lors de la Grande guerre patriotique, nom donné ici à la Seconde Guerre mondiale. Un peu plus loin, toujours contre le mur, la **« grotte des ruines » (Grot Rouiny/Грот « Руины »)** est constituée de restes de bâtiments détruits en 1812. Du côté opposé au Kremlin, contre le centre commercial d'Okhotny Riad, un « canal » veut rappeler la rivière disparue. Il a été peuplé de sculptures animalières, évoquant les contes de Pouchkine, réalisées par ce **Zourab Tsereteli** dont vous n'avez pas fini de découvrir l'abondante production… Cascades et jets d'eau animent l'ensemble qui attire la grande foule aux beaux jours, d'autant que débits de boissons et chaînes de restauration se sont judicieusement installés au-dessus de l'eau. C'est par le jardin d'Alexandre et la **tour Koutafia** située contre le Manège, ancienne barbacane reliée à l'enceinte par une rampe enjambant le jardin, que vous accéderez au **Kremlin** *(voir page suivante).*

Place Rouge pratique

Se loger

Baltchoug Kempinski ②
Балчуг Кемпинский.
Voir descriptif complet de cet hôtel p. 116.

Se restaurer

1 Place Rouge ③ **(1 Red Square/ Krasnaïa Pochtchad 1/Красная Площадь 1)** – *Dans le bâtiment du musée d'Histoire.* Moins « attrape touristes » qu'on pouvait le craindre vu son emplacement, ce restaurant propose, dans un cadre élégant, des mets russes de qualité et dont l'origine historique est expliquée sur la carte. Laissez-vous tenter par un koulibiac « aux quatre coins », plat préféré de Gogol dit-on, ou par un bœuf Stroganof moelleux à souhait.

À proximité immédiate, vous trouverez plusieurs restaurants sur la **place de la Révolution** *(voir au chapitre Teatralnaïa)* et dans le quartier de **Kitaï-Gorod** *(voir ce nom)* auquel vous pouvez accéder par la **rue Nikolskaïa** (Никольская улица), entre la cathédrale de Kazan et le GOUM.

Le restaurant panoramique de l'hôtel **Baltchoug Kempinski** procure des vues superbes sur le Kremlin, la place Rouge et les bulbes multicolores des cathédrales.

Pauses et petites faims

Adossés au centre commercial souterrain d'**Okhotny Riad**, pizzerias, self-services et établissements de restauration rapide se succèdent et déploient en été leurs terrasses devant le petit canal agrémenté de statues animalières. Vous pourrez également vous sustenter légèrement dans les quelques petits cafés ponctuant les allées du **GOUM** ou aux beaux jours en terrasse face au Kremlin.

Café Kranzler au Baltchoug Kempinski – Du lun. au vend., menu du jour à prix fixe au déjeuner, avec la vue sur le Kremlin.

Restaurant Baltchoug – Brunch chaque dimanche à partir de 12h30.

Achats

GOUM (ГУМ) – *Place Rouge 3 et Nikolskaïa oul. 2 - tlj 9h-21h, dim. 10h-21h.* Grandes marques occidentales que ce soit en couture, en parfumerie ou autres produits de luxe, notamment au **Gastronom n° 1**, (au rdc) épicerie de luxe, véritable « Fauchon » moscovite.

Okhotny Riad (Охотный Ряд) – *Sous la place du Manège, accès direct depuis le métro du même nom - tlj 11h-22h.* Sur quatre niveaux. Pour l'essentiel boutiques de prêt-à-porter sans grand intérêt (sauf pour renouveler jean ou T-shirt). Cafétéria et jeux (bowling notamment).

Boutique du musée d'Histoire – *Place Rouge 1/2 (à droite de l'entrée du musée) - tlj 9h-21h.* Matriochka, boîtes laquées, porcelaines, châles, œufs peints : tout l'artisanat russe à portée de la main.

C. Brett / MICHELIN

Restaurant 1 Place Rouge.

Le Kremlin★★★

Kreml/Кремль

PLAN DE COUVERTURE : C3

C'est le cœur et le centre de Moscou, et, disons-le, de l'empire russe. D'Ivan le Terrible à Staline, c'est à l'ombre de ces hautes murailles rouges hérissées de tours que des tyrans solitaires et méfiants décidaient du destin de millions de personnes… tandis que les couloirs de ses palais bruissaient de complots et d'autres assassinats. Mais ce lieu de pouvoir est aussi le centre spirituel de la Russie orthodoxe. Inutile de dire que la visite absolument indispensable de ce haut lieu de l'histoire, ponctué de palais, de musées et de cathédrales tous aussi somptueux les uns que les autres, est le moment culminant de tout séjour moscovite.

Se repérer – Deux accès pour visiter le Kremlin, tous les deux étant situés dans le **jardin Alexandre (Aleksandrovski sad/Александровский сад)** : à côté du Manège, la **tour Koutafia** donne accès par une rampe à l'enceinte et vous permet d'effectuer la visite la plus complète possible du lieu. Si vous souhaitez visiter seulement le palais des Armures et le fonds des Diamants, rendez-vous devant la **tour Borovitskaïa**, du côté de la Moskova.

À ne pas manquer – Les cathédrales et les collections du palais des Armures et du palais des Patriarches.

Organiser son temps – Vous éviterez bien entendu le jeudi, jour de fermeture. Pour le reste, la visite des musées peut être déconnectée de celle de l'ensemble architectural. Essayez de passer avant les groupes (tôt le matin) ou après leur départ : il se forme parfois de véritables embouteillages à l'entrée de certaines cathédrales.

P. Plantier / Michelin

Le Kremlin vu depuis le Grand Pont de Moscou.

Comprendre

Naissance d'une cité

Les premiers Kremlin

La tradition l'affirme : c'est en 1147 que le prince de Souzdal, **Iouri Dolgorouki**, invita son homologue de Novgorod à festoyer sur les bords de la Moskova. Et le lieu dut lui paraître propice puisque, neuf ans plus tard, il ordonna d'ériger une forteresse sur la colline Borovitski. Entouré de fossés, ce premier Kremlin a rapidement évolué : le prince **Daniel** y bâtit des églises de pierre, puis **Ivan Kalita**, après un incendie, fit édifier en 1340 une nouvelle citadelle en bois de chêne qui faisait l'admiration de ses contemporains : les murailles, d'une « épaisseur de deux à six mètres, atteignent une hauteur de sept mètres ! » Mais en 1365, le feu détruisit à nouveau la forteresse.

La forteresse blanche

L'affaire est d'autant plus fâcheuse que les Mongols de la Horde d'Or et les Lituaniens menacent sérieusement Moscou. On décide alors de rebâtir le Kremlin en pierre blanche. C'est au temps du prince **Dimitri Donskoï**, en 1367 que la forteresse est réalisée en quelques mois : il n'était que temps car, dès l'année suivante, elle était assiégée. Cependant, au fil des ans, l'importance de Moscou ne faisait que croître tandis que la menace mongole disparaissait… et que la forteresse accusait de nouveau une certaine vétusté.

Le Kremlin en chiffres

Ceint par 2 235 m de murailles en briques rouges ponctuées de vingt tours aux murs d'une épaisseur allant parfois jusqu'à 6 m, le Kremlin affecte la forme approximative d'un triangle et couvre une superficie de 27,5 ha en bordure de la Moskova. Le côté le plus long est bordé par le jardin Alexandre qui a pris la place d'un ruisseau, la Neglinka, comblé au 18e s. Les deux autres côtés dominent la place Rouge et la Moskova.

Du blanc au rouge

Le grand-prince **Ivan III le Grand** décide alors de reconstruire l'enceinte dans un matériau moins friable, la brique. Les Italiens sont passés maîtres dans l'art de la fortification : Ivan fait appel à un architecte de Vicence, Antonio Jilardi dit **Antonio Friazine** (c'est-à-dire « l'Étranger », qualificatif qui désignera la plupart des Italiens travaillant au Kremlin), qui élève en 1485 la tour du Secret sur la rive du fleuve. L'année suivante, un autre Italien, Marco Ruffo appelé, lui, **Marco Friazine**, édifie une seconde tour. Puis, à partir de 1490, c'est un Milanais, **Pietro Antonio Solari** qui dirige les travaux qui s'achèvent en 1495 sous la conduite d'**Alevisio Friazine** avec la construction des murailles coiffées de créneaux « à l'italienne » : le Kremlin acquiert alors l'allure que nous lui connaissons aujourd'hui. Un fossé de 32 m de large vient en 1508 parachever l'ensemble, tandis que toutes les constructions du voisinage sont détruites. C'est également à cette époque que sont édifiés ou reconstruits, à l'intérieur de l'enceinte, certains des palais et les principales cathédrales que nous admirons de nos jours.

À travers les siècles

Incendies, explosions, destructions, constructions : le Kremlin ne demeura pas pour autant figé. Sous les premiers Romanov, on élève le somptueux palais des Terems, puis celui des Patriarches pour loger le chef de l'Église orthodoxe. Au 17e s., les tours de l'enceinte reçoivent leur coiffure pyramidale tandis que s'édifient la cathédrale des Douze-Apôtres et le palais des Menus-Plaisirs. L'architecte **Bajenov** aménage le jardin impérial à la fin du 18e s. à la demande de Catherine la Grande, tandis que **Matveï Kazakov** dessine le Sénat. Entre 1816 et 1835, **Ossip Bové** reconstruit les édifices endommagés lors du bref séjour de Napoléon. **Konstantin Ton** élève quant à lui, entre 1836 et 1847, le Grand Palais du Kremlin, à l'emplacement de l'ancienne résidence des Tsars dont seul subsiste le palais des Terems. Enfin, c'est dans les années 1960, sous Khrouchtchev, que fut édifié le palais des Congrès.

Le centre du pouvoir temporel et spirituel

Habité par les princes puis les tsars, le Kremlin était aussi le lieu de résidence du chef spirituel de l'Église russe depuis qu'en 1325 le **métropolite Pierre** quitta Vladimir pour s'installer à Moscou. Outre la famille impériale, le patriarcat et leur nombreuse domesticité, nombre de favoris et de boyards résidaient alors au Kremlin où ils s'étaient vu attribuer des domaines et avaient fait construire leurs palais de bois. C'est un autre Pierre, le tsar, qui devait faire perdre au Kremlin son rôle de centre politique de la Russie en s'installant dans sa nouvelle capitale, Pétersbourg. Il fallut attendre 1918 avec le retour à Moscou du gouvernement soviétique pour que le Kremlin redevienne le centre du pouvoir, rôle qu'il conserve aujourd'hui puisqu'il est depuis 1991 la résidence du président de la Fédération de Russie. Les cathédrales ont quant à elles recouvré depuis cette date leur rôle liturgique…

Grande et petite histoire

Les frasques d'Ivan le Terrible

Nous sommes le 16 janvier 1547. Le grand-prince Ivan est âgé de seize ans. Né à Kolomenskoïé le 25 août 1530, il a perdu son père à l'âge de trois ans. Pendant toute son enfance, les boyards complotent dans l'ombre et s'entretuent dans les couloirs du palais. Si le jeune Ivan venait à disparaître, l'un d'eux pourrait se faire élire grand-prince… Ivan décide de frapper un grand coup : il se fait sacrer « tsar de

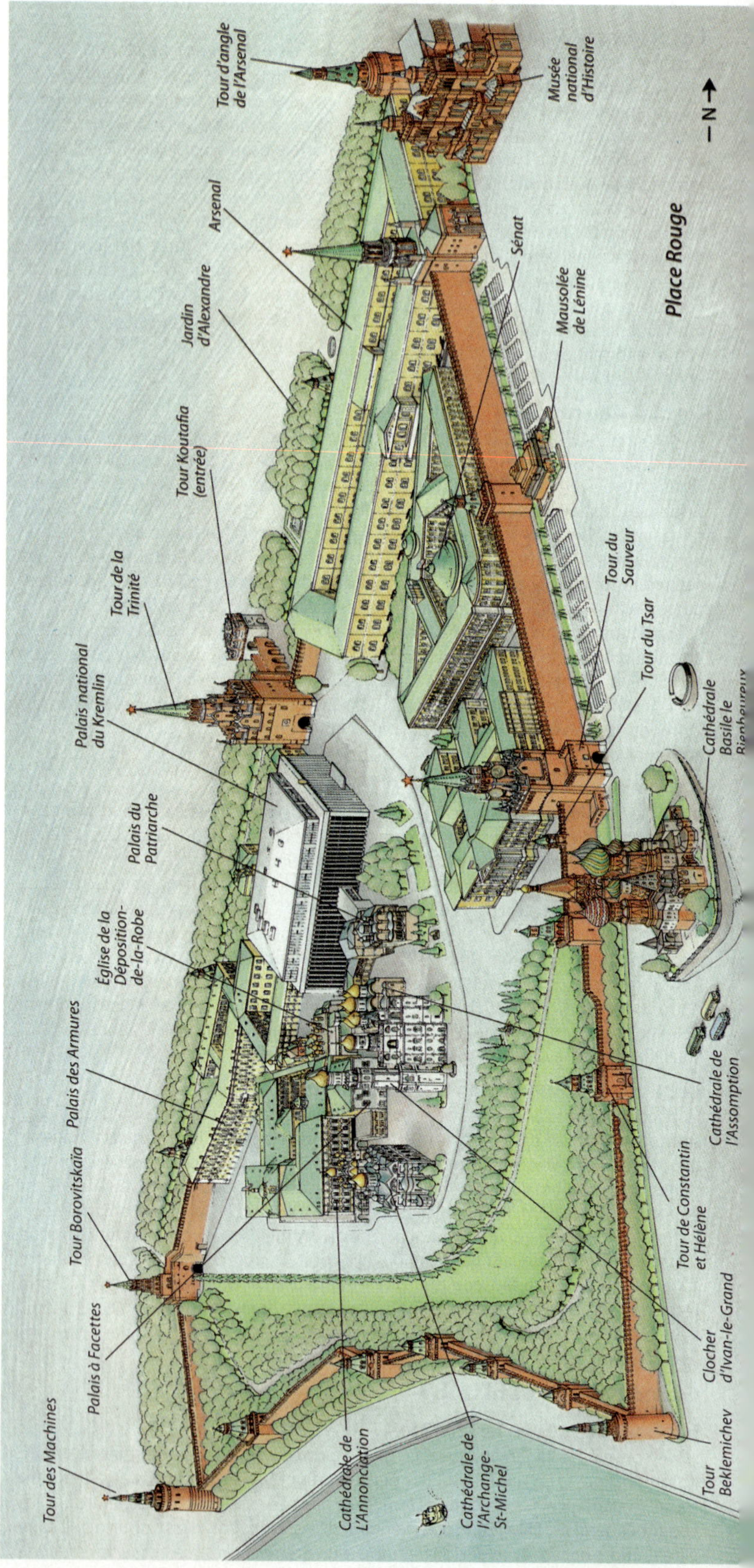
Tour d'angle de l'Arsenal
Musée national d'Histoire
N
Arsenal
Sénat
Place Rouge
Jardin d'Alexandre
Mausolée de Lénine
Tour Koutafia (entrée)
Tour de la Trinité
Tour du Sauveur
Tour du Tsar
Palais national du Kremlin
Cathédrale Basile le
Palais du Patriarche
Église de la Déposition-de-la-Robe
Palais des Armures
Cathédrale de l'Assomption
Tour Borovitskaïa
Tour de Constantin et Hélène
Palais à Facettes
Clocher d'Ivan-le-Grand
Tour des Machines
Cathédrale de L'Annonciation
Cathédrale de l'Archange-St-Michel
Tour Beklemichev

toutes les Russies », dans la cathédrale de l'Assomption. En prenant ce titre, dérivé du mot *César*, il s'affirme l'héritier des empereurs de Byzance et, du coup, proclame sa prééminence sur tous les autres princes du pays, dont il va s'attacher à détruire la puissance. Bientôt sa cruauté prend le dessus : il fait exécuter ses compagnons sous le moindre prétexte, se délecte de la torture qu'il pratique volontiers lui-même, et mène une vie de débauche effrénée, ce qui ne l'empêche pas de se marier huit fois (et de se débarrasser de façon expéditive de ses épouses devenues encombrantes). Dans une crise de colère, il fait étrangler le métropolite. Une autre fois, c'est son fils préféré, le tsarévitch Ivan, qu'il tue de ses propres mains. Obsédé par les complots, il fait creuser des souterrains pour pouvoir s'échapper de la forteresse en cas de crise. Lorsqu'il meurt en 1584, il laisse le trône à un fils simple d'esprit, **Fiodor Ier**, qui laissera gouverner son ancien favori, **Boris Godounov**. Le Terrible laisse un État fort, mais la question de sa succession, plonge la Russie dans une longue période de règlements de comptes.

Un faux Dimitri peut en cacher plusieurs autres

Outre celui qui a « réussi », la Russie a vu apparaître deux autres faux Dimitri : le premier, en 1607, chef d'une bande de brigands, qui, après avoir semé la terreur, obtint lui aussi l'appui de la Pologne… mais, cette fois-ci, les Polonais placèrent en 1610 sur le trône l'un des leurs, Ladislas, fils de Sigismond III : il fallut l'intervention des milices de Minine et Pojarski pour les chasser de Moscou en 1612. Plus tard, en 1611, un troisième imposteur fit son apparition : mais, vite trahi, il fut livré au tsar et (bien entendu) exécuté.

L'épisode du faux Dimitri

Boris Godounov avait attendu d'autant plus patiemment la mort de Fiodor (1598) avant de se faire élire tsar qu'entre temps le troisième fils du Terrible, le jeune **Dimitri Ivanovitch**, avait été mystérieusement égorgé en 1591. Il va de soi que Boris à qui le crime profite est en bonne place sur la liste des suspects. Néanmoins, il accède au trône sans trop de problèmes. Mais en 1604, coup de tonnerre : Dimitri est de retour ! Il s'agit en fait d'un moine défroqué établi en Pologne, **Grigori Otrepiev**. Tout le monde là-bas croit l'imposteur, qui épouse une jeune fille de la haute noblesse polonaise, **Marina Mniszek**, et convainc le roi Sigismond III de l'aider à retrouver son trône. Lorsque Boris Godounov meurt, le faux Dimitri entre à la tête de ses troupes dans le Kremlin, fait étrangler le jeune tsar Fiodor II, ainsi que la veuve de Boris, parvient à se faire reconnaître par sa « mère » et se fait proclamer tsar à son tour. L'aventure dure peu : excédés par les exactions des Polonais, les Moscovites s'emparent du souverain et le mettent en pièces. Un boyard, **Vassili Chouïski**, est élu à sa place. Mais les choses ne rentrent dans l'ordre qu'en 1612 lorsque **Mikhaïl Fiodorovitch Romanov** est élu par l'assemblée des boyards réunie dans la cathédrale de l'Assomption.

Napoléon au Kremlin

Lorsque l'Empereur arrive devant Moscou, la ville est à peu près vide, à l'exception de quelques habitants ivres morts après avoir pillé les dépôts de vodka. Napoléon s'installe au Kremlin. Mais, dans la nuit du 15 septembre, les flammes de la ville en feu l'éveillent en sursaut. Une des tours du Kremlin s'embrase. L'arsenal risque d'exploser à tout instant. Le comte de Ségur et le maréchal Berthier le pressent de quitter les lieux, mais Napoléon a du mal à renoncer à son rêve. Tandis que Mortier combat l'incendie, on fusille quelques Russes qui avaient eu le malheur de se trouver à portée de main des grenadiers de la garde. À l'aube, enfin, le Corse se décide. Mais le feu le cerne de toutes parts : il fuit le Kremlin en catastrophe par un couloir souterrain. L'incendie est éteint par la pluie le 18 septembre. Napoléon revient dans la forteresse le 19 : il caresse un instant l'idée d'achever la destruction de cette cité qui s'est refusée à lui. On l'en dissuade. Il tergiverse jusqu'au 17 octobre. Il faudra une attaque des Cosaques, difficilement repoussée par Murat, pour

Le saviez-vous ?

Au cours du premier tiers du 19e s., les vétérans des campagnes napoléoniennes se faisaient soigner à l'hospice de Bicêtre. Ces vaillants militaires, pour chenus qu'ils soient étaient toujours assoiffés et fréquentaient un estaminet voisin qui prit tout naturellement pour nom *Au Sergent du Kremlin*. Ce nom de Kremlin désigna bientôt tout le quartier et apparaît officiellement sur les cartes en 1832, avant d'être accolé à celui de Bicêtre, lorsque l'endroit fut érigé en commune.

que l'armée française quitte Moscou. Mais elle est rejetée sur la route de Smolensk et coupée de ses bases de ravitaillement tandis que le terrible hiver russe décime les troupes, harcelées par les Cosaques. Seulement 30 000 soldats regagnèrent la France. Il y en avait plus de 500 000 au départ…

Sous les bolcheviks

En mars 1918, Lénine installe son bureau et son appartement au deuxième étage du palais du Sénat. Mais le leader historique de la révolution vécut peu au Kremlin, lui préférant la datcha de Gorki. Staline, lui, y occupa un modeste logement autrefois dévolu à la domesticité. C'est après la mort du tyran que le Kremlin allait vivre un dernier drame : le 26 juin 1953, le nouvel homme fort, **Lavrenti Beria**, se rend sans méfiance à une réunion avec ses pairs. L'un d'eux, Nikita Khrouchtchev, propose que Beria soit « libéré de ses fonctions ». Quelques instants plus tard, il est froidement abattu. Et si, onze ans plus tard, ce fut au tour du bouillant Nikita d'être ainsi convoqué, sa fin fut moins tragique. Les mœurs commençaient à s'adoucir…

Découvrir

L'ENCEINTE DU KREMLIN★★

Pour la découverte extérieure du Kremlin, nous proposons un itinéraire qui vous conduira le long de la rivière, jusqu'à la place Rouge et enfin le long des murailles bordant l'agréable jardin Alexandre… par où vous pénétrerez (enfin) dans la forteresse.

Le long de la Moskova

Longée par le **quai du Kremlin (Kremliovskaïa naberejnaïa/Кремлёвская набережная)**, c'est la partie la moins agréable de votre circuit de découverte de l'enceinte du Kremlin, du fait d'une circulation automobile plus qu'intense. Cette section de la muraille fut la première à être édifiée, cette partie de l'enceinte étant considérée comme la plus vulnérable. Du Grand Pont de pierre au Grand Pont de la Moskova, elle est ponctuée de sept tours dont deux sont restées vouées à un triste anonymat.

Voir le Kremlin

C'est avec un peu de recul que vous obtiendrez les plus belles vues sur la forteresse hérissée de clochers et de bulbes… Deux des plus beaux points de vue : le **Grand Pont de pierre** (Bolchoï Kamenny most) et, au bas de la place Rouge, le **Grand Pont de la Moskova** (Bolchoï Moskvoretski most). Vous pouvez en outre parcourir sur l'autre rive le quai qui les relie, **Sofiïskaïa nab** (Софийская наб.). Enfin, c'est de la **rue Mokhovaïa** que vous aurez le meilleur point de vue pour admirer les superbes bulbes des « églises familiales » surmontant le palais des Terems.

Tour des Machines (Vodovzvodnaïa/Водовзводная) – Élevée en 1488 par l'architecte **Antonio Friazine**, cette haute tour ronde (près de 58 m, non comprise l'étoile rouge qui la surmonte) surmontée d'une flèche commandant aujourd'hui le **Grand Pont de pierre (Bolchoï Kamenny most/Большой Каменный мост)** surveillait jadis le confluent de la Neglinka et de la Moskova. Elle doit son nom au système de pompage qui y fut installé en 1633 et qui en fit le véritable château d'eau de la forteresse.

Vous rencontrerez ensuite la **tour de l'Annonciation (Blagovechtchenskaïa/Благовещенская)**, tour carrée datant de 1485-1488, baptisée en l'honneur d'une icône qu'elle abritait au 17e s.

Tour du Secret (Taïnitskaïa/Тайницкая) – C'est la plus ancienne des tours du Kremlin puisqu'elle date de 1485 (là aussi le maître d'œuvre fut Antonio Friazine) et son nom serait dû à un souterrain secret permettant de quitter le Kremlin pour gagner les rives de la Moskova, peut-être celui qu'emprunta Napoléon pour fuir l'incendie.

Les deux tours suivantes sont les seules du Kremlin à n'avoir pas reçu de nom, ce qui leur vaut d'être baptisées respectivement (et logiquement) **Première** et **Deuxième Tour anonyme (1-ïa, 2-ïa, Bezymiannaïa/1-я, 2-я Безымянная)**. Elles ont été construites respectivement en 1480 et 1488. Ancien entrepôt de poudre, la première subit les effets dévastateurs d'une explosion au 16e s. Massive et carrée, la **Tour de Pierre (Petrovskaïa/Петровская)** fut quant à elle longtemps la Troisième Tour anonyme… jusqu'à ce qu'on y installe, en 1771, l'église vouée à Pierre le Métropolite ; plus tard, elle servit de cabane à outils aux jardiniers du Kremlin.

Tour Beklemichev (Beklemichevskaïa/Беклемишевская) – *À l'angle de la place Rouge.* Superbe tour de plan circulaire, elle doit son nom à un boyard, Nikita Beklemichev, résident du Kremlin et possesseur d'un terrain à proximité de la tour. Celle-ci fut élevée par Marco Friazine et commandait un endroit stratégique, la traversée de la Moskova. Coiffée ultérieurement d'une flèche, elle culmine à plus de 46 m.

Le long de la place Rouge

Tour de Constantin et Hélène (Konstantino-Eleninskaïa/Константино-Еленинская) – Petite (37 m tout de même !) tour de plan carré, elle fut élevée en 1490 par Pietro Antonio Solari et prit le nom d'une église du Kremlin disparue depuis. Comme nombre d'autres tours, elle fut longtemps reliée par un pont-levis à une barbacane : celle-ci fut baptisée la « tour des Tortures » en raison des activités auxquelles on s'y livrait…

Tour du Tocsin (Nabatnaïa/Набатная) – Érigée en 1495, et baptisée en l'honneur de la cloche des pompiers du Kremlin qu'elle abrita… jusqu'à ce que la cloche fut « punie » par Catherine II : accusée d'avoir provoqué une émeute lors de la peste de 1711. La cloche fut condamnée par la tsarine à avoir la « langue » tranchée et retirée des lieux !

Tour du Tsar★ (Tsarskaïa/Царская) – Elle est bien jolie cette petite tourelle, sorte de gloriette posée sur la muraille à hauteur de la cathédrale Basile-le-Bienheureux. Empreinte d'une grâce légère, elle servait, murmurait-on alors, à **Ivan le Terrible** qui venait y observer discrètement les allées et venues sur la place Rouge.

Tour du Sauveur★★ (Spasskaïa/Спасская) – Datant de 1491 et construite par Solari, c'est la tour principale du Kremlin, par où pénétraient dans la forteresse les hauts dignitaires ou les ambassadeurs. Constituée de doubles murs, elle s'agrandit en 1624 d'une coiffure complexe composée d'un tambour à gradins *(tchetverik)* surmonté d'une structure octogonale *(vosmerik)*, servant de base à une flèche pyramidale, le tout atteignant 71 m, étoile rouge comprise… Elle doit son nom à trois icônes placées jadis au-dessus de la porte et affiche une horloge-carillon à quatre cadrans (1851-1852) dont le mécanisme occupe à lui seul trois étages. Ce carillon fut réglé en 1920 pour remplacer les anciennes mélodies par une plus martiale *Internationale*…

Dissimulée derrière le mausolée de Lénine, la **tour du Sénat (Senatskaïa/Сенатская)** date de 1491. Elle a été également bâtie par Solari. Quant à la **tour St-Nicolas (Nikolskaïa/Никольская)**, nommée d'après une icône de saint Nicolas le Thaumaturge autrefois apposée sur la porte d'entrée de sa barbacane, elle a été reconstruite au 18e s. par **Rastrelli** et son couronnement refait par **Ossip Bové**.

Enfin, face au musée national d'Histoire, l'angle avec le jardin Alexandre est marqué par la haute **tour d'angle de l'Arsenal (Ouglovaïa Arsenalnaïa/Угловая Арсенальная)**, octogonale, construite par Solari, et dont les murs atteignent une épaisseur de 6 m !

Le long du jardin Alexandre

Après la **tour moyenne de l'Arsenal (Sredniaïa Arsenalnaïa/Средняя Арсенальная)** qui s'orne d'arcatures aveugles à la manière de certains clochers vénitiens, vous passerez sous la rampe d'accès reliant la tour Koutafia à la tour de la Trinité que vous emprunterez tout à l'heure pour accéder au Kremlin.

Surmontée d'une tour de guet, la **tour du Commandant (Komendantskaïa/Комендантская)** précède la **tour des Armures (Oroujeïnaïa/Оружейная)** de 1495 que couronne depuis le 17e s. un double toit pyramidal.

P. Plantier / Michelin

Le Kremlin vu du jardin Alexandre.

Vous arrivez enfin à la tour **Borovitskaïa (Боровицкая)** ainsi nommée, dit-on, en souvenir de la forêt de sapins qui jadis occupait la colline du Kremlin. Cette réalisation de Solari (au pied de laquelle une porte permet d'accéder directement au palais des Armures) présente une structure originale puisqu'elle est surmontée de trois cubes superposés, eux-mêmes coiffés d'une flèche pyramidale. Haute de 54 m, elle est percée d'un porche par lequel les voitures officielles pénètrent dans la forteresse.

Revenir en arrière et se diriger vers l'accès à la forteresse, près du Manège.

Dentelles de pierre sur la tour Koutafia.

DANS LA FORTERESSE★★★

Tour Koutafia★★ (Koutafia/Кутафья)

Éloignée des murailles auxquelles la relie une rampe enjambant le jardin Alexandre, cette ravissante tour est aujourd'hui la porte d'entrée des visiteurs du Kremlin. Coiffée depuis 1685 d'une élégante couronne décorative, cette tour d'une hauteur de 13 m et au revêtement polychrome était jadis une barbacane, vestige des fortifications extérieures de la citadelle, dont le rôle était de protéger le pont lancé sur la Neglinka. La rampe aux parapets crénelés, aménagée en 1516, vous conduit à la **Tour de La Trinité (Troïtskaïa/Троицкая)**, construite en 1499 par Alevisio Friazine, puis coiffée au 17e s. d'une flèche et décorée de festons de pierre blanche d'allure néogothique. Haute de plus de 65 m, cette tour vous donne accès à la forteresse.

Arsenal (Арсенал)

Sur la gauche immédiatement après la tour de La Trinité. Ne se visite pas.

Ce grand bâtiment au toit de tuiles dorées a été édifié entre 1702 et 1736, avant d'être remodelé en 1790 par **Matveï Kazakov**. Dépôt d'armes et de munitions, il lui arriva ce qui devait lui arriver : en 1812, une forte explosion le secoua et le détruisit en partie. Il prit alors son apparence actuelle, celle d'un élégant édifice de style classique.

Palais national du Kremlin (Gossoudarstvenny Kremliovski Dvorets/Государственный Кремлёвский дворец)

C'est entre 1959 et 1961 que fut édifié face à l'Arsenal ce gigantesque parallélépipède de marbre blanc et de verre, relié au palais des Patriarches par un passage (dans lequel se niche une cafétéria) : il s'agissait alors d'accueillir les congrès du PCUS et c'est pourquoi on y aménagea une salle de réunion à la mesure des événements : pas moins de 6 000 personnes y siégeaient, seuls 2 500 privilégiés pouvant prendre place dans la salle voisine, réservée aux banquets, minuscule en comparaison malgré ses 4 500 m^2 ! Si l'on y ajoute quelque 800 bureaux, on conviendra que les hiérarques de l'époque khrouchtchévienne avaient le sens de la démesure, à défaut d'un goût esthétique très sûr. Plus personne n'étant en mesure de réunir tant de congressistes, le palais des Congrès a pris son nom actuel et les députés du peuple de l'URSS et autres membres du Soviet suprême ont laissé la place aux vedettes internationales de variétés, ainsi qu'à la troupe du Bolchoï.

Palais des Patriarches★★ (Patriarchi dvorets/Патриарший дворец)

Sur la droite, après le Palais national du Kremlin. Accès par une porte que l'on atteint après avoir gravi quelques marches. Présenter le billet d'entrée.

Adjacent à l'église des Douze-Apôtres **(Tserkov Dvenadtsati Apostolov/Церковь Двенадцати Апостолов)** dont les cinq bulbes semblent le coiffer *(on ne visite pas)*, ce palais a été construit entre 1652 et 1656 sur ordre du patriarche **Nikon**. La visite permet de découvrir une vaste salle, le vestibule d'apparat, où sont exposés divers objets liturgiques datant du 17e s. (textile et orfèvrerie), ainsi que des manuscrits ornés de miniatures. Les salles suivantes, plus petites, aux murs décorés de motifs polychromes présentent divers objets plus profanes illustrant la vie quotidienne de la haute société à cette époque : jeu d'échecs aux pièces en or, mobilier, horloge représentant un éléphant tirant un char, rare collection de montres, mobilier russe ou européen (sculpté), superbe poêle en faïence, malles et coffres richement décorés, ustensiles et parures féminines, sans oublier les broderies.

Dans l'immense **Salle de la Croix** à la voûte que nul pilier ne vient soutenir, vous apercevrez un four étonnant : c'est ici que l'on préparait l'huile bénite à base de myrrhe, le saint chrême. Enfin, l'oratoire de la chapelle privée des Patriarches a reçu l'iconostase du monastère de l'Ascension détruit en 1929 : vous remarquerez combien les isographes du 17e s., tels que **Simon Ouchakov** ou **Kirill Oulanov** ont sacrifié la manière traditionnelle au profit d'une recherche d'un réalisme se traduisant par l'apparition de fonds de paysage ou d'architecture.

Un présent du prince Ivan Kalita

Tout a commencé en 1325 lorsque **Ivan Kalita** invita le métropolite **Pierre** à quitter Vladimir pour Moscou, et lui offrit un terrain dans l'enceinte du Kremlin. La « cour des Patriarches » fut bientôt couverte d'édifices (appartements, églises, chapelles) élevés en bois. C'est en 1450 que fut construit le précédent palais de pierre, premier édifice civil édifié dans ce matériau dans l'enceinte du Kremlin.

En sortant du palais, quelques pas vous conduisent à la place Ivanovskaïa.

Place Ivanovskaïa

(Ivanovskaïa plochtchad/Ивановская площадь)

Vous voici au cœur du pouvoir et, bien entendu, vous vous garderez bien de traverser pour examiner de plus près les deux bâtiments qui vous font face au-delà d'un vaste espace, le Sénat, devenu la résidence officielle du président de la Fédération de Russie et l'ancien présidium du Soviet suprême de l'URSS.

Sénat (Сенат) – Séparé de l'Arsenal par un parterre verdoyant, ce bâtiment triangulaire fut édifié entre 1776 et 1787 par le principal représentant du style classique, **Matveï Kazakov**, à la demande de Catherine II. Il présente une façade sobre et dissimule en son sein une salle circulaire coiffée d'une coupole. Si aucun sénateur n'y a siégé depuis le milieu du 19e s., le palais a conservé son nom tout en changeant de fonction : en 1918, **Lénine** s'y installa, puis il abrita les travaux du Conseil des ministres de l'URSS.

Ancien présidium du Soviet suprême – Abritant les services administratifs de la présidence de la Fédération de Russie, ce bâtiment a été élevé en 1935 par **Ivan Rerberg**, auteur également du massif Télégraphe Central de la rue Tverskaïa *(voir p. 189)*. Par chance, Rerberg, peut-être intimidé par les lieux, a ici fait dans le pastiche, dessinant un bâtiment pouvant s'apparenter au Sénat. Le lieu fut au départ destiné à être une école militaire : pour la construire, on mit à bas quelques églises et monastères. On ne peut que le regretter !

« Roi des Canons » (Tsar-pouchka/Царь-пушка) – *Sur votre droite*. Les visiteurs aiment se faire photographier, en arborant un air belliqueux, devant ce formidable canon, le plus grand du monde, dit-on. L'engin fut créé par le fondeur **Andreï Tchokhov**, en 1586, et installé sur la place Rouge avec pour mission de protéger le Kremlin de toute agression. Pesant 40 t, et mesurant 5,34 m, ce canon aux décorations finement ciselées ne servit jamais…

Derrière le canon, en contournant le palais des Patriarches vous débouchez sur la vaste place des Cathédrales.

La place des Cathédrales★★★

D'emblée, l'impression est saisissante : nulle part ailleurs vous ne verrez rassemblés dans un même espace autant de chefs-d'œuvre architecturaux ! Sur votre droite en retrait, la cathédrale des Douze-Apôtres, attachée au palais des Patriarches, dresse sa façade sud, ornée d'arcatures aveugles ; toujours à gauche, la cathédrale de la Dormition présente une haute façade décorée d'une frise d'arcatures à mi-hauteur et de fresques (elle dissimule la petite église de la Déposition-de-la-Robe) ; plus loin, le palais à Facettes présente ses bossages en pointe de diamant, et précède la cathédrale de l'Annonciation coiffée de ses sept bulbes dorés ; en face de celle-ci, sur votre gauche, le regard embrasse tout d'abord la cathédrale de l'Archange-St-Michel dont l'apparence (si ce n'étaient les bulbes) évoque les sanctuaires de la Renaissance italienne. Enfin, près de vous, le clocher d'Ivan le Grand domine l'église de l'Ascension.

Vous pouvez visiter les cathédrales dans l'ordre qui vous plaira. Les seules contraintes étant dues aux groupes qui parfois obstruent l'entrée et, forts du nombre ou affolés à l'idée de perdre leur cicérone, bousculent les visiteurs individuels sans le moindre ménagement. Pensez à conserver à portée de la main votre ticket d'entrée qui doit être présenté dans chacun des sanctuaires. Et n'oubliez pas d'arborer à la poitrine la pastille autocollante vous autorisant à prendre des photos.

Cathédrale de l'Assomption★★★ (Ouspenski sobor/Успенский собор)

Du temps de l'Ancienne Russie, c'est ici que se situait le centre de la vie politique et spirituelle de l'empire, processions solennelles et cérémonies fastueuses : les grands-princes de Moscou, puis les tsars à partir d'**Ivan IV le Terrible** y furent couronnés, même lorsque la capitale fut transférée à St-Pétersbourg. D'aucuns s'y marièrent, comme le « **faux Dimitri** » qui y épousa **Marina Mniszek** en 1606. D'autres enfin, d'origine étrangère, se firent orthodoxes en ce lieu sacré entre tous.

Le fabuleux sanctuaire que vous allez découvrir n'est pas le premier à s'élever sur les lieux : une église en bois s'y dressait au 12e s. et une première cathédrale de pierre y fut élevée en 1325 sur ordre d'Ivan Kalita lorsque le métropolite Pierre s'installa au Kremlin. C'est en 1472 que l'on décida de bâtir une nouvelle église… qui s'écroula avant d'être terminée. La légende dit que les maîtres maçons russes y voyant un signe du destin se refusèrent à reprendre les travaux et que c'est pour cette raison que l'on décida de faire appel à un architecte étranger : et c'est ainsi qu'entre 1475 et 1479 un architecte originaire de Bologne, **Aristote Fioravanti**, mena à bien les travaux.

Le contrat

Il était spécifié que l'architecte devait réaliser une copie presque conforme de la cathédrale de l'Assomption-de-Vladimir. Fioravanti se plia en apparence à cette obligation contractuelle… notamment en réalisant la frise d'arcatures aveugles qui entoure le sanctuaire. Mais il y apporta également sa « patte », celle d'un Italien de la Renaissance, en veillant à la symétrie d'où l'édifice tire une bonne part de son harmonie.

Extérieur – La cathédrale frappe par son air de majesté, un peu austère sans doute, mais d'une rare harmonie ! Donnant sur la place, la façade principale de l'édifice est somptueusement décorée, chose bien compréhensible puisque c'est de ce côté qu'entraient les cortèges officiels : une majestueuse volée de marches conduit au portail constitué d'une série d'arcs en plein cintre de taille décroissante. Au-dessus apparaissent des peintures murales (figures de saints, Vierge à l'Enfant) exécutées par des maîtres anonymes du 17e s.

Intérieur – *Accès par une porte latérale, sur le côté gauche de la façade principale.* Pratiquement inchangé depuis la consécration du sanctuaire, il est époustouflant et l'on ne peut que vous souhaiter de tomber sur une « heure creuse » afin de pouvoir détailler à votre aise les fresques qui couvrent le moindre centimètre carré des murs et des quatre gros piliers circulaires ainsi que les innombrables icônes exposées !

Devant l'iconostase principale, du côté droit, vous remarquerez le **trône de Monomaque**, un oratoire en bois finement sculpté destiné à Ivan le Terrible et datant de 1551. Les sculptures illustrent les hauts faits des princes de Vladimir et le transfert de Byzance en Russie des insignes du pouvoir religieux détenus jadis par l'empereur byzantin Constantin Monomaque : ainsi une filiation symbolique directe était établie entre le chef de l'empire d'Orient et le tsar à travers les princes de Kiev et de Vladimir, et Moscou pouvait à juste titre revendiquer le titre de « troisième Rome ». Tout à côté, le trône en pierre blanche surmonté d'un baldaquin est celui du Patriarche (15e s.). Enfin, près du pilier de gauche, l'oratoire des tsarines, lui aussi surmonté d'un baldaquin, date du 17e s. Remarquez également, sur la droite de l'entrée, une étonnante « tente » couronnée de *kokochniki* : ses parois sont constituées d'une grille de fer délicatement forgée représentant des motifs floraux. Destinée à abriter les reliques du patriarche Hermogène, elle a été exécutée en 1624 par **Dimitri Svertchkov**.

P. Plantier / Michelin

Sur la façade de la cathédrale de l'Assomption.

La place des Cathédrales avec, au premier plan, la cathédrale de l'Annonciation.

L'**iconostase principale** *(face à l'entrée)* date de 1653 et a été créée par des maîtres de Iaroslavl et de Kostroma comme Iossif Vladimirov ou Konstantin Ananine. Sur cette iconostase à quatre registres, vous observerez que la déisis comprend les images des douze apôtres, ce qui correspond à la tradition grecque. À gauche des portes saintes, encadrée d'argent, copie (réalisée au 16e s.) de la fameuse *Vierge de Vladimir*. Enfin, le *Sauveur en furie* (vers 1340), sur la droite (registre inférieur), est plein d'une expressivité qu'on n'a pas l'habitude de voir sur les représentations du Christ.

Sur le mur nord *(à votre gauche lorsque vous entrez)* s'alignent d'extraordinaires icônes : parmi celles-ci, remarquez notamment *Miracle et mort de l'Archange saint Michel* (début du 17e s.), *saint Alexandre* entouré de 129 scènes de sa vie (Moscou, vers 1547) ou encore la *Vierge de Bogolioubovo* (monastère Solovetski, 1547) et, au bout de l'allée, l'icône double face représentant d'un côté Saint-Georges (Novgorod, 11e-12e s.) et de l'autre la Vierge à l'Enfant (15e s). Sur le mur opposé, du côté de l'entrée principale, notez une série d'icônes réalisées par **Dionissi** (15e-16e s.) : parmi celles-ci un *Jugement dernier* et une *Apocalypse*.

Réalisées entre 1642 et 1644, les **peintures murales**, enfin, représentent sur les murs nord et sud les sept conciles œcuméniques organisés entre le 4e et le 7e s. Le mur ouest (au-dessus de la porte par laquelle vous êtes entré), comme il est de tradition, est consacré au Jugement dernier avec les pêcheurs en bas à gauche et les Justes à droite. Enfin, les piliers portent les images de plus de cent saints et martyrs.

En quittant la cathédrale de l'Assomption, traverser la « rue » et gagner l'église qui se trouve juste en face. Accès par un escalier.

Église de la Déposition-de-la-Robe★★ (Tserkov Rizpolojenia/Церковь Ризположения)

Avouons un gros coup de cœur pour cette petite église qui semble timidement se cacher derrière la cathédrale de l'Assomption... Cette chapelle privée des Patriarches à coupole unique a été élevée à l'étage d'un bâtiment (qui aurait abrité les trésors du métropolite) autour de 1485 par des architectes de l'école de Pskov.

Vous parcourrez tout d'abord une galerie extérieure coudée entourant deux des côtés de la chapelle (ajout du 17e s.) où sont exposées des icônes en bas relief et des statues de bois polychrome, rares en Russie, en raison des incendies qui en détruisirent bon nombre, et parce que l'Église orthodoxe russe ne voyait pas d'un bon œil cette forme d'art qui rappelait par trop le paganisme. Parmi celles-ci remarquez *Saint Nicolas de Mojaïsk* (du milieu du 17e s.) et le bas-relief du Calvaire (18e s.) provenant du monastère des Miracles.

La minuscule **église** est littéralement couverte de fresques réalisées en 1644 par trois peintres d'icônes, Sidor Pospeev, Ivan Borissov et Semion Abramov dans des teintes très vives et pleines de gaieté. Vous y verrez sur les piliers des portraits (idéalisés) de princes et de tsars (là encore, il s'agit de montrer la filiation divine des souverains russes) ainsi que de saints russes archaïques comme Boris et Gleb, ainsi que les effigies des différents métropolites. Remarquez également les trois murs consacrés à la vie de la Vierge avec, notamment, une belle *Nativité du Christ*.

L'**iconostase** à quatre registres est en grande partie d'origine : tout en haut, les prophètes ; au-dessous, les fêtes du calendrier orthodoxe (Nativité, Résurrection de Lazare, Épiphanie, etc.) ; vient ensuite la déisis où, aux deux extrémités, sont représentés les premiers « saints hiérarques » de Moscou, les métropolites Pierre *(à gauche)* et Jonas, qui fut à l'origine de la construction de l'église *(à droite)* ; au registre inférieur, vous remarquerez, à gauche de la porte royale, *La Trinité* exécutée par **Nazari Istomine** (17e s.). Sur la droite, l'icône de la *Déposition de la Robe*, est une œuvre du 18e s.

Regagner la place ; le clocher d'Ivan le Grand est sur la gauche de celle-ci.

La Déposition de la Robe

Cette fête orthodoxe russe commémore chaque 15 juillet le transfert dans une église de Constantinople de la robe de la Vierge, jusque-là conservée en Palestine. Pour les Russes, la chose est d'autant plus sacrée que le 15 juillet 1451 un prince tartare renonça à donner l'assaut au Kremlin qu'il assiégeait depuis plusieurs jours. De là à dire que la Vierge était pour quelque chose dans ce retrait aussi soudain qu'inattendu, il n'y avait qu'un pas… même si les historiens, ces grands impies, attribuent cette retraite à des dissensions soudaines survenues dans le camp des assaillants.

Clocher d'Ivan le Grand★★ et beffroi (Kolokolnia Ivana Velikogo i zvonnitsa/Колокольня Ивана Великого и звонница)

Élevé entre 1505 et 1508 par un autre Italien, **Bono Friazine**, ce grand clocher blanc surmonté d'un bulbe doré a été surélevé un siècle plus tard sur ordre du tsar **Boris Godounov** et culmine depuis lors à une hauteur de 81 m, ce qui en fit longtemps la plus haute construction de Moscou : il est vrai que le tsar avait promulgué un *oukaze* interdisant à quiconque de bâtir un édifice plus élevé et ce sur l'ensemble du territoire ! Seul **Alexandre Menchikov** osa enfreindre cet ordre en 1707, en faisant bâtir un clocher plus élevé encore, celui de l'église de l'Archange-Gabriel *(voir p. 214)*.

Le clocher, qui servait de tour de guet, est bâti sur un solide socle octogonal de pierre blanche au-dessus duquel s'élève une structure de briques, le tout étant allégé par des séries de « carillons » ou baies d'arc ouvertes. La diminution progressive du diamètre du clocher à mesure que l'on s'élève contribue à donner à l'ensemble son caractère élancé. Tout en haut, des *kokochniki* masquent le passage du plan octogonal à celui, circulaire, du tambour supportant le bulbe.

Beffroi – *Sur la gauche du clocher qu'il touche presque. Accès par la galerie (portique anti-armes). Le billet d'accès à l'ensemble architectural permet de visiter la collection.* Cette construction à cinq étages supporte un clocher-arcade, lui-même surmonté d'une coupole d'or. Sur la gauche, un édifice annexe, coiffé quant à lui d'un toit pyramidal, fait également office de clocher. L'ensemble de ces bâtiments est une reconstruction, plus ou moins identique à l'original, effectuée en 1815 sur des dessins d'un architecte italien, **Domenico Gilardi**, qui adapta le bâtiment au goût néoclassique de l'époque.

Le beffroi abrite une **exposition**★★ d'objets provenant des collections du palais du Kremlin (acquisitions depuis 1995) : au fil des quelques salles *(attention : le cadre des portes est particulièrement bas !)*, vous y verrez une superbe collection de tabatières du 18e s., des icônes anciennes de toute beauté (*Scènes de la vie de sainte Nina*, 17e s., le *Prophète Élie*, fin du 16e s.), une somptueuse vaisselle (remarquez l'extraordinaire service à vin en émail et pierres précieuses, réalisé en 1873 par **Ivan Khlebnikov**), de chatoyants costumes de cour et des **œufs de Fabergé**.

« Reine des cloches » (Tsar-kolokol/Царь-колокол) – *Sur la place Ivanovskaïa, entre le clocher d'Ivan le Grand et la cathédrale de l'Archange-St-Michel.* Les cloches sont indissociables de la vie traditionnelle russe dont elles rythment la vie quotidienne, annonçant bonnes et mauvaises nouvelles et très tôt, les fondeurs se mirent à réaliser des cloches géantes dans une sorte d'émulation. Celle-ci, la plus grande au monde, fut fondue en 1734-1735 à la demande de la nièce de Pierre le Grand, la tsarine **Anna Ioannovna** (1693-1740) par **Ivan Motorine** puis son fils Mikhaïl : il fallut pour la réaliser creuser une fosse de dix mètres de profondeur sur le territoire du Kremlin, et utiliser quatre fours. Il fallut ensuite un an pour que le sculpteur **Fiodor**

Mauvais perdant !

Lors de son départ du Kremlin, Napoléon exprima sa mauvaise humeur en ordonnant de faire sauter le clocher : mais celui-ci résista. En revanche, le beffroi voisin fut détruit par l'explosion…

Medvedev cisèle le métal de cette cloche, haute de plus de six mètres et dont le poids atteint 200 t ! Mais patatras, les travaux venaient à peine de se terminer que le feu dévora la toiture en bois qui protégeait le théâtre des travaux et le métal de la cloche se fendit… Pendant près d'un siècle, la « Reine des cloches » demeura dans sa fosse, jusqu'à ce qu'en 1836 **Auguste de Montferrand** la hisse sur le piédestal où elle est aujourd'hui exposée.

Cathédrale de l'Archange-St-Michel★★ (Sobor Arkhanguela Mikhaïla/Собор Архангела Михаила)

Au-delà du clocher d'Ivan le Grand.

Cette cathédrale, nécropole des grands-princes de Moscou et des premiers tsars, a été édifiée en 1505-1508 par un architecte vénitien, Alevisio Lamberti da Montagna, *alias* **Alevisio le Jeune**, appelé à Moscou par Ivan le Grand. Elle occupe l'emplacement de plusieurs sanctuaires successifs, de bois puis de pierre, tous voués au protecteur de la dynastie, et au même usage depuis que Ivan Kalita y a été inhumé en 1340.

C. Hervé-Bazin / Michelin

Le Kremlin vu de la rive opposée de la Moskova. Au second plan, la cathédrale de l'Archange-St-Michel et le clocher.

Vous ne manquerez pas d'être frappé par l'aspect Renaissance vénitienne très marqué de cet édifice de pierre blanche (dont les murs étaient jadis, si l'on en croit les documents anciens, peints en rouge, les éléments de décoration étant laissés en blanc) : pilastres à chapiteaux, corniche horizontale donnant l'illusion d'un édifice à deux étages, fronton circulaire au-dessus du portail principal percé d'oculi, motifs décoratifs en coquille… Les bulbes, aujourd'hui dorés, sont venus remplacer au 18e s. une coupole centrale très endommagée, et viennent rappeler que l'on est en Russie, de même que l'ordonnancement intérieur. Ajoutons que le lieu dut être sérieusement restauré après 1812, les soudards français s'étant généreusement servis parmi les œuvres d'art exposées et ayant même trouvé le temps de reconvertir le lieu en entrepôt à vin !

Intérieur – Après avoir franchi un portail richement décoré de peintures murales, vous accéderez au sanctuaire, vaste espace en forme de croix et doté de six piliers. Là encore, les peintures murales, réalisées entre 1652 et 1668 par un collectif d'une bonne centaine de peintres dirigés par **Simon Ouchakov**, couvrent la moindre surface des murs et des piliers. Vous remarquerez sur les murs de droite et de gauche des cycles consacrés aux exploits de l'Archange, les autres murs étant consacrés à des scènes de batailles, adaptations à l'histoire russe des épisodes bibliques (la « prise de Jéricho » renvoyant à celle de Kazan). Les peintures des piliers ne manquent pas d'intérêt puisqu'elles représentent une soixantaine de personnages historiques, avec le souci de souligner le lien entre Byzance et Moscou : vous y verrez ainsi, entre autres, Alexandre Nevski (sur une facette du premier pilier à votre droite) le prince Daniel, un empereur byzantin (Michel III Paléologue) et bien d'autres. Mais attention : il ne s'agit pas de portraits, mais d'images symboliques.

L'**iconostase**, toute de rouge et or, finement sculptée en 1680, est somptueuse : remarquez le décor de feuillages et de fruits entrelacés courant sur les colonnettes, ainsi que les portes royales. Les icônes quant à elles furent souvent remplacées, voire repeintes, au cours des âges et sont donc d'époques très différentes. Vous remarquerez en particulier l'icône de *L'Archange Michel* (la seconde sur la droite des portes royales) qui daterait de la fin du 14e s. : l'archange y est représenté en pied, brandissant son épée, et entouré de dix-huit vignettes retraçant ses exploits. Le tout aurait été réalisé afin de commémorer et d'exalter la victoire de Dimitri Donskoï sur les Mongols.

Terrible jusqu'au bout

Ivan IV le Terrible, premier prince à avoir pris le titre de tsar, ne voulait pas être enterré comme ses prédécesseurs : il se fit donc construire derrière l'iconostase une nécropole particulière, où il repose en compagnie de son fils Ivan, celui qu'il avait lui-même fait exécuter, et de son second fils, **Fedor Ivanovitch**, qui lui succéda et fut le dernier prince de la dynastie.

La **nécropole** est constituée d'une cinquantaine de tombeaux, tous réservés à l'origine à des hommes (les femmes, enterrées dans le monastère de la Résurrection, furent transférées dans les soubassements de la cathédrale par les Soviétiques).

Contre le mur de droite, à partir de l'iconostase, vous découvrirez successivement les tombeaux d'**Ivan Kalita** *(à hauteur du premier pilier)*, le « rassembleur des terres russes » ; à sa droite, repose son petit-fils **Dimitri Donskoï**, premier prince russe à avoir infligé une défaite à la Horde d'Or (victoire de Koulikovo, 1380). Tout près de l'iconostase se trouve **Ivan III le Grand** encadré de son père et de son fils, Vassili II et III. Contre ce premier pilier sont enterrés les premiers tsars Romanov **Mikhaïl Fiodorovitch** (1596-1645) et son fils **Alexeï Mikhaïlovitch** (1629-1676). C'est contre ce même pilier qu'un superbe baldaquin bleu décoré d'une grille réalisée par **Dimitri Svertchkov** contient les reliques du **prince Dimitri**, fils d'Ivan le Terrible et successeur légitime de Fiodor Ier qui mourut en 1605, disparition qui permit au régent, **Boris Godounov**, de s'emparer du trône… et au malheureux jeune homme d'être canonisé.

Les frères aînés de Pierre le Grand, Fiodor (1661-1682) et Ivan V (1666-1696) sont quant à eux inhumés au pied du pilier situé en face, à proximité du mur nord *(sur la gauche de l'entrée)* : ce sont les derniers tsars à avoir reçu une sépulture en ces lieux puisque, à partir de Pierre le Grand (et à l'exception de Pierre II), les tsars ont été inhumés à Pétersbourg, dans la cathédrale Pierre-et-Paul *(voir p. 436)*.

Mais les souverains n'ont pas été les seuls à bénéficier de la nécropole royale. Contre le mur nord reposent les princes Staritski, bien qu'ayant été exécutés pour s'être opposés à Ivan IV et cet honneur a également été accordé au **faux Dimitri**… à tout le moins ce qu'il en reste puisque, selon la tradition, après son exécution, son corps aurait été placé dans un canon et dispersé à tous vents ! Enfin, vous verrez le sarcophage du prince **Mikhaïl Tchernigov**, massacré par les Mongols en 1245.

Palais à Facettes★★ (Granovitaïa palata/Грановитая палата)

En face du beffroi, contre la cathédrale de l'Annonciation.

On ne visite pas (et c'est bien dommage !) ce somptueux palais édifié entre 1487 et 1491 par Marco Friazine et Pietro Antonio Solari dont la salle d'apparat, occupant tout le premier étage, faisait office de salle du trône aux tsars résidant à Moscou. Il s'agit en fait de l'unique élément du palais construit pour Ivan III le Grand à nous être parvenu… Vous vous contenterez donc d'en admirer la façade garnie de bossages qui lui a donné son nom, et les superbes fenêtres encadrées de colonnes au décor de pampre à spirale réalisé par **Ossip Startsev** en 1684.

P. Plantier / Michelin

Le palais à Facettes.

Cathédrale de l'Annonciation★★★ (Blagovechtchenski sobor/Благовещенский собор)

Sur la gauche du palais.

Vous voici donc devant la dernière cathédrale, peut-être la plus belle de toutes, qui fut la chapelle privée des grands-ducs puis des tsars de Russie. Reliée à l'origine par des passages aux appartements du grand-prince (disparus depuis), la cathédrale actuelle a été construite de 1489 à 1494 par les maîtres de Pskov sur un bâtiment abritant jadis le trésor des souverains. Naturellement, elle a été plusieurs fois remaniée et agrandie depuis lors au détriment des fresques d'origine… Une première fois, après un incendie qui l'endommagea en 1547, ce qui valut au sanctuaire l'adjonction de quatre chapelles à bulbe unique, tandis que le vaisseau central était doté de deux nouveaux bulbes, ce qui portait leur total à neuf, qui furent tous dorés ultérieurement à l'instigation d'Ivan le Terrible. C'est ce même Ivan qui fit construire en 1572 du côté sud une galerie donnant accès à une chapelle privée : après son quatrième mariage, l'Église russe manifestant une certaine mauvaise humeur lui avait en effet interdit d'assister au service ! Enfin, elle eut à subir maintes déprédations lors d'invasions, celle des Polonais en 1612, et celle de Napoléon deux siècles plus tard.

Avant de pénétrer dans cette cathédrale, qui, en dépit de son aspect biscornu, revêt une rare harmonie, vous observerez attentivement les murs extérieurs, ceinturés d'arcatures aveugles (notamment du côté est faisant face à la cathédrale de l'Archange-St-Michel), motif que l'on retrouve sur les tambours des coupoles. Enfin, remarquez les deux frises de « zakomars » qui couronnent le faîte des murs.

L'accès se fait par un perron précédé d'une volée de marches et donnant accès à une galerie extérieure longeant les côtés nord et ouest de la cathédrale.

Galeries Nord et Ouest – Riche décor de fresques couvrant les murs et la voûte et traitant de la généalogie du Christ, d'Isaïe, David et Salomon à la Vierge ; vous remarquerez également des portraits censés représenter les hommes illustres (philosophes, poètes, scientifiques) de l'Antiquité, parfois vêtus à la russe, et considérés comme les ancêtres directs des sages chrétiens. Dans la galerie Ouest, un superbe portail aux entrelacs d'or sur fond bleu donne accès à la cathédrale. Admirez au passage les deux portes de cuivre, décorées d'effigies de poètes (Homère, Plaute, Plutarque) qui seraient sans doute prodigieusement étonnés de se trouver honorés ici !

Perdues à jamais

Il s'agit des peintures murales décorant l'église, qui seraient dues selon la tradition à **Andreï Roublev** et **Théophane le Grec**.

Cathédrale – Elle surprend par la modestie de sa taille, explicable, cependant, puisque seuls le souverain et sa famille proche assistaient au culte. Soutenue par quatre piliers, elle est nantie d'une tribune qu'un passage couvert reliait directement au Palais royal : on accédait de la tribune à la cathédrale par un escalier creusé dans l'épaisseur du mur. Remarquez le dallage original, constitué de jaspe brun : il se dit qu'il fut transféré ici depuis la cathédrale de Rostov, ce qui est probablement une légende…

Très belle, l'**iconostase** à cinq registres est fermée par des portes saintes en argent massif qui ont remplacé en 1818 celles que Napoléon avait emportées ou détruites, on ne sait. C'est dans l'atelier d'**Ivan Khlebnikov** qu'ont été ciselés à la fin du 19e s. les ornements de laiton doré à motif végétal.

Les **icônes** sont extraordinaires et méritent d'être longuement contemplées. Le registre du haut consacré aux images des patriarches a été réalisé au 16e s. La « rangée des prophètes » a quant à elle été réalisée par des maîtres de Pskov, probablement après l'incendie de 1547. Certaines des icônes de la « rangée des fêtes » (troisième rangée) datent du début du 15e s. : plusieurs d'entre elles (les sept qui occupent le côté gauche de la rangée) ont longtemps été attribuées à **Andreï Roublev**, en raison de leur coloris clair et de cette lumière qui en émane, caractéristique de la manière du grand maître, mais aujourd'hui les spécialistes lui en contestent la paternité. Les autres icônes de la rangée sont peut-être quant à elles des œuvres de **Prokhor de Gorodets** : vous remarquerez l'impressionnante *Mise au Tombeau* pour sa force expressive.

Pour d'aucuns, la plus grande partie des icônes de la déisis aurait été exécutée par un autre grand créateur, **Théophane le Grec** (fin du 14e s.). Là aussi, l'attribution est actuellement remise en cause : il n'en reste pas moins que ces icônes, tant le *Christ*, dans sa mandorle, que la *Vierge*, sont de purs chefs-d'œuvre.

Enfin, ne négligez pas le registre inférieur, celui dit « de place » : vous y verrez des icônes représentatives du style byzantin qui imprégnait la peinture archaïque russe. La plus ancienne de toutes est *Le Sauveur sur le trône* que l'on a pu dater de 1337 et qui porte la signature d'un certain Mikhaïl, peintre à la cour du prince Ivan Kalita.

P. Plantier / Michelin

Vierge de l'Annonciation.

Bien entendu, vous détaillerez les **peintures murales** qui revêtent elles aussi un grand intérêt ; elles ont été réalisées entre 1547 et 1551, c'est-à-dire après l'incendie qui détruisit les fresques d'origine. Parmi les thèmes traités, outre l'habituel Jugement dernier et l'Apocalypse (à la voûte, sous la tribune), vous retrouverez la filiation maintes fois proclamée entre Byzance et Moscou afin de légitimer la dynastie des princes de Moscou, ici symbolisée par la présence de Constantin et Hélène sur le bas du pilier le plus proche de l'entrée à droite.

Galerie Sud – *Accès par la porte sur la droite.* Dans cette galerie ont été regroupées des icônes réalisées du 14e au 16e s. : parmi celles-ci *La Vierge conductrice* (ou « Vierge de l'Hodegetria ») et un *Jean le Précurseur*, particulièrement hirsute de 1560. Enfin, vous découvrirez dans les vitrines deux croix d'autels, destinées à être portées en procession, toutes deux du 16e s.

Vers la tour Borovitskaïa

Contournant sur la droite la cathédrale de l'Annonciation, prendre une très large allée pavée en pente douce que parcourent de temps à autre des véhicules officiels roulant à vive allure, descendant vers le palais des Armures et la porte Borovitskaïa qu'il faut emprunter pour quitter l'enceinte.

Le côté gauche de cette grande allée *(que vous vous abstiendrez de traverser en dehors des passages réservés, faute de quoi vous seriez rappelé à l'ordre par d'énergiques coups de sifflet émis par un garde surgi d'on ne sait trop où)* est doté d'un parapet constituant un belvédère d'où vous pourrez apercevoir le jardin du Kremlin *(sur votre gauche).* Devant vous, le terrain dévale en pente assez abrupte vers les remparts ; derrière ceux-ci coule paresseusement la Moskova, au-delà de laquelle l'île et la rive sud de la rivière se fondent peu à peu dans la brume.

Revenu sur le trottoir de droite, vous longez le Grand Palais du Kremlin.

Grand Palais du Kremlin (Bolchoï Kremliovski dvorets/Большой Кремлёвский дворец)

Ne se visite pas.

Cet énorme édifice a la régularité d'autant plus monotone que la façade principale, celle que vous longez, mesure 125 m de long pour une hauteur de 44 m. Il a été construit entre 1838 et 1850 par une équipe d'architectes dirigée par **Konstantin Ton**, en remplacement de l'ancien palais princier, afin de servir de pied-à-terre moscovite au tsar. Les quelque sept cents salles distribuées dans cet immense carré réparti autour d'une cour sont réputées pour leur décor fastueux, bien qu'un peu pompeux… que seuls les officiels peuvent découvrir au cours de réceptions. L'architecte a pris le parti d'intégrer dans la nouvelle construction des bâtiments anciens : parmi ceux-ci, vous avez pu apercevoir le palais à Facettes qui donne sur la place des Cathédrales. Vous n'aurez pas cette chance avec la **Petite Chambre d'Or de la tsarine** (16e s.) où les visiteurs de l'impératrice étaient invités à l'attendre, ni avec le fabuleux **palais des Terems (Теremnoï dvorets/Теремной дворец)**, construit en 1635 afin de servir de résidence aux premiers tsars Romanov, puis surélevé plusieurs fois jusqu'au 17e s. avec l'adjonction en 1682 des chapelles privées dont le toit commun est surmonté de onze bulbes dorés au col de briques rouges.

On ne peut qu'espérer que ces lieux soient ouverts un jour à la visite : pour l'heure, vous devrez vous contenter d'en apercevoir depuis le jardin Alexandre ce qui dépasse des hautes murailles de la forteresse, et de rêver devant les images que les livres consacrés au Kremlin s'ingénient à multiplier.

Vous longez ensuite une vaste cour fermée par une grille impressionnante et où vous vous garderez bien de pénétrer.

Palais des Armures (Oroujeïnaïa palata/Оружейная палата)

Sur la droite au-delà de la cour.

Relié au précédent par un passage couvert, ce palais est également une réalisation de **Konstantin Ton** (1844-1851). Il doit son nom au premier édifice occupant les lieux, un atelier où se fabriquaient jadis les armes et les armures. Les ateliers furent par la suite utilisés par les artistes et artisans du tsar. Construit dans le but de préserver et présenter au public les trésors de la couronne, le palais actuel abrite les extraordinaires collections d'arts appliqués du Kremlin (*voir ci-après dans « Visiter »*).

Palais des Menus-Plaisirs (Potechny dvorets/Потешный дворец)

Ne se visite pas.

Construit dans le prolongement du palais des Armures et donc invisible, ce palais de 1651 mais plusieurs fois remanié (voire rebâti) fut quelque temps occupé par le théâtre de la Cour, ce qui lui valut son nom.

La sortie s'effectue par la tour Borovitskaïa ouvrant sur le jardin Alexandre.

Visiter

Palais des Armures★★★ (Oroujeïnaïa palata/Оружейная палата)

Voici incontestablement un des « must » de Moscou. La richesse de ses collections d'Art décoratif, ayant appartenu pour la plupart à la famille impériale est en effet incomparable, d'autant que l'accent est mis sur le 17e s., époque de l'apogée des arts appliqués en Russie. Plus de 4000 objets sont répartis dans neuf salles situées sur deux niveaux, quatre au rez-de-chaussée et cinq au premier étage.

Bon à savoir

Si vous ne voulez pas visiter le palais des Armures, vous pouvez choisir de quitter le Kremlin par là où vous êtes venus, c'est-à-dire la tour Koutafia en prenant le chemin en sens inverse.

À l'étage, les deux premières salle sont consacrée à l'**orfèvrerie et à l'argenterie** religieuse et profane, respectivement des origines au 16e s., et du 17e au 20e s. Dans la première, vous admirerez entre autres le fabuleux trésor de Riazan (parures féminines, insignes du pouvoir, etc.) du 12e s. mis au jour en 1822; notez également la collection de camées, avec ses petites icônes en pierre précieuse et des émaux byzantins. L'art de Novgorod est représenté également par de petites icônes; celui de Souzdal par des reliquaires; quant aux Moscovites, ils s'illustrent dans l'art de la joaillerie : remarquez les couvertures des évangiles en or. Dans la salle suivante, l'art russe est mis en lumière par les extraordinaires vaisselles en or et en émail : le calice en or du patriarche Nikon, le revêtement de l'icône serti de deux émeraudes de cent carats de la Vierge de Vladimir réalisé en 1657 par le maître Ivanov sont quelques-uns des exemples les plus frappants. Mais vous serez également ébloui par l'horloge musicale réalisée à Moscou entre 1793 et 1806, et par la collection d'œufs qui ont fait à la fin du 19e s. la renommée de la maison Fabergé; pour autant, elle ne limitait pas sa production à cet article unique puisque ses quelque 500 artisans créèrent aussi des boîtes à poudre (voir celle en forme de tortue) ou des tabatières.

Viennent ensuite les collections d'**armures d'apparat et d'armes** d'Europe et d'Orient entre le 13e et le 19e s. Parmi les plus anciennes, vous remarquerez le heaume du frère d'Alexandre Nevski (13e s.). Une cotte de mailles portée par Boris Godounov, un « miroir » (revêtement de plaques polies que l'on passait au-dessus de la cotte de mailles) ayant appartenu au tsar Alexei Mikhaïlovitch semblent avoir été purement fonctionnels. On ne pourra pas en dire autant de certaines cuirasses d'apparat comme celle, confectionnée à Nuremberg en 1584 pour un cavalier et son cheval. Enfin les armes (poignards, sabres, épées, pistolets, fusils), serties de pierres précieuses ou incrustées de nacre, en perdent leur caractère offensif pour devenir de purs objets d'art.

Une salle est consacrée à la **vaisselle** d'or et d'argent offerte aux souverains par les missions diplomatiques. On notera avec amusement un service en porcelaine de Sèvres constitué de cent quarante pièces offert par Napoléon à Alexandre Ier à la suite du traité de Tilsitt (1807).

Le **rez-de-chaussée** s'ouvre sur une galerie consacrée aux **vêtements impériaux**. Vous y verrez des habits russes et européens : parmi les premiers, différents caftans (certains ont appartenu à Pierre le Grand), un *nalatnik* brodé d'or (ce vêtement dont il reste peu d'exemples authentiques se jetait sur l'armure d'apparat). Le costume à l'européenne fut imposé par Pierre le Grand aux membres de la cour et s'imposa dès lors. Parmi ceux qui sont ici présentés, remarquez notamment la robe de mariage de l'impératrice **Élisabeth Petrovna** (1709-1762) dont le manteau pèse plus de cinq kilos. Enfin, un costume de mascarade, dessiné en 1903 à l'imitation des vêtements russes traditionnels pour le compte du dernier des tsars, l'infortuné Nicolas II.

La magie se poursuit dans la salle des **trônes et des couronnes** : le bonnet de Vladimir Monomaque (fin 13e s.) serti de pierres précieuses, est resté le symbole du pouvoir et était obligatoire lors de la cérémonie de couronnement jusqu'à Pierre le Grand, qui imposa

Vandalisme

Durant la période communiste, le Kremlin n'a pas échappé à la destruction de certains édifices religieux, soit qu'il s'agisse de faire de la place à un nouvel édifice, soit pour des raisons inconnues… Disparaissent ainsi à jamais les monastères du Miracle et de l'Annonciation, l'église St-Constantin-et-Ste-Hélène, la cathédrale du St-Sauveur, ainsi que le premier palais des Armures qui dut céder la place au palais des Congrès…

la couronne. La plus somptueuse est celle de l'impératrice Anna Ioanovna, sertie de 2 500 diamants. Vous verrez également un trône d'apparat en ivoire sculpté ayant sans doute appartenu à Ivan le Terrible, ainsi que le trône en or et argent et mosaïque de turquoise, fabriqué en Arménie et destiné à Alexeï Mikhaïlovitch.

Mais le « clou » du musée est sans aucun doute la **salle des carrosses** : vous y verrez toutes sortes d'équipages, tous plus somptueux les uns que les autres. Pour se pénétrer de l'importance que représentaient les carrosses et les chevaux dans l'empire des tsars, il faut savoir que le haut personnage chargé de « l'office des écuries » était le second personnage du pays après le souverain... Parmi les modèles exposés se détachent un carrosse offert à Boris Godounov par le roi d'Angleterre, un extraordinaire traîneau d'hiver utilisé lors du couronnement d'Élisabeth Petrovna en 1742 (il fit le voyage de St-Pétersbourg à Moscou !) ou encore le carrosse d'apparat d'**Anna Ioannovna** aux portes somptueusement décorées peintes avec délicatesse.

Enfin, annexe en quelque sorte de cette salle, une dernière pièce est consacrée aux **harnachements des chevaux** : selles, caparaçons et harnais, sertis de pierres d'émeraudes, de topazes ou de diamants donnent une idée du faste de la cour impériale.

Je ne sais pas quoi me mettre !

On imagine volontiers qu'Élisabeth devait pousser cette exclamation angoissée chaque matin en se levant : ses placards ne comptaient en effet pas moins de 15 000 robes !

Fonds des Diamants★★★ (Almazny Fond/Алмазный Фонд)

Dans le même bâtiment mais avec une entrée séparée et un autre billet, 10h-13h, 14h-17h.

Vous pénétrez ici dans le saint des saints, une sorte de coffre-fort royal. Ici sont conservés et présentés des parures exceptionnelles parmi lesquelles la **couronne de Catherine II** (dite « grande couronne impériale ») ornée de quelque cinq mille brillants et coiffée d'un énorme rubis lui-même surmonté d'une croix : elle fut confectionnée en 1762 par un joaillier de la cour nommé **Jérémie Posier**. Quelques diamants fabuleux font partie de la collection, comme celui décorant le sceptre impérial, dénommé « Orlov », du nom de **Grigori Orlov**, un des innombrables amants de la souveraine : avec ses presque 190 carats, c'est le quatrième au monde. Enfin, vous verrez quelques créations de joailliers russes du 20ᵉ s.

Le Kremlin pratique

Visite

Heures de visite – *Tlj sf jeu. 10h-17h. Fermeture des caisses à 16h30.*

Billetterie – Les billetteries sont installées de part et d'autre de la tour Koutafia... et la file d'attente peut certains jours être assez longue. On vend également des billets dans un kiosque situé dans le jardin d'Alexandre.

Tarifs – Comptez *300 Rub* pour la visite de **l'ensemble architectural** (accès aux cathédrales et au palais des Patriarches). Le personnel coche au fur et à mesure les cases prévues à cet effet. Rajoutez *100 Rub* pour la visite du beffroi.

Palais des Armures et fonds des Diamants – *350 Rub chaque.* Adressez-vous aux caisses spéciales de ces deux musées, les billetteries extérieures ne délivrant pas de billets pour leur visite.

Entrée spéciale pour les musées – Si vous voulez visiter seulement ces deux musées, présentez-vous devant la tour Borovitskaïa, située également dans le jardin, mais côté Moskova.

Photo et vidéo – *Taxe de 50 Rub pour pouvoir photographier ou filmer.* On vous remettra un billet à présenter en cas de contrôle ainsi qu'un autocollant à apposer sur vos vêtements. Il est cependant interdit de photographier dans le palais des Armures et dans les cathédrales.

Audioguides – *Caisse n° 7 - 200 Rub.*

Consigne – *Sous la tour Koutafia, 10h-18h30 - 60 Rub pour un sac.* Obligatoire pour tout objet volumineux (sac à dos, etc.).

Visite guidée – Il est possible d'effectuer la visite avec un guide, *✆ (495) 203 03 49/202 37 76 - 2 000 Rub,* pour un groupe de 25 pers. maxi.

Contrôle – Une fois acheté votre billet et déposés vos sacs à la consigne, vous n'êtes pas au bout de vos peines, car il faut passer sous des portiques de sécurité surveillés par des militaires à l'attitude aussi peu engageante que possible : ils vous feront ouvrir vos sacs à main d'un ton n'admettant pas de réplique !

Fermetures intempestives – « Pauses techniques » ou fermetures inexpliquées de telle ou telle église ou musée font partie du jeu. Dans le meilleur des cas, des panneaux vous informent de l'heure de la réouverture.

Conseil d'ami – Comme le système de billetterie vous y invite, déconnectez, si vous en avez le temps, la visite de l'ensemble architectural de celle des musées.

Kitaï-Gorod★★

Китай-Город

PLAN DE COUVERTURE : C2/C3

Autrefois dévolu à l'enseignement et au commerce, puis au milieu d'affaires, le plus ancien quartier de Moscou, jadis fortifié, a conservé, sinon son aspect d'autrefois, au moins son allure générale, et ses ruelles aux maisons anciennes souvent rénovées ne font qu'en accentuer le charme. Églises et palais se nichent dans ces rues préservées où vous retrouverez sans doute un peu de l'âme de la Vieille Russie.

Se repérer – Ce quartier, le plus ancien de la ville, est contigu à la place Rouge qui le sépare du Kremlin. Il s'organise autour de trois axes principaux, partant tous les trois de la fameuse place, les rues Nikolskaïa, Ilinka et Varvarka.

À ne pas manquer – L'ancien palais des Anglais, l'église de la Trinité-de-Nikitniki et l'ensemble de la rue Nikolskaïa.

Organiser son temps – Compter deux heures de flânerie.

Comprendre

Un quartier intellectuel et commerçant – C'est à l'est du Kremlin qu'un faubourg de marchands s'installa petit à petit au cours du Moyen Âge à proximité d'un marché et, bientôt, de la place Rouge. Doté de murailles élevées entre 1534 et 1538, le quartier s'organise autour de trois axes partant de la place Rouge, les rues Nikolskaïa (ancienne route de Vladimir et Souzdal), Ilinka et Varvarka. Monastères, académies, imprimeries et librairies s'installent bientôt dans ce faubourg, sorte de « Quartier latin » moscovite qui, au cours du 19e s., prit une nouvelle vocation, celle de centre d'affaires. De nombreuses banques d'affaires, des bureaux de négociants et la Bourse du commerce en prirent possession, tandis que l'ancienne tradition commerciale était perpétuée par la Cour des marchands, vaste ensemble de magasins et de boutiques accueillant notamment le commerce des soies de Crimée.

1934, l'année terrible – Cette année marqua une sorte de point culminant dans la politique anticléricale de Staline et Kitaï-Gorod perdit nombre de ses églises : outre la cathédrale Notre-Dame-de-Kazan située au n° 1 et reconstruite à l'identique récemment, la rue Nikolskaïa perdit plusieurs lieux de culte dont la cathédrale Notre-Dame-de-Vladimir, construite à la demande de **Natalia Narychkina**, la mère de Pierre le Grand, et dont les plus anciens Moscovites se souviennent avec émotion ; la rue Ilinka perdit l'église St-Nicolas-de-la-Grande-Croix, élevée en 1689, et considérée comme un des chefs-d'œuvre du style baroque Narychkine. Si l'on ajoute que l'on vit également le démantèlement de la plus grande partie des remparts élevés au 16e s., on conçoit que cette année 1934 est décidément à marquer d'une pierre noire !

L'ancien quartier de Zariadié (Зарядье) – Au sud de la rue Varvarka, marquant la limite de ce quartier prospère et animé, le Zariadié, peuplé d'artisans et d'employés, occupait l'espace allant jusqu'à la Moskova. L'endroit était beaucoup plus populaire que Kitaï-Gorod, et quelque peu insalubre. Ce quartier pittoresque fut malheureusement rasé (hors les monuments historiques bordant sur la gauche la rue Varvarka) à partir de 1950 : on prévoyait alors de le remplacer par un édifice monstrueux qui devait abriter le ministère de l'Industrie lourde… Faute de crédits, l'affaire ne se fit heureusement pas, mais en 1967 le vide fut occupé par l'immense hôtel *Rossiia* dont la masse faisait quelque peu tache dans l'ensemble historique. Heureusement, il est en cours de démolition et sera remplacé par un quartier neuf aux constructions à taille humaine qui, quelles que soient leurs qualités esthétiques, devraient au moins avoir le mérite de s'insérer sans trop de heurts dans le paysage architectural.

Une « ville chinoise » ?

Le quartier porte le nom de Kitaï-Gorod qui signifie la « ville chinoise », bien que nul Chinois n'y ait vécu. Il s'agit plus probablement de la déformation d'un autre mot et plusieurs hypothèses ont été avancées à ce propos : le mot italien « citta », le mot turc « kataï » signifiant forteresse, ou le russe « kita », haie, rappelant les premiers remparts qui l'entourèrent, se partagent la faveur des linguistes. Toujours est-il que, pour l'homme de la rue, c'est « kitaï » qui finit par s'imposer, peut-être en raison des soieries d'Orient que l'on vendait dans le quartier.

Se promener

Quitter la place Rouge par la rue Varvarka, sur la gauche après la cathédrale Basile-le-Bienheureux.

Oulitsa Varvarka★★ (Улица Варварка) B2

De la place Rouge qu'elle quitte derrière Basile-le-Bienheureux, à la porte Ste-Barbe (Varvarskié Vorota/Варварские Ворота), cette rue bordée par l'ancienne Cour des marchands et nombre d'églises et de palais présente un charme certain que la présence aussi massive que désormais éphémère de l'hôtel ne parvient pas à véritablement dissiper. Connue dès le 12e s., la rue attira au 14e s. des marchands de soieries ainsi que des habitants de Pskov qui y édifièrent une église. Plus tard, des résidences d'ambassadeurs (dont l'hôtel des Anglais est le dernier vestige), et les palais construits par des boyards vinrent donner son caractère aristocratique à cette rue.

Église Ste-Barbe (Tserkov Sviatoï Varvary/Церковь Святой Варвары) A2 – *Au no 2, sur la gauche.* Construite à la fin du 18e s. par **Rodion Kazakov** sur un sanctuaire antérieur dû, lui, à l'Italien Alevisio Friazine, cette église est un bel exemple d'architecture classique, avec son portail à colonnes corinthiennes et son dôme élevé.

Ancien palais des Anglais★ (Stary Angliïski dvor/Старый Английский двор) – *Au no 4a - mar., jeu., sam., dim. 10h-18h, merc., vend. 11h-19h (sf dernier vend. du mois) - 50 Rub.* Vous vous trouvez face à un des plus anciens exemples d'architecture civile de la capitale puisque ce palais date dans son état actuel d'une reconstruction de 1571 (même s'il fut remanié après l'invasion polonaise de 1612). C'est en 1556 qu'**Ivan le Terrible** accorda ce bâtiment aux Britanniques de l'*English Moscow Company*.

La visite *(faites très attention au chambranle des portes : Russes et Anglais étaient diablement petits à l'époque !)* permet de découvrir au rez-de-chaussée, jadis dévolu aux marchandises, une grande salle voûtée dans laquelle une exposition évoque le commerce anglo-russe : les Anglais vendaient drap, vin, poudre et armes et importaient de Russie cuir, mica, fourrures, miel et caviar noir. À l'étage *(au danger des portes toujours aussi basses s'ajoute celui de l'escalier particulièrement raide…),*

au décor moins austère, l'ancienne résidence des émissaires de la Compagnie et la salle où se signaient les contrats officiels (remarquez l'imposante cheminée de briques), les relations diplomatiques entre Angleterre et Russie sont symbolisées par des portraits d'Ivan et de la reine **Élisabeth Ire**. Une petite salle, enfin, retrace les avatars architecturaux du quartier de Zariadié avec ses projets délirants, restés dans les cartons (le ministère prévu, qui devait ressembler à un énorme barrage à turbines) ou disparus (comme l'hôtel *Rossiia*), ainsi que les aménagements futurs d'un « quartier multifonctionnel » qui devrait être réalisé à la place de l'hôtel.

Au service de sa gracieuse majesté

C'est en 1553 qu'un navire britannique, le *Edward-Bonaventure*, jeta l'ancre sur les rives de la Dvina. Son capitaine, **Richard Chancellor** se rendit à Moscou et eut le privilège d'être reçu en audience par **Ivan le Terrible** qui accorda aux Anglais le droit de commercer librement en Russie. En 1555, l'*English Moscow Company* était fondée. Les relations se poursuivirent jusqu'à l'exécution en 1649 de Charles Ier d'Angleterre : le tsar **Alexeï Mikhaïlovitch** retira alors à la compagnie ses privilèges, y compris la demeure.

Église Maxime-le-Bienheureux (Khram Maksima Blajennogo/Храм Максима Блаженного) B2 – *Au nº 8*. De la fin du 17e s., mais remaniée depuis et dotée d'un clocher de « style Empire », elle aurait été bâtie sur la tombe d'un saint homme, Maxime, dit « le Fol en Christ ».

Cour des marchands (Gostiny Dvor/Гостиный Двор) – *Au nº 3, sur la gauche*. Cet immense bâtiment, occupant tout le pâté de maisons entre la rue Varvarka et la rue Ilinka, a été conçu en 1789 par l'architecte italien **Giacomo Quarenghi** qui s'illustra surtout à St-Pétersbourg. Il succède à plusieurs autres galeries marchandes occupant à peu près le même territoire, et dont la première, en bois, fut élevée sur ordre d'Ivan le Terrible. Épousant la déclivité du terrain (plus proche de la Moskova, la rue Varvarka est sensiblement plus basse que la rue Ilinka), l'édifice, remodelé par **Ossip Bové** autour de 1830, est un bel exemple de style classique, avec les colonnades qui l'entourent ; l'intérieur est occupé par une vaste cour (utilisée aujourd'hui pour des manifestations commerciales) ceinte par deux niveaux de galeries rythmées par des pilastres plats, dont celle du premier étage est ouverte. Le long de la rue Varvarka, quelques restaurants et une épicerie fine occupent les locaux.

Après l'église Maxime-le-Bienheureux, emprunter sur la droite une sorte de rampe hémisphérique qui permettait aux véhicules d'accéder à une entrée latérale de l'hôtel Rossiia.

Monastère Notre-Dame-du-Signe (Znamenski monastyr/Знаменский монастырь) B2 – *Au nº 8a*. Désaffecté aujourd'hui, ce monastère avait été fondé en 1630 dans la propriété de la **famille Romanov** après qu'elle eut accédé au Kremlin. La **cathédrale★** du monastère, une église à cinq coupoles et à *kokochniki*, a été élevée entre 1679 et 1684. Des travaux de rénovation récents, particulièrement réussis, lui confère aujourd'hui un charme singulier.

Palais de Zariadié★ (Palaty v Zariadié/Палаты в Зарядье) B2 – *Au nº 10. Accès au fond de la cour, la demeure étant alignée sur la rue Varvarka - tlj sf mar. et 1er lun. du mois. 10h-18h, merc. 11h-19h, derniers tickets délivrés 1h avant la fermeture - 100 Rub.* Cette demeure de la fin du 15e s. (le premier étage date de 1670 et le second, en bois, fut ajouté au milieu du 19e s. lorsque le tsar Alexandre II fit restaurer la maison de ses ancêtres) fut la propriété de la famille des boyards Romanov jusqu'à leur accession au trône.

La visite, passionnante, permet de découvrir la vie quotidienne d'une grande famille moscovite de jadis *(attention là encore aux encadrements de porte !)*.

P. Plantier / MICHELIN

L'harmonie des couleurs de la cathédrale Notre-Dame-du-Signe.

Une première salle, ornée des portraits des premiers Romanov, présente Moscou au 16e s. à l'aide d'objets archéologiques. Vous accédez ensuite aux **celliers** voûtés de briques, la plus ancienne partie de la demeure, où sont exposés outils, armes et coffres luxueusement décorés, avant d'entreprendre une ascension par un escalier plus que raide… qui vous conduit dans une superbe **salle à manger** aux murs recouverts de fresques à décor de feuillage et au mobilier reconstituant l'intérieur d'une opulente demeure aristocratique du 19e s. Tout à côté, vous pénétrerez dans le **bureau du boyard**, tout aussi fastueux avec son grand poêle de faïence verte, ses sièges et son écritoire, et ses fenêtres de mica dans la bibliothèque.

Une nouvelle ascension vous conduit à **l'étage des femmes** où sont exposés costumes, bijoux et parures. Remarquez le « beau coin », angle de la demeure où se plaçait l'icône protectrice de la maisonnée, ainsi que le portrait d'Eudoxie Lopoukhine, première épouse de Pierre le Grand. Vous entrez ensuite dans la **svetlitsa**, la pièce la mieux éclairée puisqu'elle était dévolue aux travaux d'aiguille et au tissage.

À la conquête du pouvoir

C'est en 1613 que **Mikhaïl Fiodorovitch Romanov** fut choisi par une assemblée de boyards pour exercer la magistrature suprême, après la période qualifiée de « temps des troubles » qui avait vu se succéder au Kremlin Boris Godounov puis le faux Dimitri, et les Polonais envahir la capitale.

D'origine prussienne, la noble famille des **Romanov** avait pris son essor lorsque Anastasie, la sœur du grand-père du nouveau tsar, avait épousé Ivan le Terrible. Son frère Nikita Romanovich avait été le tuteur du dernier tsar de la dynastie des Rourik, Fedor, et Boris Godounov avait envoyé en exil cette famille qui ne put rentrer à Moscou qu'à l'avènement du faux Dimitri. Dix-huit souverains allaient se succéder jusqu'en 1917, année de la déposition du dernier d'entre eux, Nicolas II.

Église St-Georges★ (Tserkov Sviatogo Gueorguia/Церковь Святого Георгия) – *Au nº 12.* Du milieu du 17e s., cette église de style traditionnel à cinq coupoles séduit par son harmonie et ses bulbes décorés d'étoiles dorées sur fond d'azur.

*La rampe ramène à la rue Varvarka que l'on continue sur la droite. On atteint bientôt la place de la porte de Ste-Barbe (pl. Varvarskié Vorota/*пл. Варварские Ворота*) dont la partie droite porte le nom de place Slavianskaïa* (Славянская пл.).

Vous pourrez voir un premier vestige des **murailles** du quartier qui englobaient le quartier de Zariadié et se prolongeaient le long de la Moskova en empruntant sur la droite le **Kitaïgorodski pereoulok (Китайгородский пер.)** B2 descendant vers la Moskova.

Revenir à la place Slavianskaïa.

Église de Tous-les-Sts-de-Koulichki★ (Khram Vsekh Sviatykh na Koulichkakh/Храм Всех Святых на Кулишках) – *Sur la droite.* Cette belle église, un peu biscornue et tout à fait asymétrique, a succédé après l'occupation polonaise de 1612 à un premier sanctuaire élevé en bois en 1380 afin de célébrer la victoire remportée par Dimitri Donskoï sur les Tatars à Koulikovo. Plusieurs fois remaniée, elle n'en garde pas moins un certain charme. Remarquez, dans la galerie, la **chapelle d'hiver** chauffée, un élément typique dans les églises de cette époque où il était pratiquement impossible (ou en tout cas fort dispendieux) de chauffer la nef qui n'était donc utilisée qu'aux beaux jours.

On se trouve alors au bout d'une large avenue au terre-plein central ombragé. La remonter en longeant la voie de gauche, dénommée Staraïa plochtchad (Старая пл.) *puis prendre tout de suite à gauche Nikitnikov per.* (Никитников пер.).

Église de La Trinité-de-Nikitniki★★ (Khram Troïtsy Jivonatchalnoï v Nikitnikakh/Храм Троицы Живоначальной в Никитниках) B2

Sur la gauche au nº 3.

Construite entre 1631 et 1663, cette magnifique église, une des plus belles de la ville, porte le nom d'un négociant de Iaroslavl, Grigori Nikitine, qui céda le terrain sur laquelle elle fut édifiée. Elle séduit le promeneur à la fois par son côté asymétrique et par l'exubérance de son décor : couleurs vives (le rouge des murs tranchant avec les parements blancs et les cinq bulbes verts) et détails architecturaux (colonnes engagées, arcs en accolade, frise, enchevêtrement de *kokochniki* répartis sur trois niveaux, clocher pyramidal richement sculpté et surmonté d'un *chatior*) sont un enchantement pour l'œil… au point qu'elle séduisit ses contemporains.

Nombre d'églises moscovites s'inspirèrent jusqu'au plagiat de cette remarquable réussite. Si l'intérieur est architecturalement sobre, il n'en va pas de même du décor : fresques dans lesquelles on voit apparaître pour la première fois dans la peinture religieuse russe la notion de perspective, ce qui dénote une influence occidentale marquée, et icônes dues aux isographes du tsar, parmi lesquels **Simon Ouchakov** et **Iossif Vladimirov**.

Au bout du pereoulok, prendre sur la droite Ipatievski per. (Ипатьевский пер.) *jusqu'à oul. Ilinka* (ул. Ильинка) *où l'on tourne à gauche.*

Oulitsa Ilinka (улица Ильинка) AB1

Percée au 17e s. et peuplée de marchands de soie, Ilinka doit son nom à un monastère voué à saint Élie (Ilia), disparu depuis. La construction de la Cour des marchands ne fit que renforcer la vocation commerçante de la voie. Des bureaux et surtout des banques s'y établirent au 19e s., encouragées en cela par la construction de la Bourse du commerce sur la place proche.

Certaines sont loin d'être inintéressantes au plan architectural : c'est le cas par exemple au n° 9/2 *(sur votre droite)* de la banque Azov-Don installée dans un bâtiment néoclassique à la façade garnie de colonnes engagées, tandis que le bâtiment de gauche au même numéro, la banque de St-Pétersbourg, édifiée en 1911 par l'architecte **Adolf Erichson**, hésite entre le classicisme de la façade et un « préconstructivisme » sensible dans les volumes. En face, au n° 8, une autre banque a quant à elle joué la carte du baroque.

Birjevaïa plochtchad (Биржевая площадь) A1 – Sur cette place harmonieuse marquant le carrefour avec Bogoïavlenski pereoulok, l'ancien marché aux poissons a cédé la place en 1836 à la **Bourse du commerce** *(au n° 6 de la rue Ilinka)*. Le bâtiment actuel, né d'un remodelage effectué en 1875, présente une loggia dissimulée derrière une noble colonnade que surmonte un fronton néoclassique.

Cour des marchands (Gostiny Dvor/Гостиный Двор) – *Au n° 4*. De ce côté-ci, le Gostiny Dvor présente une belle série d'arcades régulières sous lesquelles se nichent quelques boutiques haut de gamme.

Revenir à la place et prendre sur la gauche Bogoïavlenski per.

Bogoïavlenski pereoulok (Богоявленский переулок)

Le long de cette rue se dressent d'agréables immeubles dont les façades sont pour la plupart en cours de restauration. L'ensemble devrait prochainement séduire pour son harmonie.

Staropanski pereoulok (Старопанский переулок)

Sur la droite.

Quelques pas dans cette ruelle vous permettront d'apercevoir deux immeubles dessinés par **Fiodor Chekhtel**, un des maîtres de l'Art nouveau moscovite, à différentes étapes de sa carrière.

Le plus ancien est situé au n° 5 *(sur votre gauche)* : il date de 1900 et a été élevé pour une société commerciale. Fenêtres ovales, carreaux de faïence, éléments décoratifs viennent animer la façade de ce bâtiment doté d'une armature de métal. Le second, au n° 2, élevé pour le compte d'une banque d'affaires en 1904, a pris le parti de la simplicité au détriment de la profusion décorative… Dommage qu'une surélévation malencontreuse soit venue nuire à l'harmonie de l'ensemble.

Revenir au Bogoïavlenski pereoulok.

Cathédrale du Monastère de l'Épiphanie (Sobor Bogoïavlenskogo monastyria/Собор Богоявленского монастыря) A1 – *Au n° 2-6, sur la gauche, en retrait du pereoulok*. Desservant un monastère fondé au 13e s. par le prince Daniel, cette belle cathédrale rouge (1693-1697) est un exemple abouti du style baroque Narychkine que caractérise l'exubérance des décorations extérieures souvent soulignées de blanc. La tour-clocher octogonale est quant à elle un ajout du 18e s.

Nikolskaïa oulitsa★ (Никольская улица)
Vouée à saint Nicolas, il s'agit de la rue « historique » de Kitaï-Gorod, très probablement déjà tracée avant l'arrivée des Mongols dans la région. Une série de monastères et d'églises, souvent détruits aujourd'hui, s'établirent le long de cette voie, rejoints bientôt par des académies et des écoles supérieures, sans oublier l'imprimerie du Synode. Vouée dès lors à la culture, la rue se peupla de librairies, souvent regroupées au débouché de l'actuel passage Tretiakov.

Mais les choses de l'esprit n'ont qu'un temps et la rue Nikolskaïa devint au 19e s. un centre d'affaires réunissant banques et toutes sortes de magasins, tandis que les années 1930 virent le démantèlement d'au moins quatre églises et monastères (si l'on tient compte de Notre-Dame-de-Kazan).

De nos jours, en partie piétonne, la rue présente une belle unité architecturale, née dans le courant du 19e s. et marquée par le style néorusse en vogue à cette époque. La restauration systématique des façades de la rue, en particulier du côté gauche (côté des numéros pairs), entreprise en 2005, devrait à court terme faire de Nikolskaïa une des plus belles rues de la capitale que le commerce de luxe devrait selon toute logique investir sans coup férir.

Prendre la rue d'abord vers la gauche, en direction de la place Rouge.

Monastère du St-Sauveur-derrière-les-Images (Zaïkonospasski monastyr/ Заиконоспасский монастырь) A1 – *Aux nos 7-9, sur la droite.* Une belle façade aux fenêtres encadrées de colonnes torsadées donne accès à ce monastère fondé au 15e s. sur ordre de Boris Godounov, et qui doit son nom au marché d'icônes qui se tenait à proximité. Dans la cour, l'église, construite en 1661, est en fait la réunion de deux sanctuaires superposés précédés d'une avant-nef rajoutée une quarantaine d'années plus tard. Vous remarquerez les galeries extérieures courant en haut de la façade, à la base de la tour octogonale que surmonte un étage coiffé lui-même d'un dôme minuscule sur colonnettes. Le lieu fut pendant plusieurs décennies l'Académie gréco-latine, qui compta parmi ses élèves **Mikhaïl Lomonossov**.

École (Outchilichtché/Училище) – *Au no 7a.* Cette école a été construite entre 1821 et 1827 par l'architecte F. Kazakov sur un projet du maître moscovite du style Empire, **Ossip Bové**.

Galeries Nikolskié (Nikolskié torgovyé riady/Никольские торговые ряды) – *Au no 5.* Ces anciennes galeries marchandes édifiées en 1900 par **Lev Kekouchev** sont un des premiers exemples moscovites d'Art nouveau encore un peu hésitant et mâtiné d'éclectisme. La véritable nouveauté de l'édifice réside dans les larges baies vitrées de l'étage, ainsi que dans les éléments décoratifs, visibles en haut de la façade.

Avant d'arriver à la place Rouge, reprendre la rue dans l'autre sens.

Ancienne imprimerie du St-Synode (Byvchaïa Sinodalnaïa tipografia/Бывшая Синодальная типография) A1 – *Au no 15.* C'est en 1563 que s'installa ici la première imprimerie de Russie, créée par Ivan Fedorov. Le bâtiment qui abrite aujourd'hui l'**Institut des Archives historiques (Историко-архивный институт)** a été agrandi et remodelé plusieurs fois, notamment au 17e s. et autour de 1815 avec l'érection de l'édifice donnant sur la rue, dessiné par **Ivan Mironovski**, dans un style néorusse assez réjouissant imitant les décors des bâtiments gothiques : corniches et frises, sculptures décoratives de pierre blanche donnent un résultat qui ne manque pas d'allure, même s'il s'agit d'un pastiche.

Église de la Dormition (Tserkov Ouspenia Bogoroditsy/Церковь Успения Богородицы) A1 – *Au no 8, en face de l'imprimerie, dans la cour.* Ce fut la chapelle qu'un boyard, que l'on imagine fortuné, fit construire en 1691 pour son usage personnel au centre de ce qui était alors le cimetière d'un monastère.

Passage Tretiakov (Третьяковский проезд) – *Au no 19, sur la gauche, avant d'arriver à la place de la Loubianka.* C'est en 1870 que ce passage fut aménagé sur une parcelle acquise à cet effet par deux mécènes et collectionneurs, les frères **Pavel** et **Sergueï Tretiakov** (fondateur

P. Plantier / Michelin

Le passage Tretiakov.

de la célèbre galerie qui porte son nom, *voir p. 226 et 247*). L'architecte **Alexandre Kaminski** dota le passage de deux portes monumentales de style éclectique tentant de rappeler les portes médiévales des remparts de Kitaï-Gorod. Reflet architectural du goût d'une époque, cet endroit ne manque pas d'allure et a aujourd'hui été investi par des boutiques de luxe.

Après avoir emprunté le passage, on arrive sur Teatralny proezd.

Anciens remparts de Kitaï-Gorod (Kitaïgorodskaïa stena/Китайгородская стена) – *Sur la gauche.* En partie dissimulé derrière l'**hôtel Metropol** *(voir p. 118 et p. 201)*, cet important fragment des murailles du quartier démantelées en 1934 permet de se rendre compte de l'importance de celles-ci qui ne mesuraient pas moins de six mètres d'épaisseur.

Le bâtisseur en fut un Italien, Pietro, connu ici sous le nom de **Petrok le jeune**, recommandé au prince Vassili III par le pape Clément VII. Les créneaux qui la couronnent sont en revanche un ajout du 19e s. Dominées par les toits et les clochers de Kitaï-Gorod, les parties subsistantes, notamment sur la **place de la Révolution (Plochtchad Revolioutsii/Площадь Революции),** ont fière allure, surtout lorsque la caresse rasante du soleil couchant vient les illuminer de teintes chaudes.

Reprendre vers la droite Teatralny proezd.

Statue d'Ivan Fedorov (Pamiatnik Ivanou Fedorovou/Памятник Ивану Федорову) A1 – *Sur une placette à droite.* Réalisé en 1909 par S. Volnoukhine et Ivan Machkov, ce remarquable monument, conjuguant à la fois sobriété et expressivité, honore le fondateur, au 16e s., de la première imprimerie russe.

Vous pourrez alors poursuivre devant vous jusqu'à la place de la Loubianka, puis tourner à droite dans Novaïa plochtchad (Новая пл.).

Vous passerez devant l'**église St-Jean** surmontée d'un dôme et précédée d'un portique néoclassique à colonnade, qui, désaffectée au culte, abrite aujourd'hui le musée historique de la ville.

Musée d'Histoire de Moscou (Mouzeï istorii goroda Moskvy/Музей истории города Москвы) B1

Au n° 12, accès dans la cour - tlj sf lun. et dernier vend. du mois 10h-18h (merc. et vend. 11h-19h) - 70 Rub, visite guidée 700 Rub, visite thématique 600 Rub. Éviter si possible le 1er mardi de chaque mois : l'entrée étant gratuite pour les -18 ans, il y a affluence !

Deux parties très distinctes dans ce musée : l'étage *(auquel on accède par un escalier de métal)* est consacré à un panorama de l'histoire de la capitale depuis les premières occupations humaines jusqu'à nos jours. Fibules, poteries, bijoux des 7e et 8e s. (dont de superbes bracelets) et du 12e s. évoquent le Moyen Âge, moins sûrement sans doute qu'une isba reconstituée avec son toit de chaume et des personnages de cire, donnant une idée de ce que pouvait être la vie quotidienne du Moscovite moyen à l'époque.

Outils, maquettes, reconstitutions d'intérieurs et plans font revivre la période s'étendant du 14e au 18e s. : vous y verrez notamment un atelier de potier, une fabrique de cottes de mailles et l'intérieur d'une maison en rondins. Remarquez également le tableau représentant la place Rouge au début du 18e s., une œuvre d'**Appolinari Vasnetsov** (1856-1933), ainsi qu'une maquette du Kremlin tel qu'il se présentait au 16e s. Enfin, une salle est consacrée aux attentats attribués aux Tchétchènes qui ont endeuillé Moscou entre 1996 et 2004, notamment à la station de métro Pouchkinskaïa.

Le rez-de-chaussée est consacré à la **cité aux 19e et 20e s.** et prend des allures de musée ethnographique avec ses émouvantes reconstitutions de boutiques peuplées de personnages en costumes, tandis que des tableaux et des photos nous montrent l'aspect que revêtaient divers quartiers de la capitale autour de 1900. Vous remarquerez notamment le nombre de boutiques portant alors une enseigne rédigée en français (quelques-unes de ces enseignes subsistent dans la rue Petrovka), langue qui était alors le symbole du luxe et du raffinement. On réalise également que certains sites et monuments ont disparu au cours de la frénésie de destruction (et de construction) de l'époque soviétique. Bref, l'endroit a beaucoup de charme, même si les objets exposés mériteraient quelques explications en une langue plus accessible au commun des visiteurs étrangers que ne peut l'être le russe.

Kitaï-Gorod pratique

Accès

Le plus simple est d'accéder au quartier à pied en traversant la place Rouge.

Plusieurs stations de métro le desservent :

Kitaï-Gorod (Китай-Город), lignes 6 et 7, sortie rue Ilinka (ул Ильинка) ou une autre au bout de la rue Varvarka (ул. Варварка), sur Staraïa Plochtchad (Старая пл.).

Plochtchad Revolioutsii (Площадь Революции), ligne 3, sortie à proximité des remparts et de l'hôtel *Metropol*, ou au cœur du quartier dans Bogoïavlenski pereoulok (Богоявленский пер.).

Loubianka (Лубянка), ligne 1, sortie au bout de la rue Nikolskaïa (Никольская ул.).

Se loger

⊖⊖⊖⊖ **Metropol** ⑮ **(Метрополь)**. *Voir descriptif complet de cet hôtel p. 118.*

Se restaurer

Bon à savoir – Dans ce traditionnel centre d'affaires où travaillent de nombreux employés, vous trouverez quelques restaurants servant des plats du jour. Cartes en cyrillique.

⊖⊖ **Territoire Neutre** ⑧ **(Нейтральная Территория)** – *Novaïa pl.* (Новая пл.) *14, accès par oul. Ilinka* (ул Ильинка). Sur deux étages, ce restaurant au décor minimaliste, quoique réchauffé par des rayonnages de bouquins sur certains murs et une ambiance jeune, propose des plats simples mais goûteux.

P. Plantier / Michelin

Le somptueux décor du restaurant Godounov.

⊖⊖⊖ **Godounov** ④ **(Годунов)** – *Teatralnaïa pl.* (Театральная пл.) *5/1, derrière le rempart du Kitaï-Gorod, M° Okhotny Riad* (Охотный Ряд) - ✆ *298 56 09/54 96/04 73.* Dans les superbes salles d'un monastère du 17e s., un restaurant qui mise sur la tradition : caviar, crabe de la Kamtchatka, esturgeon, bœuf Stroganov, poulet à la mode de Kiev ou porcelet rôti au miel, de grands classiques arrosés de vodka (ou de vin : belle carte). Le tout est servi par de gentes demoiselles en costume inspiré de la tradition (en plus court sans nul doute !). Essayez en apéritif le *medovoukha*, ancienne boisson russe à base de miel. Le soir, balalaïka ou violons tziganes animent les salles investies par des groupes. Préférez le midi, beaucoup plus calme, pour détailler la décoration des salles. Petit jardin coincé derrière le rempart en été. Mais attention : il est question que le restaurant se délocalise pour s'installer dans des locaux plus vastes sur le toit de la station de métro Plochtchad Revolioutsii (Площадь Революции)…

CAFÉS-RESTAURANTS

Amsterdam ① **(Амстердам)** – *Oul. Ilinka* (ул. Ильинка) *4, sous les arcades du Gostiny Dvor.* Café « branché » installé dans l'enceinte de la Cour des marchands. Vous pourrez également déjeuner d'un plat, mais sachez que, comme son nom ne le laisse pas présager, le lieu sacrifie volontiers (mais pas exclusivement) à la mode de la cuisine japonaise.

Vanilla Sky/Vanilnoe Nebo ⑩ **(Ванильное Небо)** – *Oul. Nikolskaïa* (ул. Никольская) *11/13, au n° 3 d'un petit passage conduisant vers les remparts de Kitaï-Gorod, à l'étage - 10h-0h.* Ce café au décor design permet de se poser au calme le temps de déguster un verre ou une légère collation.

Tranzit ⑨ **(Транзит)** – *Khroustalni per.* (Хрустальный пер.) *1, dans le Gostiny Dvor.* Pour une pause rapide ou un repas léger, installez-vous dans cette parfaite réplique d'un vieux wagon de chemin de fer, le temps de siroter paisiblement un cocktail ou de manger une salade, des *blinis*, des *pelmeni* ou bien à l'heure du thé, un « muffin Kremlin » ou des *syrnykis* à la crème fraîche.

En soirée

Che – *Bolchoï Tcherkasski per.* (Большой Черкасский пер.). Caisses de munitions et tonneaux de rhum : ainsi résume-t-on ici désormais le destin d'Ernesto Che Guevara. Le lieu accueille une boîte à la mode et, en journée, un café-restaurant sert de nombreuses spécialités de type « tex-mex ».

Achats

Bon à savoir – Dans le passage Tretiakov et aux alentours se retrouvent quelques-unes des grandes griffes de la mode internationale : Prada, Gucci, Tiffany, Yves St-Laurent, etc.

Novaïa Zaria (Новая Заря) – *Oul. Ilinka* (ул. Ильинка) *4, sous les arcades du Gostiny Dvor - mar-sam. 10h-19h, dim. 10h-18h.* Une parfumerie historique qui a même ouvert un petit musée du parfum dans un local annexe.

Autour de la cathédrale du Christ-Sauveur★

Khram Khrista Spassitelia/Храм Христа Спасителя

PLAN DE COUVERTURE : B3

À quelques pas du Kremlin, voici un quartier tranquille et aristocratique longeant la Moskova. C'est ici qu'est installé un des plus fabuleux musées d'art de Russie, dédié à Pouchkine. C'est ici aussi que pour commémorer la retraite de Napoléon et l'échec de sa campagne de Russie, il a été décidé de construire une immense cathédrale afin de remercier le Sauveur. Mais ce sanctuaire connut bien des avatars, avant de renaître de ses cendres…

- **Se repérer** – Situé à l'ouest du Kremlin et délimité par la rue Vozdvijenka, le boulevard Gogol et la Moskova, c'est un quartier, du nom de Khamovniki, que se partagent musées et édifices publics. Pour y accéder, vous disposez des stations de métro Biblioteka im. Lenina (Библиотека им. Ленина), ligne 1, et Aleksandrovski Sad (Александровский Сад), ligne 4, ou, plus au sud, Kropotkinskaïa (Кропоткинская), ligne 1.
- **À ne pas manquer** – L'ensemble des musées d'art regroupés sous le patronage de Pouchkine *(voir p. 239)*.
- **Organiser son temps** – Compter une journée avec les musées.

Comprendre

Heurs et malheurs d'une cathédrale

Faux départ – Tout commence le 25 décembre 1812 lorsque le tsar **Alexandre Ier** décide de bâtir une cathédrale pour remercier le Sauveur d'avoir aidé la Russie lors de la tentative d'invasion de Napoléon. Le site est choisi : ce sera le mont des Moineaux. L'architecte **Alexandre Vitberg** dessine un projet. Et, en octobre 1817, la première pierre est posée. Mais les travaux sont rendus difficiles par le terrain gorgé d'eau et bientôt abandonnés.

L'œuvre d'une vie – Mais le projet reprend vie. L'architecte **Konstantin Ton** (1794-1881), représentant du style néo-byzantin, propose en 1831 un nouveau projet. Celui-ci est accepté par **Nicolas Ier** en avril 1832. C'est l'empereur lui-même qui choisit le nouveau site, à proximité du Kremlin, à la place d'un ancien monastère voué à saint Alexis. Ton se met au travail : il lui consacrera presque cinquante ans de sa vie. La première pierre est transférée du mont des Moineaux en 1839. Le gros œuvre est achevé en 1860. Les dernières peintures sont réalisées en 1881 : la décoration intérieure et extérieure a mobilisé l'Académie des beaux-arts pendant vingt-cinq ans ! Le 26 mai 1883, la cathédrale est consacrée par le métropolite **Ioanniki** en présence d'**Alexandre III**. Ton, lui, est mort depuis deux ans.

P. Plantier / Michelin

La cathédrale du Christ-Sauveur.

Palais ou piscine ? – Nous sommes en 1931 : **Staline** a consolidé son pouvoir et entrepris de doter sa capitale de monuments nouveaux. Ainsi, **Boris Iofan** remporte au nez et à la barbe de quelques architectes de réputation mondiale (Gropius, Le Corbusier) le concours destiné à élever un gigantesque **palais des Soviets**, qui devait culminer à plus de 400 m de hauteur et être surmonté d'une statue géante de Lénine. L'endroit paraît propice et l'on fait sauter la cathédrale à l'explosif ! Mais le sol marécageux ralentit la progression des travaux. Et la guerre approchant reporte aux calendes grecques le projet. Que faire de ce lieu ? Eh bien, pourquoi pas une vaste piscine circulaire en plein air ? Et c'est ainsi que les petits Moscovites purent barboter été comme hiver dans les eaux (chauffées) de la piscine Moskva.

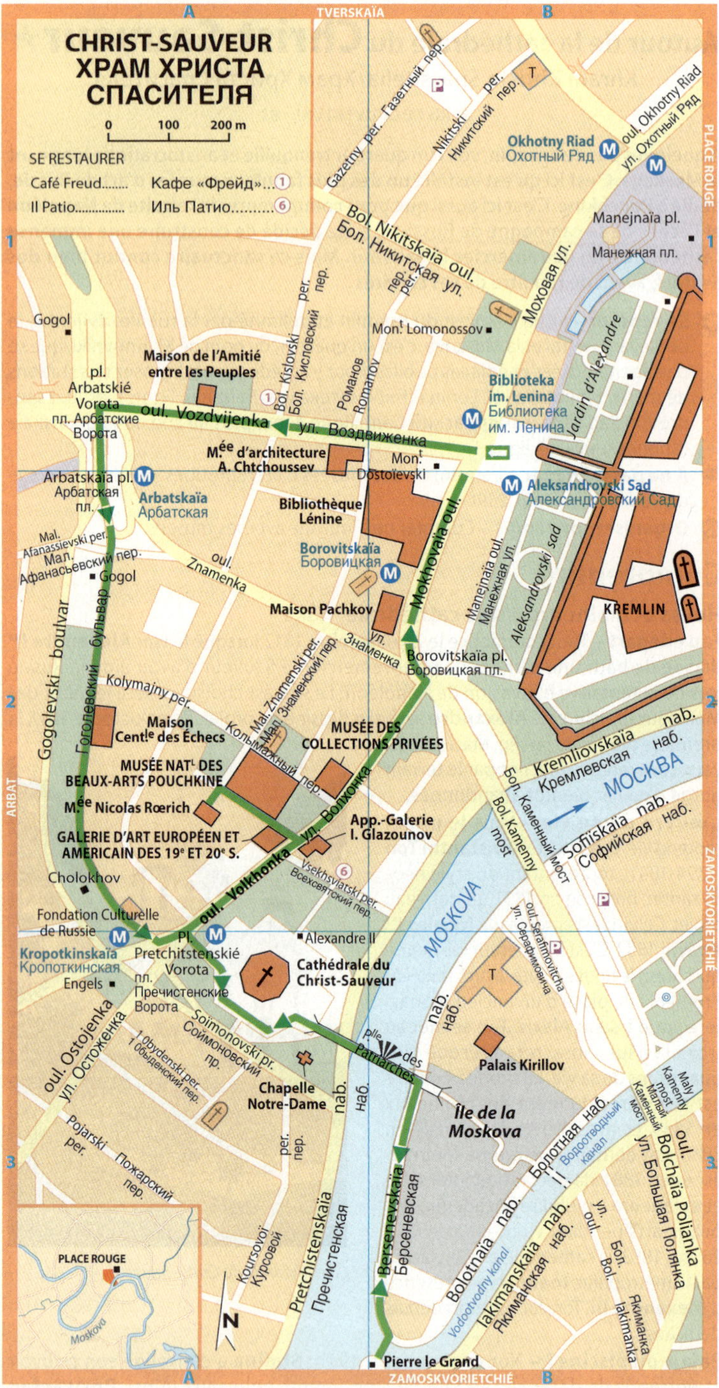

Renaissance – C'est en 1988 qu'une association commence à militer et à réunir des fonds pour la reconstruction à l'identique du sanctuaire. Un décret présidentiel appuie l'idée en 1992 et le maire **Loujkov** partage avec le patriarche **Alexis II** la présidence du Conseil de reconstruction. Cette-dernière est conduite par l'architecte Mikhaïl Possokhine. Cinq ans suffisent grâce à la mobilisation générale et aux nouvelles techniques : les murailles du sanctuaire sont en béton, recouvert d'un premier revêtement de briques, et d'un second de marbre. Le gros œuvre est achevé en 1997, et la cathédrale est consacrée le 31 décembre 1999.

Se promener

Oulitsa Vozdvijenka (Улица Воздвиженка) A1

Entre le Manège et la place Arbatskaïa, dans le prolongement de la rue Novy Arbat, cette artère draine un flot de voitures vers le centre de la ville, ce qui nuit à son attrait ! Précédée de la statue d'un **Dostoïevski** au regard sévère, la **Bibliothèque Lénine** (devenue nationale) occupe l'immeuble grisâtre qui doit au constructivisme ses lignes droites, certes épurées, mais confinant ici à la rigidité, et qui se dresse sur la gauche, au coin de la rue.

Sur le même trottoir, aux n°s 5/25, le **musée d'Architecture A. - Chtchoussev (Музей архитектуры им. А. В. Щусева)** *(tlj sf lun. 10h-20h, expositions temporaires)* occupe un hôtel particulier de style classique, élevé en 1787, la **Maison Talyzine**.

La demeure la plus intéressante est en face : c'est la **Maison de l'Amitié entre les peuples★ (Dom Droujby Narodov/Дом Дружбы Народов)**, située dans un jardin au n° 16 : elle fut édifiée à la fin du 19e s. pour **A. Morozov** par l'architecte **Viktor Mazyrine** dans un style néomanuélin étonnant : cordages virevoltant, ancres de marine, coquilles St-Jacques, tout y est ! Le palais de Pena, à côté de Sintra, pourrait avoir servi de modèle à cet étonnant pastiche.

Sur la place Arbatskaïa, prendre à gauche le boulevard Gogol (Gogolevski boul./ Гоголевский буль.*).*

Boulevard Gogol (Gogolevski boulvar/Гоголевский бульвар) A2

Décrivant une courbe, cette agréable section des boulevards relie la place de la Porte-de-l'Arbat **(pl. Arbatskié vorota/пл. Арбатские ворота)** à la place de la **Porte-de-Pretchistenka (pl. Pretchistenskié vorota/пл. Пречистенские ворота)**, autrement dit Arbatskaïa à Kropotkinskaïa… La statue de **Nicolas Gogol** (1809-1852) ouvre le boulevard dont la partie centrale est occupée par les peintres amateurs qui y exposent leurs toiles… ainsi que par un monument conçu par le sculpteur Alexandre Roukavichnikov et représentant l'écrivain **Mikhail Cholokhov** méditant à bord d'une barque.

Sur le côté droit, les ruelles invitent à partir à la découverte du quartier de l'Arbat. En face, après l'immeuble on ne peut plus massif du ministère de la Défense (au n° 18), dessiné en 1936 par **Lev Roudnev** dans un style stalinien mâtiné d'Art déco, vous passerez devant de nobles bâtiments dont certains ne manquent pas d'intérêt. Ainsi au n° 14, la demeure qui abrite la **Maison centrale des Échecs (Центральный дом шахмат)** rappelle toute l'importance de ce sport, dont les champions soviétiques puis russes occupèrent de 1948 à 1972 et de 1975 à 2000 le titre de champion du monde : les noms de **Tigran Petrossian**, **Anatoli Karpov** et **Garry Kasparov** (aujourd'hui reconverti dans la politique) ont dépassé le cercle des spécialistes. Plus loin, au n° 6, un agréable palais précédé d'une grille en fer forgé abrite la Fondation culturelle russe : c'est l'ancien hôtel particulier du collectionneur **Sergueï Tretiakov**, une réalisation dans son état actuel de l'architecte **Alexandre Kaminski** (1875), à partir d'un hôtel de style Empire moscovite bâti après l'incendie de 1812.

P. Plantier / Michelin

Peintres sur le boulevard Gogol.

Le prince des anarchistes

S'il est une figure étonnante c'est bien celle du prince **Piotr Kropotkine** (1842-1921). Militaire, il organise des expéditions de découverte géographique en Mandchourie et en Sibérie avant d'explorer les glaciers scandinaves. Mais le géographe s'intéresse aussi à la chose publique et adhère à la Ire Internationale où il se range aux côtés de **Karl Marx**, avant d'adopter les idées anarchistes sous l'influence de **Michel Bakounine**. Il devient dès lors un des principaux théoriciens de l'anarchisme, prônant l'abolition de toute forme de gouvernement et une société fondée sur la solidarité. Cela ne va pas sans quelques ennuis : emprisonné en Russie en 1874, il s'évade, gagne la France où il est condamné en 1883 à cinq ans de prison. Libéré, il s'installe en Angleterre où il réside trente ans. De retour en Russie après 1917, il se fixe près de Moscou et entretient une correspondance restée fameuse avec **Lénine**.

Place de la Porte-de-Pretchistenka (Plochtchad Pretchistenskié vorota/ Площадь Пречистенские ворота) A3

Voilà une place qui ne craint pas le paradoxe et semble résumer la Moscou d'aujourd'hui ! Vouée au théoricien anarchiste Piotr Kropotkine (qui a donné son nom à la station de métro), elle arbore sur la droite, entre les rues Pretchistenka et Ostojenka, la statue du compère de Marx, **Friedrich Engels**, et est dominée par la masse de la cathédrale du Sauveur surmontée d'un immense dôme doré !

Sur la gauche, prendre oul. Volkhonka (ул. Волхонка), *large artère qui peut être traversée sans trop de dommages (faire quand même attention !), qui distribue plusieurs musées et le sanctuaire. Emprunter le premier passage clouté.*

Cathédrale du Christ-Sauveur★ (Khram Khrista Spassitelia/Храм Христа Спасителя) A3

Au premier abord, on ne peut qu'être impressionné par ce sanctuaire : ses dimensions comme la richesse de l'ornementation et des matériaux (même si le marbre est plaqué sur le béton), ses quatre bulbes dorés entourant le dôme central, les sculptures qui émaillent les quatre façades, copies des originaux exécutés par **Alexandre Loganovski** (1812-1855), tout cela ne manque pas de grandeur, à défaut de chaleur…

Intérieur★ – La richesse de l'ornementation intérieure est frappante, d'autant qu'elle ne nuit pas à une harmonie générale, allant des peintures murales qui recouvrent chaque mètre carré des parois (il s'agit de reconstitutions à l'identique des peintures originales), au pavage de marbre, en passant par les grilles dorées. Spectaculaire, l'iconostase, réalisée par **Tatiana Koudriavtseva** et **Irina Timofeeva**, est précédée d'un autel qui ne manque pas de cachet, même si les peintures du 19e s. ici copiées souffrent difficilement la comparaison avec celles, plus anciennes, que vous pourrez voir dans d'autres églises moscovites.

Le square – Inauguré en juin 2005, le monument au « tsar libérateur », **Alexandre II**, œuvre d'**Alexandre Roukavichnikov**, représente, sur un fond de colonnade en hémicycle, le souverain qui, au début de son règne, abolit le servage avant d'être assassiné en 1881.

En contournant le sanctuaire, après avoir dépassé la passerelle des Patriarches, vous apercevrez, nichée parmi les arbres, la délicieuse **chapelle Notre-Dame**, construite en bois en 1995 par **Andreï Barabanov** à l'imitation des églises rurales du 19e s. Des pierres provenant des îles Solovki, un des lieux les plus épouvantables du Goulag, ainsi que de la maison Ipatiev d'Ekaterinbourg où la famille impériale fut fusillée en juillet 1918, ont été scellées sous l'autel, derrière l'iconostase exécutée par les deux mêmes artistes qui avaient réalisé celle du Christ-Sauveur.

P. Plantier / Michelin

La chapelle Notre-Dame que domine la cathédrale du Christ-Sauveur.

Au-delà de Soïmonovski proezd se dresse une grande bâtisse de briques à la **façade★** décorée de panneaux de céramique exécutés par le peintre **Sergueï Malioutine** : c'est un ancien immeuble de rapport, l'**immeuble de Z. Pertsov**, au style oscillant entre néorusse et Art nouveau, construit entre 1905 et 1907.

C. Brett / MICHELIN

La passerelle des Amoureux.

Île de la Moskova (Moskovski ostrov/Московский остров) B3

Étroite et allongée, cette île qui épouse un méandre de la Moskova en plein cœur de la ville est née du percement entre 1783 et 1786 d'un canal de drainage **(Vodootvodny kanal/Водоотводный канал)** à la place de l'ancien lit de la Moskova, et destiné au départ à écrêter les crues de la rivière.

Passerelle des Patriarches (Patriarchi most/Патриарший мост) – Lancée en 2004 sur la Moskova, cette passerelle piétonne (déjà envisagée sous **Nicolas Ier**) fait partie des aménagements du maire **Iouri Loujkov** : elle se prolonge par une allée tout aussi piétonne permettant de gagner une seconde passerelle franchissant, elle, le canal et conduisant au centre commercial « Negociant » (Негоциант) en cours d'aménagement. Du milieu de la passerelle (dont la balustrade est ornée des cadenas placés par les jeunes couples en promesse de fidélité éternelle – il est de tradition d'en jeter la clef à l'eau), la **vue★★** est admirable : au premier plan, la cathédrale du Christ-Sauveur et le palais bleu abritant la galerie Ilia Glazounov précèdent les murs du Kremlin dont émergent bulbes et clochers.

Descendre de la passerelle et gagner le quai Bersenevskaïa (Берсеневская наб).

Palais Kirillov★ (Palaty Kirillova/Палаты Кириллова) – *Au nº 20, sur votre droite en rejoignant le quai.* Un charmant jardin, dans lequel vous verrez le palais construit en 1657 par **Averki Kirillov**, ainsi qu'une ravissante église aux bulbes dorés vouée à saint Nicolas.

Reprendre le quai en sens inverse, jusqu'à la pointe de l'île.

Vous passerez devant une **unité d'habitation**, typique du style stalinien, qui était réservée aux membres du gouvernement. Ce volume massif élevé en 1931 par Boris et Dmitri Iofan comprenait un théâtre, des équipements sportifs, un cinéma (« Oudarnik ») et d'autres installations collectives. Nombre de ses occupants le quittèrent nuitamment à partir de 1935 pour ne plus jamais réapparaître…

Monument à Pierre le Grand (Pamiatnik Petrou I/Памятник Петру I) B3 – Voilà un monument qui aura fait couler de l'encre et dont l'allure a longtemps mis en furie les vieux Moscovites. Les partisans répliquent qu'après tout la tour Eiffel en son temps fit aussi l'objet d'une levée de boucliers. Ce à quoi les détracteurs rétorquent que Moscou n'a aucune raison de célébrer **Pierre le Grand** qui a déchu leur ville de son rang de capitale… Libre à chacun d'apprécier ou non ce monument, posé sur l'eau, et où le grand tsar scrute l'horizon depuis le pont d'une caravelle, ce qu'explique la genèse de cette œuvre gigantesque (96 m de haut !) de **Zourab Tsereteli** : l'artiste voulait honorer Christophe Colomb, et le monument devait être donné à la ville de Miami… Or les édiles de la cité américaine ont refusé ce don embarrassant, et Tsereteli a mis à profit ses excellentes relations avec la mairie de Moscou pour changer son fusil d'épaule, donner à Pierre ce qui était à Christophe, et ainsi placer son encombrant hommage ! Pour la petite histoire, Zourab Tsereteli est coutumier de ce genre de démarche : les habitants de Ploërmel passent tous les jours devant un monument de 7 m de haut dédié à Jean-Paul II (le sulfureux sculpteur y a gagné une place à son nom dans la cité du Morbihan), tandis que les habitués du cap d'Agde se demandent sans doute pourquoi une grande statue y honore Balzac…

L'île des Jardiniers

C'est au 15e s. qu'est attestée la présence d'un jardin appartenant au tsar en face du Kremlin et c'est tout naturellement que les nombreux jardiniers à son service s'établirent à proximité : la toponymie en garde le souvenir puisque les trois quartiers de l'île portaient le nom de Sadovniki, autrement dit « jardiniers ». Averki Kirillov était au 17e s. chargé par l'administration impériale de la gestion de ces jardins, aujourd'hui disparus.

Rue Volkhonka : le quartier des musées A2

Revenir au Christ-Sauveur et traverser à nouveau la rue Volkhonka. Prendre sur la gauche. Sur la gauche de la rue Volkhonka, trois bâtiments abritent désormais les différentes collections de ce qui constitue aujourd'hui l'ensemble muséographique des Beaux-Arts Pouchkine : au centre (au n° 12), précédé d'une colonnade néoclassique, s'élève le « navire amiral » de l'ensemble, le **musée national des Beaux-Arts Pouchkine★★ (Mouzeï izobrazitelnykh Iskousstv im. A.S. Pouchkina/Музей изобразительных искусств им. А.С. Пушкина)**, accueillant de remarquables collections égyptiennes et de peinture ancienne. Sur la gauche, la **galerie d'Art européen et américain des 19e et 20e s.★★★ (Galerija Iskousstva Stran Evropy i Ameriki XIX-XX Vekov/Галерия Искусства Стран Европы и Америки XIX-XX Веков)** est réputée pour sa superbe collection de maîtres français, des impressionnistes à Matisse (notamment). De l'autre côté, l'agréable **musée des Collections privées★★ (Mouzeï litchnykh kollektsiï/Музей личных коллекций)** se distingue par l'originalité d'une présentation qui a voulu préserver la cohérence des choix de chacun des donateurs. *Pour la description de ces trois musées, reportez-vous p. 239-246.*

S'engager entre la galerie d'Art européen et américain des 19e et 20e s. et le bâtiment principal du musée Pouchkine dans Maly Znamenski per. (Малый Знаменский пер.).

Musée Nicolas-Rœrich (Mouzeï N.K. Rerikha/Музей Н. К. Рериха) – *Au n° 8, à l'angle - tlj sf lun. 11h-19h - 150 Rub.* Un palais classique à colonnade accueille ce musée consacré au peintre **Nicolas Rœrich** (1874-1947), à sa famille et à son mouvement philosophique quelque peu *new age* inspiré de l'Orient (Inde et Tibet en particulier). On en retiendra des œuvres de sa période pétersbourgeoise (avant 1917) marquées par une volonté de retour à l'art slave traditionnel, ainsi que la série *Himalaya* réalisée entre 1937 et 1947. Le reste de la collection tient surtout de considérations sur « l'énergie spirituelle » que d'aucuns pourront trouver fumeuses.

Galerie Ilia-Glazounov (Kartinnaïa galereïa Ilii Glazounova/Картинная галерея Ильи Глазунова) – *Oul. Volkhonka* (Ул. Волхонка) *13, en face du musée Pouchkine - tlj sf lun. 11h-19h - 160 Rub.* Se voir attribuer un musée et un atelier dans un bâtiment prestigieux au cœur de la capitale de son pays, et ce de son vivant, bien des peintres ne l'auraient pas imaginé même dans leurs rêves les plus fous ! C'est pourtant ce qui est arrivé au Pétersbourgeois **Ilia Glazounov** (né en 1930), très controversé (honni par la critique, il semble très populaire), grâce à ses soutiens au plus haut niveau de la municipalité. Vous découvrirez donc ces portraits de personnalités qui l'ont rendu célèbre (du roi d'Espagne Juan Carlos à Indira Gandhi en passant par Mireille Mathieu et Gina Lollobridgida), des costumes de scène, des illustrations d'ouvrages de Tolstoï et de Dostoïevski, quelques toiles inspirées de son voyage au Vietnam en 1967 et quatre immenses toiles crépusculaires prétendant résumer de façon parfois lourdement symbolique les malheurs qui accablent la Russie éternelle et l'Église orthodoxe depuis un siècle, du communisme (voir Staline partager un traîneau avec Trotski ne manque pas d'un certain comique) au libéralisme débridé accompagné de pornographie qui lui a succédé : bref et pour résumer, Marx et Coca-Cola. Le tout relève d'un certain kitsch qui peut amuser, à défaut d'éblouir.

En remontant vers votre point de départ par oulitsa Mokhovaïa (ул. Моховая) B2, ne manquez pas sur votre gauche, au coin de oul. Znamenka (ул. Знаменка), la belle **Maison Pachkov (Dom Pachkova/ДомПашкова)**, dont les travaux de restauration viennent de s'achever : ce bel exemple d'hôtel particulier de la fin du 18e s. est attribué à **Vassili Bajenov**.

Cathédrale du Christ-Sauveur pratique

Informations utiles

Les plus belles toilettes publiques de Moscou ! Elles se trouvent sous le socle de la cathédrale du Christ-Sauveur, côté Soïmonovski pr. (Соймоновский пр.), mais tout luxe a son prix… et celui-ci pourra paraître exorbitant.

Se restaurer

⊖ **Il Patio** ⑥ **(Иль Патио)** – *Oul. Volkhonka* (ул. Волхонка) *13a - ✆ 298 25 30.* Une succursale de chaîne de pizzérias sans prétention, bien utile ici car il y a peu de solutions pour calmer une petite faim entre deux visites de musées. La véranda donnant sur un jardin touffu dominant la Moskova est très agréable en été.

⊖⊖ **Café Freud** ① **(Кафе « Фрейд »)** – *Bolchoï Kislovski per.* (Большой Кисловский пер.). La silhouette du célèbre docteur vous accueille à l'entrée de cette salle, baignée d'une étrange lumière, et dont la décoration est un hommage aux manifestations de l'inconscient. Cuisine dans le vent au son d'une musique techno en sourdine.

Arbat★

Арбат

PLAN DE COUVERTURE : B3

Lorsque la noblesse décida de s'y installer, l'Arbat devint l'équivalent moscovite du quartier St-Germain à Paris. Les écrivains et artistes qui suivirent le mouvement en firent le St-Germain-des-Prés de Moscou. Aujourd'hui à la fois populaire et aristocratique, l'Arbat a conservé, malgré les outrages d'un urbanisme plutôt malheureux, quelque chose de son charme de naguère, lorsqu'il abritait la bohème symbolisée par le chanteur-poète Boulat Okoudjava.

Se repérer – La première des deux promenades proposées dans ce quartier situé à l'est du Kremlin s'organise autour des deux rues Arbat, l'ancienne (piétonne) et la nouvelle, large saignée au cœur d'un quartier jadis paisible (M° Arbatskaïa et Smolenskaïa). La seconde, plus proche de la Moskova, a pour point de départ la station de métro Kropotkinskaïa.

À ne pas manquer – Les maisons-musées d'artistes et d'écrivains, les hôtels particuliers de la rue Pretchistenka.

Organiser son temps – C'est tôt le matin, avant que n'affluent les promeneurs, que la rue Arbat est particulièrement agréable à parcourir. Du fait de leurs horaires, il vous faudra visiter les musées en plusieurs fois. Attention : le lundi et le dernier vendredi du mois, ils sont tous fermés.

C. Brett / Michelin

La rue Arbat.

Comprendre

Aristocrates et artistes – C'était jadis une forêt, traversée par la route de Smolensk. Puis au 14e s., peu à peu, la forêt fut défrichée, et les commerçants s'y installèrent, avant d'être rejoints par les *streltsy* (archers). Mais ce quartier, dont le nom vient peut-être du mot arabe *rabad* (faubourg), fut dévasté par un terrible incendie en 1739. On le reconstruisit, et cela n'alla pas sans un changement sociologique profond. À la fin du 18e s., les aristocrates s'y installèrent… et y demeurèrent lorsqu'il fut reconstruit après l'incendie de 1812. C'est de cette époque que datent la plupart des hôtels particuliers élevés dans le style Empire, et dont il reste nombre d'exemples autour de la rue Pretchistenka. Près d'un siècle plus tard, les immeubles de rapport vinrent donner une physionomie plus urbaine au quartier : la rue de l'Arbat, parcourue par un tramway, et bordée d'innombrables boutiques, fit la part belle aux architectes constructivistes, tandis que le dédale des cours intérieures abritait des ateliers d'artistes. Une malencontreuse percée (la monstrueuse rue du Novy Arbat) encadrée de gratte-ciel peu heureux faillit détruire à jamais le charme du quartier… qui a retrouvé une nouvelle vie, sans doute moins authentique, lorsqu'il fut déclaré zone protégée et que sa rue emblématique fut livrée aux piétons.

Se promener

VIEIL ET NOUVEL ARBAT 1

*Descendre au métro Smolenskaïa et gagner par la rue du même nom oulitsa Arbat (dite aussi le « Vieil Arbat », Stary Arbat/*Старый Арбат*) qui s'ouvre sur la gauche et devient rapidement piétonne.*

La rue Arbat★★ (Oulitsa Arbat/ Улица Арбат) B2-C1

Cette longue rue bordée de commerces de souvenirs, de cafés, de restaurants et de théâtres est l'axe du quartier dont elle tente de perpétuer l'âme. Bateleurs, jongleurs, musiciens allant du quatuor à cordes au groupe de rock, étals où chapkas et matriochka s'alignent à l'infini, diseuses de bonne aventure et portraitistes ambulants entretiennent une animation constante chez les badauds et les touristes qui aiment à la parcourir même si, et c'est dommage, ils ne s'aventurent guère hors des sentiers balisés. Quant aux demeures, souvent belles, qui bordent la rue, elles sont hélas le plus souvent cachées au regard par une prolifération d'enseignes plutôt criardes…

Appartement-musée Pouchkine (Memorialnaïa kvartira A.S. Pouchkina na Arbaté/Мемориальная квартира А. С. Пушкина на Арбате) B2 – *Au nº 53 sur la droite - tlj sf lun., mar. et dernier vend. du mois 10h-18h - 80 Rub.* Ce fut un petit palais de style Empire qui devint un appartement communautaire après 1917. **Alexandre Pouchkine** y vécut quelques mois avec son épouse, **Natalia Gontcharova**, avant son départ pour St-Pétersbourg en 1831, ce qui valut au lieu d'être transformé en musée que l'on visitera après avoir chaussé des semelles de feutre. Vous y découvrirez une agréable évocation de la vie du poète ainsi que de la vie quotidienne des milieux intellectuels moscovites de son temps. Mais ne vous imaginez pas évoluer parmi le mobilier ou les objets personnels de Pouchkine : tout ici est une reconstitution plausible de l'endroit où il vécut. Lettres et dessins, portraits, évocation des amis du couple et des écrivains de l'époque, gravures représentant Moscou avant et après le grand incendie de 1812, composent un ensemble agréable que quelques feuillets explicatifs en anglais permettent de mieux appréhender… et qui ne peut que préparer à la visite de l'autre musée consacré à Pouchkine, dans la rue Pretchistenka.

TVERSKAÏA
B
C
PLACE ROUGE
Moskova
Barrikadnaïa oul.
Баррикадная ул.
Koudrinskaïa pl.
Кудринская пл.
Granatny per.
Гранатный пер.
Malaïa Nikitskaïa oul.
Мал. Никитская ул.
Bolchaïa Nikitskaïa oul.
Povarskaïa oul.
Поварская ул.
Skatertny per.
Скатертный п.
M. Bronnaïa oul.
M. Бронная ул.
Tverskoï boulvar
Тверской бул.
pl. Nikitskié Vorota
пл. Никитские Ворота
Бол. Никитская ул.
Merzliakovski per.
Мерзляковский пер.
Nikitski boulvar
Никитский бульвар
Kalachny per.
Калашный пер.
Musée Chaliapine
Lotte Plaza
Musée Marina Tsvetaeva
Musée Mikhaïl Lermontov
Siméon-le-Stylite
oul. Bol. Moltchanovka
ул. Бол. Молчановка
pl. Arbatskié Vorota
пл. Арбатские Ворота
oul. Vozdvijenka
ул. Воздвиженка
Bol. Kislovski per.
Бол. Кисловский пер.
CHRIST SAUVEUR
улица Новый Арбат
Novinski boulvar
Новинский бульвар
Arbatski per.
Арбатский пер.
Serebriany per.
Серебряный пер.
Arbatskaïa
Арбатская
Arbatskaïa pl.
Арбатская пл.
Арбат
ул.
oul. Znamenka
ул. Знаменка
Gogol
Musée A. Scriabine
Spassopeskovskaïa pl.
Спасопесковская пл.
Théâtre E.-Vakhtangov
Égl. de la Transfiguration-du-Sauveur-sur-les-Sables
Smolenskaïa pl.
Смоленская пл.
Smolenskaïa
Смоленская
Maison Melnikov
oulitsa Arbat
Appart.-mus. Pouchkine
Plotnikov per.
Плотников
Musée A. Herzen
M.Vlassievski per.
M.Власьевский п.
Afanassievski per.
Афанасьевский пер.
Гоголевский бульвар
Gogolevski boulvar
Kolymajny per.
Колымажный пер.
Maison Bourganov
Bol. Бол.
Ministère des Affaires étrangères de Russie
Denejny per.
Денежный пер.
Gagarinski per.
Гагаринский пер.
Pretchistenski per.
Пречистенский пер.
Musée nat. A. Pouchkine
Kropotkinskaïa
Кропоткинская
oul. Volkhonka
ул. Волхонка
Alexandre II
Cathédrale du Christ-Sauveur
Palais Blanc de Pretchistenka
ул. ПРЕЧИСТЕНКА
Mée L. Tolstoï
Maison Ermolov
Lopoukhinski per.
Лопухинский п.
Ostojenka
Остоженка
ул.
2 Obydenski per.
2 Обыденский пер.
ZAMOSKVORIETCHIÉ
Musée-atelier Anna Goloubkina
Levchinski per.
Левшинский
Bolchoï
Бол.
Maison Issakov
Mon Arkharov
Académie de Musique
Galerie des Beaux-Arts Z. Tsereteli
OUL. PRETCHISTENKA
Maison Kekouchev
Smolenski boul.
Смоленский бул.
Kropotkinski p.
Mansourovski per.
Мансуровский пер.
Pomerantsev per.
Померанцев пер.
Кропоткинский пер.
Koursovoï
Курсовой
Пречистенская наб.
Boutikovski per.
Бутиковский пер.
École de Commerce
Maison Vsevoljski
Zoubovskaïa
Зубовская
oul.
ул.
Zoubovski
Зубовский
бульвар
boulvar
oul. Timoura Frounzé
Zoubovski pr.
Зубовский пр.
Park Koultoury
Парк Культуры
Tourtchaninov per.
Турчанинов пер.
Pretchistenskaïa nab.
МОСКВА
Krymskaïa nab.
Крымская наб.
Krymskaïa pl.
Крымская пл.
oul. Lva Tolstogo
Domaine-musée L. Tolstoï à Khamovniki
ул. Тимура Фрунзе
Krymski most
Крымский мост
oul. Krymski Val
ул. Крымский Вал
Pougovichnikov per.
Пуговишников пер.
ул. Льва Толстого
St-Nicolas-des-Tisserands
Kseninski pr.
Ксенинский пр.
Nesvijski per.
Несвижский пер.
prospekt
проспект
MOSKOVA
Komsomolski
Комсомольский
Фрунзенская
Frounzenskaïa
N
ZAMOSKVORIETCHIÉ
1
2
3

Appartement-musée Andreï Biely (Memorialnaïa kvartira Andreïa Bielogo na Arbaté/Мемориальная квартира Андрея Белого на Арбате) – *Au n° 55 (même accès que le précédent) - tlj sf lun., mar. et dernier vend. du mois 10h-18h - 80 Rub.* **Andreï Biely** (1880-1934) est un écrivain symboliste, auteur d'un célèbre roman, *Pétersbourg*. C'était aussi un personnage étrange, vaguement mystique et porté sur l'ésotérisme qui vécut ici jusqu'en 1906. Objets personnels, photos et mobilier permettent de faire connaissance avec cet homme peu commun qui résumait sa vie en graphiques…

Un peu plus loin, une plaque rappelle la mémoire de l'écrivain **Anatoli Rybakov** (1911-1998), auteur du roman *Les Enfants de l'Arbat* qui dut attendre 1987 pour être publié… vingt ans après avoir été écrit !

Monument à Boulat Okoudjava★ (Pamiatnik Boulatou Okoudjavé/Памятник Булату Окуджаве) – Entourée (aux beaux jours) de terrasses de cafés, la petite place au croisement de la rue Arbat et du pereoulok Plotnikov (Плотников пер.) est ornée d'un des plus sympathiques monuments de Moscou, dédié au poète, écrivain et chanteur **Boulat Okoudjava** (1924-1997), personnage emblématique de la bohème du quartier. L'ensemble, évoquant aussi bien le chanteur que l'ambiance des cours de l'Arbat traditionnel, a été conçu par le sculpteur **Gueorgui Frangoulian**.

Prendre à droite Plotnikov per., puis immédiatement à gauche Krivoarbatski per.

Maison Melnikov★ (Dom Melnikova/Дом Мельникова) B2 – *Au n° 17.* Auteur à Moscou de plusieurs bâtiments à vocation industrielle, notamment des garages, **Konstantin Melnikov** (1890-1974) édifia pour son compte, entre 1927 et 1929, cette demeure de trois étages qui est peut-être le chef-d'œuvre de l'**architecture constructiviste** : constituée de deux cylindres imbriqués, elle s'ouvre sur la rue par une immense façade vitrée permettant d'éclairer l'atelier de l'architecte qui, après avoir présenté un audacieux plan d'urbanisme visant à redessiner la capitale, tomba en 1937 dans une disgrâce dont il ne sortit jamais.

Revenir rue Arbat et prendre à gauche Spassopeskovski per. (Спасопесковский пер.).

Église de la Transfiguration-du-Sauveur-sur-les-Sables (Tserkov Spassa na Peskakh/Церковь Спаса на Песках) B1 – Au milieu d'un square, l'église élevée en 1698 n'a pratiquement pas subi de modifications depuis lors et représente donc un excellent exemple d'architecture religieuse moscovite du début du 18e s.

Autour du square où se niche une statue de Pouchkine, remarquez une jolie maison à portique, ainsi qu'un hôtel particulier arborant une colonnade en rotonde que surmonte une grande fenêtre semi-circulaire.

Revenir rue Arbat. Avant le théâtre Vakhtangov, prendre à gauche Bolchoï Nikolopeskovski per. (Большой Николопесковский пер.).

Musée-mémorial Alexandre Scriabine★★ (Memorialny mouzeï A.N. Skriabina/Мемориальный музей А. Н. Скрябина) – *Au n° 13 - merc.-vend. 12h-19h, jeu., sam., dim. 10h-17h - 150 Rub.* Le grand musicien (1872-1915) vécut dans cet appartement les trois dernières années de sa vie, et les choses ont été laissées depuis lors en l'état. Vous pourrez y suivre la brillante carrière du compositeur et de l'interprète à l'aide d'articles de presse, d'affiches et de photos, mais aussi pénétrer dans son intimité : la salle à manger avec un gong pour appeler à table les convives, la chambre avec son costume et son haut-de-forme, tout respire un parfum d'authenticité encore accentué par les notes de piano diffusées pendant la visite…

Revenir rue Arbat.

Devant le **théâtre Evgueni Vakhtangov**, édifice fonctionnel de 1941, remarquez la petite **statue de Madame Turandot**, œuvre charmante d'Alexandre Bourganov.

Prendre sur la droite Kalochny per. (Калошный пер.) *et poursuivre jusqu'au per. Sivtsev Vrajek* (пер. Сивцев Вражек).

Le pereoulok est bordé de quelques hôtels particuliers, notamment celui qui, au n° 30, présente une façade avec portique à colonnades surmonté d'un fronton triangulaire : il abrite aujourd'hui une annexe du musée littéraire.

Un Don pas si paisible

Au n° 33 du pereoulok Sivtsev-Vrajek, un immeuble de briques porte une plaque à la mémoire d'un de ses habitants, l'écrivain **Mikhaïl Cholokhov** (1905-1984). Prix Nobel de littérature en 1965, il fut l'un des principaux représentants du « réalisme socialiste » et un écrivain officiel célébré par Staline en personne. Reste que *Le Don paisible* est un chef-d'œuvre. Mais Cholokhov en est-il le véritable auteur ? Certains en doutent à commencer par Soljenitsyne selon qui le roman aurait été écrit par un officier des gardes Blanches tué par une brigade de la Tcheka dont le jeune Cholokhov faisait partie…

Maison-musée d'Alexandre Herzen★ (Dom-mouzeï A.I. Guertsena/Дом-музей А. И. Герцена) B2 – *Sur la gauche, au carrefour (nº 27) - En restauration.* Écrivain, philosophe, révolutionnaire, **Alexandre Herzen** (1812-1870) est assez peu connu en France où, cependant, il vécut longuement, fréquenta Victor Hugo et Louis Blanc, Garibaldi, Giuseppe Mazzini et Proudhon avant de mourir à Paris, citoyen de Fribourg. Étrange destin que celui de ce fils naturel d'un aristocrate russe qui décida dès ses années universitaires, en compagnie de son inséparable camarade **Nikolaï Ogarev**, de se consacrer à la lutte révolutionnaire. Arrestations, déportations ne l'empêchèrent pas de participer aux polémiques entre slavophiles et occidentalistes qui agitèrent les milieux intellectuels autour de 1840. Obligé de quitter la Russie en 1847, il participa à la révolution de 1848 à Paris, fut expulsé et vécut en Angleterre où il publiait sans relâche son journal *Kolokol* (« La Cloche ») appelant à la libération de la Russie et à l'émancipation des serfs. C'est avec beaucoup de sensibilité et à l'aide de riches documents que le musée retrace le parcours de cet humaniste.

De retour rue Arbat, prendre Starokoniouchenny per. (Староконюшенный пер.) *à droite.*

Maison Porokhovchtchikov (Ossobniak Porokhovchtchikova/Особняк Пороховщикова) – *Au nº 36.* Voici une demeure bien inattendue en ces lieux on ne peut plus urbains ! Ils s'agit en effet d'un hôtel particulier bâti en rondins de bois dans un style néorusse à l'ornementation foisonnante, réalisé en 1872 par **Andreï Goun**.

Revenir rue Arbat et la poursuivre jusqu'à son terme. Arrivé à la place Arbatskaïa, tourner sur la gauche puis encore à gauche dans la rue Novy Arbat.

Rue du Nouvel Arbat (Oulitsa Novy Arbat/Улица Новый Арбат) A/B1

L'ancienne perspective Kalinine est l'exemple type de l'urbanisme catastrophique des années 1960… Percée entre 1962 et 1968, au détriment de nombre de bâtiments anciens que les vieux Moscovites regrettent toujours, l'avenue est bordée, d'un côté, de quatre immenses gratte-ciel disposés en forme de livres ouverts et, de l'autre côté, de cinq immeubles d'habitation tout aussi démesurés. Aujourd'hui, les casinos rutilants se multiplient au pied de ces bâtiments tandis que la jeunesse locale met à profit les immenses trottoirs pour s'adonner au skate-board…

C. Brett / Michelin

La rue Novy Arbat.

Église St-Siméon-le-Stylite (Tserkov Simeona Stolpnika/Церковь Симеона Столпника) C1 – *Au coin de Povarskaïa oul.* (Поварская ул.). Élevée entre 1676 et 1679, cette petite église de quartier coiffée de sept bulbes verts est charmante… mais bien perdue au pied d'un des gigantesques immeubles de l'avenue.

Derrière l'église, prendre oul. Malaïa Moltchanovka (ул. Малая Молчановка).

Maison-musée Mikhaïl Lermontov★ (Dom-mouzeï M.U. Lermontova/Дом-музей М.Ю. Лермонтова) B/C1 – *Au nº 2 - jeu., sam. et dim. 11h-17h, merc. et vend. 14h-18h - 40 Rub.* Auteur de *Un héros de notre temps*, le poète romantique **Mikhaïl Lermontov** (1814-1841) vécut de 1830 à 1832 dans ce charmant hôtel particulier de bois à un étage à qui la proximité des tours d'habitation du Nouvel Arbat donne un air curieusement décalé… Comme son idole Pouchkine, le fougueux Lermontov, l'un des plus illustres auteurs de langue russe, a péri prématurément lors d'un duel.

Continuer jusqu'au bout de la rue, prendre à gauche, puis à droite et enfin encore à droite dans Borissoglebski per. (Борисоглебский пер.).

Appartement-musée de Marina Tsvetaeva★ (Dom-mouzeï M.I. Tsvetaevoï/Дом-музей М. И. Цветаевой) B1 – *Au nº 6 - tlj sf sam. et dernier vend. du mois 12h-17h - visite accompagnée - donation.* Fille du fondateur du musée des Beaux-Arts Pouchkine, **Marina Tsvetaeva** (1892-1941) a vécu ici de 1914 à 1922 avec son mari **Sergueï Efron** avant d'émigrer en France jusqu'en 1940. La visite des lieux, émouvante, évoque à l'aide de photos ce long exil, notamment en région parisienne (Meudon, Clamart), mais aussi les années moscovites, difficiles (Sergueï avait combattu dans les rangs de l'armée Blanche), mais exaltantes : auteur de trois recueils de poèmes, Marina recevait ici les intellectuels de l'époque parmi lesquels le prince **Sergueï Volkonski**, **Ilia Ehrenbourg** et **Ossip Mandelstam**, sans oublier son amie peintre Maria Bach-

Le tragique destin d'une révoltée

C'est à l'âge de seize ans que Marina Tsvetaeva, fille du fondateur de ce qui allait devenir le musée des Beaux-Arts Pouchkine, publie ses premiers poèmes… Mais son destin bascule avec la révolution : elle qui, par goût de la provocation, affiche un culte pour Napoléon, s'oppose aux bolcheviks et chante l'armée Blanche dans deux recueils que les éditions de l'État publient sans sourciller. Son mari ayant dû quitter le pays, elle part le rejoindre avec sa petite fille. Mais elle ne s'entend pas avec les autres membres de l'émigration blanche… et ceux-ci cessent de la publier. Dressée contre l'hitlérisme, Marina regagne l'URSS en 1940. C'est le pire moment… Moscou est évacuée. Minée par les privations et par le désespoir, Marina choisit de mettre fin à ses jours.

kirtseva décédée à Paris à l'âge de 24 ans. Des photos de famille ornent les murs de cet appartement biscornu (la chambre ne possédait pas moins de onze coins !) où elle aimait écrire ou lire ses poèmes à ses amis, aujourd'hui situé dans un immeuble abritant les archives de l'émigration russe.

AUTOUR DE PRETCHISTENKA : L'ARBAT ARISTOCRATIQUE 2

*Depuis la Porte de Pretchistenka (Pretchistenskié vorota/*Пречистенские ворота), *M° Kropotkinskaïa* (Кропоткинская). *Compter 3h, une ou deux de plus si vous poussez au-delà de Park Koultoury* (Парк Культуры) *vers la maison Tolstoï, une journée entière si vous poussez au-delà jusqu'au monastère Novodievitchi (voir p. 235).*

Ce quartier est sillonné par deux longues rues partant toutes deux de la même place, de part et d'autre de la statue de l'ami et collaborateur de Karl Marx, **Friedrich Engels** (1820-1895).

Rue Pretchistenka★★ (Oulitsa Pretchistenka/Улица Пречистенка) B/C2

Cette rue a été tracée au 16e s. afin de relier la « ville Blanche » (Biely Gorod/Белый Город) au monastère de Novodievitchi. Son nom (« la Très Sainte »), donné par le tsar **Alexeï Mikhaïlovitch**, rappelle celui de l'église principale du monastère. C'est à partir de la fin du 18e s. que l'aristocratie s'est établie dans des palais construits le long de cette voie qui, par miracle, a été épargnée par les urbanistes de l'ère soviétique.

Palais Blanc de Pretchistenka (Bielyé Palaty na Pretchistenké/Белые Палаты на Пречистенке) – *Au n° 1, derrière la statue d'Engels.* Face à la porte de Pretchistenka, ce palais, actuellement dans un triste état d'abandon, est caractéristique de l'architecture moscovite de la fin du 17e s. Comme son voisin du n° 3, le **palais des Famitsyne**, aligné le long de la rue, il compte un rez-de-chaussée réservé au service, l'étage étant habité par les maîtres des lieux.

Prendre à droite Tchertolski per. (Чертольский пер.)*, puis Bolchoï Afanassievski per.* (Большой Афанасьевский пер.).

Maison Bourganov★ (Dom Bourganova/Дом Бурганова) C2 – *Bolchoï Afanassievski per.* (Большой Афанасьевский пер.) *au n° 15 - tlj 11h-19h - 80 Rub.* Né en 1935, le sculpteur **Alexandre Bourganov** est l'auteur d'une des statues les plus photographiées de Moscou, *Madame Turandot* de la rue Arbat. Installé autour de son atelier, le musée est un lieu magique, constitué d'une cour, d'un atrium et de quelques salles au toit vitré que l'on parcourt sur des passerelles où les œuvres de l'artiste semblent avoir pris possession des lieux et surveillent le visiteur : ici juchée sur le rebord d'une fenêtre, là, accrochée à quelque anfractuosité de la muraille. Prenez le temps de flâner dans ce lieu pour en apprécier toute l'étrangeté onirique (si vous parvenez à semer un accompagnateur aussi prolixe que peu polyglotte). Outre les sculptures du maître (monstres, chimères, thème récurrent de Pégase, le cheval ailé), vous y découvrirez des tapisseries de son fils, Igor Bourganov, des peintures de Maria Bourganova, ainsi que des sculptures d'Anatoli Smolenkov.

Revenir à Pretchistenka.

Musée national Alexandre-Pouchkine★ (Gossoudarstvenny mouzeï A.S. Pouchkina/Государственный музей А. С. Пушкина) C2 – *Accès au n° 2 de Khrouchtchevski per.* (Хрущевский пер.) *- mar.-sam. 10h-18h (fermé lun. et dernier vend. du mois) - 80 Rub.* Il vous faut tout d'abord admirer l'immeuble de style Empire, construit en 1814 par **Afanassi Grigoriev** pour la noble famille des Khrouchtchev, et occupant tout le pâté de maisons entre le Tchertolski pereoulok (Чертольский пер.) et le Khroutchevski pereoulok. Sur la droite, à l'angle du premier pereoulok, un pavillon à colonnades est occupé aux beaux jours par un restaurant ouvrant sur la cour ombragée. Le corps principal du bâtiment se distingue par un portique à colonnades coiffé d'un fronton triangulaire caractéristique du style Empire. Quant au musée, réaménagé en 1997 selon une muséographie contemporaine, il nous présente année par année la vie et la carrière du plus emblématique des écrivains russes à l'aide de tableaux, de manuscrits, de lettres, de gravures et documents divers : rien n'est oublié, des origines familiales au duel qui lui fut fatal, en passant par les années d'exil consacrées à l'écriture d'*Eugène Onéguine*, et, bien entendu, à la rencontre et au mariage avec **Natalia Gontcharova**. Visite indispensable pour les admirateurs d'Alexandre Pouchkine !

En quittant le musée, faites quelques pas dans **Khrouchtchevski pereoulok** que bordent de nobles maisons, notamment, au coin de Gagarinski pereoulok, celle de **Steingel (Dom Chteinguelia/Дом Штейнгеля)**, superbe demeure de bois de style Empire dont la façade s'orne d'un portique à colonnes que rassemblent des arcs.

Un Africain en Russie

Le plus russe des poètes avait un bisaïeul noir : il s'agit d'**Abraham Petrovitch Hannibal** (1696-1781), né en 1696 probablement dans l'actuel Cameroun, avant d'être emmené clandestinement à la cour de Pierre le Grand à l'âge de huit ans. Le tsar prit en charge l'éducation de l'enfant qui devint un éminent scientifique, un ingénieur militaire disciple de Vauban, général en chef de l'armée russe, diplomate et homme d'État. Pouchkine revendiquait haut et fort cet héritage africain, notamment dans son poème *Eugène Onéguine*.

Revenir à Pretchistenka.

Musée Léon-Tolstoï★ (Mouzeï L.N. Tolstogo/Музей Л. Н. Толстого) C2 – *Au nº 11 sur la gauche - caisse dans la cour - tlj 10h-18h (sf lun. et dernier vend. du mois) - 100 Rub.*
C'est également un portique néoclassique qu'arbore cet hôtel particulier, lui aussi construit par Grigoriev entre 1817 et 1822 pour la famille Lopoukhine. Comme dans le musée précédent, évocation aussi vivante qu'émouvante de la biographie de Léon Tolstoï, du fringuant militaire faisant le coup de feu lors de la guerre de Crimée au patriarche au regard charbonneux du début du 20e s. Le tout est fort intéressant, même si quelques explications en anglais ne seraient pas superflues. Dans le jardin, statue de l'écrivain par Sergueï Merkourov (1912).

De part et d'autre de **Lopoukhinski pereoulok (Лопухинский пер.)**, une nouvelle série de palais néoclassiques s'aligne sur la droite de la rue : au nº 16, au fond d'un jardin abrité de murs de briques à niches et balustrades, la **maison Konchina (Dom Konchinoï/Дом Коншиной)** ; au nº 18, c'est la **maison Ermolov (Dom Ermolova/Дом Ермолова) C2**, élevée à la fin du 18e s., par Matveï Kazakov : c'est ici qu'**Isadora Duncan** installa son atelier chorégraphique en 1921 et qu'elle vécut quelques mois avec le poète Sergueï Essenine ; en face *(au nº 17)*, la **maison Arkharov (Dom Arkharova/Дом Архарова)**, de la fin du 18e s., doit son nom à son premier occupant, **Nicolas Arkharov**, un détective de légende, véritable « Sherlock Holmes » russe qui résolvait des affaires survenues à St-Pétersbourg sans quitter son domicile moscovite !

Du côté gauche *(au nº 17)*, la **maison Denis Davydov (Dom Denissa Davydova/Дом Дениса Давыдова)** exhibe une spectaculaire façade ; elle précède l'hôtel particulier de style baroque du collectionneur **Ivan Morozov** *(au nº 21)* dont l'intérieur fut réaménagé par Lev Kekouchev afin de pouvoir présenter au public ses peintures françaises qui constituent aujourd'hui le fleuron des collections du musée des Beaux-Arts Pouchkine *(voir p. 239)*. Après le départ en exil, fin 1918, du collectionneur, le lieu devint l'Académie des beaux-arts de Russie.

Isadora et Sergueï

C'est en 1921 qu'**Anatoli Lounatcharski**, commissaire du peuple à la culture, invita **Isadora Duncan** (1877-1927) à venir créer une école de danse à Moscou. Mais lorsque la chorégraphe arriva en Union soviétique, la famine régnait, et, faute de crédits, l'école dut fermer. Entre-temps, Isadora avait jeté son dévolu sur un jeune poète, de vingt ans son cadet, le « Rimbaud soviétique », **Sergueï Essenine** qu'elle épousa en 1922. Après quelques mois à Moscou, le couple s'embarque pour les États-Unis : Isadora y est rejetée, traitée de communiste, et finalement déchue de sa nationalité. Sergueï, lui, va de provocations en crises de delirium tremens. Le couple se sépare bientôt. Sergueï se pend une nuit de décembre 1925 dans une chambre d'hôtel à Leningrad, Isadora meurt en 1927, étranglée par son écharpe prise dans les roues de sa voiture. Quant au poète rebelle, ses frasques oubliées, il est érigé au rang des grands classiques…

Galerie des Beaux-Arts Zourab Tsereteli (Galereïa iskousstv Zouraba Tsereteli/Галерея искусств Зураба Церетели) B2
Mar.-sam. 12h-20h, dim. 12h-19h - 100 Rub. Le sculpteur, peintre, mosaïste et maître verrier **Zourab Tsereteli**, dont de très nombreuses œuvres, parfois gigantesques, parsèment aujourd'hui la ville, y expose son abondante production. L'occasion de juger par vous-même du talent d'un artiste, que la modestie n'étouffe pas (il ne se reconnaît guère que Picasso comme pair !) et que ses détracteurs accusent d'abuser de ses rapports privilégiés avec la municipalité pour exercer un pouvoir quasi dictatorial sur la vie artistique moscovite, et placer sans vergogne ses créations. Disons qu'il est difficile de distinguer la patte de l'artiste dans une production qui emprunte à tous les genres et à tous les styles.

En face, au n° 28, bel immeuble : il s'agit de la **maison Issakov (Dom Issakova/Дом Исакова)** construite entre 1904 et 1906 par **Lev Kekouchev**, un des maîtres de l'Art nouveau moscovite. Enfin, au n° 32, l'**Académie de musique** a investi une belle demeure classique édifiée après l'incendie de 1812, et remodelée au début du 20e s.

Avant d'arriver au boulevard Zoubovski, prendre à gauche Kropotkinski per.

Vous y verrez au n° 13 un hôtel particulier à la façade tout en mouvement élevée en 1904 : cette réalisation Art nouveau est une œuvre de **Fiodor Chekhtel**.

Au bout du pereoulok, prendre sur la gauche la rue Ostojenka.

Rue Ostojenka (Oulitsa Ostojenka/Улица Остоженка) C2/3

Cette très ancienne rue qui ramène vers la porte de Pretchistenka est, elle aussi, bordée de demeures intéressantes : c'est le cas de ce petit hôtel particulier, au n° 49 (juste face au débouché du pereoulok), qui se niche dans un jardin ombragé. Il s'agit de la **maison Vsevoljski (Dom Vsevoljskogo/Дом Всеволжского)** C3, construite entre 1817 et 1825 et précédée d'un portique à colonnade. Plus loin, au n° 37, se dresse un charmant hôtel de bois où **Ivan Tourgueniev** vécut de 1841 à 1851. En face, l'**École de commerce** présente un portique quelque peu massif, édifié à l'époque Empire… mais qui a conservé la faucille et le marteau rajoutés un siècle plus tard.

Plus loin sur la droite *(au n° 21)*, tandis que les dômes dorés de la cathédrale du Christ-Sauveur apparaissent dans l'axe de la rue, une sympathique villa Art nouveau, toute biscornue, aujourd'hui dépendance de l'ambassade d'Égypte, la **maison Kekouchev (Dom Kekoucheva/Дом Кекушева)** C2 a été élevé par **Lev Kekouchev** en 1901-1903.

La rue ramène face à la cathédrale du Christ-Sauveur.

Aux alentours

Au-delà du boulevard Zoubovski (Зубовский бульвар) 1

Depuis le M° Park Koultoury, au bout de la rue Ostojenka, prendre dans le prolongement de cette dernière Komsomolski pr. (Комсомольский пр.).

Église St-Nicolas-des-Tisserands★★ (Tserkov Nikoly v Khamovnikakh/Церковь Николы в Хамовниках) B3 – *Sur la droite, dans la verdure.* Enchâssée dans un ravissant jardin, voici une des plus belles églises de Moscou, caractéristique du baroque Narychkine. Élevée en 1682 par la corporation des tisserands, cette église séduit par l'exubérance de ses bulbes dorés soulignés de *kokochniki*, et son décor polychrome vert et rouge, rehaussé de carreaux de faïence. Vous remarquerez notamment le superbe clocher pyramidal. À l'intérieur sont conservées quelques belles icônes des 17e et 18e s.

*Derrière l'église, sur la droite, emprunter la rue Léon Tolstoï (oul. Lva Tolstogo/*улица Льва Толстого*).*

Domaine-musée de Léon Tolstoï à Khamovniki★ (Mouzeï-oussadba L. N. Tolstogo Khamovniki/Музей-усадьба Л. Н. Толстого « Хамовники ») – *Au n° 23 - tlj sf lun. et dernier vend. du mois 10h-18h (caisse 17h) - 100 Rub.* Léon Tolstoï a vécu de 1882 à 1901 avec sa nombreuse famille dans cette *isba* posée à l'orée d'un parc ombragé et dont la découverte ne manque pas d'étonner dans un environnement urbain assez ingrat.

Après avoir chaussé des semelles de feutre *(attention à ne pas glisser !)*, vous découvrirez les pièces du rez-de-chaussée avec la salle à manger et la chambre des enfants, puis, à l'étage, la grande salle de réception où l'écrivain reçut, entre autres, Gorki, Chaliapine, Rachmaninov ou Ilia Repine : peut-être vous fera-t-on entendre la voix du patriarche. Vous visiterez également l'entresol avec la chambre de sa fille Tatiana qui s'adonnait à la peinture, ainsi que l'atelier où l'écrivain aimait se livrer à son « hobby », la cordonnerie… et apercevrez même sa bicyclette… Visite émouvante où vous

La maison de la famille Tolstoï.

aurez l'impression d'entrer par effraction dans l'intimité d'un des monstres sacrés de la littérature russe… Enfin, vous pourrez prolonger ce moment magique en faisant quelques pas dans le parc.

Autour de la place Smolenskaïa (Smolenskaïa plochtchad/Смоленская площадь) 2

Cette vaste place s'ouvre largement sur la Ceinture des Jardins, au bout de la rue Arbat, entre les boulevards Smolenski et Novinski.

Appartement-musée S. M. Eisenstein★ (Mouzeï-kvartira S. M. Eizenchteina/ Музей-квартира С. М. Эйзенштейна) A2 – *Oul. Smolenskaïa* (ул. Смоленская) *10 : depuis la rue Arbat, traverser le boulevard (par le passage souterrain) et suivre le long de la place puis de la rue Smolenskaïa en restant sur le trottoir de droite - mar.-dim., fermé dernier vend. du mois.* Affiches, photos et objets divers retracent la carrière et l'œuvre de l'auteur du *Cuirassé Potemkine*, le plus célèbre des cinéastes soviétiques.

Ministère des Affaires étrangères de Russie★ (MID Rossii/МИД России) B2 – *Smolenski boul.* (Смоленский бул.) *32.* C'est peut-être le plus accompli des gratte-ciel staliniens de Moscou, si l'on excepte l'espèce de pyramide qui le coiffe, voulue, dit-on, par Staline. Achevé en 1951, l'immeuble a été dessiné par les architectes Vladimir Gelfreich et Mikhaïl Minkus.

Musée-atelier Anna-Goloubkina (Mouzeï-masterskaïa A.S. Goloubkinoï/Музей-мастерская А.С. Голубкиной) B2 – *Bol. Levchinski per.* (Бол. Левшинский пер.) *n° 12, première à gauche après le ministère - tlj sf lun., mar. et dernier vend. du mois, 10h-17h sam.-dim., 12h-19h merc., jeu. et vend. - 160 Rub.* Le sculpteur **Anna Goloubkina** (1864-1927) vécut et travailla ici à partir de 1910. La visite permet de découvrir le talent d'une artiste au style très expressif (buste de Tolstoï).

« **Maison Blanche** » **(Biely Dom/Белый Дом** ou **Pravitelstvo Rossii/Правительство России) A1** – *Suivre oul. Novy Arbat jusqu'à la Moskova.* Surnommé également avec ironie « le fauteuil » en raison de ses deux avant-corps évoquant des accoudoirs, le siège du gouvernement a été dessiné par **Dmitri Tchetchouline** comme bon nombre d'immeubles moscovites. Cet élégant bâtiment a fait la une de tous les journaux télévisés en août 1991 lors du putsch fomenté contre Gorbatchev par les nostalgiques du communisme pur et dur : c'est ici en effet que **Boris Eltsine** s'est adressé à la foule des manifestants du haut d'un char, haut fait qui lui conféra une stature internationale et un immense prestige dans la population… qu'il s'employa à dilapider par ses frasques une fois parvenu au pouvoir.

Au-delà du pont se dresse un autre **gratte-ciel stalinien★** : celui-ci abrite l'ancien **hôtel Ukraine (Oukraïna/Украина)** en attente de rénovation. Il est permis d'espérer que cette nécessaire modernisation des lieux ne s'accompagnera pas d'une altération de la décoration d'origine : avec ses marbres, ses dorures et son lustre impressionnant, celle-ci, d'un kitsch réjouissant, est au même titre que le métro un témoignage de la volonté de grandeur d'une époque.

Revenir à la Ceinture des Jardins et prendre le boulevard Novinski (Новинский бул.).

Vous remarquerez, en face, un long édifice dont la façade, rythmée par des éléments décoratifs, ne manque pas d'intérêt : quelques personnalités y ont vécu, notamment le peintre **Piotr Kontchalovski**, grand-père de deux cinéastes bien connus.

Maison-musée Chaliapine★★ (Dom-mouzeï Chaliapina/Дом-музей Шаляпина) B1 – *Au nº 23, après l'ambassade des États-Unis - mar. 10h-18h, merc. et jeu. 11h30-19h, sam. 10h-18h, dim. 10h-16h30 - 100 Rub.* C'est en 1910 que **Fiodor Chaliapine** s'est installé dans cette maison du début du 19e s. dotée d'un agréable jardin. Vous y découvrirez à la fois la vie quotidienne de l'artiste (salon Empire où trône un vénérable phonographe, bureau), et la carrière du grand basson retracée à l'aide d'affiches, de photos et de portraits, de costumes de scène et de lettres autographes… mais aussi d'un disque que l'on vous fera écouter dans la salle de musique. Un moment de bonheur que les mélomanes ne doivent pas manquer !

Et un peu plus loin…

Église de l'Intercession-de-la-Vierge-de-Fili

M° Fili (Фили) ligne 4. En sortant du métro, remonter la rue Novozavodskaïa (Новозаводская ул.). *L'église se trouve sur la droite, au nº 6, dans un petit parc juste avant le grand carrefour.*

Les amateurs d'architecture religieuse ne manqueront pas de se rendre dans ce lieu excentré pour admirer cette église au plan en forme de trèfle à quatre feuilles, élevée à la fin du 17e s. pour un oncle de Pierre le Grand, et qui représente l'exemple le plus abouti du fameux style fleuri, appelé aussi style Narychkine *(voir illustration dans l'ABC d'architecture, p. 53).*

Arbat pratique

Se loger

⊖⊖⊖ Arbat ④ (Арбат).

⊖⊖⊖⊖ Kebur Palas ⑤ (Кебур Палас).

⊖⊖⊖⊖ Golden Ring ⑥ (Zolotoïé Koltso/Золотое Кольцо).

⊖⊖ Belgrad ㉘ (Белград).

⊖⊖⊖ Melodia ㉙ (Мелодия).

Voir descriptif complet de ces hôtels p. 116-117.

Se restaurer

ARBATSKAÏA

⊖ Iolki-Palki ㉚ (Ёлки-Палки) – *Oul. Novy Arbat* (ул. Новый Арбат) *au coin d'Arbatski per.*(Арбатский пер.). Impossible de séjourner à Moscou sans déjeuner au moins une fois dans un restaurant de cette chaîne. Celui-ci est bien situé, en haut de l'avenue, près du boulevard Gogol et de la rue Vozdvijenka qui conduit au Kremlin.

⊖⊖ Les Z'amis de Jan-Jak ⑮ (Жан Жак Руссо) – *Niktiski boulvar* (Никитский бул.) *12.* Les plus férus de cyrillique auront bien entendu reconnu chez ce Руссо l'auteur des *Confessions*. Décor bistrot pour ce café-bar à vins aux murs tendus de rouge comme sur Tsvetnoï boul *(voir p. 209)* où *Les Z'amis de Jean-Jacques* se sont également installés, tant pour aider les expatriés français à combattre la nostalgie du pays natal devant un pot-au-feu, une bouillabaisse ou un coq au vin, que pour donner aux autochtones un délicieuse impression d'exotisme.

⊖⊖ Dioskouria ⑥ (Диоскурия) – *Oul. Novy Arbat* (ул. Новый Арбат) *2, passer sous le porche.* Incroyable ! Vous passez sous un des gratte-ciel de l'avenue (abritant l'agence Intourist) et, devant vous, dans un petit jardin fleuri, vous découvrez cette maisonnette de bois tout droit sortie d'un conte de fées ! Le lieu, consacré à la cuisine géorgienne, mérite d'autant plus une visite qu'aux beaux jours vous pourrez déjeuner dans le jardin…

⊖⊖⊖ Genatsvalé na Arbaté ⑧ (Генацвале на Арбате) – *Arbatski per.* (Арбатский пер.). Spectaculaire restaurant géorgien dans lequel on entre en traversant un énorme pot de terre cuite. Le décor intérieur est soigné et la cuisine d'excellente qualité. Quelques gardes du corps attendent devant l'entrée leurs protégés… C'est dire si le lieu est fréquenté par des gens importants !

⊖⊖⊖/⊖⊖⊖⊖ Chivas ⑬ – *Plotnikov per.* (Плотников пер.) *15.* Dans une belle demeure néoclassique, plusieurs options s'offrent à vous, toutes aussi raffinées : le *Chivas bar* où comme son nom l'indique, le Chivas est roi. Large choix de whiskies et de cocktails donc, à déguster dans des fauteuils confortables et profonds posés dans un décor à dominante violine et orange mais pas seulement : dans une salle attenante au bar, dégustation d'une cuisine « fusion » tentant la synthèse entre les traditions géorgienne et indienne, du tandoori aux aubergines à la géorgienne… Plats végétariens qui raviront les amateurs de légumes.

Les gourmets les plus avertis (et les plus

fortunés) investiront quant à eux l'**Indus** (13) *(à l'étage)* ouvert par un chef prestigieux, Vineet Bhatia, premier chef indien à avoir décroché une étoile au Michelin pour son restaurant de Sloane Square, et qui quitte une fois par mois son piano londonien pour superviser la qualité de son établissement moscovite.

SMOLENSKAÏA

Mou-Mou (20) **(Му-Му)** – *Oul. Arbat* (ул. Арбат) *au coin de Plotnikov per.* Précédé par l'effigie d'une sympathique vache (le nom du restaurant en évoque le meuglement), cet établissement toujours bondé s'est fait une spécialité des grillades. Compter environ 280 Rub pour un repas complet composé d'une soupe (borchtch ou *okrochka*), d'une grillade et d'une pâtisserie avec un verre de vin.

Tarass Boulba (24) **(Тарас Бульба)** – *Smolenski boul.* (Смоленский бул.). Spécialités ukrainiennes à toute heure. Attention, il y a souvent beaucoup de monde présent.

Chech-Bech (2) **(Шеш-Беш)** – *Smolenskaïa pl.* (Смоленская пл.) *6a.* Chaîne ukrainienne où vous pourrez déguster brochettes et autres spécialités, accueilli par des hôtesses en costume traditionnel. Là aussi, l'établissement est très couru. Ambiance musicale très orientale.

Centre Pavel Slobodkine (4) **(Центр Павла Слободкина)** – *Oul. Arbat* (ул. Арбат). **Pavel Slobodkine** est le créateur d'un ensemble vocal, Vessiolyé Rebiata, dont la popularité dans les années 1960 était comparable en Russie à celle des Beatles ailleurs. Il a ouvert aujourd'hui une petite salle de concerts dont le café-restaurant propose des repas légers et sans surprises.

Tsinandali (16) **(Цинандали)** – *Oul. Arbat* (ул. Арбат) *42.* Attaché au Centre culturel géorgien, ce restaurant en sous-sol au décor évoquant la tradition vinicole de cette terre propose une honnête cuisine : *kharcho* (ragoût) ou *tinansalou* (boulettes de bœuf), *chachliks* (porc, veau ou sterlet), *khachapouri imeroli* ou *ajarouli* (tartes au fromage) ou encore *chachouchouli* (veau émincé à la tomate), sont accompagnés des vins géorgiens de rigueur, que ce soit le *saperavi* (sec) ou l'*alazani* (demi-doux).

BARRIKADNAÏA

Karetny Dvor (14) **(Каретный двор)** – *Oul. Povarskaïa* (ул. Поварская) *52, M° Barrikadnaïa* (Баррикадная), *ligne 7.* Un ancien garage à charrettes aménagé en restaurant. Une partie (réservée aux groupes) est constituée de salons évoquant l'intérieur d'une malle-poste. Salle au décor rustique. Cuisine honnête (mi-géorgienne, mi-ukrainienne) et service sympathique.

Staraïa Kibitka (23) **(Старая Кибитка)** – *Oul. Povarskaïa* (ул. Поварская) *52.* Contigu au précédent, la « Vieille Charrette » joue la carte rustique : le bois est omniprésent, et vous y trouverez au milieu de la salle une rivière enjambée par un petit pont de bois, tandis qu'une perruche assure l'animation musicale. Cuisine russe classique (avec quelques touches caucasiennes), des *pelmenis* sibériens au bœuf Stroganoff et vins provenant uniquement d'Arménie. L'endroit est sympathique, mais le service (peu polyglotte) gagnerait toutefois à être un tantinet plus souriant.

C. Brett / MICHELIN

Restaurant Staraïa Kibitka.

Goodman Steak House (12) – *Novinski boul.* (Новинский бул.) *31, au 1er étage du centre commercial, M° Barrikadnaïa* (Баррикадная), *ligne 7, Krasnopresnenskaïa* (Краснопресненская), *ligne 5.* Pour les amateurs de grillades : excellents T-bone et bœuf argentin. Clientèle américaine (proximité de l'ambassade oblige) et « nouveau Russe ».

TsDL (28) **(ЦДЛ)** – *Oul. Povarskaïa* (ул. Поварская) *50, M° Barrikadnaïa* (Баррикадная), *ligne 7.* Après avoir abrité une loge maçonnique, cette belle demeure élevée en 1889 par l'architecte **Piotr Boïtsov** devint sous Staline le siège de l'Union des écrivains. Superbe salle à manger tout en boiseries néogothiques éclairée par des vitraux et animée par un duo harpe et flûte. Cuisine aux accents subtilement italiens.

P. Plantier / Michelin

Le décor gothique de l'Union des écrivains.

PRETCHISTENKA ET OSTOJENKA

Onéguine (22) **(Онегин)** – *Tchertolski per.* (Чертольский пер.). Vous prendrez plaisir à vous poser dans le jardin de ce pavillon Empire attenant au musée Pouchkine. Ce « restaurant d'été » propose un business lunch à 200 Rub.

Genatsvalé VIP (10) **(Генацвале VIP)** – *Oul. Ostojenka* (ул. Остоженка) *14/2, M° Kropotkinskaïa* (Кропоткинская), *ligne 1*. Le décor campagnard est peut-être un peu chargé, mais le dépaysement est assuré. Excellent restaurant géorgien. Musique *live* le soir.

Tiflis (26) **(Тифлис)** – *Oul. Ostojenka* (ул. Остоженка) *32, accès par Mansourovski per.* (Мансуровский пер.). Terrasses fleuries, décrochements, décor tentent de restituer l'ambiance de l'ancienne Tbilissi ; un restaurant réputé, géorgien comme son nom l'indique.

Pauses et petites faims

Hard Rock Café – *Oul. Arbat* (ул. Арбат) *44*. Avatar moscovite de la célèbre chaîne.

Chokoladnitsa (Шоколадница) – *Oul. Arbat* (ул. Арбат) *29 et oul. Ostojenka* (ул. Остоженка) - *www.shoko.ru*. Toutes sortes de cafés, de thés et de chocolats accompagnés de pâtisseries sont proposés aux habitués de ces deux succursales d'un chaîne qui envahit toute la ville. Les gourmands essaieront le « chocomoco ». Notez qu'on y sert un petit-déjeuner à 110 Rub entre 9h et 13h, pour les lève-tard.

C. Brett / MICHELIN

Restaurant Gogol Mogol.

Gogol Mogol (11) **(Гоголь-Моголь)** – *Gagarinski per.* (Гагаринский пер.) *6*. Sympathique restaurant-salon de thé au décor jouant sur l'harmonie des tons bordeaux des murs, des nappes, des coussins et des tabliers des serveuses. Bon choix de thés, de cafés, de cocktails de fruits, mais aussi de soupes et de desserts plus ou moins roboratifs comme le cheese-cake au mascarpone ou le gâteau forêt noire.

C. Brett / Michelin

Publicités au sol sur la rue Arbat.

Café Boucle (Bouklé/Букле) – *Starokoniouchenny per.* (Староконюшенный пер.)*, perpendiculaire à la rue Arbat*. Sympathique café proposant une restauration rapide mais aussi des créations (mode, accessoires) originales.

Kalina Café (Калина Кафе) – *Novinski boul.* (Новинский булвар) *8, presque à l'angle de la rue Novy Arbat, au 21e étage du luxueux centre commercial* **Lotte Plaza (Лотте Плаза)**. Bar-restaurant au décor d'un chic discret où déguster quelques cocktails à base de fruits rouges, en profitant de vues panoramiques sur Moscou, particulièrement spectaculaires du côté du méandre de la Moskova. L'occasion aussi de déjeuner ou de dîner en ces lieux si vous êtes en fonds…

Achats

Bon à savoir – Très fréquentée par les touristes, la **rue Arbat** est bordée de nombreuses boutiques de souvenirs : matriochka, boîtes laquées, chapkas, œufs peints, ambre de la Baltique, *samovars*, etc. Essayez notamment **Arbatskaïa Laritsa (Арбатская Ларица)** au n° 27, au coin de *Starokoniouchenny per.* (Староконюшенный пер.).

Moskovski Dom Knigui – *Oul. Novy Arbat* (ул. Новый Арбат) *8*. La plus grande librairie de Moscou s'étend sur deux niveaux. Papeterie (très fournie) au rez-de-chaussée. À l'étage, livres étrangers (petit rayon français), cartes et plans et ouvrages touristiques. Caisses multiples disséminées dans les rayons.

Sofrino (Софрино) – *Oul. Pretchistenka* (ул. Пречистенка) *4 - lun.-vend. 10h-14h, 15h-19h, sam. 9h-18h*. Le magasin officiel de l'Église orthodoxe russe : vous y trouverez des objets liturgiques, mais aussi des souvenirs de qualité. La pharmacie occupant l'autre partie de l'immeuble propose un choix impressionnant d'herbes médicinales.

CENTRE COMMERCIAL

Passage Novinski (Новинский пассаж) – *Novinski boul.* (Новинский бул.) *31*. Agence de voyages, pharmacie, bankomat, DHL… et boutiques de prêt-à-porter et d'électronique ainsi que de luxe.

Autour de la rue Tverskaïa

Тверская улица

PLAN DE COUVERTURE : B2/C2

L'agitation de la rue Tverskaïa (ou rue de Tver), ses commerces, sa circulation anarchique (y compris sur les trottoirs devant certains magasins) suscite parfois un mouvement de recul : il ne faut pas hésiter cependant à parcourir cette ancienne voie royale qui recèle quelques immeubles intéressants, ne serait-ce que pour s'en écarter. Les quartiers paisibles et résidentiels que vous découvrirez alors ne manqueront pas de vous charmer.

- **Se repérer** – Démarrant face à la place Rouge (à partir de la rue Okhotny Riad), la rue Tverskaïa, large et rectiligne, traverse la place Pouchkine (Пушкинская) puis la place Trioumfalnaïa (Триумфальная) à hauteur de la Ceinture des Jardins. Au-delà, elle se poursuit par la chaussée de Leningrad. Le quartier ici décrit est limité au sud-ouest par la rue Bolchaïa Nikitskaïa (Большая Никитская) et traversé par l'agréable boulevard Tverskoï (Тверской бульвар). Plusieurs stations de métro desservent la rue Tverskaïa : Okhotny Riad, Pouchkinskaïa et Maïakovskaïa (ligne 2), Tverskaïa (ligne 7) et Tchekhovskaïa (ligne 9). L'ouest du quartier est desservi par Barrikadnaïa (ligne 7).
- **À ne pas manquer** – La maison de Gorki et, pour les amoureux de Boulgakov, l'Étang des Patriarches.
- **Organiser son temps** – Si vous ne disposez pas de beaucoup de temps, contentez-vous de la partie de la rue qui rejoint la place Pouchkine. Mais il serait dommage de ne pas consacrer une journée à la découverte des quartiers avoisinants.
- **Avec les enfants** – Le zoo de Moscou *(voir p. 197)*.

Comprendre

La rue de Tver (et, au-delà, de St-Pétersbourg) est depuis le Moyen Âge la voie principale de Moscou : c'est par ici que les tsars entraient solennellement dans la ville pour gagner le Kremlin. Bien entendu, ouvrir un commerce ou habiter sur la rue de Tver était (et continue à être) un signe de prestige. Mais la rue n'a pris son aspect actuel qu'en 1937, lorsque les architectes soviétiques firent passer sa largeur de 20 à 60 m ! Bien des immeubles et quelques églises furent victimes de cet élargissement, d'autres étant déplacés sur des rails afin de se conformer au nouvel alignement. Devenue rue Maxime-Gorki, la Tverskaïa vit alors s'édifier nombre de bâtiments, pas toujours heureux, mais symboliques d'une certaine période. Toujours commerçante et animée, la rue, qui a recouvré son nom historique, semble aujourd'hui hésiter entre le luxe et le tout-venant.

Se promener

LA RUE TVERSKAÏA 1

Balade au départ de la rue Okhotny Riad (ул. Охотный Ряд). *Compter 2 à 3h. Soucieux de la survie de nos lecteurs, nous avons pris l'option de décrire les principales curiosités de cette rue en remontant le trottoir de gauche avant de redescendre par l'autre côté. Quelques points de traversée souterrains sont cependant possibles (voir p. 198) pour qui souhaiterait écourter la promenade.*

D'Okhotny Riad au boulevard Tverskoï★

Hôtel national (Gostinitsa Natsional/Гостиница « Националь ») D3 – *Au coin de la rue Okhotny Riad.* Un palace, comme l'attestent les chasseurs coiffés de hauts-de-forme. Et un immeuble oscillant entre divers styles « néo » avec une pointe Art nouveau, construit en 1903 par **Alexandre Ivanov**.

Au-delà, un immense auvent précède l'ancien hôtel *Intourist* qui, restauré et surélevé d'un étage, est devenu désormais le luxueux **hôtel Ritz-Carlton**.

Théâtre Ermolova (Teatr Ermolovoï/Театр Ермоловой) – Il porte le nom de la célèbre actrice Maria Ermolova qui fit les beaux jours du théâtre Maly.

Immeuble du télégraphe (Zdanié Telegrafa/Здание Телеграфа) – Construit entre 1925 et 1927 par **Ivan Rerberg** (1869-1932), cet immeuble grisâtre marque une date dans l'histoire de l'architecture soviétique : les formes épurées du constructivisme y étaient abandonnées au profit d'un classicisme pompeux qui annonçait le style stalinien.

Immeuble du n° 9 – Cet immeuble massif, d'époque stalinienne, occupe un pâté de maisons. Ses appartements furent attribués aux happy few de la Nomenklatura, puisque, entre autres, y vécurent le cinéaste **Sergueï Bondartchouk** (réalisateur de *Guerre et Paix*), la ministre **Ekaterina Fourtseva** et, au coin de Brioussov pereoulok, **Vsevolod Meyerhold** (metteur en scène).

Vendre la peau de l'ours…

La légende veut que le granit utilisé en 1949 pour revêtir la façade de cet immeuble illustrant le goût de Staline pour le monumental aurait été apporté par l'armée allemande afin d'ériger un monument célébrant la prise de Moscou par Hitler…

Brioussov pereoulok (Брюсов переулок) C3 – Quelques pas dans cette ruelle tranquille vous permettront d'admirer au n° 15 l'**église de la Résurrection**, élevée en 1629 (mais remaniée). Elle recèle de nombreuses icônes dont un saint Georges de facture occidentale, et une copie ancienne de la Vierge de Kazan.

Mairie de Moscou (Pravitelstvo Moskvy/Правительство Москвы) C2 – *Au n° 13.* Cet immeuble rouge, élevé vers 1760, fut longtemps habité par les gouverneurs de Moscou. C'est en 1946 qu'il a pris son apparence actuelle (deux étages ont été ajoutés par **Dmitri Tchetchouline**).

Traverser le boulevard Tverskoï (Тверской бульвар) *à hauteur de la place Pouchkine.*

L'espace, ombragé, est souvent occupé par des manifestants politiques ou religieux, notamment les membres des communautés protestantes réclamant une reconnaissance officielle de leurs lieux de culte.

Musée national d'Histoire moderne de Russie★ (Gossoudarstvenny mouzeï sovremennoï istorii Rossii/Государственный музей современной истории России) C2

Oul. Tverskaïa (ул. Тверская) *21.*

Mar. merc., vend. 10h-18h, jeu., sam. 11h-19h, dim. 10h-17h (fermé lun. et dernier vend. du mois) - 100 Rub.

En retrait de la rue, précédé d'un portail majestueux orné de lions, ce noble **palais★** d'une belle couleur rouge, élevé à la fin du 18e s. pour le comte Lev Razoumovski, présente un fronton néoclassique reposant sur une colonnade. L'ancien **club des Anglais** (1831-1917) présente désormais une exposition permanente consacrée à l'histoire de la Russie depuis le début du 20e s.

Interdit aux femmes !

Institué vers 1770, ce « club des Anglais » rassemblait des membres qui s'ils n'étaient pas tous anglais, loin de là, étaient tous des hommes. D'abord réservé aux étrangers résidant à Moscou, il s'ouvrit peu à peu à l'élite du lieu et compta Pouchkine et Léon Tolstoï parmi ses membres. Le Club a été propriétaire de l'immeuble de 1831 à la révolution, date à laquelle les bolcheviks y ont installé un musée de la Révolution, ancêtre du musée actuel.

Même si les explications sont uniquement en russe, les amateurs d'histoire (du moins s'ils sont un peu versés dans celle de la Russie) ne regretteront pas cette visite. Après avoir été accueilli par le portrait de Dmitri Medvedev encadré par les drapeaux des vingt et une républiques constituant aujourd'hui la Fédération de Russie (la Tchétchénie y figure), vous entamerez un parcours au fil de salles où drapeaux, armes, affiches, photos, proclamations, objets, articles de journaux présentent de façon vivante, parfois émouvante, parfois amusante, les grands événements qui ont secoué le pays depuis la guerre russo-japonaise de 1905. Chacun y fera son choix selon ses préférences mais l'on signalera une superbe armure de guerrier japonais, la reconstitution d'un intérieur bourgeois moscovite de la fin du 19e s., la maquette du fameux cuirassé *Potemkine*, l'évocation de la Journée sanglante d'octobre 1905, le bureau de **Mikhaïl Sverdlov** (1885-1919), alors bras droit de Lénine. Les objets de la vie quotidienne se montrent révélateurs de l'évolution du régime : aux assiettes frappées de la faucille et du marteau succèdent les vaisselles à l'effigie de Staline… puis celles où une silhouette a été soigneusement effacée ! La propagande du stalinisme évoque une vie radieuse que contredit la section consacrée aux organes de répression et aux camps du Goulag. Le chapeau de Nikita Khrouchtchev voisine ensuite avec le premier chien de l'espace (naturalisé), les lunettes d'Alexeï Kossyguine avec un costume de Leonid Brejnev, le dissident Andreï Sakharov côtoie Mikhaïl Gorbatchev, et Boris Eltsine se dresse sur un char devant la

« Maison Blanche », le tout s'achevant sur l'avènement de son successeur et le texte de la Constitution. Bref, un musée très riche et présenté de façon didactique, mais qui gagnerait à se mettre à la portée des visiteurs étrangers.
Au-delà du musée et jusqu'aux abords de la place Trioumfalnaïa, les grandes griffes et les commerces de luxe se succèdent.

Place Trioumfalnaïa (Trioumfalnaïa plochtchad/ Триумфальная площадь) B1

Jadis dédiée à Vladimir Maïakovski, cette place rectangulaire, en retrait de la rue, a été aménagée par l'architecte **Dmitri Tchetchouline** qui construisit les principaux édifices qui l'entourent. L'architecte démontre ici une fois de plus qu'il n'était pas obsédé par le souci de la légèreté : en attestent le **cinéma Moskva** (qui a succédé à l'Électrothéâtre, première salle de cinéma moscovite, ouverte en 1913 par un des pionniers du 7e Art russe, **Alexandre Khadjonkov**), la **salle de concerts Tchaïkovski (Концертный зал им. Чайковского)** et, au fond de la place, l'ancien **hôtel Pékin (Пекин)**, installé dans un gratte-ciel stalinien, reconverti en casino dont les néons rutilants viennent concurrencer le décor pseudo-chinois de l'édifice.
Au centre de la place, la **statue de Maïakovski**, par **Alexandre Kibalnikov**, émergeant d'un parking plus ou moins sauvage, contemple le désastre.
Profiter du passage souterrain de la station de métro Maïakovskaïa pour traverser Tverskaïa et entreprendre la descente de la rue sur l'autre trottoir.

Place Pouchkine (Pouchkinskaïa plochtchad/Пушкинская площадь) C2

Vaste quadrilatère dominé par la statue d'Alexandre Pouchkine (par **Alexandre Opekouchine**), et, au fond, le cinéma Rossiia **(Кинотеатр « Россия »)**, haut lieu du festival du cinéma de Moscou, que semble dévorer un casino au décor oriental multicolore. Vous pourrez y voir notamment l'immeuble constructiviste aux formes épurées élevé en 1927 par Grigori Barkhine pour le journal *Les Izvestia*.

Au bas de Tverskaïa

Entre la place Pouchkine et Okhotny Riad, la rue Tverskaïa retrouve son animation : boutiques de prêt-à-porter, cafés (parfois dotés de peu rassurants portiques destinés à vérifier que vous n'êtes pas porteur d'armes à feu), restaurants appartenant souvent à des chaînes de restauration rapide attirent la foule, d'autant plus compacte que les voitures n'hésitent pas à se garer sur le trottoir.
Magasin Elisseïev★ (Elisseïevski magazin/Елисеевский магазин) C2 – *Au no 14.* Cette légendaire épicerie fine au somptueux décor Art nouveau conçu par **Gavriil Baranovski** au début du 20e s. a recouvré aujourd'hui tout son éclat. Le magasin a investi une demeure de style classique construite en 1790, sans doute par **Matveï Kazakov**.
Fondés vers 1813 par un serf affranchi par son maître pour avoir réussi à trouver des fraises à Noël, les magasins Elisseïev de Moscou, St-Pétersbourg et Kiev rassemblèrent une clientèle prestigieuse… avant de devenir après la révolution de 1917 des « Gastronom », ces tristes épiceries de l'ère soviétique. Cela n'empêcha toutefois pas celui du GOUM de Moscou, approvisionné en produits introuvables ailleurs, de continuer à fournir la Nomenklatura. Appartenant désormais aux employés, le magasin moscovite est aménagé en libre-service, et on ne peut que regretter les couleurs crues des étalages rutilants situés près des caisses.
Ancienne boulangerie Filipov – *Au no 12.* Au bas de l'**Hôtel central (Gostinitsa Tsentralnaïa/Гостиница « Центральная »)** pour l'heure désaffecté, cette boulangerie était l'une des plus appréciées de la haute société moscovite… mais les mitrons sympathisèrent avec les bolcheviks : ceux d'entre eux qui étaient recherchés par la police se réfugiaient dans les corbeilles à pains livrées en ville afin d'échapper à l'Okhrana, la redoutable police politique tsariste. Bref, après une descente de police en 1905, l'atmosphère et la clientèle changèrent du tout au tout, et la boulangerie périclita.
Place Tverskaïa (Tverskaïa plochtchad/Тверская площадь) D2 – *Face à la mairie.* S'y dresse une statue de **Iouri Dolgorouki**, le fondateur de Moscou.
Au-delà de la place, la rue est bordée par un impressionnant immeuble stalinien *(no 6)* où vécurent quelques personnalités parmi lesquelles **Korneï Tchoukolsky** (1882-1969), honoré par un buste. Ce critique littéraire et essayiste volontiers polémique dut se reconvertir après la révolution en auteur de contes poétiques pour enfants et y gagna la célébrité et quelques ennuis avec la censure effrayée par sa liberté stylistique (*Le Cafard géant*, 1923). Mais c'est en vous engageant sous le porche de l'immeuble qu'une belle surprise vous attend : au fond d'une courette, se dresse en effet la façade ornée de carreaux multicolores, réplique en majolique d'Abramtsevo d'un immeuble

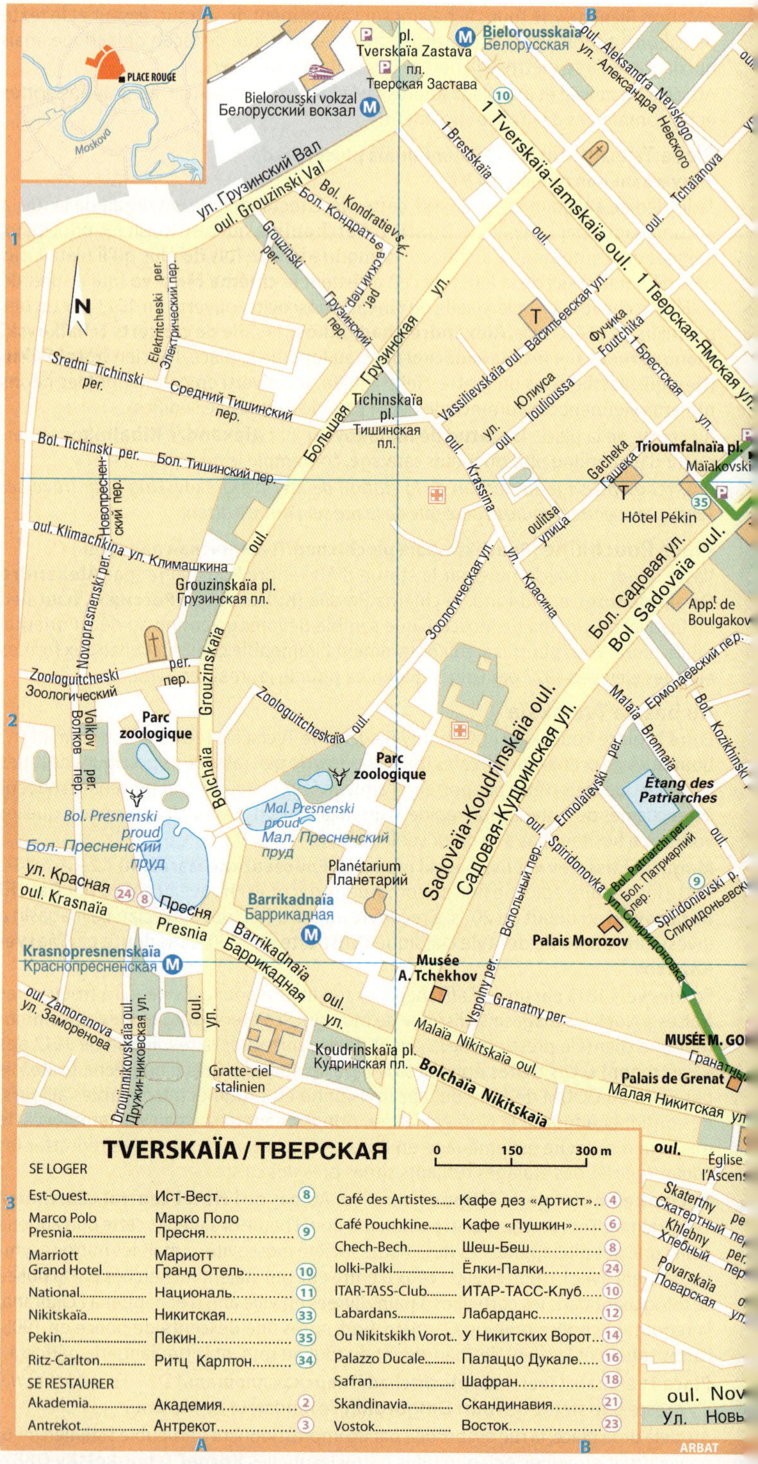

TVERSKAÏA / ТВЕРСКАЯ

SE LOGER		
Est-Ouest	Ист-Вест	8
Marco Polo Presnia	Марко Поло Пресня	9
Marriott Grand Hotel	Мариотт Гранд Отель	10
National	Националь	11
Nikitskaïa	Никитская	33
Pekin	Пекин	35
Ritz-Carlton	Ритц Карлтон	34
SE RESTAURER		
Akademia	Академия	2
Antrekot	Антрекот	3
Café des Artistes	Кафе дез «Артист»	4
Café Pouchkine	Кафе «Пушкин»	6
Chech-Bech	Шеш-Беш	8
Iolki-Palki	Ёлки-Палки	24
ITAR-TASS-Club	ИТАР-ТАСС-Клуб	10
Labardans	Лабарданс	12
Ou Nikitskikh Vorot	У Никитских Ворот	14
Palazzo Ducale	Палаццо Дукале	16
Safran	Шафран	18
Skandinavia	Скандинавия	21
Vostok	Восток	23

Art nouveau élevé en 1905 par l'architecte **Ivan S. Kouznetsov** (1867-1942), ancien assistant de Fiodor Chekhtel. Il s'agit de l'ancien *metochion* (hostellerie) du monastère de Savvino-Sorozhesky. Détail inattendu : jusqu'au soir du 4 novembre 1939, l'hostellerie bordait la rue Tverskaïa. Le lendemain matin, ce bâtiment de 23 000 tonnes se trouvait une trentaine de mètres en arrière, après avoir été déplacé durant la nuit

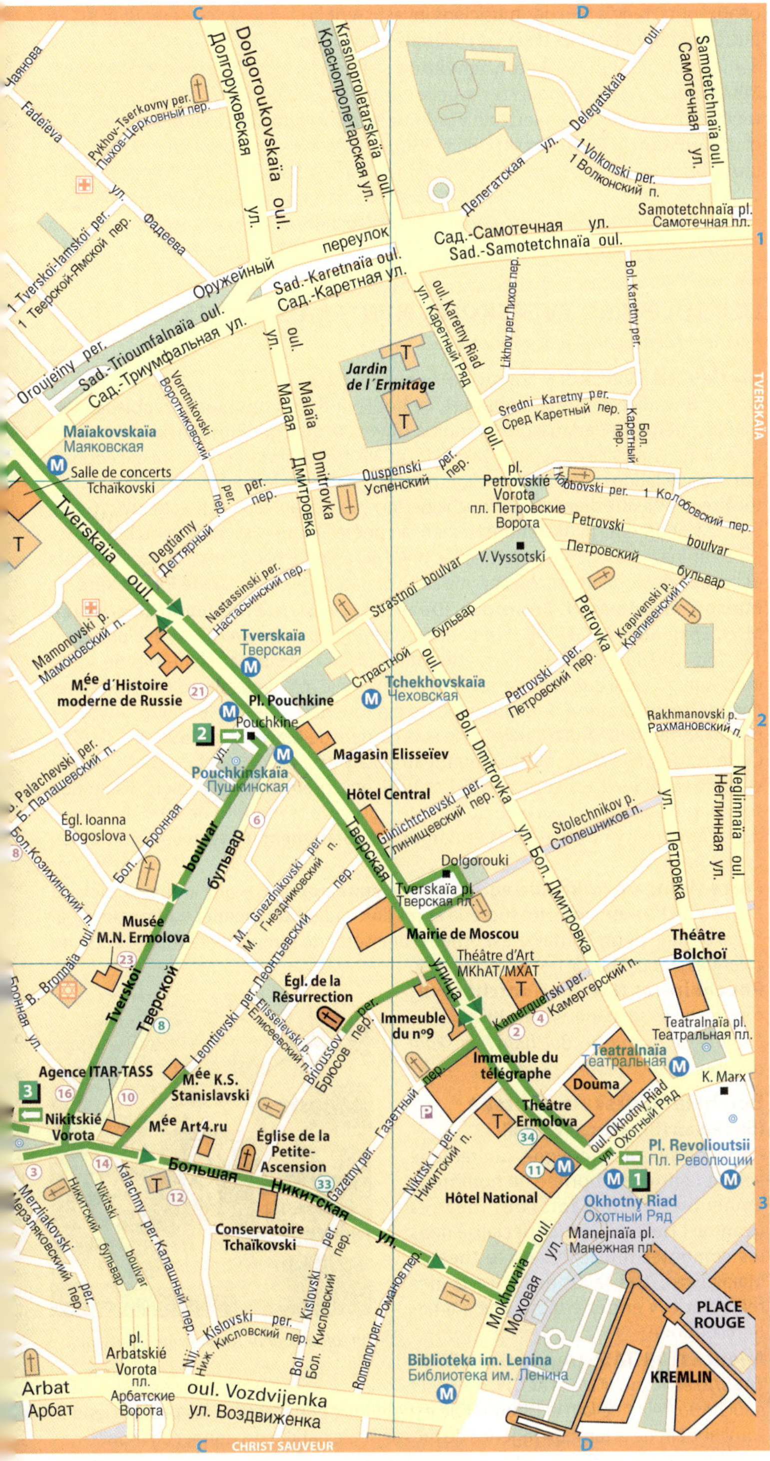

sur des rails, laissant ainsi le champ libre à la construction du nouvel immeuble qui le dissimule aujourd'hui à la vue des passants.

Kamerguerski pereoulok (Камергерский переулок) – Agréable rue piétonne, que l'on attaque par quelques marches, qui constitue un lieu de rendez-vous des plus prisé. Cafés et restaurants de tous styles bordent la ruelle que les terrasses envahissent aux beaux jours, tandis que des musiciens investissent la chaussée ; ce pereoulok est en outre un des hauts lieux de la vie théâtrale moscovite.

Sur la droite, la statue d'**Anton Tchekhov** veille en face du **théâtre d'Art (MKhAT/MXAT)** *(au n° 3)* où une mouette rappelle que le lieu, décoré par Fiodor Chekhtel, s'est rendu fameux, sous la houlette de **Vladimir Nemirovitch-Dantchenko** (1858-1943) et de **Konstantin Stanislavski** (1863-1938), en créant les pièces du dramaturge. Petit musée du théâtre *(accès par la « Petite Scène », Malaïa Stsena/*Малая Сцена, *tlj sf lun. 12h-18h)*. Enfin, au n° 6 vécut **Serge Prokofiev** : mais son appartement, aménagé en musée, est actuellement fermé pour « reconstruction ».

Au bout du pereoulok, vous gagnez le quartier de Teatralnaïa et de Petrovka (voir p. 200).

LE BOULEVARD TVERSKOÏ ET NIKITSKAÏA OULITSA 2

Balade au départ de la place Pouchkine.

Boulevard Tverskoï★ (Тверской бульвар) C2/3

Doté d'une allée centrale ombragée, ce boulevard, l'un des plus agréables et des mieux aménagés de Moscou, conduit à travers le quartier Presnenski, de la place Pouchkine, à la place de la porte Nikitskié (pl. Nikitskié vorota/пл. Никитские ворота) dont l'appellation rappelle les anciens remparts auxquels le boulevard a succédé. Des théâtres (le théâtre dramatique Pouchkine, au n° 23, faisant face au théâtre d'Art Gorki) et des monuments (à Alexandre Herzen, au poète Sergueï Essenine et au biologiste K. A. Timiriazev) ponctuent cette allée paisible, animée par de nombreux étudiants et bordée de nobles édifices, comme celui qui abrite le célèbre **café Pouchkine**.

Maison-musée M. N. Ermolova (Dom-mouzeï M. N. Ermolovoï/Дом-музей М. Н. Ермоловой) C3 – *Tlj sf mar. et dernier lun. du mois (en été, fermé lun.-mar.) 12h-18h - 120 Rub.* Affiches, maquettes (de la place Teatralnaïa), costumes de scène (notamment celui que l'actrice revêtait pour tenir le rôle de Jeanne d'Arc), photos et dessins, reconstitution de sa loge (où ne manquent même pas les fleurs envoyées par un admirateur), font revivre la vie et la carrière de **Maria Ermolova** (1853-1928). Cette actrice, fille d'un souffleur du théâtre Maly *(voir p. 202)*, fut la vedette inamovible de ce même théâtre entre 1871 et 1922, et la première à recevoir la distinction soviétique suprême d'« artiste du peuple » après la révolution de 1917. À l'étage, dans l'appartement privé, vous remarquerez notamment un samovar, ainsi qu'un buffet Art déco.

Porte Nikitskié (Nikitskié vorota/Никитские ворота) – Sur la droite, devant l'**église de l'Ascension**, qui succéda après l'incendie à un premier édifice élevé par Kazakov, une petite fontaine est ornée d'une sorte de temple de l'Amour : entre les colonnes, impossible de ne pas reconnaître **Pouchkine** et **Natalia Gontcharova** : c'est ici qu'ils se marièrent en 1831.

Prendre sur la gauche, Bolchaïa Nikitskaïa oul. (Большая Никитская ул.).

C. Brett / MICHELIN

Un colombophile rue Bolchaïa Nikitskaïa.

Bolchaïa Nikitskaïa oulitsa★ (Большая Никитская улица) B3

Cette longue rue rectiligne, qui ramène vers le centre, est bordée de nombreux immeubles intéressants ; des théâtres (comme l'Helikon Opera spécialisé dans les comédies musicales ou le théâtre Maïakovski), des salles de concerts, des restaurants y entretiennent une animation continue.

Agence ITAR-TASS (Aguentstvo ITAR-TASS/Агентство ИТАР-ТАСС) C3 – *Sur la gauche au début de la rue.* L'immeuble est quelque peu massif et les plus anciens se souviennent de la fameuse agence de presse, seule habilitée à donner au monde des informations autorisées en provenance du Kremlin.

Maison-musée Konstantin Stanislavski★ (Dom-mouzeï K. S. Stanislavskogo/Дом-музей К. С. Станиславского) C3 – *Leontievski per.* (Леонтьевский пер.) *6, à droite de TASS - tlj sf lun., mar. et dernier jeu. du mois 11h-18h, merc. et vend. 12h-19h - 100 Rub.* Les amateurs de théâtre ne doivent pas manquer la visite de ce petit hôtel particulier fréquenté jadis par tout ce qui comptait dans le milieu théâtral moscovite… à commencer par **Mikhaïl Boulgakov**. Un lieu qui a conservé toute son atmosphère.

Musée Art4.Ru – *Khlynovski tioupik* (Хлыновский тупик) *4, impasse sur la gauche du côté opposé au théâtre Maïakovski - tlj 11h-20h - 200 Rub.* Ce musée privé d'art contemporain permet de découvrir les œuvres (tableaux, sculptures, vidéos, installations) de quelques-uns des principaux acteurs de la scène artistique contemporaine moscovite, parmi lesquels Valery Koshlyakov, Iosif Chafelni, Anatoly Shuraviev, Ivan Chuikov, Alexander Brodsky ou Olga Soldatova.

Bas-reliefs sur l'église de la Petite-Ascension.

Église de la Petite-Ascension★ (Tserkov Malogo Voznessenia/Церковь Малого Вознесения) – *Au n° 18.* Posée dans un petit jardin, cette ravissante église au dôme étoilé a été bâtie en 1634. Remarquez les bas-reliefs apposés sur la façade. Belle iconostase et fresques abondantes. Au début du pereoulok subsiste un petit **palais** du 17e s., un survivant de l'incendie de 1812.

Conservatoire Tchaïkovski (Konservatoria im. Tchaïkovskogo/Консерватория им. Чайковского) C3 – Bel édifice à colonnades, haut lieu de la musique à Moscou avec trois salles. Devant se dresse le monument au musicien : sa statue précède une grille en forme de portée où sont reproduites les premières notes de ses œuvres emblématiques : *Eugène Onéguine*, *Le Lac des cygnes* et la 6e Symphonie.

La rue mène à la place du Manège… avant quoi les amateurs peuvent visiter le **musée de Zoologie (Zoologuitcheski mouzeï/Зоологический музей)**, installé au *6 Nikitski per.*/Никитский пер. *(tlj sf mar. 10h-18h).*

AUTOUR DE L'ÉTANG DES PATRIARCHES 3

De Nikitskié Vorota à la place Pouchkine. Quitter la place par Mal. Nikitskaïa oul. (sur la droite de l'église de l'Ascension), et tourner tout de suite à droite dans oul. Spiridonovka (ул. Спиридоновка).

Appartement-musée M. Gorki★★ (Mouzeï-kvartira A. M. Gorkogo/Музей-квартира А. М. Горького) B3-C3

Sur la droite, dans un jardin, au n° 6/3.

Tlj sf lun., vend. et dernier jeu. du mois 11h-17h30, merc. et vend. 12h-19h.

Avant d'y pénétrer, prenez le temps d'admirer l'extérieur en briques vernissées de cette superbe villa, chef-d'œuvre de l'Art nouveau. Elle fut construite entre 1900 et 1903 par **Fiodor Chekhtel** pour un banquier, Stepan Riabouchinski, qui émigra après 1917.

La maison de Gorki, chef-d'œuvre Art nouveau de Fiodor Chekhtel.

Un écrivain pour le peuple

Auteur des *Bas-Fonds* et de *La Mère*, œuvres à forte dimension sociale, **Maxime Gorki** (1868-1936) prend une part active aux révolutions de 1905 et de 1917 et devient ami avec Lénine, toutes choses qui ne l'empêchent pas de s'installer à Capri à partir de 1921, en prétextant une santé fragile (en fait quelques différents avec les leaders de la révolution semblent être la cause de cet exil). En 1929, il accède à la demande de Staline et revient à Moscou, où on lui attribue en 1931 cette superbe villa. En 1932, il devient président de l'**Union des écrivains** qui fait la pluie et le beau temps dans le monde des lettres, se montre un vif partisan de la doctrine du « réalisme socialiste », et est couvert d'honneurs. Sa mort subite (et peut-être pas tout à fait naturelle) achève d'en faire une icône, longtemps vénérée par le milieu littéraire officiel.

La visite vaut tout autant pour la maison que pour le souvenir de l'écrivain qui y vécut de 1931 à sa mort. Vous remarquerez les superbes boiseries encadrant les fenêtres et, surtout, l'extraordinaire **escalier★★★** tout en sinuosités imitant une vague (attention toutefois à ne pas glisser, non pas tant à cause du vertige, que des semelles de feutre que l'on vous aura fait chausser !).

Vous découvrirez la superbe salle à manger qui semble résonner encore des conversations entre écrivains : **George Bernard Shaw** et **Romain Rolland**, notamment, fréquentèrent l'endroit, de même naturellement que nombre d'auteurs russes contemporains du patriarche. Dans la bibliothèque, riche de quelque 5 000 volumes, remarquez le superbe plafond à décor de stucs. Le bureau et la chambre, émouvants, semblent n'avoir été quittés par l'écrivain que depuis quelques heures.

Sur les murs et dans les vitrines, des documents retracent la vie et la carrière de Gorki, devenu écrivain officiel après son retour en URSS. Détail amusant : sur les photos de ses obsèques, on n'aperçoit nulle part **André Gide** qui, pourtant, prononça son éloge funèbre sur la place Rouge. Le *Retour d'URSS*, œuvre éminemment critique que publia l'écrivain français à l'issue de son voyage, explique sans doute cette absence…

Palais de Grenat (Palaty Granatnogo Dvora/Палаты Гранатного двора)

En face, aux nos 3-5.

Vestiges restaurés d'un palais du 17e s. qui servait d'entrepôt de munitions. L'explosion qui s'y produisit au 18e s. fit près de 3 000 victimes et entraîna l'abandon du palais.

Immédiatement après la villa Gorki, à droite, vous apercevrez la statue du poète symboliste **Alexandre Blok** (1880-1941), tandis qu'**Alexeï Tolstoï** (1882-1945) vivait dans l'appartement aménagé aujourd'hui en musée situé au n° 2/6 *(tlj sf lun. et mar. 11h-18h, merc. et vend. 13h-19h - 40 Rub)*. Cet écrivain, auteur d'œuvres fantastiques remarquables, a fini sa carrière en tant que thuriféraire du stalinisme… avant de connaître une gloire posthume inattendue avec l'adaptation en bande dessinée de son roman *Ibicus* par **Pascal Rabaté**.

En continuant dans la rue, vous pourrez apercevoir deux bâtiments caractéristiques de l'Art nouveau moscovite : au n° 11, une villa édifiée entre 1902 et 1904 par l'architecte I. I. Boni accueille aujourd'hui l'ambassade du Pérou.

Un peu plus loin, au n° 17, l'**hôtel particulier de Savva Morozov** a été conçu en 1893 par **Fiodor Chekhtel**. Derrière un grillage en fer forgé, c'est un véritable délire néogothique : remarquez notamment (même s'il faut un peu se contorsionner) la loggia donnant sur le parc. Il est bien dommage qu'on ne puisse pénétrer dans cet hôtel qui abrite un vitrail dessiné par **Mikhaïl Vroubel**.

Prendre à droite Bolchoï Patriarchi per. (Большой Патриарший пер.).

Étang des Patriarches★ (Patriarchié proudy/Патриаршие пруды)

Petit havre de paix au cœur de la ville que ce grand étang ombragé, complètement inattendu ! Des cygnes évoluent dédaigneusement à la surface de cette pièce d'eau, ancien vivier des Patriarches, encadrée d'immeubles.

Les littéraires ne manqueront pas ici de se remémorer les premières pages du célèbre roman de **Mikhaïl Boulgakov** (1891-1940), *Le Maître et Marguerite*, qui se déroulent en ces lieux empreints de sérénité. L'écrivain, à la fois admiré et persécuté par Staline, était du reste voisin, puisqu'il vivait dans une *kommounalka* (appartement communautaire) de la rue Sadovaïa Koudrinskaïa.

N'hésitez pas à flâner quelque temps dans les ruelles proches avec leurs cours intérieures, notamment entre Bolchoï Patriarchi pereoulok et Spiridonievski pereoulok : c'est le Moscou traditionnel, à la fois populaire et paisible, bien éloigné des fastes du Kremlin, qui, ici, s'offre à vous.
Vous pourrez alors rejoindre la place Pouchkine par Bolchoï puis Maly Palachevski per. (Большой и Малый Палашевский пер.).

Aux alentours

Koudrinskaïa (Кудринская)

Depuis Nikitskié Vorota, vous atteindrez cette section de la **Ceinture des Jardins (Sadovoïé Koltso/Садовое Кольцо)** en empruntant la charmante **Bolchaïa Nikitskaïa oulitsa★ (Большая Никитская улица)** bordée d'hôtels particuliers classiques, souvent occupés par des ambassades (il en va de même le long de la rue parallèle, **Malaïa Nikitskaïa oulitsa**/**Малая Никитская улица**).

Maison-musée Anton Tchekhov★ (Dom-mouzeï A. P. Tchekhova/Дом-музей А. П. Чехова) B3

Koudrinskaïa oul. (Кудринская ул.) *6, à droite lorsqu'on débouche sur la rue.*
Merc.-vend. 14h-20h, mar., jeu. et sam. 11h-18h.
Elle fait peine à voir cette maisonnette rose flanquée d'un jardinet, en bordure d'un axe à la circulation automobile effrénée ! **Anton Tchekhov** (1860-1904) vécut et exerça ici la médecine entre 1886 et 1890 ; le futur auteur de *La Mouette* et de *La Cerisaie* n'avait alors publié que des nouvelles. La visite permet de découvrir le cabinet de consultation et la chambre du médecin-écrivain : manuscrits autographes, livres, portraits et objets personnels.
Dans l'axe de la rue Nikitskaïa, la passerelle qui permettait de traverser la rue sans encombre a malencontreusement disparu. Il vous faudra marcher quelque peu pour trouver un souterrain permettant de traverser et de rejoindre le square Koudrinskaïa, où se dresse un **gratte-ciel stalinien★**, émaillé de sculptures pompeuses, véritable hymne à l'« homme nouveau ». Haut de 156 m, encadré de deux bâtiments en gradins, et coiffé d'une flèche, cet immeuble achevé en 1954 sous la direction de **Mikhaïl Possokhine** ne manque pas d'allure. C'est, avec celui de la Taganka *(voir p. 223)*, le seul des sept gratte-ciel staliniens à avoir été conçu à usage d'habitation.
De là, vous pourrez descendre vers l'Arbat en visitant au passage la maison de Chaliapine ; ou bien gagner le zoo par Barrikadnaïa oul., à droite de l'immeuble.

Parc zoologique de Moscou (Moskovski zoopark/Московский зоопарк) A2

Accès principal : oul. Bol. Grouzinskaïa (ул. Большая Грузинская), *au carrefour avec Barrikadnaïa. M° Barrikadnaïa* (Баррикадная) *ligne 7, Krasnopresnenskaïa* (Краснопресненская) *ligne 5 - tlj sf lun. 10h-20h - 150 Rub (- 18 ans gratuit).*
Plutôt bien entretenu, ce zoo signalé par un porche aux allures néomédiévales occupe deux espaces, chacun doté d'un lac, reliés par une passerelle enjambant la rue Bolchaïa Grouzinskaïa. Les flamants roses constituent une des attractions les plus prisées des visiteurs (avec le Delphinarium). Parmi les vedettes, citons de majestueux tigres de Sibérie, des éléphants débonnaires ou encore de sympathiques macaques. Animations (petits trains, poneys, manèges, etc.), kiosques à friandises et autres barbes à papa ou souvenirs attirent l'attention des enfants, permettant aux parents d'alléger sensiblement leur porte-monnaie.

L'art contemporain en marche

Au début de l'année 2005, le **Centre national d'Art contemporain** (Gossoudarstvenny tsentr sovremennogo iskousstva/Государственный центр современного искусства, qu'il est plus facile de repérer grâce à son sigle **ГЦСИ**), fondé en 1992, s'est installé dans de nouveaux locaux situés à proximité immédiate du zoo au 13 rue Zooloquitcheskaïa (Зоологическая улица). Dirigé par **Leonid Bajanov**, ce vaste bâtiment de briques et de métal surmonté d'une tour à la forme irrégulière a pour ambition d'accompagner les créateurs d'aujourd'hui en devenant à terme le forum de l'art contemporain à Moscou, après avoir pris possession de la totalité de ses locaux, d'une surface de 10 000 m². Galeries d'expositions temporaires, salles de cinéma et de vidéo, auditoriums devraient s'accompagner d'une exposition des collections permanentes de l'institution. *Tlj sf lun. 12h-19h, programmes sur www.ncca.ru (site uniquement en russe pour l'heure).*

Rue Tverskaïa pratique

Informations utiles

Pour **traverser la rue Tverskaïa**, il n'y a d'autre solution que les passages souterrains, certains couplés avec les stations de métro : au bas de la rue (au niveau de l'Hôtel national), à hauteur de la place Pouchkine et à Trioumfalnaïa.

Se loger

East-West ⑧ **(Ist-Vest/Ист-Вест)**.

Marco Polo Presnia ⑨ **(Марко Поло Пресня)**.

Marriott Grand Hotel ⑩ **(Мариотт Гранд Отель)**.

National ⑪ **(Националь)**.

Ritz Carlton ㉞ **(Ритц Карлтон)**.

Pekin ㉟ **(Пекин)**.

Nikitskaïa ㉝ **(Никитская)**.

Voir descriptif complet de ces hôtels p. 117.

Se restaurer

KAMERGUERSKI PEREOULOK

Café des artistes ④ **(Кафе дез Артист)** – *Kamerguerski per.* (Камергерский пер.) *5-6.* Excellente cuisine « russo-franco-italienne ». Salles au décor raffiné. Bonne adresse.

AUTOUR DE LA PLACE POUCHKINE

Café Pouchkine ⑥ **(Кафе « Пушкин »)** – *Tverskoï boul.* (Тверской бул.) *26.* Le meilleur restaurant de Moscou si l'on en croit un sondage parmi les experts moscovites. Ambiance raffinée d'un hôtel particulier du 18e s, terrasse ombragée sur le toit. Incontournable… même si la fameuse chanson de **Gilbert Bécaud** l'a précédé de trois décennies.

C. Brett / MICHELIN

Café Pouchkine.

Skandinavia ㉑ **(Скандинавия)** – *Maly Palachevski per.* (Малый Палашевский пер.) *7, juste après la place Pouchkine, sur la gauche en montant vers Trioumfalnaïa - www.scandinavia.ru.* En retrait de la rue Tverskaïa, dans un **pereoulok** discret, un lieu confortable au décor design et élégant où les amateurs de cuisine scandinave peuvent s'adonner à leur passion (pour la viande d'élan, notamment, et pour le saumon, bien entendu). Bar à cocktails et café d'été déployant ses tables dans la cour qui précède le restaurant.

Safran ⑱ **(Chafran/Шафран)** – *Spiridonievski per.* (Спиридоньевский пер.) *12/9 - ✆ 737 95 00.* Dans un décor minimaliste, une cuisine libanaise « revisitée ». Très à la mode.

AUTOUR DE NIKITSKIÉ VOROTA

Labardans ⑫ **(Лабарданс)** – *Bol. Nikitskaïa oul.* (Бол. Никитская ул.) *19, dans les sous-sols du théâtre Maïakovski.* Toutes sortes d'objets hétéroclites (tresses d'ail, fleurs séchées, morceaux de tonneaux, roue de charrette…) composent un décor sympathique que seule une télévision vient dépareiller. Fond sonore de musiques actuelles un tantinet trop fort. Goûtez au saumon mariné *(semouchka)* ou à l'agneau à la caucasienne *(kavkazki douks).*

Entrecôte ③ **(Antrekot/Антрекот)** – *Nikitski boulvar* (Никитски бул.) *25.* Ambiance jeune et décor vaguement design pour ce lieu où les employés du quartier viennent prendre un repas rapide à deux pas de la maison de Maxime Gorki. Spécialités de grillades, bien entendu.

ITAR-TASS-Club ⑩ **(ИТАР-ТАСС Клуб)** – *Tverskoï boul.* (Тверской бул.) *10.* « TASS est autorisé à saouler », telle est la devise de ce lieu, émanation de la célèbre agence que son slogan officiel « autorisait à informer ». Deux petites salles en entresol donnant sur le boulevard, simplement décorées. Cuisine russe (caviar sur glace, sterlet, saumon grillé) sans prétention. Vodka, bières locales et vins de Géorgie.

Ou Nikitskikh Vorot ⑭ **(У Никитских ворот)** – *Bol. Nikitskaïa oul.* (Бол. Никитская ул.) *14, face à l'agence TASS.* Un modeste restaurant de spécialités géorgiennes situé en sous-sol. Décor sobre. Cuisine rustique avec poulet à la sauce blanche aillée et *pirojkis.* Vins de Géorgie. Service amical et clientèle d'habitués. Carte en cyrillique.

Palazzo Ducale ⑯ **(Палаццо Дукале)** – *Tverskoï boul.* (Тверской бул.). Soyons clair : on ne vient pas à Moscou pour manger italien… Mais si vous devez le faire, que ce soit dans cet établissement raffiné, dont le décor a été distingué par les gastronomes du lieu comme le plus beau de la capitale.

Nedalny Vostok ㉓ **(Недалны Восток)** – *Tverskoï boul.* (Тверской бул.) *13/2.* Dans un cadre à la fois high-tech et confortable, « L'Orient non extrême » propose une cuisine

C. Brett / MICHELIN

Restaurant géorgien Ou Nikitskikh Vorot.

tendance qui se prépare sous vos yeux et où le crabe est roi. Belle carte mais aussi plusieurs menus *(compter 900 Rub).*

Pour mémoire – Un restaurant qui fait fureur en ce moment : **Stanislavskogo (Станиславского** – *Leontievski per.* (Леонтьевский пер.) *2, petite rue partant au coin de l'agence TASS*). Ouvert par un comédien qui l'a ainsi baptisé en hommage au metteur en scène **Konstantin Stanislavski**, ce restaurant n'est accessible que sur invitation… Si vous avez la chance d'être convié en ce lieu par un Moscovite qui y aurait ses entrées, sautez sur l'occasion ! Cuisine russe raffinée et jet-set locale.

AUTOUR DU ZOO

Iolki-Palki ㉔ **(Ёлки-Палки)** et **Chech-Bech** ⑧ **(Шеш-Беш)** – *Oul. Krasnaïa Presnia* (ул. Красная Пресня). Deux adresses appréciées des enfants, stratégiquement placées autour de l'entrée du zoo…

Pauses et petites faims

Café Mania (Мания) – *Bol. Nikitskaïa oul.* (Бол. Никитская ул.) *13.* Très apprécié des mélomanes, et pour cause : il jouxte le conservatoire. Tables décorées de portées musicales. Toute une gamme de cafés et de chocolats que vous pouvez accompagner de pâtisseries à choisir au comptoir de l'entrée. Formule petit déjeuner le matin. Terrasse aux beaux jours.

Café Akademia ② **(Академия)** – *Kamerguerski per.* (Камергерский пер.) *2.* Bien situé… et toujours bondé ! Pour prendre un verre ou légère collation (aux accents très italiens) avant le théâtre.

Pavilion (Павильон) – *Bol. Patriarchi per.* (Бол. Патриарший пер.) *7.* Sur la rive du célèbre étang.

Le Pain Quotidien (Хлеб Насущный) – *Kamerguerski per.* (Камергерский пер.) *6.* Cette « boulangerie » à la façade beige et noir propose tout une gamme de pains spéciaux à emporter. Mais vous pouvez également vous installer à la longue table commune (ou si vous n'appréciez pas cette convivialité forcée à de petites tables individuelles) pour déguster un café accompagné d'une pâtisserie, voire un petit déjeuner complet.

Le Pain de la Baltique (Блтийский Хлев) – *Oul. Bolchaïa Dmitrovka (*Болшая Дмитровка) *3.* Sandwichs, chaussons fourrés à la viande, panini, pâtisseries et touts sortes de pains à emporter ou à consommer sur place à l'une des tables de ce confortable salon de thé.

Pâtisserie (Konditerskaïa/ Кондитерская) du café Pouchkine – *Tverskoï boul.* (Тверской бул.). Tout contre le fameux café, la pâtisserie offre aux plus élégants des gourmands un cadre raffiné : fauteuils en tapisseries, boiseries dorées, miroirs et stucs.

Chokoladnitsa (Шоколадница) – *Oul. Tverskaïa* (ул. Тверская) *27.* Pour une agréable pause devant un thé, un café ou un *moco* que peut agrémenter une pâtisserie (ou suivant l'appétit une salade ou quelques sushis). Bref, un endroit idéal pour se restaurer (et se reposer) après avoir arpenté cette portion de la rue (proche de Trioumfalnaïa) où Gucci voisine avec Versace.

Achats

Bon à savoir – Enseignes de **prêt-à-porter** au bas de la rue Tverskaïa ; **griffes** plus prestigieuses vers Trioumfalnaïa.

Fourrures (Меха) au bas de oul. Bolchaïa Dimitrovka (ул. Большая Димитровка), au bout de Kamerguerski per. (Камергерский пер.).

Elisseïev (Елисеевский) – *Oul. Tverskaïa* (ул. Тверская) *14.* Fruits en toutes saisons, produits importés, caviar, bref, la « grande épicerie fine » de Moscou. Vous y trouverez un grand choix de vodkas, ainsi qu'un rayon de souvenirs de qualité.

Moskva Knigui (Москва Книги) – *Oul. Tverskaïa* (ул. Тверская) *8.* Une vaste librairie. Petit rayon de livres étrangers (en anglais, surtout).

Cigares Davidoff (Давидофф) – *Oul. Tverskaïa* (ул. Тверская) *23.* Sigmund Freud, Winston Churchill et Fidel Castro, trois célèbres amateurs de cigares, vous accueillent dans les lieux.

P. Plantier / Michelin

Le zoo, lieu de toutes les tentations.

Teatralnaïa et la rue Petrovka

Театральная/Улица Петровка

PLAN DE COUVERTURE : C1/C2

Au-delà de la place des Théâtres que domine la majestueuse colonnade du plus célèbre d'entre eux, le fameux Bolchoï, c'est un quartier que parcourent trois rues principales dont l'une a été tracée sur le cours de la rivière aujourd'hui souterraine, la Neglinnaïa. Les monastères et les propriétés aristocratiques ont depuis longtemps cédé la place aux commerces qui contribuent aujourd'hui au charme de l'endroit, que la présence d'hôtels particuliers et d'une des plus belles églises de la capitale ne fait que renforcer.

Se repérer – C'est au nord de Kitaï-Gorod et de la place Rouge, à partir de la place Teatralnaïa, que s'étend ce quartier parcouru par les rues Petrovka, Dimitrovka (la petite et la grande) et Neglinnaïa. Le lieu est accessible par les stations de métro Plochtchad Revolioutsii (Площадь Революции), ligne 6, Teatralnaïa (Театральная), ligne 1, ou Kouznetski Most (Кузнецкий Мост), ligne 1.

À ne pas manquer – La place des Théâtres, le monastère St-Pierre-d'En-Haut et l'église de la Nativité-de-Notre-Dame-de-Poutinki.

Organiser son temps – Compter une demi-journée de balade.

Avec les enfants – Un spectacle au cirque Nikouline.

State Academic Mariinsky Opera and Ballet theatre

Le théâtre Bolchoï.

Comprendre

Naissance d'un quartier – C'est autour d'une rivière, la **Neglinka**, que se constitua ce quartier dont plusieurs îlots furent habités dès le Moyen Âge par des corporations dont certaines ont laissé un souvenir dans la toponymie, comme les forgerons ou les sonneurs de cloche du Kremlin. Les chemins permettant de gagner les monastères hors les murs sont devenus les rues d'aujourd'hui, habitées par la noblesse et la bourgeoisie au 18e et au 19e s., remplacées par les milieux d'affaires et de grands magasins il y a quelque cent ans. Mais c'est l'implantation des théâtres, à commencer par ce qui allait devenir le Bolchoï, qui a donné son caractère à ce quartier, aujourd'hui animé par des rues transversales piétonnes où cafés, restaurants et boutiques s'allient pour créer l'animation, même si l'on peut regretter que la rue Petrovka soit parcourue par un flot incessant de véhicules gagnant le centre-ville et animés des pires intentions envers les malheureux piétons.

Se promener

Station de métro place de la Révolution (Stantsia metro Plochtchad Revolioutsii/Станция метро « Площадь Революции ») B3

Ce n'est sans doute pas la plus belle des stations du métro de Moscou mais l'une des plus spectaculaires. Sur le quai, encadrant les voûtes donnant accès aux trains, des groupes de combattants en bronze, prolétaires, paysans, soldats et partisans brandissent fièrement leurs armes.

Vous débouchez alors sur un vaste espace constitué de deux places séparées par le flot des véhicules : le première est la **place de la Révolution** que domine, au-delà d'une fontaine, la **statue de Karl Marx**. Derrière vous, en partie refaites à cet endroit et investies par des restaurants, se dressent les murailles de Kitaï-Gorod *(voir p. 163)*. Sur votre droite, contre les murailles, s'élève le légendaire hôtel *Metropol*.

Hôtel Metropol★★ (Gostinitsa Metropol/Гостиница « Метрополь ») B3 – Si **Lev Kekouchev** remporta le concours d'architecture lancé en 1898 pour édifier un centre englobant un hôtel et un théâtre, c'est curieusement le projet d'un autre architecte, l'Écossais **William Walcott**, qui fut retenu, encore que le mécène **Savva Mamontov** soit considéré par d'aucuns comme le véritable maître d'œuvre de l'ensemble qui devait comprendre, outre un hôtel, des restaurants, des boutiques, des salles d'expositions ainsi qu'un opéra (qui ne fut jamais réalisé). L'immeuble présente sur ses différentes façades des décorations qui en font une vitrine de l'Art nouveau, d'autant que de grands artistes, protégés de Mamontov, y ont collaboré. Vous remarquerez les céramiques exécutées sur des dessins d'**Alexandre Golovine** et les mosaïques de **Mikhaïl Vroubel** (*La Princesse rêve*, façade côté rue Neglinnaïa), ainsi qu'une frise en relief exécutée par **Nikolaï Andreev**.

Une telle œuvre ne pouvait qu'entrer dans l'histoire : Lénine y séjourna en 1917 et deux bolcheviks connus, Boukharine et Lounatcharski, y avaient établi leurs quartiers aux premiers temps de la révolution. Quant aux clients célèbres, ils ne se comptent plus, de George Bernard Shaw à Serge de Diaghilev en passant par Fiodor Chaliapine, Berthold Brecht, Mao Zedong et bien d'autres… qui ont de nos jours cédé la place à des vedettes du show-biz, probablement plus *glamour*… Peut-être pourrez-vous pénétrer dans le hall pour admirer la décoration dont un extraordinaire ascenseur, à moins que vous ne préfériez dîner dans l'un des trois restaurants, tous aussi fabuleux bien que de styles très divers *(voir p. 208)*.

Traversez alors vers la place Teatralnaïa en empruntant le passage souterrain.

La place des Théâtres★ (Teatralnaïa plochtchad/Театральная площадь)

Voici une place qui mérite bien son nom puisqu'elle est bordée de trois théâtres : sur votre gauche, le **théâtre de la Jeunesse (Molodiojny teatr/Молодёжный театр)** ; à droite, le théâtre Maly ; et, face à vous, arborant une colonnade néoclassique, l'emblématique théâtre Bolchoï.

Theâtre Bolchoï★★ (Большой театр) B3 – Un précédent théâtre, le théâtre Petrovski, qui se dressait sur l'emplacement depuis 1759, a été détruit par l'incendie de 1812. Il fut alors remplacé par un ouvrage monumental, dont l'un des architectes était Ossip Bové, mais qui brûla à son tour en 1853. C'est un architecte d'origine italienne, **Albert Kavos**, qui éleva alors le bâtiment que vous voyez aujourd'hui, en utilisant les vestiges du précédent, parmi lesquels la colonnade que coiffe un fronton triangulaire lui-même surmonté du *Quadrige d'Apollon*, sculpture de Piotr Klodt.

Mais plus qu'un théâtre, le Bolchoï, dévolu à la danse et à l'opéra, est un des symboles de Moscou *(voir p. 135)*… Fondée en 1776 par **Piotr Ouroussov** et **Michael Maddox**, la compagnie qui s'est installée sur les lieux dès la construction du théâtre Petrovski est indissolublement liée à l'histoire de la danse russe et ne se reconnaît qu'une rivale, celle du théâtre Mariinski de St-Pétersbourg. On ne compte plus les créations prestigieuses du Bolchoï depuis *Le Lac des cygnes* de Tchaïkovski en 1877 et si longtemps la troupe fut taxée d'un certain académisme, notamment à l'ère soviétique (époque où le Bolchoï acquit un immense prestige international grâce à des tournées), cette période semble bien révolue aujourd'hui comme en atteste le scandale déclenché en mars 2005 par un livret de **Vladimir Sorokine**. Malheureusement, il faudra être un peu patient avant de découvrir le foyer et l'immense salle somptueusement décorés : le Bolchoï a en effet fermé ses portes à la fin du mois de juin 2005 pour d'importants travaux de rénovation : la vétusté des locaux était telle que, si l'on en croit l'architecte chargé des travaux, « on se demande comment le théâtre n'est pas encore tombé » !

Fermeture sine die

Les travaux, prévus jusqu'en 2008, devraient finalement s'achever en novembre 2009. Si tout se déroule comme prévu… Le spectacle d'ouverture devrait être la première de l'opéra de Glinka, *Rouslan et Loudmila*. D'ici là, ballets et opéras seront joués sur une scène annexe, et la troupe multipliera les tournées à l'étranger…

Le Théâtre Maly (Малый театр) – *Sur la droite de la place, au nº 6.* Deux grands noms de l'architecture moscovite du 19e s. ont présidé à la naissance de ce « petit » théâtre, qui peut tout de même accueillir 1 000 spectateurs : **Ossip Bové** qui bâtit en 1824 un édifice qui n'avait rien d'un théâtre, puis **Konstantin Ton** qui l'adapta à ses nouvelles fonctions en 1840. Ce bâtiment de style Empire qui n'a pas subi

d'altérations notables depuis, a acquis un prestige sans égal dans le monde de l'art dramatique russe et sa scène a vu défiler les plus grands interprètes, comme **Maria Ermolova** qui, fille du souffleur, devint une des vedettes inamovibles de ce théâtre pendant plus de cinquante ans !

Devant la façade se dresse la statue du dramaturge **Alexandre Ostrovski** (1823-1886), dont nombre de pièces furent créées dans cette salle. Moins connu en France que d'autres dramaturges russes, cet auteur imposa en Russie la comédie de mœurs réaliste, ce qui lui valut quelques démêlés avec la censure… et, partant, de graves difficultés financières. Parmi ses œuvres, *Chacun à sa place* (1853) et surtout *L'Orage* (1860) et *Fleur de neige* (1872) sont les plus représentatives de l'art de ce dramaturge prolifique, à tel point fidèle au Maly que ce théâtre a pu être appelé « la maison Ostrovski ».

Oulitsa Petrovka★ (Улица Петровка)

Principal axe automobile du quartier, cette rue permettait de gagner depuis le centre-ville le monastère de St-Pierre-d'En-Haut situé dans la périphérie. Sa partie basse était occupée au 18e s. par des propriétés appartenant à la noblesse et par des monastères, avant que les négociants ne s'y installent dans le courant du 19e s. Dès que vous vous y engagez, vous distinguez dans votre ligne de mire l'élégante tour ajourée rose du monastère St-Pierre-d'En-Haut.

TsOuM (ЦУМ) B3 – *Sur la droite, au début de la rue Petrovka.* Ce grand magasin (l'acronyme signifie « magasin central universel ») aux allures néogothiques a été bâti en 1908 par l'architecte **Roman Klein** autour d'une armature métallique réalisée par **Vladimir Choukhov**, pour une société écossaise. Le magasin *Muir & Mirrielees* était alors un des plus grands et des plus modernes d'Europe.

Passage Petrovski (Петровский пассаж) – *Au no 10.* Vladimir Choukhov a également collaboré à la construction de ce double passage ouvert en 1906 entre la rue Petrovka et la rue Neglinnaïa, dont l'élégant décor néoclassique s'annonce par deux arches monumentales. Les galeries présentent sous une verrière deux niveaux de mezzanines reliées par des passerelles, l'ensemble rappelant le GOUM. Ce lieu est aujourd'hui voué au luxe, comme une bonne partie des alentours.

Après le passage, vous apercevrez *(au no 8/1)* une boutique à l'**enseigne** « C. Depret, vins et liqueurs », témoignage de l'époque prérévolutionnaire, lorsque les produits français faisaient fureur auprès de la haute société russe.

Oulitsa Kouznetski Most (Улица Кузнецкий Мост) B3 – Le nom de cette rue transversale, étroite et en partie piétonne, signifie « pont des Forgerons ». Il rappelle la présence au 15e s. de la « Cour des canons », mais aussi d'un pont de bois lancé sur la Neglinka, dont le cours, aujourd'hui souterrain, a cédé la place à la rue Neglinnaïa, parallèle à la rue Petrovka. Du côté gauche, la rue se poursuit, au-delà de oulitsa Bolchaïa Dimitrovka, vers la rue Tverskaïa par le Kamerguerski pereoulok *(voir p. 193)*. Quelques pas dans cette direction vous permettront d'admirer, au nº 3, la façade d'un des plus beaux immeubles Art nouveau de Moscou, au décor de majoliques, de carreaux de faïence et de fer forgé époustouflant. Élevé en 1903, le bâtiment est le chef-d'œuvre de l'architecte **Ivan Machkov**.

Au-delà, l'**hôtel Marriott Royal Aurora** *(sur le trottoir de gauche)* est installé dans un bâtiment aux façades inspirées de l'Art nouveau.

Musée d'Histoire du Goulag (Mouzeï istorii Goulaga/Музей истории ГУЛАГА) B2 – *Oul. Petrovka 16, face au Marriott, sous un porche - tlj sf sam. et dim. 11h-16h, sonner - 70 Rub, visite guidée : 1 à 4 pers. : 400 Rub.* Vous accédez par un portail de bois garni de fer barbelé à une cour où un mirador et des photos de *zeks* vous mettent tout de suite dans l'ambiance. Dans un appartement, de pauvres objets confectionnés par les pensionnaires de l'institution, des dessins, des photos dénoncent sans grandiloquence, mais de façon poignante, cet impitoyable univers concentrationnaire que tant de Russes fréquentèrent à leur corps défendant durant la période soviétique.

Stolechnikov pereoulok (Столешников переулок) – Agréable rue piétonne, elle aussi investie par les grandes marques, souvent françaises. Nombre de cafés viennent en outre contribuer à l'animation des lieux. Vous remarquerez sur la droite, au nº 7, un immeuble Art nouveau construit en 1903 par **Adolf Erichson**.

Revenir à la rue Petrovka.

Vous croiserez ensuite le **Petrovski pereoulok (Петровский пер.)** B2 *(sur la gauche)* dans lequel s'alignent quelques beaux hôtels particuliers : celui du nº 8 est une œuvre d'**Ossip Bové**, revisitée par la suite, de même que la **Maison des princes Troubetskoï**, au nº 6. Quant à l'étrange bâtiment du nº 3, il s'agit de l'ancien **théâtre Korch (Корш Театр)**, devenu théâtre des Nations, édifié en style « néorusse » par **Mikhaïl Tchitchagov** en 1885. La construction en fut extrêmement rapide puisqu'il fallut moins de quatre mois pour élever ce pastiche architectural qui contient une salle de 800 places. C'est dans ces lieux qu'**Anton Tchekhov** (qui y fait jouer sa première pièce, *Ivanov*, en 1897) et le metteur en scène **Konstantin Stanislavski** posèrent les bases du théâtre moderne russe.

Le Goulag

Le mot Goulag est l'acronyme de la Direction générale des Camps. Ces camps de travail forcé furent instaurés par les bolcheviks dès 1919, afin d'y accueillir contre-révolutionnaires et membres de catégories sociales honnies par le nouveau régime. C'est sous Staline que ce réseau s'est considérablement développé, notamment à la suite des grandes purges de 1937 qui frappèrent les communistes. Instrument de répression, ce fut aussi pour l'URSS un réservoir de main-d'œuvre gratuite. Pour vous imprégner de la vie quotidienne dans ces camps placés dans des zones particulièrement inhospitalières, il faut absolument lire *Une journée d'Ivan Denissovitch* d'**Alexandre Soljenitsyne**, ainsi que le témoignage bouleversant d'**Evguenia Guinzbourg** (la mère de l'écrivain Vassili Axionov), *Le Vertige* et *Le Ciel de la Kolyma*.

C. Brett / MICHELIN

Musée du Goulag rue Petrovka.

Musée d'Art moderne (Mouzeï sovremennogo iskousstva/Музей современного искусства) B2 – *Au n° 25 sur la gauche, accès par la cour - tlj sf dernier lun. du mois 12h-20h (caisse fermée à 19h15) - 200 Rub.* Installé dans un palais construit vers 1790 par **Matveï Kazakov**, ce musée présente une petite collection permanente ainsi que des expositions temporaires. Dans la cour, le maître des lieux, l'incontournable **Zourab Tsereteli**, présente quelques-unes de ses sculptures, notamment des colonnes Morris mettant en scène des personnalités du milieu culturel moscovite comme Anna Akhmatova et Marina Tsvetaeva, Boulat Okoudjava et Vladimir Vyssotski, ainsi qu'un *Don Quichotte*.

Monastère St-Pierre-d'En-Haut★★ (Vyssoko-Petrovski Monastyr/Высоко-Петровский монастырь) B2 – *9h-17h.* Drôle de nom pour un monastère ! En fait, il vient de celui d'un hameau qui se dressait sur les lieux et qui portait le nom de Vyssokoïé (« Le Haut ») parce qu'il s'était établi sur une rive escarpée de la Neglinka. Quant à Pierre, il pourrait s'agir du métropolite qui quitta Vladimir pour s'établir à Moscou au 14e s. à la demande du prince Ivan Kalita. Élevé en 1696, un porche surmonté du clocher que vous avez vu dans l'axe de la rue Petrovka donne accès à la cour dans laquelle se dressent plusieurs églises de styles et d'époques différents. Sur votre droite se dresse l'**église St-Serge-de-Radonège** (1694), vaste édifice bâti pour le salut de Pierre le Grand et surhaussé dix ans plus tard, avec adjonction de coupoles. L'intérieur bleu conserve une icône sertie d'argent représentant saint Serge. Devant vous, la superbe et minuscule **cathédrale (sobor)**, au plan en forme d'octaèdre, est le plus ancien édifice du monastère : datant de 1514, elle a été construite par **Alevisio Friazine**, un des architectes du Kremlin. Sur votre gauche se dresse l'**église Notre-Dame-de-Bogolioubovo** (1685) couronnée de bulbes à écailles et ancienne nécropole de la famille des Narychkine. L'intérieur, somptueusement décoré (peintures murales exécutées au 18e s.), contient une iconostase en porcelaine précédée de l'icône de la Vierge de Bogolioubovo. Enfin, à droite du porche, le long bâtiment édifié lui aussi en 1690 abritait les cellules des moines.

P. Plantier / Michelin

Monastère Saint-Pierre-d'En-Haut.

Porte St-Pierre (Petrovskié vorota/Петровские ворота)

On arrive alors au carrefour de la rue Petrovka avec la Ceinture des Boulevards (Boulvarnoïé Koltso) : sur la droite, le long du monastère St-Pierre, le **boulevard Petrovski (Петровский бульвар)**, agréablement ombragé, est bordé de plaisantes maisons basses.

Sur la gauche, le **Strastnoï boulvar (Страстной бульвар)**, qui conduit à la place Pouchkine *(voir p. 191)*, présente une allée centrale piétonne à la végétation touffue.

Monument à Vladimir Vyssotski (Pamiatnik Vladimirou Vyssotskomou/Памятник Владимиру Высоцкому) B2 – *Face au carrefour.* Le chanteur-poète, emblématique de l'underground moscovite des années de plomb de l'ère de Leonid Brejnev *(voir p. 72, 130 et 222)*, est représenté, sa guitare en bandoulière, les bras en croix devant la foule à l'issue d'un concert triomphal. Ce bel hommage posthume a été réalisé par le sculpteur G. Raspopov en 1995.

Vous poursuivrez sur le boulevard jalonné de part et d'autre de belles demeures et d'hôtels particuliers. Remarquez notamment au n° 15, sur la gauche, la cour en hémicycle de l'**hôpital Catherine** aménagé en style Empire par **Ossip Bové**, à partir de l'ancienne demeure de la noble famille Gagarine, bâtie vers 1780, probablement par **Matveï Kazakov** et en partie détruite par l'incendie de 1812.

Arrivé au bout du boulevard, emprunter le trottoir de droite (Bolchoï Poutinkovski proezd/ Большой Путинковский проезд*).*

Au n° 3, l'immeuble fonctionnaliste abritant jadis l'imprimerie du journal *Le Matin de la Russie (Outro Rossii)* est une réalisation de **Fiodor Chekhtel** (1909), qui avait alors abandonné les fantaisies décoratives de l'Art nouveau pour une recherche de la pureté des formes.
Prendre à droite oul. Malaïa Dimitrovka.

Oulitsa Malaïa Dimitrovka (Улица Малая Димитровка) A2

Dans le prolongement (ou presque) de oulitsa Bolchaïa Dimitrovka, cette rue, ancienne route conduisant à la localité de Dimitrov, a conservé nombre d'hôtels particuliers avec jardins, ce qui lui confère un sympathique caractère provincial, d'autant plus inattendu que l'on est ici à deux pas de la rue Tverskaïa.

Église de la Nativité-de-Notre-Dame-de-Poutinki★★ (Tserkov Rojdestva Bogoroditsy v Poutinkakh/ Церковь Рождества Богородицы в Путинках) A2 – D'une blancheur éclatante, si l'on excepte ses bulbes bleus, cette ravissante église a été bâtie en 1652 par les commerçants du lieu, aidés financièrement par le tsar **Alexeï Mikhaïlovitch**. C'est un magnifique exemple d'édification religieuse comparable par sa qualité architecturale et sa richesse à son aînée d'une vingtaine d'années, l'église de la Trinité-de-Nikitniki de Kitaï-Gorod *(voir p. 166)*. Avec son porche surmonté d'un petit clocher pyramidal qui vient faire écho au grand clocher, situé sur la gauche de l'édifice, sa composition asymétrique, ses décors de *kokochniki* étagés, elle ne peut que séduire par sa beauté ingénue, révélatrice de l'apogée d'un style qui allait bientôt céder la place au baroque Narychkine.

P. Plantier / Michelin
Église de la Nativité-de-N.-D.-de-Poutinki.

À l'intérieur, tandis que Notre-Dame-de-Poutinki est vénérée sur la gauche, remarquez à droite l'icône de la Trinité entourée de plus de deux cents vignettes représentant des saints et, à gauche, une belle icône de sainte Catherine.

Hôtels particuliers – C'est au-delà de l'église que vous découvrirez les hôtels dont certains sont en rénovation. Remarquez notamment, au n° 14 l'ambassade de Slovénie installée dans un palais à la façade décorée de colonnes engagées, puis au n° 16, une façade (en partie dissimulée derrière la végétation) animée de frises de stuc à motifs fleuris. Son voisin *(n° 18)*, l'**hôtel Soïmonov**, présente une très harmonieuse façade à colonnade de style Empire. Cet hôtel à la symétrie parfaite a été construit entre 1810 et 1859. Remarquez le fronton décoré de moulures et les fenêtres des deux corps latéraux soulignées de balustres et encadrées de pilastres. Plus loin encore, au n° 27, vous découvrirez un agréable palais à cariatides.
Prendre sur la droite la Ceinture des Jardins (Sadovoïé Koltso) qui ici porte le nom de Karetnaïa oul. (Каретная ул.). *Au carrefour, après avoir traversé (passage souterrain), prendre sur la gauche Delegatskaïa oul.* (Делегатская ул.).

Musée des Arts décoratifs★ (Mouzeï dekorativno-prikladnogo iskousstva/ Музей декоративно-прикладного искусства) A1

Delegatskaïa oul. (Делегатская ул.) *3.*
Tlj sf vend. et dernier jeu. du mois 10h-18h - 50 Rub.
Sculptures et peintures sur bois (encadrements de fenêtres, traîneaux, coffres) agrémentent la première salle. Puis à droite *(salle 166)*, belles quenouilles sculptées et peintes, costumes, coiffes et broderies. Poteries et matriochka sont exposées dans la salle 167, précédant les jouets de la salle 169 (cheval à bascule, poupées, jeux d'échecs). Salle 170, de belles céramiques bleues accompagnent de superbes plateaux peints. Vous verrez ensuite des boîtes peintes (remarquez dans la vitrine à droite de la porte de la salle 171, la tabatière de l'armée Rouge représentant un skieur), des œufs peints et de petites icônes, puis un écritoire avec son sous-main et son coupe-papier *(salle 173)*. En face, un couloir garni de tapisseries dessert une exposition consacrée au mobilier du 18e s. et du début du 19e s. Puis vous accéderez à l'étage : belle collection de samovars (dont l'un est en forme de locomotive) et

vaisselle soviétique particulièrement criarde avec l'effigie de Lénine et la faucille et le marteau au fond de l'assiette! Tout cela compose un musée aux collections très riches mais qui souffrent d'une présentation on ne peut plus vieillotte et d'une absence totale d'explications, fût-ce en russe.

Revenir à la Ceinture des Jardins, traverser (toujours par le passage souterrain) et emprunter en face oul. Karetny Riad (ул. Каретный Ряд).

Jardin de l'Ermitage (Sad Ermitaj/Сад « Эрмитаж ») A1-2

Agréable aux beaux jours, ce jardin fleuri de 4 ha est agrémenté de kiosques à musique, de jets d'eau et de plusieurs théâtres – dont le **Nouvel Opéra (Новая Опера)** et le **Théâtre Ermitage (Театр « Эрмитаж »)** – de cafés (l'un d'entre eux, tout en bois, est particulièrement sympathique) et de restaurants. C'est en 1896 qu'il fut pour la première fois aménagé autour d'une usine désaffectée transformée en théâtre; d'autres suivirent, dans cet antre voué désormais aux arts de la scène. Vous y verrez une curieuse sculpture commémorant les accords de Yalta et représentant Churchill, Roosevelt et un Staline hilare, tous trois assis et se tournant le dos. Le moins que l'on puisse dire, c'est que les qualités esthétiques de l'œuvre ne sautent pas aux yeux! Préférons le colombier, garni de colombes blanches vivantes que les enfants ne se lassent pas d'admirer.

Au bout de la rue, après avoir retrouvé la statue de Vladimir Vyssotski, prendre sur la gauche le boulevard Petrovski, jusqu'à la place Troubnaïa.

Station de métro Troubnaïa (Stantsia metro « Troubnaïa »/Станция метро « Трцбная»)

Sur le terre-plein au centre de la place.

Cette station, ouverte en 2008 sur la ligne 10, arbore *(sur le quai)* une décoration en vitraux et en mosaïques évoquant les villes de l'Anneau d'Or, réalisée par l'artiste officiel de la ville, **Zourab Tsereteli**.

Cirque Iouri-Nikouline (Tsirk Iouria Nikoulina/Цирк Юрия Никулина) B1-2

À gauche sur Tsvetnoï boulvar (Цветной бульвар), *au n° 13.*

Pour les spectacles, voir p. 114.

Ce boulevard dont le nom rappelle qu'il fut naguère occcupé par un marché aux fleurs a été tracé au-dessus d'un étang, aujourd'hui souterrain, né du barrage destiné à canaliser la Neglinka. Précédé de la statue du célèbre clown Iouri Nikouline qui semble descendre d'une vénérable automobile de bronze, le cirque actuel, bien qu'il soit récent (il date de 1989), est toujours aujourd'hui appelé le « vieux cirque » en référence à son prédécesseur, plus vieux d'un siècle, dont il est la copie conforme, du moins en ce qui concerne la façade donnant sur le boulevard, enchâssée dans une structure de verre.

De la place Troubnaïa, revenir vers le centre par oul. Neglinnaïa (ул. Неглинная).

Vous verrez au n° 14 de cette rue tracée sur le cours de la rivière *(sur la gauche, au-delà d'Evonarski per./*Звонарский пер.*)*, un immeuble de style on ne peut plus éclectique abritant les **bains Sandounov (Сандуновские бани**, 1895) où influences mauresque et baroque d'Europe centrale se mêlent dans un délire décoratif réjouissant.

Un clown de légende

C. Brett / MICHELIN

Élève de Karandach, **Iouri Vladimirovitch Nikouline** (1921-1987) fut un clown extrêmement populaire en Union soviétique et devint directeur du cirque de Moscou. Ce fut aussi un acteur de cinéma qui, s'il commença par des rôles burlesques, se révéla bientôt comme un grand tragédien : il a tourné, entre autres, sous la direction d'**Andreï Tarkovski** *(Andreï Roublev)*, **Sergueï Bondartchouk** *(Ils ont combattu pour la patrie)* et **Alexeï Guerman** *(Vingt Jours sans la guerre)*... et repose aujourd'hui au cimetière de Novodietvichi, où il est représenté dans le costume de clown qui lui a valu la gloire, un chien inconsolable aux pieds.

Aux alentours

Station de métro Novoslobodskaïa (Stantsia metro Novoslobodskaïa/ Станция метро « Новослободская »)

Sur la ligne circulaire (n° 5).

Aménagée en 1952 par **Alexeï Douchkine**, un des grands maîtres d'œuvre du métro moscovite (du moins en ce qui concerne l'agencement des stations), cette station est décorée de superbes vitraux mis en valeur par un éclairage subtil. Réalisés par un atelier de Rīga, les vitraux ont été dessinés par le peintre **Pavel Korine**.

Appartement-musée Fiodor Dostoïevski (Mouzeï-kvartira F. M. Dostoïevskogo/Музей-квартира Ф. М. Достоевского)

Oul. Dostoïevskogo (ул. Достоевского) *2, M° Novoslobodskaïa. Sortir de la station par Seleznevskaïa oul.* (Селезневская ул.). *Vous arriverez à un carrefour à cinq branches. Prendre légèrement sur la gauche le per. Dostoïevski* (пер. Достоевского) *qui conduit à la rue du même nom : c'est à la croisée de ces deux voies que se trouve le musée.*

Merc.-vend. 14h-19h, jeu. et w.-end 11h-18h (fermé lun., mar. et dernier jour du mois) - 40 Rub.

Si **Fiodor Dostoïevski** est surtout lié à St-Pétersbourg, c'est ici qu'il naquit en 1821 et vécut les quinze premières années de sa vie auprès de son père, médecin à l'hôpital contigu de ce petit musée qui rassemble du mobilier d'époque, quelques objets personnels, des témoignages de l'activité paternelle et des portraits de famille. À réserver aux admirateurs inconditionnels de l'écrivain.

Maison-musée Viktor Vasnetsov★ (Dom-mouzeï Viktora Vasnetsova/ Дом-музей В. М. Васнецова) C1

Per. Vasnetsova (пер. Васнецова) *13, M° Soukharevskaïa* (Сухаревская)*, ligne 6. En sortant du métro, traverser (aux feux rouges, et donc rapidement !) la Ceinture des Jardins (Sadovoïé Koltso) qui porte ici le nom de place Malaïa Soukharevskaïa. Laisser devant vous la perspective Mira* (Пр. Мира) *et suivre à gauche Soukharevskaïa, puis prendre la troisième rue à droite (Mechtchanskaïa oul./*Мещанская ул.*). Le per. Vasnetsov est le deuxième sur la gauche et le musée est situé sur le trottoir de droite, juste avant l'angle que décrit la rue.*

Tlj sf lun., mar. et dernier jeu. du mois 10h-17h - 160 Rub.

C'est **Viktor Vasnetsov** (1848-1926) lui-même qui dessina en 1894 cette isba très stylisée (en s'inspirant de « l'isba aux pattes de poule » d'Abramtsevo) dans laquelle il habita et travailla pendant plus de trente ans. Avec son jardinet, son toit bicolore, l'ensemble est à la fois charmant et complètement incongru dans son environnement de tristes barres d'immeubles.

Passionné d'histoire et d'architecture traditionnelle comme son frère Apollinari *(voir p. 215)*, Viktor Vasnetsov se rattache dans son œuvre de peintre au **cercle d'Abramtsevo** réuni autour du mécène **Savva Mamontov** et à l'école romantique. Il est fameux pour ses tableaux prenant pour thème les contes traditionnels russes que vous pourrez voir à la galerie Tretiakov dont il a par ailleurs dessiné la façade.

Vous tomberez sous le charme de cette maison (où il recevait, entre autres, Tchekhov, Gorki, Chaliapine et les peintres Repine, Levitan et Sourikov) garnie de mobilier en style « néorusse » et dont les cheminées, dessinées par Vasnetsov, sont ornées de carreaux de faïence exécutés d'après des dessins de **Mikhaïl Vroubel**. Les esquisses architecturales du maître des lieux qui y sont exposées ne manquent pas d'intérêt.

Teatralnaïa et la rue Petrovka pratique

Se loger

⛁⛁/⛁⛁⛁ **Budapest** ⑫ **(Будапешт)**.

⛁⛁⛁ **Akvarel** ⑬ **(Акварель)**.

⛁⛁⛁⛁ **Marriott Royal Aurora** ⑭ **(Мариотт Роял Аврора)**.

⛁⛁⛁⛁ **Metropol** ⑮ **(Метрополь)**.

Au-delà de Sadovoïé Koltso :

⛁⛁⛁ **Novotel Centre** ⑯ **(Новотель Центр)**.

Voir descriptif complet de ces hôtels p. 117-118.

Se restaurer

PLACE TEATRALNAÏA

⛁⛁⛁⛁ **Evropeïski** ⑫ **(Европейский)**, **Metropol (Метрополь)** et **Boïarski** ② **(Боярский)** – *Teatralny proezd* (Театральный проезд) *1/4*. Le décor des trois restaurants du légendaire hôtel *Metropol* justifie à lui seul un dîner (ou plusieurs) dans cet établissement raffiné : l'*Evropeïski* avec ses colonnades et ses fresques mythologiques réalisées par I. Nivinski, le *Metropol* avec sa verrière et ses luminaires, le *Boïarski (au 4e étage)* et son décor de palais d'autrefois. La cuisine, européenne, laisse la part belle aux spécialités russes.

La Vieille Tour ⑲ **(Стария Башия)** – *Teatralnaia pl.* (Театралная пл.) *5, accès sur pl. Revolioutsi* (пл. Революций). Ce sont les vastes salles d'une tour un peu trop restaurée de la muraille de Kitaï-Gorod qui accueillent cet élégant restaurant. Spécialités de l'ancien Empire soviétique (*pelmeni* sibériens, *bortsch* ukrainien) ou internationales (viandes, assez chères). Privilégiez la salle de l'étage.

RUE PETROVKA

Cherbet ⑩ **(Шербет)** – *Oul. Petrovka* (ул. Петровка) *15/13 - ✆ 928 08 12 - Ouvert 24h/24.* Un restaurant servant une cuisine orientale. L'endroit est agréablement décoré et presque toujours bondé. Business lunch abordable.

Korch Theatre ㉘ **(Корш Театр)** – *Petrovskie per.* (Петровские пер.) *3.* Emblématique de l'architecture néorusse, le théâtre des Nations abrite *(en sous-sol)* ce restaurant au cadre raffiné installé dans l'ancien buffet où, selon la tradition, Konstantin Stanilavski fit la connaissance d'Anton Tchekhov. Cuisine russe traditionnelle.

Beloe Solntse Pustyni ㉗ **(Soleil Blanc du Désert/Белое Солнце Пустыни)** – *Neglinnaïa oul.* (Неглинная ул.) *29/4.* C'est dans un décor pour le moins dépaysant frôlant sans complexe le kitsch et se voulant évocateur d'on ne sait quel désert que cette ambassade de la cuisine ouzbèke (et arabe) reçoit ses convives. Outre un buffet pantagruélique, vous pourrez déguster touts sortes de *chachliks*, une soupe épicée à l'agneau qui constitue à elle seule un repas complet. Et, pour terminer sur une note aventureuse, pourquoi ne pas goûter à l'*airan*, variante ouzbek (assez aigrelette) du yoghourt ? Service attentif assuré par de jeunes personnes revêtues de costumes chatoyants.

Kitej-grad ⑭ **(Китежъ-град)** – *Oul. Petrovka* (ул. Петровка) *23/10.* Dans de belles salles du 17e s. aux murs chaulés, proche du monastère St-Pierre, un restaurant dont le nom rappelle la légende d'une cité engloutie dans les eaux d'un lac pour échapper aux Mongols. Cuisine russe raffinée. Service discret et attentif. Un coup de cœur !

C. Brett / Michelin

Restaurant Kitej-grad.

C. Brett / MICHELIN

Restaurant Soleil Blanc du Désert.

La Marée ⑯ **(Ла Маре)** – *Oul. Petrovka* (ул. Петровка) *28, au coin du boulevard Petrovski.* Les mosaïques apposées sur la façade, comme le nom, annoncent la couleur : dans cet établissement à direction française, vous voici au royaume des poissons et des fruits de mer (huîtres belon, fines de claires et Marennes et poissons à la *plancha*). Attention aux surprises : les prix sont annoncés aux 100 g et affichés en euros. Poissonnerie attenante pour ceux qui se sentiraient le courage (et qui disposeraient de la possibilité) de cuisiner après une journée de balade.

Barachka ② **(Барашка)** – *Oul. Petrovka* (ул. Петровка) *20/1, dans Petrovskié linii* (Петровские линии), *face à l'hôtel* Budapest - *✆ 200 47 14 - 11h-0h.* Décor minimaliste, subtilement oriental, pour déguster des spécialités d'Azerbaïdjan. Le lieu est très couru (il sera prudent de réserver) par une clientèle plutôt jeune.

AUTOUR DES BOULEVARDS

Les Z'amis de Jan-Jak ④ **(Жан-Жак)** – *Tsvetnoï boul.* (Цветной бул.) *24, face au cirque Nikouline, à l'orée d'un passage étroit.* Ce sympathique restaurant-bar à vins tout de rouge revêtu propose outre des plats traditionnels de la cuisine française (et une sélection de vins sur ardoise) une restauration légère. Vous pourrez ainsi choisir entre les *zakouski* Jean-Jacques (houmous de petits pois et amandes, feta aux olives, oignons confits et poivrons) et les *zakouski* Rousseau (rillettes, houmous classique, filets d'anchois, radis-beurre). Service charmant et ambiance café parisien garantie !

Sobranié (24) **(Собрание)** – *Jardin de l'Ermitage* (Сад « Эрмитаж »), *oul. Karetny Riad* (ул. Каретный Ряд) *3 - ✆ 299 20 90.* La véranda largement ouverte sur le parc fleuri est, aux beaux jours, un sympathique atout pour ce lieu qui propose une cuisine européenne et russe à des prix raisonnables.

AU-DELÀ DE SADOVOÏÉ KOLTSO

Iolki-Palki (30) **(Ёлки-Палки)** – *Novoslobodskaïa oul.* (Новослободская ул.), *au coin de oul. Seleznevskaïa* (ул. Селезневская) *dans le « centre commercial » du M° Novoslobodskaïa* (Новослободская) *ligne 5.* Une succursale un peu excentrée de cette sympathique chaîne dans un quartier qui mérite la visite, ne serait-ce que pour découvrir une des plus belles stations de métro.

Café Matisse (8) **(Кафе « Матисс »)** – *Dolgoroukovskaïa oul.* (Долгоруковская ул.) *40, M° Novoslobodskaïa* (Новослободская) *ligne 5, Mendeleïevskaïa* (Менделеевская) *ligne 1 - ✆ 973 56 26 - 12h-0h.* Sous les arcades de la rue, à deux pas de l'hôtel *Novotel Centre*, un lieu sophistiqué dans lequel on vous servira une cuisine « fusion » concoctée par un chef français. Décor minimaliste et présentation originale : tout pour en faire un lieu « branché ». Vous y trouverez également des pâtisseries à emporter. Business lunch à 210 Rub (cuisine européenne) et 250 Rub si vous préférez les spécialités japonaises.

Pauses et petites faims

The Confectionnery – *Sur la façade du Metropol* (18) *donnant sur la place de la Révolution - 12h-0h.* Pâtisserie-salon de thé du *Metropol* servant également des canapés. Pour accompagner cake et tiramisu, vous hésiterez entre les différents cafés, Tourgueniev (à la liqueur de café), Chaliapine (à la liqueur d'orange), ou encore Oblomov (au cacao)…

Hôtel Marriott-Royal Aurora (Мариотт Роял Аврора) – *Oul. Petrovka* (ул. Петровка) *11/20.* Le lobby bar installé dans le grand hall et ouvert aux beaux jours par une terrasse donnant sur Stolechnikov pereoulok constituera le cadre d'une pause agréable devant un jus de fruits ou une boisson plus corsée. Détail utile : à la librairie de l'hôtel, vous avez de fortes chances de trouver la presse française… Et pour repartir d'un bon pas, vous pouvez disposer des services d'un cireur de chaussures.

P. Plantier / Michelin

Une petite pause au salon de thé du Metropol ?

Café Gogol (Кафе « Гоголь ») – *Stolechnikov per.* (Столешников пер.) *11/1, dans la cour.* L'été, aux tables protégées de la pluie éventuelle par une tente, vous pourrez prendre un verre, voire une collation (salades, *chachliks*, et même gazpacho !), en écoutant (le soir) les artistes les plus prometteurs de la scène rock moscovite se déchaîner en *live*. Clientèle jeune, naturellement.

Achats

TsOUM (Цум) – *Oul. Petrovka* (ул. Петровка) *2 - lun.-sam. 10h-22h, dim. 11h-22h.* Un grand magasin qui a conservé des allures soviétiques… ou plutôt une logique d'aménagement des rayons que l'on a parfois du mal à suivre. Une fois adapté, vous y trouverez de tout… y compris des souvenirs (matriochka et autres) au rdc, côté rue Petrovka.

Atlas (Атлас) – *Oul. Kouznetski Most* (ул. Кузнецкий Мост) *19, au carrefour avec oul. Rojdestvenka* (ул. Рождественка) *- 9h-20h (sam. 10h-18h, dim. 11h-17h).* Une librairie spécialisée où vous trouverez un grand choix de plans, cartes topographiques et routières et atlas concernant toutes les régions russes.

RUES COMMERÇANTES

Passage Petrovski (Петровский пассаж) – La fine fleur du luxe à la française a aujourd'hui investi ce passage.

Stolechnikov pereoulok (Столешников пер.) – Nombreux cafés et boutiques telles que Chaumet, Vuitton ou Burberry.

Oulitsa Bolchaïa Dimitrovka (ул. Большая Димитровка) – Plusieurs boutiques de fourrures **(mekha/меха)** de qualité et autres chapkas se sont regroupées dans le bas de cette rue. C'est du reste une tradition déjà ancienne puisque la boutique *Mikhaïlov* s'est installée ici au 19ᵉ s. Citons au n° 71 **Mekha Ekaterina (Меха « Екатерина »)**.

Loisirs

Bains Sandounov (Sandounovskié bani/Сандуновские бани) – *Oul. Neglinnaïa* (ул. Неглинная) *14 - tlj 8h-22h.* Pour découvrir l'intérieur somptueux de ces bains, en s'initiant à la balnéothérapie à la russe : bains de vapeur sèche suivis de coups de fouet en branches de bouleau, traitement idéal pour la circulation du sang !

Loubianka

Лубянка

PLAN DE COUVERTURE : C2/D2

Souvent négligé par les touristes, le quartier populaire Basmanny (Басманный), qui s'étend derrière la Loubianka de triste mémoire, mérite qu'on lui consacre une balade : dépourvues de gratte-ciel et d'axes routiers démesurés, ses ruelles ont conservé leur cachet traditionnel et un parfum d'authenticité, tout en recelant nombre d'immeubles ne manquant pas d'intérêt.

- **Se repérer** – Au nord-est de la place Rouge, la place de la Loubianka est desservie par la ligne 1 du métro (station Loubianka/Лубянка). Plus au nord, le carrefour peut être atteint par les lignes 1 (Tchistyé Proudy/Чистые Пруды) et 5 (Tourguenievskaïa/Тургеневская).
- **À ne pas manquer** – Le musée Maïakovski.
- **Organiser son temps** – Compter une demi-journée.
- **Avec les enfants** – Le Musée polytechnique.

C. Brett / MICHELIN

Le musée Maïakovski.

Comprendre

Le symbole de la terreur – C'est le 20 décembre 1917 qu'une police politique, la **Tcheka**, est créée par les bolcheviks afin de prendre la suite de l'**Okhrana**, la police secrète des tsars. Confiée à un homme « intègre mais violent », **Felix Edmoundovitch Dzerjinski** (1877-1926), surnommé « Felix de fer », elle a pour mission de lutter contre la contre-révolution et le sabotage... mais le terme « contre-révolutionnaire » devient rapidement assez vague pour que tout un chacun puisse se sentir visé. En 1922, la Tcheka devient la **Guépéou** et s'illustre lors de la « liquidation des koulaks » (1928-1932), d'autant que, dotée de pouvoirs à la fois policiers et judiciaires, elle rend et exécute ses verdicts selon des procédures secrètes. Le **NKVD**, qui lui succède en 1934, organise sous la direction du sinistre **Iagoda**, puis de **Beria**, les grandes purges de 1934 à 1938 qui entraînèrent dans la mort ou dans les camps nombre de bolcheviks de la première heure... Le NKVD cède à son tour la place au célèbre **KGB**, créé après la disparition de Staline, et dont le principal dirigeant est **Iouri Andropov**, tandis qu'un certain **Vadimir Poutine** y fait ses premières armes. Le KGB a aujourd'hui disparu, au profit d'un FSB chargé du contre-espionnage. Inutile de dire que l'immeuble de la Loubianka, théâtre depuis 1918 de passages à tabac, tortures, « disparitions » et exécutions sommaires, fait encore frissonner les Moscovites. En 1991, lors de la chute du communisme, la statue de Dzerjinski, placée devant l'immeuble, a été abattue par les manifestants.

Se promener

Place de la Loubianka (Loubianskaïa plochtchad/Лубянская площадь) A3

Ce fut jadis un vaste champ de foire établi à la lisière du quartier fortifié de Kitaï-Gorod. C'est aujourd'hui une place sans caractère, dominée par la masse imposante

de l'immeuble de la police secrète soviétique, sous ses différents avatars. Un (très) discret monument (une pierre provenant du camp de Solovki) rappelle les innombrables citoyens pour qui ces lieux sinistres furent l'antichambre de l'enfer du Goulag. Quant au terre-plein central, circulaire, il demeure vide depuis le départ (définitif ?) de la statue de Dzerjinski. Ironie du sort : le grand magasin **Detski Mir** *(L'Univers de l'enfance)* est presque contigu à la Loubianka… Il est installé dans un édifice bâti entre 1955 et 1957 sous la direction d'**Alexeï Douchkine** et ouvrant sur la place par de très hautes (quatre étages) baies vitrées, marquant le début de l'architecture industrielle en Russie.

Rue Bolchaïa Loubianka (Oulitsa Bolchaïa Loubianka/Улица Большая Лубянка)

Partant sur la gauche de la façade de la Loubianka, cette artère rejoint les boulevards ombragés dessinés au cours du 19e s. en lieu et place des anciens remparts de la ville, à la **porte de Sretenka (Sretenskié vorota/Сретенские ворота)**.

Place Vorovski (Plochtchad Vorovskogo/Площадь Воровского) – Sur la gauche, statue de **Vaclav Vorovski** (1871-1923), compagnon de Lénine, journaliste à *L'Iskra*, puis diplomate en Suède et en Italie, et qui périt assassiné en Suisse.

Palais Rostopchine A2 – *Oul. Bolchaia Loubianka 14.* C'est dans ce ravissant palais baroque, édifié au 17e s., que le général Rostopchine, ancien ministre des Affaires étrangères, vivait en sa qualité de gouverneur de la place de Moscou.

Église du Monastère de la Rencontre-de-l'Image-de-la-Vierge-de-Vladimir (Tserkov Vladimirskoï Ikony Bojieï Materi Sretenskogo monastyria/Церковь Владимирской Иконы Божией Матери Сретенского монастыря) – *Au no 21.* Une muraille dissimule au regard le très agréable jardin dans lequel a été édifiée au 17e s. cette église à *kokochniki* et aux quatre bulbes verts à écailles. Belles fresques à l'intérieur. Il ne reste rien du monastère, fondé sur les lieux mêmes où l'icône (dont on aperçoit une reproduction dans le jardin, en partie dissimulée sous le lierre) fut présentée en 1395 aux troupes de **Tamerlan** qui s'apprêtaient à dévaster la ville… En apercevant l'image sacrée, les Mongols tournèrent aussitôt les talons.

Porte de la Sretenka (Sretenskié vorota/Сретенские ворота) A2

Sur le terre-plein central de la place s'élève la statue de **Nadejda Kroupskaïa**, l'épouse de Lénine. Sur la gauche, au coin de la rue de la Sretenka qui prolonge la

Née Rostopchine…

D'origine tatare, **Fiodor Rostopchine** (1763-1826) était gouverneur militaire de Moscou lorsque les armées de Napoléon s'emparèrent de la cité. Est-ce lui qui a donné l'ordre d'incendier la ville ? Il s'en défendit plus tard… mais il ne s'était pas fait que des amis parmi les propriétaires de palais moscovites : tant et si bien qu'il dut émigrer avant de s'établir en France en 1817. Sa fille Sophie, née en 1799, épousa le comte Eugène de Ségur, quelque peu débauché et qui ne lui rendit visite que pour lui faire huit enfants. C'est à près de soixante ans que **Sophie de Ségur** entama une brillante carrière littéraire à la Bibliothèque Rose. Avec *Un bon petit diable*, *Les Malheurs de Sophie*, ou *Les Mémoires d'un âne*, ses best-sellers ne se comptent plus !

rue Bolchaïa Loubianka, belle **église** du 17e s. **(Ouspenia Presviatoï Bogoroditsy/ Успения Пресвятой Богородицы)**.

Si vous continuez dans la rue de la Sretenka jusqu'à la **place Soukharevskaïa (Soukharevskaïa pl./Сухаревская пл.)**, vous découvrirez sur votre gauche *(aux nos 27-29)* la très belle **église de la Trinité-de-Listy** **A1** **(Tserkov Troïtsy v Listakh/ Церковь Троицы в Листах)** élevée au 17e s. dans un petit jardin, agréablement fleuri aux beaux jours. Remarquez sa superbe iconostase à cinq registres, toute de vert et d'or. Sur la droite, icône miniature avec une foule de personnages.

*Depuis Stretenskié Vorota, prendre sur la droite le boulevard de la Sretenka (Sretenski boul./*Сретенский бул.*).*

Sur la place Tourgueniev (Тургеневская пл.), se dresse la statue d'**Alexandre Griboïedov** (1795-1829), diplomate et auteur de la comédie *Le Malheur d'avoir trop d'esprit*.

Rue Miasnitskaïa (Miasnitskaïa oulitsa/Мясницкая улица) **A2** – Vous ne regretterez pas de faire quelques pas dans cette rue animée qui redescend vers la Loubianka, dont le nom signifie « rue des Bouchers », et serez sans doute fort surpris d'y croiser des gamins s'interpellant en français ! Rien de plus normal puisque le lycée français de Moscou est tout proche. Au-delà de la grande poste, deux immeubles retiendront votre attention : sur la gauche, au n° 17, un amusant pastiche d'architecture chinoise : ce **magasin Tchaï-kofé (Магазин « Чай-кофе »)** fut aménagé en 1896 par un certain Perlov, pour célébrer l'arrivée à Moscou de l'ambassadeur de Chine.

Sur la droite au n° 24, immeuble Art nouveau à la façade de briques et céramique réalisé par **Fiodor Chekhtel** en 1904.

Revenir à la place Tourgueniev (Тургеневская пл.) *puis prendre à droite Arkhanguelski per.* (Архангельский пер.).

Église de l'Archange-Gabriel★ (Tserkov Arkhanguela Gavriila/Церковь Архангела Гавриила) **B2** – *Au fond de la cour, au n° 15.* Grande église élevée en 1707 par **Alexandre Menchikov**, ministre de Pierre le Grand. L'intérieur avec son iconostase en bois doré et ses décors de stucs est somptueux. Mais c'est dans le très haut clocher, appelé aussi **tour Menchikov**, que s'exprime à merveille l'exubérance du baroque. Cet ensemble très harmonieux a été réalisé par Ivan Zaroudny, membre de l'atelier de **Domenico Trezzini**, architecte italien qui s'illustra à St-Pétersbourg.

Prendre sur la gauche Potapovski per. (Потаповский пер.).

Cette rue tranquille, décrivant une courbe, est bordée d'une série de belles demeures néoclassiques, en particulier sur le côté gauche.

Prendre à gauche la rue Pokrovka (ул. Покровка).

Église de la Trinité-sur-les-Boues (Tserkov Troïtsy na Griaziakh/Церковь Троицы на Грязях) **B3** – *Oul. Pokrovka n° 13.* Du 16e s., mais très remodelée à une époque récente (1856), elle a conservé un agréable portail d'origine.

P. Plantier / Michelin

Iconostase de l'église de la Trinité-de-Listy.

Musée des Poupées uniques (Mouzeï Koukol/Музей Кукол) – *Oul. Pokrovka nº 13-2 - www.dollmuseum.ru - tlj sf lun. 10h-12h, 14h-18h - gratuit.* Une collection de 2 500 poupées anciennes en porcelaine, en cire ou en bois de toutes provenances.

*Poursuivre dans Pokrovka et faire quelques pas à gauche sur le boulevard de l'Étang-Propre (Tchistoproudny boul./*Чистопрудный бул.*).*

Étang propre (Tchistyé proudy/Чистые пруды) B2-3 – Les Moscovites aiment canoter (ou patiner, selon la saison) sur cet étang de forme oblongue, placé dans la verdure au centre du boulevard : entouré de guinguettes, l'étang est ainsi dénommé depuis qu'il fut nettoyé, au 18e s., des détritus que les bouchers de la rue qui porte le nom de leur corporation y jetaient…

Appartement-musée Apollinari Vasnetsov (Mouzeï-kvartira A. Vasnetsova/Музей-квартира А. Васнецова) B2 – *Fourmanny per.* (Фурманный пер.) *6, app. 22, depuis l'Étang propre, prendre la rue Makarenko* (ул. Макаренко)*, au bout, suivre à gauche la rue Tchaplyguina* (ул. Чаплыгина) *jusqu'au pereoulok - fermé pour rénovation.* Amoureux du vieux Moscou, **Apollinari Vasnetsov** (1856-1933) consacra ses talents de dessinateur à restituer de façon la plus exacte possible les paysages urbains du temps jadis. Ses lithographies, dessins et aquarelles exposés dans son atelier constituent une plongée dans le passé de la ville. Mobilier, livres et objets personnels restituent l'atmosphère de l'appartement d'un artiste et érudit moscovite.

Revenir en arrière par la rue Tchaplyguina et la suivre jusqu'au bout pour regagner la rue Pokrovka.

Maison Apraksine★ (Dom Apraksina/Дом Апраксина) C3 – *Au nº 22.* Ce palais de 1770, édifié en 1766, présente une superbe façade baroque, tout en courbes et en sinuosités, ce qui lui a valu le surnom de « maison-commode ».

Continuer jusqu'au boulevard, le prendre à gauche, puis prendre à droite Khokhlovski per.

Khokhlovski pereoulok (Хохловский переулок) B3 – Encore une agréable ruelle, au tracé capricieux, et à l'aspect presque campagnard. Les maisons basses et les pavés grossiers entre lesquels quelques brins d'herbe parviennent à se frayer un passage ne font qu'ajouter à son charme.

Dans le premier coude décrit par la rue, la ravissante **église de la Trinité-de-Khokhly (Tserkov Troïtsy v Khokhlakh/Церковь Троицы в Хохлах)**, de style baroque Narychkine, vient d'être restaurée. Toujours bordée de maisons du 17e s., la rue dévale maintenant les pentes d'une colline. Dans l'une de ces demeures, **Pouchkine** vécut quelques mois en 1836.

Plus loin, sur la droite, dans un jardin surplombant la rue, juste après Maly Ivanovski pereoulok, l'**église St-Vladimir (Tserkov Sv. Vladimira/Церковь Св. Владимира)** B3, toute blanche, présente un porche que soutiennent de gros piliers ventrus. Juste en face, entouré d'une haute muraille, le **monastère St-Jean** est lui aussi en cours de restauration.

Prendre à droite Starossadski per. (Старосадский пер.).

Sur la droite, au nº 5, un jardin de sculptures précède l'école des Beaux-Arts. L'agréable **café Art Garbage** installé dans un coin de la cour ombragée et peuplée de sculptures pourra être l'occasion d'une pause sympathique.

La ruelle débouche dans la **rue Marosseïka (ул. Маросейка)**, populaire et animée *(attention aux bus circulant à contresens !)*. Au coin de la rue, la charmante **église St-Côme-et-St-Damien (Tserkov Kosmy i Damiana/Церковь Косьмы и Дамиана)** a été construite en 1793. Juste en face, au nº 17, se dresse un superbe hôtel particulier du 18e s., la **maison des Gratchev**, aux balcons soutenus par des cariatides : il s'agit probablement d'une réalisation de **Vassili Bajenov**. Prenant la rue sur la gauche, vous découvrirez, au nº 3, une ravissante église de 1657, **St-Nicolas-de-Blinniki (Tserkov Nikolaïa v Blinnikakh/Церковь Николая в Блинниках)**, aussi minuscule que biscornue.

Au bout de la rue, traverser Loubianski proezd (Лубянский проезд) *et tourner à droite dans Novaïa pl.* (Новая пл.).

La maison des Gratchev.

À l'époque de la mise en scène de la « Punaise » de Maïakovski au théâtre Meyerhold de Moscou (1928). Assis de gauche à droite : Dimitri Chostakovitch, compositeur de la musique de la pièce, Vsevolod Meyerhold, le metteur en scène. Debout de gauche à droite : Vladimir Maïakovski et Rodtchenko qui réalisa les décors.

Musée polytechnique★ (Politekhnitcheski mouzeï/Политехнический музей) A3

Novaïa pl. (Новая пл.) *4 - tlj sf lun. et dernier vend. du mois 10h-18h (fermeture du guichet : 17h) - 200 Rub.*

Ce musée, qui ravira sans doute les savants en herbe et autres férus de l'histoire des techniques, est installé dans un palais, de style assez lourdement « néorusse », coiffé aux angles de petites tours de guet, élevé en 1877 par les architectes Ivan Monigetti et Nikolaï Chokhine.

Au départ, le fonds était celui d'une exposition organisée en 1872 en mémoire de Pierre le Grand, grand amateur des sciences. Bien entendu le musée a évolué depuis, et, de la locomobile au réfrigérateur, de l'aviation à la conquête de l'espace, il présente les avancées de la technique dans tous les domaines, des transports à la métallurgie, en passant par la « cosmonautique » et l'automation.

Lorsque les engins exposés fonctionnent (ce qui arrive de temps à autre), la visite présente un plus grand intérêt : vous pourrez alors assister à la reconstitution du lancement du Spoutnik à bord duquel avait pris place un certain **Iouri Gagarine**, le premier homme ayant voyagé dans l'espace.

De retour sur la place de la Loubianka, prendre à droite de l'immeuble de l'ex-KGB la rue Miasnitskaïa (Мясницкая ул.).

Musée Vladimir-Maïakovski★★★ (Mouzeï V. V. Maïakovskogo/Музей В. В. Маяковского) A3

Miasnitskaïa oul. (Мясницкая ул.)*/Loubianski proezd* (Лубянский проезд) *3/6, au fond de la cour - tlj sf merc. et dernier vend. du mois. 10h-17h, jeu. 13h-20h - 90 Rub.*

Quel plus bel hommage pouvait-on rendre au poète de la révolution qu'en aménageant un musée à son image ? C'est dans la *kommounalka* (appartement communautaire) où **Vladimir Maïakovski** vécut ses dernières années et se suicida en 1930 qu'a été aménagé en 1994, par Taras Poliakov, ce musée délirant restituant à la perfection le tourbillon d'une époque où révolution et avant-garde allaient de pair. Ne vous attendez surtout pas à un musée didactique, d'autant qu'ici encore, tout ou presque est en russe.

L'accueil, une structure de métal constructiviste, donne le ton… Vous pénétrez ensuite dans un immeuble qui a été entièrement évidé pour laisser la place à une structure en spirale dont vous gagnerez le sommet *(ascenseur)*, avant de la parcourir sur un plan incliné. Après la découverte du bureau du poète, vous entreprendrez votre immersion dans un monde où les objets semblent animés d'une vie propre, sortis de quelque tableau futuriste, cubiste ou constructiviste : parmi les poutrelles et un mobilier qui semble réaliser des prodiges d'équilibre, affiches constructivistes réalisées avec **Kazimir Malevitch** et **Alexandre Rodtchenko**, tracts, poèmes, portraits (par Delaunay et Diego Rivera), objets personnels, livres, articles de journaux, photos où l'on croise aussi bien Lénine que **Vsevolod Meyerhold** (1874-1942, considéré comme le père du théâtre d'aujourd'hui), ou encore **Lili Brik** (sa maîtresse, par ailleurs sœur d'**Elsa Triolet**) composent un ensemble éclaté et déstructuré, superbe évocation d'une vie agitée et volontiers exaltée, vouée à l'art et à la révolution, qui semblait alors porteuse de tous les espoirs. Bref, vous sortirez de ce musée probablement un peu déconcerté, peut-être enthousiasmé ou, pourquoi pas, violemment irrité… mais jamais indifférent !

Aux alentours

La place des Komsomols (Komsomolskaïa pl./Комсомольская пл.) C1 – *Accès M° Komsomolskaïa, lignes 1 et 5.* Cette place allongée est bordée des gares de Kazan, de Leningrad et de Iaroslavl (d'où son nom traditionnel de « place des Trois-Gares »), ce qui lui assure une animation constante (pas toujours de bon aloi).

La **gare de Leningrad (Leningradski vokzal/Ленинградский вокзал)** C1 a été réalisée par **Konstantin Ton** dans le style néoclassique en 1849. À sa droite, dessinée par **Chekhtel**, la **gare de Iaroslavl★ (Iaroslavski vokzal/Ярославский вокзал)**, étageant ses toits verts, œuvre exubérante de l'Art nouveau moscovite, est la gare de départ du mythique **Transsibérien**.

En face, la **gare de Kazan (Kazanski vokzal/Казанский вокзал)**, représentative du style « néorusse », a été élevée en 1926 par Alexeï Chtchoussev par ailleurs architecte du mausolée de Lénine et de… la cathédrale russe de San Remo.

La place est fermée par un des monumentaux gratte-ciel staliniens, abritant l'hôtel *Hilton Leningradskaïa* C1. Si l'immeuble est le plus petit des sept (il ne compte « que » seize étages), le décor du hall inspiré du style baroque Narychkine, où vous verrez une grille imitant la Grille d'Or du Kremlin et des candélabres qui semblent avoir été empruntés dans une église, vaut le détour !

Mais ce qu'il ne faut surtout pas manquer, c'est la station de métro de la ligne circulaire *(n° 5)* : son quai tout en marbre, stucs et dorures, éclairé par d'immenses lustres est l'un des plus luxueux du réseau.

Un peu plus loin

Cathédrale de l'Épiphanie d'Elhokovo (Bogoïablenski sobor s Elokhove/ Богоявленский собор с Елохове)

M° Baoumanskaïa (Бауманская)*, ligne 3. En sortant du métro, traverser la rue Baoumanskaïa* (ул. Бауманская) *et prendre l'allée centrale couverte du centre commercial. C'est au débouché de celle-ci que se trouve l'église, sur la gauche à la jonction des rues Bakouninskaïa* (Бакунинская ул.) *et Spartakovskaïa* (Спартаквская ул.).

Seuls les fans de Pouchkine entreprendront cette expédition dans un quartier, certes sympathique et animé, mais tout de même un peu excentré. C'est en effet dans cette paroisse que le poète fut baptisé en 1799, ainsi que l'ont démontré les archives. Malheureusement, ce n'est pas dans le sanctuaire couvert de dorures (mais quelque peu pompeux) que l'on découvre aujourd'hui que se déroula l'événement, mais dans un édifice antérieur construit autour de 1710. Le bâtiment actuel qui lui a succédé en 1853 faillit bien être reconverti par le Soviet local en une salle de cinéma qui n'eut certes pas manqué d'allure !

Loubianka pratique

Se loger

⊖⊖ **Sretenskaïa** ⑰ **(Сретенская).**

⊖⊖⊖ **Hilton Leningradskaïa** ⑱ **(Ленинградская).**

Voir descriptif complet de ces hôtels p. 118-119.

Se restaurer

⊖ **Mou-Mou** ⑩ **(Му-Му)** – *Miasnitskaïa oul.* (Мясницкая ул.) *14.* Une grillade dans la rue des Bouchers ? Si le cœur vous en dit, rendez-vous dans cette chaîne populaire à prix doux qui propose aussi *borchtch* ou *okrochka*, ainsi que la *dolma* (viande cuite à l'étouffée dans une feuille de vigne).

⊖⊖ **Esterhazy** ④ **(Эстерхази)** – *Oul. Marosseïka* (ул. Маросейка) *7-8, M° Kitaï-Gorod.* Sympathique restaurant au décor restituant l'ambiance d'un village magyar : toit de chaume, murs chaulés, guirlandes de paprika… rien ne manque ! Spécialités hongroises dont le célèbre *goulasch*.

⊖⊖ **L'Arche de Noé** ⑧ **(Noev Kovtcheg/Ноев Ковчег)** – *Maly Ivanovski per.* (Малый Ивановский пер.) - *✆ 917 07 17.* Dans une grande bâtisse très « nouveau russe », un excellent restaurant arménien.

⊖⊖ **Vinoteka Dissident** ② **(Кафе Диссидент)** – *Place de la Loubianka* (Лубянская пл.)*, au 5e étage du centre commercial Nautilus* (Наутилус),

M° Loubianka. Cette « vinothèque » est installée dans une salle ouverte en rotonde sur la place de la Loubianka face au célèbre immeuble de l'ex-KGB. Décor sur le thème du vin. Large choix de vins bien sûr (généralement assez chers, voire exorbitants lorsqu'il s'agit de crus français ou italiens, mais disponibles au verre) pour accompagner des plats de poisson ou des fromages volontiers servis avec du miel, ce qui peut surprendre, surtout s'il s'agit d'un camembert au calvados !

Pasta Basta ⑪ **(Паста Баста)** – *Sretenski boulvar* (Сретенский бульвар) *4.* Une façade en forme de temple romain (en carton-pâte) signale à l'attention cet endroit voué, comme son nom l'indique, aux pâtes… à déguster accommodées de différentes façons dans une vingtaine de variétés (penne al arrabiata, tortellini aux épinards, spaghetti à l'ail et au chili, fettucine à la truffe, etc.). Des salades viennent compléter ce menu au concept gentiment monomaniaque qui peut être accompagné d'un verre de vin ou d'une bière.

Skromnoïé Obaïanie Bourjouazii ③ **(Скромное ОбаяниеБуржуазии)** – *Oul. Bolchaia Loubianka* (ул. Большая Лубянка) *24.* Installé sous le plafond voûté de briques d'une ancienne pharmacie, ce lieu fréquenté par une jeunesse raisonnablement dorée veut évoquer le « charme discret de la bourgeoisie » cher à Luis Buñuel. Ambiance décontractée, cuisine plutôt italienne, hors-d'œuvres variés, salades composées, mais aussi sandwiches et même petits-déjeuners le tout sous un fond sonore techno qu'il n'est pas interdit de trouver un peu trop présent.

Khodja Nasreddin v Khivé ⑥ **(Ходжа Насреддин в Хиве)** – *Oul. Pokrovka* (ул. Покровка) *10/2 - ✆ 917 04 44.* Face à la Trinité-des-Boues, moucharabieh et costumes des serveurs composent une ambiance très orientale, et pour cause : cuisine ouzbek.

Petrov-Vodkin ⑫ **(Петров-Водкин)** – *Oul. Pokrovka* (ул. Покровка) *3/7 - ✆ 923 53 56 ou 92 93.* Dans un cadre cossu à l'étage d'un petit palais néoclassique (Napoléon y aurait dormi, assure-t-on), un restaurant de cuisine russe fondé en 1998 et qui a repris une enseigne réputée de la fin du 19e s. Le lieu est fameux pour sa collection de plus de 300 vodkas, russes et étrangères.

Fossil ⑤ **(Фоссиль)** – *Mianistkaia oul.* (Мясницкая ул.) *24-7, accès discret par le square à droite, avant la Poste centrale lorsque l'on vient du centre, puis encore à droite, M° Chistiye Prydy.* Ceux qui aiment la cuisine libanaise apprécieront la variété de *mezze* (houmous, *dolma*, *laban kiyar* - yaourt au concombre et à l'huile d'olive), ses plats copieux et riches en saveurs orientales comme le *kibbe*, mouton aux herbes et aux pistaches servi avec des crêpes fourrées aux oignons et aux tomates, le tout servi dans un cadre agréable. Décor subtilement oriental (narguilé, poteries, statuettes, mosaïques), minis *rettaras* donnant une sensation de fraîcheur à l'endroit, fauteuils profonds et dans des vitrines, quelques fossiles d'espèces aujourd'hui disparues découverts dans la région de Byblos.

C. Brett / MICHELIN

Restaurant Fossil.

GlavPiv Torg ⑦ **(ГлавПивТорг)** – *Oul. Bolchaia Loubianka* (ул. Большая Лубянка) *3, M° Loubianka.* Installé au rdc d'un bâtiment qui abrita autrefois le ministère des Affaires extérieures puis celui du Transport routier, ce restaurant, dont l'aménagement pourrait laisser supposer qu'il a récupéré le mobilier des ministères en question (tables de bureaux recouvertes de moleskine vert, buvards, pots à crayons…), propose une cuisine russe et européenne avec pour boisson essentielle de la bière, consommée à profusion par une clientèle d'habitués. Soir après soir, cette vaste salle haute de plafond et dotée d'une mezzanine ne désemplit pas, d'autant qu'un orchestre avec chanteuse invite à danser les nostalgiques, sinon d'une époque révolue, du moins des « tubes » de leur jeunesse…

Simple Pleasure ⑭ – *Oul. Sretenska* (ул. Сретенка) *24, à l'étage, accès par mal. Golovin per.* (Мал. Головин пер.). Par son décor et son ambiance très mode (grands écrans diffusant en permanence des défilés de haute couture), l'endroit doté d'un grand bar central fait plus penser à une boîte de nuit qu'à un restaurant. On y mange fort bien cependant et le bœuf Stroganoff est moelleux à souhait.

Pauses et petites faims

Café Loft (Кафе « Лофт ») – *Place de la Loubianka* (Лубянская пл.), *au dernier étage du centre commercial Nautilus* (Наутилус). On vient ici pour la vue et la terrasse donnant sur le bâtiment de l'ancien KGB, et les cocktails maison.

A. Korkoulov (А. Коркулов) – *Oul. Bolchaïa Loubianka* (ул. Большая Лубянка) *13.* Cuivres, dorures et moulures décorent ce bar-pâtisserie d'allure très parisienne.

Esterhazy (Эстерхази) – *Oul. Marosseïka* (ул. Маросейка) *7-8, M° Kitaï-Gorod.* Salon de thé-pâtisserie viennoise, annexe du restaurant hongrois contigu : pour les amateurs de gâteaux à la crème.

Art Garbage (Zapasnik/Запасник) – *Starossadski per.* (Старосадский пер.) *5.* Au fond de la cour de l'école des Beaux-Arts à gauche, café aux salles chaleureuses décorées de tableaux. Vous pourrez vous y installer pour déguster une boisson ou une légère collation (salades et autres). Le soir, des groupes moscovites se produisent sur la minuscule scène.

Konditorei Eric Keizer (Каизер) – *Oul. Maroseïka* (ул Маросейка). Pâtisserie-salon de thé souvent envahie par les amateurs de gâteaux à la crème.

Lisbaïa Nora (Лисбая Нора) – *Daev per.* (Даев пер.) *2.* Un tonneau au-dessus de la porte et un panneau directionnel indiquant les distances avec les hauts lieux de la bière que sont Münich, Prague et Dublin, signalent à l'attention des amateurs ce lieu installé au pied d'un bel immeuble néoclassique. Intérieur façon *saloon.*

C. Brett / MICHELIN

Magasin Tchaï-kofé.

Achats

John Parson's Bookshop – *Miasnitskaïa oul.* (Мясницкая ул.) *20 - lun.-sam. 10h-20h.*

Magasin Tchaï-kofé (Магазин « Чай-кофе ») – *Miasnitskaïa oul.* (Мясницкая ул.) *17.* Magasin de thé et de café comme son nom l'indique (mais aussi de diverses infusions ou friandises), cette boutique légendaire appartint, dit-on, toujours à un descendante de Perlov qui avait fait aménager toute la façade de l'immeuble en style pseudo-chinois à la fin du 19 s. Une institution !

Magasin de la Collection de thés chinois (Магазин « Коллекционный Китайский Чай ») – *Krivokolenny per.* (Кривоколенный пер.) *10, au débouché de Bankovski per.* (Банковский пер.), *ruelle s'embranchant à droite de Miasnitskaïa oul.* Un lieu très zen où, dans un coin du vieux Moscou, vous trouverez thés chinois et japonais…

A. Kanjounzeff / Michelin

Librairie religieuse Sretenie.

Librairie Sretenie – *Oul. Bolchaia Loubianka* (ул. Большая Лубянка) *17.* Livres essentiellement religieux (encore que l'on peut trouver une biographie d'Ivan le Terrible et des livres d'images pour enfants), icônes et vaste choix de CD de musique religieuse et classique.

Librairie Globus (Библио-Глобус) – *Miasnitskaia oul.* (Мясницкая ул) *6/3.* Profitez de quelques emplettes (un atlas de Moscou par exemple), pour faire une pause au sous-sol au **Café littéraire (Literaturnoïe Cafe/Литературное Сафе)**, le temps de déguster un café glacé ou un *Molotchny koktail* qui ne sera pas sans vous évoquer un milkshake à la banane.

Globus Gourmet (Глобус Гурмэ) – *Oul Pokrovka (*чл Покровка) *2, au coin de Starosadsk per.* (Саросадский пер). Une épicerie fine pour faire provision de vodka ou autres produits de bouche avant le retour. La maison est ouverte 24h/24, afin de permettre aux noctambules de calmer une petite faim (ou une grande soif).

Galeries d'art

Gala Galerie – *Tchistoproudny boul. (Чистопрудный бул.) 21 - lun.-vend. 16h-20h - www.galagalerie.com.*

Vincent – *Krivokolenny per.* (Кривоколенний пер.) *12, ruelle donnant sur Mainistkaïa oul - lun.-vend. 12h-20h - www.artvincent.ru.*

Galerie « Art Prima » – *Tchistoproudny boul.* (Чистопрудный бул.) *14 - www. artprima.ru*

Taganka

Таганка

PLAN DE COUVERTURE : C3/D3

Dans ce quartier un peu excentré, aux aspects parfois presque campagnards, autrefois dévolu aux artisans (potiers, chaudronniers), vous marcherez sur les traces de quelques personnages emblématiques : Andreï Roublev, le plus connu des peintres d'icônes ou le chanteur Vladimir Vyssotski, dont la popularité ne se dément pas, plus d'un quart de siècle après sa mort.

- **Se repérer** – Le quartier de la Taganka s'étend à l'est de Moscou entre la Moskova et la Iaouza, qui le sépare de Kitaï-Gorod et de la Loubianka. Pour rallier la **place Ilitch**, vous disposez de deux lignes de métro : la 5 (station : Plochtchad Ilitcha/ Площадь Ильича) et la 10 (station : Rimskaïa/Римская). Excentré, le **monastère Novospasski** est desservi par les lignes 1 (Krestianskaïa/Крестьянская) et 7 (Proletarskaïa/Пролетарская).
- **À ne pas manquer** – Le musée Andreï-Roublev au monastère Andronikov.
- **Organiser son temps** – 2 à 3h suffisent pour la découverte de ce quartier.

Se promener

De la place Ilitch à la place Iaouza (Яуза) C1

Sortir du métro sur la place Ilitch (plochtchad Ilitcha/площадь Ильича).

La place est ornée d'une statue de Vladimir Ilitch, *alias* **Lénine**. Sur votre droite, la **rue Serge-de-Radonège (oul. Serguia Radonejskogo/ул. Сергия Радонежского)** présente un contraste très moscovite : sur la gauche se dressent de hauts immeubles grisâtres, tandis que le côté droit est constitué d'un alignement de maisons basses typiques du vieux Moscou, entrecoupées de passages donnant sur des courettes. La perspective est barrée par l'**église St-Alexis (Khram Sv. Aleksiia/Храм Св. Алексия)**, toute de bleu revêtue.

Parvenu au carrefour, traverser (avec précaution !) le per. Andronikov (Andronievski per./Андроньевский пер.) jusqu'au bosquet qui dissimule l'enceinte du monastère.

Statue d'Andreï Roublev (Pamiatnik Andreïou Roubliovou/Памятник Андрею Рублёву)

Le célèbre peintre d'icônes a été moine dans le monastère Andronikov où la tradition veut qu'il soit enterré... il y possède même une pierre tombale symbolique, la véritable ayant disparu au 18e s. (selon certaines informations, ses restes de même que ceux du moine Andronik auraient été découverts et formellement identifiés lors de travaux effectués sous l'autel de la cathédrale). Le monument, réalisé par O. Konok, montre un personnage austère, au visage empreint de sérénité.

Monastère Andronikov★★ (Spasso-Andronikov monastyr/ Спасо-Андроников монастырь) C1

Tlj sf merc. et dernier vend. du mois 11h-18h - entrée libre.

Fondé à la fin du 13e s. par le métropolite Alexis qui venait d'échapper à un naufrage, il doit son nom à son premier supérieur, Andronik, disciple de **Serge de Radonège**. Une muraille blanche, presque symbolique, délimite le sanctuaire auquel on accède par la porte sainte, aménagée au 17e s.

Au centre se dresse la **cathédrale du Sauveur★★ (Spasski sobor/Спасский собор)**, élevée entre 1410 et 1426, ce qui en fait le plus ancien bâtiment de Moscou. Cette belle église de pierre fut jadis décorée de fresques d'Andreï Roublev dont ne subsistent que quelques vestiges (aux fenêtres).

P. Plantier / Michelin

Monastère Andronikov.

Sur la gauche, le **réfectoire (Trapeznaïa palata/Трапезная палата)**, de 1506, que supporte un unique pilier jouxte l'église **St-Michel-Archange (Tserkov Mikhaïla Arkhanguela/Церковь Михаила Архангела)** édifiée entre 1691 et 1739.

Musée de Culture et d'Art vieux russe Andreï-Roublev★★★ (Tsentralny mouzeï drevnerousskoï koultoury i iskousstva imeni Andreïa Roubleva/ Центральный музей древнерусской культуры и искусства имени Андрея Рублева) – *Tlj 11h-18h (caisse 17h), sf merc. et dernier vend. du mois - 150 Rub.*
Réparties sur deux niveaux, les collections de ce musée constituent un exceptionnel ensemble d'icônes anciennes (même s'il n'en conserve aucune de son dédicataire) à ne manquer sous aucun prétexte ! Les plus anciennes (13e au 15e s.) se trouvent au premier étage : vous y verrez notamment un *Christ Pantocrator*, contemporain de l'invasion des Mongols, le *Mandilion*, peint au 15e s., ainsi que des icônes représentatives des écoles de Tver, Rostov et Moscou. Au rez-de-chaussée (parfois fermé sans cause apparente), œuvres du 16e au 18e s. parmi lesquelles la très belle *Vierge de Vladimir* (1572) et une *Nativité de la Vierge* de **Fiodor Zoubov** (1688).

Moine et artiste

Si son nom a été rendu célèbre dans le monde entier par le cinéaste **Andreï Tarkovski** qui lui a consacré un film, on sait peu de choses d'Andreï Roublev qui serait né entre 1360 et 1370. Probablement formé à l'atelier d'iconographes de saint Serge de Radonège, il est mentionné pour la première fois en w lorsqu'il travaille au Kremlin dans l'équipe de **Théophane le Grec**. En 1408, il travaille à Vladimir, avant de rejoindre le monastère Andronikov où il meurt en 1430.

Revenir à la place Andronievskaïa et prendre, sur la gauche de l'église St-Alexis, Bolchaïa Kommounistitcheskaïa oul. (Большая Коммунистическая ул.) *ou, si vous souhaitez économiser vous forces, reprendre le métro à la station Plochtchad Illitch : prendre la ligne 10 jusqu'à Proleterskaïa* (пролетерская, *1re station), puis la ligne 7 qui conduit à Taganskaïa* (Таганская).

De Taganskaïa à la Iaouza

La rue conduit à la **place Taganskaïa (Таганская пл.)** B2, vaste et oblongue, sans charme particulier. Le boulevard circulaire, dont le nom générique de **Ceinture des Jardins (Sadovoïé Koltso/Садовое Кольцо)** est une réminiscence de temps révolus depuis belle lurette, la franchit par un souterrain, heureuse circonstance qui permet de traverser sans risques excessifs (du moins si l'on respecte les feux !) la place jusqu'à la **rue Radichtchevskaïa (ул. Радищевская)** que l'on emprunte devant soi.

Église St-Nicolas-de-Bolvanovka (Tserkov Sviatogo Nikolaïa na Bolvanovke/Церковь Святого Николая на Болвановке) B2

Sur la gauche.
Construite en 1712 par l'architecte **Ossip Startsev**, elle se compose de deux églises superposées, coiffées par cinq coupoles et un clocher pyramidal. Gravement endommagée par un incendie survenu au cours du 18e s., elle a été reconstruite selon les plans d'origine en 1902.

Théâtre de la Taganka (Teatr na Taganké/Театр на Таганке) B2

Sur la droite au no 2.
Ce petit théâtre est devenu l'un des hauts lieux de la vie culturelle moscovite lorsque **Iouri Lioubimov** fut nommé à sa direction en 1964, s'entourant d'une troupe d'acteurs qu'il avait lui-même formés (parmi lesquels **Vladimir Vyssotski**). Ses mises en scène de Brecht, Tchekhov ou Molière, ses adaptations de textes de Maïakovski, Dostoïevski et Boulgakov (*Le Maître et Marguerite*, 1977), lui valurent un immense prestige, la reconnaissance internationale et quelques démêlés avec la censure. C'est lors d'une tournée à Londres, en 1983, que Lioubimov apprit qu'on lui retirait à la fois la direction du théâtre, sa carte du Parti communiste et la citoyenneté soviétique ! S'il a pu récupérer son passeport en 1989, ce monstre sacré du théâtre russe a choisi de vivre en Israël, même s'il crée ses spectacles à Moscou : la reprise régulière du *Maître et Marguerite* à la Taganka fait toujours courir les foules !
Après le théâtre, prendre à droite Nijni Taganski toupik (Нижний Таганский тупик).

Centre-musée V.-S.-Vyssotski de Taganka (Tsentr-mouzeï V. S. Vyssotskogo na Taganké/Центр-музей В. С. Высоцкого на Таганке) B2

Au n° 3, au fond de l'impasse coudée Nijni Taganski Toupik (Нижний Таганский тупик) *- tlj sf dim. et lun. 11h-17h30 - 100 Rub.*

La guitare du chanteur, un magnétophone, des photos, des affiches retracent de façon émouvante la carrière et l'œuvre de l'artiste emblématique, aux chansons longtemps quasi clandestines.

Acteur connu (notamment pour son interprétation de *Hamlet*), **Vladimir Vyssotski** (1938-1980) acquit une immense popularité grâce à ses chansons, le plus souvent enregistrées sur des bandes de fortune et distribuées sous le manteau, tandis que ses concerts étaient donnés dans des appartements. Sa voix rocailleuse, ses textes parlant simplement de la vie quotidienne touchaient un large public, dont l'intérêt était encore attisé par un parfum de clandestinité. C'est son mariage avec **Marina Vlady** qui permit au barde moscovite d'enregistrer enfin quelques disques à l'étranger… Mais peu de temps après, le poète, épuisé par une vie nocturne intense, s'effondrait, terrassé par une crise cardiaque. Reconnaissance posthume : un monument à son effigie se dresse aujourd'hui au coin de la rue Petrovka et du boulevard Strastnoï *(voir p. 205).*

Par Nijniaïa Radichtchevskaïa oul. (Нижняя Радищевская ул.)*, en face sur la gauche, gagner le 5ᵉ Kotelnitcheski per.* (5-й Котельнический пер).

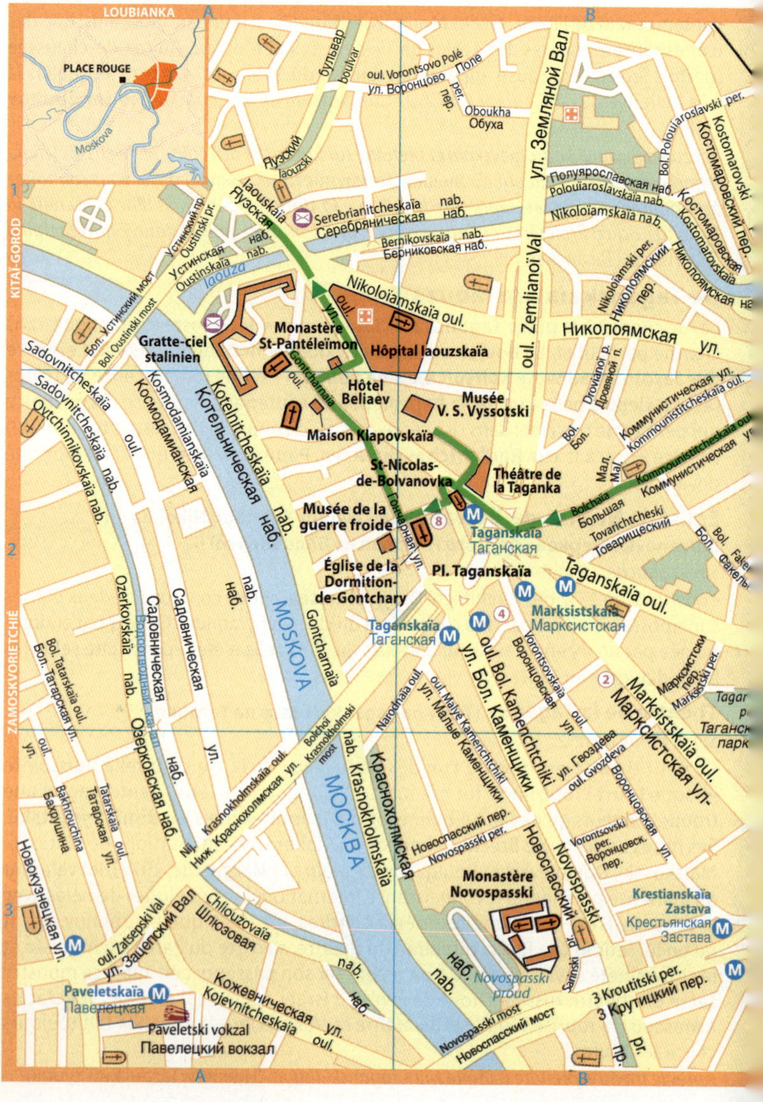

Église de la Dormition-de-Gontchary★ (Tserkov Ouspenia v Gontcharakh/Церковь Успения в Гончарах) B2

Quatre bulbes bleu ciel encadrant le cinquième, doré, signalent cette ravissante église de style baroque Narychkine, élevée en 1654, et coiffée d'un clocher un siècle plus tard.

L'intérieur au somptueux décor réalisé en carreaux de faïence par un céramiste biélorusse, **Stepan Poloubes**, présente une iconostase en bois doré très ouvragée, datant du 18e s. (les icônes sont quant à elles plus récentes). Remarquez également l'icône représentant une Vierge dotée de… trois mains.

P. Plantier / Michelin

Église de la Dormition-de-Gontchary.

Musée de la Guerre Froide

Au n° 11 sur la gauche - www.zkp42.ru - lun.-vend. 10h-19h - visite guidée (en français à certaines heures) sur réservation au ✆ 903 754 76 54 - 2 000 Rub (comprenant la projection d'un film et la dégustation du « déjeuner du soldat » accompagné d'un verre de vodka) - compter 1h30.

Rien, sinon une barrière d'aspect indubitablement militaire ne signale à l'attention ce lieu. Et pour cause : même les riverains ignoraient l'existence de ce poste de commandement installé à 60 m de profondeur par l'armée Rouge pour sécuriser ses communications (et son état-major) en cas d'attaque nucléaire. La visite des lieux intéressera surtout les amateurs d'histoire militaire ou les touristes désireux de se donner le grand frisson. Claustrophobes, s'abstenir !

Revenir en arrière et prendre sur la gauche Gontchamaïa oul. (Гончарная ул.).

En ligne de mire se dresse le **gratte-ciel stalinien** du **quai des Chaudronniers (Kotelnitcheskaïa naberejnaïa/Котельническая набережная) A1**, (dit aussi **immeuble de la Iaouza**) le plus ancien (et le plus abouti) des sept de la capitale. De plan complexe, cet édifice en gradins, ouvert en hémicycle au confluent de la Iaouza et de la Moskova du côté du Kremlin, a été construit entre 1940 et 1953 par une équipe d'architectes (de nombreux prisonniers, politiques ou non, auraient participé aux travaux) sous la direction de **Dmitri Tchetchouline**. Culminant à une hauteur de 176 m par une tour octogonale utilisée comme station météo, l'immeuble, comptant 800 appartements pouvant accueillir 3 500 habitants, était réservé à l'époque soviétique à la Nomenklatura, qu'il s'agisse d'artistes, d'écrivains, de militaires, voire d'honorables correspondants de la police politique (charge qui pouvait du reste se combiner aux autres activités). Parmi les « locataires » célèbres, figure la ballerine **Galina Oulanova** qui y vécut entre 1952 et sa mort survenu en 1988. Son appartement a été aménagé en musée, mais il ne se visite malheureusement que sur rendez-vous (*✆ 915 44 47*).

Maison Klapovskaïa (Dom Klapovskoï/Дом Клаповской) A2

Au nº 16.

Cette belle demeure caractéristique du style « Empire moscovite » dissimule derrière sa grille en fer forgé une façade à colonnade d'une belle ordonnance classique qu'orne une superbe frise. Construite à partir de 1816 à la place d'un hôtel particulier endommagé par l'incendie de 1812, elle devint sous le communisme la « Maison de l'Athéisme scientifique », avant de changer radicalement d'objet puisqu'elle abrite depuis le « Centre de l'Héritage de l'esprit ».

Fortune littéraire

La destinée du gratte-ciel du quai des Chaudronniers a fait l'objet d'un ouvrage passionnant d'**Anne Nivat** évoquant l'évolution de la composition sociologique de ses habitants, sous le régime communiste et après, lorsque l'immeuble, redevenu à la mode, a été peu à peu « privatisé ». Ce reportage a inspiré un documentaire du même titre au cinéaste **Pavel Lounguine**. L'immeuble sert également de cadre au roman plein de fantaisie de **Vassili Axionov**, qui y situe l'action de son ouvrage *Les Hauts de Moscou* se déroulant durant les dernières années de la vie de Staline.

Monastère St-Panteleïmon (Sviato-Panteleïmonovski monastyr/Свято-Пантелеймоновский монастырь)

Au nº 6.

Rendu au culte après avoir servi d'entrepôt à des studios de cinéma, ce petit monastère d'allure champêtre abrite l'église du Martyr Nikita (16e s.). En face, au nº 7/4, remarquez la maison de bois aux auvents et contours de fenêtres sculptés.

Revenir un peu en arrière et prendre sur la gauche Rioumine per. (Рюмин пер.).

Hôtel Beliaev (Ossobniak Beliaeva/Особняк Беляева)

Au nº 2.

Cette villa Art nouveau (un peu trop restaurée à la mode « nouveau Russe ») a été élevée en 1903 par l'architecte Alexandre Galetski. Elle arbore en façade des carreaux à la couleur oscillant entre le vert et le gris qui lui donnent fière allure. Prenez le temps d'admirer la façade latérale, du côté du jardin, avec son panneau de mosaïque à motifs floraux et la grille que l'on a pu attribuer à **Fiodor Chekhtel**.

Au bout du pereoulok, rejoindre Iaouzskaïa oul. (Яузская ул.) *parfois aussi appelée Verkhniaïa* (Верхняя) *qui descend sur la gauche vers la place de la Iaouza.*

Hôpital de la Iaouza (Iaouzskaïa bolnitsa/Яузская больница) A1

Au nº 11.

Ce noble hôtel à colonnades qui a connu des jours meilleurs est entouré d'un vaste parc donnant sur la rivière.

Bâti entre 1796 et 1802 par **Rodion Kazakov** pour le maître de forges Ivan Batachev, il fut réquisitionné en 1812 par **Murat** qui y installa son quartier général. C'est devenu un hôpital en 1879.

Après la **place de la Iaouza** (où le Centre culturel français et le British Council cohabitent cordialement dans un même édifice) et le **quai Podgorskaïa (Подгорская наб.)**, on franchit le pont sur la Iaouza au-delà duquel la **rue Solianka (ул. Солянка)** mène à Kitaï-Gorod.

Aux alentours

Monastère Novospasski★ (Novospasski monastyr/Новоспасский монастырь) B3

Sortir de la station Proletarskaïa du côté du magasin Metromark et suivre le 3e per. Kroutitski (3-й Крутицкий пер.). *Traverser Novospasskaïa oul.* (Новоспасская ул.) *par le passage souterrain et la prendre à droite. À 100 m environ, une allée à gauche conduit à Krestianskaïa oul.* (Крестьянская ул.) *où se trouve l'accès au monastère. Entrée libre. Les femmes en pantalon doivent ceindre leur taille d'un châle distribué à l'entrée.*

Entouré d'une enceinte crénelée qui lui donne l'allure d'une forteresse, ce monastère constitue un havre de paix au sein de la ville. Il avait été à l'origine fondé au Kremlin avant d'émigrer à cet emplacement en 1490 et d'être richement doté par le tsar Michel Romanov, qui en fit la nécropole de ses ancêtres (et notamment son père, le patriarche Philarète Romanov).

Principal sanctuaire du site, la **cathédrale de la Transfiguration** (élevée entre 1645 et 1649) a englobé une galerie de la cathédrale précédente. Elle est flanquée, à droite, d'une petite église du 18e s., **Notre-Dame-du-Signe**, œuvre de l'architecte **Elizoï Nazarov**. C'est dans le narthex de la cathédrale aux murs couverts de fresques que l'on vénère l'icône sacrée des Romanov qui attire les pèlerins.

Face à la cathédrale, le **clocher** à quatre étages qui surplombe le rempart datant de 1759-1785 est un des plus hauts de la capitale, bien que le cinquième étage, projeté par l'architecte Ivan Jerebtsov, n'ait jamais été réalisé.

Taganka pratique

Informations utiles

Médiathèque du Centre culturel français de Moscou – *Sur la place triangulaire bordant la laouza face au pont Astakhov* (Астаховский мост) - *915 70 33 - www.ccf-moscou.ru - lun.-jeu. 13h-18h, vend. 13h-19h30, sam. 11h-17h30.*

British Council Library and Information Center – *Même bâtiment - lun.-vend. 12h-19h, sam. 10h-17h.*

Se restaurer

Iolki-Palki ⑥ **(Ёлки-Палки)** – *Sur la place Ilitch, à la sortie du métro du même nom.* Bien utile pour calmer agréablement une petite faim avant la découverte du monastère Andronikov. D'autres enseignes du même type ont investi la place de la Taganka (Таганская пл.) à la sortie du métro, au début de Marksistaïa oul. (Марксистская ул.).

Vakh-Vakh-Satsebela ⑦ **(Вах-Вах-Сацебела)** – *Oul. Sergiia Radonejskogo* (ул Сергия Падоежского) *5-2.* Un modeste restaurant de spécialités géorgiennes à deux pas du monastère Andronikov.

Vladimir ⑧ **(Владимир)** – *5e pereoulok Kotelniteski* (5й-Переулок Котелницеский) *10.* Une cuisine simple, servie en sous-sol, à une clientèle d'habitués. À noter, une rareté : la carte bilingue, ce qui permet pour une fois de se concentrer sur le choix des plats…

Le Cinquième Océan ② **(Piaty okean/Пятый океан)** – *Marksistskaïa oul.* (Марксистская ул.) *10.* Le concept est le suivant : de grandes cuves à bière, et des tirettes à pression au centre de chacune des tables, avec un compteur individuel permettant de surveiller sa consommation. Blonde ou brune, la bière n'est ni filtrée ni pasteurisée, au grand ravissement des amateurs. La carte (en cyrillique) est riche en fruits de mer (huîtres notamment) et plats de poissons, comme le *karavela*, filets de poisson aux œufs (de poule et de saumon) et aux pommes de terre. Carte de vins pour les amateurs.

Le Chat Noir ④ **(Tchornaïa kochka/Чёрная кошка)** et **Les Sept Vendredis (Sem piatnits/Семь пятниц)** – *Partagent la même adresse, au 6 oul. Vorontsovskaïa* (ул. Воронцовская), *près de la place Taganskaïa.* L'un plonge ses visiteurs dans une atmosphère de roman policier en reconstituant la Petrovka (le « Quai des Orfèvres » local) que les fidèles lecteurs des romans d'Alexandra Marinina connaissent bien : un (faux) policier fait les cent pas devant la porte pour ajouter une touche de réalisme. L'autre évoque les fastes de l'époque prérévolutionnaire. Les deux sont contigus et dotés d'un jardin d'été.

Pauses

Café Esterhazy (Эстерхази) – *Oul. Radichevskaïa* (ул. Радишевская) *à côté du théâtre de la Taganka.* Café-pâtisserie magyar aux murs tendus de bayadère qui, avec le mobilier, confèrent aux lieux une atmosphère romantique Mitteleuropa. Pour la petite histoire, le nom de l'établissement, dont la maison-mère est située oul. Maroseïka *(voir p. 219)* rappelle celui d'une prestigieuse famille hongroise dont un cuisinier se rendit célèbre grâce à ses créations pâtissières.

Sorties

Jazz Pound – *Taganskaïa pl.* (Таганская пл.) *12/4.* Un des hauts lieux de la scène jazz moscovite. Musiciens locaux et internationaux.

Cinéma Illusion (Illiouzion/Иллюзион) – *Bernikovskaïa nab.* (Берниковская наб.) *sur la gauche du gratte-ciel stalinien.* Un des hauts lieux du cinéma moscovite, une véritable cinémathèque spécialisée dans les reprises de films de pionniers du cinéma russe ou étranger. Des films en français sont proposés par le proche Centre culturel.

Achats

Monastère de Novospasski – La boutique de souvenirs *(à gauche de l'entrée)* propose de nombreux disques de superbes chants orthodoxes. Vous y trouverez également des icônes, de ravissants camées et des boîtes peintes aux couleurs pleines de fraîcheur… quant aux toilettes situées à proximité, elles ne seront à fréquenter qu'en cas d'urgence !

Zamoskvorietchié★

Замоскворечье

PLAN DE COUVERTURE : B3/C3

Il ne manque pas de charme, ce quartier d'outre-rivière, avec ses ruelles bordées de petits palais et d'hôtels particuliers souvent entourés de jardinets, sans oublier ses églises, ni bien entendu la fabuleuse galerie Tretiakov ! C'est à une agréable flânerie qu'il nous convie dans un Moscou préservé, bien éloigné des tumultes du centre-ville.

- **Se repérer** – Comme son nom l'indique, Zamoskvorietchié signifie « au-delà de la Moskova », ce quartier se trouve sur la rive opposée de la rivière, face à la place Rouge. Vous pouvez le rejoindre à pied par la place Rouge ou par le métro en descendant à Novokouznetskaïa (Новокузнецкая), lignes 2 et 8, ou à Tretiakovskaïa (Третьяковская), ligne 6. Plus au sud, la seconde promenade aura pour point de départ le métro Park Koultoury (Парк Культуры), lignes 1 et 5.
- **À ne pas manquer** – Les deux galeries Tretiakov et l'atmosphère du quartier.
- **Organiser son temps** – Prévoyez une journée de flânerie... et une seconde pour la visite des deux galeries.
- **Avec les enfants** – Le parc Gorki, son « Luna Park » l'été, ses patinoires l'hiver.

Comprendre

La route du Sud – C'est par ce quartier situé au sud de la Moskova qu'arrivaient à la capitale des bienfaits (les produits maraîchers du sud de la Russie), comme de grands malheurs, les Mongols ou les Tatars, ce que la rue Bolchaïa Ordynka (évoquant la **Horde d'Or**) perpétue dans la toponymie. Pas étonnant donc, si les premiers à s'y installer furent les **streltsy**, corps d'archers chargé d'assurer la sécurité de la ville. Une fois le danger disparu, marchands, industriels, écrivains et artistes s'établirent dans ce quartier paisible et proche du centre. Dernier miracle : aucun hiérarque communiste ne se mit en tête de percer quelque radiale, ni de bâtir quelque monstruosité dans cet endroit qui a conserve ses ruelles calmes et sa vocation résidentielle.

P. Plantier / MICHELIN

Église St-Grégoire-de-Néocésarée.

Se promener

AU-DELÀ DU FLEUVE 1

En venant de la place Rouge, après avoir traversé la Moskova puis le canal Vodootvodny, prendre sur la droite le quai Kadachevskaïa (Кадашевская наб.).

Bordé de maisons basses, le quai longe le canal, ici agrémenté de jets d'eau, et conduit vers une passerelle, le pont Loujkov (Лужков мост) au pied duquel s'est établi un café flottant. Au-delà, dans l'île, un vaste espace vert est dominé par la statue du peintre russe le plus illustre du 19e s., le maître du réalisme **Ilia Repine** (1844-1930).

Prendre face à la passerelle le Lavrouchinski per. (Лаврушинский пер.).

Agréable allée piétonne que borde sur son côté droit l'étonnante **façade★** néorusse de la galerie Tretiakov dessinée par **Viktor Vasnetsov**.

Galerie nationale Tretiakov★★★ (Gossoudarstvennaïa Tretiakovskaïa galereïa/Государственная Третьяковская галерея) B1

Voir p. 247.

Dans l'axe du pereoulok, derrière une superbe grille de fer forgé, se dresse le **palais Demidov** (1770) dont la façade présente un décor de médaillons et une frise en bas relief. C'est actuellement une bibliothèque.

Au bout du pereoulok, on arrive sur une place ombragée. Prendre, sur la gauche de cette place, un étroit Ordynski pereoulok qui débouche sur oul. Bolchaïa Ordynka. La prendre sur la gauche.

Oulitsa Bolchaïa Ordynka (Улица Большая Ордынка) C1
Colonne vertébrale du quartier, la « grand-rue de la Horde », relativement étroite et rectiligne, est bordée de petits palais classiques ou de style « Empire ». C'est le cas notamment sur la droite de la demeure au n° 21, la **maison Dolgov** (1770-1820) qui arbore une façade théâtrale avec fronton triangulaire et pilastres.

Église Notre-Dame-Consolatrice-des-Affligés (Khram Ikony Bojieï Materi Vsekh Skorbiachtchikh Radosti/Храм Иконы Божией Матери Всех Скорбящих Радости) C1/B1 – *Au n° 20.* Réalisée à la fin du 18e s. par l'architecte **Vassili Bajenov**, et restaurée par **Ossip Bové** après l'incendie de 1812, cette église se dresse dans un charmant jardin entouré de maisons dont certaines ne manquent pas d'intérêt, comme celle qui ferme la placette au n° 18a.

En continuant à remonter la rue, vous aurez en ligne de mire, exactement dans l'axe de la rue, la **cathédrale de Basile-le-Bienheureux** *(voir p. 142).*

Prendre la première rue à gauche, le 3e Kadachevski per. (3-й Кадашевский пер.).

Dans cette ruelle tranquille et coudée, vous pourrez avoir une idée de l'esthétique telle que la conçoivent les « nouveaux Russes » qui ont investi ces rues résidentielles pour y édifier de petits immeubles dans un goût hésitant entre le tape-à-l'œil et le m'as-tu-vu.

Église de la Résurrection-des-Tonneliers (Kadachi)★★ (Khram Voskressenia v Kadachakh/Храм Воскресения в Кадашах) B1
Après le coude, au coin de la première ruelle à droite.

Avec sa tour à cinq bulbes, cette église élevée en 1695, et qui se dresse dans un jardin à l'abandon, est un des plus beaux exemples de style baroque Narychkine. Remarquez le décor de frontons en pierre blanche qui remplacent les *kokochniki*, principale caractéristique de ce style exubérant. L'église est malheureusement dans un état de délabrement avancé et fait actuellement l'objet de travaux de restauration.

Revenir sur Bolchaïa Ordynka par le même chemin et continuer à remonter la rue jusqu'au Tchernigovski per. (Черниговский пер.) *dont le tracé capricieux conduit à la rue Piatnitskaïa.*

Au bout du pereoulok où vous apercevrez quelques petits palais, deux églises du 17e s. se font face : celle de la **Décollation-de-St-Jean-le-Précurseur** *(sur la gauche)* et celle de **St-Michel-de-Tchernigov**, vouée au prince **Michel Tchernigov** qui fut torturé par les Mongols jusqu'à ce que mort s'ensuive.

Prendre sur la droite la rue Piatnitskaïa.

Piatnitskaïa oulitsa★ (Пятницкая улица) C1
D'un cours parallèle à Bolchaïa Ordynka, cette rue est sympathiquement animée grâce à ses nombreux cafés et restaurants. Bordée de palais et d'hôtels particuliers, parfois de maisons en bois nichées dans des jardins ombragés, elle a su conserver tout son charme.

Vous remarquerez notamment sur votre droite, au n° 12, une petite maison de style Empire, annexe du musée Tolstoï réservée aux expositions temporaires. Un peu plus loin au n° 18, belle façade classique à colonnade, toute de guingois, qui fut construite par **Ossip Bové**.

Au-delà de Klimentovski per., toujours sur la droite de la rue, maisons de bois disséminées dans la verdure, certaines aménagés en cafés. Un peu plus loin, sur la gauche, au n° 33, l'ambassade de Tanzanie occupe un petit palais néobaroque à la façade spectaculairement décorée.

Église de la Trinité-de-Vichniaki (Tserkov Troïtsy v Vichniakakh/Церковь Троицы в Вишняках) C2 – *Au n° 51.* Reconstruite par l'architecte A. Grigoriev en style classique au 19e s. afin de remplacer un édifice endommagé par l'incendie de 1812, elle présente un clocher reposant sur un portail à l'antique. Juste en face, dans un jardin à l'abandon, un ravissant petit palais à cariatides abrite l'Institut d'astronomie.

Revenir sur vos pas et prendre sur la gauche Klimentovski per.

Klimentovski pereoulok (Климентовский переулок) C1
Dans cette sympathique voie piétonne, fort animée du fait de la présence de plusieurs cafés et restaurants, ainsi que d'un petit marché, l'**église St-Clément-Pape-de-Rome (Tserkov Klimenta Papy Rimskogo/Церковь Климента Папы Римского)** arbore un style baroque peu commun à Moscou : elle a été élevée

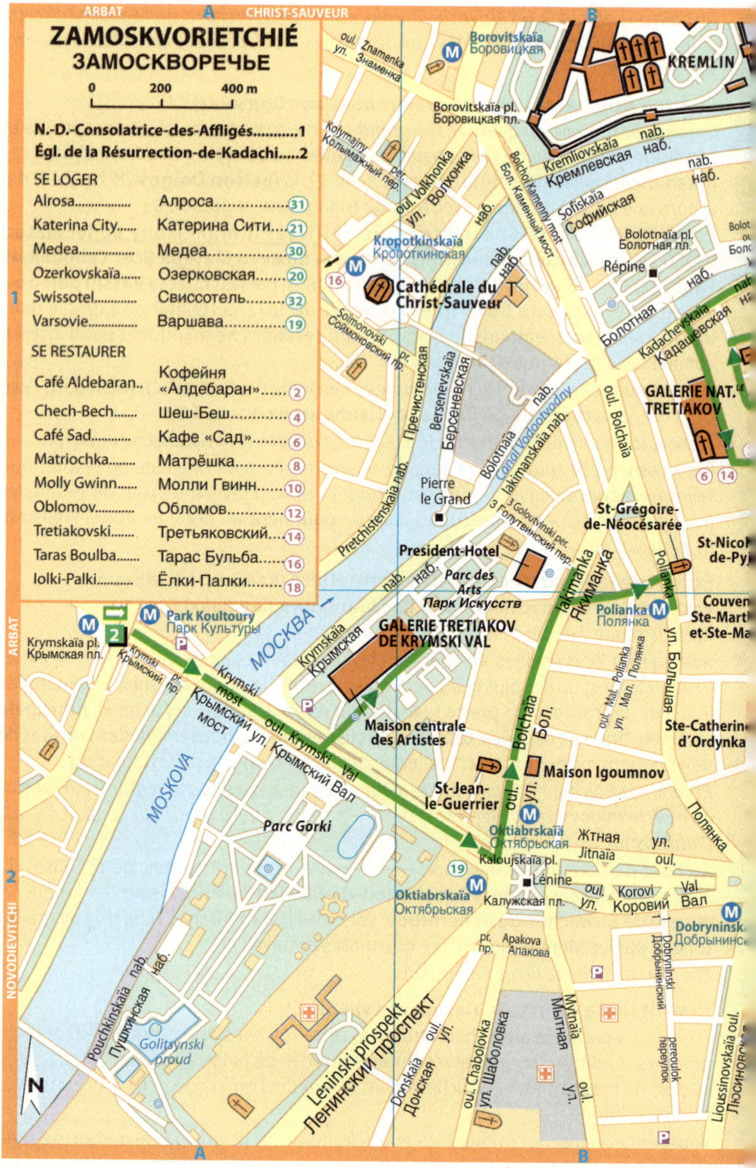

en 1742 par un architecte pétersbourgeois, peut-être **Domenico Trezzini**, pour l'avènement de la tsarine Élisabeth Petrovna. Le clocher séparé s'élève dans un jardin un peu fouillis et l'ensemble, bien que rendu au culte, donne une impression d'abandon.

*Prendre la deuxième rue sur la gauche (oul. Malaïa Ordynka/*ул. Малая Ордынка*).*

Maison-musée Alexandre Ostrovski (Mouzeï-oussadba A. N. Ostrovskogo/Музей-усадьба А. Н. Островского) C1

Au n° 9 - tlj sf lun., mar. et dernier vend. du mois 12h-19h (caisse 18h) - 120 Rub.

Les amateurs de théâtre se doivent de visiter cette demeure en bois où vécut le dramaturge **Alexandre Ostrovski** (1823-1886, *voir p. 130 et 203)* : évocation de sa carrière, du théâtre, et de la vie quotidienne moscovite de l'époque.

Revenir au Klimentovski per., le poursuivre jusqu'à son terme, et prendre sur la gauche la rue Bolchaïa Ordynka (ул. Большая Ордынка).

Oulitsa Bolchaïa Ordynka★ (Улица Большая Ордынка) C1

Vous reprenez maintenant vers le sud l'artère principale du quartier. Là encore, d'intéressants édifices vous attendent.

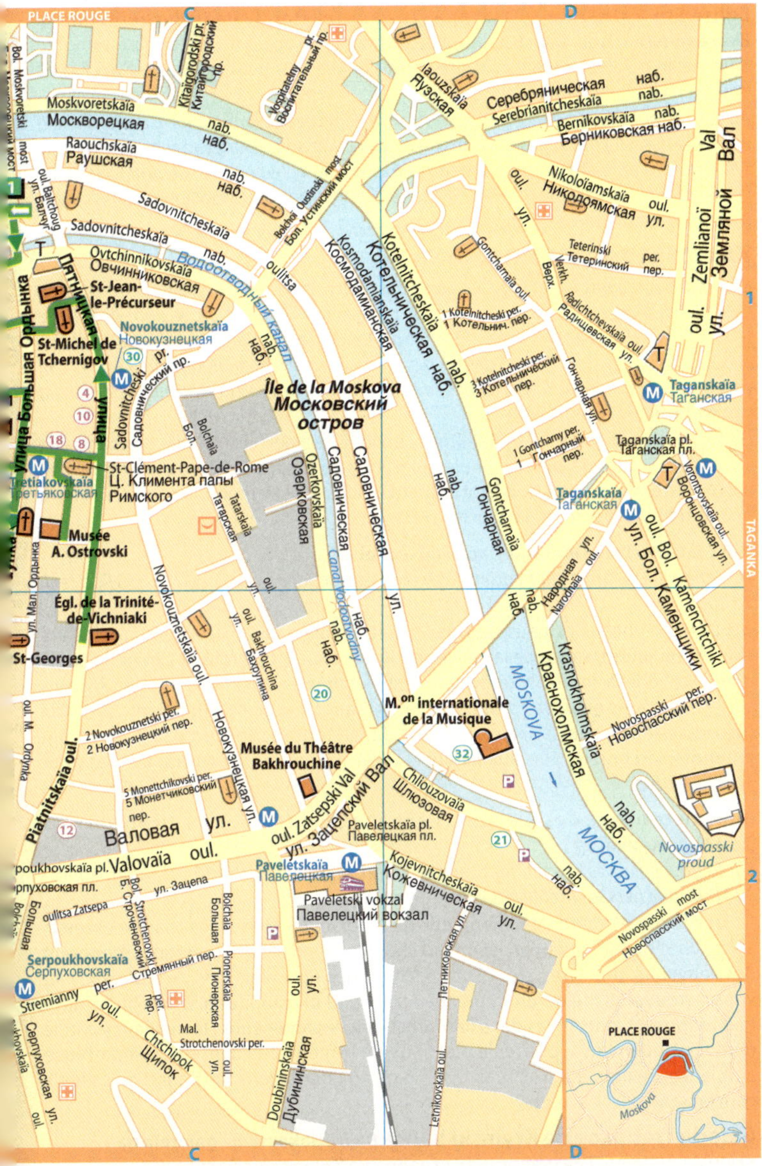

Église St-Nicolas-de-Pyji★ (Tserkov Sviatogo Nikolaïa v Pyjakh/Церковь Святого Николая в Пыжах) C1 – *Au n° 27.* Construite vers 1670, cette église blanche posée dans un jardin ne manque pas d'allure avec ses cinq bulbes et son décor de *kokochniki*. Juste après, remarquez le petit palais de style néorusse du n° 29, en briques et aux fenêtres décorées de moulures en accolade et de décors de stuc. Il en va de même du palais situé au n° 36, tandis que la rue est ici bordée des deux côtés d'agréables maisons basses.

Couvent Ste-Marthe-et-Ste-Marie (Marfo-Mariinskaïa obitel/Марфо-Мариинская обитель) B1 – *Au n° 34.* Belle église, toute simple et toute blanche, construite en 1912 par Chtchoussev, l'auteur du futur mausolée de Lénine ! Elle est décorée de fresques de **Mikhaïl Nesterov**, dont vous pouvez voir un célèbre cycle de tableaux consacré à la vie de Serge de Radonège à la galerie Tretiakov. Dans le jardin un peu à l'abandon, statue de la grande-duchesse **Élisabeth Fiodorovna**, fondatrice et supérieure du couvent, massacrée par les bolcheviks en 1918.

Après l'**église St-Georges C2** *(actuellement fermée pour travaux de restauration)*, vous remarquerez au n° 41 une villa qui fut remodelée en 1909 par l'architecte **Fiodor Chekhtel**, puis au n° 45 un beau palais de bois présentant une colonnade à l'étage.

Église Ste-Catherine-d'Ordynka (Tserkov Iekateriny na Ordynké/Церковь Екатерины на Ордынке) B2 – *Au n° 60.* Surmontée d'un dôme, cette église entourée d'un jardinet serein a été construite entre 1764 et 1767 par l'architecte **Karl Blank** dans le style classique.

Au bout de oul. Bolchaïa Ordynka, on arrive à la Ceinture des Jardins. Sur la droite, Jitnaïa oul. (Житная ул.) *conduit vers Krymski Val (voir ci-dessous). Sur la gauche, on gagne le secteur de la gare Paveletski et du canal Vodootvodny (voir page suivante). Enfin, de l'autre côté du passage souterrain, la station Dobryninskaïa* (Добрынинская), *ligne 6, permet de regagner le centre.*

KRYMSKI VAL et IAKIMANKA 2

Cette partie du quartier peut être gagnée directement par le métro Park Koultoury (Парк Культуры), *lignes 1 et 5 : il suffit alors de traverser la Moskova par le pont de Crimée (Krymski most/*Крымский мост*). Dans le prolongement, la large oul. Krymski Val* (ул. Крымский Вал) *passe entre les deux parcs et conduit à la place Kaloujskaïa* (Калужская пл.) *où se dresse une grande statue de Lénine et que dessert la station Oktiabrskaïa* (Октябрьская), *ligne 5.*

Lorsqu'on sort du métro Park Koultoury un jour de week-end, inutile de chercher à s'orienter : il suffit de suivre la foule qui traverse en rangs serrés le pont de Crimée afin de se rendre au parc Gorki, totalement indifférente au monument dédié à Pierre le Grand qui se dresse sur la gauche.

Parc Gorki (Park Gorkogo/Парк Горького) A2

Au débouché du pont, sur la droite - 10h-22h, attractions à partir de 12h - 50 Rub (enf. 20 Rub).

Derrière une majestueuse entrée comme aimaient en concevoir les Soviétiques (elle est toujours frappée de la faucille et du marteau et du profil de Lénine), s'étend une vaste zone de loisirs : l'été, on canote sur les étangs ou l'on se donne des frissons sur les manèges et autres grand 8 ou montagnes russes du Luna Park Carrousel (Karoussel/Карусель). L'hiver, on patine. Et, en toute saison, on danse ou on fait entendre son brin de voix aux karaokés. Bref, il y en a pour tous les âges et pour tous les goûts.

Maison centrale des Artistes (Tsentralny Dom Khoudojnika/Центральный Дом Художника) A2

Sur la gauche après le pont, face au parc Gorki, oul. Krymski Val 10 - 11h-20h, sf lun. - 100 Rub, guichets sur le côté gauche de l'entrée.

La façade de ce grand parallélépipède de béton et de verre, sans charme excessif, abrite un véritable supermarché de l'art ! Dans le grand hall, les boutiques proposent des souvenirs, des livres, des CD, des cadres, des reproductions de tableaux... et vous y trouverez même un fleuriste ! Au second niveau, des artistes contemporains exposent leurs toiles dans différents espaces aménagés : le meilleur y côtoie démocratiquement le pire (et le plus souvent le médiocre) dans une sympathique ambiance. Le lieu, qui n'est pas réservé qu'aux plasticiens, sert aussi de salle de concerts.

Galerie Tretiakov de Krymski Val★★★ (Tretiakovskaïa galereïa na Krymskom Valou/Третьяковская галерея на Крымском Валу) A/B2

Entrée sur le côté de l'édifice opposé à la Moskova.

C'est la partie de la galerie Tretiakov consacrée à l'art russe depuis le début du 20e s. *(voir p. 249).*

Poursuivre le long de la galerie.

Parc des Arts★ (Park Iskousstv/Парк Искусств) B1/2

9h-22h (10h-20h automne-hiver) - 100 Rub.

Ce vaste et agréable parc fut créé en 1992 pour recueillir quelques-unes des innombrables sculptures de hiérarques communistes déboulonnées après la chute du régime. Force est de reconnaître que les Moscovites ne s'empressèrent pas de mettre à bas les symboles du communisme, si l'on excepte la statue de **Felix Dzerjinski** qui, se dressant devant la

Un « quartier d'art » en gestation

La galerie Tretiakov envisage de modifier sensiblement le *pereoulok* en y créant un « quartier d'art » : il devrait comprendre une maison des arts graphiques ainsi qu'une galerie d'icônes installées dans des bâtiments existants, tandis que le musée lui-même devrait s'étendre dans un nouvel édifice à bâtir au coin du quai Kadachevskaïa.

Loubianka, symbolisait les « organes », c'est-à-dire la répression. Jetées d'abord au sol, ce qui représentait leur déchéance, les statues ont été aujourd'hui redressées, et plus de 500 sculptures, de styles les plus divers, sont venues les rejoindre, détournant ainsi l'intention initiale, d'autant que le tout est dominé par le monument élevé par Tsereteli à Pierre le Grand *(voir p. 175)* qui n'est pas précisément un exemple de démocratie.

Dans le secteur réservé aux communistes, vous verrez Lénine à plusieurs périodes de sa vie, Leonid Brejnev, flanqué comme il se doit de Kossyguine, Mikhaïl Sverdlov et, bien entendu, Joseph Staline précédant un saisissant **monument aux Victimes du Goulag★★**. Le poitrail bardé de décorations, plusieurs héros de la « grande guerre patriotique », ainsi que les ouvriers musculeux et pleins de confiance en l'avenir sont également au rendez-vous.

Mais vous rencontrerez également au fil des allées **Mikhaïl Lomonossov** (vu par L. M. Baranov), **Pouchkine** (A. M. Nenacheva), le **maréchal Koutouzov**, vainqueur de Napoléon, ou **Mikhaïl Lermontov** assis mélancoliquement sur un banc… et même Pinocchio, sans compter d'innombrables sculptures contemporaines beaucoup plus ludiques.

Revenir à la rue Krymski Val et poursuivre vers la statue de Lénine qui domine la place. Prendre alors à gauche, et sur le trottoir de gauche, oul. Bolchaïa Iakimanka (ул. Большая Якиманка).

Église St-Jean-le-Guerrier★ (Tserkov Sv. Moutchenika Ioanna Voïna/ Церковь Св. Мученика Иоанна Воина) B2

Sur la gauche, au n° 46.

Cette église, construite dans un style tenant encore du baroque Narychkine en 1712, époque où l'on ne construisait à Moscou que des édifices en bois (sur ordre du tsar Pierre le Grand, la pierre étant réservé à St-Pétersbourg), se distingue par son toit en briques vernissées polychromes et sa tour octogonale. L'intérieur est superbe avec ses fresques et son iconostase étincelante de dorures.

Maison Igoumnov★ (Dom kouptsa Igoumnova/Дом купца Игумнова) B2

En face, au n° 43.

Si vous voulez savoir ce que l'on entend par style « néorusse », regardez bien ce palais délirant : décors de céramique, frises, festons, colonnes « joufflues », rien n'a été oublié par l'architecte **Nikolaï Pozdneev** pour satisfaire le goût de son commanditaire, un riche marchand, pour un style médiéval plus slave et plus vrai que nature… Le lieu abrite aujourd'hui l'**ambassade de France**.

Avant de traverser au passage souterrain *(à hauteur du magasin Globus Gourmet)*, vous passerez devant la haute façade d'un immeuble de briques, que des sortes de bow-windows viennent un peu animer. C'est le **President-Hôtel (Президент-Отель)**, une véritable forteresse pour nouveaux riches et « grands » de ce monde.

Après avoir traversé, revenir en arrière et prendre à gauche le per. Brodnikov (Бродников пер.).

Église St-Grégoire-de-Néocésarée★ (Tserkov Sv. Grigoria Neokessariïskogo/Церковь Св. Григория Неокесарийского) B1

Oul. Bolchaïa Polianka (ул. Большая Полянка), *au débouché du pereoulok.*

C'est dans cette ravissante église-clochers aux tons mêlant harmonieusement le beige au bleu-vert, et dédiée à Grégoire le Thaumaturge, que le tsar **Alexeï Mikhaïlovitch** épousa **Natalia Narychkina**. De cette union naquit le futur **Pierre le Grand**, qui fut baptisé ici même en 1672.

Si vous souhaitez regagner le centre, vous pouvez prendre le métro à la station Polianka (Полянка), *ligne 9. Pour poursuivre votre flânerie dans le quartier, rejoignez oul. Bolchaïa Ordynka* (ул. Большая Ордынка) *par le 1er Kazatchi per.* (1-й Казачий пер.), *à droite puis à gauche.*

Aux alentours

Autour du canal Vodootvodny (Водоотводный канал)

Si vous vous sentez en jambes, vous pouvez effectuer cette petite balade depuis oul. Bolchaïa Ordynka en prenant à pied sur la gauche la Ceinture des Jardins. Autrement, rendez-vous au M° Paveletskaïa (Павелецкая), *lignes 2 et 5.*

Musée du Théâtre Bakhrouchine (Teatralny mouzeï im. A. A. Bakhrouchina/ Театральный музей им. А. А. Бахрушина) C2 – *Tlj sf mar. et dernier lun. du mois - 12h-19h (caisse 18h) - 150 Rub.* Au coin de oulitsa Bakhrouchina, sympathiquement

P. Plantier / Michelin

Quai Chliouzovaïa, le long du canal Vodootvodny.

ombragée, ce petit théâtre est hébergé dans une agréable villa de la fin du 19e s. Un musée gentiment désordonné y évoque avec ferveur les grandes heures de la scène moscovite.

*Poursuivre sur l'avenue (qui s'appelle ici Zatsepski Val/*Зацепский Вал*).*

Canal Vodootvodny (Водоотводный канал) C2/D2 – Ici, ce canal de drainage a une allure paisible… que vous pourrez apprécier en faisant quelques pas le long du quai, à votre gauche, puis, après avoir traversé le passage souterrain, sur le **quai Chliouzovaïa (Шлюзовая наб.) D2**, en face. Vous aurez bientôt en ligne de mire les bulbes bleus du **monastère Novospasski D2** *(voir p. 224).*

Gagner l'île par la passerelle.

Île de la Moskova (Moskovski ostrov/Московский остров) – C'est un quartier nouveau qui est en train de s'édifier ici : centre d'affaires bordant le canal, le **Swissotel** occupant une impressionnante tour circulaire et la **Maison internationale de la Musique (Международный Дом Музыки) D2** en forme de soucoupe.

Revenir au métro Paveletskaïa.

Monastère Donskoï★ (Donskoï monastyr/Донской монастырь)

Deux manières de se rendre au monastère : la première consiste à descendre à la station Chabolovskaïa (Шаболовская)*, ligne 6, et à prendre la rue du même nom jusqu'au 1er per. Donskoï* (1-й Донской пер.) *que l'on suit à gauche : lorsque vous apercevez les murailles rouges de l'enceinte du monastère, quittez le pereoulok et empruntez le sentier ombragé qui contourne le monastère jusqu'à l'entrée principale.*

La seconde exige un peu de marche, mais permet de traverser un quartier très vivant : après être descendu à la station Toulskaïa (Тульская)*, ligne 9, sortir sur la vaste place Serpoukhovskaïa Zastava* (пл. Серпуховская Застава)*. Prendre alors oul. Serpoukhovski Val* (ул. Серпуховский Вал)*, large avenue dotée d'un terre-plein central ombragé. Emprunter de préférence le trottoir de droite qui longe un centre commercial devant lequel des camionnettes de bouchers et de charcutiers accueillent leurs clients. Au bout de la rue, prendre à droite oul. Chabolovka* (ул. Шаболовка)*, puis sur la gauche Dalni per.* (Дальний пер.).

On arrive alors dans un quartier d'immeubles résidentiels dispersés dans la verdure qui donne aux lieux l'aspect d'une cité-jardin. Bientôt apparaissent les murailles rouges du monastère, tandis qu'un sentier ombragé s'enfonce sur la gauche, suivant au plus près les remparts, qu'il faut contourner jusqu'à l'entrée principale située à l'opposé.

C'est en 1592 que le monastère fut fondé par le tsar **Fiodor Ier** sur les lieux de la victoire remportée l'année précédente par **Boris Godounov** contre les Tatars. Les Russes attribuaient volontiers cet exploit à l'icône miraculeuse de la Vierge du Don (exécutée, semble-t-il, par **Théophane le Grec**) qui accompagnait déjà **Dimitri Donskoï** lors de sa victoire de 1380 face à ces mêmes Tatars, sur les rives du Don, haut fait qui lui avait valu son surnom : le nom du monastère était tout trouvé !

Murailles et tours★ – De plan à peu près carré, le monastère est encadré d'une très belle muraille de briques rouges au sommet en léger encorbellement. Elle est ponctuée, sur les côtés, de tours-clochers abritant des chapelles (inaccessibles aux visiteurs) et, à chacun de ses angles, de tours rondes dont la partie supérieure est décorée de façon originale d'une rangée d'arcatures surmontées de festons et de gâbles. Le tout est d'une légèreté qui n'est pas sans évoquer la tour Koutafia du Kremlin. Niché dans son écrin de verdure, cet ensemble séduit par son charme et son harmonie.

Porche – *Face à oul. Stassovoï* (ул. Стасовой). Les parois du porche d'accès sont décorées de peintures naïves retraçant les malheurs de l'Église orthodoxe russe : aux Mongols de la Horde d'Or du côté droit répondent des ouvriers marchant drapeau rouge en tête, tandis qu'un commissaire du peuple pointe une arme sur un moine…

Intérieur – *Cathédrale 10h-16h, nécropole 10h-18h.* C'est une véritable forêt dans laquelle se dissimulent nombre d'églises (ainsi qu'un cimetière où l'on a inhumé récemment des héros de l'armée Blanche et, encore plus récemment, l'écrivain A. Soljenitsyne décédé en août 2008) mais, si l'ensemble paraît absolument charmant… le charme s'estompe dès lors que l'on s'aperçoit que l'on n'a pas la possibilité de s'écarter de l'allée centrale. Ajoutons pour faire bonne mesure que l'on découvre sur la gauche une série de véhicules blindés de la division Dimitri Donskoï, dont la présence semble pour le moins incongrue en ces lieux que l'on aurait pu penser empreints de sérénité.

Grande cathédrale★ (Bolchoï Donskoï sobor/Большой Донской собор) – Il faudra donc emprunter l'unique allée autorisée aux visiteurs et *(après avoir été invité à laisser ses sacs et appareils photo dans une sorte de guérite, à l'invitation aussi ferme que courtoise d'un militaire en tenue léopard)* se contenter de cette grande cathédrale qui, fort heureusement, ne manque pas d'intérêt. Construit à la fin du 17e s., ce bel édifice, coiffé de quatre tours-lanternes entourant une cinquième, centrale (disposition qui allait être popularisée ultérieurement par le baroque Narychkine), est entouré d'une élégante galerie.

L'intérieur est absolument somptueux, avec une fabuleuse iconostase à sept registres. Devant, un reliquaire conserve les restes du **patriarche Tikhon** (1865-1927), « illuminateur de l'Amérique » (il fut évêque à San Francisco et New York) et élu patriarche de l'Église de Russie en 1917. Le saint homme fut gardé prisonnier dans le monastère par les bolcheviks jusqu'à sa mort.

Monastère St-Daniel ou Danilovski (Sviato-Danilov monastyr/Свято-Данилов Монастырь)

Descendre à la station Toulskaïa (Тульская)*, ligne 9, sortir sur la place Serpoukhovskaïa Zastava* (пл. Серпуховская Застава) *et prendre, sur la droite, oul. Danilovski Val* (ул. Даниловский Вал) *sur 300 m environ - 7h-19h - photos interdites - boutique de souvenirs (icônes).*

Aujourd'hui siège officiel du patriarcat de l'Église orthodoxe russe, le monastère aurait été fondé au 13e s. par le prince **Daniel Alexandrovitch** (1261-1303), fils et héritier d'**Alexandre Nevski** et fondateur de la dynastie des grands-princes de Moscou qui devinrent les premiers tsars, canonisé en 1652. Comme tous les autres monastères du sud de la capitale, Danilovski fut fortifié afin de se protéger contre les multiples tentatives d'invasions tatares. Après avoir été transformé, sous le régime soviétique, en prison pour mineurs, il a été rendu au culte orthodoxe en 1983 et fut choisi pour accueillir cinq ans plus tard les célébrations du millénaire de la conversion de la Russie.

Même s'il s'agit du plus ancien monastère de la ville, les sanctuaires qui le composent sont assez récents, et l'ensemble demeure froid et sans charme. L'accès se fait par une église-porche, percée dans la petite muraille blanche, et vouée à Siméon le Stylite.

Les cloches de Saint-Daniel

Les Russes orthodoxes entretiennent des rapports charnels avec les cloches de leurs églises, quasiment considérées comme des personnes : certaines ont été fouettées pour avoir annoncé de mauvaises nouvelles. Celles du monastère St-Daniel ont connu un sort plus étrange : elles furent vendues en 1930 par les Soviétiques à un homme d'affaires américain et elles sont depuis sur le beffroi de l'université de Harvard. Depuis 1988, le patriarche cherche à les récupérer (il a même obtenu en son temps l'appui du président Reagan), ce à quoi les Américains ne s'opposent pas… à condition que le monastère prenne en charge les frais de rapatriement. D'où une souscription ouverte parmi les fidèles à laquelle vous serez vivement invité à participer.

Église des Pères-des-Sept-Conciles-Œcuméniques (Khram Otsov Semi Vselenskikh Soborov/Храм Отцов Семи Вселенских Соборов), sur la gauche. Édifiée au 17e s., elle a été largement remaniée au 19e s. Belle iconostase à l'étage. Comme souvent, c'est au moment du culte *(tlj à 17h)* que le lieu prend toute sa charge émotionnelle. Du côté droit, l'**église de la Trinité** est une œuvre un peu pompeuse d'**Ossip Bové** (1837).

Zamoskvorietchié pratique

Se loger

Varsovie ⑲ (Varchava/Варшава).

Ozerkovskaïa ⑳ (Озерковская).

Katerina City ㉑ (Катерина Сити).

Swissotel Krasnye Kholmy ㉜ (Свиссоель хКрасные Холмы).

Alrosa ㉛ (Алроса).

Medea ㉚ (Медеа).

Voir descriptif complet de ces hôtels p. 119.

Se restaurer

Bon à savoir – Autour de la station de métro **Novokouznetskaïa (Новокузнецкая)**, lignes 2 et 8, les enseignes des chaînes moscovites se succèdent, que ce soit sur Piatnitskaïa oul. (Пятницкая ул.) ou sur l'agréable et piétonnier Klimentovski per. (Климентовский пер.) :

Matriochka ⑧ (Матрёшка) – *Klimentovski per.* (Климентовский пер.) *10.* Buffets russes (salades, *pirojkis*) à toute heure dans un décor plein de gaieté.

Iolki-Palki ⑱ (Ёлки-Палки) – *Klimentovski per.* (Климентовский пер.) *14.* On ne présente plus !

Chech-Bech ④ (Шеш-Беш) – *Piatnitskaïa oul.* (Пятницкая ул.) *20.* Chariots de hors-d'œuvre à volonté (mais on n'a droit qu'à un seul passage), et *chachliks…*

Taras Boulba ⑯ (Тарас Бульба) – *Piatnitskaïa oul.* (Пятницкая ул.) *14.* L'Ukraine du temps de la Horde d'Or, comme si vous y étiez !

Molly Gwinn ⑩ (Molli Gvinn/ Молли Гвинн) – *Piatnitskaïa oul.* (Пятницкая ул.) *22 - ✆ 959 58 52.* Steak-house dans une ambiance de pub anglais.

Café du Jardin ⑥ (Kafe Sad/Кафе Сад) – *Bol. Tolmatchevski per.* (Бол. Толмачевский пер.) *5.* Comme son nom l'indique, un beau jardin pour se poser en été (tente et auvent pour parer à un orage soudain), mais également une salle au décor minimaliste. Cuisine italienne et japonaise. Le service gagnerait à être un tantinet plus souriant.

Tretiakovski ⑭ (Третьяковский) – *Bol. Tolmatchevski per.* (Бол. Толмачевский пер.) *3a - 11h-19h.* Agréable petit restaurant installé dans une sorte d'isba et proposant une cuisine simple mais de qualité, à deux pas de la galerie.

Café Aldebaran ② (Кофейня « Альдебаран ») – *Bol. Tolmachevski per.* (Бол. Толмачевский пер.) *4/1.* À deux pas de la galerie Tretiakov, sur une place ombragée, un café branché à la terrasse bondée aux beaux jours. Salades *(autour de 300 Rub)*, pâtes *(400 Rub)*, caviar rouge sur glace *(600 Rub)*, plats de viandes et de poissons. Parfait pour un déjeuner léger avant d'attaquer la visite de la galerie… ou pour vous remettre de celle-ci grâce au grand choix de pâtisseries (vendues à la part), aux coupes de fruits frais et aux glaces (délicieuses).

Oblomov ⑫ (Обломов) – *1er Monetchikovski per.* (1-й Монетчиковский пер.) *5, au bas de Piatnitskaïa oul., M° Dobryninskaïa* (Добрынинская), *ligne 5 - ✆ 953 68 28.* Les fastes de la Russie prérévolutionnaires revivent dans cette demeure de riche négociant, restaurée avec goût et baptisée du nom du héros du célèbre roman d'**Ivan Gontcharov** : cuisines russe et française ainsi qu'il seyait à l'époque, lorsque la France était en Russie synonyme de raffinement. Salon de thé au rdc, salles « russes » au premier étage et « orientales » au second. Musique certains soirs. À midi, la formule du « business lunch » vient sensiblement alléger l'addition.

Internet

Café Max (Макс, Интернет-Сентров) – *Piatnitskaïaoulitsa* (Пятницкая ул.) *25, à la sortie du métro Novokouznetskaïa.*

Achats

Globus Gourmet (Глобус Гурмэ) – *Oul. Bolchaïa Iakimanka* (ул. Большая Якиманка) *22.* Une épicerie fine flambant neuve (ouverte depuis juin 2005) qui n'a certes pas le charme du magasin Elisseïev, mais qui propose des produits frais ou des conserves de bonne qualité à une clientèle de « nouveaux Russes ». Avis aux nostalgiques : c'est le distributeur moscovite de la marque Fauchon.

Maison centrale des Artistes – *Oul. Krymski Val.* Échoppes de souvenirs, gadgets, reproductions de tableaux et même des œuvres des artistes exposant.

Monastère Novodievitchi★★

Novodievitchi monastyr/Новодевичий монастырь

PLAN DE COUVERTURE : A4

À peu de distance du Kremlin, dans une boucle décrite par la Moskova, le monastère Novodievitchi, chargé d'art et d'histoire, s'inscrit dans un cadre verdoyant. Sa visite sera un enchantement, et vous pourrez prolonger cette escapade presque champêtre en partant à la découverte du mont des Moineaux.

- **Se repérer** – Le monastère à l'intérieur du grand méandre de la Moskova, au sud-ouest de la capitale ; l'autre rive est occupée par le mont des Moineaux.
- **À ne pas manquer** – Le monastère et le cimetière.
- **Organiser son temps** – Une demi-journée.

Comprendre

La chronique rapporte qu'en ces lieux on regroupait les jeunes filles moscovites dont les Tatars exigeaient la livraison pour leurs menus plaisirs. Que cela soit vrai ou non, ce monastère de femmes, fondé en 1514 par **Vassili III** afin de célébrer la prise de Smolensk, eut au cours de l'histoire quelques pensionnaires involontaires de renom : lorsque **Ivan le Terrible** eut tué son fils Ivan, la veuve du tsarévitch fut contrainte à y prendre le voile. Plus tard, c'est la régente **Sophie Alexeïevna** (1657-1704) que son frère Pierre le Grand confina en 1689 entre les murs du monastère, avant d'y envoyer en pénitence en 1725 sa première épouse, **Eudoxie Lopoukhina** (1699-1731).

Se promener

*Accès par le M° Sportivnaïa. En quittant la station (sortir en queue de train si vous venez du centre), prendre sur la droite la rue du 10e Anniversaire d'Octobre (oul. Dessiatiletia Oktiabria/*ул. 10-летия Октября*). Traverser les rues Malaïa puis Bolchaïa Pirogovskaïa* (Малая и Большая Пироговская) *et suivre cette dernière à gauche, dans la verdure. Puis longer à droite l'enceinte du monastère jusqu'à la porte principale.*

Monastère Novodievitchi★★ (Novodievitchi monastyr/Новодевичий монастырь) B1

Tlj sf mar. et premier lun. du mois 10h-17h15 (fermeture de la caisse à 16h45) - 150 Rub (photos : 60 Rub).

Enceinte et tours★★ – Cet ensemble, posé dans la verdure, ne peut que séduire par son harmonie et sa délicatesse. Et pourtant, il s'agit d'une véritable muraille faisant du monastère une forteresse. L'impression de légèreté est donnée par les couronnes ajourées de pierre blanche qui coiffent chacune des douze tours, fines dentelles ouvrant sur le ciel.

Église-porche de la Transfiguration★ (Preobrajenskaïa nadvratnaïa tserkov/Преображенская надвратная церковь) – De style baroque Narychkine (1688), couronnée de superbes petites coupoles, elle s'élève au-dessus des voûtes du porche. L'extérieur de cette chapelle privée est finement décoré de coquilles blanches (dans les arcs-diadèmes ou *kokochniki*).

L'enceinte du monastère constitue un havre de paix et de verdure miraculeusement préservé au cœur de la ville.

Notre-Dame-de-Smolensk★★★ (Sobor Smolenskoï Bogomateri/Собор Смоленской Богоматери) C1 – *Face à l'entrée.* Précédée d'un oratoire ravissant, cette vaste cathédrale d'aspect un peu austère date peut-être de 1525 (mais plus sûrement de 1550), et serait donc à peu près contemporaine de la fondation du monastère. Cette sobriété tranche avec la richesse de la décoration intérieure

L'église de la Transfiguration du monastère Novodievitchi.

réalisée au 17e s. par les meilleurs artistes du tsar : vous parcourrez d'abord une galerie couverte de peintures (remarquez le *Jugement dernier* plein de verve) et présentant entre autres un superbe **baptistère** d'argent et d'émail (1685), une grille en fer forgé décorée de monstres par **Nikita Morev** et **Alexeï Ekimov** (vers 1680) et un *Christ Pantocrator* de la fin du 17e s. L'intérieur est splendide : l'iconostase de bois sculpté, somptueuse, a été réalisée par **Klim Mikhaïlov** et **Ossip Andreev** et les icônes ont été exécutées par **Simon Ouchakov** et **Fiodor Zoubov**. Sur la droite, l'icône de N.-D.-des-Signes est attribuée à **Fiodor Timofeev**. Quant aux peintures murales, magnifiques, elles datent probablement de l'époque de la construction du sanctuaire. La tsarine Eudoxie et la régente Sophie reposent à l'intérieur de la cathédrale.

Église de la Dormition (Ouspenskaïa tserkov/Успенская церковь) – *Sur la droite de la cathédrale.* Précédée d'une avant-nef, cette église de 1688, typique du baroque Narychkine, se compose en fait de deux églises superposées. En face, derrière les cellules des religieuses, le **palais Lopoukhine (Lopoukhinskié palaty/Лопухинские палаты)** adossé à la muraille du monastère doit son nom à l'épouse de Pierre le Grand. Plus loin, la tour d'angle circulaire servit de prison à la princesse Sophie.

Tour-clocher★★ (Kolokolnia/Колокольня) – Cette tour de six étages de 1690 séduit par sa sveltesse, la fantaisie de sa décoration et l'harmonie de ses proportions.

Autour de la cathédrale reposent quelques personnalités comme **Anton Tchekhov**, le poète-soldat **Denis Davydov** (1784-1839), héros de la guerre contre les Français et poète assez subversif pour recevoir une mutation disciplinaire au motif « d'avoir publié des poésies qui soulèvent l'indignation de ses chefs »… ainsi que des représentants de grandes familles comme les Troubetskoï.

Au-delà se dressent le **palais de Marie (Mariinskié palaty/Мариинские палаты)**, du 17e s., comparable au palais Lopoukhine et, sur la muraille, l'**église-porche de l'Intercession-de-la Vierge (Pokrovskaïa nadvratnaïa tserkov/Покровская надвратная церковь)** (1688) qui, surmontée de huit petits bulbes, représente un type d'église alors courant en Ukraine.

P. Plantier / Michelin

Des hiérarques de pierre.

Cimetière de Novodievitchi★ (Novodievitchié kladbichtché/Новодевичье кладбище) B1 – *Sortir du monastère et le contourner par la droite. Entrée sur Bolchaïa Pirogovskaïa oul.* (Бол. Пироговская ул.) - *hiver 9h-18h, été 9h-19h.* Cette extension du cimetière du monastère, ouverte à la fin du 19e s. et ceinte d'un haut mur de briques, reçut en 1930 les dépouilles de personnalités du monde culturel (comme **Gogol**) et politique (**Dimitri Oulianov**, le frère aîné de Lénine, pendu pour avoir commis un attentat contre le tsar), transférées en ce lieu lorsque le régime démantela les cimetières moscovites. Dès lors, il devint du dernier chic d'être enterré là, si l'on ne bénéficiait pas de l'honneur suprême de l'inhumation au pied du mur du Kremlin. Comme il était aussi de bon ton de faire surmonter sa tombe de son buste, vous découvrirez, dans ce qui est par ailleurs un très beau parc, des alignements stupéfiants de hiérarques de pierre au regard martial, bombant un torse couvert de dizaines de décorations. Nombre d'entre eux sont retombés dans l'anonymat, mais le lieu ne manque pas de pensionnaires célèbres, du clown **Nikouline** veillé par son chien à l'écrivain **Ilia Ehrenbourg**. **Vladimir Maïakovski** voisine avec **Pavel Tretiakov**. **Fiodor Chaliapine** y est représenté assis, le speaker **Iouri Levitan** empoigne toujours son micro, le cinéaste **Kalatozov** *(Quand passent les cigognes)* côtoie ses collègues **Dovjenko**, **Ptouchko** (accompagné d'un arbre sculpté) et **Eisenstein**… Les politiques sont légion puisque c'est ici que repose **Nikita Khrouchtchev**, et, plus modestes, comme **Gromyko** à la tombe de marbre polychrome ou **Anastase Mikoïan**.

Grand Étang (Bolchoï proud/Большой пруд) B1 – *Entre le monastère et la rivière.* Creusé au centre d'un parc bordé par la Moskova, il constitue le cadre romantique d'une agréable promenade.

Le méandre, au sud du cimetière, est occupé par un complexe sportif, comprenant le palais des sports et le stade olympique Loujniki.

À proximité

L'Université (Ouniversitet/Университет) et le mont des Moineaux (Vorobiovy gory/Воробьёвы горы) A1

*Descendre à la station Université (Ouniversitet/*Университет*), ligne 1 et prendre l'avenue Vernadski (pr. Vernadskogo/*пр. Вернадского*).*

Abritant une des plus vastes universités au monde, ce quartier situé sur les hauteurs a été en grande partie aménagé afin d'accueillir, en 1980, le village olympique, tandis qu'une large avenue était tracée pour relier le centre-ville au site : inutile de dire que les Moscovites se sont rués sur ces appartements offrant des prestations dont ils n'avaient guère l'habitude… C'est sur ces lieux alors agrestes que les tsars Ivan le Terrible et Mikhaïl Fiodorovitch avaient fait édifier des palais, et que l'on projeta, après la défaite de Napoléon, d'édifier la cathédrale du Christ-Sauveur.

Grand cirque de Moscou (Bolchoï Moskovski tsirk/Большой Московский цирк) B2 – *Sur la droite de l'avenue.* Ce cirque immense, inauguré en 1971, possède une salle de plus de 3 000 places *(pour assister aux spectacles, voir p. 115).*

Université Lomonossov★ (MGOu/МГУ) A2 – L'université occupe un vaste espace constitué de stades, d'un parc et d'un jardin botanique, sans oublier vingt-sept bâtiments, le tout occupant un quadrilatère longé par l'**avenue Vernadski (prospekt Vernadskogo/пр. Вернадского)**, large voie conduisant au centre-ville en droite ligne par l'avenue des Komsomols. Le bâtiment le plus remarquable est le gratte-ciel dont la façade ouvre sur le centre-ville. Décoré de sculptures et de frises allégoriques, il comprend deux facultés, les logements, une salle de spectacle, et les services du rectorat. Élevé entre 1949 et 1953 par **Lev Roudnev** et **Sergueï Tchernychov**, il est représentatif du classicisme stalinien.

Après avoir traversé l'**avenue de l'Université (Университетский проспект)**, vous longerez le jardin botanique jusqu'à la **rue Kossyguine** qui épouse la ligne de crête surplombant le méandre.

Mont des Moineaux (Vorobiovy gory/Воробьёвы горы) B2 – Vous êtes sur la crête et observez alors un large **panorama** sur la ville. Des sentiers permettent de descendre, à partir de l'**église de la Trinité-du-Mont-des-Moineaux (Tserkov Troïtsy na Vorobiovykh Gorakh/Церковь Троицы на Воробьёвых горах)**, à travers un parc quelque peu à l'abandon, jusqu'à la Moskova. Sur la rive, agréable **quai** ponctué de guinguettes et d'une escale de bateaux-mouches.

Vous reprendrez le métro à la station Vorobiovy gory (Воробьёвы горы) installée sur le tablier inférieur du pont routier lancé sur la Moskova.

« La barque de l'amour…

…s'est brisée contre la vie courante. » Telle est l'épitaphe que fit graver **Vladimir Maïakovski** (1893-1930) sur sa tombe. Né en Géorgie, il adhère en 1908 au Parti bolchevik après avoir participé à la révolution de 1905 et fait deux ans de prison. Poète, graphiste, dramaturge, théoricien du mouvement futuriste avec le peintre **David Bourliouk**, ardent propagandiste de la révolution, il mène une vie sentimentale tourmentée, marquée par sa liaison avec **Lili Brik** qui lui inspira ses meilleurs poèmes. En 1930, déçu par l'évolution du régime, il se tire une balle dans le cœur. Resté très populaire, il symbolise une époque où révolution et avant-garde semblaient marcher main dans la main.

Monastère Novodievitchi pratique

Accès

Pour vous rendre à pied au monastère, empruntez, dans le prolongement de la rue Pretchistenka, Zoubovskaïa oul. (Зубовская ул.) et poursuivez sur Bolchaïa Pirogovskaïa oul. (Бол. Пироговская ул.). Tous les lieux décrits ici sont desservis par la ligne 1 du métro : pour le monastère, vous descendrez à **Sportivnaïa (Спортивная)**, pour vous balader au bord du fleuve, à **Vorobiovy gory (Воробьёвы горы)** et pour accéder au mont des Moineaux à **Ouniversitet (Университет)**.

Se restaurer

⊖⊖ Staraïa Mansarda ⑥ **(Старая мансарда)** – *Oul. Oussatcheva* (ул. Усачева) *62, ✆ 245 51 12.* En sous-sol dans un centre commercial (portique et vigile). Honnête cuisine dans un décor rural. Prix modérés pour le business lunch *(12h-16h).*

⊖⊖⊖ Pirosmani ④ **(Пиросмани)** – *Novodievitchi pr* (Новодевичий пр.) *4, face au monastère.* Dans un cadre enchanteur, le plus réputé des restaurants géorgiens de Moscou. Terrasse surplombant le lac dans lequel se mirent les murailles du monastère. Salle décorée de tableaux naïfs et de photos de personnalités ayant fréquenté les lieux. Cuisine savoureuse et très copieuse. Les gourmands ne manqueront pas de terminer par un succulent *pitojnoe katouna* ! Il est prudent de réserver.

Achats

La **boutique du monastère** propose des dentelles, de superbes châles en tissu imprimé et des CD de chants orthodoxes.

VISITER LES GRANDS MUSÉES

Nous avons regroupé dans ce chapitre trois musées moscovites dont la visite, indispensable, occupe au moins une demi-journée. Le premier, le musée des Beaux-Arts Pouchkine, dont les collections réservées aux arts étrangers sont aujourd'hui réparties dans trois bâtiments, est connu dans le monde entier pour sa collection d'artistes français d'avant-garde de la fin du 19e s. ; la galerie Tretiakov et son épigone situé à Krymski Val sont consacrés à l'art russe, des icônes médiévales aux recherches contemporaines, en passant par les Ambulants qui inventèrent la peinture réaliste en Russie et l'explosion créatrice des avant-gardistes du début du 20e s. Un voyage dans un art souvent mal connu et qui réserve de belles surprises.

Ensemble des musées des Beaux-Arts Pouchkine★★★

Gossoudarstvenny mouzeï izobrazitelnykh iskousstv im. A. S. Pouchkina/Государственный музей изобразительных искусств им. А. С. Пушкина

PLAN DE COUVERTURE : B3

La Cathédrale de Rouen **de Claude Monet,** ***Les Poissons rouges*** **de Matisse, des toiles essentielles de Gauguin, Cézanne ou Van Gogh, voilà qui justifierait amplement la visite de ces trois musées. Mais ce n'est pas tout : de Lucas Cranach au Greco, de Rubens à Rembrandt, de Botticelli à Tiepolo, les collections de l'ensemble muséographique qu'est devenu le musée Pouchkine abritent un certain nombre de chefs-d'œuvre provenant de collections privées ou royales, sans oublier les extraordinaires portraits du Fayoum et les collections d'art égyptien qui battent en brèche l'idée d'une Russie fermée sur elle-même, et achèvent de faire de cet ensemble un des grands musées du monde.**

À ne pas manquer – Les portraits du Fayoum et les collections d'Antiquités égyptiennes (musée Pouchkine), les salles consacrées à Claude Monet, Paul Cézanne et Paul Gauguin (galerie d'Art européen et américain des 19e et 20e s.), les toiles d'Isaac Levitan de la collection d'Alexander Ramm (musée des Collections privées).

Organiser son temps – Si vous souhaitez visiter les trois musées de façon détaillée en leur consacrant le temps qu'ils méritent, prévoyez une bonne journée et commencez de préférence par le musée Pouchkine proprement dit où vous pourrez vous procurer le « Guest Pass », valable pour l'ensemble du site. Mais rien ne vous interdit de ne visiter (par exemple) que la Galerie, qui dispose de sa propre billetterie.

Un musée éclaté...

Le déménagement en juin 2005 du musée des Collections privées dans ses locaux actuels a permis de réaliser fin 2007 le redéploiement de collections qui étaient singulièrement à l'étroit dans le musée Pouchkine. Celles-ci sont donc présentées dans trois bâtiments principaux auxquels il faut ajouter le **Centre éducatif « Museion »** *(expositions temporaires - Kolymajny per.* (Колымажный пер.) *6 - tlj 10h-17h - gratuit)* et quelques annexes.

Comprendre

Le flair et l'audace de collectionneurs hors pair

Pourquoi Moscou possède-t-elle tant de chefs-d'œuvre de grands noms de la peinture française ? Tout simplement grâce au flair de plusieurs collectionneurs qui, lors de leurs voyages en France, surent juger d'un coup d'œil et acheter des toiles de Monet, Cézanne, Gauguin ou Matisse que leurs homologues français, frileux, méprisaient. Parmi ces hommes de talent, deux noms émergent : **Sergueï Chtchoukine** (1854-

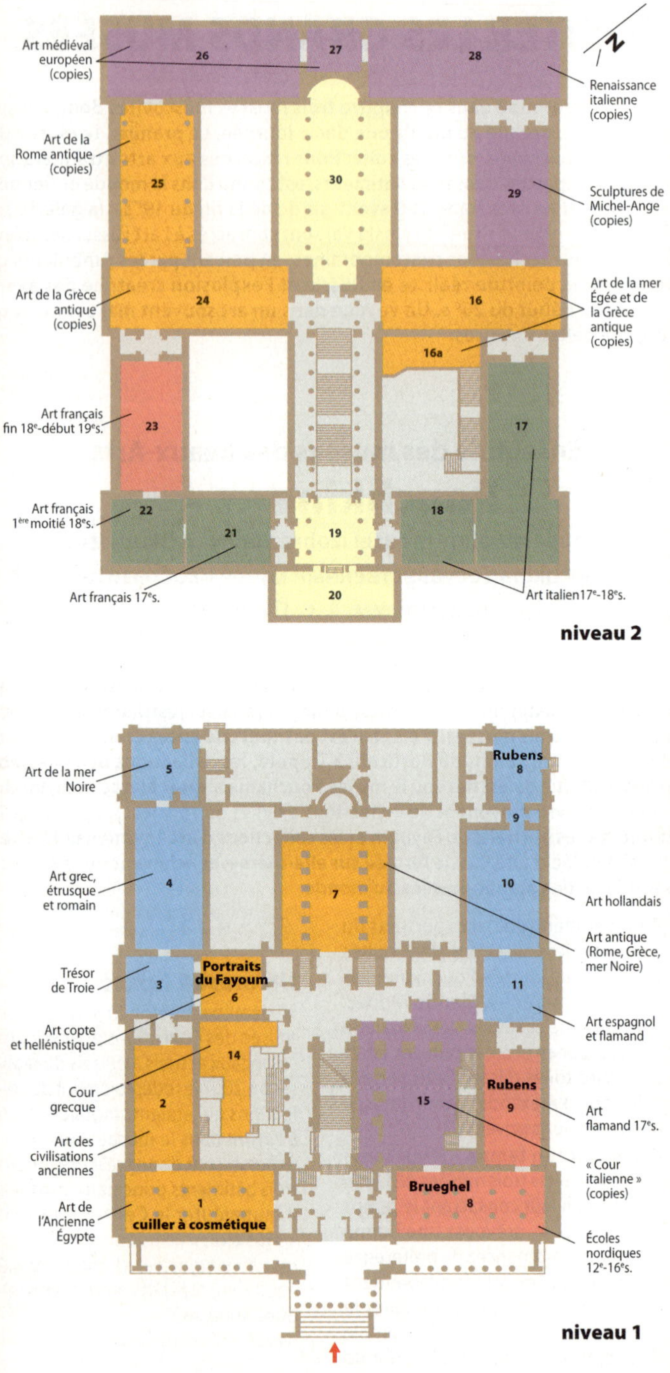

Musée des Beaux-Arts Pouchkine

Expositions temporaires

1936) qui, lors d'un séjour à Paris en 1897, acheta ses premiers Monet et s'enthousiasma pour les nouvelles tendances, se passionnant pour Cézanne, Van Gogh et Gauguin. Tout aussi impressionnante fut la collection d'**Ivan Morozov** (1871-1921) qui, il est vrai, avait de qui tenir : le mécénat était une tradition dans cette famille d'industriels et, dès son enfance, le futur collectionneur croisait Tolstoï et Tchekhov dans le salon littéraire de sa mère. Comme son frère **Mikhaïl Morozov**, disparu prématurément, mais qui fut le premier amateur moscovite d'art français, Ivan accumula les trésors dans sa demeure de la rue Pretchistenka. Bonnard, Renoir, Cézanne y côtoyaient des peintres russes tels que Levitan, Vroubel et le jeune Chagall à qui il mit le pied à l'étrier. Puis survint la révolution… Ivan Morozov ouvrit à son domicile un musée dont il fut nommé conservateur. Puis il émigra à la fin de 1918 et le musée finit par fermer. C'est en 1947 que ses biens furent partagés entre le musée de l'Ermitage de St-Pétersbourg et le musée Pouchkine qui, depuis 2006, déploie ses collections dans trois bâtiments voisins.

Spoliation

Un descendant (français) de Sergueï Chtchoukine poursuit une longue lutte pour rentrer en possession des biens saisis en 1918 par les bolcheviks : le palais Troubetskoï de Moscou et la collection de peintures riche d'une cinquantaine de Matisse, sans oublier des Picasso ou des Gauguin et dont rien, ni à l'Ermitage ni au musée Pouchkine ne rappelle la provenance. Son but est de reconstituer la collection dispersée de son aïeul afin de l'exposer au public. Sera-t-il entendu ? Pour l'heure, les autorités russes font la sourde oreille…

Au-delà des impressionnistes

Si le musée Pouchkine est justement réputé pour les chefs-d'œuvre de la peinture moderne qu'il réunit, ne négligez pas pour autant les peintures italienne, française, flamande ou hollandaise provenant de collections privées nationalisées après 1917. Nombre d'aristocrates, comme le **prince Ioussoupov** avec sa fabuleuse collection d'art français des 17e et 18e s. ou de marchands comme les **Stroganov**, spécialisés dans l'art italien, avaient en effet réuni depuis le début du 18e s. de superbes peintures dans leurs propriétés des environs de Moscou ou de St-Pétesbourg, et une partie des tableaux achetés par l'impératrice Catherine II a été transférée de St-Pétersbourg à Moscou. Bref, de Lucas Cranach à Botticelli, de Rembrandt à Poussin, c'est un superbe « générique » que présente le musée Pouchkine !

Naissance d'un musée

C'est aux alentours de 1850 que s'ouvrit à Moscou un cabinet des Beaux-Arts, destiné aux artistes et aux étudiants en histoire de l'art. Moulages et copies constituaient l'essentiel d'une collection que complétait une bibliothèque. En 1912, le professeur **Ivan Tsvetaev** (1847-1913), le père de **Marina Tsvetaeva**, qui militait pour la création d'un véritable musée des Beaux-Arts, obtint satisfaction avec l'inauguration, le 31 mai, du musée Pouchkine dans un bâtiment pompeux construit par **Roman Klein**. Le fonds en fut bientôt constitué par des collections privées, la donation d'un égyptologue moscovite et les peintures d'un musée disparu aujourd'hui, et enrichi par le transfert des œuvres occidentales de la galerie Tretiakov et d'un certain nombre de tableaux alors conservés à l'Ermitage de St-Pétersbourg, ainsi que la nationalisation des collections privées en 1917-1918.

Visiter le musée des Beaux-Arts Pouchkine★★

Réparties sur deux niveaux, les salles d'exposition sont disposées de telle manière qu'il est difficile de visiter le musée selon un circuit rationnel. La description ci-après obéit donc à un ordre que vous pourrez suivre ou non, en fonction de vos centres d'intérêt.

Désormais libéré de la section consacrée à la peinture moderne qui, il faut bien le dire, y attirait l'essentiel des visiteurs occidentaux, le musée conserve toutefois un certain nombre de trésors qui justifient amplement sa visite, même si la plus grande partie des salles est occupée par des moulages et des copies de statues antiques ou médiévales, rappelant le rôle éducatif du musée auprès d'étudiants qui n'avaient guère l'occasion pour diverses raisons d'aller découvrir ces chefs-d'œuvre sur place.

C'est ainsi qu'en émergeant du sous-sol, vous vous trouvez face à deux grandes salles centrales : la « Cour grecque » *(salle 14)* où vous accueillent les cariatides de l'Erechteion du Parthénon d'Athènes, et la « Cour italienne » où le *David* de Michel-Ange côtoie le *Colleone*, statue équestre de Bartolomeo Colleoni de la piazza San Giovanni e San Paolo de Venise, œuvre d'Andrea del Verrocchio.

Sans nier l'intérêt pédagogique de ces copies, la description ci-dessous met l'accent sur les points forts des collections que les visiteurs privilégieront selon leurs centres d'intérêt.

Premier niveau

Peinture des Écoles du Nord (12e-17e s.)

Salles 8 à 11. Accès par la Cour italienne, via *le portail de la cathédrale de Fribourg.*

Peinture hollandaise et allemande des 15e et 16e s. – *Salle 8.* En vedette, **Lucas Cranach l'ancien** (1452-1553) avec une *Vierge à l'Enfant* pleine de douceur sur fond de paysage escarpé, *Adam et Ève* et deux portraits. Mais notez également un *Portrait de Frédéric le Sage prince de Saxe*, par Maître Joan, actif au début du 16e s. ainsi qu'une peinture de l'artiste originaire de Tallinn, Michel Sittow. Pour les Hollandais, notez des œuvres d'Adrian Isenbrandt, une *Petite fille* (à l'air sournois !) vue par Isaac Claesz van Swannberg (1537-1614) et surtout un *Paysage enneigé* et une *Bagarre de paysans* de **Pieter Brueghel le Jeune** (1565-1637) ainsi qu'un *Portrait d'homme* de **Jan Gossaert** (1478-1532), le peintre qui, après un séjour en Italie, fit connaître l'esthétique de la Renaissance dans les pays du Nord. Une collection d'émaux de Limoges figure également dans la salle.

Peinture flamande du 17e s. – *Salle 9.* **Antoine Van Dyck** (1599-1641) est présent avec quelques portraits brossés de main de maître. Notez également une *Vue d'Amsterdam* de **Hans Bol**, et une truculente *Kermesse villageoise* de **David Teniers le Jeune** (1610-1690), un des grands spécialistes de la peinture de mœurs. L'Anversois **Pierre Paul Rubens** (1577-1640) est représenté par *L'Apothéose de l'Infante Isabel* et une remarquable *Bacchanale* animée par des personnages féminins pour le moins bien en chair !

Rembrandt et son école – *Salle 10.* Trois portraits ainsi que la grande composition *Assuerius, Haman et Esther* réalisée avec une remarquable acuité psychologique par **Rembrandt**, dominent la salle où vous remarquerez également le *Vieil Homme* malade de Jan Steen.

Art hollandais du 17e s. – *Salle 11.* Ici aussi, de grands noms (et autant de chefs-d'œuvre) sont au rendez-vous. Vous remarquerez le *Portrait d'une vieille femme*, peint de manière très réaliste par **Michel Van Mierevelt** (1567-1641). **Emmanuel De Wite** (1616-1692) est représenté par un *Marché sur le port* plein de vie.

Remarquez les œuvres d'**Adriaen Van Ostade** (1610-1685) et de **Gabriel Metsu** (1629-1667), deux maîtres de la peinture de genre ainsi qu'un lumineux paysage de **Jacob Van Ruisdael** (1628-1682).

Par la salle 10, revenir vers l'escalier. Face à celui-ci s'ouvre la vaste salle 7.

Art italien du 8e au 16e s.

Salle 7.

Parmi les primitifs, vous retiendrez avant tout deux œuvres de **Simone Martini** (v. 1284-1344), *Saint Augustin* et *Sainte Marie-Madeleine*. Par ailleurs, tableaux de Lorenzo del Monaco, et **Carlo Crivelli** (v. 1430-1501). **Paris Bordone** (1500-1571) est représenté par une *Dame à la rose*. Remarquez également *Le Christ bénissant les malades* de **Palma le Jeune**, une *Vierge allaitant* de **Lorenzo Lotto** (1480-1556), une *Sainte Famille* du **Bronzino** (1503-1572). Mais c'est encore **Sandro Botticelli** (1445-1510) qui attire tous les regards avec la grâce aérienne de son *Annonciation*. Notez également la douceur d'une Vierge du **Pérugin**, ainsi que le *Portrait du cardinal Antoniotto Padaviani* de **Titien**… et un *Saint Jean-Baptiste* du **Greco** (1541-1614), annexé par les Italiens.

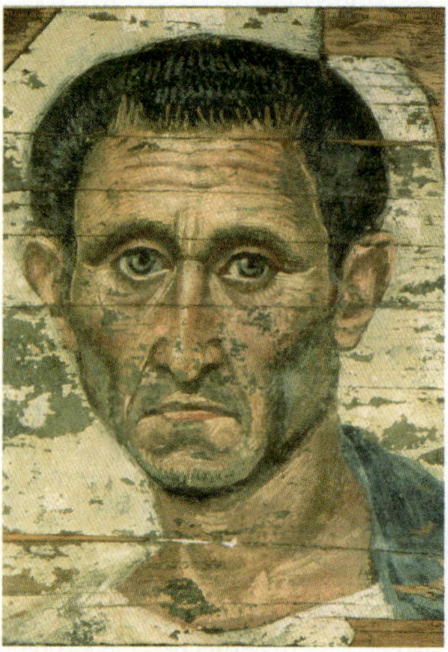

AKG images / Galerie Tretyakov, Moscou

« Portrait d'un homme », Fayoum, v. 98-117 av. J.-C.

Art hellénistique et copte

Salle 6, sur votre droite en sortant de la salle précédente.

Vous ne manquerez pas la superbe collection de seize **portraits du Fayoum** (1er s. av. J.-C.) occupant tout un mur, donation d'un égyptologue russe érudit, le professeur **V. S. Golenichtchev**. Remarquez notamment le portrait de cet homme d'âge mûr, au visage étonnant de vie.

Passeport pour l'au-delà

Très probablement exécutés d'après nature, les portraits du Fayoum, dont une centaine a été retrouvée à la fin du 19e s., étaient destinés à être placés près des momies des défunts afin de les accompagner dans leur long voyage vers le royaume d'Osiris. Ces personnages ordinaires, qui nous touchent par leur vivacité, sont le résultat d'un étonnant mélange culturel : vêtus à la romaine, ils sont peints par des artistes grecs pour sacrifier à un rite égyptien…

Art de l'Ancienne Égypte

Salle 1. En quittant devant vous la salle 6, vous traversez la salle 3 renfermant le Trésor de Troie, puis, sur votre gauche, la salle 2 où sont exposées une série de copies de bas-reliefs assyriens du palais d'Assourbanipal (9e s. av. J.-C.).

Ici encore, la base des collections provient de la donation effectuée entre 1909 et1911 par le professeur V. S. Golenichtchev.

Parmi les nombreux objets exposés, tous de grande valeur artistique, qui classent cette collection au niveau des plus importantes du monde occidental, trois pièces maîtresses : la **statue du pharaon Amenemhet** (12e dynastie), les deux extraordinaires **statuettes** d'ébène représentant respectivement le grand prêtre Amenhotep et la prêtresse Rainai (Thèbes, 15e s. av. J.-C.) et une ravissante **cuillère à cosmétique** (18e dynastie, 15e s. av. J.-C.) figurant une jeune femme nue sculptée dans l'ivoire, toute en élégance et en délicatesse (sa « sœur » est un des fleurons du département égyptien du musée du Louvre, à Paris).

Pour le reste, jarres à vin peintes, sarcophages de toute beauté et barques funéraires se détachent dans cette salle à voir absolument, même si vous n'êtes pas passionné par l'Égypte antique.

Revenir sur vos pas : au-delà de la salle 3, les salles 4 et 5 sont occupées par des copies de bas-reliefs et des vases grecs, étrusques et romains, ainsi que par des objets archéologiques provenant des rives septentrionales de la mer Noire.

Deuxième niveau

En haut de l'escalier, les deux longues salles 16 et 24 sont entièrement consacrées à des copies de la sculpture grecque. Prendre sur votre droite la salle 16 et tourner à droite. Vous pourrez dès lors suivre un circuit à peu près rationnel qui vous mènera de la peinture italienne des 17e et 18e s. aux œuvres des peintres français du 17e au 19e s.

Peinture italienne des 17e et 18e s.

Salles 17, 17a et 18.

Œuvres de **Bernardo Bellotto** *(Le Vieux Marché de Dresde)* et **Bernado Strozzi** (*La Vieille Coquette*, brossée sans la moindre indulgence !), **Guido Reni**, **Giambattista Tiepolo** *(La Mort de Didon)*, *vedute* vénitiennes de **Canaletto** et de **Francesco Guardi**, un saisissant clair-obscur de **Luca Giordano** et un *Saint Sébastien* du **Guerchin**.

Peinture française du 17e s. au début du 19e s.

Salles 21, 22 et 23, au-delà de deux petites salles (19 et 20) dévolues à des expositions temporaires.

La francophilie traditionnelle de l'aristocratie russe s'est traduite au cours des siècles par l'acquisition d'œuvres exceptionnelles. Parmi celles-ci, une *Annonciation* de **Simon Vouet**, des portraits de **Hyacinthe Rigaud** et de **De Troy**, un **Watteau** délaissant avec *Le Bivouac* ses habituelles scènes galantes, **François Boucher** *(Hercule et Omphale)*, **Hubert Robert** avec ses ruines romantiques, un remarquable *Sacrifice de Noé* de **Sébastien Bourdon**, **Claude Lorrain**, Greuze, Vernet, Natoire… et, par-dessus tout, *Renaud et Arménide* de **Nicolas Poussin**. Enfin, Napoléon est toujours présent à Moscou du moins dans un portrait de **François Gérard**, tandis qu'**Antoine-Jean Gros** a réalisé un *Portrait équestre du prince Ioussoupov*.

Vous avez dès lors achevé la découverte des œuvres originales du musée et retrouvé l'escalier en empruntant sur votre droite la salle 24. Pour mémoire, les salles suivantes, donnant sur l'arrière de l'édifice, sont successivement occupées par des copies. Reproductions de sculptures romaines en salle 25, copies de l'art européen médiéval dans les salles 26 et 27, moulages de sculptures de la Renaissance italienne dans la salle 28 et, enfin, une collection de reproduction des plus grands chefs-d'œuvre de Michel-Ange dans la salle 29.

Visiter la galerie d'Art européen et américain des 19e et 20e s.★★★

Accès et billetterie sur Mal. Znamenski pereoulok (Мал Знаменский пер.) *à gauche du musée Pouchkine.*

C'est dans ce bâtiment récemment aménagé pour la recevoir que la prestigieuse collection d'art moderne réunie par le musée Pouchkine est désormais déployée. Les œuvres sont disposées selon un parcours chronologique, sur trois niveaux desservis par un escalier central rectiligne et précédés par un vestibule. *Pour suivre l'ordre chronologique, prendre sur votre gauche à chaque niveau.*

Vestibule

Se faisant face, deux grands toiles de **Pierre Bonnard** (*Début du printemps* et *Automne*) encadrant une série de sculptures d'**Aristide Maillol** constituent une sorte d'agréable « mise en bouche », préalable à la découverte de la collection.

Premier niveau

Salles 1 à 8. Vous découvrirez tout d'abord les peintres allemands du début du 19e s. représentés notamment par des paysages de Caspar David Friedrich et par les artistes de l'école « nazaréenne », avant d'aborder le **romantisme** européen : Goya y est présent avec un *Portrait de Lola Jiménez* et il côtoie Horace Vernet, Ingres *(Vierge au Calice)*, Géricault et Delacroix *(Après le Naufrage)*, ainsi que Paul Delaroche, auteur d'un délicat *Portrait de la comtesse Sophia Shuvalov.*

La salle suivante est consacrée aux **paysagistes de l'école de Barbizon** parmi lesquels Corot se taille la part du lion : vous y retrouverez Diaz de la Peña, Charles-François Daubigny et Théodore Rousseau, mais aussi (et de façon un peu inattendue) John Constable et quelques sculptures de Jean-Baptiste Carpeaux.

Jean-François Millet avec *Les Ramasseurs de bois*, un excellent Courbet *(La Mer)* et un Daumier plein de verve sont à retenir dans la salle 4.

La salle 5 est vouée à l'**orientalisme** : l'Espagnol Mariano Fortuny et le Britannique sir Lawrence Alma-Tadena y voisinent avec les maîtres français d'un genre très en vogue au milieu du 19e s. (Jean-Léon Gérôme, Eugène Fromentin).

Les deux dernières salles sont consacrées aux écoles réalistes du milieu du siècle : la France y est représentée par Jules Bastien-Lepage *(Les Villageois amoureux)* et Pierre Carrier-Belleuse, l'Allemagne par Franz Xavier Winterhalter *(Jeune Fille en blanc).*

Deuxième niveau

Il s'ouvre par une salle ou Edgar Degas *(Danseuses en bleu)* se taille la part du lion, accompagné de belle manière par Édouard Manet *(Le Bar)* et Toulouse-Lautrec. La **salle 9, consacrée à Claude Monet**, justifie à elle seule la visite du musée : vous y verrez entre autres deux toiles étudiant les jeux de lumière sur la façade de la *Cathédrale de Rouen*, ici à midi et en fin de journée (la série complète en comporte une vingtaine). Une *Tour de Londres* émergeant à grand-peine du brouillard, et la *Chambre des Communes* illustrent le séjour londonien. Voir aussi les remarquables *Nénuphars blancs* et le *Déjeuner sur l'herbe*. Un enchantement !

Ses collègues **impressionnistes** occupent quant à eux la salle 10 : **Pierre-Auguste Renoir** est présent avec un *Nu* et l'*Esquisse pour le portrait de Jeanne Samary* (le tableau définitif est quant à lui à L'Ermitage de St-Pétersbourg) pleins d'une sensualité troublante. **Alfred Sisley** *(Matin à Louveciennes)* et **Camille Pissarro** (avec une *Avenue de l'Opéra enneigée*) participent à ce tourbillon de mouvement, de couleurs et de lumière.

© D.R.

« Les Vignes rouges », de Vincent Van Gogh.

Vincent Van Gogh est le principal représentant du post impressionnisme présent dans cette salle avec *Les Barques aux Saintes-Maries-de-la-Mer*, *Les Vignes rouges*, *La Ronde des prisonniers* et un *Portrait du docteur Gachet*, celui-là même que le bon docteur d'Auvers-sur-Oise, pourtant peintre à ses heures, utilisa pour réparer le grillage de son poulailler...

Il est accompagné notamment des pointillistes comme **Paul Signac** (remarquable *Golfe de Saint-Tropez*), Armand Guillaumin et Cross.

Les deux salles suivantes (12 et 13) dressent un panorama de l'art européen dans la seconde moitié du 19e s. L'Américaine Mary Cassat, le Suisse Ferdinand Hodler, l'Espagnol Ignacio Zuloaga et le Norvégien **Edvard Munch** *(Jeunes Filles sur le pont)* se détachent du lot.

De grands moments suivent : une salle suffit à démontrer le flair des collectionneurs moscovites. Accompagné du sculpteur Antoine Bourdelle, **Paul Cézanne**, alors méprisé en France, a su les intéresser : en témoignent entre autres un *Homme à la pipe* d'une extraordinaire économie de moyens et de couleurs, une *Vue du Jas-de-Bouffan*, une *Sainte-Victoire* et une *Nature morte* annonçant le cubisme.

Suit en salle 15 une exceptionnelle série de toiles de la période tahitienne de **Paul Gauguin**, notamment *Son nom est Vairomati* ou *Et toi tu es jalouse*, avec leur sable d'un rose évoquant celui qu'utilisa plus tard Kandinski. *Le Café à Arles* rappelle le bref séjour du peintre dans la cité provençale auprès de son ami Van Gogh.

Consacrées aux symbolistes (Maurice Denis, Odilon Redon) et aux nabis (Vuillard, Vallotton, et surtout **Pierre Bonnard** qui se taille la part du lion avec une série d'œuvres que Morozov lui commanda pour décorer son hôtel particulier de la rue Pretchistenka), les salles 16 et 17 précèdent la dernière étape vouée aux Fauves (Van Dongen, Vlaminck : *Barges sur la Seine*, Valtat).

Troisième niveau

La salle 19 présente quelques œuvres pleines de sérénité de Marquet *(Le Pont Saint-Michel)* et des toiles colorées d'Othon Friesz, ainsi que quelques peintures d'**Henri Matisse** a qui est consacrée la salle suivante. Parmi la quinzaine de toiles majeures présentées, figurent les fameux *Poissons rouges*, *Capucines à la danse* ainsi que des tableaux évoquant le séjour marocain de l'artiste : *Porte de la Casbah*, *Fenêtre à Tanger*, *Zorah*...

Matisse en Russie

C'est pour l'hôtel particulier moscovite de **Sergueï Chtchoukine** (le palais Troubetskoï) que Matisse créa en 1910 ses deux grandes compositions *La Danse* et *La Musique*. Exposés à Paris, les deux panneaux furent mis en place en décembre 1910. Invité par son mécène, le peintre séjourna à Moscou en 1911 et se passionna pour les icônes jusque-là méprisées par les amateurs d'art.

Dans la salle 21, le Douanier Rousseau fait face à André Derain *(Voiles qui sèchent)*, confrontation arbitrée par les vues de Montmartre de Maurice Utrillo. **Pablo Picasso** tient ensuite la vedette avec de remarquables toiles de son « époque bleue » *(Portrait du Poète Jaume Sabartes)* et de la naissance du cubisme (*La Dame à l'éventail* et *Portrait d'Ambroise Vollard*), mouvement également représenté par Georges Braque *(Le Château de la Roche-Guyon)* et le sculpteur Archipenko.

Fernand Léger est à la tête d'affiche de la salle 23, qu'il partage avec un Raoul Dufy plein de fraîcheur, une toile de Joan Miró, une sculpture de Zadkine, ainsi qu'un *Paysage oriental* de Jean Lurçat.

Dans la salle 24 consacrée à l'art européen, Kandinsky voisine avec **Marc Chagall**, protégé d'Ivan Morozov, représenté par un *Nocturne* et *L'Artiste et son modèle*.

Les deux dernières salles sont consacrées à une petite collection assez disparate où des toiles hyperréalistes de l'Américain Rockwell Kent côtoient une sculpture (charnue comme il se doit) de Botero, des toiles de Diego Rivera et de Giorgio De Chirico, tandis que la visite s'achève étrangement sur une *Notre-Dame de Paris* de Bernard Buffet.

Visiter le musée des Collections privées★★

Accès par Kolymajny per. (Колымажный пер.), *sur la droite du musée Pouchkine - Oul. Volkhonka* (Ул. Волхонка) *10/2 - tlj sf lun. et mar. 12h-18h - 100 Rub.*

L'idée de conserver les collections données au musée Pouchkine telles qu'elles avaient été conçues et non de les noyer dans la masse des œuvres du musée est sans doute le plus bel hommage que l'on pouvait rendre aux donateurs, qu'ils soient artistes ou collectionneurs.

Désormais installé dans des locaux fonctionnels remarquablement aménagés autour d'un patio éclairé par une lumière zénithale, ce musée permet de découvrir salle après salle la richesse de ces donations. Selon vos goûts, vous vous attarderez devant la donation du peintre **Leonid Pasternak** (1862-1945), père de l'auteur du *Docteur Jivago*, la collection réunie par Alexander Ramm et consacrée aux réalistes critiques (parmi lesquels l'excellent **Isaac Levitan**), ou bien celle d'Alexis Weisberg (1924-1985) inventeur du concept de « peinture invisible ».

Signalons également la collection du musicien **Sviatoslav Richter** (Jean Arp, Piotr Kontchalovski, Oskar Kokoshka, Robert Frank) ou enfin la donation d'**Alexandre Rodtchenko** (1891-1956), maître de la photographie et du collage, et de sa femme, la peintre **Varvara Stepanova**. Moment d'émotion devant les œuvres léguées par Sergueï Soloviov (Repine et autres peintres réalistes du 19e s.) considéré comme un « petit Tretiakov » et dont une partie de la collection a disparu lors de son arrestation en 1936.

Enfin, ne manquez pas la série d'œuvres d'**Alexandre Benois** (1870-1960) qui fut directeur artistique des **Ballets russes** de Diaghilev. Bref une balade en art, qui en apprend autant sur les artistes que sur les choix de ceux qui ont réuni leurs travaux.

Ensemble muséographique Pouchkine pratique

Accès

L'ensemble de musées constituant aujourd'hui le musée Pouchkine se situe oul. Volkhonka (ул. Волхонка), sur le trottoir opposé à la cathédrale du Christ-Sauveur. *Accès par le M°* **Kropotkinskaïa** (Кропоткинская)*, ligne 1, puis oul. Volkhonka ou M°* **Borovitskaïa** (Боровицкая)*, lignes 1 et 9 : sortez oul. Mokhovaïa* (ул. Моховая) *en gardant la muraille du Kremlin sur la gauche, puis tournez à droite dans oul. Volkhonka.*

Précédé d'une colonnade et d'un jardin, le **musée des Beaux-Arts Pouchkine** se trouve sur oul. Volkhonka 12.

La Galerie des Arts européens et américains des 19e et 20e s. (Galeriïa Iskousstva Stran Evropy i Ameriki XIX-XX Vekov/Галерия Искусства Стран Европы и Америки XIX-XX Веков) occupe le bâtiment situé sur la gauche *(oul. Volkhonka 14, mais accès par Mal. Znamenski pereoulok/*Мал. Знаменский пер.*)*.

Le musée des Collections privées (Mouzeï litchnykh kollektsiï/Музей личных коллекций) lui fait pendant sur la droite *(oul. Volkhonka 10, accès par Kolymajny pereoulok/*Колымажный пер.*)*.

Visite

Ouverture – *Tlj sf lun. (et mar. pour le musée des Collections privées) 10h-19h (21h le jeu.), fermeture des guichets une heure auparavant.*

Tarifs – *« GuestPass » donnant accès aux trois musées (mais pas aux expositions temporaires) : 500 Rub (disponible uniquement aux guichets du musée Pouchkine).*

Tarifs individuels pour chacun des musées : Musée des Beaux-Arts Pouchkine : 300 Rub. Galerie d'Art européen et américain des 19e et 20e s. : 300 Rub. Musée des Collections privées : 50 Rub. Audioguides (en français !) : 250 Rub. Plans : 50 Rub (Pouchkine), 60 Rub (galerie).

Vestiaire (Garderob/Гардероб) – Obligatoire pour tout sac de quelque importance.

Fermeture inopinée de salles – Comme ailleurs, cela arrive parfois, sans préavis ni renseignements sur la réouverture.

Pauses et petites faims

Cafétérias – Au sous-sol du musée Pouchkine et au rdc de la Galerie : assez sommaire. Quant aux **toilettes**, mieux vaut les éviter…

Achats

Kiosques – Livres (catalogues d'expositions, monographies), cassettes vidéo, CD-ROM du musée et plan en couleur, d'une part ; quelques souvenirs d'autre part.

Galerie nationale Tretiakov★★★

Gossoudarstvennaïa Tretiakovskaïa galereïa/ Государственная Третьяковская галерея

PLAN DE COUVERTURE : C3

C'est à un passionnant voyage dans un monde assez mal connu, celui de la peinture russe, que nous convie cette galerie, née de l'enthousiasme d'un seul homme. De Nikitine à Vroubel, en passant par Kiprenski, Ivanov, Perov, Repine et bien d'autres, vous suivrez à la fois l'évolution d'un art et celle d'une société. Et si cela ne suffisait pas, vous pourrez terminer votre visite par la découverte d'extraordinaires icônes anciennes, dont plusieurs sont des œuvres du renommé Andreï Roublev.

- **Se repérer** – La galerie est organisée sur deux niveaux. Au premier étage, les salles 1 à 40 présentent l'art russe, du 18e s. à 1900. Au rez-de-chaussée, les salles 56 à 61 sont consacrées à l'art ancien.
- **À ne pas manquer** – Kramskoï *(salle 20)*, Repine *(salles 29-30)*, Vroubel *(salles 32-34)* et les icônes d'Andreï Roublev *(salle 60)*.
- **Organiser son temps** – Compter au moins une bonne demi-journée et poursuivre tout naturellement par la galerie Tretiakov de Krymski Val qui présente l'art russe depuis 1900.

AKG Images/Galerie Tretyakov, Moscou

Portrait de Pavel Tretiakov dans la galerie (1901), par Ilia Repine.

Comprendre

Collectionneur et mécène

Sa famille avait fait fortune dans le textile. Héritier d'une coquette fortune, **Pavel Mikhaïlovitch Tretiakov** (1832-1898) s'intéressait à la peinture et, avant tout, à l'art russe : c'est ainsi que, dès l'âge de 24 ans, il commença à collectionner les œuvres des *Peredvijniki* connus aussi sous le nom d'**Ambulants**, ces peintres russes au style réaliste. C'est que, derrière le collectionneur, se cachait l'humaniste : dès 1860, il s'agissait pour lui de créer une galerie publique destinée à promouvoir l'enseignement au peuple de sa culture nationale. Dès lors, Pavel Tretiakov n'arrêta plus : mécène, il finançait les peintres comme **Ilia Repine** ou **Vassili Perov**, leur commandait des portraits de l'intelligentsia de l'époque. Collectionneur, il courait les ateliers, les magasins d'antiquités. Visionnaire, il fut des premiers à saisir la valeur artistique des icônes. Bientôt sa demeure du Lavrouchinski pereoulok devint trop petite : il la fit agrandir. Humaniste, il en ouvrit les salles à la visite (gratuite) dès 1881. En 1892, il acheva son œuvre en faisant don de l'ensemble, galerie, collection (riche de plus de 1 200 peintures et 500 dessins) à la ville de Moscou.

Une encyclopédie de la peinture russe

Par chance, l'œuvre immense du collectionneur fut poursuivie après sa mort, et dans le même esprit consacré à la défense et à l'illustration de l'art national. En 1905, la galerie changea d'aspect, avec la construction de son étonnante façade « néorusse » dessinée par **Viktor Vasnetsov**. La politique d'achats continuait, les donations affluaient... et le fonds artistique s'enrichit considérablement après 1917 du fait de la nationalisation des collections privées, mais aussi de la refonte des collections entreprise par le gouvernement soviétique. Elle continuait à soutenir les artistes vivants en achetant leurs créations, même si elle ne put parfois les exposer pour des raisons politiques. En 1930, il fallut ajouter une aile supplémentaire... Entre 1982 et 1985, la galerie fut presque entièrement reconstruite... et les œuvres d'art russe du 20e s. émigrèrent en mai 2000 dans un bâtiment moderne élevé dans la rue **Krymski Val** *(voir ci-après p. 253)*. Avec leurs 130 000 œuvres, les deux galeries Tretiakov constituent un exceptionnel ensemble de peinture russe, le plus complet qui soit.

Sergueï et Pavel

Pavel Tretiakov avait un frère, **Sergueï**, lui aussi collectionneur mais d'art étranger. À sa mort, Sergueï légua à Pavel sa collection qui fut donc exposée dans la galerie en même temps que d'autres tableaux provenant de **Mikhaïl Morozov**. C'est en 1925 que, pour respecter l'esprit national de la collection, ses tableaux furent transférés au musée d'Art moderne occidental... avant de rejoindre ultérieurement le musée Pouchkine.

Visiter

L'art russe du 18e s. et de la première moitié du 19e s. 1

Salles 1 à 48, à l'étage (escalier sur la gauche du hall d'entrée).

Portraits et paysages

Salles 1 à 7.

Cette période, qui vit la naissance d'une véritable peinture profane en Russie à la suite des bouleversements décidés par Pierre le Grand, est illustrée par des portraits d'un maître russe du genre, **Ivan Nikitine** (1680-1742), formé en Italie : le *Comte Gavriil Golovkine* et *La Tsarine Natalia Alekseïevna* sont remarquables, même si la souveraine est d'une laideur repoussante.

On y voit également des œuvres d'artistes étrangers invités à la cour comme le Français **Louis Caravaque** (*La Tsarine Anna Ioannovna*, incontestablement une forte femme !) et l'Allemand **Georg Groot** qui eurent une profonde influence sur leurs élèves russes. Vous remarquerez sûrement le *Portrait de Catherine II* par **Fiodor Rokotov** (1735-1808) que vous comparerez avec celui exécuté par **Alexeï Antropov** (1716-1795), mais surtout deux toiles de **Dimitri Levitski** (1735-1822), les portraits de la *Comtesse Ursule Mnyszek*, et celui de l'industriel *Pavel Demidov* représenté dans l'intimité et non en sacrifiant au genre du portrait d'apparat *(salle 5)*.

Tandis que la peinture de genre historique est représentée par **Anton Lossenko** (1737-1773) avec ses *Adieux d'Hector et Andromaque (salle 4)*, le paysage n'apparaît que plus tardivement, dans le dernier quart du siècle. **Fiodor Alexeïev** (1754-1824) compose des vues de St-Pétersbourg qui évoquent les *vedute* vénitiennes, tandis que **Semion Chtchedrine** (1745-1804) réalise des paysages idéalisés *(salle 6)*.

On retrouve le portrait dans la salle suivante avec le « sentimentaliste » **Vladimir Borovikovski** (1757-1827) présenté par un délicat *Portrait de Maria Lopoukhina*. En découvrant le portrait *Madame de Staël*, on ne peut pas dire que l'artiste ait cherché à flatter la célèbre femme de lettres !

Le romantisme

Salles 8 à 12.

Il se déploie et en beauté avec une œuvre maîtresse, pleine de frémissement contenu, le *Portrait du poète Alexandre Pouchkine* exécuté en 1827 par **Orest Kiprenski** (1782-1836). Dans la même salle, les paysages de **Sylvestre Chtchedrine** (1791-1830) se distinguent de leurs devanciers : ce peintre qui finit sa vie en

La salle des sculptures

La sculpture est représentée par **Fedote Choubine** (1740-1805), né dans un village où l'on pratiquait de tout temps la sculpture sur os ; après avoir étudié en France et en Italie, Choubine réalisa les portraits de toute la cour. Autre sculpteur notable, **Mikhaïl Kozlovski** (1753-1803) également représenté avec *Le Général Souvorov*.

Italie n'hésitait pas à planter son chevalet en plein air : il en ressort un étonnant *Nocturne à Naples* et une lumineuse *Grotte Matromanio à Capri*.

L'auteur des fameux *Derniers Jours de Pompéi* du Musée russe de St-Pétersbourg, **Karl Brioullov** (1799-1852), aquarelliste, portraitiste et peintre d'histoire est présent avec sa délicate *Cavalière*, un remarquable *Autoportrait*, et le *Portrait de Maria Arkadievna Beck* qui n'est pas sans évoquer George Sand *(salle 9)*.

La *salle 10* est tout entière dédiée à **Alexandre Ivanov** (1806-1858), personnage étonnant qui consacra vingt ans de sa vie à un unique tableau, *L'Apparition du Christ au peuple*, de plus de 5,40 sur 7,50 m. Ce peintre inclassable réalisa quelque 600 études, dont un bon nombre sont exposées ici : les paysages, notamment, sont brossés dans un style très moderne. Vous retrouverez ses esquisses dans la *salle 12*, après une salle consacrée à la peinture d'histoire et aux scènes de genre dues à **V. I. Chternberg** (1818-1845).

Vers le réalisme

Salles 13 à 15.

C'est **Vladimir Tropinine** (1776-1857), un ancien serf affranchi, qui peut être considéré comme le « père » de l'école de peinture de Moscou. Ce portraitiste joyeux est représenté par plusieurs toiles dont une *Brodeuse* à la jolie frimousse et à l'œil mutin. **Alexeï Venetsianov** (1780-1847) part en quête d'un réalisme plus affirmé dans ses scènes paysannes, même si la vue rurale représentée semble bien idéalisée. Dans cette même *salle 14*, vous verrez un *Portrait de Gogol* par **F. A. Moller** (1812-1874). Vous découvrirez ensuite des scènes de genre pleines de verve satirique de **Pavel Fedotov** (1815-1852) comme *Le colonel fait sa demande*, dont certaines rappellent un peu le dessin d'un Daumier.

Art russe de la seconde moitié du 19e s. et du début du 20e s. 2

Critique sociale

Salles 16 et 17.

On aborde ici le noyau de la collection réunie par Pavel Tretiakov, avec des peintres décrivant de façon réaliste la société de leur temps. Le symbole de cette manière est bien sûr *L'Union mal assortie*, de **Vassili Poukiriov** (1832-1890), mettant en scène une jeune fille pauvre épousant un barbon avec l'enthousiasme que l'on devine… et qui cohabite avec des œuvres d'artistes mettant en scène une condition féminine alors particulièrement difficile.

Vassili Perov (1834-1882) aborde les problèmes sociaux et dépeint un monde qui n'a rien d'idéalisé avec ses *Apprentis portant de l'eau* et *Le Gostiny Dvor de Moscou*. Si ce peintre n'était pas portraitiste dans l'âme, il le devint à la demande de son mécène et réalisa les portraits pleins de vie du dramaturge Alexandre Ostrovski et de Fiodor Dostoïevski.

L'essor du paysage

Salles 18 et 19.

La lumineuse et étrange beauté des paysages russes ne pouvait qu'attirer les peintres et ceux-ci, influencés par leurs collègues de Barbizon, excellèrent bientôt dans ce genre. C'est le cas notamment de **Fiodor Vassiliev** (1850-1873), ce peintre pétri de talent mais hélas trop tôt disparu, représenté par un beau *Sous-Bois* et d'**Alexeï Savrassov** (1830-1897) avec *Les Freux sont revenus*, une toile pleine de lyrisme.

Peintre amoureux de la mer, **Ivan Aïvazovski** (1817-1910), célébré de son vivant dans toute l'Europe, a multiplié avec talent les marines : vous remarquerez sa *Vue de bord de mer aux portes de Saint-Pétersbourg*, mais aussi sa dramatique *Mer Noire avant la tempête*. Dans cette même *salle 19*, remarquez un pittoresque *Patinage sur la Neva*, d'**Alexeï Bogolioubov** qui s'est spécialisé dans les vues panoramiques de St-Pétersbourg, qu'il surnommait « la Manchester russe ».

Les Ambulants

Salles 20 à 21.

Rejetant l'académisme de leurs aînés, ces peintres ont eu pour leader **Ivan Kramskoï** (1837-1887) qui réalisa surtout des portraits : ceux de Léon Tolstoï (1873) et de Pavel Tretiakov sont remarquables, de même que son *Autoportrait* où l'on devine la flamme qui animait le personnage. Mais on sera surtout frappé par le mystère émanant des traits de son *Inconnue*.

Le Musée russe, fils de la galerie

C'est après avoir visité la galerie Tretiakov que le tsar Alexandre II prit conscience de la nécessité de créer l'équivalent dans sa capitale de St-Pétersbourg. C'est ainsi que naquit l'idée qui allait aboutir à la création du Musée russe.

La fin des streltsy

Chef des **streltsy** (archers), le **prince Ivan Khovanski** prend parti dans les imbroglio dynastiques qui suivent la mort du tsar **Alexeï Mikhaïlovitch** (1676) et de son fils aîné **Fiodor III** (1682). On désigne alors deux co-tsars : Ivan V, issu du premier mariage d'Alexeï, et Pierre Ier, fils de la seconde épouse, Natalia Narychkina. La régence est assurée par la sœur des souverains, **Sophie Alexeïevna**. Mais les deux familles maternelles, les Narychkine et les Miloslavski se déchirent : les **streltsy** de Khovanski massacrent les Narychkine. Mauvais choix : c'est Pierre qui s'empare en 1689 du pouvoir. Sophie (à qui l'on reprochera surtout une politique libérale : elle avait été jusqu'à abolir le servage sous l'influence de son favori, le prince Vassili Golitsyne) est enfermée à Novodievitchi, Khovanski et ses troupes massacrés. En 1697, les streltsy se soulèvent à nouveau et tentent de porter au pouvoir Golitsyne : 1 200 d'entre eux sont exécutés sur la place Rouge. C'est le début du véritable règne de Pierre le Grand, d'autant qu'Ivan est mort l'année précédente… La révolte de Khovanski a inspiré un opéra à Moussorgski, la *Khovanchtchina*.

La salle suivante est consacrée à **Arkhip Kouïndji** (1842-1910), remarquable pour son travail sur la lumière : *La Boulaie, Nuit ukrainienne*. **Vassili Maximov** (1844-1911), **Konstantin Savitski** (1844-1905) et **Vladimir Makovski** (1846-1920) illustrent la peinture de genre, parfois anecdotique. Du dernier cité, remarquez *La Soirée*, où la conversation semble bien être en train de s'échauffer ! On retrouve ensuite le paysage avec les sous-bois d'**Ivan Chichkine** (1832-1898).

Histoire et légendes

Salles 26 à 28.

Un des peintres les plus connus du « **cercle d'Abramtsevo** », réuni autour du mécène **Savva Mamontov**, est **Viktor Vasnetsov** (1848-1926) qui puise dans l'histoire et les légendes du pays. *Les Preux* sont représentatifs de son goût pour l'épopée, mais l'on remarquera surtout les œuvres illustrant avec une palette pleine de fraîcheur les contes populaires russes *(Ivan-tsarévitch sur le Loup Gris)*. **Vassili Verechtchaguine** (1842-1904) s'est quant à lui spécialisé dans les scènes de bataille (saisissante *Apothéose de la guerre*), tout en cultivant un goût pour l'orientalisme, fruit de ses voyages (*Vue du Taj-Mahal, La Mosquée de Samarcande*). **Vassili Sourikov** (1848-1916) est, lui, le grand peintre d'histoire de son temps, et ses toiles monumentales ne manquent pas d'allure : *Le Matin de l'exécution des Streltsy* comme *La Boyarynia Morozova* frappent par leur souffle épique.

Ilia Repine (1844-1930)

Salles 29 et 30.

Ilia Repine est le peintre emblématique de la fin du 19e s. russe. Réaliste, il aborda tous les genres avec un égal succès. Vous remarquerez notamment sa *Procession religieuse*, terrible lorsqu'on la regarde en détail (observez les différentes classes sociales telles qu'elles sont symbolisées), le dramatique *Ivan le Terrible et son fils le 15 novembre 1581* (faisant écho à l'assassinat du tsar Alexandre II survenu quatre siècles plus tard), *On ne l'attendait pas*, représentant avec tact et délicatesse le retour inattendu d'un déporté politique dans sa famille, ou encore le *Portrait de Modeste Moussorgski* où le compositeur est représenté hagard, cheveux et barbe en bataille, comme sortant d'une nuit de débauche.

Peintres et écrivains

Salles 31 et 35.

L'œuvre de **Nikolaï Gay** (1843-1894) est marquée par un certain pré-impressionnisme *(Le Christ et Pilate)*, même si son tableau le plus connu *(Pierre le Grand interrogeant le tsarévitch)* n'en relève pas. Vous remarquerez son *Portrait de Tolstoï*, dont le peintre était l'ami et le disciple.

Cet impressionnisme naissant est plus marqué chez **Vassili Polenov** (1844-1927). Avec ses paysages sereins *(Une petite cour à Moscou)*, il a été quant à lui considéré comme l'équivalent en peinture d'Ivan Tourgueniev : reconnaîtrez-vous sur ce tableau l'église de la Transfiguration-du-Sauveur-sur-les-Sables que vous avez pu découvrir en parcourant la rue Arbat *(voir p. 180)* ?

L'excellent **Isaac Levitan** (1860-1900), avec *Automne doré* (1895) mais aussi *Crépuscule* (1899) où la palette se fait nettement plus sombre, est quant à lui souvent assimilé à son ami Anton Tchekhov.

Vroubel et l'Art nouveau

Salles 32 à 34.

Membre lui aussi du cercle d'Abramtsevo, **Mikhaïl Vroubel** (1845-1910), maître de l'Art nouveau, est représenté par des grandes peintures décoratives exécutées pour des hôtels particuliers moscovites, comme la maison Morozov. Son art culmine dans le panneau *La Princesse lointaine*. Mais c'était également un peintre de génie qui avait pris le démon comme sujet de prédilection : son *Démon assis* *(voir p. 59)* reste une des œuvres emblématiques de la peinture russe.

Vous verrez également des œuvres de **Nicolas Roerich** (1874-1947), lui aussi animé par une quête de spiritualité quelque peu ésotérique, aux couleurs étranges et aux formes simplifiées.

Au début du 20e s.

Salles 37 à 48.

Les artistes s'attachent désormais à la peinture réaliste de plein air et c'est dans ce groupe que se développa l'impressionnisme en Russie. Parmi ceux que vous découvrirez, notez les tableaux d'**Igor Grabar** (1871-1960) ou encore **Konstantin Iuon** (1875-1978), tandis que **Filipp Maliavine** se distingue par des toiles pleines de couleurs et de mouvement, déjà presque abstraites.

Valentin Serov (1865-1911) s'illustre avec *La Jeune Fille aux pêches* (1887) qui n'est autre que Vera Mamontov, la fille du célèbre mécène, avant de se spécialiser dans les portraits de personnalités du monde artistique et littéraire, mais aussi industriel et aristocratique. Cet excellent portraitiste, qui savait adapter sa manière à plusieurs styles, est également l'auteur d'un *Enlèvement d'Europe* qui doit beaucoup à l'Art nouveau.

La sculpture est quant à elle représentée par **Sergueï Konenkov** (1874-1971). Notez également les vues de Paris de l'impressionniste **Konstantin Korovine** (1861-1939, *salle 43*) qui termina sa vie en France comme décorateur pour le théâtre.

Le groupe Le Monde de l'Art manifeste sa nostalgie des temps révolus, tout en rejetant l'impressionnisme : **Alexandre Benois** (1870-1960), **Léon Bakst** (1866-1924) et **Konstantin Somov** (1869-1939) en sont les principaux représentants, tandis que **Boris Koustodiev** (1878-1927) pratique une peinture naïve aux coloris pleins de fraîcheur.

Enfin, le groupe de La Rose bleue, avec **Pavel Kouznetsov** (1878-1968), **Martiros Sarian** (1880-1972) et le sculpteur **Alexandre Matveïev** (1878-1960) marque, tant par la simplification du dessin que par l'emploi de couleurs primaires, un premier pas vers les ruptures qui vont suivre.

Les dernières salles sont consacrées aux arts graphiques et à l'affichisme.

Art de la Russie ancienne 3

Salles 55 à 62.

Si Pavel Tretiakov commença à réunir quelques spécimens d'art russe ancien, la base de la collection ici présentée provient de collectionneurs du début du 20e s. lorsque se fit la prise de conscience de la valeur artistique des icônes, en particulier sous l'influence d'**Henri Matisse**.

Après le magnifique **Trésor** (orfèvrerie, miniature, émaux) de la salle 55, vous découvrirez tout d'abord l'art d'époque prémongole *(salle 56)* avec quelques fragments de mosaïques kiéviennes (comme *Saint Dimitri* de Salonique, début du 12e s.) ainsi que des fragments de peintures murales. La peinture d'icônes de Novgorod est quant à elle représentée par la superbe *Annonciation d'Oustioug* (vers 1130). Mais c'est bien sûr la *Vierge de Vladimir*, une *Eleousa* (« Vierge de Tendresse »), probablement exécutée au 12e s. par des maîtres byzantins, qui attire tous les regards.

Dans la salle 57, une extraordinaire *Sainte Face* de Rostov (12e s.) précède le même sujet traité un siècle plus tard à Iaroslavl, et *Saint Boris et saint Gleb à cheval* (Pskov, 14e s.)

Le *Miracle de l'Icône de Notre-Dame-du-Signe*, de 1478, retraçant la bataille entre Novgorodiens et Souzdaliens illumine

Le musée dans l'église

Une partie de la collection d'icônes de la galerie est installée dans l'église **St-Nicolas-de-Tolmatchi**, datant du 17e s et qui fut la paroisse fréquentée par Pavel Tretiakov. Fermée au culte en 1929, elle est désormais incluse dans le musée et a été restaurée en 1997 dans l'état où elle se trouvait à la fin du siècle dernier. C'est devant l'iconostase à cinq registres qu'est placée la célèbre *Vierge de Vladimir*.

la salle 58 : c'est une véritable « bande dessinée » relatant le siège de Novgorod de 1170 et, après que l'icône sacrée eut été placée sur les remparts, l'affaire se concluant par la sortie victorieuse des assiégés conduits par saint Boris et saint Gleb, les premiers saints russes. Remarquez également l'icône du *Prophète Élie* (Ilia), représentative du style de l'école de Pskov.

Dans la salle 59, une *Dormition de la Vierge* avec, au verso, la *Vierge du Don*, est attribuée à l'un des plus anciens isographes (peintres d'icônes) connus, **Théophane le Grec**, mort après 1405, qui travailla à Constantinople avant de se rendre en Russie où il renouvela profondément le genre.

© D.R.

« Le Sauveur » (1420), par Andreï Roublev.

Il fut sans doute le maître du grand **Andreï Roublev** (v. 1365-v. 1425) avec qui il travailla notamment à Vladimir et à Serguiev Possad *(voir p. 267)*. La salle 60 présente des œuvres du maître provenant de l'iconostase de Zvenigorod (*Le Sauveur* – dont l'effigie semble émerger du panneau de bois –, *L'Archange Michel* et *L'Apôtre Paul*), ainsi que l'extraordinaire **Trinité** provenant de la laure de la Trinité-St-Serge et qui est considérée par les spécialistes comme la plus parfaite icône russe.

Les salles 61 et 62 montrent l'évolution de l'art de l'icône au cours des deux siècles suivants avec des isographes tels que **Dionissi** (mort après 1504), puis l'**école Stroganov**, appelée du nom de cette famille de mécènes qui protégea de nombreux isographes aux 16e et 17e s. Parmi eux, **Simon Ouchakov** (1626-1686), avec son *Arbre généalogique de l'État moscovite* et **Nikita Pavlovets** (mort en 1677), auteurs d'œuvres réalisées avec une précision presque maniaque *(La Vierge du jardin clos)*.

C'est à cette époque qu'apparaît un genre nouveau, la *parsouna*. Il s'agit de portraits de grands du monde profane peints à la manière des icônes : quelques exemples de ces premières œuvres profanes de la peinture russe sont ici présentés. Peu à peu, dans le courant du 17e s., le bois céda la place à la toile, et la détrempe à l'huile : la peinture moderne pouvait naître en Russie.

Galerie national Tretiakov pratique

Accès

Accès – *Lavrouchinski per.* (Лаврушинский пер.) *12, dans le quartier de Zamoskvorietchié. M°* **Tretiakovskaïa (Третьяковская)**, *ligne 6 : remonter oul. Bolchaïa Ordynka et prendre à gauche Tolmatchevski per.* (Толмачевский пер.) *; M°* **Novokouznetskaïa (Новокузнецкая)**, *ligne 2 : sortir Piatnitskaïa oul. et prendre à gauche Kiimentovski per.* (Климентовский пер.) *puis en face (légèrement à gauche) Tolmatchevski per.*

Visite

Billetterie – *Tlj sf lun. 10h-19h30 (guichets ouverts jusqu'à 18h30) - 250 Rub - audioguides : 280 Rub.*

Vestiaire – *Dans le hall d'accueil - gratuit hors gratification.* Obligatoire pour tout sac de quelque importance.

Boutiques – Librairie avec ouvrages en français et en anglais, catalogue de la galerie (en plusieurs langues dont le français) rédigé par son conservateur A. Rodianov, et sympathiquement illustré, livres d'art, cassettes vidéos…

Pas de plan (ce qui ne s'avère pas véritablement nécessaire puisque la visite suit un parcours à peu près rationnel dans des salles numérotées). Vous trouverez également dans le hall des boutiques avec souvenirs habituels (matriochka, boîtes laquées, icônes) plus riches qu'en d'autres musées.

Pauses et petites faims

Cafétéria – Sous forme de self-service : sandwichs sous cellophane *(25 à 30 Rub)*, parts de gâteau *(60 Rub)*.

Vous trouverez en outre un **distributeur** Bankomat adapté au public non russophone (ce qui est appréciable !), ainsi qu'un **bureau de change** et, bien entendu, des **toilettes** tout à fait convenables.

Galerie Tretiakov de Krymski Val★★★

Tretiakovskaïa galereïa na Krymskom Valou/ Третьяковская галерея на Крымском Валу

PLAN DE COUVERTURE : B3

Complétant la galerie Tretiakov, cette immense galerie présente l'art russe du 20e s. Vous y découvrirez bien entendu les grands maîtres de l'avant-garde du début du siècle tels que Malevitch et Larionov, mais aussi l'art de la période soviétique, bien mal connu et souvent dédaigneusement résumé sous le terme de réalisme socialiste. Ce sera l'occasion de découvrir que les choses ne sont pas si simples : d'une part, certains créateurs, tout en se pliant en apparence aux thèmes imposés, ont su exprimer une véritable personnalité et, d'autre part, certaines périodes (comme le « Dégel » des années 1960) ont vu les artistes soviétiques s'affranchir avec talent des normes staliniennes.

Se repérer – La galerie est située en bordure de la Moskova, dans un bâtiment moderne construit face au parc Gorki, sur l'avenue Krymski Val, à proximité du pont du même nom. L'entrée de la galerie est située sur la façade latérale de l'édifice, du côté opposé à la rivière.

À ne pas manquer – Les avant-gardes des années 1910-1920.

Organiser son temps – Consacrer une grande demi-journée à la visite de la galerie que vous pourrez compléter par une balade dans le parc des Arts et dans la Maison des Artistes (dans le même immeuble) ou une flânerie dans le quartier de Zamoskvorietchié.

Comprendre

Continuer l'œuvre du grand mécène

Dans son testament, Pavel Tretiakov avait été formel : sa collection devait rester dans l'état où il l'avait laissée. Soucieuse toutefois de continuer à enrichir cette œuvre unique d'art russe, la douma municipale de Moscou, devenue propriétaire de la collection, adopta une astuce lui permettant de ne pas enfreindre les dernières volontés du défunt mécène : il suffirait d'exposer séparément les nouvelles acquisitions. Par ailleurs, elle exprimait le souhait que soient intégrées à la galerie les dernières tendances marquant l'évolution de l'art russe. C'est ainsi que les différents conservateurs, parmi lesquels le peintre **Igor Grabar**, purent acquérir les premières œuvres d'avant-garde de la galerie qui, en 1918, devint propriété de l'État par un décret du Soviet suprême.

S'agrandir

La politique d'acquisitions se poursuivant, il devint urgent d'agrandir les locaux : en 1936, l'architecte **Chtchoussev** avait élevé la galerie d'un étage, mais cela ne suffisait pas. La guerre repoussa les projets d'extension, et il fallut attendre 1982, alors que la galerie était dirigée par **Lev Koroliov**, pour que les travaux de restructuration commencent. Mais ce n'est qu'en mai 2000 que la nouvelle galerie fut enfin inaugurée, dans l'immeuble de la rue Krymski Val dévolu jusque-là à la galerie de peintures de l'URSS. La collection contemporaine (de 1910 à aujourd'hui) était non seulement augmentée des œuvres de cette galerie, mais aussi disposait désormais de locaux vastes et fonctionnels, permettant d'autant plus de déployer ses richesses qu'une bonne partie de celles-ci pouvait enfin quitter les réserves dans lesquelles l'aveuglement idéologique du régime soviétique les avait confinées.

Un musée « souterrain »

La nationalisation de collections privées, mais aussi la politique culturelle alors audacieuse du nouveau régime permirent à la galerie de se doter d'un fonds d'art contemporain important : Kandinsky, Malevitch, Larionov, le groupe du Valet de carreau y étaient entre autres représentés. Mais survint la glaciation stalinienne et le règne sans partage du « réalisme socialiste ». Les artistes de l'avant-garde se virent sommés de quitter le pays ou de renoncer à leurs élucubrations formalistes, et leurs œuvres reléguées dans les réserves ne pouvaient être vues que par des spécialistes munis d'autorisations spéciales. En revanche, le pouvoir obligeait la galerie à acquérir et accrocher sur ses cimaises les tableaux idéologiquement et formellement irréprochables. Il fallut attendre la perestroïka pour que les créateurs du début du siècle retrouvent enfin la lumière.

Visiter

AKG Images/Galerie Tretyakov, Moscou

« *Baignade du cheval rouge* » (1912), par Kouzma Petrov-Vodkine.

Épurées ou torturées : les formes dans tous leurs états

Salles 1 à 10.

À tout seigneur tout honneur : la visite commence par **Kouzma Petrov-Vodkine** (1878-1939), l'auteur de la fameuse *Baignade du cheval rouge* (1912) qui marque symboliquement l'avènement de l'avant-garde dans la peinture russe, en rompant avec l'impressionnisme et ses avatars privilégiés jusque-là. Dans la droite ligne de ces recherches conduisant à une épuration des formes, **Natalia Gontcharova** (1881-1962) avec *Ramassage du bois mort* et **Mikhaïl Larionov** (1881-1964) et son *Repos du soldat* puisent dans la vie traditionnelle des paysans russes, avec chez ce dernier un certain humour *(salle 2)*.

Les jeunes peintres formèrent bientôt un groupe baptisé par Larionov (qui le quitta rapidement) le **Valet de carreau** (1910), attirés par le primitivisme ; parmi les artistes de cette école, vous remarquerez dans les salles suivantes **Robert Falk** (1886-1958) avec ses *Meubles rouges*, **Vassili Kouprine** (1880-1960) et ses *Fleurs roses sur fond noir*, les excellentes natures mortes, mais aussi un bel *Autoportrait* d'**Ilia Machkov** (1881-1944) ou encore **Piotr Kontchalovski** (1876-1956) et son *Autoportrait en famille* peint en Italie.

Aristarkh Lentoulov (1882-1943) est quant à lui le plus novateur : initié au cubisme à Paris, il en retient surtout un goût pour la déformation perceptible dans ses étonnants paysages urbains (*La Cathédrale Saint-Basile*, 1913) mettant en valeur ce que l'artiste appelait les « couleurs dynamiques » et qui semble préfigurer **Marc Chagall** (1887-1955), présent avec *Au-dessus de la ville*.

Tout cela conduit naturellement au *Venise* d'**Alexandra Exter** (1882-1949) et plus encore à **Pavel Filonov** (1883-1941), avant tout théoricien pour qui le tableau doit choisir pour modèle le processus de la vie et se développer comme un organisme vivant, ce qu'il exprima dans sa foisonnante *Composition. Navires* datée de 1913-1915.

Abstraction, suprématisme, constructivisme

Salles 11 à 14.

Et voici qu'apparaît **Vassili Kandinsky** (1886-1944) avec *Improvisation de formes froides* (1914) et *Trouble* (1917). Finie désormais la copie des formes de la nature, place aux lignes et aux couleurs qui doivent libérer l'imagination.

Kazimir Malevitch (1878-1935) va encore plus loin en généralisant l'usage de formes géométriques et en créant, sur les bases du cubisme et du futurisme, le **suprématisme** : témoin, son fameux *Carré noir suprématique* (1915), véritable manifeste du mouvement.

Vladimir Tatline (1885-1953) avec son « contre-relief » explore quant à lui les matériaux, tandis que de jeunes artistes s'engouffrent dans la brèche ouverte par Malevitch et le dépassent, au point de l'accuser plus tard de n'être « pas assez objectif et trop philosophique ». Parmi eux, **El Lissitski** (1890-1941) avec *Rochers*, **Olga Rozanova** (1889-1918), **Alexandre Rodtchenko** (1891-1956) et sa suite de *Peintures non objectives*, ou **Lioubov Popova** (1889-1924), donnent naissance au **constructivisme**, dont les applications architecturales ont marqué une génération : les œuvres expérimentales, comme la *Peinture axonométrique* de **Gustav Kloutsis** (1895-1944), *Le Spectre du gaz* de **Mikhaïl Plaksine** (1898-1985), la *Spirale* du sculpteur **Vladimir Stenberg** (1899-1982) témoignent entre autres de ces recherches.

Avec l'APRR, l'épopée révolutionnaire en images

Salles 15 et 16.

La création du mouvement de l'Association des peintres pour la révolution en Russie, qui succède en 1922 aux derniers Ambulants, marque un tournant décisif dans la production artistique. Prônant le retour à la peinture de chevalet, ces artistes y prétendent « fixer documentairement l'élan révolutionnaire ». Il faut être à la fois réaliste et épique. La chose n'aurait rien eu de grave en soi, si le pouvoir n'en avait pas profité pour excommunier toute autre forme artistique que celle préconisée par les théoriciens de l'APRR.

Emblématique de cette nouvelle manière de peindre, le tableau d'**Efim Tcheptsov** (1874-1951), *La Réunion de la cellule villageoise*, présente un personnage s'adressant de face à un auditoire (figuré par le spectateur du tableau) qui fut copié maintes et maintes fois. C'est dans ce style que se sont exprimés avec plus ou mois de bonheur **Konstantin Istomine** (1887-1942) avec ses touchantes *Étudiantes*, **Nikolaï Strounikov** (1887-1945) ou le sculpteur **Ivan Chadr** (1887-1941).

Le coup d'arrêt de 1922

Jusque-là, les artistes d'avant-garde et les bolcheviks marchaient main dans la main. Ne s'agissait-il pas chez les uns comme chez les autres de mettre à bas le vieux monde ? Le commissaire à la culture Lounatcharski regardait ces trublions avec bienveillance. Kandinsky et Olga Rozanova enseignaient à Moscou, Lissitski concevait des affiches abstraites… Et puis soudain, brutal renversement de situation : **Léon Trotski** dresse un réquisitoire contre l'avant-garde en publiant *Marxisme et futurisme*. Lénine avoue ne rien comprendre à l'art moderne, lui préférer un art « tourné vers le peuple ». Bientôt, l'abstraction n'a plus droit de cité sur le territoire soviétique.

Des personnalités malgré tout

Salles 17 à 24.

Tout n'est cependant pas à jeter, loin de là, dans cette période difficile où, à côté d'œuvres d'un style pompier désopilant (*Défilé de l'armée Rouge sur la place Rouge*, de **Konstantin Iuon**), quelques toiles pleines de vie dénotent un beau talent, comme *Le Bureau de recrutement* d'**Alexandre Maravov** (1878-1951) ou *L'Autoportrait* de **Vassili Svarog** (1883-1946).

Quelques artistes de valeur se mettent en évidence : **Salomon Nikitine** (1898-1965), **Piotr Williams** (1902-1947), auteur d'un beau *Portrait de Meyerhold* ainsi que de celui du cinéaste Boris Barnet, **Iouri Pimenov** (1903-1977) qui exalte l'industrie lourde mais avec un dessin très stylisé (son *Nouveau Moscou*, de 1937, ne manque pas d'intérêt), ou encore **Alexandre Deineka** (1899-1969) avec *Le Chantier des nouveaux ateliers* et une *Défense de Petrograd* chargée d'un hiératisme tragique.

Citons également **Alexandre Labas** (1900-1983) avec ses jeux de couleurs *(Le Dirigeable)*, **Nikolaï Kouzmine** et ses paysages urbains, **Tatiana Mavrina** *(Autoportrait)*, **Vladimir Lebedev** (1891-1967) ou encore **Gueorgui Roubliov** (1902-1975), certes auteur en 1935 d'un *Staline lisant la Pravda* qui n'ajoute rien à sa gloire et dans lequel le « petit père des peuples » apparaît sous un air débonnaire, mais qui avait réalisé cinq ans auparavant un beau *Je rejoins la ferme collective* plein de fraîcheur, et dont seul le titre permet de le rattacher aux normes idéologiques en vigueur : en d'autre temps on eût sans doute appelé ce tableau *La Jeune Fille en rouge*.

Le réalisme socialiste : plus divers qu'il n'y paraît

Salles 25 à 31.

Représenter la réalité (triomphale, cela va de soi) de façon immédiatement compréhensible par les masses populaires, exalter les réussites en temps de paix, l'héroïsme en temps de guerre, et la sagesse infaillible des dirigeants, telle fut à partir de 1937 (officiellement) et jusqu'à la fin des années 1950, la fonction essentielle de l'art.

À ce petit jeu, certains s'illustrèrent comme **Alexandre Guerassimov** (1885-1964), auteur d'un *Staline et Vorochilov au Kremlin* qu'aucun pompier du 19e s. n'aurait osé commettre : ce peintre qui fut président de l'Union des artistes exerça un pouvoir dictatorial sur la création de son temps. Quelques tableaux de la même veine sont tout aussi étonnants, notamment *La Célébration de la victoire sur la place Rouge*, par **Mikhaïl Koumelko** (1918-1996) où ne manque pas un seul bouton de guêtre, ou encore *Le Dernier Jour dans le bunker d'Adolf Hitler*.

Difficile sur ces thèmes imposés de faire œuvre de création. C'est pourtant ce que tentent le paysagiste **Sergueï Guerassimov** (1885-1964) avec une *Fête kolkhozienne* où l'on retrouve une certaine sensualité postimpressionniste, **Arkadi Plastov** (1893-1972) dépeignant les gens de son village au travail *(La Fenaison)*, sans drapeau rouge ni célébration d'aucune sorte, ce qui lui attira quelques ennuis, ou **Alexandre Morozov** (1902-1997). Enfin, il faut signaler la sculpture emblématique de ce style, *L'Ouvrier et la Kolkhozienne* exécutée par **Vera Moukhina** (1889-1953), une élève du sculpteur français Antoine Bourdelle, et inspirée, selon l'artiste, par *La Victoire de Samothrace*. Le modèle du monument est exposé à la galerie, tandis que l'œuvre monumentale elle-même, créée pour le pavillon de l'URSS à l'Exposition universelle de Paris de 1937, est aujourd'hui placée sur l'arc de triomphe marquant l'entrée du Centre panrusse des expositions *(voir p. 259)*.

La Grande Guerre patriotique avec son cortège de souffrances permit également à des artistes de s'exprimer parfois de façon un peu moins conventionnelle, parfois saisissante (*Visages de la mort*, par **Sergueï Toutinov**), parfois plus apaisée (*La Madonne des partisans*, de **Mikhaïl Savitsky**). On regardera avec une certaine émotion *La Lettre du front*, d'**Alexandre Laktionov** (1910-1972), évoquant une famille soviétique se réjouissant des (bonnes) nouvelles du front reçues par courrier. Le succès du tableau fut tel que le pauvre Laktionov croula bientôt sous les commandes des musées d'innombrables villes du pays, chacune soucieuse d'exposer sa propre *Lettre du front* !

Que sont-ils devenus ?

Larionov et son épouse **Natalia Gontcharova** se sont installés à Paris en 1915 à l'invitation de **Serge de Diaghilev.** Comme son épouse, le chef de l'avant-garde russe réalisa nombre de décors pour les Ballets russes avant de s'éteindre à Fontenay-aux-Roses en 1964. **Chagall** fut chassé au nom de l'abstraction par Malevitch de l'université de Vitebsk où il enseignait et émigra dès 1922. **Kandinsky** devint professeur au Bauhaus de Berlin. Resté en URSS, **Kazimir Malevitch** fut contraint de revenir à la peinture figurative dès 1927, ce qui ne l'empêcha pas de tomber en disgrâce. Seule consolation, il fut enterré dans un cercueil « suprématiste » tiré par une camionnette orné d'un carré blanc. **Robert Falk**, après un exil français, vécut comme un ermite. Quant aux constructivistes, ils évoluèrent vers les Arts décoratifs et l'architecture : **Rodtchenko** devint un maître de la photographie après avoir dessiné des wagons de tramway, **Tatline** dessina des meubles, **Exter** et **Popova** enseignèrent à la faculté du textile.

Dégel et glaciation

Salle 32.

Si le réalisme socialiste restait la norme officielle, l'arrivée au pouvoir de Khrouchtchev et la « déstalinisation » qui s'ensuivit ouvrirent un espace de liberté (relative) pour les créateurs, du moins pour une brève période puisqu'à ce « dégel » a rapidement succédé une nouvelle glaciation correspondant à la consolidation au pouvoir du successeur de Nikita, Leonid Brejnev.

C'est tout un art, jusque-là plus ou moins clandestin, qui se fait jour. Après avoir tâté du postimpressionnisme perceptible dans *Cruche blanche et assiette sur serviette*, par **Vladimir Veisberg** (1924-1985) ou *Vitrine*, de **Iouri Zlotnikov** (né en 1930), les artistes s'enhardirent jusqu'à tenter un retour à l'abstraction (*Jeux suprématiques*, de **Francisco Infante-Arana**, né en 1943). Il en ressort une sorte de frénésie créative pleine de diversité d'où se détachent **Valentin Sidorov** (né en 1928) avec *Sur l'herbe*, le beau *Avril bleu* de **Efrem Zverkov**, la *Célébration à Tourovets* de **Valeri Iegorov** (1940-1998) ou encore le *Printemps à Moscou*, de **Piotr Oussovski** et le *Portrait du fils de l'artiste*, par **Ilia Glazounov**.

Officiels contre underground

L'art « officiel » perdure. Mais il aborde, que ce soit en sculpture ou en peinture, des thèmes moins directement liées à l'exaltation d'une épopée révolutionnaire désormais bien essoufflée, et se consacre à dépeindre ou à évoquer la vie quotidienne du Soviétique moyen et ses difficultés. Ainsi *La Famille*, bois sculpté de **Nina Jilinskaïa** (1926-1995) ou encore *Les Géologues*, de **Pavel Nikonov** (né en 1930). Pour la petite histoire, ce tableau, exécuté en 1962 et présenté à l'exposition du 30e anniversaire de l'Union des peintres de Moscou, déclencha de violentes polémiques pour son absence délibérée de réalisme.

Cette économie de moyens s'inscrivait dans un courant alors en vogue, celui de l'art austère réduisant les silhouettes à des traits essentiels dont vous verrez quelques exemples avec une superbe sculpture d'**Oleg Komov** (1932-1994), *La Vitre*, ou dans les tableaux de **Nikolaï Andronov** (1929-1998), comme *Le Flottage*.

Vladimir Popkov (1932-1974), en réintroduisant un genre quasi disparu, celui de l'autoportrait *(La Capote du père)*, se fait l'initiateur d'un mouvement cherchant à puiser dans l'esthétique d'autrefois : **Dmitri Jilinski** avec son *En famille au bord de la mer* et **Nadia Nesterova** (née en 1944) avec *La Maison de Gogol* oscillent entre un réalisme exacerbé et un retour au « primitivisme ». Le lyrisme fait son

apparition avec **Irina Starjenetskaïa** *(Deux dans une barque)*, tandis que **Tatiana Nazarenko** *(Soir à Moscou)* multiplie les citations et les « métaphores ».
Du côté de l'underground, il faut citer une personnalité au talent original, **Mikhaïl Chvartsman** (1926-1997), créateur du « hiératisme », utilisant l'abstraction pour exprimer ses aspirations métaphysiques. *Espace tripartite* constitue l'aboutissement de la recherche de cet artiste. D'autres se penchent en revanche sur la réalité sociale de leur temps en adoptant l'hyperréalisme comme **Sergueï Cherstiouk** (1951-1998).

La fin de l'art soviétique

La suite, qu'il s'agisse de la période de la perestroïka ou de celle qui suit la chute du mur de Berlin, relève de l'art international, auquel les Russes ont désormais librement accès.
L'abstraction est illustrée par **Vladimir Iankilevski** et **Lev Nousberg**. Vous remarquerez les grandes compositions des frères **Alexandre** et **Piotr Smaline**, le dessin presque caricatural de **Boris Touretski** (1928-1997), ainsi que *La Porte rouge*, de **Mikhaïl Roguinski** (1931-2001).
Variante locale du pop'art occidental, le **soc-art** (pour « art socialiste ») s'attache à détruire méthodiquement les mythes soviétiques, le plus souvent par la dérision : **Gricha Brouskine** *(Alefbet)* et **Ivan Tchouïkov**, avec son polyptyque intitulé *La Mer*, excellent dans ce genre d'exercice. Retenons également **Boris Orlov** avec son réjouissant *Empereur*, buste à la manière romaine affublé d'un tricot rayé de marin et d'un bonnet portant le nom du croiseur *Aurore* (Аврора). **Leonid Sokov** marie la *Marilyn* d'Andy Warhol avec Joseph Staline.
L'art conceptuel a pour champion **Ilia Kabakov** qui s'est fait un nom au-delà des frontières *(Rapport du groupe expérimental)*. **Maxime Kantor** ressuscite l'expressionnisme avec son saisissant *Tchernobyl (Étoile d'absinthe)*, en n'hésitant pas à jouer sur la signification des mots (le nom de la centrale nucléaire de triste mémoire signifie en ukrainien : « absinthe »).
Enfin, si l'on retient les noms d'**Alexandre Sitnikov**, **Olga Boulgakova** et du sculpteur **Nikita Rodionov** (1947-1998), auteur d'un sympathique *Violoniste* en carton, « performances », photomontages et « installations » se multiplient comme partout ailleurs (**Igor Makarevitch**) et l'on use et abuse de nouveaux matériaux comme le néon ou la vidéo.

Le dilemme

Chacun était conscient autour des années 1960-1965 que l'art était arrivé en Russie dans une sorte d'impasse. Deux voies s'ouvraient alors : d'une part le renouvellement de l'art soviétique, en particulier en remettant au goût du jour des formes anciennes, prônées par la très officielle Union des peintres. D'autre part, un art créé sur des recherches formelles ignorant tout message idéologique officiel et pouvant se rattacher aux courants contemporains de l'art mondial, position des avant-gardistes de l'underground soviétique.

Galerie Tretiakov de Krymski Val pratique

Accès

En métro – *M°* **Park Koultoury (Парк Культуры)**, *lignes 1 et 5 : traverser alors le pont de Crimée* (Krymski most), *de préférence sur le trottoir de gauche.*
M° **Oktiabrskaïa (Октябрьская)**, *ligne 5, et* **Dobryninskaïa (Добрынинская)**, *ligne 6 : suivre la rue Krymski Val (en suivant le regard de Lénine) sur le trottoir de droite.*

Visiste

Billetterie – *Dans un vaste hall au 2e niveau - tlj sf lun. 10h-19h30 (guichets ouverts jusqu'à 18h30) - 250 Rub - audioguides : 280 Rub.*

La galerie proprement dite est située au 3e niveau ; suivre l'ordre des salles (du moins lorsque aucune fermeture imprévue ne vient le perturber).

Pauses et petites faims

Akvarel (Акварель) – *Dans le bâtiment, sur la gauche de l'entrée à la galerie.* Café avec restauration légère et pâtisseries en self-service et sushi-bar.
Dans le hall de la **Maison centrale des Artistes** *(voir p. 230)*, sise dans la partie du bâtiment donnant sur la rue Krymski Val, vous trouverez également un café et de nombreuses boutiques de souvenirs, une librairie d'art et un disquaire.

EN PÉRIPHÉRIE

Au-delà de la Ceinture des Jardins (Sadovoïé Koltso), boulevard circulaire qui délimite le centre-ville, quelques lieux perdus dans un environnement urbain ingrat méritent que l'on s'y aventure, d'autant qu'ils sont accessibles par le métro.

Parc d'Izmaïlovo

Izmaïlovski park/Измайловский парк

C'est un parc immense, ancienne propriété du tsar qui s'y adonna à des cultures expérimentales. S'il ne reste pas grand-chose des palais de bois élevés par la famille impériale, c'est aujourd'hui un vaste espace de loisirs pour les Moscovites, également fréquenté par les étrangers logés à l'orée du parc dans le complexe hôtelier bâti pour accueillir les spectateurs des jeux Olympiques de 1980.

Se repérer – Cet immense parc situé au nord-est de Moscou est accessible par la ligne 3 du métro.

Organiser son temps – Compter une petite heure.

Se promener

Le parc et le domaine

Le parc appartenait aux boyards Romanov avant qu'ils n'accèdent au trône impérial, et c'est le second tsar de la dynastie, **Alexeï Mikhaïlovitch**, dont le règne s'étendit de 1645 à 1676, qui décida d'en faire un laboratoire en y acclimatant des cultures jusque-là inconnues en Russie (vignes et pastèques) et en tentant d'y pratiquer la sériciculture. L'aménagement actuel du parc a été conçu dans le courant du 19e s.

Domaine d'Izmaïlovo (Oussadba Izmaïlovo/Усадьба « Измайлово ») – *Accès par Izmaïlovskoïé chossé* (Измайловское шоссе) *puis à gauche le premier pont de Baouman* (1-й Бауманский мост). C'est sur cette île, au centre d'un lac artificiel, que s'élevèrent les palais de bois de la cour dont il ne reste rien aujourd'hui. Seuls subsistent de cette période de splendeur la **Cathédrale de l'Intercession-de-la-Vierge (Sobor Pokrova Presviatoï Bogoroditsy/Собор Покрова Пресвятой Богородицы)**, construite en 1679, aux grandes fenêtres couvrant deux étages et aux tambours décorés de carreaux de faïence par **Stepan Poloubes**.

Vous verrez deux grandes **portes** datant de la même époque. Ce sont les vestiges de l'enceinte du domaine : l'une des trois arches était réservée au tsar et à sa suite. Un hospice élevé en 1840 par Konstantin Ton est venu depuis occuper les lieux.

Parc d'Izmaïlovo pratique

Accès

Le lieu est desservi par la ligne 3. La station **Izmaïlovski Park (Измайловский парк)** présente une particularité amusante : elle ne s'appelle ainsi que sur les plans distribués dans les hôtels. Dans le métro, sur les indications directionnelles comme à l'arrivée à la station, recherchez plutôt **Partizanskaïa (Партизанская)**.

Se loger

Tourist Hotel Complex Izmaïlovo (Туристический гостиничный комплекс « Измайлово ») – *Izmaïlovskoïé chossé* (Измайловское шоссе) *71*. Composé de cinq hôtels :

Alfa (23) **(Альфа)**.

Beta (24) **(Бета)**.

Vega (25) **(Вега)**.

Gamma (26) **(Гамма)** et **Delta (Дельта)**.

Voir descriptif complet de ces hôtels p. 120.

Se restaurer

Dans et aux alentours du complexe hôtelier, les petits restaurants ont poussé comme des champignons…

Achats

Vernissage d'Izmaïlovo (Вернисаж в Измайлово) – *Contre la zone hôtelière - ouvert le w.-end - entrée payante.* Le royaume du kitsch : une sorte de ville russe d'autrefois en carton-pâte occupée par une brocante. Peut-être y trouverez-vous une idée de souvenir.

Centre panrusse des Expositions★

Vserossiïski Vystavotchny Tsentr (VVTs)/ Всероссийский Выставочный Центр (ВВЦ)

Une sorte de foire-exposition destinée à vanter les réussites économiques du régime soviétique, il n'y a là apparemment pas de quoi justifier un déplacement : et pourtant, si votre séjour vous en laisse le temps, le lieu mérite un coup d'œil, tant il est révélateur des us et coutumes du système déchu.

Se repérer – Ce vaste parc se situe au nord du centre-ville, sur la gauche de la perspective (prospekt) Mira. Vous l'atteindrez par le métro en descendant à la station VDNKh (ВДНХ), sur la ligne 6.

À ne pas manquer – Le monument des Cosmonautes pour son élégance et la fontaine de l'Amitié entre les peuples pour ceux qui aiment le kitsch… et, bien sûr, *L'Ouvrier et la Kolkhozienne*, fleuron du réalisme socialiste.

Organiser son temps – Une heure suffit largement pour explorer les lieux.

Avec les enfants – La grande roue et autres attractions foraines du VDNKh.

Comprendre

Du provisoire au définitif – Ce fut en 1939 une vaste foire agricole vantant les réussites du régime : on édifia des pavillons représentant chacun une des républiques de l'URSS. Puis en 1954, lorsque Khrouchtchev parvint au pouvoir, le lieu, plus ou moins à l'abandon, fut réaménagé, de nouveaux pavillons édifiés, et le concept étendu à tous les secteurs de l'économie d'une URSS, dont il s'agissait de démontrer la supériorité : cette vitrine s'appelait alors **Exposition des réalisations de l'Union soviétique (VDNKh/ВДНХ)**, ce que perpétue toujours le nom de la station de métro qui le dessert. Devenu aujourd'hui Centre panrusse des Expositions, son affectation hésite entre la fête foraine, les floralies (au printemps) et une sorte de foire au matériel électronique. Voilà qui est peu engageant dira-t-on : et pourtant, les réalisations architecturales du lieu sont assez représentatives d'une époque pour justifier d'aller y faire un tour.

Se promener

Centre panrusse des Expositions★ (Vserossiïski Vystavotchny Tsentr/ Всероссийский Выставочный Центр) – *9h-21h (pavillons 10h-19h) - gratuit.*

Voici un lieu grandiose, comme il se doit : un monumental **arc de triomphe★** que surmonte la célèbre statue de **Vera Moukhina**, *L'Ouvrier et la Kolkhozienne (voir p. 61)*, brandissant l'un un marteau et l'autre une faucille, œuvre emblématique du **réalisme socialiste**, donne le ton. Une large allée ponctuée de fontaines et de jets d'eau conduit à un bâtiment à colonnade que précède la statue de Lénine : c'est l'ancienne Assemblée nationale de Russie dont le fronton est orné des emblèmes de l'URSS. Il faut contourner ce bâtiment pour accéder à un immense espace bordé des pavillons des républiques : ceux de l'Arménie et de la Carélie ne manquent pas d'un certain charme, celui de l'Ukraine, tout au fond, est quant à lui délirant ! Mais ce sont les deux **fontaines monumentales★★** exaltant, l'une, l'Amitié entre les peuples (chaque république étant représentée par une jeune fille) et la seconde, l'Abondance des produits de la terre grâce aux vertus du socialisme qui retiendront votre attention : le kitsch atteint ici de tels sommets… qu'il en devient beau, surtout lorsque les innombrables jets d'eau (presque 800, dit-on !) animent ces personnages de bronze doré. Pour le reste, inutile de pénétrer dans les pavillons. La « grande roue » et les autres manèges attireront les enfants… et vous pourrez parcourir les lieux à bord d'un petit train.

Monument aux Cosmonautes★ (Pamiatnik Pokoriteliam kosmossa/Памятник Покорителям космоса) – C'est en 1964 que fut élevé ce monument audacieux figurant une fusée en plein envol : recouvert de titane, il s'élance vers le ciel dans une trajectoire courbe pleine d'élégance. Sur les bas-côtés du socle, des bas-reliefs exaltent l'enchaînement des compétences

Un pionnier de l'espace

Né en 1857, Konstantin Edouardovitch Tsiolkovski, élève de Mendeleïev, a publié ses premières recherches sur les fusées en 1896 dans une indifférence quasi générale. Il lui fallut attendre la révolution pour que le gouvernement s'intéresse à ses recherches…

Un monument pour l'espace.

(magnifiées par la pensée de Lénine, bien entendu !) qui ont permis aux cosmonautes de quitter notre atmosphère. Devant le monument, la statue de **Konstantin Tsiolkovski**, « père de l'astronautique russe ».

Musée mémorial des cosmonautes (Memorialny mouzeï kosmonavtiki/Мемориальный музей космонавтики) – *Dans le soubassement du monument, du côté opposé à la statue de Tsiolkovski – fermé pour rénovation.* Petit musée consacrée à l'odyssée soviétique de l'espace dès ses débuts en 1940 avec les recherches de **Sergueï Koroliov** jusqu'aux stations orbitales d'aujourd'hui en passant par les dates historiques : celle du premier Spoutnik lancé le 4 octobre 1954 ; l'envol de Laïka, première chienne de l'espace en 1958, et celui du premier homme, le 12 avril 1960 : il s'agissait du populaire **Iouri Gagarine** (1934-1968) ; le tout s'achevant par la station orbitale Mir (1986). Bref, le rappel d'une époque où l'URSS semblait avoir pris un avantage décisif dans la course de l'espace.

Hôtel Cosmos (Gostinitsa Kosmos/Гостиница « Космос ») – Devant la façade en hémicycle de cet impressionnant hôtel se dresse depuis mars 2005 une **statue en bronze du général de Gaulle**, œuvre de l'inévitable **Zourab Tsereteli** (avec la collaboration de l'architecte A. V. Kouzmine).

Domaine d'Ostankino (Ousadba Ostankino/Усадъба Останкино)

1re Ostakinskaïa oul. (1-я Останкинская ул.) *5 - mi-mai à fin sept. tlj sf lun., mar. 10h-19h - 80 Rub.* Élevée à partir de 1792, la résidence d'été du comte **Nicolas Cheremetev** trahit la passion pour le théâtre de son concepteur. Vous y découvrirez des pavillons abondamment décorés, un somptueux palais-théâtre accueillant chaque année un festival d'opéra, une église du 17e s. et un musée (mobilier, icônes, luminaires), témoins de l'art de vivre d'un riche mécène de la fin du 18e s.

Centre panrusse des Expositions pratique

Accès

Pour rejoindre le Centre, descendez en tête de station. Vous vous trouvez alors dans une véritable forêt de kiosques vendant à peu près de tout : boissons, CD, cigarettes, sandwichs, cravates et cannes à pêche entre autres… Une petite allée conduit au **monument aux Cosmonautes**. Une autre nettement plus solennelle, Poperetchny proezd (Поперечный проезд), encombrée sur un côté de kiosques et dégagée sur l'autre, conduit à l'arc de triomphe marquant l'entrée du **Centre panrusse des Expositions**.

Se loger

⊖⊖ **Cosmos** ㉗ **(Космос).**

Voir descriptif complet de cet hôtel p. 120.

Se restaurer

Pour caler les **petites faims**, les kiosques à la sortie du métro proposent sandwichs et pâtisseries. Pour un repas plus consistant, plusieurs **cafétérias** sont installées à l'intérieur du Centre.

De l'autre côté de l'avenue (utilisez le passage souterrain du métro !), l'**hôtel Cosmos** propose plusieurs restaurants. Le plus sympathique est le **Café Sac de Voyage (Sakvoïaj/Саквояж)**, dans le hall d'accueil sur la gauche. On y distribue une clochette aux consommateurs sujets à l'impatience… Le **Tzintan** est un restaurant chinois, tandis que le **Kalinka (Калинка)** se voue aux spécialités russes. On peut préférer le restaurant panoramique **Planète Cosmos (Планета Космос)**, au 28e et dernier étage : la vue sur la ville, avec le monument aux Cosmonautes au premier plan ainsi que la tour de télévision, ne manque pas de grandeur.

En soirée

Concert Hall de l'hôtel Cosmos – *Sur la droite de la façade de l'hôtel - www.nationalrussianshow.com - tlj à 19h30, début juin-mi-sept. - billets au lobby du Cosmos.* **National Russian Show** : une cinquantaine d'artistes, des dizaines de costume. Idéal pour les amateurs de spectacles folkloriques…

Domaine de Kolomenskoïé★★

Oussadba Kolomenskoïé/Усадьба Коломенское

Dans un méandre de la Moskova, ce vaste parc, jadis occupé par un fabuleux palais de bois, est devenu un agréable lieu de promenade, mais aussi un musée de l'architecture russe, grâce aux superbes églises qui y ont été préservées et au transfert de bâtiments de bois venus de plusieurs points du pays.

- **Se repérer** – Le parc de Kolomenskoïé se blottit dans un méandre de la Moskova, à une dizaine de kilomètres au sud-est de la capitale.
- **À ne pas manquer** – L'église Notre-Dame-de-Kazan, le musée et la cathédrale de l'Assomption.
- **Organiser son temps** – Le domaine est ouvert tous les jours de 8h à 21h entre novembre et mars, et jusqu'à 22h aux beaux jours. Les musées n'ouvrent que de 10h à 17h et sont fermés le lundi. Consacrez une demi-journée à cette balade.
- **Avec les enfants** – S'y rendre en bateau-mouche…

Comprendre

Un fabuleux palais – C'était un véritable château de contes de fées, un palais de bois hérissé de clochetons et de bulbes, qualifié de « huitième merveille du monde », que le tsar **Alexeï Mikhaïlovitch** fit édifier en 1667 sur ce domaine aux portes de la capitale. Le lieu appartenait depuis longtemps à la Couronne puisque Ivan Kalita en fait mention dans son testament (1339) et que l'église de l'Ascension fut élevée afin de célébrer la naissance du futur Ivan le Terrible (1533). Vous ne verrez malheureusement ce palais fantasmagorique que sous forme de maquette, Catherine II l'ayant fait démolir afin d'en édifier un autre qui ne vit jamais le jour… Depuis 1925, le domaine a été agrandi et transformé en musée d'architecture de plein air abritant quelques bâtiments significatifs, provenant de plusieurs points du pays, qui y ont été transférés.

Visiter

Porte du Sauveur (Spasskié vorota/Спасские ворота) – C'est par cette porte encadrée de remparts, construite au 17e s., que l'on accède au domaine depuis l'avenue Andropov. Son nom rappelle que les dignitaires arrivaient du côté opposé par la rivière.

Église Notre-Dame-de-Kazan★★ (Tserkov Kazanskoï ikony Bojieï materi/Церковь Казанской иконы Божией матери) – *Sur la gauche de l'allée, dans le prolongement de la porte.* De 1650 environ, cette église coiffée de bulbes bleus étoilés était jadis raccordée au palais du tsar Alexeï Mikhaïlovitch. Caractéristique des « églises de faubourg », elle présente un portail conduisant à une galerie à arcades d'autant plus majestueuse que l'église est très haute. Belles peintures murales à l'intérieur.

A. Kanjounzeff / Michelin

Église Notre-Dame-de-Kazan.

Maison de Pierre-le-Grand (Domik Petra I/Домик Петра I) – *Prendre à hauteur de l'église une allée sur la droite - 10h-17h (fermée en 2008 pour travaux de rénovation) - 100 Rub.* Cette maison de bois à un étage fut construite en 1702 à Arkhanguelsk afin d'abriter le tsar durant les travaux de construction d'une forteresse. La visite permet de découvrir la chambre à coucher, le bureau et la salle à manger de Pierre le Grand, minutieusement reconstitués et meublés.

Tour de la prison de Bratsk (Bachnia Bratskogo ostroga/Башня Братского острога) – *Un peu plus loin.* De 1652, cette tour fut édifiée par les Cosaques.

Clocher-porte du monastère Nicolas-Korelski (Bachnia Nikolo-Korelskogo monastyria/Башня Николо-Корельского монастыря) – À gauche, dans un bosquet de chênes majestueux, cette tour en bois provenant de Carélie date de 1692.

Revenir à l'église Notre-Dame-de-Kazan et prendre le sentier sur la droite.

Porte « de devant » dite aussi de l'Horloge (Peredniè vorota/Передние ворота) – C'était la porte monumentale donnant accès au palais aux visiteurs venus par la Moskova. Construite en 1672, cette porte est, comme il est de tradition en Russie, percée de deux ouvertures de tailles différentes, l'une pour les voitures, l'autre pour les piétons. Elle a été surélevée d'un clocher relié à l'horloge, et abrite aujourd'hui un remarquable **Musée★★** *(10h-17h - 300 Rub - « chaussures » en matière plastique)*, en partie consacré au site de Kolomenskoïé. Vous y découvrirez au fil des salles des portes d'église en bois (dont une datant de 1532), une collection de 52 icônes anciennes, une extraordinaire **maquette** du fabuleux palais d'Alexeï Mikhaïlovitch, puis *(après être monté à l'étage au niveau du clocher : attention à la tête… et à ne pas glisser !)* des mécanismes d'horlogerie. En redescendant, notez le superbe coffre peint des portraits des 64 princes russes, du Viking **Riourik** (859-879) au tsar **Pierre III** (1761-1762).

Quand les lions rugissaient

Jadis, chacune des entrées de la porte « de devant » était commandée par des lions de cuivre qui ouvraient la gueule au passage des visiteurs grâce à un ingénieux mécanisme interne, tandis que leur rugissement était produit par un instrument placé dans la « chambre d'orgue » située au-dessus des portes.

En quittant le musée, vous vous trouvez sur un belvédère dominant la Moskova : au-delà du moutonnement des arbres, les barres d'immeubles de la capitale semblent surgir de la végétation. En contrebas, les berges de la rivière offrent un spectacle presque champêtre.

Trois bâtiments se dressent entre vous et ce panorama inattendu.

Tour de l'Eau (Vodovzvodnaïa bachnia/Водовзводная башня) – *Sur la droite.* Du milieu du 17e s., cette tour, équipée d'un système de pompage, était le château d'eau du palais.

Église-clocher St-Georges (Kolokolnia tserkvi Sviatogo Gueorguia/Колокольня церкви Святого Георгия) – Construite probablement vers 1550, cette église originale (le sanctuaire occupe le rez-de-chaussée du clocher) arbore une tour cylindrique, rare en Russie, qui lui donne des allures de pagode.

Église de l'Ascension★★ (Tserkov Voznessenia/Церковь Вознесения) – L'église fut élevée autour de 1533 par **Petrok le Jeune**, l'auteur des remparts de Kitaï-Gorod *(voir p. 169)*, afin de célébrer la naissance du futur Ivan IV. Surmontée d'une tour pyramidale à *chatior*, cette église, d'une remarquable unité de style, est devenue le modèle de nombre de sanctuaires construits à partir de cette époque en Russie.

Domaine de Kolomenskoïé pratique

Accès

En métro – *M°* **Kolomenskaïa (Коломенская)**, *ligne 2* : sortir en tête de train et prendre le couloir de gauche pour être du bon côté de l'**avenue Andropov (проспект Андропова)** que vous suivrez jusqu'à la grille d'entrée (5mn environ).

En bateau-mouche – Kolomenskoïé n'est pas desservi par des bateaux réguliers, mais par une navette ne fonctionnant que le w.-end. Départ de la station fluviale du **Park Gorki (Центральный парк Горького)**, sur la rive droite au carrefour du quai Pouchkinskaïa et du pont St-Andreïevski. Métro le plus proche : **Frounzenskaïa (Фрунзенская)**, ligne 1.

Se restaurer

Piramida (Пирамида) – *Pr. Andropova* (пр. Андропова) *35/4.* Pratiquement à l'entrée du parc, un restaurant permettant de compléter agréablement la balade.

Kapoutchinoff (Капучинофф) – *Pr. Andropova* (пр. Андропова) *37.* Lui aussi situé à la sortie du domaine, ce café-salon de thé doté aux beaux jours d'une terrasse propose des pâtisseries ainsi que de délicieux glaces et sorbets.

Sports et loisirs

Entre la porte d'accès au musée et la rivière, le « **grand champ** » permet aux Moscovites de s'adonner à diverses activités de plein air. Guinguettes et kiosques à souvenirs y abondent.

Avis aux gourmands – Dégustation-vente de miel à la ruche *(tlj sf lun. et mar.)*.

Domaine-musée de **Kouskovo**★

Mouzeï-oussadba Kouskovo/Музей-усадьба Кусково

Dans un quartier excentré à l'est de Moscou, ce vaste domaine entouré d'un immense parc aux allures de forêt est depuis longtemps un lieu de détente apprécié des Moscovites. Il abrite un véritable petit bijou, le palais (avec ses dépendances), construit au 18e s. par les comtes Cheremetev. Il fut le cadre de fêtes somptueuses sous l'ancien régime, et a été conservé pratiquement en l'état depuis lors.

- **Se repérer** – Vous atteindrez Kouskovo par le métro en descendant à la station Riazanski prospekt (Рязанский проспект), sur la ligne 7 (compter de 20 à 25 minutes depuis Kitaï-Gorod ou Kouznetski Most).
- **À ne pas manquer** – Le musée des Porcelaines.
- **Organiser son temps** – Compter deux heures pour la visite du site et deux de plus si vous souhaitez vous attarder dans le parc. Attention : promenade à n'entreprendre que par beau temps !
- **Avec les enfants** – Une pause dans le parc aux allées ombragées.

Comprendre

Un « petit Versailles » moscovite

Vue générale du palais.

P. Plantier / Michelin

C'est en 1715 que Pierre le Grand fait don à l'un de ses compagnons d'armes, le comte **Boris Cheremetev**, maréchal et héros de la bataille de Poltava, du domaine de Kouskovo. Celui-ci décide d'y installer sa résidence d'été qui est aménagée par son fils Piotr, puis son petit-fils **Nicolas Cheremetev** fait construire par ses serfs le palais que l'on admire aujourd'hui. Très vite le palais et le parc deviennent le cadre de fêtes fréquentées par les souverains et Catherine II, dit-on, en est une participante assidue. Mais les Cheremetev, qui tiennent à leur palais au point de s'être refusé à y installer l'électricité (ce qui lui a peut-être valu d'échapper aux incendies), doivent l'abandonner la mort dans l'âme en 1917 pour se réfugier au Portugal… La famille cependant n'est pas éteinte : le 11e comte est actuellement directeur du conservatoire de musique de St-Pétersbourg.

Se promener et visiter

Parc

Ce vaste parc de 30 ha a été aménagé dans les années 1750 sur le domaine des Cheremetev : des aménagements initiaux, dont les arbustes taillés selon des formes complexes faisaient l'admiration des contemporains, subsiste le vaste **lac** artificiel **(Bolchoï Dvortsovy proud/Большой Дворцовый пруд)** pourvu d'une île qui s'étend actuellement devant le palais. Derrière celui-ci, le parc aménagé à la française a conservé statues (souvent dues au sculpteur moscovite **Johann Just**) et obélisques marquant chacune une visite impériale.

Église du St-Sauveur (Tserkov Vsemilostivogo Spassa/Церковь Всемилостивого Спаса)

De 1739, cette église de style baroque est la première construction de pierre bâtie sur le domaine et abrite des statues de saints dans des niches creusées dans le tambour octogonal. Plus récente, la tour a été élevée dans le style classique en 1792.

Palais (Dvorets/Дворец)

Ce superbe palais, un des plus beaux exemples du début du style classique, a été construit pour le comte Nicolas entre 1769 et 1775 par un architecte dénommé **Karl Blank**, peut-être sur des dessins envoyés par un de ses collègues français, **Charles de Wailly** (1729-1798) qui fut en 1795 l'un des premiers conservateurs du musée du Louvre. L'influence de Palladio se fait sentir sur ce bâtiment élégant, ouvert sur chacun de ses côtés par des portiques. Due à **Johann Just**, la décoration de l'intérieur en enfilade (plafonds peints, parquets en marqueterie, poêles en faïence, superbe mobilier), somptueuse, n'a pas été retouchée depuis son élaboration en 1779.

Trompe-l'œil

Contrairement aux apparences, le palais de Kouskovo est construit entièrement en bois. L'illusion provient du plâtre apposé sur les murs, peint de façon à imiter la pierre.

Maison hollandaise (Gollandski domik/Голландский домик)

Sur la gauche du palais.

Un petit étang relié au grand par un canal conduit à cette demeure à pignon à redans édifiée en briques en 1751 à l'imitation des maisons hollandaises. L'intérieur est entièrement recouvert de carreaux de faïence.

Maison italienne (Italianski domik/Итальянский домик)

Depuis la Maison hollandaise, suivre l'allée transversale.

Disposée de façon symétrique par rapport au palais, cette maison date de 1755 et a été dessinée par l'architecte Iouri Kologrivov.

Grotte (Grot/Грот)

Sur la droite du palais.

Face à un bassin sur lequel ce pavillon d'été ouvre par de larges baies garnies d'une grille de fer forgé, coiffée d'une coupole, cette grotte artificielle a été construite à l'imitation de celle de Tsarskoïé Selo *(voir p. 490)* par **Fiodor Argounov** en 1756. Son décor rococo emprunte au style « rocaille » avec une abondance de nacres et de coquillages recueillis, selon la tradition, sur les bords de la Méditerranée.

Orangerie (Oranjereïa/Оранжерея)

Derrière le palais au bout de l'allée.

Construit en 1761-1762 par une équipe d'architectes serfs des comtes dirigée par **Fiodor Argounov**, cet ancien jardin d'hiver précédé de deux mélèzes était doté d'une salle de danse utilisée lors des fêtes organisées par la famille Cheremetev. Cet élégant bâtiment abrite aujourd'hui une belle **collection de céramiques et de faïences**.

Domaine-musée de Kouskovo pratique

Accès

Une fois sorti du métro (en tête de station), suivre le **4ᵉ Vechniakovski proezd (4-й Вешняковский проезд)** jusqu'au bout, puis tourner à gauche. Vous arrivez alors à une sorte de petit échangeur doté d'une station-service. Traverser (avec d'infinies précautions) pour pouvoir vous engager sur le pont enjambant la voie de chemin de fer. Au-delà du pont, après avoir laissé sur votre droite l'église Notre-Dame (Tserkov Ouspenia Presviatoï Bogoroditsy/Церковь Успения Пресвятой Богородицы), suivre dans l'allée ombragée longeant le parc, **oul. Iounosti (ул. Юности)**.

Le premier croisement important est doté d'un feu de circulation (que les piétons peuvent actionner). Traverser alors (prudence !) pour rejoindre le parc.

Deux possibilités s'offrent alors : s'enfoncer sous les frondaisons par le sentier goudronné qui s'ouvre devant vous est sans aucun doute la plus agréable. Poursuivre dans oul. Iounosti (ул. Юности) permet d'accéder plus rapidement aux grilles de l'entrée du domaine mais, en contrepartie, vous continuerez à côtoyer une circulation tout aussi bruyante et anarchique qu'ailleurs.

Visite

Château et musée de la Céramique – *Tlj sf lun., mar. et dernier merc. du mois, de nov. à mars 10h-16h, d'avr. à oct. 10h-18h - 250 Rub.* Billetterie devant la grille d'entrée sur oul. Iounosti (ул. Юности).

Parc – Si le musée est payant, l'accès au parc est en revanche gratuit et cela, selon une très ancienne tradition puisque les comtes Cheremetev le mettaient gracieusement à la disposition des Moscovites durant les mois d'été.

Fermetures exceptionnelles – Le domaine est souvent utilisé par des ambassades pour des réceptions officielles. C'est notamment le cas lorsque la communauté américaine de Moscou y organise les festivités célébrant l'Independence Day. Il s'ensuit la fermeture aux visiteurs pour une quinzaine de jours *(avant et après le 4 Juillet)* du domaine et de son musée.

L'ANNEAU D'OR

L'Anneau d'Or est le nom poétique donné à un circuit touristique au nord-est de Moscou. Ces terres fertiles de la Russie centrale, baignées par la Volga, la Kliazma et la Moskova, égrènent une constellation de petites principautés à l'inestimable patrimoine historique, architectural et religieux, où se sont écrites les grandes pages de l'histoire de la Russie prémoscovite.

De Serguiev Possad, foyer spirituel de l'orthodoxie russe, aux monastères en activité de Pereslavl-Zalesski, de l'imposant kremlin de Rostov-le-Grand à Iaroslavl, la plus ancienne cité volgienne, de Kostroma, berceau des Romanov, à Vladimir, rivale de Kiev, et à Souzdal, la ville-musée, des bulbes étincelants se dressent vers la voûte céleste, symboles de la Russie éternelle. Vous échappez à l'occidentalisation effrénée de Moscou, la bouillonnante capitale, pour découvrir de chaque côté de la route des isbas multicolores aux fenêtres ciselées, tapies à l'ombre des forêts de bouleaux et de résineux. La vie s'écoule ici encore comme au début du siècle, en harmonie totale avec la nature. C'est une autre Russie, plus authentique, celle des récits de Tchekhov ou de Tourgueniev, qui s'offre à vous et une approche de ce qui est l'essence même de l'âme russe (« rousskaïa doucha »).

Infos pratiques

Informations utiles

Deux des cités de l'Anneau d'Or sont également des escales de la croisière entre Moscou et St-Pétersbourg : il s'agit de **Iaroslavl** et de **Kostroma**.

Vous trouverez dans ce chapitre les **informations pratiques** (accès depuis Moscou, hébergement, restauration…) dont vous pourriez avoir besoin concernant ces deux villes, si vous venez de la capitale.

Leur **description** complète se trouve par contre dans le chapitre Croisière (*Kostroma p. 304 et Iaroslavl p. 309*).

Transports et se loger

Certaines des cités princières ici décrites sont accessibles en train depuis Moscou, d'autres uniquement par autobus. Reportez-vous au **carnet d'adresses** de chacune d'entre elles pour connaître le meilleur moyen de transport pour y accéder, ainsi que les possibilités d'hébergement sur place.

D'autre part, dans le chapitre Moscou pratique *(voir p. 112)*, vous trouverez les coordonnées de quelques **agences spécialisées** pouvant organiser au départ de Moscou des excursions d'une ou plusieurs journées en voiture particulière, avec chauffeur et guide francophone.

Quelques distances

	Vladimir	Kostroma	**Moscou**	Pereslavl-Zalesski	Rostov	**Serguiev Possad**	Souzdal	Ouglitch	Iaroslavl
Vladimir		211	182	129	189	170	37	288	249
Kostroma	211		326	196	211	261	179	180	76
Moscou	182	326		130	190	58	219	229	250
Pereslavl-Zalesski	129	196	130		60	65	125	159	120
Rostov	189	211	190	60		128	256	90	60
Serguiev Possad	170	261	58	65	128		207	171	185
Souzdal	37	179	219	125	256	207		326	209
Ouglitch	288	180	229	159	90	171	326		104
Iaroslavl	249	76	250	120	60	185	209	104	

La Russie au Patrimoine mondial de l'Unesco

21 sites de Russie ont été inscrits par l'Unesco sur la Liste du patrimoine mondial. Ceux d'entre eux qui sont décrits dans ce guide sont les suivants :

Moscou :

– L'ensemble monumental du **Kremlin** et de la **place Rouge**.
– Le monastère de **Novodievitchi**.
– L'église de l'Ascension à **Kolomenskoïé**.

Villes princières de l'Anneau d'Or :

– Les monuments de **Vladimir** et de **Souzdal**.
– L'ensemble de la laure de la Trinité-St-Serge de **Serguiev Possad**.
– La ville historique de **Iaroslavl**.

Croisière :

– L'ensemble du monastère de **Feraponte**.
– L'enclos paroissial de l'île de **Kiji**.

Saint-Pétersbourg :

– Le **centre historique** de la ville et les ensembles monumentaux annexes **(Pavlovsk, Peterhof, Tsarskoïé Selo)**.

Serguiev Possad ★

Сергиев-Посад

115 000 HABITANTS

À une heure de route de Moscou, Serguiev Possad est une étape incontournable. La ville n'est pas une ancienne principauté, mais les Russes en ont fait le portail spirituel du circuit de l'Anneau d'Or, tant le monastère de la Trinité-St-Serge, symbole de patriotisme et de spiritualité, occupe une place à part dans leur cœur. La vision irréelle des ors et bleus étoilés des coupoles, blotties à l'ombre des puissantes murailles, justifie à elle seule le déplacement. Sous vos yeux défilent cinq siècles de l'architecture russe et c'est ce qui fait de cet ensemble, placé sous la protection de l'Unesco, un trésor inestimable.

Se repérer – Situé sur les rives de la Kontchoura, à 71 km au nord-est de Moscou par le Prospekt Mira et la M 8 (Iaroslavskoïé chossé). La rue principale, pr. Krasnoï Armii (пр. Красной Армии), traverse la ville du sud au nord et passe devant la laure autour de laquelle sont regroupées les principales curiosités.

Se garer – Trois parkings à droite du Prospekt Krasnoï Armii (пр. Красной Армии) entre la rue 1aïa Rybnaïa (1ая Рыбная ул.) et la rue Serguievskaïa (Сергиевская ул.).

À ne pas manquer – La cathédrale de la Trinité et la Sacristie.

Organiser son temps – Une demi-journée suffit pour visiter les « incontournables » de la laure, une journée pour tout voir. L'idéal pour apprécier la spiritualité du lieu tôt le matin ou le soir, c'est de passer une nuit sur place et de visiter le lendemain les alentours.

Pour poursuivre le voyage – Radonège et Abramtsevo en passant par Khotkovo au sud-ouest de Serguiev Possad.

Conseil d'ami – Faites le tour du monastère, à pied ou en voiture…

C. Brett / Michelin

Vue générale du monastère.

Comprendre

Le « Vatican » de l'Église russe

C'est autour de son monastère, fondé vers 1345 par **Serge de Radonège**, que Serguiev Possad (le bourg de Serge) se développe au cours des siècles. Rebaptisé **Zagorsk** pendant soixante et un ans, en l'honneur du compagnon de Lénine Vladimir Zagorski, originaire de la ville, ce chef-lieu du district de la région de Moscou reprend son nom d'origine en 1991.

Dès sa fondation, le **monastère de la Trinité-St-Serge** joue un rôle primordial dans la vie spirituelle, politique et culturelle du pays. Parce qu'il soutient toujours l'État, il a les faveurs des boyards, des princes et des tsars, qui lui octroient des dotations en terres, argent, pierres précieuses… Riche, il peut inviter les plus grands peintres, **Andreï**

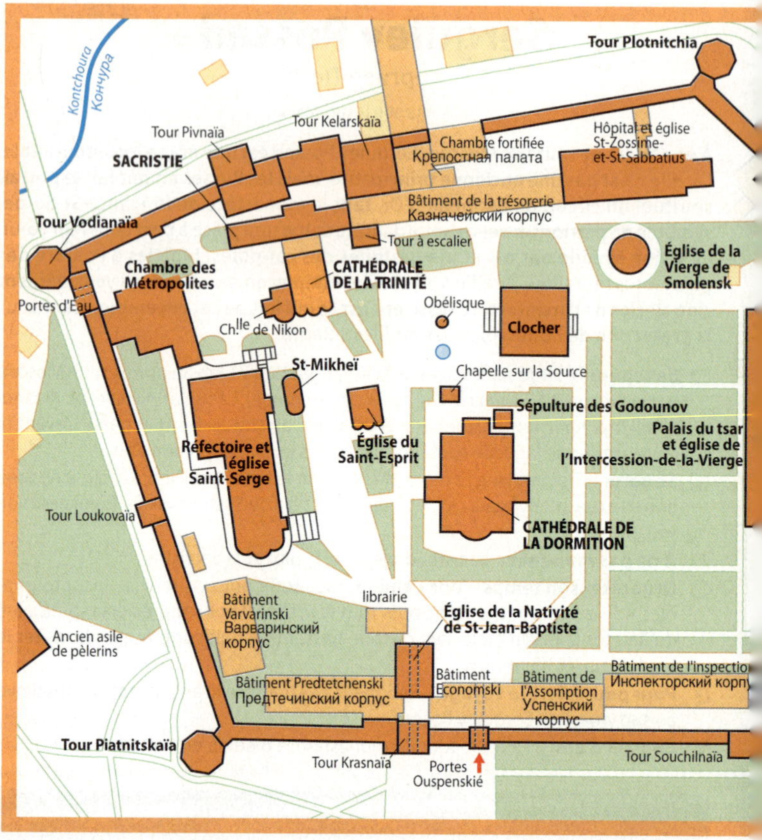

Roublev, **Daniil Tchorny**, **Simon Ouchakov**. Plus il s'agrandit, plus il fait travailler des artisans qui s'installent dans les bourgs environnants (possad) et au début du 18e s., c'est le plus riche propriétaire foncier de Russie. En 1744, Élisabeth Petrovna, fille de Pierre le Grand, l'élève au rang honorifique de **laure (lavra/лавра)**.

Après la sécularisation des terres monastiques par Catherine II, en 1764, le monastère perd ses revenus, mais reçoit des subsides de l'État, qu'il complète en faisant habilement du commerce. En 1782, Serguiev Possad est promu ville par un oukase (loi) de la tsarine et, en 1814, l'Académie théologique de Moscou est transférée près du palais du tsar, dans le monastère. Dès l'automne 1917, la laure est fermée, son patrimoine artistique nationalisé et les moines pourchassés. En 1920, elle devient **musée d'Histoire et des Arts**. En 1940, l'ensemble architectural est classé et de vastes travaux de restauration sont entrepris. La première liturgie est célébrée en avril 1946. Église et État cohabitent tant bien que mal pendant un demi-siècle.

À l'aube du troisième millénaire, la Laure reprend sa vocation première. Quelque 300 moines et 50 novices se forment à l'Académie théologique, au séminaire et en font le monastère d'hommes le plus actif de Russie.

Aujourd'hui comme hier, il procure du travail à un millier de personnes, des missionnaires fondent de nouveaux monastères et les pèlerins affluent en nombre. Ce foyer spirituel, « le Vatican » de l'Église orthodoxe russe, reste plus que jamais le symbole du patriotisme du peuple russe et de l'inébranlable foi orthodoxe.

Découvrir

LAURE DE LA TRINITÉ-ST-SERGE★★★ (Sviato-Troïtse-Serguieva-Lavra/Свято-Троице-Сергиева Лавра)

Enceinte

Les premières fortifications – Comme tous les monastères en Russie, à vocation à la fois religieuse et militaire, la laure s'abrite derrière d'épaisses murailles. Dès 1540-1550, la première enceinte en bois est remplacée par une muraille en briques

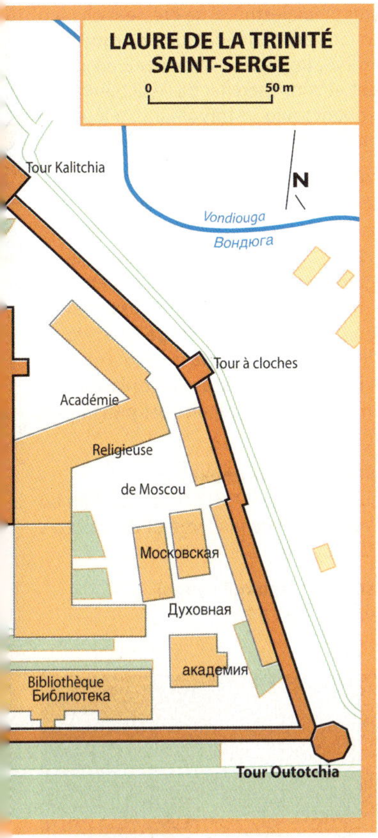

de 6 m de haut, dotée de douze tours sur le modèle de celle du Kitaï-Gorod de Moscou. L'édification de ces fortifications élargit le territoire et déplace le centre, de la cathédrale de la Trinité vers le nord-est. Pour combler le vide et commémorer les prises de Kazan et d'Astrakhan, Ivan le Terrible pose en 1559 la première pierre de la cathédrale de la Dormition. Grâce à ces nouveaux remparts, le monastère soutient victorieusement un siège de seize mois, lors de l'intervention polono-lituanienne menée par le faux Dimitri, prétendant au trône de 1608 à 1610. Ils protègent en 1682 la tsarevna Sophie et ses frères Pierre (le futur Pierre le Grand) et Ivan lors de la révolte des streltsy. Sept ans plus tard, Pierre s'y cache à nouveau, cette fois-ci pour se mettre à l'abri des intrigues de sa sœur. Devenu tsar, il surélève les murs et les tours.

La laure aujourd'hui – La laure abrite deux cathédrales, neuf églises, un séminaire, une académie ecclésiastique, la résidence du métropolite, un ancien hôpital, un musée d'Art appliqué et des bâtiments administratifs derrière une muraille à trois rangées de meurtrières, de 1 500 m de long, de 10 à 14 m de haut et de 6 m de large. Il reste onze tours à plusieurs niveaux qui portent toutes un nom. Trois des quatre tours rondes d'angle, les **tours Piatnitskaïa (Пятницкая), Vodianaïa (Водяная) et Plotnitchia (Плотничья)**, ont gardé leur aspect initial. La quatrième, la **tour des Canards (Oututchia/Уточья)** du 17e s. est originale. De style baroque Narychkine, dotée de 77 meurtrières, à quatre niveaux, elle est richement décorée et coiffée d'un canard, pour rappeler que c'est de là que le futur Pierre le Grand tirait à l'arc sur les palmipèdes de l'étang voisin.

L'accès au monastère se fait sur la place Krasnogorskaïa (Красногорская пл.) *par le porche d'entrée de la tour Krasnaïa* (Красная башня). *Une statue moderne de saint Serge accueille pèlerins et touristes près de Lénine, qui veille encore à droite. Devant vous, au sud-est, la tour Piatnitskaïa, au nord-ouest, la tour Oututchia. Entre la tour Oututchia et la tour Krasnaïa, vous reconnaîtrez la tour Souchilnaïa* (Сушильная) *à sa toiture pyramidale en bois.*

Porche d'entrée (Krasnaïa vorotnaïa bachnia/Красная воротная башня)

La vie de saint Serge est largement représentée sur les murs. Au-dessus de la tour Krasnaïa, la pimpante **église de la Nativité-de-St-Jean-Baptiste (tserkov Rojdestva Ioanna Predtetchi/церковь Рождества Иоанна Предтечи)** aux cinq coupoles dorées, de style baroque Narychkine, érigée grâce aux dons du riche entrepreneur Stroganov à la fin du 17e s., reçoit le matin les pèlerins en confession.

L'accès sur le territoire et à la cathédrale de la Trinité est gratuit tlj de 10h à 18h. Pour visiter les autres églises (la cathédrale de la Dormition et le Réfectoire), la présence d'un guide du monastère est obligatoire : tlj de 10h à 17h, fermé lun. - ✆ 4 53 42, 4 53 56 - 900 Rub avec guide parlant français - de 2 à 5 pers. : 260 Rub + 350 Rub par pers. - interdit de filmer et photographier à l'intérieur - photo : 100 Rub, vidéo : 150 Rub pour les extérieurs.

Il règne dans la laure une atmosphère indéfinissable. Sur un territoire réduit,

Info pratique

Panorama

Pour bénéficier d'un superbe point de vue sur le monastère, laissez la laure à gauche du pr. Krasnoï Armii (пр.Красной Армии) et montez à droite par la rue Serguievskaïa (Сергиевская ул.) jusqu'à l'angle de la rue Voznessenskaïa (Вознесенская).

une multitude de bulbes étincelants, modestes ou majestueux, se dressent en rang serré vers les cieux dans une harmonie étonnante, avec comme point d'orgue l'impressionnant clocher à cinq étages. Chaque édifice important semble mis en valeur par un autre plus petit. Des pèlerins se signent et vont chercher de l'eau bénite à la Chapelle sur la source, des moines vont et viennent toujours très affairés, téléphone portable à la main… Le monastère vit, c'est indéniable…

Réfectoire et église St-Serge★ (Trapeznaïa palata s tserkoviou Prepodobnogo Serguia/Трапезная палата с церковью Преподобного Сергия)

À gauche, vous serez attiré par un long édifice (85 m) aux murs polychromes et au décor exubérant, posé sur un soubassement blanc (les anciennes cuisines), entouré sur trois côtés d'un vaste déambulatoire. L'immense salle de 510 m^2 destinée aux cérémonies et aux réceptions prolonge aujourd'hui l'**église St-Serge** (1686-1692) et accueille les fidèles. Prouesse technique : le **plafond en voûte** d'arête tient sans support. Les peintures murales sont de la fin du 18e s. L'**iconostase en bois sculpté** du 17e s. vient d'une église moscovite. Le premier étage abritait une des plus importantes bibliothèques du pays.

Église St-Mikhey (Mikheevskaïa tserkov/Михеевская церковь)

Blottie au nord-ouest du réfectoire, cette minuscule église (1734) ocre, au toit bombé et étagé, de style hollandais, commémore l'apparition de la Vierge et des apôtres Pierre et Jean à saint Serge et à son disciple Mikhey, qui y est inhumé.

Cathédrale de la Trinité★★★ (Troïtski sobor/Троицкий собор)

Prières des moines près des reliques de saint Serge de 8h30 à 21h.

À quelques pas, droit devant vous, s'élève cette perle de l'architecture moscovite du 15e s., où ont été baptisés Vassili III, Ivan IV et ses enfants. C'est là que bat toujours le cœur du monastère.

En forme de cube, avec ses trois absides de hauteur égale, coiffées d'une seule coupole et d'un toit dorés à l'or rouge, c'est le plus ancien édifice en pierre blanche du site (1422-1425). Nikon, successeur de saint Serge, l'édifie à l'emplacement de la première chapelle en bois sur la tombe de Serge en 1425, dans le style des constructions de la période prémongole. Un nouveau procédé architectural apparaît, utilisé ensuite pendant des siècles : une rangée de *kokochniki* au-dessus des *zakomars* couronne les murs. Le soleil pénètre en douceur par les dix étroites ouvertures du tambour, légèrement déplacé à l'est pour une meilleure luminosité.

A. Kanjounzeff / Michelin

Les bulbes dorés de la cathédrale de la Trinité et de la chapelle de Nikon.

Les reliques de saint Serge – Des pèlerins recueillis attendent, portés par les psalmodies des moines, pour s'incliner à droite sur les **reliques de saint Serge**, dans la douce lumière d'une kyrielle de veilleuses multicolores. La **chasse en argent ciselé**, exécutée au palais des Armures du Kremlin sur ordre d'Ivan IV et offerte par son fils Fiodor, le **baldaquin** de 400 kg, don de la tsarine Anna Ioannovna, qui recouvre la sépulture depuis 1738, brillent de tous leurs feux devant la flamme des cierges.

L'iconostase – La beauté de l'iconostase justifie à elle seule la visite de Serguiev Possad, avec ses **42 icônes** réparties sur les trois registres du bas, attribuées à **Andreï Roublev**, ses élèves et à **Daniil Tchorny**. C'est la première fois qu'apparaît une iconostase à quatre registres car le modèle byzantin n'en compte qu'un. Les peintres travaillent de 1425 à 1427. Le revêtement en argent et or ciselé des portes saintes est un don de Mikhaïl Romanov, le premier tsar de la dynastie. C'est pour cette cathédrale qu'Andreï Roublev crée l'incomparable **icône de la Trinité**, exposée aujourd'hui à la galerie Tretiakov à Moscou. Une très belle copie de Baranov la remplace à droite des portes saintes. On attribue à Roublev deux icônes du registre de la Déisis : *l'Archange Gabriel* et *l'Apôtre Paul* et deux icônes du registre des fêtes : le *Baptême* et la *Transfiguration*. Comme la Trinité, elles se distinguent par des lignes douces et gracieuses et une grande force d'expression. Il est plus difficile d'établir avec exactitude les œuvres de Daniil Tchorny. Les scientifiques lui attribuent la deuxième icône principale de la cathédrale, le *Christ en majesté* qui occupe la place centrale du registre de la Déisis. Des fresques du 17e s. respectent les dessins d'Andreï Roublev, dont il ne reste que des fragments.

Sacristie★★★ (Riznitsa/Ризница)

La caisse se trouve en face de la cathédrale de la Trinité - tlj sf lun., mar. et dernier vend. du mois 10h-16h - 160 Rub - visite individuelle autorisée, mais une visite guidée (toutes les heures) est conseillée (50mn).

Une véritable initiation à l'art russe vous attend au rez-de-chaussée de ce bâtiment, édifié en 1792 pour entreposer les trésors du monastère, devenu **musée des Arts décoratifs** : des collections d'icônes et revêtements, fines pièces d'orfèvrerie, vêtements liturgiques, broderies figuratives et ornementales en soies colorées, fils d'or et d'argent, perles et pierres précieuses (14e-17e s.), à couper le souffle. Ce sont pour la plupart des dons des tsars, grands-princes, boyards, ecclésiastiques, gens d'armes et riches marchands ou des œuvres exécutées dans les ateliers du monastère. Ils témoignent du fort lien qui a toujours uni l'État russe et le monastère. Chaque pièce est unique. L'exposition consacrée à la peinture russe ancienne présente sur votre droite une collection d'**icônes** exceptionnelles : l'original des *Portes saintes de la cathédrale de la Trinité* d'Andreï Roublev, des œuvres de Simon Ouchakov et de l'école Stroganov et de très nombreuses icônes consacrées aux diverses représentations de la Mère de Dieu.

Dons des grands-princes et tsars – Les quatre salles sur votre gauche abritent dans un ordre chronologique les dons des grands-princes de la Moscovie, ceux d'Ivan le Terrible, Boris Godounov et enfin Mikhaïl Romanov et son fils Alexeï Mikhaïlovitch. Les **broderies**, créées sous l'influence des traditions de la peinture d'icône de l'époque, présentent un intérêt exceptionnel : à gauche, *Voile liturgique représentant Serge de Radonège* (début du 15e s.) et *Apparition de la Vierge à Serge de Radonège* (1525), don de Vassili III et de sa femme, exécutée par 46 brodeuses. Le 16e s. est celui de l'épanouissement de l'orfèvrerie russe. En témoignent dans la deuxième salle sur la gauche, **nimbe et ménisques** en or et pierres précieuses, don d'Ivan le Terrible pour le revêtement de l'icône de la Ste-Trinité, et dans la troisième salle, face à vous, un autre **revêtement** scintillant d'or et de pierreries, offert par Boris Godounov. Au premier sont rassemblés des œuvres des 18e et 19e s. dans les anciens appartements des métropolites. Seule la première salle a gardé son fastueux décor : plafond aux moulures baroques et lustre en cristal. Elle abrite une collection de portraits des tsars et de gravures. Les autres salles présentent des objets et vêtements religieux précieux, reçus en cadeau par le métropolite Platon Levchine, puis par Philarète.

Longer la cathédrale de la Trinité vers le sud.

Chapelle de Nikon (1548) **(Pridelny khram pro. Nikona/Придельный храм про. Никона)** – Accolée à la cathédrale de la Trinité, blanche aussi, mais en briques, elle abrite la châsse des reliques de Nikon (successeur de Serge de Radonège).

Chambre des métropolites (Mitropolitchi pokoï/Митрополичьи покои)

C'est dans ce bâtiment vert du 17e s., remanié au 18e s., décoré d'une frise de faïence de couleur, que réside le patriarche de Moscou et de toutes les Russies à chacune de ses visites.

Revenir sur vos pas vers la place centrale de la laure.

Église du St-Esprit (Doukhovskaïa tserkov/Духовская церковь)

À hauteur du réfectoire, vous découvrez à droite cet édifice élancé de type dit « sous les cloches », élevé en 1476 par les maîtres maçons de Pskov. Son unique coupole bleu et or abrite un clocher, utilisé jusqu'au 17e s. comme tour de guet. Y repose le moine philosophe-écrivain du 16e s., Maxime le Grec.

Clocher★★ (Kolokolnia/Колокольня) – Ce clocher à cinq registres, de 88 m de haut, dépasse de 6 m celui d'Ivan le Grand du Kremlin de Moscou et domine le monastère et la ville. Il a fallu trente années (1740-1770) et trois architectes, Choumakher, Mitchourine, Oukhtomski, pour réaliser cet audacieux projet. Une impression de légèreté se dégage de cet étonnant édifice, accentué par les ouvertures toutes de même dimension, alors que chaque étage devient plus étroit. Avant la révolution, le son des 42 cloches ponctuait la vie de la région. La plus lourde pesait 65 t. Actuellement il en reste 26 avec chacune son nom. La plus ancienne date de 1420. Deux cloches, de 27 et 35,5 t, ont été remontées en 2002. Enfin en avril 2004, un tsar « kolokol » de 72 t a recouvré sa place après avoir été béni en grande pompe par le patriarche Alexis.

Obélisque (Обелиск)

Devant le clocher, vous ne pouvez pas manquer cet obélisque, érigé en 1792. Il porte une horloge solaire et, sur quatre plaques, le rappel du rôle patriotique du monastère dans l'histoire de la Russie.

Hôpital et l'église Sts-Zossime-et-Sabbathius (Bolnitchnyé palaty i tserkov Zossimy i Savvatia/Больничные палаты и церковь Зосимы и Савватия)

Ces édifices bâtis en 1635-1638, dans le prolongement de la sacristie, au nord-ouest, près de la tour Plotnitchia abritent au premier niveau la seule église à toit pyramidal du monastère.

Église de la Vierge-de-Smolensk (Tserkov Smolenskoï ikony Bojieï Materi/ Церковь Смоленской иконы Божией Матери)

Bâtie sur ordre d'Élisabeth Petrovna, cette église (1748) en forme de rotonde, à l'image de celles des jardins des palais de St-Pétersbourg, bleu et blanc comme pour s'accorder avec le clocher voisin, commémore la guérison d'un moine devant une icône en pierre du 15e s. de la Vierge de Smolensk, une des plus vénérées en Russie. Dans une niche sur le mur est est exposée une copie. L'original se trouve dans la chambre du patriarche.

Se diriger vers la cathédrale de la Dormition et ses coupoles bleues étoilées.

Chapelle sur la source (Nadkladeznaïa tchassovnia/ Надкладезная часовня)

8h-21h.

Vous passez devant cette chapelle baroque (1644), érigée sur une source découverte lors de la réfection du parvis de la cathédrale en 1780, dont l'eau a guéri un aveugle.

À côté, sous un dais en pierre décoré dans un camaïeu de bleu coule aussi l'eau miraculeuse. Les pèlerins en boivent et en emportent chez eux.

A. Kanjounzeff / MICHELIN

Rotonde abritant une source d'eau miraculeuse.

Cathédrale de la Dormition★★★ (Ouspenski Sobor/Успенский собор)

Fermée au culte l'hiver - crypte ouverte de 9h à 12h pour distribution d'huile bénite.

Avec ses cinq coupoles rapprochées, c'est la plus imposante du monastère. Édifiée sur ordre d'Ivan le Terrible de 1475 à 1479, achevée sous le règne de son fils, Fiodor, sur le modèle de son homonyme du Kremlin de Moscou, mais en briques, c'est le centre géographique de la laure. Les faces nord et sud n'ont jamais été restaurées. Seul le parvis de l'entrée principale est remanié au 18e et à la fin du 19e s. Une crypte est aménagée sous la cathédrale pour abriter les sépultures des principaux donateurs.

Les 500 m² de **fresques** de la cathédrale traversent les âges sans dommages. Du 20 mai au 30 août 1684, 35 artistes décorent les voûtes et les piliers carrés : une équipe de peintres locaux et une autre de Iaroslavl, sous la direction de **Dimitri et Vassili Grigoriev**. L'**iconostase à cinq registres** en bois doré sculpté compte 76 icônes des 16e et 17e s. Les **Portes saintes**, l'icône de *la Dormition* à droite dans le deuxième registre, et de *l'Annonciation* à gauche, sont de **Simon Ouchakov**. Les **lustres en bronze** sont du 17e s. Deux **mosaïques** du 19e s. se font face : à gauche, la *Vierge de Kazan*, à droite, *Saint Étienne* par Vasnetsov. Sur la droite est exposé le **cercueil** en chêne **de saint Serge**, fabriqué par lui-même selon la tradition. Du cuivre le protège de la dévotion des fidèles qui en emportaient des morceaux.

Tout autour de la cathédrale sont gravés en slavon les noms des peintres.

Après le démontage du parvis, la **sépulture des Godounov** s'est retrouvée à l'extérieur de l'édifice *(en sortant à droite)*. Y reposent le tsar, son épouse et son fils, assassinés par les boyards, et sa fille Xenia, devenue religieuse. Inhumé, comme il se doit, dans la cathédrale de l'Archange-St-Michel au Kremlin, le corps de Boris Godounov, transféré sur ordre de l'imposteur Dimitri dans un monastère des environs de Moscou, sera porté plus tard à pied par vingt moines jusqu'à ce monastère qu'il aimait tant.

A. Kanjounzeff / Michelin

Cathédrale de la Dormition.

Palais du tsar et église de l'Intercession-de-la-Vierge **(Tsarskié tchertogui s khramom Pokrova Presviatoï Bogoroditsy/ Царские чертоги с храмом Покрова Пресвятой Богородицы)**

On peut accéder à l'église de l'Intercession-de-la-Vierge pendant les offices du dimanche à 8h et 17h ou sur demande spéciale. Les chœurs des moines y sont exceptionnels.

Édifié au nord, face au réfectoire, de la même longueur, dans le même style « damier » multicolore, à la fin du 17e s. pour recevoir le tsar et sa suite de plus de 500 personnes, cet édifice abrite au rez-de-chaussée le séminaire et au premier l'Académie ecclésiastique et ses deux superbes poêles hollandais.

Se promener

Remonter le pr. Krasnoï Armii (пр. Красной Армии) *vers Moscou, après la rue Ilinskaïa* (Ильинская) *sur la droite.*

Musée du Jouet **(Mouzeï igrouchki/Музей игрушки)**

Pr. Krasnoï Armii (пр. Красной Армии) *123, bâtiment rouge sur la gauche - ✆ 0 41 01 - tlj sf lun., mar. et dernier vend. du mois 10h-17h -150 Rub - photo : 50 Rub, vidéo : 200 Rub.*

Dans un beau bâtiment en briques rouges de 1898, le seul musée national du Jouet de Russie abrite dans une ambiance désuète à souhait une exposition de jouets traditionnels russes du 19e s., la plus vieille matriochka originaire de Serguiev Possad, une émouvante collection des jouets des tsars, et des expositions de jouets étrangers.

Se rapprocher de la laure du même côté que le musée du Jouet, en face de la rue Serguievskaïa (Сергиевская).

Églises de la Présentation-de-la-Vierge-au-Temple et de Ste-Parascève-Vendredi **(Vvedenskaïa tserkov, Piatnitskaïa tserkov/ Введенская церковь, Пятницкая церковь)**

Ces deux sanctuaires blancs à coupole dorée, édifiés en 1547 en contrebas de la laure ,semblent monter la garde. Fortement endommagées au début du 17e s. lors du siège des troupes polono-lituaniennes, elles sont aujourd'hui restaurées et ouvertes au culte, mais il n'y a pas grand-chose à voir à l'intérieur.

Traverser par le souterrain de l'autre côté du pr. Krasnoï Armii (пр. Красной Армии).

Chapelle au-dessus du puits **(Tchassovnia Piatnitskogo kolodtsa/Часовня Пятницкого колодца)**

Toute blanche, elle s'élève en bas de la colline sur laquelle est bâti le monastère, **sur une source miraculeuse**.

Du même côté mais plus haut, dans un bâtiment à colonnes en briques rouges, en face des anciennes Écuries.

Salle d'exposition **(Vystavotchny zal/Выставочный зал)**

Annexe du musée de la laure - pr. Krasnoï Armii (пр. Красной Армии) *144 - ☎ 4 54 56 (10h-17h30) - caisse jusqu'à 16h30 - fermé lun., mar. et dernier jeu. du mois.*
Deux salles d'exposition d'œuvres contemporaines des peintres locaux.
Traverser à nouveau. Au niveau du n°133 pr. Krasnoï Armii, prendre à gauche la ruelle derrière la statue de Lénine jusqu'au Aptekarski per. (Аптекарский пер.) *et suivre à droite jusqu'au long bâtiment rouge à toit vert des anciennes Écuries.*

Anciennes Écuries (Konny dvor/Конный двор)

Annexe du musée de la laure : oul. 1ᵒⁱ Oudarnoï Armii (ул. 1ой Ударной Армии) *2 - ☎ 4 53 56 de 10h à 17h30 - caisse jusqu'à 16h45 - tlj sf lun., jeu. et dernier mer. du mois -130 Rub -* **magasin-atelier des jouets de Bogorodskoïé** *: au fond de la cour à droite - 10h-17h30 - tlj sf dim. et lun. - 25 Rub, guide 100 Rub pour 30mn d'explications pendant qu'un artisan vous montre son savoir-faire.*
Y sont regroupés dans une aile des objets de l'art populaire russe du 18ᵉ s. au début du 20ᵉ s : décor d'isba ciselé en bois, objets de la vie quotidienne paysanne, rouets, poteries, tissus, vêtements traditionnels, jouets. Dans une autre aile est retracée la vie du monastère à travers des maquettes, des armes, une malle coffre-fort, des calèches… Régulièrement ont lieu des expositions à thème : actuellement, le **cycle de la vie terrestre (kroug jizni zemnoï/круг жизни земной)**. Les us et coutumes à la campagne de la naissance à la mort. Un autre bâtiment devrait bientôt ouvrir ses portes. Ce musée sympathique est très attrayant.
N'oubliez-pas de vous rendre à l'**atelier des jouets de Bogorodskoïé** : un artisan sculpte devant vous un ours ou un lapin, en bois de tilleul ou de tremble !

Alentours

Radonège (Radonej/Радонеж)

Cette petite ville, perchée sur la rive droite de la Paja, est connue depuis le 14ᵉ s. parce que le futur saint Serge alors prénommé Bartholomé y est né et y a passé sa jeunesse. Ce n'est plus qu'un village pittoresque, où se visite l'**église de la Transfiguration (tserkov Preobrajenia/церковь Преображения)** (1840) de style Empire, devant laquelle une statue de Serge de Radonège a été érigée en 1992 par Viatcheslav Klikov pour le millénaire de l'Église orthodoxe et les six cents ans de sa mort. La beauté de la nature environnante a inspiré les peintres qui venaient à Abramtsevo tout proche.

Serge de Radonège

Selon la tradition, Serge de Radonège (1314-1392), fils d'un boyard de Rostov-le-Grand, après une vision, avait senti très tôt l'appel de la vie monastique. Se dépouillant de toutes les richesses héritées de ses parents, il s'établit au cœur d'une forêt, près d'une source, pour une existence vouée à la solitude et à la méditation : il bâtit de ses propres mains l'isba en rondins de bois qui allait devenir sa cellule et autour de laquelle allait se développer la future laure de la Trinité-St-Serge. C'est là qu'il vécut, qu'il recevait les innombrables pèlerins venus le voir de tout le pays et qu'il refusa, dit-on, le poste de métropolite que lui proposait le patriarche de l'Église russe.

Khotkovo (Хотьково)

Faites un court arrêt devant cette ancienne étape des pèlerins en route vers la laure, pour contempler le **monastère de Khotkovo (Khotkov monastyr/Хотьков монастырь)** (1308), perché sur la haute rive de la Paja, où sont enterrés les parents de saint Serge. La **cathédrale St-Nicolas (Nikolski sobor/Никольский собор)** en briques rouges, qui surplombe l'ensemble architectural actuel remanié du 18ᵉ au 20ᵉ s., est aujourd'hui en cours de restauration.
Traversez le pont sur la rivière Voria pour rejoindre Abramtsevo à 17 km au sud-ouest de Serguiev Possad.

Musée-domaine d'Abramtsevo (Mouzeï-ousadba Abramtsevo/Музей-усадьба Абрамцево)

10h-16h30, caisse fermée 15h15 - parc 10h-18h - fermé lun., mar. et dernier jeu. du mois - ☎ (254) 3 02 78 - 500 Rub.
Propriété de l'écrivain slavophile **Sergueï Aksakov**, qui y accueille de nombreux écrivains, le domaine d'Abramtsevo est racheté à ses héritiers en 1870 par **Savva Mamontov**. Cet entrepreneur de chemins de fer, mécène et amateur d'art, attire de nombreux artistes dans sa propriété de campagne et en fait vite le centre de la vie artistique de l'époque. Il y crée des **ateliers d'art et d'artisanat**.

C. Brett / Michelin

Isba-studio de sculpture.

Le lieu rassemble tous ceux qui ont un esprit novateur dans l'art, sous toutes ses formes, avec pour aspiration commune une recherche d'un **art national**, fondé sur les **traditions paysannes** : c'est ce que l'on appelle aujourd'hui le cercle d'Abramtsevo. Les soirées se passent à écouter de la musique, lire des poèmes, débattre, improviser des pièces de théâtre, leurs costumes et leurs décors… Les ombres de **Gogol** et **Tourgueniev**, amis d'Aksakov, hantent les allées ombragées du parc enchanteur. Les peintres **Ilia Repine**, **Valentin Serov**, **Isaac Levitan**, **Mikhaïl Vroubel**, **Vassili Polenov**, **Viktor Vasnetsov**, **Vassili Sourikov**, ou encore **Elena Polenova** y trouvent l'inspiration devant les étangs, les clairières, les bosquets de bouleaux et de chênes. Le grand metteur en scène **Konstantin Stanislavski** y organise des soirées théâtrales, le chanteur **Fiodor Chaliapine** et le critique d'art et promoteur **Serge de Diaghilev**, le futur fondateur des Ballets russes, font partie des habitués.

Les ateliers – En 1876, un atelier d'apprentissage de **menuiserie** est créé pour lutter contre l'exode rural et fournir un revenu complémentaire aux paysans. En 1885, le peintre **Elena Polenova** prend la direction artistique de l'atelier qui devint vite à la fois artistique et expérimental. Une multitude d'objets, qu'il s'agisse de vaisseliers muraux, de salières, de boîtes à thé ou de tables sculptées, sont réalisés d'après les esquisses de l'artiste et font fureur à Moscou et St-Pétersbourg.

L'**atelier de céramique** créé par Mamontov en 1890 connaît également un grand succès. **Vroubel** y devient un spécialiste de la céramique, redonnant vie à l'art typiquement russe du revêtement des poêles. Les ateliers d'Abramtsevo ont ressuscité les traditions nationales en créant des objets à la fois utiles et artistiques et, après avoir donné une impulsion nouvelle aux arts appliqués russes, ont fonctionné pratiquement jusqu'en 1920.

Le musée – Dès 1918, le domaine devient musée. Bordé par la petite rivière Voria et entouré d'étangs, il abrite plusieurs bâtiments répartis dans la verdure d'un agréable parc. La maison de maîtres en bois, encore meublée du mobilier Empire de l'époque de son premier propriétaire, Aksakov (seconde moitié du 18e s.), relativement modeste, abrite un **musée littéraire**.

L'Atelier des artistes, construit en 1873 d'après un projet de Victor Hartmann et devenu **musée des Arts appliqués**, abrite une collection unique des émaux et céramiques de Vroubel. Vous y verrez une reproduction du fameux portrait de la fille de Savva Mamontov, Vera, exécuté par Valentin Serov et dont l'original, *La Jeune Fille aux pêches*, est exposé à la galerie Tretiakov.

L'original **Bania-Teremok**, inspiré des isbas des paysans russes, édifié par Ivan N. Ropet, prévu pour abriter les bains russes, sert très vite à loger les nombreux invités du maître des lieux et a gardé lui aussi son mobilier d'origine. Il conserve d'admirables témoignages de l'art traditionnel du bois sculpté (volets, décors de fenêtres), de ravissantes petites boîtes à sel, ainsi que des récipients réalisés en écorce de bouleau.

Plus au nord se dresse sur pilotis l'**isbouchka** (petite isba) de **Baba Yaga**, sorcière des contes traditionnels, conçue par Vasnetsov et plus loin encore, derrière les sapins centenaires, se cache l'élégante petite **église du St-Suaire-du-Sauveur (Spasskaïa tserkov/Спасская церковь)** inspirée des églises de Novgorod, édifiée en 1880 sur un projet de Vasnetsov et de Polenov.

La sorcière Baba Yaga

Tous les petits Russes la craignent et l'aiment en même temps, car elle peut, si elle le décide, vous être d'un grand secours ! Bien sûr elle n'est pas belle, son nez est long et crochu et sa jambe est en squelette. Elle vit dans une drôle d'isba perchée sur des pattes de poule et qui tourne sans cesse sur elle-même. Le portail est orné de crânes aux yeux phosphorescents… Baba Yaga voyage en mortier à l'aide de son pilon, et son balai ne sert qu'à effacer ses traces !

Serguiev Possad pratique

Informations utiles

L'Hôtel Rousski Dvorik peut vous aider à organiser vos visites. Miniguides avec plan en anglais.

Code postal – *141315*

Bureau de renseignement : *✆ 7 79 99/5 80 58.*

Indicatif téléphonique – *254 de la région de Moscou, 49 654 d'ailleurs.*

Urgences médicales – *✆ 03.*

Poste principale – *Glavpochtamt, oul. Pionerskaïa* (Главпочтамт, ул. Пионерская) *9 - ✆ 7 10 81 - 24h/24 - courrier : 9h-19h, fermé 12h-13h - Internet.*

Transports

Voiture – 1h10 de Moscou par la voie rapide M 8, Iaroslavskoïe chosse.

Train – Toutes les 30mn de la gare de Iaroslavl à Moscou ; 1h30, par le train n° 124 direction Iaroslavl ou l'elektritchka (train de banlieue).

Autobus – **N° 388** du métro VDNKh ou Tsiolkovskaïa toutes les 30mn. 1h20 de trajet. Vous achetez les billets dans la mesure des places disponibles.

Les gares ferroviaire et routière sont en face l'une de l'autre sur la place de la gare, Vokzalnaïa plotchtchad (Вокзальная пл.) à 700 m de la laure.

Gare ferroviaire – *✆ 0 58 78- 4h-23h.*

Gare routière – *✆ 0 62 90 - 8h30-19h30.*

Internet-café et magasins – *9h-22h.*

Rejoindre la laure depuis les gares – *Traversez la place, puis la rue 1^{aia} Rybnaïa* (1ая Рыбная ул.)*, redescendez par la rue Serguievskaïa* (Сергиевская ул.) *vers le pr. Krasnoï Armii* (пр. Красной Армии) *et passez par le passage souterrain juste après le restaurant Rousski dvorik* (Русский дворик).

Se rendre aux alentours – Mieux vaut se rendre à Abramtsevo et Radonège en voiture, car les curiosités sont éloignées des gares. *Tournez à droite de la M 8 au poste situé à 61 km en direction de Khotkovo et Abramtsevo. Pour Khotkovo et Radonège, tournez à gauche juste après le passage à niveau. Pour Abramtsevo, continuez tout droit.*

Se loger

Hôtel Aristocrat (Аристократъ) – *Oul. Serguievskaïa* (ул. Сергиевская) *1a - ✆ 7 25 94 - aristokrathotel@mail.ru - P - 18 chambres luxe, semi-luxe et standard.* Six choix de petits-déjeuners. Réception un peu soviétique mais vue imprenable sur la laure. Parking non gardé. Restaurant, bar, sauna, piscine, billard, massage.

Hôtel Rousski dvorik (Русский дворик) – *Oul. Mitkina* (ул. Митькина) *14/2 - ✆ 7 53 93 / 7 53 92 - rusdvorik@yandexru - P - 9 ch. et 2 appart.* Petit hôtel moderne à 200 m de la laure. Demander les chambres décorées dans le style des provinces russes. TV câblée, minibar, parking gardé. Bar-restaurant *Traktir*, ouvert 24h/24.

Hôtel Galereïa (Галерея) – *Abramtsevo, oul. Mouzeïnaïa* (ул. Музейная) *4 - ✆ (495) 725 31 95/ (495) 262 65 66 - www.info@galereya.name, www.galereya.name - 24 ch. standard (35 m^2), 4 semi-luxe (40 m^2), 2 luxe (50 m^2).* Séchoir, air conditionné, TV câblée, Internet, piscine, sauna, billard, bowling, balades à cheval. Tarifs intéressants en semaine. L'hiver, location de skis, luges, patins. Excellent restaurant, en face, à partir de 700 Rub. Si vous pouvez vous le permettre, n'hésitez pas : un hôtel de rêve dans un cadre idyllique à 2mn du domaine d'Abramtsevo et 15mn de Serguiev Possad.

Se restaurer

Rousski Dvorik (Русский дворик) – *Pr. Krasnoï Armii* (пр. Красной Армии) *134/2 - ✆ 0 51 14 / 7 38 52.* À 100 m de la laure, dans un décor en bois pittoresque, cuisine russe, servie par un personnel en costume traditionnel. Les 220 places sont réparties dans plusieurs salles. Vente de souvenirs.

Konny dvor (Конный двор) – *Dans le bâtiment du musée Konny dvor, (Конный двор), au coin du pr. Krasnoï Armii* (пр. Красной Армии) *- ✆ 9 90 66 - 11h à 1h du matin.* Cuisine russe et européenne servie dans une jolie salle au décor classique qui rappelle l'intérieur d'une maison de noble du 19e s.

Pauses et petites faims

Plusieurs cafés dans la **rue Karl-Marx (ул. Карла Маркса)** qui coupe le pr. Krasnoï Armii (пр. Красной Армии) au niveau du n° 133.

Achats

Devant la laure – Vous n'aurez que l'embarras du choix devant la multitude d'étalages de souvenirs. Moins cher qu'à Moscou. Large choix de châles fins unis en dentelle de laine de chèvre (ils doivent passer dans votre alliance) et de jouets en bois de l'atelier de Bogorodskoïé, petite ville voisine. Serguiev Possad est le berceau de la matriochka…

Dans la laure – En face de la caisse, vous trouverez de quoi grignoter très légèrement, une librairie religieuse, avec des reproductions d'icônes et, si le cœur vous en dit, un grand choix de chasubles… Un peu plus loin sur votre droite, des toilettes à n'utiliser qu'en cas d'urgence.

Événements

Pâques orthodoxe dans la laure – Toute la Semaine sainte, de très beaux offices le samedi, bénédiction des œufs et koulitchs et veillée pascale dans toutes les églises.

La Pentecôte – À la fois fête de la laure et fête de la ville.

18 juillet – Fête de saint Serge.

Pereslavl-Zalesski★

Переславль-Залесский

45 000 HABITANTS

Cet important foyer religieux de la Vieille Russie, aujourd'hui chef-lieu de district de la région de Iaroslavl, abrite quatre monastères à nouveau en activité ! Le cinquième est depuis 1919 un musée d'Histoire et d'Art. Cette petite ville au charme désuet, avec pour toile de fond le parc naturel du lac Plechtcheïevo, offre une étape bucolique, qui permet de découvrir à la fois l'état de désolation des édifices restitués à l'Église, les ambitieux programmes de restauration déjà accomplis et l'ampleur de ce qu'il reste à réaliser.

- **Se repérer** – À 130 km au nord de Moscou et à 65 km de Serguiev Possad, à mi-chemin entre Moscou et Iaroslavl par la M 8 qui traverse la ville du sud au nord pour en devenir la rue principale. La cité s'étale de chaque côté de l'embouchure de la Troubej sur la rive sud-ouest du lac Plechtcheïevo. Le centre historique est délimité par les anciens remparts de terre de 2,5 km du 12e s. miraculeusement préservés, aujourd'hui couverts de gazon.
- **À ne pas manquer** – La cathédrale de la Transfiguration-du-Sauveur, les remparts de terre et le monastère Goritski.
- **Organiser son temps** – Une demi-journée pour visiter la place Rouge, le musée du Fer à repasser et le musée d'Art et d'Histoire du monastère de Goritski. Une journée pour découvrir les autres monastères et le lac Plechtcheïevo. Une nuit sur place est l'idéal pour flâner sur les rives du lac et de la Troubej.
- **Pour poursuivre le voyage** – Visiter Veskovo à 3 km sur la rive méridionale du lac, en direction d'Ouglitch.

Comprendre

En 1152, cinq ans après avoir fondé Moscou, Iouri Dolgorouki dresse la citadelle de Pereslavl-Zalesski (au-delà de la forêt), à l'embouchure de la Troubej dans le lac Plechtcheïevo, à la croisée des routes commerciales, pour défendre les frontières ouest de sa principauté de Rostov-Souzdal. Son plus illustre prince, **Alexandre Nevski**, la gouverne de 1238 à 1253. À son annexion par Moscou en 1302, la cité devient une étape sur la route de Moscou à Arkhangelsk. Jusqu'au 17e s., elle subit tour à tour des guerres intestines, les invasions tatares-mongoles et polono-lituaniennes. Vers 1560, Ivan le Terrible bâtit le monastère-forteresse Nikitski et fait de Pereslavl la base stratégique de sa police secrète, « l'opritchnina ». Dès 1688, Pierre le Grand y construit une flottille, le berceau de sa flotte. La ville prospère. En 1860, la ligne de chemin de fer Moscou-Iaroslavl passe à 20 km, freinant son développement. Aujourd'hui, c'est une cité paisible, appréciée des Moscovites, qui viennent s'y reposer.

Visiter

La place Rouge (Krasnaïa plochtchad/Красная площадь)

Avec ses quatre églises, reflet du développement de l'architecture russe, elle est « **le musée à ciel ouvert** » de Pereslavl, même si l'intérieur des édifices ne présente plus guère d'intérêt.

Cathédrale de la Transfiguration-du-Sauveur★ (Spasso-Preobrajenski sobor/Спасо-Преображенский собор)

1er mai-1er oct. - tlj sf mar. et merc. 10h-18h.

Édifiée en 1152 en pierre blanche, sobre, à coupole unique, c'est la carte de visite de la cité, un des rares édifices de la période prémongole. Elle abrite les sépultures du fils et du neveu d'Alexandre Nevski et une iconostase en marbre du 19e s. Un passage au sud-est la reliait au palais princier.

Statue d'Alexandre Nevski (Pamiatnik A. Nevskomou/Памятник А. Невскому)

Devant la cathédrale, le buste d'Alexandre Nevski érigé en 1950 semble fixer l'édifice bâti en son honneur : l'**église Alexandre-Nevski (Tserkov Aleksandra Nevskogo/Церковь Александра Невского)** près des coupoles bleues de la **cathédrale de Vladimir (Vladimirski sobor/Владимирский собор)**. Édifiés en style baroque en 1740, ces édifices sont des vestiges du monastère de Stretenski, dont ne subsiste qu'un fragment de l'enceinte près de l'église du Métropolite-Pierre.

Église du Métropolite-Pierre (Sobor Petra Mitropolita/Собор Петра Митрополита)
Située à 250 m au sud-ouest de la cathédrale de la Transfiguration, vous la reconnaîtrez à son toit pyramidal en chatior, inspiré de l'église de l'Ascension de Kolomenskoïé à Moscou et ses galeries ouvertes du 18e s. Ivan le Terrible la bâtit en expiation du meurtre de son fils Ivan.
*Dos à la place Rouge (Krasnaïa pl./*Красная пл.*), prendre à droite la oul. Sovietskaïa* (ул. Советская)*, puis la oul. Gagarina* (ул. Гагарина).

Monastère Nikolski (Nikolski monastyr/Никольский монастырь)
Oul. Gagarina (ул. Гагарина) *43.*
Fondé en 1350, le plus florissant monastère de Pereslavl était totalement ruiné quand deux religieuses s'y installent en 1993. Aujourd'hui, cinquante nonnes, sous la férule de leur supérieure, sœur Evstolia, l'ont rendu méconnaissable, grâce aux subsides d'un mécène de Moscou. L'immense **cathédrale St-Nicolas (Nikolski sobor/Никольский собор)**, reconstruite dans un style russe à la place de celle détruite en 1930, mais pas sur le même modèle, peut accueillir depuis 2002 mille fidèles ! L'enceinte, les cellules, l'**église de l'Annonciation (Tserkov Blagovechtchenia/церковь Благовещения)** sont restaurées. Potager et parterres fleuris complètent l'ensemble.
Revenir vers la oul. Sovietskaïa et traverser vers une pimpante isba colorée.

Musée du Fer à repasser (Mouzeï outiouga/Музей утюга)
Oul. Sovietskaïa (ул. Советская) *11 - ✆ 3 25 83 - 10h-18h - entrée gratuite.*
Tout sur cet instrument de 10 g à 10 kg ! Pur moment de bonheur, si vous avez la chance d'avoir les explications pleines d'humour du propriétaire Andreï Vorobiov.
Continuer dans les rues Sovietskaïa et Kardovskaïa (Кардовская) *vers Moscou. Au niveau de l'***église Sretenskaïa** *(18e s.), prendre à droite la rue Podgornaïa* (ул. Подгорная).

Monastère Goritski, musée d'Histoire et d'Art★ (Goritski monastyr, istoriko-khoudojestvenny mouzeï/Горицкий монастырь, историко-художественный музей)
Mouzeïny per. (Музейный пер.) *4 - ✆ 3 81 00 - mai-sept. 10h-18h, oct.-avr. 10h-17h - fermé dernier lun. du mois - département de peinture fermé mar. - 16 à 50 Rub, selon les expositions - photos : 30 Rub, vidéo : 50 Rub.*
Perché sur une colline, il surplombe la rive sud du lac dans un cadre fleuri enchanteur. Il ne reste rien des premiers édifices du 14e s. L'ensemble architectural des 17e et 18e s. abrite depuis 1919 un des plus riches musées d'Art et d'Histoire de province. Arrêtez-vous devant les **portes cochères** du 17e s., ornées de motifs sculptés dans la pierre et de carreaux de faïence multicolores. Près de la moitié des salles sont consacrées aux icônes et à la peinture. Les autres proposent des expositions variées : Pereslavl il y a cent ans, les masques littéraires, les arts appliqués… Dans la **cathédrale de la Dormition (Ouspenski sobor/Успенский собор)**, du 18e s., vous attend une iconostase baroque en bois doré de Iakob Joukovski et des fresques réalisées par des peintres de la Nouvelle Jérusalem à Istra.
Les monastères Fiodorovski et Danilov encore en triste état, mais en activité, sont à proximité. Le monastère Nikitski est à la sortie de la ville vers Rostov.
À l'entrée de la ville en arrivant de Moscou, à droite, juste après la gare routière.

Monastère Fiodorovski (Fiodorovski monastyr/Фёдоровский монастырь)
Oul. Moskovskaïa (ул. Московская) *85.*
Quatre cents religieuses vivaient ici à la fin du 19e s. En 2005, cinq femmes s'efforcent de redonner vie à cet ensemble monastique de 1304 dont il reste trois édifices : la **cathédrale de Fiodor-Stratilate (sobor Fiodora Stratilata/собор Фёдора Стратилата)**, édifiée en 1557 par Ivan IV pour la naissance de son fils Fiodor dans un village tout proche, l'**église de la Présentation-de-la-Vierge (Vvedenskaïa tserkov/Введенская церковь)**, la seule en activité et l'**église de Kazan (Kazanskaïa tserkov/Казанская церковь)**, érigées en 1710 et 1714 par une sœur de Pierre le Grand, Natalie.
Traverser la oul. Kardovskaïa (ул. Кардовская).

Monastère Danilov (Troïtse-Danilov monastyr/Троице-Данилов монастырь)
Oul. Lougovaïa (ул. Луговая) *17.*
Bâtie en 1532, la **cathédrale de la Trinité (Troïtski sobor/Троицкий собор)** est ornée de fresques en 1662 par les maîtres de Kostroma, Gouri Nikitine et Sila Savine. Dix moines tentent de remettre en état l'ensemble monastique depuis 1995.

La légende de la pierre bleue

Près du monastère Nikitski, une énorme pierre bleue de 4 t, échouée sur la rive, est l'idole de la tribu des Merias puis des Slaves. Des rites païens se succèdent jusqu'au 18e s. L'Église tente de s'en débarrasser, en vain. Finalement elle décide de l'emmurer dans les fondations d'une église sur la rive opposée du lac. Mais lors du transport en hiver, la glace cède et la pierre coule à pic… pour resurgir des années plus tard au même endroit. Elle est toujours là. Des petits rubans, des fleurs sont accrochés aux branches environnantes… Faites un vœu !

Prendre la route vers Iaroslavl, après le cimetière municipal, et tourner à gauche.

Monastère Nikitski (Nikitski monastyr/Никитский монастырь)
Oul. Zaproudnaïa (ул. Запрудная) *20.*
Édifié sur une colline au 12e s., fortifié et agrandi de 1561 à 1564, par Ivan le Terrible, c'est le plus ancien monastère de Pereslavl. Y sont conservés la **chapelle (tchassovnia/часовня)**, bâtie sur la cellule de Nikita le thaumaturge (faiseur de miracles) par Pierre le Grand, la **cathédrale Nikitski (Никитский собор)** érigée en 1546, qu'une dizaine de moines restaurent, l'**église de l'Annonciation (Blagovechtchenskaïa tserkov/Благовещенская церковь)** ouverte au culte, le réfectoire et le clocher.

Alentours

Veskovo (Веськово)
Depuis le monastère Goritski, continuer la rue Podgornaïa (Подгорная) *vers Ouglitch.*
Musée « Botik de Pierre le Grand » (Mouzeï Botik Petra I/Музей Ботик Петра I) – *Fermeture provisoire pour rénovation.* Perché sur une colline, un petit pavillon à colonnes abrite le seul rescapé de la flotte de Pierre le Grand, le *Fortouna* et divers objets de navigation, l'occasion d'une balade sur les rives du lac.

Pereslavl-Zalesski pratique

Informations utiles

Indicatif téléphonique – *48 535.*
Code Postal – *152024.*
Poste principale – *Oul. Svobody* (ул. Свободы) *1a.*
Change – *Au rdc de l'hôtel* Pereslavl - *10h-18h, fermé lun. et mar.*
Salon-Internet – *Oul. Rostovskaïa* (ул. Ростовская) *5 - 9h-20h, dim.10h-19h.*

Transports

En voiture – 2h10 de Moscou par la M 8.
En autobus – 3h de Moscou ou 1h30 de Serguiev Possad, 10 départs par jour.
Gare routière (Avtovokzal/Автовокзал) – *✆ 2 30 75 - 4h-22h, fermé 10h15-10h45 et 16h30-17h.*

Se loger

Hôtel Pereslavl (Переславль) – *Oul. Rostovskaïa* (ул. Ростовская) *27 - ✆ 3 17 88 / 3 15 59 / 3 26 87 - fax 3 40 62 -* P *- 140 ch.* Hôtel de type soviétique. Les chambres de toutes catégories sont correctes quand elles sont rénovées. Parking payant.
Hôtel Zapadnaïa (Западная) (appelé aussi **West-hôtel**) – *Oul. Plechtcheevskaïa* (ул. Плещеевская) *1a - ✆ 3 43 78 - fax 34 395 - 11 ch.* Hôtel agréable avec tout le confort occidental derrière la place Rouge, sur les rives de la Troubej, à proximité du lac. Boutique, air conditionné, séchoir, TV, Internet, Chambres fumeurs et non-fumeurs…

Se restaurer

Rita – *Oul. Rostovskogo* (ул. Ростовского) *27 - ✆ 3 16 33.* Deux salles de 40 personnes, musique d'ambiance.
Kafé Botik – *Oul. Petra Pervogo* (ул. Петра Первого) *77, s. Veskovo* (с. Веськово) *- ✆ 98 085.* En face du musée Botik, café-restaurant sympathique en forme de bateau au bord du lac. Évitez les toilettes à l'extérieur, ce sont celles du camping.

Pauses et petites faims

Pour une légère collation, il existe un nombre étonnant de cafés sur la **rue principale**. Une « *blinnaïa* » agréable devant la place Rouge.

Achats

Lin brodé, céramiques sont les spécialités de Pereslavl. Échoppes sur la place Rouge. Cartes, documentation, souvenirs et drôles de chats « maison » dans la boutique du musée du Fer à repasser. Souvenirs devant le monastère Goritski.

Événements

Fête de la ville – Dernier w.-end de juillet.

Rostov-le-Grand★★

Rostov-Veliki/Ростов-Великий

40 000 HABITANTS.

L'arrivée à Rostov est époustouflante ! Soudain à droite, tel un mirage, se détache entre ciel et lac, la majestueuse silhouette blanche du kremlin, un des plus beaux de Russie. Dévastés par un ouragan en 1953, les toits et les coupoles aux écailles de tremble argentées, les cheminées aux girouettes de cuivre ciselé, remarquablement restaurés, sont à nouveau une source permanente d'émerveillement. Si, comme Novgorod au nord, Rostov prend le titre de « grand » (veliki), pour son rôle important dans l'histoire du pays, elle n'est plus aujourd'hui qu'une petite cité du district de Iaroslavl, qui, telle la Belle au bois dormant, sommeille à l'ombre de ses trésors architecturaux.

- **Se repérer** – À 190 km de Moscou par la M 8, 60 km au nord de Pereslavl et à 60 km au sud-est de Iaroslavl sur la rive nord-est du lac Nero. Sur ordre de Catherine II, toutes les rues mènent au kremlin ou au lac Nero et les façades des maisons de la rue circulaire (Okroujnaïa oul./Окружная ул.) sont tournées vers lui. C'est toujours le cœur de la ville avec ses galeries marchandes toutes proches.
- **À ne pas manquer** – Le panorama en arrivant, l'ensemble architectural du kremlin et l'exposition d'émaux.
- **Organiser son temps** – Une demi-journée suffit pour visiter le kremlin, il faut une journée pour découvrir en plus les deux monastères et faire un tour dans la ville. Une nuit pour voir le kremlin sans touristes se refléter dans le lac Nero.
- **Conseil d'ami** – Faites une promenade en bateau sur le lac Nero pour profiter d'un point de vue inoubliable sur le kremlin et les monastères.

P. Boussard / Michelin

Vue extérieure des cinq églises.

Comprendre

Une première mention écrite de Rostov en 862 en fait une des plus anciennes villes de Russie. Comme sa voisine Pereslavl, Rostov se développe sur les vestiges d'un village d'une tribu païenne et résiste au christianisme au point d'assassiner son évêque Leonti en 1071. La ville se développe autour du monastère fondé par son successeur Avraam en 1140. Réfractaire aussi au pouvoir princier, Rostov, la rebelle, a sa propre assemblée du peuple : le Vetché. Au 13e s., la principauté florissante, très peuplée, domine toutes les autres et devient Rostov-le-Grand. Soumise aux luttes intestines et aux invasions tatares-mongoles, elle est annexée par Moscou en 1474, perd son rôle politique mais garde son siège épiscopal. Anéantie en 1608-1609, par les troupes polono-lituaniennes, elle se reconstruit vers 1660, quand son puissant métropolite Iona Syssoïevitch rentre de Moscou, où, pendant dix ans, il remplace le patriarche Nikon à la tête de l'Église orthodoxe et édifie, pendant trente ans, ce fabuleux kremlin, l'œuvre de sa vie.

Découvrir

LE KREMLIN★★★ (Kreml/Кремль)

*Entrée par les Portes saintes situées sous l'église St-Jean-l'Évangéliste (Tserkov Ioanna Bogoslova/*церковь Иоанна Богослова*), à l'ouest de l'enceinte - ✆ 6 17 17 - 10h-17h, fermeture de la caisse à 16h30 (fermé le 1er janv.).*

Le kremlin de Rostov est original à plus d'un titre. Ce n'est pas la résidence du prince, mais celle du métropolite. 20 millions de briques, de 8 kg chacune, ont été utilisés pour sa construction ; son enceinte de 1 km de long et de 2 m de large et ses onze tours ne sont pas défensives, mais plutôt décoratives ; les églises et les palais ne sont pas édifiés au centre, mais autour de la Cour du métropolite et communiquent par de mystérieux passages. Aujourd'hui, cet ensemble architectural de la fin du 17e s. est un musée d'Art et d'Architecture. On visite trois églises tout en fresques, les passages les reliant à l'enceinte, et diverses expositions dans les anciens palais.

A. Kanjounzeff / Michelin

Détail d'une fenêtre au-dessus du kremlin.

De forme rectangulaire, étiré du nord au sud, le kremlin s'ouvre au nord sur la ville et la place Sovietskaïa et à l'ouest en direction de la route de Moscou par d'élégantes **Portes saintes (Sviatyé Vorota/Святые Ворота)**, du même style, ornées de galeries, encadrées par deux tours et surmontées chacune d'une église sur porte à cinq coupoles.

La Cour du métropolite (Mitropolitchi dvor/Митрополичий двор)

C'est la partie centrale, avec ses quatre églises et ses palais, disposés autour d'un étang.

Église de St-Jean-L'Évangéliste (Tserkov Ioanna Bogoslova/Церковь Иоанна Богослова)

Édifiée avec des galeries sur trois côtés en 1680 au-dessus des Portes saintes de l'aile ouest, elle abrite une iconostase en pierre et des fresques réalisées en 1683, d'un bleu ciel unique, illustrant la vie de saint Jean et la lutte d'Avraam contre le paganisme.

Sur la droite, au sud-ouest, se diriger vers un élégant édifice au joli perron.

Beau palais (Krasnaïa palata/Красная палата)

Ce palais de 1680, où les tsars en visite s'arrêtent avec leur suite, présente aujourd'hui des expositions : l'**archéologie de Rostov**, au rez-de-chaussée, et porcelaine et poteries au premier.

Aller au fond de la cour vers un vaste bâtiment à deux étages.

Appartements du métropolite (Samouilov korpous/Самуилов корпус)

C'est un musée : vous y attendent une exposition d'icônes et de peinture, une collection unique d'émaux et une amusante série de clochettes et de grelots de troïka.

Église du Sauveur-sur-le Porche (Tserkov Spassa na Seniakh/Церковь Спаса на Сенях)

Accolé aux appartements du métropolite, ce petit oratoire privé de 1675, modeste d'apparence, surprend par la richesse de son intérieur. Des fresques ornent les murs et contrairement à l'usage, seul le tiers de la surface est réservé aux fidèles. L'entrée n'est pas orientée à l'ouest, mais au nord pour faciliter le passage vers le palais Blanc.

Des femmes hors du commun

La princesse Maria est la seule femme auteur de chroniques au 13e s. Les princesses guerrières Daria et Antonina vêtues en soldat participent à la bataille de Koilikovo en 1380 ! Irina Lougovskaïa, femme érudite, collabore avec Iona Syssoïevitch pour la construction du Kremlin au 17e s.

Les émaux de Rostov

Cet art est connu en Russie depuis le 12e s. « Email » en grec, signifie « pierre brillante ». Un mystérieux mélange d'oxyde de plomb, de borax, de soude et d'alcali est déposé sur des petites plaques de cuivre convexes, puis dans un four chauffé à 1 000 °C. Les plaquettes sont peintes de couleurs vitrifiables et recuites 4 à 7 fois. Chaque couleur a ses exigences de température. Au 18e s., l'église est le principal acheteur des miniatures réalisées : jusqu'à 700 icônes sont fabriquées par jour ! Au début du 20e s., les peintres réalisent des boîtes, des encriers, des bijoux… Aujourd'hui, deux entreprises perpétuent cet « art du feu », et de nombreux artistes travaillent chez eux.

Palais Blanc (Belaïa palata/Белая палата)

Cet ancien réfectoire abrite une exposition d'objets et de vêtements religieux.

S'acheminer vers une église pimpante, colorée, entre les deux Portes saintes.

Église d'Hodiguitria (Tserkov Odigitrii/Церковь Одигитрии)

Édifiée en 1693 en style baroque moscovite, avec ses murs polychromes en damiers, elle rappelle le réfectoire de Serguiev Possad. Vous y découvrez d'anciens objets en bois de la vie courante.

Église de la Résurrection (Tserkov Voskressenia/Церковь Воскресения)

Située au-dessus des Portes saintes de 1754, au nord de l'enceinte entre deux tours, c'est la première église sur porte édifiée en 1670. Avec ses galeries et ses fresques exécutées par un artel de peintres de Iaroslavl et Kostroma, elle a servi de modèle à l'église de St-Jean-L'Évangéliste.

Pour rejoindre la cathédrale de la Dormition, passer par les Portes saintes sous l'église de la Résurrection.

Cathédrale de la Dormition (Ouspenski sobor/Успенский собор)

Antérieure d'un siècle au kremlin, la cathédrale de la Dormition trône sur la place centrale (Sobornaïa plochtchad/Соборная площадь) du vieux Rostov. Aujourd'hui séparée de la cour du métropolite par un mur en briques peu élevé, et de la cité par une enceinte du 18e s. et des galeries marchandes du 19e s., elle est au nord du territoire du Kremlin. Édifiée en 1512, sur les fondations de la première église en pierre de Rostov du 12e s., ornée de fresques de Gouri Nikitine et Sila Savine et d'une iconostase baroque en bois doré, elle reste le lieu de sépulture des dignitaires, dont l'évêque Leonti assassiné et le métropolite Ionas Syssoïevitch *(ouverte au culte de mai à octobre)*.

Clocher-arcade (Zvonnitsa/Звонница) – Avec ses quatre arches, ce bel édifice de 1682-1687 complète l'ensemble. Treize cloches exceptionnelles, avec chacune leur nom et une sonorité unique, donnent naissance à un carillon célèbre, qui inspira Hector Berlioz.

Église de St-Grégoire-le-Théologien (Tserkov Grigoria Bogoslova/Церковь Григория Богослова)

Élevé en 1680 à l'emplacement de l'ancien monastère St-Grégoire, cet édifice se trouve en dehors de l'enceinte, au sud, près des jardins du métropolite.

Se promener

Deux monastères, avec une église sur porte entourée de deux tours, sont à peu près à égale distance du kremlin, mais dans une direction opposée.

Prendre la rue Podozerka (ул. Подозерка), *le long du lac.*

Monastère du Sauveur-Jakob (Spasso-Iakovlevski monastyr/Спасо-Яковлевский монастырь)

Oul. Engelskaïa (ул. Энгельская) *44.*

Il embellit la rive sud-ouest du lac Nero, à l'entrée de la ville. Fondée au 14e s., par l'évêque Jakob, sa première **cathédrale de la Conception-de-Ste-Anne (Sobor zatchatia sviatoï Anny/Собор зачатия святой Анны)**, la plus proche du lac avec ses coupoles bleues étoilées, est édifiée par le métropolite Iona Syssoïevitch en 1686. Elle abrite une iconostase baroque en bois sculpté à trois registres et des fresques exceptionnelles de la fin du 17e s. Plus tard, en 1725, lui est accolée l'**église St-Jakob (Iakovlevskaïa tserkov/Яковлевская церковь)**. Enfin la **cathédrale de St-Dimitri** (1794-1804) **(Dmitrievski sobor/Дмитриевский собор)**, de style classique, avec son énorme coupole verte et ses colonnades, complète l'ensemble.

Prendre la rue Proletarskaïa (Пролетарская ул.), *à environ 1 km.*

Monastère St-Abraham ou monastère de l'Apparition-de-la-Vierge (Bogoïavlenski Avraamiev monastyr/Богоявленский Авраамиев монастырь)
Oul. Jeliabovskovo (ул. Желябовского) *32.*

Avraam, évêque de Rostov, le fonde au nord-est de Rostov à la fin du 11e s., à l'emplacement d'un temple païen. Ivan le Terrible part conquérir Kazan avec une crosse qu'Avraam aurait reçue de saint Jean. Après sa victoire, il fait édifier la **cathédrale de l'Apparition-de-la-Vierge (sobor Bogoïavlenia/собор Богоявления)** en 1553-1554. L'**église de la Présentation (Vvedenskaïa tserkov/Введенская церковь)**, 1650, et l'**église sur porte de St-Nicolas (Nikolskaïa tserkov/Никольская церковь)** de la fin du 17e s., la seule en activité. Douze sœurs tentent avec peu de moyens de restaurer ce monastère, rendu à l'église depuis 1994.

Rostov-le-Grand pratique

Informations utiles

Agence Tsarvoyages – *Bureaux à Moscou - ✆ (495) 22 11 936 (gratuit depuis la France ✆ 08 74 76 16 26, 9h30-19h) - www.tsarvoyages.com.* Possibilité de commander hôtel, guide et voiture pour visiter Rostov et l'Anneau d'Or. Personnel francophone.

Indicatif téléphonique – *48 536.*

Code postal – *152155.*

Poste – *Oul. Severnaïa* (ул. Северная) *44 - téléphone 24h/24.*

Bon à savoir – Le musée du kremlin propose des balades en bateau de 40 personnes sur le lac Nero *(Durée 50-60mn - 250 Rub - départs : 10h, 11h30, 13h, 14h30, 16h, 17h15 - de l'embarcadère du côté ouest du kremlin - fermé lun.).*

Transports

Voiture – 3h de Moscou par la M 8.

Autobus – 5h et 8 départs par jour de la gare centrale de Moscou.

Gare routière – *Privokzalnaïa pl.* (Привокзалная пл.) *- ✆ 6 35 07.*

Gare ferroviaire – *Au bout de la rue Lounatcharskogo* (ул. Луначарского) *- ✆ 6 27 06.* Buffet, toilettes, téléphone, consigne.

Les deux gares sont proches, à 1,5 km du centre.

Se loger

⊜⊜ **Hôtel Ousadba Plechanova (Усадьба Плещанова)** – *Oul. Leninskaïa* (ул. Ленинская) *34 - ✆ 764 40/41 - hotel@v-rostove.ru - P - 30 ch.* Agréable hôtel à deux pas du kremlin dans la demeure du marchand Plechanov du 19e s. Les chambres, luxe, demi-luxe, standard, sont toutes avec TV, minibar. Parking, billard, sauna, Internet, café-restaurant sympathique.

⊜⊜⊜⊜ **Hôtel Moskovski Trakt (МосковскийТракт)** – *Oul. Okrougenia* (ул.Окружения) *29a - ✆ 6 58 00 - 51 ch.* Situé dans le cœur historique, cet établissement moderne de 2006 dispose l'été d'un petit café devant un étang.

Se restaurer

⊜⊜ **Restaurant Slavianski (Славянский ресторан)** – *Sovietskaïa pl.* (Советская пл.) *8 - ✆ 6 22 28 - 12h-0h et 2h le w.-end.* Recettes et breuvages de la Russie d'antan. Le soir musique d'ambiance. Goûtez le *kournik*, pyramide de blinis fourrés au poulet et aux champignons… et enivrez-vous à la *medovoukha* du monastère.

⊜⊜ **Trapeznaïa Palata** – *Krasnaïa palata Rostovskovo kremlia* (Красная палата Ростовского кремля) *- ✆ 6 28 71 - 10h-18h.* Dans le palais Rouge du kremlin. Cuisine russe traditionnelle.

Pauses et petites faims

Arkada kafé (Аркада кафе) – *Sovietski per.* (Советский пер.) *3/2 dans les galeries marchandes.*

Achats

Des émaux, bien sûr, que vous trouverez sous toutes leurs formes dans de petites échoppes, en sortant du kremlin.

Galerie d'art Khors (Хорс) – *Oul. Podozerka* (ул. Подозерка) *31 - ✆ 6 24 83.* Dans une isba de conte de fées au bord du lac, à deux pas du kremlin ! Un grand panneau vous indique la direction devant l'entrée du kremlin. Petite exposition de peinture et objets usuels du début du 20e siècle, tableaux en émail du propriétaire, démonstration de fabrication d'émail. Et si l'aventure vous tente, mini chambre, mini douche, kitchenette, bains russes pour passer la nuit. Point de vue sur le kremlin et ses reflets dans le lac assuré.

Événements

Maslenitsa – Le Mardi gras est particulièrement fêté à Rostov.

Iaroslavl★★

Ярославль

680 000 HABITANTS

Iaroslavl, grand centre artistique de la Vieille Russie, fêtera en 2010 ses 1 000 ans d'existence. Ce chef-lieu de province, centre industriel important, s'étale sur une trentaine de kilomètres au confluent du cours supérieur de la Volga et de la Kotorosl. Au 17e s., ses marchands fortunés ramènent de leurs voyages à Samarkand et Boukhara le goût des couleurs du Sud et font bâtir d'innombrables églises. Vous trouverez au bout de chaque rue un témoignage de ce glorieux passé avec pour toile de fond la majestueuse Volga, indissociable du charme de la ville.

- **Se repérer** – 250 km au nord-est de Moscou, 76 km à l'ouest de Kostroma.
- **À ne pas manquer** – Église de l'Épiphanie, monastère de la Transfiguration-du-Sauveur, église du Prophète-Élie, église de St-Jean-le-Précurseur.
- **Pour poursuivre le voyage** – Visiter le **monastère de Tolga**, à 8 km au nord-ouest de Iaroslavl sur la route de Volgograd.

Iaroslavl est une étape du circuit de l'Anneau d'Or mais aussi une importante étape des bateaux de croisière qui sillonnent la Volga. Ses principales curiosités sont la pimpante **église de l'Épiphanie★** (surnommée la « fiancée de Iaroslavl »), le **monastère de la Transfiguration-du-Sauveur★★** aujourd'hui musée où se côtoient des édifices des 16e, 17e et 19e s., l'**église du Prophète-Élie★★★**, joyau de la ville, l'**église de St-Jean-le-Précurseur★★★** et le **Palais du métropolite★**, qui accueille la division de l'art russe ancien du musée des Beaux-Arts.

Vous trouverez le descriptif des principales curiosités dans le chapitre « Croisière » p. 309.

Iaroslavl pratique

Informations utiles

Indicatif téléphonique – *4852.*

Code postal – *150000.*

Poste centrale (Glavpotchtamt/Главпочтамт) – *Bogoïavlenskaïa pl.* (Богоявленская пл.).

Pharmacie – *Sur la même place - 8h-22h.*

Distributeur – *24h/24 Pervomaïskaïa oul.* (Первомайская ул.) *43.*

Transports

Voiture – 3h40 de Moscou par la M 8.

Train – 3-4h de Moscou de la gare de Iaroslavl, 27 trains par jour.

Gare ferroviaire centrale Iaroslavl Glavny (Вокзал Ярославль Главный) – *Privokzalnaïa pl.* (Привокзальная пл.) *20 -24h/24 - ✆ 79 21 11 et 79 38 28.*

Se loger

⊖⊖ Hôtel Ioubileïnaïa (Юбилейная) – *Kotoroslnaïa nab.* (Которосльная наб.) *11a - ✆ 30 73 63 - fax 72 65 65 - 240 ch.* Sur les rives de la Volga, cet hôtel offre des chambres avec toutes les commodités, business-centre, **agence de voyages** (guides français).

⊖⊖⊖⊖ Hôtel Voljskaïa Gemtchoujina (Волжская Жемчужина) – *Voljskaïa nab.* (Волжская наб.) *près de la tour Arsenalnaïa (у Арсенальной башни) - ✆ 73 12 73/72 65 30.* Ouvert en 2005 sur un embarcadère du 19e s. restauré sur la Volga. Personnel francophone. Restaurant.

⊖⊖⊖⊖ Ring premier Hotel (Ринг Премьер Отель) – *Oul. Svobody* (Ул. Свободы) *55 - ✆ 58 11 58 - ♿.* Ce bel hôtel moderne propose des chambres confortables et spacieuses. Restaurant *Sobinov*, cuisine russe et européenne.

Se restaurer

⊖⊖ Poplavok (Поплавок) – *Oul. Podzelenié* (ул. Подзеленье) *- ✆ 31 43 43 - 12h-1h.* Cuisine russe raffinée sur les bords de la Kotorosl.

⊖⊖⊖⊖ Vanilnoe Nebo (Ванильное небо) – *Voljskaïa nab.* (Волжская наб.) *- ✆ 33 37 76.* Situé en face de la gare fluviale, cuisine russe et européenne raffinée avec une vue panoramique sur la Volga.

Pauses et petites faims

Rousski tchaï (Русский чай) – *Depoutatskaïa oul.* (Депутатская ул.) *11 - 9h-19h.* Thé, café, brioches, *pelmenis*, etc.

Traktir (Трактир) – *Voljskaïa nab.* (Волжская наб.) *17/1, près du musée de l'Histoire de la ville - ✆ 30 89 96 - 11h-23h.* Une gargote pittoresque.

Achats

Marché (Rynok/Рынок) – *Bogoïavlenskaïa pl.* (Богоявленская пл.).

Monastère de la Transfiguration – Souvenirs et nappes en lin.

Rousski Lion (Русский лён) – *Pervomaïskaïa oul.* (Первомайская ул.) *51.* Magasin de souvenirs.

Kostroma ★

Кострома

288 000 HABITANTS

Cette ancienne capitale du lin, centre administratif de la région, longe les deux rives de la Volga, au confluent du fleuve et de la Kostroma. Ville fermée aux étrangers jusqu'en 1991, en raison de la base militaire installée à sa périphérie, elle garde tout le charme d'une vieille cité marchande provinciale. Dévastée aux deux tiers par un incendie en 1773, elle est entièrement reconstruite dans un style classique traditionnel, par des architectes pétersbourgeois. Catherine II, en visite dans la cité, aurait laissé tomber son éventail sur la place centrale, décidant ainsi de son aspect futur.

- **Se repérer** – À 326 km au nord-est de Moscou et à 76 km au nord-est en aval de Iaroslavl, les deux villes étant situées aux deux extrémités d'un méandre de la Volga. Toutes les rues rayonnent de la place Soussanine (Soussaninskaïa pl./Сусанинская пл.).
- **Conseil d'ami** – Traverser le pont pour admirer le point de vue sur la rive gauche de la Volga.
- **À ne pas manquer** – Monastère de l'Épiphanie-Ste-Anastasie, église de la Résurrection-dans-le-Fourré, monastère St-Ipatiev, musée de l'Architecture en bois.

Kostroma est également une étape du circuit de l'Anneau d'Or et une escale des bateaux de croisières qui sillonnent la Volga. Son principal attrait est le prestigieux **monastère St-Ipatiev★★★**, berceau des Romanov, qui à lui seul justifie le déplacement, le **monastère de l'Épiphanie-Ste-Anastasie** qui abrite aujourd'hui la miraculeuse icône de la Vierge de Théodore, l'**église de la Résurrection-dans-le-Fourré★**, la **place Soussanine** en éventail et ses élégantes galeries marchandes, sans oublier le pittoresque **musée de l'Architecture en bois★**.

Vous trouverez le descriptif des principales curiosités dans le chapitre « Croisière » p. 304.

Kostroma pratique

Informations utiles

Indicatif téléphonique – *4942.*

Code postal – *156000.*

Téléphone-télégraphe central-Internet – *Oul. Podlipaïeva* (ул. Подлипаева) *1.*

Distributeur – *Oul. Sovietskaïa* (ул. Советская) *7 - 9h30-18h30, w.-end. 10h-16h.*

Transports

Voiture – 4h30 de Moscou par la M 8 jusqu'à Iaroslavl, puis prendre la A 113.

Train – 7h de Moscou, de la gare de Iaroslavl, 2 trains de nuit.

Gare ferroviaire – *Pl. Chirokova* (пл. Широкова) - ✆ *54 34 98.*

Se loger

⊖⊜ Hôtel Volga (Волга) – *Oul. Iounocheskaïa* (ул. Юношеская) *1 - ✆ 54 61 63/62 - fax 54 33 20 -* **P**. Grand hôtel soviétique, entièrement rénové en 2005, situé à deux pas de la Volga et de l'église de la Résurrection. Restaurant, bar, billard, parking.

⊖⊜⊜ Hôtel AzimutHôtel-Kostroma (Азимут Отель Кострома) – *Oul. Maguistralnaïa* (Магистральная ул.) *40 - ✆ 39 05 05 - fax 39 05 50 - 74 ch.* Ce motel propose aussi 8 bungalows au calme. Situé en périphérie, c'est le meilleur de la ville.

Se restaurer

⊖⊜ Beloïé Solntsé (Белое Солнце) – *Oul. Lesnaïa* (ул. Лесная) *2 - ✆ 57 90 57 - tlj 7h-0h.* Cuisine russe et ouzbek sur les bords de la Volga.

⊖⊜/⊖⊜⊜ Slavianski (Славянский) – *Molotchnaïa gora* (Molotchnaïa Gora) *1 - ✆ 57 77 69/31 54 60 - tlj 12h-5h.* Ce restaurant décoré dans le style traditionnel russe, propose un véritable moment de détente et une cuisine russe.

Pauses et petites faims

Kofeïnaïa Roga i Koryta (Кофейная « Рога и Копыта ») – *Oul. Sovietskaïa* (ул. Советская) *2 - ✆ 31 52 40 - 9h-0h.* Restauration simple dans un cadre original.

Achats

Marché – *Place Soussanine* (пл. Сусанина) *- 7h-19h.*

Souvenirs, nappes et vêtements en lin – *Devant le monastère St-Ipatiev.*

Vladimir★★

Владимир

376 000 HABITANTS

De sa grandeur passée, Vladimir a gardé quatre joyaux de l'architecture en pierre blanche de la période prémongole, tous inscrits sur la Liste du patrimoine mondial de l'Unesco : la Porte d'Or, la cathédrale de la Dormition et celle de Saint-Dimitri et, aux alentours, l'église de l'Intercession-de-la-Vierge-sur-la-Nerl, au charme envoûtant. À eux seuls, ces édifices miraculeusement préservés justifient le déplacement, même si ce chef-lieu de région est de nos jours une petite ville industrielle sans grand charme, en dehors de son centre historique.

Se repérer – À 182 km au nord-est de Moscou par la M 7, à 211 km au sud de Kostroma et à 37 km au sud de Souzdal. La ville s'étend sur 20 km d'est en ouest sur la rive gauche de la Kliazma. De la Porte d'Or au monastère de la Nativité (Rojdestvenski monastyr/Рождественский монастырь) près de la gare, les curiosités s'égrènent de chaque côté de la rue principale Bolchaïa Moskovskaïa oul. (Большая Московская ул.).

À ne pas manquer – Église de l'Intercession-de-la-Vierge-sur-la-Nerl à Bogolioubovo, cathédrales de la Dormition et St-Dimitri, la Porte d'Or.

Organiser son temps – Une demi-journée suffit pour les incontournables de Vladimir. Compter une journée pour visiter les alentours et se balader dans la ville.

Pour poursuivre le voyage – Bogolioubovo à 10 km à l'est de Vladimir, par la M 7 vers Nijni-Novgorod.

A. Kanjounzeff / Michelin

Panorama sur Vladimir et la cathédrale de la Dormition sous la neige.

Comprendre

Les uns attribuent la fondation de la cité au prince de Kiev, **Vladimir le Beau Soleil** en 990, les autres à **Vladimir Monomaque** en 1108. Dans un cas comme dans l'autre, la cité doit son nom à son fondateur, qui bâtit une forteresse sur la rive escarpée de la Kliazma, pour défendre ses possessions orientales, entre la Volga et l'Oka. Le fils de Monomaque, **Iouri Dolgorouki** agrandit la ville et son petit-fils, **Andreï Bogolioubski**, y transfère sa cour en 1157 et en fait, après Rostov et Souzdal, la capitale d'une puissante principauté. De 1158 à 1169, de gigantesques travaux de construction sont réalisés par des artisans venus de toute la Russie et de l'étranger, pour égaler la splendeur de Kiev. Vladimir éclipse définitivement sa rivale, mise à sac en 1169, devient le centre politique, religieux et artistique de la Russie du nord-est et joue un rôle primordial dans la formation du futur État russe. Après la mort d'Andreï Bogolioubski en 1174, son frère **Vsevolod III** dit **le Grand Nid**, à cause de sa nombreuse descendance, poursuit les travaux, faisant appel cette fois à des artels d'artisans et artistes locaux. C'est l'âge d'or de la cité et ses monuments deviennent des modèles

La Vierge de Vladimir

D'après la légende, saint Luc peint cette Vierge de Tendresse, connue dans le monde entier, du vivant de Marie sur une planche de la table sur laquelle la sainte Famille prend ses repas. L'icône est ramenée de Jérusalem à Constantinople en 450. Mais les scientifiques l'attribuent à des maîtres byzantins du 12e s. Offerte par le patriarche de Constantinople à Iouri Dolgorouki, elle est placée dans le monastère de Vychgorod près de Kiev. Andreï Bogolioubski la dote d'un riche revêtement et l'installe dans sa nouvelle cathédrale de la Dormition en 1164, où elle reste trois siècles. En 1395, elle est portée en procession jusqu'à Moscou, menacée par les troupes de Tamerlan. Miraculeusement celles-ci reculent. Dès lors, c'est la patronne de la Sainte Russie et elle est vénérée dans la cathédrale de la Dormition à Moscou jusqu'en 1917. Aujourd'hui, vous l'admirez à la galerie Tretiakov.

pour toute la Russie. L'invasion des hordes tatares-mongoles en 1238 sonne le glas de cet essor. Vladimir reste encore la capitale religieuse puis, vers le milieu du 14e s., perd toute influence au profit de Moscou et tombe dans l'oubli.

Découvrir

Cathédrale de la Dormition★★★ (Ouspenski sobor/Успенский собор)

*Place de la Cathédrale (Sobornaïa pl./*Соборная пл.*) - ✆ 32 52-01 - 13h30-16h30 (fermé le lun.) - à la fois musée et lieu de culte, se renseigner les jours de fêtes religieuses.*

Elle domine le cœur de la ville du haut de son promontoire au-dessus de la Kliazma. Face à vous se dresse un **clocher** de style classique à quatre registres de 56 m de haut, érigé en 1810. La **chapelle St-Georges (Georguievski pridel/Георгиевский придел)**, église d'hiver, est ajoutée en 1862 entre le clocher et la cathédrale. Enfin vous découvrez la Dormition, édifiée de 1158 à 1161. Andreï Bogolioubski consacre le dixième de sa fortune à sa construction. Dotée à l'origine d'une unique coupole dorée et de trois nefs, elle abrite la chaire épiscopale et en impose avec ses 32 m de haut et son décor rutilant d'or, d'argent et de pierreries. Le prince y dépose une **icône miraculeuse de la Vierge**, baptisée dès lors « de Vladimir ». Un incendie dévaste la cathédrale en 1185. **Vsevolod III** la restaure et l'enrichit de quatre coupoles, deux rangées de *zakomars* et une galerie. En 1408, **Andreï Roublev** et **Daniil Tchorny** recouvrent les murs de **300 m² de fresques**. Dimitri Donskoï, Alexandre Nevski et tous les grands-princes jusqu'à Ivan III y sont sacrés. La cathédrale abrite les sépultures d'Andreï Bogolioubski et de Vsevolod le Grand Nid et de son fils Gueorgui. Vous découvrez des fragments de fresques du 12e s., ainsi que les célèbres fresques d'Andreï Roublev, visibles sur deux voûtes au-dessus du chœur, le pilastre à gauche, le pilier sud-ouest et les ovales des bas des murs. Sa composition du **Jugement dernier**★★★ dans la nef centrale est étonnante. Contrairement aux canons habituels, aux souffrances et au désespoir, Roublev oppose sérénité et joie dans l'attente de la Résurrection. La lumière illumine l'ensemble par les douze fenêtres de la coupole centrale. L'**iconostase baroque** dorée, réalisée grâce aux dons de Catherine II en 1773-1774, de 25 m de haut, compte 100 icônes et remplace celle de Roublev. Les icônes du maître récupérées sont exposées à la galerie Tretiakov de Moscou et au musée Russe de St-Pétersbourg.

*Longez vers l'est le bâtiment jaune (18e s.) des administrations provinciales (Zdanié Prissoutstvennykh mest/*Здание Присутственных мест*).*

Cathédrale St-Dimitri★★★ (Dmitrievski sobor/Дмитриевский собор)

*Oul. Bolchaïa Moskovskaïa (*ул. Большая Московская*) - ✆ 32 42 63 - 10h-18h.*

Vsevolod III fait bâtir cette cathédrale,

A. Kanjounzeff / Michelin

Cathédrale St-Dimitri (12e s.).

à l'origine élément de son palais, entre 1194 et 1197 pour la naissance de son fils Dimitri. On reste sans voix devant l'originalité des **sculptures sur pierre** de ses façades. Difficile de comprendre le sens de cet univers fantastique, où se mêlent rois et prophètes bibliques, personnages mythologiques, historiques, animaux et oiseaux fantastiques ou réels, végétaux, une véritable symphonie poétique de dentelle sur pierre. L'idée maîtresse est celle d'un monarque absolu, régnant sur l'univers. Sur les trois faces, sous le *zakomar* central, le roi David est représenté. Au nord, côté ville, Vsevolod trône au milieu de ses fils, au sud, c'est l'Ascension sur des griffons d'Alexandre le Grand. À l'intérieur subsistent des fragments de fresque représentant le Jugement dernier du 12e s.

Revenir vers la Sobornaïa pl. (Соборная пл.) *et longer sur 500 m les galeries marchandes de la fin du 18e s. jusqu'à la Porte d'Or.*

La Porte d'Or★ (Zolotyé Vorota/Золотые Ворота)

Oul. Dvorianskaïa (ул. Дворянская) *- ✆ 32 25 59 - tlj sf jeu. et dernier vend. du mois 10h-18h. Attention aux 60 marches difficiles à monter.*

Des fortifications de terre de 7 km, percées de cinq portes de pierre, entourent la cité au 12e s. Seule la Porte d'Or s'est conservée, non sans avoir subi de nombreuses modifications, notamment en 1767, quand le carrosse de Catherine II reste coincé sous son arc trop étroit ! Aujourd'hui vous pouvez passer sous les 14 m de cette arche triomphale, mais à pied. Ce monument unique de l'**art militaire du Moyen Âge**, à la fois tour fortifiée et entrée monumentale de la cité, est érigé entre 1158 et 1164 par **Andreï Bogolioubski** en pierre blanche, sur le modèle de la Porte d'Or de Kiev, elle-même copiée sur celle de Constantinople. C'est aujourd'hui le symbole de Vladimir. Dans l'**église de la Déposition-de-la-Robe-de-la-Vierge (tserkov Polojenia riz Presviatoï Bogoroditsy/церковь Положения риз Пресвятой Богородицы)**, surmontant la Porte d'Or, un petit **musée d'Histoire militaire** abrite un diorama sur la défense héroïque des habitants face aux Tatars-Mongols et une collection d'armes.

Église de la Trinité (Troïtskaïa tserkov/Троицкая церковь)

Oul. Dvorianskaïa (ул. Дворянская) *- ✆ 32 48 72 - 11h-19h - fermé mar. et dernier merc. du mois.*

En face de la Porte d'Or, édifiée en briques rouges au début du 20e s., cette église abrite une collection d'objets en cristal de la ville voisine **Gouss-Khroustalny (Гусь-Хрустальный)**, des broderies et des boîtes laquées de **Mstiora (Мстёра)**.

Aux alentours

Bogolioubovo (Боголюбово)

Traverser Vladimir d'ouest en est par la rue Bolchaïa Moskovskaïa (ул. Большая Московская) *vers Nijni-Novgorod* (Нижний Новгород) *par la M 7 sur 10 km.*

Monastère de Bogolioubovo (Sviato-Bogolioubov monastyr/Свято-Боголюбов монастырь)

Il faut pénétrer dans le monastère pour accéder aux vestiges de l'ensemble architectural érigé par **Andreï Bogolioubski** en 1158-1165. Il choisit cette place stratégique, près du confluent de la Kliazma (depuis, le lit de la rivière s'est déplacé) et de la Nerl pour contrôler à la fois les voies fluviales et les boyards de Rostov et de Souzdal toujours prêts à se soulever. Pendant dix-sept ans, il dirige de ce palais sa principauté et y reçoit les ambassadeurs étrangers. Ironie du sort, seule la **tour d'escalier** en colimaçon, où il périt assassiné par les boyards et un **passage dans le mur ouest**, conduisant à la **cathédrale de la Nativité-de-la-Vierge (tserkov Rodjestva Bogoroditsy)** du 12e s., se sont conservés. Après son assassinat en 1174, le palais tombe en désuétude et devient la propriété du monastère. L'ensemble actuel date du 19e s. C'est un monastère de femmes actif que cent religieuses font revivre.

La légende du prince « aimé de Dieu »

Le prince Andreï de retour de Kiev transporte avec lui la fameuse icône miraculeuse de la Vierge. Soudain, ses chevaux s'arrêtent et refusent d'avancer. Le prince prie devant l'icône. La Vierge lui apparaît dans la nuit et il décide de bâtir sur ces lieux une nouvelle résidence, Bogolioubovo, « aimé de Dieu ». Il commande en 1155 une représentation de la Vierge, telle qu'il l'a vue : c'est l'icône de la Vierge de Bogolioubovo actuellement exposée dans la cathédrale de la Dormition du monastère de la Princesse (Ouspenski Kniaguinin monastyr/Успенский Княгинин монастырь), rue Dévitcheskaïa (Девическая ул.).

Église de l'Intercession-de-la-Vierge-sur-la-Nerl★★★ (Khram Pokrova Bojieï Materi na Nerli/Храм Покрова Божией Матери на Нерли)
Revenir vers Vladimir. À 200 m du monastère de Bogolioubovo, tourner deux fois à gauche jusqu'au pont du chemin de fer. Continuer à pied par un petit sentier sur environ 1 km.
Vision insolite et poétique à souhait, cette précieuse église joue à cache-cache en solitaire, derrière les vieux ormes au beau milieu d'une prairie en se mirant dans un petit étang. Elle séduit en toute saison, même quand on ne peut pas la visiter et en particulier pendant le dégel, quand elle semble flotter sur les eaux de la Nerl en crue.
Andreï Bogolioubski la fait construire à l'embouchure de la Nerl, en 1165 pour son fils **Iziaslavl**, mort dans une bataille contre les Bulgares de la Volga. Toute blanche et menue, à coupole unique, elle émeut par sa pureté et sa simplicité. Ses murs sont légèrement inclinés vers le centre, pour affiner sa silhouette coquette. Sur les façades, des masques de femmes expriment la douleur, le roi David est représenté entouré de griffons, de colombes et de lions.

Vladimir pratique

Informations utiles

Indicatif téléphonique – *4922.*
Code Postal – *600000.*
Téléphone/Télégraphe central, Internet – *Oul. Gorokhovaïa* (ул. Гороховая) *20.*
Poste centrale, Internet – *Oul. Podbelskogo* (ул. Подбельского) *2.*
Distributeur – *Oul. Bolchaïa Moskovskaïa* (ул. Большая Московская) *27.*
Conseil d'ami – Admirez la cathédrale de la Dormition, flamboyante au coucher du soleil, et flânez dans le parc au-dessus de la Kliazma. Passez la nuit plutôt à Souzdal tout proche, c'est reposant et magique…

Transports

DE MOSCOU
Voiture – 2h30 par la M 7.
Train – 3h30. De la gare de Koursk : 12 trains/j. direction Nijni-Novgorod.
Autobus – 3h30. 20 départs quotidiens de la gare centrale devant le M° Chtchiolkovskaïa (Щёлковская).

DE VLADIMIR À SOUZDAL
Voiture – 30mn par la A 113.
Autobus – 40mn, un départ par heure.
Gare ferroviaire – *Vokzalnaïa pl.* (Вокзальная пл.) - ✆ *29 23 00 ou 32 28 02.*
Gare routière – *Vokzalnaïa pl.* (Вокзальная пл.) - ✆ *32 37 90.*
Pour rejoindre le **centre-ville**, remonter le long du monastère de la Nativité-de-la-Vierge (Bogoroditse-Rojdestvenski monastyr/Богородице-Рождественский монастырь).

Se loger

⊜⊜ Ou Zolotykh Vorot (У Золотых Ворот) – *Oul. Bolchaïa Moskovskaïa* (ул. Большая Московская) *15* - ✆ *42 08 23 - 12 ch.* Cet établissement, situé près de la Porte d'Or, a investi un hôtel particulier datant du 19e s.

⊜⊜⊜ Hôtel Rousskaïa Derevnia (Русская Деревня) – *Moskovskoïe chosse (*Московское шоссе) 5a - ✆ *38 36 90 - 24 ch.* À la périphérie de la ville, dans un cadre verdoyant, trois grandes isbas typiquement russes offrent chacune 8 chambres doubles. Bains russes.

⊜⊜⊜⊜ Hôtel Vladimirski Dvorik (ВладимирскийДворик) – *Oul. Podbekskogo* (Ул. Подбельского) *12* - ✆ *32 71 06/32 36 53 - 7 ch.* Situé à proximité des curiosités, l'hôtel propose des chambres spacieuses avec climatisation et Internet.

Se restaurer

⊜⊜ Traktir (Трактир) – *Oul. Letneperevozinskaïa* (ул. Летнеперевозинская) *1a* - ✆ *32 41 62.* À deux pas de la Porte d'Or. Cuisine russe dans une isba typique décorée de personnages des contes traditionnels…

⊜⊜ Ou Zolotykh Vorot (У Золотых Ворот) – *Oul. Bolchaïa Moskovskaïa* (ул. Большая Московская) *15* - ✆ *32 31 16 - 12h-0h.* Cuisine russe et européenne dans un cadre raffiné. Goûtez les spécialités, dont le cochon de lait farci.

Pauses et petites faims

L'embarras du choix sur la **oul. Bolchaïa Moskovskaïa (ул. Большая Московская)**.

Achats

Spécialités de la région : objets en écorce de bouleau *(beresta)*, boîtes laquées, cristallerie. Vous les trouverez près des curiosités, dans la boutique de l'église-musée de la Trinité *(ouv.10h-18h, fermé mar.)* et dans les galeries marchandes. Sur les bas-côtés de la route en direction de Moscou, on vous propose des objets de qualité en cristal à des prix défiant toute concurrence.
Musée de Vladimir-Souzdal – *Oul. Bolchaïa Moskovskaïa, Sobornaïa pl.* (Ул. Большая Московская, Соборная пл.) - ✆ *32 42 63/42 06 80.* Grand choix de souvenirs.

Souzdal★★★

Суздаль

12 100 HABITANTS

Classée depuis 1967 monument historique, la ville de Souzdal est sans nul doute, la perle de l'Anneau d'Or. Ce chef-lieu d'arrondissement de la région de Vladimir, épargné par l'industrialisation, a tout d'un petit village de conte de fées. Le visiteur tombe sous le charme de la nuée de bulbes et de clochers, disposés harmonieusement sur tout le territoire, des murs crénelés des cinq monastères et des coquettes isbas multicolores au jardin de curé, toutes prêtes à se présenter à un concours d'élégance. La cité et ses habitants ont su ne pas être victimes de leur succès touristique et garder de manière étonnante leur authenticité. Il fait bon flâner dans les ruelles de ce musée à ciel ouvert à la découverte d'une Russie restée médiévale.

- **Se repérer** – 219 km au nord-est de Moscou et 37 km au nord de Vladimir dans les méandres de la Kamenka. Les curiosités sont à l'ouest de la rue principale (oul. Lenina/ул. Ленина), qui traverse la ville sur 3,5 km du sud au nord.
- **Organiser son temps** – Une journée pour découvrir le kremlin, le monastère de St-Euthyme et le musée d'Architecture en bois ; deux jours c'est l'idéal pour les autres curiosités et apprécier la douceur de vivre de ce lieu « hors du temps ».
- **Pour poursuivre le voyage** – Kidekcha, à 5 km à l'est de Souzdal.
- **Conseil d'ami** – Baladez-vous en abandonnant toute idée d'horaire et de circuit. Profitez du panorama bucolique derrière les galeries marchandes… et, si vous le pouvez, osez découvrir l'hiver russe dans ce cadre enchanteur.

Comprendre

Mentionné dans les chroniques dès 1024, Souzdal n'est alors qu'une dépendance de la principauté de Rostov. Établie sur une bande de cette terre noire fertile, connue sous le nom de « **tchernoziom** », de 60 km d'est en ouest et 40 km du sud au nord, la cité se développe rapidement et, au début du 12e s., **Iouri Dolgorouki** en fait la capitale de sa principauté de Rostov-Souzdal et établit sa résidence à 5 km de là, sur la haute rive de la Nerl, à Kidekcha. Souzdal, déjà important centre de commerce et d'artisanat, est à l'époque plus peuplé que Londres. **Andreï Bogolioubski** transfère la capitale à Vladimir vers 1157. Souzdal se relève après les invasions tatares-mongoles de 1238, bâtit des monastères-forteresses devant ses portes et devient une principauté indépendante jusqu'au milieu du 14e s. Elle s'unit alors aux princes de Nijni-Novgorod pour résister à la puissance croissante de Moscou, avant d'être annexée en 1392.

Perdant tout pouvoir politique, elle reste le centre épiscopal de la Russie du Nord-Est, puis à la fin du 16e s. le siège de l'archevêché. Au 17e s., elle subit tour à tour les invasions polono-lituaniennes, celles des Tatares de Crimée, des incendies et une épidémie de peste, pour toujours renaître de ses cendres. Au 18e s., les riches marchands parsèment le territoire d'une trentaine d'églises en pierre. Mais, en 1862, le tracé de la voie ferrée reliant Moscou à Nijni-Novgorod contourne la ville. C'est le début du déclin de Souzdal, qui, laissée à l'abandon, devient une petite ville de province, vivant d'horticulture et de cultures maraîchères : celle du cornichon a fait la fortune de certains oligarques sous l'ère soviétique.

Visiter

Place du Commerce★ (Torgovaïa plochtchad/Торговая площадь)

Les galeries marchandes (Торговые Ряды/Torgovyé Riady) néoclassiques, érigées entre 1806 et 1811, dominent la partie occidentale de la place. Une myriade de bulbes et de pimpants petits clochers du 18e s. aux faces incurvées polychromes typiquement souzdaliennes semblent protéger ce cœur de la cité. Juste devant se dressent l'**église** froide **de Kazan (Kazanskaïa tserkov/Казанская церковь)** et l'**église** chaude **de la Résurrection (Voskressenskaïa tserkov/Воскресенская церковь)**, au clocher à huit faces, habillé de carreaux de faïence. La cité vit aujourd'hui comme hier dans ce périmètre. De malicieuses *babouchkas* proposent devant les galeries leurs *pirojkis*, petits pâtés fourrés aux choux ou à la viande, leurs concombres salés ou la *medovoukha* (hydromel).

Les artistes-peintres captent le reflet des églises dans la Kamenka, les éternels amoureux contemplent le coucher du soleil…

*De la place du Commerce (Torgovaïa pl./*Торговая пл.*) prendre la rue du Kremlin (Kremliovskaïa oul./*Кремлёвская ул.*), bordée à droite par la petite église baroque rouge et blanc de la Dormition (Ouspenskaïa tserkov/*Успенская церковь*).*

P. Boussard / Michelin

Balade bucolique dans la Sainte Russie.

Le kremlin (Kreml/Кремль)

Oul. Kremliovskaïa (ул. Кремлёвская) *20 - ☏ 2 16 24 - tlj sf mar. et dernier vend. du mois 10h-18h - 150 Rub.*

Protégé par un méandre de la Kamenka, au sud de la ville, ce berceau historique de la cité garde quelques vestiges de l'enceinte en terre de 1,4 km du 11e s. et trois édifices en pierre : une cathédrale, un clocher et les appartements épiscopaux.

Cathédrale de la Nativité-de-la-Vierge★★ (Rojdestvenski sobor/Рождественский собор)

Vous la reconnaîtrez à ses cinq coupoles bleues, parsemées d'étoiles d'or. Le sanctuaire, érigé entre 1222 et 1225 en pierre blanche par le prince Vsevolod III, est un des derniers témoins de l'**architecture prémongole**. En 1528, la partie supérieure au-dessus de la frise d'arcature et des colonnettes finement ciselées est rebâtie en briques. Des **motifs sculptés dans la pierre** ornent la partie inférieure. Sur la face sud, des **lions** sur les côtés des portes et des fenêtres symbolisent l'inviolabilité des lieux, des **masques de femmes**, le front ceint d'un lys, rappellent que cet édifice est consacré à la Vierge.

À l'intérieur, devant les entrées sud et ouest, des **Portes d'Or★★★ (Zlatyé Vrata/Златые Врата)** exceptionnelles, exécutées en 1230 selon la technique de la **dorure au feu sur cuivre niellé**, illustrent des scènes de la vie du Christ, de la Vierge et de l'archange Michel, protecteur des grands-princes. De lourds anneaux de cuivre passés dans des gueules de lions tiennent lieu de poignées. En 1235, le sol est dallé de carreaux de majolique et les niches funéraires ornées de motifs végétaux. Les murs portent des vestiges de fresques du 13e s. et d'autres du 17e s. dans une dominante de bleu. L'iconostase offre des icônes d'un coloris vif du 17e s. À noter encore une **lanterne de procession**, reproduisant la cathédrale avec ses cinq coupoles.

La technique de la dorure au feu sur cuivre niellé

Sur une feuille de cuivre recouverte d'un vernis noir puis d'une couche de cire, l'artiste trace son dessin, creuse un sillon dans le métal et y coule un alliage d'or et de mercure. Pendant la cuisson, le mercure s'évapore et l'or se soude définitivement au cuivre, avec pour résultat un dessin doré sur fond noir.

Clocher pyramidal

Édifié en 1635 près de la cathédrale, c'est alors la plus haute construction de la cité. Il est relié par une galerie à arcades aux appartements épiscopaux. Un carillon égrène les heures, les quarts d'heure et les minutes. Les heures restent indiquées en lettres slavonnes. Les chiffres latins apparaissent plus tardivement, sous Pierre le Grand.

Appartements épiscopaux (Arkhiereïskié palaty/Архиерейские палаты)

Cet ensemble d'édifices, érigé du 16e à la fin du 17e s., à l'ouest du territoire, abrite une exposition consacrée à l'histoire et à l'architecture de Souzdal, et dans l'**église-réfectoire (Trapeznaïa/Трапезная)**, une collection d'icônes de l'école rostovo-souzdalienne des 12e au 18e s. Un perron au toit pyramidal donne accès à la **salle d'apparat de la Croix** aménagée sans pilier au 17e s. sous une voûte de 300 m². Deux **poêles à cinq registres**, de 3,5 m de haut, revêtus chacun de 150 carreaux de faïence du 18e s. embellissent la pièce.

A. Kanjounzeff / Michelin

Les fenêtres en bois du musée de l'Architecture de Souzdal.

Église St-Nicolas★ (Tserkov sv. Nikoly/Церковь св. Николы)

Blotti au sud des appartements épiscopaux, cet édifice en bois, de 1776, vient du village de **Glotovo** près de Iouriev-Polski. C'est le plus ancien type d'églises en bois, bâti en rondins avec un toit à deux pentes, sur le modèle d'une isba. Il est à l'origine de la création du musée d'Architecture en bois, qui s'étend sur l'autre rive de la Kamenka.

L'été, suivre le sentier au sud-ouest du kremlin et traverser la Kamenka par le petit pont reconstruit tous les ans après le dégel. Sinon, prendre la rue Varganova (ул. Варганова) *vers la rue Lénine* (ул. Ленина), *puis à droite jusqu'à la rue Pouchkarskaïa* (Пушкарская ул.) *et remonter la rue jusqu'au musée.*

Musée de l'Architecture en bois et de la Vie paysanne★★ (Mouzeï dereviannogo zodtchestva i krestianskogo byta/Музей деревянного зодчества и крестьянского быта)

Oul. Pouchkarskaïa (Пушкарская ул.) *- ✆ 2 09 37 - tlj sf mar. et dernier vend. du mois 9h30-16h30 - 40 Rub - visite des intérieurs du 10 mai au 30 oct. 9h-17h - 120 Rub.*

L'église de la Transfiguration-du-Sauveur (Preobrajenskaïa tserkov/Преображенская церковь) aux coupoles d'écailles de tremble argentées, de 1756, et sa voisine, plus modeste, l'**église de la Résurrection (Voskressenskaïa tserkov/Воскресенская церковь)** de 1776, sont entourées d'isbas aux intérieurs reconstitués, moulins, bergeries, puits, granges sur pilotis au bord de la Kamenka, protégées ainsi des inondations et du feu, provenant des environs. Dans ce village reconstitué des 18e et 19e s., vous découvrez le mode de vie traditionnel des paysans russes. Ce musée champêtre à ciel ouvert est le cadre des diverses festivités de la ville et en particulier de la célèbre fête des Cornichons.

Remonter jusqu'aux galeries marchandes, les longer du côté de la Kamenka jusqu'à la rue Staraïa (ул. Старая).

Sur votre droite, l'**église St-Lazare (Lazarevskaïa tserkov/Лазаревская церковь)**, édifiée grâce aux dons des paroissiens, à la corniche en carreaux de faïence, fait face à l'**église St-Antipe (Antipievskaïa tserkov/Антипьевская церковь)** au pittoresque clocher polychrome.

Monastère de la Déposition-de-la-Robe (Rizpolojenski monastyr/Ризположенский монастырь)

Au bout de la **rue Staraïa (Старая ул.)**, un **porche à deux arcs**★ et un **corps de garde** à trois niveaux, surmonté d'une petite coupole en forme de miniature d'église baroque russe de 1688, attirent le regard. La Porte sainte, blanchie à la chaux, surmontée de deux pyramides octogonales, est rehaussée de carreaux de faïence. À l'intérieur, le **clocher** le plus haut de Souzdal (72 m), érigé en 1819, commémore la victoire des Russes sur Napoléon. Douze religieuses s'efforcent de restaurer ce monastère depuis 1999. Tous les édifices n'ont pas été restitués à l'église pour le moment. Et vous trouvez encore à l'intérieur un hôtel, une salle de sport…

Remonter la oul. Lenina (ул. Ленина) *vers le nord, jusqu'aux remparts du monastère sur votre gauche.*

Monastère du Sauveur-St-Euthyme★★ (Spasso-Evfimevski monastyr/ Спасо-Евфимевский монастырь)

*Rue Lénine (oul. Lenina/*ул. Ленина*) - ✆ 2 07 46 - tlj sf lun. et dernier jeu. du mois 10h-18h - concert de cloches à 10h30, 12h, 13h30, 15h, 16h30 - 30 à 50 Rub selon les expositions, forfait global : 280 Rub.*

Les puissants remparts de briques ocre, flanqués de douze tours, toutes différentes, édifiés en 1664 au nord de la cité ne protègent pas le kremlin, mais le plus grand monastère de Souzdal, inscrit sur la Liste du patrimoine mondial de l'Unesco, devenu musée. Fondé en 1352 comme avant-poste, le monastère domine la rive gauche de la Kamenka et porte le nom de son premier supérieur. Il s'enrichit rapidement grâce aux dons de **Vassili III**, d'**Ivan le Terrible** et de la famille princière **Pojarski**. Les édifices actuels des 16e et 17e s. abritent diverses expositions.

Vous pénétrez dans l'enceinte du monastère par l'élégante **tour de passage**★ de 22 m de haut, pour accéder ensuite à la cour intérieure par l'**église-sur-porte de l'Annonciation (Blagovechtchenskaïa tserkov/Благовещенская церковь)**, édifiée aux 16e et 17e s. Vous y découvrez une exposition consacrée à **Dimitri Pojarski** et aux dons fastueux de sa famille au monastère. Ce héros national, originaire de Souzdal, libère Moscou en 1612 du joug des Polonais avec Kouzma Minine. Un monument sur la place Rouge rappelle ce fait d'armes.

Une allée ombragée vous mène au principal édifice surmonté de ses cinq coupoles.

Cathédrale de la Transfiguration-du-Sauveur (Spasso-Preobrajenski sobor/Спасо-Преображенский собор)

Dans ce sanctuaire érigé en 1590 sur la tombe de **saint Euthyme**, dans le style des églises des 12e et 13e s de Vladimir-Souzdal, vous découvrez les **fresques**★ aux bleus inimitables, réalisées en 1689 par les célèbres peintres de Kostroma, **Gouri Nikitine** et **Sila Savine**. Elles illustrent l'histoire du monastère. L'iconostase du 17e s. est exposée au musée Andreï-Roublev à Moscou. Près du mur est repose le prince Dimitri Pojarski, sous un monument moderne qui remplace la chapelle en marbre de Carrare détruite à la révolution.

Clocher-arcade (Zvonnitsa/Звонница)

Juste devant la cathédrale se dresse dès le 16e s., un clocher-église à pilier à neuf faces. Une galerie avec trois passages voûtés y est accolée au 17e s. Cinq fois par jour, le sonneur, chef d'un orchestre de dix-neuf cloches, envoie ses mélodies aux anges.

Église de la Dormition (Ouspenskaïa trapeznaïa tserkov/Успенская трапезная церковь)

Cet édifice à chatior de 1525 fait partie du réfectoire et abrite une originale exposition d'art naïf russe.

Palais de l'Archimandrite (Arkhimandritski korpous/Архимандритский корпус)

Dans ce palais accolé à l'église de la Dormition au 17e s., vous découvrez une collection de trésors littéraires des 15e s. au 20e s. : le premier ouvrage édité à Moscou en 1564, *L'Apôtre*, le premier recueil de vers d'Alexandre Pouchkine paru en 1826… Une exposition d'icônes tardives russes du 18e s. au début du 20e s. s'est ouverte récemment au premier étage.

Église St-Nicolas et l'Hôpital★ (Nikolskaïa tserkov s Bolnitchnymi palatami/Никольская церковь с Больничными палатами)

Dans ce bâtiment de 1669, au nord-est du territoire, est installée la plus prestigieuse exposition du monastère : près de 500 pièces d'arts décoratifs du 11e s. au début du 20e s., bijoux, broderies, orfèvrerie, pour l'essentiel des objets religieux.

Églises jumelées

Près d'une église d'été, dite « froide », aux voûtes élevées et mieux décorées, le plus souvent cubique avec un toit à quatre pentes, les architectes en bâtissent une autre plus modeste, chauffée par un poêle, c'est l'église d'hiver, dite « chaude ». À Souzdal, un clocher pyramidal concave et polychrome complète l'ensemble. Ces églises jumelées se rencontrent aux quatre coins de la cité, mais aussi dans toute la Russie. Plus tardivement sur le même principe, les architectes élèvent des églises à étage. Ainsi, la cathédrale St-Nicolas-des-Marins à St-Pétersbourg abrite au rez-de-chaussée une église plus petite, chauffée.

Corps des cellules des moines (Bratski korpous/Братский корпус)

Cet édifice de 100 m de long du 17e s., surélevé d'un étage au 19e s., abrite une exposition sur l'histoire des monastères de Souzdal et un original « musée vivant » de la restauration, dans lequel les artistes travaillent sous les yeux du visiteur.

Corps de la prison (Tiouremny korpous/Тюремный корпус)

Catherine II fait bâtir cette prison, en 1764, pour y enfermer à vie les opposants à sa politique. Une exposition retrace deux siècles de l'histoire de ce lieu de réclusion des libres penseurs religieux et politiques jusqu'en 1907.

Se promener

Une promenade le long de la **rue Lénine (oul. Lenina/ул. Ленина)** permet de découvrir des maisons bien conservées des 18e s. et 19e s. Au no 110, vous ne pouvez pas manquer la demeure du **marchand Bibanov**, à la façade tout habillée d'éléments finement sculptés. En face du monastère St-Euthyme, près des églises jumelées **Notre-Dame-de-Smolensk** et de **St-Siméon (Smolenskaïa i Semionovskaïa tserkov/Смоленская и Семёновская церковь)** s'élève une **maison d'habitation (Possadski dom/Посадский дом)** du 17e s., bâtie en pierre dans le style des maisons de bois traditionnelles. C'est un petit musée, où sont exposés des meubles et objets domestiques des 17e au 19e s. *(ouvert mai-oct. 10h-16h30, fermé jeu. et dernier vend. du mois - 40 Rub).*

Contourner les murs du monastère St-Euthyme dans le sens des aiguilles d'une montre pour voir s'ouvrir de la rive haute de la Kamenka une belle vue d'ensemble du monastère de l'Intercession et le rejoindre par un petit pont.

Monastère de l'Intercession (Pokrovski monastyr/Покровский монастырь)

Oul. Pokrovskaïa (ул. Покровская) *76 - ✆ 2 06 09 - églises ouv. pendant les offices - musée Prikaznaïa isba* (Приказная изба) : *tlj sf mar., merc. et dernier vend. du mois 9h30-16h30.*

À droite de l'entrée, deux églises jumelées semblent monter la garde : la vaste **église St-Pierre-et-St Paul** et celle plus modeste de **St-Nicolas (Petropavlovskaïa tserkov et Nikolskaïa tserkov/Петропавловская церковь и Никольская церковь)**, dédiée au fils de Pierre le Grand, Alexis. Fondé au 14e s. au nord-est de la ville, sur la rive droite de la Kamenka, ce monastère conserve un bel ensemble architectural d'une blancheur étincelante, des 16e et 17e s. : la **Porte sainte (Sviatyé Vorota/Святые Ворота)** de 1518, surmontée de l'**église** « miniature » **de l'Annonciation** de 1630 (**Blagovechtchenskaïa tserkov/Благовещенская церковь**), la **cathédrale de l'Intercession-de-la Vierge (Pokrovski sobor/Покровский собор)**, lieu de sépulture des recluses de haut rang et son clocher pyramidal de 1515-1518, l'originale **église à réfectoire de la Conception-de-Ste-Anne (Trapeznaïa tserkov zatchatia sv. Anny/Трапезная церковь зачатия св. Анны)** et son **clocher** de 1551 au relief rouge en forme de losange sur fond blanc et au sud-ouest, près de la Porte sainte, la **Chancellerie (Kantseliaria/Канцелярия)** du 17e s. Quarante religieuses entretiennent ce monastère en pleine activité. Difficile d'imaginer que ce cadre imprégné de poésie ait servi de lieu de réclusion à la première femme de Vassili III, Solomonia, accusée de stérilité, à Anna, une des sept femmes d'Ivan le Terrible, à Eudoxie Lopoukhina, la première femme de Pierre le Grand, qui vécut là dix-neuf ans et à Xenia, la fille de Boris Godounov. Un bâtiment du 17e s. près du mur ouest, à droite en entrant, abrite un petit musée sur l'histoire du monastère.

Le fabuleux destin de Salomonia Sabourova

Choisie parmi plus de mille cinq cents prétendantes, la première femme de Vassili III, officiellement déclarée stérile, fut exilée en 1525 au monastère de l'Intercession, prenant le nom de sœur Sophie. Là elle survécut à son mari, à la deuxième femme de celui-ci, Elena Glinski, la mère du futur Ivan le Terrible, et fut enterrée en 1542 dans la nécropole de la cathédrale de l'Intercession. Une légende court toujours : Solomonia, ou plutôt sœur Sophie, aurait eu un fils au monastère… Pour lui éviter une mort certaine, elle l'aurait confié à des gens sûrs, simulant le décès du nourrisson. Toujours est-il qu'en 1934 dans la nécropole, on a retrouvé un deuxième cercueil renfermant une poupée de chiffon ! Encore une énigme dans l'histoire tourmentée de la Russie.

Quand l'hiver russe exalte la beauté de Souzdal…

De l'autre côté de la Kamenka, vous apercevez le monastère St-Alexandre fondé en 1204 par Alexandre Nevski. Il ne reste que l'église de l'Ascension, le clocher de 1695, édifié par la tsarine Natalia Narychkina, la mère de Pierre le Grand, et la Porte sainte du début du 18e s.

Alentours

Kidekcha

*De la place du Commerce (Torgovaïa pl./*Торговая пл.*), prendre la rue Vassilievskaïa* (Васильевская ул.)*, laisser à droite le monastère St-Basile du 13e s., en triste état mais à nouveau en activité, traverser la route de Vladimir A 113 et filer tout droit jusqu'à Kidekcha, situé à 5 km à l'est de Souzdal.*

Difficile d'imaginer en arrivant dans ce village perdu au confluent de la Nerl et de la Kamenka que c'est la résidence princière de **Iouri Dolgorouki** au 12e s. S'éloignant ainsi des boyards mécontents, il contrôle le transport des marchandises. De l'ensemble architectural, il ne reste qu'une église. Derrière le mur de l'enceinte sont érigés à la fin du 17e s. une **Porte sainte** avec deux arcs de passage, un **clocher pyramidal** et en 1780 l'**« église chaude » de St-Stéphane (Stefanievskaïa tserkov/Стефаниевская церковь)**. Du 14e au 18e s., Kidekcha abrite un monastère d'hommes, transformé à partir de 1764 en simple paroisse de campagne.

Église Sts-Boris-et-Gleb★ (Tserkov sv. Borissa i Gleba/Церковь св. Бориса и Глеба)

Tlj sf mar. et dernier vend. du mois - 10h-16h - 80 Rub.

Édifié en 1152, c'est un des plus anciens monuments en pierre blanche de la période prémongole de la Russie du Nord-Est. Au 17e s., le toit et la coupole en forme de heaume sont remplacés par un toit à quatre pentes et une coupole plus petite. Simple et austère, l'édifice est orné d'une simple frise de motifs incrustés de *porebriks* (briques posées en biais). À l'intérieur se sont conservés des fragments des **fresques** du 12e s., *Les Frères Boris et Gleb* sur le mur sud et *La Femme de Iouri Dolgorouki* sur le mur nord. Sur la droite sont inhumés le fils de Iouri Dolgorouki, Boris, et sur la gauche sa femme Maria et leur fille Euphrosyne. Ce témoin de la période médiévale n'a pas encore livré tous ses secrets et reste sous la protection de l'Unesco.

Boris et Gleb, les frères martyrs

Selon la légende, les princes **Boris** de Rostov et **Gleb** de Mourom, fils du prince de Kiev, **Vladimir le Beau Soleil**, installent leur campement à Kidekcha, avant de rejoindre leur père à Kiev. Assassinés en 1015 par leur frère aîné Sviatopolk, qui veut garder l'héritage paternel, ils deviennent les premiers saints de l'Église orthodoxe russe. Très vénérés par le peuple qui voyait en eux les saints patrons et les défenseurs de la Russie, ils sont représentés sur les fresques et les icônes en cavaliers, avec la croix, symbole du martyre, et un arc ou une épée à la main, symbolisant à la fois le pouvoir et la protection.

Souzdal pratique

Informations utiles

Indicatif téléphonique – *49231.*

Code postal – *601293.*

Poste centrale – *Krasnaïa pl.* (Красная пл.) *3 - 8h-18h, sam. 9h-15h, fermé dim. - Internet.*

Transports

DE MOSCOU

Voiture – 3h10 par la M 7, jusqu'à l'entrée de Vladimir, prendre à gauche la route circulaire, puis la direction Souzdal par la A 113, ou traverser Vladimir et, après le 3e feu à la sortie de la ville, à gauche.

Autobus – 4h20. De la gare centrale de Moscou, devant le métro Chtchiolkovskaïa (Щёлковская). Un à deux départs par heure en direction d'Ivanovo. Ou prendre un autobus direction Vladimir et changer pour Souzdal.

Gare routière – *Oul. Vassilievskaïa (ул. Васильевская) 44 - à la périphérie est de Souzdal - 8h-20h - ✆ 2 01 47.* Pour rejoindre le centre-ville, remonter la rue Vassilievskaïa (ул. Васильевская) : 15mn.

Se loger

⊜⊜⊜ Dom Koutchkova (Дом Кучкова) – *Pokrovskaïa oul.* (Покровская ул.) *35 - ✆ 2 02 52 - fax 2 15 07 - 17 ch.* Les chambres font agréablement face au monastère de l'Intercession.

⊜⊜⊜ Hôtel Goriatchié klioutchi (Горячие ключи) – *Oul. Korovniki* (ул. Коровники) *14 - ✆ 2 40 00 - 29 ch.* Au nord, dans un méandre de la Kamenka, ce nouvel établissement offre des chambres spacieuses. Huit bains russes individuels (bania/баня) au bord de la rivière.

⊜⊜⊜⊜ Hôtel Kremlevski (Кремлёвский) – *Oul. Tolstogo* (ул. Толстого) *5 - ✆ 23 480 - www.tarvoyages.com - 16 ch.* Situé au cœur de la ville, cet hôtel récent propose des chambres de luxe et de demi-luxe climatisées. Belle vue sur le parc.

⊜⊜⊜ Hôtel Likhoninski dom (Лихонинский дом) – *Oul. Slobodskaïa* (ул. Слободская) *34 - 5 ch.* Fermé pour rénovation, sa réouverture est annoncée fin 2008.

⊜⊜⊜ OAO « Tourtsentr ou Souzdal » (Турцентр либо Суздаль) – *Oul. Korovniki* (ул. Коровники) *45 - ✆ 2 09 08/2 15 30 - fax 2 07 66 - 12 ch. luxe, 8 ch. semi-luxe, 175 ch. standard - 65 % rénovées.* Change, boutiques, piscine, coiffeur, bains russes, business-centre. Grande infrastructure soviétique à deux pas des monastères de l'Intercession.

⊜⊜⊜⊜ Hôtel Pouchkarskaïa Sloboda (ПушкарскаяСлобода) – *Oul. Lenina* (ул. Ленина) *45 - ✆ 2 33 63/2 33 03 - www.tsarvoyages.com.* Cet hôtel récent offre un hébergement en isbas ou en chambre d'hôtel. Les isbas, toutes décorées dans le style traditionnel russe, offrent 23 chambres doubles. Plusieurs bâtiments en pierre sur le territoire proposent également des chambres de confort moderne de plusieurs catégories.

⊜⊜ Hôtel Sokol (Сокол) – *Torgovaïa pl.* (Торговая пл.) *2 - ✆ 2 09 87 - 90 ch.* Pratique, avec des chambres confortables en plein centre-ville.

Se restaurer

Cuisine russe de qualité dans tous les restaurants des hôtels cités.

⊜⊜ Trapeznaïa (Трапезная) – *Sur le territoire du kremlin, dans les appartements du métropolite - ✆ 2 17 63 - 11h-23h.* Cadre exceptionnel et cuisine russe authentique.

⊜⊜ Traktir (Трактир) – *Oul. Vassilievskaïa* (Васильевская ул.) *34-6 - ✆ 2 11 -91 - 10h-22h.* Près du monastère St-Basile à la périphérie est de Souzdal, en direction de Kidekcha. Cuisine russe et d'Asie centrale dans un cadre typique russe.

Achats

Hydromel, objets en écorce de bouleaux, *(beresta)*, petites boîtes laquées… Vous en trouverez sur tous les lieux touristiques et le long de la rue Kremliovskaïa (ул. Кремлёвская).

Souzdalskaïa Lavka (Суздальская лавка) – *Oul. Lebedeva* (ул. Лебедева) *3 - 10h-18h.* Vaste choix dans une isba authentique.

Boutique du monastère St-Euthyme – Beaux patchworks inspirés du folklore russe, aquarelles et petits tableaux.

Balades en calèche ou en troïka – *Oul. Kremliovskaïa* (ул. Кремлёвская).

Événements

Festival de jazz – Mars.

Festival des contes russes – Février.

Maslenitsa – Mardi gras en février, mars.

Fête des métiers artisanaux – Elle rassemble fin juin de nombreux artisans.

Fête des Cornichons – Troisième dimanche de juillet. Chants, danses et dégustations autour du cornichon.

A. Kanjounzeff / Michelin

Poupées de chiffon.

DE MOSCOU À SAINT-PÉTERSBOURG AU FIL DE L'EAU

La Russie ne se livre pas au premier contact. Pour une meilleure approche, rien ne vaut une croisière sur un des bateaux, qui de mai à septembre sillonnent Volga et Neva de Moscou à St-Pétersbourg. Si une heure d'avion ou une nuit de train suffisent à relier les 650 km qui séparent les deux villes, il vous faudra 130 heures de navigation pour parcourir les 1 952 km du périple, au fil de l'eau. Naviguer sur la Volga, c'est prendre réellement conscience de l'immensité de ce pays mythique aux horizons infinis. De Moscou, la bouillonnante capitale, à l'émouvante petite Ouglitch, des belles provinciales, Kostroma, berceau des Romanov, et Iaroslavl, doyenne des cités volgiennes, à Goritsy la bucolique, de Kiji, la perle de la Carélie, à St-Pétersbourg la « Venise du Nord », vous remonterez quelque mille ans de l'histoire tumultueuse du plus grand pays du monde. Les escales, toujours trop courtes, sont un véritable kaléïdoscope de la Russie d'aujourd'hui, avec pour toile de fond, à babord et à tribord, la douce lumière boréale sur les isbas chatoyantes, nichées au bord de l'eau, à l'abri des forêts à perte de vue, la frêle embarcation de l'éternel pêcheur dans les flots argentés et partout des églises fraîchement rénovées, symbole du renouveau de la Russie éternelle. Petit à petit, au rythme auquel s'écoulent les eaux, vous découvrirez les mille et une facettes de ce pays captivant, parfois insaisissable, le plus souvent envoûtant.

De Moscou à Saint-Pétersbourg pratique

Partir de Moscou ou de Saint-Pétersbourg ?

Les croisières se font dans les deux sens. Partir de Moscou, c'est suivre le cours de l'Histoire et terminer le périple en beauté avec Kiji et St-Pétersbourg, la ville-musée.

Partir de St-Pétersbourg, c'est avoir pour dernière vision Moscou, la mégalopole du troisième millénaire, où se construit la Russie de demain. Dans un sens comme dans l'autre vous monterez et descendrez des écluses impressionnantes.

Le bateau

La majorité des croisières se font sur des bateaux fabriqués en Allemagne de l'Est dans les années 1980. Rénovés, ils sont une trentaine affrétés par des tours-opérateurs pour accueillir les touristes étrangers. Les Russes apprécient de plus en plus ce mode de vacances, mais naviguent sur des bateaux moins confortables. Avec leurs coques blanches, ils ont fière allure et se ressemblent comme des frères jumeaux. Seule la décoration intérieure fait la différence. À bord, une centaine d'hommes d'équipage et d'employés de service, et une vingtaine de guides et personnel d'encadrement s'occupent des 260-280 passagers.

Quelques croisières se font sur des bateaux plus petits à trois ponts de 140-150 passagers. Avec leurs 3 m de tirant d'eau, ils sont adaptés à la navigation fluviale et côtière. Vous avez le temps de savourer la magie des paysages car ils n'atteignent leur vitesse maximale de 26 km/h que sur les retenues et les lacs. Une visite de la passerelle du commandant est organisée pendant votre périple.

LES CABINES

D'une superficie de 9 à 10 m², elles sont dotées d'un confort suffisant, mais sans superflu : deux lits bas, une petite tablette, une armoire, des étagères de rangement et la climatisation avec réglage individuel. Une petite salle d'eau privée offre lavabo, douche et toilettes. Le robinet du lavabo se tire et sert de pommeau de douche. Certains bateaux plus luxueux, réaménagés récemment, offrent des cabines nettement plus spacieuses et de vraies salles de douche. Toutes les cabines sont extérieures et éclairées par une grande baie vitrée. Les cabines du pont inférieur, légèrement plus spacieuses, peuvent être triples, mais sont équipées d'un hublot qui ne s'ouvre pas. Vous vous retrouvez face au béton ou à la coque d'un bateau jumeau à quai. Quelques cabines-suites, rares, peuvent être proposées sur certains bateaux.

À bord

Pendant la navigation, un large éventail d'activités culturelles et de détente est proposé par les différents tours-opérateurs : histoire de la Russie, cuisine et artisanat russes, initiation à la langue, folklore, chorale et danses russes… Ces conférences complètent agréablement les visites à terre et contribuent à une meilleure approche de la Russie, du légendaire sens de l'hospitalité du peuple russe et de la mystérieuse « âme slave ». Des bars sont à votre disposition sur chaque pont. Selon le voyagiste, plusieurs dîners et soirées à thèmes sont organisés. Un médecin est à bord en permanence.

P. Boussard / Michelin

Conseil d'ami – Attention aux escaliers extérieurs un peu raides ! Pour les sportifs ou les claustrophobes, faire le tour des coursives de chaque pont (250 m par pont) permet de se dégourdir les jambes en contemplant les paysages. Ne pas rater le délire des couleurs des couchers de soleil, et, pour les matinaux, les brumes éparses qui se déchirent…

Visites de Moscou et de Saint-Pétersbourg

La durée des croisières pour un même circuit peut varier de quelques jours selon le voyagiste que vous aurez choisi. Les escales et le contenu de leurs visites restent les mêmes. Seul le nombre de jours (*de 1 à 3 j.*) passés à Moscou et à St-Pétersbourg varie. Selon la formule choisie, vous n'aurez qu'un bref aperçu des capitales, ou vous aurez le temps de visiter les principales curiosités, même si de toutes les façons ce n'est qu'un avant-goût de la découverte d'un aussi riche patrimoine et une invitation à revenir.

LA GARE FLUVIALE

Le bateau est ancré sur le canal de Moscou au terminal fluvial Nord, au nord-ouest de la capitale, au bord du réservoir de Khimiki.

Édifiée en 1937, en même temps que le canal de Moscou, avec ses 150 m de long, l'imposante gare fluviale de pur style stalinien, tout en marbre et granit, ornée de mosaïques, a la forme d'un bateau fluvial à deux ponts du début du 20e s. La flèche « mât » de l'édifice de 85 m est surmontée de l'étoile rouge de la tour du Sauveur du Kremlin. Les 2,2 km de quais, réaménagés en 1974, permettent d'accueillir des navires de fort tonnage, jusqu'à 5 000 t. Tout autour un vaste parc d'une cinquantaine d'hectares a été aménagé.

DE LA GARE FLUVIALE (Retchnoï vokzal/Речной вокзал) AU CENTRE DE MOSCOU

Traverser le parc *(10mn)* jusqu'à la Leningradskoïé chossé (Ленинградское шоссе). Utiliser le passage souterrain pour prendre le métro Retchnoï vokzal, terminus de la ligne 2. Descendre à Teatralnaïa (Театральная), la neuvième station, vous êtes sur la place Rouge.

Visiter seul le métro de MOSCOU de la gare fluviale

Descendre à la sixième station Bielorousskaïa (Белорусская). Prendre la ligne circulaire, descendre à chaque station (elles sont toutes différentes et superbes). Reprendre la ligne dans le sens inverse jusqu'à Bielorousskaïa, puis la ligne 2 jusqu'à Retchnoï vokzal (Речной вокзал).

DE LA GARE FLUVIALE (Retchnoï vokzal/Речной вокзал) AU CENTRE DE ST-PÉTERSBOURG

Remonter l'escalier d'accès aux bateaux, prendre à gauche *(5mn)* jusqu'au métro Proletarskaïa (Пролетарская). Prendre la ligne 3 et descendre à la cinquième station, Gostiny Dvor (Гостиный Двор), pour se promener sur la perspective Nevski.

Achats

Dès votre arrivée, à chaque escale, vous n'aurez que l'embarras du choix pour l'achat de vos souvenirs, piles, pellicules, cartes postales, livres… sans parler de la boutique à bord du bateau.

Conseil d'ami – Évitez de faire vos achats à Moscou et à St-Pétersbourg où tout est plus cher. Mais si quelque chose vous plaît vraiment, achetez-le, vous pourriez ne pas trouver mieux ailleurs et n'oubliez pas qu'il est interdit de sortir du territoire un objet antérieur à 1945 sans autorisation préalable obtenue auprès du ministère de la Culture *(voir p. 26)*. Si vous achetez une copie d'icône, essayez d'obtenir un papier l'indiquant. Des « babouchkas » (grand-mères) vous proposeront de modestes fleurs de leur jardin pour compléter leur maigre retraite. Si vous fleurissez votre cabine, vous les aiderez ainsi à vivre.

OUGLITCH

Une escale intéressante pour faire ses achats, le long des allées de tilleul qui mènent au kremlin, pour le large choix et les prix. La spécialité : les montres-bracelets de l'usine Tchaïka (Чайка), véritables petits bijoux en émail ou en ambre.

KOSTROMA

Spécialités de nappes en lin de toute beauté à des prix défiant toute concurrence, mais aussi du lin sous toutes ses formes devant le bateau et devant le monastère St-Ipatiev.

IAROSLAVL

Toutes les babioles habituelles et encore des nappes en lin qui viennent de Kostroma devant le bateau et dans le monastère de la Transfiguration. C'est l'escale idéale pour téléphoner, poster vos lettres, changer de l'argent à la poste centrale, sur la place de l'Épiphanie (pl. Bogoïavlenia/пл. Богоявления).

KIRILLOV

Une véritable haie d'honneur vous attend pour des achats qui vont de la chapka en fourrure… au porte-clés matriochka. Spécialité : les dentelles de Vologda.

KIJI

Devant le débarcadère, il y a une « mini-poste-épicerie » aux heures d'ouverture fantaisistes. Juste à côté, une sympathique petite galerie de peinture. Deux petits cafés vous permettent d'acheter une carte pour téléphoner d'une cabine.

Conseil d'ami – oubliez les choses matérielles pour profiter au maximum de cette île ensorcelante !

L'oiseau du bonheur – Cet oiseau léger et gracieux fait de deux morceaux de pin déploie ses fines ailes dentelées et tournoie sur lui-même au moindre souffle de vent. Symbole de l'art populaire du nord de la Russie, il était présent dans toutes les isbas, suspendu dans le « coin rouge » près des icônes ou au-dessus du berceau pour porter bonheur et sérénité. Peut-être aurez-vous la chance de voir un artisan le sculpter devant vous !

MANDROGA

Grand choix de souvenirs et de vodka, mais cher. Vous pourrez même vous acheter des *valenki* (bottes en feutre). Les plus beaux objets sont dans la maison des artisans, que vous verrez exercer leur talent devant vous. Cabine téléphonique internationale, avec possibilité d'acheter une carte de quelques unités.

A. Kanjounzeff / Michelin

Patchworks.

De Moscou à Saint-Pétersbourg au fil de l'eau

Larguez les amarres !

Tout au long du descriptif de la croisière, ce symbole indique que vous êtes à bord du bateau.

Escale *Escale traditionnelle.*

Escale *Escale proposée par certains tour-opérateurs seulement.*

Ce moment magique se renouvelle à chaque escale. Une musique, toujours la même, retentit, signal du départ. Le bateau glisse silencieux dans une drôle de danse de crabe vers le large, pendant que les mains s'agitent sur le quai… Vous quittez la capitale en fin d'après-midi et pendant la nuit vous passez six écluses toutes de mêmes dimensions (*290 m x w30 m x 5,5 m*) mais avec chacune un décor différent et naviguez une dizaine d'heures avant d'arriver à la jonction de la Volga. En tout, vous descendez de 49 m. À partir de la ville de Doubna, accueilli par une statue de Lénine, vous voguez sur le cours supérieur de la Volga vers Ouglitch.

A. Kanjounzeff / Michelin

DE MOSCOU À SAINT-PÉTERSBOURG		
Localité	**Distance**	**Navigation**
Moscou-Ouglitch	266 km	23h
Ouglitch-Kostroma	290 km	18h
Kostroma-Iaroslavl	80 km	9h
Iaroslavl-Goritsy	400 km	22h
Goritsy-Kiji	340 km	27h
Kiji-Mandroga	295 km	16h
Mandroga-Saint-Pétersbourg	281 km	16h

Il arrive que le bateau soit obligé de s'arrêter à cause du brouillard. Le temps de navigation est celui prévu dans des conditions météorologiques normales.

LES VOIES D'EAU		Neva	74 km
Canal de Moscou	128 km	Volga	3 688 km
Retenue de Rybinsk	4 500 km²	Cheksna	196 km
Canal Volga-Baltique	360 km	Lac Blanc	196 km
Kovja	43 km	Lac Onega	10 000 km²
Svir	215 km	Lac Ladoga	18 000 km²

LE CANAL DE MOSCOU

Votre croisière commence sur le canal de Moscou. L'idée de relier la Moskova à la Volga revient à Pierre le Grand en 1722, trois ans avant sa mort. Des travaux commencent en 1825, sous Alexandre Ier, pour faciliter le transport des matières premières nécessaires à la construction de la cathédrale du Christ-Sauveur à Moscou et s'arrêtent en 1844, faute de moyens. En 1851 s'ouvre la ligne de chemin de fer reliant Moscou à St-Pétersbourg et le projet tombe dans l'oubli. Plus tard, Staline fait effectuer en quatre ans et huit mois, de 1932 à 1937, dans des conditions inhumaines, par les prisonniers du Goulag, des travaux gigantesques pour assurer l'approvisionnement en eau de la capitale. La construction de 8 centrales hydroélectriques, 11 écluses, 7 digues en béton et 8 digues de terre, 5 stations de pompage et 15 ponts a été nécessaire pour permettre à Staline de réaliser le 15 juillet 1937 le rêve inaccompli de Pierre le Grand : voyager sans obstacles par les voies fluviales entre Moscou et St-Pétersbourg et relier ainsi les cinq mers russes, la Baltique, la mer Blanche, la mer Caspienne, la mer Noire et la mer d'Azov, faisant de la capitale le port de cinq mers.

Kimry (Кимры)

Les bateaux qui viennent de St-Pétersbourg subissent obligatoirement ici une inspection sanitaire pour protéger les eaux fragiles du canal de Moscou. Cette petite ville est célèbre pour ses chaussures et ses bottes, qui, dit-on, ont chaussé Pierre le Grand et ses troupes !

Deux, trois heures avant d'accoster à Ouglitch, après la rivière Kachinka, une vision insolite et émouvante vous est signalée par la radio du bord : un clocher sur les flots.

Le clocher de Kaliazine (Калязин)

Haut de 70 m, il fait partie de la cathédrale St-Nicolas (1800) sur la place du marché de Kaliazine aujourd'hui submergée comme la moitié de la ville, pour permettre la construction de la centrale hydroélectrique d'Ouglitch. Le clocher doit sa survie au fait que Staline voulait en faire un phare pour la navigation. C'est de Kaliazine qu'Alexandre Dumas, croisiériste avant l'heure, a embarqué le 1er octobre 1858, pour descendre la Volga jusqu'à Astrakhan.

Le bateau descend de 11 m à l'écluse de la centrale, passe sous un arc de triomphe commémorant la victoire de la Russie sur l'Allemagne et vous offre en fin d'après-midi une arrivée des plus romantiques à Ouglitch. Des coursives, vous apercevez les deux principales curiosités de la ville : la pimpante petite église rouge et blanc aux coupoles bleues étoilées de St-Dimitri-sur-le-Sang au bord de l'eau, et à proximité les coupoles vertes de la cathédrale de la Transfiguration.

A. Kanjounzeff / Michelin

Le clocher de Kaliazine, partie apparente de la cathédrale St-Nicolas, immergée.

Escale 1

Ouglitch★★

Углич

40 000 HABITANTS

Pleine de charme, nichée sur la rive droite de la Volga, au creux de vastes forêts, Ouglitch est une des plus anciennes cités volgiennes et du circuit de l'Anneau d'Or. Par manque d'infrastructures hôtelières, elle est surtout visitée par les croisiéristes. Après votre court séjour dans la bouillonnante capitale, c'est un plongeon brutal, qui mériterait d'être prolongé, dans une tout autre Russie, plus authentique, celle des récits de Tourgueniev et de Tchekhov...

P. De Franqueville / Michelin

Les églises d'Ouglitch vues du bateau.

Comprendre

Les origines d'Ouglitch – Les premières traces d'Ouglitch se retrouvent dans les chroniques en 1148, mais une légende tenace affirme que déjà en 937 Ian Pleskovitch, envoyé par la veuve du prince Igor de Kiev prélever un tribut, serait mort écartelé par les marchands mécontents ! Pour l'origine du nom de la cité, deux versions s'opposent : le nom viendrait de celui d'une tribu finno-ougrienne, les « Ouglitchi » ou du mot *ougol*, « angle » en russe, la Volga changeant brutalement de direction à cet endroit.

En 1218, après avoir été rattachée aux principautés de Vladimir et de Souzdal puis de Rostov, Ouglitch devient la capitale d'une petite principauté. Dévastée par les hordes tatares-mongoles en 1238, elle se soumet à Moscou dès 1329. La ville connaît l'apogée de son essor dans la deuxième moitié du 15e s., elle frappe sa monnaie, et son prince **André le Grand**, grand protecteur des arts, édifie l'ensemble du kremlin, au confluent du ruisseau Kamenski et de la Volga et de nombreux églises et monastères. En 1552, une forteresse démontable en bois est construite dans les forêts d'Ouglitch pour permettre à Ivan le Terrible de l'emmener dans ses campagnes contre les Tatares. Après sa mort, son jeune fils, le **tsarévitch Dimitri**, est exilé avec sa mère dans le kremlin, où il meurt tragiquement en **1591**. C'est la fin de la **dynastie des descendants de Riourik** et le début d'une longue période de troubles pour la Russie. Mise à sac par les Polonais en 1613, la ville se reconstruit sous Catherine II et devient une petite ville de province paisible au 19e s. Au moment de la construction du barrage, en 1935, la carte de visite de la cité, le monastère de l'Intercession du 15e s., et de nombreux joyaux des 16e et 17e s. sont dynamités. Actuellement, la petite ville s'anime à l'arrivée des bateaux pour retomber ensuite dans une semi-léthargie, la célèbre usine de montres Tchaïka offrant de moins en moins de travail aux habitants.

Les visites vous mènent par une jolie allée bordée de tilleuls séculaires, le long de la Volga, dans l'enceinte du kremlin tout proche. Des 5 km de puissants remparts, il ne reste que quelques vestiges.

Les énigmes de l'Histoire

À sa mort en 1584, Ivan le Terrible ne laisse que deux héritiers : Fiodor, simple de corps et d'esprit, fils de sa première femme, Anastasie Romanov, et le petit tsarévitch Dimitri, âgé de deux ans, fils de sa septième et dernière femme, Maria Nagaïa. Les boyards se disputent le pouvoir avec à leur tête Boris Godounov, dont la sœur Irène a épousé Fiodor. Le 15 mai 1591, à dix ans, Dimitri, exilé avec sa mère à Ouglitch, est retrouvé la gorge tranchée dans les jardins du palais. D'après la version officielle, il est tombé sur un poignard au cours d'une crise d'épilepsie, pour les autres, il est mort de la main d'un tueur à la solde de Boris Godounov. Le poète Pouchkine dans son drame *Boris Godounov* et Moussorgski dans son opéra font porter à Boris Godounov la responsabilité de cette mort. Mais pour les historiens, rien n'est établi et cela reste toujours une énigme de l'Histoire.

Palais du tsarévitch Dimitri★ (Palaty tsarévitcha Dimitria/Палаты царевича Димитрия)

Sur votre droite se détache un édifice original à un étage en pierre de 1480, décoré de briques rouges dans sa partie supérieure. C'est **le plus ancien monument du kremlin** et un des rares bâtiments civils du 15e s. conservés dans la Russie centrale. Ravagé par le feu en 1613, il reste à l'abandon jusqu'à sa restauration en 1801 par le marchand Kojevnikov. Il est alors doté d'un toit revêtu de cuivre et sur sa face nord d'un joli perron en bois sculpté de style néorusse. Dès 1892, il devient un des premiers musées de Russie. Il abrite une exposition consacrée pour l'essentiel à la vie du jeune tsarévitch, qui y vécut sept ans avec sa mère, et également une exposition d'artisanat.

Cathédrale de la Transfiguration-du-Sauveur★ (Spasso-Preobrajenski sobor/Спасо-Преображенский собор)

Édifiée en 1713, dans le style baroque russe Narychkine, à l'emplacement de deux autres sanctuaires, sur le modèle des églises de Iaroslavl, juste avant l'interdiction de Pierre le Grand d'utiliser la pierre ailleurs que dans sa nouvelle capitale, elle domine l'ensemble du kremlin. La hauteur impressionnante des murs et de la voûte qui tient sans l'aide de piliers donne une acoustique exceptionnelle que vous pourrez apprécier en écoutant les voix *a capella* d'un quatuor local, qui donne souvent un petit concert de chants religieux. Les murs illustrés de **fresques** (1810-1811) sont de l'artel de Medvedev. Les 59 sujets du Nouveau Testament sont inspirés des travaux exécutés en Europe à la Renaissance dans un style baroque. L'**iconostase à six registres** de 1860 abrite des icônes des 17e au 19e s., pour la plupart de l'école moscovite.

À proximité se dresse un **clocher** surmonté d'un petit bulbe doré de 37 m érigé en 1730, de style Narychkine lui aussi. C'est une boutique d'antiquités qui expose une jolie collection de samovars. Depuis 1984, un carillon électrique fabriqué à l'usine Tchaïka égrène les demi-heures.

Église de St-Dimitri-sur-le-Sang★★★ (Tserkov Dimitria na krovi/Церковь Димитрия на крови)

Au bord de l'eau, au nord, se détache une émouvante petite église rouge et blanc. Avec son réfectoire et son clocher accolés, elle est typique des constructions moscovites de la seconde moitié du 17e s. Ses cinq coupoles bleues étoilées, ses encadrements de fenêtres et ses corniches ourlées de blanc semblent illustrer un joyeux conte de fées. Pourtant, elle commémore la mort d'un enfant. Dès 1606, le petit Dimitri est canonisé. Sont édifiés sur le lieu de la mort du tsarévitch une première chapelle votive en 1606, puis une chapelle en bois en 1630 et enfin en 1692, l'édifice actuel auquel est ajoutée au 19e s. une petite chapelle sur la face nord pour remplacer la galerie ouverte, fortement endommagée. Dans l'église-musée sont exposées des icônes des écoles de Moscou, d'Ouglitch et de Kostroma. Une des plus intéressantes est la *Vierge de Smolensk*, don du **tsar Mikaïl Romanov** en 1630. Les murs sont recouverts de **fresques** très expressives du 18e s. Faits inhabituels, Adam et Ève sont représentés nus et le **mur ouest** illustre un évènement historique et non religieux : la mort du tsarévitch (la succession des évènements est à lire de gauche à droite). À la même époque est posé le sol en fonte. La **cloche** de l'église, après avoir été fouettée, amputée de sa langue (battant) et de son oreille (une des poignées), est exilée en Sibérie à Tobolsk pour avoir sonné le glas annonçant la mort du tsarévitch. Réhabilitée en 1892, elle est exposée dans l'église.

Si vous passez par Ouglitch lors d'un périple sur le circuit de l'Anneau d'Or, ne manquez pas le monastère de la Résurrection du 17e s., celui de St-Alexis du 14e s. et la pittoresque église de la Nativité-de-St-Jean-le-Précurseur au bord de la Volga.

Le bateau suit le cours naturel de la Volga jusqu'à Mychkino. À 5 km d'Ouglitch, sur la rive droite de la Volga, se niche le petit village de **Zolotoroutchié** et vous apercevrez de loin au milieu d'une épaisse forêt de tilleuls la pittoresque église de St-Élie-le-Prophète au bord de l'eau. Près de ce village a été découvert un site préhistorique de l'époque mésolithique.

Escale

Mychkino

Мышкино

Juste avant de traverser le réservoir, quelques croisiéristes font une halte à Mychkino, petit village pittoresque de 6 500 habitants, à l'embouchure de la rivière Ioukhot (Юхоть), célèbre pour son musée unique consacré aux souris sous toutes leurs formes et sa fête annuelle consacrée à l'animal.

Mychka (Мышка) la petite souris – Un prince chasseur s'allonge, fatigué, sur la berge. Mychka, la petite souris, voit un serpent qui le menace et court sur son visage pour le réveiller. Le prince réussit à tuer le serpent et, pour exprimer sa reconnaissance, fait construire une chapelle à l'endroit où la petite souris lui sauve la vie. Par la suite, un village s'est construit tout autour et a pris un nom dérivé de *Mych*, « souris » en russe… Mychkino.

Le bateau glisse jusqu'au réservoir de Rybinsk qu'il traverse d'ouest en est, avant de virer à 90° et de descendre vers le sud-est. À la sortie du réservoir, il passe par deux écluses symétriques (290 m x 30 m x 5 m) qui séparent, avec la centrale hydroélectrique, le réservoir de Rybinsk et la Volga qui file vers la mer Caspienne. À l'entrée de l'écluse, une gigantesque statue de jeune femme russe serrant dans sa main un manuscrit, tandis qu'un pétrel vole autour de ses chevilles, symbolise la fierté du peuple russe pour « matouchka Volga » et la victoire de l'État soviétique sur les éléments. Les bateaux descendent de 14 m.

Escale 2

Kostroma ★

Кострома

288 000 HABITANTS

Pendant votre escale, vous ferez un tour de ville dans cette ancienne cité marchande provinciale, fermée aux étrangers jusqu'en 1991 en raison de la base militaire installée à sa périphérie. Vous découvrirez la place centrale Soussanine, avec ses élégantes galeries marchandes et son marché pittoresque avant de vous rendre au monastère St-Ipatiev, berceau des Romanov, qui à lui seul justifie le déplacement. Enfin, une visite champêtre au musée de l'Architecture en bois et de la vie paysanne vous fera découvrir l'art des charpentiers russes.

Conseil d'ami – Selon l'ordre des visites et le temps qui vous reste, vous pourrez rejoindre à pied la gare fluviale en cinq à dix minutes de la place centrale, en empruntant n'importe quelle rue qui descend vers le fleuve.

Kostroma, dieu du printemps

Kostroma est le nom d'une poupée, le plus souvent en paille, que les Slaves plongeaient dans le fleuve ou brûlaient pour fêter l'arrivée du printemps à la fonte des neiges, quand l'eau était trop fraîche pour y baigner la plus jolie jeune fille du village, ce qui donnait lieu à des joutes populaires.

Comprendre

Iouri Dolgorouki fonde la ville en 1152 pour défendre les frontières nord-est de sa principauté de Rostov-Souzdal. En 1238, Kostroma subit le même sort que les cités voisines, dévastées par les hordes tatares-mongoles. Rattachée à la principauté de Moscou en 1362, elle acquiert son titre de gloire dans l'histoire de la Russie, quand **Mikhaïl Romanov**, venu voir sa mère au monastère St-Ipatiev, accepte de monter sur le **trône** en **1613**, fondant ainsi une nouvelle dynastie, à la tête du pays jusqu'en 1917. Vers le milieu du 17e s., Kostroma est un centre de commerce important avec les pays du Moyen-Orient et la **troisième ville de Russie** après Moscou et Iaroslavl. Ses peintres d'icônes et de fresques acquièrent une popularité exceptionnelle et décorent les églises de Moscou, Iaroslavl, Souzdal, Rostov… Un incendie la ravage aux deux tiers en 1773, mais la cité rapidement reconstruite sous **Catherine II**, selon un plan conservé jusqu'à nos jours, devient la **capitale nordique du lin**, exportant vers l'Europe ses plus belles toiles pour les voilures. Le blason de la ville, une galère dorée aux voiles gonflées voguant sous un ciel bleu sur les flots argentés de la Volga, évoque ce glorieux passé sous l'œil nostalgique des habitants qui voient leurs usines tourner au ralenti et leur ville s'assoupir.

Se promener

Place Soussanine (Soussaninskaïa pl./Сусанинская пл.)

Kostroma est une des rares villes médiévales à ne pas avoir conservé de traces de son kremlin qui se dressait à l'emplacement de la place centrale et des jardins. En forme d'un fer à cheval, d'où rayonnent sept rues principales, cette place porte aujourd'hui le nom du héros de la ville, **Ivan Soussanine**, et s'ouvre sur la Volga. Les statues de **Soussanine** et **Lénine** montent la garde dans les jardins entre la place et le fleuve. Celle de Soussanine, sur votre droite, face à la Volga, non loin du marché, et celle de Lénine, à gauche la main tendue vers un clair avenir… la prison de la ville! Elle remplace une statue en bronze sculptée à la gloire des Romanov après la visite de Nicolas II en 1913 pour le tricentenaire de l'avènement de la dynastie. Restée en bas de son socle pendant dix ans, elle a disparu. La coquette **tour de guet**★ octogonale des pompiers, jaune et blanc, est édifiée en 1823-1827. Symbole de la ville, récemment restaurée, elle porte sur son fronton l'aigle bicéphale et domine de ses 35 mètres le **corps de garde**, des bâtiments administratifs à colonnes (mairie, archives) et, à l'opposé, l'**hôtel particulier Borchtchov (Борщов)**, érigés au 19e s. par des architectes pétersbourgeois, dans un style classique.

Héros national

Le paysan Ivan Soussanine sauve le futur tsar Mikhaïl Romanov, alors dans sa propriété de Domnino, aux portes de Kostroma, en indiquant aux Polonais une fausse piste dans la forêt les menant à un marécage, au prix de sa vie. La statue du héros s'inclinant devant le tsar, érigée en 1851 dans le jardin en haut de la rue Molotchnaïa (Молочная ул.), a été remplacée en 1967 par une statue en pied du héros seul. Cet acte de bravoure est immortalisé dans l'opéra de Mikhaïl Glinka *La Vie pour le tsar* rebaptisé après la révolution *Ivan Soussanine.*

Les Galeries marchandes★ (Torgovyé riady/Торговые ряды)

Avec leurs belles arcades, édifiées à partir de 1789, dans le style du début du classicisme sur le modèle des Galeries du Gostiny Dvor de St-Pétersbourg, elles s'étalent entre la place et la Volga. Une dizaine de bâtiments de tailles différentes abritent les galeries des Épices, du Poisson, de l'Huile, du Tabac, du Pain d'épices… Le premier bâtiment, **la Belle Galerie**, édifié en même temps que **la Grande Galerie de la Farine**, de 122 m x 163 m, offrait des marchandises d'exception, fourrures, chaussures, tissus… En 1794, les riches marchands lui accolent l'**église du St-Sauveur (tserkov Spassa v riadakh/церковь Спаса в рядах)** avec son clocher. Elle abrite des expositions mais devrait être rendue prochainement à l'Église orthodoxe. En 1833, Kostroma comptait 12 000 habitants et 288 boutiques!

Visiter

*De la place Soussanine (Soussaninskaïa pl./*Сусанинская пл.*), prendre la rue Simanovskogo* (ул. Симановского)*, 5mn à pied.*

Monastère de l'Épiphanie-Ste-Anastasie (Bogoïavlensko-Anastassinski monastyr/Богоявленско-Анастасинский монастырь)

Oul. Simanovskogo (ул. Симановского) *26.*

La Vierge de Théodore

Cette icône est connue depuis le 13e s. En 1613, dans le monastère St-Ipatiev, Mikhaïl Romanov apprend qu'il a été choisi par l'Assemblée « zemski sobor » pour monter sur le trône. Sa mère, Marfa, devenue nonne, le bénit avant son départ pour Moscou avec cette icône. Depuis, la Vierge de Théodore est la protectrice de la famille Romanov et les futures tsarines d'origine étrangère, se convertissant à la foi orthodoxe, prennent le plus souvent pour patronyme « Fiodorovna », dérivé du nom de l'icône. Alix de Hesse-Darmstadt, la femme de Nicolas II, se convertit sous le nom d'Alexandra Fiodorovna.

Cet ancien monastère d'hommes, fondé en 1426, dévasté par plusieurs incendies au cours de son histoire, est rendu en ruine à l'Église orthodoxe en 1990. Restauré avec l'aide active des autorités locales, devenu monastère de femmes et aujourd'hui résidence de l'évêque de Kostroma, il compte une centaine de nonnes, un orphelinat et un asile pour les personnes âgées.

La cathédrale de l'Épiphanie (Bogoïavlenski sobor/Богоявленский собор) se compose de deux bâtiments : un sanctuaire blanc aux cinq coupoles dorées, érigé en 1565, un des plus anciens monuments en pierre de la cité, qui abrite l'autel, et une église en briques rouges aux coupoles noires, accolée en 1864-1869, dans laquelle prient les fidèles. Dès le début des travaux de réhabilitation, en 1991, la célèbre **icône miraculeuse de la Vierge de Théodore**, du 13e s., exposée dans l'église de la Résurrection-dans-le-Fourré, a regagné solennellement sa place dans la cathédrale sous un dais bleu ciel et or.

À la périphérie

*De la place Soussanine (Soussaninskaïa pl./*Сусанинская пл.), *remonter la rue principale vers le nord-ouest (Sovietskaïa oul./*Советская ул.) *jusqu'à la place Oktiabrskaïa* (Октябрьская пл.). *Prendre à droite la oul. Podlipaïeva* (ул. Подлипаева), *jusqu'à la oul. Nijniaïa Debria* (ул. Нижняя Дебря) *et la Volga (3 km). Du centre, les bus s'arrêtent à l'angle de la oul. Podlipaïeva.*

Église de la Résurrection-dans-le-Fourré★ (Tserkov Voskressenia na Debre/Церковь Воскресения на Дебре)

Oul. Nijniaïa Debria (ул. Нижняя Дебря) *37.*

Cette coquette église paroissiale en briques rouges, au riche décor extérieur, avec ses douze bulbes verts, nichée sur la rive nord de la Volga, est un des meilleurs spécimens de l'architecture russe du 17e s. Édifiée en 1645-1652 grâce aux dons du négociant Kirill Issakov et entourée d'une galerie couverte sur trois côtés, elle abrite à l'extrémité nord-ouest, dans la **chapelle des Trois Saints★ (Triokhsviatitelski pridel/Трёхсвятительский придел)** une iconostase du 17e s. finement ciselée aux éléments en forme de mains, rares dans les églises russes. Les murs intérieurs sont habillés de fresques du 17e s. de Gouri Nikitine, bien conservées. Les fidèles se recueillent devant les nombreuses icônes datant du 15e au 17e s. À proximité, un clocher de style classique a été érigé en 2001.

Vous vous rendrez au monastère St-Ipatiev, situé à 6 km au sud-est du centre-ville, au confluent de la Volga et de la Kostroma, en car ou en bateau. Depuis le 5 janvier 2005, il est rendu à l'Église orthodoxe qui gère désormais les visites. Les expositions, abritées dans les bâtiments occupés désormais par les moines, vont être installées en ville.

Le monastère St-Ipatiev★★★ (Ipatievski monastyr/Ипатьевский монастырь)

Tchet le prince tatare – La fondation de ce monastère repose sur plusieurs hypothèses. La plus poétique l'attribue au prince tatare Tchet, ancêtre de Boris Godounov à la fin du 13e s. En route pour se soumettre à Moscou, malade, il s'arrête se reposer au confluent de la Kostroma et

Le tonnelet d'or

Quand le négociant en colorants Issakov ouvre un tonnelet devant contenir du bleu indigo en provenance de Londres, il découvre des pièces d'or. Il décide de financer la construction de l'église de la Résurrection près de son débarcadère sur la Volga, avec la bénédiction de Londres. Légende, vérité ? Toujours est-il que sur le portail en pierre sculptée de l'église, figurent le lion et la licorne près de l'oiseau Sirine et d'autres personnages des contes russes. Éléments du blason royal anglais ? Ou simples symboles légendaires ? À chacun sa réponse.

de la Volga. Pendant la nuit, il a une apparition de la Vierge, de l'apôtre Philippe et du saint martyr Ipati et guérit. Il se convertit à l'orthodoxie en 1330 sous le nom de Zacharie et fonde ce monastère sur le lieu de son apparition.

L'entrée sur le territoire se fait au nord de l'enceinte, par les **portes de Catherine (Ekaterininskié vorota/Екатерининские ворота)**, du 18e s., ornées du monogramme de la tsarine. Autrefois, on accédait au monastère à l'est, du côté de la rivière par des portes surmontées d'une église aujourd'hui disparue. De l'autre côté du pont, vous découvrirez la plus grande entreprise de tissage du lin, qui emploie 7 000 personnes.

C'est le joyau de Kostroma et à lui seul il justifie une visite de la ville. Le monastère, à l'origine en bois, doit son aspect actuel aux dons généreux des **Godounov** qui firent édifier tous les monuments en pierre de 1586 à 1590. C'est de cette époque aussi que date la solide enceinte défensive de 518 m, flanquée de quatre tours, qui entoure la partie la plus ancienne du territoire. Elles ont permis au monastère de résister à six mois de siège des troupes polono-lituaniennes au début du 17e s. Peu de monastères possédaient une aussi grande collection d'icônes, de revêtements d'or, de vases sacrés et de manuscrits dont la célèbre chronique d'Ipatiev. Après l'avènement de **Mikhaïl Romanov**, mettant fin à quinze années de troubles, le monastère reste sous la protection de la nouvelle dynastie et continue à profiter de ses largesses. En 1642-1643, il est agrandi grâce au jeune tsar. Par la suite, les Romanov sont venus régulièrement visiter leur « berceau », l'enrichissant chaque fois de nouveaux dons.

En entrant, vous découvrez sur votre gauche le **palais de l'Archevêque (Arkhiereïski korpous/Архиерейский корпус)**, remanié aux 18e et 19e s. et surmonté d'une église, érigée en 1863, et à droite le **corps des cellules des moines (Bratski korpous/ Братский корпус)**, de la fin du 16e s. rehaussé d'un étage au 18e s.

Cathédrale de la Trinité★★ (Troïtski sobor/Троицкий собор)

L'imposante **cathédrale de la Trinité** avec ses cinq coupoles dorées, son perron typique russe au nord et ses galeries sur trois côtés, domine l'ensemble. Les Godounov remplacent la première église en bois par cet édifice en pierre en 1590. Un stock de poudre gardé dans un soubassement explose en 1649 et détruit la cathédrale. En 1650-1652, les Romanov la font reconstruire à l'identique. C'était à l'origine une église d'été, réservée aux célébrations de jours de fêtes. L'église d'hiver, où avaient lieu les offices quotidiens, ne s'est pas conservée. En 1684, les maîtres de l'artel de **Gouri Nikitine** et **Sila Savine**, au sommet de leur art, recouvrent murs, voûtes et piliers de **fresques**★★★ réalistes sur fond de bleu… céleste ! Les galeries sont habillées de fresques en 1911-1912 par les maîtres de Palekh. Les 78 icônes des 17e et 18e s. sont nimbées d'or dans leur somptueux écrin : l'**iconostase dorée**★★★ à cinq registres de style baroque, réalisée en 1756-1758 par les maîtres-sculpteurs de Kostroma. Les **Portes saintes**★★★ en dentelle de cuivre doré du 16e s., exécutées par des maîtres moscovites, sont un don des Godounov, comme les **trois portes du 16e s.**★★ ornées de plaques de cuivre, au décor exécuté selon la technique de la dorure de feu, qui ont résisté à l'explosion de 1649. Dans la sacristie, sont exposés quelques-uns des dons somptueux des Godounov et des Romanov.

En face de la cathédrale de la Trinité s'élève le **clocher (zvonnitsa/звонница)** de 1604 plusieurs fois remanié.

Palais des boyards Romanov (Palaty boïar Romanovykh/Палаты бояр Романовых)

Près du mur ouest de l'enceinte se détache un bel édifice à façade polychrome « en échiquier », aux plafonds bas et voûtés, érigé en 1863 par Rikhter, dans le style du palais des « Terems » du Kremlin de Moscou. Cette ancienne maison de l'économe du monastère, remaniée après le passage d'Alexandre II, a servi de refuge au jeune Mikhaïl Romanov âgé de seize ans et à sa mère Marfa au 17e s. et abrite un émouvant petit musée consacré aux Romanov.

P. Boussard / Michelin

Fenêtre dans l'écomusée de Kostroma.

En sortant du monastère St-Ipatiev, vous pouvez visiter le musée de l'Architecture en bois. Cette visite est en général optionnelle. En sortant du monastère, à 5mn à pied.

Musée de l'Architecture en bois★ (Mouzeï dereviannogo zodtchestva/ Музей деревянного зодчества)
Diverses constructions en bois des villages environnants ont été rassemblées au milieu des bouleaux et des ruisseaux : églises, isbas, « bania » (bains russes), moulins... Parmi elles, l'église de la Vierge **(Tserkov sobora Bogoroditsy/Церковь собора Богородицы)** du village de Kholm, édifiée par deux frères en 1552, l'isba d'Erchov du 19e s. typique des constructions du Nord-Est et assez vaste pour pouvoir accueillir le bétail l'hiver.

« MATOUCHKA » VOLGA

« La Volga est la Russie elle-même – son peuple, son histoire, sa nature » (Evgueni Markov, écrivain du début du 20e s.).

Mythique, sacrée au point d'être plus qu'un fleuve, « Matouchka » Volga, petite mère, comme la surnomment affectueusement les Russes, est présente dans la littérature, la peinture, la musique, le folklore, et surtout le cœur des Russes. Route commerciale depuis l'Antiquité, de sa source du plateau de Valdaï, au nord-ouest de Moscou, elle serpente jusqu'au réservoir de Rybinsk, où elle change brutalement de cap pour tracer des méandres vers le sud-est et Kazan, avant de virer vers le sud et Volgograd pour former un énorme delta et se jeter enfin dans la mer Caspienne. La partie haute, la plus pittoresque, bordée de forêts, véritable écrin d'or à l'automne, est le cœur historique de la Russie. Dans la partie moyenne du fleuve, le contraste est très vif entre la rive occidentale montagneuse et la rive orientale toute plate. Si vous descendez jusqu'à Astrakhan, à partir de Kazan, vous pénétrez toujours plus avant dans la steppe et la savane semi-désertique, conquise au 16e s. par les Russes. Trait d'union entre la taïga et la steppe, la Volga est prise dans les glaces l'hiver, puissante et tumultueuse au printemps, apaisée l'été, et draine un bassin aussi grand que deux fois et demie la France et, avec ses affluents assure la moitié des transports fluviaux du pays. Sur ses rives peuplées depuis la nuit des temps se sont écrites les grandes pages de l'histoire de la Russie. Si les quatre fleuves sibériens la surpassent en longueur, avec ses 3 688 km, elle reste le plus grand fleuve d'Europe. D'Ouglitch à Kostroma, vous plongez pendant 420 km au cœur même de la Russie, dans la région la plus pittoresque du cours de la Volga. Pour la petite histoire, les villes fondées sur la rive gauche sont du féminin, et celles de la rive droite du masculin.

Le bateau remonte le cours du fleuve vers Iaroslavl. Cette partie de la Volga est très large et profonde et la navigation aisée. Les capitaines la surnomment « tchaï » (thé), allusion à la tasse qu'ils peuvent déguster tranquillement. Certains bateaux descendent jusqu'à Plios, situé à 40 km en aval de Kostroma, avant de remonter vers Iaroslavl.

Escale

Plios★★

Плёс

4 000 HABITANTS

La rive droite escarpée de la Volga est particulièrement séduisante sur cette portion du fleuve. Plios, niché entre deux méandres, est un des points les plus élevés de la moyenne Volga (80 m). Cet ancien village de pêcheurs, qui fournissait du poisson pour la table du tsar, devient, à la fin du 19e s., un des lieux favoris de villégiature de l'intelligentsia de Moscou et de St-Pétersbourg qui vient là en bateau se reposer. Rien d'étonnant à ce que ce délicieux petit village, niché sur la rive droite, ait inspiré poètes et peintres russes, en particulier Lévitan qui y a séjourné de 1888 à 1890 et peint quarante de ses toiles.
Le principal centre d'intérêt de ce coin de paradis est une balade à travers les rues qui ont gardé le plan d'urbanisme de la fin du 17e s., et du début du 18e s., l'église de la Dormition du 17e s., l'église de St-Pierre-et-St-Paul du 18e s. et, bien sûr, le petit musée de Lévitan avec pour écrin la nature environnante.

Escale 3

Iaroslavl★★

Ярославль

680 000 HABITANTS

Iaroslavl est la doyenne des villes édifiées le long de la Volga. Le centre historique est niché sur la rive droite abrupte du fleuve. Au 17e s., ses marchands fortunés en font la plus séduisante des cités volgiennes et couvrent la ville d'églises pittoresques, en faisant le plus grand centre artistique de l'époque. Vous trouverez au bout de chaque rue un témoignage de ce glorieux passé avec pour toile de fond la majestueuse Volga, indissociable du charme de la ville.
Pendant le tour de ville, vous serez sans doute frappé par le nombre d'églises qui s'égrènent dans la cité. Après un arrêt devant « la fiancée de Iaroslavl », l'église de l'Épiphanie, vous ferez un petit tour sur « la Strelka » le plus ancien quartier de la cité, avant de visiter les points forts de la ville : le monastère de la Transfiguration-du-Sauveur et l'église de St-Élie-le-Prophète, ou inversement.

Comprendre

La doyenne des cités volgiennes doit son nom au grand-prince **Iaroslavl le Sage**. Celui-ci, en visite d'inspection sur ses terres en 1010, abat d'un coup de hache un ours sacré, honoré par une tribu païenne dans un village appelé le « coin des Ours », et y fait ériger une forteresse. Ainsi naît Iaroslavl. Réunie à la principauté de Rostov-Souzdal au 12e s. et reliée par le Kotorosl au lac Nero et à Rostov, la ville se développe rapidement. En 1218, elle devient le centre d'une principauté et revendique son indépendance. Poursuivant son essor, elle édifie des monuments en pierre avant d'être mise à sac par les hordes tatares-mongoles en 1238. Elle est définitivement rattachée à Moscou en 1463. En 1612, c'est du monastère de la Transfiguration que partent les troupes des cités environnantes, rassemblées par Minine et Pojarski, chasser les Polono-Lituaniens de Moscou. Et, en 1613, le jeune Mikhaïl Romanov en route de Kostroma vers Moscou pour être sacré tsar s'y arrête. Grâce aux largesses des marchands, le 17e s. se révèle l'**âge d'or** de la cité, devenue un grand centre artistique et une plaque tournante du commerce avec le Proche-Orient, le Moyen-Orient et l'Europe en passant par Arkhangelsk.

A. Kanjounzeff / Michelin

Carreau de céramique vernissé.

Se promener

Sur les quais de la Kotorosl et de la Volga

*Longer le monastère de la Transfiguration, suivre le quai de la Kotorosl (Kotoroslnaïa nab./*Которосльная наб.*) puis le quai de la Volga* (Voljskaïa nab./Волжская наб.).

Avant de commencer la balade, jetez un œil en face, sur la rive droite de la Kotorosl et **l'ensemble architectural** flamboyant **du quartier de Korovniki** du 17e s. (du mot *korova* : « vache » ; les habitants s'occupant d'élevage), avec ses deux églises consacrées à **saint Jean Chrysostome** et à **la Vierge de Vladimir**. À l'angle de la **rue Pervomaïskaïa (ул. Первомайская)**, vous passez devant l'**église de l'Archange-St-Michel (Arkhangela-Mikhaïla/Архангела Михаила)** (1658-1682) en briques rouges et aux carreaux vernissés verts, puis devant l'**église du Sauveur-dans-la-Cité (Spassa na gorod/Спаса-на-город)** de 1672, spécimen typique de l'architecture de Iaroslavl. À proximité se dresse l'église toute simple de **St-Nicolas-les-Rondins (Nikoly-Roublenny-gorod/Николы-Рубленный-город)** de 1675, édifiée par les habitants du possad, des constructeurs de bateaux. Différente des autres, elle réunit dans un même ensemble architectural l'église chaude, l'église froide et le clocher. Elle a servi de modèle à de nombreuses églises de la région. De la **rotonde**, érigée en 1985 pour les 975 ans de la ville, vous contemplez la Volga, large ici de 800 m.

L'art des carreaux de céramique vernissés

Né dans le Sud, à Kiev, aux 10e s. et 11e s., cet art s'est répandu vers la Russie du Nord-Est, au 12e s., pour pratiquement disparaître sous la domination tatare. Timidement redevenus à la mode à partir du 15e s., c'est au 17e s. que les carreaux vernissés polychromes vont devenir un élément essentiel du décor des églises, particulièrement à Iaroslavl, mais aussi des maisons et des poêles russes, jusqu'à ce qu'au 18e s. Pierre le Grand impose les faïences hollandaises. Aujourd'hui, cet art est florissant à Iaroslavl, où les céramistes n'ont rien perdu des secrets d'antan, au point de confectionner des carreaux difficiles à distinguer des anciens ! Et c'est tant mieux pour les travaux de restauration.

Le Palais du métropolite★ (Mitropolitchi palaty/Митрополичьи палаты)
Voljskaïa nab. (Волжская наб.) *1 - ✆ 72 92 87 - 15 mai-7 oct. - fermé le vend. - 10h-17h et selon les heures d'arrivée des bateaux de croisière - vente d'artisanat d'art - pas de toilettes !*
Ce bel édifice en pierre blanche sculptée du 17e s., ancienne résidence du métropolite, accueille la division de l'art russe ancien du musée des Beaux-Arts. Très agréable à visiter, ce musée permet une approche de l'école de peinture d'icônes de Iaroslavl, caractérisée par leur grande dimension, l'abondance des personnages, l'intensité des couleurs et les nombreux détails liés à la vie quotidienne. Elle abrite deux **icônes** exceptionnelles : le *Sauveur Pancréator*, du 13e s., une des trente icônes de la période prémongole en Russie, et la *Vierge de Tolga*, de 1314, ainsi qu'une série d'icônes des 16e s. et 17e s., âge d'or de l'essor artistique de Iaroslavl.

Musée d'Histoire de la ville (Mouzeï istorii goroda/Музей истории города)
Voljskaïa nab. (Волжская наб.) *17/1 - ✆ 30 41 75 - 10h-18h, fermé lun.*
Dans un bel hôtel particulier rose et blanc de 1890, une exposition raconte le rôle de Iaroslavl et de ses habitants dans l'histoire de la Russie.

Musée des Beaux-Arts (Khoudojestvenny mouzeï/Художественный иузей)
Voljskaïa nab. (Волжская наб.) *23 - ✆ 30 35 04 - 10h-17h30 - fermé le lun. - 25 Rub ; photos 20 Rub, vidéo 50 Rub. Un parc-musée se visite de mai à oct.*
C'est dans l'élégante maison du Gouverneur de 1823 que sont exposées les œuvres des peintres russes du 18e s. au début du 20e s. Le musée présente une intéressante série de portraits du 19e s., une des collections les plus complètes des toiles de Constantin Korovine, de sa période parisienne, et des œuvres de l'avant-garde russe. Les habitants peuvent se marier dans ces locaux et vont ensuite faire la photo traditionnelle dans la rotonde romantique de 1840, qui surplombe, en face, la Volga.

Musée « La musique et le temps »★ (Mouzeï Mouzyka i Vremia/Музей « Музыка и Время »)
Voljskaïa nab. (Волжская наб.) *33a - ✆ 32 86 37 - 10h-19h - visite commentée 45mn.* Dans l'ancienne demeure du marchand Soboliov s'est ouvert en 1993 le **premier musée privé de Russie**. Son propriétaire, Djon Mostoslavski, un homme hors du commun, fait partager sa passion de collectionneur et commente souvent lui-même la visite de manière savoureuse. Vous y découvrirez : des cloches de troïka (petit concert), des fers à repasser, des horloges anciennes, des instruments de musique, tous en état de marche, des icônes sur fond doré de la fin du 19e s. commandées par les marchands… C'est un musée vivant, le préféré, semble-t-il, des habitants de Iaroslavl !

Hors du centre historique

Église de St-Jean-le-Précurseur★★★ (Tserkov Ioanna Predtetchi/Церковь Иоанна Предтечи)
Zakotoroslnaïa nab. (Закоторосльная наб.) *69 - hors du centre (taxi conseillé), de l'autre côté du pont Tolboukhine (Most Tolboukhina/*Мост Толбухина) *- 10h-17h - fermé lun. et mar., ouverte de mai à oct.*

A. Kanjounzeff / Michelin
St-Jean-le-Précurseur, Iaroslavl.

Érigée pendant seize ans de 1671 à 1687, par les habitants du quartier, les riches tanneurs, avec ses quinze coupoles et son décor luxuriant rehaussé de **carreaux vernissés**, c'est la carte de visite de la ville, au point d'illustrer les billets actuels de 1 000 rub. Par l'ampleur des sujets traités et la superficie des fresques du 17e s., cette église représente le summum de l'art et de l'architecture de Iaroslavl. Isolée au bord de la Kotorosl, elle se trouve aujourd'hui à proximité d'une vaste usine de peinture !

Visiter

La Strelka (flèche)

Une balade dans la « Strelka », cette avancée de terre formée par le confluent de la Volga et de la Kotorosl, le plus ancien quartier de la ville verdoyant et fleuri, fait le bonheur des touristes et des habitants de la ville. La vue du promontoire sur dame Volga qui s'étale majestueuse sur 800 m est saisissante. En contrebas, un ours en fleurs, devenu symbole de la cité au point de figurer sur son blason, se détache sur le gazon. Sur l'autre rive de la Kotorosl, vous devinez les silhouettes élégantes rouge brique de l'ensemble architectural du quartier des Korovniki. Au milieu du parc planté par les femmes et les enfants en 1944, quand Iaroslavl recevait les blessées de la ligne du front située à 200 km, se dresse une statue de la Trinité, érigée en 1995 à l'emplacement de l'autel de la plus vieille cathédrale de la cité du 13e s., dynamitée en 1937. Iaroslavl se prépare à fêter solennellement son millénaire en 2010, par la reconstruction de la cathédrale de la Dormition.

Arrêtez-vous devant l'église de l'Épiphanie. Seuls quelques groupes visitent l'intérieur.

Église de l'Épiphanie★ (Tserkov Bogoïavlenia/Церковь Богоявления)

Elle se dresse pimpante sur la place qui porte son nom, devant la statue de Iaroslavl le Sage, juste en face du mur ouest du monastère de la Transfiguration. Toute en briques rouges incrustées de carreaux de céramique polychromes, coiffée de coupoles et de toits verts et de deux rangées de *kokochniks*, soulignées d'une large frise verte en faïence, pour les habitants, c'est la **fiancée de Iaroslavl**. Érigée de 1684 à 1693 comme simple église paroissiale grâce aux dons du marchand Alexeï Zoubtchaninov, c'est un des derniers chefs-d'œuvre réalisés à Iaroslavl au 17e s. Elle n'a pas de soubassement, ce qui la distingue des sanctuaires des périodes antérieures. Les galeries traditionnelles sont remplacées par des constructions plus basses. Les bleu, vert, blanc et jaune des carreaux vernissés qui soulignent tambours, pilastres, fenêtres et chapelles, embellissent la brique rouge comme autant de pierres précieuses sur la robe rouge traditionnelle des fiancées de Iaroslavl. À l'intérieur, une **iconostase** à sept registres du début du 18e s. est inondée d'icônes du 17e s. Neuf fenêtres illuminent les fresques de la même époque, illustrant la vie terrestre du Christ.

A. Kanjounzeff / Michelin

L'église de l'Épiphanie, une simple église paroissiale… améliorée.

Le car s'arrête sur les rives du Kotorosl devant l'entrée du monastère.

Monastère de la Transfiguration-du-Sauveur★★ (Spasso-Preobrajenski monastyr/Спасо-Преображенский монастырь)

Dans son enceinte, vous trouverez les monuments les plus anciens de la cité. Les premiers édifices en pierre de ce monastère fondé au 12e s. sur les rives de la Kotorosl y sont bâtis avant les invasions tatares-mongoles. Reconstruit en 1515-1516, avec son enceinte de 3 m d'épaisseur et de 7 à 10 m de haut, il devient la forteresse la plus puissante de la haute Volga et le Trésor du tsar y est bien gardé. La communauté compte 150 moines, dont le tiers vit à l'extérieur et s'occupe des nombreux domaines rattachés au monastère. Une forte garnison y est cantonnée avec des pièces d'artillerie, ce qui lui permet, en 1609, de résister aux attaques polono-lituaniennes. Fermé en 1787 pour devenir la résidence de l'archimandrite de Iaroslavl, c'est aujourd'hui un musée où se côtoient des édifices des 16e s., 17e s. et 19e s. Haut lieu de culture, il a vu naître la première école religieuse de la Russie du Nord. Dans sa riche **bibliothèque**, le seul manuscrit connu du « Dit de la campagne d'Igor » célèbre poésie épique du 12e s., a été découvert vers 1790.

Vous pénétrez dans le monastère à l'est, par les **Portes saintes** de 1516, entrée d'apparat jusqu'au 18e s., tournées vers la Kotorosl, pour accéder à la cour d'honneur. Devant vous : le clocher et, plus loin, reconnaissable à ses coupoles dorées, la cathédrale de la Transfiguration. *À gauche de l'entrée vous attendent des kiosques de souvenirs et un petit café.*

Conseil d'ami

Après la visite, les courageux peuvent monter jusqu'au clocher découvrir un merveilleux panorama de la ville. Les billets s'achètent devant le clocher. Votre voyagiste vous proposera en option un concert de 45mn de chants liturgiques *a capella* au sein du monastère. Si vous préférez visiter la ville, vous pouvez sortir par la porte ouest sur la place centrale. Sur la droite, se tient un marché (Rynok) pittoresque.

Le clocher (Zvonnitsa/Звонница) – Édifié au 16e s. à l'est du territoire, coiffé d'un toit de tuiles vertes vernissées, remplacé au 19e s. par une rotonde à horloge, il communiquait avec la cathédrale par une galerie à deux niveaux. L'horloge, entièrement restaurée en 1983, est dotée d'un mécanisme électronique. Quatre petites cloches annoncent les demi-heures, la cinquième, plus grosse, sonne l'heure. Le carillonneur offre des concerts les jours de fête et particulièrement la semaine qui suit le 19 août, fête de la Transfiguration. Plusieurs fois par jour, il égrène quelques notes pour les visiteurs. En levant la tête, vous découvrirez les chardons dorés, inspirés de l'architecture en bois de Iaroslavl.

Cathédrale de la Transfiguration-du-Sauveur (Spasso-Preobrajenski sobor/Спасо-Преображенский собор)

Reconstruite en 1516 par des architectes moscovites, la nouvelle cathédrale domine l'ensemble et allie les anciennes traditions de l'art russe, à influence italienne caractéristique pour l'architecture russe de la fin du 15e s . et début du 16e s. Massive, elle ressemble à une forteresse avec ses coupoles en forme de casque de guerrier d'inspiration byzantine. Un passage souterrain partait du sous-sol de la cathédrale pour conduire directement dans la forêt sur les rives de la Kotorosl. Les fresques à l'intérieur, typiques de la peinture monumentale du 16e s., ont été réalisées en 1563-1564 par des peintres dont on retrouve le nom sur le pilier nord-ouest. La vue sur l'extérieur de la cathédrale est masquée par l'**église des Thaumaturges-de-Iaroslavl (tserkov Iaroslavskikh tchoudotvortsev/церковь Ярославских чудотворцев)**, de style classique, accolée en 1827.

À l'ouest, vous découvrez trois bâtiments, abritant des expositions : le **réfectoire (Trapeznaïa palata/Трапезная палата)**, l'**église de la Ste-Croix (Krestovaïa tserkov/Крестовая церковь)** du début du 16e s. et les **appartements du supérieur (Nastoïatelskié pokoï/Настоятельские покои)**, de la seconde moitié du 17e s. Le **réfectoire**, décoré de fresques, était aménagé, pour l'époque, de manière très moderne. Chauffé par des arrivées d'air chaud pratiquées dans le plancher, il était équipé de monte-plats creusés dans les murs ! Enfin, en face, le **corps des cellules** (**Korpous keli/Корпус келий**) du 17e s., installées dans quatre bâtiments à un étage placés dans le même axe, sont typiques de l'architecture civile de l'époque.

Église du Prophète-Élie★★★ (Tserkov Ili Proroka/Церковь Ильи Пророка)

On doit cette merveille aux deux frères Skripine, négociants en fourrures très influents, proches de la cour du tsar et du patriarche. Érudits, ils ont su dénicher les meilleurs artistes pour bâtir leur église. Édifiée en trois ans de 1647 à 1650, elle illumine la vaste **place Ilinskaïa (Ильинская пл.)**, bordée de bâtiments administratifs, d'où rayonnent les artères principales de la ville. Cette merveille, menacée de destruction par Staline pour faciliter le passage des chars sur la place, sera sauvée par le courage des habitants qui s'y sont réfugiés. Devant vous, une grande bâtisse blanche, sur son soubassement coiffé de cinq coupoles, rappelle par sa puissance et sa sobriété les églises du 16e s. Deux clochers à *chatiors* l'encadrent : au nord-ouest, le clocher octogonal de l'église et au sud-ouest, le toit pyramidal de la **chapelle de la Déposition-de-la-Vierge (Rizpolojenski pridel/Ризположенский придел)**. La riche ornementation des galeries, des perrons, des chapelles et du clocher en fait un ensemble asymétrique de toute beauté, le chef-d'œuvre des architectes de Iaroslavl de la première moitié du 17e s. Les **fresques★★★** sont la principale richesse de l'église. En 1680, les quinze peintres de l'artel des célèbres fresquistes de Kostroma, **Gouri Nikitine** et **Sila Savine**, aidés de quatre artistes de Iaroslavl sous la direction de **Dmitri Semenov**, illustrent en trois

Iconostase de l'église du Prophète-Élie, Iaroslavl.

mois et en quatre-vingts fresques la vie du prophète Élie et de son disciple Élizée. Elles ont traversé les siècles dans cette église d'été sans subir de dommages. Seul travail effectué : une goutte de colle injectée pour fixer les couches qui se décollent et un nettoyage. Heureusement, car le secret de la fabrication de ces couleurs minérales s'est perdu au cours des siècles, en particulier le bleu jamais égalé. L'**iconostase baroque** du 17e s. en tilleul sculpté au couteau, véritable dentelle de décor végétal, nimbe d'or les icônes. Remis en état par les restaurateurs du théâtre Bolchoï et des cathédrales du Kremlin de Moscou, il a recouvré tout son éclat. Les **galeries**, conçues à l'origine pour accueillir les fidèles avant les offices, sont recouvertes d'un toit au 18e s. et embellies de fresques d'inspiration plus laïque pour former trois chapelles, chauffées par un poêle, tenant lieu d'église l'hiver. Dans l'une, on célébrait les mariages, dans l'autre, les baptêmes, dans la troisième, les enterrements. L'état des fresques des galeries montre les dégâts provoqués par le chauffage. À voir également : le **portail voussuré** du prophète Élie, la frise en carreaux de la galerie nord, les stalles royales et patriarcales. À l'extérieur, l'utilisation novatrice de motifs en carreaux de faïence polychromes incrustés dans les façades est devenue une des caractéristiques de l'architecture des églises de Iaroslavl.

Alentours

Monastère de la Présentation-de-la-Vierge de Tolga (Tolgski Sviato-Vvedenski monastyr/Толгский Свято- Введенский монастырь)

Traverser la Volga en direction de Volgograd, par la M 8. Prendre à gauche après Tolgobol (Толгоболь) *et encore à gauche après Pessotchnoïé* (Песочное) *jusqu'au monastère. Ou prendre le bus 21 sur la place Rouge* (Krasnaïa pl./Красная пл.)*, descendre à Pessotchnoïé/*Песочное *et continuer à pied. ✆ 38 55 65 - entrée 300 Rub - photos 300 Rub.*

La fondation de ce monastère d'hommes en pierre blanche en 1314 sur la rive gauche de la Volga, en amont de Iaroslavl, est liée à une apparition de la Vierge à son fondateur. Fermé en 1926, c'est le premier monastère à avoir été rendu à l'Église orthodoxe en 1987. Très actif, il compte aujourd'hui une centaine de religieuses, qui redonnent vie aux édifices complètement dévastés. Le monastère est dominé par la **cathédrale de la Présentation-de-la-Vierge (Vvedenski sobor/Введенский собор)**, érigée en 1681-1688, et le **clocher** de 60 m. C'est le seul édifice à avoir conservé quelques fresques et une iconostase. Il a fallu cinq ans pour restaurer les fresques réalisées en trois mois au 17e s. Dans l'**église de l'Exaltation-de-la-Croix (Krestovozdvijenskaïa tserkov/Крестовоздвиженская церковь)** de 1625, les sœurs prient sans relâche devant l'icône de la **Vierge de Tolga** du 18e s. de 6h à 20h, puis à tour de rôle dans leurs cellules. Sont également restaurées l'**église sur porte de St-Nicolas (Nikolskaïa tserkov/Никольская церковь)** de 1672, l'**église du Sauveur (Spasskaïa tserkov/Спасская церковь)**, érigée au 18e s. dans un style baroque, avec huit petites coupoles autour de la coupole centrale et, en face, la petite **chapelle (tchassovnia/часовня)** en briques rouges de 1893, qui commémore la mort de 46 moines, pendant la guerre polono-lituanienne. À l'ombre des vieux cèdres plantés par Ivan le Terrible, tous les ans, le 21 août, a lieu un solennel chemin de croix.

La Vierge miraculeuse de Tolga

En 1314, l'évêque de Rostov, Tikhon, passe la nuit sur la rive droite de la Volga, au confluent de la Tolga, quand il est réveillé par une vive lumière et voit un pont sur la Volga. Il le traverse et distingue à une hauteur inaccessible la Vierge et l'Enfant. Le lendemain, le pont a disparu mais l'icône de la Vierge gît sur le sol. Tikhon bâtit là un monastère. Cette icône prend le nom de Vierge de Tolga et accomplit des miracles. Elle guérit le pied d'Ivan le Terrible, qui couvre le monastère de largesses. Vierge de Tendresse, au visage empreint d'une profonde tristesse, elle est comme le reflet dans une glace de celle de Vladimir, car tout est inversé. Exposée dans le palais du métropolite à Iaroslavl, elle regagne le monastère pour les grandes fêtes et plus particulièrement le 21 août, jour de l'Apparition de la Vierge.

Le bateau remonte vers la retenue de Rybinsk, qu'il va traverser cette fois-ci du sud au nord en repassant par les deux écluses symétriques et avoir remonté de 14 m. Chaque année, la Volga déverse 240 km^3 d'eau dans le réservoir. Avant la construction des 300 barrages, écluses et digues, le transit de cette masse d'eau depuis sa source dans les monts Valdaï jusqu'à la mer prenait seulement 50 jours. Aujourd'hui, il en faut de 400 à 500, ce qui ne cesse d'inquiéter les écologistes.

La retenue de Rybinsk

Avec sa superficie de 4 500 km^2, c'est une véritable mer et le réservoir d'eau le plus grand du monde, dépassant le Rinkon en Uruguay et le Kentucky aux États-Unis. Elle s'étale du nord-ouest au sud-est sur 140 km et sur une largeur d'environ 60 m et une profondeur de 5 m au croisement de la Volga, de la Cheksna, de la Mologa et d'une soixantaine de rivières plus petites. Elle a été réalisée entre 1932 et 1941 sous Staline, en grande partie par les prisonniers du Goulag, sans grand respect pour les hommes et la nature. 4 000 ha de terres ont été inondés, 700 villages ont été rayés de la carte, des populations entières ont été arbitrairement déplacées. L'eau a pris une couleur verdâtre peu engageante due à une algue flottante provoquée par la décomposition des terres et forêts submergées. Toujours présente, elle asphyxie faune et flore. Le mot « Rybinsk » vient de *Ryba*, le poisson. Mais aujourd'hui, la main de l'homme a fait de la retenue un cimetière de poissons.

En sortant de la retenue de Rybinsk, le bateau s'engage sur le canal Volga-Baltique.

Le canal Volga-Baltique

Le plus long canal du monde est formé d'un grand nombre de fleuves et de lacs endigués par l'homme, et relie le nord de la retenue de Rybinsk au sud du lac Onega. Il se compose de la Cheksna, du lac Blanc, de la Kovja, du canal de la Division des Eaux et du canal Vyterga. Il comporte 7 écluses, 3 centrales hydroélectriques et 25 retenues d'eau et barrages. Cet ensemble hydraulique est deux fois plus important que le canal de Suez et dépasse de 4,5 fois le canal de Panamá.

À la sortie de la retenue de Rybinsk, vous apercevez à bâbord la ville industrielle de **Tcherepovets**. Vous naviguez 196 km au fil de la Cheksna, et rencontrez les deux premières écluses du canal près de la ville de Cheksna, à tribord. Elles sont situées l'une à côté de l'autre. Celle de 310 m de long facilite le passage des bateaux de fort tonnage. Construites plus tardivement, les écluses de ce canal sont moins intéressantes du point de vue architectural, mais plus modernes et efficaces. Le niveau d'eau s'élève de 13 m.

Le passage des écluses est toujours un moment fort de la navigation où se retrouvent sur le pont tous les apprentis commandants et les photographes qui surveillent étroitement les opérations. La marge de manœuvres des bateaux est parfois très étroite et on ne peut qu'admirer la dextérité du vrai commandant, qui réussit à faire passer juste au bon endroit ces énormes coques blanches, sous le ballet endiablé des mouettes, ravies de profiter des remous pour piquer du nez et attraper du poisson.

Escale 4

Goritsy-Kirillov★★

Горицы-Кириллов

600 - 9 000 HABITANTS

Avant de traverser le lac Blanc, le bateau fait escale en fin de matinée dans le village de Goritsy, perché sur la rive gauche de la Cheksna. Vous apercevez de loin, dressé sur la rive, l'émouvant monastère de la Résurrection du 16e s., où une cinquantaine de femmes nobles furent exilées. Aux alentours, des isbas multicolores et leur jardin de curé, nichées derrière les sorbiers des oiseleurs et des piles de bois soigneusement empilées en prévision des longs hivers, vous transportent au plus profond de cette campagne si chère au cœur des Russes et si bien décrite dans la littérature du 19e s.

R. Mattes / Michelin

C'est en naviguant que vous apercevrez ces petites maisons de bois sur la rive, à Goritsy.

Goritsy est le point de départ d'une excursion en car à Kirillov *(8 km)* pour une découverte du monastère de St-Cyrille du lac Blanc. De rares groupes partent visiter le monastère de Feraponte à 19 km. La route n'est pas très bonne, mais pittoresque et vous grimpez à 200 m, sur la colline la plus élevée de la région, le mont Maora, et traversez le parc national du Nord de la Russie, créé en 1992.

Conseil d'ami – Mettez des chaussures confortables pour marcher à Kirillov et Goritsy. Si vous ne faites pas d'achats, vous aurez un peu de temps après la visite pour découvrir Goritsy. Si votre voyagiste n'a pas inclus la visite du palais de l'archimandrite à Kirillov et que vous êtes amateur d'icônes, n'hésitez pas à acheter un ticket à l'entrée du palais. La visite n'est pas très longue *(c'est le premier édifice à droite en sortant de la salle du Trésor)*. Prévenez votre guide et soyez près du car à l'heure indiquée.

Monastère de St-Cyrille du lac Blanc ou Kirillov-Belozerski★★★

(Kirillo-Belozerski monastyr/Кирилло-Белозерский монастырь)

L'arrivée est époustouflante. Au milieu de nulle part, au bout d'une longue allée, apparaît ce monastère… immense, avec ses onze églises nichées dans les herbes folles derrière de puissantes murailles, disséminées sur un territoire de 13 ha. Il devient aisé d'imaginer la richesse passée de ce qui est devenu un musée d'histoire et d'architecture depuis 1969.

Comprendre

Cyrille et Feraponte – Vers 1397, **Cyrille Belozerski** voit la Vierge lui demander de fonder un monastère vers le nord. En quête de spiritualité, il quitte à 60 ans le monastère St-Simon à Moscou, où il est archimandrite. Le **moine Feraponte** connaît la région et se met en route avec lui. Cyrille aurait reconnu le lieu de son futur monastère en gravissant le mont Maora (« montagne noire » en grec). Une pierre porterait encore l'empreinte du pied du religieux. Les deux hommes bâtissent une hutte et vivent là un an. En 1398, Feraponte se sépare de Cyrille et part à une quinzaine de kilomètres plus au nord, où il fonde son propre monastère, le **monastère de Feraponte**. Cyrille y vivra jusqu'à 90 ans grâce, paraît-il, aux vertus de la vie ascétique, des herbes médicinales et de celles de l'eau pure du lac Siverskoïé.

Le monastère porte le nom de son fondateur, Cyrille Belozerski, qui construit deux églises en bois sur deux collines voisines des rives du lac Siverskoïé. Toutes les constructions restent en bois jusqu'à la fin du 15e s. Disciple de Serge de Radonège, le fondateur de la laure de la Trinité-St-Serge, Cyrille appelle lui aussi les princes à s'unir pour reconstruire le pays, tout juste débarrassé du joug des Tatares. De son vivant, 53 moines adhèrent à sa dure vie d'ascète et le monastère est déjà très influent. Dès la fin du 15e s., il devient un **lieu d'exil** « doré » pour les princes, les boyards et les membres du clergé en disgrâce. Soutenu par les princes de la Moscovie, puis par les tsars Ivan le Terrible et Mikhaïl Romanov, aux 16e s. et 17e s., le monastère devient une véritable force politique. En 1653, devant la menace d'une invasion suédoise, le tsar Alexeï Mikhailovitch double la surface du territoire. Des murailles de 2 km et de 11 m de haut, flanquées de tours impressionnantes, au creux desquelles sont aménagées quelque 700 cellules, protègent ce monastère, devenu avec ses 20 000 ha de terres le plus riche de Russie. À cette période y vivent 200 moines et quelque 500 personnes de passage. Dans la deuxième moitié du 18e s., les réformes de Catherine II et un grand incendie amorceront le déclin du monastère. Au moment de la révolution, il n'y a plus qu'une vingtaine de moines…

Visiter

Vous pénétrez dans le monastère par la face nord de l'enceinte, la seule tournée vers Kirillov et la route de Vologda. Les autres fortifications sont en bordure du lac. Selon le voyagiste choisi, vous visiterez une ou deux églises, un ou deux musées. Tous les groupes font le tour du territoire.

Le monastère se divise en trois parties. Le **monastère de la Dormition (Ouspenski monastyr/Успенский монастырь)**, le plus ancien, occupe au sud environ la moitié du territoire. C'est là que se situent les curiosités. Le **monastère Ivanov (Ivanovski monastyr/Ивановский монастырь)**, au nord-est, ancien abri des malades et des vieillards, rendu à l'Église, est occupé par dix moines. Quant à la **nouvelle ville (Novy gorod/Новый город)**, du 17e s., c'est une vaste étendue vide au nord, sans constructions.

Église de St-Jean-Climaque (Tserkov Ioanna Lestvitchnika/церковь Иоанна Лествичника)

Édifiée en 1572, cette église-sur-porte à une coupole a conservé une iconostase des 16e-18e s. et sur les portes, des fresques de 1585. Attention aux trente marches, symbole des trente règles de la vie monastique.

Salle du Trésor★★ (Kazionnaïa palata/Казённая палата)

À droite de l'église s'élève cet édifice des 16e-17e s. Des travaux de restauration ont redonné aux intérieurs leur authenticité en 2000-2001. Il abrite une exposition sur l'art russe des 17e-19e s. Riche et variée, outre une initiation aux icônes plus tardives, cette exposition donne un bon aperçu des différents arts appliqués russes. Dans cinq salles sont exposés des icônes des 17e-19e s., des broderies en fil d'or, des vêtements et objets sacerdotaux, des émaux de Rostov, une collection de cloches et sonnailles suspendues sous l'arc de la limonière des troïkas, des portraits du clergé, des chromos russes et des ouvrages en cuivre coulé, exécutés par des artisans vieux-croyants. On dit que les moines du monastère communiquaient avec les religieuses du couvent voisin de Goritsy par l'intermédiaire des cloches !

Palais de l'archimandrite★★★ (Arkhimandritchi palaty/Архимандричьи палаты)

Ce musée recèle 200 icônes des 15e s., 16e s. et 17e s. Parmi elles, 33 des 60 icônes de l'iconostase de la **cathédrale de la Dormition**, et en particulier des icônes de la rangée des fêtes, réalisées à la fin du 15e s. par des artistes de Moscou et Novgorod. Les autres sont exposées dans les musées de Moscou et de St-Pétersbourg. Une série d'icônes de l'iconostase de la **cathédrale de la Nativité-de-la-Vierge (sobor Rojdestva Bogoroditsy/собор Рождества Богородицы)** du monastère de Feraponte exécutées par le grand maître **Dionissi**, vers 1502, reconnaissables à leurs couleurs lumineuses, claires et gaies et aux silhouettes très allongées des personnages. Les œuvres les plus anciennes proviennent des deux premières églises en bois : l'icône de la Dormition et les Portes saintes du début du 15e s.

A. Kanjounzeff / Michelin

À Goritsy, le monastère de la Résurrection.

En vous dirigeant vers le lac, vous passez devant la **cathédrale de la Dormition (Ouspenski sobor/Успенский собор)**. Édifiéen 1497 en cinq mois, c'est le premier édifice en pierre du monastère. Ornée de fresques en 1641, c'est la nécropole des princes. Elle ne se visite pas.

Église de la Transfiguration (Tserkov Preobrajenia/Церковь Преображения)

Édifiée en 1595 au-dessus des **portes de l'Eau (Vodianyé vorota/Водяные ворота)**, elle abrite une iconostase de la même époque. Attention aux marches ! Certains groupes la visitent avant d'aller sur les rives du lac et prolonger la promenade sur le territoire du monastère. N'oubliez pas de tremper le doigt dans le lac Siverskoïé à défaut de vous baigner : rajeunissement et longévité garantis !

Le car vous ramène près du bateau. Vous avez en général le temps de vous promener ou de faire des achats.

Monastère de la Résurrection (Voskressenski monastyr/Воскресенский монастырь)

En ruine, il reprend vie tout doucement grâce au courage de quelques religieuses qui échangent les beaux légumes de leur potager contre une aide bénévole des habitants du village. Si vous les croisez, elles vous proposeront peut-être de l'eau de source, parée de toutes les vertus. Ce monastère du 16e s. a été fondé en 1544 par la princesse Iefrossinia, épouse du fils cadet d'Ivan III. Exilée pour avoir comploté avec des boyards contre Ivan le Terrible pour mettre son fils sur le trône, elle a fini noyée dans la Cheksna sur ordre du tsar. Celui-ci y fit enfermer la quatrième de ses sept femmes, Anna. Autre recluse célèbre : Xenia, la fille de Boris Godounov.

Monastère de Feraponte (Ferapontov monastyr/Ферапонтов монастырь)

Ce monastère beaucoup plus modeste que celui de Kirillov-Belozerski a été fondé en 1398, par le disciple de Cyrille, Feraponte, à 19 km au nord-est de Kirillov. Quelques groupes de touristes le visitent pour la qualité des fresques exécutées en 1490 par Dionissi et ses deux fils en un temps record : cinq jours pour réaliser les dessins et trente-quatre jours pour peindre les fresques, illustrant la vie de la Vierge dans la cathédrale de la Nativité-de-la-Vierge. Définitivement fermé en 1923, il abrite depuis 1975 un superbe **musée des fresques de Dionissi**. La cathédrale est une des plus anciennes constructions en pierre de la région. L'extérieur est orné de carreaux de céramique représentant des animaux fantastiques et des végétaux.

Le bateau quitte Goritsy dans l'après-midi avant d'entamer la traversée du lac Blanc.

Un hôte célèbre

Nikon, le patriarche réformateur de l'Église russe, ami du tsar Alexeï Mikhaïlovitch, tombe en disgrâce en 1666, est suspendu de ses fonctions, et envoyé en exil d'abord au monastère de Feraponte, où il passe dix ans, avant d'être transféré au monastère de St-Cyrille. Malade, il est autorisé à rentrer à Moscou, mais meurt sur le chemin du retour, en 1681.

Église de la Nativité de Krokhino (Крохино)

À une trentaine de kilomètres de Goritsy, juste avant de pénétrer dans le lac Blanc, le bateau croise les ruines de cette église immergée, édifiée au 15e s. par le prince de Belozersk, pour remercier le ciel de lui avoir sauvé la vie pendant une tempête sur le lac Blanc. Plus tard, son fils recouvre la vue et il fait construire un monastère, aujourd'hui lui aussi enfoui au fond de l'eau, au moment de la construction du canal.

A. Kanjounzeff / Michelin

Église de la Nativité de Krokhino.

Le lac Blanc

Le bateau traverse du sud au nord en deux heures environ ce lac naturel de 5 à 6 m de profondeur, qui fait techniquement partie du canal Volga-Baltique. Un grand nombre de rivières se jette dans ce lac, seule la Cheksna en sort. Le trajet, monotone, ne présente pas d'intérêt particulier.

La Kovja et la Vyterga

Le bateau poursuit sa navigation sur la Kovja, puis la Vyterga et passe par une cascade d'écluses avant d'atteindre les eaux pures du lac Onega. La première, près du village Deviatiny, marque le changement entre les pentes nord et sud du canal. Vous êtes à 116 m au-dessus de St-Pétersbourg. En six écluses, vous allez descendre de 80,25 m. Le bateau glisse sur la Kovja sinueuse, très étroite, aux nombreux petits affluents, entre les bouleaux argentés, les résineux émeraude et les isbas typiques. Il ne dépasse pas les 12 km/h pour ne pas aggraver l'érosion des berges en argile et vous pouvez savourer en toute quiétude des paysages enchanteurs. Près d'Annenski Most, centre du transport du bois, vous croiserez des chalands lourdement chargés.

Le lac Onega

Le bateau traverse du sud au nord sur 150 km ce lac grand comme une mer d'une profondeur moyenne de 30 m pouvant atteindre 120 m. Très vite, vous ne distinguerez plus les rives et seules les mouettes vous tiendront compagnie, à moins que le « Vodianoï », le « génie des eaux », ne vous apparaisse sous la forme d'un brochet aux écailles vertes ou d'un cygne. Attention à ne pas le contrarier, s'il est en colère, le lac sera démonté ! **Batiouchka Onego** (« petit père ») est aux Caréliens ce qu'est Matouchka Volga aux Russes. Il est sacré, aimé, entouré de mille et une légendes. C'est là que bat le cœur de la Carélie, ce paradis vert aux 64 000 lacs, 26 000 rivières, aux étendues de forêts à perte de vue, paradis des oiseaux et cachette idéale pour les ours, les lynx, les élans… Si cinquante rivières et mille ruisseaux se jettent dans ce lac, grand comme dix-sept fois le lac Léman, seul le Svir en sort.

Escale

Petrozavodsk

Петрозаводск

Certains bateaux font une escale dans la capitale de la Carélie, située sur la rive ouest du lac, avant de se diriger vers l'île de Kiji, distante de 70 km. Fondée en 1703 par Pierre le Grand pour créer une fabrique de canons, la ville ne présente guère d'intérêt, mais si on vous propose d'assister au spectacle folklorique de l'excellent groupe Kantele, n'hésitez pas et découvrez les chants et danses caréliens superbes.

Escale 5

Île de Kiji★★★

Ostrov Kiji/Остров Кижи

50 HABITANTS L'HIVER, 130 HABITANTS L'ÉTÉ

Après vingt-sept heures de navigation, vous arrivez à Kiji dans l'après-midi. Installez-vous sur le pont longtemps à l'avance, pour voir surgir soudain dans le lointain les 22 bulbes argentés de l'église de la Transfiguration, dans cette lumière si douce de la Russie du Nord. Insensiblement, ce qui paraissait mirage devient réalité et se dévoile devant vous la perle des 1 650 îles qui s'égrènent au nord du lac. Le spectacle par tous les temps justifie à lui seul la croisière tout entière. Plus que nulle part ailleurs, le temps de visite vous semblera trop court.

P. Boussard / MICHELIN

Kiji et ses 22 bulbes en tremble.

Comprendre

Cette région de forêts et de lacs est peuplée depuis l'Antiquité. Des recherches archéologiques menées autour du lac Onega ont permis de mettre au jour des pétroglyphes païens, datant du troisième millénaire av. J.-C., mais aussi des armes en os et en corne. Animaux, oiseaux et poissons y sont largement représentés. Les ancêtres des habitants actuels sont des colons de Novgorod. Attirés par la richesse des nouvelles terres (fourrures, bois, fer), ils se sont rendus maîtres des lieux et ont assujetti les tribus finno-ougriennes installées là. En 1478, l'île est rattachée à la Moscovie et devient le centre administratif de la région. En 1920, 250 habitants occupent les 9 villages de l'île, aujourd'hui ils sont une cinquantaine essentiellement occupés à sauvegarder l'ensemble architectural et vivent dans deux villages : **Iamka** au nord et **Vassilievo** au sud. Le mot « Kiji » vient du carélique *kijat* et signifie « jeux, rites », sans doute lieu de culte païen.

Visiter

Découvrir cet îlot de 1 km sur 6 km est synonyme de partir se promener le nez au vent au milieu des 82 constructions en bois, disséminées au milieu des herbes folles, des fleurs des champs, qu'il est interdit de cueillir, des sorbiers flamboyants, des collines verdoyantes où quelques vaches méditent. Le musée d'Architecture et d'Ethnologie permet de suivre l'évolution de la vie quotidienne des paysans de Carélie, du Moyen Âge à l'aube de la révolution. Les habitants restent coupés du monde pendant les sept mois d'hiver, ravitaillés par motoneige, vivant de la culture de leurs quelques arpents de terre et surtout du tourisme.

Conseil d'ami – Plus encore que son exceptionnelle architecture en bois, Kiji, c'est une atmosphère, une lumière qu'on ne peut découvrir qu'en s'isolant un peu. Après la visite, vous avez le temps d'aller au moins jusqu'au cimetière d'où vous aurez une vue impressionnante sur l'île. Dos au bateau, prenez la direction opposée des visites, sur la gauche, et vous y serez en quelques minutes. De là, vous pouvez encore aller jusqu'au petit village sur votre droite (comme toujours, attention à ne pas manquer le départ du bateau !). Le départ de Kiji est aussi enchanteur que l'arrivée, restez sur le pont ! Si vous êtes tombé amoureux de l'île, y revenir n'est pas chose aisée. On ne peut y dormir. Seule solution : rejoindre en train Petrozavodsk de St-Pétersbourg et de là prendre la « Kometa », navette qui trois fois par jour relie l'île en 1h30.

Nestor le magicien

La légende attribue au charpentier Nestor la réalisation de ce que les Caréliens appellent la huitième merveille du monde : « Nie bylo, niet i nie boudet » (Il n'y en a jamais eu, il n'y en a pas et il n'y en aura plus de pareille), aurait-il proféré en jetant sa hache dans le lac après avoir fixé le dernier aisseau de tremble !

Musée d'Architecture et d'Ethnologie de Kiji★★★ (Istoriko-arkhitektourny i etnografitcheski mouzeï/Историко-архитектурный и этнографический музей)

Fondée en 1966, cette réserve historique est un des premiers musées à ciel ouvert. Vous visiterez l'ensemble architectural inscrit depuis 1990 sur la Liste du patrimoine de l'Unesco, les deux merveilleuses églises en bois et leur clocher protégés par une palissade en bois élevée sur des fondations en pierre à l'extrême sud de l'île.

Cathédrale de la Transfiguration (Sobor Preobrajenia/Собор Преображения)

Vous ne pouvez visiter que l'extérieur de ce joyau de l'architecture en bois, réalisé par des charpentiers anonymes, qui ont emporté leur secret. Édifiée sans l'aide d'un seul clou, du haut de ses 37 m, avec ses 22 coupoles recouvertes de 30 000 écailles de tremble, elle attire les regards de tous les coins de l'île. Détruite par la foudre comme les autres édifices, elle est reconstruite en 1714. La patine du temps donne au « lemekh » de tremble, à l'origine doré, une patine argentée, inimitable. Pendant cent cinquante ans, les coupoles ont été revêtues de métal ! Ce n'est qu'en 1959 que cette « huitième merveille » a retrouvé son aspect d'origine. Des travaux de restauration de grande envergure viennent de commencer et ils devraient permettre l'accès à l'intérieur de cette église d'été en 2014.

Église de l'Intercession-de-la-Vierge (Pokrovskaïa tserkov/Покровская церковь)

Plus modeste, à neuf coupoles, cette église d'hiver édifiée en 1764 abrite une collection d'icônes aux teintes lumineuses, typique de l'école du Nord, dont certaines viennent de l'église de la Transfiguration. Vous croiserez peut-être le père Nicolas Ossoline, venu de France en 1992 rejoindre le diocèse de Petrozavodsk et nommé responsable de la paroisse de Kiji et des îles environnantes. Le **clocher**, ajouté en 1864, ne se visite pas. La suite de la visite permet de se familiariser avec le mode de vie des paysans du nord de la Russie. La plupart des édifices déplacés ici sont du 19e s. Vous pourrez visiter des isbas des paysans les plus riches aux plus modestes, des granges, des moulins, des chapelles, des bains russes traditionnels. Ne manquez pas la **chapelle de l'Archange-St-Michel (tchassovnia Arkhangela Mikhaïla/часовня Архангела Михаила)** aux vertus curatives contre le mal de dents, et la **chapelle St-Lazare (Lazarevskaïa tserkov/Лазаревская церковь)** bâtie en 1391, sans doute la plus ancienne construction en bois de Russie.

Le Svir

Après avoir traversé le lac Onega, le bateau suit le cours du Svir qui serpente sur 224 km entre les forêts de résineux. Surnommé « la route bleue », il relie les deux plus grands lacs d'Europe, prenant sa source dans le lac Onega, à l'est, pour se jeter dans le Ladoga, à l'ouest. Étroit, peu profond et sinueux, il ne fait pas le bonheur des navigateurs qui se guident à l'aide des 1 070 bouées qui s'allument automatiquement au passage des bateaux. Rendez-vous sur le pont pour les photographes ! Ne manquez pas la navigation sur le modeste Svir ! Il vous réserve des surprises féeriques. Des brumes éparses jouent souvent à cache-cache avec le soleil et les petits villages tapis au bord de l'eau de cette terre carélienne empreinte de mystère. Près de la ville de Podporojie, le bateau passe l'écluse haute du Svir qui présente le changement de niveau le plus important de la croisière ; la descente vertigineuse est de 24 m. Commencée avant la Seconde Guerre mondiale, cette écluse a conservé la décoration architecturale grandiose de l'époque. Des bas-reliefs sur la partie supérieure des tourelles illustrent sa construction. Vous verrez des répliques de bateaux à vapeur, de bateaux à voile et de galions, des marteaux et des faucilles et le portrait de Lénine suivi de l'inscription : « Lénine a vécu, Lénine vit, Lénine vivra ! »

Escale 6

Mandroga

Мандрога

Juste avant de traverser le lac Ladoga, vous ferez une escale de trois heures à Mandroga. Des artisans ont rebâti dans le style traditionnel russe de pimpantes habitations en bois un peu kitsch, dans ce petit village de Carélie, complètement abandonné dans les années 1960.

R. Mattes / Michelin

Le lac vu depuis le bateau.

Dans leurs pimpantes isbas, les familles vivent au premier étage et au rez-de-chaussée ; elles proposent pendant la saison touristique un déjeuner paysan sur fond de chants et balalaïkas pour les touristes qui le souhaitent. Dans un vaste atelier, vous pourrez admirer des artisans exercer leur art (peinture sur bois, sculpture, tissage, broderie). Un peu plus loin vous attend un musée de la Vodka. Si cette escale déçoit les amateurs d'authenticité, il faut savoir que Sergueï, le « sponsor » russe à l'initiative de ce projet, fait revivre ce village, offre du travail aux habitants et surtout propose aux Russes aisés de venir chasser l'hiver gratuitement contre le financement d'une école dotée des meilleurs professeurs qu'il a créée à St-Pétersbourg pour les jeunes doués déshérités.

Conseil d'ami – Le repas paysan est sympathique et délicieux et, s'il pleut, cela vous permet de ne pas rester sur le bateau. Pour les amateurs, la forêt vous attend pour une belle balade (attention aux ours !).

Escale

Svirstroï

Свирстрой

Certains bateaux s'arrêtent dans ce petit village, situé à quelques encablures au bord d'un petit lac. Des rencontres sont organisées avec les villageois qui pour la plupart travaillent dans la centrale toute proche du bas-Svir.

À 1 km de Svirstroï et à environ 80 km du lac Ladoga, vous passez la dernière écluse de la voie Volga-Baltique et de votre croisière. Vous descendez de 12,10 m. Pour la petite histoire, sachez que des ingénieurs américains, consultés pour la fiabilité du projet de barrage sur ce site, en avaient déconseillé la réalisation, compte tenu d'une trop grande instabilité du terrain. Lénine en lança malgré tout la construction en 1927. Inaugurées en 1933, la centrale et l'écluse seront détruites par l'armée soviétique pour stopper l'avancée des troupes allemandes en 1943 et reconstruites aussitôt après la guerre ! Elles fonctionnent toujours !

Lac Ladoga

Vous voilà presque au bout de votre périple. Le bateau suit la côte sud du plus grand lac d'Europe (trente fois le lac Léman). Dans sa partie nord, près de l'île de Valaam, les fonds peuvent atteindre 230 m de profondeur. Pendant les neuf cents jours du blocus de Leningrad, de 1941 à 1944, seul moyen de communication avec le reste du pays, le lac devient « route de vie ». Les camions roulent jour et nuit sur le lac gelé pour ravitailler la ville ou évacuer femmes et enfants... De septembre 1942 à janvier 1943, un million de personnes sont évacuées et des milliers de tonnes de vivres sont acheminées.

Escale

Île de Valaam★★

Ostrov Valaam/Остров Валаам

Certaines croisières vous emmènent jusqu'à cette fabuleuse réserve naturelle au nord-ouest du lac Ladoga, où se situe le monastère de la Transfiguration, composé d'une vingtaine d'églises, haut lieu de spiritualité pour l'Église orthodoxe. Valaam (32 km²) est la plus grande des îles d'un archipel de 50 îlots, situé dans les plus grandes profondeurs du lac Ladoga (230 m). Son histoire est mouvementée. Fondé au 10e s., prospère au 14e s., souvent mis à sac par les Novgorodiens et les Suédois et finalement totalement ravagé en 1611, il sera restauré sous Pierre le Grand. En 1917, Valaam devient territoire finlandais, mais le monastère continue à fonctionner. En 1940, l'île devient soviétique, mais les moines fuient en Finlande, emportant avec eux tout ce qu'ils peuvent pour y fonder un nouveau monastère. En 1989, quelques moines reviennent s'installer et, en 1992, après la visite du président B. N. Eltsine, le monastère est entièrement rendu à l'Église orthodoxe. Les moines entreprennent la restauration des bâtiments et organisent les excursions sur l'île. Dans ce petit paradis règne une atmosphère qui justifie à elle seule la visite. Dans la beauté sauvage des herbes folles souffle un vent de spiritualité et on se sent en osmose complète avec la nature. C'est sans doute ce que sont venus chercher ici écrivains, peintres, poètes et musiciens comme Tchaïkovski, venu en pleine dépression se reposer après avoir écrit sa première symphonie.

Vue sur Valaam et le monastère de la Transfiguration.

La Neva

En remontant le cours de la Neva, vous apercevrez facilement du bateau l'île forteresse de Schlüsselbourg. Ne vous attendez pas à voir d'autres curiosités dignes de la renommée de St-Pétersbourg, il n'y en a guère jusqu'à votre arrivée au port fluvial, qui ne présente aucun intérêt. Au mieux, vous pourrez voir au loin vers deux heures du matin se lever un pont. Il vous faudra attendre le lendemain pour tomber sous le charme de la capitale du Nord ! Si plus de trente rivières se jettent dans le lac Ladoga, seule la Neva en sort et coule sereine et majestueuse (250 m à 1 300 m de large) jusqu'au golfe de Finlande où elle morcelle St-Pétersbourg, en 44 îles, avant de se jeter dans la mer Baltique. Le nom du fleuve vient du mot finlandais *Nevo*, marécageux. Sa profondeur exceptionnelle (8 m à 14 m) permet aux bateaux de fort tonnage de remonter son cours en passant pendant les nuits d'été par les ponts levés et illuminés pour leur livrer passage. C'est un spectacle fabuleux à ne pas manquer. La levée des ponts s'échelonne entre minuit et 2h du matin. Et attention, si vous allez chez des amis ou au restaurant, à ne pas rester coincé sur l'autre rive sans pouvoir regagner votre hôtel ! Le fort débit du fleuve a longtemps provoqué de dramatiques inondations dont vous pourrez mesurer l'amplitude en regardant les repères du Canal d'Hiver et de la forteresse Pierre-et-Paul. La plus meurtrière a eu lieu en 1824, inspirant le poète Pouchkine pour son œuvre *Le Cavalier de bronze*. Aujourd'hui, la ville est protégée par des digues et un barrage. Au printemps, il faut voir la Neva charrier ses blocs de glace qui remontent depuis le lac Ladoga au moment de la débâcle, les mordus de la pêche au trou persistent à pratiquer leur hobbie favori, au péril de leur vie. L'hiver, vous verrez les « morses » se baigner devant la forteresse, les éternels pêcheurs sur leurs petits pliants et les piétons imprudents tenter de traverser pour aller plus vite. La Neva pare la ville de ses plus beaux attraits en toute saison et fait partie intégrante de sa vie.

Vous voici arrivés à « **Piter** », comme l'appellent familièrement ses habitants, ultime étape de votre croisière, cité magique, célèbre dans le monde entier pour les trésors qu'elle recèle. Née de l'idée folle d'un homme de génie, Pierre le Grand, il n'y a que trois cents ans, sur des terres inhospitalières pratiquement jamais habitées, la fière cité semble exister depuis la nuit des temps. Moins déconcertante que sa rivale Moscou, elle accueille volontiers ses visiteurs. Il suffit de se promener pour succomber aussitôt à ses charmes multiples. Comment résister aux innombrables ponts d'architecture différente, aux rambardes finement ajourées de fonte, aux 71 km de quais de granit, aux lions, gardiens attitrés des débarcadères, aux nuages, aux étoiles et à la lune qui jouent à cache-cache avec les reflets des palais pastel dans les canaux qui sillonnent la ville ? En toute saison, un vent de poésie et de mystère plane sur la cité des tsars et c'est la main de l'homme qui a créé cette harmonie unique. Partez à la découverte des fabuleux panoramas qui s'ouvrent sur la grande Neva, de la forteresse Pierre-et-Paul, de l'Ermitage... Et si la nostalgie de la navigation vous prend, n'hésitez pas à vous laisser glisser furtivement au fil de la Moïka, de la Fontanka ou du canal Griboïedov ou partez à la poursuite des ponts qui se lèvent la nuit sur la Neva... C'est ainsi que St-Pétersbourg se livre le mieux.

Pont de l'Ermitage sur le canal d'Hiver donnant sur la Neva.

C. Hervé-Bazin / MICHELIN

DÉCOUVRIR SAINT-PÉTERSBOURG

ST-PÉTERSBOURG PRATIQUE

Quand y aller

La meilleure période est incontestablement celle qui court de mi-mai à fin juin où, au temps agréable se joint le romantisme des fameuses **Nuits blanches**. C'est alors qu'il y a le plus de manifestations, de concerts et de... touristes. Si vous êtes allergique à la foule, envisagez plutôt la période de la fin août à la fin septembre. Le temps y est doux et les parcs des résidences impériales se parent des feux du fameux « babie leto », l'été indien. Il est aussi agréable de s'y rendre pendant les « Journées blanches », pour les fêtes de Noël et du Nouvel An. Le reflet mystérieux des palais pastels dans les glaces de la Néva, la neige étincelante sous le soleil hivernal ou les brumes éparses matinales, créent une atmosphère ouatée inoubliable, en dépit du froid parfois mordant! Les mois les plus pénibles sont octobre-novembre où se mêlent pluie et neige, et la période de la fonte des neiges de la mi-mars à la mi-avril. Compensation : les prix y sont en revanche nettement moins élevés *(voir p. 8)*!

À l'arrivée

EN AVION

St-Pétersbourg possède deux aéroports proches l'un de l'autre et situés à 17 km au sud du centre-ville. Les vols internationaux arrivent à **Poulkovo-2**; vous y trouverez des trolleys gratuits dans la salle des bagages. N'oubliez pas de remplir les deux volets de la carte d'immigration (ne pas égarer le deuxième) et une fiche de douane si vous avez avec vous des objets de valeurs et plus de 3 000 $. Les vols intérieurs, ceux en provenance de la plupart des ex-républiques soviétiques et quelques vols internationaux (charters) atterrissent à **Poulkovo-1**. Les deux aéroports possèdent des bureaux de change **(obmen valiouty/обмен валюты)**, des distributeurs **(bankomat/банкомат)**, une poste **(potchta/почта)** et autres services habituels. Évitez toutefois de changer trop d'argent à l'arrivée, le taux n'y est pas avantageux.

Poulkovo-1 – Renseignements : ✆ *704 38 22, 24h/24*. Bagages perdus : ✆ *723 83 61, 8h-20h*.

Poulkovo-2 – Renseignements : ✆ *704 34 44, 24h/24*. Bagages perdus : ✆ *324 37 87, 24h/24*. Sur le site, www.pulkovoairport.ru, vous pouvez consulter en anglais et en russe le tableau d'arrivée et de départ, les services offerts par l'aéroport...

City Tourist Information Center – *Gorodskoï Touristko-Informatsionny Tsentr* (Туристко-Информац ионный Центр), *dans le hall d'arrivée à gauche de la porte de sortie à* **Poulkovo-2** *- lun.-vend. 10h à 19h*. Vous y trouverez des cartes et des documentations gratuites en anglais.

Transfert vers le centre-ville

La solution la plus pratique est de demander d'avance le transfert auprès de votre hôtel ou de l'agence de voyages. Sinon vous pouvez prendre un taxi ou un bus (minibus) qui vous dépose à la station du métro la plus proche.

En taxi – Dans le hall d'arrivée, une compagnie de taxi propose ses services pour 1 800 Rub. À l'extérieur, vous serez abordé par des chauffeurs qui vous proposent leurs services pour environ 1 500 Rub (40 €). Proposez-leur la moitié de cette somme, et s'ils refusent, passez outre : le prix raisonnable ne dépasse pas 700 Rub (19 €). Du centre-ville à l'aéroport, les tarifs sont moins élevés.

En bus ou **marchroutka** (minibus) – C'est la solution la moins chère; vous arriverez en 15-20mn à la station de métro *Moskovskaïa* (Московская).

De **Poulkovo-2** – *Bus 13, 213, l'arrêt du bus est à 200 m à gauche en sortant de l'aéroport (Abribus en verre) - 5h36/0h47 semaine, 6h06/0h47 w.-end - 16 Rub, bagage 14 Rub.*

Marchroutka K 13 et T 113 - toutes les 15mn - 15-20 Rub, le billet s'achète à bord.

La *marchroutka* K 3 ou K 213 vous dépose au métro *Moskovskaïa* (Московская) et *Sennaïa pl.* (Сенная пл.) plus proche du centre.

De **Poulkovo-1** – *Bus 39, arrêt en face de la sortie du hall d'arrivée 1 - de 6h30 à 23h30, toutes les 20/30mn - 20 Rub.*

Marchroutka T 39, arrêt en face de la sortie de la zone d'arrivée secteur 5 -22 Rub.

Transfert entre les aéroports – Navette gratuite entre les aéroports toutes les 15mn.

La *marchroutka* T 39 assure une navette entre les aérogares 1 et 2, avant d'aller au centre-ville ainsi que le Poulkovo Express Bus.

Aéroport Express Bus (Аэропорт Экспресс) – ✆ *388 00 55 - www.airportexpress.ru - 24h/24 et 7j/7, toutes les 15-30mn de 7h30 à 21h30 et toutes les 1-2h la nuit - aller 70 Rub, aller/retour 130 Rub,*

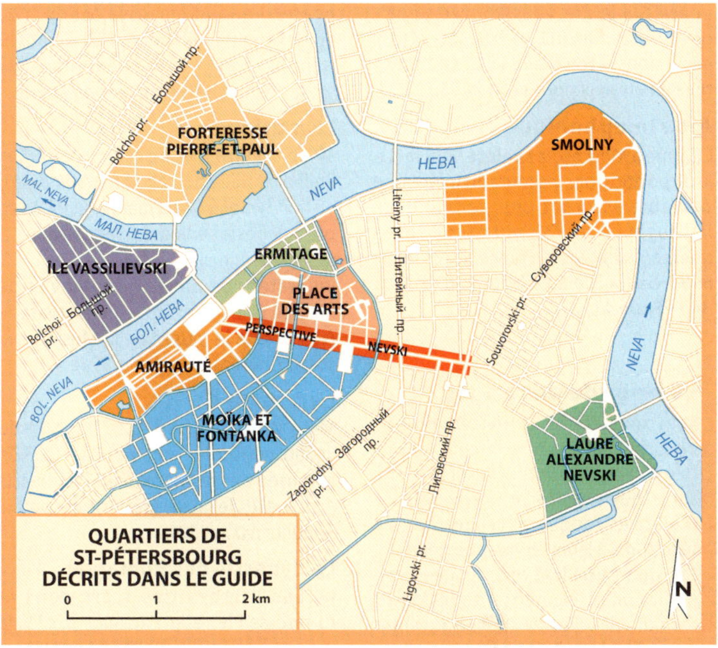

achat des billets auprès du conducteur. Ce bus très confortable part de Poulkovo-1 *(près de la porte du hall-1)* et Poulkovo-2 *(à droite en sortant du hall d'arrivée)* et vous dépose en 30/40mn au métro Pouchkinskaïa (Пушкинская). Départ du centre-ville pour l'aéroport : Podezdnoï per. 3A (Подъездной пер), M° Pouchkinskaïa (Пушкинская).

EN TRAIN

St-Pétersbourg possède cinq gares dont quatre accueillent les trains internationaux et interurbains. La plupart des touristes étrangers arrivent de Moscou à la **gare de Moscou (Moskovski vokzal/Московский вокзал)**. En plein centre-ville, la gare a une station de métro intégrée : **Plochtchad Vosstania (Площадь Восстания)**, sur la ligne 1, qui permet de rejoindre facilement tous les coins de la ville.

Si vous arrivez de Finlande, votre train arrive à la **gare de Ladoga (Ladojski vokzal/Ладожский вокзал)**, située à l'est de la ville. Elle est reliée à la station de métro **Ladojskaïa (Ладожская)**, sur la ligne 4.

La **gare de Vitebsk (Vitebski vokzal/Витебский вокзал)** accueille les trains en provenance des pays baltes et d'Europe de l'Est, ainsi que d'Allemagne. À proximité du centre-ville, elle est facilement accessible en métro : la station **Pouchkinskaïa (Пушкинская)**, de la ligne 1, se trouve juste à côté.

Les gares de la **Baltique** et de **Finlande** accueillent principalement les trains de banlieue *(voir p. 333)*.

EN BATEAU

La **gare maritime** se trouve à la pointe sud-ouest de l'île Vassilievski. De là, le trolleybus n° 10 vous amène au centre-ville (20mn de trajet).

Les bateaux de croisière en provenance de Moscou, Kiji, Valaam arrivent à la **gare fluviale**, située à l'extrémité sud-est de la ville, près de la station de métro **Proletarskaïa (Пролетарская)**, sur la ligne 3.

SE RENSEIGNER

City Tourist Information Center – *Gorodskoï Touristko-Informatsionny Tsentr*/Туристко-Информац ионный Центр. En plus du kiosque installé dans le hall d'arrivée de Poulkovo-2, vous trouverez en ville :

Le bureau principal – *Sadovaïa oul.* (Садовая ул) *14/52, à l'angle de la perspective Nevski - ✆ 310 28 22 - www.visit-petersburg.com - 10h-19h, sam. 12h-17h, fermé dim.*

Un kiosque en verre – *Dvortsovaïa pl.* (Дворцовая пл.) 12, proche de l'entrée de l'Ermitage, sur la place du Palais - *✆ 982 82 53 - 10h -19h, dim. 11h-16h.* Cartes, documentation sur les musées, les spectacles, les hôtels, les restaurants et la vie nocturne en anglais sont mis gratuitement à votre disposition. Vous y trouverez une aide en cas de vol pour effectuer vos démarches auprès de la police. Sur le site, vous trouverez quelques informations en français et dix excursions à travers la ville, commentées en anglais pour votre MP3.

Aide téléphonique

Comme à Moscou, la **société OVS** met à la disposition des visiteurs un téléphone portable assurant une permanence francophone 24h/24 *(voir p. 22)*. Renseignements depuis la France au ✆ *08 05 800 155* et à St-Pétersbourg au ✆ *(007 812) 950 06 48.*

La brigade des anges

Vous croiserez peut-être au centre-ville ou sur les principaux lieux touristiques deux « anges » en tee-shirts blancs sur lesquels est inscrit « **can i help** » en lettres rouges. N'hésitez pas à faire appel à leurs services. Ces jeunes polyglottes parlent deux langues au minimum et connaissent l'histoire de leur ville. C'est la toute nouvelle patrouille du « service des anges » (en référence au symbole du plus haut de la ville), recrutée par la municipalité pour venir en aide aux touristes.

Propositions de séjour

VOUS DISPOSEZ DE…

Trois jours

L'Ermitage *(voir p. 454)* et la place du Palais *(voir p. 384)*, la forteresse Pierre-et-Paul *(voir p. 433)*, la perspective Nevski *(voir p. 370)* et le Musée russe *(voir p. 471)*, Tsarskoïé Selo *(voir p. 486)* et Pavlovsk *(voir p. 495)*, balade sur les canaux *(voir p. 342)*.

Cinq jours

L'île Vassilievski *(voir p. 424)*, l'église du St-Sauveur-sur-le-Sang-Versé *(voir p. 393)* et le palais Ioussoupov *(voir p. 409)*, St-Nicolas-des-Marins *(voir p. 420)*, l'excursion à Peterhof *(voir p. 478)* s'ajoutent aux précédents.

Une semaine

Ajoutez une balade autour de l'Amirauté *(voir p. 401)* et de la cathédrale St-Isaac *(voir p. 405)*, la laure Alexandre-Nevski *(voir p. 447)*, et l'ensemble Smolny *(voir p. 450)*.

VOUS VOUS INTÉRESSEZ À…

La littérature

La maison-musée Pouchkine *(voir p. 386)*, le musée Dostoïevski *(voir p. 415)*, les appartements-musées des poètes Anna Akhmatova *(voir p. 398)* et Alexandre Blok *(voir p. 422)*, le musée Nabokov *(voir p. 409)*, une promenade sur les pas de Raskolnikov *(voir p. 418)*.

La musique

Le théâtre Mariinski *(voir p. 421)*, la Philharmonie Chostakovitch *(voir p. 391)* où la 7e *Symphonie* du maître fut jouée en plein siège de Leningrad, l'appartement-musée de Rimski-Korsakov *(voir p. 417)*, les statues de Rimski-Korsakov et de Mikhaïl Glinka devant le Conservatoire *(voir p. 421)*, le musée de la Musique au palais Cheremetev *(voir p. 398)*.

L'art russe

Le Musée russe *(voir p. 471)*, l'église du St-Sauveur-sur-le-Sang-Versé *(voir p. 393)*, le musée de l'Académie des beaux-arts *(voir p. 430)*, le musée des Arts décoratifs Stieglitz *(voir p. 396)*.

La dynastie des Romanov

Les tombes des tsars dans la forteresse Pierre-et-Paul *(voir p. 436)*, la maisonnette de Pierre Ier *(voir p. 443)*, les palais d'Été *(voir p. 395)* et d'Hiver *(voir p. 385)*, le château Michel *(voir p. 397)*, les résidences impériales des environs comme Peterhof *(voir p. 478)* et Tsarskoïé Selo *(voir p. 486)* (entre autres).

La révolution russe

Le musée d'Histoire politique de la Russie *(voir p. 443)*, le croiseur *Aurore (voir p. 443)*, le palais d'Hiver (avec la chambre Blanche où le gouvernement provisoire fut arrêté, *voir p. 385*), le palais de Tauride *(voir p. 452)*, l'appartement de Kirov *(voir p. 444)*, l'institut Smolny *(voir p. 452)*.

SUR LES TRACES DE…

Dostoïevski

Le musée Dostoïevski *(voir p. 415)*, la promenade du canal Griboïedov *(voir p. 419)*, la tombe de l'écrivain au cimetière Tikhvine de la laure Alexandre Nevski *(voir p. 448)*.

Pouchkine

La maison-musée Pouchkine *(voir p. 386)*, l'église proche où le service funéraire eut lieu, le lycée et la statue de Pouchkine à Tsarskoïé Selo *(voir p. 492)*.

Raspoutine

Le palais Ioussoupov *(voir p. 409)*.

Lénine

La gare de Finlande où il harangua la foule depuis sa voiture blindée, le musée d'Artillerie (pour voir la voiture en question, *voir p. 442*), le musée d'Histoire politique de la Russie *(voir p. 443)*, l'institut Smolny *(voir p. 452)*.

Se déplacer

À PIED

St-Pétersbourg est une ville qui se découvre avant tout à pied : c'est en longeant ses canaux que vous apprécierez tout le charme de la « Venise du Nord »... mais aussi en respectant quelques règles de sécurité qui vous mettront à l'abri d'un accident.

Règle n° 1 – Ne jamais traverser sous le nez des automobilistes qui constituent le principal danger public en Russie. D'une manière générale, **l'automobiliste est le meilleur ennemi du piéton**. Ne traversez donc que dans des endroits autorisés (passages zébrés, quand la peinture n'a pas disparu) et uniquement quand le salutaire « petit bonhomme vert » vous y autorise. Aide précieuse : le temps qu'il vous reste pour traverser est souvent indiqué. Efforcez-vous de le faire prestement car les conducteurs n'ont cure des piétons coincés au milieu des avenues. Ne vous mettez surtout pas au milieu ou même sur le bord de la perspective Nevski pour la photographier ! L'utilisation des **passages souterrains** est obligatoire dans les endroits qui en sont pourvus. Sitôt que vous voyez un panneau bleu avec un bonhomme descendant l'escalier, faites comme lui ! Dans les rues moins passantes, où il n'y a pas de feux de signalisation, ne traversez qu'avec précaution, car un fou pourvu de quatre roues peut surgir à tout moment de là où on l'attend le moins, y compris des **rues piétonnes**.

Il y en a d'ailleurs encore peu dans la ville. Ce sont généralement des rues courtes, comme **Malaïa Koniouchennaïa** et **Malaïa Sadovaïa** aux abords de la perspective Nevski ou encore la double allée entre la place du Manège et le château Michel (mais les voitures s'y aventurent quand même). Une nouvelle zone est apparue en 2004 près du métro Dostoïevskaïa, la rue **Bolchaïa Moskovskaïa** et la rue **Pravdy**. Les « **lignes** » nos 2-3 et 6-7 sur l'île Vassilievski sont piétonnes sur une partie de leur longueur. Certains quais sont également piétons en théorie. L'allée menant vers l'institut Smolny, siège de l'administration de St-Pétersbourg, l'est aussi, mais les voitures officielles y passent, les règles ne s'appliquant manifestement pas à elles... Bref, vous avez compris qu'à St-Pétersbourg, une rue piétonne ne vous met pas forcément à l'abri de la circulation. Méfiez-vous également des motos et des scooters, bien que leur nombre soit sensiblement moins élevé qu'ailleurs en Europe. Ici, les possesseurs d'un deux-roues sont considérés comme des inconscients condamnés d'avance.

Règle n° 2 – Elle consiste à bien regarder où vous mettez les pieds. Un puits de canalisation laissé ouvert ou un trou non comblé dans le trottoir peuvent vous jouer un mauvais tour. Sachez également que la mauvaise qualité d'un trottoir entraîne la formation de grosses flaques d'eau, presque des lacs, après chaque pluie importante... et éloignez-vous le plus possible du bord des trottoirs, car les automobilistes (encore eux !) semblent prendre un malin plaisir à éclabousser les passants. Dernière précaution : sur la perspective Nevski, méfiez-vous des rollers qui se faufilent à une vitesse impressionnante.

Nouveau projet

Un nouveau programme planifié pour la période 2004-2012 prévoit la réalisation de deux nouvelles zones piétonnes : le **St-Pétersbourg des musées**, dans le centre historique entre l'Ermitage, le Musée russe et la perspective Nevski, le **St-Pétersbourg de Dostoïevski** entre la rue Kazanskaïa, la rue Gorokhovaïa, le quai de la Fontanka et du canal Krioukov et la rue des Décembristes. Deux autres zones sur l'île Vassilievski et le quartier de Petrogradskaïa seraient à circulation modérée.

EN MÉTRO

Le métro de St-Pétersbourg est le plus profond du monde. Ses lignes passent sous la Neva et ses navires. Au premier contact, on a l'impression, tel un héros de Jules Verne, de faire un voyage au centre de la Terre. La descente est longue et les escaliers sont très raides. D'où la première règle de sécurité : évitez de courir sur l'escalier mécanique comme certains imprudents car, si vous trébuchez, votre descente pourrait avoir une fin peu confortable.

Le réseau

Le métro possède quatre lignes (60 stations), qui embrassent presque toute la surface de la ville. Il fonctionne de 5h45 à 0h. Moins luxueux mais plus profond que celui de Moscou, il est néanmoins assez impressionnant, en particulier les stations de la ligne 1. Rapide et pratique, il ne constitue pas toujours une solution idéale, les stations étant assez éloignées

ПЕТЕРБУРГСКИЙ

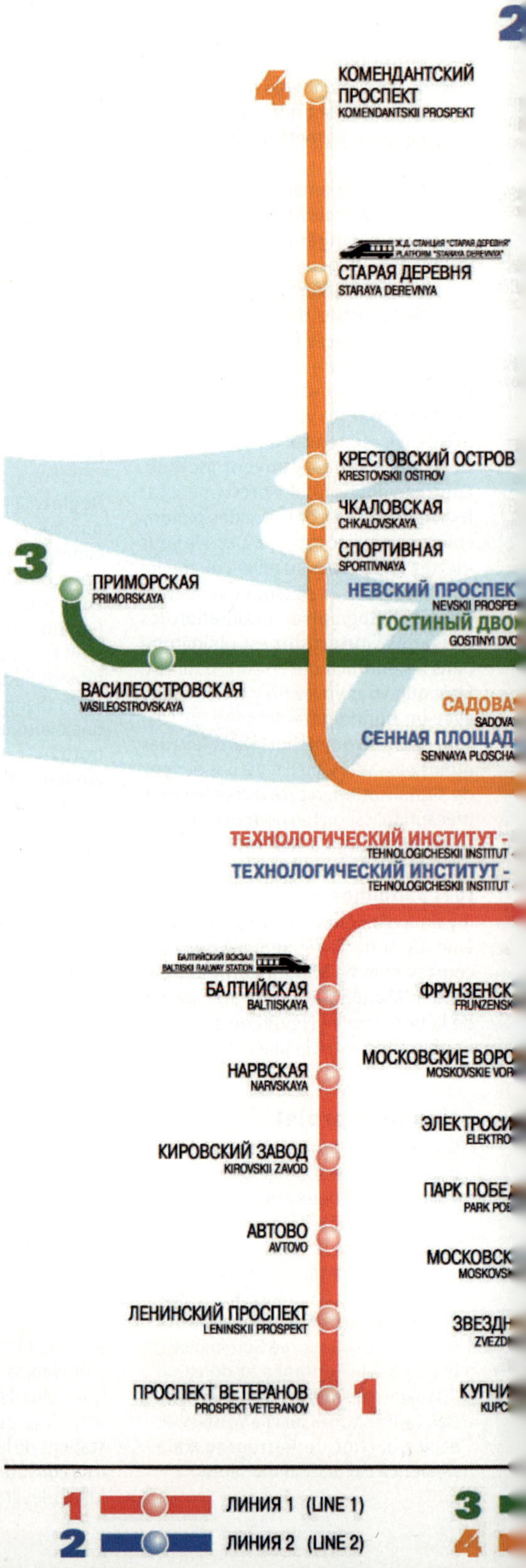

МЕТРОПОЛИТЕН

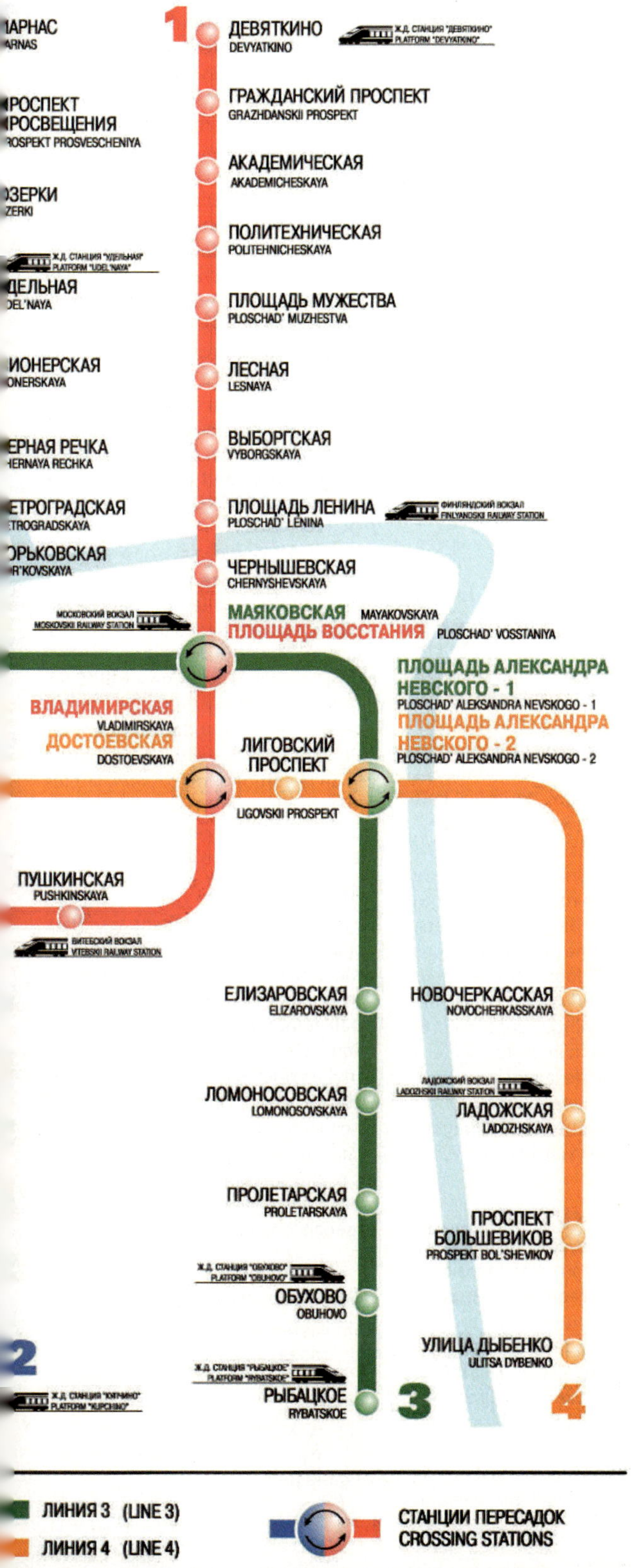

les unes des autres (la distance moyenne entre deux stations est de 2 km env.). Certains endroits ne sont pas desservis, comme le quartier du théâtre Mariinski, à l'ouest de la place Sennaïa, ou le quartier de Smolny. Notez également que la station *Vassileostrovskaïa* se trouve assez loin des principales curiosités de l'île Vassilievski.

Accès aux quais

Bon à savoir en rentrant dans une station de métro : les Russes **n'ayant pas pour habitude de tenir la porte**, attention de ne pas la recevoir dans la figure !

Les halls des stations et les couloirs du métro sont envahis par des kiosques où l'on vend absolument de tout, des chaussettes aux CD (souvent piratés). Autre curiosité, l'abondance de machines à sous qui fait ressembler certains halls à un Las Vegas miniature. Le règne du « capitalisme sauvage » dans la société postcommuniste ayant développé un esprit d'aventure chez les jeunes, les jeux de hasard sont en plein essor…

Il n'y a pas de tickets mais des **jetons** qu'on achète aux guichets appelés « caisses » **(kassa/касса)**. Au moment de la rédaction de ce guide, un jeton coûte 17 Rub. Il n'est valable que pour le métro de St-Pétersbourg et ne peut être utilisé ailleurs ni pour d'autres moyens de transports. À moins de donner la somme exacte à la guichetière, il faut préciser combien de jetons vous voulez, sinon elle vous demandera : « *Skolko* ? » (« Combien ? ») Voici une occasion de pratiquer un peu le russe ! Il existe également des **cartes** de 10 ou 20 trajets, valables pendant une période de temps donnée (7 jours, 15 jours, etc.) Cela peut être intéressant si vous restez plusieurs jours à St-Pétersbourg. Il suffit de présenter la carte dans n'importe quel sens devant la lumière de la machine. Pour une carte de 10 trajets valable 7 jours : 140 Rub. Il faut rendre la carte magnétique quand elle est vide et 40 Rub vont seront restitués.

Comment se repérer

Le premier contact avec le métro peut se révéler assez délicat si l'on ne connaît pas quelques simples règles d'orientation dans ce royaume souterrain où tout est écrit en cyrillique. Le quai donnant généralement accès à deux voies de la même ligne qui partent dans des directions opposées, il faut d'abord déterminer votre **direction**. Pour ce faire, regardez les panneaux lumineux du quai avec la liste des stations (en cyrillique, bien sûr) et trouvez-y la vôtre. Une fois que vous vous êtes posté du bon côté du quai, regardez le schéma qui figure sur le mur (la station où vous êtes est indiquée en rouge, les autres stations en bleu) et **comptez le nombre des stations** qu'il vous reste à faire. Les noms des stations étant difficilement visibles de l'intérieur de la rame, c'est le meilleur moyen de ne pas vous tromper. Pendant le trajet, les noms des stations sont annoncés au moyen d'un haut-parleur, mais il est difficile de les saisir, à moins de bien connaître le russe. Si vous devez emprunter une **correspondance**, cherchez le panneau **« ПЕРЕХОД » (perekhod, « passage »)**. Les stations, même interconnectées, changent de nom suivant la ligne. Vérifiez donc le nom de la station pour laquelle vous changez. Si, par exemple, vous voulez passer de la ligne 1 à la ligne 3, il faut passer de **Vladimirskaïa** à **Dostoïevskaïa** et donc chercher le panneau **« ПЕРЕХОД на станцию ДОСТОЕВСКАЯ »** (« passage vers la station Dostoïevskaïa »). Conseil d'ami : regardez le **numéro** de la ligne plutôt que sa couleur, celle-ci variant selon l'éclairage et l'état des panneaux. Enfin, si vous vous sentez totalement perdu, cherchez le panneau salutaire **« ВЫХОД » (vykhod, « sortie »)**. Certaines stations sont dotées de portillons fermant les voies aux yeux des voyageurs. C'est le cas de la station *Moskovskaïa*, la plus proche de l'aéroport, où vous risquez d'avoir votre premier contact avec le métro pétersbourgeois.

Sécurité

Le métro est généralement assez sûr. Comme dans toutes les grandes villes, faites attention aux pickpockets qui opèrent dans la cohue : à l'entrée et à la sortie des escaliers mécaniques et aux stations très fréquentées, comme *Nevski Prospekt*, où dans les rames aux heures de pointe.

Évitez de monter dans la rame après l'avertissement sonore diffusé à chaque station : *Astarojna, dviéri zakryvaïutsa* (« Attention ! les portes se ferment ») – avoir un pied coincé entre les portes constitue une expérience assez déplaisante.

Plan de développement

Un vaste plan de développement du réseau métropolitain de St-Pétersbourg a été annoncé pour la période 2008-2020. Pas moins de 70 km supplémentaires et 41 nouvelles stations devraient voir le jour.

E. Darras / Michelin

Une marchroutka.

EN « MARCHROUTKA »

Moyen de transport le plus pratique et le plus rapide en dehors du métro, ces minibus suivent un itinéraire fixe, de 7h à 22h, d'où leur nom (*marchrout* signifie « itinéraire »). Ils s'arrêtent à la demande des voyageurs, n'importe où sur leur trajet à condition qu'ils ne soient pas déjà pleins. On paie à bord *(10-30 Rub selon la destination)*. Pas de tickets. Avant de monter, demandez au chauffeur s'il va bien là où vous voulez aller. Pour vous arrêter, il suffit de dire : *« Astanavitié, pajalousta »* (« Arrêtez-vous, s'il vous plaît »).

EN TRAM, BUS OU TROLLEY

St-Pétersbourg possède un vaste réseau de transports en commun. Le réseau de **tramway** est le plus long du monde (690 km environ). C'est probablement la raison pour laquelle ils tardent à venir. Vous l'aurez compris : ce n'est pas le moyen le plus pratique, ni le plus rapide. Ce sont encore souvent de vieux véhicules branlants et grinçants. De plus, ils sont bondés, surtout en fin d'après-midi et le soir. Le tramway circule en principe de 6h à minuit, mais, après 19h, il se fait plutôt rare. Les arrêts de **trolleys** sont indiqués par un « T » suspendu aux câbles électriques, ceux des **bus**, par un « A ». Vous payez au chauffeur *(14 Rub)* qui vous délivre un ticket.

C. Hervé-Bazin / Michelin

Trolleybus sur la Trinité.

La municipalité a voté en 2007 un budget de près de 930 millions de roubles pour le renouvellement du parc : 32 nouveaux trams et 59 trolleybus devraient bientôt sillonner la ville. Les premiers trolleys au design résolument moderne circulent déjà sur les lignes 5 et 22.

EN TAXI

Trois signes vous aideront à reconnaître un taxi officiel : un damier sur le toit d'une voiture jaune, le mot « **ТАКСИ** » (taxi) affiché sur le toit, ou une petite lumière verte allumée. Les compteurs, déjà le plus souvent décoratifs, ont la plupart du temps complètement disparu. S'il y en a un, vérifiez qu'il marche en demandant : *« Chiotchik rabotaïet ? »*, sinon mettez-vous d'accord sur le prix de la course avant de monter. Les tarifs sont très aléatoires. Théoriquement 15-20 Rub du km. Dans la pratique… Demandez autour de vous le prix d'une course moyenne.

Quelques règles de sécurité : évitez de suivre l'exemple des Russes qui arrêtent des voitures privées (les chauffeurs arrondissent ainsi leur fin de mois) ; ne montez jamais dans le taxi s'il y a déjà un passager. Pour éviter les mauvaises surprises et les négociations hasardeuses, dans la mesure du possible, commandez votre véhicule à une des multiples agences privées. Elle vous enverra un taxi, en vous communiquant à l'avance le numéro, la marque et la couleur de la voiture et le **prix de la course**. On peut les appeler 24h/24 aux ✆ 600 00 00, 321 88 88. Sachez qu'il faut leur communiquer l'adresse où venir vous chercher et comprendre les informations qu'ils vous donnent. Si votre russe n'est pas au point, adressez-vous à un guide, ou à la réception de votre hôtel, sinon le guide francophone téléphonique serait une bonne solution *(voir p. 22)*. Les hôtels de luxe ont leur propre flotte de taxis mais les tarifs sont nettement plus élevés.

EN « ELEKTRICHKA »

Si vous choisissez de prendre une **elektritchka** (« train de banlieue ») pour aller visiter une résidence impériale des environs, vous n'aurez pas à le regretter. C'est en effet un des meilleurs moyens de découvrir la vie quotidienne du peuple russe : c'est ici que vous verrez des *babouchkas* se rendant à leurs *datchas* chargées d'outils de jardinage ou qui en reviennent avec des seaux et des corbeilles remplis des maigres récoltes provenant de leurs lopins de terre ; c'est ici aussi que défilent des vendeurs ambulants faisant un discours, une démonstration ou même tout un spectacle pour vendre les articles les plus divers, des glaces (quelle que soit la saison) aux réveils, en passant par des appareils ménagers, des instruments, des dictionnaires de jardinage… Les trains pour Peterhof, Gatchina et Oranienbaum partent de la gare de la Baltique, ceux pour Tsarskoïé Selo et Pavlovsk, de la gare de Vitebsk *(voir p. 477-503)*. Les billets s'achètent à la gare (sinon vous risquez une amende). Inutile de les composter. Attention : pas de toilettes dans le train.

EN VOITURE

La signalisation est en cyrillique, le comportement des automobilistes, imprévisible, les encombrements permanents. Conduite déconseillée en ville ou réservée aux plus intrépides. Une solution : louer une voiture avec chauffeur (à partir de 5 000 Rub/8h chez Hertz, 20 €/h chez Avis), moins cher chez un loueur local (1 300 Rub/8h, essence en plus) mais plus aléatoire, demandez conseil à votre hôtel.

Hébergement

TYPES D'HÉBERGEMENT

Contrairement à Moscou, la situation hôtelière à St-Pétersbourg s'améliore : nombreuses ouvertures d'établissements de différentes catégories, tarifs plus abordables, même si en mai et juin l'offre reste trois fois inférieure à la demande.

Anciens hôtels Intourist

Héritage de l'époque soviétique, ces hôtels gigantesques, véritables usines-dortoirs avec des centaines de chambres par étage, sans aucun charme sont pour la plupart exilés à la périphérie. Petit à petit, ils sont rénovés (hôtel *Moskva*), modernisés et peuvent être une bonne alternative en pleine saison. Leur clientèle se compose essentiellement de groupes et de Russes en voyage d'affaires. Ces hôtels présentent peu d'attrait pour un touriste individuel, à moins qu'il souhaite retrouver l'ambiance soviétique ,d'autant plus que les chambres rénovées commencent à atteindre les prix « standard » des autres hôtels. Parmi ces établissements, nous ne citons que ceux qui sont agréablement situés.

Hôtels classiques

Ils se partagent entre les chaînes internationales (Marriott, Radisson, Corinthia, Accor, Kempinski, Park Inn, etc.) et les palaces tels que *Grand Hotel Europe* et l'*Astoria*. Ces derniers ont un charme et

C. Brett / MICHELIN

Hôtel Pushka-Inn.

un raffinement auxquels contribuent les fantômes du passé. Les hôtels de chaînes misent sur la modernité et le confort.

Mini-hôtels

Cette nouvelle génération d'hôtels intimistes souvent aménagés dans d'anciens appartements communautaires est en plein essor à St-Pétersbourg, où les établissements de 10-15 chambres poussent comme des champignons. Parmi leurs avantages, un emplacement très central, un équipement neuf, un bon niveau de confort et de sécurité et une atmosphère calme et chaleureuse. L'avenir du tourisme à St-Pétersbourg appartient à ces établissements que l'on vous recommande chaudement.

Location d'appartements

Voici un autre type d'hébergement recommandé par de nombreuses agences. Il s'agit le plus souvent de locations journalières de studios ou d'appartements très bien situés à des prix bien plus attractifs que ceux des hôtels. Le désavantage, c'est que vous y êtes essentiellement livré à vous-même et, en cas de problème, l'assistance pourrait tarder à venir. Vous pouvez également louer une chambre dans un appartement à des prix intéressants où vous serez amené à partager la salle de bains avec d'autres locataires. La cohabitation peut se révéler agréable, mais personne ne peut vous dire si vos voisins n'organiseront pas le soir une partie de vodka… La meilleure solution est de louer un studio indépendant en vous adressant à une agence fiable *(voir p. 21)*. À St-Pétersbourg :

OST-WEST Kontaktservice (ОСТ-ВЕСТ Контактсервис) – *Nevski Prospekt* (Невский проспект) *105 - M° Plochtchad Vosstania* (Площадь Восстания), *ligne 1 - ☏ 327 34 16 - www.ostwest.com.*

City Realty – *Moutchnoï per.* (Мучной пер) *2, M° Sennaïa/sadovaïa* (Сенная/садовая) *- ☏ 570 63 42 ou 570 47 09 - www.cityrealtyrussia.com.*

Auberges de jeunesse et B & B

Pour ceux qui savent se satisfaire d'un confort sommaire, il existe quelques auberges de jeunesse qui proposent des dortoirs de 6 à 10 personnes et des B & B avec des chambres pour 4 personnes. Les deux possèdent également des chambres doubles. Les prix varient entre 15 et 24 € selon la saison pour un lit en dortoir avec le petit-déjeuner (compter le double pour une chambre double). Le « visa support » est à 35 € environ. Notre sélection :

Nord Hostel (Хостел « Норд ») – *Oulitsa Bolchaïa Morskaïa* (Ул. Большая Морская) *10, à 50 m de la place du Palais, M° Nevski Prospekt* (Невский проспект), *ligne 2, et Gostiny Dvor* (Гостиный двор), *ligne 3 - ✆/fax 571 03 42 - www.nordhostel.com.*

Sleep Cheap Hostel – *Oulitsa Mokhovaïa* (Ул. Моховая) *18/32, dans la cour, première porte à droite, M° Tchernychevskaïa* (Чернышевская), *ligne 1 - ✆ 715 13 04, fax 273 57 09.*

Saint-Petersburg International Hostel – *Oulitsa 3-ïa (Tretia) Sovetskaïa* (Улица 3-я Советская) *28, non loin de la gare de Moscou, M° Plochtchad Vosstania* (Площадь Восстания), *ligne 1, et Maïakovskaïa* (Маяковская), *ligne 3 - ✆ 329 80 18, fax 329 80 19 - www.ryh.ru.*

Kazanskaïa 11 B & B – (Ул. Казанская) *11 M° Sennaïa/sadovaïa* (Сенная/садовая) - *11 ch.* Compter 20 € par nuit dans une chambre à quatre, 50 € pour une double, petit-déjeuner inclus.

Chez l'habitant

HOFA – *3 Linia* (3 линия) *6, V. O. Saint-Petersburg, 199053 Russia - www.hofa.ru.* *(voir p. 21)*. C'est sans doute la meilleure façon de partager la vie quotidienne des Russes. Si ce type de logement vous intéresse, adressez-vous à l'association **HOFA (Host Families Association)**. Fondée en 1992 par un groupe de professeurs des universités de St-Pétersbourg, elle organise des séjours en familles anglophones et francophones. Les familles d'accueil, soigneusement sélectionnées souvent parmi les professeurs et le personnel des universités, sont choisies en fonction de votre langue, de votre âge, de la présence ou non d'enfants et de vos demandes particulières. Vous aurez une chambre indépendante dans l'appartement de vos hôtes, mais serez amené à partager salle de bains et toilettes. Ce type d'hébergement nécessite, bien sûr, un certain sens de la cohabitation mais rassurez-vous, celle-ci se passe généralement très bien. Les Russes sont souvent adorables avec leurs invités qu'ils ont tendance à chouchouter, et il n'est pas rare qu'une véritable amitié se noue avec la famille d'accueil. Chambre et petit-déjeuner à partir de 20 € par personne et par nuit pour une chambre double.

RÉSERVATION

Quelle que soit la saison où vous désirez vous rendre à St-Pétersbourg, il est conseillé de réserver 2 à 3 mois à l'avance, surtout dans les mini-hôtels. Évidemment, si vous choisissez de descendre dans un ancien hôtel soviétique en basse saison, vous n'aurez sûrement que l'embarras du choix… sauf en été : pour la période des Nuits blanches, il faut réserver jusqu'à 6 mois à l'avance ! D'une manière générale, on vous demande de confirmer votre réservation avec le numéro de votre carte bancaire. Si vous annuliez votre réservation 24h avant le départ (48h en haute saison), une somme équivalente au prix d'une nuit d'hôtel vous serait facturée.

PRIX

Les prix sont le plus souvent indiqués en roubles maintenant, rarement en dollars ou euros (magasins de souvenirs). L'indication « U. E. » (У. Е.) a pratiquement disparu et désigne une « unité conventionnelles » qui correspond au prix de l'euro, à celui du dollar ou à une moyenne entre les deux. La note est toujours payable en roubles. Toutes les cartes de crédit communément utilisées en Europe sont acceptées par la plupart des hôtels et restaurants et boutiques qui ont pignon sur rue. Les prix des hôtels varient comme partout dans le monde selon la saison. Tous les hôtels proposent aujourd'hui l'assistance dans l'obtention du visa (dit « visa support ») pour 20-50 $ en moyenne. Les grands hôtels ont une politique de promotion avec les « tarifs spéciaux » en basse saison et à Noël. En raison de l'inflation, les prix sont sujets à des changements, dont nous vous saurions gré de ne pas nous tenir pour responsables.

NOTRE SÉLECTION

Vous trouverez notre sélection d'hôtels, classés par quartier en fin de ce chapitre, pages 347 à 352.

Restauration

UNE OFFRE VARIÉE

Les endroits où se restaurer ne manquent pas à St-Pétersbourg : vous en trouverez partout le long et aux abords de la perspective Nevski, dans les rues commerçantes, sans oublier les restaurants d'hôtels. Les résidences impériales des environs de la ville possèdent leurs propres restaurants, sauf Gatchina et Oranienbaum où il est conseillé d'emporter son sandwich.

À St-Pétersbourg, il existe pléthore de **restaurants** qui proposent une cuisine russe traditionnelle (abondance de touristes étrangers oblige), ou caucasienne, le plus souvent géorgienne dont les Russes raffolent. Mais la « cuisine du monde » est largement représentée avec des restaurants français, grecs, indiens, italiens, mexicains et actuellement surtout japonais. Impossible de faire un pas sans tomber sur un sushi-bar!... Quant aux nombreux restaurants « fusion », ils servent une cuisine mixte : le plat devenant fusion quand on ajoute dans un plat traditionnel un ingrédient issu d'une cuisine étrangère ! Par exemple une salade russe avec des crevettes à la place du poulet. Sont également dans l'air du temps les restaurants et cafés végétariens. Vous n'aurez que l'embarras du choix entre les nombreux petits **cafés** à chaque coin de rue, le mot désignant quelque chose entre salon de thé et bistrot. Ils proposent un vaste choix de boissons, desserts et pâtisseries, mais aussi des sandwichs, salades et parfois des plats chauds.

Il existe également beaucoup de **chaînes de restauration locale** avec de bons plats copieux et bon marché, tels que **Iolki-Palki (Ёлки-Палки)**, **Jili-Byli (Жили-Были)**, **Ou tiochi na blinakh (У тёщи на блинах)**, d'autres spécialisées dans les *blinis* (crêpes), comme **Blin! Donalt's (Блин! Дональтс)**, réponse russe à McDonald's, et **Tchaïnaïa Lojka (Чайная Ложка)**, où l'on mange à toute heure des *blinis* à toutes les sauces. Ajoutons-y une chaîne de café-pâtisseries-desserts **Idealnaïa Tchachka (Идеальная Чашка)**, et une chaîne végétarienne **Troïtski most (Троицкий мост)** qui constituent également une bonne solution pour une petite pause ou un repas sur le pouce. Compte tenu du renouvellement constant de l'offre en matière de restauration, nous vous serions reconnaissants de ne pas nous reprocher la fermeture de tel ou tel établissement cité dans le guide.

HORAIRES

La plupart des restaurants et cafés ouvrent à 12h et ferment à 23h ou 0h, voire à 1h ou 2h du matin. Ces horaires d'ouverture sont souvent prolongés le week-end. Certains établissements sont ouverts 24h/24, comme **Laïma**, **Ou tiochi na blinakh**, les restaurants **Parnasse** et **Zver**, etc.

MENUS ET BOISSONS

Ce que les Russes appellent « menu » correspond à notre carte. Les « formules », plutôt rares, sont principalement proposées par les grands restaurants à des prix souvent plus élevés que les plats à la carte (« menu Impérial » par exemple). Solution pratique pour déjeuner : le **business lunch**, une formule à des prix attractifs *(à partir de 200 Rub)* servie par de plus en plus de restaurants de midi jusqu'à 16-17h. Tous les établissements même les petits, sauf de rares exceptions, proposent des menus en anglais ou bilingues. Le menu se compose de *zakouski* (hors-d'œuvre) froids et chauds, de soupes, de plats de résistance (viande, volaille ou poisson) et de desserts. En ce qui concerne les boissons, outre la vodka qu'on vous sert parfois à l'entrée pour vous mettre tout de suite dans l'ambiance, on vous proposera de l'eau plate ou gazeuse (précisez : « *Biez gaza* » (« sans gaz »), si vous désirez de l'eau plate), de la bière ou du vin. Les bières locales **nevskoïé** et **baltika** sont très correctes. Côté vin, vous aurez le choix entre les vins de Géorgie, assez fruités, de Crimée et parfois de Moldavie. En digestif, un petit cognac arménien pourra être agréable. Les vins français sont très présents à St-Pétersbourg, et les grands restaurants en proposent un choix d'une richesse incroyable. Dans les restaurants de cuisine russe, on vous proposera le kvas (boisson fermentée non alcoolisée faite à partir de blé ou d'orge), le jus d'airelles et le *medovoukha* (faiblement alcoolisé et très sucré, à base de miel). Plusieurs restaurants proposent le champagne russe *Sovietskoïé* (« Soviétique » !) que les Russes préfèrent au champagne français. Il en existe cinq variétés, qui vont du sec *(soukhoïé)* et très sec *(brut)* au très doux *(sladkoïé)*.

PRIX

Les restaurants affichent pratiquement toujours leurs prix en roubles. Les **cartes bancaires** sont acceptées dans les grands restaurants. Munissez-vous d'espèces pour manger plus modestement. Le service est rarement compris dans l'addition et les pourboires très appréciés. De même, il est de bon ton de laisser quelque chose aux musiciens, sauf si la musique est facturée en plus.

NOTRE SÉLECTION

Vous trouverez les établissements de diverses catégories que nous avons sélectionnés dans les **carnets pratiques** de chacun des quartiers.

St-Pétersbourg au quotidien de A à Z

ACHATS

La plupart des magasins et des centres commerciaux sont ouverts 7j/7 de 10h-11h jusqu'à 20h-21h, ceux de la perspective Nevski jusque vers 22h, un peu moins longtemps le dimanche, et nombre d'entre eux restent ouverts 24h/24.

Achats courants

Vous pouvez assouvir vos envies dans les galeries commerciales, appelées souvent « passage » (пассаж). Vous y trouverez également une supérette pour l'alimentation.

Passage – *Nevski pr.* (Невский пр.) *48 - tlj 10h-22h (dim. 11h-22h).*

Vladimirski Passage (Владимирский пассаж) – *Vladimirski pr.* (Владимирский пр) *19 - tlj 9h-21h.* Supermarché (caviar) et galerie commerciale.

Nombreuses épiceries appelées **Продукты** *(prodoukty)*, **Soupermarket (Супермаркет)** ou **Gastronom (гастроном)** dans les rues commerçantes, souvent ouverts tard et même 24h/24. Pour acheter du pain, chercher une **Булочная** *(boulotchnaïa,* « boulangerie »).

Cartes et guides

Dom Knigui (Дом Книги) – *Nevski pr.* (Невский пр.) *28 - tlj 9h-22h.* La plus grande librairie pétersbourgeoise a rouvert ses portes dans la fameuse maison de la société Singer. Large choix de livres également dans sa succursale *(Nevski pr.* (Невский пр.) *60 - tlj 9h-22h).*

DVK (ДВК) – *Nevski pr. 20 - 24h/24.*

Boukvoïed (Boukvaïet/Буквоед) – *Nevski Pr. 13 - tlj 9h-22h (dim. 10h-22h).*

Pharmacies (apteka/аптека)

Pharmacies centrales ouvertes 24h/24.

Petrofarm (Петрофарм) – *22 Perspective Nevski* (Невский пр.) *- ✆ 279 08 30, personnel anglophone.*

Natur Produkt – Oul. Vosstania 19 - *✆ 314 54 01.*

Souvenirs

Nevsky Souvenir (Невский сувенир) – *Nevski pr.* (Невский пр.) *18, 58 et nab. reki Moïki* (наб. реки Мойки) *24 - www.nevskysouvenir.com - tlj 10h-21h.*

Onegin Souvenir (Онегин сувенир) – Oul. Italianskaïa (ул. Итальянская) *11, en face du Musée russe - www.onegin-gallery.com - tlj 9h-21h.*

Ioussoupov (Юсупов) – *Nab. r. Moïki* (Наб. р. Мойки) *90, à côté du palais Ioussoupov - tlj 9h-20h.*

Marché des souvenirs derrière l'église du St-Sauveur-sur-le-Sang-Versé : 196 boutiques *(9h-21h).* Attention aux pickpockets et c'est souvent plus cher que dans les boutiques déjà fort onéreuses !

Conseil d'ami

Si vous allez visiter les palais des environs, profitez-en pour y faire vos achats. En ville, pensez aussi aux boutiques des musées et aux passages souterrains.

Kiosques et passages souterrains – Vous avez oublié votre brosse à dent, votre rasoir, votre collant est filé, ou vous avez envie brusquement d'une petite bière, prenez la direction du métro. Vous trouverez sûrement à toute heure votre bonheur et plus encore, dans les innombrables kiosques autour de la station et dans les couloirs souterrains.

C. Brett / MICHELIN

Galerie magazin.

ADRESSES

Le plan de la ville de St-Pétersbourg utilise des **abréviations** qu'il faut connaître pour pouvoir s'y repérer facilement. Voici les principales :

– **Bol. (Bolchoï/Bolchaïa) :** grand(e).
– **Boul. (Boulvar) :** boulevard.
– **Mal. (Maly/malaïa) :** petit/petite.
– **Nab. (Naberejnaïa) :** quai.
– **Nab. kan. Griboïedova (Naberejnaïa kanala Griboïedova) :** quai du canal Griboïedov.
– **Nab. r. Moïki (Naberejnaïa reki Moïki) :** quai de la rivière (Moïka, Fontanka).
– **O. (Ostrov) :** île.
– **Oul. (Oulitsa)** : rue.
– **Per. (Pereoulok) :** ruelle.
– **Pl. (Plochtchad) :** place.
– **Pr.** ou **Prosp. (Prospekt) :** avenue.

Les abréviations **V. O.** et **P. S.** utilisées dans certaines adresses postales désignent **Vassilievski Ostrov** (Île Vassilievski) et **Petrogradskaïa Storona** (Île, appelée aussi « Côté », de Petrograd).

La **numérotation** des immeubles des rues perpendiculaires à la Neva commence à partir de celle-ci.

Sur l'**île Vassilievski**, à partir de la rue *Siezdovskaïa liniïa*, les rues perpendiculaires à la Neva portent le nom de **linii** (lignes) et ont une double numérotation qui augmente d'est en ouest. L'indication *2-3 linii* signifie que la rue porte le nom de *2e ligne* à droite et de *3e ligne* à gauche, *6-7 linii*, celui de *6e ligne* à droite et de *7e ligne* à gauche, etc. La *Siezdovskaïa liniïa* elle-même s'appelle *1re ligne* du côté gauche.

CONSULATS

France – *Nab. r. Moïki* (Наб. р. Мойки) *15, M° Nevski Prospekt* (Невский проспект), *ligne 2 - ✆ 332 22 70, fax 332 22 90,* **N° d'urgence** *✆ 939 70 42 - www.consulfrance-saint-petersbourg.org - tlj sf w.-end et j. fériés 9h-12h30 et 14h-17h.*

Canada – Depuis le 31 mars 2007, les services consulaires ont été transférés à Moscou. *23, Starokonniouchny per.* (Староконнюшный пер.), *M° Kropotkinskaïa* (Кропоткинская.) *- www.dfait-maeci.gc.ca/canadaeuropa/russia/embassy_stpetersburg-fr.asp - lun.-vend. 8h30-17h (service des affaires consulaires 9h-15h).*

Monaco – *Angliskaïa nab.* (Английская наб.) *42, M° Sadovaïa* (Садовая), *ligne 4/ Sennaïa Plochtchad* (Сенная площадь), *ligne 2 - ✆/fax 312 53 96.*

Suisse – *Pr. Tchernychevskogo* (пр. Чернышевского) *17, M° Чернышевская, ligne 1 - ✆ 327 08 17 (visas ✆ 336 57 77) - www.eda.admin.ch/stpetersburg - lun.-jeu. 9h-12h et 14h30-15h15 ; vend. 11h-12h.*

Luxembourg – *Nevski pr.* (Невский пр.) *58, M° Nevski Prospekt* (Невский проспект), *ligne 2 et Gostiny Dvor* (Гостиный двор), *ligne 3 - ✆ 718 34 50 - lun.-vend. 10h-18h (fermé de 13h à 14h).* Les demandes de visa se font à Moscou.

Il n'y a pas de consulat de **Belgique** à St-Pétersbourg. Pour toute information s'adresser au consulat de Belgique à **Moscou** *(7 Oul. Malaïa Moltchanovka* (Ул. Малая Молчановка) *121069 Moscou - ✆ (8 095) 780 03 31, fax (8 095) 780 03 32 (visa ✆ 780 03 41) - www.diplomatie.be/moscowfr - tlj sf w.-end et j. fériés 9h30-18h (fermé 13h-14h).*

ARGENT

Change

Les bureaux de change sont très nombreux à St-Pétersbourg. Vous en trouverez dans les banques, dans les grands hôtels et le long des rues commerçantes à commencer par la perspective Nevski. Cherchez l'enseigne (généralement bilingue) **ОБМЕН ВАЛЮТЫ (Obmen valiouty)** – « Currency Exchange ».

Cartes bancaires

Paiement – Les cartes bancaires sont acceptées dans la plupart des hôtels, les grands restaurants et les grands magasins.

Retraits – Pas de problème pour retirer de l'argent à St-Pétersbourg : les distributeurs **(Банкомат/Bankomat)** se trouvent dans toutes les avenues commerçantes, les grandes banques et les grands hôtels. La carte la plus couramment acceptée est la Visa. La commission locale varie de 2 % à 5 %. Pour des raisons de sécurité, il est préférable de retirer de l'argent à l'intérieur des banques plutôt que dans la rue et surtout dans les halls des stations de métro. Attention : certaines banques n'acceptent que les cartes bancaires russes. Si l'écran du distributeur n'affiche pas de texte en anglais (en alternance avec le texte russe), inutile d'insister : votre carte ne sera pas acceptée.

Deux adresses commodes où vous pourrez négocier vos chèques de voyages, qui restent néanmoins déconseillés.

Alfa-bank – *Nab. kan. Griboïedova* (Наб. кан. Грибоедова) *6/2 - mar.-sam. 8h30-19h30, dim. 11h-17h.* Deux distributeurs à gauche de l'entrée.

Sberbank – *Oul. Doumskaïa* (Улица Думская) 1, *à droite de la galerie marchande Gostiny Dvor.*

HANDICAPÉS

D'une manière générale, St-Pétersbourg n'est pas une ville très hospitalière pour les personnes à mobilité réduite. Mais si seuls les grands hôtels comme l'*Astoria*, le *Grand Hotel Europe* ou le *Corinthia* disposaient de quelques chambres adaptées, on remarque une nette évolution ces derniers temps : tous les hôtels qui ouvrent aujourd'hui prévoient une rampe d'accès et des chambres spécialement aménagées (Ibis, Novotel, Nachotel…). Malheureusement, les mini-hôtels, souvent installés dans des immeubles anciens, ne sont pas en mesure d'aménager l'accès. Parmi les musées, seuls l'Ermitage et le Musée russe peuvent accueillir les handicapés. Les visites sont à organiser à l'avance en appelant aux numéros suivants :

Ermitage – *✆ 710 90 79.*

Musée russe – *✆ 314 64 24.*

Notez aussi que le revêtement inégal des trottoirs peut rendre le séjour à St-Pétersbourg assez mouvementé.

INTERNET

Il existe plusieurs cafés Internet à St-Pétersbourg. Le prix de la connexion est d'environ 2 Rub/minute, plus un temps de connexion minimale de 15-20mn.

Adresses les plus centrales :

Quo Vadis ? (Кво вадис ?) – *Nevski pr.* (Невский проспект) *24, M° Nevski Prospekt* (Невский проспект), *ligne 2, Gostiny Dvor* (Гостиный двор), *ligne 3 -24h/24.* Un des meilleurs centres Internet de la ville. Prix de la connexion : 40 Rub/ 20mn, ou 80 Rub/1h. Moins cher de 9h à midi. Propose également les services d'imprimerie, de photocopie, de scanner, de fax, d'enregistrement sur disquette et CD, etc.

Cafemax (Кафемакс) – *Nevski pr.* (Невский пр.) *90/92, M°* (Маяковская), *ligne 3 - 50-90 Rub/1h - 24h/24.* Services de copie sur tous types de support, scanner, fax, téléphone... Café et salle de jeux.

Vous pouvez également vous rendre à la poste centrale *(15mn pour 15 Rub).*

LOCATION DE VOITURES

Avec ou sans chauffeur.

Avis Car Rental – *Pl. Alexandra Nevskogo* (пл. Александра Невского) - *☏ 600 12 13 - www.avis-rentcar.ru.* Présent aussi dans les aéroports et à l'hôtel *Moskva.*

Hertz – *Malaïa Morskaïa oul.* (Малая Морсая ул) *23 - ☏/fax 326 45 05 et 326 45 01 - www.hertz.ru.* Présent aussi dans les aéroports.

PONTS

Il existe en tout 342 ponts à St-Pétersbourg dont 21 ponts levants. D'avril à octobre, pendant la saison de navigation, les principaux ponts sur la Grande et la Petite Neva sont levés entre 2h et 5h du matin pour permettre aux navires de circuler. Spectacle inoubliable !

Heures d'ouverture des principaux ponts

Dvortsovy most (Дворцовый мост) – *Près de l'Ermitage - 1h25-4h55.*

Most Leïtenanta Chmidta (Мост лейтенанта Шмидта) – *De la rive gauche au niveau d'Angliskaïa nab.* (Английская наб.) *à l'île Vassilievski - 1h25- 2h45.*

Troïtski most (Троицкий мост) – *Près du jardin d'Été, reliant la rive gauche à l'île Petrogradskaïa - 1h40-4h50.*

Birjevoï most (Биржевой мост) – *Entre les îles Vassilievski et Petrogradskaïa, près de la forteresse Pierre-et-Paul - 2h-4h55.*

Toutchkov most (Тучков мост) – *Un peu plus haut que le précédent - 2h-2h55 et 3h35-4h55.*

N'oubliez pas de passer du bon côté avant l'ouverture des ponts, faute de quoi votre nuit sera blanche dans tous les sens du terme !

POSTE

Difficile de trouver des timbres ? Dirigez-vous vers le bureau de poste le plus proche : c'est là que vous trouverez les timbres, les enveloppes, les cartes postales, etc.

La Poste centrale (Glavpotchtamt/ Главпочтамт) – *Oul. Potchtamtskaïa* (Улица Почтамтская) *9, à quelques pas de la cathédrale St-Isaac et en face du nouveau bâtiment qui abrite le musée de l'Histoire des religions, M° Sadovaïa* (Садовая), *ligne 4 - 9h/19h30, dim. 10h-17h30.* Même si vous n'avez rien à y faire, ce beau bâtiment de la fin du 18e s. mérite une petite visite. Inutile de faire la queue devant un des nombreux guichets. Droit devant vous en entrant, derrière une balustrade en bois, vous trouverez où acheter vos timbres, des affiches humoristiques des calendriers, un large choix de cartes en tous genres, des « matriochka » et autres souvenirs à des prix intéressants. Les grandes boîtes aux lettres bleu clair sont réservées au courrier international.

La Poste russe, même si elle fonctionne assez bien, n'est pas très rapide. Sachez donc que, à moins de rester plusieurs jours à St-Pétersbourg, vous devancerez très probablement votre courrier. En cas d'urgence, voici quelques adresses des **services express** :

EMS Garantpost – *Moskovski pr.* (Московский пр.) *109v, M° Moskovskie Vorota* (Московские ворота) - *☏ 325 75 25 - tlj 9h-20h.*

DHL international – *Izmailovski pr.* (Измаиловский пр.) *4, M° Tekhnologitcheski institout* (Технологический институт) - *☏ 326 64 00 - mar.-vend. 9h-19h, sam. 10h-16h.*

PRESSE

Il est assez difficile de trouver des journaux français à St-Pétersbourg. Essayez les kiosques des halls des grands hôtels comme le *Grand Hotel Europe* ou l'*Astoria* où avec un peu de chance vous trouverez *Le Monde.*

Les anglophones disposent de publications gratuites en anglais, comme *Saint-Petersburg Times* et *Pulse,* qu'on trouve dans des hôtels, cafés et bars. Le premier est un journal d'informations générales, le second est consacré aux loisirs. Il existe également un mensuel gratuit bilingue russe-anglais, *Infoskop,* consacré aux événements culturels : théâtres et concerts, expositions, fêtes et festivals… Disponible à l'office de tourisme.

SANTÉ

Il n'y a pas de problème de santé particulier à St-Pétersbourg. Seul le climat capricieux et humide peut vous causer quelques tracas. Équipez-vous en conséquence : la température peut descendre brutalement jusqu'à 11/12 °C en plein été, où les orages et les pluies sont fréquents. En hiver, la température moyenne est de -5/-8 °C avec du vent et de la neige.

Ne buvez pas l'**eau du robinet**. Préférez l'eau minérale vendue en bouteille capsulée. L'eau filtrée et bouillie ne pose pas de problème.

Évitez surtout d'acheter de la **vodka** et autres alcools vendus à bas prix dans des kiosques et échoppes sur les passages publics : la consommation de ces produits, souvent de fabrication artisanale, peut entraîner de graves problèmes de santé.

Il est déconseillé de **se baigner dans les lacs et les étangs** : le risque de leptospirose est assez élevé. Quant à la Neva et ses affluents, ils sont très pollués dans la zone urbaine.

E. Darras / Michelin

Une pharmacie ouverte 24h/24.

En cas de problème

Plusieurs établissements médicaux procurent une haute qualité de soins. Un simple appel téléphonique au **Consulat (urgence ✆ 939 70 42)** vous permettra d'obtenir les coordonnées des médecins habituellement consultés par vos compatriotes. Vous obtiendrez ainsi les coordonnées les plus actuelles.

En cas d'urgence, les Français peuvent s'adresser au médecin accrédité auprès du consulat, le Dr Vadim Kemkine *(cabinet ✆ 542 57 50, portable ✆ 944 89 94).*

Quelques adresses – Les cliniques mentionnées ci-dessous proposent des consultations, analyses, aide à l'hospitalisation et disposent d'un service d'urgence 24h/24, d'un service de soins dentaires et d'un personnel anglophone ou multilingue. Renseignez-vous sur les procédures de remboursement des frais avant d'utiliser leurs services.

MEDEM Clinique internationale – *Oul. Marata* (Ул. Марата) *6, à 100 m de Nevski Prospekt, M° Maïakovskaïa* (Маяковская) *ligne 3 - ✆ 336 33 33 - 24h/24.* La plus grande clinique internationale de la ville. Des centaines de services, dont des dentistes, l'équipement le plus moderne, personnel multilingue. La clinique travaille avec plusieurs compagnies d'assurances européennes.

EuroMed Clinic – *Souvorovski pr.* (Суворовский пр.) *60, près de l'institut Smolny, M° Tchernychevskaïa* (Чернышевская), *ligne 1 - ✆ 327 03 01 - 24h/24.* Hôpital international à l'équipe anglophone hautement qualifiée et en relation avec (entre autres) Europe Assistance.

American Medical Clinic – *Nab. r. Moïki* (Наб. р. Мойки) *78, M° Sadovaïa* (Садовая), *ligne 4 - ✆ 740 20 90 - 24h/24.* Ouvert en 1992, cet hôpital américain récemment réuni avec British-American Family Practice procure une haute qualité de soins et dispose de l'équipement le plus moderne. Il est assez onéreux.

EMC clinic – *Moskovski pr.* (Московский пр.) *78Б, M° Frunzenskaïa* (Фрунзенская) - *✆ 777 77 03 - 24h/24.* Urgences médicales pour adultes et enfants, à la clinique ou à **domicile**.

SÉCURITÉ

D'une manière générale, ce sont les **automobilistes** qui représentent le plus grand danger pour un touriste étranger en voyage en Russie.

L'autre problème est constitué par la **petite délinquance** qui n'épargne aucune ville de Russie. Outre les conseils habituels de bon sens et de prudence dans les lieux à forte affluence et dans les transports en commun, voici quelques recommandations :

– Ne gardez sur vous que la photocopie de votre passeport et de votre visa en déposant les originaux dans un coffre de l'hôtel.

– Évitez de garder tout votre argent sur vous.

– En cas de contrôle d'identité, demandez (poliment !) que les policiers vous présentent leur carte de police *(oudostovérénié)*, surtout s'ils ne se sont pas présentés et ne portent pas sur la poitrine une plaque avec leur numéro personnel. On a vu des cas de vols exercés par des faux policiers…

En cas de **vol ou de perte de votre passeport**, il convient de faire une déclaration au poste de police le plus proche. Votre consulat vous délivrera ensuite un laissez-passer sur présentation d'une photocopie d'une pièce d'identité, de photos d'identité et de l'équivalent de 23 € en roubles. Le personnel du Centre d'information touristique du *14 r. Sadovaïa* peut vous aider à faire la déclaration.

Si par malheur on vous dérobe tous vos **moyens de paiement**, il est possible de vous faire envoyer de l'argent par le système de Western Union (proposé par la plupart des banques), tout en déclarant le vol à la police. On vous demandera une pièce d'identité pour retirer l'argent.

TÉLÉPHONE

L'indicatif téléphonique de Saint-Pétersbourg est le 812.

De l'étranger à Saint-Pétersbourg – Composer le 007 812 suivi du numéro à joindre.

De Saint-Pétersbourg à l'étranger – Faire le 8, attendre la tonalité, puis le 10, puis le code du pays, le code de la ville/région et enfin le numéro. Les appels internationaux sont moins chers entre 22h et 8h et le week-end.

Vers une autre ville de Russie – Faire le 8, attendre la tonalité, puis le code de la ville et le numéro local.

TOILETTES

On trouve des **toilettes automatiques** un peu partout dans la ville. Préparez de la petite monnaie pour y accéder *(10 Rub)*. Préférez celles des **cafés**, plus accueillantes. « *Izvinitié, gdié toualet* ? » (« Pardon, où sont les toilettes ? »). Ne vous trompez pas de porte. **Ж** c'est pour les dames, **M** pour les Messieurs.

Pour les amateurs d'exotisme, vous pouvez tester les **toilettes aménagées dans des bus bleus (!)**. Ils fonctionnent aux périodes de forte affluence touristique. Ces bus-toilettes, connectés aux canalisations urbaines par de gros tuyaux, vont généralement par deux : l'un pour femmes, l'autre pour hommes. On paie à la personne occupant la place du chauffeur *(10 Rub)* qui délivre un morceau de papier hygiénique avec un sourire compatissant. L'exiguïté des cabines d'où l'on peut engager une conversation avec son voisin, la tête des utilisateurs dépassant des cloisons, rappelle le collectivisme de naguère. Une expérience à ne pas manquer !

C. Brett / Michelin

Les bus-toilettes : une certaine convivialité !

VISITES

Jours de fermeture

Ils varient d'un musée à l'autre. L'Ermitage, le palais Ioussoupov et la Kounstkamera ferment le lundi, le Musée russe et ses filiales : le mardi, la cathédrale St-Isaac et les musées de la forteresse Pierre-et-Paul : le mercredi, le musée de Zoologie : le vendredi… Certains établissements, comme le musée de la Musique (palais Cheremetev), le musée de l'Académie des Beaux-Arts ou le croiseur *Aurore* ont deux jours de fermeture… Il n'y a que le musée de la Vodka qui soit ouvert tous les jours ! Quant aux palais des environs, ils ont, eux aussi, des jours de fermeture différents : le grand palais de Peterhof est fermé le lundi, celui de Tsarskoïé Selo, le mardi, celui de Pavlovsk, le vendredi. Les pavillons de Peterhof n'ouvrent que le week-end de novembre à avril. Remarquez également que plusieurs musées ferment le dernier lundi, mardi, mercredi ou vendredi du mois pour « le ménage ». Il convient donc de bien s'organiser avant d'établir un programme de visites !

Horaires

La plupart des musées sont ouverts de 10h-11h jusqu'à 17h-18h. La caisse ferme généralement 1h avant la fermeture, l'heure qui correspond à la dernière admission. Il n'existe pas de visites « nocturnes » (sauf au musée de la Vodka – décidément ! – ouvert tous les jours jusqu'à 22h). Les horaires de certains monuments, tels que la cathédrale St-Isaac et l'église du St-Sauveur-sur-le-Sang-Versé, ainsi que ceux des palais et pavillons des environs sont prolongés en été.

Églises

Les cathédrales et les églises-musées, comme Notre-Dame-de-Kazan, St-Isaac ou St-Sauveur-sur-le-Sang-Versé se visitent comme n'importe quelle autre curiosité. Évitez de parler fort et de toucher aux icônes. En revanche, dans la cathédrale de la laure Alexandre-Nevski, où vit une communauté de moines, il convient de respecter quelques règles. Les hommes sont censés se découvrir et les femmes se couvrir la tête, ne serait-ce qu'avec un foulard ou une écharpe. Évitez de mettre les mains dans les poches et de tourner le dos à l'autel à proximité immédiate de celui-ci : cela est considéré comme irrespectueux. Il est formellement interdit de photographier dans la cathédrale de l'Ascension sous peine de se faire confisquer la pellicule.

Découvrir Saint-Pétersbourg

AU FIL DE L'EAU

Les promenades sur les rivières et les canaux ont lieu de mai à octobre. Commentaires en russe. Prix variables en fonction de l'itinéraire et des bateaux. Compter 500 Rub en moyenne.

Promenade sur les rivières et les canaux (Progoulka po rekam et kanalam/Прогулка по рекам и каналам) – *Départ près du pont de Kazan sur le canal Griboïedov et près du pont Anitchkov sur la Fontanka - tlj 11h-21h - durée : 1h environ - 400 Rub.* Une des façons les plus agréables de visiter la ville.

Promenades sur la Neva – Plusieurs compagnies proposent des promenades sur la Neva en bateau ou en canot à moteur. Les itinéraires sont variés et peuvent combiner la promenade sur la Neva avec celle sur les rivières et canaux. *Principaux points d'embarquement : face à l'Ermitage (emb. inférieur) ; face au « Cavalier de bronze » (4 Angliskaïa nab.) ; devant l'Amirauté, près du pont Dvortsovy (2 Admiralteïskaïa nab.) ; forteresse Pierre-et-Paul, embarquement du Commandant ; île Vassilievski devant la Kounstkamera. Durée : 40mn/1h/1h30.*

Promenade nocturne à l'ouverture des ponts – *Emb. inférieur de l'Ermitage - durée : 1h30 (1h30-3h) - 500/600 Rub.*

Promenade à Peterhof – *Emb. inférieur de l'Ermitage, et face au « Cavalier de bronze » (4 Angliskaïa nab.) ou près du croiseur* Aurore *(8 Petrovskaïa nab.) - 10h-18h (le w.-end et juin-juillet 19h) - traversée de 30mn en hydroglisseur* Météore *- 800 Rub aller/retour.*

Bateau-bus (Vodny avtobous/Водный автобус) – Moyen agréable et pratique de découvrir la ville. Les bateaux-bus suivent des itinéraires différents reliant les principaux points d'intérêt. On peut monter et descendre à chaque arrêt. Vous les reconnaîtrez à une bannière jaune avec des lettres bleues **« ВОДНЫЙ АВТОБУС »**. *Mai-octobre, tlj 11h à 18h - départ toutes les heures - itinéraires et billets au Centre d'information touristique, 14 Oul. Sadovaïa* (Ул. Садовая), *M° Gostiny Dvor, ligne 3 - ✆ 310 28 22.*

EN CAR

Trois points de départ : place Kazanskaïa (devant la cathédrale Notre-Dame-de-Kazan), place du Palais et station des bus près du Portik. Achats de billets sur place ou dans les kiosques près du Portik à droite de Gostiny Dvor. **Tours panoramiques (abzornaïa pa goradou/обзорная по городу)**, thématiques et nocturnes. Les tours de nuit, d'avril à octobre, commencent peu après 1h et finissent vers 5h du matin. Très populaires auprès des touristes, ils vous font assister à l'ouverture de ponts et découvrir la magie de la ville nocturne lorsque tous les monuments sont éclairés. Demandez un tour *Pa natchnomou Peterbourgou*/По ночному Петербургу (« À travers le St-Pétersbourg nocturne ») ou en anglais *Saint-Petersburg by night.*

EN CALÈCHE

Les chevaux, les poneys et leurs maîtres vous attendent sur la place du Palais, devant l'Ermitage. Les tarifs varient selon le type d'équipage (calèche, landau, carrosse), la durée de promenade et d'autres raisons plus mystérieuses. Ils sont très élevés. Ne vous laissez pas tenter sans avoir convenu d'un prix.

EN HÉLICOPTÈRE

Baltic Airlines vous propose un vol de 15mn en MI-8 au-dessus de la ville. Fonctionne de mai à nov., w.-end et j. fériés uniquement. Départ près de la forteresse Pierre-et-Paul, sur la piste située entre le mur de la forteresse et le détroit de Kronwerk (Kronverkski proliv/Кронверкский пролив). *Rens. au ✆/fax 571 00 84, 704 16 76 - www.balticairlines.ru - 2 000 Rub/54 €.* Possibilité de survoler Pétrodvorets et ses fontaines.

EXCURSIONS ORGANISÉES

Le plus souvent votre **hôtel** peut vous organiser les excursions que vous souhaitez avec ou sans guide. Vous pouvez aussi vous adresser au **City Tourist Information Center** *(Gorodskoï Tou-*

ristko-Informatsionny Tsentr/Туристко-Информац ионный Центр, *Sadovaïa oul.* (Садовая ул) *14/52 - ✆ 310 28 22 - 10h-19h, sam. 12h-17h)*. Pour les visites des résidences impériales, vous pouvez également profiter du trajet aller/retour, prendre les cars avec les touristes russes et leur guide. Les kiosques à billets se trouvent près du Portik, à droite de Gostiny Dvor. Les excursions à Peterhof, Tsarskoïé Selo et Pavlovsk durent 5/6h. Le prix n'inclut que la visite du grand palais de chaque domaine. Une bonne solution *(autour de 25 €)*, pour éviter de prendre le train et la *marchroutka*. Parmi les agences organisant des excursions aux environs (ou plus loin) :

CGTT Voyages – *Nevski Prospekt*, (Nevski Prospekt) *30, M° Nevski Prospekt, ligne 2 - ✆ 449 18 71, fax 449 11 54 - www.cgtt.ru - tlj sf sam.-dim. 9h30-17h30*. À deux en voiture privée avec guide, pour le jardin et le palais de Pavlovsk *(146 €)*, ceux de Tsarskoïé Selo *(159 €)*, Pavlosk, Tsarskoïé Selo et déjeuner dans un bon restaurant russe *(395 €)*, Petrodvorest *(228 €)*.

MIR – *11/2 Nevski pr., bureau 1, M° Nevski Prospekt - ✆ 325 71 22 ou 380 68 67, fax 315 30 01 - www.mir-travel.com - lun.-vend. 10h-19h*. Différentes villes de Russie, croisières aux îles de Kiji et de Valaam, voyage aux pays baltes, etc.

Sorties

SPECTACLES

Presque tous les hôtels se chargent de vous procurer des **billets** de spectacles, de concerts ou autres manifestations culturelles. Vous pouvez également acheter des billets vous-même au guichet de la salle ou dans les kiosques spécialisés appelés **caisses des théâtres (teatralnaïa kassa/театральная касса)**. Vous en trouverez plusieurs sur Nevski prospekt, aux abords de Gostiny Dvor, devant le square du théâtre Alexandra, près du métro Maïakovskaïa, etc. Les **caisses centrales des théâtres** se trouvent sur la Nevski, au 42, et dans le hall d'entrée de l'Ermitage. La liste des spectacles du mois y est affichée.

La plupart des guichets **(kassa/касса)** des théâtres et salles de concert sont ouverts de 11h à 20h avec une interruption entre 15h et 16h. La caisse du théâtre Mariinski est ouverte tlj de 11h à 19h sans interruption.

Opéra et ballet

Théâtre Mariinski (Мариинский театр) – *Theatralnaïa pl.* (Театральная пл.) *1, M° Sadovaïa* (Садовая), *ligne 4, Sennaïa plochtchad* (Сенная площадь), *ligne 2 - ✆ 326 41 41 - www.mariinsky.spb.ru - tlj 11h-19h, matinées 12h, soirées 19h*. Théâtre lyrique, le plus célèbre (et le plus cher) de la ville, célèbre pour sa fameuse troupe de ballet.

Théâtre d'opéra et de ballet Moussorgski (Театр оперы и балета имени Мусоргского) – *Pl. Iskousstv* (Пл. Искусств) *1, M° Nevski Prospekt, ligne 2 - ✆ 595 43 05 - www.mikhailovsky.ru - tlj 11h-19h (fermé 15h-16h), matinées 12h, soirées 19h*. Moins prestigieux que le Mariinski, il offre des ballets et des spectacles musicaux de bonne qualité.

Théâtre de l'Ermitage (Эрмитажный театр) – *Dvortsovaïa nab.* (Дворцовая наб.) *34, M° Nevski Prospekt, ligne 2 - ✆ 579 02 26 - www.rus-ballet.com et www.balet-spb.ru - soirées 19h30/20h - billets dans les caisses théâtrales uniquement ou sur Internet*. Ballets classiques comme *Le Lac de cygnes*, *Giselle* et *La Belle au bois dormant* dans le somptueux écrin du théâtre de l'Ermitage, entièrement restauré. On peut assister à des soirées de gala où les stars de la danse interprètent des extraits de ballets fameux.

C. Brett / Michelin

Une colonne Morris sur la place des Arts.

Musique classique

Grande Salle de la Philharmonie Chostakovitch (Большой зал консерватории имени Шостаковича) – *Oul. Mikhaïlovskaïa* (Ул. Михайловская) *2, M° Nevski Prospekt, ligne 2 - ✆ 710 42 57 - www.philharmonia.spb.ru - 11h-19h (fermé de 15h-16h)*. Une des plus prestigieuses salles de la ville, le haut lieu de la culture musicale qui reçoit les musiciens les plus renommés du monde.

Mariinsky Concert Hall (Мариинский коцертный зал) – *Oul. Pisareva* (ул Писарева) *326, M° Sadovaïa* (Садовая), *ligne 4, Sennaïa plochtchad* (Сенная площадь), *ligne 2 - ✆ 326 41 41 - www.mariinsky.spb.ru - tlj 11h-19h.* Ouverte au public depuis avril 2007 et dédiée aux concerts symphoniques, cette salle ultramoderne de 1 000 places, à l'acoustique exceptionnelle, a été aménagée par l'architecte français Xavier Fabre dans les anciens ateliers de décor partiellement détruits lors d'un incendie en 2003.

Petite Salle de la Philharmonie Glinka (Малый зал филармонии имени Глинки) – *Nevski Pr.* (Невский пр.) *30, M° Nevski Prospekt, ligne 2 - ✆ 571 64 77 - www.philharmonia.spb.ru - 11h-19h (fermé 15h-16h), concerts 19h.* La petite sœur de la précédente accueille des concerts moins prestigieux mais toujours de haute qualité artistique.

Kapella (Капелла) – *Nab. r. Moïki* (Наб. р. Мойки) *20, M° Nevski Prospekt, ligne 2 - ✆ 314 10 58 - 12h-19h (fermé 15h-16h).* Chœurs et chants sacrés par un ensemble vocal dont la réputation n'est plus à faire. Concerts d'orgues et de musique classique également. Concerts gratuits en été.

Cathédrale Smolny (Смольный собор) – *Pl. Rastrelli* (Пл. Растрелли) *3/1, M° Tchernychevskaïa* (Чернышевская), *ligne 1 - ✆ 271 91 82 - www.cathedral.ru - concerts 18h30/19h.* Musique classique et chants liturgiques.

Jazz

Jazz Philharmonic Hall – *Zagorodny pr.* (Загородный пр.) *27, M° Vladimirskaïa* (Владимирская), *ligne 1, Dostoïevskaïa* (Достоевская), *ligne 4 - ✆ 764 85 65 - www.jazz-hall.spb.ru - mar.-dim. 19h-23h.* Le plus ancien club de la ville dont les deux salles accueillent aussi bien les meilleurs artistes internationaux que les goupes locaux.

Jimi Hendrix Blues Club – *Liteïny pr.* (Литейный пр.) *33, M° Maiakovskaïa* (Маяковская), *ligne 3 - ✆ 579 88 13 - 11h-24h - entrée 150-200 Rub.* Ce club très en vogue reçoit dans une atmosphère intime les stars russes du blues. Vous pouvez y goûtez une excellente cuisine russe et géorgienne. Il est prudent de réserver.

JFC Jazz Club – *Oul. Chpalernaïa* (Ул. Шпалерная) *33, M° Tchernychevskaïa* (Чернышевская), *ligne 1 - ✆ 272 98 50 - 19h-23h - entrée 100-250 Rub.* Un des meilleurs clubs de la ville, réputé pour les concerts originaux de jeunes musiciens dont le répertoire va du blues au jazz expérimental. Il vaut mieux réserver une table si l'on ne veut pas rester debout toute la soirée.

Rock et variétés

Grande salle de concert « Oktiabrski » (BKZ) (Большой концертный зал « Октябрьский ») (БКЗ) – *Ligovski pr.* (Лиговский пр.) *6, M° Plochtchad Vosstania* (Площадь Восстания), *ligne 1 - ✆ 275 12 73 - www.bkz.sp.ru - concerts 19h.* Programmation grand public (russe) : stars de variétés russes et comiques (déconseillé aux non-russophones !).

Ledovy Dvorets (Ледовый Дворец) – *Pr. Piatiletok* (Пр. Пятилеток) *1, en face du M° Prospekt Bolchevikov* (Проспект Большевиков), *ligne 4 - ✆ 718 66 20 - www.newarena.spb.ru.* Construit en 2000, pour le mondial de hockey sur glace, ce stade de 14 000 places accueille les concerts des stars internationales ainsi que des événements sportifs importants.

Spectacles folkloriques

Nikolaïevski Dvorets (Николаевский дворец) – *Pl. Trouda* (Пл. Труда) *4, M° Nevski Prospekt, ligne 2 - ✆ 312 55 00 - www.folkshow.ru.* Dans la splendide salle de bal du palais Nicolas, un spectacle de chants et de danses traditionnels, organisé par le Nikolaïevski Art Center. Instruments authentiques, costumes aux couleurs chatoyantes et belles photos garanties. Durée : 2h environ. Comptez 1 200 Rub avec *zakouskis* et boissons à l'entracte.

Théâtre

Théâtre Alexandrinski (Александринский театр) – *Pl. Ostrovskogo* (Пл. Островского) *2, M° Gostiny Dvor* (Гостиный двор), *ligne 3 - ✆ 710 41 03.* Le plus ancien théâtre dramatique en Russie, fondé en 1756 par Élisabeth, la fille de Pierre le Grand. Pièces du répertoire classique (Gogol, Ostrovski, Tchekhov…).

Grand Théâtre dramatique Tovstonogov (BDT) (Большой драматический театр имени Товстоногова) (БДТ) – *Nab. r. Fontanki* (Наб. р. Фонтанки) *65, M° Gostiny Dvor* (Гостиный двор), *ligne 3 - ✆ 310 92 42.* Pièces des auteurs classiques et modernes russes et internationaux.

Cirque

Cirque (Цирк) – *Nab. r. Fontanki* (Наб. р. Фонтанки) *3, M° Gostiny Dvor* (Гостиный двор), *ligne 3 - ✆ 570 53 90 et 570 54 11 - www.circus.spb.ru.* À deux pas du château Michel.

AUTRES SORTIES

Bania russe

Pour vous fouetter le sang avec un rameau de bouleau trempé dans l'eau chaude dans cette version russe du sauna. Apportez serviette, savon et shampoing. On achète le rameau dit *venik* (веник) à l'intérieur.

Iamskié bani (Ямские бани) – *Oul. Dostoïevskogo* (Ул. Достоевского) *9, M° Vladimirskaïa* (Владимирская), *ligne 1, Dostoïevskaïa* (Достоевская), *ligne 4 - ✆ 312 58 36 - 8h-21h.* Un des meilleurs établissements de la ville : café, centre de remise en forme, salon de bronzage, etc.

Bars et discothèques

Voir la rubrique « Sortir » des carnets pratiques de chaque quartier.

Bowling

Bowling City – *Oul. Efimova* (Ул. Ефимова) *3, 3e étage, M° Sennaïa Plochtchad* (Сенная площадь), *ligne 2 - ✆ 380 30 05 - 24h/24.*

Casino

Dans les grands hôtels. Tenue correcte exigée.

Hôtel Angleterre (Гостиница Англетер) – *Oul. Bol. Morskaïa* (Улица Бол. Морская) *39, M° Sadovaïa* (Садовая), *ligne 4, Sennaïa plochtchad* (Сенная площадь), *ligne 2.*

Elisseïev Palace Taleon Club (Елисеев Палас Талеон Клуб) – *Nab. r. Moïki* (Наб. р. Мойки) *59, M° Nevski Prospekt, ligne 2.*

AVEC LES ENFANTS

Outre les cirques et certains **musées** (voir la rubrique *Avec les enfants* au début de chaque balade), vous pouvez les emmener dans l'un des **parcs** qui offrent des manèges, des terrains de jeux et d'autres attractions.

Parc Alexandrovski (Александровский парк) – *M° Gorkovskaïa* (Горьковская). À deux pas de la forteresse Pierre-et-Paul. Zoo, manèges et balades à poney.

Parc de la Victoire « Primorski » (Приморский Парк Победы) – *21 Krestovski pr.* (Крестовский пр.), *M° Krestovski ostrov* (Крестовский остров). Le plus grand parc de la ville avec des lacs et des canaux, des pistes de rollers, des poneys et des « montagnes russes ».

Parc central de culture et de récréation (Центральный парк культуры и отдыха) – *4 Elaguine ostrov* (Елагин остров), *M° Krestovski ostrov* (Крестовский остров). Situé sur l'île Elaguine où l'on accède par un pont au bout de la rue Rioukhina (Улица Рюхина), c'est un parc très agréable avec de nombreux sentiers et étangs. Courts de tennis et de badminton, location de barques et de pédalos, promenades à cheval, nombreux cafés, théâtre d'été, manèges pour enfants... et l'élégant palais Elaguine (Elaguinski dvorets/Елагинский дворец) pour les adultes. Accès au parc gratuit sf w.-end *(30 Rub).*

N'oubliez pas le **parc de Peterhof** avec ses fontaines en été et celui de **Pavlovsk**, peuplé d'écureuils peu farouches et pourvu de pistes de ski de fond (qu'on peut louer à la « base de skis » dite *lyjnaïa baza* (лыжная база) – expérience dont on ne saurait priver les enfants !

Que rapporter ?

Outre les souvenirs traditionnels, vaisselle en bois et autres matriochka, vous trouverez des porcelaines de la fabrique Lomonossov issue de la Manufacture impériale, des bijoux d'ambre, en pierres dures d'Oural, en argent, en forme d'œufs de Fabergé, des tableaux et gravures d'artistes pétersbourgeois et des antiquités. Pour les deux dernières catégories, n'oubliez pas de demander un certificat pour la douane *(voir p. 26).*

C. Brett / MICHELIN

Kiosque à souvenirs place Saint-Isaac.

Porcelaine

Farfor (Фарфор) – *Nevski Pr.* (Невский пр.) *160, M° Plochtchad Alexandra Nevskogo* (Площадь Александра Невского), *lignes 3 et 4 - tlj 10h-20h.*

7 Vladimirski pr. (Владимирский пр.), *M° Vladimirskaïa* (Владимирская), *ligne 1 - tlj 10h-20h.* Dans ces boutiques de porcelaine de l'usine Lomonossov, comptez 7 € pour une tasse et sa soucoupe.

Bijoux

Ananov (Ананов) – *Oul. Mitchourinskaïa, M° Petrogradskaïa - ✆ 235 83 38, 11h-17h (fermé sam.-dim).* Ce célèbre joaillier russe a quitté la perspective Nevski et si vous souhaitez acheter des œufs, fabriqués selon la technique de Fabergé *(+/- 100 €)* ou ses autres créations originales, il vous faudra vous rendre dans sa luxueuse boutique, installée près de ses ateliers au premier étage d'un immeuble moderne dans le quartier de Petrogradskaïa.

Iakhont (Яхонт) – *Oul. Bol. Morskaïa* (Улица Бол. Морская) *24, M° Nevski Prospekt, ligne 2 - tlj 10h-20h.* Bijoux de qualité dans l'ancien atelier de Fabergé, à deux pas de St-Isaac.

Tableaux et gravures

Petchatnia (Печатня) (gravures) – *Dans la Forteresse Pierre-et-Paul, près de la porte de la Neva, M° Gorkovskaïa* (Горьковская) *- tlj sf merc. 11h-17h.*

Sol Art Gallery – *Solianoï per.* (Соляной пер.) *15, à côté du musée des Arts décoratifs, M° Nevski Prospekt, ligne 2 - www.solartgallery.com - tlj 10h-18h.* Exposition des œuvres d'artistes contemporains.

Vernissaj (Вернисаж) (marché aux tableaux) – *Nevski pr.* (Невский пр.) *32-34, devant l'église Ste-Catherine, M° Nevski Prospekt, ligne 2.*

Antiquités

Peterbourg (Петербург) – *Nevski pr.* (Невский пр.) *54, M° Gostiny Dvor* (Гостиный двор)*, ligne 3 - tlj 10h-20h.*

Rapsodia (Рапсодия) – *Oul. Bol. Koniouchennaïa* (Улица Бол. Конюшенная) *13, M° Nevski Prospekt, ligne 2 - tlj 11h-19h (dim. 12h-18h).*

Panteleïmonovski (Пантелеймоновский) – *Oul. Pestelia* (Ул. Пестеля) *13/15, M° Tchernychevskaïa* (Чернышевская)*, ligne 1 - lun.-sam. 11h-19h.*

Tertsia (Терция) – *Oul. Italianskaïa* (Ул. Итальянская) *5, M° Nevski Prospekt, ligne 2 - tlj 10h-20h.*

Produits de bouche

Elisseïevski Magazin (Елисеевский магазин) – *Nevski pr.* (Невский пр.) *56, M° Gostiny Dvor* (Гостиный двор)*, ligne 3 - tlj 9h-21h (w.-end 11h-21h).*

Musée du chocolat (Музей шоколада) – *17 pers. Nevski* (Невский пр.) *- ✆ 315 13 48 dans le palais Strogonoff ; au rdc du Gostiny Dvor* (Гостину двор) *Sadovaïa linia* (Садовая линия)*, au rdc du « Passage »* (Пассаж). Ce n'est pas un musée, mais une chaîne de petites boutiques, spécialisées dans la fabrication artisanale de petits personnages en chocolat « Feronget » (Феронжет).

Fourrures

Lena (Лена) – *Nevski pr.* (Невский пр.) *50, M° Gostiny Dvor* (Гостиный двор)*, ligne 3 - tlj 10h-21h.*

Paloma (Палома) – *Oul. Bol. Koniouchennaïa* (Ул. Бол. Конюшенная) *27, M° Nevski Prospekt, ligne 2 - tlj 11h-20h (dim. 11h-19h).*

Disques

Klassika (Классика) – *Oul. Mokhaïlovskaïa* (Ул. Михайловская) *2, dans le bâtiment de la Philharmonie Chostakovitch, M° Nevski Prospekt, ligne 2 - tlj 11h-19h30 (fermé 15h-16h).*

Severnaïa Lira (Северная лира) – *Nevski pr.* (Невский пр.) *26, M° Nevski Prospekt, ligne 2 - tlj 10h-20h (dim. 11h-19h).*

Calendrier

LES NUITS BLANCHES

Les principales manifestations ont lieu en mai-juin pendant la période des **Nuits blanches** où concerts et festivals se multiplient à travers la ville. **Les Étoiles des Nuits blanches (Zviozdy belykh notcheï)**, **L'Olympe musical (Mouzykalny Olimp)**, le festival international de jazz **Le Swing des Nuits blanches (Sving beloï notchi)** et un festival rock.

AUTRES MANIFESTATIONS

Fête de la ville (Den goroda) – *Le 27 mai.* Animations, spectacles, concerts un peu partout dans la ville et grand feu d'artifice le soir.

Journée de la Marine (Den Voenno-Morskogo Flota) – *Le dernier dimanche de juillet.* Défilé de navires de guerre sur la Neva. Les colonnes rostrales s'allument le soir.

Régate sur la Neva – *En juillet.*

Jour du début du siège de Leningrad (Den sniatia blokady Leningrada/День снятия блокады Ленинграда) – *Le 8 septembre.* Dépôt de fleurs dans les cimetières et aux monuments en l'honneur des victimes du blocus, expositions dans les musées et l'interprétation de la *7e Symphonie* de Chostakovitch dans la Grande Salle de la Philharmonie.

Festival de théâtre « La Maison balte » (Teatralny festival Baltiski dom/Театральный фестиваль « Балтийский дом ») – *En octobre.* Festival international de théâtre réputé qu'accueille le théâtre Baltiski Dom.

Notre sélection d'hôtels

Les hôtels décrits ci-dessous sont positionnés sur le **plan du 2e rabat de couverture** *et repérables grâce à des pastilles numérotées de* ① *à* ㊶*. Ces numéros sont indiqués ci-après à la suite du nom de chaque établissement. Vous les retrouverez également sur le plan de chaque quartier.*

Pour les catégories de prix symbolisées par des piécettes, reportez-vous au tableau p. 20.

Perspective Nevski

Association « Hotels On Nevsky » (Ассоциация « Отели на Невском ») – *Nevski pr.* (Невский пр.) *22, 90, 91 - L'entrée de* **Nevski 22** ① *se trouve au 10 oul. Bol. Koniouchennaïa* (Ул. Бол. Конюшенная), *à droite après l'immeuble Nevski 22, au 2e étage (ascenseur), M° Nevski Prospekt* (Невский проспект) *ligne 2 -* **Nevski 90** ② *est en face du Corinthia Nevski Palace, M° Plochtchad Vosstaniïa* (Площадь Восстания) *ligne 1 et Maïakovskaïa* (Маяковская) *ligne 3 - L'entrée de* **Nevski 91** ③ *est au 6 oul. Gontcharnaïa* (Ул. Гончарная), *à droite après la gare de Moscou, au fond de la cour - 703 38 60 (9h-20h) - 273 73 14 (24h/24)- fax 703 38 61 - www.hon.ru -* **Nevski 22** *: 62 ch. -* **Nevski 90** *: 37 ch. -* **Nevski 91** *: 14 ch.* Cette chaîne d'hôtels non-fumeurs est appréciée pour ses tarifs imbattables et ses parties communes sympathiques (tapis, plantes, cuisine à disposition des clients). Son défaut majeur : l'exiguïté des chambres (hors catégorie luxe). Celles-ci sont pourtant claires et toutes équipées d'une salle de douche, de la TV et de l'air conditionné.

Corinthia Nevski Palace ④ **(Коринтия Невский Палас)** – *Nevski pr.* (Невский пр.) *57, M° Nevski Prospekt* (Невский пр.) *ligne 2 - 380 20 01 - fax 301 19 37 - www.corinthiahotels.com, www.corinthia.ru - 285 ch. TVA et* ☕ *non inclus.* Cet hôtel ultramoderne est appelé à devenir le plus important (390 ch.) de St-Pétersbourg une fois son plan d'expansion terminé à la fin de l'année. Plusieurs catégories de chambres (de luxe, demi-luxe, luxe) et un « executive floor » (réservé aux hommes d'affaires). Chambres confortables mais sans charme. Nombreux services avec six bars et restaurants, centre de remise en forme… Accueil poli mais impersonnel.

© Hotel Corinthia

Le Corinthia Nevski Palace.

Ibis St Pétersbourg ㉟ **(Ибис Санкт-Петербург)** – *Ligovski prospekt* (Лиговский пр) *56, M° Ligovki* (Лиговский) *ligne 4 ou pl. Vosstania* (пл.Восстания) *ligne 1 - 622 01 00, fax 622 01 01 (code Accor 6157) - www.ibishotel.com, www. accorhotels.com - ♿ - 221 ch.* ☕. Le premier hôtel Ibis de Russie est situé à 400 m de la gare de Moscou et à cinq minutes de la perspective Nevski. Ouvert au printemps 2008, il propose 221 chambres (dont sept sont équipées pour les personnes à mobilité réduite), quatre salles de conférences, un restaurant (cuisine caucasienne et méditerranéenne), bar, parking souterrain gardé. Hall d'entrée spacieux et accueillant au gai décor de coquelicots. Les chambres (16 m²) sont claires, fonctionnelles, équipées de cabine de douche, air conditionné, minibar, coffre et accès Internet Wi-Fi gratuit. Pratique pour les familles : une quarantaine de chambres sont communicantes.

Novotel St Pétersbourg Centre ㊱ **(НовотельСанкт-Петербург Центр)** – *Oul. Maïakovskogo* (ул.Маяковская) *3a, M° Maïakovskaïa* (Маяковская) *ligne 3 - 335 11 88 - fax 335 11 80 - www.novotel.spr.ru, ou réservation de France 01 46 62 44 40 (code Accor 5679) - ♿ - 233 ch.* ☕. Très bien situé à l'angle de la rue Maïakovski et de la perspective Nevski, à 10mn à pied de la gare de Moscou, proche des principales curiosités, cet hôtel fonctionnel et agréable a ouvert ses portes en 2005. Il offre 233 chambres spacieuses, insonorisées, équipées d'air conditionné, coffre-fort, TV satellite, accès Internet, set thé-café… Trois chambres pour les personnes à mobilité réduite. Le restaurant « côté jardin » *(6h-0h)* propose une cuisine russe et méditerranéenne. Fitness-centre, hammam, bar, terrasse l'été.

Oktiabrskaïa ⑤ **(Октябрьская)** – *Ligovski pr.* (Лиговский пр.) *10, filiale à Ligovski pr. 41/83, M° Pl. Vosstaniïa* (Пл. Восстания) *ligne 1 et Maïakovskaïa* (Маяковская) *ligne 3 - 717 63 30 - fax 315 75 01 - reservation@oktober-spb.ru - 563 ch.* ☕. Ce vénérable hôtel soviétique est progressivement « mis aux standards européens », l'époque où l'on pouvait se loger bon marché sur la Nevski a pris fin. Aujourd'hui, une chambre rénovée revient assez cher (les autres sont franchement lugubres). Comme tous les hôtels de l'époque, *Oktiabrskaïa* est marqué par le gigantisme : une centaine de chambres par étage, des couloirs interminables, 3 ascenseurs, 5 salles de conférences, café à chaque étage… Une ville dans la ville où l'on trouve de tout, du business-center au cordonnier. Sa filiale, de l'autre côté de la place, est à taille un peu plus humaine.

Radisson SAS Royal ⑥ **(Радиссон САС Рояль)** – *Nevski pr.* (Невский пр.) *49/2, M° Pl. Vosstaniïa* (Пл. Восстания) *ligne 1 et Maïakovskaïa* (Маяковская) *ligne 3 - ☎ 322 50 00 - fax 322 50 01 - www.radissonsas.com - 164 ch., TVA et ☕ non inclus.* Derrière la belle façade de cet immeuble du 18e s. se cache un hôtel, qui allie confort et modernité. Chambres spacieuses, mobilier classique, TV, minibar, coffre-fort… Le restaurant *Barbazan*, du nom du négociant d'épices français qui fut propriétaire de l'immeuble, et le bar *Cannelle*, chaleureux, où il fait bon prendre un cocktail en observant l'animation de la Nevski ajoutent au plaisir du séjour. Centre de remise en forme. Les enfants et les moins de 18 ans peuvent dormir gratuitement dans la chambre des parents. Service gratuit de justificatif pour la demande de visa (en cas d'annulation, facturation de 50 $ par justificatif).

Quartier de l'Ermitage

Pushka-Inn ⑦ **(Пушка-Инн)** – *Nab. reki Moïki* (Наб. реки Мойки) *14, M° Nevski prospekt* (Невский пр.) *ligne 2 - ☎ 312 09 13, 312 09 57 - fax 380 75 85 - www.pushkainn.ru - 31 ch. ☕, prix selon la taille, l'orientation et la saison.* À deux pas de la place du Palais, cet hôtel est aménagé dans un hôtel particulier de la fin du 18e s. au bord de la Moïka. Elle appartint au poète **Ivan Pouchtchine**, que Pouchkine venait souvent visiter en voisin. Ayant participé au soulèvement des décembristes, il fut déporté en Sibérie seize ans… Les chambres (16 à 40 m²) sont toutes équipées d'une sdb, d'un réfrigérateur et de l'air conditionné. Celles qui donnent sur la cour sont moins chères, mais la vue sur la Moïka est tellement romantique ! Tout en haut sont aménagés des appartements de 2 à 4 pièces avec cuisine. Le petit-déjeuner se prend dans le sympathique restaurant du même nom, juste à côté. Ambiance agréable, un petit canon à l'entrée, nom oblige (*pouchka* signifie « canon »). Cuisine russe et européenne.

Nord Hostel ㉞ **(Хостел « Норд »)** – *Oul. Bol. Morskaïa* (Ул. Бол. Морская) *10, à 50 m de la place du Palais, M° Nevski Prospekt* (Невский пр.) *ligne 2 et Gostiny Dvor* (Гостиный двор) *ligne 3 - ☎/fax 571 03 42 - www.nordhostel.com - Dortoirs et ch. doubles.* Auberge de jeunesse.

Place des Arts

Grand Hôtel Europe ⑧ **(Гостиница Европейская)** – *Oul. Mikhaïlovskaïa* (Ул. Михайловская) *1/7, M° Nevski Prospekt* (Невский пр.) *ligne 2 - ☎ 329 60 00 - fax 329 00 01 - www.grandhoteleurope.com - 301 ch., TVA et ☕ non inclus.* À côté de la Nevski, face à la Grande Philharmonie et à deux pas du Musée russe, c'est un des hôtels les plus luxueux de la ville. Si votre porte-monnaie est suffisamment rempli, vous aurez droit à un cadre somptueux, une chambre joliment décorée et un service impeccable. Sept bars et restaurants, une bibliothèque, des boutiques (antiquaires, bijoutiers), service de limousines… tout ce qu'on peut espérer d'un palace entré dans la légende depuis 125 ans.

Cours de la Capella ⑨ **(Dvory Kapelly/Дворы Капеллы)** – *Bol. Koniouchennaïa* (Бол. Конюшенная) *11 ou Nab. reki Moïki* (Наб. реки Мойки) *20, au fond de la 2e cour, M° Nevski Prospekt* (Невский пр.) *ligne 2 - ☎ 449 17 90, 449 19 03 - fax 314 50 10 - www.yardsofcapella.spb.ru - 10 ch. ☕.* Principal avantage de ce petit hôtel, sa situation dans la zone piétonne des trois cours de la Capella reliant la place du Palais à une rue commerçante avec le grand magasin DLT. Bref, un endroit très calme à deux pas de l'Ermitage ! Les chambres, un peu exiguës mais propres, sont équipées d'une sdb avec cabine de douche. Deux restaurants de cuisine russe et européenne au rdc, et à côté de l'hôtel avec terrasse aux beaux jours et musique *live* le soir.

Korona ⑩ **(Корона)** – *Oul. Malaïa Koniouchennaïa* (Ул. Малая Конюшенная) *7, 1er étage, apt. 68, M° Nevski Prospekt* (Невский пр.) *ligne 2 - ☎ 571 00 86 - fax 314 38 65 - www.korona-spb.com - 11 ch. ☕.* Dans une rue piétonne face à N.-D.-de-Kazan, ce mini-hôtel très bien tenu et non-fumeur propose des chambres propres, calmes et confortables (6 standard, 3 deux-pièces, 2 luxe). Tous les services, air conditionné, câble, Internet et thé gratuit 24h/24. Il n'y a aucune indication en bas de l'immeuble : sonner à la porte marquée « Лестница n° 8 » (« Escalier n° 8 »), à côté du restaurant chinois, et monter au 1er étage.

Amirauté

Astoria ⑪ **(Астория)** – *Oul. Bol. Morskaïa* (Ул. Бол. Морская) *39, M° Sennaïa Plochtchad* (Сенная площадь) *ligne 2 et Sadovaïa* (Садовая) *ligne 4 - ☎ 494 57 57 - fax 494 50 59 - www.roccofortehotels.com - 223 ch., TVA et ☕ non inclus.* « Un voyage dans le passé avec

www.astoria.spb.ru

L'Astoria : chambres avec vue…

le confort du présent », telle pourrait être la devise de cet hôtel ouvert en 1912, le plus luxueux de la ville, avec le *Grand Hôtel Europe*. L'*Astoria* reste synonyme de raffinement. Chambres décorées avec goût dont plusieurs avec vue sur St-Isaac, linge en lin de Volga, sdb en marbre, tout est pensé dans les moindres détails. Superbes décors Art nouveau, thé au samovar l'après-midi et dîner servi dans le jardin d'hiver. Et comme si cela ne suffisait pas, un grand restaurant de cuisine russe et européenne, une belle bibliothèque, un salon de beauté Clarins et des excursions guidées dans votre langue vous attendent.

Angleterre ⑬ **(Англетер)** – *Oul. Bolchaïa Morskaïa* (Ул. Большая Морская) *39, M° Sennaïa Plochtchad* (Сенная площадь) *ligne 2 et Sadovaïa* (Садовая) *ligne 4 - ✆ 494 56 66 - fax 494 51 25 - www.angleterrehotel.com - 193 ch., TVA et* ☕ *non inclus.* Frère cadet de l'*Astoria* (même direction), l'hôtel vous propose le même luxe et les mêmes services à des prix plus doux. Belles chambres confortables avec vue sur St-Isaac, brasserie européenne *Borsalino* au rez-de-chaussée, fitness-center avec sauna et piscine, casino, night-club… et service de baby-sitting pour ceux qui voyagent en famille ! Les enfants de moins de 12 ans sont logés gratuitement s'ils partagent la chambre des parents (50 % de réduction dans une chambre séparée).

Casa Leto ⑭ **(Каса Лето)** – *Oul. Bol. Morskaïa 34, M° Sennaïa pl.* (Сенная пл.) *ligne 2 et Sadovaïa* (Садовая) *ligne 4 - ✆ 600 10 96, fax 314 66 39 - www.casaleto.com - 5 ch.* Cet appartement, dans un ancien immeuble communal, à deux pas de St-Isaac, a été aménagé en hôtel (non-fumeur) par un cinéaste-dessinateur anglo-italien, Adriano Leto et son épouse Tatiana. L'intérieur est décoré d'objets du 19e s. (vieux samovars en cuivre transformés en lampe). Pièces spacieuses et coin petit-déjeuner très agréable. Prix variables selon le charme et la taille de la chambre (et la saison) comprenant l'accès à Internet et les rafraîchissements. Service anglophone.

Arcadia ⑫ **(Аркадия)** – *Nab. reki Moïki* (Наб. реки Мойки) *58a, lit. « Г » (G), entrée sous l'arche, bât. jaune au fond de la cour à gauche, M° Sennaïa pl.* (Сенная пл.) *ligne 2 et Sadovaïa* (Садовая) *ligne 4 - ✆/fax 314 19 00 - www.arkadiahotel.ru -* **P** *- 15 ch.* ☕. Ce petit hôtel moderne se cache au fond d'une cour typique, à deux pas de St-Isaac et de l'Amirauté. Si le bâtiment n'est pas un chef-d'œuvre d'architecture, l'intérieur se révèle vraiment agréable, très calme et confortable. Chambres spacieuses aux tons pastel, beau parquet, tapis moelleux et tout le confort. Au rdc, un restaurant élégant, sauna, piscine avec fontaine et un distributeur de billets. Parking (10 places) surveillé en permanence. Accueil souriant, atmosphère chaleureuse. Coup de cœur !

Comfort ⑮ **(Комфорт)** – *Oul. Bol. Morskaïa* (Ул. Бол. Морская) *25, M° Nevski Prospekt* (Невский пр.) *ligne 2 - ✆/fax 570 67 00 - www.comfort-hotel.spb.ru - 14 ch.* ☕. L'avantage principal de cet hôtel est sa situation : dans une rue commerçante, entre St-Isaac et la perspective Nevski, au 1er étage d'un immeuble historique où habita **Alexandre Herzen**, ce que commémore une plaque. Simple mais bien tenu, l'hôtel offre des petites chambres au décor minimaliste, équipées d'une sdb, d'un coffre et d'air conditionné. Pas de TV dans les chambres standard. Contre-indiqué aux amateurs de grand espace, sauf les chambres « luxe ».

Eliseev Palace Taleon Club ⑯ **(Елисеев Палас Талеон Клуб)** – *Nab. reki Moïki* (Наб. реки Мойки) *59, M° Nevski Prospekt* (Невский пр.) *ligne 2 - ✆ 324 99 11/324 99 44 - fax 717 96 46 - www.taleon.ru - 29 ch., TVA et* ☕ *non inclus.* Ouvert en 2003 pour le tricentenaire de St-Pétersbourg, c'est le petit hôtel le plus luxueux de la ville. Il occupe l'ancienne demeure des banquiers Eliseev, une des familles les plus brillantes du début du 20e s. Ce palais a conservé des intérieurs somptueux où se trouvent aujourd'hui les restaurants, les bars, un casino impressionnant à la décoration murale en stuc et aux lampes de baccarat de quatre mètres de haut et un salon de cigares du Taleon Club. Chambres au décor élégant et raffiné. Personnel prêt à satisfaire la moindre envie de ses hôtes. Vous rencontrerez les nouveaux Russes dans toute leur splendeur, mais la magie du lieu est telle qu'on oublie cet étalage de richesse pour s'abandonner au charme de la St-Pétersbourg impériale. L'hôtel s'agrandit dans le bâtiment sur le Nevski prospekt.

Petro Palace ⑰ **(Петро Палас)** – *Oul. Malaïa Morskaïa* (Ул. Малая Морская) *14 - M° Nevski Prospekt* (Невский пр.) *ligne 2 - ✆ 571 28 80 - fax 571 27 04 - www.petropalacehotel.com - 193 ch.* ☕ *non inclus.* Cet établissement ouvert en 2005 constitue un véritable monument aux « nouveaux Russes », tant son décor et son atmosphère sont prétentieux. Marbre et glaces dans le hall, colonnettes, moulures et draperies dans les chambres, murs couleur saumon, meubles imitation ancien. Le restaurant *Baron* est assorti. Si vous y séjournez, vous aurez droit au téléphone dans la salle de bains, la TV satellite, et, dans les parties communes, une salle de billard, une salle de sport, un Jacuzzi, une piscine, un cabinet de massage, ainsi qu'un bar au 6e étage pour prendre toute la ville de haut.

Renaissance ⑱ **(Ренессанс)** – *Oulitsa Potchtamtskaïa* (Ул. Почтамтская) *4, M° Sennaïa pl.* (Сенная пл.) *ligne 2 et Sadovaïa* (Садовая) *ligne 4 - ✆ 380 40 00 - fax 380 40 01 - www.renaissancehotels/com - 102 ch. standard*

Hôtel Renaissance / Saint Petersbourg

Vue depuis l'hôtel Renaissance sur la cathédrale Saint-Isaac.

(« deluxe »), « full american buffet » - tarifs w.-end plus intéressants sous réserve de disponibilité. Le grand hall d'accueil est coiffé d'un toit de verre, idéal pour profiter des Nuits blanches, et abrite un bar à cocktail (goûtez au fameux *ginger moskito*) et un restaurant italien. Au 6e étage, le bar panoramique avec terrasse et grill offre une vue fabuleuse sur le dôme de St-Isaac et les toits de la ville. Dans les étages, les couloirs décorés de vieilles photos de St-Pétersbourg donnent accès à des chambres très confortables dotées de larges lits et de grands bureaux. Une petite folie ? Folie pour folie, demandez la suite donnant sur la cathédrale.

Senat (19) **(Сенат)** – *Oul. Galernaïa* (Ул. Галерная) *3, au fond de la cour à gauche, M° Sennaïa Plochtchad* (Сенная пл.) *ligne 2 et Sadovaïa* (Садовая) *ligne 4 - ✆/fax 312 06 66 - 10 ch.* Ce mini-hôtel idéalement situé près du quai des Anglais, à deux pas de l'Amirauté, propose des chambres spacieuses et calmes avec vue sur cour ou sur les salles de lecture des Archives d'État. Grande salle pour petit-déjeuner russe avec *pirojkis*, thé et café servis toute la journée. La gérante, Katia, parle très bien le français.

Entre la Moïka et la Fontanka

Dostoïevski (20) **(Достоевский)** – *Vladimirski pr.* (Владимирский пр.) *19, M° Vladimirskaïa* (Владимирская) *ligne 1 et Dostoïevskaïa* (Достоевская) *ligne 4, 10mn de marche jusqu'à la Nevski - ✆ 331 32 00 -fax 331 32 01 - www.dostoevsky-hotel.ru - 207 ch.* Rien ne rappelle ici l'écrivain sauf son emplacement. À deux pas du musée Dostoïevski, il est au cœur du quartier de la cathédrale St-Vladimir où le romancier résida les dernières années de sa vie. Propre et moderne, l'hôtel propose des chambres tout confort réparties sur les trois derniers étages du bâtiment et qui donnent sur une cour intérieure abritée sous une grande verrière, ou sur le centre commercial Vladimirski Passage (200 boutiques et supermarché ouvert 24h/24). Les chambres de catégorie luxe ont une vue imprenable sur la cathédrale. Restaurant de cuisine européenne, sauna et sympathique bar *Raskolnikov* avec vue sur les toits. Centre de remise en forme inclus dans le prix des chambres.

Helvetia hotel & suites (37) – *Oul. Marata* (ул Марата) *11, M° Vladimirskaïa* (Владимирская) *ligne 1, Dostoïevskaïa* (Достоевская) *ligne 4 et pl. Vosstania* (пл.Восстания) ligne 1 - *✆ 326 53 53 - fax 326 20 09 - www.helvetia-suites.ru - P - 59 ch. (également studios 40-47 m² et suite familiale 80 m²).* Derrière de superbes grilles en fer forgé se niche cet établissement de charme proche de la perspective Nevski, fort prisé des écrivains, des peintres, des artistes et des poètes. Situé dans un bel immeuble du 18e s. réhabilité au milieu du 19e s. par Augusto Lange (architecte pétersbourgeois qui pris la nationalité suisse en 1871), il allie l'élégance pétersbourgeoise à l'efficacité du confort suisse. L'été dans la cour, spectacles musicaux. Vous y trouverez tous les services habituels, un parking gratuit, un restaurant, *Marius-bar*, ouvert 24h/24.

Hôtel Helvetia / Saint Petersbourg

L'hôtel Helvetia.

Les Frères Karamazov (21) **(Bratia Karamazovy/Братья Карамазовы)** – *Oul. Sotsialistitcheskaïa* (Ул. Социалистическая) *11a, M° Vladimirskaïa* (Владимирская) *ligne 1 et Dostoïevskaïa* (Достоевская) *ligne 4 - ✆ 335 11 85 - fax 335 11 86 - www.karamazovhotel.ru - 28 ch.* L'effort que vous ferez pour trouver cet hôtel, situé près de la maison où Dostoïevski rédigea *Les Frères Karamazov*, mérite le repos que vous allez y trouver. Toutes les chambres donnent sur la cour d'un immeuble délabré tout droit sorti de *Crime et Châtiment*. Chambres petites mais bien tenues, avec mobilier imitant l'ancien. L'hôtel propose quatre suites évoquant un intérieur du 19e s. et portant chacune le nom d'une héroïne de Dostoïevski : Grouchenka, Aglaïa… L'hôtel est aménagé dans une ancienne imprimerie de *La Pravda* !

Kristoff ㉒ **(Кристофф)** – *Zagorodny pr.* (Загородный пр.) *9, M° Vladimirskaïa* (Владимирская) *ligne 1 et Dostoïevskaïa* (Достоевская) *ligne 4 - ✆/fax 571 66 43/571 36 92 - www.kristoff.ru - 15 ch.* Ancienne *kommounalka* au 1er étage d'un immeuble près de la place Vladimirskaïa. Chambres spacieuses et propres, avec meubles imitation Empire. Sdb, air conditionné, TV au mur dans toutes les chambres. Personnel anglophone accueillant. Petit-déjeuner servi dans le café à côté.

Le Cinquième Angle ㉓ **(Piaty ougol/Пятый угол)** – *Zagorodny pr.* (Загородный пр.) *13, M° Vladimirskaïa* (Владимирская) *ligne 1 et Dostoïevskaïa* (Достоевская) *ligne 4 - ✆/fax 380 81 81 - www.5ugol.ru - 34 ch.* Hôtel moderne qui occupe deux étages d'un immeuble du carrefour dit « Les Cinq Angles » où Dostoïevski fit habiter l'héroïne de *L'Idiot*. Apprécié des hommes d'affaires, c'est également une bonne option pour les touristes, à condition de réserver une chambre sur cour. Chambres spacieuses et design, équipées de TV, coffre et minibar. Deuxième étage réservé aux non-fumeurs. Le petit-déjeuner est servi dans le restaurant hyper-design *Xren* situé en bas de l'immeuble et géré par l'hôtel.

Rossi hotel ㊳ – *Nab. Reki Fontanki* (наб. реки Фонтанки) *55, M° Gostiny Dvor* (Гостинныйдвор) *- ✆ 326 35 63 33 - fax 571 85 87 - www.RossiHotels.com - 23 ch. non inclus.* Situé au bout de la rue de l'architecte Rossi, à proximité du Gostiny Dvor, du théâtre Alexandra et du pont Anitchkov, ce tout nouvel hôtel (2007) offre confort, luxe et modernité. Les suites « luxury » ou « exécutives », rappelant l'intérieur d'un manoir européen, sont onéreuses (285 € et 385 € de janvier à mai) mais particulièrement élégantes.

Île Vassilievski

Nachotel ㊴ **(Нашотель)** – 11 aïa linia V. O. (11-ая линия В. О.) 50, *M° Vassileostrovskaïa* (Василеостровская) *ligne 3 - ✆ 323 22 31 - fax 328 35 46 - www.nashotel.ru - P - ♿ - 58 ch.* . Hôtel moderne et fonctionnel, ouvert en 2006, situé à 5mn du métro et à 2 km de la place du Palais. Pratique à la fois pour les hommes d'affaire et les touristes, il offre des chambres spacieuses, équipées d'air conditionné, minibar, coffre, séchoir, TV, accès Internet, room-service 24h/24. Il comprend également six chambres familiales, une pour personne à mobilité réduite et 4 studios de 50 m². Parking, restaurant de cuisine russe et internationale, business package à la journée (voir réception), journaux internationaux, blanchisserie, pressing, distributeur.

Shelfort ㉔ **(Шелфорт)** – *3e ligne (Tretia Liniïa/*Третья линия) *26, M° Vassileostrovskaïa* (Василеостровская) *ligne 3 - ✆/fax 323 36 26/328 05 55 - www.shelfort.ru - 15 ch.* . Petit hôtel accueillant, proche du métro, du Bolchoï prospekt et ses magasins chics et de la pointe de l'île Vassilievski. Ambiance chaleureuse et reposante : meubles en bois, parquets, plantes et piano à l'étage vous mettront rapidement à l'aise. Chambres assez spacieuses, propres et agréables, dont certaines conservent de belles cheminées aux tuiles vernissées. Boissons et sandwichs à toute heure de la journée, excursions dans les environs et les villes du nord-ouest de la Russie.

Spbvergaz ㉕ **(Спбвергаз)** – *7e ligne (Sedmaïa Liniïa/*Седьмая линия) *70, M° Vassileostrovskaïa* (Василеостровская) *ligne 3 - ✆ 327 88 83 - fax 327 88 80 - hotel@vergaz.spb.ru - 18 ch. non inclus.* Fruit d'une collaboration de GDF avec le Lengaz, ce petit hôtel franco-russe situé dans une sympathique rue piétonne, à 5mn à pied du métro, propose des chambres spacieuses et bien tenues disposées sur 4 niveaux avec, pour certaines d'entre elles, une vue imprenable sur la charmante église de l'Annonciation. Vues de Paris aux murs et accueil francophone vous rendront l'endroit tout de suite familier. Gamme de services classique, café-bar, sauna, Internet.

Prestige ㉖ **(Престиж)** – *3e ligne (Tretia Liniïa/*Третья линия) *52, M° Vassileostrovskaïa* (Василеостровская) *ligne 3 - ✆/fax 328 53 38, 328 42 28, 328 50 11 - www.prestige-hotels.com - 10 ch.* . Dans une rue piétonne proche de la Strelka, ce mini-hôtel accueille surtout les hommes d'affaires, mais peut se révéler pratique pour les touristes. Les chambres seraient jolies sans la couleur outrageusement bleue de leurs tissus. Salle de bains, TV et coffre-fort dans toutes les chambres. Le défaut de cet hôtel réside dans ses parties communes : le petit déjeuner se prend sur de petites tables dans l'entrée. Aucune indication ne figurant sur la façade au moment de notre passage, sonnez à la porte encadrée de drapeaux portant l'inscription énigmatique « 4H ». Autre lieu : *Oul Gorokhovaïa* (Ул. Гороховая) *5*, près de l'Amirauté, légèrement plus cher. Les salles de bains des chambres doubles sont équipées de Jacuzzi. L'hôtel loue aussi des appartements au centre-ville, ce qui peut être une option avantageuse. Bons échos sur celui situé au 7 rue Bolchaïa Morskaïa.

Trezzini Art-Hotel ㊵ **(Треззини Арт-Отель)** – *Bolchoï prospekt V. O. (*Большой пр. *B.O.) 21, M° Vassileostrovskaïa* (Василеостровская) *ligne 3 - ✆ 332 10 35 - fax 332 10 36 - www.trezzini-hotel.com - 17 ch.* . Coup de cœur pour ce petit **hôtel de charme** qui ne paye pas de mine à l'extérieur mais réserve d'heureuses surprises. Il a ouvert ses portes en mai 2006 dans le centre historique de l'île Vassilievski, aménagé selon les plans de l'architecte Trezzini, à deux pas de la cathédrale St-André et de la petite église des Trois-Saints et de la rue piétonne 6/7 linii. Ses propriétaires d'origine française ont réalisé leur projet avec l'aide d'artistes contemporains pétersbourgeois, alliant le goût artistique italien et le confort et le service à la française. Tout le confort habituel (coffre, Internet, TV, excursions, transferts…) et deux suites pour les familles à des prix « doux » pour Saint-Pétersbourg.

Côté Petrogradskaïa

Piter ㉗ **(Питер)** – *Pr. Dobrolioubova* (Пр. Добролюбова) *5/1, accès par la rue Proviantskaïa* (ул. Провиантская), *M° Gorkovskaïa* (Горьковская) *ligne 2 et Sportivnaïa* (Спортивная) *ligne 4 - ☎ 325 15 18 - fax 238 92 23 - www.hotel-piter.spb.ru - 14 ch.* Petit hôtel accueillant avec un aquarium à l'entrée, situé dans une ruelle atténuant heureusement le bruit de la circulation de l'avenue Dobrolioubov. Assez éloigné du métro, il convient surtout aux bons marcheurs. Son avantage est d'être situé en face de la forteresse Pierre-et-Paul et de l'île Vassilievski : idéal pour les promenades nocturnes, quand tous les monuments sont éclairés (attention à l'ouverture des ponts !). Les chambres les moins chères sont d'un confort assez sommaire. Pas de chambres non-fumeurs. Bar, sauna avec petite piscine et salle de billard.

Evrazia ㊶ **(Евразия)** – *Oul. Gatchinskaïa* (ул Гачинская) *5, M° Petrogradskaïa* (Петроградская) *ligne 2 et Tchalkovskaïa* (Чалковская) *ligne 4 - ☎ 498 08 00 - ☎/fax 230 44 32 - www.eurasia-hotel.ru - 19 ch.* Climatisation dans les demi-luxes et suites. Cet hôtel de la chaîne Evrazia (5 établissements dans St-Pétersbourg) s'est ouvert pour le tricentenaire de la ville en 2003. Situé dans une rue calme dans un bâtiment du 19e s. entièrement rénové, à proximité des cafés, restaurants et magasins, il offre tous les services habituels (sortie de bain, sèche-cheveux, TV, accès Internet, coffre, transferts, excursions, billets de train et avion) à des prix raisonnables.

Iskra ㉘ **(Искра)** – *Oul. Malaïa Possadskaïa* (Ул. Малая Посадская) *10, M° Gorkovskaï* (Горьковская) *ligne 2 - ☎ 230 60 27 - fax 233 65 78 - www.iskrahotel.spb.ru - 7 ch.* Mini-hôtel sympathique à deux pas du métro et de la forteresse Pierre-et-Paul, où pour un prix modique vous aurez toute la gamme de services classiques (transfert, excursions, Internet, coffre-fort, blanchisserie). Accueil anglophone et francophone. Chambres petites mais propres toutes équipées d'une salle de bains (douche). Beaucoup de touristes français l'été. Réservez 2-3 mois à l'avance.

Et ailleurs…

Austrian Yard ㉙ **(Австрийский дворик)** – *Oul. Fourchtatskaïa* (Ул. Фурштатская) *45, M° Tchernychevskaïa* (Чернышевская) *ligne 1 - ☎/fax 579 82 35 - www.austrianyard.com - 4 ch.* Au fond d'une charmante cour verdoyante, à côté du consulat d'Autriche, dans une jolie rue bordée d'immeubles du 19e s., ce mini-hôtel de quatre étages (sans ascenseur) offre un studio par niveau, avec cuisine et sdb équipées. Calme, sécurité et confort : vous êtes vraiment chez vous. Notre préférence va au studio du dernier étage à l'éclairage zénithal. Aux beaux jours, des tables sont dressées dans la cour pour le petit-déjeuner. Cartes de paiement refusées. Service attentionné. Coup de cœur.

Marshal ㉚ **(Маршал)** – *Oul. Chpalernaïa* (Ул. Шпалерная) *41 - M° Tchernychevskaïa* (Чернышевская) *ligne 1 - ☎/fax 579 99 55/579 75 00 - www.marshal-hotel.spb.ru - 25 ch.* Dans un bâtiment construit en 1802, qui abrita jadis les casernes du régiment de la Garde impériale, cet hôtel un peu excentré est situé à proximité du jardin de Tauride. Compter 15mn à pied jusqu'au métro. L'atmosphère un peu froide du hall est heureusement compensée par la taille des chambres, vastes et hautes de plafond, avec une grande entrée et une sdb. Préférez celles qui donnent sur cour. L'hôtel possède un petit restaurant sympathique et un sauna.

Moskva ㉛ **(Москва)** – *Pl. Alexandre Nevski* (Пл. Александра Невского) *2, en face de la Laure Alexandre Nevski, M° Plochtchad Alexandra Nevskogo* (Пл. Александра Невского) *lignes 3 et 4 - ☎ 274 00 22, 274 20 52, fax 274 21 30 - www.hotel-moscow.ru - 770 ch. (les salles de bains des chambres « standard » sont plutôt fatiguées)* Ce gigantesque hôtel de l'époque soviétique, agrémenté de bars et de boutiques, est en plein remaniement. La façade en arc de cercle a été refaite. Un étage entièrement neuf a été ajouté. Le hall lugubre et gigantesque a été réduit de moitié. Des chambres sont aménagées dans l'espace libéré. Les autres chambres sont rénovées régulièrement. Bien situé en face de la laure Alexandre Nevski, cet établissement avec vue sur la Neva, aux prix raisonnables, peut être une bonne alternative en haute saison en dépit de son manque total de charme.

Neptun Best-Western ㉜ **(Нептун Бест-Вестерн)** – *Nab. Obvodnogo Kanala* (Наб. Обводного Канала) *93A - ☎ 324 46 91 -fax 324 46 11 - www.neptun.spb.ru - 150 ch.* De confort convenable bien qu'impersonnel, cet hôtel souffre d'être un peu excentré et loin de tout moyen de transport. Distributeur de billets, bureau de change, boutique de vodka, piscine (gratuite de 7h à 10h), sauna… et chapelle orthodoxe au 7e étage.

COMPRENDRE ST-PÉTERSBOURG

La Venise du Nord

Née de la volonté du tsar Pierre le Grand au milieu des marécages et des maigres terres du Nord, St-Pétersbourg est située en partie sur le continent et en partie sur de nombreuses îles à l'embouchure de la Neva dans le golfe de Finlande en mer Baltique.

UNE VILLE SUR L'EAU

À l'aube de l'histoire de St-Pétersbourg, il existait une centaine d'îles et d'îlots dans le delta de la **Neva**. Au fur et à mesure que la ville se développait, des cours d'eau et des canaux furent comblés, des îles réunies. Il en reste aujourd'hui un peu plus de quarante.

Îles de Pétersbourg

Certaines îles gardent toujours leurs dimensions initiales, comme **Petrogradskaïa** (l'ancienne île des Bouleaux), séparée de la petite **île aux Lièvres**, où Pierre fonda sa forteresse, par l'étroit détroit de **Kronwerk**. C'est ici qu'apparurent les premiers bâtiments de la ville : la maisonnette de Pierre, l'église, le marché et la Bourse. Plus tard, lorsque le centre de la ville fut transféré sur la rive gauche, l'île fut abandonnée jusqu'au début du 20e s., lorsque le **pont de la Trinité** la relia au centre-ville. Deux grandes avenues la traversent de part en part : le **Bolchoï prospekt**, qui, au-delà de la rivière **Karpovka**, devient **Prospekt Medikov** conduisant au quartier industriel de **Vyborg**, et le **Kamennoostrovski prospekt** qui la traverse du sud au nord pour aboutir à l'**île Kamenny**. Ancien lieu de villégiature, cette île constitue avec les îles **Krestovski** et **Elaguine**, auxquelles elle est reliée par des ponts, la grande zone verte de la ville appelée *ostrova* (« les îles »). Couvertes de parcs et d'étangs, agrémentées d'anciennes datchas, elles constituent le paradis des promeneurs, des rollers et des cyclistes.

La **Petite Neva** sépare Petrogradskaïa de l'île **Vassilievski**, les deux îles étant réunies par les **ponts Toutchkov** et **Birjevoï**. Les rues parallèles de l'est de l'île sont les vestiges des canaux creusés sous Pierre Ier qui voulait y établir le centre de sa nouvelle capitale. Elles gardent le nom de *linii* (« lignes »), chaque rue correspondant à deux « lignes » jadis séparées par un canal. Les trois grandes avenues – **Bolchoï**, **Sredni** et **Maly prospekt** – traversent les « lignes » en composant un quadrillage géométrique. La partie ouest est d'aménagement beaucoup plus récent : dans les années 1960-1970, on y a édifié des pavillons d'exposition et des blocs résidentiels. La gare maritime où accostent les bateaux en provenance de Finlande se trouve au sud-ouest de l'île, alors que sa partie sud abrite des installations portuaires. L'île est réunie à la rive gauche par le **pont du Lieutenant-Schmidt**, le plus ancien de la ville, et par le **pont du Palais**, qui conduit à l'Ermitage.

Autour du « Trident »

Au centre de la partie continentale de la ville, le fameux « **Trident** » est constitué par les trois grandes avenues ou « perspectives » qui convergent vers l'Amirauté : la **perspective Nevski**, la rue **Gorokhovaïa** et **Voznessenski prospekt**. La perspective Nevski fut percée quelques années après la fondation de la ville pour relier le centre au monastère Alexandre-Nevski, ce qui en fait la plus longue avenue de la ville (4 km), qu'elle traverse d'ouest en est : tracée en ligne droite, elle s'infléchit légèrement à hauteur de son intersection avec la route de Moscou. La rue Gorokhovaïa part au sud-est en reliant l'Amirauté à la place Pionerskaïa, à côté de la gare de Vitebsk. Quant à Voznessenski prospekt, elle descend droit vers le sud en passant par la place St-Isaac et se transforme en **Izmaïlovski prospekt** au-delà de la Fontanka.

Les avenues du « Trident » sont traversées par les cours d'eau qui s'incurvent autour d'elles : la **Moïka**, le **canal Griboïedov** et la **Fontanka**, qui représentait au 18e s. la frontière sud de la ville. Plus tard, la frontière recula jusqu'au **canal Obvodny** creusé sous le règne de Catherine II. Plusieurs autres cours d'eau sillonnent la ville : à l'ouest, la **Priajka** et le **canal Krioukov**, qui servait à acheminer le bois aux chantiers de l'Amirauté ; au nord, la **Lebiajia kanavka** qui, avec la Fontanka, baigne le jardin d'Été ; à l'est, la **Monastyrka** qui encercle la laure Alexandre-Nevski… L'abondance de cours d'eau enjambés par des ponts contribue en grande partie au charme de St-Pétersbourg surnommée avec justesse la « Venise du Nord ».

LES QUARTIERS

Au nord-est de l'incontournable **Nevski Prospekt** que l'on a traité ici comme un « quartier » à part entière, tant son patrimoine est riche, se trouve le quartier de l'**Ermitage**. Dominé par une suite de palais qui accueillent l'un des plus grands musées du monde, il s'étend entre la Neva et la Moïka, et s'ouvre à l'est sur le Champ de Mars. Au 19e s., ce fut le quartier officiel par excellence, avec son immense place du Palais bordée de l'édifice de l'État-Major. La rue des Millionnaires traverse le quartier de part en part, en longeant les façades arrière des palais et des hôtels particuliers tournant leurs façades principales vers la Neva.

À l'est de la Nevski, entre les méandres de la Moïka et de la Fontanka, l'élégant quartier de la **place des Arts** regorge de musées et de salles de concerts. Il garde les témoignages de plusieurs époques, depuis celle de Pierre le Grand qui aménagea le jardin d'Été jusqu'au palais Michel construit sous Alexandre Ier (aujourd'hui occupé par le Musée russe) en passant par le château Michel édifié par le malheureux Paul Ier qui y fut assassiné.

Le quartier situé près de la Neva, de l'autre côté de la perspective Nevski, est dominé par l'édifice de l'**Amirauté** qui abrita jadis les chantiers navals et les entrepôts. Les noms des rues conservent le souvenir de cette époque : rue des Galères *(oulitsa Galernaïa)*, Grande et Petite rue de la Mer (*oulitsa Bolchaïa Morskaïa* et *Malaïa Morskaïa*)... Au 19e s., les chantiers navals furent déplacés et des places de parade aménagées, comme celles du Sénat et de St-Isaac. Le quartier de l'Amirauté devint alors l'un des plus chic de la ville : c'est ici qu'habitèrent les aristocrates comme la princesse Gagarine, le richissime industriel Demidov, et que fut ouvert le premier magasin du joaillier Fabergé...

Le quartier qui s'étend plus au sud fut, au contraire, l'un des plus pauvres de la ville. Situé entre la **Moïka** et la **Fontanka**, il abrite en son centre la **place aux Foins**, autrefois « ventre de St-Pétersbourg ». C'est ici que rôda Raskolnikov, se cachant à l'entrée des cours-puits des immeubles de rapport. Mais point d'inquiétude, tout cela a bien changé et ce personnage torturé serait sans doute bien dépaysé parmi les centres commerciaux ultramodernes de la place aux Foins d'aujourd'hui ! L'ancien quartier misérable qui l'environne est devenu un lieu de promenades aussi pittoresques que romantiques le long du canal Griboïedov. À l'ouest, la place des Théâtres, avec le fameux Mariinski, constitue le haut lieu de la vie musicale de St-Pétersbourg.

De l'autre côté de la Neva, l'**île Vassilievski**, dont on ne décrit que la partie est, est un paisible quartier verdoyant (si l'on excepte ses quais envahis par les voitures). Il est aujourd'hui le siège de plusieurs musées et institutions académiques qui occupent des bâtiments d'époque pétrovienne. On y visite notamment la Kounstkamera, premier musée public de Russie fondé par Pierre le Grand. De la pointe de l'île, la **Strelka**, une vue magnifique s'ouvre sur la ville.

En face de l'île Vassilievski, au milieu d'une petite île, se dresse la **forteresse Pierre-et-Paul** que l'on a ici traitée avec le quartier **Petrogradskaïa**. C'est à cet emplacement que la ville est née, le jour de la pose de la première pierre de la forteresse : le 16 (27) mai 1703, étant retenu comme date de la fondation de la cité. Haut lieu de l'histoire, sa cathédrale abrite les sépultures de presque tous les Romanov, de Pierre Ier à Nicolas II. Petrogradskaïa, où subsiste la première demeure de Pierre le Grand, conserve de nombreux exemples du style Art nouveau très en vogue au début du 20e s., comme l'hôtel Kchessinskaïa qui abrite le musée d'Histoire politique de la Russie.

AUX ALENTOURS

À l'ouest et au sud de St-Pétersbourg s'étendent les anciennes résidences impériales avec leurs somptueux palais et leurs parcs magnifiques.

À une trentaine de kilomètres à l'ouest de la ville, au bord du golfe de Finlande, la splendide résidence de **Peterhof** est surnommée la « capitale des fontaines » pour son exceptionnel ensemble de jets d'eau. Un peu plus loin, au bord du golfe, **Oranienbaum**, l'ancienne résidence du prince Menchikov, conserve de charmantes constructions de style chinois.

À 25 km au sud, **Tsarskoïé Selo** dresse son éblouissant palais Catherine, chef-d'œuvre de style baroque. Son parc romantique chanté par Pouchkine renferme de gracieux pavillons. À 6 km seulement de Tsarskoïé Selo, **Pavlovsk**, la résidence préférée de Paul Ier et de son épouse, possède un vaste parc, célèbre pour sa beauté.

Enfin, **Gatchina**, à 45 km au sud-ouest, séduit par le romantisme austère de son palais aux allures de château médiéval, répondant à la crainte maladive de son promoteur, Paul Ier, d'être assassiné. Un beau parc à l'anglaise est aménagé autour de cet édifice.

La ville de Pierre

Les premières colonies slaves mentionnées dans l'actuelle région de St-Pétersbourg datent du 11e s. Au début du 17e s., le royaume de Suède s'empare du delta de la Neva. C'est après la guerre du Nord, qui éclate en 1700, que la Russie reprend ces terres qui lui assuraient le débouché sur la mer. Sous la menace d'une nouvelle invasion, Pierre Ier entreprend d'ériger une forteresse sur l'une des îles du delta, afin de protéger les terres reconquises.

LA FONDATION DE LA VILLE

Le 16 mai (27 mai) 1703, jour où fut posée la première pierre de la **forteresse Pierre-et-Paul**, est considéré comme la date officielle de la fondation de la ville. Pierre Ier décide d'élever ici la nouvelle capitale de la Russie, baptisée **St-Pétersbourg** en l'honneur du saint patron du souverain.

Les travaux avancent à une vitesse fantastique pour l'époque. Au prix d'un effort titanesque qui entraîna des dizaines de milliers de morts parmi les paysans, artisans et soldats transplantés de force en ces lieux, le delta est asséché, les rives consolidées. Il n'a pas fallu une année pour que, sous les canons de la forteresse, apparaissent les premières rues de la ville nouvelle.

On commence par construire des bâtiments en bois, mais très vite on les refait en pierre. Pour accélérer les travaux, le tsar interdit pendant plusieurs années la construction d'édifices en pierre dans le reste du pays. Un impôt spécial est instauré. Chaque péniche descendant le cours de la Neva, chaque chariot pénétrant dans la ville doit apporter une quantité déterminée de pierres.

En même temps, les notables et riches commerçants du pays reçoivent la consigne de réaliser un palais ou une maison dans la nouvelle capitale. Il est interdit de construire n'importe où : contrairement à Moscou, les maisons doivent ici border les rues. Le tsar visant à édifier la ville « idéale », la construction de la ville est soumise à un plan qui réglemente non seulement le tracé et la largeur des principales artères, mais aussi l'allure générale et la hauteur des édifices, selon plusieurs modèles établis en rapport avec la situation sociale de leurs habitants.

En 1712, lorsque Pierre y transfère le gouvernement et les missions diplomatiques, St-Pétersbourg devient officiellement **capitale de la Russie**. La ville se développe rapidement : conçue comme **port maritime**, elle devient en moins de vingt ans le centre de la quasi-totalité du commerce extérieur maritime du pays. Chantiers navals, briqueteries, arsenaux, poudreries sont ses premières entreprises industrielles. Y apparaissent également des imprimeries, l'Académie navale et l'École des ingénieurs. Le premier musée public, la **Kounstkamera**, ouvre ses portes en 1719. L'Académie des sciences est fondée en 1725.

La forteresse Pierre-et-Paul, la maisonnette de Pierre, le jardin et le palais d'Été,le palais Menchikov, le monastère Alexandre-Nevski, Peterhof.

LE SIÈCLE DES IMPÉRATRICES

À la mort de Pierre le Grand en 1725, suivie par celle de son épouse **Catherine Ire**, qui ne régna que deux ans, St-Pétersbourg traverse une mauvaise passe. Le nouveau souverain **Pierre II**, qui ne jure que par Moscou, abandonne la ville au profit de l'ancienne capitale. Commencent alors un exode massif de la population et la dégradation des demeures jusqu'à ce que **Anna Ioannovna**, montée sur le trône en 1732, ne rende à St-Pétersbourg son statut de capitale. La croissance de la ville se poursuit, malgré les incendies dévastateurs de 1736-1737 qui détruisent les quartiers du centre. Vers le milieu du 18e s., la population s'élève à 74 000 habitants.

Élisabeth Petrovna

La fille de Pierre Ier, **Élisabeth Ire**, devenue impératrice en 1742, apporte à la Cour le goût du luxe. Les meilleurs architectes, sculpteurs et peintres d'Occident sont appelés pour construire et décorer la jeune capitale. De magnifiques palais s'élèvent dans la ville et dans ses environs. L'architecte favori d'Élisabeth, **Bartolomeo Rastrelli**, exécute palais, monastères (Smolny) et résidences. Avide de divertissements, la tsarine fait venir à St-Pétersbourg une troupe de théâtre française. Par un édit rendu en 1756, elle fonde le premier théâtre de Russie. Deux ans plus tard, l'Académie des beaux-arts ouvre ses portes.

Le palais d'Hiver, le palais Stroganov, la cathédrale Smolny, Tsarskoïé Selo.

La Grande Catherine

C'est sous le règne de **Catherine II** que la ville connaît son « âge d'or ». Les palais néoclassiques s'élèvent dans la ville, les quais de la Neva s'habillent de granit. Passionnée d'art, Catherine réunit des collections de tableaux, de gravures, de camées, de médailles et de tapisseries, qui constitueront le point de départ du musée de l'Ermitage. Suivant cet exemple, les princes réunissent des collections dans leurs hôtels particuliers. Afin de souligner le lien spirituel qui l'unit à son illustre prédécesseur, elle confie à **Falconet** l'élévation d'un monument à Pierre le Grand, le « Cavalier de bronze », inauguré en 1782. La construction d'églises de diverses confessions sur la perspective Nevski témoigne de la tolérance religieuse de la souveraine, qui reçoit des philosophes comme **Diderot** et entretient une correspondance avec **Voltaire** dont elle achète la bibliothèque.

Le Petit et le Vieil Ermitage, le palais de Marbre, le « Cavalier de bronze », la galerie de Cameron à Tsarskoïé Selo, Pavlovsk.

LA CAPITALE IMPÉRIALE

Avec l'accession au trône de **Paul Ier**, St-Pétersbourg devient une ville militaire. On construit des places et des casernes et le palais Tauride est transformé en écuries. Craignant un attentat, le souverain se fait construire une véritable forteresse – le château Michel – où, ironie du sort, il est assassiné 40 jours seulement après son emménagement.

Durant le règne d'**Alexandre Ier**, St-Pétersbourg devient la capitale administrative de l'Empire. Sa population atteint 214 000 habitants, dépassant alors Moscou. On y crée des ministères et des instituts, et la ville devient un immense chantier. On élève l'institut Smolny, on reconstruit l'Amirauté. **Carlo Rossi** remodèle la cité dans le style Empire, aménageant des places immenses bordées de bâtiments officiels. On construit de grandes cathédrales. Au retour des troupes russes victorieuses de la campagne napoléonienne, les défilés militaires ponctuent la vie de la capitale.

Lors du règne de **Nicolas Ier**, la ville prend plus que jamais une allure militaire. Vers 1839, on ne dénombre pas moins de quatorze places dont le Champ-de-Mars, les places de l'Amirauté et de St-Isaac, toutes utilisées pour des parades militaires.

Le château Michel, la cathédrale N.-D.-de-Kazan, la Bourse, l'Amirauté, le palais Michel, l'État-Major et la colonne Alexandre, le théâtre Alexandra, la rue de l'Architecte Rossi, la cathédrale St-Isaac.

Les décembristes

Au retour de la campagne de France, de jeunes officiers, exaltés par leur victoire et par l'atmosphère révolutionnaire qui règne en Europe, organisent des sociétés secrètes afin de transformer le régime politique. À partir de 1822, deux groupes importants engagent de vifs débats sur l'avenir de la Russie : la Société du Nord dirigée par **Kondrati Ryleev**, partisan de la monarchie constitutionnelle, et la Société du Sud, républicaine, avec à sa tête **Pavel Pestel**. Lorsque Alexandre Ier meurt, les conspirateurs décident de profiter de l'interrègne pour passer à l'action et préparent un soulèvement pour le 14 décembre 1825, date de la prestation de serment au nouveau tsar, Nicolas Ier. Ils parviennent à provoquer la rébellion d'une partie des troupes, débouchent sur la place du Sénat et refusent de prêter serment au tsar, lui préférant son jeune frère, Constantin. Mais, paralysés par l'enjeu, ils restent immobiles sur la place. Pire, le « dictateur » qui devait prendre la tête du nouveau gouvernement, **Sergueï Troubetzkoï**, ne se présente pas ! Le soulèvement est écrasé. Ses cinq dirigeants – **Pestel**, **Ryleev**, **Mouraviov-Apostol**, **Bestoujev** et **Kakhovski** – sont pendus dans la forteresse Pierre-et-Paul. Les autres officiers sont dégradés et exilés en Sibérie, où ils sont suivis par leurs femmes. De lourds châtiments sont infligés aux soldats ayant pris part au soulèvement : plusieurs meurent sous les verges.

La place du Sénat, le monument aux Décembristes sur le Kronwerk.

Minorité agissante

Les groupes terroristes qui se manifestèrent en Russie au 19e s. sont restés légendaires. Inspirés par **Sergueï Netchaïev**, auteur du *Catéchisme révolutionnaire*, ces « terroristes professionnels » ont perpétré dans leur longue traque d'Alexandre II des attentats d'une audace incroyable, parvenant même à faire sauter la salle à manger du palais d'Hiver !

Les derniers tsars

Quoique durement réprimé, le soulèvement des décembristes ouvre la voie au mouvement révolutionnaire. Le règne de Nicolas Ier sera marqué par l'émergence de groupes inspirés par les théories de Fourier et de St-Simon et la naissance de l'anarchisme sous l'égide de **Mikhaïl Bakounine**.

Le terrorisme apparaît sous le règne d'**Alexandre II**, libéral et auteur de plusieurs réformes. Convaincu de la nécessité de changer le système social, le nouveau souverain abolit le servage en 1861 et prépare des réformes de la justice et de l'enseignement. Mais, alors qu'il envisage d'établir un État constitutionnel, il est tué dans un attentat à la bombe, le huitième depuis le début de son règne. Son successeur, **Alexandre III**, répond par la terreur et arrête toutes les réformes. Le renforcement de la police (avec la création de l'**Okhrana**, police secrète redoutée), la censure et la montée de l'antisémitisme accompagnent ce retour au passé.

La situation s'aggrave encore avec **Nicolas II** qui refuse de revenir aux réformes et semble plus fait pour mener une paisible vie de famille à Tsarskoïé Selo que pour diriger un empire en crise. Malgré la croissance industrielle de la fin du 19e s., qui voit se développer d'immenses fortunes et quelques empires industriels, comme celui de Poutilov qui emploie quatorze mille ouvriers à St-Pétersbourg, le pays se retrouve au bord du gouffre : incapables de racheter les terres, les paysans s'enfuient vers les villes où ils vivent dans des conditions atroces. Les grèves éclatent dans tout le pays, les ouvriers revendiquant la diminution du temps de travail et l'augmentation des salaires. L'immobilisme de l'État et l'échec de la guerre russo-japonaise poussent à son comble le mécontentement de la population.

Le « dimanche Rouge »

Tout commence le 3 janvier 1905 par une grève aux usines Poutilov qui s'étend rapidement aux autres entreprises de la ville. Le 9 janvier, une manifestation ouvrière non violente de quelque 140 000 personnes, grévistes accompagnés de leurs familles, se dirige vers le palais d'Hiver portant une pétition à Nicolas II. Le massacre aveugle de la foule brandissant les icônes et réclamant la pitié du tsar déclencha l'indignation dans toutes les classes sociales. Ce jour-là, le mythe du « bon tsar », qui survivait encore dans les milieux populaires, s'effondra. Nicolas II fuit la capitale pour son palais de Tsarskoïé Selo et protège un moine débauché, **Grigori Raspoutine**, qui exerce une influence grandissante à la Cour, faisant et défaisant les ministres. L'impopularité du tsar est à son comble.

L'église St-Sauveur-sur-le-Sang-Versé, le magasin Elisseïev, le palais Alexandre à Tsarskoïé Selo.

LE BERCEAU DE LA RÉVOLUTION

L'entrée dans la Première Guerre mondiale sonne la glas de la Russie tsariste. Dans un élan patriotique, St-Pétersbourg prend le nom de **Petrograd**, jugé moins germanique. Mais l'économie russe ne parvient pas à soutenir l'effort de guerre. La hausse des prix et les défaites militaires achèvent de discréditer le tsar, chef de l'armée. À la fin de 1916, la Russie compte 2 000 000 de morts et le double de blessés.

Au début de 1917, les vivres commencent à manquer dans la capitale. La grève des ouvriers de l'usine Poutilov se généralise entre le 20 et le 25 février. Les troupes fraternisent avec la foule. Le tsar abdique le 4 mars et un gouvernement provisoire est constitué. Divisé, il ne parvient pas à résister aux bolcheviks qui s'organisent sous la direction de **Lénine** et de **Trotski**. Rentré d'exil le 3, gare de Finlande, où il s'adresse à la foule du haut de la tourelle d'une voiture blindée, Lénine publie dans *La Pravda* ses *Thèses d'avril* qui stipulent la fin de la guerre, le refus du soutien au gouvernement provisoire et l'instauration du pouvoir des soviets.

Après l'échec d'une tentative de coup d'État entreprise par le général **Kornilov** qui marche sur Petrograd en août 1917,

C. Brett / Michelin

Le croiseur « Aurore », un des symboles de la révolution.

Bridgeman Art Library/Novosti/Galerie Tretyakov, Moscou

Le siège du palais d'Hiver du 7 novembre 1917 vu par Georgi Konstantin Savitski.

les bolcheviks préparent la prise du pouvoir par l'insurrection armée. Dans la nuit du 25 au 26 octobre (7-8 novembre) 1917, après quelques coups tirés du croiseur *Aurore*, le palais d'Hiver est investi par les Gardes rouges soutenus par des soldats et des marins. Le gouvernement provisoire est arrêté. Le pouvoir passe au **Conseil des commissaires du peuple** présidé par Lénine. Le 3 mars 1918, le nouveau gouvernement signe le traité de Brest-Litovsk mettant fin à la guerre avec l'Allemagne et transfère la capitale à Moscou.

La gare de Finlande et la statue de Lénine, le musée d'Histoire politique, le palais Tauride, l'institut Smolny.

LA DEUXIÈME VILLE DE RUSSIE

Au cours de la guerre civile qui s'ensuit, la ville est en proie à la dévastation et à la famine. Avec l'émigration massive commencée après la révolution de février, l'arrêt des usines, les exécutions sommaires perpétrées par la Tcheka, police secrète créée par Lénine, la population chute à 722 000 d'habitants, soit un tiers de ce qu'elle était avant la révolution. Trotski, qui organise la défense de Petrograd à l'aide de l'armée Rouge, réprime en 1921 la **mutinerie des marins de Cronstadt** soulevés contre les bolcheviks.

De Petrograd à Leningrad

La reconstruction commence après la guerre civile. À la mort de Lénine, en 1924, la ville est rebaptisée **Leningrad**. Les deux premiers plans quinquennaux relancent l'économie de la cité : en 1939, elle réalise 10 % de la production industrielle de l'URSS. À la veille de la Seconde Guerre mondiale, la population atteint 3 000 000 d'habitants.

Mais le nouvel homme fort, **Joseph Staline**, nourrit des sentiments hostiles envers l'ancienne cité impériale qu'il considère comme rebelle. Dès lors, Leningrad aura à subir la répression plus lourdement que toute autre ville. Les arrestations se multiplient, Staline visant à détruire les forces politiques et intellectuelles de Leningrad. Plusieurs journaux et maisons d'édition sont fermés, intellectuels et écrivains exilés ou réduits au silence. L'assassinat de **Sergueï Kirov**, chef du parti communiste de Leningrad, le 1er décembre 1934, probablement fomenté par Staline, devient un prétexte pour déclencher les grandes purges. En 1934-1935, des milliers de personnes sont arrêtées et envoyées au Goulag en rapport avec l'affaire Kirov. **Grigori Zinoviev**, un des chefs du parti de Leningrad, est accusé de complicité dans l'assassinat et condamné à mort comme opposant au régime lors des procès de Moscou.

Le musée Kirov, le musée Akhmatova, le musée d'Histoire politique de la Russie.

Le siège de Leningrad

En 1941, rompant le pacte germano-soviétique, Hitler envahit l'URSS. Dès le mois de septembre, Leningrad se trouve encerclée par les armées allemandes. Hitler donne l'ordre de raser la ville qui fut le berceau de la révolution bolchevique. Jusqu'en janvier 1944, Leningrad subit **900 jours de siège** accompagnés de bombardements incessants. Les souffrances de la population soumise à la famine, au froid (l'hiver 1941-1942 fut particulièrement rigoureux) et au feu du blocus nazi furent indicibles. En décembre 1941, la ration quotidienne de pain tombe à 200 g pour les ouvriers et 125 g pour les autres. Seuls les maigres vivres parviennent par la « route de la vie » franchissant le lac Ladoga gelé. Partout, les cadavres s'entassent, les survivants n'ayant pas la force de les emmener au cimetière. Le peintre **Pavel Filonov** meurt de faim et de maladie dans son atelier. Des crimes sont commis pour une carte de rationnement. On recense des cas de folie et de cannibalisme. Il n'y a plus de chauffage. À Moscou, on exploite le « patriotisme » des Léningradois, tout en soumettant leurs lettres à la censure. Le commandant du front de Leningrad demande à Staline d'évacuer la population civile de la ville, mais le « petit père du peuple » s'y oppose. Et pourtant, la ville survit. Le 9 août 1942, la **7e Symphonie** dite **de Leningrad** composée par **Dimitri Chostakovitch** est jouée dans la grande salle de la Philharmonie devant les Léningradois en larmes et retransmise en direct à la radio dans tout le pays. Cette musique dit mieux que les mots les souffrances de la ville assiégée… On estime à 800 000, soit un tiers de la population, le nombre de personnes mortes de faim, de froid et du feu ennemi. Les terribles destructions laissent un spectacle de désolation. Les quartiers périphériques sont totalement détruits, et, avant de se retirer, les Allemands saccagent les résidences impériales, à l'exception d'Oranienbaum resté aux mains des Soviétiques, brûlant les palais et pillant les collections.

Le musée de la Défense et du Siège de Leningrad, le monument aux Défenseurs de Leningrad sur la place de la Victoire.

L'après-guerre

À peine libérée, la ville entreprend sa **reconstruction**. Il ne s'agit pas seulement de restaurer les ruines laissées par les Allemands. On reconstitue les palais dans leur état initial, en retrouvant au besoin des techniques anciennes – travail qui révèle aux Léningradois toute l'importance de leur patrimoine. Les travaux de reconstruction de la ville durent jusqu'aux années 1970. On construit plusieurs ponts, on triple la longueur des quais, on aménage de nombreux espaces verts. La première ligne de **métro** est inaugurée en 1955. L'industrie reprend son élan dans les années 1950. L'afflux de la main-d'œuvre de province provoque une crise du logement que l'on essaie de pallier en construisant à la hâte des cités-dortoirs qui façonnent aujourd'hui le paysage des quartiers périphériques. Les appartements communautaires qui datent également de cette époque constituent encore 9 % du parc de logement, bien que de plus en plus convertis en bureaux et en mini-hôtels…

Les stations de la ligne 1 du métro (Plochtchad Vosstania, Pouchkinskaïa, Avtovo, Kirovski Zavod), les palais totalement reconstruits après la guerre.

De Leningrad à Saint-Pétersbourg

En juin 1991, Leningrad retrouve par référendum son ancien nom de **Saint-Pétersbourg**. La ville accomplit dès lors un travail de mémoire : le théâtre Kirov redevient Mariinski, l'université abandonne le nom de Jdanov, et la plupart des rues reprennent leurs noms d'avant la révolution. Les églises sont rendues au culte. Grâce aux efforts d'**Anatoli Sobtchak**, maire libéral élu en 1991, la ville commence à attirer les investisseurs russes et étrangers. Dans son équipe, on remarque un certain **Vladimir Poutine**, un ancien du KGB, qui devient le premier adjoint en 1994. La même année, à l'occasion des « jeux de Bonne Volonté », les façades de la perspective Nevski sont repeintes, les routes asphaltées.

En 1998, quatre-vingts ans après l'assassinat de Nicolas II et de sa famille à Iekaterinbourg, les obsèques du dernier empereur sont célébrées dans la cathédrale Pierre-et-Paul en présence des descendants des Romanov, du président Eltsine et de nombreuses délégations officielles étrangères.

En 2003, pour les festivités du **tricentenaire** de la ville, d'importants crédits fédéraux sont accordés pour « redorer le blason » de la cité, un peu délaissée les dernières décennies au profit de Moscou. Les travaux dans l'ancienne résidence impériale de Strelna sont menés bon train, le président Poutine décidant d'accueillir ses invités officiels « à la Pierre le Grand », dans le palais Constantin où l'on accède par bateau depuis le golfe de Finlande. Vladimir Poutine y reçoit désormais ses hôtes étrangers. Il est le meilleur ambassadeur de sa ville natale et y accueille le G8 en 2006.

St-Pétersbourg aujourd'hui

À l'aube du 21e s., St-Pétersbourg est en pleine effervescence : construction du périphérique, achèvement de la digue qui doit protéger la ville, poursuite des travaux de restauration dans le centre historique, vaste programme de développement du métro et renouvellement du parc des tramways et des trolleybus… La cité joue à fond la carte du tourisme. De nouveaux hôtels et restaurants ouvrent chaque jour. D'ici 2010, 30 000 chambres devraient être disponibles. Quelque 500 mini-hôtels, ouverts le plus souvent dans d'anciens appartements communautaires du centre historique, ont un succès grandissant. Des investisseurs étrangers (Toyota, Nissan, General Motors, Motorola, Intel) et les plus grandes sociétés russes (Gazprom neft et le géant automobile AvtoVaz) s'implantent. Comme au temps de son fondateur, la ville fait appel à des architectes étrangers pour réaliser des projets grandioses, souvent controversés, qui alimentent les conversations au coin des rues. La construction de la déjà fameuse **tour** de Gazprom de 300 m (hauteur de la tour Eiffel), en forme de flamme aux multiples facettes de verre, en face du monastère de Smolny sur la rive droite de la Neva fait couler beaucoup d'encre. Ce projet de **Okhta-centre**, financé à 51 % par le géant Gazprom et 49 % par la municipalité, est confié à un groupe d'architectes anglais, RMJM. La tour, symbole de dynamisme économique, devrait être érigée d'ici 2012. Sur 70 ha, vont jaillir du sol autour de la tour, au mépris des règles édictées par Pierre le Grand, un centre d'affaires, des bâtiments pour entreprises, un hôtel 5 étoiles, un musée d'art contemporain, des salles de théâtre et de concert, des équipements sportifs... Souhaitant réhabiliter ce quartier de Krasnogvardeïski, au confluent de la Neva et de l'Okhta et donner à St-Pétersbourg une nouvelle dimension, le gouverneur Valentina Matvienko soutient énergiquement ce projet en dépit de l'opposition du directeur de l'Ermitage, Mikhail Piotrovski, des réticences de l'Unesco et de nombre de Pétersbourgeois. Le célèbre architecte anglais Norman Foster, qui, par ailleurs, va ériger une tour de 600 m à Moscou, s'est vu confier la transformation de la **Nouvelle Hollande**, ces vastes entrepôts en briques rouges, érigés au 18e s. pour la marine russe, en vaste complexe culturel et commercial. Enfin le **Théâtre Mariinski** a ouvert une nouvelle salle de concert de 1 000 places dans les anciens ateliers de décor du théâtre sous la conduite d'un architecte français, Xavier Fabre. Un autre français, Dominique Perrault, a été sélectionné à l'unanimité en 2003 parmi onze autres architectes pour effectuer l'agrandissement du théâtre. Son projet : un « cocon » en verre et en aluminium dans le style high-tech. Le chantier a pris du retard mais devrait être terminé en 2009.

En pleine mutation, St-Pétersbourg a le vent en poupe. Pendant sa présidence, Vladimir Poutine a puisé dans le vivier de sa ville natale. Une grande partie du gouvernement et des personnes influentes du pays sont originaires de St-Pétersbourg. Pendant cette période « bénie », la ville profite de retombées bien utiles à entretenir son précieux et fragile patrimoine culturel. Il semble évident que le nouveau président Dmitri Medvedev continue comme son prédécesseur à promouvoir les intérêts de la ville. Le St-Pétersbourg du 21e s. reste une ville au rayonnement culturel incomparable, éternellement jeune et pleine de vie, ouverte sur l'Europe et le Monde, conformément aux vœux de son fondateur.

*La sépulture des Romanov, le palais Constantin à Strelna (*Константиновский дворец*), sur la route de Peterhof (train de la gare de la Baltique jusqu'à la station Strelna, ou mini-bus n° 103 du M° Leninski Prospekt (*Ленинский проспект*), ligne 1 ou tram n° 36 du M° Avtovo (*Автово*), ligne 1 - tlj sf merc. 10h-17h (dernière entrée 16h).*

Les dates clés de l'histoire de Saint-Pétersbourg

1703 – Fondation par Pierre le Grand.
1712 – St-Pétersbourg devient capitale de la Russie.
1741-1761 – Règne d'Élisabeth Petrovna. Édification de la ville baroque par Rastrelli.
1762-1796 – Règne de Catherine II. Essor du commerce, de l'industrie et des arts.
1800-1820 – Carlo Rossi remodèle la ville dans le style Empire.
1905 – Dimanche Rouge, prélude à la révolution manquée.
1914 – St-Pétersbourg est rebaptisée Petrograd.
1917 – Révolution de Février puis d'Octobre avec la prise du palais d'Hiver.
1918 – St-Pétersbourg perd son statut de capitale.
1924 – La ville prend le nom de Leningrad.
1941-1944 – Siège de Leningrad par l'armée allemande.
1955 – Ouverture de la première ligne de métro.
2003 – Célébration du tricentenaire de la ville qui a repris en 1991 le nom de St-Pétersbourg.

ILS ONT FAIT SAINT-PÉTERSBOURG

Monarques, architectes, peintres, écrivains, compositeurs – leurs œuvres ont marqué l'histoire de la ville et contribué à son rayonnement dans le monde entier.

Anna Akhmatova (1886-1966) – L'une des plus grandes figures de la poésie russe. Épouse du poète **Nicolas Goumiliov** fusillé par les bolcheviks, elle fut réduite au silence par le régime stalinien, son œuvre étant déclarée étrangère à l'esprit de la littérature soviétique. Elle vécut plusieurs années dans un appartement communautaire situé dans l'annexe du palais Cheremetev et qui abrite aujourd'hui un musée consacré à sa vie et à son œuvre. Réhabilitée après la mort de Staline, elle composa alors des œuvres dédiées à la mémoire des victimes de la répression stalinienne : *Poème sans héros* et *Requiem* (transmis oralement jusqu'en 1962, année où ils purent enfin être imprimé).

Alexandre II (1818-1881) – C'est bien involontairement que le « tsar libérateur » ainsi surnommé en raison de sa décision d'abolir le servage contribua à l'enrichissement du patrimoine architectural de sa capitale : c'est en effet sur les lieux mêmes de l'attentat qui lui coûta la vie que son fils et successeur fit élever en sa mémoire l'église du St-Sauveur-sur-le-Sang-Versé à l'imitation de la cathédrale Basile-le-Bienheureux de Moscou.

Léon Bakst (1866-1924) – Peintre et décorateur né à St-Pétersbourg, membre du mouvement *Mir Iskousstva (Le Monde de l'Art)*, il créa des décors et des costumes pour les Ballets russes.

Alexandre Blok (1880-1921) – Principal poète du symbolisme russe, né à St-Pétersbourg. Auteur d'une œuvre marquée par le mysticisme et l'angoisse tragique, il est surtout admiré pour son poème symbolique *Les Douze*, dont les personnages, douze soldats précédés d'un Christ invisible, s'en vont à travers St-Pétersbourg servir la révolution, en molestant les bourgeois.

Iossif (Joseph) Brodski (1940-1996) – Poète né à Leningrad, il fut condamné en 1964 pour « parasitisme social », et jusqu'à la perestroïka, dut publier ses œuvres clandestinement. En 1972, il émigra aux États-Unis, écrivant dès lors autant en russe qu'en anglais. Auteur de *La Fin d'une belle époque*, *La Partie du discours*, *Urania*, il publia également des pièces de théâtre et un essai *Loin de Byzance*. Prix Nobel de littérature en 1987.

Catherine II (1729-1796) – Princesse allemande mariée à Pierre III, elle s'empara du trône à la faveur d'un coup d'État en 1762. Au cours des trente-quatre ans de son règne, le plus remarquable en Russie après celui de Pierre le Grand, la Russie devient une grande puissance européenne. Protectrice des arts et des lettres, amie de Diderot, Voltaire et d'Alembert, elle s'entoura d'artistes, embellit St-Pétersbourg de magnifiques palais, favorisa l'instruction et les mouvements littéraires et fonda la collection de l'Ermitage.

Dimitri Chostakovitch (1906-1975) – Ce compositeur est l'auteur de très nombreuses œuvres symphoniques dont la plus célèbre est la *7e Symphonie*, dite de *Leningrad*, consacrée aux souffrances de sa ville natale assiégée par les nazis.

Serge de Diaghilev (1872-1929) – Critique d'art et imprésario russe. Il fonda avec Léon Bakst et Alexandre Benois la revue *Mir Iskousstva (Le Monde de l'Art)* et organisa en Russie la première exposition d'impressionnistes français. En 1909, il constitua la célèbre troupe des Ballets russes avec des danseurs du théâtre Mariinski. Ses créations connurent à Paris un véritable triomphe.

Fiodor Dostoïevski (1821-1881) – Écrivain très renommé dont les œuvres ont marqué la littérature mondiale. St-Péters bourg sert de toile de fond à la plupart de ses romans – *Les Pauvres Gens*, *Les Nuits blanches*, *Mémoires écrits dans un souterrain*, *Journal d'un écrivain*, *L'Idiot*, *L'Adolescent*. Mais c'est sans doute *Crime et Châtiment* qui offre l'image la plus saisissante de la ville, avec sa splendeur et sa misère, et qui constitue un personnage à part entière du roman.

Élisabeth Petrovna (1709-1762) – Fille de Pierre le Grand, tsarine de 1741 jusqu'à sa mort. Son règne, marqué par le développement du commerce et de l'industrie, apporta la prospérité à St-Pétersbourg qui se couvrit de palais baroques et devint un centre éducatif et artistique.

Étienne-Maurice Falconet (1716-1791) – Sculpteur français, auteur du fameux *Cavalier de bronze* qu'il créa en collaboration avec sa jeune élève, **Marie-Anne Collot**.

Pavel Filonov (1883-1943) – Peintre né à Moscou, il passa la plus grande partie de sa vie à St-Pétersbourg. Créateur de la « peinture analytique » qui exprimait sa philosophie de l'existence, il fonda en 1925 à Petrograd l'école des Maîtres de l'Art analytique. Mort de faim et de maladie dans Leningrad assiégé, il avait fait don de ses toiles au Musée russe qui s'empressa de les dissimuler dans ses réserves. Redécouverte il y a une vingtaine d'années, son œuvre géniale le fait aujourd'hui considérer comme l'un des plus fameux peintres du 20e s.

Mikhaïl Glinka (1804-1857) – Compositeur, auteur des premiers opéras russes *La Vie pour le tsar* et *Rouslan et Ludmila*. On lui doit également de nombreuses pièces de musique de chambre, de musique d'église et des mélodies.

Nicolas Gogol (1809-1852) – Romancier et auteur dramatique russe né en Ukraine, il s'installe en 1828 à St-Pétersbourg où il occupe un poste de petit fonctionnaire. St-Pétersbourg est le cadre de ses nouvelles les plus célèbres, *Le Journal d'un fou*, *La Perspective Nevski* et *Le Nez*, qui mêle le rêve à la réalité.

Kazimir Malevitch (1878-1935) – Il fut avec Kandinsky et Mondrian l'un des fondateurs et théoriciens de l'art non figuratif. En 1915, son œuvre la plus connue, *Carré noir sur fond blanc*, fut exposée à Petrograd lors de l'exposition d'avant-garde « 0,10 » avec 38 autres œuvres qui illustraient le suprématisme, mouvement artistique dont il fut le fondateur.

Auguste de Montferrand (1786-1858) – Il s'appelait Henri Louis Auguste Ricard et son grand-père était entrepreneur de maçonnerie dans la petite cité auvergnate dont il prit le nom, lorsqu'il présenta à Alexandre Ier un carnet d'aquarelles pour répondre au projet de construction d'une cathédrale célébrant la victoire des Russes sur Napoléon. Enthousiasmé, le tsar nomma aussitôt le jeune homme, ancien combattant de l'armée napoléonienne, architecte en chef de la Cour impériale, en dépit de son inexpérience. Et c'est ainsi que le jeune homme édifia la colonne Alexandrine et consacra cinquante ans de sa vie à la cathédrale St-Isaac… où il aurait bien voulu se faire enterrer. Hélas, il n'était pas orthodoxe (disent les uns), il n'était au fond qu'un laquais (prétendent les autres), si bien que cette volonté fut refusée. Ramené par sa veuve à Paris, l'architecte repose au cimetière de Montmartre…

Vaslav Nijinski (1889-1950) – Danseur et chorégraphe d'origine polonaise. Après avoir débuté au théâtre Mariinski en 1907, il devint l'une des figures majeures de la compagnie de Diaghilev qui l'emmena à Paris. Ses interprétations, d'une grâce magique, sont restées légendaires, tandis que ses ballets *L'Après-midi d'un faune* et *Le Sacre du printemps* firent date dans l'histoire de la danse.

Anna Pavlova (1881-1931) – Formée à l'École impériale de danse de St-Pétersbourg, Anna Pavlova entra en 1899 au théâtre Mariinski. Elle y dansa tous les grands rôles du répertoire et créa de nouveaux ballets avec le chorégraphe **Michel Fokine**, qui composa pour elle, en 1907, une variation de gala, *La Mort du cygne*, qu'elle dansa durant toute sa carrière. Elle resta au Mariinski jusqu'à 1913, tout en se produisant à Paris et en formant en 1911 sa propre troupe avec laquelle elle voyagea dans le monde entier. Douée d'un charisme exceptionnel, elle est devenue, de son vivant, le mythe de la danse classique.

Marius Petipa (1818-1910) – Ce danseur et chorégraphe français est considéré comme le fondateur de la danse russe. Invité à St-Pétersbourg en 1847 comme premier danseur, il devint maître de ballet et entama une longue carrière de chorégraphe au cours de laquelle il signa ses chefs-d'œuvre *La Belle au bois dormant*, *Cendrillon*, *Raymonda*, *Le Lac des cygnes*.

C. Brett / Michelin

Pierre le Grand veillant sur sa ville.

Pierre Ier le Grand (1672-1725) – Fondateur de la ville, il est le véritable héros de St-Pétersbourg ; tout y rappelle ce grand tsar, du plan d'urbanisme jusqu'aux noms des rues et des quais en passant par les palais et les monuments érigés en son honneur. Le lien indissoluble des Pétersbourgeois avec le père de la ville est encore souligné par les nouveaux mariés qui, le jour de leurs noces, viennent déposer une gerbe au pied du *Cavalier de Bronze*.

Alexandre Pouchkine (1799-1837) – Le plus grand auteur russe, poète, romancier et dramaturge, il passa plusieurs années à St-Pétersbourg. Il étudia au lycée impérial de Tsarskoïé Selo, puis vécut dans la capitale avant d'être exilé dans les provinces du Sud pour ses écrits politiques. Revenu à St-Pétersbourg après son mariage avec la belle Natalia Gontcharova, il consacra à la capitale son célèbre poème *Le Cavalier de Bronze* et mourut dans sa maison des quais de la Moïka, à la suite des blessures reçues au cours d'un duel.

Vladimir Poutine (1952-) – Président de la Russie en 2000, année où il succéda à Boris Eltsine, puis réélu en 2004. Originaire de St-Pétersbourg, il contribua à la rénovation des musées et des monuments de la ville pour les fêtes du tricentenaire, et réhabilita le palais de Strelna devenu aujourd'hui résidence présidentielle « maritime ».

Giacomo Quarenghi (1744-1817) – Architecte originaire de Bergame, formé à Rome et très influencé par Andrea Palladio, il imposa à St-Pétersbourg le portique à colonnes corinthiennes. Parmi l'immense héritage architectural qu'il laissa, citons l'institut Smolny, l'Académie des sciences sur l'île Vassilievski et le charmant théâtre de l'Ermitage.

Bartolomeo Francesco Rastrelli (1700-1771) – Architecte d'origine italienne, fils du sculpteur et architecte **Carlo Bartolomeo Rastrelli**. Nommé architecte de la Cour par Élisabeth Petrovna, il édifia de nombreux palais baroques. Ses œuvres les plus célèbres (le palais d'Hiver, le monastère Smolny et le palais Catherine de Tsarskoïé Selo) en ont fait un des symboles de la ville.

Ilia Repine (1844-1930) – Peintre russe, membre du groupe des Ambulants qui voulait apporter l'art au peuple. Il pratiqua un art réaliste, souvent critique de la réalité sociale *(Les Haleurs de la Volga)*, et réalisa aussi des peintures historiques *(Ivan le Terrible étreignant le cadavre de son fils)* et de remarquables portraits d'écrivains et de compositeurs russes. Après la révolution, sa maison-atelier « Les Pénates », située à une cinquantaine de kilomètres au nord-ouest de St-Pétersbourg, se retrouva en territoire finlandais. Malgré les invitations des dirigeants soviétiques, il préféra finir ses jours dans son atelier, aujourd'hui transformé en musée.

Nikolaï Rimski-Korsakov (1844-1905) – Un des plus grands compositeurs russes, auteur de quinze opéras, deux symphonies, de pièces de musique de chambre et de l'harmonisation de nombreuses chansons russes (et des opéras laissés inachevés par certains de ses confrères, comme Modest Moussorgski), il fut longtemps professeur au conservatoire de St-Pétersbourg qui porte aujourd'hui son nom.

Carlo Rossi (1775-1849) – Architecte d'origine italienne, maître du style Empire, qui remodela le centre de St-Pétersbourg en construisant de grands ensembles tels que le palais Michel avec la place des Arts, l'édifice de l'État-Major sur la place du Palais, le théâtre Alexandra et la rue qui porte aujourd'hui son nom, chef-d'œuvre d'harmonie et d'équilibre.

Anton Rubinstein (1829-1894) – Pianiste de réputation mondiale, auteur d'œuvres symphoniques, d'opéras et de concertos pour piano, il fonda en 1862 le conservatoire de St-Pétersbourg.

Anatoli Sobtchak (1937-2000) – Ce fut le premier maire élu de la ville après la chute du régime communiste (1991-1995). Ses efforts ont contribué à la reprise par la capitale du Nord de son nom historique de Saint-Pétersbourg. Très populaire, il manqua de justesse d'être réélu au poste de maire en 1996 (échec sans doute dû à la falsification des élections). Grande figure de la démocratie, partisan des réformes libérales, il fut victime d'une campagne mensongère dans la presse très probablement fomentée par les services secrets. Décédé à Svetlogorsk, dans la région de Kaliningrad, il fut enterré au cimetière St-Nicolas de la laure Alexandre-Nevski, après une grande cérémonie d'adieux au palais de Tauride.

Igor Stravinski (1882-1971) – Né à Oranienbaum, à une quarantaine de kilomètres de St-Pétersbourg, il est le célébrissime auteur des partitions des Ballets russes qui déchaînèrent tant de passions à Paris : *L'Oiseau de feu*, *Petrouchka* et *Le Sacre du printemps*. Mort citoyen américain après avoir été français, il a été inhumé à Venise, « sa ville de cœur ».

Agrippina Vaganova (1879-1951) – Danseuse étoile du théâtre Mariinski, elle fut l'une des rares artistes connues qui refusèrent d'émigrer après la révolution. Elle se consacra à l'enseignement et fut pendant trente ans professeur de chorégraphie à l'École de ballet de Leningrad (depuis 1992, l'Académie de ballet russe de St-Pétersbourg) qui porte aujourd'hui son nom et forma une pléiade de danseuses et danseurs devenus à leur tour des étoiles. Elle exposa sa méthode dans *Les Fondements de la danse classique* publiés en 1934.

Art et culture

Ville d'art et d'architecture où tous les styles se sont succédé, grand pôle culturel avec une multitude de théâtres et de salles de concerts, St-Pétersbourg est fière de son patrimoine dont la richesse exceptionnelle en fait la ville la plus visitée de Russie.

L'ARCHITECTURE

Dès sa fondation, St-Pétersbourg fut placée sous l'influence européenne. Fasciné par l'Occident, Pierre Ier rompt avec la tradition moscovite, et invite des architectes étrangers. Le premier venu en 1703 est le Suisse italien **Domenico Trezzini** qui va dessiner les plans de la cité et construire les premiers édifices, comme le palais d'Été conçu sur le modèle de maisons pour notables (un des quatre types de demeures imposés par le tsar dans sa capitale), la cathédrale de la forteresse Pierre-et-Paul, l'église de l'Annonciation du monastère Alexandre-Nevski et le bâtiment des Douze Collèges, (devenu l'université). Mais c'est le palais Menchikov, construit par l'Italien **Fontana** et l'Allemand **Schädel** sur l'île Vassilievski, qui offre le meilleur exemple de ce style **baroque pétrovien**, avec ses fenêtres à petits carreaux, ses pilastres corinthiens et son toit mansardé à la française. Quant à Peterhof, c'est un Français, **Jean-Baptiste Leblond**, qui le dessine sur le modèle de Versailles.

Le palais d'Été, la cathédrale Pierre-et-Paul, la Kounstkamera, les Douze Collèges, le palais Menchikov, Peterhof.

Sous les règnes d'Anna Ioannovna et Élisabeth Petrovna, St-Pétersbourg entre dans l'ère du **baroque russe**. Son représentant le plus illustre est **Bartolomeo Francesco Rastrelli** qui, pendant trente ans, couvre la ville d'édifices féeriques. Des cariatides, des corniches, des colonnes et des pilastres surgissent de toutes parts, se reflétant dans les rivières et les canaux. Le blanc des colonnes ressort merveilleusement sur le fond bleu et vert – couleurs préférées de Rastrelli. Le palais d'Hiver avec son abondance de moulures et de pilastres, le palais Stroganov qui déploie ses cariatides à l'angle de la perspective Nevski et la cathédrale Smolny qui réussit une heureuse synthèse du baroque italien et de l'architecture russe, sont parmi les œuvres les plus connues du maître. Le palais Catherine de Tsarskoïé Selo constitue l'apogée du baroque rastrellien avec son immense façade bleu azur ornée de colonnes et d'atlantes. **Savva Tchevakinski**, élève de Rastrelli, construit la magnifique église St-Nicolas-des-Marins.

Le palais d'Hiver, le palais Stroganov, le monastère Smolny, l'église St-Nicolas-des-Marins, le Grand Palais de Peterhof, le palais Catherine de Tsarskoïé Selo.

Possédée par la « fureur de bâtir », Catherine II renvoie Rastrelli et fait appel à des architectes nourris de culture antique. Commence alors la grande époque du **classicisme**. **Vallin de La Mothe** conçoit le sobre édifice du Petit Ermitage, destiné à abriter les collections de la tsarine. **Antonio Rinaldi** est chargé de la construction du palais de Marbre. Le jeune **Giacomo Quarenghi**, qui ne jure que par Palladio, impose le portique à colonnes corinthiennes soutenant un fronton triangulaire. L'Écossais **Charles Cameron**, fin connaisseur de l'Antiquité, est invité à dessiner des intérieurs de Tsarskoïé Selo. Les architectes russes sont mis à contribution avec **Ivan Starov**, auteur du palais Tauride inspiré du Panthéon de Rome, tandis que se développe le goût pour le **style chinois**.

Classicisme : le Petit Ermitage, le palais de Marbre, l'Académie des sciences, le Gostiny Dvor, le palais Tauride, la galerie de Cameron, le pavillon d'Agate et le palais Alexandre à Tsarskoïé Selo, ainsi que le palais de Pavlovsk. Pour les « chinoiseries » : le palais chinois à Oranienbaum, le « village chinois » à Tsarskoïé Selo.

C. Brett / Michelin

Sous les arcades du Gostiny Dvor.

L'engouement pour l'antique trouve son apogée sous le règne d'Alexandre Ier avec le **style Empire** chargé d'exprimer la puissance impériale. Les édifices deviennent pompeux : le Français **Thomas de**

Thomon construit une Bourse aux allures de temple grec, **Andrian Zakharov** reconstruit l'Amirauté sous forme d'un arc de triomphe surmonté d'un temple ionique. Quant à la cathédrale Notre-Dame-de-Kazan, commandée à **Andreï Voronikhine**, elle prend pour modèle St-Pierre de Rome. Cette époque voit également les premières réalisations de **Carlo Rossi**, qui entreprend de bâtir de grands ensembles parfaitement homogènes. La couleur jaune des façades se substituant aux teintes bleues et vertes de Rastrelli devient la référence classique. Avec leurs portiques, leurs pilastres corinthiens et leur fronton, le palais Michel et le théâtre Alexandra révèlent le raffinement du style Empire. Après l'accession au trône de Nicolas Ier, Rossi aménage de vastes ensembles comme la place du Sénat qui, avec les bâtiments du Sénat et du Synode réunis par un arc de triomphe, semble conçue pour servir de décor à des défilés militaires. Mais c'est l'État-Major sur la place du Palais, avec son interminable façade semi-circulaire, qui reste son ouvrage le plus spectaculaire.

La Bourse sur l'île Vassilievski, l'Amirauté, le palais Michel, le théâtre Alexandra, l'État-Major, la place du Sénat.

Au milieu du 19e s., le style Empire se voit supplanté par l'**éclectisme**, subtil mélange des styles les plus divers. L'un des exemples en est l'intérieur de la cathédrale St-Isaac édifiée par **Auguste de Montferrand** sur le modèle de St-Paul de Londres et du Panthéon de Paris. Mélange de baroque et de classique, elle inclut également des éléments russes, italiens, byzantins, etc. Parallèlement, on assiste au développement de l'**historicisme** qui opère un retour vers l'architecture d'autrefois. Le néogothique, le néobaroque, le néo-Renaissance sont à la mode et donnent quelques réussites comme le palais Belosselski-Belozerski, œuvre d'**Andreï Stackenschneider**, l'église St-Sauveur-sur-le-Sang-Versé édifiée par **Alfred Parland**, la petite église de Tchesmé, néogothique, construite par **Iouri Velten** dans la banlieue sud de la ville.

Pour le style éclectique : la cathédrale St-Isaac, le palais Marie, le théâtre Mariinski. Pour les styles « néo » : le palais Belosselski-Belozerski, l'église St-Sauveur-sur-le-Sang-Versé, l'église de Tchesmé (Oul. Lensoveta (Ул. Ленсовета) *12, M° Moskovskaïa*/Московская, *ligne 2), le Cottage et la chapelle du parc Alexandrie près de Peterhof.*

Au tournant du 20e siècle, avec l'**Art nouveau**, les façades se couvrent de détails qui font de certaines rues, comme l'avenue Kamennoostrovski, de véritables musées à ciel ouvert. Ce style est surtout présent sur l'île Petrogradskaïa qui voit la construction d'immeubles en pierre à l'époque de son essor. Le pont de la Trinité, construit pour le bicentenaire de la ville sur le modèle du pont Alexandre III à Paris, la maison bâtie par **Fiodor Lidval** en bas de la perspective Kamennoostrovski, l'hôtel élevé par **Alexandre von Goguen** pour la ballerine Kchessinskaïa, en sont autant d'exemples. D'autres édifices furent marqués par ce style, comme l'hôtel *Astoria* élevé par Lidval, le magasin Elisseïev construit par **Gavriil Baranovski** et même la mosquée qui imite le mausolée de Gour Emir à Samarkand !

Le pont de la Trinité, l'hôtel Kchessinskaïa, la maison Lidval, l'ancienne banque Azov-et-Don, l'hôtel Astoria, *le magasin Elisseïev (surtout l'intérieur).*

Si l'époque soviétique épargna le cœur historique de St-Pétersbourg, elle imposa son **style monumental** à certains quartiers périphériques de la ville. C'est le cas des quartiers du sud que l'on traverse en venant de l'aéroport par l'avenue Moskovski prospekt, que bordent des immeubles massifs, d'une majesté austère. Au fond de la place Moskovskaïa d'un monumentalisme hors pair, un immense immeuble à colonnes devait abriter le Soviet de Leningrad. En son centre, l'une des dernières statues de Lénine encore debout (cette statue est surnommée le « Lénine dansant » !). L'art officiel soviétique ne fut pas sans réussites, comme les stations du métro, et le monument aux Défenseurs de Leningrad, œuvre du sculpteur **Anikouchine**.

Moskovski prospekt, place Moskovskaïa, les stations de métro de la ligne 1, le monument aux Défenseurs de Leningrad.

L'après-guerre fut entièrement tournée vers l'effort de reconstruction. On restaure et on reconstruit à l'identique les palais impériaux des environs. Les quartiers périphériques, détruits par les bombardements, se couvrent de cités-dortoirs composées d'immeubles aux appartements exigus appelés « khrouchtchovki » du nom du successeur de Staline. Sous Brejnev, surgissent des mastodontes où logent les groupes de touristes encadrés. L'avenir de ces établissements reste incertain, car la ville développe aujourd'hui des infrastructures hôtelières à échelle plus humaine, notamment dans des bâtiments historiques, la construction étant interdite dans le centre classé par l'Unesco au patrimoine de l'humanité.

VIE ARTISTIQUE ET CULTURELLE

Comme on le devine peut-être, **Pierre le Grand**, absorbé par la construction de sa capitale, œuvra surtout dans le domaine de l'architecture. On peut considérer comme la première manifestation de la vie culturelle de la ville l'ouverture en 1719 de la Kounstkamera, où les visiteurs, après avoir contemplé la collection de monstres, se voyaient offrir un réconfortant verre de vodka. Malgré ses goûts particuliers, le souverain n'était pas insensible à l'art et rassembla une collection de peintures hollandaises dans son palais de Peterhof et des statues italiennes pour son jardin d'Été.

Premier essor

Sous le règne d'Anna Ioannovna, la vie artistique de la capitale se fait plus raffinée. Le public découvre l'opéra et le ballet, par le biais de troupes italiennes. En 1738, un maître de ballet français, **Jean-Baptiste Landais**, crée une école qui deviendra vite célèbre. Des Italiens importent la *commedia dell'arte* sur les rives de la Neva. Passionnée de théâtre, Élisabeth Petrovna fait venir en 1742 une troupe française. À partir de 1747-1748, les élèves du corps des cadets jouent pour la Cour des tragédies et des comédies, en français puis en russe. En 1749, la première tragédie russe *Khorev*, œuvre de **Soumarokov**, est mise en scène. Bientôt, les spectacles sont montés au palais d'Hiver, où un théâtre est construit. 1756 est la date de la fondation officielle du premier théâtre russe.

Un an plus tard, la création de l'Académie des beaux-arts marque le début d'une nouvelle étape. Dirigée d'abord par des artistes français, elle devient vite un établissement réputé qui formera des grands maîtres. C'est également Élisabeth Ire qui fonde en 1744 la Manufacture impériale de porcelaine, grâce notamment à **Dimitri Vinogradov** qui découvre le secret de la production de « l'or blanc ». La science se développe avec les découvertes du génial autodidacte **Lomonossov**, auteur de nombreuses découvertes, d'une grammaire qui réforme la langue littéraire russe (1755), et qui relance la mosaïque en fondant une fabrique vouée à cet art.

Catherine II se découvre une passion de collectionneuse. Elle achète d'importantes œuvres d'art européennes qu'elle dispose dans le Petit Ermitage. Les grands seigneurs suivant son exemple, St-Pétersbourg devient un grand marché de l'art. Intéressée par la philosophie des Lumières, l'impératrice invite Diderot et correspond avec Voltaire. Si ce dernier n'est jamais venu, sa bibliothèque au moins est arrivée dans la capitale, puisqu'elle fut acquise par la tsarine à la mort du philosophe. Favorisant l'éducation, Catherine fonda plus de 25 institutions académiques dont le fameux institut Smolny, école pour jeunes filles nobles, dont le peintre **Dimitri Levitski** immortalisa les pensionnaires.

Alexandre Ier continue cette œuvre en créant des établissements scolaires secondaires et supérieurs, dont le plus connu est le lycée impérial de Tsarskoïé Selo où étudia le jeune **Pouchkine**. L'université ouvre ses portes en 1819. Apparaissent alors de jeunes intellectuels qui se réunissent dans des **salons** marqués par un grand esprit de liberté. Si certains deviennent des sociétés secrètes, comme celles des futurs décembristes, la plupart se concentrent sur la littérature. Ils réunissent les poètes Pouchkine, **Delwig**, **Ioukovski**, **Viazemski**, et l'historien **Karamzine**. Plus tard, on y accueille **Lermontov**, **Gogol**, ainsi que des musiciens comme Berlioz, Liszt, Schumann, **Glinka** et **Dargomyski**.

Effervescences culturelles

En ce début du siècle, le romantisme règne dans le monde des arts et des lettres. Outre Pouchkine et Lermontov, Vladimir **Odoïevski**, auteur des *Nuits russes*, et les peintres **Orest Kiprenski**, **Ivan Aïvazovski** et **Karl Brioullov**, auteur du *Dernier Jour de Pompéi*, qui provoqua l'effroi des Pétersbourgeois, marqués par la terrible inondation de 1824, se rattachent à ce courant.

La critique sociale apparaît avec Gogol, débarqué de son Ukraine natale, qui dresse un portrait satirique des fonctionnaires de la capitale dans ses *Nouvelles de Pétersbourg*. En 1836, la création du *Revizor* au théâtre Alexandra suscite des polémiques qui obligent l'auteur à quitter la ville. De nombreuses revues littéraires apparaissent, dont *Les Annales de la patrie* et *Le Contemporain* qui réunissent la fine fleur des hommes de lettres : le poète **Nekrassov**, les écrivains **Gontcharov**, **Saltykov-Chtchedrine**, **Tchernychevski**, les critiques **Bielinski** et **Dobrolioubov**...

Dans la seconde moitié du 19e s., la vie artistique de la capitale est en plein essor. **Dostoïevski** fait frémir toute la ville avec *Crime et Châtiment*. En 1862, **Anton Rubinstein** fonde le Conservatoire qui devient le haut lieu de la vie musicale. Celle-ci voit naître une musique nationale, dont **Glinka** fut le fondateur, et qui trouve l'un de ses grands représentants en **Balakirev**. Son concert de musique slave de 1867, acclamé par tout St-Pétersbourg, entraîne la création du **groupe des Cinq** réunissant **Moussorgski**, **Borodine**, **Cui** et **Rimski-Korsakov**. Leurs sujets tirés de l'histoire et du folklore russes connaissent un énorme succès, en particulier l'opéra de Moussorgski *Boris Godounov* représenté au Mariinski en 1874. Cette époque voit aussi le renouvellement de la peinture dont les jeunes représentants, en rupture avec l'art officiel de l'Académie, créent le mouvement des **Ambulants**, proche de la réalité russe. **Kramskoï**, **Savrassov**, **Sourikov**, **Chichkine**, **Levitan** font partie de ce mouvement dont le plus grand représentant est **Repine**, l'auteur des célèbres *Haleurs de la Volga*.

À la fin du 19e s., la capitale entre dans une période d'effervescence artistique. Ces années voient le triomphe du chorégraphe **Marius Petipa** qui, en collaboration avec **Tchaïkovski** et **Glazounov**, crée *La Belle au bois dormant*, *Cendrillon*, *Le Lac des cygnes* inspirant des danseurs tels que **Mathilde Kchessinskaïa**. La fondation de la revue *Mir Iskousstva (Le Monde de l'Art)* en 1898 par **Diaghilev**, révèle une nouvelle génération d'artistes (**Léon Bakst**, **Konstantin Somov**, **Alexandre Benois** et **Evgueni Lancerey**) à l'origine du renouveau de l'art graphique. Après 1905, l'essor de la danse voit le triomphe de la compagnie des **Ballets russes**, fondée par Diaghilev, avec les danseurs **Nijinski**, **Pavlova** et **Karsavina**, le chorégraphe **Fokine**, les décorateurs Bakst et Benois. Leurs tournées révèlent au public **Stravinski**.

La poésie vit au début du 20e s. son *âge d'argent*. La vie littéraire s'épanouit dans les salons du romancier **Dimitri Merejkovski** et sa femme **Zinaïda Hippius**, de **Fiodor Sologoub**, du poète-philosophe **Viatcheslav Ivanov**, dont la célèbre « Tour » de la rue Tauride est fréquentée par **Andreï Biely**, **Anna Akhmatova**, **Alexandre Blok**... Les soirées au *Chien errant*, café de la place des Arts où se croisent des symbolistes, réalistes, acméistes et peintres du *Monde de l'Art*, mais aussi Marinetti, Verhaeren, Paul Fort et Richard Strauss sont restées célèbres. **Meyerhold** monte à cette époque ses premiers spectacles au théâtre Komissarjevskaïa, puis au théâtre Alexandra. **Maïakovski**, hante les cafés littéraires de la ville, y fait jouer sa tragédie *Vladimir Maïakovski* et monter son *Mystère Bouffe*. **Malevitch** fonde le suprématisme et fait scandale en 1915 avec son *Carré noir sur fond blanc*.

Années grises et renouveau

Ce bouillonnement créateur prend fin dans les années 1920. L'émigration massive (Merejkovski, Hippius, Nabokov, Berberova, Chagall) et les purges rendent St-Pétersbourg exsangue. Blok meurt de maladie et de désespoir. **Essenine** se suicide à l'*Hôtel d'Angleterre*. Malevitch arrête ses recherches. Akhmatova, dont le mari, le poète **Nicolas Goumiliov**, est fusillé, est réduite au silence. **Mandelstam** disparaît dans un camp. Il n'y a guère que **Chostakovitch** qui poursuit sa création. Il dédie en 1941 sa 7e *Symphonie* à sa ville natale assiégée.

Il faudra attendre la période du « dégel » pour que la culture relève la tête. Anna Akhmatova voit enfin ses poèmes publiés. Dans les studios Lenfilm, **Grigori Kozintsev** réalise ses belles adaptations de *Hamlet* et du *Roi Lear*. Les réalisateurs **Alexeï Guerman** *(Vingt Jours sans guerre)* et **Gleb Panfilov** (*Pas de gué dans le feu*, *Le Début*) font entendre une autre voix.

Sous les années de plomb de Brejnev, Leningrad devient un centre de la culture « underground » avec les écrivains **Iossif Brodski**, **Sergueï Dovlatov** et **Andreï Bitov**. La campagne contre Brodski, emprisonné pour « parasitisme », est emblématique de cette époque où les « dissidents » sont expulsés et déchus de leur nationalité. Brodski doit s'exiler en 1972 aux États-Unis. D'autres recourent au « samizdat », comme Dovlatov, dont aucun livre n'a été publié en URSS. Les œuvres de Bitov sont interdites de publication après la sortie en 1978 en Occident de *La Maison Pouchkine*. Il faut attendre la perestroïka pour voir publier les œuvres interdites auparavant.

Dans la seconde moitié des années 1980, c'est une avalanche de publications. Le public acclame **Boris Grebenchtchikov** et son groupe *Aquarium*, et **Alexandre Rosenbaum**, grande figure de la chanson contemporaine. Les studios Lenfilm accueillent **Alexandre Sokourov** (*Pages cachées*, *L'Arche russe*), **Vitali Kanevski** *(Bouge pas, meurs, ressuscite)*, ou **Lidia Bobrova** (*Dans ce pays-là*, *Baboussia*). Avec une cinquantaine de théâtres, dont le Grand Théâtre dramatique (BDT) et le Petit Théâtre dramatique Maly dirigé par le très populaire **Lev Dodine**, le théâtre de danse contemporaine dirigé par **Boris Eifman**, et des dizaines de galeries d'art dont le centre d'art contemporain Pouchkinskaïa-10, St-Pétersbourg dispute aujourd'hui à Moscou le titre de plus grand centre culturel du pays.

Symboles d'une ville

CANAUX ET RIVIÈRES

Surnommée la « Venise du Nord », St-Pétersbourg est sillonnée d'un dense réseau de canaux et de rivières (sans oublier le grand fleuve et ses divers bras), que bordent les façades baroques ou classiques d'innombrables palais et églises, et qu'enjambent de ravissants ponts, parfois en dos d'âne. Les parcourir, que ce soit à pied en longeant leurs quais, loin du brouhaha de la perspective Nevski et d'une circulation automobile anarchique, mais surtout à bord d'un des nombreux bateaux proposant toutes sortes de circuits *(voir p. 342)*, est une façon aussi agréable qu'indispensable de découvrir sous un autre angle les trésors dissimulés de l'ancienne capitale qui, si elle évoque parfois la Sérénissime, fait en d'autres lieux irrésistiblement penser à Amsterdam. Cette omniprésence de l'eau, encore renforcée par la proximité de la mer Baltique et par le ballet des navires glissant sur l'immense Neva (sans oublier les nombreux marins qui déambulent dans les rues) donne à St-Pétersbourg sa personnalité inimitable.

Qu'elle soit fluide ou glacée, la **Neva** est omniprésente. Si les digues et un barrage permettent aujourd'hui de réduire les risques d'inondation (celle de 1824, dramatique, et immortalisée par **Pouchkine** dans *Le Cavalier de Bronze*, reste dans toutes les mémoires), la majesté du fleuve dont la largeur peut atteindre le kilomètre, et que borde, entre autres trésors, le fabuleux palais d'Hiver ne peut que frapper le visiteur. Empruntez donc de préférence un hydroglisseur pour vous rendre à Peterhof parmi l'intense circulation maritime et admirez les immenses navires qui glissent majestueusement sur l'eau. Et, si vous êtes à St-Pétersbourg durant les fameuses Nuits blanches, profitez-en (tout en veillant à rester sur la rive de votre hôtel...) pour assister au spectacle fabuleux de la levée des ponts illuminés afin de laisser le passage aux navires de fort tonnage.

LES NUITS BLANCHES

De la fin mai à la mi-juin, St-Pétersbourg bénéficie de sa longitude septentrionale pour jouir de la lumière chaque jour pendant une vingtaine d'heures. C'est bien évidemment en cette saison où le jour semble ne jamais devoir s'achever que la cité se montre la plus animée, festivals et concerts se succédant en divers points de la ville qui semble entrer alors en fête... Mais c'est aussi un enchantement de pouvoir se promener jusqu'à des heures avancées à la lumière du jour le long des paysages romantiques des canaux. En revanche, une fois arrivé dans votre chambre d'hôtel, pensez à tirer les rideaux ou à fermer les volets de votre chambre, faute de quoi vous seriez réveillé par la douce caresse du soleil levant... ce qui n'aurait rien de désagréable en soi s'il n'était si matinal...

La contrepartie

Ce sont bien entendu les mois d'hiver lorsque, au froid encore accentué par un blizzard qui sait être réfrigérant (en particulier lorsque l'on s'aventure sur les ponts de la Neva), se joint l'obscurité à peine dissipée autour de midi par une vague luminosité. Et pourtant, l'hiver à St-Pétersbourg conserve ses partisans, charmés par le spectacle de la ville enneigée et du fleuve gelé sur lequel les mordus de la pêche au trou se livrent à leur hobby favori au péril de leur vie, tandis que des piétons imprudents tentent de traverser le fleuve à pied sec pour économiser le détour vers le pont le plus proche...

LES « MORSES »

Si vous vous promenez un jour d'hiver sur les berges de la Neva, en particulier autour de la forteresse Pierre-et-Paul, vous rencontrerez peut-être ces étranges personnages qui, dédaignant les contingences climatiques, vêtus en tout et pour tout d'un maillot de bain, plongent dans la Neva au besoin en brisant la glace qui emprisonne les eaux du fleuve. Se surnommant eux-mêmes les « Morses » (nom qui désigne désormais la « plage » aménagée sous les remparts de la forteresse), jeunes ou plus âgés, hommes et femmes, ils perpétuent une tradition locale, affirmant que leur marotte inoffensive est excellente pour la circulation du sang et la santé en général, opinion que l'on ne peut que respecter à défaut de la partager. Si l'envie irrépressible vous prend de vous mêler à leurs ébats aquatiques, sachez toutefois que la Neva est très polluée dans son parcours urbain.

LES ŒUFS DE FABERGÉ

C'est en reprenant en 1885 une vieille tradition russe, celle d'offrir à ses proches le matin de Pâques un œuf cachant une surprise symbolisant la Résurrection, que le tsar Alexandre III a apporté la gloire à son joaillier préféré, **Peter Carl Fabergé** (1846-1920).

Issu d'une famille qui avait quitté la France après la révocation de l'édit de Nantes, ce dernier avait perpétué la tradition familiale en ouvrant en 1866 un atelier de joaillerie à St-Pétersbourg. Sous l'influence d'un contremaître finlandais, **Erik Kollin**, la renommée de la maison ne fit que grandir, d'autant que Peter Carl, chargé d'établir le catalogue des trésors d'or de la collection impériale et de les restaurer, acquit rapidement une telle maîtrise des techniques anciennes qu'il était impossible au tsar de distinguer l'original de sa copie. Dès lors, les bijoux inspirés de ceux d'autrefois firent courir le tout St-Pétersbourg dans la boutique de Peter Carl qui s'était adjoint les services de son fils Agathon fourmillant d'idées afin de développer la société.

Devenu fournisseur officiel de la famille impériale, c'est tout naturellement que Fabergé, qui tenait désormais boutique dans un immeuble abritant également ses ateliers au n° 24 de la rue Bolchaïa Morskaïa, se voit passer la commande du fameux « œuf à la poule » en or émaillé de blanc. L'objet, qui enrichit la tradition grâce à l'imagination débordante des créateurs de la maison, plaît tant au souverain (et à son épouse Maria Fiodorovna à qui il fut offert) que l'habitude perdure : Alexandre III commande à Fabergé un œuf chaque année, et Nicolas II, une fois arrivé sur le trône impérial en 1894 double la mise, en en offrant un à sa mère et un à sa femme, Alexandra Fiodorovna... si bien qu'entre 1885 et 1916 ce sont cinquante-quatre œufs « impériaux » qui sortent de ses ateliers (encore que l'on ignore si le souverain qui venait d'abdiquer fut en mesure de perpétuer la tradition pour la Pâque 1917), à quoi s'ajoutent quelques copies réalisées pour la haute aristocratie (comme le prince Ioussoupov) ou des magnats de l'industrie, s'empressant de suivre la mode lancée par le Palais.

Les « œufs impériaux » portent les monogrammes MP ou HW, signatures de leurs deux principaux créateurs, assistants de Fabergé, **Mikhaïl Perchine** qui en supervisa la production jusqu'en 1903, avant **Henrik Wigstrom**.

Sur les quarante-sept œufs « impériaux » dont on connaît aujourd'hui la localisation, dix sont conservés à Moscou, dans les collections du Kremlin, le reste figure dans des collections privées, en particulier aux États-Unis dont les milliardaires se sont révélés de grands amateurs du genre : feu Malcolm Forbes n'en possédait-il pas onze dans sa collection personnelle ? Ceux-ci ont toutefois été rachetés par un milliardaire russe qui a manifesté l'intention de les exposer dans la capitale du Nord... une fois réglées un certain nombre de questions d'ordre administratif.

Sachez en tout cas, si l'un d'eux venait à être mis sur le marché, qu'il vous en coûterait une fortune : Forbes a dû débourser en 1976 pour l'œuf au coucou la coquette somme de 1,76 million de dollars.

Quant à la maison Fabergé qui possédait à la veille de la révolution des succursales à Moscou, Odessa, Kiev et Londres et organisait régulièrement des shows dans les grands hôtels de Paris et des villes de villégiature fréquentées par la haute société telles que Nice ou Baden-Baden, elle a dû fermer ses portes après 1917... mais aujourd'hui, une fondation (Fabergé Art Fondation) a entrepris de restaurer l'immeuble de la rue Bolchaïa Morskaïa avec l'ambition d'en faire un musée consacré aux grandes heures de l'entreprise. Peter Carl Fabergé, quant à lui, est mort en exil dans un hôtel suisse. Son fils et principal adjoint **Agathon**, capturé par les bolcheviks, fut employé en 1918 par ses geôliers à dresser le catalogue de la collection de joyaux qui, qu'elle ait appartenu aux tsars ou à des riches industriels, venait d'être nationalisée par le nouveau régime.

LE CROISEUR « AURORE »

C'est dans un monde bien éloigné des fastes impériaux que convie ce navire amarré « côté Petrodsgadskaïa », et c'est pourtant lui aussi un des symboles forts de la ville.

Il n'a pourtant pas l'air bien redoutable, sous ses allures de bateau de guerre, et son action fut plutôt symbolique puisqu'il déclencha une canonnade à blanc sur le palais d'Hiver un soir d'octobre 1917. Mais tel était l'état de décomposition du régime que ce coup de semonce suffit à le faire s'écrouler et déclencher ces « dix jours qui ébranlèrent le monde » pour reprendre l'expression du journaliste américain **John Reed**.

Aujourd'hui un peu oublié des circuits de visite, il témoigne silencieusement d'une époque et d'un siècle révolus, d'enthousiasmes aujourd'hui bien oubliés et d'espoirs que la dure réalité des choses s'est chargée de dissiper.

Perspective Nevski★★★

Nevski Prospekt/Невский проспект

PLAN DE COUVERTURE : B3/C3

La perspective Nevski est incontournable, tant son ambiance et son rythme sont particuliers. Bordée de palais élégants, coupée par des canaux offrant des vues d'une beauté saisissante, elle est par excellence le lieu des flâneries urbaines, avec ses squares et ses places, ses terrasses et ses cafés. Sans même le savoir, comme envoûtés, vous deviendrez prisonnier du lieu : où que vous soyez dans la ville, vos pas vous y ramènent tôt ou tard. Il y a tout sur la Nevski : des musées et des églises de toutes les confessions, des cinémas et des restaurants, des magasins grands et petits, et c'est ici, au milieu d'une foule cosmopolite et sans cesse en mouvement, que vous entendrez battre le cœur des Pétersbourgeois et la ville respirer.

Se repérer – La perspective Nevski traverse la ville d'ouest en est. Longue de 4,5 km, elle commence près de l'Amirauté et se prolonge jusqu'à la laure Alexandre Nevski.

Organiser son temps – La partie la plus intéressante de la perspective – de l'Amirauté au pont Anitchkov – est longue de 2 km environ. Si votre temps est limité, faites d'abord un tour rapide des principales curiosités de l'avenue. Vous aurez sûrement l'occasion d'y revenir faire les boutiques, car à St-Pétersbourg, « tous les chemins mènent à la Nevski ».

À ne pas manquer – La cathédrale Notre-Dame-de-Kazan, la place Ostrovski, le magasin Elisseïev, le pont Anitchkov et le palais Belosselski-Belozerski.

Avec les enfants – Le musée de Cire du palais Stroganov, une promenade en bateau sur les rivières et les canaux, une petite visite « dégustation » au musée du Chocolat du palais Stroganov ou du Gostiny Dvor *(voir p. 382)*.

C. Brett / Michelin

Palais Belosselski-Belozerski.

Comprendre

Artère principale de la ville, la perspective Nevski est d'abord un simple chemin, percé à travers la forêt au cours des années 1710 et appelé alors « grand-route perspective » ; elle relie les chantiers de l'Amirauté à la route de Novgorod. Au milieu du 18e s., on commence à l'appeler perspective Nevski, depuis qu'elle est reliée, à proximité de l'actuelle gare de Moscou, à une seconde trouée venant de la laure Alexandre-Nevski. La perspective était à l'origine bordée de rares maisons en bois. Un arrêté de 1766 prescrit la démolition de ces bâtisses et la construction de maisons d'égale hauteur aux façades alignées. Peu à peu, la perspective devient le centre de la vie aristocratique et commerciale de la « capitale du Nord ». Au 19e s., elle voit s'élever de magnifiques palais, théâtres et galeries marchandes.

Plus tard, d'imposantes banques y font leur apparition. Aujourd'hui, la perspective Nevski (appelée souvent tout simplement « la Nevski ») reste le haut lieu de l'activité sociale et culturelle de la ville.

Se promener

De l'Amirauté au canal Griboïedov

Maison Wawelberg (Dom Vavelberga/Дом Вавельберга) A1

Cette maison en granit sombre, située à l'angle de la perspective Nevski et de la rue Malaïa Morskaïa, donne une idée du faste déployé par les financiers pétersbourgeois de l'époque. Construite en 1912 par l'architecte **Marian Peretiatkovitch**, elle rappelle à la fois le palais des Doges de Venise et le palais Médicis de Florence, avec ses arcades et ses fenêtres géminées. Le bâtiment fut longtemps occupé par la compagnie Aeroflot.

Inscription au n° 14 (Nadpis na dome n° 14/Надпись на доме n° 14) B1

Ville-martyre, qui a perdu un tiers de ses habitants au cours de son siège (1941-1943), St-Pétersbourg garde de nombreux témoignages de cette époque tragique, dont cette inscription au n° 14, émouvante dans son laconisme : « Citoyens ! En cas de tirs d'artillerie, ce côté de la rue est le plus dangereux. »

Rue Bolchaïa Morskaïa (Oulitsa Bolchaïa Morskaïa/Ул. Большая Морская) A1

Coupant la perspective de part et d'autre, cette rue mène, côté pair, à la place du Palais à travers l'arc de l'état-major général, et côté impair, à la place St-Isaac. Aux n°s 3-5, le bâtiment néoclassique avec des éléments d'Art nouveau fut conçu par l'architecte **Fiodor Lidval**. Construit entre 1907 et 1912 pour l'ancienne banque d'Azov et du Don, il abrite aujourd'hui un central téléphonique.

Pâtisserie Wolf et Béranger (Konditerskaïa Volfa i Beranje/Кондитерская Вольфа и Беранже) B1

L'immeuble n° 18, situé entre la rue Bolchaïa Morskaïa et la Moïka, abrita jadis le célèbre café *Wolf et Béranger* (on en voit encore l'enseigne du côté de la Moïka). C'était une sorte de club littéraire où des journalistes et des écrivains venaient pour discuter et lire des journaux. C'est ici que le 27 janvier 1837 le grand poète russe **Alexandre Pouchkine** vint boire son dernier café avant de se rendre au duel avec G. d'Antès, qui lui fut fatal. L'immeuble abrite aujourd'hui le **Café littéraire** *(voir p. 380)*, où la statue en cire de Pouchkine, assis à la table, une plume à la main, rappelle encore l'une des grandes tragédies de l'histoire de la littérature russe.

Maison Tchitcherine (Dom Tchitcherina/Дом Чичерина) A1

Cette grande maison ornée de deux rangées de colonnes, située juste en face de « Wolf et Béranger », est un des rares monuments de l'architecture civile de la seconde moitié du 18e s. Construite entre 1768 et 1771 pour N. Tchitcherine, le chef de la police de St-Pétersbourg, elle devint en 1858 la propriété des riches marchands Elisseïev qui en louaient une partie. La maison fut un des centres de la vie musicale de la ville, hébergea une typographie, le restaurant *Talon* (aujourd'hui *Taleon Club*), un club d'échecs. Quelques années après la révolution, elle devint la Maison des arts, créée sur l'initiative de l'écrivain Maxime Gorki pour loger les hommes de lettres. C'est ici qu'habitèrent entre autres **Ossip Mandelstam**, Viktor Chklovski ou Alexandre Grine. De nombreuses célébrités participèrent aux soirées littéraires qui y étaient organisées : **Alexandre Blok**, **Vladimir Maïakovski** et beaucoup d'autres. Le romancier britannique Herbert George Wells y fut reçu au cours de son voyage en Russie en 1920.

Les ponts « colorés » de Saint-Pétersbourg

Dans la première moitié du 18e s., on construisit quatre ponts en bois à travers la Moïka, peints de couleurs différentes et surnommés chacun selon sa couleur. Il y eut donc le pont Bleu place St-Isaac, le pont Rouge sur la rue Gorokhovaïa, le pont Vert sur la perspective Nevski et le pont Jaune près de la place du Palais. Les deux premiers ponts ont conservé leur nom jusqu'à nos jours. Le pont Vert, plusieurs fois débaptisé, retrouva il y a quelques années son nom d'origine. Quant au pont Jaune, il reçut le nom du « pont des Chantres » à cause de la Kapella, salle de concert située à proximité.

AMIRAUTE
A
B
N
Neva ← Нева
Voznessenski prosp.
Вознесенский просп.
Admiralteïski prosp.
Адмиралтейский просп.
Dvortsovaïa nab. Дворцовая наб.
oul. Mal.
ул. Мал.
oul. Bol. Morskaïa
Pl. du Palais
Palais d'Hiver
Mon Wawelberg
Morskaïa
Морская
Moïka
Мойка
Гороховая ул.
ул. Бол. Морская
Nevski prosp.
État-Major général
Inscription au nº 14
Millionnaïa oul.
Миллионная ул.
Gorokhovaïa oul.
наб. р. Мойки
Mon Tchitchérine
Pâtisserie Wolf et Béranger
наб. р. Мойки
Pont Vert
Зелёный мост
nab. r. Moïki
Palais Stroganov
Égl. hollandaise
Bol. Koniouchennaïa oul.
Бол. Конюшенная ул.
Temple luthérien
Казанская ул.
Kazanskaïa oul.
Maison Mertens
Canal Griboïedov
Невский
Apraksine per.
Апраксин пер.
CATH. N.-D.-DE-KAZAN
Mal. Koniouchennaïa oul.
Мал. Конюшенная ул.
Kazanskaïa pl.
Казанская пл.
Mon de la Ste Singer
nab. kanala Griboïedova
канал Грибоедова
Pont N.D. de Kazan
Казанский мост
наб. канала Грибоедова
Pont de la Banque
Nevski prosp.
Невский просп.
Mon Engelhardt
Ijenernaïa
ул. Ломоносова
Ancienne Douma
Égl. Ste-Catherine
Jardin Michel
Sadovaïa oul.
Doumskaïa oul.
Думская ул.
просп.
Grand Hôtel Europe
Portique
Mikhaïlovskaïa oul.
Михайловская ул.
Gostiny Dvor
Gostiny Dvor
Гост. Двор
pl. Iskousstv
пл. Искусств
Садовая ул.
Égl. arménienne
oul. Lomonossova
Passage
oul.
Bibliothèque nat. de Russie
per. Krylova
п. Крылова
Садовая ул.
Théâtre Alexandra
Sadovaïa oul.
Инженерная ул.
pl. Lomonossova
пл. Ломоносова
PL. OSTROVSKOGO
Italianskaïa oul.
Oul. Zodtchego Rossi
Ул. Зодчего Росси
Catherine II.
oul. Mal. Sadovaïa
ул. Малая Садовая
ПЛ. ОСТРОВСКОГО
Magasin Eliseïev
Manejnaïa pl.
Манежная пл.
Mée de l´Art théâtral et musical
Караванная ул.
Итальянская ул.
Palais Anitchkov
Nevski
Karavannaïa oul.
pl. Bielinskogo
пл. Белинского
Fontanka
Фонтанка
наб. р. Фонтанки
oul. Bielinskogo
ул. Белинского
Chtcherbakov per.
Щербаков пер.
Palais Bielosselski-Bielozerski
PONT ANITCHKOV
prosp.
oul. Roubinchteïna
ул. Рубинштейна
Литейный просп.
Liteïny prosp.
oul. Joukovskogo
Stremiannaïa oul.
Стремянная ул.
Mon des Acteurs
oul. Tchekhova
ул. Чехова
Маяковского
oul. Maïakovskogo ул.
Maïakovskaïa
Маяковская
oul. Marata
ул. Марата
Невский просп.
ул. Жуковского
oul. Vosstania
ул. Восстания
Pl. Vosstania
Пл. Восстания
Ligovski prosp.
Pl. Vosstania
Пл.Восстания
Orlovski per.
Орловский пер.
Moskovski vokzal
Московский вокзал
Neva
LAURE ALEXANDRE NEVSKI
MOÏKA ET FONTANKA
PLACE DES ARTS
PERSPECTIVE NEVSKI
НЕВСКИЙ ПРОСПЕКТ
SE LOGER
Corinthia Nevski Palace – Коринтия Невский Палас – 4
Ibis – Ибис – 35
Nevski 22 – Невский 22 – 1
Nevski 90 – Невский 90 – 2
Nevski 91 – Невский 91 – 3
Novotel – Новотель – 36
Oktiabrskaïa – Октябрьская – 5
Radisson SAS Royal Hôtel – Рэдисон САС Роял Отель – 6
SE RESTAURER
Abrikossov – Абрикосов – 2
Bistrot Garçon – 27
Café littéraire – Литер. кафе – 4
Dve Palotchki – Две Палочки – 28
Iakitoria – Якитория – 6
Iolki-Palki – Ёлки-Палки – 20
Jili-byli – Жили-были – 8
Laïma – Лайма – 10
Le Borchtch – Ле Борщ – 24
Palkin – Палкинъ – 12
Pouzata khata – Пузата хата – 22
Sever – Север – 16
0 150 300 m

« Rue de la tolérance religieuse »

Le secteur en face du palais Stroganov du côté pair de la Nevski avait été réservé, dès le 18e s., à la construction d'églises non orthodoxes. Aussi trouve-t-on entre les rues Bolchaïa Konuchennaïa et Malaïa Konuchennaïa les églises les plus diverses, telles que l'église protestante française, l'église finnoise, l'église suédoise, etc. L'abondance d'églises non orthodoxes a valu à la perspective Nevski le nom de « rue de la tolérance religieuse », selon l'heureuse expression d'Alexandre Dumas.

Pont Vert (Zeliony most/Зелёный мост) A1

Ce pont, qui offre une jolie vue sur la Moïka, changea plusieurs fois de nom : de 1768 à 1917, il s'appela le « pont de la Police », à cause de sa proximité avec la maison du chef de la police Tchitcherine. Après la révolution, on le surnomma le « pont du Peuple ». Depuis 1998, son nom initial, le pont Vert, lui a été rendu.

Palais Stroganov★ (Stroganovski dvorets/Строгановский дворец) A1

Nevski pr. (Невский пр.) *17 - ✆ 571 23 60 - tlj sf mar. 10h-18h (lun. 17h), dernière entrée 17h (lun. 16h) - 300 Rub (étud., enf. 150 Rub) - photo : 100 Rub, vidéo : 100 Rub.* **Musée de cire** – *Tlj 11h-19h (dim. 20h) - 180 Rub (droits de photo et vidéo inclus) - plaquettes explicatives en français et en anglais.*

Situé de l'autre côté du pont, ce palais rose et blanc est un remarquable exemple du baroque russe. Il fut construit en 1753-1754 par l'architecte **Bartolomeo Rastrelli** pour le comte Stroganov, richissime propriétaire des usines et des salines de l'Oural, et dont on voit les armes sur le fronton. Les deux zibelines figurant sur les armes symbolisent les terres sibériennes et rappellent le rôle joué par les Stroganov dans la conquête de la Sibérie. La façade principale, ornée de colonnes engagées, possède un abondant décor sculpté composé de médaillons, de cariatides et de masques de lions. La décoration intérieure, également de style baroque, fut refaite dans le style néoclassique à la fin du 18e s. Ce fut le premier travail confié à **Andreï Voronikhine**, futur auteur de la cathédrale Notre-Dame-de-Kazan, qui, dans sa jeunesse, avait été serf du comte Stroganov et vivait dans cette demeure. Aujourd'hui filiale du Musée russe, le palais abrite une exposition permanente de porcelaine russe ainsi qu'un petit **musée de figures de cire** qui présente les principaux membres de la dynastie des tsars, d'Ivan le Terrible à Nicolas II. En sortant, vous pouvez faire une petite halte au musée-boutique du chocolat *(voir p. 382)*.

Église hollandaise (Gollandskaïa tserkov/Голландская церковь) B1

Un long bâtiment précédé d'un massif portique à colonnes, situé juste en face du palais Stroganov, fut élevé par l'architecte **Paul Jacot** (1831-1837) pour accueillir le sanctuaire, la résidence du pasteur et les bureaux de la mission hollandaise. Il abrite aujourd'hui une bibliothèque de quartier et une salle d'exposition.

Maison Mertens (Dom Mertensa/Дом Мертенса) A2

Voici une demeure édifiée à l'époque où le néoclassicisme était encore à la mode, même si l'Art nouveau commençait à gagner du terrain. Cet immeuble, dont la façade aux trois arches néoclassiques ferme la perspective de la rue Bolchaïa Konuchennaïa, fut construit par **Marian Lialevitch** pour le fourreur Mertens en 1911-1912. Il abrite aujourd'hui la Maison de la mode.

Temple luthérien St-Pierre (Evangelitchesko-liouteranskaïa tserkov Sviatogo Petra/Евангелическо-лютеранская церковь святого Петра) B2

Du côté pair de l'avenue, légèrement en retrait, se dresse une autre des églises non orthodoxes de St-Pétersbourg. Conçue dans un style néoroman par l'architecte **Alexandre Broullov**, elle fut édifiée entre 1833 et 1838. L'église accueillait l'importante communauté évangéliste de la ville jusqu'en 1936, lorsqu'elle fut transformée en un entrepôt de légumes. À partir des années 1950, l'église fut réaménagée en… piscine pour une société de sport amateur ! Gravement endommagée, on le conçoit, par ces affectations incongrues, elle fut rendue au culte au début des années 1990.

Oulitsa Malaïa Koniouchennaïa (Улица Малая Конюшенная) B2

Un peu plus loin sur la gauche s'ouvre une sympathique rue piétonne qui constitue une halte agréable après le bruit de la circulation sur la perspective Nevski. Elle est ornée de plusieurs statues comme celle de **Nikolaï Gogol**, contemplant la perspective si étroitement liée à son œuvre, ou encore celle du *Gorodovoï*, sergent de ville, disparu sous le régime soviétique. Au milieu de la rue s'élève un pavillon météorologique installé au début du 20e s.

Cathédrale Notre-Dame-de-Kazan★★ (Kazanski sobor/Казанский собор) A2

✆ 571 48 26 - tlj offices à 10h, 18h, dim. 7h, 10h, 18h - entrée libre.

La rue Malaïa Koniouchennaïa dégage une vue sur l'une des églises les plus majestueuses de la ville. Elle fut édifiée entre 1801 et 1811 pour abriter l'icône miraculeuse de la Vierge de la ville de Kazan, qui, selon la légende, assura la victoire des Russes sur les envahisseurs polonais en 1612, ce qui allait permettre au premier Romanov, **Mikhaïl Fiodorovitch**, d'accéder au trône. Depuis lors, l'icône fut considérée comme la protectrice de la dynastie. C'est Pierre le Grand qui la fit transférer en 1710 de Kazan à St-Pétersbourg. Elle fut alors placée dans l'église de-la-Nativité-de-la-Vierge, principale église de la nouvelle capitale, que Paul Ier décida de remplacer par une cathédrale. Sur le conseil du comte Stroganov, il confia son édification à des artistes et des artisans exclusivement russes. Ce fut **Andreï Voronikhine**, jeune architecte quasi inconnu alors et ancien serf du comte Stroganov, qui fut choisi pour diriger les travaux.

Inspirée de St-Pierre de Rome, la cathédrale est particulièrement majestueuse avec son dôme de 76 m de haut et ses 96 colonnes en hémicycle. La colonnade dissimule l'orientation de l'édifice qui tourne vers la perspective Nevski sa façade latérale, conformément aux prescriptions de l'Église orthodoxe exigeant que l'autel principal soit orienté vers l'est. Les niches du portique donnant sur la perspective abritent les statues de saint Vladimir et de saint Alexandre Nevski, œuvres de **Demouth-Malinovski**, ainsi que de saint Jean-Baptiste et de saint André, d'**Ivan Martos**. Le portail en bronze, exécuté par le maître-artisan **Vassili Ekimov**, est une réplique de celui du baptistère de Florence de Lorenzo Ghiberti. La décoration intérieure de la cathédrale se compose de 56 colonnes corinthiennes, monolithes en granit rose de Finlande, et d'une mosaïque de marbres de Carélie au sol. L'autel principal est en argent martelé.

Après la victoire des Russes sur les armées de Napoléon en 1812, la cathédrale devint un monument à la gloire de la Russie. On y exposa les étendards des régiments vaincus, les clés des forteresses prises par les Russes, ainsi que le bâton du maréchal Davout, saisi sur le champ de bataille. Le feld-maréchal **Mikhaïl Koutouzov**, commandant en chef de l'armée russe pendant la guerre avec Napoléon, mort dans la ville prussienne de Bunzlau en 1813, fut inhumé à Notre-Dame-de-Kazan. Sa tombe, protégée par une grille de bronze, se trouve dans la chapelle nord de la cathédrale.

Le 25e anniversaire de la victoire sur Napoléon fut l'occasion d'inaugurer devant la cathédrale des monuments en bronze à Koutouzov et à **Barclay de Tolly**, autre héros de la guerre de 1812. D'origine française, mais émigré à la Révolution où une partie de sa famille avait été guillotinée, il combattit du côté des Russes.

En 1932, la cathédrale fut transformée en un musée de l'Athéisme qui exposa de nombreux objets saisis au clergé. Elle fut rendue au culte au début des années 1990. Quant au musée de l'Athéisme, il devint le **musée d'Histoire des religions** (*✆ 571 04 95 - www.relig-museum.ru - tlj sf merc. 11h-18h, dernière entrée 17h - 120 Rub)* et se trouve aujourd'hui au *n° 14/5 de la rue Potchtamtskaïa* (улица Почтамтская), non loin de la Poste centrale.

Maison de la société Singer (Dom Zingera/Дом Зингера) B2

En face de la cathédrale, à l'angle de la perspective Nevski et du canal Griboïedov, se trouve un édifice construit pour la firme des machines à coudre Singer. À des fins publicitaires, cette compagnie voulait posséder un immeuble de dix étages sur l'artère principale de la ville. La municipalité s'y opposa en vertu de la loi en vigueur alors, qui fixait comme hauteur maximale de tous les édifices celle du palais d'Hiver. La société dut se contenter d'un bâtiment plus modeste, mais contourna l'interdiction en faisant couronner l'édifice d'un dôme coiffé d'un globe de verre. Bâti entre 1902 et 1904 par l'architecte **P. Suzor**, cet immeuble abrite à nouveau sur 2 700 m² et deux étages, « Dom Knigui » (Дом Ккниги),

C. Brett / Michelin

Des machines à coudre aux livres : la maison Singer.

la plus grande librairie de la ville. De 2004 à 2006, celle-ci avait trouvé refuge au 60 de la perspective Nevski, pendant la rénovation du bâtiment, initialement prévu pour abriter un vaste centre de commerce de luxe. Grâce à la pression et à l'aide de la municipalité, « Dom Knigui » a retrouvé sa place, chère au cœur de tous les Pétersbourgeois, dans cet immeuble prestigieux.

Pont Notre-Dame-de-Kazan (Kazanski most/Казанский мост) A2/B2
En largeur, c'est le second pont de la ville, après le pont Bleu de la place St-Isaac. C'est ici que vous pouvez vous embarquer sur un bateau qui vous promène à travers les rivières et les canaux de Saint-Pétersbourg. Toujours très animé, il offre de belles vues de part et d'autre du **canal Griboïedov**. D'un côté, les dômes de la cathédrale du Saint-Sauveur-sur-le-Sang-Versé *(voir p. 393)* déploient la mosaïque de leurs couleurs. De l'autre côté, derrière la cathédrale, on aperçoit un petit pont d'une légèreté et d'une élégance peu communes, qui vous invite à faire un crochet pour admirer ce qui est considéré comme un des plus beaux ponts de Saint-Pétersbourg.
Prendre à droite le quai du canal qu'on longe jusqu'au pont de la Banque.

Pont de la Banque★ (Bankovski most/Банковский мост) A2
Ce charmant petit pont, qui offre une jolie **vue★** sur le canal et l'église du St-Sauveur-sur-le-Sang-Versé, fut construit en 1826 par l'ingénieur **Tretter**. Ce fut l'un des premiers ponts suspendus métalliques au monde. Il doit son nom à l'établissement voisin, la Banque des Assignats, édifiée à la fin du 18e s. d'après un projet de Giacomo Quarenghi. Orné de statues de griffons ailés qui, dans la mythologie grecque, étaient tenus pour les gardiens de l'or, le pont protège donc l'accès à la banque. Une tradition locale veut qu'il suffise de toucher les pattes des griffons pour avoir de l'argent. C'est sans doute ce qui explique qu'elles soient si bien polies !
Revenir sur ses pas.

Du canal Griboïedov à la place de l'Insurrection

Maison Engelhardt (Dom Engelgardta/Дом Энгельгардта) B2
Située à l'angle de la perspective Nevski et du canal Griboïedov, cette maison bleue et blanche abrite aujourd'hui l'entrée de la station du métro *Nevski prospekt*. Elle doit son nom à son ancien propriétaire, Vassili Engelhardt, qui l'acheta en 1829. Ce brillant aristocrate y donnait des bals masqués, qui furent fréquentés par le Tout-Pétersbourg, y compris l'empereur. C'est chez Engelhardt que le grand poète russe **Mikhaïl Lermontov** a planté le décor de son drame *Le Bal masqué*. Après la mort d'Engelhardt en 1837, sa veuve loua la maison à la Société philharmonique qui y organisa des concerts où toutes les célébrités de la musique européenne vinrent se produire : Franz Liszt, Hector Berlioz, Richard Wagner… La maison a conservé sa vocation musicale en accueillant aujourd'hui la **Petite Salle de Philharmonie** dont les concerts sont très prisés des Pétersbourgeois.

Église Ste-Catherine (Kostiol Sviatoï Ekateriny/Костёл Святой Екатерины) B2
Un peu plus loin, légèrement en retrait de la perspective, s'élève l'église catholique la plus ancienne de la ville. Construite entre 1763 et 1782 par les architectes **Vallin de La Mothe** et **Rinaldi**, elle possédait avant la révolution une magnifique décoration intérieure et une bibliothèque de près de 60 000 volumes. Théophile Gautier, Honoré de Balzac et Alexandre Dumas vinrent s'y recueillir. On y servit la messe funéraire pour Auguste de Montferrand, l'auteur de la cathédrale St-Isaac, et on y inhuma le dernier roi de Pologne, Stanislas II Auguste Poniatowski (ses cendres ont été transférées à Varsovie en 1939), et le général Jean Victor Moreau qui, hostile à Napoléon, combattit dans les rangs russes. Transformée en un entrepôt sous le régime soviétique, l'église fut ravagée en 1984 par un incendie qui détruisit le peu qui restait de sa décoration. En 1992, l'église fut rendue à la communauté catholique. Juste devant l'église se trouve un **marché de tableaux** où vous pourrez acheter une toile ou une gravure représentant des vues de St-Pétersbourg.

Ancienne Douma (Zdanie byvcheï Doumy/Здание бывшей Думы) A2
Presque en face de l'église Ste-Catherine, le bâtiment à trois étages, flanqué d'une tour, est le siège de l'ancienne Douma, conseil municipal de la ville. Il fut construit en 1784-1787 sur le projet de **Giacomo Quarenghi**. Une tour pentagonale imitant les beffrois des hôtels de ville du nord de l'Europe et munie d'une grande horloge fut rajoutée en 1804 par l'architecte **Giacomo Ferrari**. Cette tour avait une desti-

nation bien précise : comme elle était visible de loin, c'est de là que l'on donnait l'alerte en cas d'incendie, d'inondation, ou de gel particulièrement fort. Elle fut également un des relais du « télégraphe optique » qui reliait les résidences de ville et de banlieue du tsar : par cet intermédiaire, on faisait savoir que le tsar arrivait ou partait avec sa suite.

Grand Hôtel Europe (Gostinitsa « Evropeïskaïa »/Гостиница « Европейская ») B2

À l'angle de la perspective Nevski et de la rue Mikhaïlovskaïa se situe l'imposant édifice du « Grand Hôtel Europe », considéré comme l'un des meilleurs hôtels de la ville *(voir p. 391)*. L'édifice jaune et blanc que vous apercevez au bout de la rue est le palais Michel qui abrite une partie des collections du Musée russe.

Portique (Portik/Портик) A2

Ce portique, situé à droite du Gostiny Dvor, marquait jadis l'entrée d'une galerie marchande appelée « Ligne Perinnaïa », qui fut démolie lors de la construction du métro. Élevé en 1802-1806 par l'architecte **Luigi Ruska**, le portique abrite aujourd'hui la **Caisse centrale des théâtres de la ville**.

Cour des marchands★ (Gostiny Dvor/Гостиный двор) A2

10h-22h (merc., jeu. 22h30).

Ce grand bâtiment tout en arcades, dont la façade longe la perspective Nevski sur une longueur de 230 m, porte le nom de **Gostiny Dvor**. En Russie, les galeries marchandes étaient depuis fort longtemps des endroits de négoce, où descendaient les marchands de passage, les hôtes (*gosti*, d'où « gostiny »). Les premières galeries de boutiques en bois étaient souvent la proie des flammes. Cela incita les négociants pétersbourgeois à se cotiser pour construire une énorme galerie marchande en pierre. Les travaux furent confiés à l'architecte **Vallin de La Mothe** et durèrent de 1761 à 1785. Son projet prévoyait des arcades ouvertes à deux niveaux, constituant des galeries très commodes, car elles protégeaient les boutiques à la fois contre l'humidité et contre la chaleur. C'est sur le modèle de cette galerie marchande que, plus tard, furent construits des locaux commerciaux à St-Pétersbourg même et dans d'autres villes de Russie. Au 19e s., les galeries du Gostiny Dvor constituaient une promenade à la mode et plus de 200 marchands y tenaient boutique. Dans les années 1950, on supprima les cloisons séparant les boutiques, transformant l'ensemble en un seul grand magasin. Le Gostiny Dvor reste aujourd'hui la plus grande galerie marchande de St-Pétersbourg *(voir p. 382)*.

Trésors secrets de la galerie

Avis aux chercheurs de trésors ! On raconte que certains marchands du Gostiny Dvor y auraient caché leurs richesses. En effet, pendant la réparation d'un mur en 1965, huit briques d'or pur pesant 128 kg y furent mises au jour par des ouvriers.

Église arménienne (Armianskaïa tserkov/Армянская церковь) B2

Cette ravissante petite église bleue et blanche, située en face du Gostiny Dvor, fut élevée entre 1771 et 1780 par l'architecte **Iouri Velten**. La construction fut financée par Ivan Lazarev, descendant d'une riche famille arménienne, qui aida la Grande Catherine à acquérir le fameux diamant iranien qu'elle surnomma « Orlov » en l'honneur de son favori. Fermée sous le régime soviétique, l'église n'a rien conservé de sa décoration intérieure. Les offices y sont de nouveau célébrés depuis 1993.

« Passage » (Passaj/Пассаж) B2

10h-21h (dim. 11h-21h).

Plus loin, face au Gostiny Dvor se trouve une autre galerie marchande, conçue selon le modèle des passages couverts parisiens. Bâtie entre 1846 et 1848 sur un projet de l'architecte **R. Jeliazevitch**, elle fut entièrement reconstruite en 1900 par **S. Kozlov**. Cette galerie vitrée de plus de 180 m de long relie la perspective Nevski à la rue Italienne. Outre les boutiques, elle abritait des restaurants, des salles de billard, un musée de cire et une salle de concerts. Aujourd'hui, le « Passage » accueille plusieurs boutiques de luxe et possède au sous-sol un des plus grands supermarchés du centre-ville. Le bâtiment abrite également un théâtre dramatique qui porte le nom de la grande actrice russe **Véra Komissarjevskaïa** *(entrée du côté de la rue Italienne)*. C'est le seul théâtre qui resta ouvert pendant le siège de Leningrad.

Place Ostrovski★★ (Plochtchad Ostrovskogo/Площадь Островского) A3

La place qui s'ouvre à droite fait partie d'un ensemble conçu et réalisé par **Carlo Rossi**, l'un des architectes les plus brillants de Russie. Ce qui n'était qu'un terrain vague fut transformé par le génie de l'architecte en une des places les plus belles de la ville. Appelée jadis place Alexandra, elle porte depuis 1923 le nom du grand dramaturge russe du 19e s. **Alexandre Ostrovski**. Au centre de la place, dans un square, trône une grande **statue de Catherine II**, réalisée en 1873 par **Mikhaïl Mikechine**. C'est le seul monument dédié à la Grande Catherine encore conservé en Russie (les autres furent détruits pendant la période soviétique). La tsarine est représentée en robe d'apparat, tenant le sceptre de l'Empire dans une main, et une couronne de lauriers dans l'autre. À ses pieds se tiennent des personnages illustres de son époque : le feld-maréchal Souvorov qui battit Napoléon en Italie, le prince Potemkine, vainqueur de Crimée, la princesse Dachkova, première femme président de l'Académie des sciences… La place est bordée de plusieurs bâtiments intéressants que vous découvrirez en en faisant le tour.
Longer la place sur la droite.

Les parfums Brocard : quand la France était synonyme de raffinement.

C. Brett / Michelin

Bibliothèque nationale de Russie★ (Rossiskaïa natsionalnaïa biblioteka/ Российская национальная библиотека) A2

Fondée en 1795, cette importante bibliothèque porte le nom de l'écrivain du 19e s. **Mikhaïl Saltykov-Chtchedrine**. Elle occupe deux bâtiments imposants situés du côté ouest de la place. L'édifice, dont la façade arrondie donne sur la perspective Nevski, fut construit en 1801 par l'architecte **Egor Sokolov**. Le bâtiment donnant sur la place fut ajouté par **Carlo Rossi** trente ans plus tard (1828-1834), lorsqu'il fallut agrandir la bibliothèque. Sa façade à la colonnade majestueuse est ornée de sculptures représentant des philosophes, orateurs et poètes de l'Antiquité. Deuxième de Russie par sa taille, la bibliothèque contient plus de 28 millions d'ouvrages. Parmi ses trésors, les fonds d'archives de la Bastille et les livres de la **bibliothèque personnelle de Voltaire** acquise par Catherine II en souvenir de son célèbre correspondant.

Théâtre Alexandra★ (Aleksandrinski teatr/Александринский театр) A3

L'élégant bâtiment jaune et blanc qui se dessine derrière le square abrite le théâtre Alexandra, ainsi nommé en l'honneur de l'épouse de Nicolas Ier. Rebaptisé théâtre Pouchkine à l'époque soviétique, il a récemment recouvré son nom d'origine. Construit par **Carlo Rossi** en 1830 dans le style néoclassique qui lui était cher, l'édifice possède un portique de six colonnes surmonté du char d'Apollon, œuvre de **Stepan Pimenov**. Haut lieu de l'art théâtral russe, le théâtre abrite la plus ancienne compagnie théâtrale de Russie, fondée en 1756. On y joue des pièces du répertoire classique (en russe exclusivement).

Carlo Rossi, un génie de l'urbanisme

Carlo Rossi (1775-1849) est, avec Rastrelli, l'architecte qui a fait le plus pour façonner et embellir la « capitale du Nord ». Né à Naples, arrivé très tôt en Russie, il devint entre 1818 et 1832 l'architecte en chef de St-Pétersbourg. Maître incontesté du style néoclassique, dont « l'objectif n'est pas dans l'abondance de la décoration, mais dans la grandeur des formes », il créa d'imposants ensembles urbains traduisant la grandeur de la Russie impériale. Auteur de treize places et d'une douzaine de rues dont l'une porte aujourd'hui son nom, il est considéré comme un des plus grands architectes de la ville.

E. Darras / Michelin

Carlo Rossi était un adepte de la symétrie. Ici, la rue qu'il a conçue et qui porte son nom.

Contourner le théâtre par la droite.

Rue de l'Architecte-Rossi★★ (Oulitsa Zodtchego Rossi/Улица Зодчего Росси) A3

D'une largeur parfaitement égale à la hauteur des édifices qui la bordent (22 m) et d'une longueur 10 fois supérieure (220 m), cette rue est le symbole de la perfection du classicisme. Aménagée par **Rossi** entre 1824 et 1834, elle est bordée de deux édifices identiques à colonnes blanches dont l'un *(à gauche)* héberge depuis 1836 l'ancienne école impériale de ballet. Cette école porte aujourd'hui le nom de la ballerine **Agrippina Vaganova**, qui y enseigna pendant trente ans. Cet établissement renommé a formé de célèbres danseurs comme **Anna Pavlova**, **Galina Oulanova**, **Mikhaïl Barychnikov**... Vous verrez peut-être sortir du bâtiment de charmantes fillettes à la démarche légère de ballerine, futures étoiles du théâtre Mariinski ou de son concurrent moscovite, le Bolchoï... La rue donne sur la place Lomonossov qui offre le meilleur **point de vue★** sur la rue et le théâtre Alexandra (avis aux photographes !).

Musée de l'Art théâtral et musical★ (Mouze teatralnogo et mouzykalnogo iskousstva/Музей театрального и музыкального искусства) A3

*Place Ostrovski (Plochtchad Ostrovskogo/*Площадь Островского*) 6 - ✆ 315 52 43 - tlj sf mar. 11h-18h (merc. 13h-19h), fermé dernier vend. du mois - 100 Rub - photo : 50 Rub, vidéo : 100 Rub.*

À l'angle sud-est de la place, dans le bâtiment jadis occupé par la Direction des théâtres impériaux, se trouve le musée du Théâtre. Fondé en 1918, il retrace les deux cent cinquante ans d'histoire de l'art dramatique russe. Vous y verrez des affiches de spectacles, des costumes scéniques, des esquisses de décorations, des tableaux et des maquettes. Parmi les pièces les plus intéressantes, remarquez l'*Oukaze* sur la création d'un théâtre professionnel d'État signé par la tsarine Élisabeth Petrovna en 1756, des éventails et des lorgnettes utilisés par les premiers spectateurs, le costume porté par la célèbre actrice **Maria Ermolova** dans *Marie Stuart* de Shakespeare et une couronne de lauriers en argent que ses admirateurs lui offrirent... Dans la petite salle du musée, des concerts et des spectacles sont parfois organisés.

Revenir sur la perspective Nevski.

Rue Malaïa Sadovaïa B3

En face de la place Ostrovski s'ouvre la rue la plus courte de la ville. Piétonne, elle est bordée de nombreux cafés et invite à une pause agréable. Cette rue est parfois appelée « rue des Petits Monuments » : placé devant le n° 3, un *Photographe* en bronze rappelle l'existence d'un ancien atelier de photographie. Le *Haut-Parleur* à l'angle du n° 54 de la perspective Nevski est un témoin de l'époque tragique du siège de Leningrad (les habitants de la ville se rassemblaient ici pour écouter les nouvelles du front). Au fond de la rue, on peut voir une curieuse fontaine *Horloge* dont les jets changent de direction toutes les heures, en mettant en mouvement une boule de granit.

Magasin Elisseïev★ (Eliseïevski magazin/Елисеевский магазин) B3

Entrée sous le porche, portes gauche et droite - 10h-21h (w.-end 11h-21h).

À l'angle de la Nevski et de la rue Malaïa Sadovaïa, le bâtiment doté d'une énorme verrière abrite la plus célèbre épicerie fine de la ville. Elle appartint jadis aux riches marchands Elisseïev, propriétaires de nombreux magasins d'alimentation, maisons et auberges. Conçu en 1903 par l'architecte **Gavriil Baranovski**, l'édifice marie l'éclectisme et le modern style, avec son revêtement en granit et ses sculptures allégoriques représentant le Commerce, la Science, l'Art et l'Industrie. Ne manquez pas d'en visiter l'intérieur *(entrée par la porte de gauche)*, ne serait-ce que pour sa somptueuse décoration Art nouveau : la profusion de vitraux, de dorures, de mosaïques et de ferronneries est épatante. Ce sont les motifs végétaux qui prédominent : luminaires en forme de fleurs, ferronneries en grappes de raisin, tournesols au plafond… Plaisir des yeux, Elisseïev est aussi la fête du palais : charcuteries, fromages, boissons, confiseries… Profitez-en pour faire des achats, d'autant que les prix y sont les mêmes qu'ailleurs. L'édifice abrite également le **théâtre de la Comédie** *(entrée par la porte du fond)*. Ne vous trompez pas de porte !

Palais Anitchkov★ (Anitchkov dvorets/Аничков дворец) A3

Ne se visite pas.

Cet imposant édifice, qui tient son nom du pont voisin, fut élevé en 1750 par l'architecte **Mikhaïl Zemtsov** pour Alexeï Razoumovski, époux morganatique de l'impératrice Élisabeth. Plus tard, le prince Potemkine le reçut en cadeau de la part de Catherine II. On raconte que le prince y organisait des bals plus fastueux que ceux de la Cour. Après la mort de Potemkine, l'édifice devint propriété du Cabinet impérial, responsable des biens personnels du tsar. C'est alors que fut construit sur le quai de la Fontanka un long bâtiment à colonnes, le « Bâtiment du Cabinet », d'après un projet de **Giacomo Quarenghi**. En 1818, le palais fut encore agrandi par **Rossi**, qui lui ajouta deux pavillons néoclassiques du côté est de la place Ostrovski. Au milieu du 19e s., le palais devint la résidence de l'héritier du trône qui, sacré empereur sous le nom d'Alexandre III, le préféra au palais d'Hiver, résidence officielle des tsars. Sa veuve y resta jusqu'en 1917. Après la révolution, le palais fut donné aux enfants de la ville. Palais des Pionniers à l'époque soviétique, il abrite aujourd'hui le Centre de la création enfantine.

Pont Anitchkov★★ (Anitchkov most/Аничков мост) B3

Ce pont franchissant la Fontanka porte le nom de l'ingénieur militaire Mikhaïl Anitchkov, qui dirigea les travaux de construction du premier pont en bois. Le pont est surtout connu pour les magnifiques sculptures représentant des chevaux et leurs dresseurs placées aux angles. Exécutées par **Piotr Klodt** en 1850, elles représentent les quatre phases du dressage d'un cheval sauvage, allégorie du triomphe de l'homme sur la nature. Le pont offre de belles vues sur les palais environnants, notamment sur le palais Belosselski-Belozerski, dont la façade rose embrase les quais de la Fontanka.

Palais Belosselski-Belozerski★ (Dvorets Beloselskikh-Belozerskikh/Дворец Белосельских-Белозерских) A3

Visite le w.-end - ✆ 315 52 36 - horaires à la caisse au sous-sol, accès par la porte de droite.

Ce somptueux palais néobaroque, qui se trouve de l'autre côté de la Fontanka, frappe par la couleur rose vif et l'abondante décoration sculptée de ses façades. Propriété des princes Belosselski-Belozerski, il fut reconstruit en 1848 par l'architecte **Andreï Stackenschneider** qui l'orna de pilastres corinthiens et de balcons en fer forgé soutenus par de puissants atlantes. En 1884, le palais devint la propriété du grand-duc Sergueï Alexandrovitch, frère d'Alexandre III, avant de passer, peu avant la révolution, au grand-duc Dmitri Pavlovitch, un des participants à l'assassinat de Raspoutine *(voir p. 411)*. Après la révolution, cette résidence fut le siège local du Parti communiste. Elle abrite aujourd'hui un centre culturel où ont lieu des concerts de musique classique *(programme affiché à la caisse)*.

Maison des Acteurs (Dom aktiora/Дом актёра) B4

Situé au n° 86 de la perspective Nevski, ce bâtiment doté d'un portique à colonnes est connu comme la Maison des Acteurs. Cet ancien hôtel particulier fut reconstruit dans la première moitié du 19e s. par les architectes **M. Ovsiannikov** et **G. Fossati**. En 1877, il devint la propriété de la famille Ioussoupov, qui y organisait des expositions, des concerts et des soirées littéraires. Il accueille aujourd'hui plusieurs associations théâtrales, des conférences et des expositions.

Place de l'Insurrection (Plochtchad Vosstaniia/Площадь Восстания) B4
Au début du 18e s., ce fut le point d'arrivée de la « grande route perspective », prolongée ensuite jusqu'à la laure Alexandre-Nevski. Avant la révolution de 1917, cette place s'appelait Notre-Dame-du-Signe, du nom de l'église qui s'élevait en son milieu. Rasée en 1940, l'église fut remplacée par le pavillon de la station du métro qui porte aujourd'hui une plaque commémorative. La place est bordée par les bâtiments de l'hôtel Oktiabrskaïa et par la gare de Moscou, édifiée sur un projet de **Konstantin Ton**. L'obélisque en granit, érigé au centre de la place en 1985, est dédié à la défense héroïque de Leningrad au cours de la Seconde Guerre mondiale.

Perspective Nevski pratique

Informations utiles

OFFICE DE TOURISME

Tourist Information City Center – *Sadovaïa oul.* (Садовая улица) *14 - ✆ 310 28 22 - tlj 10h-19h.* Situé près du passage souterrain, à l'angle du n° 52 de la perspective Nevski. Les réceptionnistes parlent anglais et vous conseilleront sur les itinéraires et les excursions susceptibles de vous intéresser. Ce bureau central peut vous aider également pour les démarches à suivre en cas de perte ou de vol. Il est bien fourni en cartes, plans, brochures de toutes sortes et possède une vitrine de souvenirs bon marché.

PRATIQUE

Bankomat – *Nevski pr. 30, dans le bâtiment bleu qui fait l'angle avec la perspective Nevski et le canal Griboïedov ; Sadovaïa ouli.* (Садовая ул.) *12, à gauche du grand magasin Gostiny Dvor.*

Pharmacie – *Nevski pr. 22 - 24h/24.* La pharmacie la mieux fournie du centre-ville possède notamment plusieurs rayons de produits occidentaux.

Centre Internet « Quo Vadis » – *Nevski pr. 24 - 24h/24.* Le plus grand centre Internet de la ville où vous pouvez également téléphoner à l'étranger. On paie d'avance le temps de connexion, au comptoir dans la salle de gauche.

Se loger

⊖⊖⊖ **Hôtel Ibis (Ибис отель).**

⊖⊖ **« Hotels On Nevsky » (« Отели на Невском ») Nevski 22** ①, **Nevski 90** ② et **Nevski 91** ③.

⊖⊖⊖⊖ **Corinthia Nevski Palace** ④ **(Коринтия Невский Палас).**

⊖⊖⊖⊖ **Novotel** ㊱ **(Новотель).**

⊖⊖ **Oktiabrskaïa** ⑤ **(Октябрьская).**

⊖⊖⊖⊖ **Radisson SAS Royal** ⑥ **(Радиссон САС Рояль).**

Voir descriptif complet de ces hôtels p. 347-348.

Se restaurer

⊖ **Laïma** ⑩ **(Лайма)** – *Quai du canal Griboïedov* (Наб. канала Грибоедова) *16/30 - 24h/24 - 7-8 €.* Simple, bon et copieux, ce café propose un vaste choix de plats russes typiques à des prix ridiculement bas (liste en anglais affichée à l'entrée). Si le mode de commande *(au comptoir)* rappelle un peu le fast-food, la nourriture y est bien meilleure ! L'entrée et le dessert *(exposés dans une vitrine)* arrivent tout de suite ; quant au plat chaud, on vous attribue un numéro et on vous l'apporte cinq minutes plus tard. Installez-vous dans une belle salle à l'étage, et régalez-vous !

⊖⊖ **Le Borchtch** ㉔ **(Ле Борщ)** – *Nab. Fontanki* (наб. Фонтанки) *11 - ✆ 314 00 56 - 12h-1h - 25 €.* Dans ce restaurant russe à la fois élégant et branché, vous pourrez goûter une cuisine légère et inventive, basée sur des recettes traditionnelles, traitées avec fantaisie. Le résultat est délicieux. Le cadre est sobre et élégant. Murs en briques blanches, une salle plus intime, l'autre, inondée de lumière, avec une vue panoramique sur la Fontanka et le palais Cheremetiev.

⊖ **Iolki-Palki** ⑳ **(Ёлки-Палки)** – *Nevski pr. 88 - tlj 11h-0h - 8-10 €.* Voici un restaurant pour qui a parcouru toute la perspective Nevski. Situé non loin de la place Vosstania, il propose un buffet froid ou chaud. Dans un décor rustique, d'innombrables *zakouski* et des plats chauds sont placés sur un présentoir en forme de charrette où vous pouvez vous servir à volonté. Goûtez un pichet de kvas (excellent) ou une bière locale pour accompagner votre repas…

⊖⊖ **Café littéraire** ④ **(Литературное кафе)** – *Nevski pr. 18 - ✆ 312 60 57 - 11h-1h - 20 €, petit supplément pour la musique le soir.* Ce café qui rend hommage au poète Pouchkine et à son époque reconstitue l'atmosphère du 19e s. Dans la salle du 1er étage, tables rondes, gravures anciennes et lourds rideaux de velours créent une ambiance feutrée accompagnée de musique classique et de chants lyriques tous les soirs. L'endroit est plus réputé pour son atmosphère que pour sa cuisine : c'est un tort, car les petits plats que l'on peut goûter sont excellents ! On peut également se contenter d'y prendre un verre.

⊖⊖ **Iakitoria** ⑥ **(Якитория)** – *Place Ostrovski* (Пл. Островского) *5/7 - ✆ 315 83 43 - 11h-6h - 10-14 €.* Si vous êtes un peu lassé de la cuisine russe, cet établissement vous offrira un agréable changement. À part les sushis et autres yakitoris, on vous propose des plats inventifs, que vous aurez peu l'occasion de goûter en France. Les jolies serveuses blondes en costume japonais ajoutent à l'exotisme de l'endroit. Pas d'inquiétude pourtant, les cuisiniers, eux, sont 100 % d'origine !

Bistrot Garçon ㉗ – *Nevski pr. 95, près de la gare de Moscou et de l'hôtel Oktiabraskaïa - ✆ 717 24 67 - 9h-1h.* Un petit coin de Paris au cœur de St-Pétersbourg : rien ne manque, des nappes à carreaux à l'ardoise portant le menu du jour, que vous pourrez déguster au son de l'accordéon ou des chansons de Vincent Scotto et Rina Ketty. Une plongée dans une France plus vraie que nature ! Idéal aussi pour les nostalgiques du croissant matinal.

Palkin ⑫ **(Палкинъ)** – *Nevski pr. 47 - ✆ 703 53 71 - www.palkin.ru (site en français).* Une adresse prestigieuse, vieille de plus de deux siècles. Au 2e étage, au-dessus d'un casino, dans un espace résolument raffiné et feutré, une salle pour banquets avec bibliothèque et cheminée, et une grande salle aux murs décorés de fresques où les écrivains du 19e s. aimaient se rencontrer. Un lieu idéal pour revivre les fastes de la cuisine de la Russie aristocratique d'autrefois. Parmi les mets proposés (comptez entre 900 et 1 500 roubles pour un plat…) figure le menu d'avant 1917, d'inspiration française. Pas moins de 120 crus de vins internationaux à la carte. Quant aux toilettes, leur allure très design ne laisse pas de trancher de façon étonnante avec le style des lieux !

Pouzata khata ㉒ **(Пузата хата)** – *Oul. Nekrassova* (ул Некрасова) *40 - ✆ 719 75 74 - 12h-0h.* Dans un quartier agréable, proche de la perspective Nevski, ce petit restaurant ukrainien sans prétention vous offrira dans ses deux salles des plats typiques ukrainiens comme les choux farcis *(goloubtsy)*, et quelques plats européens à des prix modiques. Le décor reproduit l'intérieur d'une « khata », maison traditionnelle ukrainienne : ornements muraux multicolores et jolis meubles en bois peint.

Pauses et petites faims

Sever ⑯ **(Север)** – *Nevski pr. 44.* Cette pâtisserie qui existe depuis 1834 est une véritable institution… L'armoire à livres installée dans la salle du fond rappelle qu'au 19e s. c'est ici que le célèbre éditeur Smirdine tenait sa librairie. Des sommités du monde littéraire venaient y lire, avec un café et une bonne pâtisserie… Imitez-les donc, et faites votre choix parmi les innombrables desserts exposés dans les vitrines, en vous installant dans la salle du fond (si vous trouvez de la place). Dommage que les tables ne soient pas régulièrement nettoyées…

Abrikossov ② **(Абрикосов)** – *Nevski pr. 40 - ✆ 312 24 57 - 11h-2h.* Situé juste en face du Gostiny Dvor, voici un bon endroit pour se reposer du shopping. C'est un des rares cafés de la ville ayant conservé son authentique décor du 19e s. de style chinois. Grand choix de thé, de café, de jus de fruits et de cocktails (goûtez l'« Abrikossov » : thé, brandy d'abricot et épices, qui vous réchauffera agréablement). Salad-bar pour les petites faims.

Jili-byli ⑧ **(Жили-были)** – *Nevski pr. 52.* Après des heures de marche à travers la ville, rien de tel que de s'installer sur cette terrasse (chauffée en hiver), juste à côté d'un théâtre de marionnettes, et de boire un petit verre en regardant passer la foule. Vous y trouverez également des salades et quelques plats chauds *(demandez la carte à la caisse).*

Dve Palotchki ㉘ **(Две Палочки)** – *Nevski pr. 22 - ✆ 702 90 50.* St-Pétersbourg aime les sushis. Il est donc naturel que l'un des restaurants les plus branchés de la ville ait cédé à la mode. *Dve Palotchki* vous accueille dans un cadre agréable, à deux pas du palais d'Hiver. Les charmantes hôtesses (qui comprennent l'anglais, ce qui demeure assez rare) vous installeront en terrasse ou dans les confortables banquettes pour déguster des makis à l'avocat ou une soupe thaïlandaise au curry (excellente). Les jeunes gens aisés s'y retrouvent avant de sortir, pour manger sur le pouce ou boire un verre. Le lieu est plutôt chic mais pas si cher. Ouvert tard dans la nuit (notamment en mai et juin, durant les Nuits blanches), c'est le refuge idéal des couche-tard… et des amateurs de poisson cru, bien entendu ! Une agréable alternative au traditionnel *bortsch.*

Achats

Impossible de répertorier toutes les boutiques qui existent sur la perspective Nevski, on en trouve à chaque pas. En voici une brève sélection :

DVK (ДВК) – *Nevski pr. 20 - 24h/24.* Au 2e étage de cette ancienne librairie spécialisée en ouvrages militaires, dans une salle située à droite de l'escalier, se tient une petite boutique qui vend toute la panoplie de l'ex-armée soviétique pour des prix exceptionnellement bas. On y trouve des décorations militaires, des pin's, des gourdes métalliques, des soldats de plomb… De quoi choisir un petit souvenir pour ceux qui apprécient ce genre d'objets. Malheureusement, l'endroit est parfois fermé sans autre forme d'explication.

Severnaïa Lira (Северная Лира) – *Nevski pr. 26.* Cet ancien magasin de littérature musicale propose de nombreuses partitions bon marché, des livres sur la musique, des disques de musique classique, des vidéos de spectacles… On y trouve des enregistrements de romances et d'opéras peu connus comme ceux de Rimski-Korsakov.

Rossiïski Iouvelirny Dom (Российский ювелирный дом) – *Nevski pr. 27 - tlj 10h-22h.* La « Maison des bijoux russes » propose un large choix d'objets en or, argent et pierres semi-précieuses. Les plus originaux sont les bijoux artisanaux, comme ceux à motifs noirs gravés sur de l'argent (technique du « tchern' »). Le magasin propose également des montres, de la vaisselle et des objets en verre.

Gostiny Dvor (Гостиный двор) – *Nevski pr. 35 - 10h-22h.* La plus grande galerie marchande de la ville et une des plus vastes du monde, avec des centaines de boutiques, réparties sur deux niveaux, où l'on trouve de tout et à tous les prix. De quoi décourager le touriste pressé par le temps ! Petits tuyaux : pour les souvenirs, c'est en bas du côté de la perspective Nevski ; pour les bijoux, du côté de la rue Doumskaïa ; pour les montres du côté de la rue Sadovaïa. Les vêtements sont au 1er étage.

E. Darras / Michelin

Vitrine de supermarché.

Passage (Пассаж) – *Nevski pr. 48 - lun.-sam. 10h-21h, dim. 11h-21h.* Des boutiques s'alignent sur deux niveaux sous une longue verrière de ce passage où il fait bon se promener les jours de pluie. On y vend essentiellement des articles importés : parfums, bijoux, articles de mode… Le magasin Podarki, en bas à droite, vend des souvenirs.

Magasin Elisseïev (Елисеевский магазин) – *Nevski pr. 56, porte de gauche.* Dans son bel écrin Art nouveau, la célèbre épicerie propose de fins produits de bouche : fromages hollandais, cognacs arméniens, vins géorgiens, chocolats russes… vous avez l'embarras du choix ! Pour le caviar, c'est en face : vous distinguerez les variétés à la couleur de la boîte : bleue pour le belouga (la variété la plus chère), rouge pour le sevruga, et jaune pour l'ossiètre.

Dom Knigui (Дом книги) – *Nevski pr. 28 et succursale Nevski pr. 62 - 9h-22h.* La plus grande librairie de la ville, la « Maison du livre », a enfin retrouvé sa place dans l'immeuble Singer après des travaux de rénovation. Dans un beau cadre aéré, elle propose des guides et des livres d'art (choix moins large en français qu'en anglais). Vous y trouverez également des dictionnaires, des calendriers, des posters, de jolies cartes et, bien sûr, des livres russes en quantité. Voyez les livres illustrés pour enfants, si vous avez l'intention de vous mettre au russe.

Khoudojestvennyé promysly (Художественные промыслы) – *Nevski pr. 51.* Magasin de souvenirs bien fourni et bon marché, qui propose un choix assez varié. Très pratique pour trouver les petits cadeaux de dernière minute. Intéressante section textile : nappes en lin, chemises brodées et articles en dentelle.

Mouzeï chokolada (Музей шоколада) – *Nevski pr. 17 (palais Stroganov), Nevski pr. 35 (RC Passage) et Nevski pr. 48 (Gostiny Dvor RC Sadovaïa linia).* Vous retrouverez ce musée-boutique du chocolat le long de votre balade sur la Nevski. Vous vous laisserez peut-être tenter par une figurine en chocolat faite main : buste de Lénine en chocolat blanc, sculptures d'animaux, voitures, personnages de Disney…

Sorties

URSS (СССР) – *Nevski pr. 54.* Ouvert depuis 2003, ce bar n'a pas grand-chose qui rappelle l'époque soviétique, à part le rouge des néons et les noms de ses cocktails dont certains sont à base d'absinthe, boisson autorisée en Russie (le « Bonjour de Fidel Castro » : absinthe, jus d'ananas et sirop de noix de coco). Discothèque et after-parties le vendredi et le samedi. Musique house et eurodance.

Magrib (Магриб) – *Nevski pr. 84.* Très bel intérieur marocain, musique house et techno, clientèle fortunée d'expatriés ou de « nouveaux Russes » et clientèle féminine assortie. Le mercredi strip-tease pour les filles de 21h à 0h. Salle pour non-fumeurs. Prix assez élevés.

Quartier de l'Ermitage★★★

Ermitaž/Эрмитаж

PLAN DE COUVERTURE : B2

Majestueux et solennel, voici le quartier impérial avec ses luxueuses résidences, et, dans son cœur, la place du Palais qui, comme un immense lac, s'étend entre l'île enchantée du palais d'Hiver et l'énorme vague de l'État-Major. On se noie dans cet espace démesuré, comme on se perd dans les palais de l'Ermitage. Chef-d'œuvre de l'urbanisme et symbole de l'histoire de St-Pétersbourg, cet ensemble est sans doute celui qui donne la plus juste mesure du génie des architectes qui ont su évoquer dans la pierre l'immensité des espaces russes.

Se repérer – Compris entre la Neva et la Moïka, le quartier est délimité par le Champ de Mars et la place Souvorov à l'est, la perspective Nevski au sud et le Dvortsovy proezd à l'ouest (rue séparant la place du Palais de l'Amirauté).

Organiser son temps – Compter environ 3h pour découvrir ce quartier, sans la visite de l'Ermitage. Si vous disposez de peu de temps, faites-en le tour le soir, après la visite de l'Ermitage, quitte à reporter la visite du musée Pouchkine à un autre jour (en l'intégrant, par exemple, à l'itinéraire « Perspective Nevski » ou « Place des Arts »).

À ne pas manquer – La place du Palais, le Nouvel Ermitage et la vue sur les ponts du canal d'Hiver.

C. Brett / Michelin

Place du Palais : l'État-Major général et son arc de triomphe.

Comprendre

Le palais d'hiver des Romanov – L'histoire du quartier est surtout liée à la réalisation du palais d'Hiver et à l'aménagement de la place du Palais. C'est **Pierre le Grand** qui le premier eut l'idée d'édifier sa résidence en cet endroit. En 1712, le tsar fit une demande officielle de construction d'une « maison pour passer l'hiver » sous le nom de Pierre Alexeïev, ouvrier du chantier naval (le terrain était alors propriété de la marine). Une première résidence en bois fut aussitôt reconstruite en pierre et, en 1720, le tsar et sa famille purent emménager dans leur palais. Quant à la place du Palais, elle n'a revêtu son aspect définitif qu'au milieu du 19e s. Il est difficile d'imaginer aujourd'hui que, sous le règne de l'impératrice **Élisabeth Petrovna**, fille de Pierre le Grand, un champ d'avoine s'étendait devant ses fenêtres et que, sous l'impératrice **Anna Ioanovna**, qui succéda à Élisabeth, il a fallu publier un édit stipulant que « personne ne peut chasser le lièvre à la balle, à courre ni à l'aide d'aucuns autres instruments » en cet endroit ! Éprise de luxe, Élisabeth ne pouvait pas, bien entendu, se satisfaire d'une telle vue sous ses fenêtres. En 1752, elle ordonna à l'architecte **Bartolomeo Rastrelli** de lui construire une nouvelle résidence et d'aménager une place. Rastrelli ne termina pas la réalisation de l'ensemble et c'est **Carlo Rossi** qui donna à ce lieu son aspect actuel en bâtissant en 1829 l'État-Major en face du palais d'Hiver de Rastrelli.

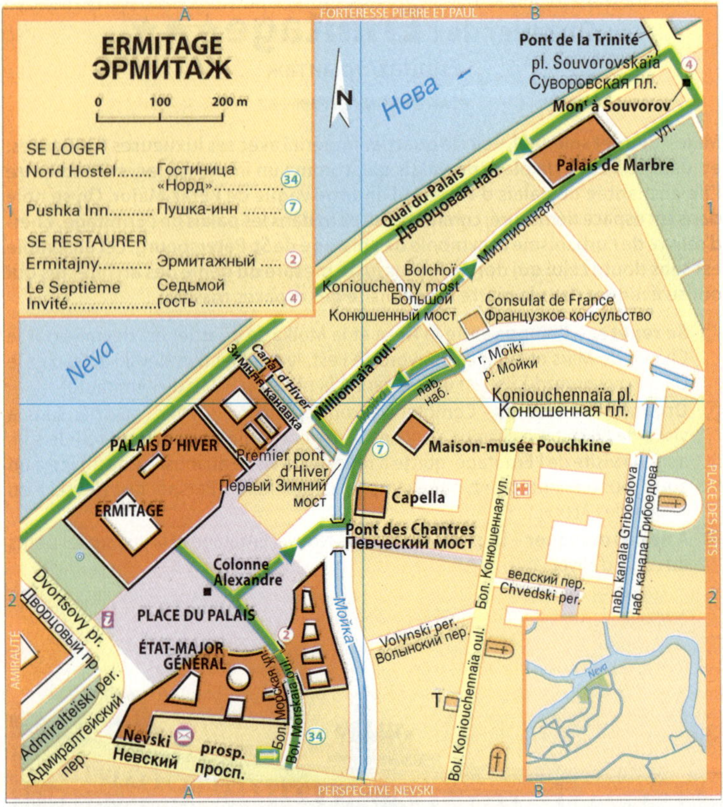

Au 19e s., le quartier devint le centre de la vie aristocratique de St-Pétersbourg. De belles résidences s'élevèrent sur les berges de la Moïka et le long de la rue des Millionnaires, la bien nommée. Transformées en *kommounalka* sous le régime soviétique, elles sont aujourd'hui réhabilitées et font les délices des Russes fortunés. Quant au palais d'Hiver, avec quatre autres palais et une partie de l'édifice de l'État-Major, il constitue aujourd'hui l'Ermitage.

Se promener

Place du Palais★★★ (Dvortsovaäa plochtchad/Дворцовая площадь) A2

On peut l'atteindre en tournant à gauche tout au début de la perspective Nevski. Cependant, l'effet sera beaucoup plus intense si vous empruntez la **rue Bolchaïa Morskaïa (улица Большая Морская)**, qui se trouve un peu plus loin. Vous passez alors sous un arc, sous lequel la rue décrit une courbe, dissimulant un certain temps la vue. C'est lorsque vous avancez sous l'arc qu'un rideau de théâtre semble se lever pour vous dévoiler le splendide **panorama★★★** de la vaste place (d'une superficie de près de 8 ha) avec, au milieu, la colonne Alexandre et au fond la façade du palais d'Hiver. Cet effet « théâtral » fut calculé par l'architecte **Carlo Rossi** qui aménagea cette partie de la rue reliant la perspective Nevski à la place du Palais. Bien qu'entourée d'immeubles de diverses époques, la place semble conçue d'un seul trait de génie. Sa remarquable unité provient du face-à-face du palais d'Hiver, d'une exubérance toute baroque, avec l'édifice de l'État-Major général, d'une sobriété toute classique : la fantaisie du premier est équilibrée par l'architecture sévère du second. À l'est, l'édifice de l'État-Major du corps de la garde s'intègre parfaitement dans l'ensemble, complété par la colonne Alexandre. Sur la partie occidentale, l'édifice de l'Amirauté souligne son aspect harmonieux. Cette place principale de la ville fut témoin de nombreux événements historiques, tels que le « dimanche sanglant », lorsque, en janvier 1905, les troupes impériales tirèrent à balles sur une manifestation ouvrière pacifique, ou lors du siège du palais d'Hiver qui marqua le début de la révolution d'Octobre. Lieu de défilés militaires et de manifestations populaires sous les soviets, elle est aujourd'hui au centre de la vie culturelle de la ville, avec le musée de l'Ermitage, des spectacles et des concerts organisés pendant les fêtes et toute la période des Nuits blanches.

La somptueuse façade du palais d'Hiver.

Palais d'Hiver★★★ (Zimni Dvoretsq/Зимний дворец) A2

Ce somptueux édifice fut commandé par la tsarine Élisabeth à son architecte préféré, **Bartolomeo Rastrelli**, dont ce fut l'une des plus belles réalisations. Construit entre 1754 et 1762, le palais frappe par ses dimensions colossales : occupant un territoire de 9 ha, il développe un périmètre de plus de 2 km. Tout ce qui a été construit dans la ville après le palais d'Hiver devait lui être rapporté : au terme d'une loi spéciale, promulguée au milieu du 19e s., et qui resta en vigueur jusqu'en 1905, tous les bâtiments, à l'exception des églises, devaient être d'une hauteur inférieure au palais.

Orné d'une multitude de colonnes, bas-reliefs, vases et statues (les spécialistes ont compté jusqu'à 400 colonnes, 12 formes de fenêtres et 22 types d'encadrement), l'édifice est de ce style baroque luxueux, tant aimé par l'impératrice Élisabeth. Chaque façade du palais est différente des autres. La façade principale qui donne sur la place est percée de trois portails ornés de grilles en fer forgé. Ils s'ouvrent sur la cour d'honneur intérieure, aujourd'hui agrémentée d'un square, où se trouve l'entrée du musée de l'Ermitage. La visite de ce palais, résidence officielle des tars (hors Alexandre III qui lui préféra le palais Anitchkov), siège du gouvernement provisoire de février 1917 que les bolcheviks renversèrent le 26 octobre, puis devenu l'un des plus grands musées du monde après la Révolution, s'impose *(pour la description des collections, voir p. 454)*. Dernier petit détail : savez-vous quelle était la couleur originelle des façades aujourd'hui peintes en vert pistache ? Jaune d'abord et rouge au 19e s. Essayez donc de l'imaginer !

Le maître du baroque russe

Venu en Russie à l'âge de 16 ans, en compagnie de son père qui fut sculpteur, **Bartolomeo Francesco Rastrelli** (1700-1771) fit une belle carrière à St-Pétersbourg. Dans ses grandioses constructions, il introduisit le style baroque qui devint très à la mode sous le règne de l'impératrice Élisabeth. Le palais d'Hiver, le couvent Smolny de St-Pétersbourg et le palais de Tsarskoïé Selo comptent parmi ses plus grandes réalisations.

État-Major général★★★ (Glavny Chtab/Главный штаб) A2

C'est **Carlo Rossi** qui donna son aspect actuel à la place du Palais en construisant en face de la résidence impériale cet édifice grandiose. L'État-Major général occupe toute la partie sud de la place, sa façade courbe atteignant 580 m de longueur. Bâti entre 1819 et 1829, l'édifice se compose de deux ailes en hémicycle reliées par un majestueux arc de triomphe. Son décor évoque la victoire russe sur les armées de Napoléon. L'arc est surmonté d'une Gloire ailée dressée sur son char, œuvre de **Stepan Pimenov** et de **Vassili Demouth-Malinovski**, tandis que sur les façades apparaissent les génies de la Victoire. Le bâtiment fut longtemps occupé par divers bureaux d'études et administrations. Il fait aujourd'hui partie de l'Ermitage, son aile gauche abritant plusieurs expositions permanentes.

Colonne Alexandre★★ (Aleksandrovskaïa kolonna/Александровская колонна) A2

Dressée au centre de la place du Palais en l'honneur de la victoire remportée en 1812, cette colonne, érigée entre 1830 et 1834, porte le nom d'Alexandre Ier, le vainqueur de Napoléon. On comprendra sans peine pourquoi cette colonne dépasse la colonne Vendôme, élevée à Paris à la gloire d'un autre empereur… Il s'agit d'ailleurs de la plus haute colonne du monde puisque, avec son piédestal et l'ange doré à son sommet, elle atteint 47,50 m de haut. La tradition voulant qu'une colonne triomphale soit surmontée de la statue du héros qu'elle célébrait, l'ange, tenant une croix et foulant un serpent (là encore l'allégorie est bien claire !) est censé avoir les traits du tsar Alexandre. Mais il est si haut perché que les oiseaux seuls peuvent le confirmer ou non. Une des particularités de cette colonne est que ce monolithe de granit pesant près de 600 t tient sur son piédestal sans fixation aucune, comme un verre sur la table. On raconte qu'après son érection certaines dames pétersbourgeoises interdirent formellement à leurs cochers de passer par la place du Palais, de peur que la colonne ne s'écroule juste au moment de leur passage… Pas d'inquiétude pourtant, ni les bombes allemandes ni les défilés soviétiques n'ont réussi jusqu'à présent à l'ébranler ! Un paradoxe (ce ne sera pas le dernier dans ce pays qui n'en est pas avare) : ce monument à la gloire militaire de la Russie fut construit par un Français, **Auguste de Montferrand**, ancien soldat de Napoléon décoré de l'ordre de la Légion d'honneur.

Quitter la place du Palais par l'est en passant entre les édifices de l'État-Major général et de l'État-Major du corps de la garde.

Pont des Chantres (Pevtcheski most/Певческий мост) A2

En quittant la place par l'est, vous débouchez sur un large pont qui traverse la Moïka. Il a été baptisé pont des Chantres à cause de sa proximité avec la Capella, Académie de chant de St-Pétersbourg. Le pont offre une jolie **vue★** sur la rivière et les hôtels particuliers qui la bordent.

Capella★ (Kapella/Капелла) A2/B2

Nab.reki. Fontanki (Наб. реки Мойки) *20 - ✆ 314 10 58 - tlj 12h-19h (fermé 15h-16h).*

De l'autre côté du pont des Chantres, le beau bâtiment au fond de la cour séparée du quai par une grille en fonte appartient à l'Académie de chant ou Capella. Fondée sous le règne de Pierre le Grand, elle fut dirigée par d'illustres musiciens comme **Mikhaïl Glinka** dont elle porte aujourd'hui le nom. Élevé en 1777 par Iouri Velten, l'édifice fut entièrement reconstruit en 1889 par **Leonti Benois**. Sa salle de concerts dotée d'une excellente acoustique est l'une des meilleures au monde.

Prendre à gauche le quai de la Moïka.

Maison-musée Pouchkine★ (Mouzeï-kvartira Pouchkina/Музей-квартира Пушкина)

Nab. reki Moïki (Наб. реки Мойки) *12 - ✆ 571 35 31 - tlj sf mar. et dernier vend. du mois 10h30-18h (dernière entrée 17h) - 200 Rub - audioguide en fr. : 100 Rub, photo : 300 Rub, vidéo : 500 Rub.*

C'est au n° 12, dans un bel hôtel particulier jadis propriété des princes Volkonski, que se trouve le dernier appartement d'**Alexandre Pouchkine**, transformé en musée en 1925. Pouchkine vécut ici entre 1836 et 1837 avec sa femme, la belle **Natalia Nikolaïevna Gontcharova**, leurs quatre enfants et les deux sœurs de son épouse.

Dans la cour se dresse une statue du poète, toujours fleurie. La petite cour est toute couverte de fleurs les jours de son anniversaire (le 6 juin) et de sa mort (le 29 juin), Pouchkine étant très vénéré en Russie. La visite commence au rez-de-chaussée où sont exposés des livres, des gravures, des copies de manuscrits avec des têtes de personnages dessinées par le poète lui-même. Parmi les pièces les plus intéressantes, la fameuse lettre anonyme (rédigée en français) proclamant Pouchkine le « Grand Maître de l'Ordre des Cocus », qui déclencha le duel fatal. Juste à côté, une note (également en français qui à l'époque était la langue des nobles) décrivant les conditions du duel.

Alexandre Pouchkine

Véritable génie national, **Alexandre Pouchkine** (1799-1837) est l'auteur de poèmes, contes, pièces et romans. Nombre de ses écrits furent mis en musique comme *Boris Godounov*, *Eugène Onéguine* et *La Dame de pique*. Un duel contre un Français, le baron d'Anthès, qui faisait la cour à sa femme, mit fin à ses jours à l'âge de 38 ans. Pleuré par toute la Russie dont il sut exprimer l'âme et raconter la vie, il est considéré comme le plus grand auteur de la littérature russe.

Au premier étage, on visite l'appartement habité par Pouchkine et sa famille. Parmi les six pièces en enfilade réaménagées dans le style Empire, la plus impressionnante est la bibliothèque qui contient plus de 4000 volumes en quatorze langues différentes. Dans son cabinet de travail, on voit quelques souvenirs, meubles et objets lui ayant appartenu : son fauteuil, sa plume, sa canne... Remarquez sur la table l'écritoire, orné d'un jeune personnage noir, qui lui était particulièrement cher car hérité de son arrière-grand-père d'origine éthiopienne. C'est sur ce canapé qu'il fut transporté au retour de son duel. Dans la petite pièce voisine, le gilet porté le jour du duel, une mèche de ses cheveux et son masque mortuaire.

*Repasser sur l'autre berge de la Moïka par le pont Bolchoï Konouchenny (Bolchoï Konuchenny most/*Большой Конюшенный мост*) et longer la rivière sur la gauche jusqu'au canal d'Hiver.*

C. Brett / Michelin

Le canal d'Hiver ouvrant sur la Neva.

Canal d'Hiver (Zimniaïa kanavka/Зимняя канавка) A1/2

Cet étroit canal, qui s'ouvre sur la droite, fut creusé sous Pierre le Grand pour relier la Moïka à la Neva. Il est enjambé par trois ponts. Le dernier avant la Neva, appelé pont de l'Ermitage, est surmonté d'une galerie couverte qui réunit le Vieil Ermitage au théâtre de l'Ermitage. Ici s'ouvre la **vue★★** la plus « vénitienne » de St-Pétersbourg.

*Longer le canal d'Hiver jusqu'au premier pont d'Hiver (Pervy Zimni most/*Первый Зимний мост*) où passe la rue des Millionnaires qu'on prend sur la droite.*

Rue des Millionnaires★★ (Millionnaïa oulitsa/Милионная улица) A1/2/B1

Comme son nom le laisse deviner, cette rue fut autrefois habitée par les aristocrates et les membres de la famille impériale. Elle est bordée de luxueuses résidences dont les façades et les entrées principales donnent souvent sur la Neva. À gauche, le **Nouvel Ermitage** est célèbre pour les atlantes qui soutiennent son portique. C'est là que se trouvait au 19e s. l'entrée principale du musée de l'Ermitage. Les dix statues de granit sont signées du sculpteur **Ivan Terebenev**. Le Nouvel Ermitage fut construit entre 1839 et 1852 sur le projet de **Leo von Klenze**, l'auteur de la Pinacothèque de Munich. Il fut le dernier à être annexé aux bâtiments formant aujourd'hui l'ensemble de l'Ermitage (le palais d'Hiver de Rastrelli, le Petit Ermitage ajouté par Vallin de La Mothe, le Vieil Ermitage dû à Youri Velten et le théâtre de l'Ermitage, réalisé par Quarenghi). En face, un énorme édifice néo-Renaissance, construit entre 1883 et 1887 par l'architecte **Maximilien Mesmacher**, abrite aujourd'hui les **Archives de la marine de guerre**. En haut de la façade, deux anciens blasons de l'URSS sont gravés dans la pierre. En remontant la rue par la droite, remarquez la maison du nº 22, une des constructions les plus anciennes de la ville. Bâtie entre 1730 et 1770, elle fut la propriété du comte Apraxine. Plusieurs fois modifiée, elle fut achetée en 1904 par le prince Abamelek-Lazarev. Au nº 19 se trouvait le splendide palais des comtes Cheremetev surnommé la maison des Millionnaires, d'où le nom de la rue. La maison du nº 12 vit la fin de la dynastie des Romanov : c'est en ce lieu que le frère de Nicolas II, le grand-duc Mikhaïl Alexandrovitch, signa le décret d'abdication en mars 1917. À côté, dans la maison du nº 10, Balzac fit un bref séjour en 1843, alors qu'il courtisait sa future femme, Éveline Hanska.

Palais de Marbre★ (Mramorny dvorets/Мраморный дворец) B1

Millionnaïa oul. (Миллионная ул.) *5/1 - ✆ 595 42 48 - tlj sf mar. 10h-18h (dernière entrée 17h), lun. 10h-17h (dernière entrée 16h) - 300 Rub (étud., enf. 150 Rub) - billet cumulé avec le Musée russe, le palais Michel et le palais Stroganov (valable pendant 24h) : 600 Rub (étud., enf. 300 Rub) - photo et vidéo : 200 Rub.*

Ce palais qui se dresse au début de la rue des Millionnaires fut un cadeau de Catherine II à son favori **Grigori Orlov**, qui l'avait aidée à monter sur le trône en 1762. Construit entre 1768 et 1785 par **Antonio Rinaldi**, dont ce fut l'œuvre majeure, le palais doit son nom à son revêtement de 32 variétés de marbre. Avec ses murs en granit gris et ses pilastres corinthiens de marbre rose, le bâtiment revêt un aspect néoclassique plutôt sévère. L'intérieur, plusieurs fois modifié, fut entièrement refait par Alexandre Broullov dans les années 1840. Seuls l'**escalier d'apparat★**, en marbre gris et blanc, et la magnifique **salle de Marbre★★** de Rinaldi ont été conservés. Les murs de celle-ci sont recouverts de marbre polychrome de 30 sortes différentes en provenance de Russie et d'Italie.

Après la mort d'Orlov, le palais fut racheté par l'État. Il devint d'abord la résidence du roi de Pologne, Stanislas Poniatowski, ensuite celle des grands-ducs de Russie. Après la révolution, il accueillit la branche de Leningrad du musée central Lénine, de 1937 à 1991. Aujourd'hui, le bâtiment abrite une filiale du Musée russe. Il accueille une exposition permanente consacrée aux **peintres étrangers en Russie**, à la **collection d'art russe des frères Rjevski** et à la **donation Ludwig** (œuvres d'art contemporain), ainsi que des expositions temporaires. Dans la cour du palais, on a provisoirement placé une statue équestre du tsar Alexandre III. Exécutée en 1909 par **Pavel Troubetskoï**, elle avait été installée sur la perspective Nevski à la hauteur de la place de l'Insurrection avant d'en être retirée en 1937 et transférée au Musée russe en 1939. Depuis le démantèlement du musée Lénine, elle remplace la fameuse voiture blindée du chef du prolétariat *(aujourd'hui au musée d'Histoire de l'artillerie)*. À regarder la lourde statue du tsar, qui semble écraser sa monture, on dirait qu'Alexandre III fut plus respecté à Paris…

Monument à Souvorov (Pamiatnik Souvorovou/Памятник Суворову) B1

La rue des Millionnaires aboutit à une place qui porte le nom d'**Alexandre Souvorov**, le plus célèbre stratège militaire de la Russie. Au milieu de la place se dresse un monument à Souvorov. Œuvre de Mikhaïl Kozlovski, la statue le représente en Mars, dieu de la Guerre. Souvorov tient un bouclier avec les armoiries de la Russie, dont il semble protéger la tiare pontificale ainsi que les couronnes de Naples et de Sardaigne, royaumes que les armées russes protégeaient de Napoléon. Les allégories de la Gloire et de la Paix sont présentées sur le piédestal de granit dû à Andreï Voronikhine. Inaugurée en 1801, l'année de la mort de Souvorov, la sculpture fut transférée ici des berges de la Moïka en 1818. Connu pour sa modestie, Souvorov n'aurait sans doute guère approuvé cet ouvrage grandiloquent et pompeux.

Pont de la Trinité★ (Troitski most/Троицкий мост) B1

Devant la place Souvorov, ce pont permet de gagner la place de la Trinité du côté de Petrogradskaïa. C'était le plus long pont de la Neva (582 m) avant la construction du pont Alexandre-Nevski dans les années 1960. Il fut réalisé à l'époque du rapprochement politique entre la Russie et la France, le président français Félix Faure ayant assisté à la pose de la première pierre, le 12 août 1897. Construit par la compagnie française Batignolles, la même qui réalisa le pont Alexandre-III à Paris, le pont, inauguré en 1903, fut surnommé la « beauté de Paris » par les journaux russes de l'époque. Avec ses six arches métalliques, ses lampadaires Art nouveau et ses obélisques de granit ornés de proues de navires et couronnés d'aigles bicéphales, il constitue en effet un des plus beaux ponts de St-Pétersbourg.

Longer le quai du Palais sur la gauche.

Quai du Palais★★ (Dvortsovaïa naberejnaïa/Дворцовая набережная) B1

Avec son alignement de somptueuses résidences tournant leurs façades vers la Neva, c'est le quai le plus splendide de la ville. Au n° 8, la façade rose dont les avancées sont soutenues par des atlantes égyptiens est celle de l'ancien **palais de Kantemir**, écrivain et homme politique moldave. Bâti en 1720 par Rastrelli, il fut reconstruit au 19e s. dans le style classique, puis éclectique. Le bâtiment accueille aujourd'hui la Direction des registres de la marine. L'édifice monumental qui s'élève au n° 18 porte le nom de **nouveau palais Michel**. Sa façade rose et blanche est remarquable par son décor mélangeant les styles baroque et néo-Renaissance : colonnes corinthiennes cannelées, bas-reliefs, cariatides… Construit par l'architecte **Andreï Stackenschneider** pour Mikhaïl Nikolaïevitch, fils de Nicolas Ier, le palais abrite aujourd'hui différents instituts de l'Académie des sciences de St-Pétersbourg. Au n° 26, le **palais du grand-duc Vladimir Alexandrovitch**, fils d'Alexandre II, fut élevé entre 1867 et 1872 par l'architecte Rezanov. La façade aux fenêtres vénitiennes s'inspire des palais florentins. Célèbre pour la richesse de ses intérieurs, l'édifice accueille aujourd'hui la Maison des Savants. Il est suivi par l'ensemble de bâtiments appartenant à l'Ermitage, reliés entre eux par des passages et des ponts. Au n° 32, l'édifice bleu aux colonnes corinthiennes est le **théâtre de l'Ermitage** construit par Giacomo Quarenghi entre 1783 et 1878. C'est ici que se situe l'entrée aux salles de l'**ancien palais d'Hiver de Pierre Ier** qui se trouvait sur l'emplacement du théâtre actuel. Une galerie en forme d'arc réunit le théâtre au **Vieil (Grand) Ermitage** bâti en 1771-1787 par Youri Velten pour abriter les collections toujours grandissantes de la Grande Catherine. Il est suivi par le bâtiment néoclassique du **Petit Ermitage**, ajouté au palais d'Hiver en 1775 par les architectes Vallin de La Mothe et Velten. Enfin, au-delà de celui-ci, c'est la façade nord du **palais d'Hiver** qui s'étire sur près d'un quart de kilomètre le long de la Neva.

Quartier de l'Ermitage pratique

informations utiles

City Tourist Information Center (Городской туристско-информационный центр) – *Pl. du Palais* (Дворцовая пл.) *12, dans le kiosque en verre à gauche de l'entrée principale du palais d'Hiver - ✆ 982 82 53 - 10h-19h (dim. 11h-16h).* Ce centre pourra vous conseiller sur les différentes visites à faire dans la ville et ses environs et vous vendre des excursions. Vous trouverez des cartes, des guides et des brochures d'information en anglais sur les hôtels, les restaurants et les musées, ainsi que des cartes postales.

Consulat général de France (Консульство Франции) – *Quai de la Moïka* (Наб. Мойки) *15 - service de la Chancellerie : lun.-vend. 9h-13h et 14h-17h - ✆ 332 22 70 - fax 332 22 90, en cas d'urgence en dehors des horaires d'ouverture ✆ 939 70 42.*

Institut français (Французский институт) – *Perspective Nevski* (Невский пр.) *12 - ✆ 571 09 95 - médiathèque ouverte mar. 14h-21h, merc.-vend. 10h30-18h30, sam. 11h30-17h30.* L'institut a quitté le quai de la Moïka pour s'installer sur les lieux mêmes de la naissance de Sacha Guitry, filleul du tsar Alexandre III. Il possède entre autres une médiathèque-centre d'information qui vous informe sur diverses manifestations culturelles et met à votre disposition livres, magazines, CD et vidéo en français.

Se loger

⊖⊖⊖ Pushka-Inn ⑦ (Пушка-Инн).
⊖ Nord Hostel ㉞ (Хостел « Норд »).
Voir descriptif complet de ces hôtels p. 348.

Se restaurer

⊖⊖ Pushka-Inn ⑦ – *Quai de la Moïka* (Наб. Мойки) *14 - ✆ 314 06 63 - 8h-3h.* À côté de la maison Pouchkine, au rdc de l'hôtel du même nom, un bar-restaurant moderne, dont la carte est susceptible de satisfaire une petite ou une grande faim. Essayez le *morskaïa* snack (petites bouchées garnies de moules et de crevettes, accompagnées d'une salade d'avocat, de céleri et de pomme) ou le *pokhmelnaïa* snack, copieuse salade composée (chou blanc, harengs, champignons, lard, etc.) servie avec un verre de vodka.

⊖⊖/⊖⊖⊖ Ermitajny ② (Эрмитажный) – *Place du Palais* (Дворцовая пл.) *8, sous l'arc de l'État-*

C. Brett / Michelin

Guinguette-wagon.

Major général - ✆ 314 47 72 - 12h-1h. Ce restaurant mérite d'être qualifié d'artistique tant du point de vue du décor que de celui de la cuisine. Aménagé au rdc de l'édifice historique de l'État-Major général, il dispose de 10 salles, toutes plus belles les unes que les autres et vient d'être relooké. Les salles couleur terre de Sienne rendent l'atmosphère cosy, l'accent est mis sur les plats russes et les prix sont devenus plus raisonnables. Cuisine russe, européenne et asiatique servie avec une souriante élégance dans un décor évoquant, nom oblige, le musée de l'Ermitage. Expo-vente de toiles de peintres locaux.

⊖⊖⊖ Le Septième Invité ④ (Седьмой Гость) – *Millionnaja oul.* (Миллионная ул.) *3, entrée place Souvorov - ✆ 325 71 32 - tlj 12h-0h.* Deux salles en entresol élégamment décorées, ambiance douce et intime. Présentation raffinée et grands vins servis comme ils le méritent (ou vodka frappée). Service impeccable et souriant. Cuisine russe et européenne, rehaussée d'une pointe d'inventivité et revisitée selon l'inspiration du chef.

Pauses et petites faims

Pas de petits cafés accueillants dans ce quartier, mais des kiosques vendant des snacks et des boissons aux beaux jours. Vous pouvez vous rendre au restaurant **Pushka-Inn**, le plus abordable du quartier *(voir ci-contre)*, ou sur la Nevski.

Sorties

City Bar (Сити-бар) – *Millionnaïa oul.* (Миллионная ул.) *10 - ✆ 315 85 75.* Dans ce pub américain, ambiance sympathique et décontractée, musique *live* ou DJ le soir. On peut aussi y manger des hamburgers ! Cuisine américaine et internationale. Pour les anglophones, livres et vidéo peuvent être empruntés gratuitement.

Place des Arts★★★

Plochtchad Iskousstv/Площадь Искусств

PLAN DE COUVERTURE : B2/B3

Au cœur de la vie artistique de la ville, ce quartier est un véritable enchantement avec ses nombreux musées, théâtres et salles de concerts, ses somptueuses résidences de tsars, dont le palais d'Été de Pierre le Grand et le château de Paul Ier, et ses jardins romantiques où l'on aime flâner à l'ombre des arbres séculaires.

- **Se repérer** – Situé entre la Neva et la perspective Nevski, le quartier est délimité par le canal Griboïedov et le Champ de Mars à l'ouest et par la Fontanka à l'est.
- **Organiser son temps** – Prévoir une journée entière. Si vous désirez visiter les musées, évitez le lundi et le mardi !
- **À ne pas manquer** – La place des Arts, le Musée russe, l'église du St-Sauveur-sur-le-Sang-Versé et le jardin d'Été.
- **Avec les enfants** – Le jardin et le palais d'Été, le musée de la Musique, le Musée ethnographique et un spectacle de cirque le soir.

A. Kanjounzeff / Michelin

Pouchkine et le Musée russe.

Comprendre

L'histoire du quartier remonte à la création du jardin d'Été, dessiné par **Pierre le Grand** dès 1704. La ville n'existait pas encore que Pierre Ier ordonnait déjà qu'on y plante des arbres et qu'on y fasse une « grande roue » pour acheminer l'eau. Sept ans après le début de la construction de la forteresse Pierre-et-Paul, l'eau jaillissait déjà des fontaines du jardin d'Été. C'est à la même époque qu'on édifia le palais où Pierre le Grand passait les mois d'été avec sa famille. C'est également lui qui fit assécher les marécages se trouvant sur l'actuel emplacement du Champ de Mars pour y organiser les défilés militaires et les fêtes populaires. L'aménagement du quartier se poursuivit au début du 19e s., lorsqu'on éleva le château Michel pour l'empereur **Paul Ier** et le palais Michel pour l'un de ses fils. Ce quartier impérial et militaire devint le centre de la vie artistique à la fin du 19e s., avec l'ouverture du Musée russe, la fondation du Musée ethnographique, la création de la Philharmonie nationale… Il le reste aujourd'hui, avec ses théâtres et ses musées qui occupent les anciens palais impériaux.

Se promener

Rue Mikhaïlovskaïa★ (Oulitsa Mikhaïlovskaïa/Улица Михайловская) B2

Bordée par le *Grand Hôtel Europe* et la Philharmonie Chostakovitch, cette rue large et courte reliant la perspective Nevski à la place des Arts offre une belle **vue**★★ sur la place avec la statue de Pouchkine précédant le palais Michel (Musée russe).

Façade de l'hôtel Europe.

C. Hervé-Bazin / Michelin

Grand Hôtel Europe★ (Gostinitsa Evropeïskaïa/Гостиница Европейская) B2 – Situé à l'angle de la perspective Nevski et de la rue Mikhaïlovskaïa, ce bel édifice orné de puissants atlantes fut construit par **Ludwig Fontana** en 1875 pour accueillir l'hôtel *Europe*. Avec des centaines de chambres, des restaurants, des magasins, un bureau de poste et un salon de coiffure, c'était l'un des plus grands de la ville et sa somptueuse décoration évoquait un palace. En 1910, les intérieurs furent réaménagés dans le style Art déco par **Fiodor Lidval**, ce qui ajouta à la splendeur de l'endroit. Pendant la Seconde Guerre mondiale, l'hôtel servit d'hôpital. Complètement rénové au début des années 1990, il demeure un des hôtels les plus luxueux (et les plus onéreux) de la ville. Parmi ses clients célèbres, citons Vladimir Maïakovski, Elton John, le prince Charles, Placido Domingo et Jacques Chirac.

Philharmonie Chostakovitch★ (Filarmoniia imeni Chostakovitcha/Филармония имени Шостаковича) B2 – *Mikhaïlovskaïa oul.* (Михайловская ул.) *2 - ✆ 710 42 57 - caisses ouvertes tlj 11h-19h (fermées 15h-16h) - début des concerts à 19h.* Haut lieu musical de la ville, la Philharmonie Chostakovitch, située juste en face du *Grand Hôtel Europe*, occupe le bâtiment de l'ancien hôtel de la Noblesse construit en 1838 par **Paul Jacot**. La salle des Colonnes de la Philharmonie est l'une des meilleures du pays ; les musiciens les plus illustres y ont donné des concerts : Glinka, Tchaïkovski, Berlioz, Wagner… Une page restée célèbre dans l'histoire de la musique fut inscrite lorsque, le 9 août 1942, date à laquelle Hitler fixa la prise de Leningrad assiégée depuis un an, l'orchestre de la Philharmonie interpréta la *7e Symphonie* de **Dimitri Chostakovitch**, retransmise en direct par toutes les radios du pays.

Place des Arts★★ (Plochtchad Iskousstv/Площадь Искусств) B2

Conçu par **Carlo Rossi**, ce lieu élégant et romantique fut ainsi nommé en raison des nombreux musées, théâtres et salles de concerts qui le bordent. Le magnifique palais Michel, au nord, accueille les collections du Musée russe. À côté, le bâtiment majestueux couronné d'une statue d'Athéna abrite le plus grand Musée ethnographique du pays. À l'ouest, le musée Isaac Brodski occupe l'ancien appartement du peintre. La place est également bordée de deux théâtres : le théâtre Michel, à gauche du Musée russe, et le théâtre de la Comédie musicale, situé en face, dans la rue Italienne. La statue du poète Pouchkine, trônant au centre de la place, semble inviter les visiteurs à pénétrer dans le monde enchanteur des arts.

Se rendre dans l'immeuble n° 3 (à gauche de la place).

Musée-appartement Brodski★ (Mouzeï-kvartira Brodskogo/Музей-квартира Бродского) B2 – *Au n° 3, à gauche de la place - ✆ 314 36 58 - merc.-dim. 11h-17h (dernière entrée 16h) - 200 Rub (étud., enf. 100 Rub) - photo : 500 Rub, vidéo : 500 Rub.* Voici sans doute l'exemple le plus frappant de la conversion d'un artiste de talent au réalisme socialiste. Ce petit musée installé dans l'appartement où **Isaac Brodski** vécut de 1924 à 1939 permet de découvrir les œuvres de jeunesse de cet élève du grand Repine, auteur de magnifiques paysages urbains, de vues du Nord et du Midi, qui contrastent avec ses œuvres « de maturité » : *Lénine à Smolny*, *L'Intervention de Lénine au meeting des ouvriers à l'usine Poutilov*, etc., qui y sont également exposées. Le musée vaut surtout pour son importante collection de peintures qui réunit plusieurs toiles de peintres célèbres, tels que Repine, Levitan ou Koustodiev.

Théâtre d'opéra et de ballet Moussorgski (Teatr opery i baleta imeni Moussorgskovo/Театр оперы и балета имени Мусоргского) A1 – *Plochtchad Iskousstv* (Площадь Искусств) *1 - ✆ 595 43 05 - caisses ouvertes tlj 11h-19h (fermées 15h-16h) - début des spectacles à 12h et à 19h.* Appelé également théâtre Michel, il fut construit en 1833 par **Alexandre Broullov** d'après les esquisses de Rossi. Les acteurs qui y jouaient étaient en majorité des Français, ce qui lui a valu pendant un certain temps le surnom de « théâtre français ». Très à la mode au 19e s., les spectacles de cette troupe furent fréquentés par la haute noblesse, y compris l'empereur. Le théâtre vit alors les débuts de Lucien Guitry, le triomphe de Rachel et celui de Sarah Bernhard, venue à trois reprises à St-Pétersbourg. En 1918, le bâtiment fut mis à disposition d'un théâtre d'opéra. Il accueille aujourd'hui ballets et spectacles musicaux de qualité.

Musée russe★★★ (Rousski mouzeï/Русский музей) B2 – Construit entre 1818 et 1825 par **Carlo Rossi** pour le grand-duc Michel, un fils de Paul Ier, le **palais Michel** constitue le cœur de l'ensemble de la place des Arts. Le projet de ce musée appartient à **Alexandre III**, qui souhaitait créer à St-Pétersbourg l'équivalent de la galerie Tretiakov de Moscou. Le nouveau musée porta un temps le nom de l'empereur, qui lui fit don de sa collection personnelle. Il occupe plus de 130 salles du palais, ainsi que les ailes Rossi et Benois *(Voir p. 471)*.

Musée ethnographique de Russie★★ (Rossiiski etnografitcheski mouzeï/Российский этнографический музей) B2 – *Ingenernaïa oul.* (Инженерная ул.) *4 - ✆ 570 53 20 - tlj sf lun. et dernier vend. du mois 10h-18h (dernière entrée 17h) - 300 Rub (étud., enf. 150 Rub) - photo : 150 Rub, vidéo : 350 Rub. Visites guidées sur réservation. Le w.-end, ateliers proposés aux enfants. Kiosque à souvenirs à des prix sympathiques. Des expositions régulièrement organisées modifient l'organisation des salles.*

Voici une belle occasion de découvrir l'incroyable diversité de l'ancien Empire russe et soviétique composé de 150 ethnies différentes ! Construit entre 1902 et 1913 par **Vassili Svinine** à côté du Musée russe, c'est aujourd'hui le plus grand Musée ethnographique de Russie et du monde.

Très vaste, le musée comprend plusieurs suites de galeries sur deux niveaux. À l'entrée, la grande **salle de Marbre★**, revêtue de marbre rose de Carélie, est particulièrement somptueuse avec ses hautes colonnes, son plafond en cristal et sa longue frise, réalisée par M. Kharlamov et V. Bogatyrev, représentant les populations de l'ancien Empire russe. Dans cette salle ont lieu des expositions temporaires, des salons divers ou des soirées privées ! Le musée expose divers objets d'art et d'artisanat, des outils, des costumes et des bijoux. Chaque peuple est mis en scène dans son habitat traditionnel, ses costumes et ses coutumes particuliers. Dans l'aile gauche, plusieurs salles sont consacrées à la Russie ancienne *(galerie de droite)* où l'on verra, entre autres, une isba reconstituée et de superbes linteaux de bois ciselés. Les ethnies installées dans les régions du Nord-Ouest et de la Baltique sont présentées dans la salle centrale à travers les quatre sections : peuples de la mer, de la terre, de la forêt et de la toundra. Les salles à l'étage *(à droite)* permettent de découvrir toute une mosaïque des peuples de la région de la Volga et de l'Oural – Tatars, Bachkirs, Oudmourths, Tchouvaches… –, leurs métiers, leurs croyances et leurs traditions. Dans les sections consacrées aux peuples de la Sibérie et de l'Extrême-Orient *(à gauche)*, on verra des yourtes de nomades, des vêtements en peau de renne, des objets en os de baleine, des attributs de chamans (sorciers) et même des vêtements en écailles de poisson ! À la galerie, belle sélection d'objets d'artisanat des peuples du Caucase. Dans l'aile droite, les salles consacrées aux peuples de l'Ukraine, de la Biélorussie et de la Moldavie *(en bas, à droite)* sont un véritable enchantement : costumes aux couleurs chatoyantes, scènes de mariage et

E. Darras / Michelin

La salle Ukraine du Musée ethnographique de Russie.

de vendanges, artisanat de toute beauté. À l'étage, on verra de très belles broderies arméniennes, des objets en peau et en laine fabriqués en Géorgie, des poteries, des costumes nationaux d'Azerbaïdjan. Les collections consacrées aux peuples d'Asie centrale *(en cours de réaménagement)* sont présentées par roulement. Dans la **réserve spéciale** *(visite guidée uniquement)*, belle collection de joyaux, ainsi que de cadeaux reçus par les Romanov et offerts par différents peuples de l'Empire.

Prendre à gauche de la place en remontant la rue Italienne jusqu'au canal Griboïedov. Longer ensuite le canal jusqu'à l'église du St-Sauveur-sur-le-Sang-Versé.

Église du St-Sauveur-sur-le-Sang-Versé★★ (Khram Spassa na krovi/ Храм Спаса на крови) B2

Nab. Griboïedova (наб. Грибоедова) *2b, accès par la porte nord (contourner l'église) - ✆ 315 16 36 - www.cathedral.ru - tlj sf merc. 11h-19h, mai à oct. 10h-20h - les billets pour les étrangers s'achètent à l'intérieur, à droite de l'entrée - 300 Rub.*

Appelé aussi église de la Résurrection-du-Christ, cet édifice est un des plus éclatants exemples du style néorusse. Avec ses coupoles torsadées, il s'inspire manifestement de la cathédrale de Basile-le-Bienheureux, sur la place Rouge à Moscou. Pittoresque, avec ses bulbes multicolores, ses *kokochnikis,* ses colonnettes et ses tuiles polychromes, l'édifice produit une impression réjouissante et festive. Sa construction est pourtant liée à un événement tragique de l'histoire : l'assassinat du tsar **Alexandre II** en 1881. Ce tsar surnommé le « libérateur » pour avoir aboli le servage fut tué par une bombe lancée par des membres du groupe terroriste *Narodnaïa Volia* (Volonté du peuple), dont ce fut le huitième attentat contre le souverain. Pour immortaliser la mémoire de son père, Alexandre III décréta la construction d'une église sur le lieu même de l'attentat. Commencés en 1883, les travaux durèrent vingt-quatre ans. L'architecte **Alfred Parland**, chargé des travaux, procéda au rétrécissement du canal, afin que l'autel soit situé à l'endroit exact où le tsar fut tué. Il réaménagea l'espace attenant en créant une vaste place séparée du jardin Michel par une somptueuse **grille** Art nouveau, exécutée sur ses propres dessins.

A. Kanjounzeff / Michelin

Église de la Résurrection-du-Christ.

L'église est un chef-d'œuvre de l'art des mosaïstes russes. L'immense surface des mosaïques (qui s'étend sur 7 000 m^2) couvrant les façades et les murs en fait un ensemble unique en Russie. Sur les plaques de granit brun, en bas de l'édifice, sont gravés les événements mémorables du règne d'Alexandre II. Les 144 blasons en mosaïque dans les niches carrées du clocher représentent les villes et les provinces russes qui firent des offrandes pour la construction de l'édifice. À l'intérieur, le revêtement en marbre polychrome et en pierres semi-précieuses crée une véritable fête des couleurs. Les 308 tableaux en mosaïque sur différents sujets du Nouveau Testament recouvrent les murs et les piliers. Ils furent exécutés par toute une équipe de peintres dont **Viktor Vasnetsov** et **Mikhaïl Nesterov**. La superbe iconostase en marbre italien et en pierres dures de l'Oural est surmontée des tableaux représentant l'*Eucharistie* et le *Christ en gloire*, œuvres du peintre **Nikolaï Kharlamov**. Dans la partie ouest de la nef, un baldaquin aux colonnes de jaspe marque l'endroit où l'empereur fut mortellement blessé. Une portion du pavement du quai et un morceau de la balustrade du canal, imprégnés du sang de l'empereur, y sont conservés. Fermée en 1930, l'église servit d'entrepôt jusqu'aux années 1970, lorsqu'elle devint l'annexe de la cathédrale St-Isaac. Après trente ans de restauration, elle a rouvert ses portes en 1997.

En sortant de l'église, longer le canal jusqu'au pont Maly Konouchenny. Après le pont, se diriger à droite vers le Champ de Mars.

Champ de Mars (Marsovo pole/ Марсово поле) B1

Vous voici devant un vaste espace ouvert qui s'étale jusqu'à la Neva. Pierre le Grand fit aménager ce lieu marécageux pour les fêtes populaires et les feux d'artifice qui suivaient chaque victoire de l'armée russe. Il s'appelait alors « Champ de Divertissement ». Au 19e s. s'y déroulaient les revues et les exercices militaires, d'où son nom actuel. C'est à cette époque que fut élevé, en bordure ouest de la place, le gigantesque bâtiment des casernes du régiment Pavlovski (**Vassili Stassov**, 1817-1819). On dit que, pour faire partie de ce régiment, il fallait être blond et avoir le nez retroussé, comme son fondateur Paul Ier… Après la révolution, le Champ de Mars devint un cimetière : on y inhuma des victimes de la révolution et de la guerre civile. Un monument aux morts de la révolution, appelé aujourd'hui monument de la Liberté, fut érigé dans l'allée centrale. Les épitaphes sur les tombeaux sont l'œuvre d'**Anatoli Lounatcharski**, écrivain qui fut commissaire du peuple à la culture. Une flamme éternelle y brûle depuis 1957.

Traverser le Champ de Mars en remontant jusqu'à la Neva, tourner à droite et se diriger vers l'entrée nord du jardin d'Été.

Jardin d'Été★ (Letni sad/Летний сад) B1

Tlj de mai à oct. 10h-22h, d'oct. à mars 10h-20h, avril fermé pour travaux d'assèchement - entrée gratuite.

Chanté par les poètes, ce romantique jardin est le plus ancien de la ville. Pierre le Grand en dessina lui-même les plans dès 1704. Voulant un jardin à l'image de celui de Versailles, il y aménagea des allées rectilignes avec des arbres d'essences rares et des buissons taillés. Les quelque 250 statues achetées en Italie (dont la célèbre *Vénus de Tauride* gardée en permanence par une sentinelle) y furent installées. Outre l'aspect esthétique, ces statues devaient, selon l'idée de Pierre le Grand, remplir une fonction didactique en familiarisant les Russes avec l'histoire et la mythologie antiques. Les fontaines inspirées des fables d'Ésope qui agrémentaient le jardin étaient appelées à jouer le même rôle. Transformé sous Catherine II en un jardin anglais, le parc, autrefois lieu des festivités organisées par Pierre Ier, devint un site de promenades réservé à la noblesse. En 1784, il fut séparé de la Neva par une superbe **grille★** en fer forgé, œuvre de **Iouri Velten**.

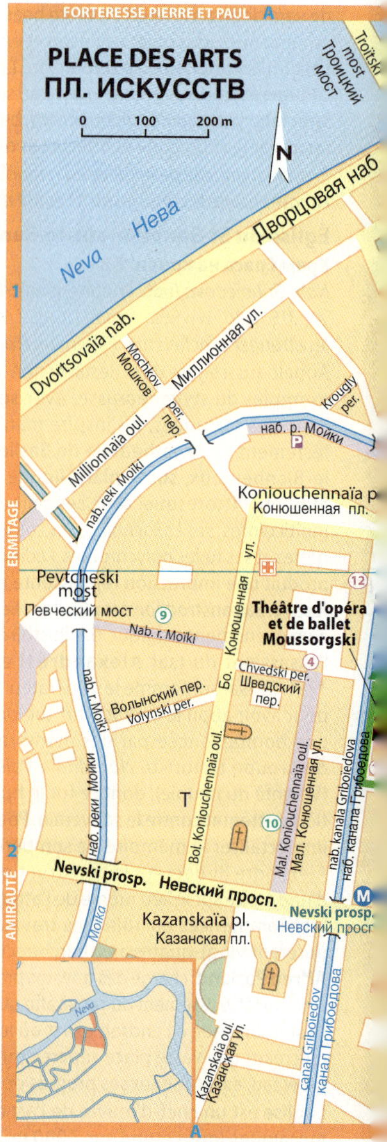

Ce n'est que sous Nicolas Ier que le jardin d'Été fut ouvert à « toute personne correctement vêtue ». C'est le lieu de détente favori des Pétersbourgeois. Près de l'allée centrale, le monument à **Ivan Krylov** fut installé en 1855. C'est l'œuvre de **Piotr Klodt** qui sculpta sur le socle le bestiaire du célèbre fabuliste, adoré par les enfants. Sur les bords de la Fontanka, on verra la **maisonnette du Café** créée par Rossi en 1826 et la **maisonnette du Thé**, bâtie un an plus tard par Louis Charlemagne. Cette dernière abrite un magasin de souvenirs et un petit café qui semble appeler à une pause rafraîchissante à l'ombre des tilleuls. Autre attrait du jardin, le **palais d'Été**, à gauche de l'entrée principale.

Palais d'Été★★ (Letni dvorets/Летний дворец) B1 – *Mai à nov. tlj sf mar. et dernier lun. du mois 10h-18h (lun. et j. fériés 17h), dernière entrée 17h (lun. et j. fériés 16h) - réservation pour visite guidée : 314 03 74 - 300 Rub (étud., enf. 150 Rub) - photo et vidéo : 100 Rub.*
Cette modeste demeure à un étage, qui n'a de palais que le nom, fut construite entre 1710 et 1714 par **Domenico Trezzini** et **Andreas Schlüter**. Aménagée dans le style hollandais qu'appréciait le tsar, elle servit de résidence d'été à Pierre Ier et à sa famille. Cette maison témoigne des goûts du souverain qui, s'il débordait d'ambitions pour son empire, vivait simplement. L'agencement des deux niveaux est

Une merveille de fer

Selon une légende pétersbourgeoise, un Britannique fit un voyage maritime dans le seul but de voir la grille de Velten. Entré dans les eaux de la Neva, il jeta l'ancre de son yacht devant le jardin d'Été. Après avoir contemplé la grille pendant un certain temps, le Britannique, émerveillé, refusa de descendre de son bateau, en expliquant qu'il ne verrait sans doute jamais rien de plus beau. Sous les yeux des Pétersbourgeois stupéfaits, il leva l'ancre et reprit la direction de l'Angleterre.

identique : six pièces, une cuisine, un couloir et la chambre des serviteurs. Le rez-de-chaussée appartenait à Pierre le Grand, l'étage, à sa femme. Toutes les pièces sont meublées modestement. Seule concession au statut impérial, les fresques représentant les allégories des victoires russes et des vertus du couple impérial. En bas, on verra les costumes du tsar, ses outils et ses livres. Le cabinet de travail abrite un curieux instrument météorologique fabriqué à Dresde en 1714. Relié à une girouette sur le toit, il est doté de trois cadrans : l'un montre l'heure, les deux autres indiquent la force et la direction du vent. La salle à manger était destinée aux repas intimes, les grandes réceptions se tenant au palais de Menchikov. Elle affiche le « menu » du tsar qui préférait se nourrir simplement : soupe aux choux, bouillie de céréales, viande rôtie, cornichons, kvas, vodka à l'anis. La belle cuisine en carreaux de Delft fut la première en ville à posséder l'eau courante. À l'étage, les chambres de Catherine et des enfants sont plus raffinées. Elles étaient décorées d'un nombre impressionnant de miroirs, innovation propre au 18e s. On peut en voir un dans la chambre à coucher de Catherine : son cadre évoquant des scènes de chasse fut fabriqué par Pierre Ier lui-même. Dans la chambre d'enfants, portrait du seul enfant mâle du couple, mort en bas âge. Après la mort du tsar, le palais d'Été cessa d'être résidence impériale. Au début du 20e s., il accueillit des expositions d'art avant de devenir, en 1934, le musée de Pierre le Grand.

Sauvegarde du jardin d'Été

À l'horizon 2010, le jardin d'Été devrait gagner un véritable statut de « musée ». Dans un but de sauvegarde, les superbes statues seront exposées dans un lieu mieux protégé et remplacées par des copies. Des travaux seront effectués pour redonner aux paysages leur architecture des 18e et 19e s. La surveillance dans le jardin sera équivalente à celle d'un musée (gardes, vidéosurveillance), pour éviter détériorations et vandalisme. Le jardin ne devrait être fermé qu'une saison.

Quitter le jardin par la sortie sud et traverser le pont Pantéleïmon.

Pont Pantéleïmon★ (Panteleïmonovski most/Пантелеймоновский мост) B1

Ce pont, qui doit son nom à l'église voisine, fut construit en 1908. Il doit sa belle décoration à **Lev Iliine** qui conçut ses réverbères comme des faisceaux de lances ornés de couronnes dorées et surmontés d'aigles bicéphales. Le pont offre une belle **vue★★** sur le château Michel, le jardin Michel et, au fond, les bulbes multicolores de l'église du St-Sauveur-sur-le-Sang-Versé.

Église St-Pantéleïmon (Panteleïmonovskaïa tserkov/Пантелеймоновская церковь) C1 – C'est l'une des plus anciennes églises de la ville (1735-1739), et le seul vestige des chantiers navals civils qui occupaient jadis ce quartier. Elle fut consacrée à saint Pantéleïmon dont la fête coïncidait avec la date de deux grandes victoires de la flotte russe sur les Suédois : la première en 1714, dans la baie de Hangö, la deuxième en 1720. Deux plaques commémoratives sur la façade sud de l'église rappellent ces événements. L'édifice, représentatif du baroque pétrovien, est attribué à **Ivan Korobov**.

Musée des Arts décoratifs et appliqués★★ (Mouzeï dekorativno-prikladnogo iskousstva/Музей декоративно-прикладного искусства) C1

Solianoï per. (Соляной пер.) *13 - ☎ 273 32 58 - mar.-sam. 11h-17h, fermé en juil.-août (possibilité d'ouvrir pour des groupes) - 60 Rub - photo : 100 Rub, vidéo : 200 Rub.*

Installé dans un magnifique bâtiment de style éclectique construit en 1896 par **Maximilien Mesmacher**, ce musée présente une partie des formidables collections du baron Stieglitz, industriel et mécène. Vous y verrez des porcelaines européennes, des meubles espagnols et portugais, des céramiques, des objets en métal et en verre… L'intérieur est une

Petit oiseau, où es-tu ?

En passant devant le pont des Ingénieurs (qui suit le pont Pantéleïmon), remarquez, en vous penchant légèrement au-dessus du parapet, la minuscule statue du petit oiseau appelé *Tchijik-pyjik*, héros d'une chanson populaire, qui, depuis son installation ici, est devenue la véritable star de la ville. Les jeunes et les enfants aiment lui jeter des pièces pour se porter bonheur. Le jeu consiste à parvenir à mettre la pièce sur le petit socle de l'oiseau, mais, celui-ci étant étroit, la plupart des pièces tombent à l'eau. Aussi voit-on un trésor scintiller à travers les vagues…

pure merveille : le style de la Renaissance italienne, le style baroque français et allemand, le style russe du Moyen Âge se succèdent, certaines fresques reproduisant le décor des palais italiens et moscovites. La salle la plus impressionnante est sans doute celle qui reproduit la salle des Terems au Kremlin et expose une très belle collection de poupées en costumes traditionnels des différentes provinces. On verra également une intéressante collection de poêles de faïence provenant de diverses régions de Russie et les céramiques de **Vroubel**.

Revenir sur ses pas, tourner à gauche après le pont Pantéleïmon et longer la façade du château Michel. Devant le square, prendre à droite et vers l'entrée sud du château.

Château Michel★ (Mikhaïlovski zamok/Михайловский замок) B1

Entrée par la porte sud, caisses sous le porche, à gauche - tlj sf mar. 10h-18h (lun. 17h) - 300 Rub (étud., enf. 150 Rub) - photo et vidéo : 200 Rub - visite de la chambre à coucher de Paul Ier et de l'église sur réservation préalable.

Appelé également **château des Ingénieurs**, c'est un des édifices les plus mystérieux de la ville. Il fut construit en 1797-1801 par **Vassili Bajenov** et **Vincenzo Brenna** pour **Paul Ier**. Obsédé par la peur d'être assassiné, Paul le conçut comme une forteresse entourée de douves, truffée de cachettes et de passages secrets. Mais ces précautions furent vaines : le malheureux ne vécut que quarante jours dans son château où il fut assassiné le 11 mars 1801. Après sa mort, la demeure, abandonnée par la famille impériale, fut acquise en 1823 par l'école du Génie militaire (d'où son nom actuel), dont Dostoïevski fut l'étudiant le plus célèbre. Toutes les façades du château sont différentes. La façade sud à pilastres de marbre est la plus sévère. La devise sous le fronton dit : « À ta maison, bénédiction de Dieu pour de longues années. » Une voyante aurait prédit à Paul Ier qu'il vivrait autant d'années qu'il y avait de lettres dans cette devise. Prophétie réalisée : Paul Ier fut tué à l'âge de quarante-sept ans, le nombre de lettres de l'inscription ! Devant l'entrée, au milieu de l'allée centrale, une majestueuse statue équestre de Pierre le Grand, œuvre de **Carlo Bartolomeo Rastrelli**, fut placée ici sur l'ordre de Paul Ier avec cette inscription : « À l'arrière-grand-père, l'arrière-petit-fils ». Sur le socle, parmi les bas-reliefs, remarquez celui qui représente la bataille navale : l'homme sauvé des eaux a le pied tout poli, car les Pétersbourgeois ont pris l'habitude de le toucher, y voyant un symbole du salut. Dans la cour, le monument à Paul Ier a été érigé pour le tricentenaire de St-Pétersbourg. À l'intérieur, la plupart des salles accueillent des expositions temporaires. N'oubliez pas d'admirer le magnifique **escalier d'apparat** où figurent les armoiries de Russie, modifiées sous le règne de Paul Ier qui y inclut une croix de Malte (ce fut le seul tsar russe à être chevalier de l'Ordre).

E. Darras / Michelin

Le château Michel, refuge de Paul.

En sortant du château, suivre l'allée centrale jusqu'au croisement avec la rue Belinski, qu'on prend sur la gauche.

Cirque de St-Pétersbourg (Sankt-Peterbourgski tsirk/Санкт-Петербургский цирк) C2

Mar.-vend., fermé en août - ✆ 570 54 13 - visite guidée sur réservation uniquement, à partir de cinq personnes - 80 Rub (enf. 50 Rub).

Élevé en 1877 par l'architecte **V. Kenel**, ce bel édifice décoré de masques et de Muses abrite le cirque permanent le plus ancien du pays. Chaque saison, il donne plusieurs programmes différents qui font la joie des enfants et des parents. L'édifice est aménagé en **musée de l'Art du cirque**, riche d'une collection de 80 000 pièces.

Franchir la Fontanka par le pont Belinski.

Église St-Siméon-et-Ste-Anne (Tserkov Simeoniia i Anny/Церковь Симеония и Анны) C2

Construite en 1734 par **Mikhaïl Zemtsov** dans le style baroque, c'est un des rares monuments de l'époque pétrovienne. Son élégant clocher à plusieurs niveaux surmonté d'une flèche rappelle celui de la cathédrale Pierre-et-Paul.

Prendre à droite sur le quai et le longer jusqu'au palais Cheremetev.

Palais Cheremetev★ (Cheremetevski dvorets/Шереметевский дворец) C2

Nab. reki Fontanki (Наб. реки Мойки) *34 - ✆ 272 44 41.*

La richissime famille des comtes Cheremetev habita ce palais de 1712 jusqu'à la révolution de 1917. Surnommé Fontanny dom (« Maison aux Fontaines ») pour les nombreuses fontaines qui ornaient le parc, il fut construit en 1750 par **Savva Tchevakinski** et **Fiodor Argounov**. Il est séparé du quai par une belle grille en fer forgé arborant les armoiries des comtes. Le palais de ces amateurs de musique et mécènes, qui possédaient près de 200 000 serfs, fut un des centres de la vie musicale de St-Pétersbourg. La Capella des Cheremetev fut hautement appréciée par les compositeurs de l'époque. Le palais abrite aujourd'hui le **musée de la Musique** qui rappelle le rôle que les Cheremetev ont joué dans la vie musicale de la ville ainsi que le **musée-appartement d'Anna Akhmatova** *(côté cour)*, qui y vécut plusieurs années.

Musée de la Musique (Музей Музыки) C2 – *Entrée dans l'aile droite - merc.-dim. 12h-18h - 180 Rub (étud., enf. 75 Rub) - photo : 50 Rub, vidéo : 100 Rub.*

Ce musée est depuis 1990 une des filiales du musée de l'art théâtral et musical de St-Pétersbourg. Il intéressera petits et grands par sa formidable collection d'instruments venus du monde entier. La majeure partie de cette collection (qui compte jusqu'à 3 000 pièces dont un millier est exposé) se trouve au rez-de-chaussée. Dans la vitrine à droite de l'entrée, remarquez un ensemble de cors, instrument à la mode au milieu du 18e s. et qu'on essaya de remettre en vogue à l'occasion du couronnement d'Alexandre III. L'ensemble exposé est unique au monde ; il compte 70 cors en laiton dont chacun ne produit qu'un seul son. À côté, une présentation de 8 cloches créées pour l'orchestre impérial à la fin du 19e s. Vous verrez également des tam-tams africains, des gongs indonésiens, des cors mongols en forme de serpent, des instruments orientaux incrustés de nacre, des vielles à roue et à touches, des premiers pianos carrés évoquant des tables de bureau, des instruments antiques russes tels qu'un *gousli* (sorte de lyre) et un *rojok* en écorce de bouleau… À l'étage, le reste de la collection est présenté dans les salles du palais superbement restaurées. Le salon Blanc aux portraits de compositeurs russes accueille la collection de pianos allant des clavecins aux pianos modernes, certains ayant appartenu à M. Glinka ou A. Rubinstein. Le salon Jaune, au plafond doré, expose une belle collection de violons dont un authentique Amati (1681) et un Stradivarius. Vous y verrez les instruments les plus divers : des « pochettes », violons miniatures utilisés jadis par les professeurs de danse, des violons en demi-lune, octogonaux, en forme de barque et de canne, un violon en laiton et, sous une cloche protectrice, un violon en carapace de tortue ! Les autres salles du palais (*voir la salle Étrusque, magnifique*) présentent des expositions temporaires. On y organise aussi des concerts de musique classique *(rens. à la caisse du musée)*.

Musée-appartement Akhmatova★★ (Mouzeï-kvartira Akhmatovoï/Музей-квартира Ахматовой) C2 – *Entrée au 53 Liteïny pr.* (Литейный пр.), *au fond du jardin, à gauche - ✆ 272 22 11 - www.akhmatova.spb.ru (site en anglais) - tlj sf lun. et dernier vend. du mois 10h30-18h30 (dernière entrée 17h30), merc. 13h-21h - 200 Rub (étud., enf. 100 Rub) - audioguide en fr. : 100 Rub.* **Anna Akhmatova** (1889-1966), une des plus grandes poétesses du 20e s., vécut ici, traquée par la misère, de 1924 à 1952. Muse et martyre de St-Pétersbourg, réduite au silence par le régime soviétique, c'est dans une pièce de l'appartement communautaire au 2e étage de l'immeuble au fond de la cour qu'elle écrivit la plupart de ses poèmes dont le célèbre *Requiem*. Son premier mari, le poète **Nicolas Goumiliov**, fut fusillé par les bolcheviks, leur fils arrêté, son troisième mari mourut dans un camp, ses œuvres furent interdites de publication et n'ont survécu que parce qu'elle et ses amis les apprenaient par cœur. La salle-mémorial évoque différentes périodes de sa vie et de son œuvre. Parmi les témoignages les plus émouvants, une lettre d'Akhmatova à Staline où elle demande la libération de son fils, et ses poèmes écrits sur des feuilles d'écorce de bouleau par une ancienne prisonnière du Goulag. On visite également les pièces habitées par Akhmatova et son troisième mari Nicolas Pounine. Dans la galerie aménagée dans une ancienne grange *(à droite en sortant)*, on peut voir *(11h-18h)* des vidéos *(en anglais)* sur Anna Akhmatova et autres poètes pétersbourgeois.

Revenir sur ses pas jusqu'à l'allée centrale du château Michel, qu'on prend sur la gauche.

Place du Manège (Manejnaïa plochtchad/Манежная площадь) C2

Cette petite place doit son nom à l'ancien manège Mikhaïlovski construit en 1801 par l'architecte Vincenzo Brenna et refait en 1824 par Carlo Rossi. Stade d'hiver en 1948, il est devenu aujourd'hui une salle d'exposition. Dans le square aménagé au centre de la place, on installa les bustes des architectes pétersbourgeois d'origine italienne – Rastrelli, Rossi, Quarenghi et Rinaldi – offerts par le gouvernement italien à l'occasion du tricentenaire de la ville.

Place des Arts pratique

Informations utiles

Alfa-bank – *Nab. kan. Griboedova* (Наб. кан. Грибоедова) *6/2 - lun.-sam. 8h30-19h30, dim. 11h-17h.* Échange de devises et de chèques de voyage, bankomat.

Internet cafe Arka – *Nab. kan. Griboedova* (Наб. кан. Грибоедова) *7 - 10h-23h.* Petite salle calme, juste à côté du restaurant *Saint-Pétersbourg*. On paie au temps passé en partant.

Se loger

Grand Hôtel Europe ⑧ **(Гостиница Европейская).**

Cours de la Capella ⑨ **(Dvory Kapelly/Дворы Капеллы).**

Korona ⑩ **(Корона).**

Voir descriptif complet de ces hôtels p. 348.

Se restaurer

Aragvi ⑬ **(Арагви)** – *Nab. reki Fontanki* (Наб. реки Фонтанки) *9 - ✆ 570 56 43 - www.aragvi.restoran.ru.* Ce nouveau restaurant géorgien a pris le nom d'une rivière qui coule entre montagnes et forêts en Géorgie. Les murs blancs, le mobilier en bois clair, la cheminée, la lumière tamisée, la vue sur la Fontanka et le palais Cheremetev créent un décor sobre et élégant. Idéal pour une ambiance romantique à l'écart du brouhaha de la Nevski. Le chef géorgien vous proposera les spécialités de son pays, mais aussi un business lunch européen à 240 Rub. Réserver une table près de la fenêtre.

Dvorianskoïe sobranie ⑮ **(Дворянскоесобрание)** – *Mikhaïlovskaïa oul.* (Михайловская ул) *2, entrée par la rue Italianskaïa - ✆ 956 74 31 - 12h-1h.* Ambiance aristocratique à des prix démocratiques dans ce restaurant intime et élégant, ouvert par l'hôtel *Europe* sur l'emplacement de l'ancien buffet de la Philharmonie Chostakovitch, au rez-de-chaussée. Cuisine russe raffinée et internationale. Si vous êtes amateurs de soupes, la *solianka* est délicieuse.

Kalinka-Malinka ⑥ **(Калинка-Малинка)** – *Italianskaïa oul.* (Итальянская ул.) *5 - ✆ 314 26 81 - 12h-23h - 20 €.* Dans l'atmosphère chaleureuse d'une isba reconstituée, sur fond de musique traditionnelle, tous les classiques de la cuisine russe comme le *borchtch*, les délicieux *pirojkis* aux choux, le bœuf Stroganoff… de quoi satisfaire petites et grandes faims. Petit bémol : très touristique. Comme boisson, le jus d'airelles est excellent et très vitaminé !

Sandwich-bar « Trio » ⑩ **(Трио)** – *Italianskaïa oul.* (Итальянская ул.) *17.* À deux pas de la place des Arts, dans une sympathique cave bien restaurée, ce petit bar propose un choix de salades, de toasts et autres sandwiches à des prix

C. Brett / Michelin

La colonne météo de Chvedski pereoulok.

exceptionnellement bas. Pour les grandes faims, soupes, steaks et desserts. On peut également se contenter d'y prendre un verre. Salle non-fumeur au fond et menu en anglais.

Podval Brodiatcheï Sobaki ② **(Подал Бродячей собаки)** – *Pl. Iskousstv* (Пл. Искусств) *5 - ✆ 312 80 47 - tlj 11h30-23h30 - 20 €.* Cet « art-café, théâtre, cabaret » veut renouer avec son passé mythique des années 1910, lorsqu'il était fréquenté par les artistes du cru. La partie café décorée de tableaux de peintres locaux (on peut les acheter) propose de bons plats de viande et de poisson, le tout assez copieux et à des prix raisonnables. Grand choix de boissons. Dans la salle du fond, concerts et spectacles *(programme à l'entrée).*

James Cook ④ **(Джеймс Кук)** – *Chvedski per.* (Шведский пер.) *2, au bout de la rue piétonne Malaïa Konouchennaïa* (Малая Конюшенная) *- t 312 32 00.* Pub & café. Deux salles voûtées de briques : à gauche, salon de thé-pâtisserie, à droite, taverne pour petites faims. Terrasse dans la rue les beaux jours. Vous pourrez y goûter plusieurs sortes de bière à la pression ou, pourquoi pas, vous initier au *kvas*.

Saint-Pétersbourg ⑫ **(Санкт-Петербург)** – *Nab. kan. Griboedova* (Наб. кан. Грибоедова) *5 - t 314 49 47 - tlj 12h-2h.* À deux pas de l'église du St-Sauveur, grande salle découpée en alcôves par des cloisons de bois noir créant un peu d'intimité, le tout éclairé par des réverbères. Cuisine russe et européenne, carte de poissons et de viandes. Service attentif et délicieux pain maison. Menu touristique abordable à midi. Carte le soir où musiciens et chanteurs occupent la scène. Le lieu est prisé par les Pétersbourgeois qui n'hésitent pas à y organiser des banquets ponctués de toasts.

Park ⑧ **(Парк)** – *Nab. kan. Griboedova* (Наб. кан. Грибоедова) *2b - ✆ 571 73 09 - tlj 11h-3h - 7-12 €.* Ce restaurant de cuisine italienne installé dans un pavillon à l'angle du jardin Michel et du canal Griboïedov propose de délicieuses pizzas cuites au feu de bois et un bon moment de détente dans un cadre verdoyant. Des pâtes, des lasagnes et des serveuses souriantes vous attendent. Terrasse en été.

Il Grappolo ⑱ – *Oul. Belinskogo* (Ул. Белинского) *5 - ✆ 273 49 04 - tlj 13h-0h, fermé de 16h à 19h.* Sans doute le meilleur italien de la ville, branché, très couru tant des locaux que des touristes. La salle du 2e étage ouvre par de larges baies vitrées sur l'église St-Siméon-et-Ste-Anne. La jeunesse locale aime se retrouver au bar à vins de l'entresol, **Probka (Пробка)**, où on peut déguster le vin au verre et grignoter une salade César !

Pauses et petites faims

Botanika ⑭ **(Ботаника)** – *Oul. Pestelia* (ул Пестеля) *7 - ✆ 272 70 91 - www. cafebotanika.ru - 12h-23h.* Faites une halte relaxante dans le premier vrai restaurant végétarien de Russie. La propriétaire, Marina, adepte de l'ayureda (savoir et longévité), a voulu créer un lieu où l'on mange sain, beau et bon. Vous y trouverez des bouquets de fleurs fraîches, des plats reflétant les nouvelles tendances de la cuisine mondiale végétarienne, de délicieux jus de fruits maison, des cafés italiens, un grand choix de thés. Salle non-fumeur, petit coin pour les enfants, musique douce et en prime, vue sur l'église St-Panteleïmon.

Cafe Chocolate ⑯ **(Кафе Шоколад)** – *Oul. Mikhaïlovskaïa* (ул. Миайловская) *2/9 - ✆ 961 16 95 - 10h-21h.* Salon de thé ouvert par l'hôtel *Europe* en face de l'établissement dans le bâtiment de la Philharmonie Chostakovitch. Dans une salle voûtée très claire, vous trouverez un vaste choix de pâtisseries fines, de chocolats et de sandwichs, avec, en accompagnement, thés et chocolats chauds.

Cafepeople ⑰ – *Italianskaïa oul.* (Итальянская ул.) *2 - ✆ 315 43 26 - 8h30-6h.* Un café branché, comme son nom l'indique, au décor design, agréable pour boire un verre ou calmer une petite faim en regardant défiler les clips sur écrans plats. Cuisine européenne et japonaise au menu. Le soir, animation avec DJ. Les jeunes et influents Pétersbourgeois aiment se retrouver dans ce lieu dont les propriétaires ont souhaité faire un espace d'échanges.

Achats

Magazin mouzykalnykh instroumentov (Магазин музыкальных инструментов) – *Injenernaïa oul.* (Инженерная ул.) *7 - ✆ 570 51 46 - www.musicspb.com - lun. 11h-19h, mar.-vend. 10h-20h, sam. 11h-20h, dim. 11h-19h.* Un vaste espace où les amateurs trouveront l'instrument de musique de leur choix et pourquoi pas une balalaïka.

Tertsia (Терция) – *Italianskaïa oul.* (Итальянская ул.) *5.* Magasin d'antiquités situé en sous-sol et rempli de toutes sortes d'objets anciens : gravures, journaux, icônes, samovars, vaisselle, meubles, jouets… *(certains sont interdits à l'exportation : se renseigner auprès des vendeuses).* Prix assez élevés en général.

Marché aux souvenirs (Рынок сувениров) – *Koniouchennaïa pl.* (Конюшенная пл.), *derrière l'église du St-Sauveur - tlj 8h-21h.* Vous y trouverez tout ce que l'on peut rapporter de St-Pétersbourg : matriochka, porcelaines de l'usine Lomonossov, etc. Attention, les prix peuvent être plus élevés que dans les magasins de souvenirs et gare aux pickpockets !

Music Art Souvenirs – *Oul. Mikhaïlovskaïa* (ул. Миайловская) *2/9 - ✆ 710 44 28 - 11h-19h30.* Une boutique originale, ouverte dans le bâtiment de la Philharmonie à côté du *Cafe Chocolate* et en face de l'hôtel *Europe.* Vous y trouverez une collection de petits cadeaux originaux, tous déclinés sur le thème de la musique et des grands compositeurs russes : tasses, marque-pages, élégants tee-shirts et également partitions d'opéras, CD…

Icône russe (Русская икона) – *Bolchaïa Konouchennaïa* (Бол. Конюшенная) *15.* Boutique d'un atelier orthodoxe qui fabrique et restaure les icônes, effectue des travaux de joaillerie, crée des vitraux, des mosaïques… Outre l'exposition-vente d'icônes, il propose des matériaux et des outils, ainsi que de nombreux livres et albums consacrés à la peinture d'icônes.

Sorties

Cirque (Цирк) – *Nab. r. Fontanki* (Наб. р. Фонтанки) *3 - ✆ 314 84 78 - caisse ouverte tlj 11h-19h, début des spectacles à 19h, matinée et soirée le w.-end et pendant les vacances scolaires.* Érigé en 1877, ce beau bâtiment décoré de sculptures est le premier cirque en pierre de Russie.

Pourga (Пурга) – *Nab. r. Fontanki* (Наб. р. Фонтанки) *11 - ✆ 570 51 23 - tlj 16h-6h.* Ce bar à lapins vous mettra sûrement de bonne humeur, car ici les lapins sont partout ! Les serveuses, qui vous apportent bière, vodka ou cocktails, portent elles aussi des oreilles de lapin. Musique pop-rock et… on y fête le Nouvel An tous les soirs à minuit.

Propaganda (Пропаганда) – *Nab. r. Fontanki* (Наб. р. Фонтанки) *40 - ✆ 275 35 58 - 12h-5h.* Dans cet univers stylisé de la Russie soviétique des années 1920, les tables sont couvertes de papier d'emballage, les serveuses sont en combinaisons d'usine, et les menus sont truffés de slogans soviétiques (traduits en anglais). Grand choix de cocktails et de jus de fruits que le menu vous propose avec ces mots : « Camarade ! Remplis de vitamines ton organisme affaibli ! » Du vrai Maïakovski !

Amirauté★★

Admiraltejstvo/Адмиралтейство

PLAN DE COUVERTURE : B3

Dominé par la flèche de l'Amirauté, ce quartier vous invite à une promenade agréable où tout concourt au plaisir des yeux. Flânez le long de ses rues bordées de palais, montez sur la colonnade de la cathédrale St-Isaac qui offre un splendide panorama sur la capitale du Nord et, si vous avez la chance d'y être au mois de juin, descendez sur les quai pour admirer un spectacle à couper le souffle, lorsque les ponts du fleuve exercent leur ballet silencieux sous la lumière mystérieuse des Nuits blanches.

- **Se repérer** – Ce quartier est délimité au nord par la Neva, au sud par la Moïka, à l'est par la perspective Nevski et à l'ouest par la rue Trouda et le canal Krioukov.
- **À ne pas manquer** – La cathédrale St-Isaac, le palais Ioussoupov.
- **Organiser son temps** – Prévoir une demi-journée.
- **Avec les enfants** – La montée à la colonnade de la cathédrale St-Isaac.

E. Darras / Michelin

Le quai des Anglais depuis l'île Vassilievski.

Comprendre

L'origine de ce quartier, aujourd'hui l'un des plus élégants de St-Pétersbourg, remonte aux premiers jours de la ville. Pierre Ier avait alors ordonné que soit implantée en face de l'île Vassilievski une « maison amirale », comme on désignait alors les chantiers navals. Avec le port et la forteresse Pierre-et-Paul, ce fut le troisième point névralgique de la ville, d'où sortit la puissante flotte russe. Elle abritait l'administration supérieure de la marine de guerre. Au milieu du 19e s., avec le transfert du chantier naval, les remparts protégeant l'Amirauté furent remplacés par des boulevards. À la fin du 19e s., son territoire, couvert de constructions, fut appelé le quai de l'Amirauté. Le quai voisin reçut le nom de quai des Anglais à cause d'une importante colonie anglaise qui s'y était installée au 18e s. La population, d'abord constituée de commerçants, d'artisans et d'aubergistes, évolua lorsque de belles demeures s'y élevèrent, le quartier devenant une des meilleures adresses de la ville. Il le reste encore, avec ses nombreux hôtels, ses restaurants et ses boutiques chic… sans compter l'hôtel de ville de St-Pétersbourg.

Se promener

Amirauté★ (Admiraltejstvo/Адмиралтейство) C1

Ne se visite pas.

La première Amirauté, comme celle d'aujourd'hui, avait la forme d'un « U » ouvert sur la Neva. C'était à la fois un chantier naval et une forteresse entourée de remparts et de douves. Reconstruite en briques en 1738, l'Amirauté se composait de deux corps de bâtiment, séparés par un canal qui facilitait le transport des matériaux. Le premier fut le siège du ministère de la Marine, le second abritait différents ateliers. En 1806, l'édifice fut reconstruit dans le style néoclassique par **Andrian Zakharov** qui ajouta deux ailes symétriques à trois portiques au corps central du bâtiment. L'Amirauté fit office à la fois de ministère de la Marine et de chantier naval jusqu'au milieu du 19e s., lorsque ce dernier fut transféré en aval du fleuve. Elle accueille aujourd'hui l'École supérieure de la marine de guerre.

La façade de l'édifice présente une décoration abondante. Le haut-relief de la porte principale, dû au sculpteur **Ivan Terebenev**, évoque symboliquement la création de la marine russe : Neptune remet à Pierre le Grand en guerrier romain le trident, symbole de son pouvoir. La colonnade est ornée de 28 statues représentant les éléments, les vents et les saisons. Les deux groupes de nymphes tenant un globe terrestre sur leurs épaules sont l'œuvre du sculpteur **Feodossi Chtchedrine**.

Par sa disposition, l'Amirauté constitue le centre de gravité de la rive gauche de la ville. Les trois artères principales – la perspective Nevski, la rue Gorokhovaïa et l'avenue Voznessenski – convergent vers cet édifice dont la flèche effilée surmontée d'une caravelle est devenue l'un des symboles de St-Pétersbourg.

Jardin Alexandrovski (Aleksandrovski sad/Александровский сад) C1

Ce jardin aménagé sur l'emplacement des anciens canaux asséchés qui entouraient l'Amirauté fut ouvert au public en 1874. Les nobles et les bourgeois de l'époque en firent leur lieu de promenade favori. Autour de la fontaine centrale sont installés des bustes de Gogol, Lermontov, Glinka et autres grandes figures de la culture russe. Un buste qui se trouve au fond du jardin (qu'on prend souvent pour celui de

Staline tant la ressemblance est frappante) est celui de **Nikolaï Prjevalski**, grand explorateur de l'Asie centrale, représenté ici avec un chameau à ses pieds. Il est surtout célèbre pour avoir découvert une race de chevaux, dite « cheval de Prjevalski », identique à celle qui était présente en Europe au paléolithique.

Hôtel particulier de Lobanov-Rostovski (Osobnjak Lobanova-Rostovskogo/ Особняк Лобанова-Ростовского) C1 – *Ne se visite pas.* Construite en 1820 selon le projet d'Auguste de Montferrand pour un diplomate russe, le prince Lobanov-Rostovski, cette demeure est connue dans la littérature comme la « maison aux Lions », à cause des deux lions de marbre posés sur des socles de granit qui veillent sur l'entrée, du côté de l'avenue de l'Amirauté. C'est juché sur l'un d'eux que le héros du poème de Pouchkine *Cavalier de bronze* échappe à l'inondation.

La flèche de l'Amirauté.

E. Darras / Michelin

Les décembristes

Par un matin d'hiver maussade, le 14 décembre 1825, ceux que l'on appelle aujourd'hui les décembristes débouchèrent à la tête de régiments aux étendards déployés sur la place du Sénat. Pénétrés d'idées révolutionnaires, ces officiers et aristocrates, membres de sociétés secrètes, se fixaient pour objectif d'abolir le servage, d'introduire le régime constitutionnel et de proclamer l'égalité des citoyens. Profitant de l'interrègne, après la mort subite d'Alexandre Ier, les conjurés réussirent à soulever une partie des troupes de St-Pétersbourg qui refusèrent de prêter serment à Nicolas Ier, connu pour ses idées absolutistes. La révolte fut réprimée par l'artillerie. Cinq des chefs des insurgés furent pendus sur le Kronwerk de la forteresse Pierre-et-Paul *(voir p. 442)*. Des centaines d'officiers furent dégradés et déportés sans jugement en Sibérie.

Place des Décembristes★★ (Plochtchad Dekabristov/Площадь Декабристов) B1/C1

C'est en 1763 que le Sénat fut transféré des « Douze Collèges » de l'autre côté du fleuve dans l'un des bâtiments bordant la place à laquelle il donna alors son nom. Largement ouverte sur la Neva, elle offre une superbe **vue**★★ sur l'île Vassilievski et est entrée dans l'histoire lorsqu'elle fut le cadre du soulèvement révolutionnaire des décembristes… dont elle porte désormais le nom.

Sénat et synode (Senat i Sinod/Сенат и Синод) B1 – *Ne se visite pas.* À l'ouest de la place s'élèvent deux majestueux bâtiments blanc et jaune reliés par une grande arche à travers laquelle s'ouvre une rue parallèle à la Neva. Ces édifices, construits entre 1829 et 1834, sont la dernière œuvre importante de l'architecte **Carlo Rossi**. C'est là que siégeaient, avant la révolution de 1917, le synode, organe supérieur de l'administration de l'Église orthodoxe, et le Sénat. Le groupe sculpté qui couronne l'attique représente la Justice et la Piété et symbolise l'unité des pouvoirs spirituel et temporel. Ces bâtiments abritent aujourd'hui les Archives historiques.

« Cavalier de bronze »★★ (« Medny vsadnik »/« Медный всадник ») B1 – Cette statue qui se dresse fièrement au milieu de la place est l'œuvre du sculpteur français **Étienne Falconet**. L'édification de ce monument répondait au désir de Catherine II de marquer le lien spirituel avec son illustre prédécesseur, dont témoigne l'inscription gravée sur le piédestal, en russe et en latin : « À Pierre premier, Catherine seconde. » Au mépris de la tradition qui voulait que les héros soient représentés dans une pose empreinte de majesté, Falconet décida de créer une statue pleine de dynamisme. Pierre Ier est sculpté en cavalier gravissant un rocher escarpé, symbole des obstacles surmontés par le tsar réformateur. Le serpent qui se tord sous les sabots du cheval figure la Trahison et fournit le troisième point d'appui de cette statue de 6 m.

Le rocher qui sert de piédestal fut trouvé dans les environs de la ville. Des centaines d'hommes se relayèrent pendant neuf mois pour tirer cet énorme bloc de 1 600 t, monté sur une plate-forme à boules roulant sur des chêneaux, jusqu'au golfe de Finlande.

E. Darras / Michelin

Le « Cavalier de bronze » veille sur la ville.

« S'immortaliser par une grande et belle chose »

Sculpteur réputé, dirigeant un atelier de sculpture à la Manufacture de Sèvres, protégé de Mme de Pompadour, **Étienne-Maurice Falconet** décide, à l'âge de cinquante ans, de quitter son paisible foyer pour se rendre à St-Pétersbourg. Arrivé en Russie accompagné de sa jeune élève, Marie-Anne Collot, il y reste douze ans à travailler à son « Cavalier de bronze ». C'est l'assistante du sculpteur qui réalisa la tête du cavalier. Ce monument reste l'œuvre majeure de Falconet qui, cependant, ne put assister à son inauguration. Malade, il dut quitter St-Pétersbourg, où l'avait entraîné le « désir de s'immortaliser par une grande et belle chose », pour retourner en France en 1778. Paralysé quelques années plus tard, il mourut en 1791 à Paris dans son appartement de l'île-St-Louis.

De là, sur une barge spécialement construite, il fut transporté à St-Pétersbourg. En souvenir de ce travail titanesque, Catherine II fit frapper une médaille avec cette inscription : « Tel un exploit. Le 20 janvier 1770. » Inauguré en 1782, le monument acquit rapidement une valeur sacrée : en 1812, les conseillers d'Alexandre Ier persuadèrent le tsar de ne pas le déplacer, car il pourrait sauver la ville des armées de Napoléon. Cependant, nombreux furent ceux qui craignaient cette gigantesque statue – peur reflétée dans le poème de Pouchkine *Cavalier de bronze* dont le héros, après l'avoir défiée, voit la statue s'animer, descendre de son piédestal et le poursuivre à travers la ville. Le nom donné au monument par Pouchkine lui est resté dans l'usage courant. Aujourd'hui, les jeunes mariés viennent offrir des fleurs au « Cavalier de bronze » en lui demandant sa bénédiction.

Boulevard de la Garde montée (Konnogvardejski boulvar/Конногвардейский бульвар) B1/2

Ce boulevard parallèle à la Neva, qui s'ouvre à droite après le Sénat et le synode, doit son nom à un régiment de la garde à cheval qui avait ses quartiers à cet endroit. Des colonnes de 10 m en granit poli se dressent à l'entrée du boulevard, surmontées de statues de bronze représentant des déesses de la Gloire (œuvre du sculpteur allemand Christian Rauch), présent au tsar de l'empereur d'Autriche.

Prendre le boulevard.

Musée de la Vodka russe★ (Mouze russkoï vodki/Музей русской водки) B1 – *5 Konnogvardejski boulvar - ✆ 312 91 78 - 11h-22h, fermé pour rénovation, ce musée devrait avoir réouvert depuis l'été 2008 - 100 Rub.* Avant de découvrir la cathédrale St-Isaac et de vous balader le long de la Moïka, faites un petit crochet pour découvrir ce musée, ouvert en 2001 et consacré à la boisson nationale russe. Au cours d'une visite qui s'avère passionnante, vous apprendrez que la vodka est fabriquée à partir de céréales (et non à partir de pommes de terre, comme le croient certains), qu'elle fut apportée en Russie pour la première fois par les Italiens (merci, les Génois !), et qu'elle ne se vend en bouteille que depuis 1885 (avant, elle se vendait par seaux de 12 litres). Vous apprendrez également quelles furent les préférences en la matière des empereurs (et impératrices) russes, et qui détermina la composition chimique idéale de la vodka, vous verrez différentes bouteilles, étiquettes et même des tickets qu'on distribuait à la population à l'époque de Gorbatchev... À la fin de la visite, vous serez invité à goûter de la vodka, accompagnée de *zakouski*, dans un décor de taverne de l'époque de Catherine II.

Revenir sur vos pas.

Manège de la Garde montée (Konnogvardejski Manej/Конногвардейский манеж) B1/2

Ouvert à l'occasion des expositions.

C'est une des dernières – et des plus belles – réalisations de **Giacomo Quarenghi**. Construit en 1807, ce bâtiment imposant orné d'un portique à huit colonnes rappelle un temple antique. Devant le portique se dressent les figures de marbre représentant les jumeaux Dioscures maintenant des chevaux cabrés. Construit pour le régiment de la Garde montée, ce manège n'a pas toujours servi d'école d'équitation ou de lieu de concours hippique. Au milieu du 19e s., il s'y tint une exposition de machines agricoles. Johann Strauss et Camille Saint-Saëns y donnèrent des concerts. Il sert aujourd'hui de salle d'expositions.

Place Saint-Isaac★★ (Isaakievskaïa plochtchad) C2

Dominée par la cathédrale St-Isaac, cette immense place est entourée de constructions de diverses époques et de différents styles architecturaux. À l'ouest, au n° 9, se trouve la plus ancienne construction de la place, la **maison Miatlev**, dont les façades sont ornées de médaillons, de bustes et de compositions d'armures. Construit vers 1760 et attribué à l'architecte Rinaldi, cet hôtel particulier appartenait au prince Narychkine qui, entre 1773 et 1774, y aurait hébergé **Denis Diderot**, venu à St-Pétersbourg à l'invitation de Catherine II, ce que rappelle une plaque commémorative. Son voisin, l'édifice austère revêtu de granit rouge, fut réalisé en 1911-1912 pour abriter l'ambassade d'Allemagne, affectation éphémère du fait de la Première Guerre mondiale. Plus loin, les deux édifices de style néo-Renaissance qui se font face furent exécutés par **Nikolaï Efimov** entre 1844 et 1853. Au sud, la place est délimitée par le palais Marie qui abrite l'actuel hôtel de ville. Devant le palais se dresse un monument équestre de Nicolas Ier. L'hôtel *Astoria* avec son annexe occupe la partie est de la place.

Cathédrale St-Isaac★★ (Isaakievski sobor/Исаакиевский собор) C1/2

De dimensions colossales, c'est l'une des plus grandes cathédrales du monde. Son nom honore l'apôtre byzantin du 4e s., saint Isaac de Dalmatie, qui était fêté le jour de l'anniversaire de Pierre le Grand. C'est le quatrième édifice religieux construit sur le site. Les deux premières églises, bâties au bord de la Neva, tombèrent vite en ruine à cause de l'instabilité du sol. Le troisième édifice, conçu selon le projet de Rinaldi repris par Brenna, s'avéra insuffisamment imposant pour la place St-Isaac. Le gouvernement organisant un concours pour le meilleur projet de reconstruction, c'est le Français **Auguste de Montferrand** qui l'emporta. Il présenta au jury un album contenant 24 dessins à l'aquarelle d'un projet pour la cathédrale St-Isaac. Il y en avait pour tous les goûts : chinois, indien, byzantin, antique, gothique, Renaissance, etc. Un de ces dessins plut au tsar. Parfaitement inconnu jusqu'alors, Montferrand fut promu architecte de la Cour et nommé architecte en chef de la reconstruction de la cathédrale. N'ayant aucune expérience pratique, il commit au départ de graves erreurs, qui furent corrigées par un comité d'éminents architectes, créé afin de le seconder.

A. Kanjounzeff / Michelin

Le dôme de Saint-Isaac.

Montferrand conçut une église de 111 m de long et 97,60 m de large, surmontée d'une coupole culminant à 101,50 m. Pour ériger un édifice aussi grandiose, il fallut enfoncer 24 000 pilotis dans le sol marécageux de la Neva. En résultat, la terre se tassa si fortement qu'elle put supporter le poids de la cathédrale (300 000 t). L'installation de 112 colonnes monolithiques, dont plusieurs atteignaient 15 m, constitua un autre défi. Elle nécessita toutes sortes d'appareils ingénieux, qui permirent de placer chaque colonne en position verticale en 45mn.

Les travaux commencèrent en 1818. Ce fut le dernier chantier important de l'époque du servage : on y employa presque exclusivement des serfs et des paysans affectés sur les terres de l'État. Sur les 400 000 ouvriers qui participèrent à la reconstruction de la cathédrale, près d'un quart moururent de maladie ou d'accident.

Extérieur★★ – La cathédrale est décorée de 350 statues et reliefs, la plupart exécutés par galvanoplastie, méthode nouvelle employée ici pour la première fois. Les bas-reliefs en bronze ornant les frontons des portiques sont particulièrement impressionnants. Deux d'entre eux sont dus au sculpteur français **François Lemaire**, auteur du *Jugement dernier* du fronton de l'église de la Madeleine à Paris : le fronton nord représentant la Résurrection du Christ, et le fronton est évoquant les scènes de vie de saint Isaac. Les deux autres bas-reliefs sont l'œuvre du sculpteur russe **Ivan Vitali** : le fronton sud figurant l'Adoration des Mages, et le fronton ouest qui rappelle le triomphe de saint Isaac bénissant l'empereur Théodose et son épouse. Le couple royal est doté des traits de l'empereur Alexandre Ier et de sa femme. Les membres de la suite impériale reçurent les traits du président de la commission de la construction de la cathédrale et du président de l'Académie des beaux-arts. Montferrand est également présent : vêtu d'une toge romaine, il tient dans sa main une maquette de la cathédrale. Les statues des apôtres se dressant aux coins des frontons et celles des quatre Évangélistes ornant leurs sommets sont également dues à Vitali. Les anges qui entourent la balustrade du dôme ont été réalisés par le sculpteur **Josef Hermann**.

Trésor de pierre colorée

Pour la décoration de la cathédrale, on utilisa 400 kg d'or, 1 000 t de bronze, 16 000 kg de malachite et plus de 11 m^2 de lazurite. Pour le revêtement des murs et des piliers et le pavement des sols, on employa jusqu'à 14 variétés de marbre : rose de Tivdia, gris de Vyborg, jaune de Sienne, vert de Gênes, rouge du sud de la France… Remarquez un buste de Montferrand (près du pilier sud-ouest de la nef), exécuté par Antonio Foletti qui reprit toutes ces variétés. Entre l'iconostase et la balustrade, un porphyre pourpre fut utilisé, le même que Nicolas Ier offrit à la France pour l'exécution du tombeau de Napoléon aux Invalides. C'est avec juste raison qu'on qualifie St-Isaac de « trésor de pierre colorée », tant la variété minéralogique y est riche.

« Je peux maintenant peindre le ciel ! »

Un des plus grands représentants de l'école académique russe, **Karl Brioullov**, acquit une réputation mondiale avec son tableau *Le Dernier Jour de Pompéi* (exposé au Musée russe). Il fut également auteur de nombreux portraits et de scènes d'extérieur. La création des fresques de la cathédrale St-Isaac passionna le peintre au sommet de sa carrière. « Je me sens à l'étroit, je pourrais maintenant peindre le ciel », affirmait-il. Cependant, le travail sous la coupole, dans un édifice non terminé, humide et rempli de poussière, détériora la santé de Brioullov. Il partit se soigner en Italie où bientôt il mourut. Ses fresques furent terminées par Piotr Bassine. Mais Brioullov eut le temps de peindre presque toutes les figures du plafond, en réalisant ainsi son dernier chef-d'œuvre.

Intérieur★★★ – *Tlj sf merc. hiver, 11h-19h (dernière entrée 18h), été 10h-20h (dernière entrée 19h) ; colonnade tlj sf merc., hiver 11h-17h, été 10h-18h (dernière entrée 17h) - ✆ 315 97 32 - 300 Rub (enf. 150 Rub) ; colonnade 150 Rub (enf. 100 Rub) - photo : 50 Rub, vidéo : 100 Rub - caisse près de la façade est, entrée par la porte sud.* Les travaux de décoration débutèrent en 1841 et durèrent dix-sept ans. On ne peut qu'être admiratif devant la polychromie du revêtement des murs, le pavement du sol, les élégantes sculptures dorées, les fines nuances des mosaïques. Au centre, trois magnifiques iconostases en marbre blanc d'Italie sont rehaussées de malachite, de lazurite et de bronze doré.

Les colonnes de l'iconostase principale, aux allures de monolithes, sont en réalité creuses. Placées sur des bases en bronze, elles sont recouvertes de fines plaquettes de pierre précieuse, soigneusement combinées entre elles suivant leur dessin et leur couleur. Le maître-autel est décoré d'un vitrail – insolite dans une église orthodoxe – qui représente la Résurrection du Christ. Les murs nord et sud séparent l'iconostase principale des chapelles latérales. Leurs iconostases sont couronnées de groupes sculptés évoquant la Résurrection *(chapelle Ste-Catherine)* et la Transfiguration *(chapelle Saint-Alexandre-Nevski)*, qui furent réalisés par **Nikolaï Pimenov**. Remarquez également les trois grandes portes intérieures en bronze exécutées par Ivan Vitali, qui s'inspira des « portes d'or » du baptistère de Florence.

La coupole centrale est une réalisation originale. Elle se compose de trois couvertures hémisphériques et contient près de 100 000 pots de glaise creux, responsables de la merveilleuse acoustique de la cathédrale. Ne manquez pas de l'apprécier lors d'un concert de musique religieuse *(des concerts ont lieu régulièrement)*. La coupole est décorée d'une vaste composition de 800 m^2 rappelant le triomphe de la Vierge, qui fut exécutée par le peintre **Karl Brioullov**. Depuis quelque temps, une colombe de bronze argenté a pris la place d'un pendule de Foucault. Outre la fresque de Brioullov, la cathédrale conserve 150 peintures murales et tableaux dus aux peintres **Fiodor Brouni**, **Nikolaï Alexeïev**, **Piotr Bassine**. Les originaux se détériorant à cause de l'humidité, la plupart des peintures furent remplacées par des mosaïques.

La consécration de la cathédrale eut lieu le 30 mai 1858 en présence de la famille impériale et des plus hauts dignitaires de l'empire. Jusqu'à 1917, ce fut l'église principale de la capitale… avant de devenir un musée de l'Athéisme. Ne manquez pas de monter à la colonnade pour admirer le magnifique panorama qui s'ouvre sur la ville.

Hôtel Astoria★ (Gostinitsa Astoriia/Гостиница Астория) C2

Ce bâtiment de 6 étages qui occupe la partie est de la place St-Isaac fut édifié en 1911 sur un projet de l'architecte **Fiodor Lidval**. La décoration extérieure – arcades vitrées, revêtement en granit, médaillons, guirlandes et pilastres – combine le style Art nouveau avec des traits de néoclassicisme. Dès l'ouverture, ce fut l'hôtel le plus confortable de la ville avec ses 350 chambres, 150 salles de bains, 10 ascenseurs, deux restaurants, sans oublier une bibliothèque et un système moderne de ventilation et signalisation. Les éléments de décoration intérieure provenaient des meilleures fabriques européennes : céramique de Bohême, lustres de Saxe, cristal de Lorraine, argenterie Christofle. Son restaurant eut rapidement les faveurs d'un public fortuné attiré par les « thés de l'Astoria » instaurés par un chef français… Ces brillants débuts furent interrompus par la révolution : au cours des premières années

Un triomphe prématuré

C'est dans la salle des banquets de l'hôtel *Astoria* qu'Hitler s'était proposé, en 1941, de célébrer la prise de la ville. On avait même préparé des cartons d'invitation, où étaient indiqués le mois et l'heure de la fête, la date seule ayant été laissée en blanc. Ces cartons restent une incongruité de l'histoire…

Mort tragique d'un poète

D'origine paysanne, amoureux de la nature, **Sergueï Essenine** (1895-1925) est l'auteur de poèmes lyriques. C'est avec enthousiasme qu'il adhéra à la révolution de 1917. Après son mariage avec la danseuse **Isadora Duncan** et son voyage en Occident, il devint hostile aux idées nouvelles et à l'industrialisation détruisant la beauté de la nature. Le 28 décembre 1925, on le trouva pendu dans sa chambre à l'*Hôtel d'Angleterre*. La version officielle fut le suicide suite à une dépression, mais les véritables circonstances de sa mort restent mystérieuses. L'œuvre d'Essenine eut une grande influence sur la jeunesse, mais fut mal acceptée par le parti communiste qui la jugeait « décadente » et étrangère au prolétariat. Ce n'est qu'en 1989 que fut posée une plaque commémorative (du côté de la rue Malaïa Morskaïa) rappelant la mort tragique du poète.

du régime soviétique, l'hôtel fut le siège des soviets de Petrograd. Plus tard, l'hôtel devint le fief du NKVD (ancêtre du KGB), dont les agents étaient chargés de surveiller les visiteurs étrangers. Durant la Seconde Guerre mondiale, il servit d'hôpital aux blessés et victimes du siège de Leningrad.

Après la guerre, L'*Astoria* recouvra ses fonctions d'hôtel de luxe. En 1991, il fut entièrement rénové et réuni à l'*Hôtel d'Angleterre* voisin, tristement célèbre pour avoir été le lieu du suicide du poète **Sergueï Essenine**. L'*Astoria* reste aujourd'hui un des hôtels les plus confortables de la ville. Parmi ses hôtes célèbres figurent Margaret Thatcher, Tony Blair, Vladimir Poutine, Maïa Plissetskaïa, Alain Delon, Nikita Mikhalkov et d'autres personnalités du monde de la politique et de l'art.

Statue équestre de Nicolas Ier★ (Pamiatnik Nikolaïou Pervomou/ Памятник Николаю Первому) C2

La statue équestre de Nicolas Ier qui se dresse au milieu de la place fut exécutée par le sculpteur **Piotr Klodt** d'après un projet de **Montferrand**, dont ce fut la dernière œuvre. Le tsar y est représenté en uniforme du régiment des cavaliers de la garde. Le piédestal est décoré de hauts-reliefs évoquant des épisodes de son règne (peu glorieux, il est vrai, le peuple l'ayant surnommé « Nicolas le Sanglant » pour avoir écrasé le soulèvement des décembristes). Les sculptures allégoriques, placées aux coins du socle et dotées des traits de l'épouse et des trois filles de l'empereur, évoquent la Foi, la Sagesse, la Justice et la Force : nombreux furent ceux qui y percevaient de l'ironie. Cette statue est surtout remarquable pour la résolution des problèmes d'équilibre : le cheval ne possède que deux points d'appui.

E. Darras / Michelin

Statue équestre de Nicolas Ier.

Pont Bleu (Sini most/Синий мост) C2

On l'atteint sans le remarquer tant il est large (près de 100 m !). Son nom rappelle l'époque où il était en bois et peint en bleu. C'est ici que se tenait jusqu'en 1861 le marché aux serfs. Le pont offre une jolie **vue★** sur la place et la cathédrale. Non loin de là, sur le quai de la Moïka, du côté de l'ancienne ambassade d'Allemagne, remarquez un obélisque en granit, couronné du trident de Neptune. Les cinq marques de bronze qui ceignent cet obélisque montrent le niveau atteint par l'eau lors des plus grandes inondations de la ville. Par trois fois, l'eau a franchi le parapet du quai.

Palais Marie (Mariinski dvorets/Мариинский дворец) C2

Ne se visite pas.

Construit par l'architecte **Andreï Stackenschneider** pour une des filles de Nicolas Ier, Marie, ce palais possède une imposante façade ornée de colonnes et de pilastres et couronnée d'un attique massif. Vendu au Trésor en 1894, il fut ensuite attribué au Conseil d'État, organe législatif suprême de l'Empire russe, avant d'héberger le Comité exécutif des soviets des députés du peuple de Leningrad. Il est aujourd'hui le siège de l'hôtel de ville de St-Pétersbourg.

Prendre la rue Bolchaïa Morskaïa, à l'ouest de la place St-Isaac.

Rue Bolchaïa Morskaïa★ (Улица Большая Морская) C2/B2
Cette rue élégante et ombragée est bordée par de magnifiques demeures du 19e s. où vécurent autrefois de riches marchands et des représentants de l'élite artistique de St-Pétersbourg. Au n° 43, la **maison Demidov** porte le nom d'un riche industriel, propriétaire des mines de l'Oural, dont le blason orne la façade. Construite en 1840 par Montferrand, elle est décorée de figures d'atlantes et de cariatides. Cette fastueuse demeure possédait une salle de malachite qui servit de modèle à celle du palais d'Hiver. Le pavillon voisin, bleu ciel avec un fronton orné d'angelots, appartint à la comtesse **Gagarine**. Reconstitué par Montferrand dans les années 1840, il héberge aujourd'hui l'Union des compositeurs. Au n° 47, un très bel immeuble Art nouveau avec des grilles en fer forgé et une frise en mosaïque évoquant des fleurs appartint à la famille **Nabokov**. C'est ici que grandit le futur auteur de *Lolita* avant son émigration. De l'autre côté de la rue, la maison du n° 52 fut édifiée en 1836 par Alexandre Pel pour le sénateur et mécène **Alexandre Polovtsev**. Depuis 1932, elle appartient à l'Union des architectes.

Musée-appartement de Nabokov (Mouzeï-kvartira Nabokova/Музей-квартира Набокова) C2 – *Bolchaïa Morskaïa oul.* (Большая Морская) 47 - *℘ 315 47 13 - mar.-jeu. 11h-18h (dernière entrée 17h30), w.-end 12h-17h (dernière entrée 16h30) - 100 Rub, gratuit dernier jeu. du mois - photo : 100 Rub, vidéo : 200 Rub.* La maison où Nabokov vécut jusqu'à l'âge de 18 ans ne contient que quelques objets personnels de l'écrivain, des photos des maisons où il habita lors de ses pérégrinations à travers le monde, une collection de papillons offerte au musée par l'université de Harvard, ainsi que différentes éditions et traductions de ses œuvres. Une vidéo projetée dans l'ancienne bibliothèque présente la vie et l'œuvre de l'écrivain.

*En rejoignant la Moïka, passer de l'autre côté de la rivière en traversant le pont de la Poste (Potchtamtski most/*Почтамтский мост*) et longer le quai jusqu'au palais Ioussoupov.*

Palais Ioussoupov★★ (Iousoupovski dvorets/Юсуповский дворец) B2

*Nab. reki Moïki (*Наб. реки Мойки*) 94 - ℘ 314 98 83 (pour réserver un guide) - 11h-17h, caisse 10h45-17h - visite guidée, audioguide en fr. (1h) - 450 Rub (étud. 350 Rub, enf. 250 Rub) - photo : 100 Rub, vidéo : 300 Rub - ticket séparé pour l'exposition Raspoutine - visite guidée en russe (30mn) à 13h45 150 Rub - toilettes, vestiaire, restaurant au sous-sol - caisse, audioguide, distributeur de billets à droite de l'escalier - magasin de souvenirs à gauche de l'entrée.*

Cet édifice jaune aux colonnes blanches doit son nom aux princes Ioussoupov qui en étaient les propriétaires depuis 1830. L'endroit demeure célèbre depuis l'assassinat par le prince Félix, aidé de deux comparses, de **Grigori Raspoutine** dans le sous-sol du palais. La famille Ioussoupov, une des plus riches en Russie, était d'origine tatare et remontait à un certain Youssouf-Mourza dont les descendants servirent le trône de la Russie depuis l'époque d'Ivan le Terrible. Vers la fin du 17e s., ils furent baptisés orthodoxes et prirent le nom des princes Ioussoupov. Ce fut le prince **Nikolaï Ioussoupov**, diplomate, homme d'État et collectionneur passionné, qui acquit le palais sur la Moïka pour abriter sa célèbre collection de peintures. L'édifice, conçu par Vallin de La Mothe, subit une série de réaménagements effectués par les architectes Andreï Mikhaïlov, Hippolyte Monighetti et Alexandre Stépanov. Après la révolution, les riches collections des Ioussoupov furent réparties entre l'Ermitage, le Musée russe et autres musées du pays, tandis que l'hôtel devenait le palais de la Culture des travailleurs de l'enseignement. Il est aujourd'hui ouvert au public qui vient y admirer la magnifique décoration intérieure des salles d'apparat, des boudoirs, et, bien sûr, le salon où Raspoutine finit ses jours. Des concerts et des spectacles ont lieu régulièrement dans la salle aux Colonnes blanches et au théâtre du palais.

En entrant par le vestibule, on admire d'abord le splendide **escalier d'apparat★★**, en marbre blanc de Carrare. Selon la légende, le prince Ioussoupov l'aurait vu pendant son voyage en Italie ; le propriétaire refusant de lui vendre l'escalier seul, Ioussoupov n'hésita pas à acheter tout le palais ! Ce prince richissime en possédait déjà 57 dans toute la Russie… En réalité, l'escalier fut dessiné par l'architecte russe **Andreï Mikhaïlov** dans le style Renaissance. Fabriqué en France, il fut transporté ici pour y être remonté. En 1858-1860, l'escalier fut refait dans le style baroque.

La visite commence au premier étage où se trouvent les salles d'apparat, les salles d'exposition et les appartements de la princesse Zinaïde, fille de Nicolas. La suite des **salles d'apparat★★** fut créée par Andreï Mikhaïlov dans les années 1830. Le style Empire y apparaît dans toute sa magnificence. Le **salon bleu** tendu de panneaux de soie bleu et or possède un magnifique plafond décoré de peintures mythologiques. Le **salon cramoisi** (appelé aussi le salon doré), tendu de soie couleur framboise, est meublé de 28 pièces dorées. Le plafond présente des scènes de *L'Iliade*. Le **salon vert**, plus sobre, possède une superbe cheminée en malachite de l'Oural (ajoutée en 1860) et de beaux meubles en

Le palais Ioussoupov ou les fastes de la Russie impériale.

bouleau de Carélie. L'élégante **salle de bal**, qui s'ouvre dans le prolongement, est décorée de pilastres et d'énormes glaces entourées de balustres en cristal ; les peintures de la voûte représentent des nymphes dansantes. De nombreuses appliques et un magnifique lustre de 132 bougies éclairaient les couples de danseurs. On peut s'imaginer comment brillaient des diamants sous leur éclat… L'imposante **salle de banquet** attenante, d'une hauteur de deux étages, est entourée d'une colonnade soutenant une belle frise sculptée. Les trois énormes lustres, que le plafond n'aurait pu porter s'ils étaient en bronze, furent exécutés en papier mâché (l'auriez-vous deviné ?).

En quittant la salle de banquet, on passe à la **galerie de peintures★** créée pour héberger la fastueuse collection des Ioussoupov qui comptait jusqu'à 1 500 tableaux des grands maîtres européens. Rembrandt, Rubens, Van Dyck, Tiepolo, David, Boucher, Watteau, Greuze, Fragonard furent des perles de cette collection, dispersée après la révolution. La **salle Nikolaïevski** ouvre une enfilade de cinq pièces qui abritaient jadis ces chefs-d'œuvre. Elle rend hommage à Nicolas Ioussoupov, fondateur de la collection, dont le buste est placé sous un portique à colonnes. La salle précieuse, avec ses portes en bois d'acajou aux appliques en bronze doré et son magnifique plafond à caissons, possède une copie de la toile d'Antoine Gros représentant le jeune prince Boris Ioussoupov, fils de Nicolas, en habit tatare, caracolant sur un cheval cabré. La charmante **rotonde de Canova**, où furent exposées les créations du sculpteur, est au centre de l'enfilade. La statue de l'*Ange*, due à M. Antokolski, qui se trouve dans la rotonde, est le modèle du monument funéraire de Tatiana, fille de Nicolas. La **salle antique** ornée de luminaires en forme de lampes grecques à huile abritait jadis des œuvres d'art antique. La galerie de peintures s'achève par une **salle romaine** dont la porte en forme d'arc mène à la loge princière du théâtre. En descendant l'escalier, vous pénétrez dans l'adorable petit **théâtre★★★**, moment culminant de la visite du palais. Difficile de ne pas admirer cette prodigieuse salle au décor rococo, avec ses dorures, ses peintures et son velours rouge, une véritable boîte à bijoux ! Sur la scène du théâtre se produisirent entre autres Franz Liszt, Fiodor Chaliapine, Mikhaïl Glinka, Pauline Viardot et Vladimir Maïakovski. Assister à un concert dans ce théâtre unique de 180 places à l'acoustique exceptionnelle sera une expérience inoubliable *(se renseigner à la caisse du palais)*.

En revenant sur vos pas dans la direction de l'escalier d'apparat, vous verrez encore une **petite galerie de peintures** dont le plafond est orné d'une multitude de formes géométriques et d'une peinture en grisaille, une **salle Antonio Vighi**, qui doit son nom au peintre italien, auteur du *Triomphe d'Hercule* décorant le plafond, le **petit couloir vénitien** aux douze panneaux du peintre vénitien Padovanino et, enfin, la **salle à manger en chêne★★**, créée en 1890 par **Alexandre Stepanov**. Cette pièce, avec ses boiseries de style Renaissance, ses grandes baies vitrées donnant sur l'escalier d'apparat et son magnifique lustre en chêne orné d'angelots et de cornes d'abondance, est une des plus impressionnantes du palais.

Les **appartements de la princesse★** Zinaïde Ioussoupov furent conçus en 1858-1859 par l'architecte Hippolyte Monighetti. On y accède par le **salon des tapisseries** d'un **couloir pompéien** orné de fresques. On visite le charmant **boudoir de porcelaine** de style rococo aux tons pastel, le **salon blanc**, au plafond décoré de médaillons créés par le peintre français A. Rouilly, où la belle princesse posa pour Valentin Serov *(portrait au centre du salon)*, et la **chambre à coucher**, tendue de soie bleue, avec sa cheminée en onyx et ses portes en bois d'acajou.

La visite se poursuit au rez-de-chaussée, où se trouvent les **appartements du prince★★**. Créés par Monighetti en 1859-1860, époque du triomphe de l'« historicisme » en architecture, ils imitent les styles de différentes époques. Le magnifique **salon de musique**, inspiré des palazzos italiens, possède un ancien orgue mécanique dont le « répertoire » comprend une musique italienne et française du 18e-début du 19e s. On y organise aujourd'hui des concerts de musique de chambre. Le **salon Henri II** recrée une atmosphère Renaissance avec son plafond à caissons et ses portes ciselées en poirier. Remarquez le dessus-de-cheminée massif en papier mâché, qui fut exécuté en France. La **bibliothèque**, qui servit aussi de cabinet de travail au prince, conserve une partie de la collection de livres du palais, qui comptait près de 8 000 volumes. La plus grande partie de cette collection se trouve aujourd'hui à la Bibliothèque publique et à la bibliothèque de l'Académie des sciences. C'est sous la galerie, derrière une porte secrète, qu'on retrouva dans une des nombreuses cachettes du palais 26 lettres d'Alexandre Pouchkine. En passant par le **cabinet turc** (billard), on entre dans le somptueux **salon mauresque** dont le décor fut inspiré du palais de l'Alhambra. D'une incroyable richesse, avec ses mosaïques, ses arabesques, ses dorures, sa fontaine et ses sculptures en marbre, c'est un pur chef-d'œuvre néomauresque. On passe ensuite par la **garde-robe** et la **chambre à coucher** du prince où sont exposés les portraits des membres de la famille et on termine la visite des intérieurs par la **salle de buffet**, aux murs revêtus de cuir, avec de magnifiques vaisseliers en bois précieux où l'on gardait l'argenterie familiale. Le rez-de-chaussée possède également quelques pièces aménagées pour Irina et Félix Ioussoupov en 1914-1916 par l'architecte Andreï Beloborodov, qui sont parfois ouvertes à la visite.

Exposition « Assassinat de Raspoutine »★ (Vystavka « Oubijstvo Raspoutina »/ Выставка « Убийство Распутина ») – Les sous-sols du palais suscitent un intérêt particulier, vu la résonance historique de l'événement qui y eut lieu. C'est là que le jeune prince **Félix Ioussoupov** assassina Grigori Raspoutine dans la nuit du 17 décembre 1916. La visite guidée obligatoire étant en russe, voici le résumé des faits :

Favori de la famille impériale qui le prenait pour un saint, ce moine plus paillard que dévot exerçait une influence extraordinaire sur la Cour, donnant le ton à sa politique et présidant à la nomination des ministres. Apparenté à la famille impériale par son mariage avec la grande-duchesse Irina, le prince Félix décida de supprimer cet inquiétant personnage, dans une tentative désespérée de sauver le régime. Il organisa, avec l'aide de complices, un dîner guet-apens où il tenta d'abord de l'empoisonner. Le poison n'ayant aucun effet, il fallut achever le moine à coups de pistolet. Commence alors une comédie macabre où les comploteurs n'arrivent pas à venir à bout du géant. Félix tire plusieurs coups de feu sur Raspoutine. À peine sa mort est-elle constatée par le médecin… que le moine se relève, tente d'étrangler Félix puis s'enfuit par le jardin. Félix et ses complices l'y achèvent à coups de candélabre, puis le jettent dans un canal sous la glace. Lorsque la police retrouva le cadavre, l'eau qui gonflait ses poumons indiqua qu'il y avait été jeté encore vivant !

L'exposition présente une reconstitution dans l'endroit même où se déroula le meurtre. Les mises en scène avec des figures de cire retracent les principaux moments du drame. Dans l'une d'elles, on voit les complices de Félix – le grand-duc Dmitri Pavlovitch, l'homme politique Pourichkevitch, le lieutenant Soukhotine et le médecin Lazovert – qui, cachés, attendent le dénouement du « dîner ». Dans l'autre scène, qui se passe dans la salle du dîner, Félix fait goûter à Raspoutine des gâteaux au cyanure, ignorant que les sucres ont tendance à neutraliser ce poison. L'atmosphère est rendue avec une vérité saisissante, Félix attendant l'effet du poison, Raspoutine semblant se douter de quelque chose… À la sortie du sous-sol, vous verrez également l'escalier que Raspoutine, blessé, essaya de prendre pour quitter le piège.

Continuer le long de la Moïka jusqu'à l'arche de la Nouvelle Hollande, située au niveau du n° 104.

Pont des Baisers (Potselouev most/Поцелуев мост) B2

Aucun nom n'a sans doute tant éveillé la curiosité des historiens qui ont vainement cherché à en établir l'origine. Certaines sources affirment qu'à l'époque où la frontière de la ville passait à cet endroit, les gens en partance faisaient ici leurs adieux à ceux qui restaient dans la ville. D'autres pensent que les marins des casernes proches embrassaient ici les jeunes filles avant de les quitter. Mais c'est sans doute l'explication la plus prosaïque qui est la plus plausible : il y avait jadis près du pont une taverne d'un marchand Potselouev, surnommé « Potsélouï » (« Baiser »). Avec ses arbres se reflétant dans les eaux tranquilles de la rivière, le quai ici est très pittoresque. Du pont s'ouvre une jolie **vue★★** sur les quais et la coupole dorée de la cathédrale St-Isaac. Cet endroit poétique est la promenade de prédilection des amoureux.

Nouvelle Hollande★ (Novaïa Gollandiia/Новая Голландия) B2/A2

Passé le pont des Baisers, on aperçoit cette île que des murs en briques rouges protègent du regard des curieux. Elle doit son nom à un vaste entrepôt, où le bois était stocké à la verticale selon l'usage hollandais, et jadis relié à l'Amirauté par un canal permettant de transporter le bois vers les chantiers navals voisins. Une arche majestueuse, qui se dresse à l'entrée de l'île, fut réalisée entre 1765 et 1780 par **Vallin de La Mothe**. Liée à l'histoire de la marine de guerre, la Nouvelle Hollande reste encore aujourd'hui territoire militaire interdit au public. Envahie par la végétation, figée dans sa solitude, cette île secrète et romantique semble veiller sur un trésor d'une époque révolue.

Revenir au pont des Baisers, le traverser et longer le canal Kroukov vers la Neva.

Palais Nicolas★ (Nikolaevski dvorets/Николаевский дворец) B2

Ouvert à l'occasion des manifestations artistiques.

À l'est de la place du Travail (pl. Trouda/пл. Труда), où vous amène le canal Kroukov, se dresse ce beau palais rouge et blanc entouré d'une magnifique grille en fonte. Construit pour le fils de Nicolas Ier, par **Andreï Stackenschneider** entre 1853 et 1861, il devient à la fin du 19e s. une école pour les jeunes filles de la noblesse. En 1919, il fut attribué aux syndicats qui, plus tard, en firent un palais de la Culture. Aujourd'hui, on y organise des concerts et des spectacles de danse folklorique ne manquant pas d'intérêt. Y assister vous permettra d'admirer l'intérieur magnifique de ce palais dont l'escalier d'honneur est considéré comme le plus beau de St-Pétersbourg.

Continuer à longer le canal jusqu'au quai des Anglais qu'on emprunte sur la droite.

Quai des Anglais★ (Anglijskaïa naberejnaïa/Английская набережная) A2/B2

Appelé ainsi à cause des nombreux Britanniques qui s'y installèrent au 18e s. Bordé de belles demeures dont certaines présentent des façades magnifiques, ce quai est un agréable lieu de promenade. Admirez au no 32 un bel édifice néoclassique avec un portique à huit colonnes. Construit par **Giacomo Quarenghi** en 1782-1783, il abrita au 19e s. le ministère des Affaires étrangères. La maison du no 28 à la façade éclectique fut construite en 1890 par l'architecte Krassovski pour les barons von Derviz, avant d'appartenir au grand-duc Andreï Vladimirovitch qui émigra à Paris après la révolution. Elle abrite aujourd'hui le « Palais des mariages » et offre un cadre fastueux aux photos des jeunes mariés. C'est dans la **maison Narychkine** au no 10 que Léon Tolstoï a situé le premier bal de Natacha Rostova, l'héroïne de *Guerre et Paix*. Quant au palais situé au no 4, dont la façade rose et blanche est décorée de bas-reliefs, il s'agit de la **maison Laval**, élevée en 1806-1809 par l'architecte **Thomas de Thomon**. Le salon musical et littéraire de Mme de Laval, une comtesse russe mariée à un Français, fut un centre de la vie artistique pétersbourgeoise. La maison, dont l'entrée est gardée par deux lions en granit rose, abrite aujourd'hui les Archives historiques.

Statue du « Tsar-charpentier »★ (« Tsar-plotnik »/« Царь-плотник ») C2

Sur le quai de l'Amirauté, au-delà de la place des Décembristes.

La statue installée devant l'Amirauté représente le jeune Pierre Ier faisant son apprentissage aux chantiers navals de Hollande. Il s'agit d'une copie de celle qui fut réalisée dans les années 1900 par L. Bernstam et détruite après la révolution.

Amirauté pratique

Informations utiles

Poste principale (Glavpotchtamt/Главпочтамт) – *Potchtamtskaïa oul.* (Почтамтская ул.) *9 - 24h/24.*

Pharmacie (Apteka/Аптека) – *Gorokhovaïa oul.* (Гороховая ул.) *14 -24h/24.*

American Medical Center – *Nab. r. Moïki* (Наб. р. Мойки) *78.*

Se loger

●●●● Astoria ⑪ **(Астория).**

●●●/●●●● Angleterre ⑬ **(Англетер).**

●●● Casa Leto ⑭ **(Каса Лето).**

●●/●●● Arcadia ⑫ **(Аркадия).**

●● Comfort ⑮ **(Комфорт).**

●●●● Eliseev Palace Taleon Club ⑯ **(Елисеев Палас Талеон Клуб).**

●●● Petro Palace ⑰ **(Петро Палас).**

●●●● Renaissance ⑱ **(Ренессанс).**

●/●● Senat ⑲ **(Сенат).**

Voir descriptif complet de ces hôtels p. 348-350.

Se restaurer

●● Art-Boufet ① **(Арт-буфет)** – *Bolchaïa Morskaïa oul.* (Большая Морская) *38 - ✆ 314 19 06 -* de *11h au* *départ du dernier client - 500-1 000 Rub.* Dans ce restaurant ouvert par l'Union des artistes (galerie de peinture au-dessus), on vous servira une cuisine russe, ukrainienne ou européenne dans trois jolies petites salles voûtées. Murs et plafonds sont décorés par des artistes pétersbourgeois contemporains.

Bremen ⑥ **(Бремен)** – *Bolchaïa Morskaïa oul.* (Большая Морская) *15.* Mâts, cordages, bastingage, gouvernail, tonneaux, coursives en bois et cuivre : bref, un galion d'autrefois dans l'ancienne salle des coffres d'une banque de St-Pétersbourg qui finança dans les années 1930, la construction du plus rapide navire de l'époque : le *Bremen* (allemand)… c'est d'autant plus inattendu que l'entrée, sous le porche d'un immeuble grisâtre, ne laisse rien supposer de l'intérieur. Cuisine russe et européenne. Carte proposant d'excellents poissons et une salade « olivier » élaborée selon une recette de 1904. Service souriant et diligent.

Adamant ②**(Адамант)** – *Nab. r. Moki* (Наб. р. Мойки) *72 - ✆ 571 55 75 - 12h-23h - business lunch 40-60 €.* Restaurant calme et élégant à deux pas de la cathédrale St-Isaac. Dans ses trois salles ornées de fresques, des plats d'inspiration russe et européenne sont proposés. C'est l'occasion de goûter aux meilleures variétés de poissons : l'esturgeon et le sterlet (dont les œufs servent à la production du caviar) accompagnés de légumes et de cornichons à la russe sont divins ! Essayez également le succulent *kholodets* (porc en gelée). Le tout accompagné de vin français ou de vodka russe. Que du meilleur ! Menu touristique à midi *(15-20 €).*

Pauses et petites faims

Sladkoïejka ⑩ **(Сладкоежка)** – *Oul. Mal. Morskaïa* (Ул. Мал. Морская) *9.* Cette petite chaîne de sept cafés dispersés à travers la ville ravira les amateurs de sucreries (son nom veut dire « bec sucré »), qui y trouveront de succulentes pâtisseries et glaces et un choix de boissons chaudes. Quelques salades aussi, accompagnées d'excellents *pirojkis* (petits chaussons farcis à la viande ou au chou) pour reprendre des forces. Prix doux et cadre chaleureux.

Idiot ⑧ **(Идиот)** – *Nab. r. Moïki* (Наб. р. Мойки) *82 - ✆ 315 15 75 - 11h-1h.* L'intérieur de ce café, qui rend hommage à Dostoïevski, semble tout droit sorti des romans du maître : plafond bas, murs couverts de papier peint, meubles dépareillés, multitude d'objets anciens… À l'entrée, les étagères sont chargées de jeux et de vieux livres en différentes langues (dont ceux de Dostoïevski, bien sûr) que vous pourrez emprunter. La carte, végétarienne, est excellente : *pelmenis* (raviolis) aux champignons et aux pommes de terre, grand choix de salades, petits plats aux noms humoristiques (un « Idiotburger », ça vous dit ?). L'ambiance accueillante et un petit verre de vodka offert le soir vous donneront envie de revenir. Coup de cœur !

Hôtel Astoria ⑪ **(Гостиница « Астория »)** – *Oul. Bol. Morskaïa* (Ул. Бол. Морская) *39.* À défaut de séjourner dans ce palace, rien de tel pour vous délasser que l'élégante salle du rez-de-chaussée où, chaque après-midi, le thé accompagné d'un vaste choix de gâteaux est servi dans un grand samovar argenté. Après une journée de marche dans la cohue des rues pétersbourgeoises, installez-vous confortablement et prenez une tasse de thé en écoutant une harpiste jouer pour vous quelques notes légères.

Achats

Yakhont (Яхонт) – *Oul. Bol. Morskaïa* (Ул. Бол. Морская) *24 - ✆ 314 42 35 - 10h-20h.* Situé dans l'ancien atelier de la célèbre maison Fabergé, ce salon de joaillerie vous propose de très beaux bijoux en or, en argent et en pierres semi-précieuses, des objets en bronze et en métal argenté, des articles de vaissellerie, et, bien sûr, de charmants petits œufs-pendentifs qui perpétuent la tradition du grand maître – vous en trouverez en émail, en verre, en ambre, de toutes les couleurs et pour tous les goûts !

Ioussoupov (Юсупов) – *Nab. r. Moïki* (Наб. р. Мойки) *90.* À côté du palais Ioussoupov, cette grande galerie de souvenirs offre un très bon choix d'objets qui vont des vues de St-Pétersbourg jusqu'aux boîtes laquées de différents styles. Les objets exécutés par les apprentis, d'une qualité tout à fait satisfaisante, sont moins chers. Le personnel, adorable, se compose d'étudiants du Collège français et parle parfaitement la langue de Voltaire. Adresse à ne pas manquer.

Sorties

Art-café Palitra (Арт-кафе Палитра) – *Oul. Mal. Morskaa* (Ул. Мал. Морская) *5 - ✆ 312 34 35 - 10h-23h, concert tlj 21h - entrée 30 Rub.* Voisin de la galerie du même nom, aux murs décorés de tableaux, ce petit café offre tous les soirs des concerts de groupes locaux. La musique va du jazz à la bossa-nova *(programme en anglais affiché à l'entrée).* Concerts de musique classique également. Ambiance sympathique et collations pour de petites faims.

Tsinik (Циник) – *Per. Antonenko* (Пер. Антоненко) *4 - ✆ 312 15 26.* À deux pas de la place St-Isaac, c'est une des adresses préférées des jeunes Pétersbourgeois. La musique résonne à fond et les joueurs de baby-foot mettent de l'ambiance. C'est donc loin d'être un endroit calme, mais on s'y plaît en goûtant à la bière locale et aux *grenkis* (pain grillé à l'ail), spécialité de la maison.

Entre la Moïka et la Fontanka★

Mejdou Moïkoï i Fontankoï (Между Мойкой и Фонтанкой)

PLAN DE COUVERTURE : A3/B3

Ce quartier pittoresque et paisible est traversé par des canaux aux romantiques petits ponts attirant peintres et amoureux. Ici, peu de monuments spectaculaires, mais le charme désuet de bâtisses d'un autre âge, de trottoirs étroits et des cours à puits, qui exercent une fascination étrange. Le scintillement de l'eau et le croisement des ponts font de vous le rêveur que vous étiez peut-être au temps de votre enfance, lorsque vous attendiez qu'un miracle surgisse au bout de la rue. Flânez dans ce lieu de la magie urbaine, dans les méandres du canal Griboïedov qui le traverse comme il traverse l'œuvre de Dostoïevski qui lui donna ses lettres de noblesse.

- **Se repérer** – Ce quartier, qui s'étend entre la Moïka et la Fontanka, est délimité par la perspective Nevski et l'avenue Lermontov.
- **À ne pas manquer** – La cathédrale St-Nicolas-des-Marins et le théâtre Mariinski.
- **Organiser son temps** – La promenade nécessite plusieurs heures. Si vous ne disposez pas de beaucoup de temps, faites une partie du trajet en métro. Après le musée Dostoïevski, prenez le métro à *Dostoïevskaïa* (Достоевская) sur la ligne 4 et descendez à la station *Sadovaïa* (Садовая) pour visiter la place aux Foins.
- **Avec les enfants** – Musée de l'Arctique et de l'Antarctique.

E. Darras / Michelin

En bateau sur la Fontanka.

Comprendre

La place aux Foins

L'histoire de ce quartier est liée à la place aux Foins, située en son centre. Au milieu du 18e s., c'était un marché où l'on vendait du bois, des bêtes et surtout du foin, d'où son nom. Avec le temps, des immeubles s'élevèrent autour de la place, des tavernes malfamées et des maisons de tolérance apparurent à ses abords, l'endroit devenant peu à peu le cloaque de St-Pétersbourg. L'insalubrité qui y régnait entraîna une grande épidémie de choléra en 1831. On vendait de tout sur ce marché, serfs et prostituées se marchandant en son centre. La place était surveillée par des policiers réprimant le désordre à coups de fouet. C'est ce monde de crasse, de misère noire, de crime et de vice que Dostoïevski décrivit d'une façon si vivante dans son célèbre *Crime et Châtiment*. Aujourd'hui, la place et ses environs ont bien changé : le marché a fait place aux centres commerciaux et les hôtels n'ont rien à voir avec leurs devanciers de réputation douteuse. Mais l'esprit de Dostoïevski y reste à jamais attaché : il suffit de jeter un coup d'œil dans les cours des immeubles environnants pour le ressentir. Est-ce pour cela qu'au cours des paisibles flâneries à travers ce quartier, qui semble avoir effacé son passé, on se sent parfois comme menacé malgré l'environnement tranquille et romantique ?

Se promener

De la perspective Nevski à la place aux Foins

Cet itinéraire traverse un quartier pauvre de St-Pétersbourg, occupé essentiellement par d'anciennes maisons de rapport destinées à la location. C'est ici que se trouve le musée Dostoïevski, aménagé dans le dernier logement que l'écrivain occupa. Loin du faste des quartiers de l'Ermitage et de la place des Arts, ce sont des immeubles décrépits et des places populaires que vous rencontrerez. Voici l'occasion de découvrir un autre visage de cette ville, à jamais double, qui dissimule la misère derrière de belles façades et cache soigneusement l'envers du décor.

La promenade commence rue Marat, près de la station du métro Maïakovskaïa (Маяковская). *Descendre la rue Marat jusqu'à son intersection avec la ruelle des Forgerons (Kuznetchny pereoulok/*Кузнечный переулок*).*

Musée de l'Arctique et de l'Antarctique★ (Музей Артики и Антартики) D2

Oul. Marata 24a - ✆ 571 25 49 - merc.-sam. 10h-18h (dernière entrée 17h), dim. 10h-17h (dernière entrée 16h), fermé dernier jeu. du mois - 70 Rub (étud., enf. 40 Rub) - photo : gratuit, vidéo : 150 Rub.

Situé dans l'ancienne église St-Nicolas (1838), ce musée est le seul en Russie et l'un des plus importants au monde consacrés à la thématique du Grand Nord. Divisé en quatre sections, il présente des expositions sur la nature des régions polaires, sur l'histoire de la conquête du Grand Nord, sur l'économie et la culture des peuples nordiques. Vous y verrez de nombreux dioramas, maquettes, peintures et objets d'artisanat des peuples indigènes. Les plus petits seront ravis de voir un ours blanc, des morses, des oiseaux, ainsi que toute une famille de pingouins avec une quinzaine de bébés pingouins empaillés.

En sortant du musée, prendre la ruelle des Forgerons sur la droite jusqu'à l'intersection avec la rue Dostoïevski (1re rue à gauche).

Musée-mémorial littéraire Dostoïevski★ (Literatourno-memorialny mouzeï Dostoïevskogo/Литературно-мемориальный музей Достоевского) D2

Kouznetchny per. (Кузнечный пер.) *5/2, à l'angle de la rue Dostoïevski, au 1er étage - ✆ 571 40 31, excursions : ✆ 764 69 50 - tlj sf lun. et dernier merc. du mois 11h-18h (dernière entrée 17h) - 150 Rub (étud. et enf. 70 Rub) - audioguide en anglais (retrait jusqu'à 16h30) 50 Rub - photo : 40 Rub, vidéo : 80 Rub.*

Ouvert en 1971, ce musée comprend deux parties. La partie littéraire *(à droite)* présente de nombreux documents et photos liés à la vie et à l'œuvre de l'écrivain. La porte mémorial *(à gauche)* conduit dans l'appartement que Dostoïevski occupa de 1878 jusqu'à sa mort en 1881. À l'entrée de la partie littéraire du musée, une grande carte indique les adresses des personnages de Dostoïevski, ainsi que celles de l'écrivain lui-même qui vécut vingt-huit ans à St-Pétersbourg et changea plus de 20 fois de logement.

Au cours de la visite, vous verrez des photos de sa famille, des membres du cercle Petrachevski qu'il fréquenta, l'acte de sa condamnation à mort, les premières éditions de ses romans et même une reconstitution de la chambre de Raskolnikov, héros de *Crime et Châtiment*.

L'appartement où Dostoïevski habita avec sa femme et leurs deux enfants se compose de quatre pièces dont seul le cabinet de travail a pu être fidèlement reconstitué. La première chambre avec un cheval à bascule, les silhouettes des enfants et des livres de contes rappelle que Dostoïevski fut un père affectueux. Dans la chambre de sa femme Anna, qui s'occupait du ménage et de la comptabilité, des factures et des livres de comptes sont étalés sur le bureau. Dans la salle à manger, qui contient quelques pièces de vaisselle, on peut encore voir la boîte de cigarettes sur laquelle la fille de Dostoïevski écrivit : « Papa est mort aujourd'hui. Le 28 janvier 1881. » Quant au cabinet de travail de l'écrivain, il est resté en l'état. Sur la grande table à tapis vert, des brouillons, des feuilles de papier, quelques livres ; c'est ici qu'il écrivit *Les Frères Karamazov*. Au-dessus du canapé où il dormait, une reproduction de la *Madone Sixtine* de Raphaël, son tableau préféré. L'horloge du bureau est arrêtée à l'heure de la mort de l'écrivain, 8h38 du soir.

En sortant du musée, continuer à longer la ruelle des Forgerons qui débouche sur la place Vladimirskaïa.

Église Notre-Dame-de-Vladimir★ (Vladimirskaïa tserkov/Владимирская церковь) D1/D2

Vladimirskaïa pl. (Владимирская пл) - *offices tlj 9h, 18h (dim. 7h, 10h, 18h).*

Sur la place, majestueuse, elle attire le regard. Cette église, dont Dostoïevski était paroissien, fut construite en 1761 à l'emplacement d'une ancienne église de bois, peut-être par Trezzini. En 1783, Quarenghi fit ériger à côté un clocher. Fermée sous le régime soviétique, elle a été rouverte au culte en 1990. Depuis, cette paroisse très vivante attire de nombreux fidèles. Elle possède beaucoup de belles icônes dont celle de la Vierge de Vladimir, très vénérée. N'hésitez pas à vous y arrêter quelques instants, si vous passez à l'heure des offices, pour écouter les chœurs toujours très beaux.

En sortant de l'église, prendre à gauche l'avenue Zagorodny (Zagorodny prospekt/ Загородный проспект*).*

En passant devant la station de métro Vladimirskaïa, remarquez une belle statue de Dostoïevski, créée par les sculpteurs Lubov Kholina, Piotr Ignatiev, Pavel Ignatiev et Vadim Spiridonov, et placée ici en 1997.

Cinq Angles (Piat ouglov/Пять углов) D2

Vous arrivez bientôt à un carrefour, formé par l'intersection de trois rues, que les Pétersbourgeois appellent les « Cinq Angles », d'après le nombre d'immeubles qui l'entourent. Au 19e s., ce fut l'un des pôles de la vie commerciale de la ville.

Continuer dans l'avenue Zagorodny jusqu'au n° 28 où se trouve l'appartement-musée de Rimski-Korsakov.

Appartement-musée mémorial Rimski-Korsakov (Memorialnyj mouzeï-kvartira Rimskogo-Korsakova/Мемориальный музей-квартира Римского-Крсакова) D2

Zagorodny prospekt (Загородный проспект) *28, dans la cour, 1re porte à droite (interphone), 2e étage -* ✆ 713 32 08/315 39 75 *- merc.-dim. 11h-18h, fermé dernier vend. du mois - 75 Rub (étud. et enf. 50 Rub) - photo : 50 Rub, vidéo : 100 Rub.*

Cet appartement où le fameux compositeur passa les dernières années de sa vie, fut transformé en musée en 1971. C'est une filiale du musée du Théâtre et de la Musique. Vous y verrez de nombreuses photos et partitions, différents objets ayant appartenu au compositeur, ainsi que le grand piano du maître. Entrez dans le salon où, deux fois par mois, il organisait ses « mercredis ». De nombreux compositeurs et artistes dont

Nikolaï Rimski-Korsakov

Illustre compositeur, **Nikolaï Andreïevitch Rimski-Korsakov** (1844-1908) a fortement contribué au renouveau de la musique russe. Son œuvre comprend 15 opéras, nombre de symphonies, plus de 150 romances. Il orchestra et termina de nombreuses œuvres de ses amis compositeurs (*Le Prince Igor* de Borodine, *Boris Godounov* et *La Khovanchtchina* de Moussorgski). Grand chef d'orchestre, il dirigea à Paris les cinq concerts historiques russes organisés par Serge de Diaghilev. Professeur du Conservatoire de St-Pétersbourg, il forma plusieurs élèves dont Liadov, Glazounov, Prokofiev et influença toute une génération de compositeurs, parmi lesquels Igor Stravinski et Maurice Ravel.

Fiodor Chaliapine venaient ici pour chanter, discuter, jouer du piano… Le musée organise régulièrement des **concerts de musique de chambre**. De jeunes talents locaux s'y produisent, en général le week-end *(programme sur place)*.

Revenir au carrefour des Cinq Angles et prendre à gauche la rue Lomonossov qui vous amène à la Fontanka.

Pont Lomonossov★ (Most Lomonossova/Мост Ломоносова) C2

Sujet d'inspiration des peintres, c'est l'un des rares ponts de la ville ayant préservé son aspect d'origine. Construit entre 1785 et 1787, lorsque la Fontanka était encore navigable, il était pourvu de mécanismes, dissimulés dans ses quatre tourelles en pierre, permettant de lever ou d'abaisser le tablier. Il offre une jolie **vue★** sur la rivière avec, en toile de fond, les coupoles bleues de la cathédrale de la Trinité.

Place Lomonossov★ (Plochtchad Lomonossova/Площадь Ломоносова) C1

Au-delà du pont, cette place harmonieuse, entourée de bâtiments néoclassiques, fait partie d'un ensemble comprenant deux places – l'autre est la place Ostrovski – reliées par une rue portant le nom de **Carlo Rossi**, créateur de l'ensemble. C'est d'ici que s'ouvre la meilleure **vue★★** sur cette rue aux proportions parfaites, fermée par le théâtre Alexandra *(voir p. 377)*. Le grand bâtiment en hémicycle qui borde la place abrita jadis le ministère de l'Instruction publique. Au milieu s'élève un buste de **Mikhaïl Lomonossov**, exécuté par **P. Zabello** et posé en 1892.

Descendre à gauche le quai de la Fontanka, dans la direction opposée à la perspective Nevski.

Grand Théâtre dramatique (Bolchoï dramatitcheski teatr/Большой драматический театр) C2

Un bel édifice vert et blanc jouxtant la maison d'édition Lenizdat abrite ce théâtre. Construit entre 1876 et 1878 par **Ludwig Fontana**, le bâtiment fut d'abord occupé par le théâtre Souvorine. En 1919, un nouveau théâtre y fut créé à l'initiative de **Maxime Gorki**. Ce fut l'un des premiers théâtres à jouer des pièces contemporaines, telles que *La Punaise* (1929) et *Les Bains* (1930) de **Vladimir Maïakovski**. Dirigé depuis 1956 par le grand metteur en scène G. A. Tovstonogov dont il porte aujourd'hui le nom, c'est le plus connu et le plus fréquenté des théâtres de la ville.

*Continuer à longer le quai jusqu'à la rue Efimov (Oul. Efimova/*Ул. Ефимова*), la 3e à droite après la place Lomonossov, qui vous amène jusqu'à la place aux Foins.*

Sur les pas de Dostoïevski

La promenade se poursuit à travers le quartier de la place aux Foins. En s'engageant dans les rues bordées d'immeubles vétustes qui semblent tout droit sortis de *Crime et Châtiment*, on suit les pas des personnages du chantre du Saint-Pétersbourg des « humiliés et offensés », de la maison de Raskolnikov jusqu'au pont Pikalov en passant par les boucles du romantique canal Griboïedov.

Place aux Foins (Sennaïa plochtchad/Сенная площадь) B2

Cette place, évoquée plusieurs fois dans *Crime et Châtiment* de Dostoïevski, était réputée à l'époque pour être l'un des endroits les plus malfamés de St-Pétersbourg. Un grand marché où l'on vendait de tout s'étendait sur toute la longueur de la place. Avec le dédale de ruelles adjacentes regorgeant d'hôtels de passe, d'auberges et de cabarets crasseux, ce marché était le « ventre de St-Pétersbourg ». Dostoïevski aimait s'y promener pendant qu'il écrivait son roman. Son Raskolnikov était, lui aussi, fasciné par ce lieu qui l'attirait irrésistiblement lors de ses errances dans le quartier. Aujourd'hui, la place aux Foins est méconnaissable : environnement de fonte et de granit, immeubles de banques et centres commerciaux… Le seul édifice resté intact est l'ancien poste de police, avec son portique classique à quatre colonnes. L'église aux bulbes dorés, qui s'élevait au centre, fut rasée en 1959. La place n'a donc plus rien à voir avec celle de Dostoïevski. Mais on y passe tout de même pour rendre hommage à l'écrivain et à son roman le plus célèbre.

*Remonter la ruelle Grivtsov (pereoulok Grivtsova/*переулок Гривцова*), au nord de la place, jusqu'à l'intersection avec la rue Grajdanskaïa (Grajdanskaïa oul./*Гражданская ул.*) qu'on prend sur la gauche.*

E. Darras / Michelin

Au cœur du quartier Dostoïevski.

Maison de Raskolnikov★ (Dom Raskolnikova/Дом Раскольникова) B2

Grajdanskaïa oul. 19/Stoljarny per. (Столярный пер.) *5 - ne se visite pas.*

À l'intersection de la rue Grajdanskaïa avec la ruelle des Menuisiers s'élève une maison considérée comme celle de Raskolnikov, héros de *Crime et Châtiment*. Avec ses murs fissurés et son balcon qui menace de s'écrouler à tout instant, le bâtiment semble avoir peu changé depuis le 19e s. Sur le mur d'angle, un monument fut érigé en l'honneur de l'écrivain et de son héros. Mi-plaque, mi-statue, l'œuvre représente un Dostoïevski courbé, les traits crispés dans une expression douloureuse. « Les destins tragiques des gens de ces environs de Saint-Pétersbourg ont servi d'inspiration à Dostoïevski pour son sermon passionné en faveur du bien de l'humanité », dit le texte.

*Descendre la ruelle des Menuisiers jusqu'à l'intersection avec la rue Kaznatcheïskaïa (Kaznatcheïskaïa oul./*Казначейская ул.*).*

Ruelle des Menuisiers (Stoljarny pereoulok/Столярный переулок) B2

Fait bien connu, Dostoïevski aimait s'entourer de ses personnages. Ainsi, le romancier a domicilié Raskolnikov tout près de l'endroit où lui-même habitait : à l'angle de la ruelle des Menuisiers et de la rue Kaznatcheïskaïa. Dostoïevski vécut d'août 1864 à janvier 1867 dans ce quartier, le plus pauvre et le plus populaire de St-Pétersbourg. La rue Kaznatcheïskaïa, qui s'appelait autrefois Malaïa Mechtchanskaïa – rue des Petits Bourgeois – exprime bien la catégorie sociale de ses habitants. Quant à la ruelle des Menuisiers, elle ne comptait à cette époque que seize immeubles, huit de chaque côté, et pourtant pas moins de 18 gargotes et cabarets : on y croisait des ivrognes à chaque pas. Dostoïevski y loua un appartement au premier étage du no 7. Non pas qu'il y vînt exprès pour étudier la vie sordide de ses habitants, mais tout simplement parce qu'il n'avait pas les moyens de vivre ailleurs. C'est ici que venait la jeune **Anna Snitkina**, qui deviendra sa femme, pour sténographier le texte du *Joueur*, qu'il avait écrit en 26 jours. C'est ici également qu'il rédigea *Crime et Châtiment*.

Descendre la ruelle des Menuisiers jusqu'au canal Griboïedov, traverser le pont Kokouchkine. Prendre à droite la rue Sadovaïa qui vous amène jusqu'au jardin Ioussoupov.

Jardin Ioussoupov★ (Ioussoupovski sad/Юсуповский сад) B2

Ce jardin, que Raskolnikov longeait en se dirigeant chez la vieille usurière, appartenait autrefois à la famille Ioussoupov, une des plus riches de la Russie impériale. L'édifice jaune aux colonnes blanches, qu'on aperçoit au fond du jardin, fut l'un des quatre palais que les Ioussoupov possédaient dans la ville. Œuvre de Quarenghi, cet édifice de style classique (1790) abrite aujourd'hui l'université des transports ferroviaires de St-Pétersbourg. Avec son étang et ses allées ombragées, le jardin Ioussoupov constitue une halte agréable dans ce quartier dépourvu de verdure.

Revenir sur ses pas et longer le canal Griboïedov sur la gauche.

Pont aux Lions★ (Lviny most/Львиный мост) A2

Le romantique canal Griboïedov, qui porta autrefois le nom de Catherine, est traversé par de nombreux ponts qui ajoutent au charme et au pittoresque de l'endroit. Tous différents, ils sont parfois ornés de figures d'animaux, comme ce charmant petit pont décoré de quatre sculptures de lions gardant le passage. Les héros de *Crime et Châtiment* passent et repassent ces petits ponts.

Maison de la Vieille Usurière (Dom staroukhi-protsentchtchitsy/Дом старухи-процентщицы) A2

Naberejnaïa kanala Griboïedova (Наб. канала Грибоедова) *104/Sredniaïa Podiatcheskaïa* (Средняя Подъяческая) *15 - ne se visite pas.*

Et voilà que l'on se dirige vers l'immeuble qu'habita la victime de Raskolnikov, la « maison de l'Usurière », comme l'appellent de nombreux Pétersbourgeois. On l'approche comme Raskolnikov, le cœur défaillant, alors que la haute bâtisse se dessine, sinistre, au bout du quai. Ce bâtiment en forme de fer à repasser a peu changé depuis l'époque de Dostoïevski, avec ses peintures écaillées et sa façade trouée de fenêtres étroites qui semblent épier la rue avec malveillance. Ne manquez pas de visiter la cour intérieure de l'immeuble dont l'entrée se situe du côté de la rue : l'atmosphère y est nettement dostoïevskienne !

Continuer à longer le canal jusqu'à son intersection avec le canal Kroukov, lieu de croisement de plusieurs ponts.

Pont Pikalov★ (Pikalov most/Пикалов мост) A3

Voici sans doute l'endroit le plus pittoresque de la ville ! C'est ici, à la croisée des canaux, que l'on découvre l'image du rêve de Pierre le Grand : une ville sillonnée de canaux où se mirent des palais et des églises. Arrêtez-vous au milieu du pont Pikalov, qui permet de voir sept ponts à la fois, admirez les coupoles dorées de la cathédrale

St-Nicolas-des-Marins, et souvenez-vous encore une fois de Dostoïevski qui imagina un jour un roman sentimental avec comme décor les canaux, les ponts et la douce lumière des *Nuits blanches*.

Autour de la cathédrale Saint-Nicolas-des-Marins

Cette dernière partie de la promenade touche le quartier paisible de Kolomna. Resté à l'écart de l'urbanisation, il conserva longtemps des airs de village et fut un des quartiers les plus pauvres de la ville. Aujourd'hui encore on s'y sent un peu excentré (pas de station de métro à proximité). Il possède néanmoins deux pôles d'attrait majeurs : la merveilleuse cathédrale St-Nicolas-des-Marins et la place des Théâtres, un centre important de la vie musicale de la ville.

Cathédrale St-Nicolas-des-Marins★★ (Nikolski morskoï sobor/ Никольский морской собор) A2/A3

Nikolskaïa pl. (Никольская пл.) *1/3 - 6h30-19h30 - offices tlj 7h, 10h, 18h, église haute ouverte uniquement pendant les offices sam. 19h et dim. 9h.*

Cette cathédrale bleue et blanche, restée toujours ouverte pendant la période soviétique, dont les coupoles dorées se dessinent à travers les arbres du square, fut élevée dans le quartier jadis peuplé de marins et consacrée à leur patron saint Nicolas. De style baroque, elle fut construite entre 1752 et 1762 par l'achitecte **Savva Tchevakinski**, élève de Rastrelli, sur commande de l'impératrice Élisabeth. Avec ses cinq dômes, son fronton d'où partent des rayons de soleil, ses fenêtres cintrées et ses balcons en fer forgé, c'est un des plus beaux exemples de l'architecture baroque russe. Un clocher à quatre niveaux, qui se dresse, solitaire, dans le jardin, se reflète dans les eaux des deux canaux qui le bordent. Selon la tradition russe, la cathédrale se compose de deux églises. L'inférieure, basse de plafond, éclairée par la lumière des veilleuses et des cierges, est destinée aux services quotidiens. C'est ici également que se déroulent les baptêmes et les enterrements. L'église du premier étage, lumineuse et aérée, frappe par la légèreté, l'élégance et la richesse du décor. Elle est réservée aux offices du samedi et du dimanche, ainsi qu'à la célébration des mariages et des fêtes. Fastueuse, elle est ornée de peintures italiennes et possède de nombreuses icônes dont dix furent offertes par Catherine II en souvenir de dix victoires navales remportées par la flotte russe. Une magnifique iconostase en bois sculpté ruisselle d'or. À droite, un baldaquin doré, fermé par une grille, indique la place du tsar. Près de l'autel, le drapeau de la marine russe, avec une croix bleue sur fond blanc, rappelle la destination de la cathédrale. Remarquez sur le côté droit, à côté d'un poêle qui servait à chauffer l'église, de nombreuses plaques en hommage aux marins morts dont la dernière honore les victimes du *Koursk*.

Remonter le canal Krukov jusqu'au théâtre Mariinski que l'on contourne par la droite.

Place des Théâtres★ (Teatralnaïa plochtchad/Театральная площадь) A2

L'histoire de cette place est, dès la fin du 18e s., liée à la vie théâtrale de la ville. Loin du centre aristocratique, un immense terrain vague accueillait les réjouissances populaires, les carnavals et les foires. On y trouvait des baraques foraines et des attractions diverses : d'où le nom de place du Carrousel qu'elle portait au 18e s. À l'emplacement de l'actuel Conservatoire fut érigé un théâtre de bois, reconstruit en pierre en 1783 et devenu le Grand Théâtre. Ce fut alors la seule scène permanente de St-Pétersbourg. Considéré comme l'un des plus beaux théâtres d'Europe, il pouvait contenir jusqu'à 2 000 spectateurs, qui venaient y voir des spectacles dramatiques, des ballets et des opéras. En 1836, la troupe dramatique constitua un théâtre autonome, le théâtre Alexandra *(voir p. 377)*, tandis que la troupe d'opéra et de ballet donnait naissance au théâtre Mariinski, pour lequel, en 1860, de l'autre côté de la place, fut construit un nouveau bâtiment.

E. Darras / Michelin

Saint-Nicolas-des-Marins.

Théâtre Mariinski★★ (Mariinski teatr/ Мариинский театр) A2 – Longtemps connu sous son nom soviétique de Kirov, il a retrouvé il y a quelques années son nom initial, reçu en hommage à la tsarine Maria Alexandrovna, épouse d'Alexandre II. Le bâtiment actuel, érigé en 1859 par **Albert Kavos**, fut plusieurs fois reconstruit. De style éclectique, l'édifice est surtout connu pour la beauté de ses intérieurs, notamment pour sa magnifique salle de spectacles ornée de moulures dorées, de velours bleu et d'un rideau luxuriant (1914). Sur sa scène se produisirent les plus grands danseurs et chanteurs russes : **Anna Pavlova**, **Vaslav Nijinski**, **Rudolf Noureïev**, **Fiodor Chaliapine**, **Leonid Sobinov**... **Marius Petipa**, le grand danseur et chorégraphe, arrivé en 1885 en Russie, y fut maître de danse jusqu'à sa mort. Ne manquez pas de voir ce lieu mythique au cours d'une représentation ou, à défaut de pouvoir y assister, entrez le soir dans le vestibule pour ressentir l'atmosphère qui y règne avant le spectacle, cette émotion contenue, cette joie de la rencontre avec le Théâtre qui, pour les Russes, a toujours été une fête et un événement. *(Tentez votre chance directement à la caisse du théâtre, vous pouvez trouver des places. Un plan du théâtre vous aidera à voir où vous serez placé.)*

State Academic Mariinsky Opera and Ballet theatre

Le rideau du théâtre Mariinski peint par Alexandre Golovine en 1914.

Conservatoire Rimski-Korsakov★ (Konservatoriia imeni Rimskogo-Korsakova/ Консерватория имени Римского-Корсакова) A2 – C'est la plus ancienne école supérieure de musique de Russie. Elle fut fondée en 1862 sur l'initiative du pianiste, compositeur et chef-d'orchestre **Anton Rubinstein**. De ses murs sont sortis de grands noms de la musique russe tels que **Piotr Tchaïkovski**, **Serge Prokofiev**, **Dimitri Chostakovitch** ou **Igor Stravinski**. Le Conservatoire possède deux salles de concert où se produisent les meilleurs interprètes russes et étrangers. Devant le bâtiment, construit en 1896 par l'architecte **Vladimir Nicolas**, se dressent deux statues : à droite, celle du compositeur **Mikhaïl Glinka**, « le père de la musique russe », à gauche, celle de **Nikolaï Rimski-Korsakov**, éminent professeur du Conservatoire.

*Prendre à gauche la rue des Décembristes (oul. Dekabristov/*ул. Декабристов*). Après le passage du canal, emprunter l'avenue Lermontov (Lermontovski pr./*Лермонтовский пр.*), toujours à gauche.*

Synagogue **(Sinagoga/Синагога)** A2 *(Lermontovski pr./*Лермонтовский пр.*) 2 - ✆ 740 19 52 - tlj sf sam. dim. 9h30-18h, offices tlj 9h et sam. à 10h.*

Longtemps persécutée par les tsars qui interdisaient aux juifs de vivre dans les grandes villes, ce n'est qu'à la fin du 19e s., sous Alexandre II, que la communauté juive reçut la permission d'élever une maison de prière. Construite en 1896 dans un style arabo-mauresque, la synagogue de St-Pétersbourg reste une des plus grandes au monde par sa taille, la salle de prière pouvant accueillir jusqu'à 1 200 personnes. Elle a été restaurée en 2003, pour le tricentenaire de la ville. La synagogue dessert aujourd'hui une communauté de 100 000 juifs qui vivent à St-Pétersbourg et dans ses environs. Dans le hall, des panneaux en anglais présentent l'histoire de l'édifice et de la communauté.

Nouvelle scène pour le théâtre Mariinski

Actuellement, vous ne verrez près du théâtre qu'un trou béant et des photos représentant l'ambitieux projet d'agrandissement de l'architecte français Dominique Perrault, qui s'en est vu retirer la réalisation technique. Les travaux ont pris du retard et leur achèvement est théoriquement fixé à la fin 2009. La structure futuriste en verre et métal en forme de cocon fait grincer les dents des amoureux de la ville bâtie aux normes de Pierre le Grand. La nouvelle scène, située de l'autre côté du canal Krioukov, sera reliée au théâtre mythique par une passerelle et pourra accueillir 2 000 spectateurs. Une petite salle de 350 places est prévue pour les répétitions. Au sommet du cocon, une terrasse publique accueillera un restaurant, des espaces d'expositions... Le théâtre Mariinski, doté d'un équipement technique exceptionnel, pourra ainsi rivaliser avec les plus prestigieuses salles du monde.

Descendre l'avenue Lermontov jusqu'à la Fontanka. Ceux qui désirent prolonger la promenade peuvent se rendre dans le musée-appartement du poète Alexandre Blok, situé au 57 r. des Décembristes, appart. 21 (ouvert tlj sf merc. 11h-18h, mar. 17h).

Pont Égyptien★ (Egipetski most/Египетский мост) A3

Construit en 1826 dans un style oriental, ce pont est décoré de quatre sphinx en bronze. L'événement qui eut lieu sur ce pont est souvent raconté aux écoliers russes par leurs professeurs de physique pendant la leçon consacrée à la résonance : en janvier 1905, ce pont de pierre s'écroula sous le poids d'un régiment de cavalerie, dont le pas régulier coïncidait avec les oscillations du pont. Les spécialistes estiment pourtant que l'accident est dû à la fatigue de ses éléments métalliques. Le pont fut reconstruit en 1955.

*En traversant le pont Égyptien, prendre à gauche l'avenue de la Trinité (Troitski pr./*Троицкий пр.*) pour se rendre à la cathédrale de la Trinité.*

Cathédrale de la Trinité★ (Troitski sobor/Троицкий собор) B3

Izmaïlovski prospekt (Измайловский проспект) *7a - offices lun.-jeu. 9h30, vend.-dim. et fêtes 9h30, 17h.*

Créée sur demande de l'impératrice Élisabeth Petrovna en l'honneur du régiment Izmaïlov, un des plus anciens de l'armée russe, qui avait ses quartiers à proximité, cette cathédrale aux cinq coupoles bleues, pouvant recevoir jusqu'à 3 000 personnes, fut élevée par **Vassili Stassov** entre 1828 et 1835. C'est ici que fut célébré le mariage de Dostoïevski avec Anna Grigorievna Snitkina. En 1894, on y servit la messe funéraire pour le pianiste et compositeur Anton Rubinstein. Utilisée comme entrepôt sous le régime soviétique, la cathédrale fut rendue au culte en 1990. En août 2006, un terrible incendie s'est déclaré dans les échafaudages et a détruit la coupole centrale et une plus petite. Les icônes et les principaux biens ecclésiastiques ont été sauvés par les sauveteurs et des passants. Aujourd'hui, la cathédrale accueille ses fidèles pendant que les travaux de reconstruction se poursuivent.

Continuer tout droit dans l'avenue de la Trinité qui vous amènera jusqu'à la station de métro Tekhnologitcheski Institut (Технологический институт)*, lignes 1 et 2.*

Moïka et Fontanka pratique

Informations utiles

Banque – *Mejdounarodny Moskovski bank Nab. r. Fontanki* (Наб. р. Фонтанки) *48/2 - lun.-jeu. 9h30-16h30, vend. 9h30 -15h30.* Le guichet automatique est situé à l'intérieur du bâtiment.

Change – *Tsentr obmena* (Центр обмена СКБ) *à la sortie du M° Vladimirskaïa* (Владимирская) *- 24h/24.*

Poste (Почта) – *Nab. r. Fontanki* (Наб. р. Фонтанки) *86 - tlj sf dim. 9h-20h (sam. 10h-17h).*

Pharmacie (Аптека) – *Sadovaïa oul.* (Садовая ул.) *47 - 24h/24.*

Se loger

€€€ Dostoïevski ⑳ (Достоевский).

€€€€ Helvetia hotel & suites ㊲.

€€ Les Frères Karamazov ㉑ (Bratia Karamazovy/Братья Карамазовы).

€€/€€€ Kristoff ㉒ (Кристофф).

€€/€€€ Le Cinquième Angle ㉓ (Piaty ougol/Пятый угол).

€€€ Rossi hotel ㊳.

Voir descriptif complet de ces hôtels p. 350-351.

Se restaurer

€ Blinny domik ⑭ (Блинный домик) – *Kolokolnaïa oul.* (Колокольная ул.) *8, dans une petite rue, à droite en sortant de l'église Notre-Dame-de-Vladimir - ☎ 315 99 15.* Ce petit restaurant typique au décor chaleureux en bois vous régalera à moindre frais, avec ses blinis, « les plus fameux de la cité des tsars ». C'est également l'occasion de découvrir une savoureuse cuisine russe familiale. Coup de cœur !

€€/€€€ Fiolet ⑮ – *Pl. Lomonossova* (пл.Ломоносова) *6 - ☎ 310 26 58.* Une centaine de restaurants asiatiques se sont ouverts, celui-ci est situé dans un bel immeuble du 19e s., à deux pas de la rue Rossi, et offre dans une salle spacieuse, au décor zen avec vue sur la Fontanka, une cuisine japonaise et asiatique variée : thaïlandaise, chinoise, indienne. À vous de choisir…

€ Kilikia ⑩ (Киликия) – *Gorokhovaïa oul.* (Гороховая ул.) *26 - ☎ 327 22 08 - 11h-dernier client - 8-10 €.* Voici l'opportunité de parcourir les délices de la cuisine arménienne. Vous y trouverez tous les plats classiques comme les *manty* (raviolis), le *shashlyk* (brochettes de viande) et la *tava* (sorte de ragoût), servis avec du pain *lavash*. Tout est excellent, y compris le service.

Shinok ⑫ **(Шинок)** – *Zagorodny pr.* (Загородный пр.) *13 - ✆ 571 82 62 - 12h-2h, dim. 11h-5h - 12-17 €.* Située au carrefour des Cinq Angles, à deux pas du musée Dostoïevski, cette isba chaleureuse (que les Ukrainiens appellent *khata*), au décor stylisé un peu kitsch, vous propose des plats de cuisine ukrainienne tels que le *poulet Kiev* (en croûte avec du beurre fondu à l'intérieur) et les *vareniki*, raviolis fourrés au fromage, aux pommes de terre ou aux champignons, servis chauds et nappés de crème fraîche. Côté boissons : kvas, *morce* (boisson à base d'airelles) et *gorilka* (vodka ukrainienne). Le soir, musiciens avec leurs chansons cosaques.

1913 ② **(Tyssiatcha deviatsot trinadtsaty god)** – *Oul. Dekabristov* (Ул. Декабристов) *2 - ✆ 315 51 48 - 12h-1h - musique 20h-23h - 20-30 €.* Cuisine russe du début du 20ᵉ s. dans ce restaurant dont le nom fait référence à la date de la célébration du tricentenaire des Romanov. Les spécialités sophistiquées comme la fricassée de homard voisinent avec des plats simples, comme l'*okrochka*, soupe froide à base de kvas, qu'on vous recommande chaudement. La salle néoclassique aux murs couleurs pastel est agréable mais sans beaucoup de charme.

Za stsenoï ⑧ **(За сценой)** – *Teatralnaïa pl.* (Театральная пл.) *18-10 - ✆ 327 06 84 - 35-50 €.* À deux pas du théâtre Mariinski, ce restaurant fut créé en 2000 sur une idée de Guerguiev, directeur du théâtre. Inauguré par Placido Domingo, il accueille de nombreuses étoiles d'opéra et de ballet. Le magnifique décor provient du théâtre Mariinski : le plancher authentique a été foulé par les plus grands : vous dînez donc littéralement « sur scène » ! Menu raffiné d'inspiration franco-russe : *carpaccio* de cerf, *amandine* de saumon blanc au miel, crêpes aux fruits des bois… Carte des vins avec plus de 120 références.

Pauses et petites faims

Baltiski Khleb ⑯ **(Балтийский хлеб)** – *Vladimirski pr.* (Владимирский пр.) *19 - ✆ 331 32 20.* Un grand café-pâtisserie où il est agréable de déguster un expresso et de craquer pour une petite douceur avant de faire les boutiques du passage Vladimirski.

Sorties

Shamrock (Шамрок) – *Oul. Dekabristov* (Ул. Декабристов) *27 - ✆ 570 46 25 - 9h-2h.* À deux pas du théâtre Mariinski, ce pub irlandais, convivial et chaleureux, vous accueille dans sa salle voûtée au décor en bois. Musique rock, programmes sportifs à la télé. La clientèle est composée essentiellement d'étrangers et de nouveaux Russes. On peut également y manger, ce qui est d'autant plus appréciable que le quartier est assez pauvre de ce point de vue.

Jazz Philharmonic Hall (Джаз Филармоник Холл) – *Zagorodny pr.* (Загородный пр.) *2 - ✆ 764 85 65 - caisse 14h-20h.* Cette célèbre salle de jazz, ouverte à l'époque soviétique, se compose de deux salles : la Grande Salle, où se produisent les artistes de renom, et une de dimensions plus modestes, style club, avec petites tables et lumières douces, réservée à des groupes plus confidentiels.

Tres Amigos ⑰ – *Oul.Roubinchteina* (ул. Рубинштейна) *25 - ✆ 572 26 85 - 12h-23h, vend. et sam. show de danses latines.* Un petit restaurant mexicain très en vogue où se retrouvent les jeunes autour d'un verre de tequila et de *burritos*, *enchiladas* et guacamole… Ambiance assurée.

Achats

Marché Kouznetchny (Кузнечный рынок) – *Kouznetchny per.* (Кузнечный пер.) *3 - 8h-20h, dim. 19h.* Un des plus typiques marchés d'alimentation de la ville, situé juste à côté de la place Vladimirskaïa et du musée Dostoïevski. Faire le tour de ce marché couvert, où les vendeurs crient à qui mieux mieux en brandissant sur la pointe de couteaux leurs morceaux de fruits à faire goûter, constitue une expérience intéressante. Vous pouvez y trouver des montagnes de fromage blanc, du miel frais, des légumes et concombres marinés, de délicieux poissons fumés, du caviar (soyez vigilant sur la qualité).

Marché Apraxine Dvor (Апраксин двор) – *Sadovaïa oul.* (Садовая ул.) *28-30 - tlj sf lun. 9h-18h.* On trouve de tout dans cet immense marché : vêtements, fourrures, contrefaçons de marques de sport, chaussures, vaisselle, articles de la maison… Très vite, la tête commence à vous tourner. L'atmosphère est fascinante, mais… attention aux pickpockets !

Passage Vladimirski (Владимирский пассаж) – *Vladimirski pr.* (Владимирский пр.) *19 - 11h-21h.* Grand centre commercial moderne, situé juste en face de l'église St-Vladimir, nombreuses boutiques luxueuses et, au sous-sol, un supermarché ouvert 24h/24. Caviar rouge et noir.

Ararat (Арарат) – *Vladimirski pr.* (Владимирский пр.) *13 - 10h-22h, dim. 11h-21h.* Voici un endroit pour acheter du cognac arménien à des prix très doux. Ce magasin d'usine d'Erevan propose de nombreuses variétés de cognac. Pour les collectionneurs, le « nairi dvin », cognac préféré de Churchill, est à 94 €. Bon choix de vins géorgiens, tels que *khvantchkara* et *kindzmarauli*, le vin préféré de Staline. Le vin de grenade, nouvelle variété de vin proposée par le magasin, est à découvrir. On y trouve également du caviar.

Antik (Антик) – *Vladimirski pr.* (Владимирский пр) *3 - ✆ 315 07 74 - tlj 11h-19h.* Un antiquaire où vous pourrez trouver icônes, meubles, tableaux, bijoux anciens ou simples bibelots. Large choix.

Île Vassilievski★★

Vasilevski Ostrov/Васильевский остров

PLAN DE COUVERTURE : A2/A3

L'île Vassilievski est surtout célèbre pour la « Strelka », sa pointe orientale, qui offre un magnifique point de vue sur les palais de la rive gauche et sur la forteresse Pierre-et-Paul. Elle attire comme un aimant les flâneurs et les visiteurs des quatre coins du monde venant admirer le superbe panorama, surtout le soir, lorsque les rayons du soleil couchant caressent les façades des palais et embrasent la flèche de l'Amirauté. Ses quais appartiennent aux amoureux qui, le jour de leur mariage, reviennent ici pour ouvrir une bouteille de champagne en prélude à l'heureux voyage qui les attend. Partez à la découverte de cette île pleine de charme, avec ses splendides édifices, ses grandes académies et ses nombreux musées, attablez-vous dans un café où les étudiants de l'université continuent à refaire le monde, et laissez-vous bercer par le vent du large qui, comme un appel de l'inconnu, vous amènera peut-être à rêver de projets aussi fous et grandioses que purent l'être ceux de Pierre le Grand.

Se repérer – Située dans l'embouchure de la Neva, l'île est reliée à la ville par le pont Dvortsovy (Dvortsovy most/Дворцовый мост) et par le pont du Lieutenant-Schmidt (Most leïtenanta Chmidta/Мост лейтенанта Шмидта). Deux autres ponts la relient à Petrogradskaïa. Le meilleur moyen d'atteindre la Strelka est de traverser le pont Dvortsovy. On peut s'y rendre à pied ou en prenant les bus 7, 10 ou les trolleybus 1, 7, 10 sur la perspective Nevski.

À ne pas manquer – La vue depuis la Strelka, le palais Menchikov.

Organiser son temps – L'île Vassilievski peut se visiter en une demi-journée, si l'on n'entre pas dans les musées. Sinon, prévoir une journée entière.

Avec les enfants – Le musée de Zoologie, le musée de la Marine.

C. Brett / Michelin

Les colonnes rostrales de la Strelka vues de la forteresse Pierre-et-Paul.

Comprendre

La nouvelle Amsterdam

C'est sur cette île, la plus grande du delta de la Neva, que **Pierre le Grand** envisage d'installer le centre névralgique de la vie commerciale et administrative de sa nouvelle capitale. Admiratif de la Hollande où il a passé plusieurs mois à travailler sur des chantiers navals, il rêve de créer en Russie une nouvelle Amsterdam. Un architecte français, **Jean-Baptiste Leblond**, lui propose un projet qui quadrille l'île Vassilievski d'un réseau de canaux. Ces canaux devaient jouer un rôle stratégique dans la guerre contre la Suède en permettant d'inonder l'île au cas où elle aurait été prise par l'ennemi. D'autre part, ils devaient apprendre aux Russes à naviguer, ce qui répondait à un autre rêve cher à ce tsar amoureux de la mer : transformer son pays en une nation maritime. Mais bientôt, ce projet se révèle irréalisable : les difficultés d'accès et les fréquentes inondations de l'île obligent le tsar à transférer sa capitale sur la rive d'en face. Les canaux qu'on a commencé à creuser sont rebouchés et transformés en rues. Il en reste aujourd'hui un plan en damier et une double numérotation des rues qui ne portent pas de nom et qu'on appelle **linii** (lignes) en souvenir de leur passé « maritime ».

Se promener

Pour commencer la découverte de l'île, se rendre à la Strelka en traversant le pont Dvortsovy. Se diriger à droite vers la place de la Bourse.

LA STRELKA, DE LA PLACE DE LA BOURSE AUX DOUZE COLLÈGES★★

La pointe orientale de l'île Vassilievski est formée par la Strelka (« flèche ») qui offre un des plus beaux points de vue sur la ville. Le fleuve atteint ici une largeur exceptionnelle avant de se séparer en deux bras : la Grande et la Petite Neva. C'est ici que se trouvait jadis le port de St-Pétersbourg dont témoignent les colonnes rostrales encadrant la place de la Bourse. Bordée d'édifices qui rappellent son ancienne vocation commerciale, comme la Bourse, les entrepôts et les bâtiments des douanes, la Strelka constitue un ensemble d'une rare harmonie.

Colonnes rostrales★ (Rostralnye kolonny/Ростральные колонны) C1

Ces deux colonnes de granit rouge hautes de 32 m servaient à l'origine de phares pour guider les bateaux qui arrivaient au port. Érigées à la gloire de l'Empire, elles sont décorées selon la tradition romaine de « rostres » (éperons de navires), symboles de victoires navales. Les figures sculptées sur les piédestaux symbolisent quatre grands fleuves russes : la Neva, la Volga, le Volkhov et le Dniepr. Devenues des points de repère de la ville, elles sont illuminées lors des grandes fêtes nationales.

Place de la Bourse★ (Birjevaïa plochtchad/Биржевая площадь) C1

Jadis, les eaux de la Neva battaient à l'emplacement de cette terrasse semi-circulaire. Pour créer cette place devant le bâtiment de la Bourse, il a fallu prolonger l'extrémité de l'île de 150 m ! Aujourd'hui aménagée en square, elle est le lieu de rencontres privilégié des Pétersbourgeois. Depuis la fête du tricentenaire de St-Pétersbourg, la place abrite un nouveau témoignage du passé maritime de la Strelka : une ancre datant de 1723, trouvée il y a quelques années au fond de la Neva. Les pentes douces, qui viennent se rejoindre au bord de l'eau, avaient initialement un but utilitaire : on s'en servait pour charger et décharger les bateaux. Aujourd'hui, ces descentes pavées semblent être faites pour la promenade. Vous y verrez sans doute un ou plusieurs mariages : c'est ici, au bord même de l'eau, que les nouveaux mariés viennent se faire prendre en photo, parfois au son de l'accordéon, et sabrer le champagne. Faites comme eux, descendez au bord de l'eau et admirez la magnifique **vue★★★** qui s'ouvre sur le palais d'Hiver et sur la forteresse Pierre-et-Paul.

Ancienne Bourse (Birja/Биржа) C1

Face à la place se dresse le bâtiment de l'ancienne Bourse du commerce construit en 1805-1810 par **Thomas de Thomon** sur le modèle des temples grecs de Paestum en Italie du Sud. C'est ici que les marchands traitaient leurs affaires en arrivant dans le port de St-Pétersbourg. La figure allégorique de Neptune au-dessus de la colonnade rappelle l'importance du commerce maritime pour la ville. Le bâtiment abrite aujourd'hui le **musée central de la Marine de guerre**.

Musée central de la Marine de guerre★ (Tsentralny voenno-morskoï mouzeï/Центральный военно-морской музей) C1 – *4 Birjevaïa plochtchad* (Биржевая пл), *l'entrée se situe à gauche du bâtiment - ✆ 328 25 02 - merc.-dim. 11h-18h (dernière entrée 17h15), fermé dernier jeu. du mois - 300 Rub (étud., enf. 110 Rub), visite guidée 700 Rub (étud., enf. 500 Rub), gratuit dernier merc. du mois - boutique.*

Un des plus anciens musées de la ville. Créé en 1805, il succéda à la « Chambre des modèles » de Pierre Ier qui avait ordonné de faire des modèles réduits de tous les vaisseaux en construction. Cette collection comprend aujourd'hui plus de 1 500 pièces. Pendant plus de deux cents ans, le musée eut pour local l'Amirauté de l'autre côté de la Neva, avant de s'installer en 1939 dans le bâtiment de l'ancienne Bourse. L'exposition actuelle est présentée dans dix salles qui retracent l'histoire de la marine russe depuis son apparition jusqu'à nos jours. Outre la précieuse collection de modèles de navires, elle possède de nombreux drapeaux et pavillons de guerre, décorations et médailles commémoratives, sculptures et tableaux de peintres, différentes armes, ainsi que de nombreux documents historiques.

Prendre à droite et longer le quai Makarov.

Institut de la littérature russe

(Institut rousskoï literatoury/Институт русской литературы) **C1** – *Nab. Makarova* **(**Наб. Макарова**)** *4 - ✆ 328 05 02 - lun.-vend. 11h-17h, fermé dernier lun. du mois - gratuit.*

L'ancien bâtiment de la Douane, surmonté d'une tourelle d'où l'on signalait l'arrivée des bateaux, appartient aujourd'hui à l'Institut de la littérature. Il abrite le **musée de la Littérature russe (Mouzeï rousskoï literatury/Музей русской литературы)**. Ouvert au début du 20e s., après l'acquisition de la bibliothèque et de nombreux manuscrits d'**Alexandre Pouchkine**, il fut surnommé la Maison Pouchkine. Aujourd'hui, il possède des salles consacrées à Gogol, Tolstoï, Dostoïevski et autres grands écrivains, qui passionneront les amateurs des lettres.

Contourner la Maison Pouchkine par la droite et remonter la rue Tiflisskaïa.

Place de l'Académicien-Sakharov **(Plochtchad akademika Sakharova/Площадь академика Сахарова) B1**

Vous entrez alors dans un sympathique quartier dont l'atmosphère paisible contraste avec l'animation de la Strelka et la circulation automobile du quai Makarov. Fief des étudiants et des chercheurs, il comprend de nombreux établissements académiques et scientifiques. La petite place où vous amène la rue Tiflisskaïa porte depuis 1996 le nom d'**Andreï Sakharov** (1921-1989), célèbre scientifique et militant des Droits de l'homme. L'imposant bâtiment gris sur la droite est occupé par la bibliothèque de l'Académie des sciences. Fondée au début du 18e s., elle contient des millions d'ouvrages et possède la bibliothèque personnelle de Pierre le Grand. Quant à l'immense édifice rouge et blanc qui s'étend sur la gauche, c'est aujourd'hui le siège de l'université de St-Pétersbourg.

Prendre sur la gauche et longer les bâtiments de l'université.

Douze Collèges★ **(Dvenadtsat Kollegi/Двенадцать коллегий) B1**

Construit par **Domenico Trezzini**, le gracieux bâtiment baroque de l'université accueillait à l'origine les douze départements ministériels institués par Pierre le Grand : le Sénat, le saint synode et les dix collèges (ministères). L'unité architecturale de sa façade symbolisait – ô, sagesse ! – l'unité du gouvernement. Les douze corps de bâtiments identiques accolés forment un corridor d'une longueur proverbiale : les étudiants disent que, pour le parcourir, il vaut mieux se munir d'une bicyclette ou de rollers ! De grands savants y ont enseigné : le chimiste **Dimitri Mendeleïev** (rappelez-vous le tableau des éléments…) et le physiologiste **Ivan Pavlov** (dont le chien est passé à la postérité). **Lénine** y a étudié dans sa jeunesse.

Prendre à gauche Birjevoï proezd (Биржевой проезд) *et revenir vers le musée de la Marine. Tourner ensuite à droite et longer le quai de l'Université (Ouniversitetskaïa naberejnaïa/*Университетская наб.*).*

LE QUAI DE L'UNIVERSITÉ★★

Ce quai, reliant la place de la Bourse au pont du Lieutenant-Schmidt, est le cadre d'une belle promenade qui offre de superbes points de vue sur l'Amirauté, le quai des Anglais et la cathédrale St-Isaac (préparez vos appareils !). Il est bordé de splendides édifices du 18e s., avec leurs façades jaunes, bleues, rouges, roses et blanches, qui constituent une suite presque ininterrompue de musées.

Musée de Zoologie★ (Zoologitcheski Mouzeï/Зоологический музей) C1

Au nº 1 - ✆ 328 01 12 - tlj sf mar. 11h-18h (caisse 17h) - 100 Rub.

Installé dans l'ancien entrepôt des douanes, il possède l'une des plus riches collections d'histoire naturelle du monde. Il saura amuser petits et grands avec ses impressionnants mammouths et ses animaux d'espèces rares (empaillés). Vous pourrez y voir le cheval que Pierre Ier monta lors d'une bataille contre les Suédois, des ours polaires, des morses, des phoques et autres habitants du Grand Nord. Il y a même une petite collection d'insectes vivants *(à l'étage)*. Le clou de la visite est le squelette d'un mammouth, découvert au début du 20e s. en Sibérie, vieux de presque 45 000 ans.

Kounstkamera★★ (Кунсткамера) C1

Ouniversitetskaïa nab. (Университетская наб) *3 - ✆ 328 14 12 - 11h-18h (caisse 16h45), du 15 mai au 15 août 11h-19h (caisse 17h45) - 200 Rub (étud., enf. 100 Rub) - photo, vidéo : 50 Rub.*

Elle est située dans un bel édifice bleu et blanc construit entre 1718 et 1734 par **Georg Mattarnovi** et qui domine le quai de l'Université. Outre l'Académie des sciences, la bibliothèque et l'observatoire, elle abrita le célèbre « cabinet des curiosités » créé par Pierre le Grand, qui fut à l'origine du premier musée de Sciences naturelles de Russie. Devenue aujourd'hui le **musée d'Anthropologie et d'Ethnographie**, la Kounstkamera conserve toujours une partie de cette collection.

Académie des sciences (Akademiia nauk/Академия наук) C1/C2 – Avec son portique monumental à huit colonnes et son grand escalier d'honneur, cet édifice, parfait exemple du classicisme russe, fut construit entre 1783 et 1789 par **Giacomo Quarenghi** pour héberger l'Académie des sciences, trop à l'étroit dans le bâtiment de la Kounstkamera. L'Académie occupa cet édifice jusqu'en 1934, date à laquelle elle fut transférée à Moscou. Le bâtiment abrite aujourd'hui une de ses filiales. Ne manquez pas de jeter un coup d'œil dans le vestibule pour y admirer un superbe panneau en mosaïque, *La Bataille de Poltava*, exécuté d'après un dessin de **Mikhaïl Lomonossov**.

Musée d'Anthropologie et d'Ethnographie★★ (Mouzeï Antropologii i Etnografii/ Музей антропологии и этнографии) C1 – *À côté du précédent, dans le bâtiment de la Kounstkamera - ✆ 328 14 12 - 11h-18h (caisse 16h45), du 15 mai au 15 août 11h-19h (caisse 17h45) - 200 Rub (étud., enf. 100 Rub) - photo, vidéo : 50 Rub.*

L'origine du plus ancien musée de Russie remonte au « cabinet de curiosités » conçu par Pierre Ier sur les conseils de **Leibniz** qu'il rencontra lors d'un voyage à l'étranger. Impressionné par la collection de préparations anatomiques du professeur **Frederic Ruysch** qu'il avait vue en Hollande, le tsar en fit l'acquisition en 1717 et l'exposa à St-Pétersbourg. Cette collection comptait entre autres des bébés siamois, un mouton à deux têtes, un être hermaphrodite et autres fœtus difformes conservés dans du formol. Le peuple, quoique friand de ce genre de bizarreries, s'effraya. Nullement décontenancé par cette attitude, Pierre ordonna d'offrir un verre de vodka à tous les visiteurs. Le moyen se révéla efficace et le peuple alla « s'instruire ». Cette coutume perdura longtemps après la mort du monarque… et d'aucuns ne manqueront pas de regretter qu'elle soit tombée en désuétude.

Aujourd'hui, une partie de cette ancienne collection « de monstres et de raretés » est exposée dans la rotonde centrale. Outre les bocaux de fœtus, on peut y voir des dents extraites par le tsar lui-même qui, dentiste amateur, avait l'habitude de proposer ce genre de services à ses ministres… Inutile de dire que ce hobby le faisait redouter à la Cour ! On y trouve également le squelette du géant **Nicolas Bourgeois** dont la taille atteignait 2,27 m. Pierre le Grand avait rencontré cet homme en France et en avait fait son serviteur personnel (il faut dire que le tsar mesurait 2,04 m, cela faisait donc un couple assorti !). À la mort de Bourgeois, son squelette fut exposé à la Kounstkamera, entouré de légendes. On raconte qu'un jour son crâne a disparu mystérieusement du musée et que les surveillants ont dû le remplacer par un autre. Depuis lors, toutes les nuits, le squelette quitte sa place et part à la recherche de son crâne… Outre les cabinets de monstruosités, le musée contient plusieurs salles consacrées à la vie quotidienne des peuples du monde entier qui, elles, pourraient intéresser les enfants. On y trouve des objets ramenés d'Inde, de Chine, du Japon…

La Kounstkamera abrite également le **musée Mikhaïl-Lomonossov★** *(accès depuis le 2e niveau)*, qui travailla dans ce bâtiment de 1741 à 1765. Le musée est installé dans la tourelle où Lomonossov avait son observatoire. On peut y voir la reconstitution de son cabinet de travail, ses livres et ses objets personnels, des échantillons et des mosaïques réalisés en verre coloré par le savant lui-même, des instruments scientifiques uniques du 18e s. On peut y admirer également le **globe-planétarium de Gottorp★**, au diamètre supérieur à 3 m. À la surface, on trouve une carte de la Terre, et à l'intérieur, une carte du ciel. Plus de dix personnes peuvent prendre place à l'intérieur. Le mécanisme donne l'illusion du mouvement des étoiles. Fabriqué au 17e s. pour le duc de Holstein-Gottorp, ce prédécesseur des planétariums modernes fut offert à Pierre Ier en 1713.

Monument à Lomonossov (Pamiatnik Lomonossovou/Памятник Ломоносову) C2 – Situé entre l'Académie et les Douze Collèges, le monument en bronze de **Mikhaïl Lomonossov**, édifié en 1986, symbolise l'esprit d'étude et de recherche qui règne dans cette partie de l'île.

Un esprit universel

Fils d'un modeste pêcheur de la région du Nord, rien ne prédestinait **Mikhaïl Vassilievitch Lomonossov** (1711-1765) à devenir un grand savant. Passionné très tôt de science et de littérature, après de longues études à Moscou et en Allemagne, il consacra sa vie à la propagation du savoir. Nommé professeur de chimie à l'Académie des sciences de St-Pétersbourg, il donna des conférences publiques et écrivit de nombreux traités scientifiques en latin, en français et en russe. Ses découvertes furent à l'origine du développement de la production de verre, de porcelaine et de mosaïque en Russie. En fondant en 1755 l'université de Moscou, il se battit pour ouvrir au peuple l'accès à l'éducation. Lomonossov s'intéressa également à l'astronomie, à la linguistique, à la poésie et à l'histoire : il codifia la grammaire russe, composa plusieurs odes et tragédies et fut le premier à rédiger une histoire de Russie. Génie universel, il est considéré, à juste titre, comme un précurseur dans de nombreux domaines du savoir.

Alexandre Menchikov : enfant chéri de la fortune

Fils d'un valet d'écurie, **Alexandre Menchikov** (1673-1729) fit une carrière extraordinaire grâce à son amitié avec Pierre le Grand. Compagnon d'enfance de Pierre Ier, Menchikov lui voua une fidélité absolue, participa à toutes ses campagnes militaires et l'accompagna lors de son premier voyage à l'étranger. De son côté, Pierre Ier considérait Menchikov comme un frère et lui confia de très hautes responsabilités : Menchikov fut nommé gouverneur de la nouvelle capitale, puis de toute la région de St-Pétersbourg. Les titres pleuvaient sur lui : anobli en 1702, il reçut d'abord le titre de comte, ensuite celui de grand-prince de Russie et de duc d'Ijora. Sa carrière militaire fut brillante : général à 30 ans, il devint amiral et finit par obtenir le grade de généralissime. Bien entendu, il était devenu immensément riche. Cependant, après la mort de Pierre le Grand, il perdit vite son influence. Craint par Pierre II, haï par les courtisans, il fut accusé de haute trahison en 1727, arrêté, dépourvu de tous ses biens et déporté en Sibérie où il mourut deux ans après.

Palais Menchikov★★ (Menchikovski dvorets/Меншиковский дворец) B2

Au n° 15, entrée dans l'aile gauche du palais - tlj sf lun. 10h30-17h30 (dernière entrée 16h30), dim. 10h30-17h - 200 Rub - photo : 100 Rub, vidéo : 350 Rub.

Construit en 1710-1714 par **Dominico Fontana** et **Gottfried Schädel** pour **Alexandre Menchikov**, premier gouverneur de St-Pétersbourg et compagnon le plus proche de Pierre Ier, c'est le premier édifice en pierre de la ville. La résidence du gouverneur fut bâtie en même temps que le palais d'Été, destiné au tsar, mais elle était beaucoup plus grande et beaucoup plus fastueuse. De style baroque, le bâtiment était couvert de décorations sculptées et de dorures. L'immense parc du palais, agrémenté de jets d'eau et de statues, s'étendait sur une grande partie de l'île. Un perron descendait vers la Neva, les hôtes de marque venant aux réceptions et aux audiences par le fleuve. À cette époque, on appelait cet édifice le « palais des Ambassadeurs » : c'est en effet en ces lieux que Pierre le Grand recevait les ambassadeurs étrangers et les assemblées solennelles. Après la mort du tsar et la disgrâce de Menchikov, le palais, affecté au corps des cadets, connut plusieurs réaménagements. Il appartient aujourd'hui à l'Ermitage et renferme une riche collection de meubles et d'objets qui témoignent du raffinement des goûts de l'aristocratie russe au début du 18e s. Un buste de Menchikov fut installé en 2002 devant la façade du bâtiment, à gauche de l'entrée. Plus de 30 salles superbement restaurées sont visibles aujourd'hui.

Rez-de-chaussée – Ici se trouvaient essentiellement des salles de service, mais il y avait aussi des salles d'apparat. À côté des **cuisines** reconstituées conservant un énorme conduit d'évacuation des fumées se trouve un **atelier de tournage★**. Il témoigne de l'intérêt pour la technique et la mécanique que Pierre le Grand s'efforça de propager parmi les membres de sa Cour. On peut y voir une machine de tournage ayant appartenu à Pierre Ier, de nombreux outils, des objets en métal et en os, ainsi que des médailles provenant de la collection numismatique de Menchikov. La **salle de garde** au plafond voûté expose des armes et un drapeau du régiment de cavalerie du début du 18e s. On passe ensuite dans la **grande salle★** richement décorée. Les cinq tapisseries ornant ses murs représentent l'histoire de Persée, roi de Macédoine. Vous passez ensuite dans la **salle des marins de service** où vous verrez des costumes, des outils, des instruments de navigation et d'astronomie de l'époque. Le reste de l'étage est consacré aux expositions temporaires, souvent intéressantes. En sortant dans le magnifique **vestibule★** orné de colonnes massives et de statues antiques, remarquez la porte face à l'escalier. C'est ici que se trouvait l'entrée principale du palais. La porte derrière la statue d'Apollon menait dans le jardin. En montant l'**escalier d'honneur** en chêne, notez une belle rampe ornée des monogrammes entrelacés de Pierre Ier et de Menchikov symbolisant leur amitié.

Premier étage – C'est ici que se trouvaient les salles d'apparat et les appartements privés de Menchikov et de sa famille. La partie est était réservée au gouverneur, la partie ouest, à sa femme. À gauche de l'escalier commence une suite splendide de **salles d'apparat★★★**. Somptueusement décorées, elles contiennent de nombreux meubles et objets d'art témoignant du faste dont s'entourait la noblesse de l'époque. Les quatre premières salles sont entièrement recouvertes de carreaux de faïence de Delft bleus et blancs peints à la main. À l'époque de Menchikov, il y avait treize salles (le deuxième homme d'État après le tsar pouvait se le permettre !). La plus belle est sans conteste la **chambre à coucher de Varvara★★★**, belle-sœur de Menchikov,

Le palais Menchikov, cadre fastueux de la vie de l'ami le plus proche de Pierre le Grand.

chargée de l'éducation de ses enfants. Les carreaux qui recouvrent cette pièce sont d'une qualité et d'une diversité exceptionnelles. Des paysages, des scènes de vie populaire, des personnages en costumes d'époque, des meubles, des outils, des pièces de vaisselle qui y sont représentés composent une véritable encyclopédie de la vie hollandaise au 17e s. Plus loin, la **salle en noyer★★★**, avec ses magnifiques boiseries, son plafond peint et ses fenêtres donnant sur la Neva, était la pièce préférée de Menchikov. C'est ici qu'il travaillait, se reposait et recevait les diplomates en compagnie de Pierre le Grand. Quant aux bals, fêtes et réceptions, ils se tenaient dans le **grand hall★★**, la plus vaste salle du palais, à la décoration alors somptueuse. Après la disgrâce de Menchikov, cette salle fut modifiée et transformée en église du corps des cadets, ce dont témoigne aujourd'hui la séparation de cette salle en deux (la nef et l'autel).

En sortant du grand hall, on retrouve le palier de l'escalier d'honneur. Se diriger à gauche vers les appartements privés de la femme de Menchikov.

Appartements privés de l'épouse de Menchikov★ – Ces appartements ont été restaurés dans les années 1990-2000 selon des descriptions et des documents historiques. Les plus intéressantes sont les **trois pièces chinoises★★** ornées de panneaux de soie peinte. Fabriqués en Chine au début du 18e s., ces panneaux comportent des dessins reprenant les sujets classiques de la littérature chinoise. Les pièces possèdent également de nombreux objets chinois (vases, vaisselle, meubles), très à la mode à l'époque de Menchikov. Le **cabinet de peintures** expose des tableaux de peintres européens, suspendus d'une manière symétrique, selon l'usage de l'époque. Dans la **salle des portraits**, on peut voir des portraits du tsar, des membres de sa famille et de souverains européens.

Square Roumiantsev (Roumiantsevski skver/Румянцевский сквер) B2

Dans l'agréable square situé derrière le palais Menchikov se dresse un obélisque, érigé en mémoire des victoires de l'armée russe, conduite par le feld-maréchal **Roumiantsev** dans la guerre contre la Turquie, de 1768 à 1774. Implanté initialement au Champ de Mars, l'obélisque fut transféré ici à proximité du corps des cadets, où ce chef militaire avait étudié. Le jardin possède également les bustes des peintres **Ilia Repine** et **Vassili Sourikov**, anciens étudiants de l'Académie des beaux-arts située de l'autre côté du square.

Académie des beaux-arts★ (Akademiia houdojestv/Академия художеств) B2

Il est facile de deviner la destination de ce bâtiment décoré de reliefs représentant des compas, des palettes et des pinceaux et orné de figures allégoriques évoquant les trois arts enseignés dans cet établissement : la peinture, la sculpture et l'architecture. Cet édifice fut construit en effet pour abriter « l'Académie des trois arts illustres », créée en 1757 sur l'ordre de l'impératrice Élisabeth. Œuvre d'**Alexandre Kokorinov** et de **Vallin de La Mothe**, le bâtiment fut terminé en 1788. Le plan de l'édifice était original pour l'époque : dans le bâtiment rectangulaire fut inscrite une cour circulaire permettant une bonne répartition de la lumière dans les salles.

L'Académie forma nombre de peintres, de sculpteurs et d'architectes qui firent la gloire de la culture russe : **Brioullov**, **Repine**, **Kramskoï**, **Choubine**, **Zakharov**, **Voronikhine**… L'Académie soutenait matériellement ses étudiants d'une manière intéressante : de 1770 à 1830, leurs travaux étaient mis systématiquement en vente lors d'enchères qui remportaient beaucoup de succès auprès du public : pour une somme modique, on pouvait y acquérir une toile d'une future célébrité, à condition, bien sûr, d'avoir du flair. Aujourd'hui, si elle n'organise plus les enchères, l'Académie expose les travaux de diplôme de ses étudiants dans un **musée★** *(merc.-dim. 11h-18h, dernière entrée 17h)*, qui compte également une belle collection de moulages, des projets d'études et des dessins d'architectes, des maquettes d'édifices célèbres de la ville comme la cathédrale St-Isaac, le monastère Smolny, etc.

Débarcadère aux sphinx★ (Spousk so sfinksami/Спуск со сфинксами) B2

Aménagé en 1832-1834 d'après un projet de **Konstantin Ton**, ce débarcadère situé devant la façade principale de l'Académie est surtout célèbre pour les sphinx qui trônent de part et d'autre de l'escalier descendant vers le fleuve. Les deux sculptures reposent sur de hauts socles de granit porteurs l'un et l'autre de l'inscription : « Ce sphinx de l'antique Thèbes, en Égypte, a été amené à Saint-Pétersbourg en 1832. » Installés à l'origine devant le tombeau du pharaon Amenhotep III, dont leurs visages possèdent les traits, les sphinx avaient été submergés par les eaux du Nil, et n'ont été découverts que lors de fouilles en 1820. Sur la décision de l'Académie des beaux-arts de Russie, ils ont été achetés à l'Égypte et apportés jusqu'au débarcadère. Le navire qui a transporté ces sphinx, dont chacun pèse plus de 23 t, a mis près d'une année pour rejoindre les rives de la Neva. Admirez donc ces géants de pierre, plongés dans leur rêve éternel, mais ne leur jetez pas de regards trop intenses, il paraît que cela peut porter malheur…

E. Darras / Michelin

Gare aux sphinx du débarcadère…

Remonter les 6-7 linii (rue) qui vous conduisent jusqu'à la station de métro Vassileostrovskaïa.

Pour prolonger la promenade, vous pouvez pousser jusqu'au légendaire **brise-glace « Krassine » (Ledoko Krassin/Ледокол Красин)** *(mar.-vend. 11h-18h)*, amarré environ 1,5 km plus loin, face à l'**Institut des mines (Gorny Institut/Горный институт)**, quitte à revenir ensuite sur vos pas (il n'y a pas de pont plus loin).

Enfin, si vous êtes véritablement infatigable, vous pourrez traverser le fleuve en empruntant le pont du Lieutenant-Schmidt et poursuivre votre balade le long du quai des Anglais et dans le quartier de l'Amirauté.

Île Vassilievski pratique

Informations utiles

Petro-Aero-Bank – *2-ja Liniia* (2-я линия) *37 - lun.-vend. 9h-17h.*

Poste – *Naberejnaïa Leïtenanta Chmidta* (Наб. Лейтенанта Шмидта) *3 - lun.-vend. 9h-18h.*

Pharmacie – *Sredni pr.* (Средний пр.) *47 - 24h/24.*

Transports

Métro – *Vasileostrovskaïa* (Василеостровская), *ligne 3*. Ce n'est pas le moyen le plus pratique d'accéder aux curiosités touristiques de l'île. Compter de 20 à 30mn de marche jusqu'à la Strelka.

Trolleybus – Les trolleybus 1, 7 et 10 (que vous pouvez prendre sur la Nevski) traversent le pont Dvortsovy et vous laissent devant la Kounstkamera.

Bus – Les bus 7 et 10 suivent le même itinéraire.

Tramways – Circulent le long de *Sredni prospekt*. Si vous vous aventurez loin au fond de l'île, il peut être pratique de les prendre, ils vous amènent au pied de la station *Vasileostrovskaïa*.

Se loger

⊖⊖⊖ **Nachotel** ㊴ **(Нашотель).**

⊖⊖ **Shelfort** ㉔ **(Шелфорт).**

⊖⊖ **Spbvergaz** ㉕ **(Спбвергаз).**

⊖⊖ **Trezzini Art-Hotel** ㊵ **(Треззини Арт-Отель).**

⊖⊖ **Prestige** ㉖ **(Престиж).**

Voir descriptif complet de ces hôtels p. 351-352.

Se restaurer

Akademia ② **(Академия)** – *Birjevoï proezd* (Биржевой проезд) *2 - ✆ 327 89 49 - tlj 12h-0h - 22/32 €.* Autour de ses piliers en briques rouges, cette ancienne cantine de l'Académie des sciences vous régale de plats de cuisine inventive d'inspiration russe et européenne. Goûtez au saumon en croûte de grains de pavot ou à l'agneau aux fruits, et vous vous sentirez vite comme un académicien ! Signalons que le restaurant possède sa propre pâtisserie : gardez donc de la place pour le dessert !

Café Kabantchik ⑤ **(Кафе Кабанчик)** – *Sredni prospekt V. O.* (Сердний проспект В. О.) *56 - ✆ 323 18 61 - 10h-23h.* Cuisine géorgienne et européenne. Une occasion de découvrir dans un cadre rustique et accueillant cette cuisine géorgienne qui mêle les saveurs de l'Europe aux épices de l'Orient. Goûtez les délicieux *chachliks* (brochettes grillées), les *khinkali* (gros raviolis), le *khatchapouri* (galette fourrée au fromage), sans oublier les vins réputés !

Restoran ④ **(Ресторанъ)** – *Tamojenny per.* (Таможенный пер.) *2 - ✆ 327 89 79 - tlj 12h-0h - 28/42 €.* Installé dans un bâtiment historique de l'ancienne Académie, ce restaurant au décor raffiné offre de nombreux plats typiques et un grand choix de boissons traditionnelles, comme le délicieux *sbiten* à base de fruits et de miel, l'épais *kissel* de fraises et huit sortes de *samogone*, vodka faite maison !

Staraïa Tamojnia ⑥ **(Старая Таможня)** – *Tamojenny per.* (Таможенный пер.) *1 - ✆ 327 89 80 - tlj 13h-1h - 70/83 €.* Cet établissement de cuisine française (le chef est français) s'enorgueillit d'avoir reçu les grands de ce monde : Poutine, Chirac, Schröder et autres hauts personnages. Ce restaurant haut de gamme est installé dans les anciens bâtiments des douanes : inutile de vous dire qu'ici il faut avoir un porte-monnaie bien rempli ! Plats sophistiqués et service impeccable. Musique *live* le soir.

Pauses et petites faims

Tchebouretchnaïa ⑩ **(Чебуречная)** – *6-ja Liniia* (6-я линия) *19.* Petite cantine d'un autre temps pour les nostalgiques de l'ère

Restoran : un lieu bien nommé !

C. Brett / Michelin

Ancienne douane.

C. Brett / Michelin

soviétique, qui surprend au milieu des cafés modernes qui l'entourent. On vient y déguster des *tchebourekis*, ces délicieuses galettes caucasiennes fourrées à la viande *(c miassom)* ou au fromage et au poivron *(s syrom)*. Un régal ! Vous pourrez également prendre une petite salade ainsi qu'une bonne tasse de thé.

Troïtski Most ⑧ **(Троицкий мост)** – *6-ja Linija* (6-я линия) *27.* Dans un petit passage envahi de kiosques où l'on vend tout et n'importe quoi se cache ce petit café aux larges baies vitrées, spécialisé en cuisine végétarienne. Jus de fruits pressés, cocktails à base de lait, soupes, salades, plats chauds et une vitrine de desserts à couper le souffle. Ambiance zen.

Sorties

Plaza (Плаза) – *Makarova nab.* (Макарова наб.) *2 - ✆ 323 90 90.* Club chic ouvert depuis quelque temps dans un beau bâtiment voisin de l'Institut de la littérature russe. Il réunit un restaurant, un casino, une discothèque et accueille de nombreux événements (concerts, *fashion shows*…). Décor résolument futuriste et musique essentiellement techno. Le public est plutôt composé d'expatriés et de nouveaux Russes. Les prix restent accessibles aux bourses occidentales.

Achats

Iarki Mir (Яркий Мир) – *7-linia (7-линия) 32 - ✆ 335 55 07 - tlj 9h-21h.* Vous trouverez dans ce magasin de photographie de la rue piétonne tout ce dont vous pourriez avoir besoin : pellicules, diapositives, piles, appareils jetables…

Titanic (Титаник) – *Sredni pr.* (Средний пр.) *46 - 24h/24.* La plus grande chaîne de magasins de musique et de vidéos de la ville. Celui de l'île Vassilievski, avec ses guitares suspendues au plafond, est bien fourni en musique russe traditionnelle, classique et contemporaine, et possède de nombreuses cassettes vidéo (en russe).

Marché Andreïevski (Андреевский рынок) – *Bolchoï pr.* (Большой пр.) *14/18.* On peut s'y approvisionner en fruits et légumes, acheter du caviar au poids et des *malosols*, ces cornichons russes typiques, craquants et un peu sucrés.

Forteresse Pierre-et-Paul et Petrogradskaïa★★

Petropavlovskaïa krepost/Петропавловская крепость

PLAN DE COUVERTURE : B1/B2

Berceau de la cité, la forteresse Pierre-et-Paul, fondée en 1703, a traversé l'histoire de la ville comme celle de la Russie en tant que cathédrale, mausolée des tsars et prison redoutable. Même si nombre de ses sites sont aujourd'hui transformés en musées, la forteresse ne s'est jamais figée dans son passé : on continue à y battre la monnaie, les fidèles affluent dans sa cathédrale, les mamans s'y promènent avec les poussettes, les amoureux en occupent les bancs. La forteresse est également appréciée pour la plage au pied des remparts, où petits et grands viennent se dorer sous le soleil du Nord. En hiver, vous pourrez même y voir des « morses » plonger dans l'eau glaciale de la Neva et en ressortir le sourire aux lèvres. Situé à proximité immédiate de la forteresse, le quartier Petrogradskaïa offre une multitude de cafés, de restaurants et de boutiques. L'avenue Kamennoostrovski, qui traverse ce site de part en part, est un enchantement permanent, avec ses élégantes places, ses jolis squares et ses imposants immeubles Art nouveau.

Se repérer – Située sur une petite île attenante à la rive droite de la Neva, qui fait face au quai du Palais, la forteresse Pierre-et-Paul est facilement accessible. Vous pouvez vous y rendre à pied depuis le quai du Palais en traversant le pont de la Trinité (Troïtski most/Троицкий мост) ou bien depuis l'île Vassilievski en traversant le pont de la Bourse (Birjevoï most/Биржевой мост). Si vous arrivez par l'est, le petit pont St-Jean vous conduit à l'entrée principale de la forteresse. Si vous abordez la forteresse par l'ouest, vous traverserez le petit pont de Kronwerk et entrerez dans l'enceinte par la porte St-Basile.

À ne pas manquer – La cathédrale Pierre-et-Paul, la promenade sur les remparts.

Organiser son temps – La visite de la forteresse peut se faire en 3h. Prévoyez en outre au moins 3h pour faire le tour du quartier Petrogradskaïa.

Avec les enfants – Le parc Alexandrovski, le zoo, le croiseur *Aurore*.

A. Kanjounzeff / Michelin

La forteresse cernée par les glaces.

Comprendre

Le berceau de St-Pétersbourg – C'est sur la petite île aux Lièvres que Pierre Ier choisit d'établir sa forteresse pour protéger le delta de la Neva contre les Suédois. Cette île semblait spécialement destinée à l'édification d'une citadelle : de dimensions réduites (moins de 700 m de long et 400 m de large), elle était protégée au sud et à l'ouest par le fleuve, au nord et à l'est par des marécages impénétrables. Le 16 mai 1703, une salve d'artillerie retentissant au-dessus des rives, alors désertiques, de la Neva,

Une page tragique de l'histoire

Dans la nuit du 17 juillet 1918, dans la cave de la maison de l'ingénieur Ipatiev à Iekaterinbourg, furent fusillés par les bolcheviks le tsar **Nicolas II**, son épouse **Alexandra Fiodorovna**, et leurs cinq enfants, en compagnie de leurs trois serviteurs et de leur médecin Evguéni Botkine. La fille aînée, Olga, avait 23 ans, le fils cadet, Alexis, en avait 14. Leurs restes furent retrouvés en 1979, mais les travaux d'identification ne commencèrent qu'en 1991. Après des tests génétiques, les dépouilles furent inhumées dans la cathédrale. Les descendants des Romanov, le président Eltsine et des représentants des autorités étrangères assistèrent à la cérémonie du 17 juillet 1998, jour du 80e anniversaire de l'assassinat de l'empereur. Nicolas II et les membres de sa famille ont été canonisés en 2000, bien que l'Église orthodoxe demeure sceptique vis-à-vis de l'authenticité de leurs dépouilles. La querelle autour de la « trouvaille de Iekaterinbourg » fait encore rage, d'autant que les corps de la princesse Maria et du prince héritier Alexis n'ont jamais été retrouvés. Certains croient encore qu'ils ont réussi à s'échapper…

annonça la fondation de la forteresse. Cette date fut retenue comme le jour de la naissance de la nouvelle capitale de Russie. On lui donna le nom de Saint-Pétersbourg *(Sankt-Piter-Burgh)*.

Une fière forteresse – La première forteresse fut élevée en terre et en bois à un rythme inouï pour l'époque : près de 20 000 ouvriers y travaillaient de l'aube au couchant. La mortalité fut estimée à plus de 100 000 hommes. Les travaux de terrassement, commencés en mai 1702, s'achevèrent en octobre. Trois cents canons avaient été installés sur les bastions, et l'on avait constitué des réserves d'obus, de poudre et de vivres. Dès l'origine, la citadelle répondait aux plus grandes exigences de l'art des fortifications. Suivant les contours de l'île aux Lièvres, elle a la forme d'un hexagone étiré avec six bastions aux angles reliés par des courtines. Les bastions portent les noms des compagnons d'armes de Pierre Ier : Narychkine, Zotov, Golovine, Menchikov… Le bastion sud-est a été appelé bastion du Tsar car c'est Pierre le Grand lui-même qui en suivait les travaux. Les murs hauts de 9 à 12 m se composent de deux enceintes, délimitant un espace autrefois occupé par des casemates servant d'abri aux troupes ou de magasins d'artillerie. Cependant, cette puissante forteresse n'a jamais eu à soutenir de siège, ni même à tirer un seul coup de canon dans un but défensif. Le destin voulut qu'elle ne voie le feu qu'une seule fois dans son histoire. Et cette occasion fut fatale à la Russie tsariste : le 25 octobre 1917, ses canons tirèrent 35 obus sur le palais d'Hiver. Seulement deux d'entre eux l'atteignirent, mais l'Empire des tsars fut atteint au cœur.

La « Bastille de St-Pétersbourg » – Dix ans ne s'étaient pas écoulés depuis la fondation que cette forteresse, qui n'a jamais eu à soutenir de siège, était déjà utilisée comme prison politique. Ironie du sort, le premier détenu fut le propre fils de Pierre Ier, le tsarévitch Alexis, accusé d'avoir participé à un complot contre son père. Condamné à mort, le jeune homme mourut avant l'exécution de la sentence. Parmi d'autres prisonniers illustres figurent les écrivains Alexandre Radichtchev, Fiodor Dostoïevski, Nikolaï Tchernychevski, les décembristes, les organisateurs de l'attentat contre Alexandre II, des anarchistes, des socialistes, des révolutionnaires démocrates… Mais tant d'autres, connus ou inconnus, y ont fait un sinistre séjour. Les marins de Cronstadt en révolte contre les bolcheviks et quelques membres de la famille Romanov jetés dans ses cachots avant d'être fusillés font partie des derniers détenus, ainsi que nombre d'anonymes incarcérés entre 1917 et 1924, date où la prison, surnommée par Alexandre Dumas « la Bastille de St-Pétersbourg », fut définitivement fermée.

La sépulture des tsars – Jusqu'au 18e s., les tsars de Russie étaient enterrés dans la cathédrale de l'Archange-Saint-Michel, à Moscou. Or la dernière volonté de Pierre Ier était d'être inhumé au cœur de sa capitale. Il désigna même l'emplacement de sa tombe : au pied du mur sud de la cathédrale. Quand il mourut en 1725, les travaux de construction n'étaient pas encore achevés. Sa dernière volonté fut néanmoins respectée : son corps fut embaumé et enterré dans la cathédrale six ans plus tard. Depuis, tous les empereurs et membres de leur famille, à quelques exceptions près, y ont été enterrés… y compris le dernier souverain, Nicolas II.

Au cœur de la forteresse Pierre-et-Paul★★★

*L'itinéraire proposé commence à l'entrée est de la forteresse. En passant le petit pont sur le détroit de Kronwerk, on entre par la porte St-Jean (Ioannovskie vorota/*Иоанновские ворота*).*

✆ 230 64 31 - avr.- oct. entrée libre dans la forteresse 10h-22h ; cathédrale tlj 10h-20h (150 Rub, étud. 70 Rub) ; clocher tlj sf merc. 11h30, 13h, 14h30, 16h (100 Rub, étud. 60 Rub) ; expositions et petits musées tlj sf merc. 11h-17h (60 Rub, étud. 30 Rub) ; billet global sf clocher valable 10 jours 250 Rub (étud. 130 Rub).

Passé la **porte St-Jean**, vous vous trouvez dans l'enceinte de la forteresse. Autrefois, un pont-levis franchissant un canal conduisait à la deuxième porte.

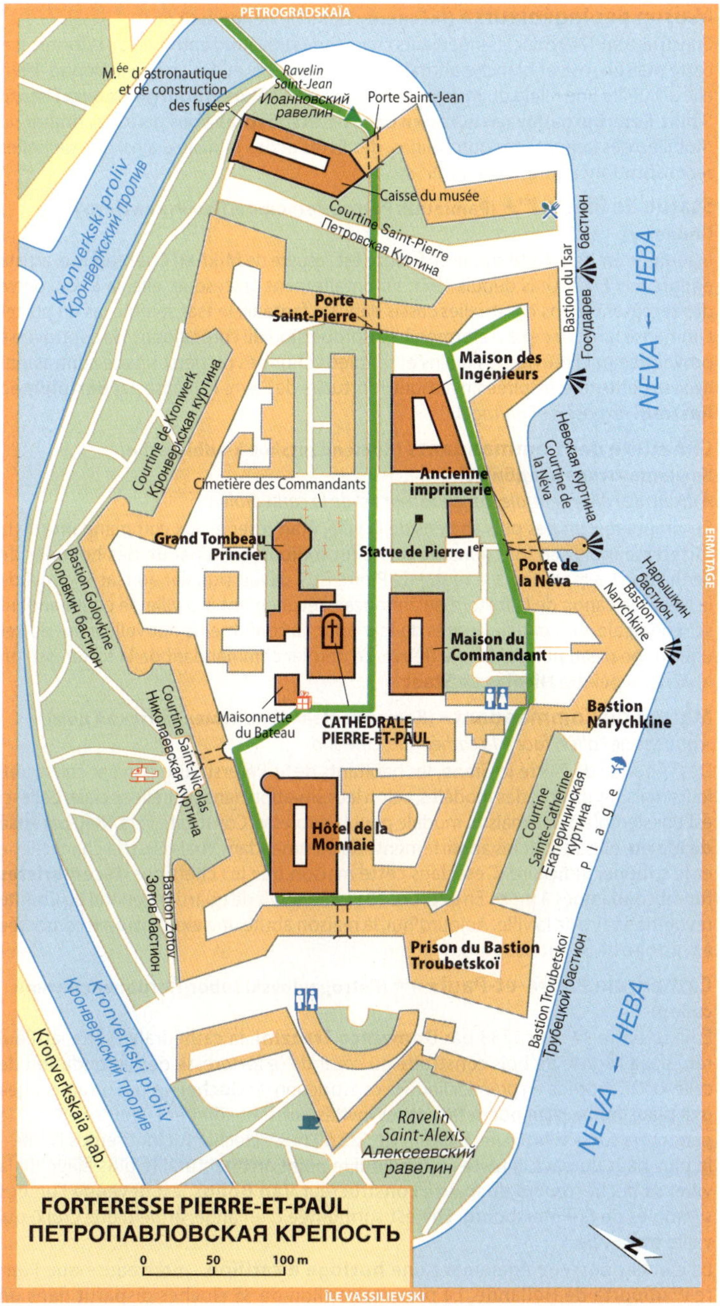

Porte St-Pierre★ (Petrovskie vorota/Петровские ворота)

À la fois entrée principale et arc de triomphe, cette porte était à l'origine en bois. Seuls les bas-reliefs de bois ont subsisté de la décoration initiale. Dus au sculpteur allemand **Hans Konrad Ossner**, ils représentent Simon le Magicien précipité à terre par la prière de saint Pierre et symbolisent les victoires de la Russie sur la Suède. Si l'apôtre est doté des traits de Pierre Ier, le sculpteur n'est pas allé jusqu'à attribuer à Simon les traits de Charles XII ! Sous les bas-reliefs, l'aigle bicéphale de plomb est l'emblème de l'empire de Russie. Dans les niches, des statues de Bellone, déesse de la Guerre, et de Minerve, protectrice des Arts, des Sciences et de l'Industrie, symbolisent les talents de Pierre le Grand.

Emprunter l'allée centrale menant vers la cathédrale jusqu'au premier bâtiment sur la gauche.

Maison des Ingénieurs★ (Inženerny dom/Инженерный дом)

Construite en 1749 pour les ingénieurs chargés des travaux d'entretien de la forteresse, cette maison rose et blanche abritait aussi des ateliers et des archives. Depuis 1997, elle accueille une filiale du **musée d'Histoire de St-Pétersbourg★ (Mouzeï istorii Sankt-Peterburga/Музей истории Санкт-Петербурга)**. Vous pourrez admirer du mobilier, des lampes, des porcelaines, des livres et des tableaux, ainsi que de belles reconstitutions d'intérieurs du 19e s.

Statue de Pierre Ier★ (Pamiatnik Petrou Pervomou/Памятник Петру Первому)

Inaugurée en 1991, cette statue en bronze est l'œuvre de **Mikhaïl Chemiakine**, artiste émigré aux États-Unis depuis 1971. Volontairement grotesque, elle va à l'encontre des représentations habituelles : assis dans un fauteuil, le tsar semble las de porter l'immense fardeau de ses réformes. La disproportion du corps ajoute à la controverse provoquée par l'œuvre : les mains et les pieds énormes du personnage contrastent avec sa petite tête, inspirée du masque mortuaire de Pierre Ier réalisé par **Bartolomeo Rastrelli** *(exposé à l'Ermitage)*.

Cimetière des Commandants (Komendantskoe kladbichtche/Комендантское кладбище)

À droite de l'allée centrale, contre le mur est de la cathédrale.

Ce cimetière, l'un des plus anciens de la ville, était réservé aux commandants de la forteresse morts en fonctions. Le poste fut toujours tenu par un des hommes de confiance des tsars. Sous le règne de Pierre Ier, il devait signaler au tsar le dégel de la Neva. Le canon de la forteresse annonçait l'événement à la ville ; le commandant se rendait alors en bateau auprès du tsar pour lui confirmer la nouvelle et lui porter une coupe d'eau puisée dans le fleuve. Le dernier commandant de la forteresse fut le père du peintre **Nicolas de Staël**.

Maison du Commandant★ (Komendantski dom/Комендантский дом)

À gauche de l'allée, face à la cathédrale, côté sud.

Dès l'époque de Pierre le Grand, les habitants de St-Pétersbourg doivent construire leurs maisons d'après des modèles, selon leur situation dans l'échelle sociale. Celle-ci est un exemple d'une maison modèle pour la noblesse. Construite vers 1840 par **José de Marin**, elle abritait les appartements du commandant, mais aussi la chancellerie et le tribunal judiciaire. C'est dans cette maison que les chefs des **décembristes** furent condamnés à mort. En octobre 1917, elle servit de quartier général au Comité révolutionnaire de la ville. Aujourd'hui, la maison abrite une **exposition★** consacrée à l'histoire de St-Pétersbourg.

Cathédrale Pierre-et-Paul★★★ (Petropavlovski sobor/Петропавловский собор)

Édifiée entre 1714 et 1733 par **Domenico Trezzini**, la cathédrale Pierre-et-Paul remplaça l'église de bois construite au cœur de la forteresse dès la fondation de celle-ci. On procéda en premier lieu à la construction du **clocher★★** où l'on aménagea une plate-forme pour que le tsar et ses invités puissent admirer en toute sécurité le panorama sur la ville. D'une hauteur de 122,50 m, ce clocher fut longtemps l'édifice le plus haut du pays. Il reste aujourd'hui le point architectural le plus élevé de la ville. Sa flèche, œuvre du maître constructeur **Van Bolios**, est devenue l'un des symboles de St-Pétersbourg. Elle est surmontée d'un ange, armé d'une croix, qui veille sur la ville.

Le clocher possède également une **horloge à carillon** – nouveauté que Pierre Ier importa de Hollande. Le premier carillon de 35 cloches disparut dans un

Les chutes de l'ange

Installé à une hauteur vertigineuse, l'ange du clocher fut la cause de bien des soucis, car il avait la particularité d'attirer la foudre. En 1756, celle-ci s'abattit sur le clocher, la statue disparaissant dans l'incendie. Le deuxième ange ne résista pas à une tempête survenue deux ans après. À nouveau frappée par la foudre en 1830, la statue fut l'objet d'un exploit : un maître artisan, **Piotr Telouchkine**, escalada la pointe quasi verticale de la flèche grâce à de simples cordes afin de réparer l'ange penché. Ce dernier ne cessa d'attirer la foudre qu'après l'installation d'un paratonnerre et le remplacement des charpentes en bois par des structures métalliques.

incendie au milieu du 18e s. Un nouveau carillon fut exécuté par un horloger hollandais **B. Oort Krass**. Il sonnait tous les quarts d'heure, ce qui compensait l'absence de la grande aiguille, montée seulement au milieu du 19e s. En 1858, le carillon joua l'ancien hymne religieux, puis *Dieu protège le tsar*, remplacé à son tour par l'hymne de l'Union soviétique. Depuis mai 2002, on peut de nouveau entendre l'ancien hymne russe *(à midi et à 18h)*. En 2001, la Belgique offrit à la forteresse un nouveau carillon de 51 cloches. Des concerts de carillons russes et flamands ont lieu régulièrement.

L'**intérieur★★★** lumineux de la cathédrale contraste avec l'atmosphère traditionnellement sombre des églises byzantines. Les colonnes roses et vertes, la profusion de dorures, les lustres étincelants lui donnent un air de fête. Les drapeaux accrochés aux murs, copies des étendards pris aux armées suédoise et turque, rappellent que le sanctuaire fut aussi un monument à la gloire de l'armée russe. Autre trait inhabituel pour une cathédrale orthodoxe, l'abondance de tableaux, la tradition n'autorisant que les fresques et les icônes. Les dix-huit tableaux relatant la Passion du Christ placés sous les arcs des voûtes sont l'œuvre des peintres russes **Andreï Matveïev** et **Vassili Ignatiev**. Le plafond est décoré de chérubins et d'anges portant les instruments de la Passion et des attributs du culte orthodoxe. Seize autres toiles d'inspiration biblique ornent l'intérieur de la coupole. L'influence occidentale est confirmée par la présence, insolite pour une église orthodoxe, d'une **chaire★**. Exécutée en 1732 par l'artisan **Kraskov**, elle est décorée de peintures et des figures sculptées des apôtres Pierre et Paul et des quatre évangélistes.

Le sanctuaire est séparé du reste de la cathédrale par une magnifique **iconostase★★** en bois doré réalisée par des artistes moscovites sur des plans d'**Ivan Zaroudny**. Au centre, la porte Sainte en forme d'arc de triomphe, ornée d'une statue de la Vierge et d'un groupe sculpté représentant l'Eucharistie, s'achève par deux clés croisées symbolisant à la fois les clés du paradis gardées par saint Pierre, et les clés de la mer Baltique reconquise par Pierre Ier. Les 43 icônes ont été exécutées par les peintres **Pospelov** et **Protopopov**, les plus importantes étant *Jésus trônant*, dans la partie droite, et *La Vierge trônant avec l'Enfant divin*, dans la partie gauche. Le Christ et la Vierge y sont représentés en costumes des tsars du 17e s., la légende attribuant à Marie les traits de Catherine Ire, la femme de Pierre le Grand.

E. Darras / Michelin

La chaire, rare chez les orthodoxes.

Plus loin, de part et d'autre de la porte Sainte, deux grandes icônes représentent les saints patrons de la cathédrale : Pierre *(à droite)* et Paul *(à gauche)*. À droite, en face de l'iconostase, se trouve la **place du tsar**. Il n'y avait pas de trône dans la cathédrale, car les fidèles, y compris le tsar, restent debout pendant les offices. Une place spéciale fut donc aménagée pour le souverain et surmontée en 1830 d'un baldaquin en bois sculpté portant les attributs du pouvoir impérial et tapissé de velours brodé des armoiries de la Russie.

La nef de la cathédrale est le **panthéon** des Romanov. De Pierre le Grand à Nicolas II, tous les souverains de Russie reposent ici, à l'exception de Pierre II et de Ioann VI. Les tombeaux, des sarcophages d'une extrême simplicité, l'Église orthodoxe proscrivant la sculpture funéraire comme un reste d'idolâtrie, sont placés côte à côte. Exécutés en marbre blanc de Carrare, ils sont ornés d'une croix en bronze doré et, pour ceux des Romanov qui ont régné, de quatre aigles bicéphales.

C. Brett / Michelin

La somptueuse porte Sainte de l'iconostase.

Les tombeaux des empereurs du 18e s. se trouvent devant la partie droite de l'iconostase. Celui de **Pierre Ier**, au fond à droite, est toujours fleuri. Il est décoré d'un buste de l'empereur et du pavillon de la marine de guerre russe, dont Pierre le Grand fut le fondateur. Sur la pierre tombale figurent des copies des médailles consacrées aux grands événements du règne de l'empereur. À côté du tombeau de Pierre Ier a été installé celui de son épouse, **Catherine Ire**, puis celui de leur fille, **Élisabeth Petrovna**. Dans la deuxième rangée située directement devant l'iconostase reposent *(de droite à gauche)* : l'impératrice **Anna Ioannovna**, **Pierre III**, et **Catherine II**.

De l'autre côté de la porte Sainte se trouvent les sépultures des empereurs du 19e s. Dans la deuxième rangée située directement devant l'iconostase reposent *(de gauche à droite)* : l'empereur **Paul Ier**, son épouse **Maria Fiodorovna**, leur fils **Alexandre Ier** et son épouse **Élisabeth Fiodorovna**. Dans la première rangée à gauche se trouve le tombeau de **Nicolas Ier**, le troisième fils de Paul Ier, côtoyant celui de son épouse **Alexandra Fiodorovna**. Le dernier tombeau dans la première rangée à droite est celui de la fille aînée de Pierre Ier, la grande-duchesse Anne (mère de Pierre III).

Dans la nef nord, on peut voir deux tombeaux qui diffèrent des autres : il s'agit de la sépulture d'**Alexandre II** et de celle de son épouse **Maria Alexandrovna**. Le sarcophage d'Alexandre II est taillé dans du jaspe vert d'Altaï, celui de Maria Alexandrovna, dans de la rhodonite rose d'Oural. Il a fallu dix-sept ans pour les exécuter à la taillerie de Peterhof. Les sarcophages ont été installés en 1906, à l'occasion du 25e anniversaire du meurtre d'Alexandre II, « le tsar libérateur », célèbre pour avoir aboli le servage. Dans la même rangée, près de l'allée centrale, se trouvent les tombeaux d'**Alexandre III** et de son épouse, **Maria Fiodorovna** (mère de Nicolas II). Cette princesse danoise réussit à échapper aux massacres de la révolution en émigrant au Danemark. Décédée à l'âge de 81 ans, elle fut enterrée dans la nécropole royale de la cathédrale de Roskilde, avant d'être ramenée en Russie en 2006 et inhumée au côté de son époux.

Les obsèques impériales

Lorsqu'un tsar mourait, une commission funéraire comprenant architectes et peintres s'occupait des obsèques. Ils étaient chargés de la décoration de la cathédrale Pierre-et-Paul et du palais d'Hiver. Jusqu'à la fin du 18e s., il était d'usage de ne célébrer les funérailles des souverains que 40 jours après leur mort. Le corps du souverain était embaumé et exposé au palais d'Hiver dans la salle du Trône. Pendant que le public venait faire ses adieux, la commission préparait la tombe à la cathédrale. Pour cela, on enlevait les dalles et on creusait le caveau. Au fond de celui-ci, on creusait encore une cavité pour le cœur et les entrailles de l'empereur qui étaient enterrés dans des vases d'argent la veille des obsèques. Le cercueil en chêne était revêtu de velours rouge brodé en fils d'or et d'argent d'aigles bicéphales et du monogramme de l'empereur qui était déposé dans un sarcophage en cuivre. Après les obsèques, la sépulture était surmontée d'un monument. Le deuil était ensuite suivi par la Cour pendant un an.

La nécropole accueillait aussi les membres de la famille impériale, à commencer par les enfants de Pierre Ier. Sous l'escalier menant au clocher *(à gauche de l'entrée)*, trois plaques en marbre indiquent l'emplacement du tombeau du tsarévitch Alexis, le fils aîné, mort en prison, de ceux de son épouse et de la sœur de Pierre, Maria Alexeïevna, qui adhéra au complot. C'est dans la **chapelle Ste-Catherine** *(à droite de l'entrée)* que le 17 juillet 1998 eut lieu une dernière cérémonie funéraire : les obsèques de **Nicolas II**, sa famille et ses serviteurs, assassinés à Iekaterinbourg en juillet 1918.

Combien de tombeaux dans la cathédrale ?

En tout, il y a 52 tombeaux (32 sarcophages et 20 plaques commémoratives). Un seul parmi eux est vide : celui d'Alexandra Gueorguievna, princesse grecque, épouse du grand-duc Pavel Alexandrovitch (fils d'Alexandre II). À la demande du gouvernement grec, ses restes furent transférés dans la nécropole royale à Athènes en 1939.

Grand Tombeau princier★ (Velikoknjajeskaïa oussypalnitsa/Великокняжеская усыпальница) – *Sortir par la porte à gauche de l'iconostase. Au fond de la galerie à droite. Actuellement fermé pour restauration.* À la fin du 19e s., la cathédrale devient trop petite pour abriter de nouvelles sépultures. L'architecte **David Grimm** construisit cette chapelle reliée à la cathédrale par une galerie. Soixante tombes y furent prévues. seize d'entre elles sont occupées, dont celle du grand-duc Vladimir Kirillovitch, arrière-petit-fils d'Alexandre II, né en 1917 à Borgo, décédé en 1992 à Miami.

Maisonnette du Bateau (Botny domik/Ботный домик)

Face à la sortie de la cathédrale.

Pavillon construit en 1765 par **Alexandre Wist** pour abriter le premier bateau de Pierre le Grand. Ce bateau, sur lequel le prince avait appris à naviguer et qu'il surnomma « le grand-père de la marine russe », est aujourd'hui conservé au musée de la Marine de guerre. La maisonnette abrite une copie du bateau, une des deux caisses de la forteresse et une boutique de souvenirs.

Hôtel de la monnaie (Monetny dvor/Монетный двор)

En face de la cathédrale. Ne se visite pas.

Un des plus beaux exemples de l'architecture industrielle dû à **Antonio Porta**. Élevé en 1805, cet édifice néoclassique occupe presque toute la largeur de la forteresse. Fondé par Pierre le Grand en 1724, l'Hôtel de la monnaie fut l'une des entreprises les plus modernes d'Europe et ne cessa jamais de fonctionner. Aujourd'hui encore, on y frappe des pièces commémoratives, des médailles et des décorations. L'**exposition sur l'histoire de l'Hôtel de la monnaie★** *(dans la courtine St-Nicolas, à droite de l'Hôtel)* présente des pièces de monnaie rares et des décorations.

En contournant l'Hôtel de la monnaie par la droite, longer le mur d'enceinte jusqu'au bastion Troubetskoï (à l'angle sud-ouest de la forteresse).

Prison du bastion Troubetskoï (Tiourma Trubetskogo bastiona/Тюрьма Трубецкого бастиона)

Fermée pour travaux de restauration.

L'ancienne « maison secrète » du ravelin St-Alexis fit trembler des générations d'opposants politiques, à commencer par le propre fils de Pierre le Grand, torturé à mort dans un de ses cachots. Après lui, ses cellules humides ont vu défiler les décembristes, Dostoïevski et les membres du cercle Petrachevski, Tchernychevski qui y écrivit son célèbre roman *Que faire ?* et tant d'autres… En 1884, la maison secrète cessa d'exister, mais une nouvelle prison fut aménagée à l'intérieur du bastion Troubetskoï. Elle était plus grande que la prison précédente et comptait 69 cellules, meublées d'un lit en fer et d'une table scellés au mur, d'une cuvette et d'un baquet. Un chauffage sommaire installé dans l'épaisseur des murs n'empêchait pas l'humidité de se propager. Toute violation de régime entraînait la mise au cachot non chauffé… Sans ajouter au malaise que vous allez ressentir, disons simplement que le séjour en ce lieu était peu réjouissant. Plus de 1 500 détenus séjournèrent ici pendant les cinquante ans de l'existence de la prison, dont Maxime Gorki et Léon Trotski. Après la révolution de 1917, les membres du gouvernement de Nicolas II, suivis de ceux du gouvernement provisoire furent emprisonnés ici. En 1924, la prison fut transformée en musée.

Poursuivre en longeant le mur à droite jusqu'au bastion suivant.

Bastion Narychkine (Narychkine bastion/Нарышкин бастион)

Des trois bastions donnant sur la Neva, le bastion Narychkine est celui du milieu. Il est surmonté d'une tourelle octogonale qui porta jadis le pavillon de la forteresse. C'est d'ici que, tous les jours à midi, un canon tire un coup à blanc faisant tressaillir les touristes, tradition qui se perpétue depuis le 18e s. Quant au canon, il demeure invisible, sauf pour les visiteurs de marque. Jadis, les coups de canon annonçaient également la montée des eaux et autres événements importants. Aujourd'hui, lors des grandes fêtes, c'est d'ici que jaillissent les feux d'artifice, observés par les milliers de citadins massés sur la rive opposée.

Porte de la Neva★ (Nevskie vorota/Невские ворота)

Un peu plus loin sur la droite.

Percée dans la courtine de la Neva, entre le bastion Narychkine et le bastion du Tsar, elle est due à **Nicolas Lvov** qui la surmonta d'un fronton et d'un portique à colonnes. Remarquez sous la voûte à droite la « chronique » des plus grandes crues de la Neva, la plus terrible ayant été celle de 1824. Cette porte fut surnommée la « porte de la Mort » : c'est par elle que les condamnés accédaient au débarcadère d'où on les transportait vers la forteresse de Schlüsselbourg pour les exécuter ou les emprisonner à vie. Malgré

cette réputation sinistre, l'endroit est très agréable : le débarcadère dit du Commandant offre une jolie **vue**★ sur la Neva et le quai du Palais. Les quais longeant l'enceinte de part et d'autre invitent à une belle promenade au bord de l'eau. Faites un tour jusqu'à la plage *(à droite du débarcadère, accès payant en été)*, mais évitez de faire trempette dans ces eaux peu limpides dont la température atteint rarement 20 °C !

Promenade sur les remparts « Panorama sur la Neva »★★ (Progoulka po bastionam « Nevskaïa panorama »/Прогулка по бастионам « Невская панорама»)

Entrée par le bastion du Tsar, à l'angle sud-est de la forteresse. Longueur 300 m.

Promenade sur les remparts - 10h-22h (dernière entrée 21h45), oct.-avril 10h-20h (dernière entrée 19h45) - 70 Rub (étud. 30 Rub).

Voici une occasion de finir en beauté votre visite de la forteresse. Du bastion du Tsar au bastion Narychkine, le long de la courtine de la Neva, des passages ont été aménagés d'où s'ouvre une superbe **vue**★★ sur la ville et sur la forteresse. La promenade est accompagnée d'un enregistrement en russe qui relate l'histoire des palais bordant le quai d'en face. À défaut de comprendre, rien ne vous empêche d'admirer… Le bastion du Tsar présente en outre des pièces d'artillerie. Attention : la promenade est parfois venteuse, habillez-vous en conséquence.

Musée d'Astronautique et de Construction des fusées (Mouzeï kosmonavtiki et raketnoï tekhniki/Музей космонавтики и ракетной техники)
À gauche de la porte St-Jean en sortant de la forteresse.
Si vous êtes passionné par la conquête de l'espace, voici un endroit où il faudra jeter un coup d'œil avant de quitter la forteresse. Depuis 1973, ce musée est consacré à l'histoire de la construction des fusées en Russie. Le choix du lieu pourrait paraître énigmatique, s'il n'avait existé ici, en 1932, un laboratoire de recherche sur les fusées. On peut y voir des modèles de Spoutniks, des moteurs de lance-fusées, des scaphandres de cosmonautes et, cerise sur le gâteau, le vaisseau *Soyouz-16*. Vive l'espace !

Se promener

Trois promenades s'offrent à vous autour de la forteresse. Une balade le long du détroit de Kronwerk, jusqu'à l'ancien Arsenal, propose de belles vues sur les remparts et peut se terminer par la visite du musée de l'Artillerie. Le long de la Neva, sur le quai de Pierre, vous découvrirez le vent du large et celui de l'Histoire, avec la visite de la maison du Tsar et du croiseur *Aurore*. Enfin, l'avenue Kamennoostrovski, avec ses cafés, ses boutiques et ses immeubles Art nouveau, vous fera ressentir le charme du « 16e arrondissement de Saint-Pétersbourg ».

Le Kronwerk★

*En sortant de la forteresse par la porte St-Jean, prendre à gauche et longer le quai du Kronwerk (Kronverkskaïa nab./*Кронверкская наб.*).*
Entre 1705 et 1708, la forteresse fut doublée d'un ouvrage défensif qui protégeait son côté nord et fut appelé le Kronwerk, à cause de sa forme en couronne. De ces anciennes fortifications, il ne reste que quelques vestiges, le site étant occupé par le bâtiment de l'ancien Arsenal qui abrite aujourd'hui le **musée de l'Artillerie**. C'est devant ses murs que furent pendus les cinq chefs décembristes le 14 juillet 1826. Un **obélisque** érigé sur l'emplacement du gibet (devant le mur est de l'Arsenal) perpétue leur souvenir.

Musée d'Histoire de l'artillerie militaire★ (Voenno-istoritcheski mouzeï artillerii/Военно-исторический музей артиллерии) C2 – *7 Alexandrovski park* (Александровский парк) *- ✆ 232 02 96 - merc.-dim. 11h-18h (dernière entrée 17h), fermé dernier jeu. du mois - 300 Rub (étud. 150 Rub).* C'est le plus vieux musée d'Histoire militaire de Russie. Situé dans un immense bâtiment en briques rouges construit entre 1849 et 1860 selon le projet de **Piotr Tamanski**, il possède une formidable collection d'armes. On peut y voir des canons et des missiles, des véhicules militaires, des uniformes, des bannières, des tableaux de batailles… Une section est consacrée à la Seconde Guerre mondiale. Clou de la visite : la voiture blindée conduite par Lénine le 3 avril 1917 garde le souvenir des jours qui ébranlèrent le monde.

En revenant sur vos pas, faites un tour dans le **parc Alexandrovski** qui, depuis le début du 20e s., constitue un lieu de promenade populaire.

Zoo B2 – *Dans la partie ouest du parc, après le bâtiment de l'Arsenal - juin-sept. 10h-21h (dernière entrée 20h), reste de l'année tlj sf vend. 10h-17h (dernière entrée 16h) - 100 Rub (étud. 50 Rub ; enf. + 7 ans 50 Rub, + 4 ans 25 Rub, - 4 ans gratuit).* Le plus vieux zoo de Russie (un des plus septentrionaux du monde) a connu des jours meilleurs. Aujourd'hui mal entretenu, il risque de déprimer les adultes, mais ravira les plus petits qui y verront des ours polaires, des renards bleus, des zibelines et autres habitants du Grand Nord séjournant ici côte à côte avec des tigres, des girafes, des jaguars et des lions, si bien acclimatés qu'ils se promènent à l'air libre par moins 25 °C !

Le quai Pétrovskaïa★ (Petrovskaïa naberejnaïa/Петровская набережная) C3/D3

Cette promenade à l'emplacement de l'édification de la ville est entièrement placée sous le signe de l'Histoire. Ses premiers habitants furent les ouvriers travaillant à la forteresse. L'île des Bouleaux (l'actuelle île Petrogradski) n'en étant séparée que par le canal de Kronwerk, c'est ici que la ville commença à se développer.

Place de la Trinité (Trotsckaïa plochtchad/Троицкая площадь) D2 – Il est difficile d'imaginer aujourd'hui que sur cette immense place bordée d'immeubles de style stalinien se trouvaient le premier port, la première Bourse et le premier centre administratif de St-Pétersbourg. La petite chapelle élevée en 2003 indique l'emplacement de l'ancienne église de la Trinité (détruite en 1933) où Pierre Ier fut proclamé empereur. Non loin de là, sur le quai Petrovskaïa, se dresse la première habitation de la ville, la maisonnette de Pierre Ier, conservée à l'identique depuis sa construction en 1703.
Traverser la place de la Trinité en descendant vers la Neva, puis prendre à gauche et longer le quai Petrovskaja.

Maisonnette de Pierre Ier★ (Mouzeï-domik Petra I/Музей-домик Петра i) D2 – *Au nº 6 - tlj sf mar. et dernier lun. du mois 10h-17h30 (dernière entrée 17h) - 200 Rub (étud. 70 Rub) - photo : 100 Rub, vidéo : 100 Rub.* Cette humble bâtisse en rondins de bois fut réalisée en quelques jours, aussitôt après la pose de la première pierre de la forteresse. Le tsar y passa l'été 1703 à surveiller l'avancement des travaux dans sa nouvelle capitale. Catherine II la fit recouvrir d'un pavillon en pierre afin de mieux la préserver. On imagine mal le géant que fut Pierre le Grand habiter cette maison qui mesure à peine 12 m de long et 5,50 m de large et ne possède que deux pièces séparées par une entrée. L'une servit de salle à manger, l'autre de bureau et de chambre à coucher. On y trouve des meubles et des ustensiles de l'époque et quelques objets personnels du tsar. À l'intérieur du pavillon, on peut voir un canot que Pierre Ier aurait, dit-on, construit de ses propres mains.

Face à la maisonnette, un escalier de granit, descendant vers la Neva, est bordé de lions *shi-tsa*, dont les sculptures ornaient en Chine les palais et les temples. Offerts en Mandchourie à un officier russe, les *shi-tsa* se trouvent ici depuis 1907.

Croiseur « Aurore »★ (Kreïser Avrora/Крейсер Аврора) D2 – *☏ 230 84 40 - mar.-jeu., w.-end 10h30-16h (dernière entrée 15h30), fermé lun. et vend. - gratuit, visite guidée 200 Rub.* Pour les enfants, la visite permet la découverte de l'intérieur d'un vaisseau de guerre. Pour les adultes, c'est un pèlerinage sur un important site historique. Construit en 1900, ce croiseur participa à la guerre russo-japonaise en 1904-1905. Ancré à Petrograd début 1917, il était amarré près du pont du Lieutenant-Schmidt. Le 25 octobre, son équipage rallié aux bolcheviks déclencha, d'un coup de canon à blanc, l'assaut du palais d'Hiver et entra du même coup dans la légende de la révolution. À partir de 1923, le croiseur servit de vaisseau-école pour les officiers de marine. Au cours de la Seconde Guerre mondiale, il prit part à la défense de Leningrad. À quai depuis 1948 devant le bâtiment de l'École navale, il fut transformé en musée en 1956. À bord, vous pourrez voir le célèbre canon, les quartiers de l'équipage et l'exposition sur l'histoire du navire.

Le long de la perspective Kamennoostrovski★★

Une balade à faire, tant pour les magnifiques immeubles Art nouveau bordant l'avenue que pour l'ambiance qui règne dans le quartier. Petrogradskaïa resta peu peuplé jusqu'à la fin du 19e s., lorsque le pont de la Trinité le relia au centre-ville. C'est alors que le quartier devint le fief des artistes et des intellectuels. Commencez votre promenade, à l'angle nord-est de la place de la Trinité, où se dresse une superbe demeure, le plus bel exemple de l'Art nouveau pétersbourgeois.

Hôtel particulier de Kchessinskaïa★★ (Osobniak Kchesinskoï/Особняк Кшесинской) C2 – *2-4 rue Kouïbychev* (ул. Куйбышева) *- ☏ 233 70 52 - tlj sf jeu. 10h-18h (caisse 17h) - 200 Rub (étud., enf. 100 Rub) - photo : 100 Rub, vidéo interdite.* Il a été bâti en 1914 par l'architecte de la Cour **A. von Goguen** pour une danseuse étoile du Mariinski, favorite du jeune Nicolas II : **Mathilde Kchessinskaïa**, qui émigra à Paris après la révolution. En mars 1917 y siégèrent les organismes dirigeants du Parti bolchevik, et Lénine, revenu d'émigration le 3 avril 1917, s'y rendit en voiture blindée de la gare de Finlande. D'un balcon qui porte aujourd'hui une plaque commémorative, Lénine s'adressa à la foule des ouvriers. En 1957, la maison accueillit, avec le bâtiment voisin, un musée de la Révolution auquel a succédé le **musée d'Histoire politique de la Russie★ (Mouzeï polititcheskoï istorii Rossii/Музей политической истории России)**. La **façade★★** de cette demeure est remarquable : d'une composition asymétrique, avec sa tour octogonale, elle est rythmée par des bandes de granit rose et gris, ainsi que par la décoration en fer forgé et en céramique. Quelques salles d'apparat du premier étage ont été restaurées : l'avant-salle (rotonde), qui abrite aujourd'hui des souvenirs de Kchessinskaïa, le superbe **salon de**

E. Darras / Michelin

Vitrail Lénine au musée d'Histoire politique de la Russie.

Musique, qui accueille des concerts, et le jardin d'hiver. Les autres salles abritent le musée d'Histoire politique qui n'est pas dépourvu d'intérêt. Si les explications en anglais restent sommaires, de nombreux objets parlent d'eux-mêmes : drapeaux, armes, photos, affiches, porcelaine révolutionnaire, reconstitution des cabinets de travail de Lénine et de ses camarades sont autant de témoignages de cette période. Dans un bâtiment relié à la maison de Kchessinskaïa (ancienne maison Brandt), la période stalinienne et les camps du Goulag sont évoqués par une vitrine exposant des objets fabriqués par des prisonniers (échecs en mie de pain, broderies en fils retirés des vêtements), particulièrement émouvants.

Mosquée (Metchet/Мечеть) C2 – *Un peu plus loin, en remontant la perspective Kronverkski* (Кронверкский пр.) *- ne se visite pas.* Au fond d'un petit square bordé par la ligne du tramway se dresse la seule mosquée de la ville. Sa silhouette surprend dans cette ville septentrionale, avec ses minarets et sa coupole ornés de faïence bleu turquoise. Construite entre 1910 et 1914 sur le modèle du célèbre mausolée Gour-Emir à Samarkand (Ouzbékistan), elle reste pourtant, elle aussi, marquée par le style dominant de l'époque : l'alternance des surfaces en granit rouge non poli avec des carreaux en majolique lui donne un aspect très Art nouveau.

Remonter l'avenue jusqu'à la perspective Kamennoostrovski que l'on prend à droite.

Maison de Lidval (Dom Lidvalja/Дом Лидваля) C2 – *Au n°1/3.* Derrière une élégante grille surmontée de lanterneaux s'élève la maison construite en 1904 par un des grands représentants du style Art nouveau à St-Pétersbourg, **Fiodor Lidval**, qui y habita. Admirez ses balcons de fer forgé, ses fenêtres aux formes originales, son élégante façade composée de matérieux hétéroclites, ornée de fleurs délicates et d'animaux fantastiques...

Studios Lenfilm (Studiia Lenfilm/Студия Ленфильм) C2 – *Au n° 10.* Si cet immeuble n'est pas particulièrement séduisant par son architecture, il l'est par son histoire : c'est ici qu'en 1896 eut lieu la première séance de cinéma des frères Lumière. Depuis 1918, le bâtiment abrite les studios Lenfilm. Juste à côté, au n°14, l'immeuble décoré de masques et de bas-reliefs fut bâti à l'intention des artistes qui travaillaient dans ces studios.

Place Autrichienne★ (Avstrijskaïa plochtchad'Австрийская площадь) C1 – Élevés en 1901-1906, les immeubles bordant la place passent pour être les plus beaux de l'avenue. Majestueux mais élégants, ornés de tourelles, de motifs sculptés, de balcons en ferronnerie, ils composent un bel ensemble Art nouveau. Levez la tête pour admirer les détails de leurs façades...

Maison Benois (Dom Benua/Дом Бенуа) B1 – *Au n° 26-28.* Exécuté par trois architectes de la famille **Benois** entre 1911 et 1913, cet ancien immeuble de rapport constitue aujourd'hui le plus grand ensemble d'habitation de St-Pétersbourg. Massif et austère, il se compose d'un corps central et de deux ailes réunies par une colonnade de granit. Outre l'entrée principale, il possède des entrées secondaires et de nombreuses cours intérieures. C'est dans cet immeuble qu'habita Sergueï Kirov, dont l'appartement fut transformé en musée.

Musée-appartement Kirov★ (Muzej-kvartira Kirova/Музей-квартира Кирова) B1 – *Kamennoostrovski pr.* (Каменноостровский пр.) *26/28, porte à droite de l'entrée principale de l'immeuble, au 4e étage - ✆ 346 02 89 - tlj sf merc. 11h-18h (dernière entrée 17h) - 70 Rub (étud. 40 Rub) - plaquettes explicatives en français et en anglais.* Sergueï Kirov vécut ici de 1926, date où il fut nommé premier secrétaire du Parti communiste de Leningrad, jusqu'à son assassinat en 1934. Ce meurtre reste un mystère, mais les historiens considèrent Staline comme son instigateur. Toujours est-il que l'assassinat fut le prétexte des grandes purges. La visite retrace la vie de ce personnage charismatique, très aimé par le peuple, comme en témoignent les nombreux cadeaux qu'il reçut (certains fort curieux, comme ce portrait en plumes d'oiseau). De nombreux objets, souvenirs, photos, livres meublent les pièces. Vous y verrez même le costume que Kirov portait quand il fut assassiné. Rare témoignage de l'époque stalinienne, ce musée vous offre une possibilité unique de pénétrer dans l'intimité d'un haut dignitaire du parti.

Maison de Belogroud (Dom Belogruda/Дом Белогруда) B1 – *Au n° 35.* Arrivé à la place Léon Tolstoï, vous verrez un autre immeuble intéressant. Élevée par **Rosenstein** et **Belogroud** en 1915, cette maison avec ses tourelles et sa façade néogothique ressemble à un château médiéval.

Vous pouvez prolonger la promenade en vous rendant au **jardin botanique** *(remonter Bolchoï pr., traverser le pont sur la Karpovka et longer le quai sur la droite). Vous pouvez également remonter Kamennoostrovski pr. jusqu'à l'île Kamenny. Avec ses parcs et ses étangs, c'est le lieu de promenade favori des Pétersbourgeois...*

Forteresse Pierre-et-Paul et Petrogradskaïa pratique

Informations utiles

La forteresse est une véritable ville dans la ville : elle possède ses boutiques, son restaurant et même sa plage ! On peut donc facilement y passer toute la journée sans en sortir. (Attention à vous être muni d'argent, car il n'y a pas de distributeur dans la forteresse).

Quant au quartier environnant appelé **« côté Petrogradskaïa » (Petrogradskaïa storona/ Петроградская сторона)**, sa partie sud constitue un lieu de flânerie avec ses quais, son parc et ses cafés. La partie nord est résidentielle. Les commerces et les restaurants se concentrent le long du Bolchoï prospekt et au nord du parc Alexandrovski (notamment autour du marché Sytninski). La perspective Kamennoostrovski accueille également cafés et boutiques.

DANS LA FORTERESSE

Caisses – Dans le ravelin St-Jean, sur la droite en entrant *(10h-18h)*, et dans la maisonnette du Bateau *(10h-18h30)*, devant la cathédrale. Le billet global est valable 10 jours et donne accès à tous les sites de la forteresse, excepté la promenade sur les remparts *(ce billet s'achète à part, près du bastion du Tsar)* et le clocher.

Toilettes – À droite de l'entrée dans la cathédrale, après la Maison du Commandant *(payant)*.

Téléphone – Sur l'allée centrale, à proximité du cimetière des Commandants.

Atelier photo – *Au n° 11, côté cour, entrée du milieu (maison jaune, à droite après la porte St-Pierre) - tlj sf merc. 11h-18h.* Vous pouvez revêtir pour la photo un costume de l'époque de Pierre Ier.

Tour en hélicoptère – *De l'autre côté de l'enceinte, devant la courtine St-Nicolas. Avec Baltic Airlines - ✆ 571 00 84/704 16 76 - durée 15mn - 2 000 Rub.* Un vol au-dessus de la ville et une vue inoubliable sur St-Pétersbourg.

DANS PETROGRADSKAÏA

Bank Rossiiski Kapital – *Oul. Kouïbycheva* (ул. Куйбышева) *26a - lun.-vend. 9h-18h (fermée 13h-14h).* Après l'hôtel de Kchessinskaïa (musée d'Histoire politique de la Russie) et l'intersection avec la rue Mitsourinskaïa.

Poste – *Oul. Mira* (ул. Мира) *17 - lun.-vend. 9h-18h.*

Pharmacie 24h/24 – *Kamennoostrovski pr.* (Каменноостровский пр.) *8.*

Photo – *Kamennoostrovski pr. 16 - 9h-21h.*

Transports

Métro – *Gorkovskaïa* (Горьковская), *ligne 2.* Le moyen le plus rapide d'atteindre la forteresse. De 5 à 10mn de marche jusqu'à l'entrée est par le parc.

Tramway et bus – Les **trams** 2 et 34 longent le jardin d'Été *(du côté opposé à la Fontanka)*, traversent le pont Troïtski et s'arrêtent face à l'entrée principale de la forteresse. Les **bus** 46 et 134 suivent le même itinéraire.

Se loger

⊖⊖ **Evrazia** (41) **(Эвразия)**.

⊖⊖ **Piter** (27) **(Питер)**.

⊖⊖ **Iskra** (28) **(Искра)**.

Voir descriptif complet de ces hôtels p. 352.

Se restaurer

DANS LA FORTERESSE

⊖⊖ **Austeria** (2) **(Аустерия)** – *À gauche, juste après la porte St-Jean - ✆ 230 03 69 - 10h-23h30 - 28/34 €.* Un véritable musée consacré à l'époque de Pierre le Grand. Vous y verrez tableaux, maquettes de navires et l'ancre d'un navire, pendant que les serveurs, en costumes d'époque, vous installent confortablement dans une des quatre salles à la décoration soignée. Commandez un plat de poisson accompagné de sarrasin et de légumes ou un canard aux pommes – tout est bon ! Aux beaux jours, une terrasse avec vue sur la Neva offre une halte très agréable.

DANS PETROGRADSKAÏA

⊖⊖⊖ **Akvarel** (15) **(Акварель)** – *Dobrolioubova pr.* (Добролюбова пр.) *14a, près du pont Birjevoï - ✆ 320 86 00 - 12h-2h.* Restaurant original installé sur une barge à deux niveaux face à l'île Vassilievski. Belle vue sur l'Ermitage et les quais de la Neva. Au premier, cuisine « fusion » inventive par un chef français ; au deuxième, cuisine italienne. Terrasse sur l'eau.

Si vous avez une âme de loup de mer, vous pouvez embarquer à bord d'un trois-mâts d'autrefois, le **Hollandais Volant**, situé lui aussi près du pont Birjevoï *(Mitninskaïa nab./*Митнинская наб. *- ✆ 336 37 37)*. Le lieu abrite deux restaurants, l'un de grillades, l'autre de cuisine russe.

⊖⊖ **Na Zdorovie** (12) **(На здоровье)** – *Bolchoï prospekt* (Большой проспект) *13 ✆ 232 40 39 - 12h-23h.* Décor chaleureux d'une isba russe pour ce restaurant touristique qui a su garder son authenticité. La cuisine semble avoir été préparée pour vous par la babouchka de la famille et vous pourrez savourer tous les plats traditionnels de la cuisine russe : *borchtch*, *pirojkis*, *blinis* et *pelmenis* (fameux)… Le soir, musique tsigane.

⊖⊖ **Zver** (10) **(Зверь)** – *Alexandrovski park* (Александровский парк) *5 - ✆ 232 20 62 - 15/25 €.* Au cœur du parc, vous avez l'impression de pénétrer dans une cabane de chasseur. Avec ses animaux empaillés, sa décoration de peaux et de cornes, ce restaurant spécialisé dans le gibier mérite bien son nom (*zver* signifie « bête » ou « fauve »). Vous pourrez goûter la viande des bêtes peuplant les forêts de la région, dont le sanglier, le cerf, l'élan et l'ours ! Nombreux plats de poissons également. En été, une agréable terrasse avec vue sur le parc vous invite à un repas oxygéné.

Tbilisso ⑥ **(Тбилисо)** – *Sytninskaïa oul.* (Сытнинская ул.) *10 - ✆ 232 93 91 - 10/12 €.* Voici une occasion de goûter à la cuisine géorgienne, dont les Russes sont friands. Et ils ont bien raison : les spécialités savoureuses comme le *khartcho*, soupe à base de mouton, le *khatchapouri*, galette au fromage, ou le *tchakhokhbili*, poulet à la sauce aux noix servi avec du riz à la géorgienne (avec des poivrons et de la coriandre), accompagnées de vins, vous transporteront au paradis. Ambiance tamisée avec des lampes en terre cuite. Des recoins imitant l'intérieur d'une maison traditionnelle offrent un cadre idéal pour un dîner intime.

Tchekhov ⑪ **(Чехов)** – ул. Петропавловская (oul. Petropavlovskaï) *4 - ✆ 347 60 46.* Atmosphère intime et chaleureuse d'une demeure russe du début du 19e s. qui pourrait servir de cadre aux pièces de Tchekhov. Décor en bois, étagères couvertes de livres, salle de jeux (échecs, badminton, cartes…). Cuisine russe raffinée accompagnée de musique classique ou de romances. Bière maison, liqueurs à base de fruits et vodka à goûter ou à acheter. Il est prudent de réserver. Un plongeon dans le passé.

Pauses et petites faims

DANS LA FORTERESSE

Un kiosque en face du bastion Narychkine *(celui avec une tourelle)* vend des crêpes et des boissons. En dehors de l'enceinte, dans un petit square aménagé à la pointe ouest de l'île, un autre kiosque vend des crêpes et des sandwiches. Des tables et parasols sont installés à proximité.

DANS PETROGRADSKAÏA

Café Mozart ④ **(Кафе Моцарт)** – *Kronverkski pr.* (Кронверкский пр.) *23.* Pour reprendre des forces après de longues heures de marche, faites une halte dans ce lieu sympathique qui s'enorgueillit d'être le premier café viennois de St-Pétersbourg. Face au métro *Gorkovskaïa* et au parc Alexandrovski, ce café au cadre chaleureux baigné de la musique de Mozart vous offre un bon choix de salades, de spécialités autrichiennes, et, bien sûr, de succulents desserts tels que la *zachertorte*, le *strudel* et autres gâteaux viennois. On y reviendrait !

Tchaïnaïa lojka ⑧ **(Чайная ложка)** – *Kamennoostrovski pr.* (Каменноостровский пр.) *40.* Cette chaîne de restauration a beaucoup de succès auprès des Russes qui viennent y déguster les *blinis* (crêpes) chers à leur cœur. Ceux-ci sont préparés à la demande : au fromage, aux légumes, au miel, à la confiture… vous n'avez que l'embarras du choix.

Achats

DANS LA FORTERESSE

Petchatnia (Печатня) – *Dans la courtine, à gauche de la porte de la Neva - 11h-18h.* Atelier où les gravures sont imprimées selon d'anciennes techniques. On peut y voir les artisans au travail. Tableaux, lithographies ou gravures constitueront de beaux souvenirs de St-Pétersbourg.

Boutique de souvenirs de La maisonnette du Bateau (Лавка сувениров в Ботном домике) – *Devant la cathédrale Pierre-et-Paul - tlj sf merc. 11h-18h (mar. 17h).* La boutique de la billetterie offre aux visiteurs des copies d'œuvres conservées au musée d'Histoire de St-Pétersbourg : de la verrerie, des porcelaines, des bronzes, des œuvres de joaillerie, ainsi que des bijoux en pierres semi-précieuses, des châles, des objets en bois…

Salon numismatique de l'Hôtel de la Monnaie (Нумизматический салон Монетного двора) – *À droite de l'Hôtel de la Monnaie, courtine St-Nicolas - tlj 11h-18h.* Boutique-musée où l'on peut voir une balance utilisée au 19e s. pour peser les pièces de monnaie et une presse manuelle fabriquée en 1899. Vous y trouverez des médailles et pièces commémoratives fabriquées par l'Hôtel de la Monnaie, des insignes, des pièces de monnaie soviétiques et des timbres représentant des cosmonautes. Avis aux amateurs !

DANS PETROGRADSKAÏA

Ananov (Ананов) – *Oul.Mitchourinskaïa, M° Petrogradskaïa - ✆ 235 83 38 - 11h-17h, fermé sam. dim.* Ce célèbre joaillier russe a quitté la perspective Nevski pour s'installer près de ses ateliers, au premier étage d'un immeuble moderne. Dans sa luxueuse boutique, vous trouverez des œufs, fabriqués selon la technique de Fabergé *(à partir de 100 €)*, et ses autres créations originales.

Gjel (Гжель) – *Levachovski pr.* (Левашовский пр.) *2 - tlj sf dim. 10h-19h (sam. 11h-18h).* Magasin spécialisé dans la vente d'objets fabriqués dans la tradition du *gjel*, cette peinture bleu de cobalt employée sur la porcelaine et sur la céramique, une des plus anciennes spécialités russes. Vous y trouverez de la vaisselle, des vases, des horloges de table, des objets décoratifs et des luminaires.

Sytny rynok (Сытный рынок) – *Sytninskaïa pl.* (Сытнинская пл.) *- tlj sf lun. 8h-19h (dim. 16h).* Une grande halle où l'on vend des produits de la région mais aussi ceux provenant du Caucase et de l'Asie centrale : poissons, fromages, fruits secs, miels, épices… À la belle saison, lorsque les étals débordent de fruits mûrs, c'est une véritable fête d'odeurs et de couleurs à laquelle les marchands d'Asie, louant à qui mieux mieux leurs marchandises, donnent une touche orientale.

Laure Alexandre-Nevski★★

Aleksandro-Nevskaïa Lavra/Александро-Невская Лавра

PLAN DE COUVERTURE : D3

Peuplé de moines et fréquenté par les fidèles venant s'agenouiller devant les reliques de saint Alexandre Nevski, ce monastère est un haut lieu de spiritualité, où règne une ferveur religieuse particulière. Il est entouré de cimetières, où les personnalités comme Dostoïevski et Tchaïkovski ont trouvé leur dernier sommeil. Remplis de splendides monuments funéraires, ces cimetières constituent un véritable musée à ciel ouvert, tout en proposant au visiteur un parcours romantique au sein de la culture russe.

Se repérer – La laure est située tout au bout de la perspective Nevski. Pour y accéder, prendre le métro et descendre à la station *Place Alexandre Nevski* (Plochtchad Aleksandra Nevskogo/Площадь Александра Невского), lignes 3 ou 4. L'entrée se trouve en face de la sortie du métro.

Organiser son temps – La visite de l'ensemble de la laure se fait en 2h pour les rapides et en 3h pour les romantiques.

Comprendre

Un geste politique – C'est en 1710 que Pierre Ier décide d'élever un monastère au bord de la Neva, à l'endroit présumé où, en 1240, le prince de Novgorod, Alexandre dit Nevski, remporta une grande victoire militaire sur les Suédois. La réalisation de ce monastère, consacré à la sainte Trinité et à saint Alexandre Nevski, canonisé au 14e s., visait à consolider l'importance de Pétersbourg, future capitale du pays, tout en annexant son histoire à celle de la Russie. Le saint Alexandre Nevski devient désormais le patron de St-Pétersbourg. Les reliques du saint, qui se trouvaient à Vladimir, sont transférées à St-Pétersbourg sur l'ordre de Pierre le 30 août 1724, le jour même de la signature du traité de Nystad confirmant une nouvelle victoire de la Russie sur la Suède. Pierre le Grand se pose ainsi en véritable successeur d'Alexandre Nevski, ayant comme lui réalisé l'exploit de battre les Suédois. Le monastère reçut son titre de *laure* en 1797, désignation réservée aux monastères orthodoxes les plus importants, après être devenu résidence du métropolite et siège des académies ecclésiastiques.

Visiter

Ce vaste ensemble, entouré de murailles et de fossés, compte onze églises et quatre cimetières. Seule la cathédrale est ouverte au culte. La visite commence par les cimetières, situés de part et d'autre de l'allée centrale, où reposent la fine fleur de la noblesse, ainsi que les grandes personnalités du monde de l'art et des lettres.

Cimetières Saint-Lazare et Tikhvine★★ (Lazarevskoïé kladbichtché i Tikhvinskoïé kladbichtché/Лазаревское кладбище и Тихвинское кладбище)

Cimetière St-Lazare – *Tlj sf jeu. 9h30-17h45.* **Cimetière Tikhvine** – *9h30-18h (21h en été), dernière entrée 17h (20h en été) - 160 Rub (étud., enf. 80 Rub). - photo : 35 Rub, vidéo : 70 Rub.*

Le **cimetière St-Lazare**, le plus ancien lieu de sépulture de la ville, est situé à gauche de l'allée centrale. Encombré de tombes et de monuments, il est le séjour de nombreux hommes illustres – russes et étrangers – dont le savant Mikhaïl Lomonossov, les architectes Carlo Rossi, Giacomo Quarenghi, Andreï Voronikhine, les sculpteurs Fedote Choubine et Ivan Martos. Des membres de la haute noblesse, des hommes d'État et des chefs militaires y reposent également.

E. Darras / Michelin

Ci-gît Piotr Tchaïkovski.

Ce lieu de mémoire, ce coin préservé du vieux St-Pétersbourg qui cache les trésors de la sculpture funéraire invite à une agréable promenade-découverte au parfum romantique. Malheureusement, la façade moderne et sans âme de l'hôtel *Moskva*, situé juste en face du cimetière, vient constamment en rompre le charme.

Le **cimetière Tikhvine**, qui se trouve de l'autre côté de l'allée centrale, est beaucoup plus ordonné. Agrémenté de pelouses et de grands arbres, il a été ouvert en 1823. Dans ce cimetière, qu'on appelle aussi la « nécropole des maîtres de l'art », sont inhumés de nombreux compositeurs comme Piotr Tchaïkovski, Modest Moussorgski, Nikolaï Rimski-Korsakov, mais aussi le chorégraphe Marius Petipa, plusieurs peintres, les coryphées du théâtre et de l'opéra… Remarquez le beau monument dédié à Tchaïkovski, veillé par deux anges. C'est également ici que repose Fiodor Dostoïevski dont la tombe est toujours fleurie.

Église de l'Annonciation★ (Blagovechtchenskaïa tserkov/Благовещенская церковь)

Après le pont, à gauche de l'entrée du monastère. L'église de L'Annonciation et les nécropoles sont des filiales du musée de la Sculpture urbaine (mouzeï gorodskoï skoulptoury). *✆ 274 25 45, excursions ✆ 717 17 16 - tlj sf lun. et jeu. 11h-17h (dernière entrée 16h30) - 80 Rub (étud., enf. 40 Rub) - photo : 30 Rub, vidéo : 60 Rub.*

Cette église, la plus ancienne du monastère, fut construite sur un projet de **Domenico Trezzini** entre 1717 et 1724. Elle se compose de deux parties : l'église basse de l'Annonciation et l'église haute dédiée à saint Alexandre Nevski.

Sous le règne de Pierre Ier, ce sanctuaire devint la première nécropole pétersbourgeoise des membres non régnants de la famille impériale. Ici reposent la sœur de Pierre le Grand, Nathalia, et son fils Pierre, décédé en bas âge. Pierre III, victime d'un complot organisé par sa femme, la future impératrice Catherine II, y reposait également, avant d'être transféré à la cathédrale Pierre-et-Paul, sur l'ordre de son fils Paul Ier.

Outre les tombes des membres non régnants de la dynastie, l'église abrite les sépultures de personnages qui s'illustrèrent au service de l'Empire – hommes d'État, ecclésiastiques, chefs militaires –, dont celle du maréchal Alexandre Souvorov, grand stratège du 19ᵉ s.

À l'étage au-dessus, l'église St-Alexandre-Nevski abrite une partie des collections du musée de la Sculpture urbaine.

Cathédrale de la Sainte-Trinité★★ (Sviato-Troitski sobor/Свято-Троицкий собор)

6h-20h - 70 Rub (étud., enf., 35 Rub) - photo et vidéo interdites à l'intérieur.

Cette cathédrale, qui domine une vaste cour entourée de beaux bâtiments monastiques rouges et blancs, est l'une des plus importantes de la ville. Construite par **Ivan Starov** à la fin du 18ᵉ s., elle est fort éloignée de la tradition orthodoxe, avec son dôme unique et ses deux tours-clochers qui encadrent la façade classique. L'intérieur, somptueux, possède un magnifique autel en agate rouge et en marbre blanc, décoré de tableaux de Rubens, de Van Dyck et du Guerchin (ils sont aujourd'hui remplacés par des copies). À droite de l'autel, sous un beau baldaquin en bois doré, un reliquaire en argent renferme les restes de saint Alexandre Nevski, transférés ici en 1724. En 1922, ces reliques furent exposées au musée de la Religion et de l'Athéisme, aménagé à l'époque dans la cathédrale Notre-Dame-de-Kazan. Le grandiose tombeau en argent massif décoré de scènes de la vie d'Alexandre Nevski fut quant à lui transporté à l'Ermitage, où il se trouve toujours. Quant aux reliques, elles ont été restituées à la cathédrale de la Sainte-Trinité en 1989.

La cathédrale est entourée de cimetières. Devant la façade principale, un petit cimetière surnommé le **Terrain communiste** abrite les tombes de victimes de la guerre civile et de dirigeants communistes locaux.

Derrière la cathédrale, le **cimetière St-Nicolas**, créé en 1861, tire son nom de l'ancienne église qui s'élève en son centre. Il compte quelques tombes récentes comme celle d'**Anatoli Sobtchak**, homme politique charismatique, décédé en 1999, qui fut le premier maire de St-Pétersbourg après la chute du communisme.

Laure Alexandre-Nevski pratique

Informations utiles

VISITE

Caisses – Dans l'allée principale, avant l'entrée des cimetières. La caisse de l'église de l'Annonciation se trouve à gauche, après le pont.

Plans – Disponibles à la caisse, en russe exclusivement. Payant.

E. Darras / Michelin

Un café pour les pèlerins.

PRATIQUE

Toilettes – Dans le bâtiment du café, à droite de l'entrée principale. Payant.

Se loger

⊖⊖/⊖⊖⊖ **Moskva** (31) **(Москва)**.

Voir descriptif complet de cet hôtel p. 352.

Se restaurer

⊖ **Café Pilgrim (Паломник)** – *10h-19h.* Situé dans le bâtiment à droite de l'entrée principale du monastère. Un *borchtch* bien chaud, des *zakouski*, divers plats de viande et de poisson… tout est bon dans ce petit café où l'on se régale à peu de frais. Quant aux succulents *pirojkis*, on y vient exprès pour en acheter. C'est dire le prestige de cet endroit simple et chaleureux, où l'on se sent au paradis après une longue promenade par un temps bien frais. Vive le thé aux *pirojkis* !

Achats

La laure possède plusieurs boutiques *(dans l'église surmontant l'entrée, dans la cathédrale)*. La plus grande est celle qui se trouve dans le bâtiment du café (*9h30-19h30 - fermé 14h-15h*). Icônes, objets de culte, croix, bijoux… et du succulent miel fabriqué par les moines du monastère.

Ensemble Smolny★★

Ansambl Smolnogo/Ансамбль Смольного

PLAN DE COUVERTURE : D2

Joyau du baroque russe, le monastère Smolny surgit comme une vision aérienne, presque irréelle, au bout d'une large avenue sans âme. Sa cathédrale, dont les pilastres blancs se fondent dans la neige en hiver et les murs bleu azur imitent la couleur du ciel, domine le quartier administratif voisin aux tristes bâtiments soviétiques, alors que l'institut Smolny garde jalousement les souvenirs de la révolution.

Se repérer – Blotti dans une courbe de la Neva, cet ensemble se situe dans la partie nord-est de la ville. Un peu excentré, Smolny n'est pas facilement accessible. La station du métro la plus proche – *Tchernychevskaïa* (Чернышевская), ligne 1 – étant à 40mn de marche, le moyen le plus pratique d'y accéder est le taxi. Les bus n°s 46 et 134, et le minibus K76 y vont également, mais leurs horaires sont quelque peu aléatoires. Pour revenir, prendre en face du monastère au début de la rue Chpalernaïa (улица Шпалерная) n'importe quel bus ou minibus qui va jusqu'à la station du métro la plus proche.

Organiser son temps – La cathédrale de la Résurrection étant le seul monument facilement accessible au public, le tour de l'ensemble peut se faire en 1h30-2h. Compter une demi-journée avec la découverte des autres sites du quartier – le palais de Tauride et le musée Souvorov – qui sont assez éloignés l'un de l'autre.

Pour prolonger la promenade – Les amateurs de balades peuvent effectuer le retour à pied. Après avoir visité Smolny, remonter la rue Chpalernaïa (ул. Шпалерная) jusqu'au palais de Tauride, traverser le jardin situé derrière le palais et longer l'agréable rue Fourchtatskaïa (ул. Фурштатская) bordée de belles maisons, qui vous amène jusqu'à la station du métro Tchernychevskaïa (Чернышевская). À l'inverse, on peut aller à pied jusqu'à Smolny, pour ensuite revenir en bus.

P. Boussard / Michelin

Le monastère Smolny.

Comprendre

Le couvent d'Élisabeth

L'ensemble Smolny se compose du monastère Smolny, avec la cathédrale de la Résurrection en son centre, et de l'institut Smolny, ancien pensionnat des jeunes filles nobles. À l'origine, ce quartier abritait de vastes entrepôts de goudron (*smola*, en russe) destiné au calfatage des navires de la flotte russe, alors en plein essor. En 1723, les entrepôts furent déplacés pour laisser place à la résidence d'été d'**Élisabeth Petrovna**, fille de Pierre le Grand. Frivole et dépensière, mais pieuse à ses heures, Élisabeth, devenue impératrice, ordonna la fondation à cet endroit d'un couvent pour les veuves de la noblesse, où elle pensait elle-même se retirer dans sa vieillesse.

En 1748, elle confia le projet à **Bartolomeo Rastrelli**, mais la tsarine mourut avant la fin de la construction. La Grande Catherine, qui n'aimait pas le travail de Rastrelli, fit arrêter les travaux dès son accession au trône en 1762, si bien que Rastrelli n'eut pas le temps d'édifier le clocher de 140 m de haut qu'il avait prévu à l'entrée du monastère *(on peut en voir une superbe maquette au musée de l'Académie des beaux-arts sur l'île Vassilievski)*. Quant à la décoration intérieure, elle ne fut terminée qu'en 1835, par l'architecte **Vassili Stassov**.

Info pratique

Se loger

Austrian Yard (29) **(Австрийский дворик)**.
Marshal (30) **(Маршал)**.
Voir descriptif complet de ces hôtels p. 352.

L'Institut des jeunes filles nobles

À son avènement, Catherine II décida de créer, sur le modèle du St-Cyr de Mme de Maintenon, un pensionnat pour les jeunes filles de la noblesse, l'institut Smolny. Installé d'abord dans le couvent, il fut ensuite transféré dans un long bâtiment néoclassique au sud du monastère, édifié par **Giacomo Quarenghi** en 1806-1808. Devenu très réputé, ce premier établissement d'enseignement féminin en Russie exista jusqu'en 1917.

Un haut lieu de la révolution

En août 1917, le Soviet des députés ouvriers et soldats de Petrograd investit le bâtiment de l'Institut. Le 24 octobre (6 novembre) 1917, **Lénine** arriva sur les lieux pour diriger l'insurrection armée. Après la chute du gouvernement provisoire d'Alexandre Kerenski, le Conseil des commissaires du peuple, dirigé par Lénine, siégea à Smolny jusqu'à son transfert à Moscou en 1918. Smolny devint ensuite le siège du parti communiste de Leningrad.

C'est dans un de ses innombrables couloirs que le premier secrétaire du parti, le très populaire **Sergueï Kirov**, fut assassiné – événement qui déclencha les terribles purges staliniennes des années 1930. Symbole de la révolution, le bâtiment de l'Institut est toujours resté aux mains de l'administration. Il appartient aujourd'hui à la mairie de St-Pétersbourg.

Visiter

Monastère Smolny★★ (Smolny monastyr/Смольный монастырь) C1/C2

Entrée libre sur le territoire du monastère - bâtiments monastiques fermés à la visite.

Ce magnifique ensemble baroque créé par Rastrelli se compose de la cathédrale qui se dresse en son centre et de bâtiments monastiques disposés en parfaite symétrie et formant un carré. Quatre petites églises, situées dans chacun des angles intérieurs du mur d'enceinte, soulignent l'aspect majestueux de la cathédrale qui s'élance vers le ciel. Les bâtiments qui l'entourent accueillent aujourd'hui divers établissements et administrations.

Cathédrale de la Résurrection★★ (Voskresenski sobor/Воскресенский собор) C1

271 76 32 - tlj sf jeu. 10h-18h (dernière entrée 17h30) - 200 Rub (étud., enf. 100 Rub) - photo : 50 Rub, vidéo : 100 Rub. **Accès au clocher** *– 10h15-17h - 100 Rub - photo : 25 Rub, vidéo : 50 Rub.* **Concerts** *– 18h30 - 600 Rub.*

Gracieuse et légère, la cathédrale de Smolny est sans doute l'un des plus grands chefs-d'œuvre de Rastrelli. L'architecte sut marier avec bonheur le style baroque tardif et les éléments proprement russes, comme les cinq clochers à bulbes traditionnels et les couleurs vives conférant un côté festif à l'ensemble. Les murs bleu ciel soulignés par les colonnes blanches et les bulbes dorés créent une atmosphère de triomphe et de gaieté. En revanche, l'intérieur, d'une blancheur immaculée, paraît beaucoup plus sobre, presque sévère. N'ayant pas conservé sa décoration d'origine, la cathédrale sert aujourd'hui de salle d'expositions et de concerts. Deux expositions permanentes, installées de part et d'autre de l'iconostase, présentent les différentes étapes de la construction de l'ensemble et l'histoire de l'Institut des jeunes filles nobles. On y verra divers objets liés à la vie de l'école : portraits des pensionnaires et de leurs professeurs, cahiers, partitions, exemples de devoirs, liste des matières où le français occupe une place d'honneur… La cathédrale accueille également des expositions temporaires et des concerts de musique classique *(programme disponible à la caisse)*. N'oubliez pas de monter au clocher, haut de 68 m, qui offre une belle **vue★★** sur la ville et la boucle de la Neva.

Institut Smolny★ (Smolny Institout/ Смольный Институт) C2

À droite du monastère.

Musée mémorial Smolny (Memorialny mouzeï Smolnogo/Мемориальный музей Смольного) – *✆ 576 73 21 - lun.-vend. 10h-17h - visite guidée groupe sur réservation uniquement - 200 Rub - passeport obligatoire.* Ce bâtiment austère de facture classique est aujourd'hui le siège de la mairie de l'ancienne capitale. Sur la façade, l'aigle bicéphale a remplacé les anciennes armoiries de l'URSS, mais la statue de Lénine trône toujours dans la cour. À l'intérieur, on visite l'historique salle des fêtes où, la nuit du 25 au 26 octobre 1917 (du 7 au 8 novembre), fut proclamé le pouvoir des soviets, le cabinet de travail où Lénine signa les premiers décrets du gouvernement soviétique, et la chambre qu'il occupait avec sa femme, **Nadejda Kroupskaïa**. Dans le jardin de l'Institut, les bustes de Marx et d'Engels sont toujours à l'honneur. Au bout de l'allée centrale, les propylées, constitués de deux portiques à colonnes, furent construits au milieu des années 1920 pour donner de la solennité à l'ensemble. Ils portent des plaques commémoratives rappelant les nombreuses décorations attribuées à la ville de Leningrad par le gouvernement soviétique. Cette allée mène à une vaste place bordée d'immeubles administratifs, où règne une ambiance nettement soviétique. C'est sans doute pourquoi la place a gardé le nom de Place-de-la-Dictature-du-Prolétariat qui lui sied à merveille.

Aux environs

Palais Kikine (Kikiny palaty/Кикины палаты) B1/C1

Stavropolskaïa oul. (Ставропольская ул.) *9, bâtiment couleur rouge vif à droite de la rue Chpalernaïa en s'éloignant du monastère - ne se visite pas.*

Ce petit palais rouge et blanc est l'un des plus anciens bâtiments de la ville. Construit dans la première moitié du 18e s. pour le boyard Kikine, compagnon d'armes de Pierre le Grand, l'édifice est un bel exemple du baroque pétrovien. Son propriétaire, qui adhéra à un complot fomenté contre Pierre Ier, fut exécuté en 1718. L'année suivante, sa maison fut transformée en un musée d'Histoire naturelle, la Kounstkamera, où fut exposée la collection des curiosités du tsar. Ce musée fut transféré par la suite sur l'île Vassilievski où vous pouvez le visiter aujourd'hui *(voir p. 427)*. Quant à la maison Kikine, elle changea plusieurs fois de propriétaire et accueillit une multitude d'établissement différents : école de la marine, hôpital, chancellerie militaire… Elle abrite aujourd'hui une école de musique.

Palais et jardin de Tauride★ (Tavritcheski dvorets i sad/Таврический дворец и сад) B2

Chpalernaïa oul. (Шпалерная ул.) *47, tout droit après le palais Kikine en s'éloignant toujours de Smolny - ne se visite pas - accès au jardin gratuit (deux entrées : rue Tavritcheskaïa* (Таврическая ул.) *et rue Potiomkinskaïa* (Потёмкинская ул.).

Ce palais fut offert par Catherine II à son favori **Grigori Potiomkine** (plus connu sous le nom de Potemkine), qui reçut le titre de prince de Tauride après avoir vaincu les Turcs en Crimée (ancienne Tauride). Construit en 1783-1789 par **Ivan Starov**, ce long édifice jaune orné d'un portique aux colonnes et surmonté d'un dôme vert est considéré comme le chef-d'œuvre du classicisme russe de la fin du 18e s. Sobre à l'extérieur, le palais était réputé pour la beauté de ses intérieurs, dont la vaste salle aux Colonnes donnant sur un immense jardin d'hiver. Potiomkine y donnait des fêtes fastueuses en l'honneur de sa haute protectrice dont il était amoureux.

Après la mort de la tsarine, Paul Ier, qui haïssait aussi bien Potiomkine que sa mère, transforma le palais en caserne. L'aménagement intérieur fut détruit, la salle aux Colonnes devint une écurie. Au début du 19e s., Alexandre Ier fit restaurer le palais par Luigi Rusca. En 1906, un nouvel aménagement intérieur fut réalisé par Chestov pour accueillir la douma d'État, l'assemblée législative de l'Empire russe, qui y siégea jusqu'en 1917. Le bâtiment est aujourd'hui le siège de l'Assemblée parlementaire de la Communauté des États indépendants (CEI).

Malgré tous ces réaménagements successifs, l'édifice a conservé dans l'ensemble l'allure et les principaux traits qu'il avait au 18e s. Il a joué un rôle important dans l'architecture russe en suscitant de nombreuses imitations : beaucoup de maisons de la noblesse de province n'étaient en effet que des copies, en bois ou en pierre, du palais de Tauride.

Le **jardin de Tauride**, au sud du palais, fut jadis la propriété de Potiomkine. Il appartient aujourd'hui aux enfants de la ville. Agrémenté d'étangs et de cours d'eau, c'est un lieu apprécié pour les promenades familiales. En hiver, une patinoire et des pistes de ski de fond y sont aménagées.

Musée Souvorov★ (Mouzeï Souvorova/Музей Суворова) B2

Kirotchnaïa oul. (Кирочная ул.) *43, de l'autre côté du jardin de Tauride - ✆ 579 39 14 - tlj sf mar. et merc. 10h-18h (dernière entrée 17h), fermé le 1er lun. du mois - 250 Rub (étud., enf. 125 Rub).*

L'édifice qui se dresse, telle une forteresse, de l'autre côté du jardin de Tauride fut construit en 1901-1904 par les architectes **Alexandre von Goguen** et **Guerman Grimm**. Inspiré par l'architecture médiévale, il est décoré de larges panneaux en mosaïque évoquant les principaux événements de la vie du généralissime **Alexandre Souvorov** (1729-1800). Le musée consacré à ce génie militaire, devenu légendaire pour n'avoir jamais perdu aucune bataille, a ouvert ses portes en 1906. On peut y voir des armes, des drapeaux, des maquettes de batailles, des reliques de combats, des cartes, des tableaux, des sculptures, des gravures, ainsi que des objets liés à la vie de ce grand stratège.

Musée de L'Ermitage★★★

Mouzeï Ermitaj/Музей Эрмитаж

PLAN DE COUVERTURE : B2

Symbole de la « capitale du Nord », le musée de l'Ermitage, qui est à la fois un immense temple dédié à l'Art, une suite de somptueux palais et un ensemble d'édifices historiques, justifie à lui seul le voyage à St-Pétersbourg. Ce gigantesque musée riche de près de trois millions d'œuvres, dont une partie seulement est exposée dans ses innombrables salles et annexes, ressemble à un palais enchanté des Mille et Une Nuits où l'on avance, fasciné, ne sachant plus où l'on va. Suivre le guide ne vous empêchera pas de vous perdre dans ce royaume labyrinthique où vous découvrirez sans cesse de nouveaux trésors.

Se repérer – Les salles les plus remarquables se trouvent au 1er et au 2e étage (collection des impressionnistes). Le rez-de-chaussée est entièrement consacré aux antiquités.

Organiser son temps – Prévoir (au moins) une journée entière.

Conseil d'ami – Renoncez à l'idée de tout voir : une vie n'y suffirait pas ! Concentrez-vous sur quelques sections qui vous intéressent particulièrement, quitte à revenir une deuxième fois. Venez de bonne heure si vous désirez visiter les Trésoreries (le nombre de tickets est limité).

E. Darras / Michelin

L'escalier d'honneur.

Comprendre

C'est **Catherine II** qui est considérée comme la fondatrice de la collection du futur musée de l'Ermitage en achetant en 1764, sa première collection importante de tableaux hollandais et flamands. Dès lors, la tsarine ne cessa d'enrichir et de multiplier ses collections. Catherine II abrita ses trésors dans le pavillon dit « de l'Ermitage » qu'elle fit construire dans l'aile nord du palais. C'est par ce mot français désignant « un lieu écarté, solitaire » qu'on désignait alors les pavillons perdus au fond des parcs et des jardins, destinés à recevoir des intimes. Le palais d'Hiver ne disposant pas de jardin, les architectes **Vallin de La Mothe** et **Velten** aménagèrent dans les années 1764-1775 un jardin suspendu accolé à la façade est du palais et fermé par des pavillons au nord et au sud. Cet ensemble reçut plus tard le nom de **Petit Ermitage**. L'impératrice y organisait ses réceptions privées (qu'elle appelait d'ailleurs « petits ermitages ») et on y installa les collections d'art. En 1787, Velten y annexa le bâtiment du **Grand Ermitage** (appelé plus tard **Vieil Ermitage**) pour abriter des collections toujours croissantes. La même année, **Quarenghi** réalisa le **théâtre de l'Ermitage**, relié au Vieil Ermitage par un pont sur le canal d'Hiver. Après un grand incendie qui dévasta le palais en 1837, un nouvel édifice destiné spécialement aux collections d'œuvres d'art (appelé le **Nouvel Ermitage**) fut édifié en 1851 sur le projet de **Leo von Klenze**. Le Musée impérial ouvert au public y fut officiellement inauguré en 1852. Après 1917, le palais d'Hiver et le Musée impérial devinrent des musées d'État, dont la fusion donna naissance à l'actuel Ermitage.

Visiter l'Ermitage

GRANDE ENFILADE D'APPARAT★★★

Palais d'Hiver, 1er étage, salles 193-195, 197-198, 271. Depuis le vestibule, traverser à droite la vaste galerie principale et monter l'escalier d'honneur.

Les salles d'apparat se trouvent au cœur du palais d'Hiver, résidence officielle des empereurs de Russie jusqu'en 1917.

Escalier d'honneur

On l'appelait aussi l'escalier des Ambassadeurs ou encore l'escalier du Jourdain. La famille impériale l'empruntait tous les ans le jour du baptême du Christ pour assister à la bénédiction des eaux de la Neva. Créé par **Bartolomeo Rastrelli**, il fut restauré par **Vassili Stassov** qui lui rendit, après l'incendie de 1837, son aspect baroque. Impressionnant par l'abondance de son décor – sculptures, peintures, moulures, dorures –, il occupe un espace de 22 m de haut encore agrandi par la peinture du plafond représentant les dieux de l'Olympe (due à Gasparo Dizziani, peintre vénitien du 18e s.). Les portes du palier supérieur s'ouvrent sur la Grande Enfilade de cinq salles destinées aux grandes cérémonies de la Cour.

Salle des feld-maréchaux

Salle 193. Ouvrant la Grande Enfilade, cette salle fut aménagée d'après les dessins d'**Auguste de Montferrand** dans le style néoclassique. Au 19e s., ses murs furent décorés de grands portraits des feld-maréchaux russes, d'où son nom. Aujourd'hui, elle abrite un carrosse, sans doute celui de la femme de Pierre le Grand, l'impératrice Catherine, qui s'en servit lors de son couronnement. Ce carrosse aux médaillons peints attribués à François Boucher avait été acquis en France en 1717 par Pierre Ier.

Salle Pierre-le-Grand

Salle 194. Créée par **Montferrand** pour perpétuer le souvenir du fondateur de l'Empire russe, cette salle est tendue de velours rouge de Lyon, parsemé d'aigles bicéphales, de couronnes impériales et de monogrammes de Pierre Ier brodés en fils d'argent. Les deux panneaux des murs latéraux : *La Bataille de Lesnaïa*, de Barnaba Médicis, et *La Bataille de Poltava*, de Pietro Scotti, rappellent les plus grandes victoires remportées par Pierre Ier lors de la guerre contre les Suédois. Dans une niche semi-circulaire encadrée de colonnes, un grand tableau de Jacopo Amigoni représente *Pierre le Grand accompagné de la déesse de la Sagesse Minerve*. Devant se dresse le trône de Paul Ier. Lustres, candélabres, appliques en argent et parquet en bois précieux parachèvent ce somptueux décor.

Salle des Armoiries

Salle 195. D'une superficie de plus de 1 000 m², cette salle aménagée par **Vassili Stassov** est l'une des plus vastes du palais. À chaque coin, des chevaliers sculptés tiennent des étendards décorés des armoiries des provinces russes, tandis que les lustres en bronze sont ornés d'écussons aux armes des 32 gouvernements de Russie. La colonnade corinthienne, entièrement dorée, contribue à la majesté de ce lieu destiné aux grandes cérémonies et à la réception des délégations des villes russes.

Galerie de la Guerre patriotique de 1812

Salle 197. Créée en 1826 par **Carlo Rossi**, elle fut aménagée en l'honneur de la victoire de la Russie sur Napoléon. Ses murs sont décorés de 332 portraits de généraux ayant participé à la campagne de Russie (1812-1815), œuvres du peintre anglais **George Dawe**, comme les grands portraits des feld-maréchaux russes Koutouzov, Barcklay de Tolly, du grand-duc Constantin (frère d'Alexandre Ier) et du duc de Wellington, le vainqueur de Waterloo. Quant au portrait équestre d'Alexandre Ier situé au fond de la galerie, il fut peint par **Franz Krüger**. Les treize cadres vides sont ceux des généraux dont on ne put retrouver les portraits.

E. Darras / Michelin

Derrière ces grilles, de fabuleuses collections.

MUSÉE DE L'ERMITAGE (1er étage)

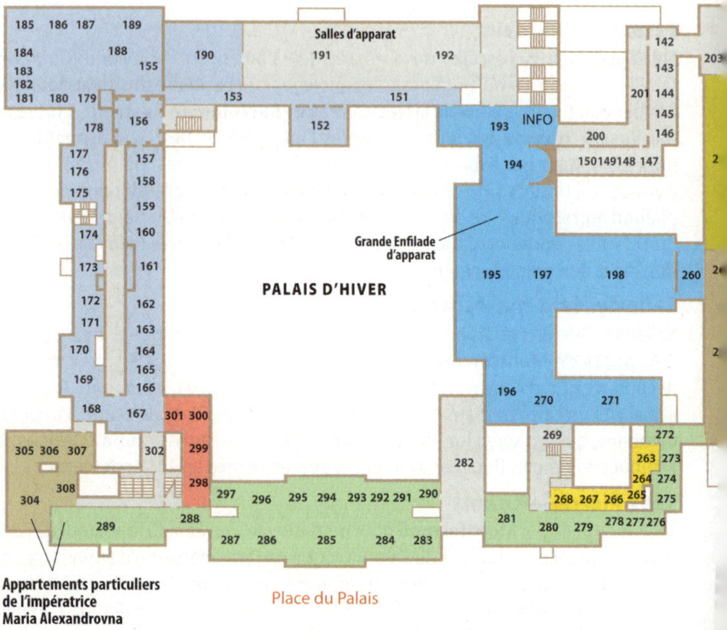

MUSÉE DE L'ERMITAGE (Rez-de-Chaussée)

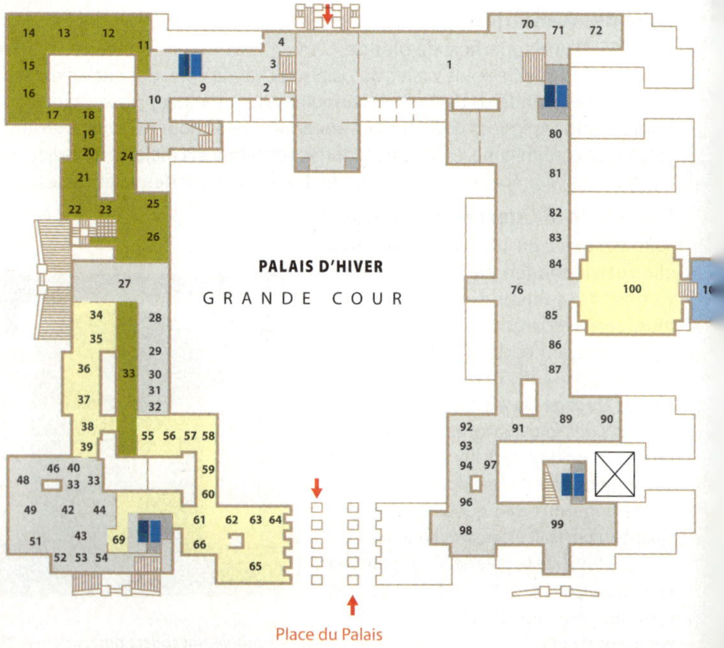

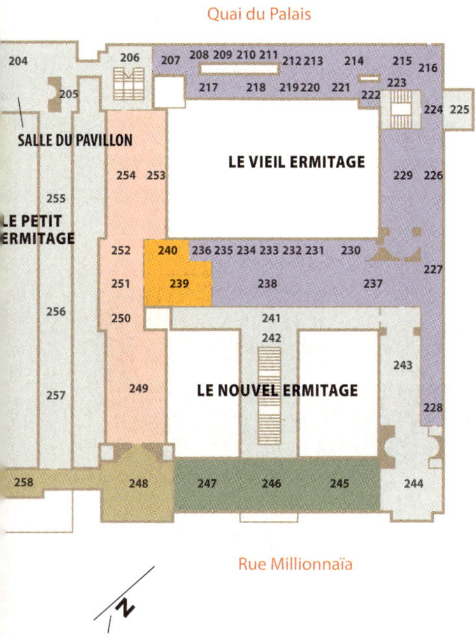

- Grande Enfilade des salles d'apparat
- Département d'art et culture russe
- Appartements privés de l'impératrice Maria Alexandrovna
- Art français, 15e –18^e^
- Art anglais, 16e –19^e^
- Art allemand, 15e –18^e^
- Art hollandais, 15e –16^e^
- Art flamand, 17e –18^e^
- Art hollandais, 17e –18^e^
- Art espagnol, 15e –19^e^
- Art italien, 13e –18^e^
- Arts appliqués médiévaux
- Édifice de l'État-Major

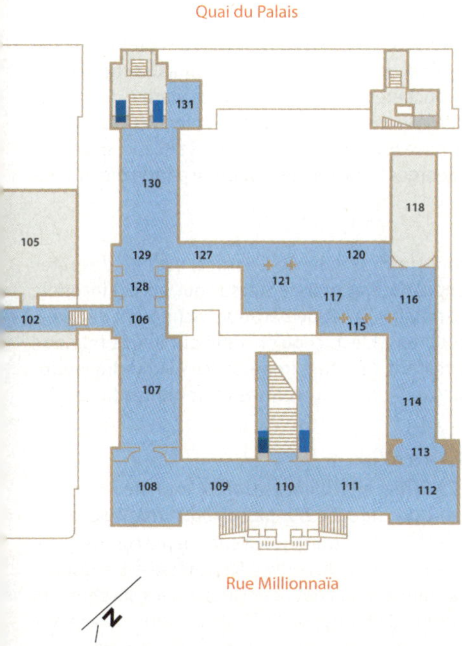

- Département archéologique
- Antiquités orientales
- Antiquités
- Édifice de l'État-Major

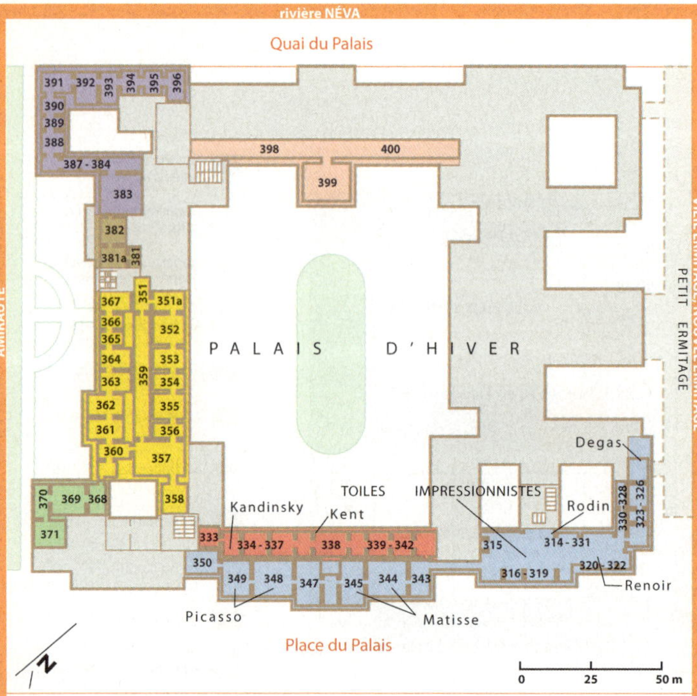

MUSÉE DE L'ERMITAGE (2e. étage)

- Numismatique
- Art du Proche- et du Moyen-Orient: 3e - 19e s.
- Art de Byzance: 4e - 15^{e}s.
- Art de l'Extrême-Orient: 2^{e}s. av. J.-C. – 20^{e}s.
- Art indien: 2^{e}s. av. J.-C. – 20^{e}s.
- Art moderne européen occidental et américain: 19e - 20^{e}s.
- Art français: 19e - 20^{e}s.
- Édifice de l'État-Major

Salle Saint-Georges ou la grande salle du Trône

Salle 198. C'est la salle principale du palais. Réaménagée par Stassov après l'incendie de 1837, elle conserve de manière générale l'aspect que lui attribua **Giacomo Quarenghi** au 18e s. Les modifications touchèrent surtout le décor : le marbre de couleur fut remplacé par du marbre blanc de Carrare sur les murs et les colonnes. Au fond de la salle, sur une estrade élevée, se trouve le trône des empereurs de Russie, surmonté d'un bas-relief représentant saint Georges terrassant le dragon, le patron des armées russes et de la famille impériale.

Grande Chapelle impériale

Salle 271. La Grande Chapelle, contiguë à la salle St-Georges, est l'un des rares intérieurs de **Rastrelli** qui se soient conservés grâce à Stassov qui, après l'incendie de 1837, le reconstitua à partir de dessins. De style baroque, richement décorée, elle était destinée aux offices solennels. C'est ici qu'en 1894 eut lieu le mariage de Nicolas II et d'Alice Hesse-Darmstadt, la future impératrice Alexandra Fiodorovna. Aujourd'hui, la chapelle accueille des expositions temporaires (icônes et objets de culte).

ART FRANÇAIS (15e-18e s.)★★★

Palais d'Hiver, 1er étage, salles 272-297. Traverser l'immense salle Alexandre (salle 282), prendre la porte de gauche et se rendre dans la salle 272, tout au bout de la galerie.

La collection de l'art français des 15e-18e s. de l'Ermitage est considérée comme l'une des meilleures au monde après celle du musée du Louvre. Sa richesse est le résultat des liens étroits entre la Russie et la France et du goût pour l'art français qui s'empara de la haute société russe sous le règne de Catherine II. C'est alors que se forma le noyau de la collection de l'Ermitage, ainsi que nombre de collections privées qui, nationalisées après la révolution, sont venues enrichir encore le musée.

Renaissance (15e-16e s.)

Salles 272-274. La période de la Renaissance est représentée surtout par des œuvres d'art appliqué. Dans la salle 272, le triptyque en émail de Limoges de l'*Adoration des Mages* frappe par la minutie du dessin et l'expressivité des visages. La salle 274 réunit les plus anciennes peintures françaises du musée : *Portrait de femme* (milieu des années 1530), dû à **Corneille de Lyon**, qui représente une dame de la cour de François Ier, le *Portrait présumé du duc d'Anjou*, d'un peintre anonyme, traduisant la tension de l'homme qui vit au milieu des intrigues de la cour. Quant à la *Déploration du Christ mort* de **Jacques de Bellange**, peintre à la cour des princes de Lorraine, son caractère tragique préfigure déjà la crise des idéaux humanistes de la Renaissance.

Classicisme (17e s.)

Salles 275-281. Les plus grands maîtres y sont représentés. **Simon Vouet**, premier peintre de Louis XIII, est présent avec le portrait allégorique d'Anne d'Autriche représentée sous les traits de la déesse Minerve *(salle 275).* **Louis Le Nain** rend l'humilité et la dignité des paysans avec *La Famille de la laitière (salle 276).* La salle 279 présente plusieurs toiles de **Nicolas Poussin** dont la célèbre *Tancrède et Herminie*, l'une de ses œuvres les plus poétiques. Inspiré de l'histoire d'Herminie, héroïne de *La Jérusalem délivrée* du Tasse, qui se coupe les cheveux afin de panser les plaies de Tancrède blessé, ce tableau sublime la beauté du sacrifice. Claude Gellée dit **Le Lorrain** chante la nature luxuriante de la campagne romaine avec *Matin dans un port (salle 280).* Remarquez également le modèle du *Monument équestre à Louis XIV (salle 281)*, de **François Girardon**, qui s'élevait sur la place Vendôme à Paris et fut mis à bas pendant la Révolution.

Continuer tout droit en passant par la salle Alexandre, puis entrer dans la salle 283 à gauche.

Le 18e siècle français

Salles 283-289. **Antoine Watteau** *(salle 284)* inaugure l'art du 18e s. avec des petits formats, puisant ses sujets dans la vie même. *Proposition embarrassante* et *La Boudeuse* font partie des « fêtes galantes », exprimant d'une nouvelle manière la beauté des sentiments intimes. **François Boucher** *(salle 285)*, peintre de Louis XV, crée des scènes exécutées dans l'esprit décoratif du rococo. Le charmant *Amour menaçant* d'**Étienne Falconet** est une réplique du célèbre *Amour*, que le sculpteur exécuta pour la marquise de Pompadour. **Jean-Baptiste Chardin** traite avec tact le thème de l'éducation dans un *Bénédicité*, tout imprégné de chaleur humaine *(salle 287).* Sa *Blanchisseuse* transforme une scène toute simple en une féerie de couleurs tout en affirmant la beauté des objets les plus ordinaires. Il reprend cette idée dans la *Nature morte aux attributs des arts* qui représente les outils de l'artiste et le fruit de sa création, figuré par une statuette de Jean-Baptiste Pigalle. La *Statue de Voltaire* de **Jean Antoine Houdon**, qui trône au milieu de la salle, révèle la perspicacité et l'ironie du philosophe. Commandée par Catherine II, la statue est une réplique de celle que le sculpteur exécuta peu après la mort de Voltaire (aujourd'hui au foyer de la Comédie-Française à Paris). La salle suivante *(288)* présente les joyeuses peintures de **Jean-Honoré Fragonard**, dont le *Baiser à la dérobée*, dynamique et passionné. Enfin *Le Paralytique* ou *Les Fruits d'une bonne éducation* (comme l'appelait Diderot), chef-d'œuvre de la peinture moralisatrice de **Jean-Baptiste Greuze**, tant appréciée par Diderot, chante les vertus des gens simples opposées à la perversité de la noblesse.

E. Darras / Michelin

Voltaire par Houdon.

Appartements particuliers de l'impératrice Maria Alexandrovna★★

Salles 289, 304-307. Ces appartements où s'achève la présentation de l'art français donnent une belle idée de l'aménagement et du décor du palais au milieu du 19e s. Ils furent réalisés par **Alexandre Brioullov** à l'occasion du mariage du futur Alexandre II avec la princesse de Hesse-Darmstadt, rebaptisée Maria Alexandrovna ; celle-ci, devenue impératrice, y demeura jusqu'à sa mort. Avec ses voûtes moulurées et ses nombreuses sculptures, la **salle Blanche** *(salle 289)*, qui ouvre l'enfilade des appartements, est une des meilleures créations de Brioullov. On peut découvrir les tableaux des peintres français ayant travaillé en Russie, tels que **Jean-Louis Voille** ou **Élisabeth Vigée-Lebrun**, portraitiste de Marie-Antoinette, réfugiée en Russie après la Révolution, ainsi que des meubles de l'ébéniste allemand **David Roentgen**. Le **salon Doré** *(salle 304)*, dont le plafond et les murs sont entièrement recouverts de dorures, expose une richissime **collection de pierres gravées**★★★ qui inclut, entre autres, les pièces provenant de la collection des ducs d'Orléans achetée en 1787 par Catherine II. Les deux salles suivantes, réaménagées vers 1850 par **Andreï Stackenschneider**, manifestent un caractère beaucoup plus intime. Le **salon Framboise** *(salle 305)* aux murs tendus de soie présente à l'heure actuelle des pièces de la collection de porcelaines et de faïences occidentales, dont le célèbre Service de la Grenouille Verte exécuté en Angleterre par **Josiah Wedgwood**. Créé en 1774 sur la commande de Catherine II pour son palais de Tchesmé, il se composait de 944 pièces (dont 770 nous sont parvenues), décorées de 1 222 vues des îles britanniques. La **salle à manger Verte** *(salle 305)*, éclairée par une verrière, est aménagée dans le style rococo, ainsi que le **boudoir** qui lui fait suite *(salle 306)*. Enfin, la **chambre à coucher Bleue** *(salle 307)*, qui achève l'enfilade des appartements, accueille des expositions temporaires.

Revenir sur vos pas jusqu'à la salle 288 ou passer par les salles 168-167 (art russe) et 301-298 (art anglais) pour accéder à la salle 297. Le parcours des salles de l'art appliqué français se fait dans le sens inverse.

Art appliqué français (17e-18e s.)★★

Salles 297-290. Cette collection se forma au 18e s., lorsque les articles de luxe français – meubles, tapisseries, argenteries, porcelaines – étaient très à la mode en Russie. Faits sur commande ou achetés en France, ils forment aujourd'hui le noyau d'une collection, encore enrichie après la nationalisation des collections privées. Au gré de votre parcours, vous découvrirez des tapisseries des Gobelins, des meubles de **Boulle**, l'ébéniste de Louis XV, des porcelaines de Sèvres dont le Service aux Camées, commandé par Catherine II *(salle 297)*, des garnitures de table du bronzier Thomire, ou encore des meubles d'Adam Weisweiler, incrustés de porcelaine.

Revenir vers la chapelle en passant par la salle Alexandre (282) et la salle 196. Se diriger ensuite à droite pour accéder à l'escalier du Commandant qui mène au 2e étage.

ART FRANÇAIS DES 19e ET 20e S.★★★

Palais d'Hiver, 2e étage, salles 314-331, 343-350.

La famille impériale ne s'intéressant guère à l'art moderne, la Russie doit cette richissime collection à des amateurs éclairés. Ainsi les œuvres impressionnistes, post-impressionnistes et avant-gardistes furent-elles rassemblées par deux Moscovites : **Sergueï Chtchoukine** et **Ivan Morozov**. Nationalisées après la révolution, ces collections furent réparties entre l'Ermitage et le musée des Beaux-Arts Pouchkine de Moscou.

Art français du 19e s.

Salles 314-331. En dépit du nombre relativement restreint d'œuvres de cette période, cette collection donne une idée assez précise du néoclassicisme, du romantisme et du réalisme français. L'une des plus célèbres toiles néoclassiques est *Bonaparte sur le pont d'Arcole,* d'**Antoine Gros**, représentant le jeune général entraînant les soldats qui ont failli battre en retraite, le 16 novembre 1796. Dans la même salle, *Le Portrait de Joséphine de Beauharnais* par **François Gérard** ne manque pas de romantisme. **Jacques-Louis David** est présent avec un très académique *Sapho et Phaon (salle 322)*. **Dominique Ingres**, opposé au romantisme, présente toutefois son modèle, dans *Le Portrait du comte Nikolaï Gouriev (salle 331)* comme un véritable héros romantique. Les deux superbes tableaux d'**Eugène Delacroix**, *Marocains à la chasse au lion* et *Marocain sellant son cheval (salle 331)*, frappent par leur liberté et la force expressive du coloris. Les chefs de file du réalisme – **Jean-François Millet** et **Gustave Courbet** – ne sont représentés ici que par un seul tableau chacun *(salle 322)* : *Paysannes aux fagots* (Millet) et *Paysage avec un cheval mort* (Courbet). **Théodore Rousseau**, le fondateur de l'école de Barbizon, chante la beauté de la Normandie avec *Vue aux environs de Granville* et *Marché en Normandie (salle 322)*. Dans la même salle, *Paysanne faisant paître sa vache à l'orée d'une forêt* est un chef-d'œuvre de **Camille Corot**.

L'Ermitage possède une superbe collection de toiles **impressionnistes**★★★ où figurent tous les grands noms du mouvement, à l'exception de Manet. Cinq pastels d'**Edgar Degas** dont la *Femme à sa toilette* sont exposés dans la salle 326. **Auguste Renoir** chante le charme de ses modèles avec *Portrait de l'actrice Jeanne Samary*, *Jeune Fille à l'éventail* ou encore *Enfant au fouet (salle 320)*. **Claude Monet** est présent avec huit toiles dont la célèbre *Dame dans le jardin*, chef-d'œuvre de ses débuts, *Coin de jardin à Montgeron*, inondé de soleil d'automne, et *Champ de coquelicots*, qui compte parmi ses motifs privilégiés *(salle 319)*. Une salle entière *(318)* est consacrée à **Paul Cézanne**. Citons le *Fumeur* figurant un paysan de Provence, *Grand Pin près d'Aix,*

« Champ de coquelicots » par Claude Monet.

qui semble incarner la vie elle-même, et une superbe *Nature morte au rideau.* **Camille Pissarro** fascine avec la foule bigarrée du *Boulevard Montmartre à Paris*. Les superbes marbres d'**Auguste Rodin** incarnent le réveil de la conscience dans *L'Âge d'airain*, le mystère de l'inspiration dans *Le Poète et la Muse*, et le triomphe de la vie dans *L'Éternel Printemps*. On admire ensuite quatre chefs-d'œuvre de **Van Gogh** : *Les Dames d'Arles, Les Arènes d'Arles, Les Chaumières* et *Le Buisson de lilas (salle 317)*. Le monde enchanteur de **Paul Gauguin** apparaît avec quinze toiles de la période tahitienne dont la *Femme au fruit (Eu haere ia oe)*, qui semble cacher un sens mystérieux et profond.

Art français du 20e s.

Salles 343-350. L'art du 20e s. est présenté par les maîtres des deux courants les plus importants : le **fauvisme** et le **cubisme**. Les salles 344-345 sont consacrées aux toiles d'**Henri Matisse**, le chef de file des fauves, exécutées pour la plupart sur la commande de Sergueï Chtchoukine. Parmi celles-ci, citons la célèbre *Chambre rouge* dont le peintre modifia les couleurs pour la rendre plus expressive (le premier nom de cette toile est *Harmonie en bleu*). Les deux grands panneaux faisant pendant – *La Danse* et *La Musique* – décoraient l'hôtel de Chtchoukine à Moscou. **Pablo Picasso** *(salles 348-349)* est présenté essentiellement par ses périodes bleue et cubiste. L'une des plus remarquables toiles de la période bleue est *Deux Sœurs (L'Entrevue)* où le peintre arrive à la tension dramatique extrême des tons bleus, bâtissant avec ces couleurs lourdes les deux figures de femmes, la religieuse et la prostituée, se rencontrant dans la prison. La tendance de Picasso à pénétrer la source même des choses fut réalisée dans le cubisme. Le musée expose plusieurs toiles de cette période dont la *Fermière*, aux formes simplifiées à l'extrême, et la *Femme à l'éventail*, tragique et solitaire.

Descendre au 1er étage par l'escalier en bois (à droite de la salle 350). Revenir vers l'escalier d'honneur en passant par la galerie des tapisseries européennes et par la galerie nord (salles 153, 151) consacrée aux portraits des souverains russes, et prendre la galerie sur la gauche.

Petite collection des impressionnistes★★

Salles 146-143. C'est une belle collection de toiles impressionnistes ayant appartenu à des familles juives (Gerstenberg-Scharf, Siemens) spoliées par les nazis, puis retrouvées par l'armée russe en 1945 et transférées à l'Ermitage. Dans la salle 146, on découvre deux belles toiles de **Renoir** (*Femme sur un escalier* et *Homme sur un escalier*), *Femme couchée* de **Courbet** et quelques **Degas** (*Danseuse* et *Place de la Concorde*). La salle 145 présente une toile d'**Édouard Manet** *(Portrait de Mlle Isabelle Limonnier)* et six magnifiques tableaux de **Monet** dont *Seine à Asnières* et *Femme assise dans le jardin*. On y voit également cinq **Pissarro** dont *Le Jardin des Tuileries* et *La Foire à Dieppe*, ainsi que *Les Barges à Billancourt* de **Sisley**. Dans la salle 144, on admire onze toiles de **Renoir** représentant de beaux paysages et de charmantes jeunes filles (*Paysage à Beaulieu, Jeune Fille au chapeau*), ainsi que plusieurs natures mortes et un autoportrait de **Cézanne**. Enfin, dans la salle 143, sont exposées quatre toiles de **Gauguin** dont la belle *Piti Teina (Deux sœurs)* et autant de superbes **Van Gogh** (*Portrait de Mme Trabuc, La Maison blanche*). On y verra également *La Danseuse* de **Matisse**, ainsi que des tableaux de **Derain**, **Marquet**, **Vuillard** et **Signac**.

Se diriger à gauche dans la salle du Pavillon.

Salle du Pavillon★★★

Petit Ermitage, 1er étage, pavillon nord, salle 204. Aménagée par **A. Stackenschneider**, cette salle luxueuse associe motifs classiques et mauresques. Arcades ouvragées, colonnes de marbre, reliefs, moulures dorées, galeries à balustrades ajourées lui confèrent un aspect romantique. Entre les fontaines imitant la *Fontaine des larmes* du palais de Bakhtchissaraï (Crimée), le sol reproduit une mosaïque découverte en 1780 dans les environs de Rome. Dans la salle, on admire des tables décorées de mosaïques italiennes des 18e-19e s., ainsi que l'étonnante horloge *Le Paon*, due à **James Cox**. Achetée en 1780 par Potiomkine, qui la fit installer dans son palais de Tauride, l'horloge fut rachetée par Catherine II après la mort du prince. Dotée de figures mécaniques censées se mettre en mouvement toutes les heures, elle n'est remontée, hélas, qu'une fois par semaine ou lors d'une visite de hauts personnages : aussi est-il assez difficile de la voir fonctionner. Mais, qui sait ? Peut-être aurez-vous de la chance…

ART ITALIEN DU 13e AU 18e S.★★★

Vieil Ermitage, 1er étage, salles 207-224 ; Nouvel Ermitage, 1er étage, salles 226-238. Tout droit après la salle du Pavillon.

La riche collection de l'art italien est présentée globalement dans l'ordre chronologique. Une magnifique suite de salles créées par **Stakenschneider** et **Leo von Klenze** compose un bel écrin pour ces chefs-d'œuvre.

Primitifs et Quattrocento (15e s.)

Salles 207-213. Vous découvrirez d'abord les œuvres des **primitifs** *(salle 207)*, avec la *Crucifixion* d'un maître de Pise, **Ugolino di Tedice**, exemple rare de la peinture de la seconde moitié du 13e s. Le plus beau tableau est sans doute la *Vierge de l'Annonciation* du Siennois **Simone Martini**, qui apporta dans la peinture religieuse un raffinement mondain : gracieuse et lyrique, sa Vierge manifeste déjà des traits de la Renaissance. Remarquez aussi la *Crucifixion avec la Vierge et saint Jean*, de **Niccolo di Pietro Gerini**, peintre du cercle de Giotto. L'enfilade nord *(salles 208-216, à gauche)* est dédiée à l'**école florentine**. **Fra Angelico** peint une *Vierge à l'Enfant (salle 209)* tout en douceur, entourée d'anges, sur fond d'or. Mêlant réel et imaginaire, le tableau est d'une remarquable finesse d'exécution. L'unique fresque de Fra Angelico à l'Ermitage, *La Vierge à l'Enfant entre saint Dominique et saint Thomas d'Aquin*, fut exécutée vers 1440 sur un mur du réfectoire du couvent San Domenico près de Florence. La salle consacrée à la sculpture *(salle 210)* expose des statues et des bustes en terre cuite. On y remarquera surtout *La Nativité de Jésus-Christ*, retable en majolique dû à **Giovanni della Robbia**. Ajoutons deux œuvres tardives de **Sandro Botticelli**, *Saint Dominique* et *saint Jérôme*, à l'atmosphère angoissante, l'*Adoration de l'Enfant Jésus* de **Filippino Lippi**, ainsi que deux tableaux du **Pérugin** : *Saint Sébastien* et *Portrait d'un jeune homme (salle 213)*.

Renaissance classique (15e-16e s.)

Salles 214-222. La luxueuse salle **Léonard de Vinci** expose deux chefs-d'œuvre du maître. *La Vierge à la fleur* ou *Madone Benois* est une œuvre de jeunesse de Léonard. Peinte en 1478, elle représente une jeune femme nullement idéalisée, incarnant la joie de la maternité. Le corps de l'enfant semble modelé dans un clair-obscur, procédé élaboré par le peintre. Chef-d'œuvre de maturité, *La Madone Litta* (vers 1490) est une femme pleine d'élévation et de poésie, l'idéal de la Renaissance. La salle suivante *(215)* présente des toiles des élèves de Léonard, **Cesare da Sesto**, **Francesco Melzi** (remarquez sa *Flore*, longtemps attribuée au maître) et **Andrea del Sarto**. La dernière salle *(216)* est consacrée aux maniéristes. L'enfilade sud *(salles 217-222)* présente les œuvres d'**art vénitien des 15e-17e s.** où **Giorgione** et **Titien** occupent une place de choix. Le premier est représenté par la célèbre *Judith (salle 217)*, inspirée d'une légende biblique, selon laquelle Judith sauva sa ville natale, assiégée par les armées assyriennes, en pénétrant dans le camp ennemi et tuant le général. L'Ermitage s'enorgueillit de posséder huit tableaux de **Titien** dont

Léonard de Vinci : « La Madone Litta ».

Danaé, aux proportions parfaites, *Marie-Madeleine repentante*, qui chante la beauté sensuelle de la femme, et *Saint Sébastien*, un des derniers tableaux du maître *(salle 221)*. Dans la dernière salle de l'enfilade *(222)*, on admire *La Déploration du Christ mort*, de **Paolo Véronèse**, qui impressionne par la richesse de son coloris.

Loges de Raphaël

Salle 227. Cette galerie est une copie grandeur nature des *Loges de Raphaël*, construites dans le palais du Vatican par Bramante et décorées par les élèves de **Raphaël** d'après ses esquisses et sous sa direction. La copie fut exécutée sur place à la demande de Catherine II, par un groupe de peintres russes dirigés par **Christophe Unterberger**. Une fois terminées, les toiles furent tendues dans les loges construites par l'architecte **Giacomo Quarenghi**. La copie est d'une fidélité absolue, hors quelques modifications comme la substitution du blason du pape Léon X par les armoiries de la Russie.

Du 16 au 18e s.

Salles 229-238. La suite de la collection italienne est exposée dans les salles du Nouvel Ermitage créées par **Leo von Klenze**. La **salle des majoliques** *(salle 229)* est consacrée à l'art appliqué italien du 16e s. On y trouve des meubles sculptés, des tapisseries, des cartons, et une très belle collection de **majoliques**. C'est ici également que sont exposés les deux tableaux de **Raphaël** : *La Madone Conestabile*, un petit chef-d'œuvre de ses débuts, et *La Sainte Famille*, qui trahit l'influence de Léonard de Vinci. Dans les petites salles ou « cabinets » *(230-236)*, qui suivent la salle des majoliques, on verra neuf fresques exécutées par les élèves de Raphaël pour la villa Palatina, *Le Garçon accroupi*, l'unique **Michel-Ange** de l'Ermitage *(salle 230)*, et le célèbre *Jeune Homme au luth* du **Caravage**, au clair-obscur violent *(salle 234)*.

Revenir dans la salle des majoliques et entrer à droite dans la salle 237. Cette salle consacrée aux grands formats présente entre autres l'immense *Conversion de Saül* de **Véronèse**, et la *Nativité de saint Jean-Baptiste* du **Tintoret**. Les grands formats de peintres du 18e s. sont exposés dans la salle 238. On y verra des toiles décoratives de **Salvatore Rosa** (*L'Enfant prodigue*, *Démocrite et Protagoras*), **Luca Giordano** *(La Forge de Vulcain)*, six grands **Tiepolo** illustrant les sujets tirés de l'histoire romaine, et des *vedutte* de **Canaletto** *(La Réception de l'ambassadeur à Venise)*.

PEINTURE ESPAGNOLE DU 15e AU 19e s.★★

Nouvel Ermitage, 1er étage, salles 239-240. Plus modeste que celle d'art italien, la collection espagnole comprend néanmoins tous les grands noms de l'âge d'or. L'un de ses chefs-d'œuvre, *Les Apôtres Pierre et Paul*, exécuté par le **Greco** *(salle 240)* souligne le contraste entre les deux apôtres, rarement représentés ensemble. Le portrait de Lope de Vega de **Francisco Ribalta** permet de se faire une idée de l'art du portrait à la limite des 16e-17e s. Parmi les peintres du 17e s. figurent **José de Ribera** et le monumental *Saint Laurent* de **Zurbarán**. *Le Déjeuner (salle 239)* de **Vélasquez** associe une simple scène de vie quotidienne à une symbolique toute chrétienne (voir également son laconique *Portrait du comte d'Olivarès*). Parmi les douze tableaux de **Murillo** *(salle 240)*, les toiles à sujets religieux (*Isaac bénissant Jacob*, *Repos pendant la fuite en Égypte* et l'*Ascension de la Vierge*) se distinguent par le charme des images de femmes et d'enfants et la gamme magnifique des couleurs. Dans la même salle, le *Portrait de l'actrice Antonia Zárate* est l'unique œuvre de **Goya** à l'Ermitage.

Sortir à gauche dans la **galerie d'Histoire de la peinture antique** *(salle 241), ornée de sculptures néoclassiques (Antonio Canova et Berthel Thorvaldsen). Au bout, passer dans la* **salle des Chevaliers★** *(salle 243), belle collection d'armes européennes des 15e-17e s., et se diriger vers la collection flamande (tout droit puis à gauche par la salle 244).*

ÉCOLES DU NORD★★★

Art flamand (17e-18e s.)★★★

Nouvel Ermitage, 1er étage, galerie sud, salles 245-248. Le musée possède l'une des meilleures collections de peinture flamande, avec plus de 400 toiles. Elle se forma au 18e s. grâce aux acquisitions de Catherine II et fut enrichie durant les 19e et 20e s. **Pierre-Paul Rubens** en est sans doute le représentant le plus illustre. Parmi les quarante-deux toiles exposées *(salle 247)*, on admire *L'Union de la Terre et de l'Eau*, allégorie glorifiant la vie et la prospérité de la nature, *Persée et Andromède*, tiré des *Métamorphoses* d'Ovide qui, sous le pinceau de Rubens, devient l'hymne à la victoire de l'amour. Le *Portrait de la caméristе de l'infante Isabel*, la perle de l'Ermitage, représente, malgré son nom, la fille du peintre, décédée à l'âge de 12 ans. Quant au superbe *Bacchus*, peint à la fin de sa vie, il est considéré comme le sommet de son art. Le dieu du vin peint en gros fêtard devient l'apothéose et la glorification de la fécondité intarissable de la terre. **Antoine Van Dyck**, peintre à la Cour du roi d'Angleterre, fut le maître incontesté de l'art du portrait. Son *Portrait d'Élisabeth et Philadelphie Wharton (salle 247)* traduit la fraîcheur et la naïveté du monde enfantin : les deux fillettes jouent avec spontanéité leur rôle de grandes dames. Le *Portrait d'une famille (salle 246)* évoque une famille unie dans laquelle chacun a son caractère particulier. Sur le célèbre *Portrait du peintre par lui-même (salle 246)*, Van Dyck paraît charmant, romantique, d'une élégance nonchalante. La salle 245 expose la grandiose série des *Étals*, de **Frans Snyders**, figurant un amoncellement de fruits, légumes, poissons et gibiers. Coloriste raffiné, Snyders glorifie, avec toute la faconde flamande, la richesse de la terre et la beauté de la nature. Dans la même salle, *Le Roi boit !* de **Jacob Jordaens** traduit la gaieté déchaînée d'une fête populaire.

© D.R.

Antoine Van Dyck, autoportrait.

Art hollandais (17e-18e s.)★★★

Nouvel et Vieil Ermitage, 1er étage, galerie ouest, salles 249-254. Prendre à droite de la salle 248. La collection de peinture hollandaise est extrêmement riche : elle compte plus de mille tableaux. Elle est d'autant plus précieuse qu'à côté des œuvres célèbres on trouve celles de peintres moins connus, rarement représentés, même aux Pays-Bas. Beaucoup de ces peintres travaillaient pour les bourgeois qui préféraient des petits formats et se passionnaient pour les scènes de genre, les natures mortes et les paysages. Le noyau de la collection remonte à l'époque de Pierre le Grand qui, pendant son voyage en Europe, avait acheté plusieurs tableaux de « petits maîtres hollandais » pour décorer ses résidences. Parmi ces toiles, exposées dans la salle 249, citons le *Portrait du jeune homme au gant*, du brillant portraitiste **Frans Hals**, *Le Marais*, chef-d'œuvre du paysage de **Jacob Van Ruysdael**, *La Ferme* de **Paulus Potter**.

La collection de **Rembrandt** *(salle 254)* est unique au monde. *Flore*, la déesse romaine représentée sous les traits de la première épouse de Rembrandt, respire l'amour du peintre pour sa jeune femme. La célèbre *Danaé*, gravement endommagée en 1985, lorsqu'elle fut arrosée d'acide sulfurique, est de nouveau exposée après douze ans de restauration. Inspirée de la mythologie grecque, elle représente la fille du roi Argos qui, enfermée dans une tour, est rejointe par Zeus en forme de pluie d'or. Parmi les autres œuvres, citons *La Descente de croix*, *David et Urie*, laconique et expressif, et une série d'extraordinaires portraits de vieillards. Admirez enfin le célébrissime *Retour de l'enfant prodigue*, avec sa curieuse paire de mains, une masculine et une féminine. Œuvre monumentale à laquelle Rembrandt consacra les douze dernières années de sa vie, cette toile est considérée comme le sommet de son art et le testament spirituel du peintre, incarnant à travers la parabole ses idées de la charité et de la miséricorde.

Art néerlandais (15e-16e s.)★★

Petit Ermitage, 1er étage, salles 258, 261-262. Revenir sur ses pas dans la salle 248 ou prendre la galerie d'expositions temporaires (salles 255-257), parallèle à la galerie de peinture hollandaise, puis tourner à droite. Malgré ses dimensions modestes, la collection d'art néerlandais s'enorgueillit de posséder quelques toiles de peintres réputés. Parmi les chefs-d'œuvre de la collection, *La Madone à l'Enfant devant la cheminée (salle 261)* fait partie du diptyque attribué à **Robert Campin** (dit aussi Maître de Flémalle), qui représente la Vierge avec l'Enfant dans une maison bourgeoise. Le vantail droit est consacré à l'enfance de Jésus. *Saint Luc peignant la Vierge (salle 262)* de **Rogier Van der Weyden** illustre la légende selon laquelle saint Luc aurait été le premier à peindre la sainte Vierge qui lui serait apparue avec l'Enfant dans les bras. Le magnifique triptyque *L'Adoration des Mages (salle 262)* attribué à **Hugo Van der Goes** est une autre merveille de la collection. Les scènes vives et rythmées du triptyque (*L'Adoration des Mages* au centre, *La Circoncision* à gauche et *Le Massacre des Innocents* à droite) sont d'une admirable finesse d'exécution.

Revenir vers l'escalier d'honneur en passant par la salle 259 (tout droit) qui expose la petite collection d'art appliqué occidental du Moyen Âge.

ET S'IL VOUS RESTE DU TEMPS (ET DE L'ÉNERGIE)…

Art préhistorique et ancien★★

Palais d'Hiver, rdc, parties ouest et nord-ouest. Salles 11-26, 33. À droite après les vestiaires. La collection d'art préhistorique de l'Ermitage constitue l'un des ensembles les plus importants au monde (plus de 400 000 pièces). Elle renferme des monuments des cultures préhistoriques qui existaient sur le territoire de la Russie et embrasse la période allant du paléolithique (500 000 av. J.-C.) jusqu'au début du Moyen Âge (7e-11e s.). Son histoire remonte à la collection sibérienne de Pierre le Grand, lorsque l'industriel Demidov, qui contribua à la conquête de la Sibérie, donna au tsar un ensemble de bijoux d'or découverts dans des tumulus (nécropoles) de Sibérie. Les fouilles entreprises au nord de la mer Noire et dans le Caucase au 19e s. et en Asie centrale sous les Soviétiques vinrent enrichir cette première collection.
Les premières salles présentent les objets les plus anciens du paléolithique et du néolithique découverts lors des fouilles en Arménie, en Sibérie orientale, dans l'Oural et en d'autres lieux. Les salles 15-20 sont consacrées aux **Scythes**, peuple de guerriers, qui vécurent au nord de la mer Noire entre le 12e et le 2e s. av. J.-C. Cette collection est d'une richesse étonnante : les objets exposés – armes, ustensiles, ravissants bijoux – sont souvent décorés de motifs animaliers. Il ne s'agit pourtant que de copies, les originaux se trouvant à l'abri dans les salles du Trésor *(voir p. 469)*. Les salles 22-26 sont consacrées à la **civilisation d'Altaï**, proche de celle des Scythes, qui exista en Sibérie du Sud aux 5e-3e s. av. J.-C. Elle est connue par les fouilles sur le site de Pazyryk entre 1929 et 1949 qui ont permis de découvrir des sépultures de près de 2 500 ans. La terre gelée a conservé des objets périssables comme des tapis de feutre, des soies de Chine, des vêtements de fourrure, des pièces de harnachement de cuir… Vous y verrez un tapis de laine oriental considéré comme le plus vieux tapis du monde (5e-4e s. av. J.-C.), un char funéraire en bois assemblé à l'aide de seules sangles de cuir, et même une momie parfaitement conservée. Et, cette fois, ce sont les originaux !

Art grec et romain★★

Nouvel Ermitage, rdc, salles 101-102, 106-117, 120-121, 127-131. La superbe collection d'antiquités grecques et romaines est située dans des salles majestueuses spécialement aménagées à cet effet par **Leo von Klenze**. Il s'agit surtout de la salle des Vingt Colonnes *(salle 130)*, créée sur le modèle de l'architecture grecque, destinée à accueillir la splendide collection de **vases antiques à figures rouges★★★**. Orgueil de l'Ermitage, cette collection est aujourd'hui répartie entre plusieurs salles. Dans la **salle des Vingt Colonnes**, on admirera les superbes *cratères*, qui suivaient leurs propriétaires dans leurs tombes. Le plus célèbre est sans doute le cratère *Gigantomachie*, représentant le combat des Géants contre les dieux de l'Olympe. Dans la salle 111, on verra le fameux *Vase à l'hirondelle*, récipient à vin exécuté au 6e s. av. J.-C., et un très beau vase *Artémis avec un cygne* qui servait à garder l'huile ou les aromates. Le *Vase en forme de sphinx* est un brillant exemple de la céramique grecque *(salle 118)*. Dans la salle 121, on admirera une belle collection de **statuettes de Tanagra★★** (3e s. av. J.-C.) et le célèbre *Camée de Gonzague*, l'un des plus grands au monde, offert par Joséphine de Beauharnais à Alexandre Ier, qui représente les profils du roi d'Égypte Ptolémée II Philadelphe et de son épouse Arsinoé. Vous verrez également le *vase de Kolyvane (salle 128)*, en jaspe vert-gris : exécuté dans la région de l'Altaï, il pèse 19 t et mesure plus de 2,50 m. Quant aux sculptures, la plus célèbre est sans doute la *Vénus de Tauride (salle 109)*, la toute première statue qui fut transportée d'Italie en Russie. Trouvée à Rome au 18e s., elle fut achetée par Pierre le Grand et apportée à St-Pétersbourg en 1720. Installée au jardin d'Été (où un garde veillait sur elle en permanence), elle fut transférée plus tard dans le palais de Tauride, d'où son nom. Copie de l'œuvre de Praxitèle, qui fut le premier à représenter la déesse de l'Amour et de la Beauté, elle personnifie l'idéal de la beauté féminine à l'époque hellénistique.

Art oriental★★

Les collections d'art oriental de l'Ermitage embrassent les nombreuses cultures et civilisations qui se succédèrent et coexistèrent dans cette vaste région. Les époques les plus éloignées sont présentées dans les salles consacrées à l'art et à la culture de l'Égypte ancienne. Une place à part revient aux collections de la culture et de l'art des peuples d'Asie centrale et du Caucase. Le Moyen Âge oriental est illustré par les œuvres d'art provenant des pays du Proche et Moyen-Orient et de l'Empire byzantin qui aux 4e-15e s. était intimement lié à l'Orient. Quant aux collections provenant des pays de l'Extrême-Orient – Chine, Indonésie, Mongolie, Inde, Japon –, elles couvrent une vaste période allant du 3e s. av. J.-C. jusqu'au 20e s.

Art de l'Égypte ancienne★★ – *Palais d'Hiver, rdc, salle 100. Prendre la galerie à droite de l'escalier d'honneur, puis tourner à gauche après l'espace multimédia.* Les premières pièces provenant de l'Égypte ancienne sont apparues en Russie au 18e s., mais la collection égyptienne de l'Ermitage ne s'est constituée qu'en 1825. Les plus anciens objets se rapportent au 5e s. av. J.-C. : armes, reliefs et statuettes en pierre qui reflètent les différentes étapes de l'évolution de la culture égyptienne. Parmi les pièces les plus remarquables, la *Statue du pharaon Aménemhet III*, pharaon du Moyen Empire ayant vécu au 19e s. av. J.-C., et la *Stèle d'Ipi*, du début du 14e s. av. J.-C., qui représente le défunt, intendant au palais du pharaon, devant Anubis, dieu des Morts figuré sous la forme d'un homme à tête de chacal. La statuette du *Jeune Garçon marchant*, créée au 15e s. av. J.-C., et la *Statue de la reine Arsinoé II* (4e s. av. J.-C.) sont de toute beauté. Vous verrez également de nombreux sarcophages et une momie, la star photogénique du département.

Art de l'Asie centrale et du Caucase★ – *Palais d'Hiver, rdc, parties ouest et sud-ouest, salles 34-39, 55-61.* Parmi les pièces les plus intéressantes des salles 34 à 39 figurent les peintures murales, comme la *Femme à la harpe*, datant des 3e-4e s. Les peintures de la salle des Éléphants *(salle 36)*, des 7e-8e s., sont un chef-d'œuvre de l'art sogdiane ; elles proviennent de la ville de Varakhsha, en Ouzbékistan, État qui exista en Asie centrale avant sa conquête par les Arabes au 8e s. Les salles consacrées à l'art du Caucase *(salles 55-61)* présentent la **culture d'Urartu** (9e-6e s. av. J.-C.) et comprennent des pièces exceptionnelles provenant des montagnes d'Arménie. La plus ancienne est la *Statuette de la Divinité ailée (salle 56)* datant du 8e s. av. J.-C.

Art de Byzance et du Proche-Orient★ – *Palais d'Hiver, 2e étage, parties ouest et nord-ouest, salles 381-381a-382, 383-397.* L'art byzantin *(381-381a-382)* est représenté par une petite collection qui comprend des récipients en argent, des objets de culte, des icônes et un diptyque en ivoire évoquant des scènes de cirque romain. Parmi les objets provenant des pays du Proche-Orient *(salles 383-397)*, la **collection d'objets en argent sassanide★★** est l'une des plus belles au monde en dehors de l'Iran. On y verra également des récipients en bronze, des objets en verre originaires de Syrie, ainsi qu'une belle collection de miniatures persanes traditionnelles.

Art de l'Extrême-Orient★ – *Palais d'Hiver, 2e étage, partie ouest, salles 351-367.* Sculptures bouddhistes d'Inde et d'Indonésie, porcelaines chinoises, une collection de *netsukés*, breloques japonaises en ivoire... Les objets les plus remarquables proviennent de la grotte des Mille Bouddhas, en Chine occidentale (icônes, peintures et sculptures des 6e-10e s.), et de l'ancienne ville de Khara-Khoto, au cœur du désert de Gobi (gravures sur bois, peintures sur papier, soie et toile, qui se sont parfaitement conservées dans le sable).

Art occidental★★

Outre les collections décrites plus haut, l'Ermitage est riche en **art allemand et anglais**. Ces collections, réduites mais de grande valeur, sont « rattachées » à la collection d'art français des 15e-18e s., ainsi qu'à celle d'art occidental du 19e-20e s. qui se trouve au 2e étage.

Art allemand (15e-18e s.)★★ – *Palais d'Hiver, 1er étage, aile sud-est, salles 263-268 (parallèles aux salles de la peinture française des 15e-17e s.).* Il s'agit de la collection d'art allemand la plus importante d'Europe, en dehors de l'Allemagne bien entendu. Elle ne compte cependant que quelques toiles datant des 15e-16e s., l'essentiel étant composé d'œuvres néoclassiques, très en vogue sous le règne de Catherine II, mais quelque peu dépréciées aujourd'hui. Parmi les peintures des maîtres allemands de la Renaissance, on citera celles de **Lucas Cranach l'Ancien** *(salle 264)*, dont *Vénus et l'Amour*, chef-d'œuvre de ses débuts. Ce tableau est la première tentative en Europe du Nord de représenter la déesse de l'Amour et de la Beauté. *La Vierge à l'Enfant sous un pommier* est consacré au dogme du péché originel, la pomme et le pain dans les mains de l'Enfant symbolisant l'expiation du péché. Le *Portrait de femme* exprime l'idéal de la beauté féminine, figuré par une dame de la Cour des électeurs de Saxe.

Art anglais (16e-19e s.)★★ – *Palais d'Hiver, 1er étage, salles 298-301 (à droite de l'enfilade des salles de la peinture française du 18e s.).* La collection d'art anglais de l'Ermitage possède quelques œuvres remarquables. La majorité des toiles présentées dans la salle 298 sont des portraits. Le plus beau est sans doute *La Dame en bleu* de **Thomas Gainsborough**, portrait jadis présenté comme celui de la duchesse de Beaufort, épouse de l'ambassadeur de France à la Cour d'Angleterre ; cependant, en l'absence de tout document le confirmant, la belle inconnue est restée pour toujours la mystérieuse Dame en bleu. La salle suivante *(299)* expose des tableaux de **Joseph Wright de Derby**, dont *La Forge*, chef-d'œuvre de lumière artificielle. **Joshua Reynolds**

(salle 300) est présent avec *Hercule enfant étranglant les serpents*, inspiré d'un sujet mythologique, et *L'Amour dénouant la ceinture de Vénus*, réplique de la célèbre toile se trouvant à la Tate Gallery de Londres.

Art moderne européen★ (Italie, Allemagne, États-Unis…) – *Palais d'Hiver, 2e étage, partie sud, salles 333-342 (parallèles à celles des impressionnistes).* Ce fonds provient essentiellement de collections particulières nationalisées après la révolution ou de donations effectuées par les artistes. Dans la première salle *(334)*, on trouve les tableaux de l'illustre **Vassili Kandinsky**, peintre russe émigré en Allemagne, considéré comme l'inventeur de la peinture abstraite. Les cinq toiles exposées permettent de suivre l'évolution du maître vers l'art non figuratif (à comparer *Vue de Murnau* et *Composition nº 6*). Dans la même salle se trouve l'un des symboles de l'art de l'avant-garde, le *Carré noir* de **Kazimir Malevitch** (l'une des quatre répliques créées par le peintre). Les salles 335-337 sont consacrées à la peinture et à la sculpture italiennes. Elles présentent des sculptures d'**Emilio Greco**, **Francesco Messina**, **Giacomo Manzù**, et des peintures de **Giorgio Morandi** et de **Renato Guttuso**. Dans la salle 338, vous verrez de belles toiles du peintre américain **Rockwell Kent**, amoureux des paysages du Grand Nord. Les salles suivantes *(339-342)* présentent la peinture allemande du 19e-20e s. – **Caspar David Friedrich**, **Ludwig Knaus**, **Franz von Stuck** –, ainsi que les œuvres d'artistes belges, néerlandais, finlandais, espagnols…

Art et culture russes★★

Palais d'Hiver, 1er étage, parties ouest et nord. Salles 151-156, 157-174, 176-192. De la salle des Feld-Maréchaux, prendre la porte à droite qui mène à la Galerie des portraits.

La richissime collection d'**art et de culture russes★★** possède à l'heure actuelle plus de 330 000 pièces, s'échelonnant du 5e s. au début du 20e s., et provenant de différents palais et hôtels particuliers, ainsi que d'expéditions archéologiques. Ces œuvres sont réparties entre les anciens appartements des empereurs et des grands-ducs, situés dans la partie ouest du palais d'Hiver, et les salles d'apparat aménagées dans la partie nord. On y trouve des objets d'art appliqué et d'artisanat, des appareils et des instruments, des armes et des portraits… Quant aux salles, elles-mêmes véritables œuvres d'art, elles servent de cadre somptueux aux toiles exposées, constituant avec elles un ensemble unique.

Galerie des portraits – *Salles 151, 153.* Elle expose une partie de la riche collection de portraits des empereurs de Russie, peints par des maîtres russes et occidentaux. Il s'agit surtout des portraits d'apparat, provenant de différentes résidences impériales.

Au bout de la Galerie, prendre à gauche, traverser la Rotonde (salle 156) et entrer dans la salle 157 (tout droit).

Art du début du 18e s. – *Salles 157-161.* Un grand nombre d'objets exposés dans ces salles provient du cabinet de Pierre le Grand, qui se trouvait dans le Petit Ermitage, ou de la Kounstkamera. Vous y verrez des tours en provenance de la « Tournerie de Pierre », des objets fabriqués dans les usines fondées par l'empereur, des objets personnels de Pierre Ier, des peintures et des gravures, de la verrerie…

Art et culture russes du 18e s. – *Salles 162-174.* Succédant au siècle de Pierre le Grand, le « siècle des trois impératrices » (**Anna Ioannovna**, **Elisabeth Petrovna** et **Catherine II**) est présenté dans les salles situées de part et d'autre de la galerie ouest du palais : les salles 162-167 sont consacrées à l'art de la période 1720-1760, et les salles 168-174 au règne de la Grande Catherine (1760-1796). Vous y verrez des mosaïques créées par **Mikhaïl Lomonossov** *(voir p. 428)*, des livres, des meubles, des tapisseries et de l'argenterie. La belle collection de porcelaines russes se compose de services d'apparat et de statuettes fabriquées à la Manufacture impériale de porcelaine de St-Pétersbourg (*salle 172*).

Un artisanat ancien répandu alors au nord de la Russie, la sculpture sur ivoire (de morse), est représenté par des œuvres remarquables de **Nikolaï Verechtchaguine**, comme vous pourrez l'apprécier avec le vase couronné du modèle du *Cavalier de bronze* de Falconet (*salle 173*), d'une finesse inouïe, orné de portraits de chefs militaires romains,

Les aristochats

La tsarine Élisabeth Petrovna, fille de Pierre le Grand, décida par oukaze d'introduire dans le palais d'Hiver une cinquantaine de chats de Kazan, pour protéger les œuvres d'art des souris et des rats. Une somme est restée allouée à l'entretien de ces gardiens à quatre pattes jusqu'à la révolution. Depuis, c'est grâce à une cagnotte des employés de l'Ermitage et à leur dévouement que les chats squattent toujours dans les sous-sols de l'Ermitage, déclenchant de temps à autre une alarme !

de monogrammes, d'allégories et de guirlandes. Admirez également les chefs-d'œuvre des **maîtres de Toula**, comme ce coffret en acier et en bronze doré *(salle 173)*, qui possède plusieurs rangées de grains en acier taillés en diamant.

Art du 19e s. – *Salles 176-189.* L'art appliqué de cette époque est présenté à travers une série de magnifiques intérieurs du 19e s., aménagés dans les appartements particuliers de la famille impériale. Vous y verrez toutes sortes d'objets et de meubles, parfois en bouleau de Carélie, bois très apprécié alors pour la beauté de son dessin naturel.

La **bibliothèque de Nicolas II**, qui a conservé son aspect d'origine, a été conçue par **Alexandre Kvassovski** dans les années 1894-1896, dans le style néogothique qui plaisait au dernier empereur.

Le **Salon de Malachite**, contigu aux appartements particuliers, était du temps des tsars le lieu où commençait la « grande sortie » des souverains lors des cérémonies officielles. Aménagé par **Alexandre Brioullov** en 1839, il fut décoré de 2 t de malachite. Il présente aujourd'hui des objets décoratifs en malachite fabriqués selon la technique de la « mosaïque russe ». C'est dans ce salon que le Gouvernement provisoire siégea de juillet 1917 jusqu'à sa chute, dans la nuit du 25 au 26 octobre 1917. Ses membres furent arrêtés dans la petite salle rococo contiguë *(salle 188)*, ancienne salle à manger de la famille de Nicolas II, ce que commémore une inscription placée sur la cheminée.

Salles d'apparat (enfilade de la Neva) – *Salles 190-192.* L'enfilade de la Neva, qu'on découvre en sens inverse, fut aménagée par **Giacomo Quarenghi** à la fin du 18e s. et restaurée par Stassov après l'incendie de 1837. Elle s'achevait à la **Salle de concert** *(salle 190)*, décorée de sculptures représentant les neuf muses, où l'on installa en 1922 la **châsse de saint Alexandre Nevski**, transportée ici de la laure Alexandre-Nevski *(voir p. 449)*. Exécutée au milieu du 18e s. à l'Hôtel de la Monnaie de St-Pétersbourg pour accueillir les reliques du prince, la châsse a été réalisée avec 1,5 t d'argent ! La **Salle Nicolas** *(salle 191)*, la plus grande du palais (1 103 m^2), est consacrée aujourd'hui aux expositions temporaires. Enfin, l'**Avant-salle** *(salle 192)* est aménagée dans le style classique, avec son plafond orné d'un énorme *Sacrifice d'Iphigénie*. La rotonde en malachite trônant au centre (1836) provient de la cathédrale St-Isaac.

Trésoreries★★★

La collection de joyaux de l'Ermitage remonte à l'époque de Catherine II. L'impératrice enrichit la collection dont elle avait hérité par des achats chez des joailliers russes et étrangers. C'est également du temps de Catherine II que firent leur entrée à l'Ermitage les objets en or provenant des fouilles effectuées en Crimée et dans les régions Sud de la Russie et qui vinrent s'ajouter à la collection sibérienne de Pierre le Grand. Aujourd'hui, le musée renferme des milliers de pièces de joaillerie et d'orfèvrerie, réparties entre la trésorerie d'or et la trésorerie de diamant.

Trésorerie de diamant★★★ – Elle occupe quatre salles situées dans le Nouvel Ermitage, dans la section de l'art antique. La première salle présente l'art de la joaillerie antique. On y verra des bijoux scythes en or décorés de motifs animaliers (bracelets, pendentifs, boucles d'oreilles…), des bijoux provenant d'Étrurie, de Panticapée et d'autres villes grecques (6e-3e s. av. J.-C.), des amphores comme celles trouvées dans un tombeau scythe à Tchertomlyk (4e s. av. J.-C.). Certains bijoux exposés sont d'une telle finesse qu'il faut une loupe pour en voir les détails !

Dans la salle suivante, quelques chefs-d'œuvre de l'orfèvrerie médiévale allemande et française (reliquaires, croix processionnelles et autres objets de culte) voisinent des bijoux provenant de Byzance (camées, plats, coupes). On y trouve également des joyaux fabriqués dans les ateliers du Kremlin (16e-17e s.) : croix, calices, cadres d'icônes, le tout en or et décoré de pierres précieuses.

Dans la troisième salle, on admirera de très beaux objets en cristal de roche et en verre coloré provenant d'Italie, d'Allemagne et de Bohême. On y verra également d'incroyables cadeaux faits aux empereurs de la Russie par les souverains étrangers : sabres et épées parsemés de pierres précieuses, harnachements de chevaux couverts de diamants (celui de Catherine II en compte jusqu'à 8 500 !).

La dernière salle présente de rarissimes figurines en pierres précieuses, de ravissantes tabatières décorées de pierres précieuses (celle de la Grande Catherine est une véritable collection minéralogique !), des montres d'or, de fins bouquets en pierres précieuses dus aux Maisons Pauzié et **Fabergé**. Enfin, on découvrira les copies réduites des insignes de la souveraineté des empereurs de Russie : petite et grande couronnes, sceptre et globe. Exécutés par Fabergé pour l'Exposition universelle de Paris en 1900, ils lui valurent la Médaille d'or ainsi que la Légion d'honneur du gouvernement français. Le sommet du raffinement !

Trésorerie d'or★★★ – Le trésor des Scythes se dissimule dans la Trésorerie d'or située au rez-de-chaussée de l'aile sud-ouest du palais d'Hiver. Celle-ci se compose de trois sections. La première abrite la collection sibérienne de Pierre le Grand, ainsi que les objets d'art découverts dans les tombeaux scythes des 7e-6e s. av. J.-C. La Collection de Pierre Ier comprend des bijoux provenant des régions du sud de la Sibérie qui furent jadis habitées par les tribus nomades des Saques, voisins des Scythes. Parmi les œuvres d'art de style « animalier » figurent nombre de colliers, bagues, bracelets et appliques dont la plus belle est celle représentant une panthère (7e-6e s. av. J.-C.) Autre objet célèbre exposé dans cette salle : l'applique de bouclier en forme de cerf, chef-d'œuvre d'art scythe, provenant du tumulus de Kostromskaïa.

La salle suivante expose de magnifiques objets en or et en argent confectionnés par des artisans grecs sur la commande des rois scythes. Ils furent trouvés dans les nécropoles scythes sur le littoral Nord de la mer Noire. Remarquez le peigne décoré de figures de guerriers scythes découvert dans le tumulus de Solokha (4e s. av. J.-C.) ou encore le récipient avec la représentation de Scythes du tumulus de Koul-Oba à Kertch (même période). Enfin, dans la dernière salle, de nombreux objets provenant d'Inde, de Turquie, de Byzance et d'Asie centrale sont proposés.

Numismatique★★

Palais d'Hiver, 2e étage, partie nord, salles 398-400. Ce département détient de fabuleuses collections de monnaies anciennes orientales, européennes et russes, ainsi qu'une grande quantité de médailles et d'insignes.

Les annexes de l'Ermitage

L'Ermitage possède plusieurs annexes dont les plus visitées sont le palais d'Hiver de Pierre Ier, les collections de l'État-Major et le palais Menchikov (*pour ce dernier, voir p. 429*).

Palais d'Hiver de Pierre Ier★

Lun.-sam. 10h30-17h, dim. 10h30-16h (caisse fermée une heure avant).

Les vestiges du premier palais d'Hiver de Pierre le Grand, construit par **Georg Mattarnovi** en 1710, ont été découverts lors de fouilles effectuées dans les sous-sols du théâtre de l'Ermitage entre 1987 et 1989. Après des travaux de rénovation, une exposition consacrée à l'époque pétrovienne y a été ouverte.

Vous y verrez un carrosse de Pierre le Grand, fabriqué d'après les dessins de Nicolas Pineau peu avant la mort du souverain, une superbe *Figure de cire de Pierre le Grand*, exécutée par **Bartolomeo Carlo Rastrelli** tout de suite après la mort de l'empereur, le tour personnel du tsar, ainsi que la reproduction de quelques intérieurs meublés.

État-Major★★

Lun.-sam. 10h30-18h, dim. 10h30-17h (caisse fermée une heure avant).

L'aile est de l'État-Major, transmise à l'Ermitage dans les années 1990, abrite des expositions permanentes dont une partie se trouve dans les anciens locaux du ministère des Affaires étrangères, transféré à Moscou après la révolution de 1917.

La garde impériale – Cette exposition présente des étendards, des armes, des uniformes de la première moitié du 19e s., ainsi que de nombreux tableaux et portraits.

Le bicentenaire du ministère des Affaires étrangères – Cette exposition retrace la période pétersbourgeoise de l'histoire du ministère, de 1802 à 1917, à travers peintures, photos, médailles commémoratives, cadeaux diplomatiques, etc. Voyez notamment les objets symbolisant l'amitié franco-russe dont le plus insolite est sans aucun doute le corset figurant les drapeaux croisés des deux pays.

« Sous le signe de l'aigle »★★ – Cette exposition est consacrée au style Empire qui s'est développé sous le signe de l'aigle impérial. Répartie entre les pièces des anciens appartements du ministre des Affaires étrangères, créées par Carlo Rossi, elle présente une importante collection de meubles, de porcelaines, d'argenterie et d'œuvres d'art. On y verra également quelques objets ayant appartenu à Napoléon Ier et à ses proches (l'épée portée par l'Empereur pendant la bataille de Marengo, le service de table

L'alliance franco-russe

Scellée en 1897 à Cronstad par le président **Félix Faure** et le jeune empereur **Nicolas II**, l'alliance franco-russe déclencha de part et d'autre un enthousiasme inimaginable de nos jours... Tout en France célébrait cette alliance, comme par exemple les fameux Entremets franco-russes qui firent longtemps de la « réclame » dans les rames du métro parisien.

d'Eugène de Beauharnais), hérités par le petit-fils de Joséphine de Beauharnais qui s'est marié avec la fille de Nicolas Ier.

Pierre Bonnard et Maurice Denis★ – Vous y verrez des tableaux provenant des collections moscovites d'**Ivan Morozov** et de **Sergueï Chtchoukine** (*La Méditerranée* de **Pierre Bonnard**, *Histoire de Psyché* de Maurice Denis).

L'art moderne – Cette petite collection réunit essentiellement des objets Art nouveau provenant de différents pays du monde.

Musée de L'Ermitage pratique

Accès

Palais d'Hiver – Les visiteurs individuels accèdent au musée par la place du Palais *(entrée au fond du jardin)*. Pour les groupes, l'accès se fait du côté du quai.

Palais d'Hiver de Pierre le Grand – Accès au *32 quai du Palais (Dvortsovaïa nab.)*.

État-Major – Accès depuis la place du Palais *(aile gauche)*.

Théâtre de l'Ermitage – Ouvert uniquement à l'occasion des spectacles *(les billets s'achètent dans les caisses théâtrales de la ville)*.

Informations utiles

Commander ses billets sur Internet – Vous pouvez le faire sur le site *www.hermitagemuseum.org* afin d'éviter l'attente à la caisse. Le prix inclut l'autorisation de filmer ou de photographier. Attention : le système de commande et de paiement des billets n'est disponible que dans la version anglaise du site. Cliquez sur le petit drapeau tricolore de la rubrique « Ticket booking » : une page apparaît en anglais ; cliquez sur « more information » en bas et vous verrez apparaître les renseignements détaillés en français. Dès votre commande, vous recevrez un message de confirmation et dans les trois jours un justificatif *via* un fichier PDF. Imprimez votre quittance et présentez-la au bureau de l'administrateur situé au centre du hall, accompagné d'une preuve d'identité (carte de crédit nominative, permis de conduire ou passeport).

Billet d'entrée au musée de l'Ermitage **valable 1 jour : 17,95 $. Billet d'entrée combiné** pour le musée de l'Ermitage et les annexes, valable deux jours : **25,95 $.**

Accueil – *Dans le vestibule principal en entrant.* Le personnel répondra à vos questions et vous fournira le **Programme d'expositions temporaires** du musée édité tous les mois en russe et en anglais et les **plans** du musée disponibles en plusieurs langues.

Audioguides – *En français, dans la galerie principale, juste avant l'escalier d'honneur - 300 Rub.* Visite générale ou thématique (notamment « De l'impressionnisme à Picasso », en français).

Informations téléphoniques – *Informations disponibles la veille uniquement sur le site web - ✆ 710 90 79.* Pour les jours de fermeture de certaines salles et les horaires de visite des Trésoreries.

Caisses – *Tout droit en entrant dans le vestibule.*

Distributeur automatique – *À droite de l'escalier qui mène aux vestiaires.*

Internet-café – *À droite de l'escalier d'honneur, au fond de la salle.*

Téléphone international, poste – *Au fond à gauche après les vestiaires.*

Vestiaire – *À gauche, au sous-sol - gratuit.* Il est obligatoire de déposer les sacs encombrants.

Toilettes – Celles qui se trouvent près des vestiaires sont moyennement propres. Préférez celles de la galerie principale, juste avant l'escalier d'apparat, à droite.

Visite

Horaires – *Tlj sf lun. 10h30-18h (dernière entrée 17h), dim. 10h-17 (dernière entrée 16h). Les expositions temporaires ferment 30mn avant le musée.*

Tarifs – *Collections permanentes et expositions temporaires (même billet) : 350 Rub, annexes : 200 Rub. Billet combiné avec les annexes : 700 Rub (déconseillé pour une première visite). Gratuit premier jeu. du mois. Photo : 100 Rub, vidéo : 350 Rub. Trésoreries : visite guidée uniquement, 1-2 fois par jour : 300 Rub. Photo et vidéo interdites. Gratuit pour les enfants, les étudiants (sur présentation de leur carte) et le 1er jeudi du mois pour tous.*

Visites guidées – *Inscription (réservation) : ✆ 571 84 46 - sinon, s'adresser au bureau des excursions, à droite en entrant sous le porche.* Elles peuvent être organisées sur demande en différentes langues, y compris pour les annexes.

Visiteurs à mobilité réduite – *Accès du côté de la place du Palais - ✆ 710 90 79.* Pour le prêt des fauteuils roulants et l'organisation des visites guidées, s'adresser à l'accueil dans le vestibule principal.

Pauses et petites faims

Cafétéria – *Au rdc, dans la galerie Rastrelli, à droite de l'escalier d'apparat.* Cher et pas très bon. On y vend surtout des sandwichs, des pizzas et des viennoiseries.

Achats

Boutiques – *Dans le hall d'entrée, dans la galerie Rastrelli, au 1er étage en haut de l'escalier d'honneur et de l'escalier du Nouvel Ermitage.* Nombreux kiosques dans les étages. Livres, guides, vidéo, souvenirs, pellicules de photo.

Musée russe★★★

Rousski Mouzeï/Русский музей

PLAN DE COUVERTURE : B2

C'est dans ce magnifique musée, qui possède l'une des plus riches collections d'art russe du pays, que vous découvrirez les trésors de la peinture, de la sculpture et de l'art populaire russes. Des icônes aux toiles suprématistes de Malevitch, en passant par les œuvres réalistes des Ambulants, le musée retrace la somptueuse histoire de l'art russe, avec ses différentes périodes et mouvements.

Se repérer – Le musée occupe trois bâtiments reliés par des galeries : le palais Michel, l'aile Rossi et l'aile Benois. Les collections sont disposées dans l'ordre chronologique. La visite commence au 1er étage (icônes des 12e-17e s., art du 18e et de la 1re moitié du 19e s.), se prolonge au rez-de-chaussée, avec le passage dans l'aile Rossi (art de la 2e moitié du 19e s., art populaire) et se termine au 1er étage de l'aile Benois (art du 20e s. et expositions temporaires).

Organiser son temps – Une visite rapide peut se faire en une demi-journée. Mais vous pouvez lui consacrer une journée entière.

E. Darras / Michelin

Devant la facade du palais Michel.

Visiter

Art ancien (icônes 12e-17e s.)★★★

1er étage, gauche, salles 1-4. La Russie est le pays des icônes : depuis sa conversion au christianisme en 988 et jusqu'aux réformes de Pierre le Grand au début du 18e s., cet art y connut une diffusion exceptionnelle. Transmis aux Russes par des moines grecs, il prospéra, les artistes locaux assimilant bientôt les canons de la peinture orthodoxe. Le musée possède une collection exceptionnelle d'icônes où les différentes écoles sont bien représentées.

La première salle expose les œuvres les plus anciennes, dont la plus célèbre est *L'Archange saint Gabriel*, dit *L'Ange aux cheveux d'or*, datant du 12e s. Cette icône, inscrite dans la tradition byzantine, frappe par sa beauté, son caractère profondément humain et la douceur presque lyrique qui s'en dégage. L'icône de la *Vierge de la Tendresse* de Bielozersk (1re moitié du 13e s.), tout en gardant l'empreinte du style byzantin, montre déjà l'apparition de traits nationaux : la sobriété, la concision, la vivacité des couleurs. *Saint Boris et Saint Gleb* (Moscou, milieu du 14e s.) est sans doute l'icône médiévale la plus impressionnante : monumentale, peinte de couleurs vives, elle frappe par l'harmonie des proportions, la délicatesse des visages et la tristesse des expressions.

La *salle 2* présente les écoles de **Novgorod** et de **Pskov**, qui développèrent chacune une tradition originale. La première se distingue par la simplicité du dessin et l'intensité des couleurs, avec la prédominance des rouges et des or. Ces icônes sont peintes pour la plupart sur des fonds rouge vif comme le magnifique *Saint Georges terrassant le dragon* (15e s.). Très populaire,

© D.R.

« St Georges terrassant le dragon », 15e s.

saint Georges figure également sur une icône du début du 14e s., où il est entouré de scènes de son martyre. Les dessins d'une grande simplicité, presque schématiques, et la précision naïve des détails associent cette icône à la tradition populaire. Les icônes de Pskov se caractérisent par une gamme austère de couleurs sombres et l'expression inquiète des visages allongés. *La Descente aux enfers* (fin du 14e s.) en est un bon exemple.

L'école de **Moscou** *(salle 3)* parvient à son apogée avec l'œuvre d'**Andreï Roublev**, le plus illustre peintre d'icônes russe. Ses icônes monumentales, *L'Apôtre Pierre* et *L'Apôtre Paul*, peintes en 1408 pour la cathédrale de la Dormition de Vladimir, mesurent plus de 3 m de haut. Le musée possède également plusieurs icônes du maître **Dionissi** et de son entourage. Voyez notamment *L'Incrédulité de saint Thomas* (vers 1500) et la magnifique *Vierge Hodigitria* (1502-1503) provenant du monastère St-Théraponte, lumineuse et d'une grande majesté.

La dernière salle *(4)* présente les œuvres plus tardives, souvent inspirées des modèles occidentaux, qui montrent l'évolution de la peinture d'icônes au 17e s. On y verra surtout *La Trinité* de **Simon Ouchakov**, paraphrase de la célèbre *Trinité* d'Andreï Roublev. Sous l'influence de l'art occidental, le réalisme s'y renforce, l'auteur tentant même d'introduire la notion de perspective.

Art du 18e s.-milieu du 19e s.★★

1er étage, salles 5-17. C'est à l'époque de Pierre le Grand que se développe la peinture profane et qu'apparaît l'art de la sculpture. Ce dernier était jusque-là inexistant à cause de l'interdiction de l'Église orthodoxe qui y voyait un reste d'idolâtrie. La peinture européenne influença les jeunes artistes que le tsar envoya étudier à l'étranger. Ce fut le cas des premiers portraitistes russes, **Andreï Matveïev**, dont le *Portrait du peintre avec sa femme* trahit une nette influence des maîtres hollandais, et **Ivan Nikitine**, auteur du remarquable portrait de *Pierre Ier sur son lit de mort (salle 5)*. De nombreuses représentations des souverains russes furent exécutées dans cette période. On verra, par exemple, le célèbre buste de *Pierre Ier* par **Bartolomeo Carlo Rastrelli**, père de l'architecte *(salle 5)*, les portraits de Pierre Ier et de Catherine II en mosaïque de smalte *(salle 6)*, la statue de *L'Impératrice Anna Ioannovna avec son négrillon*, l'un des rares exemples de la sculpture baroque, due également à Rastrelli *(salle 7)*.

Comme ailleurs, le portrait devient très rapidement le genre majeur en Russie. L'un des meilleurs portraitistes de l'époque était **Fedor Rokotov**, auteur des portraits féminins les plus poétiques du 18e s. Ceux de *V. N. Sourovtseva* et de la comtesse *E. Santi (salle 8)* avec leurs couleurs tendres, les contours s'estompant sur un fond scintillant, sont typiques de sa manière. La peinture classique est surtout représentée par les toiles d'**Anton Lossenko**, fondateur de l'école académique russe. On verra ses tableaux *Zeus et Thétis*, premier exemple du classicisme russe, et *Vladimir et Rogneda*, inspiré de l'histoire de la Russie ancienne *(salle 9)*. Plus loin, **Dimitri Levitski** nous enchante avec les portraits des *Demoiselles de l'Institut Smolny*, exécutés sur commande de la Grande Catherine *(salle 10)*. La statue de *Catherine II en législatrice*, qui se trouve dans cette même salle, est due au renommé sculpteur **Fedote Choubine**.

La **Salle aux Colonnes Blanches** *(salle 11)* est l'unique salle d'apparat du palais à avoir conservé son décor néoclassique d'origine dû à **Carlo Rossi**, qui créa également l'ensemble de meubles bleus et or de style Empire. Les peintures du plafond représentant les Muses rappellent qu'on y organisait des soirées musicales où se produisirent notamment Anton Rubinstein, Franz Liszt, ou Hector Berlioz.

La dernière salle *(12)* consacrée à l'art du 18e s. abrite plusieurs tableaux de **Vladimir Borovikovski**, auteur des portraits d'apparat de *Paul Ier* et du *Prince Kourakine*, mais aussi de portraits sentimentalistes, comme celui de l'insouciante et coquette *Ekaterina Arsenieva*. Le *Tombeau de la princesse E. Kourakine*, qui trône au milieu de la salle, est l'œuvre d'**Ivan Martos**, maître de la sculpture funéraire.

Le 19e s. s'ouvre avec le romantisme dont **Oreste Kiprenski** fut l'un des premiers représentants. Son superbe *Portrait d'Evgraf Davydov (salle 13)* fut le symbole de toute la génération qui participa à la campagne contre Napoléon. Voir également le *Portrait du père de l'artiste*, qui évoque les portraits de Rembrandt, la *Diseuse de bonne aventure avec une bougie*, à l'atmosphère sombre et mystérieuse, le portrait du *Jeune Jardinier*, poétique et rêveur. La peinture académique de cette période est représentée par les toiles de **Karl Brioullov**, auteur de grands tableaux historiques, comme *Le Dernier Jour de Pompéi*, qui a reçu le Grand prix au Salon de Paris de 1834 *(salle 14)*.

Akg Images/Galerie Tetryakov, Moscou

Karl Brioullov : « Le Dernier Jour de Pompéi » (1830-1833), un sommet de la peinture académique.

Grand peintre de la mer, **Ivan Aïvazovski** est présent avec de nombreuses marines dont l'impressionnante *Neuvième Vague*, chef-d'œuvre connu de tous en Russie. *L'Apparition du Christ au peuple*, l'œuvre monumentale d'**Alexandre Ivanov** *(salle 15)*, frappe par la diversité des comportements suscités par l'apparition du Sauveur. Ce travail auquel le peintre consacra trente ans de sa vie est le fruit de longues et pénibles recherches et d'un nombre immense de croquis, dont certains sont exposés à côté de la dernière esquisse de l'œuvre qui, elle, se trouve à la galerie Tretiakov de Moscou. On verra également les paysages romantiques de **Sylvestre Chtchedrine**, amoureux de l'Italie *(salle 16)*, et des tableaux d'**Alexeï Venetsianov** qui choisit de peindre la vie des paysans comme dans *La Grange* et *Enfants paysans aux champs (salle 17)*.

Art de la seconde moitié du 19e s.★★★

Au moment de notre visite en 2008, les salles 18 à 23 étaient fermées pour une durée indéterminée, dans le cadre du vaste programme de développement et de restauration du musée (palais et jardins, sécurité, site Internet, visite virtuelle, équipements). Vous retrouverez la plupart des œuvres réparties dans les salles 24 à 47.

Rdc, salles 18-47. Au tournant des années 1840-1850, la situation dans les arts plastiques commence à se modifier. Les peintres s'intéressent de plus en plus à la vie des gens de condition modeste, petits fonctionnaires, militaires de bas grade et autres représentants du « menu peuple ». Loin de créer de simples scènes de genre, ils cherchent à en révéler le contexte social. Ainsi, **Pavel Fedotov** exprime avec humour les travers de la société russe dans ses tableaux *Le Colonel fait sa demande*, *La Jeune Veuve*, *L'Officier et son ordonnance (salle 19)*. Cette époque est aussi marquée par l'évolution du paysage. La campagne russe fait son entrée dans la peinture avec **Alexeï Savrassov**, peintre d'inspiration lyrique, dont les tableaux *Arc-en-ciel* ou *Coucher du soleil sur les marais* évoquent le charme de la nature de la Russie centrale *(salle 22)*.

Face à ces changements, l'Académie des beaux-arts continue d'orienter ses élèves sur les sujets tirés de la mythologie et de la Bible. Le désaccord avec ces canons aboutit en 1863 à la révolte d'élèves conduite par Ivan Kramskoï. Après avoir refusé de traiter un sujet tiré de la mythologie scandinave, ils quittèrent l'Académie et créèrent l'**Artel**, la première société artistique anti-académique. Leur programme touchait directement à la réalité russe : montrer la nature et la vie quotidienne du peuple, témoigner des problèmes sociaux. Une nouvelle forme de communication avec le public (organisation d'expositions ambulantes dans différentes villes) contribua à l'énorme popularité de ce mouvement.

En 1870 fut fondée la Société des expositions ambulantes, qui leur a valu le nom d'**Ambulants**, et qui a existé plus de quarante ans. C'est à ce courant que se rattachent les tableaux de **Vassili Perov** qui, avec son *Repas au monastère*, dénonce férocement l'hypocrisie et l'avarice du clergé *(salle 23)*. Grand portraitiste, **Ivan Kramskoï** brosse le portrait d'artistes et de simples gens, dont celui, lumineux,

« Les Haleurs de la Volga » (1870-1873), Repine, Musée russe.

de *Mina Moïsseev*, célèbre conteur populaire russe *(salle 25)*. **Nikolaï Gay**, un des fondateurs de la Société, introduit l'histoire russe dans la peinture avec *Pierre Ier interroge le tsarévitch Alexis à Peterhof*, puissante toile traduisant le conflit entre deux époques : celle des réformes représentée par le père et celle des traditions séculaires auxquelles le fils restait attaché : on sait que celui-ci paya ce désaccord de sa vie *(voir la « Forteresse Pierre-et-Paul », p. 434)*. À la suite de Savrassov, certains Ambulants s'attachent aussi à révéler la beauté unique de la nature russe. **Ivan Chichkine**, chantre de la forêt russe, donne avec *Chênes* et *Haute Futaie* deux chefs-d'œuvre du genre *(salle 27)*. **Fedor Vassiliev**, peintre génial trop tôt disparu (mort de tuberculose à l'âge de 23 ans), crée des paysages tourmentés, souvent chargés d'un contexte philosophique, comme *Dégel* ou *Marécages dans la forêt (salle 28)*. Un caractère hautement social distingue la peinture de **Vladimir Makovski** qui dénonce la misère et les souffrances du peuple avec *L'Asile de nuit* et *L'Accusé (salle 30)*. **Vassili Polenov** applique une approche émotionnelle à ses sujets, qu'humanise la figure de Jésus dans *Le Christ et la pécheresse,* ou les baigne d'une aura poétique dans la *Petite Cour à Moscou (salle 32)*.

Plusieurs salles sont consacrées à l'œuvre d'**Ilia Repine**, qui embrasse tous les genres et les thèmes *(salles 33-35)*, des portraits aux paysages, des scènes de genre à celles de vie populaire. Amoureux de son peuple, il dénonce le travail d'esclave avec ses fameux *Haleurs de la Volga*, célèbre le courage et la gaieté endiablée des Cosaques avec *Les Cosaques zaporogues écrivent une lettre au sultan turc*, évoque l'univers des légendes populaires avec *Sadko*… Artiste de génie, il fut l'un des plus illustres peintres de la réalité russe dont il sut révéler les contradictions et les conflits, la richesse et la misère, la beauté et la laideur.

On découvre ensuite les grandes compositions historiques de **Vassili Sourikov**, qui fit du peuple le personnage principal de ses toiles *(salles 36-37)*. Ses immenses tableaux évoquant les grands événements du passé national – *La Conquête de la Sibérie par Ermak, Stépane Rasine, Le Passage des Alpes par Souvorov en 1799* – frappent par l'habileté avec laquelle le peintre traduit l'état psychologique de chacun de ses personnages. Quant à **Viktor Vasnetsov**, il trouve son inspiration dans les contes et les *bylinas* russes, comme dans son célèbre *Preux à la croisée des chemins*, inspiré d'une légende populaire, où l'on ne peut s'empêcher de voir une image symbolique du destin éternel de la Russie *(salle 38)*.

Revenir dans la salle 36 pour descendre les quelques marches qui mènent à la salle 54 (passage dans l'aile Rossi).

On retrouve **Repine** avec l'immense *Séance solennelle du Conseil d'État, le 7 mai 1901*, commande de Nicolas II, où le maître décline toute une galerie de portraits des personnages qui décidaient du sort du pays. Dans la salle attenante *(39)*, on trouve les toiles de **Vassili Verechtaguine**, peintre voyageur, auteur de tableaux inspirés de ses voyages en Orient, mais aussi le premier peintre antimilitariste : ses toiles comme *Après une défaite* ou *Chipka-Cheïnovo* dénoncent les désastres de la guerre. Peintre réaliste et humaniste, il périt pendant la guerre russo-japonaise dans l'explosion du bateau où il se trouvait.

Les *salles 40* et *41* sont consacrées à l'œuvre du grand paysagiste **Arkhip Kouïndji**, dont une des toiles les plus célèbres est la *Nuit de la pleine lune sur le Dniepr*. Grâce à de subtils effets de lumière, elle évoque merveilleusement l'atmosphère mystérieuse, presque irréelle, de la nuit ukrainienne. Voir également ses superbes toiles *Soir en Ukraine* et *Bois de bouleaux*. Le paysage trouve son apogée avec

Isaac Levitan dont les recherches aboutissent à une technique proche de celle des impressionnistes *(salle 44)*. Personne n'a traduit avec autant de subtilité les différents états de la nature. Ses toiles *Le Printemps*, *La Dernière Neige*, *Automne dorée*, *Village* et surtout *Le Lac*, l'ultime tableau du maître, comptent parmi les chefs-d'œuvre de la peinture russe. Quant à **Filipp Maliavine**, s'il s'inspire des traditions populaires, le sujet n'est qu'un prétexte pour faire éclater la couleur, l'image de la femme se perdant dans un tourbillon de teintes vives dans *Les Babas*, *Deux Jeunes Filles*, *Une baba dansante (salle 47)*.

Arts populaires★★

Rdc, salles A-G (tout droit après la salle 48). Cette section présente une magnifique collection d'objets d'art populaire classés par genre : le travail du bois, de l'os, du fer, la fabrication de la céramique, de la porcelaine, des tissus, de l'émail, etc. Vous y verrez un fronton ouvragé d'isba du 19e s., des meubles peints, une collection de rouets colorés, des costumes brodés, des dentelles de la région de Vologda, ainsi que de superbes exemples d'artisanat traditionnel : jouets de Dymkovo, laques de Fedoskino, de Palekh, de Mstiora, et de Kholouï, plateaux peints de Jostovo, porcelaine de Gjel… Fête de couleurs et plaisir des yeux !

Revenir sur ses pas, prendre le passage à gauche (qui mène dans l'aile Benois) et remonter au 1er étage (escalier à droite).

Art du 20e s. (1900-1920)★★★

1er étage (aile Benois), salles 66-82. Le début du 20e s. est une période d'intenses recherches artistiques. Elle vit apparaître et se développer une multitude de courants et de tendances d'où sortirent les sensibilités et les expressions artistiques les plus modernes. Les toiles étonnantes de **Mikhaïl Vroubel** annoncent cette période de recherches enfiévrées *(salle 66)*. Inspiré par les contes et les légendes épiques *(Preux)*, mais aussi par des sujets de la littérature contemporaine, Vroubel fut hanté par la figure du Démon à laquelle il consacra plusieurs toiles. C'est en évoquant ce rêve d'harmonie perdue qu'il parvient à créer un nouveau langage pictural. En composant des mosaïques de couleurs, en superposant les plans et les formes, ce précurseur de l'art d'avant-garde atteint à une puissance d'évocation et un dramatisme inouïs avec le *Séraphin à six ailes* et le *Démon volant*. Une haute spiritualité se dégage des toiles de **Mikhaïl Nesterov** *(salle 67)*, qui chanta la pureté et l'harmonie de la vie ascétique des moines *(La Prise du voile)*.

Les salles suivantes *(68-69)* sont consacrées au mouvement Le Monde de l'art, qui influença sensiblement la peinture de l'époque. Les représentants de ce courant, initié par Alexandre Benois et Serge de Diaghilev, futur fondateur des Ballets russes, rejettent le réalisme et le nationalisme des Ambulants, en revendiquant l'« art pur » et l'ouverture au monde occidental. Ils expriment dans leurs toiles la nostalgie d'un passé idéalisé, notamment de l'époque de Louis XIV, comme **Alexandre Benois**, et de celle de Pierre le Grand, comme **Evgueni Lancerey**. Les membres de ce courant excellèrent surtout dans l'illustration de livres et la création de décors de théâtre, ce qui influença sensiblement leur manière de peindre. Ainsi, *Terror antiquus* de **Léon Bakst** ressemble à un énorme rideau, *Hiver. Patinoire* de **Konstantin Somov** rappelle un décor de théâtre, le *Portrait de Fiodor Chaliapine en Boris Godounov* d'**Alexandre Golovine** évoque une esquisse de costume.

Tout autre fut l'inspiration de **Valentin Serov** *(salle 70-71)*, l'un des peintres les plus importants de cette époque. Héritier des Ambulants, il subit également l'influence de l'impressionnisme. Il peignit des paysages lyriques, des compositions historiques, mais surtout des portraits, impitoyable envers les modèles : ainsi, les portraits du prince *Felix Youssoupov* et de la comtesse *Olga Orlova* présentent des êtres froids, arrogants et dédaigneux. Cette dernière fut si mécontente de son portrait qu'elle se dépêcha de s'en débarrasser en l'offrant en 1912 au Musée russe !

On verra ensuite les toiles lyriques pénétrées de tristesse de **Viktor Borissov-Moussatov**, l'un des chefs du groupe La Rose bleue, proche du symbolisme (*Autoportrait de l'artiste avec sa sœur*, *Au bord de l'étang*, *Printemps*), et les tableaux des peintres marqués par l'impressionnisme, comme **Konstantin Korovine** dans *Débarcadère à Gourzouf* et *Rue à Vichy (salle 72)*.

Dans les *salles 73-75*, on admire les superbes toiles de **Boris Koustodiev** consacrées à la vie des marchands et aux traditions populaires (*Marchande buvant son thé*, *Mardi gras*), celles de **Nikolaï Roerich**, inspirées par la Russie ancienne (*Hôtes d'outre-mer*, *Idoles*), de **Pavel Kouznetsov** passionné de la Kirghizie *(Tonte des moutons)*. **Kouzma Petrov-Vodkine** s'inspire de l'art de l'icône dans *La Mère* et *Vierge de la Tendresse (salle 76)*. **Nathan Altman** crée un portrait moderniste de la poétesse *Anna Akhmatova*, alors que **Boris Grigoriev** réalise celui du metteur en scène *Vsevolod Meyerhold (salle 77)*. La *salle 78* expose les tableaux du groupe Valet de Carreau. Fondé en 1910, il réunit les peintres inspirés par l'œuvre de Cézanne et par le cubisme : **Ilia Machkov**, **Piotr Kontchalovski** ou **Alexandre Kouprine**.

Viennent enfin les œuvres de l'avant-garde. **Mikhaïl Larionov**, fondateur du rayonnisme, et sa compagne **Natalia Gontcharova** *(salle 79)* simplifient la forme, tout en s'inspirant de l'art populaire (*Coiffeur* et *Vénus* de Larionov, *Lavandières* de Gontcharova). De nombreuses toiles de **Vassili Kandinsky**, fondateur de l'art abstrait, permettent de suivre l'évolution de son art depuis l'expressionnisme jusqu'à l'abstraction (voir, par exemple, *La Cavalerie rouge*, à mi-chemin entre figuration et abstraction). La *salle 80* propose les œuvres des peintres d'inspiration cubiste et constructiviste, tels qu'**Olga Rosanova** (*Quatre As. Représentation simultanée*), **Alexandre Rodtchenko** *(Le Rouge et le Jaune)*, **Vladimir Tatline** *(Projet de monument pour la IIIe Internationale)*, **Alexandra Exter** *(Nature morte constructiviste)*.

Bridgeman Art Library/Musée de l'Hermitage, St Pétersbourg

« Tête de paysan », de Kazimir Malevitch (1928).

Les nouveaux courants trouvent leur expression ultime dans l'œuvre de Malevitch et dans celle de Filonov, présentées *salle 81*. Fondateur du suprématisme, **Kazimir Malevitch** est présent avec de nombreuses toiles, telles que *Jeunes Filles aux champs*, *Maison rouge*, *Tête de paysan*, etc. Quant à **Pavel Filonov**, peintre immense, mort de faim pendant le siège de Leningrad, son art dit analytique dut attendre le début des années 1990 pour être enfin réhabilité. Le musée expose plusieurs toiles étranges et foisonnantes de ce peintre, un des plus grands artistes russes du 20e s. : *Famille paysanne (La Sainte Famille)*, *Formule du prolétariat de Petrograd*, *Formule du printemps*, etc. Le musée exhibe également quelques toiles de **Marc Chagall** (*La Promenade*, *Glace*, *Le Juif rouge*).

Les salles 83-97 de l'aile Benois accueillent des expositions temporaires.

Annexes du Musée russe★★

Le Musée russe expose une partie de ses collections dans ses trois annexes – le **palais Stroganov** *(voir p. 373)*, le **palais de Marbre** *(voir p. 387)* et le **château Michel** *(voir p. 397)*.

Musée russe pratique

Accès

Adresse – *Injenernaïa oul.* (Инженерная ул.) *4/2.*

Métro – *Nevski Prospekt ou Gostiny Dvor, entrée au fond de la cour à droite.*

Informations utiles

Informations générales – *✆ 595 42 48 - www.rusmuseum.ru.* Les plans du musée édités en plusieurs langues sont disponibles à la caisse.

Audioguides (en français) – *300 Rub.* Ils se louent au rdc, à droite de l'escalier d'honneur. Présenter son passeport ou sa carte d'identité.

Caisses – *À gauche de l'entrée.*

Vestiaires, toilettes, poste – *Au sous-sol.*

Visite

Horaires – *Tlj sf mar. 10h-18h (dernière entrée 17h), lun. 10h-17h (dernière entrée 16h).*

Tarifs – *300 Rub (étud., enf. 150 Rub) - billet combiné avec les annexes, valable 24h : 600 Rub (étud., enf. 300 Rub), mais il est difficile de tout visiter en 24h - photo et vidéo 200 Rub.*

Information – *Au sous-sol, à côté des caisses.*

Visites guidées – *Sur demande préalable. Réservation 10 jours à l'avance - Visite guidée individuelle ou en groupe - ✆ 314 34 48.*

Pauses et petites faims

Cafétéria – *Au sous-sol - tlj sf mar. 10h-17h, lun. 10h-16h.* Choix de bons petits plats et de boissons à des prix plus qu'abordables.

Achats

Boutiques, livres – *Au sous-sol et à plusieurs endroits du musée.*

AUX ENVIRONS DE SAINT-PÉTERSBOURG

Dès la première moitié du 18e s., les environs de St-Pétersbourg se sont couverts de palais et de parcs somptueux où les tsars et leurs proches séjournaient les mois d'été. De Peterhof à Pavlovsk, en passant par Oranienbaum, Tsarskoïé Selo et Gatchina, ces fastueuses résidences composent le véritable collier de perles de l'ancienne capitale impériale. Elles possèdent chacune un charme particulier lié à leur époque et à l'histoire de leurs habitants. Si la résidence de Peterhof, la plus ancienne, reste attachée à l'époque des réformes et des victoires maritimes de Pierre le Grand, Oranienbaum évoque les heures de grandeur de son favori Menchikov et un court règne de Pierre III. Tsarskoïé Selo célèbre les fastes des impératrices Élisabeth et Catherine II, tout en rappelant les souvenirs du grand poète Alexandre Pouchkine. Quant aux domaines de Pavlovsk et de Gatchina, ils restent intimement liés à la vie du couple impérial Paul Ier et Maria Fiodorovna. Ne partez pas de St-Pétersbourg sans découvrir au moins l'une de ces merveilles, bien qu'il soit difficile de choisir entre la féerie des fontaines de Peterhof, la magnificence de Tsarskoïé Selo et les paysages romantiques de Pavlovsk… En bus, en « marchroutka », en train ou en hydroglisseur, vous atteindrez facilement ces domaines qui attendent de vous révéler leurs splendeurs. En voyant les photographies des tas de ruines calcinées à partir desquelles elles furent relevées et reconstruites à l'identique, vous n'en éprouverez qu'une admiration encore plus grande pour l'exploit de ceux qui ont restitué à ces lieux magnifiques leur beauté première.

Peterhof★★★

Petergof/Петергоф

Rival nordique du château de Versailles dont il s'inspire et qu'il surpasse par l'ingéniosité et l'abondance de ses jets d'eau, Peterhof survient comme une vision de rêve avec son palais posé sur une colline et ses fabuleux parcs au bord de la Baltique. De juin à septembre, lorsque des milliers de jets cristallins s'élancent, s'entrecroisent, se répandent en poussière irisée qui ajoute à la splendeur des édifices, les jardins de Peterhof se transforment en une véritable féerie aquatique qui, à elle seule, justifie le voyage à St-Pétersbourg.

- **Se repérer** – À 29 km à l'ouest de St-Pétersbourg, sur la rive sud du golfe de Finlande.
- **Organiser son temps** – Les différents lieux ouverts à la visite ont des horaires quelque peu capricieux et ferment bien avant le parc. Il est donc fortement conseillé d'arriver tôt et de commencer par la visite des palais et des pavillons…
- **Avec les enfants** – Les fontaines, bien sûr, et surtout les « fontaines-surprises » dont raffolent les plus jeunes. Choisir une journée bien chaude et prévoir une serviette de bain, car ils risquent d'en sortir totalement mouillés…
- **Pour prolonger la promenade** – Aux confins du parc Inférieur, le parc paysager Alexandrie offre une agréable promenade et quelques lieux à visiter… s'il vous reste du temps.

C. Hervé-Bazin / Michelin

Le palais vu du jardin Haut.

Comprendre

La cour de Pierre – Peterhof (*Piter hof*, « cour de Pierre » en hollandais) est l'un des premiers palais construits dans les environs de St-Pétersbourg. Il est né d'une petite demeure de bois édifiée en 1705, qui permettait à **Pierre Ier** de faire une halte sur la route menant à la forteresse de Cronchlot (future Cronstadt). Après la bataille de Poltava (1709), le tsar décide d'élever une résidence digne d'un grand souverain. Il en dessine lui-même les plans, y compris ceux du canal Maritime, du jardin et des fontaines. En 1717, impressionné par sa visite à Versailles, il confie les travaux à l'architecte français **Jean-Baptiste Leblond**, élève de Le Nôtre, pour créer son propre Versailles sur les bords de la Baltique. Plus de 5 000 personnes travaillent à l'aménagement du parc, à la construction du palais et à l'élaboration du système d'adduction d'eau amenée depuis les hauteurs de Ropcha, à 22 km de là. Les références françaises se multiplient avec les palais Monplaisir, de Marly et le pavillon de l'Ermitage. L'inauguration de Peterhof a lieu le 15 août 1723. Le domaine ne cesse ensuite de s'agrandir et de s'enrichir d'œuvres d'art, suscitant l'admiration des visiteurs. Dévasté sous l'occupation nazie, il va être restauré pendant près de cinquante ans et a pris sous le régime soviétique le nom de Petrodvorets, jugé plus russe. C'est aujourd'hui l'un des domaines les plus visités d'Europe.

Visiter Peterhof

Grand Palais★★★ (Bolchoï Dvorets/Большой дворец)

C'est en 1714 que Pierre Ier décida de construire sur la terrasse un petit palais, les Salles supérieures, sur un projet de **Johann-Friedrich Braunstein**… qui finit par réaliser un autre projet, celui qu'avait présenté en 1717 **Jean-Baptiste Leblond**. Le palais connut plusieurs réaménagements dont les plus importants furent réalisés par **Bartolomeo Francesco Rastrelli** entre 1747 et 1756. Ce dernier agrandit l'ancien palais en y ajoutant deux ailes symétriques, l'une terminée à l'est par une chapelle et l'autre à l'ouest par le pavillon du Blason. Il s'appliqua ensuite à créer une enfilade de salles richement décorées. Malgré des modifications effectuées plus tard par **Iouri Velten**, la décoration intérieure traduit l'esprit baroque et l'imagination exubérante de l'architecte du palais d'Hiver. Durant deux siècles, le Grand Palais fut la résidence d'été officielle des empereurs de Russie. Après la révolution d'Octobre de 1917, il fut transformé en musée. Presque entièrement détruit pendant la Seconde Guerre mondiale, ce n'est qu'en 1957 qu'il se dressa de nouveau sur la terrasse au-dessus de la Grande Cascade. La restauration de l'intérieur continue encore aujourd'hui, même si la plus grande partie des travaux est achevée.

Escalier d'honneur★★ – Créé par Rastrelli, ce magnifique escalier, resplendissant de dorures, est décoré de peintures en trompe l'œil, de sculptures baroques et de quatre statues qui représentent les saisons. Le tableau du peintre vénitien Bartolomeo Tarsia décorant le plafond, *L'Impératrice personnifiant le printemps*, les aigles bicéphales, les couronnes et les monogrammes évoquent le règne de la tsarine Élisabeth Petrovna. Les deux allégories au-dessus de la porte menant à la salle de Danse – la *Fidélité* et l'*Équité* – glorifient la monarchie russe. Deux petites salles consacrées à l'histoire du palais (les photos du palais en ruine rendent la visite encore plus impressionnante !), conduisent aux salles d'apparat.

Salles d'apparat★★★ – La fastueuse **salle de Danse**, destinée aux réceptions et aux bals, est l'une des meilleures œuvres de Rastrelli. D'une superficie de 270 m^2, elle occupe à elle seule toute l'aile ouest du palais. L'immensité de la salle est encore soulignée par l'abondance des glaces et des fausses fenêtres. Le gigantesque plafond est orné du tableau *Parnasse* de Tarsia, alors que les *tondos* au-dessus des glaces, dus à Giuseppe Valeriani, sont inspirés par les *Métamorphoses* d'Ovide et par l'*Énéide* de Virgile.

La **salle de Tchesmé** est décorée de 12 immenses toiles, œuvres du peintre allemand Jacob Philippe Hackaert, commandées par Catherine II. Elles représentent des scènes de la bataille de Tchesmé contre les Turcs qui se termina par la victoire de la flotte russe le 26 juin 1770. On raconte que, pour rendre les tableaux plus authentiques, Catherine II fit sauter à la demande de Hackaert une vieille frégate russe dans le port de Livourne.

Après le passage dans la **salle de réception Bleue**, ancien cabinet des secrétaires, on pénètre dans la **salle du Trône**, la plus grande de toute l'enfilade d'apparat (330 m^2). Réaménagée par Velten selon les règles du classicisme, elle est décorée de moulures abondantes, de draperies rouge vif et de lustres scintillant d'un éclat d'améthyste. Au centre, le grand portrait de Catherine II représente l'impératrice chevauchant sur son cheval préféré, en tenue du régiment Preobrajenski. Le trône installé sous le tableau serait celui que Menchikov conservait dans son palais pour Pierre Ier. Au-dessus des portes, portraits des impératrices Catherine Ire, Anna Ioannovna et Élisabeth Petrovna.

La **salle d'Audiences**, toute resplendissante d'or, a conservé le décor de Rastrelli. Originellement destinée aux réceptions officielles, elle fut ensuite affectée aux demoiselles d'honneur. C'est ici qu'elles dînaient lors des repas solennels.

On pénètre ensuite dans la **salle à manger Blanche** où l'on servait les repas officiels. Seules les draperies vertes viennent interrompre la blancheur immaculée de cette salle réaménagée en 1775 dans le goût classique. Vous y découvrirez le service en faïence de Wedgwood, commandé par Catherine II.

Encadrant la salle des Portraits, les deux **cabinets Chinois** ont été aménagés en 1766-1769 par **Jean-Baptiste Vallin de La Mothe** qui utilisa de véritables panneaux de paravents laqués chinois, apportés en Russie sous Pierre Ier. Ces cabinets étaient destinés à conserver des collections d'objets d'art oriental. Vous y admirerez une superbe collection de porcelaines chinoises, des émaux polychromes, des meubles incrustés de laques… Remarquez également les parquets en bois précieux et des poêles en céramiques uniques en leur genre.

La **salle des Portraits**, située au centre du palais, offre une magnifique vue sur la Grande Cascade et le canal Maritime. Elle est ornée d'un ensemble exceptionnel de 368 portraits de jeunes filles, dus au peintre italien Pietro Rotari.

Appartements impériaux★★ – Ils sont situés dans l'enfilade qui suit le second cabinet Chinois. Le **salon aux Perdrix** tire son nom de la soie parsemée d'oiseaux qui tapisse les murs, le canapé et les rideaux de l'alcôve. On peut y voir la copie d'un tableau de Dimitri Levitski représentant E. Nelidova, ainsi que des portraits de jeunes filles par Jean-Baptiste Greuze. Le **salon au Divan** revêtu de soie chinoise contient un énorme sofa, héritage de la mode turque, qui aurait été offert à Catherine II par son favori Grigori Potiomkine. On traverse ensuite le **cabinet de toilette** exposant un service en porcelaine rose, et le **Cabinet de l'impératrice** orné de beaux meubles et de portraits de la famille impériale. La **salle des Chevaliers**, qui suit une salle de passage, était destinée à la réception des chevaliers de la Cour et des officiers supérieurs de la garde. Sous Catherine II s'y trouvait le corps de garde qui veillait à la sécurité de ses appartements particuliers. Le **grand salon Bleu** est l'ancienne salle à manger où la famille impériale recevait ses amis intimes. Il contient un service de table exécuté à la Manufacture impériale de porcelaine (sur un modèle de Sèvres) et surnommé le « service aux feuilles de chou », qui frappe par la finesse de son exécution. Les nombreux portraits d'apparat contribuent à l'atmosphère solennelle de cette salle. L'enfilade nord se termine par la **salle des Secrétaires** donnant l'accès au Pavillon est *(fermé pour restauration)*.

Appartements particuliers – Utilisés comme logement pour les invités de l'empereur, on y remarque surtout de belles soieries et des portraits d'apparat. Notez notamment celui de la belle princesse Olga, fille de Nicolas Ier, qui vécut dans le palais pendant un certain temps.

Salle de la Couronne – Contiguë aux anciens appartements de l'impératrice, elle servait probablement de chambre à coucher au tsar. Les panneaux de soie chinoise des 17e-18e s. évoquent les étapes de la fabrication de la porcelaine en Chine, dont le secret n'était pas encore connu en Europe. Le piédestal au milieu était destiné à accueillir la couronne de l'empereur, d'où le nom de la salle.

Cabinet de Chêne★★ – Seule pièce à avoir conservé la décoration originelle de Leblond, il est décorée de magnifiques lambris de chêne, œuvre du sculpteur Nicolas Pineau, datant de 1718-1720. Le cabinet contient quelques objets personnels de Pierre le Grand – des livres, une pendule et un globe – qui rappellent sa soif de connaissances, son intérêt pour la mécanique et sa passion des voyages.

Parc Inférieur★★★ (Nijni park/Нижний парк)

Peterhof est surtout célèbre pour ses jardins tournés vers la Baltique et parsemés d'innombrables fontaines. D'une superficie totale de près de 1 000 ha, le parc Inférieur est réalisé selon le principe de symétrie qui se révèle dans la disposition de fontaines

identiques, situées aux croisements des allées. Chaque cascade correspond à un palais ou un pavillon. La plus impressionnante est sans doute la Grande Cascade, aménagée en contrebas du Grand Palais. Elle rejoint le canal Maritime qui coupe le parc en deux parties – orientale et occidentale –, agrémentées de nombreux jets d'eau. Dans la partie orientale se trouvent : l'aile Catherine, le palais Monplaisir avec ses dépendances et la cascade de la montagne de l'Échiquier ; dans la partie occidentale : le palais Marly, le pavillon de l'Ermitage, les cascades de la Montagne d'Or et des Lions. Du pont jeté à travers le canal Maritime s'ouvre une magnifique **vue★★★** dite « perspective classique » de Peterhof : au sud, le Grand Palais et la Grande Cascade ; au nord, le golfe de Finlande avec, dans la brume, la ville de Cronstadt ; à l'est et à l'ouest, l'allée principale de Marly avec les fontaines d'Adam et Ève.

Grande Cascade★★★ (Bolchoï Kaskad/Большой каскад)

Conçue par Pierre Ier, la Grande Cascade marque le centre de l'ensemble de Peterhof. La terrasse devant le palais offre une superbe **vue★★★** sur la Grande Cascade prolongée par le canal qui s'élance vers la mer. La cascade se compose de trois petites cascades à gradins, de deux grottes et d'une vasque centrale où se déversent les eaux des fontaines. Trente-sept statues en bronze doré reflétées dans les embruns de 142 jets d'eau émis par 64 fontaines composent le décor de cette cascade. La plus élégante est la fontaine de la Corbeille qui se trouve au centre de la cascade. Les entrelacs de ses jets rappellent une énorme corbeille de fleurs. Au milieu de la vasque centrale, la gigantesque statue de *Samson déchirant la gueule du lion* représente le héros biblique en lutte contre un fauve enragé crachant un jet d'eau de 20 m de haut. La statue symbolise la victoire de la Russie sur la Suède, dont les armoiries sont ornées d'un lion. Tout autour, naïades, sirènes, tritons et dauphins célébrant la victoire jettent et soufflent de l'eau qui s'élance vers le ciel, tombe en nappe des gradins et se déverse dans le canal pour rejoindre les vagues de la Baltique.

Fontaines★★★ (Fontany/Фонтаны)

Parmi les innombrables fontaines de Peterhof, on ne présente ici que les plus remarquables, sans oublier les trois cascades agrémentant le jardin.

De part et d'autre de la Grande Cascade, au milieu des parterres de fleurs se dressent deux fontaines dites Coupes. La fontaine orientale, réalisée par le Français P. Sualem, reçut le nom de *Française*, tandis que son pendant occidental, œuvre des frères Barratini, fut appelé *Italienne*. Elles s'harmonisent parfaitement avec les colonnades de marbre créées par **Andreï Voronikhine**. Celles-ci sont encadrées de deux fontaines figurant la Nymphe, déesse des sources, et Danaïde, fille du roi d'Argos Danaos, condamnée à verser éternellement de l'eau dans un tonneau sans fond.

Derrière la colonnade ouest, les aboiements aigus d'un chien et les « coin-coin » des canards attirent les visiteurs. Dans un petit bassin tournent en rond un petit chien et, devant lui, quatre canards. Seul vestige des fontaines inspirées des fables d'Ésope voulues par Pierre Ier, la fontaine de Favori dotée d'un mécanisme acoustique possédait autrefois un écriteau avec l'explication du sens de la scène : « Le chien Favori poursuit sur l'eau des canards ; les canards lui disent : Tes efforts sont vains, si tu as assez de force pour nous pourchasser, tu n'en auras jamais assez pour nous attraper. »

Combien de fontaines à Peterhof ?

L'ensemble des jeux d'eau de Peterhof comprend 5 cascades et plus de 150 fontaines. Une cascade et 5 fontaines se trouvent dans le jardin Supérieur ; les autres, dans le parc Inférieur.

P. De Franqueville / Michelin

La féerie des fontaines de Peterhof.

De part et d'autre du canal Maritime, au fond du parc, se dressent les deux plus anciennes fontaines de Peterhof : celle d'Adam, dans la partie est, et celle d'Ève dans la partie ouest. Les sculptures furent commandées par Pierre Ier en 1717 au sculpteur italien G. Bonazza. Situées à distances égales par rapport à la Grande Cascade, elles marquent le croisement des principales allées des secteurs oriental et occidental du parc.

Dans la partie est, au sud de la fontaine d'Adam, l'édifice de l'Orangerie fut construit par J. Braunstein et M. Zemtsov en 1725. Au milieu du petit jardin, devant la façade sud du bâtiment, la fontaine de *Triton déchirant la gueule d'un monstre marin* fait écho à celle de Samson.

Plus loin, sur l'extravagante cascade de l'Échiquier, trois dragons féroces vomissent des flots bouillonnants qui s'écoulent sur trois gigantesques damiers. Au pied de la cascade, les deux magnifiques fontaines *Romaines* rappelaient celles de la basilique St-Pierre de Rome, d'où leur nom.

Plus bas, les célèbres fontaines-surprises (le *Parapluie*, le *Petit Chêne* et les *Sapins*) amusent petits et grands en arrosant inopinément ceux qui s'en approchent d'un peu trop près.

Passé le monument à Pierre le Grand, œuvre du sculpteur P. Antokolski, on verra la magnifique fontaine du *Soleil* dont le disque en bronze et les rayons argentés tournent sans cesse sur eux-mêmes.

Encore plus à l'est, enfin, l'impressionnante fontaine de la Pyramide, conçue par Pierre Ier, est un nouveau symbole de la victoire de la Russie dans la guerre du nord.

Dans la **partie ouest du parc**, après la fontaine d'Ève, au milieu de l'allée centrale menant au palais Marly, la cascade des Lions est surmontée d'une imposante colonnade en granit gris et en marbre blanc, gardée par deux lions. Plus loin, à gauche du palais, la magnifique cascade de la Montagne d'Or tient son nom des feuilles de cuivre doré qui recouvrent les gradins de l'escalier. Des sculptures italiennes en marbre en décorent l'attique et les rampes. Les mascarons en forme de monstres marins crachent des flots qui s'écoulent le long des paliers. Au pied de la cascade, les fontaines Ménagères produisent des jets d'eau de 15 m de haut.

C. Brett / Michelin

« Triton » déchire la gueule du monstre marin…

Palais de Monplaisir★★ (Dvorets Monplezir/Дворец Монплезир)
Dans la partie est du parc, au bord même du golfe de Finlande, se dresse un gracieux bâtiment en briques. Il se compose d'un pavillon central flanqué de deux galeries latérales. Ce petit palais, le préféré de Pierre Ier, fut construit d'après ses esquisses par les architectes Braunstein, Leblond et Michetti entre 1714 et 1723. Sa terrasse qui donne sur la mer offrait au tsar une vue magnifique sur le golfe, tout en lui permettant d'observer la forteresse de Cronstadt. Pour orner Monplaisir, Pierre rassembla la première galerie de peinture de Russie, composée de 200 toiles de maîtres hollandais et flamands. Sur les 147 tableaux qui y sont aujourd'hui exposés, 120 faisaient partie de la collection du tsar. À l'intérieur, on admire entre autres le **cabinet des Laques** avec ses panneaux exécutés par des artisans russes dans le style chinois et la **grande salle d'Apparat** avec son magnifique plafond peint par François Pillement. On verra également la **cuisine** entièrement tapissée de carreaux de Delft où, dit-on, Catherine Ire confectionnait elle-même de petits pâtés, et le **Cabinet maritime** de Pierre le Grand d'où le tsar aimait observer les bateaux à la longue-vue. Devant la façade sud du palais, un beau **jardin** aux parterres de fleurs est orné d'une fontaine centrale en forme de gerbe, de fontaines-cloches rehaussées de statues dorées et de deux modestes bancs en marbre vous réservant des surprises…

Aile Catherine★ (Ekaterininski korpous/Екатерининский корпус)
Ce bâtiment jaune et blanc contigu au palais Monplaisir fut élevé en 1748-1749 par **Bartolomeo Francesco Rastrelli**. C'est ici que la jeune épouse abandonnée de Pierre III passa quinze ans avant de devenir l'impératrice Catherine II. L'intérieur, plusieurs fois réaménagé, se compose de sept pièces mélangeant les éléments classique et Empire. La plus intéressante est le **salon Jaune**, aménagé par **Quarenghi**, qui expose le célèbre service en porcelaine Gouriev, orné de scènes de la vie de différents peuples de l'Empire russe, et exécuté à la Manufacture impériale de St-Pétersbourg entre 1809 et 1817. On y verra également la tapisserie *Pierre Ier sauvant les pêcheurs au cours d'une tempête sur le lac Ladoga*, fabriquée à la Manufacture des Gobelins et offerte par Louis XVIII à Alexandre Ier.

Bains et cuisines★ (Banny korpus i Povarennyé palaty/Банный корпус и Поваренные палаты)
Construit sur l'emplacement de l'ancien bâtiment en bois, le **pavillon des Bains**, contigu à Monplaisir, fut conçu en 1865-1866 par l'architecte E. Hahn pour Maria Alexandrovna, épouse d'Alexandre II. Souffrant de phtisie, l'impératrice se soignait par l'hydrothérapie. À l'intérieur, on verra un **salon de Détente**, où l'impératrice prenait le thé, les **bains froids** avec une baignoire en chêne surmontée d'un « lustre-douche » unique en son genre, les **bains chauds** destinés aux bains minéraux ou aromatiques, et enfin les **bains de vapeur** où l'on se fouettait à la russe avec un balai de bouleau pour provoquer une forte transpiration – moyen universel, toujours d'actualité, de lutter contre toutes les maladies existantes.

Voisin du pavillon des Bains, le bâtiment des **Cuisines**, construit entre 1726 et 1732, fut réaménagé en 1747 par Rastrelli. La **salle des Assemblées**, décorée de 17 tapisseries russes, fut destinée à accueillir les invités impériaux. Sur la table, remarquez les curieuses « carafes à 4 vins » – pièces uniques fabriquées qu'en Russie –, qui pouvaient contenir à la fois du rhum, du madère, du vin et de la vodka. Dans la salle suivante destinée à garder la vaisselle et le linge de table, on verra un curieux « meuble à glaçons », l'ancêtre du réfrigérateur, et un menu impérial rédigé en français. Dans la **cuisine** sont exposés une collection de pots de cuivre et autres objets indispensables pour préparer un repas fastueux. Une petite pièce contiguë à la cuisine appelée **salle de Café** était destinée à la préparation du café, du chocolat chaud et d'autres boissons.

Derrière les cuisines, le petit jardin paysager, dit **jardin Chinois**, est orné de fontaines, d'un petit étang et d'un ruisseau enjambé par des ponts.

Palais de Marly★ (Dvorets Marli/Дворец Марли)
Situé aux confins ouest du parc, ce petit palais baroque fut nommé en souvenir du séjour de Pierre Ier à Marly-le-Roi en 1717. Construit en 1723 par Braunstein, c'était une sorte de résidence intime des tsars. Il abrite aujourd'hui un musée qui recrée une atmosphère de l'époque pétrovienne. On peut y voir des meubles, des tableaux flamands et hollandais, et quelques objets personnels de Pierre Ier : son manteau, ses livres, et une table en marqueterie que le tsar aurait fabriquée lui-même. Flanqué de deux bassins, l'un rectangulaire, l'autre semi-circulaire, le palais offre une belle vue sur les étangs et les jardins fruitiers qui l'entourent. Le jardin du nord consacré à Vénus

est protégé par un remblai contre les vents soufflant de la mer. Celui du sud, dit jardin de Bacchus, s'étalant au pied de la cascade de la Montagne d'Or, est décoré par les charmantes petites fontaines de Tritons qui utilisent l'eau des fontaines Ménagères.

Pavillon de l'Ermitage★ (Pavilion Ermitaj/Павильон Эрмитаж)

Non loin du palais Marly, au bord même du golfe de Finlande, le gracieux pavillon de l'Ermitage était destiné au repos de l'empereur et de ses invités. Construit par Braunstein en 1725, l'édifice est entouré d'un fossé rempli d'eau renforçant son caractère isolé. Au rez-de-chaussée se trouvaient le vestibule, la cuisine et une pièce avec un mécanisme élévateur. De là, les hôtes, sur un fauteuil spécial, gagnaient l'étage supérieur. Tout le premier étage est occupé par une salle d'apparat décorée de tableaux des maîtres européens des 17e-18e s. Au milieu de la salle se trouve une table ovale autour de laquelle pouvaient se réunir quatorze personnes. Les convives étaient servis grâce à un monte-charge : la partie centrale de la table et les niches pour les assiettes descendaient directement à la cuisine, et, sur un signal, tout ce qui était nécessaire était monté.

Jardin Supérieur★ (Verkhni sad/Верхний сад)

Le jardin Supérieur devant la façade sud du Grand Palais fut aménagé beaucoup plus tard que le parc Inférieur. À l'époque de Pierre Ier, ce terrain était occupé par un potager, les trois grands étangs servant à l'élevage de poissons pour la table impériale. Au milieu du 18e s., après l'achèvement de la construction du Grand Palais, l'entrée d'honneur de la résidence fut ouverte du côté de la route de St-Pétersbourg. Le potager devint un parc servant de cour d'honneur à la résidence des tsars. D'une symétrie idéale, parsemé de tonnelles, de pergolas, de statues et d'étangs, le jardin est dominé par la fontaine de *Neptune* du bassin central. Cette somptueuse sculpture provient de Nüremberg et date des années 1650-1660. Acquise par Paul Ier pour sa résidence de Gatchina, elle fut ensuite transférée ici. Volée par les nazis, retrouvée après la guerre dans une usine en Allemagne, elle fut rapatriée à Peterhof.

Musée Benois★ (Mouzeï Benoua/Музей Бенуа)

Installé dans un pavillon à l'est du Grand Palais, ce musée est consacré aux illustres descendants de la famille Benois. Son origine remonte à un certain Louis-Jules Benois qui, arrivé en Russie à la fin du 18e s., se retrouva maître d'hôtel à la cour de Paul Ier. Son mariage avec une Russe donna naissance à une grande lignée d'artistes dont l'architecte **Nicolas Benois**, auteur de la gare de Peterhof et du pavillon du Musée, le peintre **Alexandre Benois**, premier décorateur des Ballets russes de Diaghilev, l'acteur britannique **Peter Ustinov**, l'architecte Pierre Benois qui dessina le palais des Festivals à Cannes… Le dernier descendant direct, Nicolas Alexandre Benois, transforma son pavillon en musée afin d'exposer les œuvres des membres de la famille, avant de l'offrir au domaine de Peterhof.

Parc Alexandrie★ (Park Aleksandria/Парк Александрия)

Au 19e s., sur le territoire attenant aux jardins du Grand Palais furent créés plusieurs parcs paysagers. Le plus important d'entre eux est celui d'Alexandrie, adjacent au parc Inférieur de Peterhof. Vous y découvrirez le **Cottage**, résidence privée de Nicolas Ier et de sa famille. Édifié en 1826-1829 par l'architecte **Adam Menelaws** dans le style néogothique, à la mode à cette époque, ce petit palais possède une collection de meubles et d'objets raffinés, toujours de style néogothique, un bel escalier et, tout en haut, le Cabinet maritime du tsar avec une vue magnifique sur le golfe de Finlande. Près de l'entrée du parc, une chapelle néogothique, élevée en 1833 sur le projet de l'architecte allemand **Karl Schinkel**, servit d'oratoire privé à la famille impériale.

Peterhof pratique

Accès

Hydroglisseur (« Météores ») – Le moyen le plus agréable de se rendre à Peterhof. Emb. face à l'Ermitage, *Cavalier de bronze* et croiseur *Aurore*. *Traversée 30mn - de mi-mai à sept. : 10h-17h (18h w.-end et fêtes), départ toutes les 30mn-1h - 800 Rub (enf. 400 Rub) AR - retour : emb. à l'extrémité du canal Maritime du parc de Peterhof - 11h-18h (19h w.-end et j. fériés).*

« Marchroutkas » (mini bus) – *Marchroutkas* 300 et 424 du métro *Avtovo* (Автово). Face à la station de M° *Baltiskaïa* (Балтийская) *ligne 1* - durée 45mn : départ toutes les 15-20mn - Retour : face à l'entrée du parc, les *marchroutkas* 224 et 424 ou n'importe quel bus ou *marchroutka* qui va jusqu'aux station de métro *Moskovskaïa* ou *Avtovo*.

Train (Electritchka) – Gare de la Baltique (Baltiski vokzal/Балтийский вокзал) jusqu'à la station *Novy Petergof* (Новый Петергоф), puis les bus n°s 350, 351, 352, 356 qui s'arrêtent à l'entrée du parc (5e arrêt). Durée du trajet en train 45mn : départ toutes les 30mn en été (1h le reste de l'année).

Entrée – En venant par la route, traverser le jardin Supérieur et se rendre aux caisses en contournant le palais.

Cottage du parc Alexandrie – *2 km à l'est de Peterhof.* Les bus pour le Grand Palais s'y arrêtent. Les amateurs de marche peuvent s'y rendre à pied en traversant le parc Inférieur.

Informations utiles

Informations de mai à oct. – *☏ 45052 87 - www.peterhofmuseum.ru.*

Vestiaires – *À droite de l'entrée.* Consigne payante.

Achats – Plusieurs boutiques de souvenirs dans le Grand Palais à gauche de l'entrée.

Distributeur – Au milieu des boutiques de souvenirs.

Toilettes – Dans le Grand Palais, à gauche après les boutiques de souvenirs et en plusieurs endroits du domaine, bien indiquées. Payant.

Visite

Jardin Supérieur – Tlj 9h-19h. Entrée gratuite.

Parc Inférieur et fontaines – Tlj 9h-19h - caisses 9h-16h40, sam. dim. 9h-17h40 - 300 Rub (étud., enf. 150 Rub) - gratuit après 17h et jusqu'en mai. Les fontaines fonctionnent de mai à début oct., tlj 11h-17h (arrêt progressif à partir de **16h**), sam. dim. 11h-18h (arrêt à partir de 17h).

Visite de la Grande Grotte – Guichet à l'extérieur, à droite de celui réservé aux Russes. Visite guidée mai-oct. : tlj 11h-17h (dernière entrée 16h30), sam. dim. 11h-18h (dernière entrée 16h30) - 150 Rub (étud., enf. 80 Rub).

Grand Palais – *Mai-oct. tlj sf lun. 10h30-18h (dernière entrée 17h), nov.-avr. tlj sf lun. 11h-18h (dernière entrée 17h), fermé dernier mar. du mois - 520 Rub (étud., enf. 250 Rub) - photo : 100 Rub, vidéo : 200 Rub.* Attention ! En été, la journée est divisée en tranches horaires pour différents types de public, sujettes à changements. La caisse pour étrangers se trouve à l'intérieur du palais, à droite après les vestiaires.

Autres palais et pavillons – Les jours de fermeture varient d'un palais à l'autre.

Palais de l'Ermitage et musée Benois – Fermés pour restauration.

Palais « aile Catherine » – *Tlj sf jeu. 10h30-18h (dernière entrée 17h) - 300 Rub (étud., enf. 150 Rub).*

Palais Marly – *Mai-oct. tlj sf lun. 10h30-18h (dernière entrée 17h30), nov.-avr. le w.-end 10h30-17h - 150 Rub (étud., enf. 80 Rub) - photo : 60 Rub, vidéo : 150 Rub.*

Palais Monplaisir – *À partir du 31 mai tlj sf dernier merc. du mois 10h30-18h (dernière entrée 17h), fermé à partir de nov. - 300 Rub (étud., enf. 150 Rub).*

Bains et Cuisines – *Tlj sf merc.10h30-18h (dernière entrée 17h) - 300 Rub (étud., enf. 150 Rub).*

Cottage du parc Alexandrie – *Tlj sf lun. 10h30h-18h (dernière entrée 17h) - 250 Rub (étud., enf. 130 Rub) - photo : 100 Rub, vidéo : 100 Rub.*

Se restaurer

⊜/⊜⊜ Standart (Штандарт) – *Dans le parc Inférieur, à 100 m à l'ouest du débarcadère - tlj 12h-18h - ☏ 450 62 81.* Restaurant traditionnel qui sert tous les grands classiques de la cuisine russe. On vous y préparera selon une recette russe le poisson que vous aurez pêché dans les étangs Marly : *250 Rub (ossiotr 400 Rub).*

⊜ Cafétéria de l'Orangerie – *10h-18h.* Dans une salle sympathique ou dehors au soleil, on y mange des salades, des tartes et autres *pirojkis* avant de poursuivre l'exploration du parc.

Sports et loisirs

Tour en hélicoptère – *Emb. près du palais Marly - mi-mai-sept. w.-end et fêtes 11h-18h - durée 10-15mn - cher.*

Pêche – Depuis 2001, la tradition de l'élevage de poissons dans les étangs Marly est rétablie. On vous prête l'équipement pour y pêcher. Le poisson est payé au kilo : 400 Rub le kg (*ossiotr*, le poisson le plus précieux : 1 100 Rub le kg). Vous pouvez vous faire préparer le poisson au restaurant *Standart (voir ci-dessus).*

C. Brett / Michelin

Pour se balader sans se fatiguer…

Événements

Festivités – Fête d'ouverture (mai) et fête des fontaines (sept.) à ne pas manquer. Festival de musique en juin et fête de la ville de Peterhof en juillet.

Tsarskoïé Selo★★★

Царское Село

Apogée du style baroque, le palais Catherine déploie ses immenses façades bleu ciel soutenues par de puissants atlantes au sommet d'une colline entourée de jardins. Avec ses intérieurs somptueux dont l'éblouissant salon d'Ambre est sans doute la pièce la plus extraordinaire, il est l'incarnation même de l'époque des fastes que la Russie a connus sous les règnes des impératrices Élisabeth Petrovna et Catherine II. Mais, loin de se résumer au palais Catherine, Tsarskoïé Selo, c'est aussi le palais Alexandre qui garde les souvenirs des derniers Romanov, le mythique Lycée impérial où étudia Pouchkine, et les magnifiques parcs paysagers parsemés de gracieux pavillons et d'étangs qui leur impriment une beauté poétique.

- **Se repérer** – Tsarskoïé Selo est situé à 25 km au sud de St-Pétersbourg.
- **Organiser son temps** – La visite des palais et des parcs de Tsarskoïé Selo prend généralement une journée entière. Il est donc déconseillé de combiner sa visite avec celle de Pavlovsk, situé à proximité, si vous voulez pleinement profiter de l'un et de l'autre. Si votre temps est limité, faites un choix plutôt que d'essayer à tout prix de voir les deux.

A. Kanjounzeff / Michelin

Quand la neige sert d'écrin immaculé à la splendeur baroque de Tsarskoïé Selo.

Comprendre

Rencontre avec trois impératrices et le prince des poètes

Les terres où s'étend aujourd'hui l'ensemble de Tsarskoïé Selo (littéralement le « village des tsars ») furent jadis occupées par une métairie suédoise. Après leur rattachement à la Russie, Pierre Ier les offrit à sa femme, la future Catherine Ire. En 1711, elle y fit élever un petit palais par les architectes J. Braunstein et F. Ferster. Après la mort de Catherine, le domaine passa à sa fille, la grande-duchesse Élisabeth qui, devenue impératrice en 1741, décida de transformer les bâtiments en un palais fastueux entouré de pavillons et de jardins. Les travaux entamés par les architectes M. Zemtsov, A. Kvassov et S. Tchevakinski furent repris en 1752-1756 par **Bartolomeo Francesco Rastrelli** qui dota l'ensemble d'un luxe baroque inouï. Le palais fut baptisé Catherine en l'honneur de la mère d'Élisabeth. Plus tard, Catherine II prit une part active à l'embellissement du domaine en confiant aux architectes **Iouri Velten**, **Charles Cameron** et **Giacomo Quarenghi**, entre autres, la décoration et l'aménagement intérieurs du palais et la réalisation des pavillons, des ponts et des obélisques du parc. C'est également sous le règne de Catherine II que fut construit le **palais Alexandre** où vécurent plusieurs souverains russes et qui garde les souvenirs des derniers Romanov.

La visite de Tsarskoïé Selo, c'est aussi une rencontre avec **Alexandre Pouchkine** qui y passa six années alors qu'adolescent il étudiait au Lycée impérial. C'est également à Tsarskoïé Selo qu'il vécut après son mariage avec **Natalia Gontcharova** dans une datcha proche du palais Catherine. Les jardins du domaine où il se promenait si souvent et auxquels il consacra tant de beaux vers semblent garder le souvenir du poète.

Détruit pendant la guerre de 1941-1945, le palais Catherine fut entièrement reconstruit. Très endommagés, le palais Alexandre et la plupart des pavillons furent restaurés à l'extérieur et partiellement reconstitués à l'intérieur. Nombre d'édifices du parc Alexandre attendent encore d'être réhabilités.

Visiter

Palais Catherine★★★ (Ekaterininski dvorets/ Екатерининский дворец)

A. Kanjounzeff / Michelin

Les bulbes dorés de la chapelle.

Ce splendide palais richement décoré de colonnes, de pilastres, de moulures et de sculptures constitue le véritable joyau de l'ensemble. Dans un formidable élan de fantaisie créatrice, Rastrelli sut éviter la monotonie d'un gigantesque alignement de façades grâce à la variation de rythmes et de formes, tout en imaginant un prodigieux mariage de l'or, des murs bleu azur, des colonnes blanches et du toit argenté. Au milieu du 18ᵉ s., le palais produisait une impression encore plus extraordinaire, lorsque les cariatides et les guirlandes, d'un jaune aujourd'hui sans éclat, étaient recouvertes d'une fine couche d'or. Il n'en reste aujourd'hui que les dorures des grilles et celles des bulbes couronnant la chapelle – étonnante synthèse du style baroque avec l'architecture traditionnelle des églises moscovites qu'avait naguère rejetée **Pierre le Grand**.

Escalier d'honneur★★ – La splendeur des façades est soulignée par les décors intérieurs où le faste du style baroque de Rastrelli voisine avec le raffinement du néoclassicisme en vogue sous Catherine II. La visite commence par l'immense escalier d'honneur qui occupe toute la largeur du bâtiment. Les rideaux rouges se détachent sur le fond blanc neige de ses murs et de ses plafonds couverts de moulures. L'escalier est orné de tableaux de maîtres italiens des 17ᵉ-18ᵉ s. décorant le plafond et de porcelaines chinoises et japonaises installées sur les consoles des murs. Sur les paliers opposés, les charmantes sculptures *L'Amour se réveillant* du côté est et *L'Amour endormi* du côté ouest ajoutent à la beauté de l'escalier. La pendule et le calendrier sur les murs parachèvent le décor.

Enfilade d'Or★★★ – Après avoir traversé les pièces consacrées à l'histoire du palais (observez les photos des ruines laissées par les nazis ; elles font frémir), on pénètre dans l'enfilade des salles d'apparat. Créée par Rastrelli, elle est également appelée Enfilade d'Or à cause de la profusion de dorures qui la recouvrent. Elle commence par la majestueuse **Grande Salle** (appelée également salle de Danse), qui représente le véritable chef-d'œuvre de Rastrelli. Avec sa surface de 846 m², c'est l'une des plus vastes salles créées par l'architecte dans les palais de St-Pétersbourg et de ses environs. Le volume de cette salle, presque entièrement couverte de dorures, est encore amplifié par de multiples fenêtres et miroirs. Il faut imaginer son éclat à la lumière de 700 bougies allumées au cours des réceptions et des bals ! La gigantesque peinture du plafond qui représente le *Triomphe de la Russie* est l'œuvre du peintre italien Guiseppe Valeriani.

On entre ensuite dans la **salle à manger des Chevaliers** aménagée dans le même style et destinée aux réceptions des chevaliers de différents ordres. Sur les tables sont exposés trois magnifiques services, fabriqués à la Manufacture impériale de porcelaine, qui portent les armoiries des trois ordres russes les plus importants : au centre, le service de St-André destiné à la haute noblesse ; à gauche, celui de St-Georges réservé aux officiers supérieurs ; à droite, celui de St-Vladimir pour les personnalités civiles. Les tables ne se trouvaient pas en permanence dans la salle à manger mais y étaient apportées en cas de nécessité.

De l'autre côté de l'escalier d'honneur se trouve la salle à manger d'apparat appelée la **salle à manger Blanche**, symétrique à la salle à manger des Chevaliers. Les repas donnés ici étaient particulièrement splendides. La table en forme de E (comme *Ekaterina*, le prénom russe de Catherine) est recouverte d'une nappe blanche ornée de guirlandes de fleurs qui met en valeur le service d'apparat utilisé pour ces repas. Appelé le « service personnel », il fut fabriqué à la manufacture Gardner de Moscou. Remarquez les magnifiques vases décorés d'oiseaux et de centaines de petites fleurs en porcelaine provenant de la très renommée manufacture allemande de Meissen.

La salle à manger est suivie par les **salons Framboise et Vert**, ornés de splendides pilastres en verre décoré de paillettes de couleur. Rehaussés de dorures, ces pilastres s'harmonisent parfaitement avec les grands poêles peints au cobalt (en imitation de carreaux de faïence), attribut obligatoire de toutes les salles du palais Catherine.

Après avoir traversé la **salle des Portraits** où l'on observe deux immenses portraits d'apparat des impératrices Catherine Ire et Élisabeth, on pénètre dans la pièce la plus précieuse et la plus énigmatique de tous les palais de la région de St-Péters bourg : le fameux **cabinet d'Ambre**. Disparu lors des péripéties de la guerre, ce joyau fut reconstitué à l'identique par les meilleurs spécialistes de Russie. Revêtue d'une mosaïque d'ambre du sol jusqu'aux frises, cette pièce unique au monde éblouit les visiteurs par la richesse de ses tons chauds utilisant toute la gamme des jaunes et des rouges. Au milieu des dentelles d'ambre, quatre panneaux en mosaïque de pierres semi-précieuses représentent les allégories des cinq sens, reconstitués d'après les dessins de Giuseppe Zocchi. Autour des mosaïques, les somptueux cadres d'ambre rouge ornés d'arabesques, de fleurs et de fruits constituent de véritables petits tableaux peuplés de minuscules personnages d'une surprenante finesse d'exécution. Les dorures, les glaces et le parquet aux essences de bois précieux ajoutent encore à la splendeur de la pièce.

A. Kanjounzeff / Michelin

Le somptueux cabinet d'Ambre.

Le cabinet d'Ambre précède la **salle des Tableaux**, toute tapissée de toiles de maîtres occidentaux des 17e-18e s. Deux tableaux représentant des batailles – la *Bataille de Poltava* et la *Bataille de Lesnaïa* – furent exécutés par le peintre français **Pierre Denis** sur commande de Pierre Ier. En traversant quelques autres pièces baroques, on arrive à la fin de l'Enfilade d'Or. N'oubliez pas alors de vous retourner : l'effet produit par la suite infinie de frontons dorés est saisissant. Cet effet est voulu : pour le créer, les sols du palais ont été construits selon une légère déclivité.

L'énigme du cabinet d'Ambre

Offert à Pierre le Grand par le roi de Prusse **Frédéric-Guillaume Ier** en 1716, le cabinet d'Ambre fut installé par **Rastrelli** dans le palais de Tsarskoïé Selo en 1755. Après avoir émerveillé les visiteurs du palais pendant près de deux siècles, il est démonté par les nazis lors de l'occupation allemande et « rapatrié » à Königsberg. Mais lorsque les Soviétiques prennent cette ville, ils n'en découvrent aucune trace. Après plus de trente ans de vaines recherches, le gouvernement de l'URSS décide de reconstruire à l'identique la merveille disparue. Reconstitué centimètre par centimètre pendant une vingtaine d'années par les plus éminents spécialistes de Russie, le cabinet d'Ambre fut achevé grâce à la somme de 3 000 000 dollars offerte en réparation des dommages de guerre par la société allemande Rurhgas. Le nouveau cabinet d'Ambre fut officiellement inauguré en mai 2003, pour la fête du tricentenaire de St-Pétersbourg, par le président Poutine et le chancelier allemand Gerhardt Schroeder. Cependant, l'existence du cabinet reconstruit n'a pas mis terme à la recherche du cabinet disparu. L'espoir de le retrouver a réapparu en 1997 avec la découverte en Allemagne d'une mosaïque d'origine dont la photo est aujourd'hui exposée à côté du panneau reconstitué. En attendant, le sort de la « huitième merveille du monde » reste toujours entouré de mystère.

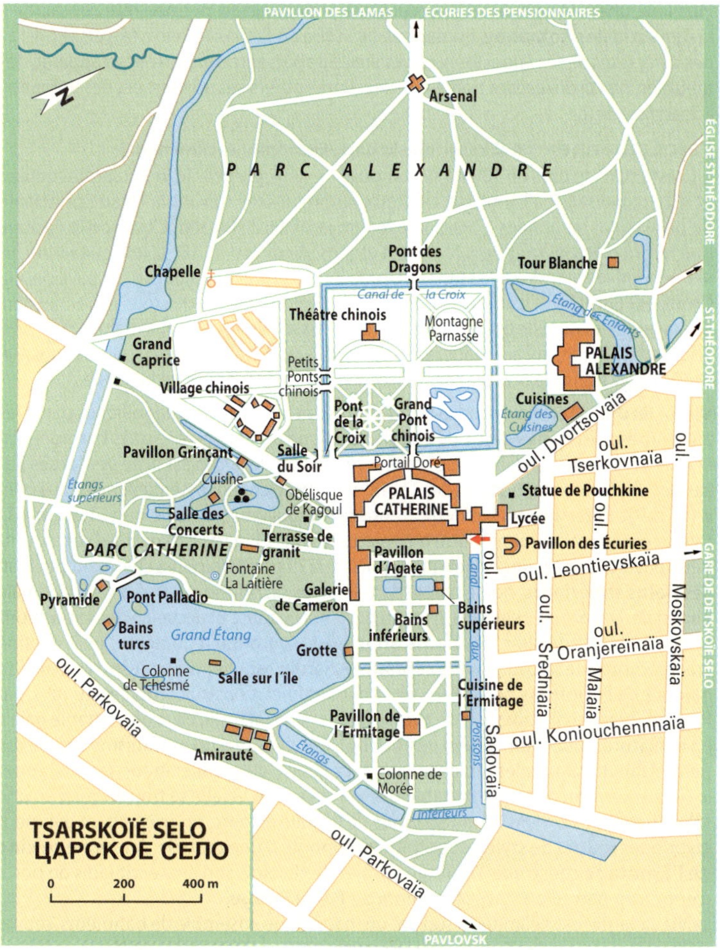

Appartements privés de Paul Ier et de Maria Fiodorovna★★ – Aménagés dans le style néoclassique par l'architecte **Charles Cameron**, ces appartements étaient destinés au fils de Catherine II, le tsarévitch Paul Petrovitch, et à son épouse Maria Fiodorovna. Fin connaisseur de l'Antiquité, Cameron utilisa librement dans sa création des motifs de l'art antique.

Avec ses bas-reliefs et ses moulures se détachant sur le fond vert clair des murs, la **salle à manger Verte** est le sommet du raffinement. Les peintures des battants des portes, la cheminée ornée de sphinx, les vases et les chandeliers aux motifs antiques composent l'intérieur d'une grande finesse. L'**office** aux pilastres bruns sur le fond rose pastel des murs est la pièce la plus modeste de l'ensemble. Le **salon Bleu** revêtu de soie ornée de fleurs est remarquable par son plafond peint de scènes mythologiques et de personnages antiques. Le **salon Chinois** où l'héritier du trône recevait ses proches est tapissé de soie bleue peinte de scènes stylisées de la « vie chinoise ». Quant à la **chambre à coucher de Maria Fiodorovna**, c'est l'une des plus belles réalisations de Cameron au palais Catherine. Avec les fines colonnettes de faïence de l'alcôve, ses magnifiques panneaux peints et ses médaillons inspirés des villas de Pompéi, elle frappe par son caractère à la fois intime et solennel. La dernière pièce des appartements n'a pas conservé son décor original.

Chapelle de la Résurrection – La chambre est contiguë aux tribunes de la chapelle de la Résurrection construite en 1748 par Rastrelli, Kvassov et Tchevakinski. C'est dans cette chapelle qu'eurent lieu le baptême du futur empereur Nicolas Ier et le service funèbre de son frère, Alexandre Ier.

Appartements d'Alexandre Ier – En revenant sur ses pas, on visite quelques pièces aménagées pour Alexandre Ier par V. Stassov. On verra notamment son **salon** et son **cabinet d'Apparat** ornés de peintures en trompe l'œil et d'objets en malachite.

Plus loin, une suite de six salles accueille une **exposition** permanente consacrée à la **dynastie des Romanov**, qui évoque l'histoire de Tsarskoïé Selo à travers le prisme des caractères de ses augustes propriétaires. Elle présente des portraits d'apparat, des meubles, des bronzes, des porcelaines et autres objets liés aux séjours des Romanov à Tsarskoïé Selo.

Parc Catherine★★★ (Ekaterininski park/Екатерининский парк)
Ce vaste parc de près de 300 ha se compose de deux parties : le Vieux Jardin régulier et le parc paysager à l'anglaise. Le Vieux Jardin fut créé devant la façade principale du palais dans les années 1720, par le maître jardinier J. Roosen. C'est à cette époque que furent créés les premiers canaux et étangs. Au milieu du 18e s., le Vieux Jardin fut réaménagé et agrandi par Rastrelli qui l'orna de sculptures et y ajouta deux pavillons : la Grotte et l'Ermitage. Dans les années 1770, Catherine II décida de créer le premier parc paysager de Russie. Elle fit appel à l'architecte **Vassili Neïolov** et aux maîtres jardiniers T. Iline et D. Busch, qui aménagèrent autour du Grand Étang un beau parc à l'anglaise, orné de pavillons, de ponts et d'obélisques à la gloire militaire de la Russie.

Vieux Jardin – Il étend devant la façade principale du palais ses magnifiques parterres aux arabesques en morceaux de charbon sur fond de gravier rose qui s'harmonisent avec le vert des gazons. Traversé d'allées rectilignes, le jardin est orné de statues italiennes en marbre blanc datant des 17e-18e s. qui proviennent essentiellement du jardin d'Été de St-Pétersbourg. Les deux étangs rectangulaires situés de part et d'autre de l'allée centrale constituent l'autre ornement du jardin. Près de l'étang nord se trouvent deux pavillons des bains érigés entre 1777 et 1779 par Neïolov. Le charmant pavillon des **Bains supérieurs**, qui se reflète dans les eaux de l'étang, était réservé à la famille impériale. Décoré de peintures, il est aujourd'hui restauré et accueille des expositions temporaires. Le pavillon des **Bains inférieurs**, couronné d'un dôme, était destiné aux membres de la cour. L'allée centrale du jardin régulier mène jusqu'au pavillon baroque de l'**Ermitage** destiné aux réceptions intimes. Construit au milieu du 18e s. par Rastrelli avec la collaboration de Kvassov et de Tchevakinski, c'est un véritable palais en miniature. Tout comme celui de Peterhof, il était doté d'un mécanisme spécial qui permettait de monter les tables servies dans la salle du premier étage sans déranger les invités. À la fin du repas, les tables descendaient, et la salle se transformait en une salle de bal ! Au nord de l'Ermitage, près de la grille du parc, on aperçoit un bâtiment en briques rouges de style néogothique surmonté d'une tourelle. Ancienne **cuisine de l'Ermitage** construite 1776 sur le projet de Neïolov, son arc servit jadis de porte d'entrée au parc, d'où son second nom de **Porte Rouge**.
Le Vieux Jardin est délimité au sud par un magnifique ensemble de bâtiments, œuvre de l'architecte **Charles Cameron**. Élevé entre 1780 et 1787, cet ensemble se compose du pavillon d'Agate (les Bains froids), de la galerie de statues dite galerie de Cameron, du Jardin suspendu et de la Rampe.

Pavillon d'Agate – Contigu au palais, ce pavillon comprenait les Bains froids de l'impératrice et les chambres d'Agate destinées au repos de celle-ci. Les **Bains froids** furent aménagés au rez-de-chaussée sur le modèle des thermes romains.

C. Hervé-Bazin / Michelin

La Salle sur l'île, aménagée pour le repos des musiciens.

Ils comprenaient les bains chauds, les bains de vapeur, une piscine, les salons de massage et de relaxation, des salles de services. Ces pièces dont l'aménagement ne s'est pas conservé accueillent aujourd'hui des expositions temporaires.
À l'étage supérieur, les **chambres d'Agate** doivent leur nom à cette pierre dure semi-précieuse, une variété de jaspe, qui recouvre une grande partie des murs. Elles se composent de six pièces, aujourd'hui ouvertes à la visite. Si le mobilier ne s'est pas conservé, le décor du grand salon, du cabinet d'Agate et du cabinet de Jaspe, composé de pierres dures colorées, de sculptures et de bas-reliefs, donne une idée du luxe qui y régnait au 18e s.
Jardin suspendu et **Rampe** – Les chambres d'Agate s'ouvrent sur ce charmant jardin, orné de statues et de parterres de fleurs. Il donne accès à une belle **rampe** en pierre descendant dans le parc, décorée de masques de divinités mythologiques. Cette rampe fut ajoutée par Cameron en 1792-1794 pour permettre à Catherine II, qui évitait les escaliers à la fin de sa vie, de descendre plus facilement dans le parc.
Galerie de Cameron – Le Jardin suspendu est également relié à cette galerie peuplée de 54 bustes de grands personnages de l'Antiquité. Du côté est, un élégant escalier semi-circulaire ajouté à la galerie en 1786 souligne la légèreté de la colonnade blanche planant au-dessus des jardins. Au rez-de-chaussée de la galerie, une exposition permanente (**Alexandre II et Tsarskoïé Selo**) présente jusqu'à 1 000 objets liés à la vie du tsar et à ses séjours dans le domaine : tableaux, sculptures, porcelaines, objets décoratifs provenant de ses appartements à Tsarskoïé Selo, costumes, armes, objets lui ayant appartenu, etc.
Depuis la galerie de Cameron, on aperçoit la **Grotte** qui se reflète dans les eaux du bassin. Construite sur un projet de Rastrelli, en 1749, et décorée par Antonio Rinaldi entre 1771 et 1782, elle servait de lieu de repos lors des promenades en bateau. La Grotte fut surnommée la salle du Matin sous Catherine II, qui aimait y passer très tôt le matin.

Parc paysager – S'étendant autour du Grand Étang, le parc possède plusieurs constructions intéressantes que vous verrez mieux en en faisant le tour. Sur la rive est du Grand Étang s'élève l'**Amirauté**. Construite en 1777 par Neïolov, celle-ci se compose de trois bâtiments de style néogothique. Le corps central était destiné à abriter les barques et les petits bateaux de plaisance, d'où le nom de l'ensemble. À l'étage supérieur se trouvait une salle de repos, alors que les bâtiments latéraux servaient à entretenir en hiver les oiseaux du parc : faisans, paons, cygnes, etc.

De l'Amirauté, on voit bien les îles de l'étang, notamment celle du milieu qui abrite un élégant pavillon appelé la **Salle sur l'île**. Construite par Rastrelli au milieu du 18e s., elle servit de salle de repos et de refuge aux musiciens qui jouaient tandis que l'impératrice et ses invités faisaient une promenade en barque.

Plus au sud émerge des eaux la **colonne de Tchesmé**, érigée en 1776 par Rinaldi en l'honneur de la victoire navale remportée par la Russie sur les Turcs en 1770, dans la baie de Tchesmé, en mer Égée. Haute de 25 m, elle est ornée de rostres et couronnée de l'aigle bicéphale dominant le croissant turc.
Dans la partie sud-est du parc, en bordure du Grand Étang se dresse le pavillon des **Bains turcs** construit en 1852 par Hippolyte Monighetti. Monument célébrant la victoire qui conclut la guerre russo-turque de 1828-1829, le pavillon évoque une mosquée dotée de son minaret. La riche décoration intérieure, se composant de mosaïques, de peintures stylisées et de plaques de marbre provenant de fontaines turques, fut détruite pendant la Seconde Guerre mondiale.
En continuant au bord du Grand Étang, on arrive au **pont Palladio** appelé aussi **pont de Marbre**. Construit par Neïolov sur le modèle de l'œuvre d'Andrea Palladio, il est considéré comme le plus beau pont de Tsarskoïé Selo.
Sur la rive ouest du Grand Étang se trouve la très romantique fontaine de la **Jeune Fille au pot cassé**, chantée par de nombreux poètes russes. Inspirée d'une fable de La Fontaine, elle porte aussi le nom de **fontaine de la Laitière**. Exécutée en 1816 par l'architecte L. Ruska et le sculpteur P. Sokolov, la fontaine est installée à l'emplacement de l'unique source naturelle du parc que surplombe une pierre sur laquelle est assise une jeune fille pleurant son pot brisé.
En remontant la pente de la colline, vous verrez la monumentale **terrasse de granit**, aménagée par Rusca en 1809 et décorée de copies galvanoplastiques de sculptures antiques. La même année fut terminée la construction de la **salle du Soir**, édifice situé à proximité de la terrasse de granit. Élevé selon un projet de P. Neïolov, cet édifice néoclassique servait jadis de salle de bal.

Au sud-est de la salle du Soir, vous pourrez encore apercevoir la **salle des Concerts** construite en 1788 par Quarenghi, et le **pavillon Grinçant** (ou **Chinois**), une réalisation de Iouri Velten, créée en 1778. Le pavillon doit son nom aux girouettes qui le décoraient et qui « grinçaient » en tournant au vent. Il fait partie de tout un ensemble d'édifices élevés à la limite des parcs Catherine et Alexandre dans ce style « chinois », très à la mode dans toute l'Europe à l'époque de Catherine II *(voir page suivante au Parc Alexandre)*.

Entre la salle du Soir et le palais Catherine se dresse l'**obélisque de Kagoul**. Ce monument célèbre la victoire de la Russie sur les Turcs dans la bataille de Kagoul au cours de la guerre russo-turque de 1764-1774; il fut érigé par Rinaldi en 1772.

Pavillon des Écuries★ (Dejournyé Koniouchni/Дежурные конюшни)

Ce pavillon semi-circulaire situé non loin de l'entrée principale du parc abrite une exposition permanente consacrée aux **équipages de la Cour du 18e au début du 20e s.** Elle présente vingt-trois voitures ayant appartenu à la famille impériale, des carrosses aux cabriolets, en passant par les landaus et les phaétons, etc. Vous y verrez les énormes carrosses dorés de Catherine II, des cabriolets utilisés pour des cérémonies de couronnement, le carrosse où Alexandre II fut mortellement blessé lors d'un attentat à la bombe en 1881, ainsi que des traîneaux richement décorés destinés aux promenades hivernales de la famille impériale et des membres de la Cour.

Lycée★ (Litseï/Лицей)

Tsarskoïé Selo est indissolublement lié au nom du poète Alexandre Pouchkine qui y vécut et y étudia pendant plusieurs années. Après avoir visité le parc Catherine que Pouchkine chanta avec ferveur, passez rendre hommage au poète dans le **lycée** où il fit ses études. Ce bâtiment jaune attenant à la façade nord du palais en fut initialement une aile, à laquelle on accédait par une arche qui franchissait la rue. Au début du 19e s., elle fut reconstruite par Vassili Stassov pour accueillir le Lycée impérial, un établissement d'enseignement réservé aux enfants de la noblesse. C'est ici que Pouchkine, qui fut de la première promotion du Lycée, étudia de 1811 à 1817. Détruit pendant la guerre, le Lycée fut restauré et ouvert en tant que musée en 1949, pour le 150e anniversaire de la naissance du poète. On y visite la chambre du jeune poète, les salles d'études, ainsi que la salle des Fêtes. C'est ici que le jeune Pouchkine récita en cours d'examen le poème *Souvenirs de Tsarskoïé Selo* qui le rendit célèbre.

Dans un jardin attenant au Lycée, vous rencontrerez Pouchkine lui-même, assis, pensif, sur un banc du parc. Symbole de la ville de Tsarskoïé Selo, cette **statue**, qui représente le poète en uniforme du Lycée, est considérée comme l'un des plus beaux monuments en hommage à Pouchkine. Œuvre de **Robert Bach**, elle fut installée ici en 1900.

Palais Alexandre★★ (Aleksandrovski dvorets/Александровский дворец)

Vaste édifice de style néoclassique, ce palais fut construit sur l'ordre de Catherine II à l'occasion du mariage de son petit-fils préféré, le futur empereur Alexandre Ier, avec la grande-duchesse Élisabeth Alexeïevna. Élevé sur un projet de Quarenghi entre 1792 et 1796, le bâtiment fut orné d'une double colonnade et flanqué de deux ailes symétriques. Si Alexandre a très peu vécu dans son palais, celui-ci devint la résidence favorite de ses successeurs. Sous Nicolas Ier, plusieurs salles du palais furent réaménagées, et le parc a été agrémenté de pavillons romantiques. Alexandre III fit aménager des appartements dans l'aile droite du palais. Mais c'est surtout **Nicolas II** et sa famille qui y étaient parculièrement attachés. À partir de 1905, le palais Alexandre devint la résidence officielle du dernier empereur. C'est ici que Nicolas II et sa famille passèrent les derniers mois de leur vie, détenus en captivité, avant de partir en 1918 à Ekaterinbourg à la rencontre de leur sombre destin. Après ces événements tragiques, une partie du palais fut transformée en musée, avant d'accueillir un orphelinat. Pendant la guerre, le palais devint un quartier général des nazis, et les caves furent transformées en prison de la Gestapo. Après la guerre, le palais passa sous l'égide du ministère de la Marine de guerre. Sa restauration a commencé en 1996.

Les pièces de l'aile gauche où se trouvaient les appartements privés de Nicolas II et de son épouse ont été restaurées et sont aujourd'hui ouvertes à la visite. Trois salles ont pu être reconstituées, les autres abritent une exposition permanente intitulée : **Souvenirs du palais Alexandre**. À gauche du couloir, on visite le **Salon d'angle de l'impératrice** qui y recevait des ministres et des ambassadeurs et y organisait des concerts privés. On verra son portrait d'apparat, un magnifique piano richement décoré et une tapisserie du 19e s. représentant *Marie-Antoinette avec ses enfants*, offerte par le président de la République française Émile Loubet, en 1902. Par une étrange ironie du sort, l'impératrice russe connaîtra une fin comparable à celle de

Marie-Antoinette. Parmi les salles de droite, c'est le **cabinet d'apparat de Nicolas II** qui est le mieux conservé, avec ses panneaux d'acajou et sa mezzanine aux colonnes de marbre. Des livres et des objets ayant appartenu à l'empereur, ainsi que le mobilier restauré, la cheminée et le billard y sont présentés. C'est ici que l'empereur réunissait ses ministres, recevait des délégations et jouait aux billard avec ses courtisans. La dernière pièce reconstituée est le **Vestibule** où les ministres et les diplomates attendaient d'être reçus par le tsar. Les autres salles des anciens appartements abritent une exposition consacrée à Nicolas II et à sa famille. Des portraits des membres de la famille, des habits de l'empereur, des armes, des icônes, des tableaux, des objets décoratifs, ainsi que des costumes et des jouets des enfants de la famille impériale y sont exposés.

Parc Alexandre★ (Aleksandrovski park/Александровский парк)

Ce parc romantique et sauvage se compose de l'ancien jardin régulier et du parc paysager qui rejoint au sud-est le parc Catherine. Le jardin régulier, ou **Nouveau Jardin**, fut aménagé au milieu du 18e s.

L'entrée principale se trouve face à la façade ouest du palais Catherine. Le Nouveau Jardin a la forme d'un carré délimité par le canal appelé canal de la Croix. Il est traversé par deux allées perpendiculaires : la première, qui part de l'entrée principale du jardin, relie le palais Catherine à l'Arsenal ; la seconde, qui commence devant le palais Alexandre, rejoint le parc Catherine.

C. Hervé-Bazin / Michelin

Un parc romantique…

L'intérêt principal de ce jardin, ce sont ses ponts jetés au-dessus du canal de la Croix. La plupart d'entre eux furent construits par Charles Cameron dans le style chinois, très en vogue dans les années 1780. Les plus intéressants sont le Grand Pont chinois, le pont des Dragons et le pont de la Croix.

Le **Grand Pont chinois** se trouve à l'entrée centrale du parc, en face de la cour d'honneur du palais Catherine. Orné de vases de granit rose d'où s'échappent des branches de corail rouge, il doit son nom aux quatre personnages chinois qui en décoraient autrefois les socles.

L'allée principale qui continue vers l'ouest vous mène au **pont des Dragons** paré de quatre statues de dragons ailés placées sur des socles de granit.

Mais c'est sans doute le **pont de la Croix** situé à l'angle sud-est du canal qui est le plus original des trois. Construit par V. Neïolov en 1779, il se compose de quatre escaliers menant à un pavillon octogonal de style chinois.

Autour du Nouveau Jardin et au nord du palais Alexandre s'étend le **parc paysager**, dont l'aménagement se poursuivit entre les années 1780 et 1830. Au sud, non loin de la route qui sépare le parc Alexandre du parc Catherine, le Village chinois et le Grand Caprice constituent de nouveaux témoignages de la mode « chinoise ».

Le **Village chinois** commencé en 1780 fut exécuté sur les plans de Charles Cameron. Le projet initial prévoyait la création de tout un village avec une grande porte, une rue bordée de maisons et un « observatoire » au milieu. Ce projet ne fut réalisé qu'en partie : les dix maisonnettes aux toits en pagode permettent de se faire une idée du projet. Au 19e s., des appartements y furent aménagés pour les invités de la famille impériale. Il existe aujourd'hui des projets de location de ces maisonnettes, entièrement restaurées.

Encore plus au sud, une arche de rochers couronnée d'une rotonde, appelée le **Grand Caprice**, marque la frontière entre le parc Alexandre et le parc Catherine. Du Grand Caprice s'ouvre une jolie vue sur la **Chapelle**, une des premières constructions de style néogothique réalisées par A. Menelaws dans la partie ouest du parc.

Encore plus à l'ouest, on trouve toute une série de bâtiments de ce style, très à la mode au 19e s. : l'**Arsenal**, où Nicolas Ier gardait sa riche collection d'armes *(aujourd'hui à l'Ermitage)*, les **écuries des Pensionnaires**, où les chevaux des empereurs finissaient paisiblement leur vie, le **pavillon des Lamas**, destiné à entretenir ces animaux exotiques reçus en cadeau par Alexandre Ier… Non loin du palais Alexandre, la **tour Blanche**, toujours de style néogothique, était destinée aux jeux des enfants de l'empereur. Enfin, au nord du palais, se trouvent les constructions les plus tardives du domaine. L'**église St-Théodore**, élevée en 1913 par V. Pokrovski, abritait la chapelle privée du couple impérial. Longtemps laissée à l'abandon, elle est aujourd'hui restaurée et ouverte au culte.

Quant à la **petite ville de Théodore**, édifiée à la même époque pour le personnel de service et les régiments de la garde impériale, il n'en reste que des ruines pittoresques et touchantes, témoins de l'architecture néorusse en vogue sous Nicolas II.

Tsarskoïé Selo pratique

Accès

Bus et marchroutkas (mini bus) – Bus n° 287 ou *marchroutkas* n°s 342, 286, 287, 545, 347 - face au M° *Moskovskaïa* (Московская), *ligne 2* - durée 40mn : 1 à 2 départs/heure. Les bus vous amènent jusqu'au centre-ville de Tsarskoïé Selo. En contournant la grande galerie marchande Gostiny Dvor, prendre *Oranjereïnaïa oulitsa* (Оранжерейная улица) qui vous conduit jusqu'au jardin devant le palais Catherine. L'entrée principale du parc se trouve face à l'aile droite du palais.

Electritchka (train de banlieue) – Gare de Vitebsk (Vitebski vokzal/Витебский вокзал) - M° *Pouchkinskaïa* (Пушкинская), *ligne 1* - trajet de 30mn : départ toutes les 20mn en été. Descendre à la station *Detskoïé Selo* (Детское село), puis prendre les bus n°s 371 ou 382 qui s'arrêtent devant l'entrée du palais (arrêt : « Dvorets »). Pour y aller à pied, prendre la rue Chirokaïa (Широкая ул.) qui part de la gare et rejoindre le boulevard Oktiabrski (Октябрьский бул.) qu'on prend sur la droite jusqu'à la rue Oranjereïnaïa (Оранжерейная ул.) qui le traverse. En prenant cette rue sur la gauche, on arrive devant le jardin du palais. Prévoir 20-30mn de trajet.

Lycée – Face à la chapelle du palais Catherine, bâtiment jaune avec l'arche surplombant la rue. Entrée côté est.

Palais Alexandre – En passant sous l'arche surplombant la rue, contourner le bâtiment du Lycée par la droite et remonter la rue Dvortsovaïa (Дворцовая ул.) jusqu'au palais.

Informations utiles

Achats – Nombreux kiosques de souvenirs dans l'allée qui mène au palais Catherine, dans le palais et à l'intérieur du parc.

Vestiaires – Obligatoires. Consigne et surchaussures gratuites.

Toilettes – Dans le parc Catherine, au sud du pavillon d'Agate ; derrière le Lycée, en face du jardin.

Visite

Parc Catherine – *Tlj sf mar. et dernier lun. du mois* 9h à 22h, caisses *9h-18h - 180 Rub (étud., enf. 90 Rub), gratuit après 17h et en hiver.*

Palais Catherine – *Tlj sf mar. et dernier lun. du mois 9h-18h (dernière entrée 17h) - 550 Rub (étud., enf. 280 Rub), caisse à l'intérieur du palais - Photo et vidéo interdites dans le salon d'Ambre.* Comme à Peterhof, en saison, la journée est divisée en tranches horaires (sujettes à changement) pour différents types de public.

Pavillon d'Agate – *Tlj sf mar. et dernier merc. du mois 10h-17h - 160 Rub (étud., enf. 80 Rub) - photo, vidéo interdites.*

Galerie de Cameron (exposition « Alexandre II et Tsarskoïé Selo ») – *Tlj sf merc. 10h-18h (dernière entrée 17h) - 200 Rub (étud., enf. 100 Rub) - photo, vidéo interdites.*

Pavillon des Écuries – *Tlj sf merc. et dernier mar. du mois 10h-18h (dernière entrée 17h) - 100 Rub (étud., enf. 50 Rub).*

Autres pavillons – Fermés à la visite sf à l'occasion d'expositions temporaires.

Lycée – *Tlj sf mar. et dernier vend. du mois 10h30-17h30 - 100 Rub (étud., enf. 20 Rub).*

Palais Alexandre – *Tlj sf mar. et dernier merc. du mois 10h-18h (dernière entrée 17h) - 300 Rub (étud., enf. 150 Rub).*

Parc Alexandre – *Gratuit.*

Si vous passez la journée à Tsarskoïé Selo, pourquoi ne pas faire une promenade en calèche (parc Catherine ou Alexandre), une traversée en bac du Grand Étang et une promenade en gondole sur le Grand Étang.

Se restaurer

⊖ **Amirauté (Адмиралтейство)** – *12h-23h - ✆ 465 35 49.* Au bord du Grand Étang du parc Catherine, dans une des tours néogothiques du pavillon de l'Amirauté, ce restaurant propose une cuisine russo-européenne et depuis peu thaïlandaise, à des prix corrects. Malheureusement, l'endroit est souvent envahi par des groupes.

⊖ **Cafétéria du palais Catherine** – *Mêmes horaires que le palais.* Pour grignoter ou manger sur le pouce.

En été, petits cafés et sandwicheries à l'intérieur du parc.

Pavlovsk★★

Павловск

Joyau de l'architecture néoclassique, le palais de Pavlovsk impressionne par le raffinement et l'élégance de ses intérieurs, créés par les plus éminents artistes de l'époque. La splendide résidence de Paul Ier et de son épouse renferme des trésors d'art décoratif russe et européen qui pourraient rivaliser avec ceux de l'Ermitage. Mais, loin de se résumer à son palais, le domaine de Pavlovsk s'étend jusqu'à son parc, vaste et romantique, peuplé de souvenirs. Partez à sa découverte : chaque détour offre un paysage pittoresque, et vous aurez l'impression de lire un poème où chaque vers évoque un tableau différent.

Se repérer – Pavlovsk se trouve à environ 30 km au sud de St-Pétersbourg, et à 6 km de Tsarskoïé Selo.

Organiser son temps – Le palais et ses alentours peuvent se visiter en une demi-journée. Prévoir une journée entière pour profiter ensuite du parc.

A. Kanjounzeff / Michelin

Le palais de Paul, résidence préférée de Maria Fiodorovna.

Comprendre

Les terres du domaine de Pavlovsk furent offertes par **Catherine II** à son fils, futur **Paul Ier**, et à son épouse **Maria Fiodorovna**, à l'occasion de la naissance de leur premier enfant, **Alexandre**, en 1777. Situé à proximité de Tsarskoïé Selo sur les rives de la Slavianka, l'endroit était couvert d'une forêt épaisse. Les premières constructions furent deux maisons de campagne baptisées Paullust (« joie de Paul ») et Marienthal (« vallée de Marie »), agrémentées d'un petit parc. En 1781, on décida de bâtir une résidence d'apparat digne de l'héritier du trône. Le projet fut confié à **Charles Cameron**, l'architecte préféré de Catherine II. Pendant les travaux, Paul et son épouse voyagèrent en Europe où ils acquirent meubles, tableaux, bronzes et porcelaines pour décorer leur future résidence. Le couple princier fut surtout impressionné par Paris où Louis XVI et Marie-Antoinette les reçurent chaleureusement et les couvrirent de présents. Lorsque Paul monta sur le trône en 1796, le palais, devenu résidence impériale, fut agrandi par **Vincenzo Brenna** qui y créa un nouveau décor somptueux. Le parc fut étendu et aménagé. Si Paul préférait Gatchina, Pavlovsk resta toujours la résidence chérie de Maria Fiodorovna. Après la mort de son mari et l'incendie dévastateur de 1801, elle y entreprit une série de travaux de reconstruction, dirigés par **Andreï Voronikhine** et **Giacomo Quarenghi**. Après la mort de l'impératrice douairière, Pavlovsk passa à son fils Michel, puis aux descendants de Nicolas Ier.

Au milieu du 19e s., Pavlovsk devint très à la mode grâce à la ligne du chemin de fer qui relia St-Pétersbourg à Pavlovsk et sa célèbre **gare musicale** où **Johann Strauss** se produisit dix saisons de suite. Après la révolution, le palais fut nationalisé et son dernier propriétaire, l'arrière-petit-fils de Nicolas Ier, partagea le sort tragique des Romanov. L'intervention de **Lounatcharski** préserva le palais du pillage, mais au début des années 1930, une partie de ses trésors fut vendue. Pendant la guerre de 1941-1945, Pavlovsk fut entièrement détruit par les nazis. Sa reconstruction en 1978 fut qualifiée d'« exploit du siècle ». Aujourd'hui, le palais émerveille à nouveau les visiteurs, et le parc constitue la promenade préférée des citadins.

Le Palais et le parc

Grand Palais★★★ (Bolchoï Dvorets/Большой дворец)

Dressé sur une colline au bord de la rivière, le palais domine le parc de Pavlovsk. Cet édifice se compose d'un corps central de plan carré, coiffé d'une coupole, et de deux ailes en quart de cercle. Flanquées de deux grands pavillons, les ailes embrassent une cour d'honneur où se dresse la statue de Paul Ier. Cette statue qui représente le tsar, ardent germanophile, vêtu de l'uniforme prussien, fut la seule à être épargnée par les nazis. Le palais possède une richissime collection de meubles, sculptures, bronzes et porcelaines, ainsi que de nombreuses horloges collectionnées par les propriétaires. Une cinquantaine de salles au décor élégant et raffiné sont ouvertes à la visite.

Salles d'apparat★★★ – On y accède par deux vestibules que relie un superbe **escalier d'apparat**. L'imposant **vestibule Inférieur**, dit **vestibule Égyptien**, fut aménagé par Cameron et décoré de statues en bronze dans le style de l'Ancienne Égypte. Au-dessus des statues représentant les douze mois de l'année sont placés des médaillons avec les signes du zodiaque. Le **vestibule Supérieur** créé par Brenna est richement décoré de moulures en forme d'armures et d'attributs militaires. On pénètre alors dans la somptueuse **salle Italienne** qui se trouve au centre du palais. Circulaire, elle est couronnée d'une coupole et décorée de niches surmontées de baies. Les bas-reliefs romains, les sculptures antiques placées dans les niches et les appliques en forme de cor parachèvent le décor de la salle.

De part et d'autre de la salle Italienne, les appartements d'apparat ont été minutieusement reconstitués. À droite, les appartements de Paul Ier se composent de six pièces. La **bibliothèque** est ornée d'un gracieux portrait de Maria Fiodorovna, œuvre de J. B. Lampi (1795), et de six tapisseries de la Savonnerie illustrant les fables de La Fontaine. Le bureau, au centre, est surmonté d'une maquette de temple antique en ivoire dont toute une série de détails furent exécutés par Maria Fiodorovna en personne. Le **cabinet des Tapisseries** fut spécialement aménagé par Brenna afin d'exposer les précieuses tapisseries des Gobelins, cadeau de Louis XVI et de Marie-Antoinette. Mais le gouvernement soviétique les a vendues en 1931 (aujourd'hui au musée Paul-Getty de Malibu). Deux tapisseries de Bruxelles et une tapisserie française du 18e s. représentant les aventures de Don Quichotte sont venues les remplacer. Outre les meubles Jacob, les porcelaines de Sèvres et les bronzes français, la salle conserve un bureau en acajou et en ivoire, provenant du château Michel, qui se trouvait dans la chambre à coucher de Paul Ier au moment de son assassinat : selon la légende, le tsar en cassa plusieurs balustres en se défendant. Ancien salon d'apparat, la **salle de la Guerre** fut la petite salle du trône sous le règne de Paul Ier. De forme octogonale, elle est décorée de moulures et de dorures évoquant les symboles militaires. Remarquez les magnifiques torchères en bois sculpté et doré exécutées par des artisans russes. Les bas-reliefs en haut des murs sont consacrés aux exploits de Persée et d'Ulysse, tandis que l'aigle surmontant le poêle en plâtre symbolise Jupiter. Vient ensuite la somptueuse **salle Grecque**, destinée aux réceptions et aux bals. Avec ses colonnes corinthiennes et ses statues, c'est un véritable hymne à l'art de la Grèce antique. Le magnifique décor moulé du plafond contraste avec le stuc vert-bleu qui habille les colonnes. Les lampadaires en marbre, les vases en jaspe, les meubles de style Empire revêtus de tapisseries de Beauvais ajoutent à l'élégance de cette pièce.

De l'autre côté de la salle Grecque commencent les appartements de la tsarine. On y accède par la **salle de la Paix**, symétrique à celle de la Guerre. De forme et d'aménagement identiques, elle en diffère par ses symboles. Ici, il n'y a que les attributs de la vie pastorale et du bonheur familial : instruments de travail et de musique, guirlandes de fleurs et de fruits… Au-dessus du poêle, l'aigle de Jupiter est remplacé par le paon de Junon, protectrice du foyer. Les bas-reliefs qui s'inspirent des gravures du 18e s. représentent *Diane et Actéon* et le *Jugement de Pâris*. Passé la **bibliothèque de Maria Fiodorovna** agrémentée de tapisseries françaises (dont deux Gobelins : *Junon* et *Jupiter*), on entre dans l'élégant **boudoir** de l'impératrice. Son décor met en valeur les objets achetés en Italie : colonnes antiques et pilastres en marbre recouverts de copies des fresques de Raphaël au Vatican. Les colonnes de porphyre soutenant un portique composent un magnifique arc de triomphe encadrant la cheminée. Les pilastres divisent les murs en sections décorées de bas-reliefs antiques et de paysages. Parmi les meubles, remarquez un piano anglais en marqueterie, une petite table ronde en porcelaine ornée de vues du parc de Pavlovsk et un trépied-cassolette de marbre, cadeau du roi de Sardaigne. Admirez enfin le magnifique parquet de bois précieux. La **chambre à coucher d'apparat** évoque une pergola de jardin : plantes et fleurs constituent le motif principal du décor. On y admire des meubles provenant de l'atelier de Jacob et un service de toilette de Sèvres, cadeau de Louis XVI. Dans le **cabinet de toilette**, les murs, recouverts de moulures et de guirlandes de roses peintes, sont décorés des paysages du parc de Pavlovsk. Remarquez devant la porte-fenêtre une coiffeuse en acier fabriquée en 1787 par les maîtres de Toula.

Les salles d'apparat de l'aile sud ont été aménagées par Brenna en 1797-1799. Après quelques salles, la **galerie de Peinture**, vaste pièce semi-circulaire, montre une collection d'artistes européens des 17e-18e s. qui ne présente qu'un intérêt relatif, les œuvres maîtresses ayant été transférées à l'Ermitage ou vendues. Elle communique avec la **salle du Trône**. Avec ses 400 m^2, c'est la plus vaste salle du palais. Décorée d'arcades et de sculptures, elle possède un superbe plafond en trompe l'œil de Pietro Gonsago. À l'origine, c'était une salle à manger d'apparat, ce dont témoigne son abondant décor sculpté : fleurs, fruits, instruments de musique – attribut obligatoire des festins des tsars. Deux superbes services en porcelaine y sont aujourd'hui exposés : le service Parisien provenant de la manufacture de Sèvres et le service Doré exécuté à la Manufacture de St-Pétersbourg. Conçue pour abriter la collection de sculptures antiques, la **salle des Chevaliers** servit également de salle d'apparat lorsque le tsar, grand maître de l'ordre de Malte, recevait les chevaliers. L'enfilade des pièces se termine par la **chapelle** rajoutée par Brenna en 1799. De style néoclassique, elle est ornée de copies de tableaux d'artistes européens.

Appartements privés★ – C'est au rez-de-chaussée que se trouvent les appartements privés de Paul Ier et de Maria Fiodorovna. Dans le **salon Cramoisi**, ancien cabinet de travail de Paul, on verra entre autres une horloge musicale de Roentgen, ainsi qu'une mosaïque représentant une *Vue du Colisée*, offerte par Pie VI lors de la visite du couple princier au Vatican. Dans le **cabinet Commun**, cabinet de travail des autres membres de la famille, on peut voir de nombreux portraits, dont le *Portrait de famille* de G. Kügelgen représentant Paul Ier et Maria Fiodorovna entourés de leurs dix enfants. Nombre d'objets exposés dans cette salle sont dus à Maria Fiodorovna, notamment les peintures sur verre exécutées par l'impératrice d'après les originaux d'Angelika Kaufmann. Le **Nouveau Cabinet**, aménagé à la place de la chambre à coucher, est orné de huit gravures repoduisant les fresques de Raphaël au Vatican, offertes par le graveur italien Giovanni Volpato. Le **salon d'Angle** aménagé en 1816 par **Carlo Rossi** témoigne de l'évolution des goûts au début du 19e s. : murs revêtus de stuc violacé, portes en bois de bouleau, plafond peint en camaïeu. L'ameublement du salon, conçu par Rossi lui-même, fut exécuté dans l'atelier Baumann de St-Pétersbourg. La **salle à manger Blanche**, créée par Cameron en 1787 pour les dîners en famille, expose le grand service des Armoiries fabriqué en 1827 à la Manufacture de St-Pétersbourg. On verra encore la **salle de Billard**, aux murs décorés de vues de Venise peintes par les artistes italiens du 18e s., le **Vieux Salon** orné de meubles ciselés signés Jacob, et la **salle de Danse** décorée de quatre peintures de Hubert Robert.

Appartements de l'impératrice Maria Fiodorovna★★ – *Au rdc de l'aile sud du palais - billet séparé.* Aménagés après la mort de Paul Ier par Quarenghi et Voronikhine, ils composent un ensemble d'une rare harmonie. Passé l'**antichambre** et la **chambre du Secrétaire**, décorées de tableaux, on entre dans le **cabinet des Pilastres**, la plus grande salle, destinée aux audiences, petites réceptions et réunions de famille. Décoré de pilastres en stuc doré et de bas-reliefs aux sujets antiques peints de couleurs imitant le bronze, il est à la fois solennel et chaleureux. Parmi les meubles, on verra surtout le bel ensemble aux serpents entrelacés, créé par Voronikhine. Remarquez également de nombreuses broderies décorant des meubles et des objets. Des objets en jaspe et en cristal et des bronzes français complètent le décor. Le **cabinet de la Lanterne**, conçu par Voronikhine, doit son nom à sa fenêtre en saillie, qui donne sur le jardin privé. Le vert clair des murs, les motifs de marguerites et de lierre largement utilisés dans le décor font écho à la verdure du parc. Cette pièce servait de cabinet de travail, de bibliothèque et de galerie de peinture à Maria Fiodorovna. Parmi les quarante toiles accrochées aux murs figurent les tableaux de Bronzino, Lebrun, Ribera et Mignard. Le **salon de toilette** renferme une superbe garniture verte de 34 pièces destinée à la toilette matinale et au petit-déjeuner. Elle fut réalisée en 1803 à la Manufacture de

St-Pétersbourg. La **chambre à coucher** est vouée au culte des fleurs qu'on trouve un peu partout dans la pièce : sur les murs et le plafond, sur les tissus des meubles, sur les objets en porcelaine... L'enfilade se termine par une petite salle ovale appelée la **Tente**, destinée au repos et au travail manuel. Elle donne sur un balcon couvert qui communique avec le Jardin privé.

Musée de l'intérieur du 19e-début du 20e s.★ – Une suite de salles au deuxième étage présente une exposition montrant l'évolution de l'art de la décoration en Russie au 19e s. Vous y verrez des intérieurs aristocratiques et bourgeois minutieusement reconstitués qui évoquent tous les styles de décoration, du style Empire à l'Art nouveau en passant par les styles gothique, rococo, néorusse, etc.

Parc de Pavlovsk★★ (Pavlovski park/Павловский парк)

Pavlovsk est réputé pour son parc, qui s'étend le long de la sinueuse Slavianka. Avec ses 600 ha, c'est un des plus vastes parcs paysagers d'Europe. Œuvre de Cameron et de Brenna, il est agrémenté de pavillons, de temples, de statues et de colonnades qui s'insèrent harmonieusement dans le paysage environnant. Il est impossible de visiter le parc en un jour, mais la partie proche du palais en constitue un bon aperçu. La façon la plus simple de le découvrir est de longer la vallée de la Slavianka où l'on descend après avoir visité le Jardin privé *(contourner le palais par la droite pour y accéder)*.

Contigu aux Appartements privés, le **Jardin privé** est un charmant jardinet au tracé régulier orné de vases et de parterres de fleurs. Paul Ier aimait beaucoup cet endroit où il pouvait passer des heures. En 1800, Cameron y entreprit la réalisation du **pavillon des Trois Grâces**, un temple néoclassique dont les frontons portent des bas-reliefs représentant Apollon et Minerve. Le groupe sculpté des Trois Grâces installé en son milieu en 1803 est une œuvre de l'Italien Paolo Triscorni. En sortant du Jardin, depuis une plate-forme aménagée devant la façade ouest du palais, s'offre une belle vue sur la rive opposée de la Slavianka avec la colonnade d'Apollon, la cascade artificielle et le pont. Au-dessus de la cascade, la **colonnade d'Apollon** fut conçue par Cameron sous forme d'un double anneau, mais elle s'est en partie écroulée pendant une tempête, en 1817. L'ouverture offrait une telle vue sur la sculpture d'Apollon du Belvédère qu'il fut décidé de ne plus toucher à ces ruines modelées par les éléments. En descendant dans la vallée pour longer la rive droite de la Slavianka, on découvre, un peu plus à l'est, un petit bosquet marquant le méandre de la rivière : c'est le **Bosquet de la famille**, composé d'arbres plantés en l'honneur des membres de la famille. Dès qu'un enfant naissait, on plantait un arbre et on fixait une plaque commémorative ; à la mort de Maria Fiodorovna en 1828, le bosquet comptait une cinquantaine d'arbres. Le bosquet est relié à la rive gauche de la rivière par le **pont des Centaures** qui tient son nom des statues décorant la balustrade. Le pavillon des **bains Froids**, derrière le pont des Centaures, fut érigé par Cameron en 1799. Le chemin continue par des sentiers ombragés dont les courbes épousent les méandres de la rivière. En traversant le petit **pont en dos d'âne** et le **pont Noir** réuni à un barrage et une cascade artificielle, on revient à la rive droite. Le **grand escalier** (ou **escalier Italien**) qu'on voit à distance mène à la partie régulière du parc. Construit par Brenna en 1799, il est gardé par deux paires de lions, en fonte et en marbre. Ne manquez pas de l'emprunter pour voir les « lions souriants » ornant sa plate-forme supérieure et pour profiter de la vue sur la vallée. En continuant le long de la Slavianka, on arrive au **temple de l'Amitié** qui se mire dans les eaux de la rivière. Ce temple-rotonde, un des plus poétiques du parc, fut érigé par Cameron sur l'ordre de Paul Ier en l'honneur de sa mère, ce dont témoignent l'inscription au-dessus de l'entrée (« Dédié avec amour, respect et reconnaissance ») et les bas-reliefs des médaillons qui représentent la Générosité, la Gloire, la Gratitude et la Justice. En traversant le petit **pont en Fonte** un peu plus loin, on arrive au **lac Rond**. Mais c'est le pont suivant, dit **pont Visconti**, qui est considéré comme le plus beau de Pavlovsk. Œuvre de Brenna, ce pont porte le nom d'un maçon italien qui prit part à sa construction. Au-delà, la **tour Peel** marque l'emplacement de l'ancien moulin à eau. Cette tour recouverte d'un toit de chaume semble délabrée, impression renforcée par la peinture en trompe l'œil de Pietro Gonsago. En réalité, ce pavillon renfermait un salon luxueux qui fut le lieu préféré de Maria Fiodorovna : l'impératrice aimait s'y réfugier pour lire, se reposer, écrire des lettres.

E. Darras / Michelin

Le temple de l'Amitié.

On prend ici le chemin de retour en passant, cette fois, par la **Vieille Sylvie**, petite forêt qui occupe la berge de la rivière. Par le chemin de droite, on atteint la **cascade aux Ruines**, endroit où toute une série d'étangs vient rejoindre le courant de la Slavianka. Deux rangées de gradins montent sur le plateau boisé. Puis un chemin vous conduit à l'aire centrale de la Vieille Sylvie, appelée les **Douze Chemins**. Cette aire ronde est ornée de plusieurs statues dont celles d'Apollon et des neuf Muses. Chacun des douze chemins qui y convergent aboutit à un pavillon ou à un monument. Ainsi, le premier chemin qui part à droite conduit au **monument aux Parents**, conçu par Cameron en 1787 et dédié aux membres disparus de la famille de l'impératrice. Le deuxième chemin à gauche descend du plateau en longeant les étangs, jusqu'au **pavillon des Roses**, un des plus beaux édifices du parc. Œuvre de Voronikhine, ce pavillon était l'endroit favori de l'impératrice. Entouré de roseraies, il était orné à l'intérieur d'une multitude de fleurs peintes, sculptées et brodées. C'est ici qu'en 1814 on fêta le retour triomphal d'Alexandre Ier après sa victoire sur Napoléon. À cette occasion, une salle de Danse fut ajoutée au pavillon. C'est également ici que se réunissaient les membres du cercle artistique et littéraire fondé par Maria Fiodorovna. Aujourd'hui, le pavillon accueille des concerts de musique classique. Ceux qui manquent de temps pour visiter ce pavillon prendront le chemin prolongeant celui de la cascade. Il mène droit au palais en passant devant la **laiterie**, imitation d'une maison paysanne où, d'après la légende, l'impératrice venait elle-même traire les vaches. La **triple allée de tilleuls** qui commence à gauche de la laiterie aboutit à la cour d'honneur du palais. Le petit édifice à colonnes *(à gauche de l'allée)*, ancienne **volière** jadis peuplée par des oiseaux chanteurs, abrite aujourd'hui un café d'été.

Pavlovsk pratique

Accès

Bus et marchroutka – Voir *Tsarskoïé Selo*. Les mêmes bus continuent jusqu'à la ville de Pavlovsk, la traversent et s'arrêtent devant le palais.

Electritchka – *Gare de Vitebsk (Vitebski vokzal/*Витебский вокзал*), M° Pouchkinskaïa* (Пушкинская) *ligne 1 - trajet 30mn : départ toutes les 20mn, Descendre à la station Pavlovsk* (Павловск)*, puis prendre les bus nos 370, 383, 493 (à droite en sortant de la gare).* On peut y aller à pied en traversant le parc *(40mn)*.

Itinéraire le plus court – De l'entrée principale du parc, prendre la 2e allée à droite. Arrivé au panneau « PALACE », prendre à droite le long du stade jusqu'à la 1re allée à gauche. Celle-ci vous mène à la buvette jaune. Continuer tout droit, puis, en vue du palais, tourner à droite dans une allée qui descend vers la rivière. Traverser le petit îlot avec un pont-écluse, puis longer la rivière sur la gauche jusqu'au Grand Escalier aux lions. Continuer tout droit par l'escalier : l'entrée du palais se trouve 100 m plus loin.

Visite

Visites – www. pavlovskmuseum.ru - *5 mai au 15 sept. ouvert tlj, du 15 sept. au 5 mai, fermé vend. et 1er lun. du mois.*

Palais – *10h-18h (dernière entrée 17h) - 400 Rub (étud., enf. 250 Rub) - photo : 200 Rub, vidéo : 300 Rub.*

Appartements privés de Maria Fiodorovna – *10h-17h - 100 Rub (étud., enf. 50 Rub).*

Jardin privé – *Derrière le palais, côté gauche - ouvert l'été 10h-17h - 100 Rub (étud., enf. 50 Rub).*

Pavillon des Roses – *Ouvert l'été - 10h-17h - 100 Rub (étud. 50 Rub). Concerts : voir le panneau d'infos dans la cour d'honneur ou se renseigner au ✆ 470 62 14. Début généralement à 15h. Vente des billets : à la caisse du pavillon, 1h avant le concert.*

Parc – *Porte principale - 15 mai-15 oct. 8h-22h, sinon, 8h-20h - 150 Rub (étud. 80 Rub), gratuit après 18h - plan du parc vendu à l'entrée (en russe).*

Achats – Petits kiosques sympathiques devant le palais, où vous trouverez des souvenirs de qualité souvent moins chers qu'à St-Pétersbourg.

Loisirs – Balades en calèche l'été, en troïka l'hiver, sur la place du palais.

Se restaurer

⊖ Grande Salle aux Colonnes (Bolchoï Kolonny Zal/Большой Колонный Зал) – *11h-23h - ✆ 451 38 09, 957 00 19.* Dans l'aile sud du palais *(à droite en sortant du palais)*, un restaurant avec self-service et service à table. Cuisine russe et européenne.

⊖⊖ Podvorié (Подворье) – *16 Filtrovskoïé chossé* (Фильтровское шоссе) *- tlj 11h-23h - ✆ 466 85 44/465 13 99.* Restaurant très réputé, situé dans une chaleureuse isba, non loin de l'entrée du parc. Cuisine russe classique où le gibier occupe la place d'honneur. Serveurs en costume traditionnel. Ambiance musicale et verre de vodka à l'entrée. Le soir, spectacles avec musiciens cosaques et tsiganes.

Cafés et buvettes à l'intérieur du parc.

Gatchina★

Гатчина

Ce château aux allures de forteresse dominant un beau massif forestier attire le visiteur par son aspect sévère et romantique. Puissant et mystérieux, ce palais qui fut une résidence impériale tout au long du 19e s. semble le lieu idéal pour garder les trésors et les secrets d'État. Entouré de parcs, de lacs et d'étangs, il compose un tableau pittoresque et mélancolique évoquant une mélodie nordique poignante dans sa simplicité.

Se repérer – Résidence impériale la plus éloignée de St-Pétersbourg, Gatchina, se trouve à 45 km au sud-ouest de la ville. **Pour y aller en train**, prendre l'*electrichka* à la gare de la Baltique (Балтийский вокзал) et descendre à la station *Gatchina Baltiskaïa* (Гатчина Балтийская). Départ toutes les heures. Prévoir 1h de trajet. La gare se trouve en face du palais. **Pour y aller en bus**, prendre le n° 431 ou les *marchroutkas* nos 431, 18, 100, pl. Pobedy (пл.Победы) près du M° *Moskovskaïa* (Московская). Trajet 1h environ. Prévenir le chauffeur que l'on désire descendre près du palais de Gatchina : « Gatchinski Dvorets ». Le bus vous laisse devant le parc. De l'entrée principale (grande porte néoclassique), on aperçoit le palais.

Organiser son temps – La résidence de Gatchina peut se visiter en une demi-journée. Commencer par la visite du palais.

Conseil d'ami !
Prévoyez un casse-croûte, car l'unique café du parc est souvent fermé.

Comprendre

Du temps de Pierre Ier, il existait dans ces lieux, à peu de distance du village russe de *Hotchino*, une métairie que le tsar remit en don à sa sœur Nathalie. En 1765, ces terres furent acquises par Catherine II qui les offrit à son favori Grigori Orlov. C'est à cette époque que l'architecte **Antonio Rinaldi** érigea ici un château de chasse autour duquel il traça un beau parc à l'anglaise. La construction du palais dura quinze ans et ne fut achevée qu'en 1781. Après la mort d'Orlov en 1783, la résidence fut offerte par Catherine II à son fils Paul, l'héritier du trône, et à son épouse Maria Fiodorovna. Paul transforma le palais en un véritable château fort entouré de bastions et d'un fossé avec des ponts-levis. En même temps, il confia les travaux de reconstruction à **Vincenzo Brenna** qui remania les ailes latérales, réaménagea les intérieurs et agrandit le parc.

Résidence impériale sous le règne de Paul Ier, Gatchina fut par la suite habitée par plusieurs générations d'empereurs russes : Nicolas Ier y surveillait les exercices militaires, Alexandre II y transféra la chasse impériale, Alexandre III en fit sa résidence permanente. Transformée en musée en 1918, la propriété fut entièrement dévastée pendant la guerre. Les travaux de restauration qui commencèrent en 1976 sont toujours en cours. Néanmoins, on peut d'ores et déjà visiter les magnifiques salles d'apparat restaurées et profiter du romantique parc du palais.

Visiter

Palais★★ (Dvorets/Дворец)

Entrée du côté sud - ✆ (813) 2 15 09 - tlj sf lun. 10h-18h (dernière entrée 17h), fermé le premier mar. du mois - 220 Rub (étud., enf. 110 Rub) - photo : 70 Rub, vidéo 150 Rub.

Une vaste cour d'honneur s'étend devant la façade sud du palais. Autrefois vouée aux défilés militaires, elle est dominée par la statue de Paul Ier, œuvre du sculpteur **Ivan Vitali**. L'extérieur du palais, qui, avec ses tours pentagonales et ses murs revêtus de pierre calcaire, présente les allures d'une forteresse, contraste avec l'élégance de son intérieur.

Sur les 500 salles d'origine, on visite aujourd'hui une dizaine de salles d'apparat situées au 1er étage. Le parcours commence dans l'**Avant-salle** dont les fines moulures et un somptueux parquet sont l'œuvre de Rinaldi. La majestueuse **salle de Marbre** frappe par l'abondance et la beauté de son décor sculpté. Ornée de colonnes en marbre de Carrare, elle fut utilisée pour les réceptions et les bals. L'espace séparé par une balustrade, planté d'une statue d'Éros, servit jadis de salle de buffet.

On pénètre ensuite dans la **salle du Trône de Paul Ier**. Elle est décorée de précieuses tapisseries des Gobelins – *Asie, Afrique* et *Cérère* –, offertes en 1782 par Louis XVI à Paul et à son épouse. Sur un podium entre les fenêtres se trouve le trône impérial. Le magnifique parquet en essences de bois précieux, exécuté sur le dessin de Rinaldi, complète le décor de la salle.

Dans le **salon Cramoisi** qui ouvre l'enfilade des appartements de l'impératrice, on admire de nouveau les tapisseries des Gobelins, consacrées cette fois aux aventures de Don Quichotte. La **chambre à coucher d'apparat de Maria Fiodorovna** est une des salles les plus élégantes du palais. Tendue de soie bleue, elle est ornée de pilastres peints d'arabesques. Le lit provenant de l'atelier Jacob est séparé du reste de la chambre par une balustrade. La peinture représentant *Le Mariage de Psychée* qui décore le plafond est due au peintre G. F. Doyen.

On entre ensuite dans la somptueuse **salle Blanche**, la plus vaste du palais, qui servit à toutes sortes de célébrations et fêtes. Décorée par Rinaldi, elle possède 32 pilastres corinthiens, un sol en marqueterie et un abondant décor sculpté. Sur les compositions au-dessus des portes figurent les signes du zodiaque. Des statues et des bustes antiques placés le long des murs ajoutent encore à la splendeur de l'intérieur. La visite des salles d'apparat se termine par la **salle du Trône de Maria Fiodorovna** ornée de plusieurs tableaux des maîtres européens des 17e-18e s.

On monte ensuite au 2e étage où se tient une **exposition de tableaux, meubles et objets précieux** provenant des collections du palais de Gatchina. Au rez-de-chaussée, une **exposition d'armes anciennes**, issue également des collections du palais, montre de beaux échantillons d'armes de différents pays et de différentes époques.

On peut aussi visiter l'**église** du palais où l'on accède par la **galerie de Tchesmé** *(en cours de restauration)*. C'est ici que se marièrent plusieurs membres de la famille impériale. Il ne reste pas grand-chose de sa splendeur passée (700 icônes, 30 kg d'or, 240 kg d'argent furent confisqués par les bolcheviks en 1922). Depuis 1999, elle est rendue au culte.

Vous pouvez également jeter un coup d'œil dans le **souterrain** du palais. Aménagé sous Grigori Orlov, il reliait le palais au jardin paysager. Appelé « l'écho », il fut utilisé pour amuser les invités, mais pouvait aussi servir en cas de subite disgrâce…

Parc★ (Park/Парк)

Aménagé entre 1766 et 1783 par Rinaldi et Brenna, le parc s'étend autour de nombreux lacs occupant presque un tiers de sa superficie. Il se compose de plusieurs parties, régulières et paysagères.

Le **jardin Supérieur**, à l'est du palais, s'étend sur des terrasses. Huit allées partent en rayon d'une place ronde située en son centre où s'élève une statue d'*Athéna Pallas*. En contrebas, le **jardin Inférieur** avec buissons taillés est décoré par les statues d'une *Amazone* et du *Jeune Mars*. Le **Jardin privé**, aménagé par Brenna, se trouve sur une terrasse de pierre, près des murs du palais. Au milieu d'une petite place d'où partent plusieurs allées, une *Flore* de marbre, sculptée par F. Medico au 18e s., est entourée de bustes de satyres et de bacchantes.

Du Jardin privé, on descend dans le **parc paysager** qui s'articule autour du **lac Blanc** (Beloïé ozero/Белое озеро), long de 1 km. Pour visiter le parc, faites le tour du lac, la plupart des constructions intéressantes se trouvent à proximité de ses berges. Près de la rive nord, vous verrez le charmant **pavillon de Vénus** situé sur la petite île d'Amour. Dans un bosquet au nord de l'île se cache la **maisonnette des Bouleaux**, pavillon-surprise dont la décoration intérieure est magnifique. Au milieu du lac, sur l'île Longue, se dresse le **pavillon de l'Aigle** (ou le **Temple**), rotonde néoclassique jadis surmontée d'un aigle couronné. Sur la rive sud du lac, on aperçoit l'**obélisque de Tchesmé** érigé en mémoire de la bataille victorieuse dans la baie de Tchesmé sous le commandement d'Alexeï Orlov, frère de l'ancien propriétaire de la résidence.

Enfin, s'il vous reste encore du temps et des jambes, allez voir le magnifique **palais du Prieuré** (ou **Priorat**), au bord du lac Noir qui s'étend à l'est du palais, au-delà des jardins réguliers *(de l'autre côté de la route venant de St-Pétersbourg)*. Ce bâtiment à tour pointue qui ressemble à un château médiéval fut construit sur l'ordre de Paul Ier par N. Lvov. Il était destiné au prieur de l'ordre des chevaliers de Malte, d'où son nom.

Oranienbaum★

Ораниенбаум

Fondé peu après Peterhof, ce domaine qui fut successivement la résidence d'été du prince Menchikov, de Pierre III et de Catherine II traversa sans dommage plusieurs siècles. Sorti presque indemne de la Seconde Guerre mondiale, il est le seul à posséder les édifices authentiques du 18e s., étonnants dans leur diversité. Partez à la découverte de cet ensemble qui saura vous séduire avec son Grand Palais, témoin des fastes de Menchikov, son palais Chinois à la décoration fabuleuse et extravagante et son pavillon des Glissades, ancêtre des « montagnes russes ».

Se repérer – Oranienbaum se trouve à environ 40 km à l'ouest de Saint-Pétersbourg et à 8 km de Peterhof. Pour y aller en train : prendre l'*electrichka* à la gare de la Baltique (Балтийский вокзал) et descendre à la station *Oranienbaum* (Ораниенбаум). Départ toutes les heures. Prévoir 1h de trajet. Arrivé à la gare, se diriger vers la grande église, puis prendre la route principale sur 200 m à gauche. Pour y aller en *marchroutka*, prendre le n° 300 de la station du métro *Avtovo* (Автово), ligne 1. Trajet 40mn. À l'arrivée, prendre le chemin derrière le petit marché qui remonte vers le parc.

Organiser son temps – La visite du domaine se fait en une demi-journée.

Conseil d'ami

Comme à Gatchina, prévoyez votre casse-croûte, la buvette près du palais Chinois n'étant pas toujours ouverte.

Comprendre

L'histoire d'Oranienbaum commence au début du 18e s., lorsque Pierre Ier remet ses terres en don à Alexandre Menchikov, son favori tout-puissant, le premier gouverneur de St-Pétersbourg. Le « prince Sérénissime » entreprend alors la construction d'un grand palais en pierre entouré d'un parc régulier avec d'importantes orangeries, d'où le nom de la résidence (*Oranienbaum* signifie « oranger » en allemand). Dirigés par G. Fontana et J. G. Schädel, les travaux durèrent pendant plus de quinze ans et ne furent achevés qu'en 1725. Menchikov n'a guère eu le temps de profiter de sa splendide résidence : tombé en disgrâce en 1728, il fut privé de tous ses biens et envoyé en exil où il mourut peu de temps après.

En 1743, Oranienbaum devint la propriété de l'héritier du trône, Pierre Feodorovitch, le neveu de l'impératrice Élisabeth Petrovna, et de son épouse Catherine Alexeïevna, qui deviendrait l'impératrice Catherine II après avoir fait mettre fin aux jours de son impérial époux en 1762. Féru de jeux militaires, le tsarévitch chargea Antonio Rinaldi d'y construire une forteresse en miniature, où il passait des heures à jouer avec ses soldats en plomb. Quant à la Grande Catherine, elle se fit bâtir à Oranienbaum une « datcha » comprenant un petit palais entouré d'un beau parc et un pavillon des Glissades destiné à l'amusement de la Cour. Resté aux mains des Soviétiques pendant la guerre de 1941-1945, Oranienbaum est le seul domaine des environs de St-Pétersbourg qui permet de voir des constructions originelles du 18e s.

Visiter

Grand Palais et Parc★ (Bolchoï dvorets/Большой дворец)

422 80 16 - tlj sf lun. et dernier mar. du mois 10h30-16h30 (dernière entrée 16h), sam. dim. 10h30-17h30 (dernière entrée 17h), le pavillon Japonais est fermé pour restauration - 150 Rub (étud., enf. 80 Rub) - parc tlj 10h-19h (dernière entrée 17h), entrée 100 Rub (étud., enf. 50 Rub) - photo : 70 Rub, vidéo : 100 Rub.

Élevé entre 1710 et 1725, ce palais est le 4e édifice en pierre construit après la fondation de St-Pétersbourg en 1703. Bâti sur une colline, il se compose d'un corps central à un étage, surmonté par une lourde couronne princière, et de galeries semi-circulaires qui le relient à deux pavillons à coupoles. Le pavillon ouest abritait jadis une chapelle, le pavillon est, dit le pavillon Japonais, renfermait une collection d'objets précieux venus de Chine et du Japon. Un système de terrasses reliées par les escaliers originaux descend vers le parc régulier au pied de la colline.

Si l'aspect extérieur du palais n'a guère changé au cours des siècles, ses riches intérieurs furent détruits lors de nombreux réaménagements et reconstructions. Aujourd'hui, seules quelques pièces du palais se visitent. Les salles centrales proposent une exposition consacrée à l'histoire d'Oranienbaum, tandis que le pavillon Japonais présente une exposition d'objets chinois et japonais provenant des collections du palais.

Pavillon des Glissades★★ (Katalnaïa gorka/Катальная горка)

✆ 422 57 58 - tlj sf lun. et dernier mar. du mois 10h30-16h30 (dernière entrée 16h), sam. dim. 10h30-17h30 (dernière entrée 17h) - 110 Rub (étud., enf. 60 Rub).

À l'ouest du Grand Palais, cet élégant pavillon à deux étages coiffé d'une coupole en forme de cloche est tout ce qui reste de la « montagne russe » aménagée ici en 1774 par **Antonio Rinaldi**. Une gigantesque pente faite de montées et de descentes, et soutenue par une colonnade, partait à l'époque de la terrasse du 2e étage. On la descendait dans de petits chariots sur une longueur de plus de 500 m. La structure en bois se détériorant avec le temps, elle fut démontée au 19e s. Quant au pavillon, il possède une belle décoration intérieure. La **salle Ronde** avec son remarquable sol en marbre artificiel et la **salle de Porcelaine** avec ses consoles soutenant des statuettes en porcelaine de Meissen font écho au palais Chinois.

Palais Chinois★★★ (Kitaïski dvorets/Китайский дворец)

✆ 422 37 53 - juin-sept. tlj sf mar. 11h-18h (dernière entrée 17h), lun. 11h-17h (dernière entrée 16h), fermé le reste de l'année - 370 Rub (étud., enf. 185 Rub) - photo et vidéo interdites.

A. Kanjounzeff / Michelin

Le palais chinois d'Oranienbaum.

Ce charmant palais érigé par Rinaldi en 1768 au sud-ouest du Grand Palais surprend par le raffinement et la richesse de son intérieur qui est un des rares exemples de style rococo en Russie. Il doit son nom à l'abondance des motifs chinois utilisés dans le décor des plafonds, des sols et des tentures des salles.

Parmi celles-ci, le cabinet des Perles et le Grand Cabinet Chinois sont de véritables chefs-d'œuvre de l'art décoratif. Les murs du **cabinet des Perles** sont revêtus de panneaux recouverts de fines broderies de soie sur fond de perles de verre. Les images brodées d'une forêt peuplée d'oiseaux fantastiques, le fond miroitant des perles et le cadre sculpté et doré qui sépare les panneaux produisent un effet saisissant.

Le **Grand Cabinet Chinois** possède des panneaux en marqueterie avec des insertions en ivoire de morse qui représentent des paysages de l'empire du Milieu et des scènes de la vie chinoise. Les somptueux plafonds peints et les parquets exceptionnels qui décorent toutes les salles d'apparat confèrent une grande unité à l'ensemble.

Cuisine chinoise (Kitaïskaïa koukhnia/Китайская кухня)

Mêmes horaires que le Grand Palais - 120 Rub (étud., enf. 60 Rub).

Ce petit pavillon, qui s'élève au bord de l'étang s'étendant devant la façade sud du palais Chinois, fut jadis destiné aux dames de la Cour. Construit par Rinaldi dans les années 1760, il fut transformé en cuisine par L. Bonstadt au milieu du 19e s. Le pavillon abrite aujourd'hui des expositions temporaires.

Palais de Pierre III★ (Dvorets Petra Tretieva/Дворец Петра III)

✆ 422 37 56 - mêmes horaires que le Grand Palais - 150 Rub (étud., enf. 80 Rub).

Au sud-est du Grand-Palais, à l'écart des autres constructions du parc, le palais de Pierre III fit autrefois partie de Peterstadt, une forteresse en miniature réalisée par Rinaldi en accord avec toutes les règles de l'art militaire.

Il n'en reste aujourd'hui que la porte d'entrée surmontée d'une tourelle et le palais qui, malgré sa petite taille, possédait un caractère luxueux. En dehors de la **salle des Tableaux** dont les murs sont tapissés de toiles des peintres européens des 17e-18e s., il reste peu de chose de sa splendeur passée. On remarquera surtout les panneaux de laques peints de motifs chinois, dus à l'artisan **Fiodor Vlassov**.

Altaï – Région montagneuse située à la frontière de la Russie, de la Mongolie et de la Chine. La majeure partie de l'Altaï s'étend sur le territoire russe (Sibérie du Sud).

Ambulants – Peintres de la moitié du 19e s. opposés aux courants académiques qui doivent leur nom aux expositions itinérantes qu'ils organisaient.

Amirauté – Siège du haut commandement de la marine.

Apparatchik – Sous le régime soviétique, membre important de l'appareil du parti communiste.

Archimandrite – Titre le plus élevé, attribué dans l'Église orthodoxe au supérieur d'un grand monastère d'homme ou au recteur d'une académie de théologie.

Artel – Association d'artisans avant la révolution. Désigne en URSS une exploitation collective des moyens de production.

Balalaïka – Instrument à trois cordes pincées de la musique traditionnelle russe, constitué d'un manche et d'une caisse triangulaire.

Bania – Bain de vapeur à la russe (sorte de hammam).

Baroque Narychkine – Ce style baroque moscovite, dont l'âge d'or se situe entre 1690 et 1710, est caractérisé par des décorations extérieures en filigrane de pierre calcaire blanche sur fond de pilastres de brique rouge. La famille Narychkine a grandement contribué par ses dons à la construction d'édifices de ce style, d'où l'appellation.

« **Beau coin** » – Angle de la maison chez les orthodoxes, généralement tourné vers l'Orient où sont disposées les icônes familiales devant une veilleuse allumée « lampadka ».

Beresta – Écorce de bouleau utilisée dès le 13e s. comme support d'écriture, mais aussi pour la fabrication d'objets de la vie domestique.

Bolchevik – Majoritaire. Désigne les membres du parti socialiste qui suivirent Lénine lors de la scission entre révolutionnaires et réformistes (mencheviks). Et comme les choses ne sont pas toujours simples, les bolcheviks étaient en fait minoritaires !

Boyard – Noble de haut rang.

Bulbe – Petite coupole en forme de bulbe d'oignon, coiffant les tambours des églises russes.

Byline – Poèmes épiques chantés devant les princes du 11e au 16e s., avec pour héros des preux doués d'une force fantastique, qui défendent la terre russe.

Chancel – Barrière séparant le sanctuaire d'une église avec la nef.

Chapka – Bonnet de fourrure avec rabat sur les oreilles.

Chatior – Mot signifiant « tente ». Dans l'architecture des églises russes, désigne un toit en forme de pyramide à quatre ou huit côtés.

Constructivisme – Mouvement artistique d'avant-garde né vers 1915 et prônant l'adoption de lignes épurées.

Datcha – Maison de campagne des citadins. Ce peut être un cottage luxueux pour les nouveaux Russes, ou un simple cabanon en bois pour les autres.

Dégel – Désigne communément la période de (relative) libéralisation des arts et de la culture à l'époque de Nikita Khrouchtchev.

Déisis – Mot grec signifiant « prière ». Depuis le 19e s., désigne le type iconographique de la Vierge et de saint Jean-Baptiste, inclinés de part et d'autre du Christ. La Grande Déisis indique le même type, enrichi des Apôtres. Cette icône est placée le plus souvent au-dessus des portes saintes de l'iconostase.

Détrempe – Technique de peinture, utilisée pour la réalisation des icônes, où des couleurs naturelles sont délayées dans de l'œuf.

Douma – Assemblée législative dans la Russie tsariste ; depuis 1993, chambre basse du Parlement russe.

Dormition – Du grec « koimésis » s'endormir. Terme utilisé dans l'Église orthodoxe pour désigner le passage dans l'Au-delà de la Mère de Dieu.

Electritchka – Train électrique de banlieue (du russe électritcheski « électrique »).

Grand-duc, grande-duchesse – Prince, princesse de la famille impériale de Russie.

Fresque – Procédé de peinture murale utilisant des couleurs délayées à l'eau sur un enduit frais.

Horde d'or – Nom du khanat tatar fondé par le fils de Gengis Khan et qui fut longtemps maître de la Russie.

Iconostase – Cloison d'icônes séparant la nef d'une église du chœur réservé aux prêtres.

Isba – Maison traditionnelle des paysans en Russie en rondins de sapin.

Iconographe – Peintre d'icônes.

Kalinka – Diminutif affectif de l'obier ou sureau des marais, arbrisseau aux fleurs blanches et aux baies rouges, c'est aussi la chanson russe la plus célèbre en France.

Kokochnik – Coiffure de fête des femmes russes, en forme de diadème, qui désigne par analogie un arc encorbellé servant de transition entre le cylindre du tambour d'une coupole ou la pyramide d'un clocher dans une église russe. Les « kokochniki » ont des formes variées : cintrés, en accolade, triangulaires, etc.

Kolkhoze – Ferme collective.

Komounalka – Sous le régime communiste, appartement communautaire.

Komsomol – Jeunesse communiste.

Koulaks – Paysans « riches » exterminés par Staline lors de la « dékoulakisation ».

Koulitch – Gâteau pascal de forme cylindrique à base de pâte levée et fruits confits, décoré de sucre glace, que les fidèles font bénir à l'église le samedi saint.

Kremlin – Du russe *kreml*, « forteresse ». Désigne une enceinte fortifiée dans de nombreuses cités russes.

Kvas – Boisson typiquement russe, fermentée et pétillante, à base de farine de seigle ou d'orge fermentée.

Laptis – Sortes d'espadrilles en tille (écorce de chanvre, de tilleul ou de bouleau tressé), portés par les paysans dans la vieille Russie.

Laure (Lavra) – C'est le rang le plus élevé dans la hiérarchie des monastères. Outre Serguiev-Posad, seuls trois autres monastères ont droit à ce titre : La laure St-Alexandre- Nevski à St-Pétersbourg, depuis 1797 et en Ukraine, la laure de Petchory à Kiev dès 1688 et la laure de Potchaïev depuis 1833.

Lémekh – Écailles de bois de tremble, utilisées pour la construction des toitures, notamment d'églises.

Levkas – Savant mélange de poudre de craie ou d'albâtre et de colle d'esturgeon appliqué en couches successives sur le bois des icônes pour obtenir un fond.

Loubok – Estampes populaires russes imprimées à partir de planches gravées.

Malachite – Pierre semi-précieuse, de couleur verte. En Russie, les gisements de malachite se trouvaient dans les monts Oural.

Marchroutka – Minibus à itinéraire précis, qui s'arrête à la demande (du russe *marchrout*, « itinéraire »).

Matriochka – Poupée gigogne en bois peint, symbole de la fécondité.

Métropolite – Rang intermédiaire dans la hiérarchie de l'Église orthodoxe, le métropolite est soumis uniquement à la juridiction du primat de l'Église orthodoxe, le patriarche.

Modern style – Terme anglais par lequel les Russes désignent l'Art nouveau.

Mosaïque russe – Procédé élaboré en Russie qui consiste à découper la pierre dure en minces plaques, à choisir le dessin, à appliquer ensuite les plaques sur une forme, à remplir les jointures d'un enduit spécial et à procéder au polissage. Très utilisé au 19e s.

Morjy – Russes téméraires qui font un trou dans la glace pour se baigner en plein hiver et se surnomment « les morses ».

Moujik – Paysan.

Néorusse – Style architectural en vogue à la fin du 19e s., sorte de retour aux traditions slaves.

Nomenklatura – Terme désignant sous le régime soviétique l'ensemble de la classe dirigeante, bénéficiant d'avantages et de passe-droits.

Nouveaux Russes – Les nouveaux riches nés de la disparition de l'économie socialiste sont ainsi qualifiés.

Oklad – Revêtement métallique (cuivre, argent, ou or) d'une icône.

Oukaz (Oukaze) – Édit promulgué par le tsar (du russe oukazat, « publier »).

Ousadba – Domaine comprenant une maison de maître, des dépendances et des jardins.

Paskha – Gâteau pascal en forme de pyramide préparé à base de fromage blanc, de crème et de fruits confits.

Patriarche – Primat de l'Église orthodoxe russe et des églises qui la reconnaissent.

PCUS – Parti communiste de l'Union Soviétique.

Podlinnik – Du russe : original. Dessin servant de modèle aux iconographes, transmis de génération en génération.

Pope – Prêtre de paroisse d'une église orthodoxe, portant barbe et soutane et pouvant être marié.

Possad – Faubourg situé en dehors de l'enceinte du kremlin, dans les principautés russes des 10e s.-16e s.

Prosphore – Ce petit pain rond en pâte levée est fait de deux parties superposées, symboles de la double nature du Christ. Il est béni par le prêtre à la mémoire des vivants et des morts, et un petit morceau prélevé au centre est consacré pour devenir le corps du Christ.

Raskol – Grand schisme de l'Église orthodoxe russe, suite aux volontés de modernisation du patriarche Nikon. Les vieux croyants refusaient entre autres de faire le signe de croix avec trois doigts.

Ravelin – Fortification en demi-lune.

Rostre – Éperon de navire (du latin *rostrum*, « éperon »)

Samovar – Bouilloire à thé.

Samogon – Signifie distillé soi-même. Sorte de vodka maison de composition non déterminée à éviter absolument sous peine de se retrouver à l'hôpital.

Sarafane – Ample robe chasuble, souvent de couleur vive, portée sur une blouse à larges manches, pièce majeure du costume populaire féminin.

Scythes – Peuple guerrier d'origine iranienne qui vécut dans les steppes au Nord de la mer Noire entre le 12e et le 2e s. av. J.-C.

Slavon – Langue liturgique, en fait un russe archaïque.

Soviet – Conseil d'ouvriers, de paysans, de soldats...

Starets – Moine ou ermite considéré dans l'ancienne Russie comme prophète ou directeur de conscience.

Streltsy – Corps d'archers. Leur engagement contre Pierre le Grand entraîna leur fin tragique.

Suprématisme – Style artistique relevant de l'abstraction géométrique dont le principal représentant fut Kazimir Malevitch.

Taïga – Forêt de conifères qui longe en une ceinture presque ininterrompue le nord de l'Eurasie et de l'Amérique, au sud de la toundra. Elle couvre la majeure partie de la Sibérie et de la Russie d'Europe. Les feuillus remplacent petit à petit les conifères dans la partie méridionale de la taïga.

Tchernoziom – « Terre noire ». Nom donné aux terres très fertiles, riches en humus.

Térem – À l'origine, habitation réservée aux femmes, puis partie intime à l'étage de la demeure des gens de haute condition.

Tsar – Titre adopté par Ivan IV en 1547.

Tsarévitch – Désigne à l'origine le fils aîné du tsar, puis l'héritier présomptif du trône.

Touloupe – Pelisse à grand col en peau de mouton, dont la laine est à l'intérieur, portée l'hiver par les paysans russes.

Toundra – Terre semi-désertique où ne poussent que des lichens, des mousses et des arbustes rabougris, située au nord dans la zone arctique.

Valenki – Bottes en feutre portées par les paysans encore aujourd'hui l'hiver.

Varègues – Appelés aussi Rus, Vikings originaires de Suède. Conduits par Riourik, ils fondèrent le premier État russe.

Verste – Unité de mesure russe traditionnelle, familière aux lecteurs des romans classiques. Une verste équivaut à 1,067 km.

Vieux-croyants – Opposants aux réformes liturgiques promulguées au 17e s. par le patriarche Nikon : excommuniés, ils furent envoyés en Sibérie... Ce courant schismatique a toujours des adeptes aujourd'hui.

Zakomar – Partie cintrée ou en accolade de la façade des églises russes qui correspond à la courbure de la voûte intérieure.

Zek – Prisonnier des camps du Goulag.

En russe, chaque mot est marqué par un accent tonique, indiqué ici en caractère gras.

Vie courante

Bonjour : zdr**a**vstvouïte/здр**а**вствуйте (si vous vouvoyez la personne), zdr**a**vstvouï/здр**а**вствуй (si vous la tutoyez).
Je m'appelle – men**ia** zov**ou**t/мен**я** зов**у**т
Enchanté : otchen pri**ia**tno/**о**чень при**я**тно
Au revoir : do svid**a**nia/до свид**а**ния
Oui-non : d**a**-ni**e**t/д**а**-н**е**т
S'il vous plaît : poj**a**louïsta/пож**а**луйста
Merci : spas**si**bo/спас**и**бо
À votre santé : za v**a**che zdor**o**vie/за в**а**ше здор**о**вье
S'il vous plaît, où sont les toilettes ? : skaj**y**tie poj**a**louïsta, gdie toual**e**t ?/скаж**и**те пож**а**луйста, где туал**е**т ?
Je ne comprends pas, je ne parle pas le russe : ia nie ponim**a**ïou, ia nie govor**iou** po-r**ou**sski/я не поним**а**ю, я не говор**ю** по-р**у**сски
Excusez-moi : izvin**i**tie/извин**и**те
Pardon : prost**i**tie/прост**и**те
Combien ça coûte ? : sk**o**lko **eto** sto**i**t ?/ск**о**лько это ст**о**ит ?

En cas de besoin

Banque : b**a**nk/б**а**нк
Bureau de change : obm**e**nnyï p**ou**nkt/обм**е**нный п**у**нк
Coiffeur : parikm**a**kherskaïa/парикм**а**херская
Dentiste : zoubn**o**ï vr**a**tch/зубн**о**й вр**а**ч
Guide en français (livre) : poutevod**i**tel na-frants**ou**zskom iazyk**e/**путевод**и**тель на франц**у**зском язык**е**
Magasin d'alimentation : gastron**o**m/гастрон**о**м
Médecin : vr**a**tch/вр**а**ч
Pharmacie : apt**e**ka/апт**е**ка

Jours et mois

Jour : d**e**n/д**е**нь, *lundi* : poned**e**lnik/понед**е**льник, *mardi* : vt**o**rnik/вт**о**рник, *mercredi* : sreda/сред**а**, *jeudi* : tchetverg/четв**е**рг, *vendredi* : p**ia**tnitsa/**пя**тница, *samedi* : soub**o**ta/субб**о**та, *dimanche* : voskres**e**nie/воскрес**е**нье
Mois : m**e**ssiats/м**е**сяц, *janvier* : ianv**a**r/янв**а**рь, *février* : fevr**a**l/февр**а**ль, *mars* : m**a**rt/м**а**рт, *avril* : apr**e**l/апр**е**ль, *mai* : m**a**ï/м**а**й, *juin* : iioun/и**ю**нь, *juillet* : iioul/и**ю**ль, *août* : **a**vgoust/**а**вгуст, *septembre* : senti**a**br/сент**я**брь, *octobre* : okti**a**br/окт**я**брь, *novembre* : no**ia**br/но**я**бь, *décembre* : dek**a**br/дек**а**брь
Aujourd'hui : seg**o**dnia (se prononce sev**o**dnia)/сег**о**дня
Demain : z**a**vtra/з**а**втра
Hier : vtcher**a**/вчер**а**

Quelques chiffres

Un : od**i**n/од**и**н, *deux* : dv**a/**дв**а**, *trois* : tri/тр**и**, *quatre* : tchet**y**re/чет**ы**ре, *cinq* : p**ia**t/п**я**ть, *six* : ch**e**st/ш**е**сть, *sept* : s**e**m/с**е**мь, *huit* : v**o**ssem/в**о**семь, *neuf* : d**e**viat/**де**вять, *dix* : d**e**ssiat/д**е**сять
Onze : od**i**nnadtsat/од**и**ннадцать, *douze* : dven**a**dtsat/двен**а**дцать, *treize* : trin**a**dtsat/трин**а**дцать, *quatorze* : tchet**y**rnadtsat/чет**ы**рнадцать, *quinze* : piatn**a**dtsat/пятн**а**дцать…
Vingt : dv**a**dtsat/дв**а**дцать, *trente* : tr**i**dtsat/тр**и**дцать, *quarante* : s**o**pok/с**о**рок, *cinquante* : piatdes**ia**t/пятьдес**я**т…*quatre-vingt-dix* : devian**o**sto/девян**о**сто…
Cent : st**o/**ст**о**, *mille* : t**y**siatcha/т**ы**сяча

Panneaux

Caisse : k**a**ssa/к**а**сса
Change : obm**e**n vali**ou**ty/обм**е**н вал**ю**ты
Danger : op**a**ssno/оп**а**сно
Entrée : vkh**o**d/вх**о**д
Sortie : v**y**khod/в**ы**ход
Interdit de fumer : ne kour**i**t/не кур**и**ть
Ouvert : otkr**y**to/откр**ы**то
Fermé : zakr**y**to/закр**ы**то
Tirer : k seb**e**/к себ**е**
Pousser : ot seb**ia**/от себ**я**
Toilettes : toualet/туал**е**т (*dames* : **Ж**, *messieurs* : **М**)

Directions

Nord, Sud, Est, Ouest : Sever/Север, Ioug/Юг, Vostok/Восток, Zapad/Запад
Tout droit : pri**a**mo/пр**я**мо – *À droite* : spr**a**va/спр**а**ва, napr**a**vo/напр**а**во – *À gauche* : sl**e**va/сл**е**ва, nal**e**vo/нал**е**во
Proche : bl**i**zko/бл**и**зко – *Loin* : dalek**o**/далек**о**
Police : mil**i**tsia/мил**и**ция

En ville

Autobus : avt**o**bous/авт**о**бус
Arrêt : ostan**o**vka/остан**о**вка
Avenue : prospekt/проспект
Billet (métro de Moscou) : bil**e**t/бил**е**т
Boulevard : boulv**a**r/бульв**а**р
Centre : ts**e**ntr/ц**е**нтр

Cinéma : kin**o**/кин**о**

Cirque : ts**y**rk/ц**ы**рк

Gare : vokz**a**l/вокз**а**л

Jeton (métro de St-Pétersbourg) : jet**o**n/жет**о**н

Marché : r**y**nok/р**ы**нок

Passage souterrain : podz**e**mny perekh**o**d/подз**е**мный перех**о**д

Place : pl**o**chtchad/пл**о**щадь

Rue : **ou**litsa/**у**лица

Ruelle : pere**ou**lok/пере**у**лок

Taxi : tak**si**/такс**и**

Ticket (autobus, tramway, trolleybus) : tal**o**n/тал**о**н

Tramway : tramv**a**ï/трамв**а**й

Trolleybus : troll**e**ïbous/тролл**е**йбус

Théâtre : te**a**tr/те**а**тр

À la poste

Boîte aux lettres : potcht**o**vy **ia**chtchik/почт**о**вый **я**щик

Carte postale : otkr**y**tka/откр**ы**тка

Enveloppe : konv**e**rt/конв**е**рт

France : Fr**a**ntsia/Фр**а**нция

Belgique : B**e**lgia/Б**е**лгия

Suisse : Chveïts**a**ria/Швейц**а**рия

Canada : Kan**a**da/Кан**а**да

Poste : p**o**chtta/п**о**чта

Timbre : m**a**rka/м**а**рка

À l'hôtel

Chambre single/double : odnom**e**stny/dvoukhm**e**stny n**o**mer/одном**е**стный/двухм**е**стный н**о**мер

Douche : d**ou**ch/д**у**ш

Hôtel : gost**i**nitsa/гост**и**ница

Salle de bains : v**a**nnaïa/в**а**нная

Petit-déjeuner continental : z**a**vtrak/з**а**втрак

Petit-déjeuner buffet à volonté : chv**e**dski st**o**l/шв**е**дский ст**о**л

Au restaurant

Café/brasserie : kaf**e**/каф**е**

Petit restaurant/self : stol**o**vaïa/стол**о**вая

Restaurant : restor**a**n/рестор**а**н

Généralités

Addition : stsch**io**t (se prononce chtchiot)/сч**ё**т

Assiette : tar**e**lka/тар**е**лка

Boissons : nap**i**tki/нап**и**тки

Carte : men**iou**/мен**ю**

Couteau, fourchette, cuillère : n**o**j/н**о**ж, v**i**lka/в**и**лка, l**o**jka/л**о**жка

Moutarde : gorchtch**i**tsa/горщ**и**ца

Pain noir, blanc : tchiorny, bely khleb/чёрный, белый хлеб

Plat principal : vtor**o**ïe bli**ou**do/втор**о**е бл**ю**до

Sel, poivre : s**o**l/с**о**ль, p**e**rets/п**е**рец

Spécialité maison : f**i**rmennoïe bli**ou**do/ф**и**рменное бл**ю**до

Sucre : s**a**khar/с**а**хар

Verre : stak**a**n/стак**а**н

Lire la carte

Pour vous faciliter la lecture de la carte, nous vous indiquons les plats en russe d'abord.

Soupes

борщ (b**o**rchtch) : bouillon de viande et légumes émincés (betterave, chou, tomates…) servi avec de la crème

куриный бульон (kour**i**ny bouli**o**n) : bouillon de poule souvent servi avec un œuf dur

рассольник (rass**o**lnik) : potage aux abats et concombres

солянка (sol**ia**nka) : potage au lard

щи (chtchi) : soupe au chou

уха (oukh**a**) : soupe de poissons

Entrées froides (KHOLODNYE ZAKOUSKI/ХОЛОДНЫЕ ЗАКУСКИ)

ассорти мясное (assort**i** miasn**o**ïe) : assortiment de charcuterie

ассорти рыбное (assort**i** rybn**o**ïe) : assortiment de poissons fumés

баклажанная икра (baklaj**a**nnaïa ikr**a**) : caviar d'aubergine

чёрная (зернистая) икра (tchi**o**rnaïa (zern**i**staïa) ikr**a**) : caviar noir (œufs d'esturgeon)

красная (кетовая) икра (kr**a**snaïa (ket**o**vaïa) ikr**a**) : caviar rouge (œufs de saumon)

грибы маринованные (grib**y** marin**o**vannye) : champignons marinés

копчёная осетрина (koptch**io**naïa ossetr**i**na) : esturgeon fumé

копчёная сёмга (koptch**io**naïa s**io**mga) : saumon fumé

огурцы малосольные (ogourts**y** malos**o**lnye) : concombres « malossols » (peu salés)

огурцы солёные (ogourts**y** soli**o**nye) : concombres salés

огурцы в сметане (ogourts**y** v smet**a**ne) : concombres à la crème

Salades

салат столичный (sal**a**t stol**i**tchny) : salade russe

салат оливье (sal**a**t olivi**é**) : salade de pommes de terre, œuf dur, concombres, petit pois, poulet émincé, tomate, olives, mayonnaise

салат из помидорв (salat iz pomidorov) : salade de tomates
салат из крабов (salat iz krabov) : salade de crabe
салат из капусты (salat iz kapousty) : salade de chou
салат из свёклы (salat iz sviokly) : salade de betterave (servie crue le plus souvent)

Entrées chaudes (ГОРЯЧИЕ ЗАКУСКИ/GORIATCHIE ZAKOUSKI)

блины со сметаной (bliny so smetanoï) : blinis à la crème
жульен грибной (joulien gribnoï) : cassolette de champignons
пирожки с капустой (pirojkis kapoustoï) : pirojkis au chou
пирожки с мясом (pirojki s miassom) : pirojkis à la viande

Garnitures (GARNIR/ГАРНИР)

картофель (kartofel) : pomme de terre
гречневая каша : gretchnevaïa kacha) : sarrasin
макароны : makarony) : pâtes
рис (ris – prononcer le s final) : riz

Spécialités

бифстроганов (bifstroganov) : bœuf stroganov. Filet de bœuf émincé aux oignons servi avec de la crème
голубцы (goloubtsy) : choux farcis cuits à l'étouffée
котлеты по-киевски (kotlety po kievski) : blanc de poulet pané
котлеты пожарские (kotlety pojarskie) : croquettes de poulet haché panées
шашлык (chachlyk) : brochettes de mouton ou de porc marinées dans l'oignon
тушёное мясо в горшочке (touchionoe – prononcer touchonoe – miasso v gorchotchke) : viande cuite au four dans un pot en terre recouvert de pâte
цыплёнок табака (tsyplionok tabaka) : coquelet épicé, aplati et grillé au feu de bois
пельмени (pelmeni) : raviolis sibériens farcis de viande, servis avec de la crème ou dans un bouillon

Viande (MIASSO/МЯСО)

баранина (baranina) : mouton
бифштекс (bifchteks) : bifteck
ветчина (vetchina) : jambon
говядина (goviadina) : bœuf
колбаса (kolbassa) : saucisson
поросёнок (porossionok) : porcelet
свинина (svinina) : porc
сосиски (sossiski) : saucisses
телятина (teliatina) : veau
утка (outka) : canard
цыплёнок (tsyplionok) : poulet

Poissons (RYBA/РЫБА)

карп (karp) : carpe
кета (keta) : saumon de Sibérie
краб (krab) : crabe
лосось/сёмга (lossos/siomga) : saumon
осетрина (ossetrina) : esturgeon
селёдка (seliodka) : hareng
судак (soudak) : sandre
шпроты (chproty) : sprats
щука (chtchiouka) : brochet

Desserts (DESSERT/ДЕСЕРТ)

блинчики с вареньем (blintchiki s varenem) : petits blinis à la confiture
ватрушка (vatrouchka) : gâteau au fromage blanc
йогурт (ïogourt) : yogourt
кисель (kissel) : gelée de fruits rouges
мороженое (morojennoe) : glace
пирог, торт (pirog, tort) : gâteau, tarte
пирожки с яблоками (pirojki s iablokami) : pirojki fourré aux pommes
пряники (prianiki) : pains d'épice
творог (tvorog) : fromage blanc
фруктовый салат (frouktovy salat) : salade de fruits
шоколад (chokolad) : chocolat

Boissons (NAPITKI/НАПИТКИ)

белое, красное вино (beloïe, krasnoe vino) : vin blanc, rouge
водка (vodka) : vodka
шампанское (champanskoe) : champagne
светлое, тёмное пиво (svetloe, tiomnoe pivo) : bière blonde, brune
минеральная вода (mineralnaïa voda) : eau minérale
газированная, без газа (gazirovannaïa, bez gaza) : gazeuse, non gazeuse
квас (kvas) : boisson fermentée à base de pain de seigle
фруктовый сок (frouktovy sok) : jus de fruits
кофе (kofe) : café
чай (tchaï) : thé

Moscou : villes, curiosités et régions touristiques.
Gorki, Maxime : noms historiques et termes faisant l'objet d'une explication.
Les sites isolés (églises, monastères...) sont répertoriés à leur propre nom.

A

B

D

E

F

G

H

I

J

K

MOSCOU

Q

R

S

SAINT-PÉTERSBOURG

Environs de SAINT-PÉTERSBOURG

T

U

V

W

Z

CARTES ET PLANS

CARTES GÉNÉRALES

CARTES THÉMATIQUES

PLANS DE QUARTIERS

PLANS DE MONUMENTS

Manufacture française des pneumatiques Michelin
Société en commandite par actions au capital de 304 000 000 EUR
Place des Carmes-Déchaux - 63000 Clermont-Ferrand (France)
R.C.S. Clermont-Fd B 855 200 507

Compogravure : Michelin à Paris
Impression et brochage : Chirat, St-Just-la-Pendue - Nº 201004.0181
Dépôt légal : 11-2008 – ISSN 0293-9436
Printed in France : 04-10